Artes Marciales Mixtas

Una guía completa de boxeo, jiu-jitsu brasileño, muay thai, lucha libre, kárate, taekwondo, kung fu, judo, sambo y capoeira para dominar las artes marciales mixtas

© Copyright 2025
Todos los derechos reservados. Ninguna parte de este libro puede ser reproducida de ninguna forma sin el permiso escrito del autor. Los revisores pueden citar breves pasajes en las reseñas.

Descargo de responsabilidad: Ninguna parte de esta publicación puede ser reproducida o transmitida de ninguna forma o por ningún medio, mecánico o electrónico, incluyendo fotocopias o grabaciones, o por ningún sistema de almacenamiento y recuperación de información, o transmitida por correo electrónico sin permiso escrito del editor.

Si bien se ha hecho todo lo posible por verificar la información proporcionada en esta publicación, ni el autor ni el editor asumen responsabilidad alguna por los errores, omisiones o interpretaciones contrarias al tema aquí tratado.

Este libro es solo para fines de entretenimiento. Las opiniones expresadas son únicamente las del autor y no deben tomarse como instrucciones u órdenes de expertos. El lector es responsable de sus propias acciones.

La adhesión a todas las leyes y regulaciones aplicables, incluyendo las leyes internacionales, federales, estatales y locales que rigen la concesión de licencias profesionales, las prácticas comerciales, la publicidad y todos los demás aspectos de la realización de negocios en los EE. UU., Canadá, Reino Unido o cualquier otra jurisdicción es responsabilidad exclusiva del comprador o del lector.

Ni el autor ni el editor asumen responsabilidad alguna en nombre del comprador o lector de estos materiales. Cualquier desaire percibido de cualquier individuo u organización es puramente involuntario.

Índice

PRIMERA PARTE: BOXEO 1
   INTRODUCCIÓN 2
   CAPÍTULO 1: EL COMIENZO 3
   CAPÍTULO 2: INICIACIÓN AL BOXEO I: REGLAS Y ESTILOS DE LUCHA 9
   CAPÍTULO 3: INICIACIÓN AL BOXEO II: EQUIPAMIENTO Y ACONDICIONAMIENTO FÍSICO 17
   CAPÍTULO 4: POSTURAS, GUARDIAS Y JUEGO DE PIES 27
   CAPÍTULO 5: PUÑETAZOS Y CONTRAGOLPES 37
   CAPÍTULO 6: CONSEJOS Y TÉCNICAS DE DEFENSA 48
   CAPÍTULO 7: 13 COMBINACIONES PROFESIONALES QUE NO CONOCÍA 55
   CAPÍTULO 8: UN VISTAZO A LOS SECRETOS DE LOS BOXEADORES PROFESIONALES SOBRE EL *SPARRING* 64
   CAPÍTULO 9: USAR EL SACO PESADO 70
   CAPÍTULO 10: VEINTE ERRORES COMUNES QUE DEBE EVITAR (SEA NOVATO O NO) 76
   CONCLUSIÓN 81

SEGUNDA PARTE: JIU-JITSU BRASILERO 82
   INTRODUCCIÓN 83
   CAPÍTULO 1: ¿QUÉ ES EL *JIU-JITSU* BRASILERO? 84
   CAPÍTULO 2: CONSEJOS PARA TODO TIPO DE PRACTICANTES DE BJJ 89
   CAPÍTULO 3: LOS FUNDAMENTOS DEL AGARRE EN EL BJJ: CÓMO NO SER INTIMIDADO EN UNA PELEA 99
   CAPÍTULO 4: LA LEY DE ACCIÓN-REACCIÓN 104
   CAPÍTULO 5: DEFENDERSE DE ATAQUES: EL ARTE DE LA INVERSIÓN 108
   CAPÍTULO 6: GUARDIAS: ¿POR QUÉ ES TAN IMPORTANTE CONOCERLAS? 112
   CAPÍTULO 7: EL ARTE DE LOS DERRIBOS 126
   CAPÍTULO 8: EL ARTE DE LA SUMISIÓN 130
   CAPÍTULO 9: COMBINAR LO APRENDIDO: TÉCNICAS MÁS AVANZADAS 140
   CAPÍTULO 10: PRESIÓN DEL PESO Y CONTROL DE LA ENERGÍA 144
   CAPÍTULO 11: *JIU-JITSU* BRASILERO VS. *JIU-JITSU* JAPONÉS 147
   CAPÍTULO 12: EJERCICIOS DIARIOS DE BJJ 151
   CONCLUSIÓN 154

TERCERA PARTE: MUAY THAI 155
   INTRODUCCIÓN 156
   CAPÍTULO 1: REGLAS Y FILOSOFÍA DEL MUAY THAI 157
   CAPÍTULO 2: COMENZAR CON LA POSTURA 164

CAPÍTULO 3: CHOK - TÉCNICAS DE GOLPEO 170
CAPÍTULO 4: SOK - TÉCNICAS CON LOS CODOS 178
CAPÍTULO 5: TI KHAO - TÉCNICAS DE RODILLA 185
CAPÍTULO 6: TE: TÉCNICAS DE PATADAS 192
CAPÍTULO 7: TEEP: TÉCNICAS DEL PIE 201
CAPÍTULO 8: CHAP KHO: TÉCNICAS DE CLINCH Y LUCHA
DE CUELLO 207
CAPÍTULO 9: TÉCNICAS COMBINADAS 212
CAPÍTULO 10: CONSEJOS Y TÉCNICAS DE DEFENSA 216
CAPÍTULO 11: ENTRENAR COMO UN MAESTRO 220
CAPÍTULO 12: MUAY THAI VS. KICKBOXING HOLANDÉS 225
CAPÍTULO 13: EJERCICIOS DIARIOS DE ENTRENAMIENTO 232
CONCLUSIÓN 239
CUARTA PARTE: LUCHA 240
INTRODUCCIÓN 241
CAPÍTULO 1: ¿POR QUÉ ELEGIR LA LUCHA LIBRE? 242
CAPÍTULO 2: REGLAS Y HABILIDADES BÁSICAS 249
CAPÍTULO 3: POSTURA Y EQUILIBRIO 255
CAPÍTULO 4: PENETRACIÓN, ELEVACIÓN Y OTRAS
MANIOBRAS 263
CAPÍTULO 5: CÓMO ATACAR Y CONTRAATACAR 272
CAPÍTULO 6: TÉCNICAS DE INVERSIÓN 280
CAPÍTULO 7: TÉCNICAS DE ESCAPE 286
CAPÍTULO 8: COMBINACIONES DE INMOVILIZACIÓN 292
CAPÍTULO 9: ENTRENAMIENTO EN CASA 297
CAPÍTULO 10: ENTRENAMIENTO Y FORMACIÓN DE
JÓVENES 303
CAPÍTULO 11: ÉXITO EN LA LUCHA LIBRE 309
CONCLUSIÓN 314
QUINTA PARTE: KARATE 315
INTRODUCCIÓN 316
CAPÍTULO 1: LA MENTALIDAD DEL KARATE 317
CAPÍTULO 2: POSTURAS Y BLOQUEOS DE KIHON I 323
CAPÍTULO 3: KIHON II PUÑETAZOS Y PATADAS 331
CAPÍTULO 4: KATAS Y KUMITE DE LOS CINTURONES
BLANCO Y AMARILLO 339
CAPÍTULO 5: KATAS Y KUMITE DE LOS CINTURONES
NARANJA Y VERDE 347
CAPÍTULO 6: KATAS PARA CINTURÓN MORADO Y
MARRÓN 355
CAPÍTULO 7: KUMITES PARA CINTURONES MARRONES Y
NEGROS 366
CAPÍTULO 8: KATAS PARA CINTURÓN NEGRO I 370
CAPÍTULO 9: KATAS DEL CINTURÓN NEGRO II 378

CAPÍTULO 10: ENTENDER LOS CINTURONES Y EL DOJO 387
CAPÍTULO 11: CÓMO DEFENDERSE CON EL KARATE 393
CAPÍTULO 12: EJERCICIOS DIARIOS DE ENTRENAMIENTO 398
EXTRA: VISIÓN GENERAL DE LOS PUNTOS DE PRESIÓN Y
TÉRMINOS DE KARATE 401
CONCLUSIÓN 404
SEXTA PARTE: TAEKWONDO 405
INTRODUCCIÓN 406
CAPÍTULO 1: BREVE HISTORIA DEL TAEKWONDO 407
CAPÍTULO 2: LOS MAESTROS ORIGINALES DEL
TAEKWONDO 411
CAPÍTULO 3: LA CLASIFICACIÓN Y EL SISTEMA DE
CINTURONES DEL TAEKWONDO 413
CAPÍTULO 4: MOVIMIENTOS FUNDAMENTALES DEL
TAEKWONDO 416
CAPÍTULO 5: MEDITACIÓN Y TAEKWONDO 426
CAPÍTULO 6: LOS 24 PATRONES ESENCIALES DEL
TAEKWONDO 430
CAPÍTULO 7: LOS CINCO PRINCIPIOS DEL TAEKWONDO 435
CAPÍTULO 8: TÉCNICAS DE MANOS DEL TAEKWONDO 439
CAPÍTULO 9: TÉCNICAS PARA LOS PIES EN EL
TAEKWONDO 446
CAPÍTULO 10: LA DEFENSA PERSONAL EN EL
TAEKWONDO 454
CAPÍTULO 11: EL ARTE DEL BLOQUEO EN EL
TAEKWONDO 459
CAPÍTULO 12: ESTIRAMIENTOS Y EJERCICIOS 464
CAPÍTULO 13: EL HÁBITO DEL TAEKWONDO:
ENTRENAMIENTO, DISCIPLINA Y MENTALIDAD 469
CONCLUSIÓN 472
SÉPTIMA PARTE: KUNG-FU 473
INTRODUCCIÓN 474
CAPÍTULO 1: ¿QUÉ ES EL KUNG-FU? 475
CAPÍTULO 2: KUNG FU SHAOLÍN FRENTE A OTROS
ESTILOS 482
CAPÍTULO 3: LOS 5 PATRONES ANIMALES DEL KUNG FU 489
CAPÍTULO 4: POSTURAS EN EL KUNG FU 496
CAPÍTULO 5: EL PATRÓN LOHAN 502
CAPÍTULO 6: EL CHI Y EL ZEN EN EL KUNG FU 515
CAPÍTULO 7: ARMAS DEL KUNG FU 521
CAPÍTULO 8: GOLPEAR Y LAMA PAI KUNG FU 526
CAPÍTULO 9: PATEANDO EN KUNG FU 532
CAPÍTULO 10: LA DEFENSA PERSONAL EN EL KUNG FU 543
CAPÍTULO 11: EJERCICIOS DIARIOS DE ENTRENAMIENTO 547
CONCLUSIÓN 554

OCTAVA PARTE: JUDO 555
  INTRODUCCIÓN 556
  CAPÍTULO 1: REGLAS Y FILOSOFÍA DEL JUDO 557
  CAPÍTULO 2: JUDO KATA VS. JUDO RANDORI.................................563
  CAPÍTULO 3: FUNDAMENTOS DEL JUDO Y *UKEMI*, O CAER
  DE FORMA SEGURA 569
  CAPÍTULO 4: *TE WAZA*: TÉCNICAS DE MANOS 579
  CAPÍTULO 5: *KOSHI WAZA*: LANZAMIENTOS DE CADERA...............582
  CAPÍTULO 6: *ASHI WAZA*: TÉCNICAS DE PIES 585
  CAPÍTULO 7: *SUTEMI WAZA*: TÉCNICAS DE SACRIFICIO.................589
  CAPÍTULO 8: *OSAE WAZA*: TÉCNICAS DE
  INMOVILIZACIÓN 594
  CAPÍTULO 9: *SHIME WAZA*: TÉCNICAS DE
  ESTRANGULAMIENTO..597
  CAPÍTULO 10: *KANSETSU WAZA*: TÉCNICAS DE BLOQUEO
  ARTICULAR..606
  CAPÍTULO 11: *GOSHIN JUTSU KATA*, EL JUDO EN DEFENSA
  PERSONAL..613
  CAPÍTULO 12: EL LADO COMPETITIVO DEL JUDO 618
  CAPÍTULO 13: EJERCICIOS DIARIOS DE ENTRENAMIENTO...........624
  CONCLUSIÓN 629
NOVENA PARTE: SAMBO 630
  INTRODUCCIÓN 631
  CAPÍTULO 1: ¿QUÉ ES EL SAMBO? 633
  CAPÍTULO 2: COMPARACIÓN DEL SAMBO CON EL JUDO,
  EL JIU-JITSU Y LA LUCHA LIBRE 639
  CAPÍTULO 3: ANTES DE EMPEZAR: LO ESENCIAL DEL
  SAMBO Y SUS BENEFICIOS 648
  CAPÍTULO 4: TÉCNICAS DE LANZAMIENTO 655
  CAPÍTULO 5: TÉCNICAS DE AGARRE...664
  CAPÍTULO 6: LA DEFENSA PERSONAL EN EL SAMBO 672
  CAPÍTULO 7: RODADAS Y GOLPES OFENSIVOS...............................679
  CAPÍTULO 8: SUMISIONES PARA LA PARTE SUPERIOR DEL
  CUERPO..686
  CAPÍTULO 9: SUMISIONES PARA LA PARTE INFERIOR DEL
  CUERPO..703
  CAPÍTULO 10: MEJORAR SUS HABILIDADES DE SAMBO 711
  CONCLUSIÓN 718
DÉCIMA PARTE: CAPOEIRA...719
  INTRODUCCIÓN 720
  CAPÍTULO 1: ¿QUÉ ES LA CAPOEIRA? 721
  CAPÍTULO 2: RODA, JOGO Y EL SISTEMA DE
  CLASIFICACIÓN 726
  CAPÍTULO 3: ¿POR QUÉ LA CAPOEIRA COMO ARTE
  MARCIAL?..730

CAPÍTULO 4: CAPOEIRA ANGOLA VS. CAPOEIRA REGIONAL 735
CAPÍTULO 5: PRINCIPIOS Y MOVIMIENTOS BÁSICOS DE LA CAPOEIRA 741
CAPÍTULO 6: MOVIMIENTOS DE ATAQUE EN LA CAPOEIRA 749
CAPÍTULO 7: MOVIMIENTOS DEFENSIVOS DE CAPOEIRA 755
CAPÍTULO 8: EL TRABAJO DE BASE EN LA CAPOEIRA 762
CAPÍTULO 9: LA RELACIÓN DE LA CAPOEIRA CON LA DANZA Y LA MÚSICA 770
CAPÍTULO 10: CAPOEIRA Y FITNESS 777
CAPÍTULO 11: EL ENTRENAMIENTO DE LA CAPOEIRA 784
CAPÍTULO 12: CÓMO MEJORAR SUS HABILIDADES 789
CONCLUSIÓN 794
REFERENCIAS 795
FUENTES DE IMÁGENES 812

Primera Parte: Boxeo

Lo que los mejores boxeadores saben sobre entrenamiento, juego de piernas y combinaciones que usted no sabe

Introducción

¿Alguna vez le han sorprendido la velocidad, la agilidad y la técnica de los boxeadores profesionales? ¿Qué saben ellos sobre entrenamiento, juego de piernas y combinaciones que usted no sepa?

A partir de horas de entrenamiento intenso y años de experiencia en el ring, estos deportistas de élite han desarrollado habilidades que les proporcionan una ventaja competitiva. Aprendiendo de los mejores boxeadores, usted también puede desarrollar estas habilidades y llevar su boxeo al siguiente nivel. Esta guía le mostrará los fundamentos del boxeo, desde el juego de pies y las posturas hasta los golpes, consejos de defensa y combinaciones profesionales, para que comience su camino hacia convertirse en un boxeador experto.

Desde las antiguas Olimpiadas griegas hasta las extravagancias de pago por ver de hoy en día, la historia del boxeo es un emocionante relato que abarca siglos. Este deporte ha visto púgiles legendarios, rivalidades feroces y momentos trascendentales que han pasado a la historia. Un paseo por los anales de la historia del boxeo revela cómo ha evolucionado este deporte brutal, desde las reyertas a puño limpio en el siglo XIX hasta la invención de los guantes de boxeo, que hicieron que el deporte fuera menos mortífero. El boxeo cambia constantemente. Es un deporte que exige a sus practicantes disciplina, habilidad y resistencia. Estos se esfuerzan por burlar a sus oponentes y asestar el golpe de KO perfecto.

Con una historia tan rica, no es de extrañar que el boxeo siga cautivando al público de todo el mundo, incluso hoy en día. Esta guía de fácil comprensión ofrece una visión general de los orígenes del boxeo. Cuando comprenda el contexto, podrá pasar a las técnicas y estrategias utilizadas por los boxeadores actuales. Explorará temas importantes, como las posturas, las guardias, los golpes, las combinaciones, los consejos de defensa y el entrenamiento con saco pesado. Aprenderá los errores más comunes que debe evitar al embarcarse en su viaje por el boxeo. Además, recogerá útiles secretos de *sparring* de los profesionales y descubrirá cómo ejecutar esas combinaciones profesionales que hacen campeones de éxito en el ring.

Aunque el deporte del boxeo es un asunto serio, no necesita tomárselo demasiado en serio. Incluso los principiantes pueden disfrutar aprendiendo los fundamentos y desarrollando habilidades en este deporte increíblemente gratificante. Todo lo que necesita es dedicación, trabajo duro y los recursos adecuados. Si está listo para dar el paso y adentrarse en el mundo del boxeo, póngase los guantes y prepárese para un viaje estimulante que le mantendrá sobre el borde de su asiento. Esta guía es un excelente punto de partida que le proporcionará todo lo que necesita para empezar. Entonces, ¿qué espera? Preparémonos para luchar.

Capítulo 1: El comienzo

¿Alguna vez ha ido a animar a los boxeadores en el ring y se ha preguntado dónde se originó este deporte? Lo crea o no, el boxeo tiene una rica historia que se remonta siglos atrás. En los primeros tiempos, los combates de boxeo eran brutales y carecían de toda regulación. Los boxeadores luchaban con los nudillos desnudos, sin reglas, lo que provocaba lesiones espantosas. Sin embargo, se promulgaron nuevas leyes para proteger a los púgiles de daños graves a medida que el deporte crecía en popularidad.

A lo largo de los años, el boxeo ha evolucionado hasta convertirse en el emocionante y dinámico deporte que la gente conoce y ama hoy en día. Así pues, vamos a atarnos los guantes y retroceder en el tiempo para conocer mejor los orígenes del boxeo. Este capítulo ofrece una breve visión general de la historia y la evolución del boxeo, empezando por sus antiguas raíces. Destaca a algunos de los boxeadores más emblemáticos de la historia y sus duraderos legados. Al final del capítulo, entenderá mejor por qué el boxeo se ha convertido en un deporte tan de moda.

Los fascinantes orígenes del boxeo: desentrañando sus antiguas raíces

El boxeo ha evolucionado de diversas maneras a lo largo de miles de años, dando lugar a diferentes estilos que los entusiastas aún practican. Desde los gladiadores en la Antigua Roma hasta las peleas a puño limpio en el siglo XIX, el boxeo tiene una historia fascinante. Esta sección examina la encantadora historia de cómo se originó este deporte y sus numerosas transformaciones a lo largo del tiempo.

Antiguo Egipto y Grecia

Antiguos boxeadores griegos representados en un jarrón[1]

La rica historia de este fantástico deporte hunde sus raíces en las antiguas civilizaciones de Egipto, Grecia y Roma. Los griegos ya practicaban el boxeo en el siglo VII antes de Cristo. Rápidamente se convirtió en uno de los deportes más populares de su cultura, con atletas que competían en certámenes locales y nacionales. El deporte estaba impregnado de simbolismo mítico y era una alegoría del viaje del héroe. El arte del antiguo Egipto representa combates a puño limpio, una de las primeras formas de boxeo. Estas peleas eran brutales y a menudo acababan con la muerte, ya que no había reglas, guantes ni categorías de peso. En su lugar, los púgiles se envolvían las manos en tela o cuero, lo que condujo al desarrollo de los primeros guantes de boxeo.

Boxeo romano

Cuando se introdujo en el Imperio romano, el boxeo pasó de ser un deporte de entretenimiento a un medio de protección: mercenarios y soldados se enzarzaban en peleas a puñetazos para mantenerse en forma y poner a prueba sus habilidades de combate. A medida que la influencia romana se expandía, también lo hacía el boxeo, y se convirtió en un elemento habitual de sus competiciones atléticas, conocidas como juegos de gladiadores. Estos juegos reunían a los luchadores más valientes y fuertes de todo el imperio, y grandes multitudes se congregaban para presenciar este deporte peligroso y mortal.

Pruebas más antiguas

Los primeros indicios del boxeo proceden de la antigua Sumeria, alrededor del año 3000 a.c., donde la gente se envolvía las manos con tiras de cuero para protegerse. Al principio, era una forma sencilla de combate, pero el deporte se fue estructurando y refinando a lo largo de su evolución. En la antigua Grecia, el boxeo se popularizó durante los Juegos Olímpicos del 688 a.c., uno de los acontecimientos más prestigiosos. Los boxeadores llevaban guantes de cuero con tacos de metal o plomo para infligir más daño a sus oponentes. Los combates eran brutales y a menudo terminaban con graves lesiones o la muerte.

Transformación del deporte

A principios del siglo XVIII, el boxeo transformó Inglaterra. El deporte se organizó más con las Reglas del Boxeo de 1743, que establecieron las categorías de peso, prohibieron los mordiscos y las dentelladas y estandarizaron los guantes. El primer campeón de peso pesado reconocido fue el boxeador inglés a puño limpio James Figg, que dominó el deporte a principios del siglo XVIII. Creó una escuela de boxeo en la que entrenaba a jóvenes púgiles que más tarde se convertirían en campeones.

Acontecimientos recientes

El primer combate de boxeo moderno tuvo lugar en 1867 entre John Sholto Douglas, marqués de Queensbury, y John Graham Chambers, fundador del Club de Atletismo Amateur. El combate siguió las reglas del marqués de Queensbury, que incluían asaltos de tres minutos, guantes y un recuento de diez segundos para los púgiles derribados. Estas reglas revolucionaron el deporte e hicieron el boxeo más accesible a las masas.

Época moderna

El boxeo siguió evolucionando a lo largo de los tiempos y alcanzó su forma moderna durante los siglos XVIII y XIX en Inglaterra. Los ingleses añadieron más innovaciones, como los asaltos, las categorías de peso y las reglas tradicionales de Queensberry que aún se utilizan hoy en día. Además, el boxeo se hizo más organizado y dejó de estar confinado a un estilo o clase social particular. Desde sus humildes comienzos como deporte brutal, el boxeo ha recorrido un largo camino y es uno de los deportes más queridos del mundo.

A lo largo del siglo XX surgieron muchos luchadores famosos, como Muhammad Ali, Joe Frazier y George Foreman. Estos púgiles aportaron nuevas habilidades, estrategias y técnicas a este deporte, haciéndolo más entretenido y popular en todo el mundo. Sin embargo, la aparición de Floyd Mayweather Jr., considerado uno de los mejores púgiles de todos los tiempos, cambió para siempre el mundo del boxeo. Su récord de victorias y su racha de imbatibilidad lo convirtieron en una leyenda.

El boxeo ha recorrido un largo camino desde sus humildes comienzos. De una forma primitiva de combate a un deporte sofisticado con normas y reglamentos estrictos, ha dominado el ámbito deportivo en todo el mundo. Los primeros boxeadores allanaron el camino para los campeones modernos que han aportado fama, gloria y entretenimiento a este deporte. El boxeo sigue evolucionando y el mundo puede esperar más combates emocionantes y púgiles legendarios en el futuro.

El boxeo en la era cristiana: un legado de grandeza

Desde los primeros combates en la antigua Grecia hasta nuestros días, el boxeo siempre ha sido una prueba física y mental de fuerza, resistencia y habilidad. El boxeo produjo algunos de los mejores atletas y los momentos más inolvidables de la historia del deporte. Desde la época dorada de Muhammad Ali y su rivalidad con Joe Frazier hasta los recientes triunfos de Floyd Mayweather Jr. y Manny Pacquiao, el boxeo sigue siendo una fuente de inspiración y asombro para millones de aficionados de todo el mundo.

La era moderna del boxeo comenzó en 1910, cuando el primer campeón de los pesos pesados, Jack Johnson, fue destronado por Jim Jeffries en un combate racista y polémico. Esta era vio el ascenso de púgiles icónicos, como Joe Louis, Rocky Marciano, Sugar Ray Robinson y Muhammad Ali, que dominaron sus divisiones y trascendieron el deporte por su carisma, valor e impacto social.

Joe Louis, conocido como el Bombardero Marrón, reinó como campeón de los pesos pesados durante un periodo récord de 12 años y se convirtió en un héroe para los aficionados negros y blancos por su deportividad y patriotismo. Rocky Marciano, el único campeón invicto de los pesos pesados de la historia, fue un púgil implacable y poderoso que se retiró en la cima de su carrera para preservar su legado. Sugar Ray Robinson, considerado por muchos expertos el mejor boxeador libra por libra de todos los tiempos, deslumbró a sus oponentes y a los aficionados con su velocidad, técnica y espectacularidad.

Muhammad Ali, nacido como Cassius Clay, fue una leyenda del boxeo, un icono cultural y un activista político. Ganó tres títulos de los pesos pesados y disputó algunos de los combates más épicos y controvertidos de la historia, como su victoria sobre Sonny Liston en 1964, su derrota ante Joe Frazier en 1971 en la Pelea del siglo y su *Rumble in the Jungle* (en Zaire, África) contra George Foreman en 1974. El carisma, el humor y la elocuencia de Ali lo convirtieron en una figura querida en todo el mundo, y su postura contra la guerra de Vietnam y su defensa de los derechos civiles inspiraron a millones de personas.

La era moderna del boxeo vio surgir a muchos otros grandes campeones y rivalidades, como Julio César Chávez, Mike Tyson, Óscar De La Hoya, Roy Jones Jr., Lennox Lewis, Evander Holyfield, Bernard Hopkins y Manny Pacquiao. Estos púgiles mostraban estilos, personalidades y legados diferentes, pero todos compartían la pasión por este deporte y el deseo de llegar al límite.

Hoy en día, el boxeo sigue evolucionando y adaptándose a los nuevos retos y oportunidades. El auge de las MMA, el crecimiento de los medios digitales y la pandemia han afectado a la forma de ver y consumir este deporte, pero los valores fundamentales y la emoción del boxeo permanecen intactos. Los actuales campeones y prospectos, como Canelo Álvarez, Anthony Joshua, Terence Crawford, Gennady Golovkin, Ryan García y Teófimo López, continúan el legado de grandeza que el boxeo ha fomentado durante más de un siglo.

El boxeo en la era actual no es sólo un deporte, sino un testamento de la resistencia, la creatividad y la excelencia humanas. Los púgiles que han subido al ring en esta era han puesto el listón muy alto para las generaciones futuras y han inspirado a los aficionados a soñar a lo grande y a luchar duro. Así pues, tanto si es usted un espectador ocasional como un fan acérrimo, el boxeo ofrece algo para todo aquel que ame un buen desafío, una buena historia y los grandes espectáculos.

La siguiente sección se sumerge en las historias de los luchadores que hicieron de esta época algo muy especial. Así que, vamos, es hora de subir al ring.

Muhammad Ali

Muhammad Ali es uno de los mejores boxeadores de la historia, y con razón. Ganó tres veces el título de campeón del mundo de los pesos pesados y era conocido por su estilo de lucha único, su ingenio y su carisma. Ali era un boxeador rápido como el rayo que «flotaba como una mariposa y picaba como una abeja». Además, era un activista de los derechos civiles que defendía sus creencias sin importarle las consecuencias. Ali se retiró en 1981, pero siguió siendo un icono del deporte y de la sociedad

Muhammad Ali aún hoy es considerado uno de los más grandes de todos los tiempos[3]

hasta que falleció en 2016.

Vida temprana y carrera en el boxeo

Muhammad Ali nació el 17 de enero de 1942 en Louisville, Kentucky. Subió por primera vez al ring a los 12 años y pronto se dio cuenta de su talento. Ali ganó numerosos títulos como boxeador aficionado y llegó a ganar la medalla de oro olímpica en 1960. Poco después se unió a las filas profesionales y se convirtió en campeón del mundo de los pesos pesados a los 22 años. Ali fue el primer boxeador en ganar tres veces el título de los pesos pesados.

Personalidad y activismo

Muhammad Ali era algo más que un boxeador. Tenía una personalidad carismática con un don natural para la oratoria. Era ingenioso, encantador y siempre tenía listo un buen chiste. Ali era también un activista político y social, que defendía sus creencias incluso cuando no estaba de moda. Por ejemplo, en la década de 1960, se negó a ser reclutado por el ejército para luchar en la guerra de Vietnam, alegando sus creencias religiosas y su oposición. Esta decisión le costó tres años de su carrera como boxeador, pero nunca vaciló en sus opiniones.

La filantropía de Ali

Además de ser un gran atleta y activista, Muhammad Ali fue un filántropo. Participó en numerosas organizaciones y causas benéficas, como la Fundación Make-A-Wish y las Olimpiadas Especiales. Creó el Muhammad Ali Center, un museo y centro cultural en su ciudad natal, Louisville, Kentucky, dedicado a promover el respeto, la comprensión y la tolerancia. Ali creía verdaderamente en devolver algo a su comunidad y en utilizar su fama e influencia para el bien.

El legado de Ali

El legado de Muhammad Ali es de excelencia, valentía y responsabilidad social. Fue un pionero en el mundo del deporte, allanando el camino para que otros atletas afroamericanos triunfaran. Su activismo político y social inspiró a una generación, defendiendo sus creencias incluso cuando era difícil. Retribuyó a su comunidad de innumerables maneras, dejando un impacto duradero en el mundo. El nombre de Muhammad Ali se asociará para siempre con la grandeza, y su legado seguirá inspirando a todo el mundo durante generaciones.

Muhammad Ali fue una figura grande y dejó una huella indeleble en el mundo. Fue un atleta de talento, un activista político y social y un filántropo. Pero lo más importante es que fue un gran ser humano que inspiró a todos a ser lo mejor posible. El legado y los logros de Muhammad Ali seguirán celebrándose durante generaciones, como recuerdo del poder de una persona para marcar la diferencia.

Mike Tyson

Mike Tyson fue uno de los púgiles más agresivos y dominantes de la historia de este deporte. Se convirtió en el campeón de boxeo de los pesos pesados más joven a la edad de 20 años y mantuvo el título durante tres años. Tyson era conocido por su impresionante juego de piernas, sus golpes devastadores y su aura intimidatoria. Tuvo una carrera controvertida plagada de dificultades personales, pero Tyson sigue siendo una figura popular e influyente en este deporte.

Carrera profesional

La carrera boxística de Mike Tyson comenzó en su adolescencia. Debutó como profesional en 1985 y rápidamente dominó a sus oponentes. El estilo de Tyson era duro y agresivo, lo que le valió numerosas victorias. Ganó sus primeros veinte combates por KO, lo que lo colocó en el punto de mira como una futura superestrella. Tyson ganó su primer título mundial en 1986 al derrotar a Trevor Berbick y

Mike Tyson se convirtió en el campeón de los pesos pesados más joven con 20 años⁸

se convirtió en el campeón de los pesos pesados más joven de la historia de este deporte.

Victorias notables

El estilo y el éxito de Tyson en el ring siguieron cimentando su legado como uno de los mejores boxeadores de todos los tiempos. Era temido por su potencia y agilidad y llegó a ganar más títulos mundiales a lo largo de su carrera. Entre las victorias notables de Tyson se incluyen su nocaut a Larry Holmes, su victoria sobre Michael Spinks y su combate contra Frank Bruno, en el que ganó el campeonato del CMB. Tyson se retiró del boxeo profesional en 2005 con 50 victorias, seis derrotas y dos no-contestaciones. Su potencia y dedicación a este deporte le convirtieron en un icono y un modelo a seguir para los boxeadores de todo el mundo. El legado de Tyson en el boxeo es innegable y está considerado como uno de los mejores boxeadores de la historia.

La personalidad de Tyson

El impacto de Tyson se extiende más allá del ring de boxeo. Su personalidad y carisma lo convirtieron en un icono de la cultura pop. Ha aparecido en numerosas películas, programas de televisión y vídeos musicales. Además, las memorias de Tyson, *Undisputed Truth*, cuentan la historia de su vida y ofrecen al público una mejor comprensión del hombre que hay detrás de los guantes. El legado y los logros de Mike Tyson como boxeador han inspirado a muchos. Su fuerza, resistencia y dedicación a este deporte lo han convertido en una leyenda. Puede que la carrera de Tyson se viera empañada por las controversias, pero su determinación para superarlas lo convirtió en un modelo a seguir para los boxeadores de todo el mundo. Siempre será recordado como uno de los mejores boxeadores de la historia, y su impacto en el deporte del boxeo nunca será olvidado.

Floyd Mayweather Jr.

Floyd Mayweather Jr., conocido como «Money», es un boxeador estadounidense retirado que no necesita presentación. Es considerado uno de los mejores boxeadores de todos los tiempos, con logros sin parangón en este deporte. Floyd Mayweather Jr. se hizo un nombre por su imbatible estilo de lucha, un impresionante récord de victorias y un fastuoso estilo de vida fuera del ring. Además, el talento y la dedicación de Mayweather Jr. le han valido el reconocimiento mundial, y es aclamado por muchos como el mejor boxeador defensivo de todos los tiempos. Profundicemos en su legado y sus logros como boxeador y comprendamos qué lo ha convertido en el campeón invicto.

Antecedentes y carrera

Mayweather Jr. nació en Grand Rapids, Michigan, el 24 de febrero de 1977. Comenzó a entrenar a una edad temprana, inspirado por los antecedentes boxísticos de su familia. Su padre, sus tíos y su abuelo eran todos boxeadores, y le inculcaron disciplina, trabajo duro y determinación. La carrera de boxeador profesional de Mayweather Jr. comenzó en 1996, cuando ganó su primer combate profesional contra Roberto Apodaca. A continuación, ganó muchos más títulos, como el de superpluma del CMB, el de peso ligero del CMB, el de peso medio ligero de la AMB (Super), el de peso medio ligero del CMB, el de peso welter de la AMB (Super), el de peso welter del CMB, el de peso welter ligero de la AMB (Super), el de peso welter de la FIB y el de peso welter de la OMB.

Victorias notables

Mayweather Jr. es conocido por su famoso combate contra Manny Pacquiao en 2015, apodado la «Pelea del Siglo». Mayweather Jr. ganó el combate por decisión unánime, conservando su récord invicto. El estilo de combate defensivo de Mayweather Jr. lo diferencia de otros boxeadores. Nunca ha sido noqueado ni derribado, destacando su habilidad para evitar golpes y mantener el control en el ring. Su técnica ha inspirado a muchos boxeadores jóvenes, y su dedicación al entrenamiento es encomiable. Aparte de sus logros en el ring, Mayweather Jr. es conocido por su fastuoso estilo de vida. A menudo hace alarde de su riqueza, sus coches lujosos, sus jets privados y sus relojes caros. Sus fans lo adoran por su extravagante personalidad y su confianza dentro y fuera del ring.

El legado de Floyd Mayweather Jr. como boxeador siempre permanecerá inigualable. Su récord imbatible, su impresionante colección de títulos y su estilo de combate defensivo lo convierten en uno de los mejores boxeadores de la historia. Ha inspirado a muchos boxeadores jóvenes con su dedicación al entrenamiento y al perfeccionamiento de su oficio. Su fastuoso estilo de vida fuera del ring lo ha convertido en una celebridad. El legado de Floyd Mayweather Jr. como boxeador seguirá inspirando y asombrando a la gente durante generaciones.

Otros boxeadores notables

Aparte de Ali y Tyson, muchos otros boxeadores fueron legendarios durante la Era Común, entre ellos Sugar Ray Leonard, Julio César Chávez, Óscar De La Hoya y Manny Pacquiao. Estos hombres aportaron su estilo y personalidad únicos al cuadrilátero y construyeron legados que impactaron a generaciones. Han dejado su huella en el boxeo, el deporte y la sociedad, inspirando a personas de todo el mundo a abrazar el deporte, perseguir sus sueños y superar las adversidades. Sus logros y contribuciones siguen siendo celebrados y estudiados de diversas formas, desde libros y documentales hasta películas y arte. Han establecido nuevos estándares para el deporte, y sus legados inspiran a futuros boxeadores y atletas a perseguir la grandeza.

El boxeo sigue siendo uno de los deportes más queridos y vistos en todo el mundo. Hoy en día, muchos boxeadores de talento se dedican a este deporte y a construir sus legados. El impacto de Ali, Tyson y otros boxeadores notables de la era moderna continúa mientras los púgiles más jóvenes se esfuerzan por emular su estilo y su éxito. El boxeo no sería el mismo sin estos grandes hombres, cuyos legados seguirán inspirando y entreteniendo a la gente de todo el mundo.

El boxeo es un arte atemporal, y las futuras generaciones de púgiles seguirán aprendiendo de los logros de los grandes que les precedieron.

Este capítulo abarca los orígenes del boxeo, la transformación de este deporte durante la era moderna y algunos de los boxeadores más notables de esta época. Desde Muhammad Ali hasta Floyd Mayweather, Jr., estos hombres dieron una forma única a este deporte y dejaron una huella indeleble en el boxeo, la sociedad y el mundo. El legado de estos grandes sigue inspirando y entreteniendo a personas de todas las edades, y sus logros serán estudiados, celebrados y emulados durante años.

Capítulo 2: Iniciación al boxeo I: reglas y estilos de lucha

¿Quiere iniciarse en el boxeo, pero necesita ayuda para saber por dónde empezar? Entonces, es hora de prepararse y aprender las reglas y los estilos de combate.

El boxeo es un ejercicio y un deporte estimulante para ver y practicar. Hay una gran variedad de estilos de lucha entre los que elegir, cada uno con técnicas y estrategias únicas. Sin embargo, antes de subir al ring, es fundamental comprender las reglas básicas del boxeo, las posturas de combate adecuadas y cómo lanzar golpes y defenderse.

Este capítulo abarca las reglas generales del boxeo, el *Código Queensberry de Reglas para el boxeo* y varios estilos de combate. Desde swarmers y *couterpunchers* hasta *sluggers* y *out-boxers*, ofrece una descripción detallada de cada tipo para que pueda descubrir cuál se adapta mejor a usted. El amor por el boxeo puede compartirse con amigos, familiares o desconocidos. Entonces, adentrémonos en los entresijos del boxeo y exploremos algunas reglas básicas de este deporte.

Reglas generales del boxeo: todo lo que necesita saber

El boxeo es un deporte admirado por millones de personas en todo el mundo[4]

El boxeo es uno de los deportes más populares en todo el mundo, con millones de aficionados que disfrutan de la emoción y el entusiasmo de cada combate. Sin embargo, comprender correctamente las reglas y normas es esencial para disfrutar del juego y apreciar el arte del boxeo. He aquí las reglas generales que es esencial conocer antes de empezar a ver o participar en este deporte.

Objetivo

El objetivo principal de un combate de boxeo es ganar por nocaut o por puntos, dependiendo de la modalidad del deporte. Una victoria por nocaut requiere noquear al oponente de forma que no pueda volver al combate a la cuenta de 10, o que un árbitro detenga el combate porque el boxeador corre peligro de sufrir lesiones o daños graves (nocaut técnico). Por el contrario, una victoria por puntos se produce cuando un boxeador asesta más golpes exitosos al oponente durante el combate.

Puntuación

La puntuación en el boxeo se basa en el número de golpes asestados exitosamente a lo largo del combate. Además, los jueces evalúan y puntúan a cada boxeador en función de su capacidad para asestar golpes en el cuerpo o la cabeza del adversario. El puñetazo debe aterrizar con la parte delantera del guante cerrado de la mano, y sólo se tienen en cuenta los puñetazos por encima de la cintura. Los puñetazos por debajo de la cintura se consideran faltas a menos que la cabeza del boxeador baje hasta ese nivel.

Faltas

El boxeo tiene reglas estrictas en cuanto a las faltas. Las faltas más comunes incluyen sujetar, golpear por debajo del cinturón, golpear la parte posterior de la cabeza y dar cabezazos. Los boxeadores no pueden utilizar los codos u otras partes del cuerpo para golpear al adversario. Además, los boxeadores no deben morder, escupir o causar daño intencionadamente a su oponente.

El tono de voz

Un boxeador debe mantener un tono y una conducta respetuosos cuando boxea. Un comportamiento irrespetuoso como burlarse de un oponente o utilizar un lenguaje abusivo se considera poco profesional y es potencialmente peligroso. Los boxeadores deben seguir las instrucciones del árbitro y dejar de pelear cuando se les indique. No hacerlo puede llevar a la descalificación.

Equipo de protección

El equipo de protección es esencial para los boxeadores aficionados y profesionales. El equipo de protección más importante es un protector bucal que proteja los dientes y las encías de posibles daños. Se aconseja a los boxeadores que lleven vendas y guantes para proteger las manos y las muñecas de fracturas durante el impacto. Además, el casco de boxeo protege la cabeza y la cara de cortes y magulladuras. Los boxeadores que compiten profesionalmente suelen llevar sólo guantes y un protector bucal, pero los boxeadores aficionados suelen llevar más equipo de protección.

El Código Queensberry de Reglas para el boxeo: una breve historia

El boxeo es un deporte que existe desde los antiguos griegos, pero fue a mediados del siglo XIX cuando se estableció un conjunto de reglas estándar. El *Código Queensberry de Reglas para el boxeo* se introdujo en 1867, anunciando una nueva era del boxeo que hacía hincapié en la seguridad, el juego limpio y la deportividad. Exploremos los orígenes del *Código Queensberry*, sus características clave y su impacto en el deporte del boxeo.

Orígenes del *Código de Queensberry*

Antes del establecimiento del *Código de Queensberry*, el boxeo era un deporte brutal y a menudo mortal. Los organizadores de las peleas enfrentaban a menudo a hombres de tamaños muy diferentes, lo que provocaba lesiones y muertes. Las reglas eran mínimas y las peleas continuaban hasta que uno de los púgiles quedaba incapacitado. Con el tiempo, esto provocó una protesta pública y llamadas a la reforma. En 1865, John Sholto Douglas, noveno marqués de Queensberry, escribió una carta al periódico *Sporting Life* en la que pedía un conjunto estándar de reglas que rigieran el deporte del boxeo. Dos años más tarde, se publicó el *Código de Queensberry*, que inauguró una nueva era de juego limpio y seguridad en el boxeo.

Características principales del *Código Queensberry*

El *Código de Queensberry* estableció varias reglas nuevas que aún se utilizan en el boxeo hoy en día. En primer lugar, ordenó el uso de guantes para reducir las lesiones y las muertes en este deporte. Estableció la duración de los asaltos (tres minutos), el número de asaltos (hasta 15) y la duración de los descansos entre asaltos (un minuto). El *Código* introdujo el concepto de «derribo y fuera de combate»: si un púgil era derribado al suelo y no podía levantarse en 10 segundos, el combate terminaba. Además, el *Código de Queensberry* prohibía el forcejeo, la lucha libre y otras formas de juego «sucio».

El impacto del *Código Queensberry*

El *Código Queensberry* tuvo un impacto inmediato y profundo en el boxeo. Hizo que el boxeo fuera más seguro para los púgiles y más apetecible para el público, aumentando su popularidad. El *Código* dio lugar a una nueva raza de boxeadores profesionales entrenados en el boxeo en lugar de confiar en la fuerza bruta. Además, estableció el marco de los combates de boxeo modernos, incluyendo las clases de peso, las clasificaciones y los combates de campeonato. Hoy en día, el *Código de Queensberry* sigue siendo la base de las reglas del boxeo en la mayoría de los países del mundo.

El *Código Queensberry de Reglas para el boxeo* fue un momento histórico para este deporte. Transformó el boxeo de un espectáculo brutal y a menudo mortal en un deporte que enfatizaba la habilidad, la deportividad y el juego limpio. El *Código* estableció un conjunto estándar de reglas y sentó las bases para el boxeo moderno tal y como lo conocemos ahora. Gracias a la visión de John Sholto Douglas, noveno marqués de Queensberry, el boxeo es un deporte más seguro y respetado.

Diferentes estilos de lucha

El boxeo es un deporte que requiere precisión, fuerza y agilidad. Con tantos estilos de lucha diferentes, cada boxeador aporta un enfoque único al cuadrilátero, desde el llamativo juego de pies de Muhammad Ali hasta los devastadores *uppercuts* de Mike Tyson. La diversidad de estilos de boxeo permite un combate emocionante en todo momento. Tanto si un boxeador prefiere la táctica defensiva del *counterpuncher* o la ofensiva implacable del *swarmer*, la belleza de este deporte reside en la creatividad y la adaptabilidad de cada púgil. Entonces, ¿quién saldrá victorioso del ring? La respuesta está en la combinación única de estrategia y atletismo de los púgiles.

El estilo *swarmer*: el arte de presionar en el boxeo

Cada estilo de boxeo tiene su encanto único. El estilo *swarmer* se basa en la agresión y la presión sin descanso. Los *swarmers* son conocidos por su enfoque implacable y su presión constante. Pasan la mayor parte del tiempo en el interior, lanzando duros golpes y combinaciones. Profundicemos en el estilo *swarmer*, exploremos su historia y expliquemos cómo funciona.

Orígenes

El estilo de boxeo *swarmer* surgió a principios del siglo XX y fue popularizado por boxeadores como Rocky Marciano y Joe Frazier. Este estilo se caracteriza por la habilidad del boxeador para meterse en la guardia de su rival y lanzar golpes rápidos y potentes desde corta distancia. Además, los *swarmers* son conocidos por su gran resistencia y la intensa presión que ejercen sobre sus oponentes. Aplican una presión constante e implacable para desgastar a sus oponentes.

Conceptos básicos

Los boxeadores *swarmer* suelen ser más bajos, pero tienen un físico poderoso y una gran resistencia. Su estrategia consiste en entrar en la guardia de su oponente y lanzar múltiples golpes con rapidez. Su objetivo es mantener a sus oponentes a contrapié, presionando hacia delante y lanzando combinaciones. Este estilo es excelente para boxeadores con una barbilla fuerte y que puedan absorber los golpes, ya que suelen recibir golpes con bastante frecuencia.

Atributos

Un atributo crítico de un boxeador *swarmer* es su juego de pies. Deben ser rápidos y ágiles con los pies para entrar en la guardia de su oponente y lanzar golpes. Los *swarmers* son expertos en deslizar golpes y abrirse paso entre la guardia de su oponente. Sin embargo, necesitan excelentes reflejos y sentido de la distancia para asestar golpes eficaces.

En la cultura popular

El estilo *swarmer* ha sido muy utilizado por boxeadores como Mike Tyson, conocido por sus ataques implacables, sus rápidas combinaciones y su feroz potencia de golpeo. Tyson utilizó este estilo para ganar el campeonato de los pesos pesados a la edad de 20 años, lo que le convirtió en el campeón de los pesos pesados más joven de la historia. Otros boxeadores notables que utilizaron el estilo *swarmer* son Joe Frazier, Roberto Durán y Julio César Chávez.

El estilo *swarmer* es una forma emocionante y eficaz de luchar en el boxeo. Su estilo requiere una gran resistencia, un excelente juego de piernas y una presión implacable sobre el oponente. Los *swarmer*s son conocidos por su habilidad para entrar en la guardia de su oponente y lanzar potentes golpes en rápida sucesión.

Liberar la fuerza del estilo de boxeo *Out-Boxer*

El boxeo es un deporte de combate que requiere disciplina, concentración, velocidad y estrategia para ganar. Uno de los estilos de boxeo más convincentes es la técnica del *out-boxer*. Este estilo hace hincapié en los golpes de largo alcance, la movilidad y el juego de piernas para superar al adversario. He aquí un breve resumen del estilo de boxeo *out-boxer*, cómo funciona y por qué es una estrategia excelente para el arsenal de un boxeador.

El estilo *out-boxer* suele denominarse el estilo de boxeo «golpea y que no te golpeen». El objetivo principal es mantenerse a una distancia segura del oponente, utilizando mucho juego de piernas y movilidad mientras se centra en los golpes de largo alcance. Esta técnica requiere reflejos rápidos, sincronización precisa y una excelente coordinación mano-ojo, algo esencial para cualquier boxeador de éxito.

Un boxeador debe estar familiarizado con los diferentes golpes y combinaciones para utilizar la técnica del *out-boxer* con eficacia. El *jab* es un golpe estándar utilizado para el ataque y la defensa. Mantiene a distancia y con eficacia a los oponentes mientras prepara otros golpes. El *cross*, el gancho y el *uppercut* son golpes utilizados en el estilo *out-boxer*. Estos puñetazos crean ángulos, perturban el equilibrio del adversario y crean aperturas para los contraataques.

El juego de pies es una parte integral del estilo de lucha del *out-boxer*. Los luchadores deben ser móviles y eficientes a la hora de moverse dentro y fuera del alcance, manteniendo al mismo tiempo el equilibrio y la técnica adecuados. El juego de pies del *out-boxer* combina pivotes, círculos y movimientos laterales, lo que les permite superar a sus oponentes con rapidez y eficacia. La defensa es importante en el estilo *out-boxer*, dando prioridad a la defensa antes que al ataque. Utilizan su juego de pies para rodear y evadir los golpes de sus oponentes y confían en su postura de boxeo, el movimiento de la cabeza y la combinación de bloqueos, delices y paradas para evitar ser golpeados mientras preparan contraataques.

Uno de los retos del estilo *out-boxer* es que requiere una resistencia excepcional. Los boxeadores deben moverse con rapidez durante un tiempo prolongado, lanzar golpes de largo alcance y mantener su precisión, sincronización y velocidad. Deben tener la paciencia de esperar el momento adecuado para golpear, utilizando un movimiento superior para crear oportunidades de asestar golpes decisivos. El estilo *out-boxer* es una excelente estrategia de boxeo, que ofrece una mezcla única de velocidad, precisión y movilidad. Es una técnica inteligente que permite al boxeador controlar el ritmo del combate mientras mantiene a su oponente a una distancia segura. Sin embargo, dominar este estilo requiere disciplina, concentración, un entrenamiento constante y el desarrollo de habilidades y técnicas específicas.

Los aspirantes a boxeadores pueden aprender más sobre el estilo *out-boxer* y dominarlo observando y emulando a púgiles *out-boxer* de éxito y trabajando con entrenadores experimentados que comprendan los matices de este estilo de combate. Si aspira a convertirse en un boxeador de éxito, considere la posibilidad de incorporar el estilo *out-boxer* a su repertorio y prepárese para dar rienda suelta a su fuerza y precisión en el cuadrilátero.

¿Qué es el estilo de boxeo *slugger* y por qué debería probarlo?

El boxeo le proporciona un entrenamiento de todo el cuerpo a la vez que perfecciona su coordinación y atletismo en general. Sin embargo, con tantos estilos de boxeo diferentes, encontrar el que mejor se adapte a usted puede llevarle mucho trabajo. Empiece con el estilo de boxeo *slugger*. Esta forma de boxeo combina potencia y agresividad, así que si le gusta el cuerpo a cuerpo, éste podría ser el estilo de boxeo perfecto para usted. Pero primero, sumerjámonos en lo que hace que el estilo de boxeo *slugger* sea tan único.

Mucho poder

El estilo de boxeo *slugger* es conocido por basarse en la potencia y los golpes fuertes. Significa que el estilo *slugger* consiste en asestar puñetazos fuertes y encajar golpes contundentes en lugar de basarse en movimientos rápidos y agilidad como otros estilos de boxeo. El estilo de boxeo *slugger* es perfecto para aquellos con una aptitud natural para la fuerza y la potencia duradera.

Centrado en el combate cuerpo a cuerpo

Otro elemento crítico de este estilo de boxeo es su enfoque en el combate cuerpo a cuerpo. Debe sentirse cómodo lanzando y recibiendo golpes en circunstancias de corta distancia para tener éxito con el *slugger*. Así que, si le gusta entrar y pelear sucio, el estilo de boxeo *slugger* puede ser para usted.

Adecuado para boxeadores más altos

Encontrar un estilo de boxeo que se adapte a usted puede ser todo un reto si mide más de 1,80 m. Muchas técnicas de boxeo se basan en la agilidad y la velocidad, que pueden ser más difíciles de ejecutar para los boxeadores más altos. Sin embargo, el estilo de boxeo *slugger* es perfecto para un boxeador más alto porque hace hincapié en la fuerza y la potencia, lo que se ajusta bien a los boxeadores con un alcance más extenso.

Requiere una defensa adecuada

Aunque el *slugger* hace hincapié en la ofensiva y en los golpes contundentes, es crucial desarrollar unas habilidades defensivas sólidas. Al estar constantemente en el bolsillo, debe protegerse de los golpes entrantes de su oponente. Sin una defensa adecuada, podrá abrirse a los golpes corporales, reduciendo su resistencia, afectando a su respiración y debilitando su guardia. Por lo tanto, practique sus técnicas de defensa y mejórelas continuamente para protegerse de los ataques enérgicos.

Fomenta la disciplina y la concentración

Todos los estilos de boxeo requieren trabajo duro y dedicación. El boxeo *slugger* no es una excepción, ya que exige mucha práctica y concentración, pero la recompensa es inmensa. Al centrarse en movimientos y técnicas que se apoyan en la fuerza y la potencia del cuerpo, el slugging proporciona una disciplina que se traslada a otros aspectos de la vida. La práctica regular y la persistencia le enseñarán a mantener la concentración y a superar los obstáculos dentro y fuera del cuadrilátero.

El estilo de boxeo *slugger* es un estilo de boxeo único que podría ser el ajuste perfecto para cualquier persona que quiera enfatizar su poder físico y sus habilidades de combate cuerpo a cuerpo. Esta técnica de boxeo proporciona una forma física dinámica pero desafiante de mejorar sus habilidades de agilidad, fuerza y resistencia. El estilo de boxeo *slugger* exige dedicación y trabajo duro, pero los beneficios físicos y la disciplina son inmensos. Si está considerando explorar diferentes estilos de boxeo, el estilo de boxeo *slugger* es una excelente opción para mejorar su entrenamiento general.

Desatar el *Counterpuncher*: por qué vale la pena aprender este estilo de boxeo

Una técnica del boxeo que puede darle ventaja sobre su oponente es el *counterpuncher*. Este estilo de boxeo utiliza los movimientos agresivos de su oponente y los convierte en oportunidades para un contraataque eficaz. Aunque dominar un estilo de boxeo requiere tiempo y esfuerzo, merece la pena aprender este estilo; esta sección explora por qué.

El elemento sorpresa

Contragolpear es aprovecharse de las expectativas de su adversario. En un momento, piensan que tienen las de ganar. Al siguiente, quedan aturdidos por la eficacia de su contragolpe. Esto le da a usted el control y puede sacudir la confianza de su adversario, haciéndole vacilar a la hora de volver a atacar.

La importancia de la defensa

Como cualquier boxeador sabe, la defensa es tan crítica como el ataque. En el *counterpuncher*, la defensa está en primer plano. Se centrará en deslizarse, zigzaguear y bloquear los ataques de su oponente para crear aperturas que pueda explotar con un contragolpe.

Pensamiento estratégico

Contragolpear requiere mucha estrategia y sincronización. Debe leer los movimientos de su oponente, anticiparse a sus ataques y saber cuándo golpear para maximizar la eficacia de su contragolpe. Esta habilidad mejora su boxeo y le ayuda a convertirse en un pensador más estratégico.

Versatilidad

Uno de los beneficios más significativos de dominar el contragolpe es su versatilidad. Esta técnica puede emplearse contra diversos oponentes, desde agresivos pendencieros hasta boxeadores más calculadores, lo que la convierte en una valiosa habilidad bajo la manga. La clave está en practicar, perfeccionar sus habilidades y mantenerse alerta para ganar ventaja en el cuadrilátero.

Fomentar la confianza

Por último, aprender el contragolpe puede hacer maravillas por su confianza en el ring. A medida que se familiarice con la técnica, desarrollará un mejor control durante los combates, lo que le llevará a realizar movimientos audaces y seguros de sí mismo y, en última instancia, a obtener mejores resultados y victorias. El nivel de confianza de dominar esta técnica es difícil de exagerar y bien merece el esfuerzo.

El contragolpe es una técnica difícil de aprender, pero sus beneficios son numerosos. Desde mantener a su oponente adivinando y mejorar su defensa hasta desarrollar el pensamiento estratégico, la versatilidad y la confianza, no es de extrañar que muchos boxeadores lo consideren una herramienta esencial en su arsenal. Así que considere añadir esta técnica a su repertorio la próxima vez que entrene y observe cómo crecen sus habilidades boxísticas y su confianza.

Artes marciales mixtas (MMA)

Las Artes Marciales Mixtas (MMA) son una mezcla de varios estilos de artes marciales que se centra en las técnicas de golpeo y agarre. Aunque los luchadores de MMA utilizan predominantemente los codos, las rodillas y las patadas para marcar puntos o noquear a sus oponentes, el boxeo es un aspecto esencial de este deporte. El golpeo al estilo del boxeo destaca la importancia de un juego de pies preciso, el movimiento de la cabeza y los puñetazos potentes. Exploremos la importancia del boxeo en las MMA y descubramos cómo lo utilizan los luchadores de MMA para dominar a sus oponentes en la jaula.

Las artes marciales mixtas son una mezcla de diferentes estilos de lucha[5]

Juego de pies y movimiento de cabeza

El boxeo se basa en el juego de piernas y el movimiento de la cabeza; lo mismo se aplica a las MMA. Un luchador de MMA debe evitar los derribos y los golpes mientras se mueve por la jaula. Un juego de pies adecuado permite al luchador entrar y salir del alcance, mantener la distancia adecuada y ajustar sus ángulos de golpe en tiempo real. El movimiento de cabeza implica que el defensor mueva la cabeza para evitar un golpe mientras lanza simultáneamente un contragolpe. Esta técnica es esencial para los boxeadores y puede integrarse en las MMA.

Juzgar golpes y combinaciones

El boxeo implica juzgar los golpes lanzados por el adversario y anticipar cuál será el siguiente. Leer al oponente es increíblemente importante, ya sea a través de las expresiones faciales, el lenguaje corporal o cómo se mueve. Un boxeador debe aprender a lanzar combinaciones para tender una trampa a su oponente y conseguir un golpe de nocaut. Los luchadores de MMA utilizan estas técnicas para anticiparse a los movimientos de su oponente y lanzar un contraataque eficaz.

Puñetazos potentes y defensa

Un puñetazo de potencia es un golpe con poder de nocaut o con la capacidad de infligir un daño significativo al rival. Los puñetazos de potencia pueden lanzarse desde distintos ángulos y su objetivo es derribar al rival o crear una abertura para un golpe de continuación. Los luchadores de MMA utilizan los puñetazos de potencia y los incorporan a las técnicas golpeo en el suelo cuando derriban a un rival. Del mismo modo, la defensa al estilo del boxeo es una parte integral de las MMA. Los luchadores utilizan giros de hombros, paradas y deslizamientos para evitar golpes y contraataques mientras sus rivales se exponen.

Trabajo de pies y control de la jaula

El juego de pies del boxeo hace hincapié en mantener el control sobre el ring, crear ángulos y posicionarse para un ataque o una defensa. En las MMA, el luchador debe utilizar el control de la jaula, lo que significa que debe mantenerse hacia afuera contra un rival o contra un luchador de BJJ (Jiu-Jitsu brasileño) mientras se posiciona para lanzar golpes efectivos. Un juego de pies eficaz y el control de la jaula pueden marcar la diferencia entre perder o ganar un combate.

Acondicionamiento e IQ de lucha

El boxeo en MMA requiere un acondicionamiento, una preparación mental y un coeficiente intelectual de lucha significativos. Los púgiles deben estar condicionados para lanzar golpes a gran intensidad durante varios asaltos y tener al mismo tiempo la resistencia necesaria para forcejear en los últimos asaltos. El cociente intelectual de lucha implica un alto nivel de conciencia de combate que permita al luchador adaptarse al ritmo de un combate, mantener la compostura y ejecutar estrategias según las habilidades del oponente. Para ser un luchador de MMA de alto nivel con un IQ de lucha, debe boxear con regularidad, centrarse en el acondicionamiento, estudiar a su oponente y aprender nuevas técnicas.

Ya se trate del juego de piernas, el movimiento de la cabeza, los golpes potentes, la defensa o incluso el cociente intelectual de lucha, el boxeo puede dar a los luchadores de MMA la ventaja para dominar y ganar sus combates. Además, aprender y utilizar correctamente estas técnicas mejora significativamente las posibilidades de los luchadores de ganar un combate. Por lo tanto, los aspirantes a luchadores de MMA deberían incorporar el boxeo a su régimen de entrenamiento para elevar su nivel, aumentar sus posibilidades de triunfar y, en última instancia, convertirse en campeones.

El boxeo es un deporte no apto para los débiles de corazón. Su objetivo es noquear o conseguir más puntos que su oponente a base de golpes. Sin embargo, hay que seguir muchas normas y reglamentos para garantizar un combate limpio. Ningún boxeador elegiría deliberadamente ser penalizado por faltas.

El *Código Queensberry de Reglas de boxeo* es la norma para todos los combates de boxeo. Más allá de las reglas están los diferentes estilos de combate que adoptan los boxeadores. Algunos son *swarmers*, siempre a la ofensiva, mientras que otros son *outboxers* que prefieren pelear a distancia. Algunos boxeadores van a por el golpe de nocaut, y los *counterpunchers* esperan para golpear. Debido al auge de las Artes Marciales Mixtas (MMA), el boxeo ha adquirido una nueva dimensión. Con tantos estilos y reglas, el boxeo le mantendrá siempre alerta.

Capítulo 3: Iniciación al boxeo II: equipamiento y acondicionamiento físico

¿Está listo para comenzar su camino en el boxeo? Si se toma en serio lo de convertirse en boxeador, debe invertir en equipo y material de alta calidad. Desde guantes y ropa hasta vendas para las manos y equipos de *fitness*, el equipo es fundamental para garantizar que se mantenga seguro y rinda al máximo. Tanto si busca telas transpirables como acolchadas, elegir la ropa adecuada puede afectar significativamente su comodidad y rendimiento. Empezar con la ropa y el equipo adecuados es esencial si está preparado para entrenar como un boxeador profesional.

Este capítulo trata de los distintos tipos de ropa y equipamiento de boxeo, incluidas las vendas para las manos y los guantes. Examina las técnicas para ponerse en forma y acondicionar su cuerpo para el combate. El capítulo concluye con consejos de boxeadores expertos sobre el entrenamiento físico. Recuerde que el mejor equipo de boxeo y las mejores técnicas de acondicionamiento físico sólo serán eficaces si sigue una dieta adecuada. Al final de este capítulo, debería comprender mejor los entresijos del boxeo.

La guía definitiva del equipo, ropa y equipamiento de boxeo

Si le apasiona el boxeo, sabrá que el equipo adecuado puede marcar la diferencia en su entrenamiento y su rendimiento. Sin embargo, elegir su equipo y ropa puede resultar abrumador con tantas opciones disponibles. Esta sección explora todo lo que necesita para una rutina de boxeo exitosa y segura, desde los guantes hasta los protectores bucales, pasando por la ropa y el equipamiento.

Guantes

Guantes de boxeo⁶

Un buen par de guantes es esencial para cualquier boxeador. Los guantes vienen en una gama de pesos, normalmente de 8 a 20 onzas. El peso correcto depende de su peso y nivel de habilidad. Si es principiante, es mejor empezar con un guante más ligero. Preste atención al ajuste y al cierre, de cordones o de velcro, cuando elija los guantes. Los guantes de cuero son más duraderos, pero los guantes híbridos con nailon y cuero sintético son más ligeros.

Envolturas para manos

Las vendas para manos protegen muñecas y nudillos[7]

Las vendas para las manos son tan esenciales como los guantes. Protegen sus manos, muñecas y nudillos de lesiones. Las envolturas vienen de varias longitudes, pero la de 180 pulgadas es la más común. Envolverse las manos ayuda a mantener un buen agarre de los guantes. La técnica básica consiste en empezar cubriéndose la muñeca, los nudillos y los dedos.

Protectores bucales

Los protectores bucales ayudan a proteger sus dientes[8]

Proteger sus dientes es primordial en el boxeo. Un protector bucal es un equipo barato y eficaz que puede salvarle de lesiones orales y, en casos graves, cerebrales. Los protectores bucales tienen dos tipos básicos y pueden personalizarse para que se ajusten cómodamente a sus dientes. Debe ser lo suficientemente grueso para absorber el impacto de un puñetazo.

Ropa

Una vestimenta adecuada no sólo es esencial para la apariencia, sino para la comodidad y la seguridad. Los pantalones cortos de boxeo suelen ser holgados y llegar hasta medio muslo para ofrecer la máxima movilidad. Un buen calzado de entrenamiento que le sujete los tobillos es una pieza esencial del equipo. Por último, use una camiseta o chaleco de algodón con un sujetador deportivo (para las mujeres) para mayor comodidad.

Equipo de boxeo

Por último, pero no por ello menos importante, está el equipo de boxeo. Existen diversos equipos, como sacos de velocidad, pesados y de doble extremo. Asegúrese siempre de que el equipo se ajusta a su capacidad física. Obtendrá los mejores resultados de su entrenamiento cuando practique con el equipo adecuado.

El arte y la ciencia de vendarse las manos para boxear

Si se toma en serio el boxeo, conocerá la importancia de proteger sus manos durante los entrenamientos y las competiciones. Un vendaje de manos adecuado proporciona un valioso apoyo y protección a sus muñecas, nudillos y dedos. Mejora su potencia de golpeo y reduce el riesgo de lesiones. Esta sección trata sobre el arte y la ciencia de vendarse las manos para boxear.

Elija el tipo adecuado de vendas para las manos

En el mercado existen varias envolturas para las manos, desde las estándar de algodón hasta las de gel con mayor acolchado. La envoltura que elija dependerá de sus preferencias y necesidades. Las envolturas de algodón son la opción más común y asequible. Sin embargo, una envoltura de gel podría ser más adecuada si necesita un acolchado extra.

Prepare sus envolturas adecuadamente

Antes de empezar a vendarse, asegúrese de que sus vendas estén limpias y secas. Cualquier resto de humedad o sudor puede causar irritaciones y molestias durante el entrenamiento o la competición. Además, enrolle bien las vendas y guárdelas en una bolsa con cierre para evitar que se enreden a la vez que mantienen su elasticidad. Si utiliza una envoltura de gel, agítela antes de usarla.

Técnica de envoltura

No existe una técnica única para vendarse las manos. Existen muchos métodos, pero depende de usted encontrar el que mejor se adapte al tamaño y la forma de su mano. He aquí una guía general de la técnica más habitual:

1. Comience con un bucle alrededor del pulgar
2. Envuelva la muñeca varias veces, creando una base para los nudillos
3. Envuelva los nudillos varias veces, cruzando las envolturas sobre el dorso de la mano
4. Cubra el pulgar y continúe envolviendo hasta la muñeca, asegurando la envoltura con velcro o cinta adhesiva

Errores comunes que debe evitar

Algunos errores comunes que comete la gente cuando se envuelve las manos pueden reducir la eficacia de la envoltura o causar molestias y lesiones. Entre ellos se incluyen los siguientes:

1. Envolver demasiado apretado y restringir el flujo sanguíneo y el movimiento
2. No cubrir el pulgar, dejándolo así vulnerable
3. Cubrir los nudillos con demasiada holgura o demasiada fuerza, debilitándolos o reduciendo su movilidad.

Mantenimiento de las envolturas

Después del entrenamiento o competición, quítese las vendas con cuidado, límpielas y séquelas al aire. El sudor y las bacterias pueden acumularse, causando mal olor e irritación. Asimismo, sustituya inmediatamente sus vendas si han perdido elasticidad o muestran desgaste. Una envoltura floja no proporcionará a sus manos la protección y el apoyo necesarios.

El vendaje de las manos puede parecer un detalle menor, pero puede afectar significativamente su rendimiento y seguridad en el boxeo. Por lo tanto, es esencial elegir el vendaje adecuado, prepararlo correctamente y utilizar técnicas de vendaje apropiadas para garantizar la máxima sujeción, comodidad y protección. Además, recuerde evitar los errores comunes y mantener sus vendas para prolongar su vida útil y eficacia. Siguiendo estos consejos, podrá asegurarse de que sus manos están protegidas y capacitadas para asestar golpes de KO en el cuadrilátero.

La mejor ropa y guantes para boxear

Tanto si es nuevo en el boxeo como si lleva tiempo practicándolo, contar con la ropa y los guantes adecuados es fundamental para mejorar el rendimiento y protegerse de las lesiones. Con un sinfín de opciones, averiguar cuáles son los mejores artículos para invertir puede ser todo un reto. Esta sección profundiza en la mejor ropa y guantes para boxear.

Guantes de boxeo

Los guantes de boxeo son el equipo más importante de este deporte. Protegen sus manos y muñecas de lesiones mientras asesta golpes potentes. El guante que elija debe basarse en sus objetivos y su nivel de experiencia. Lo ideal es que los principiantes elijan un par de guantes ligeros, de entre 10 y 14 onzas, mientras que los profesionales pueden optar por guantes más pesados, de 16 a 20 onzas. EverLast, Cleto Reyes, Winning y Rival fabrican los mejores guantes.

Zapatos de boxeo

Las zapatillas de boxeo pueden ayudarle a rendir mejor[9]

Las zapatillas de boxeo deben ser ligeras y proporcionarle apoyo y estabilidad cuando se mueva por el cuadrilátero. Busque zapatillas con suela de goma para ayudarle a pivotar mejor y un tobillo alto que le proporcione un amplio apoyo y evite que se le muevan los tobillos. Adidas, Title y Ringside son las mejores marcas a las que debe echar un vistazo cuando compre calzado de boxeo.

Pantalonetas de boxeo

Los pantalones cortos de boxeo no tienen por qué ser caros, pero deben ser cómodos y permitir libertad de movimiento. Evite los pantalones cortos de algodón, ya que absorben demasiado sudor y resultan pesados. En su lugar, opte por los de nailon o poliéster con costuras laterales divididas para aumentar la flexibilidad. Algunas de las mejores marcas recomendadas son RDX, Venum y Hayabusa.

Casco de boxeo

Si quiere practicar *sparring*, debe llevar un casco protector. El arnés ofrece una protección adicional, reduciendo el riesgo de cortes y lesiones cerebrales. Su casco debe ajustarse bien y tener un acolchado adecuado para absorber los impactos. Algunas marcas populares conocidas por producir cascos de alta calidad son Title, Ringside y Winning.

La equipación de boxeo es una inversión esencial para mejorar sus habilidades boxísticas. El equipo adecuado mejora su rendimiento y le mantiene a salvo de lesiones. Los guantes de boxeo, los zapatos, los pantalones cortos, las vendas para las manos y el casco son los artículos más importantes de su bolsa de equipo. Considere la posibilidad de invertir en equipo de alta calidad de marcas de confianza, y estará un paso más cerca de convertirse en un profesional.

Fitness para boxeadores: entrene su cuerpo y su mente para convertirse en un campeón

El boxeo es uno de los deportes más populares del mundo y una forma estupenda de mantenerse en forma y sano. Se necesita mucho esfuerzo y dedicación para convertirse en un boxeador de éxito. No se trata sólo de golpear fuerte, sino de técnica, velocidad, agilidad y resistencia. En esta sección se trata todo lo relacionado con la forma física de los boxeadores.

¿Cualquiera puede empezar a entrenar como boxeador?

La respuesta es un gran SÍ. Cualquier persona apasionada por el boxeo y con dedicación puede empezar a aprender y entrenarse como boxeador. No importa su edad ni su tipo de cuerpo, el boxeo es para todos. Sin embargo, es crucial saber que el boxeo es un deporte intenso que requiere concentración y disciplina. Por lo tanto, si está dispuesto a esforzarse y sudar, no hay ninguna razón por la que no pueda convertirse en un gran boxeador.

Cómo entrenar su cuerpo para boxear

El boxeo es un deporte intenso que exige mucho de su cuerpo, por lo que una preparación adecuada es esencial. Los ejercicios cardiovasculares son un aspecto fundamental del boxeo, así que incluya correr, saltar a la cuerda y montar en bicicleta en su rutina de entrenamiento. Además, los ejercicios de entrenamiento de fuerza como flexiones, abdominales y sentadillas son imprescindibles para fortalecer brazos, piernas y tronco.

La dieta y su papel en el boxeo

Una dieta sana y equilibrada es igualmente vital para que los boxeadores rindan al máximo. Los púgiles necesitan mucha energía para seguir el ritmo de los rigurosos entrenamientos y combates. Lo mejor es seguir una dieta rica en proteínas, carbohidratos y grasas saludables. Incluya pollo, pescado, cereales integrales, verduras y fruta. Mantenerse hidratado durante todo el día es crucial, ya que la deshidratación puede afectar negativamente su rendimiento.

Salud mental y boxeo

El boxeo requiere una concentración y una fuerza mental inmensas. El estado mental de un boxeador afectará a su rendimiento, por lo que trabajar en su salud mental es esencial. Practique la meditación, el yoga o la visualización para mantener la calma y la concentración durante sus combates. Además, es importante fijarse objetivos alcanzables y celebrar sus logros.

Entrenamiento de fuerza general

El entrenamiento de fuerza ya no es sólo para culturistas o levantadores de pesas. Se ha convertido en una parte indispensable de cualquier rutina *fitness*, y todo el mundo, independientemente de su edad o sexo, puede beneficiarse. Como expertos en entrenamiento de fuerza, los boxeadores tienen muchas ideas valiosas que compartir. Sus regímenes de entrenamiento consisten en mejorar sus habilidades boxísticas y su fuerza y acondicionamiento generales. Esta sección cubre algunos de los consejos de entrenamiento de fuerza general de los boxeadores más talentosos.

No se salte el calentamiento

Antes de un entrenamiento intenso, es esencial realizar un calentamiento adecuado. Los boxeadores recomiendan empezar con ejercicios aeróbicos ligeros para hacer fluir la sangre. Algunos de sus ejercicios de calentamiento favoritos son los saltos de tijera, el *footing*, saltar la cuerda y el boxeo de sombra. Estos ejercicios ayudan a aumentar el ritmo cardiaco, calientan los músculos y reducen el riesgo de lesiones.

Céntrese en los ejercicios compuestos

La mejor manera de desarrollar la fuerza general es centrándose en los ejercicios compuestos. Estos ejercicios implican varios grupos musculares simultáneamente. Algunos ejemplos de ejercicios compuestos son las sentadillas, las estocadas, los levantamientos de peso muerto, los press de banca y los abdominales. Estos movimientos ayudan a desarrollar la fuerza y la estabilidad, beneficiando sus técnicas de boxeo y su salud física en general.

Incorpore ejercicios pliométricos

Los ejercicios pliométricos implican saltos y movimientos explosivos para desarrollar la potencia explosiva. Los boxeadores suelen incluir ejercicios pliométricos para mejorar la velocidad, la agilidad y la coordinación. Los ejercicios pliométricos incluyen saltos de caja, *burpees*, sentadillas con salto, flexiones con palmadas y muchos más.

Tómese días de descanso

Es esencial evitar el sobreentrenamiento, y los boxeadores expertos recomiendan días de descanso entre los entrenamientos para permitir que las fibras musculares se regeneren y reparen. El descanso es tan importante como el ejercicio para desarrollar la fuerza, así que programe suficiente tiempo de descanso en su rutina. Tenga como objetivo dos o tres días de descanso a la semana. Céntrese en ejercicios de entrenamiento de fuerza durante los días restantes.

Sea coherente

La constancia es la clave para alcanzar los objetivos del entrenamiento de fuerza. No se trata de entrenar todos los días durante una semana y abandonar a la siguiente. En su lugar, se trata de mantener y ceñirse a una rutina constante para obtener resultados a largo plazo. Los boxeadores recomiendan proponerse al menos tres o cuatro sesiones de entrenamiento de fuerza a la semana y aumentar gradualmente los pesos con el tiempo.

Incorporar el entrenamiento de fuerza a sus rutinas de *fitness* le ayuda a desarrollar músculos más fuertes, aumentar la resistencia y mejorar su salud física en general. En el entrenamiento de fuerza, escuchar y aprender de expertos como los boxeadores puede ayudarle a crear una rutina de entrenamiento más eficaz. Recuerde incorporar ejercicios de calentamiento, centrarse en ejercicios compuestos, incluir ejercicios pliométricos, tomarse días de descanso y entrenar con constancia. Siguiendo estos consejos, podrá alcanzar sus objetivos de entrenamiento de fuerza y mejorar su salud en general.

Ejercicios del tronco para mejorar la potencia de los puñetazos

Tanto si es un boxeador profesional como si disfruta practicando artes marciales, un tronco sólido es esencial para asestar puñetazos potentes. La fuerza central se refiere a los abdominales, la espalda y los músculos de la cadera que trabajan juntos para estabilizar su cuerpo y transferir la fuerza desde el suelo hacia arriba a través de sus puños. Esta sección explora cinco ejercicios prácticos para el tronco que le ayudarán a mejorar su potencia de golpeo, llevandolo al siguiente nivel.

Planchas

Las planchas son excelentes para desarrollar la fuerza del tronco al trabajar toda la sección media, incluidos los abdominales, la espalda y las caderas. La tabla básica consiste en mantener una posición de flexión de brazos durante el mayor tiempo posible, manteniendo el cuerpo recto y paralelo al suelo. Para añadir un reto adicional, realice variaciones de las planchas, como las planchas laterales, las elevaciones de piernas o las planchas caminando. Incorporando las planchas a su rutina de ejercicios, desarrollará una estabilidad y un control excelentes, lo que le permitirá lanzar golpes más potentes con menos esfuerzo.

Giro ruso

El giro ruso es un ejercicio excelente para trabajar los oblicuos, los músculos de los lados de la cintura. Para realizar este ejercicio

1. Siéntese en el suelo con los pies apoyados en el piso y las rodillas flexionadas.

2. Sujete una pesa o balón medicinal con las dos. Gire el torso hacia la derecha y toque el suelo con la pesa.
3. Gire hacia la izquierda y repita el movimiento. Este ejercicio desarrolla la potencia de rotación de su torso, esencial para generar fuerza en sus puñetazos.

Giro ruso

Bicho muerto

El ejercicio *Dead Bug* se dirige a sus abdominales inferiores y le ayuda a mejorar la estabilidad de sus músculos centrales. Para realizar este ejercicio:
1. Túmbese boca arriba con los brazos y las piernas extendidos hacia el techo.
2. Baje el brazo derecho y la pierna izquierda hasta que queden suspendidos justo por encima del suelo, luego vuelva a la posición inicial y repita en el lado opuesto.
3. Mantenga la parte baja de la espalda presionada contra el suelo para evitar arquearse y mantener la forma adecuada al realizar este ejercicio.

Bicho muerto

Golpe de balón medicinal

Los golpes con balón medicinal son una forma fantástica de desarrollar potencia explosiva en sus puñetazos entrenando su cuerpo para transferir fuerza rápidamente. Para realizar este ejercicio, póngase de pie con los pies separados a la altura de los hombros y sostenga un balón medicinal por encima de la cabeza. Golpee el balón contra el suelo con la mayor fuerza posible, luego agárrelo en el rebote y repita. Este ejercicio le ayudará a mejorar su velocidad y potencia, para que pueda asestar puñetazos a la velocidad del rayo que tengan poder.

Golpe de balón medicinal

Abdominales en bicicleta

Los abdominales en bicicleta son un ejercicio clásico para el tronco que se centra en los abdominales y los oblicuos, desarrollando la fuerza de rotación del torso. Para realizar este ejercicio

1. Túmbese boca arriba con las manos detrás de la cabeza y las rodillas flexionadas.
2. Levante los omóplatos del suelo y lleve el codo derecho hacia la rodilla izquierda mientras extiende la pierna derecha recta.
3. Cambie de lado y repita.

Realizar muchas repeticiones de abdominales en bicicleta desarrolla la resistencia y la fuerza central, que son esenciales para el boxeo.

Abdominales en bicicleta[10]

Mejorar su potencia de golpeo requiere una combinación de entrenamiento y técnica, pero fortalecer su núcleo mediante ejercicios específicos marca una diferencia sustancial. Incorpore estos cinco ejercicios para el tronco a su rutina de entrenamiento y verá mejoras notables en su estabilidad, potencia y velocidad. Recuerde centrarse en la forma adecuada y aumentar gradualmente la intensidad de los ejercicios con el tiempo para obtener los mejores resultados. Llevará su potencia de golpeo al siguiente nivel y dominará en el ring con dedicación y constancia.

Entrenamiento a intervalos y otras opciones para mejorar como boxeador

¿Es usted boxeador y busca formas de mejorar sus habilidades? ¿O tal vez está empezando y quiere saber cómo mejorar? Sea cual sea su situación, esta sección le presenta el entrenamiento por intervalos y otras opciones para mejorar como boxeador. Estos consejos perfeccionarán sus habilidades, aumentarán su resistencia y le permitirán alcanzar sus objetivos en el ring.

Entrenamiento por intervalos

El entrenamiento a intervalos es estupendo para desarrollar la resistencia y aumentar los niveles de la forma física. Este entrenamiento consiste en alternar periodos de ejercicio intenso con periodos de descanso. Por ejemplo, podría esprintar durante 30 segundos y luego descansar 30 segundos. Este ciclo podría repetirse durante un tiempo determinado o un cierto número de repeticiones. El entrenamiento a intervalos es práctico porque lleva a su cuerpo a trabajar más duro, quemando más calorías y desarrollando resistencia. Incorpore el entrenamiento por intervalos a su rutina de ejercicios para obtener beneficios óptimos.

Boxeo de sombra

El boxeo de sombra es otra forma eficaz de mejorar como boxeador. Esta técnica de entrenamiento consiste en practicar sus movimientos sin oponente. Puede realizarse en cualquier lugar y es una forma estupenda de trabajar el juego de piernas, los golpes y las combinaciones. Concéntrese en perfeccionar su forma y su técnica y acelere sus movimientos a medida que se sienta más cómodo. El *boxeo de sombra* puede ser un calentamiento o un ejercicio independiente para mejorar sus habilidades.

Sparring

El combate es un componente esencial del entrenamiento de boxeo. Le permite practicar sus movimientos en un entorno realista y aprender de sus errores. El *sparring* se realiza con un compañero o un entrenador y es excelente para mejorar el tiempo de reacción y la agilidad. Utilice el equipo de seguridad adecuado y empiece despacio para evitar lesiones. Luego, a medida que adquiera experiencia, aumente gradualmente la intensidad de su sesión de *sparring*.

Acondicionamiento cardiovascular

El acondicionamiento cardiovascular es crucial para cualquier atleta, especialmente para los boxeadores. Mejora la resistencia y aumenta el alto ritmo de trabajo durante los combates. Incorpore el entrenamiento cardiovascular a su rutina corriendo, nadando, montando en bicicleta o utilizando una máquina de cardio en el gimnasio. Intente realizar al menos 30 minutos de ejercicio cardiovascular al día o más si se está preparando para un combate.

Invierta en guantes de calidad, vendas para las manos y un protector bucal para protegerse de las lesiones y tener confianza en el ring. Cuando tenga su equipo, es hora de centrarse en su acondicionamiento físico. El boxeo requiere fuerza, resistencia y agilidad, así que incorpore ejercicios de cardio, de fuerza y de flexibilidad a su rutina. Recuerde que es imprescindible trabajar su juego de pies y su equilibrio. Con el equipo y la preparación física adecuados, estará listo para subir al ring y dar rienda suelta al boxeador que lleva dentro.

Capítulo 4: Posturas, guardias y juego de pies

El boxeo es un deporte increíble que requiere fuerza física, agilidad mental y rapidez de reflejos. Uno de los aspectos más importantes del boxeo es la postura, que determina la eficacia de sus movimientos y golpes. Una postura fuerte y estable es fundamental para tener ventaja en cualquier combate. Las defensas son igualmente esenciales para protegerse de los golpes entrantes y para preparar los golpes ofensivos. Pero no olvide el juego de pies. Un juego de pies adecuado le permite moverse por el cuadrilátero con confianza y esquivar los golpes entrantes.

Estos componentes juntos hacen que el combate sea emocionante y dinámico, y dominar estas habilidades puede acercarle un paso más a convertirse en un campeón. Este capítulo proporciona las posturas, las guardias y las técnicas de juego de pies esenciales para ayudarle a empezar. Entrenar el cuerpo, la mente y el espíritu es necesario para convertirse en un boxeador completo. Tome en serio los consejos de los expertos mencionados en este capítulo y se hallará en el buen camino para mejorar sus habilidades y llevar su boxeo al siguiente nivel.

Colocarse en posición: comprender las diferentes posturas de boxeo

Una de las primeras cosas que aprender cuando se entrena para el boxeo es la importancia de su postura. La forma en que coloca los pies, las manos y el cuerpo marca la diferencia en el éxito de sus golpes y la eficacia de su defensa. Esta sección aborda los fundamentos de las posturas de boxeo más comunes y da consejos para cambiar de una a otra sin problemas.

La postura ortodoxa

La postura ortodoxa es la más común en el boxeo. Es tan conocida que a menudo se la llama la postura «normal». En una postura tradicional, su lado izquierdo mira hacia delante y su pie izquierdo está por delante del derecho. Su mano izquierda se eleva para proteger la cara, mientras que la derecha se mantiene cerca de la barbilla para preparar puñetazos potentes. Esta postura proporciona una buena combinación de ataque y defensa, por lo que muchos boxeadores principiantes empiezan aquí. Recuerde, mantenga siempre el codo izquierdo pegado al cuerpo en una postura ortodoxa.

La postura ortodoxa se considera la postura normal del boxeo[11]

La postura del zurdo

La postura del zurdo es menos común, pero sigue siendo esencial en el boxeo. En esta postura, su lado derecho mira hacia delante, y su pie derecho está por delante del izquierdo. Su mano izquierda se mantiene cerca de la cara mientras que la derecha está extendida para lanzar *jabs* y ganchos. Los zurdos pueden resultar difíciles de combatir porque su postura es desconocida para la mayoría de los boxeadores y sus golpes llegan desde ángulos inesperados. Esta postura requiere más habilidad y práctica para dominarla. Sin embargo, cuando se sienta cómodo, la postura del zurdo puede ser estupenda para sorprender a sus oponentes.

La postura del zurdo es menos común en el boxeo

Cambio de posturas

La capacidad de cambiar rápidamente de postura es necesaria para los boxeadores

Los boxeadores deben tener la habilidad de cambiar de postura con rapidez y eficacia. Esta habilidad puede ser un arma poderosa cuando se lucha contra oponentes que están más cómodos peleando desde una postura concreta. Para cambiar de postura, dé un paso adelante o atrás con el pie trasero, pivote con el pie delantero y gire las caderas. Mantenga la guardia alta durante toda la transición para protegerse de los contragolpes. Practique el cambio de posturas con regularidad para asegurarse de que se siente cómodo y seguro con las posturas ortodoxa y de zurdo.

Ajustes de postura

La postura de un boxeador debe ajustarse en función de la situación. Por ejemplo, si está luchando contra un oponente más alto, bajar la postura para colocarse por debajo de sus golpes y asestarle golpes potentes al cuerpo es beneficioso. Por el contrario, elevar su postura es más eficaz para mantenerlos a distancia si está luchando contra un oponente más bajo. Por lo tanto, preste atención a la postura de su oponente y ajuste la suya para ganar ventaja.

Beneficios de una postura correcta

Una postura de boxeo adecuada permite asestar golpes potentes y precisos a la vez que le mantiene a salvo de los golpes de su oponente. La postura correcta mejora su equilibrio y su juego de pies, lo que le permite moverse con rapidez y eficacia en el cuadrilátero. Cuando está en la posición correcta, dispone de una defensa mucho más eficaz y puede establecer combinaciones potentes para noquear incluso a los oponentes más duros.

Su postura es la base de su técnica de boxeo, y es esencial dominarla al principio de su entrenamiento. Comprendiendo las diferentes posturas, practicando el cambio entre ellas y ajustándose a las distintas situaciones, estará en el buen camino para convertirse en un púgil formidable. Recuerde, una postura de boxeo adecuada no consiste sólo en tener buen aspecto en el cuadrilátero; se trata de asestar golpes potentes evitando al mismo tiempo los golpes del oponente. Con tiempo, práctica y dedicación, puede convertirse en un boxeador experto con un dominio impresionante de las distintas posturas. Así que, ¡póngase en posición y deje volar esos golpes!

A la defensiva: guardias y técnicas de bloqueo

En la mayoría de los deportes, la defensa es tan importante como el ataque. Al fin y al cabo, ni siquiera los mejores equipos pueden ganar si no detienen al rival. Esto es especialmente cierto en los deportes de combate como el boxeo y las artes marciales, donde la habilidad para defenderse es esencial. Uno de los aspectos más críticos de la defensa es el uso de guardias y técnicas de bloqueo. Esta sección explora tres métodos estándar: la guardia alta, la guardia baja y el balanceamiento y giro. Entenderá mejor cómo defenderse de sus oponentes.

La guardia alta

La primera técnica es la guardia alta. Es una de las técnicas más comunes en los deportes de combate, en particular en el boxeo. Levante ambas manos ante su cara para hacer una guardia alta. Las palmas deben mirar hacia dentro con los dedos bien apretados. Sus codos deben estar cerca de su caja torácica para proteger su cuerpo. Con una guardia alta, puede desviar muchos golpes, especialmente los dirigidos a la cabeza. El inconveniente de una guardia alta es que puede resultar difícil contragolpear con eficacia, por lo que es mejor utilizarla en una posición defensiva.

La protección alta puede ser beneficiosa para defender su cara

La guardia baja

Otra técnica es la guardia baja. Esta técnica es beneficiosa cuando está defendiendo su cuerpo. Baje las manos y acérquelas al cuerpo para realizar una guardia baja. Sus palmas deben mirar hacia fuera con los dedos relajados. Doble ligeramente las rodillas para dificultar que su adversario le propine un golpe en el estómago. Con una guardia baja, puede defender mejor su cuerpo, pero es más vulnerable a los golpes dirigidos a la cabeza, por lo que mantener la cabeza en movimiento es esencial.

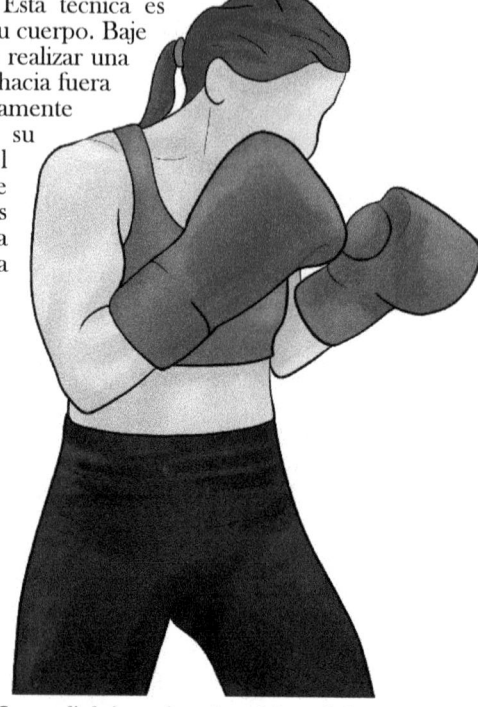

La guardia baja puede ser beneficiosa a la hora de defender su cuerpo

Resbalar y rodar

La técnica del balanceamiento dejará vulnerable a su adversario[12]

Por último está la técnica del balanceamiento. Esta técnica consiste en apartar su cuerpo de los golpes de su oponente. Mueva la cabeza hacia un lado y pivote sobre el pie delantero para hacer un balanceamiento; esto hace que el puñetazo de su oponente no le alcance por completo. Para hacer un giro, debe inclinarse hacia un lado, doblar las rodillas y pivotar sobre el pie trasero. De nuevo, esto hará que el puñetazo de su oponente le pase rozando. Balancearse y girar son técnicas fantásticas para un contragolpe, ya que dejan a su oponente vulnerable y desequilibrado.

Estas tres técnicas estándar de guardia y bloqueo sirven para defenderse en los deportes de combate. Cada método tiene puntos fuertes y débiles, por lo que es esencial practicarlos y utilizarlos estratégicamente, dependiendo de la situación. Con suficiente práctica, podrá anticiparse a los movimientos de su adversario y defenderse con eficacia. Recuerde, la defensa es tan importante como el ataque, y la mejor defensa es un buen ataque. Así pues, siga practicando, siga aprendiendo y se convertirá en un oponente imbatible en poco tiempo.

Dominio de las técnicas de juego de pies: consejos y ejercicios

El boxeo es un gran entrenamiento físico y una forma de arte. Uno de los aspectos más críticos de esta forma de arte es el juego de pies. El juego de pies es esencial, ya que proporciona equilibrio y potencia a los golpes de un boxeador, permitiéndole moverse por el cuadrilátero con velocidad y agilidad. Esta sección profundiza en las técnicas esenciales del juego de pies que todo boxeador debe conocer. Se incluyen consejos y trucos para mejorar su juego de pies de inmediato. Por último, se incluyen algunos ejercicios que le ayudarán a dominar estas técnicas.

Paso y balanceamiento

Esta técnica puede ayudarle a alejarse eficazmente de su adversario

El juego de pies consiste en posicionarse correctamente para lanzar golpes mientras se mueve rápida y eficazmente fuera del peligro. Una de las técnicas de juego de pies más básicas es el «paso y balanceamiento». Esta técnica consiste en dar un paso con el pie adelantado hacia el oponente, deslizar el pie trasero hacia delante y colocarlo junto al pie adelantado. De este modo, su cuerpo avanza con el pie adelantado manteniendo el equilibrio. No pisar demasiado lejos o cerca de su oponente es importante, o correrá el riesgo de perder el equilibrio o ser vulnerable a los contragolpes.

Pivote

Los pivotes pueden ayudarle a controlar la dirección de su cuerpo

Esta técnica puede controlar la dirección de su cuerpo mientras lanza un golpe o se desplaza por el ring. Un pivote es un movimiento del pie delantero, girándolo hacia un lado para que su cuerpo gire manteniendo el equilibrio. Al pivotar, es vital mantener el pie trasero anclado o moverlo sólo ligeramente para no perder el equilibrio. Pivotar con rapidez y eficacia mejora su maniobrabilidad, lo que le permite evitar los golpes de su adversario o acercarse para lanzar un puñetazo.

Movimiento lateral

El movimiento lateral es otro aspecto crítico del juego de pies en el boxeo. Una buena forma de practicar el movimiento lateral es un ejercicio de escalera. Un ejercicio de escalera consiste en colocar una escalera plana en el suelo y atravesarla de ida y vuelta, manteniendo los pies dentro de cada peldaño. Este ejercicio mejora la rapidez y la agilidad, que son esenciales a la hora de esquivar golpes o moverse por el cuadrilátero.

Ejercicios de juego de pies

Además de practicar los desplazamientos hacia delante, hacia atrás y lateralmente, hay ejercicios específicos que mejorarán su juego de pies. Uno de ellos es el ejercicio de eslalon: coloque conos en forma de zigzag y practique pasar por ellos de un lado a otro. Otro ejercicio es el salto a la cuerda. Salte una cuerda manteniendo los pies juntos, alternando entre saltos hacia delante y hacia atrás. También, el ejercicio de la almohadilla de equilibrio: póngase de pie sobre una almohadilla de equilibrio y practique diferentes técnicas de juego de pies mientras mantiene el equilibrio.

Incorporar bolsas de velocidad y de doble extremo a su rutina de entrenamiento mejora el juego de pies. Estos sacos simulan los movimientos del adversario y, al golpearlos, usted practica técnicas de juego de pies que mejoran su tiempo de reacción. El juego de pies es esencial en el boxeo porque proporciona equilibrio y potencia a sus golpes, permitiéndole moverse por el cuadrilátero con velocidad y agilidad. Al incorporar estos ejercicios y técnicas a su rutina de entrenamiento, dominará sus habilidades de juego de pies en poco tiempo.

Dominar las técnicas de juego de pies es crucial para tener éxito en el boxeo. Un juego de pies adecuado puede ayudarle a evitar los golpes, a moverse dentro y fuera del alcance y a asestar golpes potentes. Utilizando estos métodos e incorporando ejercicios a su rutina de entrenamiento mejorará sus habilidades de juego de pies para convertirse en un boxeador más eficaz. Recuerde, el juego de pies es la base del boxeo, así que practique a menudo y perfeccione sus habilidades.

Consejos para el nocaut de boxeadores expertos

Tanto si es un principiante como un profesional experimentado, el boxeo es un entrenamiento intenso y gratificante. Sin embargo, debe saber algo más que lo básico para destacar realmente en este popular arte marcial. A continuación encontrará una recopilación de consejos de los expertos en boxeo para mejorar sus habilidades y alcanzar todo su potencial en el cuadrilátero. Desde mantener el equilibrio hasta desarrollar la fortaleza mental, todo está cubierto.

Mantener el equilibrio: Mantener el equilibrio es crucial para lanzar golpes potentes y evadir los ataques de su oponente. Los expertos recomiendan mantener los pies separados a la altura de los hombros y ligeramente inclinados, con el peso distribuido uniformemente. Además, doblar ligeramente las rodillas e involucrar su núcleo mejora el equilibrio y la movilidad en el ring.

Mantener la concentración: El boxeo requiere una concentración y un enfoque intensos, ya que la más mínima distracción puede costarle el combate. Los expertos sugieren practicar técnicas de atención plena y visualización para ayudarle a mantenerse concentrado y presente en el momento. Además, practicar técnicas de respiración adecuadas mantiene la mente y el cuerpo en calma bajo presión, lo que es esencial para tener éxito en el cuadrilátero.

Reaccionar con rapidez: En el boxeo, la velocidad lo es todo. Una de las mejores formas de mejorar su tiempo de reacción es entrenarse con un *speed bag*, un pequeño saco de boxeo que rebota rápidamente después de cada golpe. Desarrollará la coordinación mano-ojo y el tiempo de reacción golpeándolo con constancia y prontitud.

Utilizar los movimientos de su oponente: Los mejores boxeadores saben cómo utilizar los movimientos de su oponente en su beneficio. Por ejemplo, si su oponente se mueve hacia su derecha, puede pivotar sobre su pie izquierdo y lanzar un potente gancho de izquierda. Puede ganar ventaja en el ring estudiando el estilo de su oponente y reaccionando adecuadamente.

Mezclar posturas y guardias: Aunque la mayoría de los boxeadores tienen una postura tradicional, los expertos en boxeo sugieren mezclar diferentes posturas y guardias para mantener a su oponente sin poder adivinar. Por ejemplo, cambie entre una postura cuadrada, la postura clásica del boxeo, y una postura escalonada, lo que le dará más potencia y versatilidad en sus golpes. Cambiar de guardia protege distintas zonas de su cuerpo y despista a su adversario.

Desarrollar la fuerza, la potencia y la agilidad: El boxeo es un deporte físico y requiere fuerza, potencia y agilidad para tener éxito. Para desarrollar estas habilidades, los expertos en boxeo sugieren hacer ejercicios como sentadillas, *burpees* y flexiones. Además, recomiendan correr piques o utilizar una máquina elíptica para mejorar la resistencia en el ring.

Trabajar la coordinación mano-ojo: La coordinación mano-ojo es una habilidad crucial para cualquier boxeador y puede mejorarse con la práctica. Para afinar su técnica, los expertos en boxeo sugieren realizar ejercicios de lanzamiento con balones medicinales o hacer boxeo de sombra frente a un espejo. Además, recomiendan trabajar la coordinación mano-ojo practicando deportes como el tenis o el baloncesto.

Practicar la fortaleza mental: El boxeo es un juego mental tanto como físico. Para lograr el éxito en el cuadrilátero, los expertos en boxeo sugieren desarrollar su fortaleza mental visualizándose a sí mismo ganando, fijándose objetivos alcanzables y esforzándose por dar lo mejor de sí mismo. Además, recomiendan visualizar cada golpe que lance y establecer una mentalidad positiva antes de cada combate.

Mejorar la velocidad y la resistencia cardiovascular: Debe lanzar golpes rápidos y potentes y moverse con rapidez para alcanzar su máximo potencial en el cuadrilátero. Para mejorar su velocidad y su resistencia cardiovascular, los expertos en boxeo sugieren el entrenamiento a intervalos o carreras de corta distancia. Además, recomiendan centrarse en ejercicios dirigidos a las piernas para aumentar su potencia y movilidad general en el cuadrilátero.

Cuidar su cuerpo: El boxeo es un deporte físicamente exigente, y cuidar su cuerpo después de cada combate es esencial. Los expertos en boxeo recomiendan estirar suavemente los músculos, dormir lo suficiente, comer alimentos saludables y refrescarse con ejercicios ligeros o yoga. Además, sugieren utilizar bolsas de hielo en las zonas doloridas y beber mucha agua para mantenerse hidratado.

Entrene con un compañero o instructor: El boxeo es un deporte complejo, por lo que es esencial contar con alguien que le guíe y le ayude a desarrollar su técnica. Para asegurarse de que saca el máximo partido al entrenamiento, los expertos en boxeo sugieren trabajar con un compañero o instructor experimentado. Recibirá comentarios sobre su técnica y practicará diferentes combinaciones en un entorno seguro.

Analizar sus combates y su rendimiento: Debe conocer sus puntos débiles y fuertes para convertirse en un mejor boxeador. Después de cada pelea, los expertos en boxeo sugieren ver las imágenes del combate y analizar su rendimiento. Identificará las áreas que necesita mejorar y desarrollará estrategias para futuros conflictos. Además, recomiendan recibir comentarios de entrenadores o instructores sobre su técnica para que pueda hacer los ajustes necesarios.

Envolverse correctamente las manos: Envolverse correctamente las manos es una habilidad esencial para cualquier boxeador y ayuda a prevenir lesiones en el ring. Para envolverse las manos correctamente, los expertos en boxeo sugieren colocar de cuatro a seis pulgadas de gasa alrededor de cada mano. Después, añada una capa de cinta atlética por encima. Por último, asegure los extremos con cinta adhesiva para que la envoltura quede ajustada y segura.

Seguir una dieta equilibrada y mantenerse hidratado: Seguir una dieta equilibrada y mantenerse hidratado es fundamental para rendir al máximo en el cuadrilátero. Para alimentar su entrenamiento, los expertos en boxeo sugieren comer abundantes proteínas magras, cereales integrales, frutas y verduras. Además, recomiendan beber mucha agua a lo largo del día para mantener el cuerpo hidratado y funcionando de forma óptima.

Descansar lo suficiente: El descanso y la recuperación son esenciales para cualquier atleta, especialmente para los boxeadores. Para asegurarse de que descansa lo suficiente, los expertos en boxeo recomiendan aspirar a dormir ocho horas cada noche. Sugieren breves descansos a lo largo del día para evitar la fatiga y el agotamiento.

Tomarse tiempo para recuperarse tras las sesiones de entrenamiento: El boxeo es un deporte físicamente exigente, y dar tiempo a su cuerpo para una recuperación adecuada después de cada sesión de entrenamiento es esencial. Para ayudar a acelerar el proceso de recuperación, los expertos en boxeo sugieren tomar un baño de hielo después de cada entrenamiento y utilizar vendas de compresión para reducir la hinchazón y el dolor. Además, recomiendan tomarse unos días de descanso cada semana para dar a su cuerpo una oportunidad extra de descansar y recuperarse.

Mantenerse positivo: Una actitud positiva puede marcar la diferencia en el éxito sobre el ring. Para mantenerse motivado y centrado en el entrenamiento, los expertos en boxeo sugieren fijarse objetivos realistas y celebrar cada hito. Además, recomiendan rodearse de personas positivas que le apoyen y animen en su camino.

Aprender de los mejores: Aprender de los mejores es esencial para convertirse en un mejor boxeador. Los expertos en boxeo sugieren ver imágenes de boxeadores de talla mundial y estudiar sus técnicas. Además, recomiendan leer libros y artículos escritos por boxeadores experimentados para conocer mejor las estrategias y tácticas de este deporte.

Practicar técnicas de visualización: La fuerza mental es tan importante como la física en el boxeo. Para ayudar a mejorar su juego mental, los expertos en boxeo sugieren practicar técnicas de visualización. Por ejemplo, imagínese en un combate y visualice los movimientos que debe realizar para tener éxito. Además, recomiendan reservar un tiempo cada día para practicar técnicas de visualización y desarrollar la fortaleza mental.

Terminar con fuerza: Para terminar fuerte en un combate, los expertos en boxeo sugieren ahorrar energía para los últimos asaltos. Sugieren mantenerse centrado en sus objetivos y visualizar el éxito para mantenerse motivado hasta el final. Además, recomiendan respirar profundamente para ayudarle a mantener la calma y la energía en los momentos finales del combate.

Pies separados al ancho de hombros: Para mejorar su rendimiento, empiece por centrarse en la posición de los pies. Asegúrese de que están separados al ancho de hombros. A continuación, manténgase erguido y sujete las manos cerca de la cabeza. Esta postura le permite moverse rápidamente por el ring, mantener el equilibrio y asestar golpes potentes.

Mueva el pie trasero: Para dar un golpe, debe transferir su peso del pie trasero al delantero. Mantenga los pies equilibrados y estables para conservar la estabilidad mientras se mueve distribuyendo su peso uniformemente entre los pies.

Mantenga los pies paralelos y las caderas hacia delante: Cuando esté de pie en la postura de boxeo, mantenga los pies paralelos entre sí. Sus pies deben apuntar hacia delante en lugar de estar inclinados hacia dentro o hacia fuera. Además, mantenga las caderas hacia delante para mantener la alineación y el equilibrio del cuerpo.

Mantenga el centro de gravedad bajo: Para tener una postura de boxeo sólida, debe mantener el centro de gravedad bajo doblando ligeramente las rodillas. Esto ayuda a mantener el equilibrio, facilitando los desplazamientos por el cuadrilátero y evitando ser derribado por un golpe del adversario.

Mantenga las manos en alto: Sus manos son su arma principal en el boxeo. Manténgalas cerca de la cara y la barbilla para evitar que su oponente le propine un golpe de nocaut. Mantenga el codo cerca del cuerpo y la mano adelantada ligeramente alejada para crear una apertura rápidamente.

Relaje los hombros: La tensión en sus hombros puede restringir su movimiento, haciendo mucho más difícil esquivar los golpes de su oponente. Asegúrese de que sus hombros están relajados para ejecutar golpes giratorios y ganchos.

Mantenga la cabeza en movimiento: Cuando esté en el ring, debe mantener la cabeza en movimiento para evitar los golpes moviendo la cabeza hacia arriba, hacia abajo y hacia los lados. Sin embargo, asegúrese de que su barbilla está metida en el pecho para evitar que sea golpeada.

Manténgase ligero de pies: Manténgase ligero de pies para agudizar su tiempo de reacción. Significa rebotar arriba y abajo y mover los pies con rapidez para estar preparado para lanzar un puñetazo o esquivar un golpe que se aproxime.

Utilice sus ángulos: Utilice los ángulos para obtener una ventaja sobre su adversario. Por ejemplo, se puede crear una abertura moviendo los pies en ángulo diagonal en lugar de perfectamente hacia delante.

Practique su postura: Por último, la práctica es esencial en el boxeo. Debe practicar el mantenimiento y el cambio de postura para dar a sus músculos la memoria necesaria para mantener una postura adecuada, lo que le facilitará la adopción de la postura perfecta durante sus combates de boxeo.

El boxeo puede ser emocionante y desafiante, pero con estos consejos de expertos en boxeo, puede llevar sus habilidades al siguiente nivel. Desde mejorar su equilibrio y su coordinación mano-ojo hasta desarrollar su fortaleza mental y mantenerse hidratado, hay innumerables formas de aumentar su rendimiento en el cuadrilátero. Tanto si es un principiante como un profesional experimentado, la clave es mantenerse centrado y disciplinado y no dejar nunca de aprender y crecer como boxeador. Recuerde, la práctica hace al maestro.

Mantenga la dedicación y comprométase a perfeccionar sus habilidades cada día. Puede alcanzar sus objetivos en el boxeo con trabajo duro, perseverancia y dedicación. Es esencial tomar las medidas necesarias para evitar lesiones, mantenerse hidratado y alimentado, descansar lo suficiente y practicar técnicas de visualización para asegurarse de que se mantiene sano en el ring y maximiza su rendimiento. Incorporando estas técnicas básicas de boxeo, estará en camino de convertirse en un mejor boxeador y campeón.

Capítulo 5: Puñetazos y contragolpes

«Flota como una mariposa, pica como una abeja». - Muhammad Ali

El boxeo no consiste sólo en lanzar golpes. Es una danza intrincada que implica muchas estrategias, juego de pies y, lo más importante, golpes y contragolpes. Son elementos esenciales que hacen del boxeo el deporte que es hoy. En el cuadrilátero, no se trata sólo de la fuerza de sus golpes. Se trata de aprovechar los movimientos de su oponente para asestar el contragolpe perfecto. Un boxeador de éxito sabe anticiparse al próximo movimiento de su oponente y reaccionar en consecuencia. Es como una partida de ajedrez, en la que siempre debe ir un paso por delante de su oponente.

Los puñetazos y contragolpes son los componentes básicos del boxeo, y dominarlos le acercará un paso más a convertirse en un gran boxeador. Este capítulo está dividido en secciones, cada una de ellas centrada en un puñetazo o contragolpe en particular. Explica el propósito de cada puñetazo y contragolpe, la mecánica que hay detrás de ellos, los errores comunes que hay que evitar y ejercicios que le ayudarán a mejorar. Después de leer este capítulo, estará bien encaminado para convertirse en un maestro del ring.

Introducción a los golpes de boxeo: conceptos básicos y consejos de seguridad

Los puñetazos en el boxeo son una habilidad fundamental que debe dominarse para tener éxito en un combate. Sin embargo, no se trata de lanzar golpes fuertes y derrotar a su oponente. Los puñetazos de boxeo implican mucha técnica y seguridad. Por lo tanto, es esencial conocer los fundamentos de los puñetazos de boxeo y su finalidad, las técnicas implicadas y los consejos de seguridad para reducir el riesgo de lesiones.

Finalidad

El objetivo de los golpes de boxeo es anotar puntos o noquear a su adversario. Anotar puntos es una forma técnica de ganar un combate de boxeo. Un boxeador debe lanzar los golpes adecuados con precisión y eficacia para conseguir puntos. Sin embargo, el nocaut es la forma más popular de que un boxeador gane un combate. Para noquear a su oponente, debe asestarle un puñetazo potente que haga que caiga o pierda el conocimiento. Los nocauts no sólo proceden de puñetazos potentes. Pueden venir de puñetazos repetidos que fatiguen al oponente y le dejen vulnerable.

Consejos de seguridad para golpear

Los golpes de boxeo pueden ser peligrosos si no se realizan correctamente. Por lo tanto, la seguridad debe ser siempre lo primero a la hora de practicar golpes de boxeo. Estos son algunos consejos que le ayudarán a mantenerse seguro mientras practica:

1. Use siempre el equipo de seguridad necesario, como guantes, casco, protector bucal, coderas y rodilleras, para minimizar el riesgo de lesiones.
2. Caliente antes de lanzar cualquier golpe para evitar lesiones musculares. Estire antes y después del entrenamiento para mantener los músculos relajados.
3. Durante la práctica, pida siempre a un entrenador que supervise su forma de golpear para garantizar la seguridad y evitar malos hábitos.
4. Tómese siempre su tiempo y no se precipite. Tómese descansos entre golpe y golpe y escuche a su cuerpo.

Mecánica básica

La mecánica básica de los puñetazos en el boxeo incluye el *jab*, el cruzado, el *uppercut* y el gancho. Comprender las técnicas básicas de golpeo es fundamental para desarrollar sus habilidades y evitar lesiones. El *jab* es un puñetazo recto rápido asestado con la mano adelantada. El cruzado es un puñetazo recto asestado con la mano trasera. El *uppercut* es un puñetazo lanzado a la barbilla de su oponente desde abajo flexionando las piernas y el tronco. Por último, el gancho es un puñetazo lateral que se da doblando el brazo en ángulo obtuso y golpeando con los nudillos el lado de la cara del adversario.

La mecánica del puñetazo utiliza la alineación adecuada del puñetazo, la postura y el juego de pies. La alineación adecuada del puñetazo consiste en la postura correcta para obtener la máxima potencia y precisión. La postura de boxeo significa estar de pie con los pies separados al ancho de hombros con un pie ligeramente por delante del otro. En cuanto al juego de pies, consiste en utilizar los pies no sólo para moverse, sino también para generar potencia.

Aprender los fundamentos de los golpes de boxeo y su finalidad es crucial para convertirse en un gran boxeador. Incluye comprender los consejos de seguridad para ejecutar los golpes, la mecánica básica de los puñetazos y mantener la postura y la alineación correctas. Practicando y perfeccionando estas habilidades básicas, podrá convertirse en un mejor boxeador, reduciendo el riesgo de lesiones. Tenga siempre presente la seguridad y escuche a su cuerpo mientras entrena. Desarrollar su habilidad con los puñetazos en el boxeo requiere paciencia, dedicación y práctica.

Dominar el *jab*: guía para principiantes

El *jab* es uno de los golpes más básicos que hay que dominar. Puede parecer un golpe sencillo, pero un *jab* bien ejecutado puede marcar la diferencia en el resultado de un combate. Un *jab* rápido y eficaz puede mantener a raya a su oponente, preparar otros golpes y, lo que es más importante, marcar puntos. Esta sección repasa todo lo que necesita saber sobre el *jab*, incluyendo su definición, propósito, ejecución, errores comunes que debe evitar y ejercicios de entrenamiento para mejorar su técnica.

Definición y finalidad de un *jab*

El *jab* es un golpe rápido y recto que se lanza con la mano adelantada en el boxeo. Su objetivo principal es mantener a raya a su oponente, permitiéndole crear distancia y preparar otros golpes. El *jab* marca puntos con eficacia y altera el ritmo de su oponente. Es el golpe más común en el boxeo, con numerosas variantes, como el doble *jab*, el triple *jab* y el *jab* al cuerpo.

Puesta en marcha y ejecución del *jab* paso a paso

Un *jab* puede marcar la diferencia en un combate[18]

Para ejecutar un *jab* correctamente, siga estos pasos:
1. Comience con los pies separados al ancho de los hombros, las rodillas ligeramente flexionadas y el peso distribuido uniformemente.
2. Su mano principal debe mantenerse a la altura de la barbilla, con el codo metido hacia dentro y la muñeca recta.

3. Cuando esté listo para golpear, dé un paso adelante con el pie adelantado y extienda el brazo recto hacia fuera, girando ligeramente la muñeca al hacerlo.
4. Su hombro y caderas deben rotar ligeramente para generar potencia, pero no extienda demasiado el brazo ni se incline hacia delante.
5. Cuando su jab aterrice, retraiga rápidamente el brazo hacia la barbilla, evitando movimientos innecesarios.
6. Mantenga levantada la otra mano q para protegerse la cara y permanezca ligero de pies, listo para moverse o lanzar otro puñetazo.

Errores comunes que debe evitar
He aquí algunos errores comunes que debe evitar al ejecutar un *jab*:
1. Extender demasiado el brazo puede dejarle vulnerable y disminuir la potencia. Mantenga el brazo recto pero no totalmente estirado, y practique la retracción rápida para evitar este error.
2. Estirar su jab le resta potencia y le expone a los contragolpes. En su lugar, dé un paso adelante hacia el golpe mientras mantiene la barbilla metida hacia abajo.
3. No dar un paso adelante lo suficiente al lanzar el jab puede resultar en un golpe débil o ineficaz. En su lugar, dé un paso rápido hacia delante con el pie adelantado antes de lanzar el jab.
4. Telegrafiar su *jab* colocando su cuerpo o su mano antes de lanzarlo es un error común. Absténgase de permitir que su adversario anticipe su movimiento y prepare una defensa.

Ejercicios de entrenamiento para mejorar su *jab*
El *jab* es el golpe más importante en el boxeo y debería ser el centro de sus ejercicios de entrenamiento. Un buen *jab* preparará sus otros golpes y le ayudará a controlar el combate. Aquí tiene algunos ejercicios para mejorar su técnica de *jab*:

Ejercicio de *jabs* a la pared: Colóquese a unos metros de una pared y practique lanzando *jabs* contra ella. Concéntrese en la preparación y la ejecución del golpe, asegurándose de evitar los errores comunes. Visualice a un oponente y practique sus técnicas sin golpear realmente nada.

Boxeo de sombra: Le ayudará a sentirse cómodo lanzando *jabs* y otros golpes sin la presión de un oponente real.

Saco de velocidad: Trabajar su velocidad y precisión en el saco de velocidad es una forma estupenda de practicar el lanzamiento de *jabs* con rapidez y precisión.

Ejercicio 1-2-3: Lance un *jab*, luego sígalo con un derechazo. Termine con un gancho de izquierda al cuerpo. Repita este ejercicio durante 3 minutos, descanse 1 minuto y repita tres veces.

Ejercicio con saco de doble fondo: Lance un *jab* en la parte superior, luego muévase rápidamente a la parte inferior del saco y lance otro *jab*. Repita esto durante 30 segundos, descanse 30 segundos y repita tres veces.

Ejercicio de guante de enfoque: Haga que un compañero sostenga un guante de enfoque o una almohadilla de golpeo delante de su cara y láncele golpes mientras se mueve a su alrededor. Repita esto durante 3 minutos, descanse 1 minuto y repita tres veces.

Ejercicios con compañero: El combate con un compañero puede ayudarle a aplicar lo que ha aprendido en una situación de lucha real. Empiece despacio, céntrese en la técnica y aumente gradualmente la intensidad a medida que mejore.

Dominar el cruzado en el boxeo: una guía paso a paso

Un cruzado es uno de los golpes más eficaces en el boxeo[14]

Puede parecer que no realizan esfuerzo alguno cuando se observa a los profesionales en el ring, pero ejecutar cada movimiento requiere mucho trabajo, habilidad y fuerza. El golpe cruzado es uno de los golpes más eficaces del boxeo y puede cambiar la partida en cuestión de segundos. Por lo tanto, es una técnica esencial que todo boxeador debe dominar para convertirse en un oponente formidable en el cuadrilátero. Esta sección examina detenidamente la definición, el propósito, la ejecución, los errores comunes y los ejercicios de entrenamiento para mejorar su cruzado en el boxeo.

Definición y finalidad del golpe cruzado

Un golpe cruzado, es un puñetazo potente lanzado desde la mano trasera, normalmente la derecha si es diestro o viceversa si es zurdo. El propósito es crear distancia entre usted y su oponente al tiempo que le asesta un potente puñetazo a la cabeza o al cuerpo. Además, suele preparar otros golpes, como un gancho o un *uppercut*.

Montaje y ejecución del cruzado paso a paso

Para ejecutar un golpe cruzado, siga estos pasos:

1. Coloque los pies separados a la altura de los hombros con el pie izquierdo ligeramente adelantado y el derecho ligeramente retrasado.
2. A continuación, mantenga los puños en alto, los codos pegados al cuerpo y la barbilla baja para protegerse de los contraataques.
3. Desde esta posición, utilice las caderas, el tronco y el hombro para rotar el cuerpo mientras endereza el brazo trasero para extender el puñetazo hacia el objetivo.

4. Recuerde girar la muñeca para que los nudillos queden verticales al hacer contacto con el adversario.
5. Por último, recupérese volviendo rápidamente el puño a su posición original, cerca de la cara.

Errores comunes que debe evitar

Mucha gente lanza su golpe cruzado sin preparación. Sin embargo, un golpe cruzado con éxito requiere algo más que un golpe potente. Debe ser cronometrado correctamente y utilizar todo su cuerpo. Aquí tiene otros errores comunes que debe evitar:

1. **No practicar con el peso correcto:** El golpe cruzado es un golpe poderoso, y si no está acostumbrado a lanzarlo con el peso adecuado, no generará la misma potencia cuando esté en una pelea. Utilice un saco pesado que pueda soportar el castigo y con el que se sienta cómodo lanzando sus golpes con el peso adecuado.
2. **No mantener la guardia alta:** Recuerde mantener la barbilla baja, meter los codos al lanzar el cruzado y estar preparado para un contragolpe.
3. **Lanzar golpes salvajes:** Este error le dejará rápidamente fuera de combate. En su lugar, mantenga sus puñetazos firmes y controlados, y láncelos sólo cuando tenga una abertura.
4. **No seguir con sus puñetazos:** Extienda completamente el brazo, gire las muñecas al lanzar el puñetazo y realice el seguimiento con todo el cuerpo.
5. **No mantener el equilibrio:** Mantenga los pies firmemente plantados en el suelo cuando lo lance. Además, mantenga el cuerpo suelto y relajado para poder cambiar rápidamente el peso de un pie al otro.

Ejercicios de entrenamiento para mejorar su golpe cruzado

Como cualquier técnica de boxeo, dominar el golpe cruzado requiere una práctica constante. Para mejorar golpe cruzado, aquí tiene algunos ejercicios de entrenamiento para practicar:

1. **Ejercicio *jab*-cruzado-balanceo:** Colóquese en su postura de boxeo con la mano izquierda delante de usted y la derecha en la barbilla. Golpee con la mano izquierda y luego cruce inmediatamente con la derecha. Mientras cruza, deslícese hacia un lado de modo que ya no esté delante de su oponente para evitar ser golpeado por su contragolpe. Repita este ejercicio durante 30 segundos.
2. **Ejercicio *jab-jab*- cruzado:** En la misma posición que el primer ejercicio, con la mano izquierda fuera y la derecha en la barbilla. Lance dos *jabs* con su mano izquierda, luego cruce con su derecha. Mientras cruza, dé un paso adelante para situarse delante de su oponente. De esta forma, podrá asestar su golpe y preparar un ataque de seguimiento. Repita este ejercicio durante 30 segundos.
3. **Ejercicio *jab*-cruzado-gancho:** En la misma posición que los dos primeros ejercicios, con la mano izquierda fuera y la derecha en la barbilla. Lance un *jab* con la mano izquierda e inmediatamente después cruce con la derecha. Mientras cruza, lance un gancho con la mano izquierda. Pillará a su oponente desprevenido y asestará un potente golpe. Repita este ejercicio durante 30 segundos.

El arte del gancho: mejore sus habilidades en el boxeo

El gancho es una técnica que se utiliza para golpear a los adversarios desde un lado[16]

Un gancho es un puñetazo potente combinado con velocidad, precisión y técnica. Tanto si es un novato como un boxeador experimentado, es una gran herramienta que debe tener en su arsenal. Esta sección analiza la definición y el propósito de un gancho, una guía paso a paso sobre cómo preparar y ejecutar un gancho, los errores comunes que debe evitar y ejercicios de entrenamiento para mejorar su gancho.

Definición y finalidad de un gancho

Un gancho es una técnica de golpe en boxeo para impactar al adversario desde un lado, ya sea a la cabeza o al cuerpo. Es un golpe eficaz que requiere una excelente sincronización y coordinación. El gancho tiene como objetivo asestar un golpe decisivo manteniendo el control y la precisión. Un gancho bien ejecutado puede diferenciar entre ganar y perder un combate.

Montaje y ejecución del gancho paso a paso

Ejecutar con éxito un gancho requiere paciencia y práctica. He aquí una guía paso a paso sobre cómo preparar y ejecutar el gancho:

1. Colóquese en posición de boxeo frente a su adversario.
2. Desplace el peso hacia el pie trasero manteniendo el codo cerca del cuerpo.
3. Pivote sobre la bola del pie y gire la cadera hacia el adversario mientras balancea el brazo en un movimiento circular.

4. Apunte a la sien, la mejilla o las costillas de su objetivo y descargue el puñetazo con los nudillos de los dedos corazón e índice.
5. Mantenga siempre el otro brazo en alto para protegerse y esté preparado para los contraataques.

Errores comunes que debe evitar

Aunque un gancho es un golpe poderoso y eficaz, es esencial evitar los errores comunes:

1. **No girar el cuerpo lo suficiente**: Debe girar todo el cuerpo y la cadera durante el golpe para generar la máxima potencia.
2. **No mantener el codo cerca del cuerpo**: Disminuye la potencia de su golpe y facilita que su adversario lo bloquee o contrarreste.
3. **No pivotar sobre el metatarso**: Debe pivotar sobre el metatarso para generar suficiente potencia para que el golpe caiga con eficacia.
4. **No apuntar al objetivo correcto**: Debe apuntar a la sien, la mejilla o las costillas de su objetivo para asestar el puñetazo con la máxima potencia.
5. **Golpear demasiado alto o demasiado bajo**: Apunte siempre al blanco correcto para garantizar la máxima potencia y precisión.
6. **Quedar vulnerable a los contraataques**: Mantenga siempre el otro brazo en alto para protegerse de los contraataques.

Ejercicios de entrenamiento para mejorar su gancho

Puede realizar varios ejercicios para mejorar la precisión y la potencia de su gancho. He aquí algunos ejemplos:

1. **Saltar la cuerda:** Saltar la cuerda es una forma estupenda de mejorar el juego de pies y la coordinación. Concéntrese en moverse rápida y suavemente mientras salta la cuerda; le ayudará a desarrollar el juego de pies necesario para lanzar ganchos precisos y potentes.
2. **Guantes:** Los guantes de boxeo son una forma estupenda de mejorar la precisión y la potencia de sus puñetazos. Céntrese en lanzar golpes precisos y potentes mientras trabaja con los guantes de boxeo; le ayudará a transferir esas habilidades al ring.
3. **Pelota de reflejos:** Una pelota de reflejos es una herramienta excelente para desarrollar la coordinación mano-ojo. Concéntrese en golpear la pelota lo más rápido posible; le ayudará a transferir esas habilidades al cuadrilátero.
4. **Saco pesado:** Una de las mejores formas de mejorar sus ganchos es practicar con un saco pesado. Un saco pesado le ayuda a desarrollar potencia y precisión con sus ganchos. Debe centrarse en lanzar sus ganchos con la mala intención de noquear a su oponente.
5. **Boxeo de sombra:** El boxeo de sombra es una forma estupenda de trabajar su técnica sin tener un oponente presente. Lo mejor sería que se centrara en lanzar golpes precisos y potentes. El boxeo de sombra le ayuda a desarrollar la memoria muscular para lanzar ganchos reales y potentes en el ring.

El gancho es una técnica que requiere tiempo y práctica para dominarla. Incorporar el gancho a su entrenamiento mejora sus habilidades generales de boxeo y le da una ventaja en el ring. Recuerde centrarse en su técnica, apuntar al objetivo correcto y protegerse siempre. Con estos consejos y ejercicios de entrenamiento, estará en camino de lanzar ganchos potentes como un boxeador profesional. Siga practicando y no abandone nunca su camino en el boxeo.

Cómo dominar el *uppercut*

Un *uppercut* puede asestar un golpe de gracia[16]

El puñetazo *uppercut* es una herramienta poderosa para añadir a su arsenal de boxeo. Este puñetazo está diseñado para asestar un golpe de nocaut y resulta muy útil durante un combate. Sin embargo, asestar correctamente un puñetazo *uppercut* requiere gran habilidad y práctica. Esta sección le guiará a través de la definición, el propósito y la ejecución del *uppercut*. También se ofrecen consejos para evitar errores comunes y ejercicios de entrenamiento para mejorar su *uppercut*.

Definición y finalidad de un *uppercut*

El *uppercut* es un puñetazo corto lanzado hacia arriba, a la barbilla o el torso del adversario. El *uppercut* asesta un golpe de KO aprovechando la guardia del adversario. La mayoría de los boxeadores utilizan el *uppercut* cuando el rival se inclina hacia delante o intenta hacer un movimiento. Este golpe es muy eficaz cuando el adversario intenta acercarse a usted.

Preparación y ejecución paso a paso del *uppercut*

He aquí cómo ejecutar correctamente el puñetazo *uppercut*:

1. Colóquese en su postura de boxeo con los pies separados a la altura de los hombros y la barbilla hacia abajo.
2. Desplace su peso a su pie trasero y pivote sobre el metatarso de ese pie. Esto le dará potencia y palanca para el golpe.
3. Manteniendo el codo cerca del cuerpo, lance el golpe hacia arriba con los nudillos de los dedos corazón e índice.
4. Apunte a la barbilla o al plexo solar del adversario y ponga su cuerpo en ello.
5. Vuelva a su postura tras lanzar el puñetazo y prepárese inmediatamente para un contraataque.

Errores comunes que debe evitar

De todos los puñetazos, el *uppercut* es a menudo uno de los más mal utilizados o aplicados en exceso. He aquí algunos errores comunes que debe evitar:

1. **Apresurarse:** Tómese su tiempo y no se precipite en el golpe. Asegúrese de preparar el golpe correctamente antes de ejecutarlo.

2. **Alcance**: Espere a alcanzar a su oponente con el puñetazo. Manténgalo cerca del cuerpo y pivote sobre el metatarso para conseguir potencia y palanca.
3. **Bajar la guardia:** Mantenga siempre la barbilla baja y la guardia alta. Una barbilla expuesta podría ser un blanco potencial para un contragolpe.
4. **No cargar:** Cargue el golpe desplazando el peso hacia el pie trasero antes de lanzarlo.
5. **Dejar caer el codo:** Mantenga el codo cerca del cuerpo mientras lanza el puñetazo. Aumenta la potencia del puñetazo y evita ser contrarrestado.

Ejercicios de entrenamiento para mejorar su *uppercut*

Para perfeccionar su golpe *uppercut*, incorpore los siguientes ejercicios de entrenamiento a su rutina:

1. **Movimientos del puño**: Practique el movimiento del puño desde la posición de guardia a la de *uppercut* y viceversa. Mantenga la mano cerca del cuerpo mientras la mueve.
2. **Compañero de *sparring***: Busque un compañero y practique el lanzamiento del *uppercut* en almohadillas de enfoque o sacos pesados. El objetivo es preparar y ejecutar el golpe correctamente.
3. **Boxeo de sombra:** Practique el lanzamiento del *uppercut* delante de un espejo o sin él. Concéntrese en prepararse correctamente y en lanzar el golpe con la forma y la potencia adecuadas.
4. **Practique los *uppercuts* de forma independiente:** Realice el golpe *uppercut* de forma independiente y preste atención a los detalles. Concéntrese en su forma, potencia y sincronización. Cuanta más atención preste a los elementos, mejor será su *uppercut*.
5. **Siga con combinaciones**: Combine los *uppercuts* con otros golpes después de perfeccionar la forma. Le ayudará a aprender a utilizar el golpe con otros diferentes.

Cómo perfeccionar sus contragolpes en el boxeo

Los contragolpes pueden ayudarle a desviar los golpes de su adversario [17]

El gran boxeador Muhammad Ali era conocido por su rápido juego de piernas y sus poderosos contragolpes. En un deporte como el boxeo, anticiparse y contrarrestar los movimientos de su adversario puede darle una ventaja significativa. El contragolpe es un movimiento estratégico para desviar y contrarrestar los golpes de su oponente conservando su energía y maximizando sus posibilidades de asestar un golpe. Esta sección analiza la definición y el propósito de un contragolpe, la preparación y ejecución paso a paso, los errores comunes que debe evitar y ejercicios de entrenamiento para mejorar sus habilidades de contragolpe.

Definición y finalidad de un contragolpe

El contragolpe es un puñetazo que se lanza tras esquivar un golpe entrante de su adversario. El contragolpe pretende explotar los errores de su adversario pillándole desprevenido y generando potencia. Permite al contragolpeador tomar el control del asalto de forma convincente. Un contragolpe eficaz es cuestión de sincronización y precisión.

Preparación y ejecución del contragolpe paso a paso

Recuerde que el contragolpe debe utilizarse con moderación. He aquí los pasos básicos para preparar y ejecutar un contragolpe:

1. Apártese de la trayectoria del golpe de su adversario mientras se inclina ligeramente hacia un lado y baja la barbilla; esto le coloca en posición de lanzar un contragolpe.
2. Vuelva a subir la guardia y el puño hacia delante mientras pivota sobre el metatarso.
3. Utilice potencia y velocidad para asestar el golpe manteniendo los codos pegados al cuerpo y la barbilla baja.
4. Vuelva a la posición de guardia tras lanzar el contragolpe.

Cuando le lancen un puñetazo, aleje la parte superior del cuerpo, la cabeza y los pies del puñetazo entrante. Si el puñetazo entrante es un *jab*, utilice un balanceamiento hacia el exterior del *jab* y lance un contragolpe a la cabeza. Para los ganchos entrantes, gire los pies, mueva las caderas y lance un contragolpe a la cara o al cuerpo. Para los *uppercuts* entrantes, inclínese hacia un lado y lance un contragolpe a la cabeza o al cuerpo.

Errores comunes que debe evitar

Al intentar un contragolpe, evite los siguientes errores comunes:

1. **Ser demasiado lento:** Recuerde cronometrar bien su contragolpe. Esperar demasiado para lanzar su puñetazo da tiempo a su adversario para recuperarse y lanzar otro puñetazo.
2. **No mantener el equilibrio:** Mantenga el equilibrio manteniendo alineados los pies, las rodillas y las caderas; esto le ayudará a moverse con rapidez y a lanzar un contragolpe potente.
3. **No anticipar el movimiento del adversario:** Busque siempre las señales de un puñetazo entrante y anticipe el siguiente movimiento de su adversario.
4. **No mantener la forma adecuada:** Mantenga los codos metidos, la barbilla baja y la guardia alta le ayudará a moverse con rapidez y mantener el equilibrio.

Ejercicios de entrenamiento para mejorar sus habilidades de contragolpe

Los siguientes son algunos ejercicios de entrenamiento que le ayudarán a mejorar sus habilidades de contragolpe:

1. Ejercicio de doble *jab*: Este ejercicio consiste en lanzar dos *jabs* antes de lanzar un contragolpe.
2. Ejercicio *jab*/cruzado: Este ejercicio consiste en lanzar un *jab* y contraatacar con un golpe cruzado.
3. Ejercicio de gancho/ *uppercut*: Este ejercicio consiste en lanzar un gancho y contraatacar con un golpe *uppercut*.

4. Ejercicio de boxeo de sombra: Este ejercicio consiste en hacer boxeo de sombra y trabajar la sincronización.
5. Ejercicio de doble *uppercut*: Este ejercicio consiste en lanzar dos *uppercuts* antes de lanzar un contragolpe.

Practicar regularmente estos ejercicios mejora su sincronización, potencia y precisión y le ayuda a lograr un contragolpe eficaz. Además, con estos consejos y trucos, podrá maximizar sus posibilidades de asestar un puñetazo potente.

Este capítulo le ha proporcionado una visión general de los distintos puñetazos y contragolpes en el boxeo y algunos ejercicios de entrenamiento para mejorar sus habilidades. Desde *jabs* y cruzados hasta ganchos y *uppercuts*, ha aprendido lo básico para lanzar cada golpe, cómo calcular el tiempo y ejecutar un contragolpe de forma eficaz. Con práctica y dedicación, podrá realizar un contragolpe eficaz, aprovechando los errores de su oponente y aumentando sus posibilidades de ganar el asalto. Buena suerte.

Capítulo 6: Consejos y técnicas de defensa

Aunque lanzar puñetazos es el lado llamativo del deporte, el arte de la defensa es igual de importante. Una buena defensa puede ayudarle a evitar que lo golpeen y a conservar energía para cuando sea importante. Los boxeadores hábiles pueden lanzar golpes, zigzaguear entre sus oponentes y utilizar el juego de piernas para esquivar los ataques entrantes. No es fácil, pero el resultado merece la pena. Una defensa acertada puede darle la ventaja para salir victorioso de un combate brutal.

Este capítulo se centra en consejos y técnicas de boxeo defensivo. Instruye sobre cómo bloquear y desviar varios golpes, defender la cabeza, utilizar el juego de pies adecuado, balancearse, zigzaguear, deslizarse, hacer *clinching*, rodar, parar y pivotar. Estos elementos críticos del boxeo defensivo lo colocarán en una posición privilegiada para ganar. El combate se gana o se pierde en los detalles; dominar estas habilidades puede marcar la diferencia.

Bloqueo defensivo

El bloqueo defensivo puede utilizarse para una estrategia ofensiva

El boxeo puede ser un deporte estimulante, pero es peligroso. Un puñetazo bien dado puede acabar abruptamente con un combate, por lo que los púgiles deben dominar el arte de la defensa. El bloqueo defensivo es tan vital como una excelente estrategia ofensiva. En esta sección se analizan dos técnicas esenciales del boxeo: desviar los golpes y protegerse la cabeza. Tanto si es un profesional experimentado como un principiante, estas técnicas le mantendrán a salvo y prolongarán su carrera como boxeador.

Desviar los golpes

Desviar los puñetazos es una técnica de bloqueo defensivo crucial que todo luchador debería dominar. Consiste en utilizar la mano o el antebrazo para redirigir el puñetazo del adversario, haciendo que no alcance su objetivo. Cuando se hace correctamente, desviar los puñetazos puede alterar el ritmo del adversario, gastar su energía y crear una abertura para un contraataque. He aquí algunos consejos para perfeccionar esta técnica:

1. **Mantenga una postura relajada:** Luchar con una postura tensa cansa rápidamente. En su lugar, mantenga el cuerpo relajado, con el centro de gravedad bajo y permanezca ligero de pies. Si permanece alerta, sus reflejos serán más rápidos, lo que le permitirá percibir mejor y redirigir los golpes entrantes.
2. **Utilice el antebrazo:** Un antebrazo firme es una herramienta excelente para desviar los golpes. Mantenga los brazos en posición de guardia y utilice el antebrazo para apartar cualquier gancho o *jab* entrante. El antebrazo debe estar en ángulo para absorber la fuerza del puñetazo y redirigirla lejos de su cabeza o cuerpo.
3. **Mantenga la vista en los hombros de su oponente:** El torso inicia todos los golpes. Manteniendo la vista fija en los hombros de su oponente, usted predice la dirección del golpe y se prepara en consecuencia. Cuando vea que el hombro se tensa, sabrá que se aproxima un puñetazo y utilizará la técnica de bloqueo defensivo adecuada para evitarlo.
4. **Utilice una técnica de desviación:** Dependiendo del ángulo y la dirección del puñetazo, puede utilizar varias técnicas de desviación. Las más comunes son la parada, el bloqueo y la bofetada. Si el puñetazo viene de alto, utilice una parada para desviarlo. Si el puñetazo viene desde abajo, utilice un bloqueo. Si el puñetazo viene desde un ángulo, utilice una bofetada para desviarlo.

Protegerse la cabeza

Protegerse la cabeza es la técnica de bloqueo defensivo más vital en el boxeo. Un golpe en la cabeza puede provocar un nocaut, daños cerebrales o la muerte. He aquí algunos consejos para proteger la cabeza:

1. **Mantenga la guardia alta:** Mantenga las manos cerca de la cara y los codos metidos. Esta postura le protege la cabeza de los golpes. La posición de guardia ideal es con la barbilla hacia abajo, los codos metidos y los puños levantados alrededor de la cara.
2. **Mantenga la distancia ideal:** Una forma excelente de proteger su cabeza es mantener la distancia adecuada entre usted y su oponente. Si está demasiado lejos, será difícil asestar golpes. Si está demasiado cerca, su oponente tendrá un tiro claro a la cabeza. Por lo tanto, la distancia ideal es justo fuera del alcance de los puñetazos de su oponente.
3. **Practique el movimiento de la cabeza:** Un buen movimiento de cabeza implica agacharse, deslizarse y balancearse. Practique estas técnicas para ser más escurridizo y evitar ser golpeado. Además, es esencial mantener la cabeza en movimiento para que el adversario no pueda predecir por dónde se moverá y preparar su golpe en consecuencia.
4. **Sepa cuándo hacer *clinching*:** Si los golpes de su oponente son demasiado rápidos o fuertes, entonces realice un *clinch*. El *clinch* consiste en sujetar a su oponente con un abrazo para impedir que le golpee. Agarrar los brazos del adversario y mantenerlos pegados a su cuerpo impide que lance golpes.

Trabajo de pies básico del boxeo: moverse por el ring con velocidad y precisión

El juego de pies es uno de los aspectos más críticos de este deporte. Un juego de pies adecuado permite a los boxeadores moverse con rapidez y eficacia por el cuadrilátero, lanzando golpes eficaces y evitando al mismo tiempo los ataques de sus oponentes. Esta sección examina detenidamente algunas técnicas básicas de juego de pies que los boxeadores utilizan cuando se mueven por el cuadrilátero. Abarca desde la postura básica y el equilibrio hasta el cambio de peso y el ajuste de la posición de los pies para los distintos golpes. Tanto si es un profesional experimentado como un principiante, dominar estos aspectos básicos es esencial para tener éxito en el cuadrilátero.

Ponerse en posición

Antes de moverse por el ring, debe colocarse en la postura adecuada. Esto significa estar de pie con los pies separados al ancho de los hombros, con los dedos de los pies apuntando ligeramente hacia fuera. Sus rodillas deben estar ligeramente flexionadas y su peso debe estar distribuido uniformemente en ambos pies. A partir de aquí puede ajustar su postura en función de la posición y los movimientos de su adversario.

Los boxeadores profesionales suelen ajustar sus posturas para ser más agresivos o defensivos, dependiendo de la situación. Por ejemplo, si su oponente lanza muchos *jabs*, puede adoptar una postura más defensiva con las manos en alto y la barbilla metida hacia abajo. Por otro lado, si pretende lanzar una combinación, puede ajustar su postura para que sea ligeramente más ancha y agresiva.

Desplazarse por el ring

Cuando esté en la postura adecuada, es hora de empezar a moverse. Puede moverse hacia delante, hacia atrás y de lado a lado dando pasos pequeños y rápidos. Manténgase ligero de pies y con las rodillas flexionadas para mantener el equilibrio y la estabilidad. Dé pasos cortos con el pie adelantado, utilizando el pie trasero para impulsarse hacia delante cuando sea necesario. Cuando se desplace hacia atrás, invierta este movimiento, dando pequeños pasos con el pie de atrás y utilizando el pie delantero para impulsarse. El movimiento lateral consiste en dar pequeños pasos hacia un lado para evitar los golpes de su oponente o para colocarse en una mejor posición para sus golpes.

Equilibrio y cambio de peso

Mientras se desplaza por el ring, debe mantener un equilibrio adecuado y desplazar su peso de forma eficaz. Esto implica mantener el peso centrado sobre los pies y desplazarlo de un pie a otro. Por ejemplo, cuando lance un puñetazo con la mano adelantada, desplace su peso ligeramente hacia el pie adelantado mientras ancla el pie trasero para mantener la estabilidad. El mismo principio se aplica al lanzar puñetazos con el cruzado. Usted desplaza su peso hacia el lado opuesto y utiliza su pie adelantado para mantener el equilibrio.

Ajuste de la posición del pie para diferentes golpes

Diferentes puñetazos requieren un posicionamiento diferente de los pies. Por ejemplo, al lanzar un *jab*, su pie adelantado debería dar un paso adelante ligeramente, dándole más alcance a su puñetazo. Su pie adelantado debe pivotar hacia fuera para un gancho, lo que le permitirá girar el cuerpo y generar más potencia detrás de su puñetazo. Por último, para un *uppercut*, acérquese a su oponente, dando un paso adelante con el pie adelantado para ponerse a su alcance.

Practicar el juego de pies

Como cualquier habilidad, el juego de pies requiere práctica para dominarlo. Dedique tiempo a trabajar su juego de pies en el gimnasio, centrándose en moverse con rapidez y eficacia por el cuadrilátero. Practique diferentes golpes y la colocación de los pies, sintiéndose cómodo con cada movimiento y transición. Lanzará golpes más eficaces y evitará fácilmente los ataques de su oponente a medida que mejore su juego de pies. Aquí tiene algunos ejercicios para empezar:

1. **Boxeo de sombra:** Practique su juego de pies y sus golpes en el saco pesado, centrándose en la velocidad, la potencia y la precisión.
2. **Ejercicios de reacción:** Haga que un compañero le lance puñetazos a distintas velocidades y ángulos. Practique desplazando su peso, ajustando la posición de los pies y esquivando o bloqueando los puñetazos.
3. **Ejercicios de velocidad:** Cronometre lo rápido que puede moverse por el cuadrilátero, practicando ejercicios de juego de pies a distintas velocidades.
4. **Ejercicios de balanceamiento:** Haga que su compañero le lance *jabs* y cruzados, y practique balancearse y esquivarlos hacia un lado.

Técnicas de movimiento de la cabeza

El boxeo no consiste sólo en lanzar golpes, sino también en saber cómo evitarlos. Por lo tanto, las técnicas de movimiento de la cabeza en el boxeo son esenciales si quiere ser un buen boxeador. Estas técnicas pueden ayudarle a evitar golpes, contraatacar y moverse con confianza en el cuadrilátero. Esta sección trata en detalle estas técnicas y cómo dominarlas.

1. ***Bobbing:*** El *Bobbing* es una técnica que mueve la cabeza arriba y abajo mientras mantiene los pies pegados al suelo. Es una técnica excelente para evitar los ganchos y los puñetazos por encima del hombro. Para realizar esta técnica, mantenga las rodillas ligeramente flexionadas y mueva la cabeza arriba y abajo con fluidez. Mantenga las manos en alto para defenderse de los *jabs* y los cruzados. Practique el balanceo haciendo que un compañero le lance puñetazos mientras usted se balancea y zigzaguea para esquivarlos.

2. **Ondulación:** La ondulación es una técnica que consiste en mover la cabeza de un lado a otro mientras se doblan las rodillas. Es una técnica eficaz para evitar los golpes rectos. Para realizar esta técnica, mueva la cabeza a izquierda y derecha mientras mantiene las manos en alto para defenderse de los ganchos. Puede practicar la técnica haciendo que un compañero le lance puñetazos rectos mientras usted los esquiva.

3. **Balanceamiento:** El balanceamiento es una técnica que consiste en mover la cabeza hacia un lado para evitar un golpe. Es una técnica excelente para evitar *jabs* y rectos. Para realizar esta técnica, mueva la cabeza hacia la izquierda o la derecha mientras dobla las rodillas. Practique el balanceamiento haciendo que un compañero le lance *jabs* y rectos mientras usted se balancea para evitarlos.

4. **Rodar:** Rodar es una técnica que consiste en mover la cabeza en un movimiento circular para evitar los golpes. Es una técnica eficaz para evitar los ganchos y los puñetazos por encima de la cabeza. Para realizar esta técnica, mueva la cabeza en un movimiento circular mientras mantiene las manos en alto para defenderse de *jabs* y rectos. Practique haciendo que un compañero le lance ganchos y puñetazos por encima de la cabeza mientras usted se mueve para esquivarlos.

5. **Parar:** La parada es una técnica en la que se utilizan las manos para desviar un golpe. Es una técnica excelente para evitar *jabs* y rectos. Para realizar esta técnica, utilice la mano delantera para desviar un *jab* o un recto empujándolo hacia un lado. Practique haciendo que un compañero le lance *jabs* y rectos mientras usted los para.

6. **Pivotar:** El pivoteo es una técnica que consiste en girar el cuerpo para evitar un golpe. Es una técnica eficaz para evitar los ganchos y los puñetazos por encima del hombro. Para realizar esta técnica, pivote sobre el pie delantero para girar el cuerpo hacia la izquierda o la derecha. Mantenga las manos en alto para defenderse de los *jabs* y los rectos. Practique el giro haciendo que un compañero le lance ganchos y puñetazos por encima de la mano mientras usted pivota para evitarlos.

Dominar las técnicas de movimiento de la cabeza en el boxeo es esencial para ser un buen boxeador. Estas técnicas pueden ayudarle a evitar los golpes y a contraatacar con eficacia. *Bobbear*, zigzaguear, balancearse, rodar, esquivar y pivotar son técnicas esenciales que todo aspirante a boxeador debe dominar. Practique estas técnicas regularmente con un compañero para mejorar sus habilidades y su confianza en el ring. Recuerde mantener las manos en alto en todo momento, conservar la calma y moverse con fluidez y gracia.

Clinching para la defensa: cómo utilizar los brazos y controlar la distancia

En el boxeo, a veces es necesario utilizar todo el cuerpo para defenderse, incluidos los brazos y las habilidades de *clinch*. Un *clinch* es cuando agarra el cuerpo de su oponente para controlar su movimiento y reducir el daño potencial. El *clinch* puede ser una valiosa herramienta defensiva. Esta sección explora dos aspectos críticos del *clinch*, el uso de sus brazos para la defensa y el control de la distancia en el *clinch*.

Utilizar los brazos para defenderse

Sus brazos son un componente crucial para el éxito del *clinch*. Cuando su oponente esté atacando, utilice los brazos para protegerse la cabeza y el cuerpo. Por ejemplo, mantenga los codos metidos y las manos levantadas alrededor de la cara. Si su oponente intenta golpearle, su cabeza y su cuerpo estarán protegidos.

Cuando esté en el *clinch*, sus brazos deben agarrar el cuerpo de su oponente. Mantenga los codos

El *clinch* es una valiosa herramienta defensiva

apretados y presione su cuerpo contra el suyo. Así podrá controlar sus movimientos y restringir el espacio que tienen para moverse a su alrededor. Utilice los brazos para bloquear las rodillas de su oponente, lo que puede ser muy eficaz contra los luchadores que intentan darle un rodillazo en el *clinch*.

Otro uso excelente de sus brazos es crear espacio cuando sea necesario. Por ejemplo, si se encuentra en un apretado *clinch* y su oponente controla sus movimientos, utilice los brazos para apartarlo. Crea distancia entre usted y su oponente, dándole espacio para moverse y defenderse.

Controlar la distancia en el *clinch*

Controlar la distancia es un aspecto fundamental del *clinch*. Debe saber cómo acercarse a su oponente y permanecer allí sin darle demasiado espacio para moverse alrededor. La clave está en dar pequeños pasos y realizar ajustes en la postura y posición corporal. Cuando entre por primera vez en el *clinch*, dé pequeños pasos hacia su oponente. Acerque la cabeza y el cuerpo a los suyos y rodee su cuerpo con los brazos. Cuando controle su movimiento, dé pequeños pasos hacia atrás o hacia los lados para mantener la posición.

Si su adversario intenta alejarse de usted, utilice los brazos para tirar de él hacia atrás. Mantenga los codos pegados al cuerpo y utilice el pecho y los hombros para presionar. Controlará su movimiento y lo mantendrá cerca. A veces su adversario lo empujará hacia atrás o se alejará de usted. En estas situaciones, sea paciente y realice pequeños ajustes en su postura y posición corporal. Mantenga los brazos en alto, listos para defenderse, y espere la oportunidad adecuada para golpear.

El *clinch* puede ser una herramienta defensiva muy eficaz cuando se utiliza correctamente. Utilizar los brazos para defenderse y controlar la distancia son dos aspectos críticos para el éxito del *clinch*. Practique estas habilidades con un compañero para mejorar su técnica y control. Recuerde mantener los codos apretados y utilizar el pecho y los hombros para controlar los movimientos de su oponente. El *clinch* puede convertirse en un componente valioso de su repertorio de lucha con algo de práctica.

Consejos esenciales de los púgiles profesionales para la defensa en el boxeo

Tanto si es un principiante como un boxeador experimentado, la defensa es esencial en su régimen de entrenamiento. Una defensa adecuada puede minimizar el daño infligido por los golpes de un oponente y el desgaste. A continuación se enumeran algunos de los mejores consejos de defensa de boxeadores profesionales que puede incorporar a su entrenamiento.

1. **Mantenga las manos en alto:** Uno de los aspectos más básicos y esenciales de la defensa en el boxeo es mantener las manos en alto delante de la cara. Sus manos deben estar colocadas de forma que cubran su nariz y barbilla a la vez que le proporcionan suficiente espacio para ver los golpes de su oponente. Esta técnica defensiva bloquea los golpes que vienen directamente hacia usted y desde un ángulo.

2. **Manténgase alerta y con los ojos abiertos:** Mientras lucha, debe mantener la concentración y permanecer alerta. Observe atentamente a su oponente y busque señales de ataque. De este modo, podrá planificar sus movimientos en función de los de su oponente. Mantener los ojos abiertos es una habilidad esencial que debe desarrollar.

3. **Postura de boxeo:** Una postura de boxeo sólida puede ayudarle a defenderse mejor durante los combates. Mantenga los pies separados a la anchura de los hombros, el pie izquierdo adelantado (si es diestro), las rodillas ligeramente flexionadas y las manos en alto para protegerse la cara. Utilice la mano izquierda para bloquear el *jab* de su oponente y la derecha para los puñetazos potentes. Por último, mantenga los codos cerca de las costillas para dificultar que su oponente golpee su cuerpo.

4. **Contraataque:** La mejor defensa es un buen ataque. Cuando vea una apertura, aprovéchela al máximo. Lance un contragolpe y mantenga a su oponente retrocediendo, aliviando la presión sobre usted y ayudándole a ganar impulso. Cuando tenga la oportunidad de contraatacar, sea rápido y agresivo.

5. **Ejercicios en pareja:** Practique con un compañero para aprender a defenderse. Haga ejercicios en pareja y aprenda a bloquear sus golpes y a asestar los suyos. Practicar con un compañero desarrolla la sincronización y los reflejos. En un combate real, debe anticiparse a los movimientos de su oponente y encajar sus golpes antes que ellos. La experiencia práctica con un compañero desarrollará esta habilidad.

6. **Concéntrese en la sincronización:** La sincronización es una habilidad esencial para la defensa en el boxeo. Debe cronometrar perfectamente sus bloqueos y contragolpes para evitar ser golpeado. Céntrese en desarrollar su sincronización y sus reflejos haciendo ejercicios en vivo con un compañero. Recuerde que sólo a veces puede confiar en que su guardia le proteja. Debe estar alerta y cronometrar sus bloqueos correctamente para defenderse con eficacia.

7. **Esté atento a las combinaciones del adversario:** Prestar atención a las combinaciones de su oponente es esencial. Si observa que lanza una variedad de golpes, prepárese para bloquearlos todos. Aprenda a defenderse de las combinaciones haciendo ejercicios con un compañero y para asegurarse de que se mantiene alerta durante sus combates. Aprenda a anticiparse a los movimientos de su oponente y a reaccionar con rapidez.

La defensa es vital para su rendimiento en el boxeo. Desarrollar una buena defensa para evitar recibir golpes innecesarios es crucial. Este capítulo cubrió el bloqueo defensivo, el desvío de golpes, el balanceamiento, el *clinch*, el rodar y la parada.

También, algunos de los mejores consejos defensivos de boxeadores profesionales para que los incorpore a su régimen de entrenamiento. Recuerde mantener las manos en alto, permanecer alerta y mantener los ojos abiertos. Mueva siempre la cabeza, concéntrese en su juego de pies, esté preparado para contraatacar y practique ejercicios con compañeros. Estos consejos mejorarán su defensa y le conducirán al éxito.

Capítulo 7: 13 combinaciones profesionales que no conocía

El arte del boxeo no consiste sólo en lanzar golpes. Se trata de combinarlos de la forma más estratégica. La combinación correcta de golpes puede marcar la diferencia entre la victoria y la derrota. Una combinación bien ejecutada implica precisión, exactitud y sincronización. Es como un baile coreografiado en el que cada paso debe darse con total concentración y determinación. Combinar golpes puede ser un reto, sobre todo cuando se enfrenta a un oponente hábil, pero es algo bello cuando se domina.

Dominar las combinaciones debería ser una de sus prioridades para tener opciones de convertirse en campeón de boxeo. Este capítulo le enseña los combos básicos, intermedios y avanzados, así como algunos movimientos finales que le ayudarán a ganar ventaja en un combate. Además, contiene instrucciones paso a paso sobre cada combinación para que pueda practicar y perfeccionar sus habilidades hasta que se conviertan en algo natural. Después de todo, la práctica hace al maestro.

Combinaciones básicas de boxeo para potenciar sus habilidades

Todo boxeador está familiarizado con la importancia de dominar los fundamentos. Las combinaciones básicas de boxeo son el pan de cada día del boxeo y le ayudan a ganar ventaja en el cuadrilátero. Debe trabajar su técnica y su forma para ejecutar el golpe, el bloqueo y el contraataque perfectos. Esta sección le guiará a través de las combinaciones esenciales para llevar sus habilidades boxísticas al siguiente nivel.

Combinación de *jab* y cruzado

Combinación de *jab* y cruzado

Esta es una de las combinaciones de boxeo más comunes y eficaces. Comience con un *jab* rápido y afilado a la cara de su oponente, seguido de un potente puñetazo cruzado con su mano dominante. Mantenga la guardia alta tras el puñetazo cruzado para evitar las represalias de su oponente. Practique esta combinación con un saco de velocidad o pesado para mejorar su sincronización y coordinación.

Combinación de gancho y *uppercut*

La combinación de gancho y *uppercut* es una forma estupenda de sorprender a su oponente. Comience con un golpe rápido de gancho con su mano dominante a la cabeza o al cuerpo de su adversario, seguido de un *uppercut* con la otra mano para tomarlo desprevenido. Mantenga el cuerpo equilibrado y en el suelo durante la combinación para evitar ser noqueado. Practique esta combinación en un saco pesado para mejorar su resistencia y potencia.

Combo de derecha por encima del hombro

Combinación de derecha y revés[18]

La combinación de sobregiro de derecha es un puñetazo poderoso que puede derribar a su adversario. Comience con un *jab* para preparar su golpe, luego lance un puñetazo de derecha por encima de la mano dominante directamente a la cabeza de su oponente. Esta combinación debe ejecutarse con la técnica adecuada para evitar telegrafiar su movimiento. La clave de esta combinación es girar las caderas y seguir con el hombro durante el golpe.

Combo uno-dos-tres

Combo uno-dos-tres

La combinación uno-dos-tres es un elemento básico en el arsenal de un boxeador. Empiece con un *jab*, seguido de un puñetazo cruzado y termine con un gancho a la cabeza o al cuerpo de su oponente. Gire el pie durante el puñetazo de gancho para añadir más potencia a su golpe. Esta combinación es perfecta para derribar a su oponente con una secuencia rápida y potente de puñetazos.

Dominio de los movimientos de boxeo intermedios

Los movimientos intermedios son fundamentales para que los boxeadores mejoren su rendimiento en el ring. Estos movimientos implican combinaciones de golpes que requieren velocidad, agilidad, precisión y potencia. Esta sección revela tres movimientos intermedios de boxeo que le ayudarán a ganar ventaja sobre su oponente. Practicar estos movimientos con regularidad en un saco pesado y de velocidad para perfeccionar su técnica le hará imparable en el cuadrilátero.

Combo de gancho de izquierda y sobregiro derecha por encima del hombro

El combo de gancho de izquierda y sobregiro de derecha es una combinación poderosa que puede dejar a su oponente desorientado y fuera de equilibrio. Empiece lanzando un gancho de izquierda a la cabeza o al cuerpo, seguido de un puñetazo de derecha por encima del hombro. Asegúrese de pivotar el pie izquierdo mientras lanza el gancho izquierdo. Este movimiento ayuda a aumentar la potencia de su puñetazo al transferir su peso al pie delantero. El sobregiro de derecha debería sorprender a su oponente, desequilibrándolo. Recuerde seguir el golpe para maximizar el impacto.

Combinación de *Uppercut* principal y *Uppercut* posterior

LEAD UPPERCUT   REAR UPPERCUT

Combinación de *uppercut* principal y posterior

Una combinación de *uppercut* principal y posterior es un movimiento eficaz de lucha interior para acortar la distancia con su oponente. Empiece lanzando un *uppercut* principal con la mano izquierda y siga con un *uppercut* posterior con la mano derecha. El *uppercut* principal debe centrarse en aterrizar en la barbilla, mientras que el *uppercut* posterior debe apuntar al plexo solar o al hígado. Practique esta combinación con un saco de velocidad o pesado para aumentar su precisión y velocidad.

Combo de gancho doble y *uppercut*

El combo de gancho doble y *uppercut* es una técnica llamativa y eficaz para confundir a su oponente. Empiece lanzando un gancho de izquierda al cuerpo o a la cabeza, sígalo con un gancho de derecha al cuerpo o a la cabeza y termine con un *uppercut* de izquierda. Pivote los pies y rote con las caderas mientras asesta los golpes. Los ganchos deben dirigirse a las costillas o a la sien, mientras que el *uppercut* debe apuntar a la barbilla. Practique este combo imaginando el movimiento de su oponente y ajustando sus golpes en consecuencia.

Combos avanzados

Los combos de boxeo son difíciles de dominar, pero pueden llevar su juego al siguiente nivel cuando aprenda el truco. Los combos adecuados pueden ayudarle a marcar el ritmo, crear aperturas y aturdir a sus oponentes con golpes rápidos y potentes. Así que, para avanzar en sus habilidades de boxeo, es hora de trabajar en combos avanzados. Esta sección comparte algunos de los combos más eficaces para elevar su nivel y mantener en vilo a sus oponentes.

Combo de gancho derecho principal y gancho izquierdo posterior

Este combo comienza con un gancho de derecha

El combo de gancho principal de derecha y gancho de izquierda posterior es una poderosa combinación para cerrar la distancia y abrumar a su oponente. Comience con un *jab*, cree una apertura y sígala con un gancho de derecha. Luego, cuando la guardia de su oponente baje para defenderse del gancho principal, siga con un gancho trasero de izquierda que puede provocar un nocaut. Este combo requiere un buen juego de pies y sincronización, por lo que es mejor practicarlo con un compañero de *sparring*.

Combo de *uppercut* derecho y gancho izquierdo posterior

El combo de *uppercut* de derecha adelantado y gancho trasero de izquierda es otra combinación eficaz para coger desprevenido a su oponente. Comience con un *jab* rápido seguido de un *uppercut* de derecha. El *uppercut* debería conectar con la barbilla de su oponente, dejándolo aturdido y abierto para un gancho posterior de izquierda. El gancho de izquierda es un golpe devastador que puede noquear a su oponente, así que asegúrese de tener un buen equilibrio y postura antes de intentarlo.

Combinación de cuatro puñetazos

Merece la pena probar la combinación de cuatro puñetazos para obtener un combo más complejo. Este combo comienza con un gancho de izquierda, seguido de un *jab*, un gancho y un cruzado. El primer puñetazo debería crear una apertura para el *jab*, que prepara el gancho principal. El puñetazo final, el cruzado, asesta el golpe de potencia de nocaut que puede poner fin al combate. Este combo requiere una buena coordinación y sincronización, por lo que es mejor practicarlo despacio y añadir velocidad gradualmente.

Combo de cruzado con derecha y *uppercut* con izquierda

Este es una variación de los combos anteriores y puede realizarse de forma diferente. Empiece con un cruzado de derecha seguido de un *uppercut* con la izquierda. A continuación, el *uppercut* puede dirigirse a la barbilla o al cuerpo de su oponente, dependiendo de su guardia. Este combo puede realizarse con diferentes variaciones, incluyendo un gancho de izquierda, un gancho de derecha o un golpe al cuerpo.

Combo de doble *jab* y cruzado de derecha

El combo de doble *jab* y cruzado de derecha es una combinación clásica para controlar el ritmo de la pelea. Comience con dos *jabs* rápidos creando una apertura para un potente cruzado de derecha. El doble *jab* mantiene a su oponente alerta y prepara sus golpes de potencia. Este combo requiere buena precisión y velocidad, así que practique sus *jabs* y cruzados antes de intentarlo.

Técnicas de nocaut: domine estos movimientos finales

No es ningún secreto que los golpes de KO pueden marcar la diferencia entre ganar y perder un combate. Pero, como boxeador, dominar los movimientos de finalización puede darle ventaja para terminar el combate a su favor. Esta sección examina algunos de los movimientos de remate más eficaces de su arsenal.

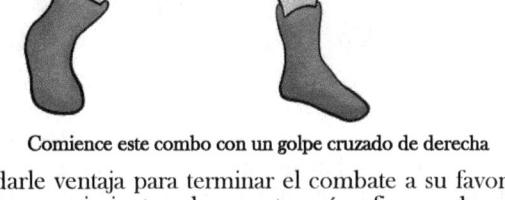
Comience este combo con un golpe cruzado de derecha

Combo de gancho de izquierda principal y gancho de derecha posterior

Uno de los movimientos finales más populares en el boxeo es el combo de gancho izquierdo y gancho derecho posterior. Esta técnica comienza con un gancho de izquierda y un gancho de derecha después para desequilibrar a su oponente y entorpecer su defensa. La clave para ejecutar este combo es asegurarse de que ambos golpes se lanzan con movimientos rápidos y fluidos. Asegúrese de conectar sus golpes con precisión y potencia para garantizar un nocaut exitoso.

Combo de *uppercut* izquierdo, cruzado derecho posterior y *uppercut* derecho principal

Otro movimiento final eficaz es el combo de *uppercut* izquierdo principal, cruzado derecho y *uppercut* derecho principal. Esta combinación se inicia con un *uppercut* izquierdo, seguido de cruzado derecho y finaliza con un *uppercut* derecho. Este combo es muy eficaz en situaciones de combate cuerpo a cuerpo, ya que le permite asestar golpes potentes incluso cuando su oponente tiene la guardia alta. De nuevo, para garantizar el máximo impacto, la clave para ejecutar este combo es mantener un buen juego de pies y velocidad.

Combinación de seis puñetazos

La combinación de seis puñetazos es un movimiento final potente y complejo que implica seis puñetazos lanzados rápidamente. Esta técnica puede ejecutarse en diversas variantes. La más común es una combinación de dos *jabs*, cruzados y ganchos. Este movimiento de remate requiere una sincronización y precisión excelentes, por lo que centrarse en su técnica y velocidad es esencial a la hora de practicarlo. La combinación de seis golpes es eficaz para desgastar a su oponente y encontrar un hueco para un golpe de nocaut.

Golpes al cuerpo

Los golpes se dirigen al hígado y al plexo solar

Aunque muchos movimientos de remate se centran en apuntar a la cabeza de su oponente, los golpes al cuerpo también pueden ser muy eficaces para conseguir un nocaut. Esta técnica se centra en la sección media del oponente, concretamente en el hígado. Un golpe al cuerpo bien colocado puede debilitar eficazmente a su oponente y prepararlo para un golpe de nocaut a la cabeza. Para ejecutar un golpe al cuerpo con éxito, apunte a la sección media de su oponente y utilice el peso de su cuerpo para generar potencia y fuerza tras su puñetazo.

Fintas y amagues

Las fintas pueden distraer a su oponente

Por último, otra técnica eficaz de movimiento final es utilizar fintas y amagues para distraer y confundir a su oponente. Esta técnica finge lanzar un puñetazo en una dirección antes de lanzar un golpe de nocaut en otra. Es una forma muy eficaz de tomar desprevenido a su oponente y asestarle un golpe de nocaut con éxito. Sin embargo, es esencial ser precavido al utilizar esta técnica, ya que requiere un alto nivel de habilidad y puede ser arriesgada.

Consejos para encontrar las mejores combinaciones de boxeo

El boxeo es un deporte fascinante y desafiante que requiere mucha habilidad y resistencia. Uno de los aspectos más importantes del boxeo es aprender a utilizar las combinaciones con eficacia para obtener ventaja sobre su oponente. Las buenas combinaciones de boxeo requieren fuerza física, planificación estratégica y una rápida ejecución. Esta sección proporciona excelentes consejos para encontrar las mejores combinaciones de boxeo para mejorar sus habilidades boxísticas y dominar el cuadrilátero.

Desarrolle una base sólida

Antes de practicar combinaciones complicadas de boxeo, debe construir una base sólida que incluya técnicas básicas como *jabs*, cruzados, ganchos y *uppercuts*. Estos movimientos, cuando se ejecutan correctamente, pueden devastar a su oponente. Empiece por lo básico y practique hasta que pueda ejecutar estos movimientos a la perfección. Después, pase gradualmente a combinaciones más complejas. Sus combinaciones iniciales deben ser lo suficientemente básicas como para que pueda ejecutarlas sin pensar y se conviertan en algo natural.

Estudie los combates de boxeo profesional

Ver combates de boxeo profesional ofrece excelentes oportunidades para observar y aprender de los mejores. Cuando vea estos combates, tome nota de las combinaciones que utilizan sus boxeadores favoritos e intente recrearlas durante sus sesiones de entrenamiento. No dude en pausar los vídeos y practicar los movimientos lentamente para comprender mejor cómo ejecutarlos con precisión.

Practique con un compañero

Practicar con un compañero puede ayudarle a mejorar sus técnicas[19]

Practicar con un compañero es una forma estupenda de mejorar sus técnicas de boxeo. Encuentre a alguien dispuesto a colaborar en sus sesiones de entrenamiento y cree diversas combinaciones. Empiece lanzando golpes básicos y añada gradualmente movimientos más intrincados cuando se sienta más seguro. Trabajar con un compañero ayuda a mejorar su sincronización, precisión y velocidad.

Desarrolle su estilo

Un buen boxeador tiene un estilo único. Lleva tiempo desarrollar su estilo de boxeo, pero experimentar con diferentes combinaciones y técnicas crea un estilo personal que se ajusta a sus capacidades físicas. Probar diferentes combinaciones le ayudará a encontrar los movimientos adecuados que le funcionen en el cuadrilátero. Por supuesto, la mejor manera de encontrar su estilo es practicar, así que dedique el tiempo suficiente a dominar los fundamentos y a aprender nuevas combinaciones.

Practicar contra diferentes adversarios

Cuando haya desarrollado unas cuantas combinaciones, es hora de probarlas contra diferentes oponentes. Comprenderá los puntos fuertes y débiles de su técnica y realizará los ajustes necesarios. Trabajar con otros oponentes agudiza sus reflejos, dándole ventaja en el ring. Cuantos más oponentes enfrente, mayores serán sus posibilidades de éxito.

La constancia es la clave

La constancia es vital para desarrollar las habilidades boxísticas. Debe practicar con regularidad para sacar el máximo partido a sus sesiones de entrenamiento. La constancia ayuda a desarrollar la memoria muscular, que es importante a la hora de ejecutar técnicas complejas. Gran parte del éxito en el ring se reduce a la práctica y a la repetición. La constancia mejorará sus habilidades boxísticas y le dará la confianza necesaria para triunfar en el cuadrilátero.

Mantenga las combinaciones simples

Mantener sus combinaciones simples pero efectivas es la clave del éxito en el ring. No necesita un montón de movimientos extravagantes para ganar un combate; todo lo que necesita es uno o dos golpes potentes que aterricen e impacten en su oponente. Por lo tanto, sea sencillo y cíñase a lo básico. Es mucho más eficaz que ejecutar combinaciones complejas que podrían no funcionar. Unos cuantos golpes bien ejecutados pueden llegar muy lejos y marcar la diferencia en el cuadrilátero.

Dominar las combinaciones de boxeo requiere tiempo, dedicación y paciencia. Recuerde que debe empezar por lo básico y pasar gradualmente a movimientos más complicados. Ver combates de boxeo profesionales, trabajar con un compañero y desarrollar su estilo son formas de mejorar sus habilidades boxísticas. La constancia es fundamental y la práctica hace al maestro. Manténgase concentrado, siga trabajando duro y ejecutará combinaciones impresionantes en poco tiempo.

El boxeo no consiste sólo en lanzar golpes, sino también en ejecutarlos con precisión y exactitud. Dominar las combinaciones básicas del boxeo puede ayudarle a convertirse en un púgil experto. Es esencial empezar por lo básico, trabajar la forma y la técnica y graduarse en combinaciones más complejas. Busque un buen entrenador de boxeo que le guíe a través de estas combinaciones y mejore sus habilidades. Recuerde, la práctica hace al maestro, así que siga entrenando y esforzándose para convertirse en el mejor boxeador que pueda.

Capítulo 8: Un vistazo a los secretos de los boxeadores profesionales sobre el *sparring*

El boxeo es un deporte intenso que exige una buena forma física y agilidad mental. Los boxeadores profesionales son conocidos por su habilidad y su técnica, pero ¿cuáles son sus secretos en lo que respecta al *sparring*?

La clave para ganar el combate no es sólo la fuerza bruta, sino la estrategia y el pensamiento rápido. Con una preparación minuciosa y una actitud decidida, cualquiera puede aprender los secretos del *sparring* de los boxeadores profesionales y convertirse en un campeón. Este capítulo le iniciará en el camino del éxito en el *sparring*.

Este capítulo explora los fundamentos del *sparring*, analiza el momento adecuado para empezar a combatir con un oponente, desglosa los aspectos técnicos del *sparring* y ofrece consejos de expertos de la mano de los profesionales. Desde el infame estilo «*peek-a-boo*» de Mike Tyson hasta el movimiento de cabeza y el juego de pies, estará bien preparado para enfrentarse a su primer combate. A continuación, de camino al combate, explore todo lo relacionado con el *sparring*.

Los fundamentos del *sparring*

El *sparring* puede ayudarle a mejorar sus habilidades[20]

El *sparring* es una parte estándar de casi todos los deportes de combate y una forma estupenda de mejorar sus habilidades. Ya sea aprendiendo artes marciales o practicando kickboxing, el *sparring* es esencial para convertirse en un mejor luchador. Esta sección cubre los fundamentos del *sparring*, proporcionándole todo lo que necesita saber para empezar, desde los beneficios del *sparring* hasta las técnicas.

Por qué debería practicar *sparring*

El *sparring* es parte integral del entrenamiento en artes marciales porque le expone a situaciones de la vida real. Le permite practicar sus técnicas contra un adversario y aprender a reaccionar en diferentes situaciones. Además, el *sparring* le ayuda a mejorar sus reflejos, sincronización, juego de pies y resistencia. Con estos beneficios, el *sparring* es esencial para convertirse en un luchador experto.

Los diferentes tipos de *sparring*

El *sparring* puede dividirse en diferentes tipos, como duro, ligero o técnico. El *sparring* duro es la forma más intensa, en la que los oponentes luchan con toda su potencia. Por el contrario, el *sparring* ligero es menos severo, en el que los luchadores sólo utilizan entre el 30 % y el 60 % de su fuerza. Por último, el *sparring* técnico se centra más en la técnica, donde los luchadores practican movimientos y contragolpes específicos.

Consejos para principiantes

El *sparring* puede ser intimidante, especialmente si se enfrenta a alguien con más experiencia que usted. Sin embargo, puede convertir el *sparring* en una valiosa experiencia de aprendizaje si tiene la mentalidad adecuada. En primer lugar, afronte cada sesión de *sparring* con la mente abierta, dispuesto a aprender y mejorar. En segundo lugar, lleve siempre el equipo de seguridad adecuado, como casco, guantes y canilleras. Por último, no dude en pedir a su entrenador o compañero de *sparring* que le dé su opinión después de cada sesión para ayudarle a identificar las áreas que necesita mejorar y hacer un seguimiento de sus progresos.

El momento adecuado para empezar a hacer *sparring*

¿Es usted un aspirante a boxeador que espera el momento adecuado para empezar a hacer *sparring*? El *sparring* es esencial para el entrenamiento de boxeo, ya que prepara al púgil para situaciones de la vida real. Sin embargo, puede resultar difícil determinar cuándo es el momento adecuado para empezar a hacer *sparring*. Esta sección ofrece una visión de cuándo es apropiado empezar a hacer *sparring* y de sus beneficios.

Conseguir lo básico

Antes de combatir, asegúrese de que ha aprendido y domina las técnicas fundamentales del boxeo. Por ejemplo, lo mejor sería tener un buen juego de piernas, equilibrio y movimiento de cabeza para esquivar eficazmente los golpes de su oponente. Además, asegúrese de que se siente cómodo con la postura y de que sus golpes son precisos y contundentes. Con un buen dominio de estos fundamentos, podrá protegerse y evitar lesionarse durante el *sparring*.

Mejore su forma física

Es imperativo tener una forma física adecuada antes del combate. El *sparring* es una forma intensiva de entrenamiento que le obliga a moverse continuamente durante varios asaltos. Puede ser física y mentalmente agotador, y debe desarrollar su resistencia para hacer frente a las exigencias del *sparring*. Por lo tanto, comience con algunos ejercicios cardiovasculares para mejorar su forma física cardiovascular, como correr, saltar o montar en bicicleta.

La confianza es la clave

Tener confianza antes del combate es beneficioso. Recuerde que se enfrentará a un adversario que intentará golpearle. Por lo tanto, tener confianza en sus técnicas y ser fuerte mentalmente es esencial. Su entrenador puede prepararle mentalmente para afrontar el estrés y la ansiedad del combate. Además, un poco de confianza le hará disfrutar del *sparring* y sacar lo mejor de sí.

Sparring con niveles de habilidad similares

Como principiante, es esencial hacer *sparring* con boxeadores con habilidades similares. Además, hacer *sparring* con alguien con más experiencia le ayudará porque puede enseñarle mucho. Sin embargo, hacer *sparring* con alguien por encima de su nivel de destreza puede ser arriesgado e intimidatorio, afectando su confianza. Por lo tanto, haga *sparring* con alguien de su mismo nivel y progrese poco a poco hacia un oponente más desafiante.

Aprender del *sparring*

Por último, el *sparring* es una oportunidad para aprender de los errores y mejorar su técnica. Observe atentamente los movimientos de su adversario y aprenda a contrarrestarlos. Pruebe diferentes combinaciones y métodos y póngalos a prueba durante el *sparring*. Su entrenador le dará su opinión sobre su actuación y le sugerirá áreas de mejora.

El *sparring* es una parte esencial del entrenamiento de boxeo, pero requiere preparación y sincronización. Asegúrese de haber aprendido los fundamentos, de haber desarrollado su forma física y su confianza, de haber hecho *sparring* con boxeadores de capacidades similares y de haber aprendido del combate. Recuerde, con una buena preparación, el *sparring* se convierte en una parte agradable y beneficiosa de su entrenamiento, que le ayudará a alcanzar sus objetivos en el boxeo.

Aspectos técnicos del *sparring*

El *sparring* agudiza sus técnicas, mejora la confianza y afina sus reflejos. Los aspectos técnicos del *sparring* lo hacen eficaz. Conocer los detalles, desde la postura hasta la mirada, el movimiento del cuerpo y la técnica, puede ayudarle a convertirse en un mejor boxeador. Profundicemos en las consideraciones técnicas del *sparring*.

Postura

La postura que adopte al combatir es crucial. La postura correcta proporciona un buen equilibrio, esencial para mantener la estabilidad durante el *sparring*. La postura le ayuda a moverse dentro y fuera del alcance de forma eficaz mientras mantiene la guardia alta. Una buena postura incluye mantener los pies separados a la anchura de los hombros, la cabeza y los hombros relajados y las rodillas ligeramente flexionadas.

Juego de pies

El juego de pies le ayuda a moverse con rapidez y eficacia para esquivar y evadir ataques mientras prepara los suyos. Una buena técnica de juego de pies incluye:

1. Mantener el peso sobre las puntas de los pies.
2. Cambiar el peso de un pie a otro.
3. Utilizar pasos pequeños y rápidos para desplazarse.

Técnicas de golpe

El golpe es la técnica principal en el *sparring*, y dominar los métodos de golpe puede suponer una gran diferencia en su capacidad para el *sparring*. Una técnica de golpe excelente incluye la forma, el tiempo y la precisión adecuados. Concéntrese en controlar sus puñetazos, patadas y otros golpes. Sus técnicas de golpes deben ser más rápidas y complejas que las de su oponente para mantenerle alerta.

Técnicas de defensa

La defensa es un aspecto esencial del combate, ya que le ayuda a evitar que su adversario le golpee. Existen varias técnicas de defensa, como bloquear, esquivar y parar. Una buena defensa implica:

1. Mantener las manos en alto.
2. Bloquear con los brazos y las piernas.
3. Utilizar su juego de pies para salir del alcance de su oponente.

Al igual que con los golpes, mantener su defensa firme y bajo control es vital. Cuando practique *sparring*, debe estar siempre preparado para defenderse.

Contrataques y técnicas combinadas

Los contraataques y las técnicas combinadas le ayudan a ganar ventaja en el combate. Combinar diferentes métodos, como puñetazos y patadas, puede desequilibrar a su oponente, y los contraataques pueden contrarrestar estratégicamente los movimientos de su adversario. Una buena técnica de contraataque y combinación implica sincronizar sus ataques de forma eficaz y utilizar varias técnicas para mantener a su oponente adivinando.

El combate tiene muchos aspectos técnicos críticos a tener en cuenta para mejorar su nivel de destreza. Su postura, su juego de pies, sus técnicas de golpes y defensa y su capacidad para utilizar los contraataques son esenciales. Al desarrollar estos aspectos técnicos, se convertirá en un mejor boxeador, ganará más confianza y sacará el máximo partido a su entrenamiento.

Consejos de expertos para mejorar su *sparring*

Cualquiera que haya practicado *sparring* sabe que no se trata simplemente de lanzar golpes. Debe ser estratégico y aprender a moverse correctamente para ganar un combate de *sparring*. He aquí algunos consejos de expertos que le ayudarán a mejorar su *sparring* y a aventajar a sus oponentes. Desde el estilo *peek-a-boo* hasta la sincronización y el control de la distancia, estos consejos le ayudarán a convertirse en un luchador mejor y más eficaz.

Estilo *Peek-a-Boo*

Uno de los estilos más populares y eficaces en el boxeo es el estilo *peek-a-boo*. Una guardia alta y un movimiento de vaivén caracterizan este estilo. Mantener los brazos en alto le protege la cara mientras se balancea hacia dentro y hacia fuera, lo que dificulta que su oponente le golpee. Para practicar el estilo *peek-a-boo*, debe centrarse en mantener la barbilla baja, con los codos metidos y la parte superior del cuerpo relajada. Puede practicar el estilo balanceándose mientras lanza golpes para mantener a su oponente en la incertidumbre y creando aperturas para contraataques.

Movimiento de la cabeza y juego de pies

Otro aspecto crítico del *sparring* es el movimiento de la cabeza y el juego de pies. Aprender a mover la cabeza y los pies al unísono le ayudará a esquivar los golpes de su oponente y a crear huecos para sus ataques. Mantenga los pies separados a la altura de los hombros y el peso distribuido uniformemente, listo para moverse en cualquier dirección. Mover la cabeza de lado a lado le ayuda a esquivar los puñetazos; pivotar sobre el pie trasero le ayuda a moverse rápidamente hacia un lado y escapar del peligro.

Control del tiempo y la distancia

La sincronización y el control de la distancia son vitales en cualquier sesión de *sparring*. Controlar la distancia entre usted y su oponente es crucial. Anticipe los movimientos de su oponente analizando sus movimientos y patrones para mejorar su sincronización. Practique reaccionar rápidamente a sus movimientos haciendo boxeo de sombra o practicando con un compañero.

Para controlar la distancia, debe entrar y salir del alcance rápidamente mientras mantiene a su oponente al alcance de su golpe. Utilice el juego de pies para entrar y salir del alcance, y aprenda a lanzar un puñetazo mientras se mueve. Cuanto más control tenga sobre la distancia, más eficaz será en el combate.

Preparación mental

El *sparring* no sólo tiene que ver con la fuerza física y la técnica, sino también con la preparación mental. Ir a una sesión de *sparring* con una mentalidad clara y concentrada le ayuda a mantener la calma y a tomar mejores decisiones. Aprenda a respirar profundamente y a centrarse en la tarea. No deje que sus emociones se apoderen de usted, en lugar de eso, utilícelas para alimentar sus movimientos y mantenerle motivado.

Formación coherente

Practicar con constancia es vital para convertirse en un mejor luchador y adquirir la confianza necesaria para dominar una disciplina. Encuentre a alguien con quien practicar el *sparring* en quien pueda confiar y trabaje con él regularmente. Además, preste atención a su técnica, céntrese en la forma adecuada y reciba los comentarios de su entrenador. Cuanto más practique, mejor boxeador llegará a ser.

Afinar los reflejos

Los reflejos son esenciales para tener éxito en el combate. Como boxeador, necesita tener reacciones ofensivas y defensivas. Cuantos más reflejos tenga, mejor boxeador llegará a ser. Puede perfeccionar sus reflejos practicando ejercicios que impliquen reacciones rápidas a golpes o movimientos de su oponente. Considere el *sparring* como una forma de practicar y poner a prueba sus límites en un entorno seguro. No se trata de ganar o perder, sino de aprender y desarrollarse como boxeador.

¡Preparados, listos, *spar*! Preparación para su primer *sparring*

Subir al ring para su primer combate de *sparring* puede ser intimidante. Se enfrentará a un adversario que intenta golpearlo activamente. Puede ser angustioso. Pero con la preparación adecuada, puede afrontar con confianza su primer combate de *sparring*. Ya sea su primera vez o la centésima, la práctica es fundamental. He aquí algunos consejos y directrices que le ayudarán a prepararse para su primer combate de *sparring*.

Formación

El entrenamiento es la base de cualquier combate de *sparring* exitoso. Así que, antes de subir al ring, asegúrese de realizar regularmente ejercicios que aumenten su resistencia, fuerza, agilidad y equilibrio. Su entrenamiento debe incluir boxeo de sombra, trabajo con saco y ejercicios con compañeros. Todo ello le ayudará a perfeccionar su técnica y su tiempo de reacción.

Equipo de seguridad

La seguridad debe ser la máxima prioridad. Invierta en equipos de seguridad de alta calidad para proteger su cabeza, boca y manos. Si practica kickboxing, también debería tener equipo de protección para las canillas y los pies. Mantenga su equipo limpio y en buen estado, y sustitúyalo cuando sea necesario.

Conozca las normas

Las diferentes artes marciales tienen reglas específicas para los combates de *sparring*, así que asegúrese de saber qué puede esperar antes de entrar en el ring. Por ejemplo, familiarícese con el sistema de puntos, la duración del combate y los golpes permitidos. También debe saber qué equipo de protección debe llevar; este conocimiento le ayudará a tener una experiencia de *sparring* segura y agradable.

Esté atento a su oponente

Su oponente es su mejor maestro, así que preste atención a cómo se mueve en el ring y aprenda de sus técnicas. Respete los límites físicos y emocionales de su oponente y muestre siempre cortesía. Aproveche el combate de *sparring* como una oportunidad para entablar una relación con su oponente, ya que puede darle valiosos comentarios y críticas constructivas.

Centrarse en el juego de pies

El juego de pies suele pasarse por alto en los entrenamientos, pero es crucial para el éxito de un combate de *sparring*. Su juego de pies le ayudará a evitar los golpes entrantes, a mantener el equilibrio y a preparar los contraataques. Por lo tanto, incluya ejercicios de juego de pies en su rutina de entrenamiento y practique los movimientos de entrada y salida.

Domine sus golpes

Sus puñetazos son sus armas más potentes en el ring. Debe practicar lanzando diferentes puñetazos con la forma adecuada. Preste atención a su técnica y potencia. Debe asegurarse de que puede asestar golpes precisos y potentes al tiempo que controla los movimientos de su cuerpo. Ponga a prueba sus *jabs*, cruzados, ganchos y *uppercuts* en combates de *sparring* para ver cómo funcionan contra sus oponentes.

Elija bien a sus adversarios

Cuando practique *sparring*, es esencial encontrar un compañero adecuado. Necesita a alguien que pueda desafiarlo y ayudarlo a llevar sus habilidades al siguiente nivel. Trabajar con alguien con experiencia similar puede ser lo mejor si es usted principiante. Si tiene más experiencia, busque a alguien que pueda desafiarle y ayudarlo a perfeccionar sus técnicas. No obstante, pida consejo a su entrenador si necesita ayuda para decidir a quién elegir.

Conducirse con confianza

Su mentalidad es tan importante como su preparación física para un combate de *sparring*. Antes de subir al ring, concéntrese en pensamientos positivos y visualice su éxito. Muéstrese seguro de sí mismo y recuerde por qué está haciendo esto en primer lugar. Diviértase, manténgase relajado y confíe en su entrenamiento y en sus instintos.

Visualice el éxito

La visualización es una herramienta poderosa para los atletas y puede ayudarle a prepararse para los rigores de su primer combate de *sparring*. Dedique tiempo a visualizarse ejecutando con éxito sus técnicas, esquivando los ataques de su oponente y saliendo victorioso. Manténgase positivo, crea en sí mismo y recuerde que el combate es tanto un desafío mental como físico.

El *sparring* puede ser una experiencia desafiante y gratificante, y es natural sentirse nervioso antes del primer combate. Pero con la mentalidad y la preparación adecuadas, puede afrontar con confianza su combate de *sparring*. Concéntrese en su entrenamiento, invierta en equipo de seguridad, familiarícese con las reglas, dé prioridad a su juego de pies y manténgase positivo. Siguiendo estos consejos, estará bien encaminado hacia el éxito en el ring. Feliz combate.

Capítulo 9: Usar el saco pesado

No es ningún secreto que el boxeo es un entrenamiento intenso que desafía la resistencia física y mental. Pero, ¿ha probado alguna vez utilizar el saco pesado para llevar su *fitness* al siguiente nivel? Este entrenamiento le llevará a dar rienda suelta a cada gramo de fuerza que posea. El entrenamiento de alta intensidad consiste en lanzar puñetazos y patadas sobre el saco pesado de forma rítmica y continua. Este entrenamiento desafía a muchos músculos, obligándole a comprometer su torso, piernas, brazos y hombros.

Cuando haga bien los movimientos, se sentirá como un campeón mientras golpea y patea el saco, dejándolo todo sobre la colchoneta. Este capítulo ilustra los beneficios de entrenar con un saco pesado, qué materiales necesita para empezar y ejercicios que le ayudarán a perfeccionar su técnica. Así que tome sus guantes, ponga su cara de luchador y empiece a machacar ese saco. Es hora de liberar el poder que lleva dentro.

Ábrase camino hacia la buena forma física: beneficios de entrenar con un saco pesado

Un saco pesado puede ayudarle a mejorar la coordinación y el equilibrio[21]

Además de ser un medio de defensa personal, el entrenamiento de boxeo proporciona un entrenamiento excepcional de todo el cuerpo. Un saco de boxeo pesado para hacer ejercicio es una forma estupenda de ponerse en forma, desarrollar fuerza y resistencia y mejorar la coordinación y el equilibrio generales. Así que, si quiere subir el nivel de su rutina de ejercicios, sumerjámonos en los beneficios de entrenar con un saco de boxeo pesado.

Entrenamiento corporal total

El boxeo con saco es una forma estupenda de deshacerse de esos kilos de más y trabajar para construir un físico esbelto y tonificado. Los movimientos de puñetazo, patada y esquivar implican a todo su cuerpo y activan múltiples grupos musculares. Además, lanzar combinaciones de alta intensidad obliga a su cuerpo a esforzarse mucho y quemar calorías. Lance varios puñetazos y movimientos, y recuerde mantener su torso implicado durante todo el ejercicio para sacar el máximo partido a su entrenamiento.

Mejora de la resistencia cardiovascular

El entrenamiento con saco de boxeo es excelente para mejorar su resistencia cardiovascular. El movimiento continuo de su cuerpo mientras realiza diferentes combinaciones de puñetazos supone un reto importante para su corazón y sus pulmones. El aumento de la frecuencia cardíaca durante el entrenamiento ayuda a mejorar la resistencia, el aguante y la salud cardiovascular. Aumentar gradualmente la intensidad e incorporar el entrenamiento a intervalos de alta intensidad (HIIT) a su rutina de entrenamiento le ayuda a conseguir una forma física óptima.

Mayor fuerza y potencia

El peso del saco de boxeo oscila entre las 70 y las 100 libras, lo que significa que usted compromete los músculos de la parte superior e inferior de su cuerpo y trabaja para desarrollar puñetazos más fuertes, patadas y fuerza en general. Además, el aspecto de entrenamiento de resistencia del boxeo con saco le ayuda a desarrollar los músculos y a aumentar su potencia general. Este entrenamiento puede ser especialmente beneficioso para atletas como luchadores y jugadores de fútbol, ya que mejora su potencia, velocidad y explosividad.

Mejora del juego de pies y del equilibrio

Su juego de pies y su equilibrio son cruciales en el boxeo. Sin un juego de pies y un equilibrio adecuados, corre el riesgo de perder el control de sus golpes, dejándose vulnerable a los ataques. Entrenando con un saco de boxeo pesado, aprenderá diversas técnicas de juego de pies, mejorará su equilibrio y comprenderá mejor cómo desplazar su peso durante las combinaciones de boxeo. Además, incorporar el boxeo de sombra y los movimientos laterales a su entrenamiento mejora su juego de pies y su equilibrio en general.

Mejor precisión y sincronización

El boxeo con saco le permite trabajar su precisión lanzando golpes y apuntando a puntos específicos del saco. Este entrenamiento mejora su sincronización y reacción al imitar las condiciones del combate. Lanzar combinaciones rápidas y precisas mejora la coordinación mano-ojo, lo que facilita una respuesta rápida a los golpes.

Ejercicios de calentamiento

El boxeo es uno de los entrenamientos más intensos y físicamente exigentes. Requiere fuerza y resistencia, junto con una técnica y una forma adecuadas. Por lo tanto, antes de empezar a entrenar con un saco de boxeo pesado, debe realizar ejercicios de calentamiento para preparar su cuerpo para los rigores del entrenamiento. Esta sección analiza los beneficios de los ejercicios de calentamiento previos al entrenamiento y explora cinco actividades para preparar su cuerpo para un entrenamiento intenso de boxeo.

Saltos de tijera

Los saltos de tijera son un ejercicio clásico de calentamiento, y por una buena razón: son una forma eficaz de elevar el ritmo cardíaco y hacer que la sangre fluya por todo el cuerpo. Empiece con los pies juntos y los brazos a los lados. A continuación, salte, separando las piernas mientras levanta los brazos hacia los lados hasta que las manos se junten por encima de la cabeza. Vuelva a la posición inicial y repita. Haga esto durante un minuto o hasta que su ritmo cardíaco aumente.

Rodillas altas

Las rodillas altas son otro ejercicio de calentamiento para aumentar su ritmo cardíaco y la circulación sanguínea. Póngase de pie con los pies separados al ancho de las caderas. A continuación, levante la pierna derecha, llevando la rodilla hacia el pecho. A medida que baja la pierna derecha, levante la izquierda de forma similar, alternando las piernas rápidamente mientras permanece de pie en su sitio. Haga esto durante aproximadamente un minuto o hasta que sienta que ha entrado en calor.

Círculos con los brazos

Los círculos con los brazos preparan la parte superior de su cuerpo para el ejercicio. Póngase de pie con los pies separados a la altura de los hombros y los brazos estirados a los lados, paralelos al suelo. Haga círculos pequeños con los brazos y aumente gradualmente el tamaño de los círculos hasta que haga círculos grandes con todo el brazo. Después de completar una serie en una dirección, invierta la dirección y repita. Haga esto durante unos 30 segundos en cada dirección.

Balanceo de piernas

El balanceo de piernas es un excelente ejercicio de calentamiento. Póngase de pie junto a una pared o un poste para mantener el equilibrio. A continuación, balancee la pierna derecha hacia delante y hacia atrás hasta donde le resulte cómodo mientras mantiene inmóvil la parte superior del cuerpo. Tras completar una serie con una pierna, repita con la otra. Haga esto durante unas diez veces con cada pierna.

Estiramientos dinámicos

Los estiramientos dinámicos implican un movimiento con impulso controlado y mejoran la flexibilidad y la amplitud de movimiento. Empiece con una estocada y pase a un estiramiento de isquiotibiales enderezando la pierna delantera mientras se inclina hacia delante. A continuación, vuelva a la posición de estocada y pase a un estiramiento de cuádriceps doblando la pierna trasera mientras lleva el talón hacia los glúteos. Repita este movimiento durante 5-10 repeticiones antes de cambiar de pierna.

Entrenar con un saco de boxeo pesado es muy beneficioso para su forma física general, pero también somete a su cuerpo a una gran tensión si no lo hace correctamente. Añadir estos ejercicios de calentamiento a su rutina de boxeo reduce el riesgo de lesiones y aumenta su rendimiento. Caliente siempre antes de un entrenamiento y conviértalo en una parte habitual de su rutina para asegurarse de que saca el máximo partido a su entrenamiento.

Ejercicios básicos con saco pesado: las piedras angulares del boxeo

El boxeo no consiste sólo en golpear fuerte y noquear a su oponente, es una habilidad que requiere disciplina y un entrenamiento constante. Una de las formas de mejorar sus habilidades en el boxeo es incorporando a su rutina ejercicios regulares con el saco pesado. Los ejercicios con saco pesado ayudan a los boxeadores de todos los niveles de habilidad a desarrollar resistencia, mejorar la técnica y aumentar la fuerza. Esta sección analiza los ejercicios básicos con saco pesado que todo boxeador debería aprender a dominar.

Jabs y cruzados

El *jab* es un golpe básico en el boxeo. Es eficaz y prepara otros golpes. Para ejecutar un ejercicio básico de *jab* con saco pesado, haga lo siguiente:
1. Empiece colocándose delante des saco con los pies separados al ancho de los hombros y el pie dominante ligeramente detrás del otro.
2. Coloque la mano principal cerca del saco y extienda el brazo, dando un golpe rápido y seco.
3. Tras el *jab*, retroceda y sígalo con un cruzado.

El cruzado es un puñetazo recto con su mano dominante para seguir al *jab*. Los ejercicios combinados de *jab-cruzado* en el saco pesado son estupendos para calentar y perfeccionar las técnicas.

Uppercuts y ganchos

Los *uppercuts* y los ganchos son golpes pensados para ser lanzados a corta distancia. En primer lugar, colóquese cerca del saco con las rodillas ligeramente flexionadas para ejecutar un ejercicio de *uppercut* en el saco. A continuación, doble el brazo y utilice el peso de su cuerpo para lanzar el puñetazo hacia arriba, hacia el saco. Por otro lado, los ganchos utilizan la fuerza de rotación de su cuerpo para lanzar un puñetazo de lado hacia el saco. Los ejercicios de gancho con el saco son perfectos para trabajar la mecánica corporal. Practique en ambos lados para asegurarse de que tiene la misma fuerza en ambos brazos.

Combinaciones corporales

Las combinaciones corporales son un pilar vital del entrenamiento de boxeo. Estos combos trabajan todo el cuerpo y hacen que el boxeador se mueva alrededor del saco. Los ejercicios con combinaciones corporales en el saco incluyen movimientos como *jabs* corporales, ganchos corporales y cruces corporales, dirigidos al torso del oponente. Mezcle y combine estas combinaciones para crear un sinfín de ejercicios con los que mejorar su técnica de boxeo.

Ejercicios de juego de pies

Los ejercicios de juego de pies mejoran su velocidad, agilidad y equilibrio. Un excelente ejercicio de juego de pies para principiantes es el «paso y pivote». Colóquese en su postura básica de boxeo, dé un pequeño paso con el pie adelantado y luego pivote sobre el metatarso para girar el cuerpo. Repita el ejercicio siguiendo con un puñetazo o una combinación. Este ejercicio ayuda a mantener la estabilidad y el equilibrio.

Ejercicios para llenar el saco

Los ejercicios de «llenar el saco» consisten en utilizar la parte superior e inferior del cuerpo para golpear el saco lo más fuerte posible. Comience un ejercicio de «llenar el saco» con una ronda de puñetazos combinados. Siga con una serie de *jabs* agresivos, cruzados, *uppercuts* y ganchos. Este ejercicio genera confianza y es una forma estupenda de exigirse para mantener altos sus niveles de energía.

A sudar la gota gorda: guía de ejercicios con saco pesado

No sólo es una forma estupenda de aliviar el estrés y liberar frustraciones reprimidas, sino que entrenar con un saco pesado es también una forma fantástica de mejorar su salud física. Los boxeadores profesionales y los luchadores de MMA utilizan el entrenamiento con saco pesado para mejorar su fuerza, potencia y resistencia. Pero no deje que eso le intimide. Aquí tiene unos sencillos ejercicios a seguir para un gran entrenamiento con saco pesado:

Rondas 1-3: Golpes básicos

Las tres primeras rondas de su entrenamiento deben centrarse en perfeccionar los golpes básicos: *jabs*, cruzados y ganchos. Estos tres golpes le permitirán establecer un ritmo, comprender las dimensiones del saco y del impacto que está generando. A continuación, céntrese en una técnica adecuada. Por ejemplo, muévase desde las caderas, gire los hombros e imagine su objetivo frente a usted. Esto hace trabajar la parte superior de su cuerpo y los músculos centrales. Cada ronda debe durar entre 1 y 2 minutos, y debe mantener un ritmo constante. Considere tomar un descanso de 30 a 60 segundos entre rondas.

Ronda 4: Llenar el saco

Ahora es el momento de dejar salir algo de esa frustración contenida. Para esta ronda, concéntrese en golpear el saco con tanta rabia y potencia como sea posible. Cuando golpee el saco, acelere el ritmo y lance la combinación que acaba de trabajar. Siga así durante una ronda completa de dos minutos, después descanse 30 segundos. Repita esto durante dos o tres rondas, manteniendo esa intensidad.

Ronda 5: Ejercicios de juego de pies

La quinta ronda gira en torno al juego de pies. Ponga alguna de sus melodías favoritas y ruede el saco con diferentes combinaciones de movimientos paso a paso. Puede dar vueltas alrededor del saco en diferentes direcciones. Por ejemplo, empiece dando un paso hacia la izquierda y, a medida que se desplace alrededor del saco por completo, comience con la combinación moviéndose hacia la derecha. De nuevo, conseguirá un ejercicio significativo para mejorar su juego de pies y su fuerza central a la vez que quema calorías.

Rondas 6-8: Combinaciones corporales

Utilice estas tres rondas para centrarse en golpear el saco con combinaciones utilizando la parte superior e inferior de su cuerpo. Las combinaciones corporales deben ser el foco principal de esta ronda. Recuerde, la potencia viene de sus caderas. Así que no deje de moverlas y cambie entre lanzar golpes desde ambos lados del cuerpo. Cada ronda debe durar dos minutos, con un minuto de descanso en medio. Estas rondas hacen trabajar todo su cuerpo, no sólo los brazos.

Rondas 9-15: *Jabs*, cruzados y ganchos

En los últimos asaltos, céntrese en ráfagas cortas de acción de alta intensidad, con breves periodos de descanso entre asaltos. Realice una serie de *jabs*, cruzados y ganchos sobre el saco pesado, manteniendo el ritmo con el que trabajó durante los tres primeros asaltos. Añada potencia a cada combinación y sienta el impacto de cada golpe. Repita estas rondas una, dos o tres veces, descansando 30 segundos entre cada ronda.

Ejercicios de enfriamiento tras un entrenamiento con saco pesado

Si alguna vez ha asistido a una clase de kickboxing o boxeo, sabrá lo intenso que puede ser un entrenamiento con saco pesado. Los puñetazos, las patadas y el juego de pies requieren mucha energía y esfuerzo. Después de un entrenamiento intenso, es esencial tomarse unos minutos para enfriarse y estirar adecuadamente los músculos. Esta sección trata de ejercicios prácticos de enfriamiento para evitar lesiones y recuperarse de su entrenamiento con saco pesado.

Estiramientos de pantorrilla

Las pantorrillas son una de las zonas que pueden quedar rígidas y doloridas después de un entrenamiento con saco pesado. Para estirarlas correctamente, colóquese frente a una pared a una distancia aproximada de un brazo. Apoye las palmas de las manos en la pared y retroceda con un pie, manteniéndolo plano sobre el suelo. Apóyese en la pared hasta que sienta un estiramiento en la pantorrilla de la pierna de atrás. Mantenga el estiramiento durante 15-30 segundos y luego cambie de pierna. Repita este estiramiento unas cuantas veces en ambos lados.

Estiramientos de cuádriceps

Los cuádriceps, o músculos de la parte delantera del muslo, también trabajan mucho durante un entrenamiento con saco pesado. Primero, póngase de pie con los pies separados a la distancia de las caderas y doble una rodilla, llevando el talón hacia los glúteos. A continuación, agarre el tobillo y tire suavemente de él hacia los glúteos, sintiendo un estiramiento en los cuádriceps. Mantenga el estiramiento de 15 a 30 segundos y luego cambie de pierna. Repita este estiramiento a ambos lados unas cuantas veces.

Estiramientos de glúteos

Los glúteos, o músculos del trasero, se utilizan con frecuencia durante un entrenamiento con saco pesado. Para estirarlos, haga lo siguiente:

1. Túmbese boca arriba con las rodillas flexionadas y los pies apoyados en el suelo.
2. Cruce el tobillo izquierdo sobre la rodilla derecha, agarre el muslo derecho y tire suavemente de la pierna hacia el pecho. Debería sentir un estiramiento en el glúteo izquierdo.
3. Mantenga el estiramiento durante 15-30 segundos y luego cambie de pierna.
4. Repita este estiramiento varias veces en ambos lados.

Estiramientos de cuello y hombros

Es habitual arrastrar tensión en el cuello y los hombros, sobre todo después de un entrenamiento con saco pesado. Siéntese o póngase recto y gire lentamente la cabeza de un lado a otro, acercando la oreja al hombro para liberar esta tensión. Tómese su tiempo; no fuerce el estiramiento. A continuación, encoja los hombros hacia las orejas, aguante unos segundos y luego suelte. Repita estos estiramientos unas cuantas veces.

Posturas de yoga

Las posturas de yoga son excelentes para estirar todo el cuerpo y favorecer la relajación después de un duro entrenamiento con saco. Las posturas beneficiosas incluyen el perro mirando hacia abajo, la postura del niño y la postura de la vaca-gato.

A medida que avance por estas posturas, concéntrese en su respiración y libere la tensión muscular.

Tomarse unos minutos para enfriarse y estirarse después de un entrenamiento fuerte afecta significativamente cómo se sentirá al día siguiente. Incorporar estiramientos de pantorrillas, cuádriceps, glúteos, cuello y hombros y posturas de yoga a su rutina posentrenamiento puede prevenir lesiones y favorecer la recuperación muscular. Escuche siempre a su cuerpo y no se presione demasiado al estirar.

Un entrenamiento con saco pesado es excelente para trabajar todo el cuerpo y aliviar el estrés. Aunque el entrenamiento pueda parecer intimidante, ahora que sabe qué hacer, es más fácil que nunca empezar. Siga las pautas anteriores y muy pronto será un experto. Recuerde, la clave del entrenamiento con saco pesado es centrarse en la técnica y la potencia, así que tómese su tiempo para perfeccionar su forma y siga esforzándose. Pronto verá resultados y golpes potentes.

Capítulo 10: Veinte errores comunes que debe evitar (sea novato o no)

El boxeo es desalentador, especialmente con lo mucho que está en juego al luchar contra un oponente y la presión de ganar. Como ocurre con cualquier habilidad, es inevitable que se produzcan errores, ya sea un profesional experimentado o un principiante. Sin embargo, los errores pueden convertirse en oportunidades de crecimiento y mejora. La clave está en aprender de ellos, ajustar su técnica y seguir adelante. Así que, tanto si ha bajado accidentalmente la guardia como si ha lanzado un puñetazo equivocado, no sea demasiado duro consigo mismo. Por el contrario, tómelo como una oportunidad de mejorar y siga luchando en el ring.

Este capítulo examina algunos de los errores más comunes que cometen los boxeadores principiantes e incluso los avanzados, por qué son erróneos y cómo evitarlos o corregirlos. Se cubre todo, desde la respiración incorrecta hasta no tomar descansos. Son cuestiones que querrá evitar si se toma en serio lo de ser un mejor boxeador. Los mejores boxeadores aprenden de sus errores y se esfuerzan continuamente por mejorar.

Errores comunes de los boxeadores principiantes

Se necesita mucho esfuerzo y tiempo para dominar las habilidades y técnicas de boxeo necesarias. Sin embargo, como principiante, debe evitar errores comunes que podrían perjudicar su entrenamiento y su progreso. Esta sección explica los errores comunes que cometen los boxeadores principiantes, por qué son erróneos y cómo evitarlos y corregirlos.

No calentar adecuadamente

Un calentamiento es necesario para cualquier deporte[23]

El calentamiento es esencial en cualquier entrenamiento, incluido el boxeo. Sin embargo, algunos boxeadores principiantes no le prestan la atención que merece. Un calentamiento adecuado prepara su cuerpo y su mente para el intenso entrenamiento que le espera y previene las lesiones. Saltarse el calentamiento puede provocar distensiones musculares y desgarros, retrasando su progreso o incluso acabando con su carrera.

Dedique entre 10 y 15 minutos al calentamiento antes de empezar a entrenar para evitar este error. Un buen calentamiento debe incluir ejercicios cardiovasculares (saltos de tijera o saltar la cuerda), ejercicios de movilización articular (balanceos de piernas o círculos de brazos) y ejercicios de estiramiento dinámico (como estocadas o sentadillas). Asimismo, refrésquese y estire después de la sesión de entrenamiento para ayudar a su cuerpo a recuperarse y prevenir problemas musculares.

No utilizar la técnica adecuada

Tener la técnica adecuada es crucial en el boxeo. Con un enfoque incorrecto, corre el riesgo de lesionarse a sí mismo o a su oponente. Por desgracia, muchos boxeadores principiantes descuidan centrarse en la técnica adecuada porque piensan que no es importante. Sin embargo, es la base de todo lo que se hace en el boxeo. Aprenda la técnica adecuada para cada golpe para evitar este error. En primer lugar, trabaje los aspectos básicos, como el juego de pies, la postura y el movimiento de la cabeza, antes de pasar a las técnicas avanzadas. A continuación, practique cada golpe, centrándose en la forma y el movimiento correctos. Considere también la posibilidad de contratar a un entrenador o a un mentor que le guíe en los aspectos técnicos del boxeo.

No comer los alimentos adecuados

El boxeo requiere mucha energía y resistencia, por lo que debe alimentar su cuerpo correctamente. Sin embargo, algunos boxeadores principiantes no prestan suficiente atención a su nutrición, pensando que es innecesaria. Error. Comer los alimentos adecuados influirá significativamente en su rendimiento y su progreso.

Para evitar este error, haga lo siguiente:

1. Asegúrese de seguir una dieta equilibrada y sana, que incluya hidratos de carbono, proteínas y grasas.
2. Además, coma mucha fruta y verdura, que aportan vitaminas y minerales esenciales.
3. Evite comer comida basura y procesada, que puede dañar su organismo y afectar negativamente su rendimiento.
4. Beba suficiente agua para mantener su cuerpo hidratado.

No anticipar los movimientos de su oponente

En el boxeo, debe anticipar los movimientos de su adversario para contrarrestarlos. Por desgracia, muchos boxeadores principiantes no tienen esto en cuenta, y quedan vulnerables a los ataques. Sin embargo, la mayoría de los oponentes son experimentados, por lo que pueden percibir su falta de preparación y aprovecharse.

Para evitar este error, haga lo siguiente:

1. Manténgase alerta y preste atención al lenguaje corporal de su adversario.
2. Aprenda a leer sus movimientos para predecir lo que hará a continuación.
3. Practique ejercicios de contragolpe con un compañero para ayudarle a desarrollar buenos reflejos y habilidades de anticipación.

No seguir la regla de los 3 segundos

La regla de los 3 segundos es una estrategia clásica del boxeo que existe desde hace muchos años. Establece que debe tomarse 3 segundos para pensar y planificar su siguiente movimiento después de que se haya lanzado un golpe. Es importante porque le permite evaluar la situación, desarrollar una estrategia y llevarla a cabo. Desgraciadamente, algunos boxeadores principiantes no siguen esta regla, lo que les lleva a realizar movimientos precipitados y desacertados.

Para evitar este error, haga lo siguiente:

1. Tómese unos segundos para pensar antes de actuar.
2. Concéntrese en su respiración y despeje la cabeza.
3. Analice la situación y decida.

Practicar esta regla en ejercicios con un compañero sería lo mejor para ayudarle a desarrollar un mejor sentido de la sincronización.

No trabajar el juego de pies

El juego de pies es esencial para ser un boxeador de éxito. Por desgracia, muchos principiantes descuidan este aspecto de su entrenamiento y sufren las consecuencias. Un buen juego de pies permite a los púgiles moverse con eficacia por el cuadrilátero, evitar los golpes y asestar los suyos. Por lo tanto, los boxeadores principiantes deben centrarse en desarrollar ejercicios de juego de pies en su rutina de entrenamiento para mejorar su agilidad, coordinación y equilibrio.

No centrarse en la defensa

En el boxeo la defensa es tan importante como el ataque. Por desgracia, muchos principiantes sólo se centran en asestar golpes en lugar de en su seguridad, lo que les deja vulnerables a los ataques de su oponente. Una buena defensa permite a un boxeador bloquear, balancearse, esquivar o parar los golpes y contraatacar con eficacia. Los boxeadores principiantes deberían incorporar ejercicios defensivos a su rutina de entrenamiento para perfeccionar estas habilidades, incluyendo la práctica de bloquear golpes, balancearse y mover la cabeza.

Respiración incorrecta

Los boxeadores necesitan aprender a respirar correctamente durante los entrenamientos y los combates. Muchos principiantes no controlan su respiración, lo que les hace perder energía y suministro de oxígeno a sus músculos, provocando agotamiento y bajo rendimiento. Los boxeadores deben aprender a respirar profundamente y a regular su respiración durante el entrenamiento para mejorar su resistencia y su aguante.

No centrarse en la fuerza y el acondicionamiento

El boxeo requiere un alto nivel de fuerza y acondicionamiento para tener éxito. Por desgracia, muchos principiantes se centran más en los ejercicios de boxeo y descuidan su fuerza y acondicionamiento generales. Desarrollar y mantener la fuerza y el acondicionamiento a través del entrenamiento con pesas, ejercicios de cardio y otros ejercicios de acondicionamiento hará que cualquier boxeador sea más eficaz en el ring. Combinar ejercicios de fuerza y acondicionamiento mejora el rendimiento y lleva su boxeo al siguiente nivel.

No estirar lo suficiente

Estirar antes de entrenar es esencial para prevenir lesiones y aumentar la flexibilidad y la amplitud de movimiento. Lamentablemente, algunos boxeadores principiantes se saltan los estiramientos o los hacen mínimamente. No estirar lo suficiente puede provocar distensiones y desgarros musculares, lo que repercute significativamente en el progreso del entrenamiento. Programe tiempo suficiente para los estiramientos antes de cada sesión de entrenamiento para evitar este error. Comience con estiramientos sencillos, como rotaciones del cuello, círculos con los brazos y giros del tronco. Luego, trabaje gradualmente hasta llegar a estiramientos más avanzados, como splits, flexiones de espalda y abridores de cadera.

No mantenerse hidratado

El boxeo es un entrenamiento de alta intensidad que le hace sudar profusamente, lo que conduce a la deshidratación si no repone los líquidos perdidos. No mantenerse hidratado provoca cansancio, mareos y calambres. Además, afecta significativamente su resistencia y rendimiento durante el entrenamiento. Beba mucho líquido antes, durante y después de las sesiones de entrenamiento para evitar este error. Tenga una botella de agua cerca y beba a sorbos con regularidad para mantenerse hidratado. *Evite las bebidas azucaradas o con cafeína, ya que pueden provocar deshidratación.*

Confiar demasiado en la fuerza de la parte superior del cuerpo

El boxeo no consiste únicamente en la fuerza de la parte superior del cuerpo. La parte inferior del cuerpo, el tronco y la coordinación son importantes y determinan su forma de boxear. Por desgracia, muchos principiantes cometen el error de centrarse demasiado en la fuerza de la parte superior del cuerpo, lo que provoca desequilibrios musculares, mala forma y fatiga. Incorpore ejercicios para la parte inferior del cuerpo y el tronco a su rutina de entrenamiento para evitar este error. Algunos ejemplos de ejercicios para la parte inferior del cuerpo son las sentadillas, las estocadas y saltar a la cuerda. Los ejercicios para el tronco pueden consistir en planchas, giros rusos y abdominales.

Mal juego de pies

El boxeo es un deporte que requiere un excelente juego de pies. Sin embargo, los principiantes no prestan más atención a la importancia del juego de pies, lo que les lleva a cometer varios errores, como un equilibrio inadecuado, un movimiento pobre y la susceptibilidad a las lesiones. Para evitar este error, céntrese en mejorar su juego de pies practicando ejercicios de juego de pies, como el boxeo de sombra, los ejercicios de escalera y los pivotes. Además, trabaje su tiempo de reacción y coordinación haciendo ejercicios como sentadillas con salto, saltos de vallas y *burpees*.

Entrenamiento demasiado duro

Aunque es esencial entrenar duro, el sobreentrenamiento puede provocar agotamiento, lesiones y fatiga. Los principiantes cometen a menudo el error de entrenar demasiado duro o con demasiada frecuencia, lo que a la larga conduce a una falta de progreso. Establezca un programa de entrenamiento regular e incluya días de descanso para evitar este error. Trabaje para aumentar gradualmente la intensidad de sus entrenamientos mientras escucha a su cuerpo y no se presiona hasta la extenuación.

No trabajar en la velocidad de los puñetazos

Uno de los errores comunes que cometen los boxeadores principiantes es no trabajar la velocidad de sus puñetazos. Su velocidad de golpe es crucial en el boxeo; descuidarla puede costarle el combate. Incluya ejercicios de velocidad en su rutina de entrenamiento para evitar este error. Practique el boxeo de sombra, los ejercicios con saco de velocidad y los ejercicios con saco de doble fondo para mejorar su velocidad de golpe. Otra forma de mejorar la velocidad de sus puñetazos es trabajar su juego de pies. Un juego de pies adecuado le permite moverse con rapidez y golpear más rápido. Aprenda la postura de boxeo y el juego de pies adecuados para mejorar su velocidad.

No mantener el equilibrio

Los boxeadores principiantes suelen pasar por alto la importancia del equilibrio en el boxeo. Mantener el equilibrio es crucial. Le permite moverse con rapidez y esquivar los golpes. No mantener el equilibrio le convierte en un blanco fácil para su oponente. Practique ejercicios de equilibrio específicos del boxeo para evitar este error. Practique desplazándose por el ring, cambiando su peso y pivotando sobre sus pies. Practicar regularmente estos ejercicios le ayudará a mantener el equilibrio durante sus combates.

No relajarse durante los asaltos

Uno de los errores habituales de los boxeadores principiantes es no relajarse durante los asaltos. El boxeo requiere mucha energía y debe conservarla durante los combates. Tensarse agota su energía y cansa rápidamente. Practique ejercicios de respiración durante sus sesiones de entrenamiento para evitar este error. Por ejemplo, respire profundamente y exhale lentamente para relajar los músculos. Además, concéntrese en su técnica en lugar de en el resultado para conservar su energía y permanecer relajado durante sus rondas.

Falta de fuerza mental

Uno de los mayores errores que cometen los boxeadores principiantes es subestimar la importancia de la fuerza mental. El boxeo es un deporte mentalmente exigente, y su capacidad para mantenerse concentrado y decidido es tan importante como sus habilidades físicas. Si no tiene fuerza mental, es posible que le cueste esforzarse en los entrenamientos y que se encoja ante la presión durante un combate. Trabajar su fuerza mental es esencial. Fíjese objetivos alcanzables, visualice el éxito y manténgase positivo y concentrado durante el entrenamiento para evitar este error. También puede trabajar con un entrenador o un psicólogo deportivo para que le ayude a desarrollar su fortaleza mental.

No tener una buena rutina de ejercicios

Otro error que cometen los boxeadores principiantes es no mantener una rutina de entrenamiento consistente y completa. Los boxeadores necesitan fuerza, resistencia y agilidad, pero estará en desventaja en el ring si sólo se centra en un área. Desarrollar una rutina de entrenamiento completa que incluya ejercicios de fuerza, cardio y agilidad es importante para evitar este error. Es esencial variar sus entrenamientos para evitar caer en una meseta. Trabajar con un entrenador personal o un preparador físico puede ayudarle a crear un plan de entrenamiento personalizado que se adapte a sus necesidades y objetivos específicos.

No tomar descansos

Muchos boxeadores principiantes son víctimas del sobreentrenamiento. Piensan que cuanto más entrenen, más rápido mejorarán. Sin embargo, el sobreentrenamiento puede provocar lesiones, agotamiento y estancamiento. Tomarse descansos regulares y días de descanso es crucial para evitar este error. El descanso permite a sus músculos recuperarse y repararse, reduciendo el riesgo de lesiones y evitando el agotamiento. Es importante escuchar a su cuerpo y ajustar en consecuencia su programa de entrenamiento. Si se siente agotado o dolorido, tómese un día más de descanso para recuperarse.

El boxeo es un deporte intenso que requiere disciplina, concentración y trabajo duro. Como principiante, es esencial evitar estos errores comunes para prevenir lesiones y progresar de forma constante. Tomarse el tiempo necesario para estirar, mantenerse hidratado, centrarse en la fuerza de todo el cuerpo y el juego de pies, y encontrar un equilibrio entre el trabajo duro y el descanso son cruciales para convertirse en un boxeador de éxito.

En general, para convertirse en un boxeador de éxito hace falta algo más que pegar fuerte. Es imprescindible ser duro mentalmente, tener una rutina de entrenamiento completa y tomarse descansos con regularidad. Si trabaja la velocidad de sus puñetazos, mantiene el equilibrio y se relaja durante los asaltos, mejorará sus habilidades boxísticas y evitará cometer errores costosos. Recuerde, el éxito en el boxeo es un viaje, y el camino hacia el éxito a menudo requiere paciencia y persistencia. Siga estos consejos y estará en el buen camino para convertirse en un boxeador de éxito.

Conclusión

El boxeo es un deporte intenso y cautivador que existe desde hace siglos. Desde sus humildes comienzos hasta los espectaculares campeonatos mundiales que vemos hoy en día, el boxeo ha cautivado al público con su habilidad, velocidad y potencia. En esta guía definitiva del boxeo, se explora todo lo necesario para iniciarse en este deporte, desde sus fundamentos hasta las técnicas y ejercicios avanzados. Esta guía de fácil comprensión exploró cómo evolucionó este deporte y ganó popularidad internacional desde la antigua Grecia hasta nuestros días. Trató los diferentes estilos modernos de boxeo, desde las ligas amateur a las profesionales, y las distintas clases de peso y reglas que se aplican.

El boxeo es una forma estupenda de mantenerse en forma, mejorar la coordinación y liberar tensiones. Pero si quiere subir al ring, debe conocer las reglas y normas más básicas del boxeo. En primer lugar, necesita un par de guantes de boxeo resistentes para proteger sus manos de las lesiones y para dar un buen puñetazo. Un saco pesado es otra pieza esencial del equipo para practicar *jabs*, ganchos y *uppercuts*. Las vendas para las manos ayudan a sujetar la muñeca y evitar lesiones, y un protector bucal es crucial para proteger los dientes y la mandíbula. Por último, unas zapatillas de boxeo cómodas y duraderas proporcionan el apoyo y la tracción necesarios en el cuadrilátero. Con este equipo esencial en su kit, estará listo para empezar a lanzar golpes como un profesional.

Debe comprender la importancia de su postura, guardia y juego de pies para ser un boxeador de éxito. Estos tres elementos son la base de la técnica del boxeo y pueden hacer o deshacer su rendimiento en el cuadrilátero. Dominar la postura correcta le ayuda a mantener el equilibrio y la estabilidad, mientras que una guardia sólida le protege de los golpes de su oponente. El juego de pies es esencial para mantenerle en pie, listo para moverse en cualquier dirección.

Esta guía se centró en los diferentes golpes y contragolpes en el boxeo, ilustrando el *jab*, el cruzado, el gancho, el *uppercut* y cómo lanzarlos correctamente. Cubrió algunos de los contragolpes más eficaces utilizados para ganar ventaja en el cuadrilátero. Sin embargo, siempre necesitará una defensa sólida para convertirse en un boxeador de éxito, independientemente de lo bueno que sea su ataque. Este libro analizó las técnicas de defensa más eficaces en el boxeo. Además, trató la importancia del control de la distancia, cómo balancearse y bloquear golpes, y cómo utilizar la guardia para evitar ser golpeado.

Esta guía definitiva del boxeo le ha proporcionado una excelente visión general de este deporte y todo lo que necesita para iniciarse en el boxeo. Desde la historia de este deporte hasta la técnica *Peek-A-Boo*, se han explorado una amplia gama de temas, proporcionando valiosos conocimientos y consejos. Recuerde que el boxeo es un deporte altamente cualificado y exigente que requiere mucha dedicación, disciplina y entrenamiento para dominarlo. Así que, tanto si es un novato como un profesional experimentado, utilice esta guía como base para desarrollar sus habilidades y convertirse en el mejor boxeador que pueda ser.

Segunda Parte: Jiu-jitsu brasilero

Guía completa de fundamentos básicos para principiantes del BJJ y su comparación con el jiu-jitsu japonés

Introducción

¿Está interesado en aprender sobre el *jiu-jitsu* brasilero? También conocido como el arte suave, el BJJ (*jiu-jitsu* brasilero) se hizo famoso a principios de los 90, cuando Royce Gracie, un experto en *jiu-jitsu*, ganó tres veces (primera, segunda y cuarta clasificación respectivamente) en el *Ultimate Fighting Championships*.

Los oponentes de Gracie eran mucho más corpulentos y estaban muy entrenados en otros estilos y técnicas como la lucha libre, el karate, el *muay thai* y el boxeo, pero él fue capaz de derrotarlos. Su éxito fue la razón por la que el *jiu-jitsu* se convirtió en un popular estilo de MMA cuyo enfoque principal es la lucha desde el suelo.

El BJJ es una técnica de arte marcial que da a los practicantes más débiles y pequeños la oportunidad de defenderse con éxito de atacantes más fuertes y grandes. Se centra en la lucha desde el suelo, los agarres y la aplicación de llaves y estrangulamientos para derrotar a los oponentes. También incluye puñetazos, derribos y patadas.

La clave es el apalancamiento, que permite incluso a alguien pequeño aprender la técnica y dominarla.

La buena noticia es que cualquiera puede aprender el *jiu-jitsu* brasilero y dominarlo. Todo lo que se necesita es acceder al material y entrenamiento adecuados para abordar cada detalle importante sobre cómo practicarlo. El material de este libro está escrito pensando en el lector, concentrado en detallar las acciones y técnicas de este arte marcial.

El aspecto más importante del *jiu-jitsu* es el agarre, y usted puede dominarlo eficientemente con este libro como guía. Lo mejor de este material de lectura es que está escrito para que se comprendan con facilidad y rapidez conceptos, técnicas, variantes y otros aspectos importantes del BJJ. Está escrito en términos sencillos y fáciles de comprender.

Leyéndolo, sabrá la mayoría, si no todo, lo que necesita saber sobre BJJ y comenzar su viaje para convertirse en un maestro. Poniendo en práctica los conocimientos aquí adquiridos, disfrutará de los gratificantes beneficios de practicar BJJ, incluyendo un mejor equilibrio y coordinación, autodisciplina, confianza y concentración mental.

Se aconseja decididamente combinar este material con vídeos relevantes de *jiu-jitsu* brasilero para acceder a información visual más activa. Así, será más fácil seguir las técnicas e instrucciones de este libro.

Capítulo 1: ¿Qué es el *jiu-jitsu* brasilero?

El *jiu-jitsu* brasilero, también conocido como BJJ, es una forma de arte marcial con técnicas que se centran en el agarre. Este arte marcial basado en la lucha también hace hincapié en el uso de la palanca, técnicas de estrangulamiento y bloqueos de articulaciones para someter a los oponentes. Es ampliamente reconocido como un método muy eficaz de combate sin armas, que sigue aumentando su popularidad por estar constantemente representado en organizaciones mundiales de deportes de combate como la UFC.

Una breve historia del BJJ

Las raíces del *jiu-jitsu* brasilero se remontan al judo Kodokan japonés, un arte marcial adaptado originalmente del *jujutsu* japonés de Jigoro Kano. El judo, que fue clasificado como arte marcial, consistía en las estrategias de apalancamiento del *jujutsu* junto con el trabajo desde el suelo. Pero el enfoque del suelo era limitado, hecho que está relacionado con la revolución del BJJ.

En 1904, uno de los mayores expertos en el trabajo desde el suelo del judo, Mitsuyo Maeda, viajó de Japón a diferentes lugares del mundo para enseñar judo. Sus enseñanzas se enfocaban principalmente en las técnicas de lucha desde el suelo. Maeda llegó a Brasil en 1914, donde comenzó a enseñar y trató de construir una comunidad japonesa.

Carlos Gracie, uno de los alumnos de Maeda en Brasil, estudió con él durante unos cinco años. Gracie transmitió las técnicas aprendidas de Maeda a sus cuatro hermanos, y en 1925 abrieron la primera academia de *jiu-jitsu* de Brasil.

El hermano de Gracie, Hélio, tenía mala salud y era de baja estatura. Como era más pequeño, le animaron a prestar más atención al uso de las técnicas que Maeda enseñaba. Empezó a entrenar y a adaptar incluso las técnicas y conceptos más básicos del judo, integrando el apalancamiento. Sus adaptaciones le permitían luchar contra oponentes más pequeños y vencer a los más grandes.

También empezó a modificar y mejorar las técnicas básicas del judo. Esto condujo al desarrollo y la evolución del Gracie *jiu-jitsu*, más popularmente conocido como *jiu-jitsu* brasilero, una versión más eficaz y suave del arte.

Además, en la época en que evolucionó el judo, hubo algunos cambios en las reglas que redujeron el trabajo desde el suelo y se centraron más en los apalancamientos. Esto también limitó el uso de llaves legales. Durante este periodo, el BJJ comenzó a surgir como un deporte diferente del judo. En el BJJ, los participantes pueden realizar todos los derribos del judo.

Aparte de eso, Hélio Gracie enfatizó en la lucha de contacto total en el BJJ, incluyendo golpes y aumentando la practicidad del deporte como una forma de defensa personal. Estas reglas hicieron que el BJJ siguiera evolucionando como un sistema de lucha distintivo y único en Brasil.

Esto dio lugar a competiciones en las que los participantes de BJJ competían con otras disciplinas de artes marciales en combates sin reglas. Gracias a estas competiciones, la eficacia del BJJ como sistema de lucha fue ampliamente reconocida.

En 1972, Carley Gracie partió hacia los Estados Unidos y comenzó a enseñar BJJ allí, y Rorion Gracie lo siguió en 1978. Cuando el *jiu-jitsu* brasilero se hizo más y más popular en los EE.UU., Rorion Gracie, junto a otras personas, fundó el *Ultimate Fighting Championship*.

Durante las primeras etapas del UFC, Royce Gracie demostró lo poderoso que era el BJJ al derrotar a artistas marciales destacados de muchas otras disciplinas. La eficacia y el poder del BJJ también se demostraron a un público más amplio en el primer evento de la UFC disponible para ver por pago.

Acontecimientos significativos en la historia del BJJ

- **1925** - La Academia Gracie de *jiu-jitsu*, la primera escuela para la práctica de este deporte, fue inaugurada por el maestro Carlos Gracie.
- **1990s** - El *jiu-jitsu* brasilero comenzó a ganar reconocimiento en los Estados Unidos. Fue también durante los años 90 cuando Royce Gracie consiguió una victoria contra un fuerte oponente que practicaba otro arte marcial y consiguió el título del *Ultimate Fighting Championship* (UFC).
- **1994** - Fundación de la IBJJF (Federación Internacional de *Jiu-Jitsu* Brasilero). El objetivo de esta organización es organizar y regular las competiciones de este deporte.

Conceptos y características básicas del *jiu-jitsu* brasilero

Los conceptos básicos y fundamentales del *jiu-jitsu* brasilero consisten en llevar cualquier combate al suelo. Se usan llaves para atacar al oponente y se realizan ataques para lograr una sumisión.

Cada vez que se está debajo, el objetivo es crear distancia mediante fugas de cadera y puentes que ganen espacios y posiciones. También puede hacerse mediante fuerzas de palanca para voltear al oponente y lograr una posición más dominante.

Nota: los conceptos centrales y los fundamentos del *jiu-jitsu* se aplican en cada concepto, técnica y posición de este deporte. Si bien esta disciplina continúa adoptando nuevos métodos y técnicas, sus fundamentos básicos permanecen inalterados.

Por lo tanto, debe recordar constantemente que el objetivo principal del BJJ es vencer al oponente llevándolo al suelo, que es en lo que se basa este arte marcial. El BJJ requiere tumbar al oponente al suelo, ya que es la única manera de quitarle el poder y anular el caos que causa la lucha de pie.

Las posiciones abajo y arriba son el núcleo del BJJ porque son las únicas opciones mientras los oponentes están en el suelo. Es necesario aprender a escapar de las posiciones desfavorables y moverse a posiciones más dominantes para vencer a los oponentes o sobrevivir.

Siempre que practique BJJ, se encontrará con técnicas nuevas y modernas; algunas pueden quedar de lado. Los conceptos básicos, sin embargo, permanecen, demostrando que son realmente fundamentales. Varias técnicas aplicadas en BJJ demuestran cómo funcionan estos conceptos centrales.

Por ejemplo, el raspado de tijera demuestra la importancia de los agarres, el apalancamiento, el desequilibrio y la creación de espacio a la hora de raspar o derribar al oponente.

Comprender el sistema de cuatro pasos

Para aprender y comprender las reglas y conceptos básicos del *jiu-jitsu* brasilero es de gran ayuda familiarizarse con el sistema de cuatro pasos difundido por John Danaher. Este sistema implica llevar al oponente al suelo, pasarle las piernas por detrás, abrirse camino a través de la jerarquía de los movimientos y luego atacar con una técnica de sumisión.

La aplicación de este sistema requiere en total tres posiciones: de pie, abajo en el suelo y arriba en el suelo. El primer paso consiste en llevar al oponente al suelo con el objetivo de alejarse de la volatilidad natural de la lucha de pie.

La ventaja de llevar la lucha al suelo es que elimina la potencia de los brazos y las piernas del oponente. Una vez ahí puede abrazarlo con las piernas, lo que resulta crucial para deshacerse de los peligros que pueda significar el rival. Utilice las piernas para patear, raspando para colocarse en el suelo debajo de él.

Después de pasar las piernas, el objetivo es conseguir y mantener una posición dominante. Debe buscar las posiciones de rodilla al pecho, montada posterior, montada y control lateral, que se consideran el núcleo. Son las posiciones principales y ayudan a mantener al oponente bajo control.

Además, permiten golpear, preparar y realizar una técnica de sumisión con un riesgo mínimo. Es como estar en una partida de ajedrez, en la que necesita estar un movimiento adelante para obtener ventaja sobre el oponente.

Combates cuerpo a cuerpo

El combate cuerpo a cuerpo, que también es crucial en el *jiu-jitsu* brasilero, tiene tres grandes rangos o categorías.

Posición de pie y movimiento libre

La mayoría de los combates o peleas comienzan en posición de pie. Si el luchador lanza patadas y puñetazos, se denomina rango de golpeo. Muchas artes de golpeo, como el boxeo y el *kickboxing*, se desarrollan gran parte del tiempo en este campo. La mayoría de las artes marciales de agarre también comienzan los combates de pie, aunque a menudo pasan rápidamente al *clinch*, el segundo rango.

Clinch

El *clinch* se produce cuando los luchadores se agarran y se sostienen mutuamente de pie. Dado que ambos luchadores siguen parados, también se denomina agarre de pie. Otras artes marciales especializadas en el *clinch* o agarre de pie son la lucha grecorromana, el sambo, el *kickboxing muay thai* y el judo.

El objetivo principal del *clinch* es detener o suavizar los golpes, preparar llaves y derribos, asestar golpes y bloquear derribos hasta que alguno de los luchadores se separe. El objetivo final depende siempre de la situación y de la posición de los combatientes.

Lucha desde el suelo

El tercer rango es la lucha desde el suelo, que se produce cuando al menos uno de los dos luchadores ya no está en pie. Mientras que en varias artes marciales estar en el suelo es un fracaso, en el *jiu-jitsu* brasilero se entrena para llevar la lucha allí deliberadamente. La lucha desde el suelo es la especialidad del *jiu-jitsu* brasilero. También es esencial el entrenamiento de otras artes de agarre, como la lucha, el judo y el sambo, que también requieren pasar una parte considerable del tiempo luchando desde el suelo.

¿Por qué el BJJ se enfoca en los agarres y la lucha desde el suelo?

Lo más común es que los combates largos atraviesen el *clinch*, y es a partir de ahí que los luchadores llevan el combate al suelo. En la mayoría de los casos, estar en el suelo es el resultado de un derribo intencional, un empujón de patio de colegio o una pérdida de equilibrio, como un tropiezo o una sacudida a causa de un fuerte puñetazo.

Algo crucial para recordar es que los Gracies se ganaron una excelente reputación ateniéndose a la premisa de evitar ser noqueado mientras se estaba de pie. Su objetivo era controlar al oponente una vez que estaban en el suelo. Fueron entrenados para utilizar algunos derribos rudimentarios, que conducían a la lucha en el suelo y que les ponían en posición de aprovechar al máximo la inexperiencia y la falta de familiaridad de sus oponentes con este tipo de lucha.

Cuando practique BJJ, recuerde que este deporte no tiene muchas pausas para ponerse de pie, lo que lo diferencia de otras artes marciales. Además, a diferencia del judo o la lucha libre, no se gana por inmovilización.

Por esta razón, los luchadores de BJJ se inclinan más a la lucha desde el suelo, que es el área donde se desarrollan la mayoría de los combates, y permanecen ahí dejando que el combate fluya de forma natural.

Jerarquía de posiciones dominantes

Otro de los conceptos y teorías más fundamentales que hay se deben conocer sobre el *jiu-jitsu* brasilero es la jerarquía o dominancia posicional. Este concepto implica posiciones específicas que producen mejores o peores resultados, por lo que es crucial conocerlas y saber qué hacer al encontrarse con ellas.

Conocer la dominancia o jerarquía posicional le da una clara comprensión de lo que ocurre en la pelea desde el suelo y le permite protegerse y tener más posibilidades de ganar la pelea. Si está en la posición superior o dominante, la jerarquía tradicional es:

- Montada posterior.
- Montada.
- Rodilla al pecho.
- Control lateral.
- Tortuga.
- Media guardia abierta y cerrada.

Si está en el lugar desfavorable de las posiciones mencionadas, esta misma jerarquía se invierte, lo que significa que la peor de las posiciones mencionadas es la de la parte superior, disminuyendo su desventaja a medida que baja por las diferentes posiciones.

Para vencer a su oponente, debe mantener una posición dominante en la medida de lo posible. Sabrá que está en una posición dominante si puede mantenerla fácilmente en lugar de escapar de ella. Una posición dominante también le permite apalancamiento y ventaja mecánica. Lo mantiene a salvo de llaves y golpes, dándole muchas oportunidades de terminar el combate mediante sumisiones o golpes a su oponente.

Durante un combate o una pelea de BJJ, se ganan puntos a medida que se adoptan varias posiciones dominantes desde el suelo. Aquí tiene una idea del sistema de puntuación de BJJ basado en posiciones dominantes:

- Montada posterior = 4 puntos
- Paso de guardia = 3 puntos
- Montada = 4 points
- Derribo de pie = 2 puntos
- Rodilla al pecho = 2 puntos
- Raspado desde guardia = 2 puntos

Posición previa a la sumisión

El *jiu-jitsu* brasilero también opera según su mantra tradicional, que es «posición antes que sumisión». Esto significa que lograr una jerarquía posicional segura es más importante que la sumisión.

Por ejemplo, no es prudente someter a su oponente si está en una mala posición o en su guardia (defensa). Tampoco es aconsejable caer o precipitarse en llaves de brazos que pueden fallar, arriesgándose a quedar debajo del oponente.

A medida que adquiera más experiencia y habilidades en este deporte, puede ajustar su mantra, porque mejorar sus habilidades le dará más confianza y seguridad sobre sus posibles escapes y defensas.

En otras palabras, aunque haya fracasado en sus intentos de sumisión, las habilidades aprendidas con el entrenamiento y la experiencia le ayudarán a recuperar la confianza e intentar otro movimiento más eficaz. Sin embargo, los principiantes deben atenerse al mantra, ya que requiere concentrarse en la posición antes que en la sumisión, lo que es la base del BJJ.

Beneficios de aprender BJJ

Ahora que ya conoce los conceptos básicos y los fundamentos del BJJ, es hora de aprender más sobre los beneficios que puede obtener aprendiendo este antiguo arte marcial. En esta sección, aprenderá más sobre los beneficios de practicar *jiu-jitsu* brasilero y cómo puede sacar provecho de ellos.

Es una forma de defensa personal

Al practicar *jiu-jitsu* brasilero, aprende movimientos que resultan útiles en una situación en la que necesite protegerse, especialmente una confrontación física. Como sistema probado de defensa personal, el BJJ lo entrena para defenderse de cualquier ataque y saber exactamente cómo llevar a su atacante al suelo, controlarlo y evitar que le haga daño.

Mejora la forma física

Indiscutiblemente, el *jiu-jitsu* brasilero es una gran forma de ejercicio. Cada ronda de entrenamiento, también conocida como *roll*, dura unos cinco minutos, pero incluye varios movimientos de todas las intensidades con un descanso mínimo. El BJJ es un entrenamiento fantástico que requiere resistencia aeróbica y anaeróbica. Dedicar media hora a entrenar duro ayuda a quemar unas 500 calorías.

Beneficia la salud mental

Otro increíble beneficio del *jiu-jitsu* brasilero es que mejora su salud mental. Incluso alivia el estrés, lo que mejora el estado de ánimo. Cada vez que se desliza sobre su esterilla para practicar *jiu-jitsu*, tiene la oportunidad de desconectarse del mundo y de sus preocupaciones.

El *jiu-jitsu* brasilero ayuda a vivir el presente, lo que es beneficioso para reforzar la autoestima y tener una imagen positiva de sí mismo. Es beneficioso para la salud mental, ya que ayuda a evitar la depresión y la ansiedad.

Construye disciplina

Los desafíos mentales y físicos que implica practicar BJJ construyen y fomentan la disciplina. Por ejemplo, asistir a clase todas las semanas sin falta ya desarrolla la disciplina. También debe ser disciplinado para afrontar las derrotas, lo que es esencial para lograr el crecimiento.

Mejora la capacidad para resolver problemas y el pensamiento creativo

Sus habilidades para resolver problemas y el pensamiento creativo están todo el tiempo a prueba cuando practica *jiu-jitsu* brasilero, razón por la cual muchos se refieren a este deporte como un juego de ajedrez humano. Este arte marcial se adapta constantemente a los distintos tipos de cuerpos, técnicas y estilos.

Su cerebro se entrena para pensar de forma creativa y calmada, incluso bajo estrés y presión, y para superar y manejar problemas complejos. Su capacidad de adaptación y la claridad del pensamiento también mejoran, ya que se encuentra con retos diferentes cada vez que practica este deporte.

Salir de su zona de confort es posible si practica BJJ constantemente. Este deporte le retará a crecer y a aprender algo nuevo constantemente. Estará listo para vencer sus miedos y perseguir cosas que antes creía imposibles. El arte marcial BJJ es, por tanto, valioso para su crecimiento personal.

Capítulo 2: Consejos para todo tipo de practicantes de BJJ

Como ya se ha dicho, el *jiu-jitsu* brasilero es un arte marcial basado en la lucha desde el suelo en el que se usan diferentes estrangulamientos y bloqueos articulares para vencer al oponente. Cualquiera con experiencia en el judo o la lucha libre entiende inmediatamente que el *jiu-jitsu* representa un desafío único y diferente.

Antes de someter al oponente, es importante llevarlo a la lona. Una vez en el suelo, resultan útiles las habilidades de judo y varias técnicas de derribo y lanzamientos. El tiempo que se pasa de pie en el BJJ transcurre sobre todo intentando derribos, técnicas de agarre y zancadillas.

Aunque estar de pie también es vital en BJJ, la lucha desde el suelo es el aspecto más importante. El objetivo final de este tipo de lucha es conseguir una posición dominante a través de movimientos efectivos y la aplicación de una amplia gama de técnicas para terminar la pelea.

Al igual que otras artes marciales, los principios del BJJ están firmemente basados en la tradición, el respeto y el honor. Por lo tanto, los principiantes deben abandonar el exceso de confianza y el egoísmo cuando asisten a clase.

Además, es importante tener en cuenta que el único medio aceptable para superar las dificultades en el *jiu-jitsu* brasilero es la humildad. Sea humilde y escuche atentamente lo que le enseñan sus entrenadores; también puede pedir consejo a sus compañeros más experimentados y hábiles.

Prepararse para la primera clase de BJJ

La clave para que un principiante supere las dificultades iniciales del entrenamiento en *jiu-jitsu* brasilero es que esté totalmente preparado para la primera sesión. Cualquiera que se tome en serio el aprendizaje y el dominio del BJJ puede experimentar un desagradable sudor en las manos y mariposas en el estómago, especialmente si todavía no sabe qué esperar cuando llega por primera vez a la academia que ha elegido.

Muchas escuelas de *jiu-jitsu* brasilero permiten a los alumnos nuevos asistir primero a una clase. Así, pueden conocer a un instructor y tienen la oportunidad de hacer algunas preguntas antes de empezar a entrenar. Algunas escuelas ofrecen incluso una clase de prueba gratuita, lo que permite a los aspirantes decidir si quieren seguir adelante con el entrenamiento.

¿Cómo vestirse?

Como principiante, no tiene que invertir en un *Gi* de BJJ para su clase de prueba o para la primera sesión. Una camiseta o una licra y unos pantalones cortos serán suficientes. Asegúrese de no llevar ropa con bolsillos, tejidos holgados o pasadores para el cinturón, ya que pueden resultar peligrosos, especialmente para los dedos de los pies y las manos.

También es aconsejable llevar chanclas en lugar de zapatos, ya que en el tatami no se lleva calzado. Si decide seguir adelante con el BJJ después de la sesión de prueba, la compra de un *Gi* es una prioridad y deberá usarlo en todas las clases.

El uniforme tradicional de BJJ necesita un cinturón para mantener la chaqueta en su sitio. Además, también se utiliza para algunas posiciones defensivas u ofensivas que aprenderá durante el entrenamiento. Los cinturones también representan su rango como artista marcial de *jiu-jitsu* brasilero. También necesitará pantalones cortos de agarre, que no se deslicen con facilidad y le permitan moverse con la flexibilidad necesaria en el suelo. Una licra es siempre una buena idea, ya que absorbe la humedad y mantiene el cuerpo fresco durante las sesiones de entrenamiento y los combates.

A pesar de que en el BJJ no hay patadas ni puños, tendrá que llevar un protector bucal, que se usa por seguridad en caso de caídas de cabeza o algún accidente durante el entrenamiento.

También es posible que quiera protectores inguinales, ya que esa zona está muy expuesta en el BJJ y puede sufrir una lesión. Los cascos o protectores auriculares se utilizan para resguardar la cabeza y las orejas. Durante los combates se agarra de la cabeza, lo que puede provocar lesiones graves en los oídos como la oreja de coliflor, que es una lesión muy común en BJJ. Como principiante, también es recomendable que use rodilleras y protectores, ya que puede caer sobre las rodillas.

Higiene

Una higiene adecuada también es imprescindible antes de entrar a la primera clase. Asegúrese de tener las uñas de los pies y las manos bien arregladas. Si tiene el pelo largo, átelo en un moño o una cola durante la clase. Quítese los *piercings* y las joyas para evitar lesiones. En general, debe mantenerse limpio porque nadie quiere entrenar con un compañero descuidado. Debe asegurarse de ser el tipo de persona con la que otros quieren entrenar. Mantenga su uniforme siempre limpio y su aliento fresco para no alejar a sus compañeros de entrenamiento y evitar que la experiencia sea desagradable para los demás.

¿Qué esperar durante la primera clase?

Dado que es la primera vez que asiste a una clase de BJJ, es aconsejable que llegue temprano. Si es posible, acuda a la escuela o academia entre cinco y diez minutos antes de la hora programada para la clase. De esta forma, tendrá tiempo de presentarse a su instructor. Si aún no ha visitado la escuela, puede aprovechar esos minutos extra para ver qué hay disponible.

Además, tenga en cuenta que le pueden pedir que firme un formulario de indemnización antes de asistir a su primera clase o a la clase de prueba. Antes de que empiece la clase, vístase adecuadamente para el entrenamiento y haga algunos estiramientos para preparar su cuerpo.

Cada sesión de entrenamiento comienza con una formación, así que esté preparado para que esto ocurra la primera vez que asiste a la clase. Tenga en cuenta que esta formación no es como la tradicional de las clases de *kickboxing*. En BJJ, los grupos se dividen en función de los niveles de experiencia y los cinturones. Puesto que usted aún es un principiante sin cinturón ni experiencia, se alineará al final, junto a los demás principiantes.

Sesiones de calentamiento

Su primera clase de BJJ le enseñará la importancia del calentamiento. La sesión de calentamiento es similar a las de otros deportes. Sin embargo, si el calentamiento no es su punto fuerte, evite apresurarse. Le conviene guardar su energía para lo que sigue.

Además, tenga en cuenta que debido a su condición de principiante, es posible que pase más tiempo observando a su instructor mientras él le muestra las técnicas básicas de BJJ y la lógica que hay detrás de cada una. Durante esta etapa inicial, lo más probable es que aprenda las siguientes posiciones en el suelo:

- Suelo (guardia abierta, cerrada y media guardia).
- Montadas completas y posteriores.
- Control lateral.

Algunos instructores permiten un calentamiento ligero, mientras que otros comienzan sus clases con un acondicionamiento intenso. Algunas clases comienzan con un calentamiento grupal que puede incluir flexiones y vueltas corriendo. Estos calentamientos grupales van seguidos de ejercicios individuales, como caídas hacia delante y hacia atrás y «shrimping» (fugas de cadera en el suelo).

Puede que algunos movimientos sean nuevos para usted, pero no se preocupe. Observe lo que hacen los demás e imítelos. Su objetivo es aprender a caer al suelo con seguridad. Además, como principiante, sea indulgente con usted mismo. No sea demasiado duro si le cuesta hacer correctamente los ejercicios y el entrenamiento al principio.

Recuerde que nadie puede hacerlo todo bien el primer día. Requiere mucha práctica. Con disciplina y perseverancia, obtendrá un cinturón más alto. Su instructor le enseñará a hacer correctamente los movimientos y técnicas de BJJ.

Qué buscar en un instructor de BJJ

Encontrar el instructor de BJJ adecuado es uno de los pasos más importantes en su camino hacia el cinturón negro. Sin el profesor adecuado, puede frustrarse fácilmente o lesionarse. Un buen instructor lo incitará a mejorar, y usted querrá hacerlo, pero no será tan autoritario y odioso para impedir que disfrute de la experiencia. Al fin y al cabo, por duro y desafiante que sea este deporte, debe disfrutar y pasarla bien en sus clases de BJJ. Esto es lo que debe buscar en un instructor de BJJ:

Conocimientos y habilidades: Lo primero que se busca en un instructor de BJJ son conocimientos técnicos. No es necesario que sea un campeón del mundo ni nada parecido, solo alguien que haya practicado este deporte el tiempo suficiente para saber lo que hace. Recuerde que los campeones no necesariamente son buenos entrenadores. De hecho, en muchos casos no lo son. Usted necesita un entrenador de *jiu-jitsu* brasilero con los conocimientos necesarios sobre los fundamentos del deporte y los detalles específicos de cada técnica. El conocimiento momentáneo del instructor no es lo único a tener en cuenta, sino también, ¿cuán dispuesto está a aprender y crecer? Lo último que necesita es un profesor rígido que no esté dispuesto a aprender y a enseñar nuevos movimientos.

La pregunta es: ¿cómo saber si su profesor tiene buenos conocimientos técnicos y habilidades? Asista a una o dos clases con él y observe cómo hace las cosas. Si su profesor se limita a hacer movimientos rápidamente y no se toma el tiempo de explicarle los detalles de cada movimiento y por qué lo hace así, lo más probable es que sus conocimientos técnicos no sean muy buenos y no tenga mucho para enseñar. Un instructor experto le explicará cómo se hace cada cosa y cómo reproducir cada movimiento. Se tomará el tiempo necesario para explicarle hasta el más mínimo detalle y responderá a cualquier pregunta que usted tenga.

Nivel de cuidado: Lo último que necesita es un instructor de BJJ que no preste atención a lo que usted hace en la clase. Es común encontrar entrenadores principales que simplemente caminan por la escuela, observando a los estudiantes realizar sus técnicas, haciendo un comentario aquí o allá. Este no es un buen enfoque para aprender *jiu-jitsu*. Se necesita experiencia práctica, un entrenador que suba al *ring* y le ayude a aprender y crecer, no que se quede sentado mirando las redes sociales. Su instructor de BJJ debe participar activamente en su entrenamiento. También es un signo de respeto por el deporte y por usted; el respeto siempre ha sido y será una piedra angular de las artes marciales.

Está pagando mucho dinero por sus clases, así que el entrenador principal debe ser quien lo entrene. Asegúrese de que no lo dejen en manos de un instructor inexperto que está aprendiendo. Además, la atención que usted recibe en la escuela se demuestra con el estilo de enseñanza. ¿Existe un plan de estudios claro?, ¿o se limitan a hacer las cosas sin seguir un plan adecuado? Necesita un plan con objetivos finales para controlar y evaluar sus progresos. La improvisación no es el camino correcto en las artes marciales. Un plan claro que se sigue con todos los alumnos nuevos garantiza que está tratando con profesionales que saben lo que hacen.

Habilidades comunicativas: Un buen profesor es un buen comunicador, ya sea con las ciencias o con las artes marciales. Enseñar BJJ no solo requiere habilidades físicas, sino también verbales. ¿Qué tan bueno es su instructor a la hora de explicarse? ¿Es claro en sus instrucciones? Un instructor puede tener todo el conocimiento técnico y la experiencia del mundo, pero si no transmite eficazmente esa información, no es beneficioso para sus alumnos. El lenguaje corporal también marca la diferencia. ¿Es accesible?, ¿es el tipo de persona a la que puede expresar sus preguntas e inquietudes? No querrá entrenar con un instructor de BJJ que lo confronte y que no esté abierto a preguntas. Tampoco quiere que le enseñe alguien a quien no le gusta lo que hace y siempre está esperando a que terminen las clases.

Esto nos lleva a la paciencia, la cualidad más necesaria en un instructor de BJJ. Mejorar en este deporte lleva mucho tiempo y al principio le costará aprender nuevos movimientos y entender las nuevas técnicas. Necesita un instructor paciente que le dé el tiempo que necesita para aprender. Muchos instructores olvidan lo aterrador que es empezar algo nuevo, especialmente cuando se trata de las artes marciales, y muestran frustración ante la incapacidad de sus alumnos para comprender los términos y los movimientos. naturalmente, esto se refleja en los sentimientos de los estudiantes, que empiezan a sentir su frustración. Si desde el principio se da cuenta de que su instructor es impaciente, debe buscar otro. Un instructor paciente le ayuda a aprender y le ofrece un espacio seguro para hacerlo. Su paciencia también influye en los alumnos con cinturones más avanzados, que serán igual de pacientes que su profesor con los principiantes. Esto crea un entorno saludable para que los alumnos de todos los cinturones crezcan y aprendan juntos, sin prisa. Además, crea un poderoso vínculo entre usted y su instructor que es muy difícil de romper.

Conducta: Un buen instructor de BJJ se comporta tan bien fuera del *ring* como dentro de él. Debe encontrar un instructor cualificado que además sea una persona decente. Como verá a lo largo de este libro, en el *jiu-jitsu* brasilero (como en muchas artes marciales) se debe ser humilde y soltar el ego. Se trata de ser honorable y amable. Por eso es tan importante el comportamiento del entrenador fuera del *ring*. No querrá que le enseñe un maltratador o un acosador que utiliza sus conocimientos en artes marciales para aterrorizar a los más débiles. Puede pensar que la separación entre las habilidades de enseñanza y la conducta es posible, pero no lo es, y antes de que se dé cuenta, podría convertirse en alguien como él y hacer un mal uso de las habilidades aprendidas.

Asegúrese de leer en internet sobre su entrenador y ver qué dicen otros alumnos sobre su comportamiento. Si alumnos antiguos o padres dicen que el instructor es abusivo o un acosador, aléjese de él. Si no encuentra mucho sobre el entrenador en internet, tome algunas clases con él y compruebe si su actitud y la visión de la escuela se adaptan a lo que busca antes de continuar.

Primeras técnicas de BJJ

Después del calentamiento, es posible que su instructor lo empareje con alguien. También puede que tenga que quedarse a un lado del tatami con otros principiantes observando y practicando técnicas básicas de BJJ. Pero en algunos casos entrará directamente a la clase.

Algunas escuelas permiten practicar BJJ basándose en un plan de estudios para principiantes, mientras que otras requieren que aprenda las técnicas que se enseñan el día de su primera clase. Algunas de las técnicas básicas que probablemente aprenderá durante su primera clase de BJJ son el raspado de tijera, el escape de la montada, el control lateral y escape, y el paso de guardia.

Si está en la clase principal, informe a su compañero que es su primera lección. Así, él sabrá tomarse las cosas con calma, guiarlo y enseñarle.

Después de la primera clase, reflexione sobre su experiencia general para decidir si continuar con el entrenamiento. Si decide continuar, acuerde las cuotas de afiliación y la disponibilidad de clases; además, tendrá que conseguir un *Gi*. Puede comprar su *Gi* de BJJ a la mayoría de instructores y en las tiendas de artes marciales de confianza.

Consejos esenciales para principiantes en *jiu-jitsu* brasilero

Una vez que decide seguir adelante con el entrenamiento, debe armarse con valiosos consejos aparte de los aprendidos en su primera clase. Guiarse con consejos adicionales disminuye la sensación intimidante de aprender el arte del *jiu-jitsu*

brasilero.
Comprometerse a entrenar con constancia
Obviamente, el entrenamiento constante es vital para dominar el *jiu-jitsu* brasilero. Aunque no hay garantía de que usted participe en todas las sesiones de entrenamiento, especialmente si tiene emergencias, debe mantenerse enfocado constantemente en el entrenamiento. Esa constancia es la clave para desarrollar sus habilidades mientras se mantiene al día con la clase.

Por ejemplo, si su instructor enseña una técnica, posición o movimiento específico durante una semana y usted solo participa en la clase final, le resultará más difícil completar toda la secuencia.

Por lo tanto, comprométase a practicar y repetir y notará una mejora significativa en su rendimiento.

Entrene al menos dos o tres veces a la semana y, si es posible, realice entrenamientos adicionales: quédese después de clase para hacer movimientos adicionales, asista a los tapetes abiertos y realice ejercicios individuales desde casa. También puede coordinar con los miembros de su equipo para entrenar incluso durante las horas en que el gimnasio no está abierto. La práctica adicional será suficiente para notar un progreso constante en su desempeño en el *jiu-jitsu* brasilero.

Preguntar
Como principiante, tendrá muchas preguntas sobre la práctica del *jiu-jitsu* brasilero. No dude ni tenga miedo de hacer cualquier pregunta que se le pase por la cabeza durante las clases. Si no plantea sus dudas, es posible que le resulte difícil dominar esta actividad.

Por suerte, la mayoría de los miembros veteranos, entrenadores o instructores estarán cerca para responder a sus preguntas e inquietudes sobre el BJJ. Puede que tenga que esperar a una sección de preguntas y respuestas, que suele tener lugar al final de cada clase o entrenamiento, para plantearlas.

Además, procure seguir consejos de practicantes con más experiencia después de cada sesión de entrenamiento. Sus compañeros estarán más que dispuestos a ofrecerle lo que saben sobre este deporte, y puede pedirles opiniones sinceras sobre su rendimiento.

De este modo, conocerá sus errores y las áreas específicas en las que debe mejorar. Todos estos detalles cumplen un papel crucial en su rendimiento y, sin duda, le ayudan a progresar.

Llegar temprano
Otro consejo crucial para los principiantes de *jiu-jitsu* brasilero es llegar a clase lo antes posible, o al menos diez minutos antes de la clase programada. Así tiene tiempo suficiente para cambiarse, relajarse y subir a la colchoneta para la sesión de calentamiento.

Si por alguna razón llega tarde a una sesión, informe a su instructor. Pida disculpas por su retraso y salga a la colchoneta sin demora. Independientemente de lo que haga, intente deslizarse sobre su esterilla sin que se note, ya que puede interrumpir el entrenamiento de toda la clase.

Mantener cortas las uñas de las manos y los pies
Cuando asista a clases de *jiu-jitsu* brasilero, debe mantener cortas las uñas de las manos y los pies para no sufrir lesiones ni ocasionarlas a sus compañeros de entrenamiento durante la práctica de los ejercicios. Esto no es una exageración, ya que las uñas largas de las manos y los pies pueden causar daños durante las sesiones de BJJ, y hay muchas personas con cicatrices que sirven como prueba de los daños que pueden causar.

Además, las uñas contienen muchas bacterias que pueden infectar los cortes. Por lo tanto, asegúrese de cortar sus uñas antes de asistir a clase. También es una muestra de buena higiene.

Dominar primero los movimientos fundamentales

Como principiante, es imperativo evitar los movimientos complejos antes de dominar los fundamentales. Como cinturón blanco (un nuevo estudiante de *jiu-jitsu* brasileño), debe concentrarse en aprender y dominar los movimientos fundamentales y prepararse para acciones más complejas. Inicialmente, debe concentrarse en los movimientos fundamentales: fugar, puentear, raspar y levantarse.

- **Puente** – Acuéstese boca arriba y levante ambas rodillas, manteniendo las piernas flexionadas a 90 grados, formando un puente al levantar las caderas.
- **Fuga de cadera** – Este movimiento trabaja la movilidad, incluso cuando está boca arriba, requiriendo que utilice las caderas y los hombros como pies para desplazarse cómodamente.
- **Raspado** – En este movimiento de BJJ, debe utilizar ambos pies para mover las piernas y la base de su oponente. El objetivo de este movimiento es forzar una mejor posición en el suelo para aumentar sus posibilidades de ganar.
- **Levantarse** – Por supuesto, esto implica pasar a la posición de pie. Sin embargo, es importante seguir un levantamiento técnico, ya que lo más vital es no comprometer la cabeza.

La «fuga de cadera» y el «puente» son dos de los movimientos más importantes, porque conectan todos los demás movimientos y técnicas. Es crucial perfeccionar el puente antes de aprender a escapar de una posición desfavorable y no deseada. Además, debe desarrollar la fuga de caderas por ambos lados y mejorar la capacidad de levantarse y realizar un buen raspado antes de intentar sumisiones y posiciones más avanzadas y complejas. Si perfecciona sus habilidades en estos movimientos fundamentales y logra conectarlos entre sí, alcanzará un avance significativo como principiante (cinturón blanco).

Relajarse al hacer una voltereta

Otro consejo esencial para los principiantes de *jiu-jitsu* brasileño es dejar de lado el nerviosismo, la ansiedad y la tensión durante la primera voltereta. La primera vez que realiza una voltereta es también su primera oportunidad de poner en acción todo lo que ha practicado y aprendido.

Recuerde que aún está en la fase inicial de su viaje, por lo que su comprensión y conocimientos sobre esta posición pueden ser limitados. Pero esto no es motivo para que se sienta nervioso y tenso en su primer intento. Suelte estas emociones y acepte que todavía es un principiante; todo lo que puede hacer ahora mismo es dejarse llevar.

También puede aprovechar esta oportunidad para probar cosas nuevas, cometer errores y asumir algunos riesgos. Aprenda a relajar el cuerpo antes de realizar este movimiento y manténgase cómodo todo el tiempo, ya que esta es la clave para intentar varias veces y acelerar su proceso de aprendizaje.

Entrenar la fuerza y la resistencia

Integre algo de entrenamiento de fuerza y resistencia en sus rutinas. Necesita estas habilidades para realizar movimientos de *jiu-jitsu* brasileño con mayor eficacia y facilidad. No es necesario que se convierta en un levantador de pesas o en un corredor de fondo. Simplemente tiene que entrenar la fuerza y la resistencia para estar en mejor forma para el BJJ y evitar lesiones.

No llevar el ego a las clases de BJJ

Lo mejor es que deje su ego en casa. Si su objetivo de entrenar es demostrar que es bueno en algo, pare ahora. Recuerde, como principiante, solo evolucionará en este arte marcial si entrena con humildad y deja de lado el egoísmo. Conseguirá mejores resultados si entrena con la mente abierta.

He aquí algunos puntos que debe recordar durante el entrenamiento para seguir practicando con humildad y mente abierta:

- Nunca espere aprenderlo todo, sobre todo si está empezando.
- Evite hacerse daño e intente tantas veces como sea necesario.
- Evite forzar una postura si su pareja no quiere. Por ejemplo, si no le gusta chocar, no lo fuerce. No se beneficiará de ello y solo conseguirá perjudicar a su pareja.
- No se castigue cuando se equivoque. Permítase cometer errores de vez en cuando y aprenda más de ellos.
- Reciba todos los consejos sobre BJJ con la mente abierta.

Nunca deje que su ego se manifieste durante su entrenamiento. De lo contrario, puede dañarlo y obligarlo a dejar de entrenar. La humildad es muy necesaria para tener éxito en el BJJ; debe mantener la cabeza baja y comprometerse a entrenar duro.

Hablando de humildad, póngase como objetivo convertirse en una mejor versión de usted mismo en vez de mirar a los demás cuando entrene BJJ. La filosofía de las artes marciales, en general, no consiste en superar a los demás, sino a uno mismo. Esto no es solo una lección de humildad, sino una forma de mantener un progreso constante sin sufrir contratiempos ni frustraciones. La forma más segura de obstaculizar su propio progreso es compararse con los demás. Todos tenemos nuestro propio viaje, y el suyo es especial y único. Mirar lo que hacen los demás y compararse con ellos solo lo deprimirá. Puede que las personas con las que se compara tengan horarios más libres para practicar o sean atletas natos. La competencia que genera con ellos no tiene sentido y no le favorece de ninguna manera, así que no la inicie.

El objetivo de su alma debe ser trabajar en sus propias habilidades y mejorarlas cada día, independientemente del progreso de los demás. Adquiera la disciplina para concentrarse en su propio progreso. En lugar de preguntarse si podría derrotar a su compañero de clase, pregúntese si podría vencer al usted mismo de unas semanas atrás. Esto le ayudará a no preocuparse si sus compañeros son mejores. No importa; lo único que importa es su propio progreso.

Paciencia y constancia

Son su única esperanza si quiere mejorar en BJJ. Este tipo de lucha es una forma de arte y, como cualquier otra forma de arte, lleva tiempo dominarla. No se trata de talento o habilidades naturales, se trata de quién puede persistir y soportar el agotador proceso de entrenamiento para mejorar cada día. Lo bueno de las artes marciales es que crean una poderosa ética del trabajo, porque cada centímetro de progreso se gana con lágrimas, sudor y, probablemente, sangre. Esto hace que el camino sea muy satisfactorio, pero se necesita paciencia y confianza en el proceso.

El BJJ tiene una tasa de abandono muy alta, porque muchos principiantes se frustran cuando empiezan a entrenar. Parece duro y lo es; normalmente, se siente como algo que nunca será capaz de hacer bien. Puede pasar meses entrenando y seguir sintiendo que no va a ninguna parte, lo cual también es normal. Sin embargo, no es cierto. Está mejorando y está progresando. Simplemente no lo ve. Quienes superan estas emociones negativas y esta frustración, sí podrán verlo. Un día, entrenando con su compañero, se sentirá más fuerte y confiado, y ganará. Llegar a ser un experto en *jiu-jitsu* brasilero lleva años, no es algo que sucede tras un par de meses de entrenamiento.

Durante este viaje, resulta útil fijarse objetivos a corto y largo plazo. Sí, necesita progresar a su propio ritmo, pero eso no significa que no deba tener metas y esperanzas a largo plazo. No debe aspirar a conseguir el cinturón azul, sino el negro. Puede que ahora le parezca algo lejano, pero cuanto más trabaje e invierta tiempo en ello, más cerca estará de ese objetivo.

Retirarse

Una de las lecciones más importantes que debe recordar durante su entrenamiento para convertirse en un artista marcial de BJJ es que no debe avergonzarse por abandonar una pelea. Esto no quiere decir que deba rendirse fácilmente o abandonar cada vez que se ponga difícil, pero es importante que sepa cuándo ha perdido y se retire. Este es un error muy común entre los principiantes el de no estar dispuesto a abandonar. Aunque el espíritu de lucha es encomiable en BJJ y es algo que se debe mantener, no saber cuándo retirarse puede producir lesiones graves y complicar su viaje cuando aún está comenzando.

Recuerde que el objetivo del entrenamiento es mejorar. No tiene que demostrarle nada a nadie. En este punto del recorrido, no se trata de ganar o perder. Tiene que entrenarse para renunciar a las nociones tradicionales de ganar y perder, porque no le servirán de nada. Cuando cae, siempre aprende algo. No lo vea como una derrota, sino como una oportunidad de aprendizaje. A medida que mejore, aprenderá las técnicas necesarias para escapar de los estrangulamientos y las sumisiones. Hasta entonces, manténgase a salvo y aprenda cuándo es el momento de retirarse.

Errores comunes de principiantes de *jiu-jitsu* brasilero

Puede aprovechar al máximo sus clases de BJJ si conoce los errores más comunes. Esta sección habla de los errores repetidos en los principiantes de BJJ.

No aprender la forma adecuada de agarrar

El agarre contra un oponente debe servir para inmovilizarlo. Muchos principiantes no son conscientes de la importancia de realizar los agarres correctamente, y es algo que se debe dominar si se quiere tener éxito en el BJJ. Hay tres componentes fundamentales para un agarre efectivo: la fuerza de la mano, el lugar exacto del agarre y la eficiencia.

La fuerza de la mano es esencial en el *jiu-jitsu*, por lo que se debe entrenar adecuadamente este aspecto en los músculos de ambas manos. Hay algunos ejercicios destinados a fortalecer las manos, como el balanceo con pesas rusas, tirar de la cuerda, trepar por la cuerda, trabajar con pesas para los dedos y para las uñas.

También es crucial realizar un agarre eficaz, porque por muy fuertes que sean sus manos, si el agarre no es eficaz sus antebrazos se debilitarán y perderá el agarre. Entre los agarres que debe dominar como principiante se incluyen los siguientes:

- **Agarre de pistola** - Agarre el *Gi* de BJJ con el dedo meñique cerca de la muñeca de su oponente. Asegúrese de que está agarrando gran parte de la tela. El agarre es igual que al empuñar una pistola.
- **Agarre C** - Utilice cuatro dedos y curve el pulgar hacia dentro, formando una letra C, para agarrar a su oponente. Normalmente se agarra por el brazo o la muñeca.
- **Agarre de araña** - En este agarre, tiene que utilizar cuatro dedos, curvándolos hacia dentro para agarrar la manga del *Gi* de su oponente.
- **Agarre de mono** - En este agarre utiliza las partes superiores de las articulaciones de los cuatro dedos.

Otro aspecto vital para el agarre es el punto exacto en el que se hace para lograr una mayor fuerza de palanca.

Si no sabe los lugares exactos donde debe agarrar, no podrá apalancar, aunque su agarre sea muy firme. Los lugares perfectos para agarrar a los rivales son los pantalones, los puños, las solapas y los extremos de la manga del cuello.

No enfocarse en lo básico

Algunos principiantes de *jiu-jitsu* brasilero están tan entusiasmados por pasar a técnicas más complejas y avanzadas que descuidan la importancia de perfeccionar sus habilidades básicas. Como cinturón blanco, puede sentir la tentación de aprenderlo todo a la vez. Sin embargo, haga lo posible por evitar este error tan común.

Esfuércese por perfeccionar los movimientos básicos del *jiu-jitsu* y sea paciente durante el proceso. Con el tiempo, será recompensado con una mayor experiencia y fluidez para pasar a técnicas más complejas.

- **Escape de control lateral** - Este famoso movimiento le permite mover sus caderas comenzando desde abajo, y es también el movimiento más básico para un gran escape.
- **Estrangulación de triángulo** - Este movimiento característico es para lograr la sumisión. Es un movimiento básico que debe dominar, ya que tendrá que utilizarlo cuando se enfrente a un oponente más grande que usted.
- **Raspado de tijera** - Este es otro movimiento básico que debe dominar, ya que todas las técnicas de raspado se derivan de él. El raspado de tijera hará que su oponente pierda el equilibrio y usted obtenga ventaja. Utilizar el raspado de tijera junto con otros movimientos básicos le permitirá obtener mejores resultados.
- **Estrangulamiento de solapa cruzada** - Este agarre sirve como punto de partida antes de realizar cualquier raspado o ataque.
- **Llave americana** - Este movimiento básico es un bloqueo común que se utiliza al agarrar a un oponente. Si lo ejecuta correctamente, podrá controlar por completo el brazo de su rival.
- **Raspado de golpe de cadera** - Domine esta técnica de raspado para utilizarla cuando su oponente esté de rodillas.

Nunca ignore la importancia de estos movimientos básicos y podrá convertirse en un gran maestro de *jiu-jitsu* brasilero.

Descuidar la importancia de la defensa personal

Nunca pase por alto la importancia de aprender algunas técnicas de defensa personal básica. Algunos principiantes cometen este error y, en consecuencia, no pueden salir de un estrangulamiento simple.

En lugar de descuidar la defensa personal, repase continuamente lo esencial del principio de su entrenamiento. Una vez que domine estas técnicas básicas de defensa personal, podrá repasarlas y convertirlas en una táctica defensiva.

Quedarse en una posición o sumisión durante demasiado tiempo

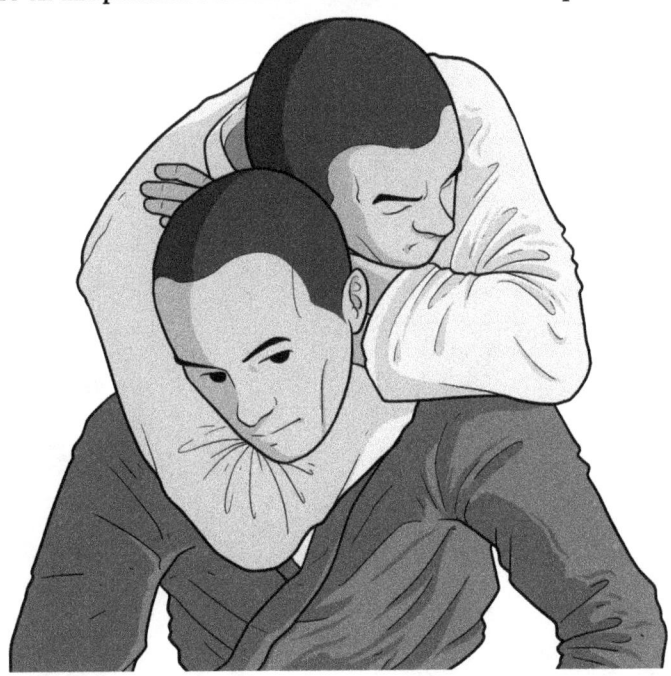

Una de las cosas que aprenderá cuando comience a practicar *jiu-jitsu* brasilero es el momento perfecto para soltarse cuando está en una posición desfavorable.

Como principiante de BJJ, debe dominar el paso al estrangulamiento cruzado rápidamente después de sufrir una montada, antes de que el oponente sepa cómo protegerse. Cuanto más rápido domine el arte de reconocer cuándo soltarse, mejores serán sus habilidades de *jiu-jitsu* brasilero.

No conocer los límites físicos

Si se toma en serio el dominio del *jiu-jitsu* brasilero, aprenda a entrenar sabiamente. En sus intentos por aprender y dominar este arte marcial rápidamente, algunos principiantes se obligan a entrenar dos veces al día, seis días a la semana. En última instancia, esto no es sabio y solo causa agotamiento.

Una vez que se siente agotado, puede sentir la necesidad de dejar de entrenar por un tiempo, rindiéndose en su propósito de dominar este arte. En lugar de quemarse con demasiados entrenamientos en poco tiempo, mantenga una frecuencia de entrenamiento media de dos o tres veces por semana. Tenga en cuenta que el BJJ no es una carrera de velocidad, así que aprenda despacio pero seguro.

Probablemente, el más importante de los consejos para los principiantes de *jiu-jitsu* brasilero es divertirse. Confíe en todo el proceso y no olvide disfrutar de la experiencia. Evite mantener una sumisión después de tres golpes. Si no sabe si su compañero ha golpeado, suéltelo. Será mucho mejor para usted ser precavido que lidiar con la incomodidad.

Confíe también en sus entrenadores, instructores y compañeros. Hará que sienta más seguro el entorno en el que entrena, lo que derivará en una experiencia mucho más agradable y divertida aprendiendo este arte marcial.

Capítulo 3: Los fundamentos del agarre en el BJJ: cómo no ser intimidado en una pelea

En el combate uno contra uno, el agarre se usa para tomar al oponente a corta distancia y conseguir una ventaja física significativa. Los luchadores lo consiguen posicionándose de forma sólida. El agarre abarca muchas formas diferentes, entre ellas las que siguen los participantes del *jiu-jitsu* brasilero.

La lucha agarre engloba técnicas utilizadas en muchos deportes de combate, especialmente en las artes marciales, y particularmente en el *jiu-jitsu* brasilero. Un agarre exitoso permite aplicar eficazmente contragolpes y maniobras contra el oponente, lo que proporciona una mejor posición y ventaja física.

El agarre también incluye técnicas diseñadas para someter al oponente. Recuerde que el agarre nunca implica el uso de armas y nunca debe golpear a su oponente cuando aplique esta técnica.

Importancia del agarre en el BJJ

El *jiu-jitsu* brasilero se centra en la lucha desde el suelo. Es fundamental dominar las técnicas de agarre, ya que es la clave para llevar al oponente al suelo y forzar sumisiones a través de técnicas de estrangulamiento en triángulo.

La lucha de agarre desde el suelo se refiere a todos los estilos y técnicas de agarre que se aplican cuando ya no se está de pie. Lo más importante para esta técnica es el posicionamiento adecuado. Debe estar en una posición dominante, lo que a menudo implica estar encima de su oponente.

Estando en posición dominante, hay muchas opciones que puede elegir. Puede cambiar de posición poniéndose de pie, golpear a su oponente, realizar un agarre de sumisión o buscar un agarre o una llave con el objetivo de controlar y agotar a su oponente. Mientras tanto, el luchador de abajo se centrará más en escapar y mejorar su posición. En este caso, puede utilizar una inversión o un raspado.

Dominar las técnicas de agarre es uno de los objetivos fundamentales para aprender y dominar el *jiu-jitsu* brasilero y así controlar a sus oponentes y derrotarlos. Muchos artistas marciales se proponen aprender técnicas de sumisión y contraataques para asegurarse de integrar un elemento de lucha desde el suelo en su entrenamiento habitual.

Lo mejor es que practique y perfeccione sus conocimientos y habilidades de agarre bajo la supervisión de un instructor de artes marciales. Así evitará lesiones y se asegurará de aprender y dominar las técnicas correctas.

Tipos de agarre

Los agarres son un medio eficaz de mejorar su fuerza y resistencia para evitar ser intimidado por sus agresores. Implican el uso de varios grupos musculares y esto los hace muy eficaces. Además de aumentar la masa muscular, las técnicas de agarre también ofrecen beneficios cardiovasculares y mejoran la concentración mental. Todas estas son habilidades fundamentales y necesarias en un entrenamiento físico de BJJ.

Lo bueno de los agarres es que también se pueden utilizar en defensa personal. Al dominar las técnicas de agarre, puede utilizar algunas de ellas para protegerse de atacantes con éxito. Hay posibilidades y variaciones ilimitadas en los agarres para lograr un derribo, inmovilizar o controlar al oponente. Tenga en cuenta las siguientes clasificaciones del *jiu-jitsu* brasilero:

- *Clinch* - También llamado trabajo de *clinch*, este tipo de agarre se produce cuando ambos luchadores están de pie y comprende una amplia gama de agarres dirigidos a la parte superior del cuerpo del oponente. El *clinch* se utiliza a menudo para preparar o defenderse de inversiones o derribos.

- **Derribo** - Un derribo es la manipulación efectiva de un oponente para llevarlo al suelo desde una posición de pie. El objetivo del derribo es conseguir una posición dominante.
- **Lanzamiento** - Esta técnica de agarre consiste en levantar al oponente o desequilibrarlo para lanzarlo con fuerza y llevarlo al suelo. El objetivo principal de los lanzamientos difiere de una disciplina a otra, pero el lanzador puede conseguir una posición de control, derribar a su oponente o dejarlo en pie.
- **Agarres de sumisión** - Existen dos tipos de agarre de sumisión: el estrangulamiento, que requiere estrangular o asfixiar a su oponente; y las llaves, que implican lesionar una articulación o cualquier otra parte del cuerpo. Si realiza una llave de sumisión y su oponente no puede escapar, espere que se someta dando un golpecito o indicando verbalmente que acepta la derrota. Un luchador que se resiste a someterse corre el riesgo de sufrir una lesión grave o quedar inconsciente.
- **Expansión** - Se trata de una técnica de agarre defensiva que puede utilizar si su oponente intenta derribarlo. Desplace las piernas hacia atrás y, a continuación, extiéndalas en un único movimiento rápido. La ejecución correcta de esta técnica hace que el oponente caiga de espaldas, lo que le proporciona un control total.
- **Técnicas de inmovilización o control** - Una técnica que está dentro de esta clasificación son las llaves, que se consiguen inmovilizando al adversario por la espalda. Las llaves obligan al adversario a adoptar una posición en la que ya no puede atacar.
- Algunos estilos competitivos de lucha consideran la ejecución exitosa de una llave de inmovilización como una victoria inmediata. Otros estilos la consideran una posición dominante que otorga varios puntos al deportista que la realiza.
- Además de las llaves, existen otras técnicas de control e inmovilización, como mantener al oponente boca abajo o en cuatro apoyos, impidiéndole atacar o escapar. Todas estas técnicas, cuando se realizan con éxito, conducen a una sumisión.
- **Escape** - Esta clasificación de la lucha consiste en maniobrar para salir de una posición peligrosa o desfavorable. Un ejemplo de esto es cuando el luchador que está debajo del oponente agarra y controla los movimientos laterales para ponerse en guardia o vuelve con éxito a una posición de pie considerada neutral. También cuando quien agarra escapa de un intento de sumisión y regresa a una posición de menor riesgo.
- **Rotación** - La rotación se utiliza para controlar al oponente, especialmente cuando está en cuatro apoyos, prepararse para una llave o colocarse en una posición dominante. La rotación otorga puntos valiosos.
- **Raspado o inversión** - Esta técnica de agarre se da cuando quien agarra maniobra desde el suelo y debajo de su oponente. El objetivo del raspado o inversión es obtener una posición superior.

Estilos y técnicas de agarre

Aparte de las principales clasificaciones de agarres ya mencionadas, hay otros estilos y técnicas que también son adecuados para el *jiu-jitsu* brasileño.

Desplazamiento de pierna

Este método requiere el uso de la pierna para desequilibrar al oponente y llevarlo al suelo. Esta técnica se subdivide a su vez en dos: el derribo con una sola pierna y el derribo con dos piernas.

Para el derribo con una sola pierna, agarre una de las piernas de su oponente utilizando ambas manos. El objetivo es derribar al adversario tirando de la parte inferior de la pierna con el hombro.

Además, también hay varios tipos de derribo con una pierna: la elevación del tobillo, que requiere que agarre la pierna por el tobillo; y la entrepierna alta, que requiere que agarre la pierna de su oponente por la zona de la ingle. Con cualquiera de las dos técnicas puede atacar la pierna cruzada o más alejada del cuerpo.

Derribo con dos piernas

Agarre las piernas de su oponente utilizando ambos brazos. Mantenga el pecho cerca de las piernas de su oponente y oblíguelo a tirarse al suelo, que es el objetivo final del agarre.

Otras formas de obligar a su oponente a caer al suelo son los golpes en las piernas o tirar de ellas y empujarlo hacia delante utilizando los hombros.

Derribo de agarre de tobillo

Este estilo es quizás una de las mejores técnicas adoptadas por el *jiu-jitsu* brasilero. Empuje la cabeza de su oponente sobre una rodilla. Su objetivo es inmovilizarle. Complete el derribo agarrándole el tobillo, dando un paso hacia dentro y bloqueando el pie objetivo antes de agarrar el tobillo. A continuación, levante el pie de su adversario, provocando su caída.

Estrangulación de triángulo

Se trata de una llave de sumisión icónica y popular en BJJ. Muchos luchadores utilizan la estrangulación de triángulo desde la guardia. Sin embargo, es una técnica muy versátil que puede realizarse de muchas maneras.

Utilice sus piernas para agarrar el cuello y un brazo de su oponente.

La presión del muslo sobre el cuello interrumpe el flujo sanguíneo. Es una técnica muy eficaz, ya que lo más probable es que el oponente se rinda y acepte la derrota.

Mataleón

Esta es otra técnica de sumisión popular utilizada por los luchadores de BJJ. Ejerza presión sobre la circulación sanguínea de la cabeza de su oponente, haciéndolo sentir incómodo y propenso a perder el conocimiento si no se defiende.

Esta técnica suele ir seguida de otro movimiento, que requiere rodear el cuello de su oponente con el brazo. Utilice el brazo contrario para agarrar o sujetar el bíceps de su oponente. Aplique presión en la zona designada utilizando la fuerza y la potencia de sus bíceps.

Con la mano libre, presione la parte posterior de la cabeza de su oponente, profundizando el estrangulamiento.

Guardia

Agarre a su adversario entre las piernas. Puede abrir o bloquear esta posición utilizando los tobillos. La guardia está diseñada para forzar a su oponente a romper la solidez de su postura, cansándolo. También puede usar la guardia como una estrategia de defensa que requiere golpes.

Guardia cerrada

La guardia cerrada es un concepto crucial y con muchas variaciones en los agarres. Es una de las primeras guardias que aprenderá como cinturón blanco o principiante de BJJ.

Encierre a su oponente entre sus piernas cruzando sus pies detrás de la espalda de él. Una ventaja significativa de la guardia cerrada es que le da la oportunidad de buscar tanto una sumisión como un raspado.

Tenga en cuenta que no hay una técnica mejor que otra cuando se trata de guardias; depende de la situación. Aparte de la guardia cerrada, hay otras variantes como la media guardia, la guardia en X, la guardia mariposa y la guardia abierta.

Montada técnica

La montada es otra posición poderosa para quienes quieren sacar el máximo partido de los agarres. Antes de usarla, es esencial entender todo sobre este movimiento y su posición para maximizar sus ventajas.

Aunque algunos piensan que está sobrevalorado, es un movimiento extremadamente importante que puede usar una vez que alcance un nivel más avanzado en el BJJ. Es una técnica de contraataque útil que permite mantener una posición favorable y excelente para un ataque.

La importancia del estiramiento y la flexibilidad

Es innegable que el *jiu-jitsu* brasilero es un deporte física y mentalmente exigente. Los agarres por sí solos tienen muchas técnicas, variaciones y posiciones que requieren mover varias partes del cuerpo de manera no convencional. Esta es la razón principal por la que debe practicar más el estiramiento y la flexibilidad, que desempeñan un papel crucial en la mejora del rendimiento de las técnicas de agarre.

El estiramiento y la flexibilidad le ayudan a mantenerse sano y libre de lesiones mientras continúa con su entrenamiento. Además, incluir estiramientos en su entrenamiento de BJJ le asegura un plan equilibrado y a largo plazo.

Dependiendo de su plan de entrenamiento y de su estilo de lucha, su nivel de flexibilidad será mayor o menor que el de su oponente. Conocer su nivel de flexibilidad le permitirá controlar y forzar la sumisión de su oponente.

Debe estar familiarizado con las diferentes técnicas de estiramiento para tener éxito en el BJJ. Además, estas técnicas mejorarán su flexibilidad, llevándolo a tener un mejor rendimiento.

Estiramiento activo

Las técnicas de estiramiento activo se refieren a ejercicios que le permiten mover las articulaciones de forma activa mediante diversos movimientos. Es ideal realizar estiramientos activos como parte del calentamiento o acondicionamiento previo a la clase de BJJ. También puede utilizar el estiramiento activo como parte de una rutina de movilidad independiente que realice por separado de los entrenamientos, por la mañana después de su día de descanso o al levantarse.

Algunos ejercicios de calentamiento diseñados explícitamente para el BJJ, como las fugas de cadera y los puentes, pueden clasificarse como estiramientos activos, siempre que los realice esforzándose conscientemente por ejecutar una gama completa de movimientos.

Estiramiento pasivo

Las técnicas y ejercicios de estiramiento se consideran pasivos si implican mover las articulaciones hasta su tolerancia de flexibilidad. Mantenga una posición específica durante al menos veinte segundos cuando experimente una ligera molestia. Utilice ayuda externa, como un cinturón de BJJ, para estirar los isquiotibiales.

Al igual que los estiramientos activos, puede realizar los pasivos de forma independiente al final de las rutinas de movilidad. Realice los estiramientos pasivos después de su entrenamiento de BJJ, preferiblemente entre cinco y diez minutos después de la sesión, ya que es también cuando tiene una temperatura corporal elevada.

Los estiramientos pasivos realizados después de su entrenamiento también ayudan a mejorar su flexibilidad o amplitud de movimiento, siempre que los haga de forma constante.

¿Qué músculos y articulaciones se deben estirar regularmente?

Ahora que ya conoce la importancia de los estiramientos para aumentar su flexibilidad, es importante que sepa qué grupos musculares y articulaciones específicas debe estirar para mejorar su rendimiento en BJJ. Estirar con regularidad los grupos musculares y articulaciones adecuados mejora su fuerza, lo que hace que sus agarres sean más eficaces.

Tobillos

Para dominar el BJJ, se necesita una buena movilidad y flexibilidad de los tobillos para ejecutar las técnicas correctamente y evitar lesiones durante los entrenamientos y competiciones. Tenga en cuenta que unos músculos de la pantorrilla tensos también pueden provocar rigidez en los tobillos y causar limitaciones en la flexión del pie.

La tensión hacia atrás de los pies es necesaria para ejecutar ganchos de mariposa fuertes, que son la prueba de que debe mejorar la movilidad de los tobillos con rotaciones controladas. Si su pantorrilla está tensa, puede realizar estiramientos pasivos de pantorrilla.

Caderas

Es esencial para los luchadores de *jiu-jitsu* brasilero mejorar la movilidad de la cadera para evitar lesiones y realizar actuaciones increíbles. Las rotaciones externas de cadera ayudan a obtener una buena guardia, fuerte en ataque y en defensa.

Tener buena flexibilidad de cadera también es útil para escapar de una mala posición, hacer un puente, lograr la sumisión o pasar la guardia. Realice técnicas de estiramiento pasivas y activas dirigidas a los glúteos, isquiotibiales, rotadores de la cadera y cuádriceps para mejorar la movilidad de la cadera.

Espalda alta

También llamada columna T, esta parte del cuerpo debe tener altos niveles de flexibilidad para evitar lesiones en la columna y la parte superior de la espalda. Si tiene los hombros, dorsales y pectorales tensos, es probable que su espalda superior carezca de movilidad. Muchas de las posturas defensivas del BJJ requieren arquear la espalda, y una baja flexibilidad resulta en una espalda superior o columna T rígida.

Hombros

Mejore la movilidad de sus hombros haciendo ejercicios de estiramiento adecuados que se centren en los músculos de esta zona. Con la mejora de la movilidad de los hombros, previene las lesiones más comunes de esta articulación, que suelen aquejar a muchos luchadores de agarre. La postura defensiva y arqueada de la espalda, además de desencadenar rigidez en la columna T, también provoca inmovilidad o inflexibilidad en los hombros.

¿Cuándo y con qué frecuencia estirar?

Si quiere dominar los agarres, no olvide nunca la importancia de estirar con constancia. Aparte de los grupos musculares y las articulaciones mencionadas, estire el cuello y las muñecas con regularidad para mejorar la movilidad. Es aconsejable realizar estiramientos con la mayor frecuencia posible, y es aún más importante si tiene problemas de movilidad. Realice diariamente las rutinas de estiramientos activos que haya elegido como parte de sus costumbres matutinas.

Céntrese en las rutinas pasivas después de entrenar o antes de acostarse. Añada algunos ejercicios de estiramiento pasivos a los activos, pero evite los estiramientos pasivos antes de realizar actividades físicas exigentes. No son muy recomendables antes del entrenamiento de fuerza y el acondicionamiento.

Notará una mejora significativa en su movilidad, flexibilidad y fuerza al realizar estas rutinas de estiramiento y le será más fácil ejecutar varias técnicas de agarre sin problemas y demostrar que es una promesa futura como luchador de BJJ.

Capítulo 4: La ley de acción-reacción

Desde afuera, el *jiu-jitsu* brasilero, puede dar la impresión de ser un deporte que consiste únicamente en complicadas llaves de estrangulamiento y agarres. Como cinturón blanco o principiante con solo unos días de entrenamiento, es posible que lo vea de la misma manera.

Se dará cuenta de que la mayoría de los movimientos y técnicas requieren muchos pasos. Sentirá que dominarlos y emplearlos con eficacia solo es posible tras muchos años de práctica.

Sin embargo, a medida que adquiera más experiencia, se dará cuenta del alto nivel de destreza, conocimiento y dedicación necesarios para convertirse en un gran luchador de BJJ.

Aunque al principio tenga dificultades, intente absorber todo lo que le enseñen durante las clases. Con el tiempo, se dará cuenta de que comprender y ceñirse a los principios básicos y la disciplina del BJJ le da una ventaja sobre los demás.

Importancia de empezar por los principios para aprender BJJ

El *jiu-jitsu* brasilero, como otras artes marciales, se basa en algunas disciplinas y principios fundamentales. Dominar el BJJ no consiste en dominar cada paso, técnica o movimiento; consiste en comprender sus principios y ser capaz de adaptarlos en función de diversos escenarios y oponentes.

Sin dejar de reconocer los principios, teorías y disciplinas del BJJ, puede añadir toques personales para demostrar su propio nivel artístico. Lo primero que hay que decir es que el enfoque de los principios para dominar el BJJ difiere mucho del basado en la memoria.

Recuerde, aunque memorizar cada movimiento es esencial para aprender los fundamentos del *jiu-jitsu* brasilero, obstaculiza el crecimiento. La razón es que memorizar ciertos movimientos también indica que carece de la comprensión inherente de los principios básicos del BJJ.

Esto puede ser desventajoso, especialmente cuando un oponente lo toma desprevenido con un movimiento desconocido. Para mejorar en este sentido, los principiantes (cinturones blancos) deben trabajar con diferentes compañeros, ya que esto ayuda a vivir diversos escenarios de lucha.

Es una oportunidad fantástica para poner en práctica en el mundo real los movimientos aprendidos en clase. También ayuda a comprender las teorías subyacentes que hacen que los movimientos sean eficaces.

Principios y disciplinas fundamentales del BJJ y otras artes marciales

Como se mencionó anteriormente, el *jiu-jitsu* brasilero es un arte marcial que se centra en la lucha de agarres y que utiliza el principio de apalancamiento. El BJJ se centra siempre en el control posicional, los derribos, las sumisiones y los agarres, y es un medio eficaz para mejorar todas las aptitudes físicas como la agilidad, la movilidad y la fuerza central.

Mentalmente, se puede comparar el *jiu-jitsu* brasilero con una partida de ajedrez, ya que el pensamiento táctico es la estrategia correcta y contribuye al éxito. Cuando esté en el campo de entrenamiento o en su clase, es importante que demuestre una sólida comprensión de los principios y movimientos fundamentales del BJJ. En esta sección, se tratan algunos de los principios y disciplinas esenciales del BJJ y de otras artes marciales.

Estado zen

El estado zen es un principio vital que permite a los luchadores aprender y comprender el *jiu-jitsu* brasilero. Los principios valoran la importancia de la repetición. Tenga en cuenta que repetir una técnica de *jiu-jitsu* varias veces durante muchos años puede llevarlo a ejecutarla sin siquiera pensar en ella.

Incluso es posible que su memoria muscular la ejecute como si estuviera en piloto automático, del mismo modo que se forman los hábitos. Por lo tanto, debe aplicar la repetición para disfrutar de sus variados beneficios que incluyen, entre otros, los que se enumeran aquí:

- **Perfeccionar la técnica** - Esto construye una base sólida para todos los movimientos, por muy diferentes que sean. También constituye un punto de partida sólido para mejorar su fuerza, la calidad de las ejecuciones y las secuencias de movimientos.

- **Poner la mente en blanco** - Es necesario para una ejecución más efectiva de sus movimientos y técnicas.

- **Volverlo un hábito** - Practicar una técnica de BJJ repetida y correctamente la convierte en un hábito. Los humanos somos criaturas de hábitos, así que lo que hace repetidamente lo convierte en quien es. Por lo tanto, si mejora sus hábitos, mejorará su rendimiento en las competencias.

Debe tener mucho cuidado de no repetir incorrectamente una técnica en particular, porque desarrollará hábitos incorrectos y no deseados. Trabaje con un buen instructor de *jiu-jitsu* brasilero capaz de señalarle sus errores y guiarlo hacia el desarrollo de hábitos buenos y saludables.

Equilibrio

En el mundo de las artes marciales, especialmente en el *jiu-jitsu* brasilero, el principio del equilibrio es un concepto fundamental: ni muy poco ni demasiado. Este principio específico es útil en el entrenamiento de artes marciales y en relación con varios aspectos de su vida cotidiana, su cuerpo y sus emociones.

Los luchadores de BJJ, y cualquier otro artista marcial, perciben el equilibrio como la capacidad de no moverse o actuar demasiado despacio o demasiado rápido, lo que significa que no debe ser demasiado precavido o demasiado agresivo, demasiado bajo o alto, derecho o izquierdo. Es imprescindible practicar el principio del equilibrio para controlar el tiempo y el ritmo. Debe aprender a confiar en su equilibrio si quiere tener éxito en el BJJ y otras artes marciales.

El equilibrio también le ayuda a mejorar su mentalidad mientras entrena. Al comprender plenamente el principio del equilibrio, acepta que sus días de entrenamiento no siempre son buenos, y que hay algunos días malos. Por lo tanto, evite frustrarse o impacientarse demasiado debido a expectativas poco realistas de que todos los días de entrenamiento serán buenos.

Desarrollar este principio también es clave para que su mente no dependa del resultado de una sesión de entrenamiento específica. En lugar de eso, céntrese en el proceso práctico del entrenamiento y reconozca que es necesario alcanzar el equilibrio aceptando los días buenos y los malos.

Puede hacer que su sesión de entrenamiento equilibre su cuerpo, sus emociones y su mente mientras desarrolla un excelente rendimiento físico.

Orden natural

Para convertirse en un luchador de BJJ exitoso, debe tener una comprensión completa del principio del orden natural. Este proceso consiste en comprender los cambios y el desarrollo como aspectos progresivos y continuos, así que prepárese para ellos en lugar de evadirlos.

La progresión en BJJ y otras artes marciales siempre es el resultado de concentración y tiempo. Si se centra en la intensidad, necesitará menos tiempo para progresar, pero aun así deberá mantener el equilibrio. Además, forzarse a entrenar con demasiada intensidad y durante un periodo prolongado solo conducirá al sobreesfuerzo y al agotamiento. En algunos casos, su cuerpo será incapaz de recuperarse adecuadamente del esfuerzo.

Por otro lado, un entrenamiento insuficiente o la falta de pasión por este arte marcial también pueden hacer que no alcance sus objetivos. Por lo tanto, es fundamental que mantenga el equilibrio y respete el orden natural.

Una señal de que ha alcanzado el equilibrio deseado en su actitud hacia el entrenamiento de BJJ es cuando se siente realmente contento con el proceso. También cuando es consciente de que, independientemente de qué tan grandes sean sus logros en el BJJ y las artes marciales, estos no importan mucho en la escala del cosmos y en el orden universal de las cosas.

Acción-reacción

El aspecto más importante de los principios y disciplinas que rigen cualquier forma de arte marcial es el principio de «acción-reacción». En otras palabras, «por cada acción, espere una reacción».

El *jiu-jitsu* brasilero requiere un esfuerzo mínimo para obtener los máximos resultados. Por lo tanto, utilizar el principio de acción-reacción es la mejor manera de alcanzar el éxito en este deporte.

Como principiante que aún se encuentra en la fase de aprendizaje del *jiu-jitsu* brasilero, existe la posibilidad de que se concentre más a menudo en reaccionar. Defiende las sumisiones o intenta mantener el equilibrio y siempre está a la defensiva. Está bien, ya que todavía es un principiante y está aprendiendo los pormenores de este deporte.

Sin embargo, una vez que empiece a defenderse instintivamente, su juego cambiará. Un cambio significativo es que gastará menos poder mental en la defensa y lo usará más para definir su intención. Por ejemplo, si un atacante está en guardia mientras usted lanza triángulos y se prepara para la *kimura*, puede preguntarse qué está pasando por su mente.

Recuerde, su contrincante no está pensando en ese momento, está reaccionando. No piensa en el momento que pasa; está tomando medidas defensivas u ofensivas.

Ahora, piense en lo que ocurre si usted espera un poco para determinar sus movimientos. El mejor escenario posible es que el oponente pase su guardia. La clave para que un buen luchador se someta es impedir que tenga tiempo para pensar.

Importancia del principio de acción-reacción

El principio de acción-reacción siempre será vital para los luchadores de BJJ y otras artes marciales porque puede usarse para preparar la mayoría de los derribos y lanzamientos.

Controlar a un oponente que todavía está de pie puede ser más difícil que luchar en el suelo. La razón es que, cuando está de pie, el oponente puede moverse libremente, reaccionar al instante y escapar más fácilmente.

Para dilucidar el significado del principio de acción-reacción, piense en un oponente que está a punto de realizar un movimiento contra usted: esta es la acción. La respuesta (reacción) es cuando usted piensa y actúa rápidamente en función de ese movimiento, como un contraataque.

Además, al asegurarse de conocer las posibles reacciones defensivas de su oponente, atacará adecuadamente. Conocer la mejor respuesta defensiva de su oponente le da la oportunidad de prepararse para ganar más ventaja o fuerza. Con el principio de acción-reacción, su estrategia consiste en forzar una reacción de su oponente y a su vez reaccionar a ella inmediatamente para aprovechar y utilizar su fuerza y su energía para añadir potencia y apalancamiento a sus movimientos.

¿Cuándo actuar o reaccionar?

Sabiendo que cada ataque provoca una reacción, sea más inteligente con sus ataques. Por ejemplo, puede fingir un ataque escondiendo su verdadera intención y utilizar la reacción de su oponente como apertura para que su técnica tenga éxito.

Tiene que estar muy atento a las pistas que le permiten actuar y reaccionar adecuadamente. Aplique siempre este principio, incluso cuando no esté en clase. Puede perder su cinturón o incluso ser arrestado si hace daño a alguien utilizando los movimientos y técnicas del BJJ, ya sea que lo provoquen o no. Por lo tanto, anticiparse a la acción y reacción del oponente es crucial.

En clase, se dará cuenta de que las habilidades de actuar y reaccionar en los momentos adecuados se ganan mediante la repetición. Cuanto más entrene, más rápido ejecutará las técnicas practicadas y desarrollará su memoria muscular.

Cuando compita y empuje a su oponente, espere que este le devuelva el empujón instintivamente con niveles de intensidad similares o mayores que fuercen el principio de acción-reacción. Del mismo modo con los tirones, si pretende halar a su oponente hacia delante, empújelo primero hacia atrás.

Cuando su oponente reaccione empujándolo, tire de él. De esta manera aprovecha la energía del rival y gasta un mínimo de energía para tirar de él hacia delante. También haga esto cuando implemente el arte de la inversión (que se desarrolla mejor más adelante) en sus combates.

Sacar ventaja del principio de acción-reacción

Hay varias formas de aplicar este principio, especialmente cuando planea llevar al adversario a una posición diferente de la que él tenía prevista. ¿Pretende rasparlo hacia su izquierda? Entonces es inteligente estimularlo primero para que se mueva hacia su derecha, comprometiendo su equilibrio. A continuación, decida su siguiente movimiento en función de lo que ocurra.

Otra forma de ver el principio de acción-reacción es como un cebo o una trampa, es decir, para atraer a su oponente para que reaccione o responda de la forma que usted pretenda que lo haga. Es útil reaccionar rápidamente a los movimientos del adversario para sacar el máximo partido de este principio.

Por ejemplo, si él mueve su cuerpo hacia delante con una velocidad específica, aumente esa velocidad tirando de él en una dirección similar. Esto puede hacer que pierda el equilibrio, lo que será beneficioso para usted.

Cuanto más profundo y experimentado se vuelve en el *jiu-jitsu* brasilero, más se da cuenta de que un solo movimiento o ataque no es tan efectivo cuando se inflige a luchadores más hábiles o experimentados. Debe combinar varias técnicas para obtener mejores resultados al aplicar el principio de acción-reacción.

La mejor manera de aplicar el principio es analizar qué falla cuando una técnica no funciona.

Analice y piense en las reacciones de sus oponentes y cree un plan B, que sin duda despertará su entusiasmo para el próximo combate, sobre todo si cree que prepararán una defensa contra su plan principal.

Capítulo 5: Defenderse de ataques: el arte de la inversión

Una de las razones por las que muchas personas se interesan en el *jiu-jitsu* brasilero es que es una excelente forma de defensa personal. El conocimiento de este arte marcial es la clave para defenderse de ataques. Aparte del principio de acción-reacción, el *jiu-jitsu* brasilero también le ayuda a desarrollar sus conocimientos sobre el arte de la defensa y la inversión.

El principio de acción-reacción tiene una fuerte conexión con el arte de la defensa personal y la inversión, que también es una parte vital del *jiu-jitsu* brasilero, porque se debe seguir para establecer una defensa fuerte y exitosa contra un ataque. Su defensa se basa en el ataque de su oponente.

¿Qué es la inversión?

La inversión en el *jiu-jitsu* brasilero se produce cuando un luchador que se encuentra en una posición desventajosa logra invertir su posición. Una inversión exitosa hace que el luchador pase a una posición ventajosa o a la parte superior. Es una habilidad muy importante que los luchadores de *jiu-jitsu* brasilero deben dominar para tener la oportunidad de saltarse algunos pasos al cambiar de posición cada vez que practiquen la inversión.

Un cambio típico hace que el jugador pase de una posición neutral a una ventajosa o a la neutralidad después de encontrarse en desventaja. Dependiendo de la técnica de inversión elegida, se puede pasar directamente a una posición de ventaja. El arte de la inversión es la clave para protegerse de un ataque.

Jiu-jitsu brasilero y defensa personal

La defensa personal constituye una parte importante del BJJ. Se basa en el *jiu-jitsu* japonés original, cuando los samuráis luchaban por sobrevivir; hoy en día sigue siendo un sistema de lucha práctico. Todos los movimientos que se enseñan en el BJJ son efectivos para la defensa personal y algunas de las técnicas están diseñadas específicamente para ese fin.

Por lo tanto, no es sorprendente que la mayoría de las escuelas de BJJ de todo el mundo presten especial atención y se centren especialmente en la defensa personal. Los golpes no tienen lugar en la defensa personal del *jiu-jitsu* moderno. Sin embargo, aprender los fundamentos para moverse, bloquear y utilizarlos sigue siendo esencial.

No es tan esencial aprender y dominar complejos ataques con saltos y patadas giratorias. En su lugar, es más eficiente fijarse objetivos más sencillos, como acercarse al atacante u oponente con la intención de someterlo o derribarlo.

Otra cosa que debe recordar es que alrededor del 90 por ciento de los altercados o peleas acaban con los luchadores en el suelo. Las personas sin conocimientos de BJJ no saben qué hacer en el suelo una vez que han sido derribados. Sus conocimientos de *jiu-jitsu* brasilero pueden cambiar eso, especialmente con los agarres, y favorecen el desarrollo de mejores técnicas.

Con su entrenamiento en BJJ, sabrá con precisión cómo defenderse y permanecer seguro, tanto si está en la posición superior como si se encuentra en la posterior o inferior. La defensa personal que se aprende en BJJ lo entrenará para lograr el dominio, incluso cuando se vea forzado a asumir una mala posición.

Una vez que pueda protegerse y estar en una posición dominante, el BJJ le da la opción de hacer algo que no ofrecen otras artes marciales: resolver la situación sin dañar a su oponente o causarle una lesión. La defensa personal en BJJ y varias otras técnicas le permiten inmovilizar a alguien mientras calma la situación.

Por otro lado, puede utilizar una técnica de sumisión diseñada para herir a su atacante u oponente cuando sea necesario. Si lo prefiere, puede usar golpes. Difícilmente encontrará otras artes marciales tan buenas para la defensa personal como el BJJ, especialmente en peleas o altercados uno contra uno.

¿Por qué el BJJ es perfecto para la defensa personal?

Recuérdese constantemente que la mejor arma de defensa personal es su capacidad para mantenerse alejado de las confrontaciones. Si es posible, escape de la situación. Sin embargo, si una circunstancia llega al punto de volverse física, aproveche al máximo su entrenamiento en *jiu-jitsu* brasileño para salir del problema.

¿Cuáles son las razones específicas por las que el BJJ es bueno para la defensa personal?

Mejora la comodidad al luchar

Si ha vivido una situación en la que alguien ha intentado asfixiarlo hasta dejarlo inconsciente, probablemente es consciente de lo incómodo que resulta. Su entrenamiento lo hará sentir cómodo con la incomodidad y, en algunas ocasiones, con el dolor, ayudándole a hacer frente a la situación automáticamente.

A diferencia de las artes de golpeo como el *muay thai*, que requieren enfrentamientos solo durante un 20 % del entrenamiento, el *jiu-jitsu* brasileño implica enfrentamientos durante casi el 100 % del entrenamiento. Los enfrentamientos en BJJ se asemejan a peleas reales, aunque no implican patadas y puñetazos.

Cuando se encuentre en una situación en la que deba protegerse, no se sentirá sorprendido ni intimidado por el tamaño físico del luchador gracias a su entrenamiento en enfrentamientos. Tampoco se sentirá incómodo cuando forcejee con alguien que lo lleve al suelo.

Como ya se siente cómodo con el forcejeo y la lucha, no cometerá los errores de las personas sin entrenamiento o de los principiantes, como dar la espalda al atacante para protegerse. Esta es una respuesta natural a una situación peligrosa, pero lo pone en mayor riesgo, ya que no puede ver a su oponente y anticipar sus medios de ataque.

Como persona entrenada en BJJ, será más hábil y experto a la hora de protegerse y prever los ataques de su oponente, por lo que podrá establecer fácilmente medidas para evitarlos. También se sentirá más cómodo luchando y forcejeando con otros, lo que aumentará sus posibilidades de ganar el combate o salir ileso de la situación.

Ideal para todos sin importar la talla

Saber *jiu-jitsu* brasileño le da una oportunidad de luchar contra un atacante o en cualquier situación que requiera que se defienda. Lo bueno de esta forma de artes marciales es que es perfecta para todos, independientemente del tamaño.

Incluso si es pequeño, puede practicar BJJ para defenderse. No tiene los problemas de los estudiantes más pequeños en entrenamientos de otras artes marciales, como tener huesos y peso más livianos que causan dificultad para infligir daño a un oponente más grande. En el *jiu-jitsu* brasileño, incluso los individuos más pequeños tienen la posibilidad de derrotar a un oponente grande.

Tenga en cuenta que quienes tienen un físico más pequeño infligen una fuerza limitada contra sus atacantes u oponentes. Si usted es más grande, sus golpes tendrán más fuerza, porque los impulsa un peso adicional.

El BJJ es una práctica increíble para la defensa personal, ya que enseña a estrangular y agarrar a individuos más grandes, anulando el problema asociado con el tamaño.

A diferencia del *muay thai*, el boxeo o cualquier otra forma de artes marciales que dependa del atletismo, la potencia y la velocidad, el *jiu-jitsu* brasileño se centra en la técnica. Los luchadores más pequeños pueden someter a otros con confianza en sus técnicas de defensa personal de BJJ.

Un ejemplo perfecto de la eficacia del BJJ para enfrentarse a oponentes más grandes o corpulentos es Royce Gracie y su dominio en la UFC. En sus peleas, fue consistente en obligar a sus oponentes a someterse sin importar su tamaño. En lo que respecta a la técnica desde el suelo, ninguna otra forma de arte marcial se compara con el BJJ.

Ayuda a mantener el control de una pelea

El *jiu-jitsu* brasileño también es perfecto para la defensa personal porque es muy eficaz para controlar al oponente. Puede utilizar sus habilidades de BJJ para detener a un atacante u oponente mientras se asegura de que no herirlo o lesionarlo.

La práctica del BJJ le enseña a utilizar la fuerza de palanca y el cuerpo para controlar el peso corporal de su oponente. Algunas posturas, como la de la rodilla al pecho, controlan a un oponente en el suelo.

También puede utilizar la llave de hombros para aumentar el control sobre un atacante, especialmente si aún no está entrenado. Si se enfrenta a un atacante que lleva un arma, el BJJ no garantiza el mayor nivel de protección, pero sigue siendo ventajoso en comparación con otras formas de arte marcial, como el *muay thai*.

El *jiu-jitsu* brasileño es más efectivo cuando se trata de situaciones que involucran un cuchillo, ya que sus técnicas le permiten controlar al atacante. Posiciones como la omoplata o la llave de hombros le permiten no perder de vista la mano de su oponente, lo que le dará ventaja sobre él.

También estará en ventaja porque podrá ver claramente sus próximas acciones. Esto le dará tiempo suficiente, por ejemplo, para responder y detener el ataque si su agresor agarra una pistola o un cuchillo.

Técnicas de defensa personal del *jiu-jitsu* brasilero

Cuando utilice el *jiu-jitsu* brasileño para la defensa personal, recuerde que los golpes por sí solos no son efectivos y que puede ser necesario combinarlos con otras tácticas de BJJ para defenderse de forma eficaz. De todas formas, la mayoría de las escuelas recomiendan comenzar el entrenamiento sin golpes, especialmente en lo que se refiere a la lucha de pie.

Añada golpes solo cuando haya conseguido una base de agarres sólida y estable. Un segundo en el tiempo puede marcar una diferencia significativa, especialmente si la pelea es rápida. Ese segundo puede hacerle ganar o perder, así que practique la defensa personal del BJJ utilizando también sus conocimientos de ataque.

Guardia cerrada

Las guardias en BJJ son de diferentes tipos, pero para el propósito de la defensa personal, nos centraremos en la guardia cerrada porque es la táctica que más utilizan los expertos en agarres actualmente. Además, conlleva varios beneficios cuando se utiliza en una situación de defensa personal.

La guardia en BJJ se refiere a cómo usa sus piernas cuando se enfrenta a un adversario, envolviéndolas alrededor de él. Si está acostado sobre su espalda, puede hacer esto o mantener al atacante o adversario alejado de usted.

Un uso apropiado de la guardia cerrada en una situación de defensa personal es cuando logra bloquear golpes.

Llave de brazo de pie en el BJJ

La llave de brazo estando de pie es una táctica de defensa personal fácil pero altamente efectiva que se puede aprender en el entrenamiento de BJJ y también es una efectiva técnica de sumisión en combate. Esta llave se originó en el *jiu-jitsu* japonés.

Esto condujo a la versión desde el suelo de la llave de pie, que también se utiliza a menudo en BJJ. La diferencia es que el *jiu-jitsu* japonés requiere que los luchadores permanezcan de pie, ya que en el contexto en el que se originó había más posibilidades de que los luchadores utilizaran armas, como en el caso de los samuráis.

Rodilla al pecho
Esta técnica es vital si quiere controlar a su adversario u oponente. Es ideal en situaciones en las que logra ganar la posición superior en una pelea. En esta posición, ponga la rodilla sobre el pecho para moverse por encima de su adversario con facilidad. Un ejemplo de la efectividad de esta técnica es cuando su adversario saca un arma, como un cuchillo, de su bota o bolsillo mientras usted lo controla a través de la rodilla al pecho. En esta posición le resulta más fácil desengancharse, alejarse o escapar.

Utilizar un movimiento o posición diferente, como la montada, puede hacer pensar a su oponente que se está rindiendo, además de que puede limitar sus movimientos y dificultar la separación.

Cross face
Esta posición específica requiere que usted esté encima de su adversario u oponente para controlarlo. Con el brazo, colóquese detrás de la cabeza de su adversario o contrincante. Coloque su hombro al lado de la mandíbula de él. La presión ejercida en esta posición le proporcionará el control de la contienda.

La correcta ejecución de esta técnica y la presión correctamente aplicada desde su hombro hará que el adversario mire hacia otro lado y limitará sus movimientos, dificultándole la ejecución de cualquier movimiento o técnica.

Escape de control lateral
Muchos consideran que esta técnica, que presenta distintas variantes, es la posición de la que es más difícil escapar. Sin embargo, se puede escapar de un ataque si se conocen bien los principios y las formas de proceder básicas del control lateral.

¿Se puede usar el *jiu-jitsu* brasileño contra varios atacantes?
Como ya se ha mencionado, el BJJ funciona perfectamente en enfrentamientos uno contra uno. Pero la pregunta es, ¿son efectivas sus técnicas de defensa personal en momentos de enfrentamiento contra más de un atacante? La respuesta es no. Este sistema de lucha es inadecuado para utilizarse contra múltiples oponentes o en un campo de batalla.

La premisa básica de la defensa personal es tirar al suelo a un atacante o adversario. La velocidad también es vital en la defensa personal, y es en esta área donde puede fallar el BJJ.

Sin embargo, puede cambiar esta situación fácilmente si dedica tiempo a aprender derribos de judo en lugar de derribos de lucha. Su objetivo en ese caso es dominar derribos capaces de dejar a su atacante en el suelo mientras usted se mantiene de pie.

Si es posible, combine esto con las demás técnicas y disciplinas de BJJ y así podrá sacar el máximo partido a la defensa personal y la inversión.

¿Cuándo usar la defensa personal del BJJ?
La eficacia del BJJ como defensa personal depende del escenario o lugar donde se dé la pelea o altercado. Por ejemplo, es difícil utilizar el BJJ en una pelea en un bar abarrotado de gente; en este caso, resulta mucho mejor controlar al oponente desde una posición de pie.

Si el altercado se produce en un espacio abierto, como un estacionamiento, y el atacante no tiene un arma, entonces el escenario es adecuado para la defensa personal a través del BJJ.

Usted tendrá más oportunidades de poner en práctica derribos en un espacio abierto, ya que no tendrá barreras para controlar a su atacante o agresor. La rodilla al pecho es la mejor posición para mantener a su agresor bajo control mientras afina sus habilidades de defensa personal.

Capítulo 6: Guardias: ¿Por qué es tan importante conocerlas?

La guardia del *jiu-jitsu* brasilero es una de las posiciones de agarre en el suelo más útiles y efectivas y es imperativo conocerlas. Esta posición es realizada por un combatiente mientras tiene la espalda en el suelo e intenta controlar a su oponente con las piernas.

La guardia es una posición favorable para dominar en el BJJ porque puede atacar a su oponente efectuando diferentes estrangulaciones y llaves desde abajo. Por otro lado, la prioridad de su oponente en la parte superior es la transición a una posición mejor y de más control. Este tránsito se denomina paso de guardia.

Gracias a su efectividad demostrada y a los innegables beneficios de esta posición en el BJJ, no es de extrañar que tenga muchas variaciones. El tipo de guardia que utilice depende de sus agarres o puntos de control específicos. Algunas guardias de *jiu-jitsu* brasilero son ideales para usar contra un oponente que se encuentra de pie, mientras que otras funcionan bien cuando el oponente está arrodillado.

Cuando aprenda sobre las guardias del BJJ, recuerde que algunas son perfectas para las sumisiones en peleas de agarre, pero son perjudiciales si se utilizan en torneos de MMA (artes marciales mixtas). Otras posiciones de guardia son buenas opciones de escape o defensa cuando el oponente tiene una posición dominante.

En general, la guardia es un componente clave del *jiu-jitsu* brasilero, ya que es muy útil cuando se lucha por una posición ofensiva. En este capítulo, aprenderá más sobre las posiciones de guardia en el BJJ, sus diferentes tipos, los pases de guardia, técnicas de raspado, ejercicios y ataques. Después de leer este capítulo, usted será capaz de sacar el máximo provecho de este elemento fundamental del BJJ.

Guardia cerrada vs. guardia abierta – Sus diferencias

Dos de las posiciones de guardia más básicas y populares que existen son la guardia cerrada y la guardia abierta. Ambas son populares porque proporcionan a los jugadores excelentes herramientas, ya sea para aplicarlas desde arriba o desde abajo.

La guardia cerrada y la guardia abierta ofrecen la oportunidad de raspar, controlar y someter al oponente, estableciendo un juego de agarre tanto defensivo como ofensivo fuerte y sólido.

Guardia cerrada

Así se mantiene una guardia cerrada fuerte

Es un tipo básico de guardia que se aprende en un entrenamiento de BJJ. La guardia cerrada es muy utilizada tanto por principiantes como por competidores de alto nivel en el BJJ. Es la guardia fundacional y una de las primeras posiciones que aprenderá al comenzar su entrenamiento en *jiu-jitsu* brasilero.

También llamada guardia completa, la posición de guardia cerrada se produce cuando cierra las piernas alrededor de las caderas o la cintura de su oponente, al mismo tiempo que le agarra el cuello o la manga.

La guardia cerrada es una muestra perfecta de un punto específico que muestra poder y la fuerza de las guardias en el BJJ, en concreto la gestión de la distancia, lo que significa que puede controlar totalmente el rango en el que tiene lugar el intercambio de agarres y le queda un brazo libre para atacar.

También tiene que concentrarse en lograr con éxito los aspectos vitales de la guardia cerrada. Estos aspectos se tratan brevemente:

- **Posición de las piernas** - Rodee la cintura de su oponente con ambas piernas y entrelace los tobillos detrás de la espalda de él, asegurando la posición. Es posible que tenga que apretar ambas rodillas mientras las lleva simultáneamente hacia el pecho. Esto le ayudará a tirar de su oponente hacia usted, quitándole espacio para adoptar una postura adecuada.
- **Agarres** - Antes de realizar la guardia cerrada, piense en la importancia de la colocación del agarre, ya que esa posición le proporcionará la versatilidad necesaria para ejecutar el movimiento con éxito.
- Si efectúa un agarre desde una posición de guardia cerrada, en la mayoría de las situaciones de artes marciales y defensa personal utilizará el agarre de doble manga o muñeca. Este agarre le permite controlar los brazos de su oponente, manteniéndolo a salvo de cualquier forma de ataque.
- Si combina este agarre con un control de postura efectivo usando sus piernas, estará en una posición ventajosa para comenzar un ataque.
- **Objetivos** - También debe tener claros sus objetivos al realizar la guardia. Como en otros tipos de guardia, el objetivo principal de la guardia cerrada es prevenir que esta sea pasada. Mantener cumplido este objetivo es la única manera de asegurar que su guardia sea impenetrable, y eso le ayudará a comenzar sus ataques con tranquilidad.

Al realizar los ataques, es beneficioso romper primero la postura del oponente. Tenga en cuenta que no podrá conseguir mucho si su oponente se mantiene erguido mientras realiza la guardia que ha elegido.

La buena noticia es que el uso eficaz de las piernas y los agarres dobles de muñeca le facilitarán el trabajo. Si la postura cambia, puede utilizar raspados, ataques y sujeciones desde atrás.

Guardia abierta

Así es como se presiona para una guardia abierta

La guardia abierta difiere de la guardia cerrada en que no requiere cerrar las piernas alrededor de la cintura o el pecho del adversario. Utilice la guardia abierta para hacer una transición desde una media guardia o una guardia completa débil provocada por los movimientos del oponente.

Existen varias posiciones de transición, sumisiones y raspados cuando se realiza la guardia abierta en el BJJ. Por ejemplo, puede transicionar a una guardia mariposa, De La Riva, De La Riva invertida o araña. Se diferencia de la guardia cerrada en algunos aspectos:

- **Posición de las piernas** - En una guardia abierta, sus piernas tienen propósitos específicos que se mantienen sin importar el tipo de guardia que sea. En la guardia abierta, una pierna siempre sirve como pierna de enganche y es la que fija a su oponente.

- Utilizará la otra pierna, que es la activa, en función de lo que desee ejecutar, especialmente para la retención de la guardia, sumisiones y raspados. La posición o colocación exacta de la pierna depende en gran medida del tipo de guardia abierta que pretenda utilizar.
- **Agarres** - La posición de guardia abierta permite una amplia gama de agarres. Sin embargo, recuerde siempre el principio subyacente, que es el control diagonal. Preferiblemente, debe agarrar una pierna y el brazo del lado opuesto, sin importar la variante de guardia que utilice.
- **Objetivos** - Una posición de guardia abierta significa que tendrá que mantener la posición antes de realizar un ataque. Varias posiciones de guardia abierta posibilitan solo unos pocos ataques, ya que priorizan más los raspados y el desequilibrio.

Otras posiciones de guardia le permiten realizar raspados y ataques encadenados para forzar al oponente a adoptar una posición defensiva todo el tiempo.

Otras guardias del BJJ y sus variantes

Aparte de la guardia abierta y la guardia cerrada, que son muy populares entre los principiantes de BJJ, hay otros tipos y variaciones de guardias con los que es importante familiarizarse. Estas guardias son útiles para controlar todas las posiciones del BJJ y ganar una pelea o un combate.

Guardia alta

Retener el hombro del oponente en una guardia alta

También es llamada guardia trepadora o curva. Maniobre con las piernas para trepar por el cuerpo del oponente y agarrarle uno o los dos hombros. Inmovilizar los hombros pone en peligro a su oponente porque lo deja a usted en posición de ejecutar fácilmente ataques de llave de brazo, raspado y triángulo.

En comparación con otros tipos de guardia, especialmente la guardia de caucho, la guardia alta requiere una flexibilidad mínima. Sin embargo, existen similitudes entre ellas, ya que implica el uso de ambas piernas para mantener baja la postura del oponente. Es una guardia de BJJ fantástica, ya que al oponente le resulta difícil golpearlo o pasar su guardia sin ofrecerle una oportunidad de sumisión o raspado.

Media guardia profunda

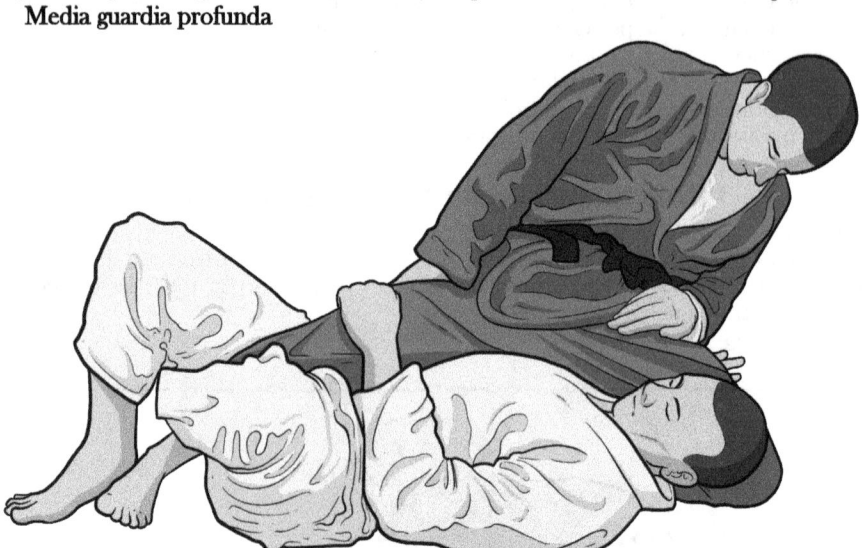

La media guardia profunda con las piernas en triángulo

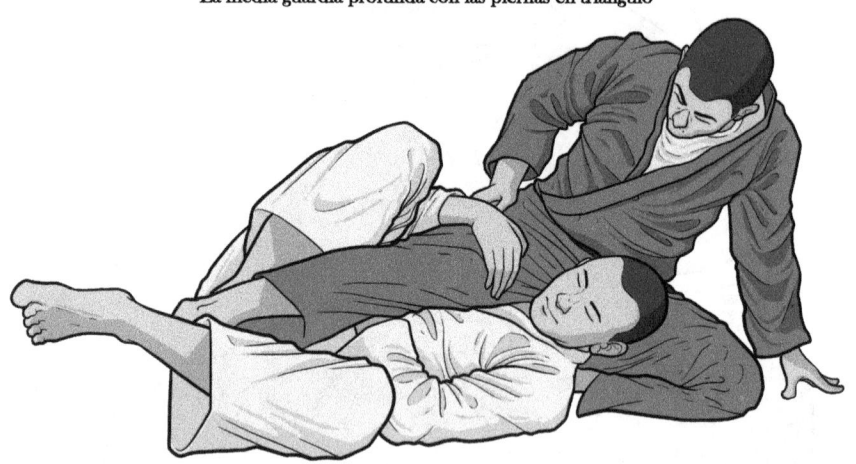

Sin *Gi*, con un gancho mariposa bajo la pierna del oponente

Esta posición de guardia requiere rodar por debajo de su oponente, de modo que aproveche fácilmente su peso. Una vez que esté en esta posición, utilice las piernas para atrapar las de su oponente mientras se agarra a sus caderas con ambos brazos. Mueva las piernas para desequilibrar a su oponente. La media guardia profunda ofrece pocas oportunidades de someter, pero es una gran posición para realizar raspados.

Guardia de caucho

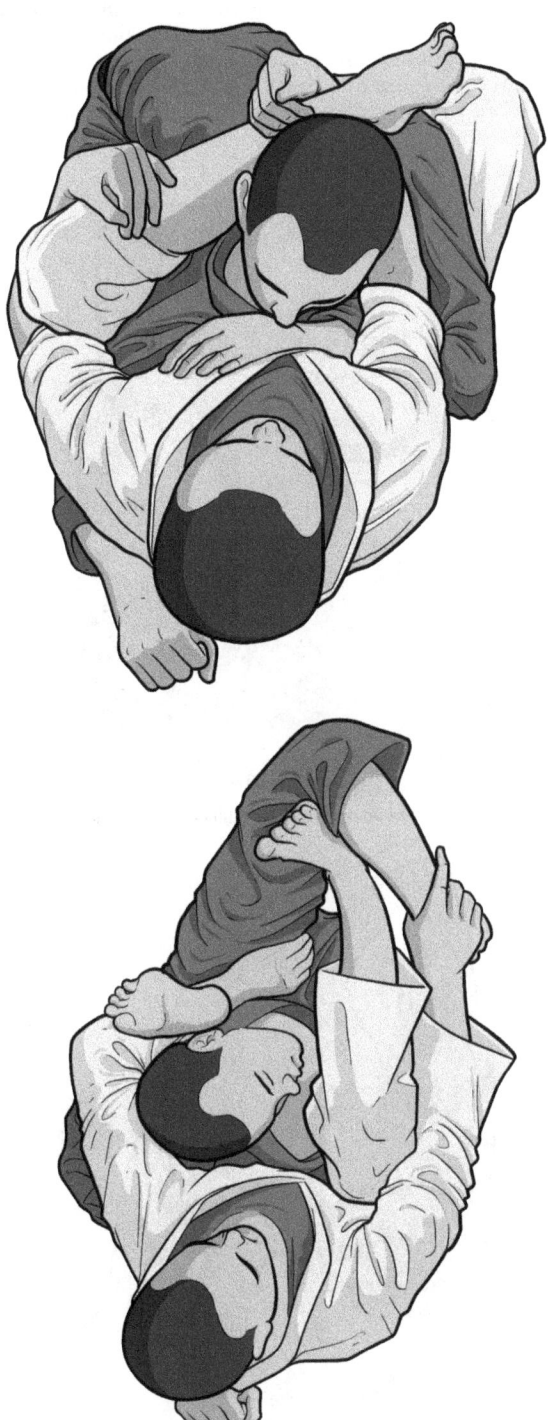

La guardia de caucho es desafiante y difícil de ejecutar, ya que requiere mucha flexibilidad. Ejecute esta posición si está desde una guardia alta o completa. En *jiu-jitsu*, la guardia de caucho es una variación para la guardia alta, ya que requiere que se utilicen ambos pies y colocarlos en una posición alta. Esta posición le ayuda a controlar el cuello de su oponente y asegura que su cabeza permanezca hacia abajo. El resultado es un control total sobre su oponente, que estará en una postura desfavorable para el BJJ.

Guardia araña

La guardia araña usada contra un oponente arrodillado (ambos pies sobre los bíceps)

Contra un oponente de pie, con un pie sobre el bíceps y el otro sobre la cadera

Contra un oponente de pie con un pie en el bíceps y una pierna alrededor del brazo

La guardia araña es una posición compleja del BJJ que puede usar para tener excelente control de la distancia contra un oponente arrodillado o de pie. Esta posición le permite desequilibrar a su oponente y le da oportunidades diversas para realizar sumisiones o raspados, incluyendo llaves de brazo y estrangulaciones en triángulo.

También puede utilizar la guardia de araña para hacer la transición a otras guardias de BJJ, como la guardia De La Riva. Puede ejecutarla como una guardia abierta agarrando las mangas o las muñecas de su oponente mientras usa un pie para controlar también sus brazos.

En la mayoría de los casos, solo tiene que poner un pie contra su bíceps; de lo contrario, su pierna corre el riesgo de girar en espiral cerca de su codo y sus dedos de los pies de esconderse debajo de la parte superior del brazo del rival.

Guardia mariposa

La guardia mariposa con un gancho inferior y un agarre de cinturón

Usando una manga del pantalón y un agarre de solapa cruzada

La guardia mariposa sin *Gi*, haciendo un agarre de abrazo de oso. Ocasionalmente usada en MMA, ya que hace difícil para el oponente golpear con fuerza

Una posición muy difícil desde la cual hacer la guardia mariposa (conocida como la guardia TK por los primeros comentaristas de UFC)

Esta posición dinámica llamada guardia mariposa permite varias opciones de raspados y puede ser utilizada en batallas de agarres con *Gi* o sin él. Para ejecutar esta guardia, primero familiarícese con la posición sentada y aprenda a permanecer activo mientras intenta desequilibrar a su oponente.

Muchos luchadores de *jiu-jitsu* brasilero utilizan esta posición para iniciar sumisiones con llaves de piernas. Algunos utilizan esta posición para hacer la transición a las posiciones de media guardia, guardia X con una sola pierna, y guardia X.

Guardia de rodilla o guardia Z

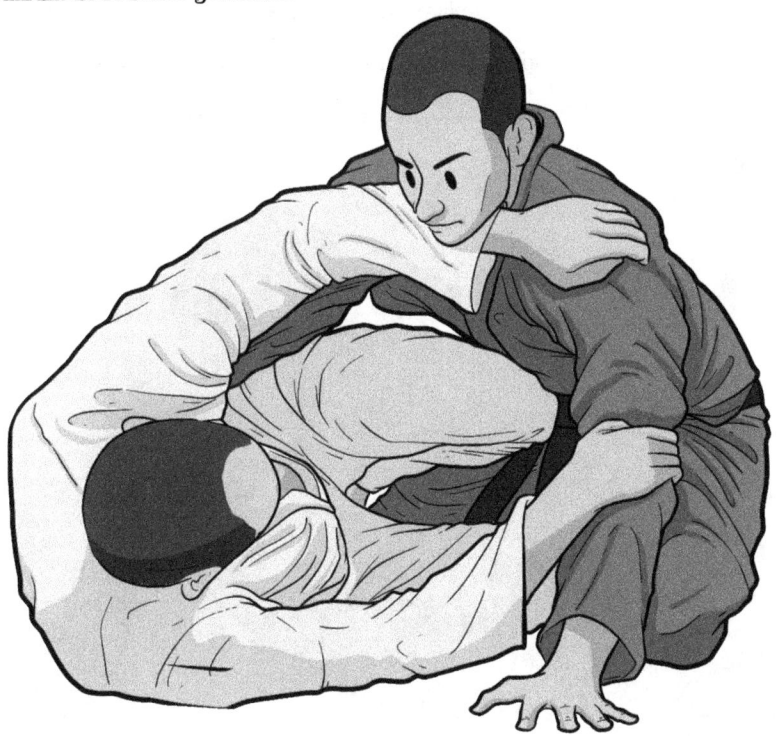

La guardia Z con la pierna inferior enganchando y la rodilla superior presionando la cadera

La misma posición con la rodilla superior presionando el área del pecho y los hombros

Puede ejecutar esta guardia desde la posición de media guardia. Levante una rodilla para quitar peso a su oponente. Así creará un escudo con su esqueleto, asegurándose de no ser aplastado por su oponente cuando él intente sumisiones o raspados. Para defenderse de una sumisión, ataque el brazo más lejano, y para ejecutar un raspado, consiga el gancho por debajo del lado más cercano y amenace simultáneamente la espalda.

Guardia pulpo

La guardia pulpo sin *Gi*

En la mayoría de los casos, se obtiene una oportunidad para la posición de la guardia pulpo cuando el oponente ejecuta un cambio de cadera después de estar en la posición de guardia de rodilla. Otra forma de hacer la guardia pulpo es mover su hombro más lejano detrás del de su oponente.

Use esta posición específica para raspar hacia la montada o alcanzar la espalda. También conocida como media guardia invertida, la guardia pulpo requiere que se apoye en su codo y depende de él para ser efectiva.

Guardia koala

Guardia koala

Puede hacer la posición de guardia koala mientras está sentado contra un oponente de pie. Agárrese a la pierna de su oponente, de forma similar a como lo hace un koala, abrazándolo lo que les llevará a una conexión más estrecha. La guardia koala se utiliza con frecuencia para transitar hacia otras posiciones de guardia, y también es útil si necesita atacar bloqueos de pierna como como llaves de pie, la llave de Aquiles y llaves de rodilla.

Guardia solapa de manga

Guardia solapa de manga

Para colocarse en esta posición de guardia, agarre la manga de su adversario con una mano. Con la otra mano agárrele la solapa del cuello y ponga su pierna en el bíceps de la manga que tiene agarrada.

Coloque la otra pierna en la cadera del adversario. Alternativamente, puede envolver esta pierna formando un gancho. Como en otras guardias de manga, su objetivo al ejecutar esta posición es empujar y desequilibrar a su oponente. Puede realizar diferentes raspados y provocar una sumisión, que suele ser el triángulo.

Guardia de cuarto

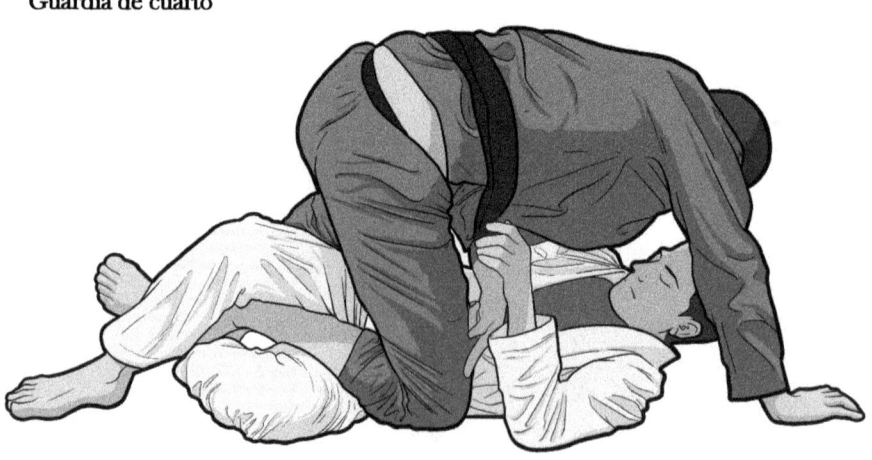

Guardia de cuarto

Esta posición está entre una defensa contra montadas y la media guardia. En la mayoría de los casos, la guardia de cuarto proporciona pocas posibilidades para atacar, por lo que se utiliza principalmente como una posición de retención para evitar los pasos de guardia.

A la mayoría de los luchadores no les gusta la guardia de cuarto porque está catalogada como una posición desfavorable. Esta posición depende de mantener atrapado el pie del oponente en lugar de su rodilla. A pesar de eso, es útil para raspados si el oponente comete algún error.

¿Qué es la retención de guardia?

Ahora que conoce algunas de las guardias más útiles, es el momento de entender cómo retener esta posición. Como principiante de BJJ, además de dominar las diferentes posiciones de guardia, también debe aprender a retenerlas.

El objetivo de dominar la retención de guardia es evitar los pasos de guardia del oponente y mantener una posición favorable. Actúe inmediatamente siempre que perciba que su oponente está a punto de pasar su guardia.

Por supuesto, el primer paso para manejar este dilema es mantener la calma. También es necesario que se enfrente a su oponente. Recuerde que para que usted pase la guardia, su oponente tiene que venir a su lado y ponerse en control lateral. Para evitarlo, siga girando el cuerpo y asegúrese de estar de cara a su rival todo el tiempo.

De este modo, él será incapaz de llegar a la postura ideal para pasar la guardia. El principio primario de retención de guardia que siempre debe recordar es mirar a su oponente.

Mantener la cabeza bajo control

No se preocupe si su adversario ya está a medio camino en su intento de pasarle la guardia, ya que aún puede salvar y recuperar su posición. La mejor forma de manejar esta situación es controlar la cabeza de su oponente utilizando ambas manos.

Esto evitará que él se mueva eficientemente y tendrá que priorizar hacerse cargo de sus manos, dándole tiempo suficiente para alejarse. Utilice este tiempo para restablecer su posición principal, que también es esencial para una retención de la guardia eficaz.

Posición adecuada de las rodillas

La posición adecuada de las rodillas también es crucial en la retención de la guardia. El objetivo es asegurar que las rodillas permanezcan tan juntas como sea posible, pero no significa necesariamente mantenerlas cerradas sin ningún espacio entre ellas. La mejor posición para las rodillas es muy cerca del pecho. A su oponente le costará mucho pasarle la guardia si usted consigue mantener las rodillas cerca del pecho.

Sin embargo, también debe aprender a alejar las piernas para crear una apertura para una entrada de control lateral. La retención de la guardia es posible si se asegura de mantener a su oponente cerca de usted.

Capítulo 7: El arte de los derribos

Los derribos son vitales en el *jiu-jitsu* brasilero, por lo que todos los practicantes deben saber realizarlos independientemente de su cinturón, experiencia y nivel de habilidad. En las competiciones de BJJ, el combate comienza en una posición natural de pie, pero ganará puntos valiosos si consigue un buen derribo. El derribo también define cómo terminará el combate.

Lo que resulta aún mejor de tener una buena caída es que le proporciona una excelente posición en el suelo, como el control lateral o las montadas. Incluso le da la oportunidad de tomar la espalda de su oponente.

Por qué aprender el arte de los derribos es importante para el BJJ

A la hora de comprender la importancia de los derribos en BJJ, es crucial entender las raíces de este arte marcial, y una de las más significativas es la defensa personal. Los derribos ofrecen la oportunidad de escapar rápidamente cuando necesita defenderse o poner en práctica sus habilidades de lucha desde el suelo.

Dominar buenos derribos es crucial, ya que le proporciona grandes ventajas defensivas, especialmente si la situación cuenta con más de un atacante. Casi todo el mundo cree que en las peleas callejeras el suelo es el área menos favorable.

Sí, su entrenamiento en *jiu-jitsu* brasilero le ofrece una gran ventaja física siempre que llega al suelo, pero es mejor evitarlo si está en peligro. Su objetivo en ese caso es escapar rápidamente y conocer los derribos le permitirá conseguirlo.

Los derribos también son vitales en las reglas que penalizan los pasos de guardia e indican si debe empezar el combate desde una posición superior. Además, sirven para sorprender a un atacante o a su oponente en las competiciones.

Nunca subestime la importancia de los derribos, no solo en las competiciones de BJJ, sino también cuando se enfrente a situaciones peligrosas.

Fundamentos para derribar

Todos los deportes de combate y las artes marciales, como el *jiu-jitsu* brasilero, consideran la habilidad para derribar a alguien como un aspecto vital. Además, las habilidades para derribar son valiosas herramientas de defensa personal durante las peleas callejeras. Con un derribo exitoso, usted debilita la posición de su atacante u oponente, poniéndolo en un lugar difícil y vulnerable que le da a usted la ventaja.

Es imperativo aprender los fundamentos de los derribos para realizarlos con éxito. Esta sección proporciona conceptos, consejos y ejercicios para mejorar sus técnicas de derribo.

Apuntar al punto débil

El punto débil es un aspecto fundamental del derribo que los principiantes de BJJ deben aprender y comprender. El punto débil es el punto que completa un triángulo con la línea imaginaria que conecta sus dos pies. En este punto se encuentra el centro de gravedad.

Por ejemplo, si un atacante u oponente se coloca en escuadra con los pies paralelos sobre el suelo, lo más probable es que su punto débil esté directamente hacia atrás o hacia delante. Recuerde que el punto débil cambia constantemente, pero no desaparece.

Una vez que mejore su destreza en la ejecución de derribos, le resultará más fácil sentir instintivamente la ubicación exacta del punto débil de su oponente. Puede utilizarlo para determinar la dirección ideal para realizar el derribo solo con un vistazo.

Desequilibrar al oponente

Al ejecutar derribos, aprender a desequilibrar a su atacante u oponente es extremadamente importante; es muy difícil derribar a un oponente si este se mantiene en perfecto equilibrio. Puede desequilibrar a su oponente mediante arrastres y derribos bruscos, lo que también es llamado *kuzushi* en judo.

También puede hacerlo tirando de su *Gi*, obligando a que se desequilibre. El acto de desequilibrar a su oponente funciona mejor si lo hace apuntando al punto débil, y la razón es que puede utilizar esta técnica para exponer el punto débil de su oponente.

El objetivo es forzar a su oponente a dar un paso en una dirección particular que le permita un acceso más fácil a su punto débil. Además, expone la pierna de su oponente, facilitando la ejecución de diferentes derribos.

Otros conceptos y estrategias fundamentales

Cada estilo de agarre tiene su propio concepto fundamental, que mejora su nivel de eficacia. Las siguientes son algunas de las estrategias y conceptos clave para mejorar sus habilidades de derribo:

Hoja de ruta para derribar

Se debe mejorar la capacidad de encadenar secuencias de derribos y combinarlas con diversas formas de agarre. En otras palabras, debe construir una hoja de ruta con las técnicas específicas que merece la pena emparejar o combinar.

La creación de una hoja de ruta también le ayudará con posiciones de *clinch* específicas que le garantizan su funcionamiento, dependiendo de la reacción de su oponente. Las hojas de ruta contribuyen a construir una base fuerte y sólida para moverse por todos los derribos y configuraciones posibles.

Lucha y manipulación de la posición de la cabeza

También asegúrese de saber cómo luchar y manipular la posición de la cabeza de su oponente utilizando su frente. Esta acción impide la visión del rival y lo mantiene desequilibrado. Recuerde que, en el agarre, la cabeza sirve como quinto miembro. Puede considerarse un excelente agarrador si sabe cómo presionar a su oponente utilizando la cabeza.

Agarrar y lanzar

Cuando luche contra un oponente más corpulento que sea superior en fuerza, céntrese en utilizar movimientos previos que le permitan agarrarlo rápidamente y alterar su postura y su equilibrio de inmediato. Mientras se recupera, abra espacios que pueda utilizar para sus derribos preferidos.

Entrénese para realizar los movimientos con rapidez y su oponente no podrá sujetarlo ni agarrarlo. Si falla en el primer intento, desengánchese. Algunos ejemplos de movimientos de agarre son los derribos bruscos y los jalones de brazo.

Obligue al adversario a adivinar su próximo movimiento

El uso repetido de combinaciones de técnicas y movimientos similares no es muy bueno en el BJJ, ya que su oponente podrá predecir más fácilmente sus movimientos y contrarrestarlos. Utilice su hoja de ruta de derribos para evitar esto. Asegúrese de que la hoja de ruta es lo suficientemente extensa para eliminar la previsibilidad en sus combates. Cambie frecuentemente sus combinaciones de derribos y posiciones y obligue a que su oponente tenga que adivinar todo el tiempo.

Llevar al adversario a sus posiciones favoritas

Durante sus combates, asegúrese de que sus tácticas animen a su oponente a moverse hacia la posición que usted prefiera. Por ejemplo, si está haciendo el derribo con una sola pierna durante el *clinch*, deslice las manos hacia delante para obtener un control doble del bíceps.

Si lo tiran del brazo del lado de su pierna adelantada, aproveche la posición de sus pies y obligue a su oponente a moverse con su cuerpo en lugar de utilizar la fuerza de sus brazos.

Su oponente dará un paso adelante para mantener el equilibrio. Lo más probable es que este paso sea del lado del brazo estirado, lo que hará que su pierna adelantada coincida con la suya. Es el momento perfecto para intentar un derribo de una sola pierna.

Formas de derribo esenciales que los principiantes deben conocer

Para empezar a dominar el arte de los derribos, aquí tiene algunos de los imprescindibles para principiantes de BJJ:

Doble pierna

El derribo con doble pierna es una técnica vital con muchas aplicaciones en el BJJ. No tendría sentido hacer una lista de derribos para principiantes sin incluir la doble pierna. Es el derribo más usado en las artes marciales, porque su técnica es simple y fácil de entender.

Para ejecutar el derribo con doble pierna exitosamente, primero debe cambiar de nivel, es decir, bajar la cabeza hasta la línea del cinturón de su oponente y realizar un paso de penetración. Debe agarrar las piernas de su oponente y luego ir hacia ellas.

Practique esta técnica a menudo y notará inmediatamente una mejora a la hora de agarrar a sus atacantes u oponentes con la guardia baja, sorprendiéndolos con esta técnica cuando menos se lo esperan. Tenga en cuenta que, aunque puede ejecutar la doble pierna de forma explosiva, a menudo es innecesario.

Suele ser mucho mejor comenzar lentamente y construir este derribo gradualmente para proporcionar a su compañero el tiempo suficiente para detener la caída.

Gancho de tobillo

Este derribo es probablemente la técnica más eficaz adaptada por el BJJ. La relativa simplicidad de la técnica del gancho de tobillo es la razón por la que es una de las primeras que se enseñan en BJJ y otras artes marciales.

Para realizar el derribo de gancho de tobillo, empuje la cabeza de su oponente sobre una de sus piernas, inmovilizando la pierna que tiene que soportar el exceso de peso. Mientras la pierna no pueda moverse, complete esta técnica de derribo dando un paso hacia dentro; esto es necesario para bloquear el pie objetivo antes de que llegue abajo y agarre el tobillo.

En este punto, levante el pie del adversario, lo que provocará el derribo o la caída de su oponente. Como habrá observado, esta técnica no es como otros derribos que implican golpes y lanzamientos de gran amplitud. Solo tiene que arrancar un pie de su oponente del suelo y este caerá sano y salvo a la lona.

Una ventaja del derribo de tobillo es que la penalización por fallo es muy baja. Además, a diferencia de lo que suele ocurrir en las luchas convencionales, no es necesario introducirse debajo del oponente para ejecutar el gancho de tobillo, lo que elimina la posibilidad de ser aplastado por el peso del rival.

Otra razón para entrenar el derribo con gancho de tobillo es que enseña a los luchadores a priorizar sus estrategias de derribo durante las competiciones y asaltos en vivo sin frustraciones. También es una técnica increíble para aprender si se siente incómodo con su lucha cuando está de pie.

Derribo con una pierna

Además de ser una técnica vital en la lucha libre, el derribo con una sola pierna también es útil en el *jiu-jitsu* brasileño. Esta técnica depende más de la fuerza que otros derribos. En el *jiu-jitsu* brasileño, particularmente en las variantes sin *Gi*, varios raspados resultan en derribos con una sola pierna, por lo que debe aprender a terminar de esta manera cuando participe en luchas de agarre sin *Gi*.

Para realizar el derribo con una sola pierna, primero cambie de nivel, luego enganche su brazo izquierdo alrededor de la rodilla derecha de su oponente mientras pivota hacia su pierna izquierda. Levante la pierna de su oponente del suelo mientras conecta sus manos y mantiene los codos cerrados. Asegúrese de que la parte superior de su cabeza se dirige también hacia el pecho de su oponente. Pellizque la pierna del rival entre las suyas.

Termine esta técnica con un derribo de doble pierna. Con la mano derecha, agarre la rodilla de la pierna de apoyo de su adversario; esto favorecerá la ejecución de la doble pierna. También puede terminar con un raspado de pie, quitándole la pierna de apoyo con uno de sus pies.

Entrepierna alta

La entrepierna alta es un cruce entre el derribo con una pierna y el derribo con dos piernas. La entrepierna alta no requiere la capacidad atlética del derribo con doble pierna. Sin embargo, debe tener más aptitud técnica que cuando ejecuta el derribo de una sola pierna.

Al igual que en el derribo a una pierna, apunte a la pierna adelantada cuando ejecute el derribo a la entrepierna. Sin embargo, su cabeza debe estar en el exterior del atacante u oponente en lugar de en el interior.

Jalón de solapa

El jalón de solapa es un derribo común que solo se aplica en el *jiu-jitsu* brasilero. Es un popular raspado de guardia que también se puede ejecutar de pie y es muy fácil de aprender, por lo que forma parte del arsenal de la mayoría de los principiantes en el BJJ.

El jalón de solapa es fácil de aprender, ya que no requiere que se coloque bajo el centro de gravedad de su oponente y tampoco es necesario causarle mucho desequilibrio. Además, el movimiento es similar al de la media guardia.

Para ejecutar este movimiento, agarre a su oponente con la mano derecha y deje que su pie izquierdo se aleje del pie derecho de su oponente. Deslice una pierna entre las de él y deje caer su cadera derecha al suelo.

Imagine que realiza la media guardia. Mientras desliza la cadera y la pierna derecha, tire del cuello de su oponente hacia el suelo. Sus rodillas deben terminar el derribo y clavarse en su atacante u oponente si es necesario.

Capítulo 8: El arte de la sumisión

El arte de la sumisión en el *jiu-jitsu* brasilero, también reconocido como el arte suave, es el pináculo del éxito cuando se domina este arte marcial. Tenga en cuenta que todos los participantes de BJJ buscan una sumisión, a pesar de que muchos torneos y combates de BJJ se deciden por puntos.

Como principiante, puede que se sienta abrumado con las numerosas sumisiones que debe aprender, controlar y dominar. Bueno, que no cunda el pánico. Solo debe aprender las formas básicas de sumisión del BJJ para comprender los principios fundamentales y someter con más facilidad a su oponente.

Cómo hacer cualquier sumisión en el BJJ

Existen muchas sumisiones en el BJJ, por lo que recordar cada una de ellas como tácticas y técnicas individuales puede resultar difícil. Sin embargo, una vez que determine las razones específicas de las sumisiones y se familiarice con el sistema de categorización, podrá comprenderlas plenamente y dominarlas con facilidad. Otro punto crucial es que esos aspectos específicos de las posiciones finales son universales para cada movimiento terminal del *jiu-jitsu* brasilero; por lo tanto, el posicionamiento es un concepto importante. A medida que busca sumisiones, es necesario que apoye la mayor parte de su cuerpo contra un punto específico del cuerpo de su oponente. Utilizando las partes fuertes de su cuerpo, le resultará más fácil atacar los puntos más débiles de su oponente.

Los agarres también son uno de los aspectos más importantes de la sumisión en el BJJ, porque pueden realizar o frustrar sus intentos de sumisión. Los agarres contribuyen mucho a tensionar las partes específicas del cuerpo que pretende atacar. También puede utilizar los agarres adecuados para aplicar torsión e introducir movimientos de giro en las sumisiones.

Estos son algunos principios mecánicos que sirven como bases principales para realizar sumisiones en *jiu-jitsu*. Sin embargo, recuerde que varias sumisiones también operan utilizando diferentes fundamentos, lo que significa que solo puede dominar estas sumisiones si las categoriza en un sistema sensato.

Técnicas de sumisión efectivas en el *jiu-jitsu* brasilero

Esta sección también le da una idea de cómo organizar las sumisiones para recordarlas fácilmente.

Además, obtendrá varias claves. Para comprender fácilmente varias sumisiones, están divididas en función de sus categorías principales y cada categoría tiene subcategorías específicas relativas a tácticas y técnicas.

Asfixias (estrangulamientos)

Los estrangulamientos son sencillos y fáciles de entender, y consisten en envolver algo alrededor del cuello del oponente y apretarlo. Existen cuatro técnicas de estrangulamiento para lograr sumisiones en el BJJ, tres de las cuales pueden utilizarse como estrangulamientos finales:

- Ahogar cerrando la traquea.
- Comprimir el pecho impidiendo su expansión mediante la presión.
- Asfixia sanguínea comprimiendo la carótida a ambos lados del cuello del oponente.

También se puede realizar la manivela de cuello, aunque este movimiento entra en la categoría de las llaves espinales. Al realizar estrangulamientos, un principio importante que debe recordar es asegurarse de tapar el agujero.

No puede esperar que ningún estrangulamiento funcione si queda espacio alrededor del cuello del oponente. Luego de poner todos los elementos en su lugar para lograr la estructura corporal, debe tapar el agujero y así aumentar las posibilidades de que el estrangulamiento tenga éxito.

Además, es fundamental que tenga paciencia mientras espera a asegurar el estrangulamiento. Una vez que esté seguro de que está fijo, cuente hasta veinte, reajuste la posición si el oponente sigue sin golpear y aplique un apretón o realice nuevamente el estrangulamiento.

A continuación, se habla de las sumisiones que entran en la categoría de estrangulamiento.

Mataleón

Es imprescindible que los principiantes aprendan esta sumisión fundamental del *jiu-jitsu* brasilero. El mataleón a menudo opera desde el control de la espalda, especialmente cuando sus brazos rodean el cuello de su oponente. Puede reforzar este movimiento colocando un brazo en forma de 4.

Deje que los codos se peguen al pecho y al costado. Haga esto mientras aprieta para asegurarse de tapar el agujero mientras se asegura también de obtener una tensión y torsión adecuadas. Este estrangulamiento es legal en todos los cinturones de BJJ y es aplicable con o sin *Gi*.

Guillotina

Guillotina

A diferencia del mataleón o estrangulamiento por detrás, el estrangulamiento por guillotina es una sumisión por delante, con frecuencia desde la guardia, entre otras posiciones. Para ejecutar este estrangulamiento a la perfección, asegúrese de que la cabeza de su oponente queda bajo su axila. A continuación, realice el agarre fundamental de la correa de barbilla.

Completar el estrangulamiento de guillotina depende significativamente de la forma exacta que utilice. Además, el estrangulamiento puede funcionar como asfixia de aire o sanguíneo, ya que hay un elemento de compresión torácica en cada versión.

El estrangulamiento de guillotina produce resultados favorables tanto si utiliza un *Gi* como si no. También se puede hacer desde las posiciones de guardia, de pie, media guardia y montada. Además, tiene varias versiones, incluyendo el codo alto, guillotina de poder, diez dedos, codo bajo y brazo adentro.

Estrangulamiento en triángulo

Estrangulamiento en triángulo

El estrangulamiento en triángulo es una sumisión vital de la lucha de agarres que implica el uso de las piernas y el brazo del oponente. Esta variante específica de estrangulamiento se originó en el judo, pero es una sumisión famosa en BJJ hoy en día, ya que ofrece un buen rédito independientemente de la posición y con o sin *Gi*.

Puede iniciar la sumisión del estrangulamiento en triángulo desde una guardia cerrada. Sin embargo, es posible iniciarla también desde otros movimientos, como guardia abierta, control posterior, media guardia, montada y de pie.

Estrangulamiento toronja o Hélio Gracie

Estrangulamiento toronja o Hélio Gracie

Muchos practicantes de BJJ son aficionados a esta sumisión, ya que representa un método sencillo de estrangular a un oponente. Es un estrangulamiento tradicional que se puede hacer desde una montada, colocando los nudillos a ambos lados del cuello del oponente.

Apriete los puños al hacerlo y ponga los codos en el suelo para acceder a una posición excelente que permita a los nudillos ejercer presión directa sobre la arteria. Es una sumisión rápida, eficaz y dolorosa.

Estrangulamiento arco y flecha

Estrangulamiento arco y flecha

Este estrangulamiento es similar a un estrangulamiento de cuello posterior. Se puede realizar agarrando la pierna y la solapa del oponente mientras se mantiene el movimiento de sus piernas bajo control.

El nombre de esta sumisión deriva de la estructura que configuran los dos cuerpos cuando se ejecuta el estrangulamiento. También puede iniciar el estrangulamiento de arco y flecha desde la guardia cerrada, el control lateral y la tortuga.

Llaves de brazos y hombros

Otra categoría de sumisión de BJJ con la que debe familiarizarse es la de las llaves de brazos y hombros. La mayoría de las sumisiones de esta categoría implican atacar las articulaciones del brazo, incluyendo los hombros, la muñeca y el codo, y es el tipo de sumisión más utilizada hoy en día.

Aunque las llaves de brazo están en varias subcategorías, el éxito de todas depende en gran medida de si el brazo objetivo está doblado o recto, aparte de la efectividad del ataque a la articulación. El principio primario que rige todas las llaves de brazo es la importancia de controlar dos de las articulaciones vecinas a ambos lados de su oponente.

Llave de brazo

Llave de brazo

La llave de brazo implica el uso de un brazo recto apuntando a las articulaciones del codo. Una vez que haya completado el agarre superior o inferior, utilice sus caderas para presionar el codo de su oponente forzándolo a doblarse en una dirección no deseada e incorrecta.

Sus caderas y piernas tienen control total sobre las articulaciones de los hombros de su oponente, y su torso y brazos también afectan a su muñeca. Esta sumisión suele realizarse desde la guardia o la montada. Sin embargo, casi todas las posiciones permiten una entrada de llave de brazo. Esta sumisión es legal para todos y tiende a funcionar bien tanto si lleva *Gi* como si no.

Llave de brazo recto

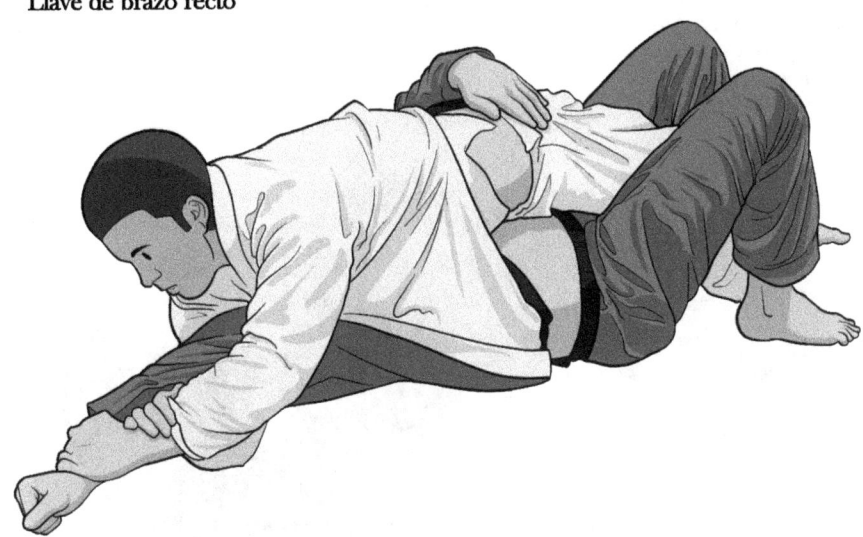

Llave de brazo recto

Esta sumisión específica puede comenzar desde abajo o desde arriba. Si lo hace desde la guardia, se llama llave de brazo invertido. El objetivo final es utilizar los brazos en lugar de las caderas para ejercer presión sobre el codo. También se espera que sus piernas controlen la articulación de los hombros de su oponente. Utilice la cabeza para bloquear la muñeca y el hombro para atrapar el brazo.

Kimura

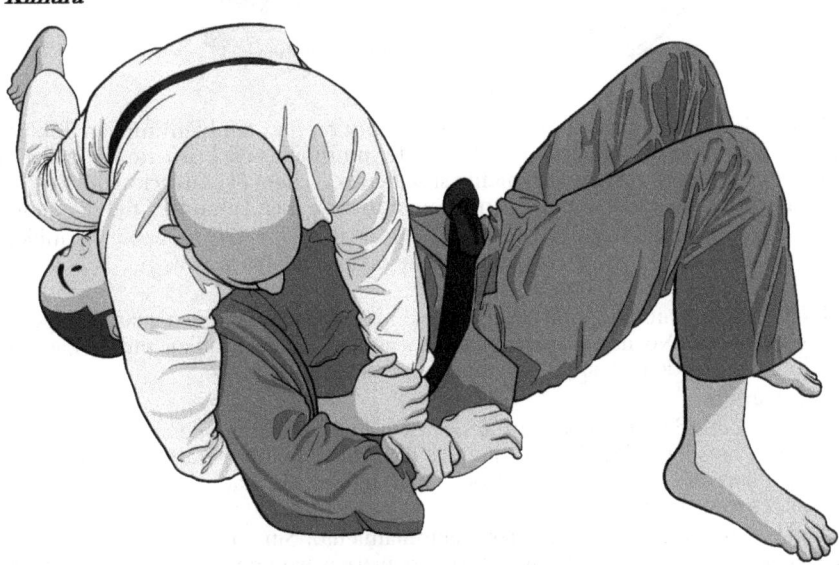

Kimura

Esta sumisión pertenece a la categoría de bloqueos de brazos doblados, que a menudo se dirige a las articulaciones de los hombros del oponente. Es una forma popular de sumisión del *jiu-jitsu* que utilizan muchos luchadores. Usando la configuración de agarre en 4, apunte a la muñeca de su oponente.

Esto significa que usted controlará el codo utilizando la palanca y sus piernas para cuidar el cuello. La *kimura* implica un movimiento de torsión con los brazos y el torso, pero el agarre puede romperse si no se realiza con eficacia.

Llave americana

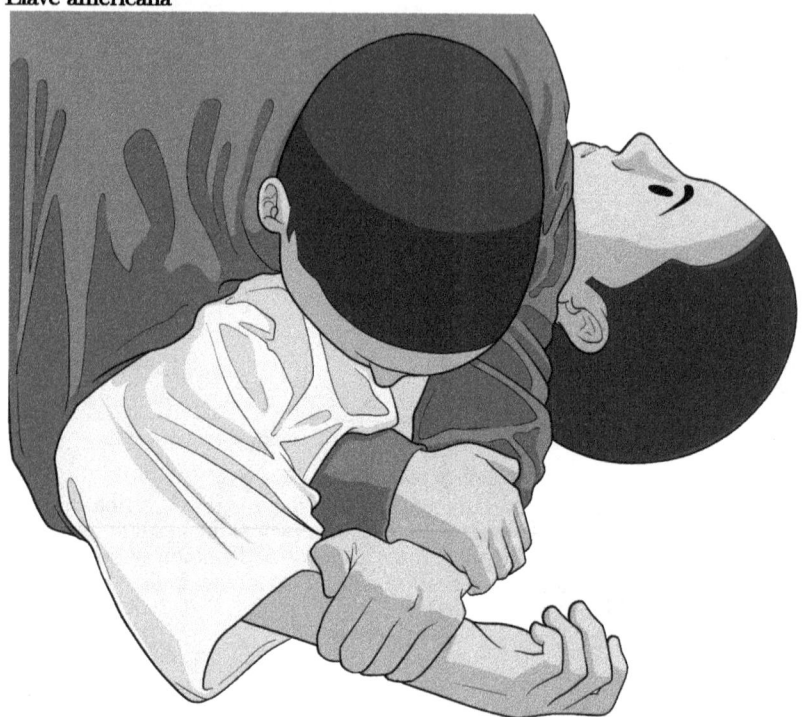

Llave americana

La sumisión americana es similar a la *kimura* en que también implica doblar un brazo en una dirección opuesta. Esta forma de sumisión es exclusiva de los luchadores en posiciones superiores, especialmente si se tiene en cuenta la dirección del brazo. La americana es efectiva una vez que consiga un agarre de 4 en la muñeca del oponente.

Asegúrese de utilizar su codo para bloquear el cuello del oponente permitiendo que el agarre controle el codo de él. Arrastre las palmas hacia atrás por la colchoneta en dirección a la cadera del oponente.

La llave americana se puede realizar desde la montada, la media guardia superior y el control lateral. No hay restricciones estrictas en cuanto a quién puede hacer esta sumisión, y se puede utilizar junto a muchas otras llaves de brazo.

Llave ardilla

Muchos consideran que la llave ardilla es la más astuta de todas las llaves de brazo del *jiu-jitsu* brasilero. Puede realizar una llave de este tipo usando las piernas. Es bastante diferente, ya que el control lateral inferior la hace preferible, y toda la sumisión es muy inesperada.

Toda la montada necesita ajustes y entrenamiento. Sin embargo, en esencia, usted está ejecutando una *kimura*, ya que utiliza sus piernas para enredar el brazo más lejano del oponente y someterlo desde abajo. También puede terminar el proceso moviéndose hacia arriba.

Llave de cuello

Llave de cuello

La llave de cuello pertenece a la categoría de llaves espinales y es una forma sencilla de sumisión. Se ejecuta doblando el cuello de su oponente en una dirección específica, lo que añade presión a su columna vertebral. Este movimiento es bastante peligroso y puede causar mucho dolor, por lo que debe tener mucho cuidado.
La llave de cuello tiene diferentes variantes, entre las que se encuentran las siguientes:

- **Abrelatas** - Este es un movimiento de sumisión que se ha ganado una mala reputación. El abrelatas se ejecuta desde la guardia. El objetivo es doblar la cabeza de su oponente usando ambas manos, de forma similar al *clinch* tailandés. Doble el cuello hacia delante, añadiendo presión extra con sus caderas.
- **Desde la montada** - Si inicia la llave de cuello desde la montada, se dará cuenta de lo fácil y sencilla que es de ejecutar. El proceso es muy intuitivo para muchos, ya que le permite ejecutar un mataleón desde la montada.
- Un brazo rodea la cabeza de su oponente y, mientras asegura el agarre, su palma va a la frente de su oponente. Puede implicar una presión desagradable, ya que tiene que presionar con su antebrazo directamente sobre la columna vertebral.
- **Desde atrás** - También puede hacer la llave de cuello desde el control posterior. Cuando gana el control posterior, hay muchas sumisiones de BJJ que puede hacer. Asegúrese de que el antebrazo cruza la mandíbula, obligando a la cabeza del oponente a girar hacia un lado, y termina bloqueando los brazos en un agarre de palma con palma, evitando el tirón.

Llaves de cadera

Llave de cadera

Las llaves de cadera constituyen otra categoría de sumisiones del *jiu-jitsu* brasilero con un par de variaciones.

- **Banana split** - Esta llave de cadera puede iniciarse desde la posición de tortuga. Agarre una pierna de su oponente y utilice sus piernas y brazos para agarrar la otra pierna y extenderse lejos de ambas, produciendo una dolorosa e incómoda llave de cadera.
- **Silla eléctrica** - Esta forma de sumisión es un estiramiento de la ingle y un raspado que puede iniciar desde una posición de bloqueo de media guardia. Puede ejecutar esta sumisión si establece un bloqueo. Use sus manos para forzar a su oponente a perder el equilibrio, luego agarre su pierna.

Termine manteniendo la pierna sobre su hombro. Esta forma de sumisión no siempre funciona en oponentes versátiles, lo que significa que también puede llegar a las rodillas de su oponente mientras mantiene los agarres para iniciar un paso de guardia.

Llaves de pie

La sumisión mediante llaves de pie tiene una amplia gama de variaciones. Las que se utilizan en BJJ incluyen las siguientes:

Llave recta de tobillo

Esta sumisión se centra en las articulaciones del tobillo y el tendón de Aquiles. Realícela mientras inmoviliza la pierna de su oponente usando ambas piernas y envuelve su brazo alrededor del pie de su oponente.

Hiperextienda el pie hacia fuera y hacia abajo de la pierna; puede hacerlo arqueando la espalda. Esta sumisión versátil es accesible desde numerosas posiciones, como la media guardia, el control posterior y el paso de jalón de pierna.

Llave de rodilla

La sumisión con la llave de rodilla funciona eficazmente cuando se realiza en una posición específica. Su objetivo al hacer la llave de rodilla es sentarse sobre las caderas de su oponente y abrazar sus piernas antes de caer de lado.

Esta posición da el espacio adecuado para triangular las piernas y concentrarse en conseguir un agarre de 4 sobre la pierna. Si se realiza correctamente, se puede quebrar la rodilla del oponente. Para ejecutar el quiebre, extienda las caderas y gire los hombros hacia el techo. Tenga en cuenta que solo los luchadores con cinturón negro y marrón pueden realizar la llave de rodilla.

Capítulo 9: Combinar lo aprendido: técnicas más avanzadas

Después de haber aprendido las técnicas básicas diseñadas para principiantes del *jiu-jitsu* brasilero, es hora de pasar a técnicas un poco más avanzadas, intermedias. Cuando domine las técnicas básicas del BJJ y sepa utilizarlas con destreza en un combate, habrá llegado el momento de pensar en las combinaciones.

Un ataque directo puede no ser suficiente, especialmente cuando se trata de un oponente experimentado. Los oponentes hábiles y con experiencia detectarán inmediatamente sus intenciones, antes incluso de que tenga la oportunidad de hacer un movimiento o plantear una defensa.

Los cinturones intermedios y avanzados deben crear ataques con diversas combinaciones tácticas y técnicas. El principio de acción-reacción comentado en un capítulo anterior es vital para lograr el éxito en las combinaciones de ataque. Cuando ejecute su primer ataque, su oponente se defenderá, exponiéndose a un segundo ataque.

La importancia de aprender combinaciones

El secreto último para convertirse en un luchador completo de *jiu-jitsu* brasilero y de cualquier arte marcial es aprender combinaciones. El conocimiento de las combinaciones de golpes y lanzamientos separa a un principiante de un luchador de BJJ experto.

Los principiantes en artes marciales, especialmente en *jiu-jitsu* brasilero, deben aprender a lanzar combinaciones estructuradas con fluidez. Cada táctica y movimiento es nuevo, por lo que resulta difícil combinar tácticas mientras aprenden e interiorizan lo básico. Sin embargo, en cuanto adquieran más experiencia, pueden pasar a un nivel más avanzado en el que aprendan estas combinaciones.

La habilidad para hacer combinaciones es crucial en todas las competiciones y entrenamientos de BJJ. Si no puede realizar ninguna combinación, será extremadamente difícil para usted vencer a un oponente experto, porque los luchadores expertos se defienden fácilmente si lanza un solo golpe o derribo.

Integrar fintas, trucos y terminaciones diferentes a sus ataques, golpes o derribos, cambia la intensidad de un combate. No importa lo experimentado y defensivo que sea un luchador, se verá abrumado si usted combina varios derribos y golpes. Un intento de defensa para un ataque provoca la apertura de un contraataque.

Si solo ha aprendido a lanzar ataques singulares, será imposible golpear la cabeza de un luchador experimentado. Sus movimientos serán predecibles para el oponente.

Un ataque ejecutado en solitario es inútil contra un oponente experimentado y solo resulta eficaz cuando se lucha contra un inexperto sin entrenamiento.

Usar combinaciones en BJJ

Como ya ha descubierto, el *jiu-jitsu* brasilero es un arte marcial de lucha desde el suelo. El objetivo de este arte marcial es raspar al oponente y obligarlo a someterse. Esto forma parte de las herramientas del luchador desde el suelo.

Al igual que el judo, el *jiu-jitsu* brasilero se centra en la distribución del peso entre usted y su oponente. En cualquier momento en que el oponente coloque el brazo o la pierna de forma incorrecta, puede atacar y utilizar la posición del rival para tumbarlo de espaldas en la colchoneta.

En BJJ, las combinaciones se utilizan de forma similar que en el judo. Por ejemplo, puede encadenar varios ataques para tomar desprevenido a su adversario u oponente y obtener el control total de su espalda.

Algunos luchadores expertos en BJJ pueden pasar de una llave de brazo a un estrangulamiento por detrás, o viceversa, asegurándose de que sus oponentes no puedan adivinar qué ataque vendrá a continuación.

Al encadenar muchos ataques, a su oponente le resulta difícil encontrar respuestas y defensas, y resulta todo un reto para él oponer una defensa y evitar la sumisión.

Entonces, ¿cuáles son las combinaciones que puede utilizar para convertirse en un luchador de BJJ más completo y hábil? Estos combos están entre las mejores respuestas:

Combinaciones encadenadas

Esta combinación puede transitar a través de varios ataques y vencer a varias defensas y escapes de sumisión. Comience esta combinación desde la posición de rodilla al pecho y, a continuación, establezca una llave de brazo con torsión fuerte y estable.

Abrace con fuerza el brazo de su oponente, asegurándose de mantenerlo pegado a su cuerpo, y ponga el pie cerca del hombro del oponente. Es posible que su rival intente salir por encima durante la transición, por lo que es importante que se mantenga firme.

Gire el cuerpo para posicionarse correctamente para su siguiente ataque, la *kimura*, que iniciará desde abajo. Utilice esta técnica para voltear a su oponente de forma que queden en posición llave de brazo.

Mientras le endereza el brazo, su oponente puede girar el pulgar hacia arriba en una carrera desesperada para liberarse de la llave de brazo. Esencialmente, estará corriendo en círculos mientras intenta escapar. Permita que su oponente siga intentando mientras usted realiza la transición a la omoplata alterando el ángulo y pateando con la pierna.

Su oponente podría adoptar una postura para defenderse de la omoplata, y cambiar al triángulo. El objetivo de esta técnica es que, tan pronto como sienta que está perdiendo la sumisión que busca, cambie a una nueva sumisión.

Para asegurarse de obtener buenos resultados con este combo, sienta a su oponente mientras intenta escapar de su sumisión. Permítale tener mínimas oportunidades de escape, ya que le sirven como apertura para otro ataque. Con la experiencia, aprenderá qué funciona y qué no.

Combo para liberar la parte inferior del cuerpo

Este es un combo relativamente corto diseñado para favorecer la fluidez, pero puede arrojar resultados muy favorables. Es una gran combinación para que el oponente haga más trabajo que usted mientras luchan. Comience preparándose para la ejecución del gancho de talón invertido. Cuando comience a torcer el talón de su oponente, asegure su agarre mientras él intenta dar vueltas para escapar.

Puede que en este punto se sienta inclinado a seguir a su oponente, lo que no es una mala táctica si está cien por ciento seguro de que puede terminar el ataque inicial. Sin embargo, si el rival se adelanta, aunque solo sea medio paso, lo mejor es dejarlo escapar mientras usted decide su siguiente movimiento.

Mientras esté dando vueltas, resista el impulso de alterar la posición de su cadera, excepto cuando realice el remate de llave de rodilla. Si ya ha realizado la llave de rodilla, deje que su oponente siga dando vueltas o rotando más allá de la llave de rodilla. Le servirá como punto de partida para un sencillo cambio a la posición 50/50, que puede utilizar para terminar la lucha con un gancho de talón.

Combo de paso de guardia a ataque y sumisión

Esta táctica específica le proporciona un medio para combinar un paso de guardia o avance posicional con una sumisión. Lo bueno de este combo es que está diseñado para llevar su lucha a un nivel completamente nuevo, ya que resulta muy difícil defender un ataque de sumisión y un paso de guardia simultáneamente.

Su oponente puede tener muchas dificultades para defenderse si usted realiza estos movimientos uno tras otro. Tan pronto como aborde el primer ataque, ya habrá pasado a otro nuevo, por lo que será un reto para él seguirle el ritmo.

Para esta técnica específica, empiece haciendo un paso de guardia con corte de rodilla. La clave para terminar rápidamente el paso es utilizar el gancho inferior. Sin embargo, si su oponente sigue ganando la lucha del gancho por debajo, puede dar un paso atrás para realizar un sólido ataque de llave de rodilla.

Espere a que su oponente ponga sus piernas en triángulo para defenderse de la llave de rodilla, luego deslícese para terminar la pelea con una sumisión de llave de tobillo recto.

De la guardia al estrangulamiento del triángulo

De la guardia al estrangulamiento del triángulo

Si está buscando una técnica de moda, un estrangulamiento en triángulo desde cualquier guardia es el movimiento más indicado. El estrangulamiento en triángulo es extremadamente popular en el BJJ, y todos los luchadores lo utilizan, desde los cinturones blancos hasta los negros. El estrangulamiento triangular es una técnica indispensable en MMA y otras competiciones mundiales con o sin *Gi*.

Para realizar esta combinación, ataque a su oponente desde abajo utilizando las dos piernas. Esta técnica específica es muy eficaz, especialmente si su oponente es más grande que usted. En este caso, puede que le resulte difícil invertir la posición y colocarse encima.

Empiece desde cualquier guardia y configure el estrangulamiento triangular de forma diferente según el caso, pero asegúrese de conocer bien los mecanismos de la guardia que elija. Debe estudiar varias formas de realizar la guardia a la perfección.

Además, tenga cuidado de no utilizar el estrangulamiento triangular para atacar cuando su oponente esté en una buena posición y postura. Sus posibilidades de ganar serán menores, ya que una postura excelente es la forma más fiable de defenderse de un estrangulamiento triangular.

Sacar el máximo provecho de las combinaciones en BJJ

Todos los expertos y leyendas del BJJ están de acuerdo en la importancia de utilizar secuencias y combinaciones para experimentar un crecimiento exponencial. Tan pronto como haya aprendido lo básico y pase al nivel intermedio, busque secuencias o tácticas que pueda ejecutar de forma competente y cómoda. Practíquelas con sus compañeros de entrenamiento de forma regular.

También es crucial encontrar compañeros dinámicos, concretamente aquellos que no defiendan sus intentos de sumisión, pero que se muevan lo suficiente para obligarlo a dominar sus combinaciones. La ventaja de esto es que lo catapulta hacia un nuevo nivel de progreso.

Deberá adaptarse a las secuencias y combinaciones que haya creado en función del esfuerzo y los movimientos ejercidos y ejecutados por su compañero de entrenamiento. Se verá obligado a comprender cuándo y cómo utilizar otras tácticas cuando sea necesario; esta es la clave para reforzar y fortalecer su ya creciente conjunto de habilidades de *jiu-jitsu* brasilero.

Capítulo 10: Presión del peso y control de la energía

La presión es otro aspecto y concepto importante de dominar en el *jiu-jitsu* brasilero. Incluso durante las primeras etapas de su entrenamiento como principiante en BJJ, sabrá que la presión mejora significativamente sus habilidades de agarre.

Aplicar presión en una práctica o pelea de BJJ ayuda a mantener a la otra persona en el suelo durante un período prolongado, lo que lleva a lograr una sumisión. También es necesario aplicar presión siempre que necesite pasar la guardia o ejecutar ciertos movimientos y posiciones. La presión también es necesaria para lograr que las sumisiones desde arriba sean más efectivas.

Tipos de presión en el *jiu-jitsu* brasilero

En el *jiu-jitsu* brasilero, el término «presión» se refiere a mucho más que simplemente la fuerza o el peso de un oponente. En la mayoría de los casos, el concepto gira en torno a puntos de control y maneras específicas en que se pueden sostener esos puntos.

La presión también permite mantener el control cuando se ejecutan posiciones importantes, como la montada, la montada posterior y el control lateral. Esta presión se presenta de tres formas que se explican a continuación:

Distribución del peso

Un área del BJJ en la que debe concentrarse es la distribución del peso, un elemento o concepto fundamental del BJJ que también se considera una forma de presión. A diferencia de su velocidad y su fuerza, que disminuyen a medida que envejece, sus habilidades para utilizar su peso de la mejor manera mejoran con el tiempo.

Significa que debe distribuir su peso correctamente para gastar menos energía mientras su oponente se arriesga a gastar más. La distribución correcta de su peso obligará a un oponente de un cinturón inferior a fatigarse más rápidamente. Por otro lado, si está luchando contra un rival de cinturón superior, puede utilizar su peso para frustrarlo.

Tenga en cuenta que cuando se enfrenta a personas con cinturones superiores, necesita más tiempo para aprender a distribuir su peso de la mejor manera, pero acabará dominándolo con la práctica constante.

Por ejemplo, cuando adopte la posición superior, elimine rápidamente los puntos de contacto de su oponente con el suelo. Estos puntos de contacto incluyen los hombros, la parte posterior de la cabeza y los codos.

Esto obliga a su oponente a soportar su peso sobre la sección media del cuerpo, que es más blanda, y la presión que usted aplique en esta zona afecta en gran medida la respiración de su contrincante. Además, para asegurarse de que utiliza la distribución del peso a su favor, tenga en cuenta lo siguiente:

- **Peso arriba** - Montada posterior, control lateral, pase de guardia, montada.
- **Peso abajo** - Guardia cerrada. Es altamente recomendable que recargue el peso de sus dos piernas sobre la espalda de su oponente mientras se asegura de que tiene ángulos de apoyo.
- **Peso angular** - Encuentre un ángulo específico que lo haga más pesado para su oponente a causa de la incomodidad.
- **Traslado del peso** - Caderas elevadas, caderas sueltas, rotación.

Una señal de que está distribuyendo correctamente su peso es cuando necesita un mínimo de fuerza en el agarre y la presión, lo que significa que gasta un mínimo de energía mientras que su oponente se esfuerza más.

Otra forma de mejorar la distribución del peso es reducir el movimiento y utilizar más la gravedad. Su oponente se sentirá como si estuviera bajo una pesada manta mojada o ahogándose en cemento.

Es crucial que se concentre en su respiración cuando ejerza su peso. Aparte de eso, busque una mejor alineación de su postura asegurándose de que sus rodillas permanecen por debajo de su cintura. Esto ayuda a evitar que su peso aplaste una costilla o que su pierna gire hacia dentro, lesionando los ligamentos de la rodilla.

Presión dolorosa

La presión dolorosa se encuentra a menudo en la lucha de agarre, pero muchos también la utilizan en el *jiu-jitsu* y en la lucha regular. Se utiliza como medio para forzar aperturas y reacciones rápidas para lograr la sumisión.

Lo bueno de utilizar la presión dolorosa es que provoca respuestas agudas y rápidas del oponente. Su rival responderá entrando en pánico, saltando o incluso estremeciéndose, y estas son las respuestas que usted busca al aplicar esta presión.

Sin embargo, la presión dolorosa no es eficaz cuando se utiliza contra un oponente con cinturón o rango superior, ya que la mayoría de los luchadores avanzados y de alto rango dominan la sensación de incomodidad.

Aun así, puede sacar provecho de la presión dolorosa mediante las siguientes técnicas con los oponentes adecuados:

- **Corte** - Esta técnica requiere ejercer presión con el codo sobre puntos débiles del adversario, como el deltoide frontal o la mandíbula.
- **Presión del hombro** - Comenzando desde el control lateral, utilice la presión del hombro para aplastar la mandíbula de su oponente o ejecute un estrangulamiento que resulte en una respuesta rápida de su oponente.
- **Amortiguador** - Esta técnica requiere restringir las vías respiratorias. Está clasificada dentro de la presión dolorosa porque provoca dolor en el oponente.
- **Rodilla al pecho o al cuello** - Esta técnica también pertenece a la presión de distribución del peso. La rodilla ejerce presión sobre el cuello o el estómago del adversario, provocando reacciones bruscas.

Antes de usar la presión dolorosa, recuerde que no puede esperar que funcione con luchadores avanzados de BJJ, por lo que debe prepararse antes de intentar estas tácticas de presión. Llegará a ser competente en el uso de tácticas de presión dolorosa en peleas, torneos y situaciones que requieran la defensa personal a través de la práctica regular.

Presión de pánico

El último tipo de presión que se utiliza en el *jiu-jitsu* brasilero es la presión de pánico. Es muy probable que sienta esta presión en las primeras etapas de su entrenamiento de BJJ. Su pánico puede deberse a la preocupación de terminar en malas posiciones todo el tiempo, lo que le impedirá respirar correctamente o pensar con claridad. Peor aún, puede sentirse todo el tiempo en riesgo de sumisión.

Sin embargo, tras mucha práctica y con la adquisición de más conocimientos y habilidades, todo se vuelve menos estresante. Aprenderá a utilizar la sensación de pánico para enfrentarse a su oponente.

Cuando avance a un nivel superior, podrá inducir el pánico en alguien con cinturón inferior aplicando presión de pánico cuando esté en una posición dominante. Su objetivo es controlar al oponente para que sienta que no tiene escapatoria.

Puede comenzar esta táctica con el control de la posición, teniendo control posicional y dominio e impidiendo cualquier vía de escape. Si aún no tiene oportunidad de aplicar las sumisiones previstas y su oponente sigue lleno de energía y vitalidad, concéntrese en detener sus escapes y contrarrestar sus movimientos. Se frustrará hasta el punto de entrar en pánico.

Si sospecha que su oponente está en este punto, realice algunos intentos más. Controle la posición y amenácelo con la pierna, el cuello o el brazo para provocar una respuesta de pánico o frustración. Su oponente se sentirá acorralado y no tendrá más opción que someterse.

Control de la energía y su importancia en el BJJ

Entre los muchos principios que rigen el *jiu-jitsu* brasilero, la gestión de la energía tiene una gran importancia. Muchos participantes de BJJ pasan por alto el control de la energía y no ven la importancia que tiene para ganar peleas. Imagínese lo que le sucede durante una pelea si se agota primero. Probablemente perderá, porque ya no tiene energía para seguir luchando.

Necesita aprender a gestionar su energía adecuadamente porque, en BJJ, una alta resistencia es crucial y le da un nivel superior de control en la pelea. Su objetivo cuando lucha es no quedarse nunca sin combustible. Si se asegura una excelente capacidad para gestionar su energía, sobrevivirá y durará más que su oponente.

Seguir un estilo de vida saludable le garantiza una gestión adecuada de su energía a niveles elevados y de forma continuada mediante el cumplimiento de una rutina diaria de entrenamiento y ejercicio. Su objetivo es estar en la mejor forma y condición física posibles para evitar perder energía rápidamente.

¿Cómo mantener la energía al máximo durante los combates?

He aquí algunas formas de asegurarse de que su energía está a tope durante sus combates, aumentando sus posibilidades de éxito.

Respirar adecuadamente

En un combate de BJJ, la respiración adecuada consiste en expulsar el aire por la nariz o la boca en lugar de inhalarlo. Tenga en cuenta que la inhalación se produce de forma natural tras una exhalación completa, lo que significa que no es necesario volver a inhalar.

Otro consejo para respirar correctamente es producir sonidos cada vez que exhale. De este modo, oirá cómo se produce la exhalación hasta que se acostumbre a ella.

El objetivo de este ejercicio es que controle su respiración durante todo el combate. Inhale por la nariz y utilice el diafragma para respirar, en lugar de la parte superior de los pulmones.

Desarrollar la mentalidad adecuada

Cuando domine la respiración y la controle eficazmente, notará que controla fácilmente su mente. En un combate de BJJ, su mentalidad también contribuye a sus niveles de energía. El objetivo es mantener la calma, incluso cuando se enfrenta a la presión; de lo contrario, corre el riesgo de perder su energía demasiado rápido.

Una forma de mantener la calma durante un combate es concentrarse en los patrones de respiración, como exhalar más durante un periodo prolongado. Además, es importante que aprenda a controlar emociones como la excitación, el miedo y la ansiedad. Sin embargo, independientemente de su nivel de BJJ, correrá el riesgo de sentir al menos una de las emociones mencionadas.

Si no puede controlarlas y utilizarlas a su favor, corre el riesgo de perder su posición, no pensar con claridad su próximo movimiento y ser sometido. Recuerde que estas emociones provienen de su mente, por lo que debe desarrollar la mentalidad adecuada durante sus combates.

En un combate de BJJ, estar en el momento presente garantiza que su mente se mantenga centrada en su objetivo y tome decisiones más sabias. También ayuda a controlar sus emociones y evitar que pierda su energía, haciendo que cometa aunque sea pequeños errores que comprometan sus logros en una pelea.

Capítulo 11: *Jiu-jitsu* brasilero vs. *jiu-jitsu* japonés

Una idea común sobre el *jiu-jitsu*, pero equivocada, es que la variante brasileña es igual a la japonesa; es fácil confundirse. Sin embargo, si bien hay similitudes en la historia, el origen y las técnicas, también hay varias diferencias.

Este capítulo muestra lo que el *jiu-jitsu* brasilero y el *jiu-jitsu* japonés tienen en común, así como sus diferencias, para que conozca la verdad detrás de este concepto erróneo. Aprender sobre las particularidades de cada uno también le ayudará a decidir cuál es el tipo de *jiu-jitsu* más adecuado para usted.

Lo que tienen en común

La primera similitud entre el *jiu-jitsu* japonés y el brasilero es que ambos están estrechamente relacionados con el judo. Si está familiarizado con el judo Kodokan, sabrá que es una variación modificada del *jujutsu* japonés tradicional.

El nacimiento del BJJ se dio a partir de los conocimientos que la gente tenía del judo Kodokan, por lo que es seguro asumir que el *jiu-jitsu* japonés y el BJJ están relacionados indirectamente.

Aparte de su relación indirecta en lo que respecta al origen, existen similitudes en algunas técnicas, como los agarres, las llaves de piernas, las llaves de brazos, los estrangulamientos y las manipulaciones articulares.

Otra cosa que los hace muy similares es que están diseñados para participantes de cualquier tamaño y complexión física. Ambos se han creado para que los participantes más pequeños puedan luchar contra oponentes más fuertes y corpulentos. Las habilidades y conocimientos que se pueden adquirir en ambas artes marciales son útiles para la defensa personal, el combate y las competiciones.

Las diferencias

El *jiu-jitsu* brasilero y el *jiu-jitsu* japonés también son muy diferentes en muchas áreas fundamentales.

Historia

Un aspecto significativo en el que se diferencian enormemente es en su historia. El *jiu-jitsu* japonés surgió primero, e incluso se lo reconoce como la forma más antigua de artes marciales, con raíces que se ubican entre los años 780 d. C. y 1200 d. C. A principios del siglo XIII, muchos utilizaban el *jiu-jitsu* japonés para protegerse de oponentes fuertemente armados y blindados en el campo de batalla.

Durante el periodo Edo del siglo XVII en Japón, el *jujutsu* y otras formas de combate cuerpo a cuerpo se hicieron populares. Fue también durante esta época cuando las artes de agarre se empezaron a reconocer como *jujutsu*.

A finales del siglo XIX, Jigoro Kano, un practicante de *jujutsu*, introdujo algunos cambios en el arte y empezó a centrarse más en las sumisiones. Llamó a este nuevo arte judo Kodokan y comenzó a enseñarlo en el Instituto Kodokan de Tokio. Así nació el judo moderno o *jiu-jitsu* japonés.

La historia del BJJ es bastante diferente. Como ya se comentó en un capítulo anterior, este arte marcial comenzó después de la creación del judo, concretamente cuando los expertos en judo empezaron a viajar por todo el mundo.

Algunos llegaron a Brasil enseñando este arte; uno de ellos fue Mitsuyo Maeda, un experto en judo, maestro y boxeador. Maeda viajó por Brasil durante las décadas de 1910 y 1920, desafiando a muchos luchadores de otras artes. Con el tiempo, Maeda y Carlos Gracie se cruzaron, dando lugar al nacimiento del *jiu-jitsu* brasilero.

Reglas

El BJJ y el *jiu-jitsu* japonés tienen diferencias significativas en sus reglas. El *jiu-jitsu* japonés es más relajado, en el sentido de que no tiene el fuerte componente deportivo que tiene el BJJ, evidenciado por las competiciones que se celebran en todo el mundo.

En cuanto a las reglas puntuales, las competiciones de BJJ comienzan con los dos luchadores en posición de pie. Ambos intentan derribarse mutuamente o pasar directamente a la primera guardia, también llamada guardia de arrastre. Una vez en el suelo, luchan para que su oponente se someta o para colocarse en una posición dominante y ganar más puntos.

El luchador que consiga someter a su oponente se proclamará vencedor al instante. En caso de que no haya sumisiones exitosas, los puntos obtenidos por cada uno deciden el ganador del combate:

- 2 puntos por derribos.
- 3 puntos por pasos de guardia.
- 2 puntos por la posición de rodilla al pecho.
- 4 puntos por montadas.
- 4 puntos por control posterior.
- 2 puntos por raspados.

Varias organizaciones de *jiu-jitsu* brasilero celebran competiciones de este arte marcial cada año, y cada organización puede tener su propio reglamento, pero la mayoría de estas reglas son similares.

El *jiu-jitsu* japonés tradicional no cuenta con un entorno de competición deportiva sólido y fuerte como el BJJ. Sin embargo, se pueden encontrar ramificaciones modernas, como la JJIF (Federación Internacional de *Jiu-Jitsu*). Las competiciones celebradas por la JJIF constan de tres pruebas: pareja, combate y *Ne-Waza*.

- **Pareja** - Dos practicantes deben realizar tácticas de defensa personal al azar basándose en lo que diga el árbitro. Los criterios de juicio son el control, la realidad y la potencia, entre otros.

- **Combate** - Se trata de una competición en tres asaltos en la que se utilizan golpes en la fase inicial del combate. Una vez que un luchador sujeta al otro, se pone fin al uso de golpes. A partir de ese momento, ya no están permitidos los golpes y el objetivo de los luchadores es derribarse mutuamente.

  Una vez en el suelo, los participantes utilizan estrangulaciones o llaves para someter al otro. Este evento se califica mediante un sistema de puntos, en el que se otorgan puntos a los participantes en función de sus técnicas a lo largo del combate.

- ***Ne-Waza*** - Este último es muy similar al combate y las competiciones que se realizan en BJJ. Consiste en el enfrentamiento de dos luchadores, inicialmente en posición de pie, y no se permite el uso de golpes.

El objetivo es derribar al oponente al suelo y obligarlo a someterse mediante estrangulamientos o llaves. Los participantes también ganan puntos por posiciones dominantes, lanzamientos y derribos.

Progreso y cinturones

El BJJ y el *jiu-jitsu* japonés también tienen diferencias en cuanto a los niveles de los cinturones y la forma de progresar en los niveles. El BJJ utiliza un sistema de cinturones compuesto por ocho cinturones.

- Blanco para aquellos que todavía están aprendiendo.
- Azul para quienes dominan la técnica.

- Morado para quienes tienen experiencia en desarrollar el combate y las sumisiones.
- Marrón para aquellos que logran el dominio conceptual, fortalecen sus debilidades, y saben establecer trampas.
- Negro para quienes reflexionan, enseñan y empiezan de nuevo.
- Rojo y negro para quienes alcanzan el cinturón negro de séptimo grado.
- Rojo y blanco para quienes alcanzan el cinturón negro de octavo grado.
- Rojo para quienes alcanzan el cinturón negro de noveno y décimo grado.

Cada cinturón por debajo del cinturón negro tiene cuatro rayas que demuestran los niveles de habilidad dentro de un cinturón específico. El instructor tiene autoridad para conceder ascensos de raya y de cinturón. Además, tenga en cuenta que cada escuela tiene su propio conjunto de reglas y políticas sobre cómo progresan los estudiantes de BJJ.

Algunas escuelas utilizan un sistema de calificaciones para las rayas o cinturones concedidos a sus estudiantes. Los grados obtenidos se basan en las técnicas demostradas durante los combates y entrenamientos cuerpo a cuerpo. Otras escuelas dependen enteramente de sus instructores para las decisiones relativas a la progresión y promoción. Así, usted puede ganar un nuevo cinturón en función de su rendimiento y sus conocimientos técnicos, sumado a su tiempo, velocidad y destreza en el combate.

El *jiu-jitsu* japonés sigue un sistema de cinturones diferente, que depende de la escuela en la que asista a clases:

- Blanco.
- Amarillo.
- Naranja.
- Verde.
- Azul.
- Morado.
- Marrón.
- Negro.

Algunas escuelas dan un cinturón rojo a los principiantes antes del cinturón blanco. Por otro lado, otras escuelas ofrecen consejos entre cinturones. La mayoría de los entrenamientos de las escuelas de *jiu-jitsu* japonés requieren que los estudiantes cursen un sistema formal de grados para progresar al siguiente cinturón. La escuela determina las técnicas específicas que se deben aprender en cada nivel.

Por ejemplo, escuelas como la Federación Mundial de *Jiu-Jitsu* de Irlanda exigen que los estudiantes aprendan y muestren un número específico de tácticas, algunas terminologías japonesas y un poco sobre anatomía para avanzar de nivel.

Uniforme

Ambas formas de artes marciales requieren que los participantes lleven el mismo uniforme, conocido como *Gi* de *jiu-jitsu*. Sin embargo, los uniformes de cada disciplina difieren en su peso. El *Gi* que se usa en BJJ suele ser más pesado que los de karate, y el *Gi* de *jiu-jitsu* japonés es más liviano que el *Gi* que se usa en karate.

Además de la vestimenta (*Gi*), los alumnos de BJJ también deben usar protectores bucales para protegerse. Los estudiantes de *jiu-jitsu* japonés, en cambio, llevan protectores inguinales para protegerse de los golpes que puedan causar daño en esa zona.

Diferencias técnicas y tácticas

Los enfoques principales del BJJ son el agarre y la lucha desde el suelo. Los luchadores de BJJ utilizan estrangulamientos, llaves y asfixias para someter a sus oponentes. El *jiu-jitsu* japonés se centra en la manipulación de las articulaciones, los golpes, las llaves, las asfixias, los estrangulamientos y el derribo de oponentes.

El BJJ utiliza los derribos como medio para llevar a los oponentes al suelo. Su objetivo es establecer posiciones dominantes para controlar la lucha y someter al oponente.

Una de las posiciones más distintivas del *jiu-jitsu* brasilero es la guardia. Se trata de un término genérico que engloba varias posiciones en las que los participantes se tumban sobre las nalgas o la espalda con las piernas a la defensiva alrededor o delante de sus oponentes. Muchas de las técnicas previsibles del BJJ se utilizan para someter a los oponentes, moverse a posiciones deseadas y escapar de posiciones desfavorables.

Los practicantes de *jiu-jitsu* japonés adquieren conocimientos para defenderse de un atacante de diversas maneras. Se enseñan técnicas de sumisión o golpes para incapacitar a los atacantes. La práctica de estas técnicas también incluye el entrenamiento con un compañero en diferentes situaciones para bloquear los golpes iniciales del atacante y ejecutar llaves en distintas articulaciones. Es bastante similar al BJJ, ya que también se centra en la defensa personal.

Jiu-jitsu brasilero y japonés – sus pros y contras

A la hora de decidir entre el *jiu-jitsu* brasilero y el japonés, es crucial comprender los pros y los contras de cada uno. Puede decidir cuál de estas dos increíbles artes marciales es la más adecuada para usted descifrando sus puntos fuertes y débiles.

Pros y contras del BJJ

Una ventaja significativa del BJJ es que es más rápido y exigente físicamente que el *jiu-jitsu* japonés. Si quiere entrenamientos rigurosos, el BJJ es la elección correcta. Lo que aprende en este arte marcial, incluidas las técnicas de trabajo desde el suelo, lo hace más hábil en competiciones y combates.

Tener habilidades desarrolladas de BJJ le permitirá asistir a competiciones y entrenamientos de alto nivel como compañero y/o entrenador de combates cuerpo a cuerpo. El BJJ también es excelente para la defensa personal.

Le enseña a utilizar técnicas específicas siempre que se encuentre en un escenario de defensa personal. Muchas de las técnicas fundamentales del BJJ, como los escapes, los agares posteriores y los derribos, son extremadamente útiles para contener a oponentes o atacantes.

Sin embargo, el BJJ también tiene sus puntos débiles. Por un lado, no incluye golpes, que son muy útiles en defensa personal. Además, da prioridad a enseñar a los alumnos a luchar desde el suelo y, en algunos casos, se ignoran los derribos.

Pros y contras del *jiu-jitsu* japonés

Una de las ventajas del *jiu-jitsu* japonés es que enseña una gran cantidad de habilidades y técnicas de defensa personal. En algunos casos, el entrenamiento se asemeja a escenarios de combate de la vida real, pero no se entrena para participar en competencias.

Además, tomar la decisión de aprender *jiu-jitsu* japonés le enseñará técnicas valiosas que puede aplicar en peleas y contra atacantes de todo tipo, incluyendo golpes, derribos y lucha desde el suelo.

Sin embargo, tiene sus puntos débiles. Uno de ellos es que no cuenta con el entrenamiento de lucha cuerpo a cuerpo que a menudo se incluye en las clases de BJJ. También pone más énfasis en el entrenamiento de los participantes de bajo nivel, por lo que sus movimientos son más tranquilos y controlados que los del BJJ.

Aparte de esto, el *jiu-jitsu* japonés no ofrece muchas oportunidades para competir, por lo que puede no ser adecuado si le gustan los combates y competencias oficiales.

Capítulo 12: Ejercicios diarios de BJJ

¿Tiene la intención de convertirse en uno de los mayores expertos y maestros en el mundo del *jiu-jitsu* brasilero? Entonces, al igual que quienes ya dominan este arte marcial, debe esforzarse y pasar interminables horas practicando. No es solo el esfuerzo lo que lo acerca a su objetivo de dominar el BJJ, sino su constancia y dedicación.

La buena noticia es que todo el mundo puede dominar este arte marcial, siempre que sea lo suficientemente persistente y dedicado. Una forma de convertirse en experto en este campo es hacer ejercicios de BJJ con regularidad. Realizando ejercicios de BJJ en casa, interiorizará los movimientos desconocidos.

Comprometerse con un régimen de entrenamiento diario es como afilar su espada. Hágalo todos los días y mejorará la flexibilidad de su cuerpo, se volverá menos rígido, sus movimientos fluirán con suavidad y los ejecutará sin ningún problema, al igual que sus técnicas.

Sus ejercicios diarios de BJJ también lo harán menos propenso a lesionarse durante un combate. Este último capítulo, un capítulo adicional, le enseña los mejores ejercicios diarios de BJJ con los que puede comenzar su entrenamiento y práctica diarios, independientemente de dónde se encuentre.

Utilícelos para aprender BJJ por su cuenta o combínelos con sus clases de academia para mejorar aún más su experiencia y sus conocimientos.

¿Qué son los ejercicios de BJJ?

Los ejercicios de BJJ son movimientos o series de movimientos que imitan un combate real o una ronda de entrenamiento cuerpo a cuerpo de BJJ. Algunos de los ejercicios se pueden hacer en solitario y otros requieren la presencia de un compañero. Cuando haga ejercicios de BJJ, practique las técnicas específicas para perfeccionar hasta el más mínimo detalle de su lucha. Los ejercicios son útiles para mejorar los movimientos generales que puede aplicar en varias posiciones durante el combate.

Ejercicios de BJJ individuales

Como ya se ha mencionado, los ejercicios de BJJ individuales son aquellos que puede hacer solo. Estos son algunos ejemplos:

Fuga de cadera

Un movimiento básico de BJJ que aprenderá durante el entrenamiento o las clases es la figa de cadera. Debe formar parte de sus ejercicios diarios de BJJ, ya que dominar este movimiento le ayuda a escapar fácilmente de una mala posición, como una montada o un control lateral.

Asegure una pierna y mueva el trasero hacia un lado. Utilice ambas manos en el otro lado para facilitar la ejecución del movimiento y obtener mejores resultados. Realice este movimiento como parte de sus ejercicios de calentamiento durante todo el tiempo que desee.

Levantamiento técnico

Este vital ejercicio de BJJ es perfecto para principiantes y es muy recomendable practicarlo a diario. Muchos lo consideran un movimiento seguro y eficaz que permite levantarse después de caer.

Comience sentado en el suelo, doble las rodillas y apoye los pies en el suelo. Inclínese hacia un lado, apoyando la pierna y la cadera en el suelo. La mano del mismo lado también debe estar con la palma apoyada en el suelo, cerca de la cadera y ligeramente hacia atrás.

Con la rodilla aún flexionada, presione sobre el otro pie y apoye el peso sobre la mano libre y el pie en el suelo, empujando hacia arriba.

Fuga de cadera invertida

Esta es una variación invertida de la fuga de cadera. Es un poco más difícil de ejecutar que la típica fuga de cadera, pero tiene muchos usos, como liberarse de una posición inferior, escapar de una llave de brazo y cerrar el espacio o la distancia entre usted y su oponente.

Acuéstese en el suelo con las piernas estiradas y levante las manos. Elija un lado sobre el que rodar, luego encoja los hombros en función de la dirección de la cintura y pivote utilizando un hombro.

Usando los talones, mueva el cuerpo de modo que mire en la dirección de los pies. Extienda ambas piernas hacia fuera y ruede hacia el otro lado. Repita los pasos hacia el lado opuesto.

Puente a fuga de cadera

Este es un movimiento que también puede hacer solo, y es útil si se enfrenta a un oponente que lo ha montado. El puente a la fuga de cadera le proporciona un medio de escape eficaz.

Lo primero que debe hacer es construir un puente dejando que su trasero se eleve en el aire mientras se acuesta boca arriba y ejecuta el movimiento de fuga de cadera. Es un movimiento fantástico que resulta muy eficaz para escapar de una mala posición.

Voltereta Granby

La Voltereta Granby está clasificada como una técnica de lucha libre, pero también es útil en el *jiu-jitsu* brasilero. Es una gran técnica para escapar de posiciones inferiores o desfavorables y para defenderse de diferentes ataques. Prepárese para pasar tiempo practicando hasta perfeccionarla, y una vez que domine la técnica, le resultará relativamente fácil ejecutarla.

Tenga en cuenta que la flexibilidad no es la clave definitiva para realizar una voltereta Granby, sino una buena mecánica de los movimientos. Cuando ejecute este movimiento, evite rodar sobre la nuca o el cuello.

Comience el movimiento desde las rodillas. Coloque un brazo entre las piernas hasta que note que su hombro toca el suelo. Es importante que en este paso desvíe la mirada para no ver el hombro bajado. Levántese ligeramente hacia la punta de los pies, lo que hará que ambas rodillas se despeguen de la esterilla.

A continuación, camine como cangrejo en una dirección determinada. Su otro hombro se acercará a la esterilla y deberá mirar al techo por entre las piernas.

Asegúrese de que tanto los hombros como los pies están en el suelo. Continúe caminando como cangrejo hasta que vuelva a ponerse de rodillas.

Expansiones

Las expansiones son movimientos defensivos en los combates de BJJ, y puede realizarlos para contrarrestar los golpes de derribo de su oponente. Como su nombre lo indica, las expansiones requieren expandir el cuerpo con el objetivo de abalanzarse sobre el oponente y dominarlo.

Realice esta técnica poniéndose primero de pie. Inclínese ligeramente y estire ambas manos hacia fuera. Acuéstese en el suelo hasta que su espalda quede plana. Al hacerlo, asegúrese de que las palmas de las manos soportan todo el peso del cuerpo. Las piernas también deben extenderse hacia atrás.

Mantenga la pierna derecha estirada y doble la rodilla izquierda. Levante rápidamente la parte media del cuerpo y camine en cuclillas hacia la derecha, pivotando el cuerpo sobre las palmas de las manos. Haga los mismos pasos en el otro lado.

Ejercicios colectivos de BJJ

Los ejercicios de BJJ en solitario se realizan si no tiene un compañero de entrenamiento. Es útil tener un maniquí de lucha de agarre para realizar estos ejercicios en la comodidad de su hogar.

Jalón de pierna

Este ejercicio específico de BJJ es muy divertido y emocionante al mismo tiempo, ya que le ayuda a mejorar su coordinación. Es un movimiento fundamental que siempre formará parte del entrenamiento y la práctica de BJJ. Comience el ejercicio de jalón de pierna colocándose cerca de su compañero u oponente.

Su oponente debe acostarse en el suelo con los pies a ambos lados de sus caderas. Agarre una de sus rodillas y empújela hacia un lado, hacia un costado de su cuerpo. Esto es necesario para pasar la guardia de su oponente. Repita los pasos del otro lado.

Ejercicio de puente

Este ejercicio de BJJ también es divertido, aunque puede ser ligeramente dañino. Comience acostándose junto a su oponente. Sujete sus piernas y láncese para ejecutar una voltereta frontal sobre su cuerpo. Asegúrese de aterrizar sobre la espalda y las piernas. No deje de sujetar las piernas de su oponente mientras realiza el movimiento. Repita los pasos, pero esta vez del otro lado.

Ejercicio de tornado

Este ejercicio de BJJ es similar al jalón de pierna; la única diferencia es que este requiere halar de las piernas de su oponente hacia un lado. Muévase hacia su costado, luego pase la guardia de su oponente. Vuelva a su posición inicial y repita los mismos pasos en el otro lado.

Conclusión

Con disciplina, compromiso, trabajo duro y constancia, dominará el *jiu-jitsu* brasilero en poco tiempo. Debe estar preparado para pasar por todo el entrenamiento, que le enseñará todo lo que necesita saber sobre este arte marcial.

El BJJ es muy divertido, especialmente para los estudiantes más jóvenes, y proporciona muchos beneficios. Pocas veces encontrará un deporte como el *jiu-jitsu* brasilero, que ofrezca una integración mental y física tan completa durante cada clase y sesión de entrenamiento. Agregue acondicionamiento físico a su rutina diaria mientras se entrena para dominar este arte marcial.

Esperamos que este libro de *jiu-jitsu* brasilero para principiantes lo haya ayudado a comenzar su viaje hacia el dominio de este arte. Profundice en la información proporcionada para mejorar sus conocimientos de BJJ y convertirse en un luchador bien preparado.

Tercera Parte: Muay Thai

Guía completa de los fundamentos del Thai Boxing para principiantes y comparación con el Kickboxing holandés

Introducción

La rica historia cultural de Tailandia incluye desde hace cientos de años entrenamientos físicos como el Muay Thai. Muchos relatos lo registran como una técnica esencial de autodefensa que los guerreros tailandeses empleaban con frecuencia en diversas batallas. El manuscrito de guerra Chupasart informa de que utilizar todas las partes del cuerpo es fundamental para ejecutar técnicas eficaces cuando se lucha contra un oponente con la plena dedicación de la mente, el cuerpo y el alma.

El objetivo del Kickboxing es preparar el cuerpo y mejorar la concentración. Por lo tanto, debe entrenarse en un entorno más o menos real. El Muay Thai ha demostrado ser el mejor estilo de golpeo disponible en Kickboxing. Hay otras técnicas brillantes, como el Kickboxing holandés, pero el Muay Thai es mucho más práctico y accesible. Si quiere ganar confianza y ponerse en forma físicamente, éste es el mejor deporte en el que puede participar.

El Muay Thai es un deporte que requiere las ocho extremidades del cuerpo. Se centra en mejorar la concentración y la fuerza dentro y fuera de situaciones controladas. Varias técnicas están involucradas, pero, como principiante, es necesario centrarse en la construcción de los cimientos de su viaje Muay Thai.

Este libro expone la filosofía que hay detrás del Muay Thai y por qué se considera la forma más práctica de Kickboxing, aceptada en todo el mundo, especialmente en Occidente.

En este libro, aprenderá técnicas prácticas de Kickboxing Tailandés (Muay Thai), utilizando codos, rodillas, brazos, piernas, patadas y puñetazos para atacar a un oponente y utilizando los mismos medios como defensa contra él.

Este libro es una guía completa pero sencilla que lleva al lector por un proceso gradual y práctico para aplicar cada una de las técnicas enumeradas. Es un enfoque práctico, y su fácil lectura lo diferencia de otros.

Este libro le enseña que su mente es crucial en la construcción de enfoque y la capacidad de recuperación, manteniendo su postura, y buceando a través de la práctica y la coherencia.

Durante la mayoría de los entrenamientos, se encontrará con golpes, ritmos, movimientos fundamentales, patadas, rodillas saltarinas y codos giratorios hacia atrás. Aprenderá los fundamentos de cada uno y se sumergirá en estilos aún más avanzados como ganchos, patadas a la cabeza y codos giratorios. Al principio, puede que experimente un desarrollo muy lento, pero con práctica y perseverancia, la mejora llegará.

Por lo tanto, aproveche esta oportunidad y siga leyendo para llegar al nivel que desea y domine la habilidad de Muay Thai.

Capítulo 1: Reglas y filosofía del Muay Thai

El boxeo tailandés, o Muay Thai, es un deporte de combate que tiene sus orígenes en la cultura y la historia de Tailandia. *Muay* significa "boxeo", por lo que Muay Thai se traduce como "boxeo tailandés". Esta forma de artes marciales se desarrolló hace unos cientos de años, permitiendo al boxeador utilizar todo su cuerpo como arma durante el combate cuerpo a cuerpo.

El Muay Thai es un deporte de combate cuerpo a cuerpo[28]

Aunque los historiadores deducen que el Muay Thai se originó hace siglos, no se encuentra ningún registro histórico de este deporte antes del siglo XIV debido a la invasión y el saqueo birmanos. La mayor parte de la historia escrita de la época se perdió después de que los birmanos saquearan Ayudhaya, una capital de Siam (actual Tailandia).

A diferencia del boxeo, lo normal es lanzar rodillazos y golpear al oponente con codazos y patadas. Además, las técnicas de agarre, la iniciación de derribos y el bloqueo son otras técnicas permitidas y ampliamente practicadas en el Muay Thai. Si no está familiarizado con el Muay Thai, puede confundirlo fácilmente con la MMA u otras formas de deportes de combate, pero existen varias diferencias. La diferencia más evidente que otorga al Muay Thai un lugar único en las artes marciales son los ocho puntos de contacto.

Otras artes marciales y deportes de combate suelen tener de dos a cuatro puntos de contacto, mientras que el Muay Thai sigue el arte de las ocho extremidades. Un luchador puede utilizar ocho puntos de contacto, lo que le permite dar puñetazos, rodillazos y codazos.

Este deporte de combate hace mucho hincapié en los aspectos culturales, como participar en el Wai Kru Ram Muay, una danza ritual previa al combate que realizan los luchadores de Muay Thai, y llevar un Mongkon, un tocado tradicional, y tocar música Sarama durante toda la competición.

Este capítulo se centra en los orígenes del Muay Thai con un breve repaso de su historia. Se habla de la filosofía que subyace a esta forma de artes marciales y de los rasgos característicos que distinguen al Muay Thai de otras ramas de las artes marciales.

Breve historia

Antes de explorar la filosofía que hay detrás de este poderoso estilo de lucha, echemos un rápido vistazo a la historia del Muay Thai. El Muay Boran tradicional, del que nació el Muay Thai actual, era una forma de artes marciales tailandesa en la que se enseñaba a los soldados a defender el reino tailandés de ataques e invasiones enemigas. Debido a las frecuentes guerras con sus vecinos, el estilo de lucha del Muay Thai se arraigó en su cultura y estilo de vida.

Orígenes del Muay Thai

Se originó con la invasión birmana de Ayudhaya. Los invasores saquearon lo que pudieron y convirtieron todo lo demás en cenizas. Las tropas invasoras tomaron prisioneros de guerra. Entre estos prisioneros había un número importante de kickboxers tailandeses que fueron retenidos sobre todo en la ciudad de Ungwa.

Más tarde, a principios del siglo XVIII, el gobernante birmano honró las reliquias de Buda con una celebración de siete días y siete noches. Durante los días de celebración, se organizaron espectáculos cómicos, obras de teatro, combates con espadas y combates de boxeo tailandés en los que boxeadores tailandeses competían contra púgiles birmanos.

La historia de Nai Khanom Tom marca los orígenes de este deporte de combate. Durante las celebraciones, un noble birmano introdujo a Nai Khanom Tom en el ring para que enfrentara su fuerza a la de un boxeador birmano. Como es norma, Nai Khanom Tom inició la danza previa al combate, fascinando al público. El púgil birmano no fue rival para el veterano boxeador de Muay Thai, ya que Nai Khanom atacó ferozmente a su oponente, que se desplomó en el suelo.

Sin embargo, la derrota del púgil birmano no se consideró una victoria, y los jueces decidieron que el boxeador tailandés tenía que enfrentarse a otros nueve púgiles birmanos, ya que el primero se distrajo con la tradicional danza previa al combate. Al oír esta decisión, otros boxeadores tailandeses retenidos como cautivos se ofrecieron voluntarios para pelear con Nai Khanom Tom, sólo para mantener la reputación del boxeo tailandés. Su último oponente fue un veterano profesor de boxeo al que Nai Khanom Tom solía visitar. También él fue derrotado en el combate, tras lo cual ningún otro boxeador birmano se atrevió a desafiarle.

Al ver sus valientes y hábiles combates, el gobernante birmano quiso recompensarle. Al luchador de Muay Thai se le dio a elegir entre aceptar dinero o hermosas chicas como esposas, y eligió a las birmanas. El luchador fue liberado de su cautiverio y enviado a su ciudad natal, donde pasó el resto de su vida.

Ahora que la historia y el origen del Muay Thai han sido explicados, exploremos más sobre el Muay Thai moderno, sus principios e información relacionada para educarle en este robusto deporte de combate.

Muay Thai moderno

La forma moderna del Muay Thai se impuso en el siglo XX, sobre todo después de la Primera Guerra Mundial. El ring de combate y las reglas codificadas muestran su gran influencia del boxeo británico. También se aceptaron otros cambios, como el uso de guantes en lugar de envolver las manos con cuerdas.

Los elementos del boxeo tradicional, como los guantes de boxeo acolchados, los límites de tres o cinco asaltos por encuentro y la aplicación de varias reglas, dan forma a este deporte de combate. Como ya se ha dicho, el estilo de lucha se inspira en la forma tradicional de artes marciales de Muay Boran, creada para el combate cuerpo a cuerpo.

Es necesario implantar normas que establezcan ciertos umbrales y límites, ya que varias técnicas que se enseñan en Muay Boran pueden ser mortales para el adversario cuando se ejecutan. Por ejemplo, está prohibido golpear al adversario en las articulaciones o en el cuello. Además de tener numerosas variaciones de puñetazos como ganchos y golpes, también se pueden realizar lanzamientos, barridos, y agarres en Muay Thai. Debido a las muchas variaciones de lucha permitidas en el Muay Thai, se ha ganado el título de un deporte de combate completo que implica varias técnicas de lucha y protocolos de diferentes deportes de combate.

Los principios del Muay Thai

Tanto si es un veterano en este deporte como un novato, necesitará mucha persistencia, pasión y dedicación para mejorar. Estos son algunos principios que debe comprender e incorporar a su entrenamiento y a su vida para lograr los mejores

resultados.
Tener una defensa sólida
En lugar de trabajar sin cesar para perfeccionar sus golpes y movimientos ofensivos, es igualmente crucial trabajar en su defensa para tener una habilidad completa. Si no tiene una defensa sólida, le da al oponente más oportunidades de golpearle, al permitir aperturas. Mantener la guardia alta y anticiparse al siguiente movimiento del adversario es la clave.

Esforzarse
Esforzarse al máximo y mostrar dedicación es necesario si espera obtener mejores resultados. Para ser bueno en este deporte, es fundamental esforzarse al máximo durante el entrenamiento.

Trabajar la técnica
Mantenga un equilibrio entre el entrenamiento de la fuerza y el de la técnica para alcanzar su nivel óptimo. Es posible que haya visto a un luchador de Muay Thai noquear a su oponente con un solo golpe. Parece fácil de ejecutar al principio, pero el luchador pone mucha dedicación y tiempo en perfeccionar estas técnicas. Para dominar una técnica, comience con lo básico, como aprender la postura correcta para la técnica, las aberturas durante una pelea que debe buscar, y la práctica de la técnica numerosas veces para construir la memoria muscular y reflejos rápidos

Haga lo que quiera
No hay obligación acerca de cómo luchar, siempre y cuando se sigan las reglas establecidas. Dado que el Muay Thai es un deporte físicamente desafiante, entrenar consistentemente y dominar las técnicas sólo será posible cuando disfrute lo que está haciendo. Este puro disfrute puede motivar lo suficiente como para alcanzar los objetivos fijados a tiempo.

Tiempo y distancia
Además de trabajar para perfeccionar las técnicas y aprender nuevos movimientos, en los combates es esencial tener el tiempo y la distancia correctos. Si no sincroniza bien sus golpes o si la distancia no es la adecuada, el golpe no tendrá impacto y puede provocar lesiones.

Siga un plan
Al entrenar Muay Thai, asegúrese de tener un plan viable. Del mismo modo, en una pelea, un luchador de Muay Thai puede anticipar los movimientos de su oponente después de luchar durante unos minutos, y puede desarrollar instantáneamente un plan viable. Por ejemplo, después de la primera ronda, el boxeador de Muay Thai debe iniciar un plan, como si va a distraer a su oponente con una patada falsa o lo más probable es que le derrote.

Relajar el cuerpo
Debido a la actividad física excesiva, el cuerpo se agota. En el entrenamiento o en un combate, es necesario evitar someter al cuerpo a una tensión excesiva. Hay que evitar llevar el cuerpo al límite para evitar lesiones. Además de entrenar y pulir sus habilidades, descanse bien y coma alimentos nutritivos y equilibrados en lugar de fritos y procesados.

Técnicas de Muay Thai

El Muay Thai utiliza tres técnicas básicas: ataque, defensa y contraataque. La práctica constante de estas técnicas es imperativa, ya que mejorará la forma de utilizar esa técnica en particular y creará memoria muscular. El entrenamiento comienza con el trabajo de la postura y los movimientos para controlar el cuerpo durante los combates.

Las piernas se mantienen separadas casi medio metro, el cuerpo está erguido y las manos protegen la cabeza. Los combatientes que favorecen la mano derecha mantendrán el pie izquierdo adelantado y el derecho en ángulo de 45 grados hacia fuera. Los zurdos colocarán el pie derecho adelantado y el izquierdo en ángulo.

Después de practicar la postura y los movimientos, el siguiente paso es aprender los movimientos de ataque, defensa y contraataque. Los movimientos de ataque más fundamentales son los agarres, los puñetazos, las patadas, las patadas de empuje y los codazos. Las maniobras defensivas incluyen agarres de piernas, esquivas, desvíos de golpes, inclinaciones hacia atrás y bloqueos. Mezclar estas técnicas básicas y otras avanzadas y utilizarlas en el momento adecuado puede hacer ganar la partida a un luchador.

A los principiantes se les suele enseñar la combinación golpe-patada-patada baja durante el entrenamiento. El luchador puede progresar para practicar otras técnicas y combos avanzados. Por favor, recuerde que las técnicas compartidas aquí son básicas y tienen varias variaciones. Sin más preámbulos, leamos las técnicas más comunes y sus variaciones.

Puñetazos

Es la técnica de ataque más común en todos los deportes de combate, incluido el Muay Thai. Los puñetazos tienen cientos de variaciones, pero este libro sólo se ciñe a las técnicas y variaciones de puñetazo establecidas. El puñetazo cruzado (puñetazo recto hacia atrás), el golpe (puñetazo recto hacia adelante), el gancho, el puño giratorio hacia atrás, el gancho y el puñetazo por encima de la cabeza son algunas de las variedades típicas de puñetazos.

Estos estilos de puñetazo tienen diferentes posturas, ya que es el movimiento lo que da fuerza al puñetazo. Por ejemplo, un puñetazo normal requiere mover los pies rápidamente desplazando el peso del cuerpo y rotando la cadera y los hombros.

Lanzamiento de patadas

Los boxeadores de Muay Thai pueden lanzar patadas impactantes para devastar a su enemigo utilizando sus espinillas. La mayoría de las patadas se inician desde el exterior, mientras que el brazo opuesto se balancea hacia atrás. Simultáneamente, se rota la articulación de la cadera para generar fuerza y asestar una patada eficaz.

Las patadas bajas se lanzan a las piernas del oponente, las medias al torso y las altas a la cabeza. Además de utilizar la típica patada lateral giratoria, el Muay Thai cuenta con numerosas variantes de patadas, como las patadas giratorias hacia atrás, las patadas de voltereta, las patadas con salto y las patadas de hacha, por nombrar algunas.

Lanzamiento de codos

Los luchadores de Muay Thai son famosos por lanzar patadas con la espinilla y codazos, ya que estas partes del cuerpo pueden asestar un golpe eficaz al oponente. Se utilizan diversas variantes para lanzar codazos a los oponentes, como golpear en el lateral de la cabeza, en la barbilla, de arriba abajo o en dirección contraria. Otras variantes son el famoso codo volador y el codo giratorio hacia atrás, que pueden confundir al adversario para que baje la guardia y asestar un golpe devastador. Los golpes de codo perfectos tienen la fuerza necesaria para infligir cortes graves y derribar rápidamente al adversario al suelo.

Patadas frontales

En Muay Thai, una patada de empuje se llama una *patada teep* (frontal) y se utiliza para la defensa y el ataque. Estas patadas se utilizan sobre todo cuando el oponente está cargando y cuando desea crear distancia para su próximo ataque. Los avances del oponente se detienen utilizando la patada de empuje sobre la pierna adelantada y el torso. Algunas patadas frontales se dirigen a la cara y se inician intencionadamente para mostrar dominio. Este tipo de patadas se pueden mezclar con variaciones de patadas para empujar más al oponente. Si se añaden a una patada frontal con salto, se puede empujar al adversario o hacerle perder la postura.

Lanzamientos de rodilla

Los lanzamientos de rodilla son el arma más eficaz en el Muay Thai cuando se está a corta distancia o en posición de clinch. Estos lanzamientos de rodilla se dirigen principalmente al torso, la caja torácica, los muslos y la cabeza del oponente. Los rodillazos con salto se utilizan a menudo en este deporte de combate y pueden asestar un golpe de gracia, poniendo fin al combate antes de tiempo.

Clinching

El clinching es una técnica de agarre del Muay Thai que combina golpes de rodilla y codo para causar el máximo daño. Aunque el clinching pueda parecer sencillo al principio, puede llevar varios años dominar la técnica. Cuando se ejecuta a la perfección, el clinch puede cambiar las reglas del juego y hacer que el oponente se rinda en un abrir y cerrar de ojos.

Para mejorar en Muay Thai, es crucial aprender estas técnicas básicas y practicarlas continuamente para desarrollar la memoria muscular. La mayoría de los luchadores de Muay Thai entrenan dos veces al día, dividiendo su rutina de práctica en dos partes. Esta rutina se sigue durante todo el año, excepto los domingos. Como el Muay Thai está profundamente arraigado en la cultura tailandesa, no es de extrañar ver a boxeadores de Muay Thai de tan sólo cinco años entrenando para ser mejores en los deportes de combate.

A medida que se empieza a desarrollar la memoria muscular mediante la repetición constante de las técnicas, el desarrollo de la fuerza muscular y la resistencia son igualmente importantes. Por lo tanto, los ejercicios cardiovasculares y de pesas se incorporan a la rutina de entrenamiento de un boxeador de Muay Thai. Este sorprendente equilibrio de fuerza, agilidad y reflejos rápidos permiten mejorar a un luchador de Muay Thai. Para los principiantes, lo mejor es encontrar un maestro o mentor para construir una base sólida de la filosofía, principios y prácticas de Muay Thai.

Beneficios del Muay Thai

Aunque el Muay Thai es un deporte de combate, cada vez más personas se interesan por este deporte debido a una serie de razones, además de competir en el ring. Estas razones incluyen la práctica con fines recreativos y la mejora de la salud física y mental. Vamos a revisar los beneficios de la práctica de Muay Thai para una mejor claridad.

Controlar las calorías

Como ya se ha mencionado, el deporte de combate implica cardio, ejercicios de fuerza y la práctica repetida de técnicas. Cuando se ejecutan correctamente, estas sesiones de entrenamiento queman calorías como ningún otro entrenamiento. Una sesión típica de Muay Thai dura al menos dos horas. Incluye un calentamiento cardiovascular, unos minutos de shadowboxing, la repetición de técnicas defensivas y ofensivas, y la realización de numerosos ejercicios de fuerza. Estas sesiones pueden quemar fácilmente más de mil calorías, lo que las hace extremadamente eficaces no sólo para perder peso, sino también para desarrollar la resistencia, la fuerza y la agilidad.

Mejora de la salud mental

Además de mejorar la salud, estas sesiones de ejercicio y entrenamiento potencian la salud mental. El ejercicio físico, la resistencia y el entrenamiento de resistencia son algunos métodos más eficaces relacionados con la disminución de la ansiedad, el estrés y la depresión. La rutina de ejercicio, sueño y dieta que sigue un boxeador de Muay Thai es lo suficientemente eficaz como para mantener bajo control los niveles de estrés y proporcionar claridad a la hora de pensar.

Mejora de la autodefensa

Aprender técnicas de ataque y defensa son los principales pilares del Muay Thai. El entrenamiento de Muay Thai puede ayudar a alguien a infligir daño y defenderse de los daños durante el combate cuerpo a cuerpo porque el deporte de lucha evolucionó a partir de un estilo anterior de artes marciales tailandesas que fue creado principalmente para la guerra. Las tácticas de autodefensa y desarme incluyen el empleo de técnicas ofensivas, como rodillazos, codazos y patadas de empuje.

Fuerza mental

Además de mejorar la salud mental, la fuerza mental de un luchador de Muay Thai aumenta drásticamente, lo que permite al boxeador canalizar sus emociones, mantener a raya los pensamientos preocupantes y desarrollar fortaleza mental. El Muay Thai consiste en ser lo suficientemente fuerte mental y físicamente para soportar situaciones adversas e inciertas con valor, determinación y una actitud ganadora.

Aumento de endorfinas

Como el Muay Thai implica largas sesiones de entrenamiento seguidas de una fase de descanso para relajarse y reponer energías, el cerebro libera endorfinas durante este periodo de relajación, lo que favorece la relajación y el bienestar y ayuda drásticamente a controlar el estrés.

Lazos sociales

Un gimnasio de Muay Thai proporciona un sentido de camaradería donde se encuentran personas que luchan por los mismos objetivos y comparten pasiones similares. El dolor que soporta durante el entrenamiento con sus compañeros en el gimnasio puede forjar fuertes lazos y relaciones que pueden llegar muy lejos.

Mayor confianza en uno mismo

Con el entrenamiento, su aspecto físico mejora, aumentando la confianza en sí mismo. Un cuerpo físicamente fuerte y atractivo le da la confianza para no preocuparse por la forma de su cuerpo y ser lo que realmente quiera ser.

Mejora de la salud

El riesgo de padecer afecciones médicas comunes como enfermedades cardiovasculares, hipertensión arterial y diabetes puede reducirse mediante un entrenamiento adecuado de Muay Thai. Al ser un deporte cardiovascular, mejora la salud cardiovascular y reduce la presión arterial.

Además de estos beneficios, el Muay Thai es un deporte de combate increíble para los entusiastas del fitness que buscan algo más que ir al gimnasio y levantar pesas. En lugar de repetir los mismos ejercicios, puede modificar su rutina y aprender una nueva técnica o combinación.

Esta última sección compara brevemente el Muay Thai con otras formas populares de deportes de combate.

Muay Thai vs. boxeo

El boxeo tradicional permite los puñetazos, pero en el Muay Thai se pueden utilizar rodillas, codos, patadas, agarres y otras técnicas sin restricciones. Ambos deportes de combate son ideales para la defensa personal y para competir profesionalmente. Aun así, todo se reduce a la preferencia personal de qué deporte de combate practicar.

MMA vs. Muay Thai

La diferencia más evidente entre estos dos deportes de combate es que los luchadores de MMA son más eficientes en el agarre y el uso de varias de estas técnicas para hacer que su oponente quede noqueado. Por otro lado, un boxeador de Muay Thai será más eficiente en el aterrizaje de golpes impactantes.

Jiu-Jitsu brasileño vs. Muay Thai

El Muay Thai es un deporte de combate más atlético. Por el contrario, el jiu-jitsu brasileño (BJJ) es una forma de arte marcial de lucha en el suelo y de agarre. Los luchadores de Muay Thai creen que sus técnicas pueden noquear instantáneamente a un luchador de BJJ. Por otro lado, los luchadores de BJJ pueden utilizar técnicas avanzadas de agarre para inmovilizar al luchador en el suelo y obligarle a someterse.

Reglas clave del Muay Thai

Puede haber ligeros cambios en las normas y reglamentos, pero estas son las reglas más comunes que prácticamente todas las organizaciones de Muay Thai siguen.

- Un ring estándar debe medir entre 4,9 por 4,9 metros y 7,3 por 7,3 metros. Debe aplicarse un material de amortiguación adecuado en los cuatro postes de las esquinas y en el suelo.
- La edad mínima oficial para que un luchador de Muay Thai pueda competir profesionalmente es de 15 a 18 años, dependiendo del país.
- A veces es obligatorio llevar equipo de protección, como guantes, coderas, protectores de cabeza e incluso un chaleco acolchado.
- La talla del guante debe ser de seis a diez onzas según la categoría de peso. Algunas organizaciones permiten guantes de MMA con dedos abiertos de entre cuatro y seis onzas.
- Los pesajes se realizan un día antes o el mismo día del combate. Los luchadores se clasifican según su división de peso.
- Sólo se permiten los pantalones cortos de Muay Thai como vestimenta para los luchadores masculinos. Algunos luchadores de Muay Thai con fuertes creencias tradicionales llevan brazaletes sagrados llamados *prajiad*.
- Cada combate consta de cinco asaltos de tres minutos, con descansos de dos minutos después de cada asalto. Para el espectador ocasional, algunos programas de televisión y cadenas deportivas dividen el combate en tres asaltos de tres minutos cada uno.
- El ganador se decide mediante un sistema de puntuación si no hay nocaut en un combate. Se considera vencedor al boxeador de Muay Thai que golpee más e inflija más daño. Cuando un jugador gana un asalto, se le otorgan diez puntos, y al oponente se le da un número inferior a diez, dependiendo de su actuación en el asalto.
- Un árbitro tiene autoridad para detener el combate en caso de nocaut o cuando un boxeador de Muay Thai supera claramente a su oponente.
- Si se considera que el combatiente no está en condiciones de continuar (lo que podría acarrearle otros problemas de salud), el médico de guardia puede suspender el combate.
- Las infracciones más comunes que provocan la descalificación de un luchador son los cabezazos, los golpes en la ingle, las patadas en las articulaciones de las rodillas y los pinchazos en los ojos.
- Escupir o insultar también están prohibidos y pueden acarrear una sanción.

El Muay Thai tiene una historia rica y fascinante que ha pasado por generaciones y estilos hasta convertirse en el intenso y gratificante deporte de combate actual.

Capítulo 2: Comenzar con la postura

La base del Muay Thai reside en el Jot Muay, un elemento crucial para ejecutar las técnicas de combate con eficacia. Sin una postura estable, es imposible desarrollar habilidades de combate avanzadas.

Con el tiempo, las posturas de combate variadas sustituyeron a las antiguas. Ahora, muchos centros entrenan a sus alumnos con una variante de las guardias de boxeo occidentales consideradas estándar en todas partes entre los instructores de todo el mundo. Al examinar las prácticas heredadas, se descubrió que la mayoría de los campos de entrenamiento enseñaban técnicas distintas en función de la ubicación geográfica: norte, noreste, sur o centro de Tailandia.

Pero, en este capítulo, aprenderá las posturas tradicionales de lucha de Muay, que son el origen de las diferentes técnicas y variantes utilizadas hoy en día. Este capítulo incluye instrucciones detalladas para practicar cada postura utilizando factores como el equilibrio, el ritmo y el juego de pies básico. Aprenderá consejos adicionales para dominar estas posturas y posiciones, los errores más comunes y cómo evitarlos.

La importancia de la colocación de los pies en el Muay Thai

Para dominar la cultura de lucha siamesa, es imprescindible perfeccionar la precisión y exactitud de los pies. Según las costumbres ancestrales de las artes marciales del Muay Thai, existen tres grandes clasificaciones para las posiciones de los pies: 1 punto de apoyo, 2 puntos de apoyo y 3 puntos de apoyo, incluida la postura del triángulo, vértices imaginarios en los que se sitúan los luchadores.

Avanzar por cada posición es vital para reaccionar con prontitud ante los movimientos del adversario. La postura del triángulo es la base de todas las demás técnicas del Muay Thai y sustenta su filosofía.

El conocimiento de las técnicas de apoyo es esencial para una comprensión completa de esta disciplina. Por lo tanto, adherirse estrictamente a las reglas convencionales resulta vital para alcanzar el éxito mientras se perfeccionan las prácticas de apoyo, como colocar las piernas separadas a la distancia de los hombros recomendada por los expertos.

El equilibrio lo es todo en el Muay Thai, y la colocación adecuada de los pies marca la diferencia. Trate de colocar los pies de manera que el pie trasero esté más alto que el delantero para dominar el arte del equilibrio. Esta postura permite realizar excelentes evasiones y contragolpes rápidos y precisos.

La importancia de la posición de los brazos

Debe dominar la adopción de posturas óptimas que creen formas triangulares utilizando el cuerpo como guía para destacar en la lucha de Muay Thai. Esta técnica permite a los profesionales moverse sin esfuerzo al tiempo que maximizan el potencial de sus extremidades como armas letales.

Para lograr la postura de combate deseada es necesario colocar correctamente las manos y protegerse de puntos vulnerables como exponer la garganta y abrirse al peligro de los oponentes.

En los encuentros cuerpo a cuerpo, cuando la estabilidad tiene prioridad sobre el movimiento o la flexibilidad durante los encuentros a distancia, las medidas defensivas deben dar prioridad a la protección de las zonas vulnerables como el torso y las regiones frontales.

El éxito en la ejecución de la técnica de Muay Thai depende principalmente de las tácticas de centro de gravedad bajo. Debe mantener las rodillas ligeramente inclinadas, los hombros ligeramente agachados, las piernas ligeramente abiertas y el pecho erguido. Estos elementos cruciales proporcionan a los luchadores una estabilidad óptima y protegen sus gargantas de los ataques cuando se enfrentan a oponentes de frente.

Posturas tradicionales de lucha de Muay Thai

En esta sección se describen las cinco posturas de combate tradicionales del Muay Thai.

1. **Postura de lucha Muay Chaiya**

Postura Muay Chaiya

La eficacia es la clave para lograr la victoria mediante la postura de combate de Muay Chaiya, tal y como aconseja el Gran Maestro Khet Sriyaphai. Esta postura es similar a los frutos del durián protegidos por espinas que infligen dolor a todo lo que los toca.

El Jot Muay Chaiya puede herir a un oponente de forma similar siempre que la postura se realice correctamente. El luchador debe dividir su cuerpo en seis cuadrantes: inferior izquierdo, superior derecho, superior izquierdo, medio derecho, medio izquierdo e inferior derecho. Cada uno requiere una técnica defensiva única adaptada a los ataques correspondientes.

Los brazos defienden los cuadrantes superior y medio, mientras que las piernas protegen los inferiores. Las maniobras defensivas buscan la máxima eficacia utilizando el camino más corto para cubrir un cuadrante en peligro, eliminando el desperdicio de movimiento.

2. Muay Korat

A diferencia de Chaiya, la postura Muay Korat representa un enfoque ofensivo. Su estructura ha sido cuidadosamente diseñada para maximizar la eficacia del ataque. La puesta en práctica de esta postura de combate requiere movimientos asertivos y agresivos mediante golpes potentes en los que se empleen tanto los brazos como las piernas.

Los puños deben estar paralelos al pecho con un brazo estirado hacia fuera para cubrir una amplia zona por delante y bloquear cualquier abertura susceptible de ataque del adversario. Esta posición permite contraataques rápidos y feroces. El fuerte carácter defensivo de esta postura permite contraataques rápidos y letales.

La ubicación de los pies crea una postura agresiva y dominante que coloca la mayor parte del peso del cuerpo sobre la pierna delantera. La pierna trasera ofrece estabilidad y apoyo, acortando el espacio entre las rodillas, que deben mantenerse flexionadas. La estabilidad de la pierna trasera y la menor distancia entre las rodillas permiten un juego de pies rápido y agresivo.

Postura Muay Korat

3. Muay Lopburi

La postura de combate *Muay Lopburi* tiene una posición única de las manos, con los puños girados, las palmas hacia arriba y los codos doblados. Las manos están más bajas que en las otras dos posturas.

La defensa de los boxeadores occidentales sin guantes inspiró esta postura para permitir puñetazos rápidos, en particular el puñetazo con giro hacia arriba, popular entre los boxeadores de Lopburi. La posición de los pies es fundamental en esta postura, lo que permite flexibilidad en el ataque y la defensa.

Requiere un rápido juego de pies con las piernas no demasiado separadas para mantener el equilibrio y el centro de gravedad. Mientras se defiende, el pie trasero debe estar plano, pero levantado mientras se ataca o se avanza para mostrar versatilidad.

Postura lucha Muay Lopburi

4. Muay Pranakorn

Una de las posturas más dinámicas que adoptan los luchadores se conoce como *Muay Pranakorn*. Toma prestados elementos específicos de otros estilos y los combina para formar una postura completa que merece la pena dominar.

El aspecto más notable de esta postura es lo separadas que se mantienen cada pierna, creando un amplio espacio entre ellas, que destaca inmediatamente al ser observado por los espectadores o los oponentes.

Mientras se está de pie con firmeza, se gira una pierna hacia fuera a noventa grados; la otra debe estar centrada hacia delante, mirando al oponente. Las rodillas del luchador se doblan considerablemente para bajar su centro de gravedad y aumentar el equilibrio.

La ventaja de esta postura es que hace que los luchadores parezcan más pequeños, al tiempo que proporciona una ventaja en el combate al inquietar a sus oponentes.

Con el codo doblado, el brazo trasero del luchador ofrece protección frente a posibles ataques hacia la parte superior del cuerpo, lo que supone una ventaja defensiva añadida. Su formación única y sus capacidades defensivas hacen que la postura de Muay Pranakorn sea perfecta para lanzar poderosos golpes con las extremidades.

Postura de lucha Muay Pranakorn

Consejos adicionales para dominar estas posturas

Para sobresalir en Muay Thai, usted debe entender lo vital que es el posicionamiento adecuado para atacar y defender con eficacia. Si no domina esta habilidad, las sesiones de entrenamiento pueden parecer más ejercicios frustrantes que agradables. Además, golpear almohadillas o sacos no producirá mucha fuerza.

El boxeo occidental y los deportes de combate Muay Thai reconocen dos estilos de lucha (ortodoxo o zurdo) en función de si el deportista utiliza más a menudo la mano izquierda o la derecha como principal arma de golpeo.

El boxeador ortodoxo se coloca con el pie izquierdo adelantado, apoyándose sobre todo en el lado derecho para lanzar potentes golpes. Por el contrario, el zurdo se coloca normalmente con el pie derecho adelantado y utiliza el brazo izquierdo para atacar.

Curiosamente, algunos luchadores de Muay Thai muestran su lado preferido llevando correas en los tobillos. Algunos eligen una correa en el pie más fuerte, mientras que otros pueden optar por una tobillera llamativa que contraste con el tono de sus pantalones cortos en el tobillo opuesto.

Pero, tanto si se trata de zurdos como de ortodoxos, la posición correcta del cuerpo sigue siendo crucial si se quiere obtener la máxima potencia y el mayor porcentaje de éxito.

Aquí hay varios factores esenciales en el establecimiento de una base inquebrantable que cualquier persona debe considerar a medida que mejoran su enfoque personal para lograr resultados de primera categoría en Muay Thai.

Posición de los codos, la cabeza y las manos

Una posición incorrecta de los codos, la cabeza y las manos puede hacerle mucho daño, ¡por muy guay que le parezca!

Para colocarse correctamente y hacer que sus manos cuelguen de forma natural, ponga ambos pulgares a la altura de las cejas y las palmas de las manos una frente a la otra.

Para obtener unos resultados óptimos hay que prestar mucha atención a la forma, lo que incluye separar ligeramente los codos de las manos. Pero no fuerce nada; no debe tener la sensación de estar empujando o tirando de ninguna parte del cuerpo hacia una posición incómoda o antinatural.

Las manos deben tocarle la frente y la barbilla debe estar lo suficientemente inclinada como para protegerla con los hombros en caso de que reciba un puñetazo desde cualquier lado. No se incline demasiado, pero mantenga la barbilla alta.

Con la postura y la alineación corporal bajo control, es hora de centrarse en perfeccionar las técnicas de juego de pies para obtener un rendimiento óptimo.

Trabajo de pies

Mantener la forma adecuada es clave para una buena postura en el entrenamiento de artes marciales. Aunque normalmente se recomienda a los luchadores mantener los pies ligeramente separados, al menos a la anchura de los hombros o más, no se pueden pasar por alto excepciones como las del luchador Nong O Gaiyanghadao, que varía la distancia de los pies a lo largo de los combates.

Al adoptar una postura más ancha durante algunos combates como parte de los desvíos y los golpes, mantiene el equilibrio bajo presión, absorbiendo mejor las patadas entrantes que con la colocación más estrecha de los pies utilizada durante los ataques.

Si se está iniciando en las artes marciales, empiece con una buena postura básica en la que los pies estén separados más que la anchura de los hombros mientras se mantiene firme sobre los pies con las rodillas dobladas y flexionadas. A medida que se sienta más cómodo en su base, experimente con diferentes distancias entre los pies para determinar cuál funciona mejor mientras mantiene un sólido centro de equilibrio.

Debe mantener las caderas directamente orientadas hacia las del oponente y no hacia los lados como un boxeador. Ajuste siempre la posición de los pies en función de la técnica que vaya a utilizar para obtener resultados óptimos, manteniendo una buena forma en todo momento.

Un punto crucial que hay que recordar es que este principio también es válido para las manos y los brazos. Trabaje en armonía con su juego de pies y su plan de juego general para alcanzar el máximo rendimiento.

Errores a evitar durante la postura

La postura de combate es un tema muy debatido en los círculos de Muay Thai sobre cuál es la mejor postura y enfoque en combate. Sin embargo, los errores críticos pueden perjudicar significativamente su rendimiento. Esta sección examina de cerca algunos errores.

1. Escasa flexibilidad y adaptabilidad

La flexibilidad y la adaptabilidad son esenciales para tener éxito con una postura de combate adecuada, ya que no existe una única postura universal que se aplique a todas las situaciones. Se trata de adaptarse a circunstancias específicas en lugar de depender de un enfoque o estilo concreto. Hay que estar siempre preparado para golpear y, al mismo tiempo, proteger las zonas vulnerables del cuerpo de los ataques del adversario.

Dependiendo de la situación, puede ponerse más erguido para técnicas como las patadas laterales o adoptar un perfil más bajo con mayor protección para defenderse mejor de los golpes que le lleguen.

¿Qué ocurre cuando se presentan oportunidades especiales desde el punto de vista táctico? A veces, bajar la guardia intencionadamente puede hacer caer a un adversario incauto en la trampa del contraataque.

Lo esencial es ser consciente del contexto y adaptarse con flexibilidad a las circunstancias cambiantes. La flexibilidad es la clave del éxito en combate. Evite anclarse en una postura de combate rígida. Esté preparado y dispuesto a modificar sus tácticas en función del escenario.

2. Descuidar el cuello

Descuidar la protección de la zona del cuello al adoptar una postura de lucha es un error frecuente entre muchos profesionales marciales o practicantes de deportes de combate. Recibir un puñetazo en esta vulnerable zona puede tener graves consecuencias, como conmociones cerebrales o la muerte.

Hay que ser consciente de que no debe pasarse por alto ni descuidarse bajo ningún concepto. Por lo tanto, dar prioridad a su defensa se convierte en un imperativo a la hora de idear o adoptar un enfoque relacionado con una subdisciplina como el boxeo tailandés o las técnicas de Kickboxing.

Una postura de combate adecuada implica elevar los brazos al tiempo que se mete bien la barbilla y se inclina hacia delante para proporcionar una protección óptima a la zona del cuello. Sin embargo, los novatos suelen pasar por alto este aspecto al mantener las manos en alto, lo que puede tener efectos perjudiciales.

Por lo tanto, durante las sesiones de práctica o los ejercicios de entrenamiento, hay que centrarse principalmente en proteger el cuello de forma eficaz. Una vez logrado este objetivo, los demás aspectos necesarios de una postura de combate completa se producirán de forma natural.

3. No relajarse

Cuando se practica boxeo tailandés o Kickboxing por primera vez, a muchas personas les cuesta encontrar el equilibrio entre tensión y relajación sobre el tatami. Es comprensible; realizar movimientos rápidos y mantener la calma bajo presión requiere tiempo y práctica. Entonces, ¿cuál es la solución?

Un truco consiste en imaginar que se siente completamente agotado después de correr una ardua maratón. Déjese llevar por el agotamiento total antes de levantar gradualmente los brazos hacia la barbilla, manteniéndose lo más suelto posible en cada movimiento. Puede resultar difícil al principio, pero dominar este nivel de relajación es esencial para mejorar su rendimiento en el boxeo tailandés.

Tanto si es un luchador experimentado como si se acaba de iniciarse en el mundo del boxeo tailandés, perfeccionar su postura de combate es fundamental para tener éxito. Una postura firme permite una ejecución más eficaz de los movimientos de ataque y defensa. Pero no se trata sólo de mantener una posición fija.

En realidad, las posturas de combate se adoptan en momentos de transición entre movimientos que requieren flexibilidad y fluidez para ejecutarse correctamente. Los distintos deportes de combate tienen reglas únicas en cuanto a los golpes permitidos en el marco de la competición. Por lo tanto, se han desarrollado diversas posturas para adaptarse a necesidades específicas.

Si perfecciona su conocimiento de estas técnicas y explora las que mejor se adaptan a su estilo particular, aumentará sus posibilidades de salir victorioso de una competición.

Capítulo 3: Chok - Técnicas de golpeo

Aunque el Muay Thai es conocido en todo el mundo como el "Arte de las Ocho Extremidades" los puñetazos son un aspecto importante de este deporte. En el pasado, los golpes en este deporte eran limitados y se basaban principalmente en rodillazos, patadas, agarres y técnicas básicas de golpeo.

Sin embargo, las cosas han cambiado, y el boxeo es ahora fundamental en este deporte, lo que pone en desventaja a los luchadores que se limitan a sus manos. Numerosas estrellas del Muay Thai son reconocidas por sus técnicas, su pericia y sus golpes rápidos y repentinos. Saensak Muangsurin, Veeraphol Sahaprom y el famoso Samart Payakaroon son ejemplos de luchadores que triunfaron al pasar del Muay Thai al boxeo.

Las principales técnicas de golpeo

El Muay Thai se ha impregnado de los estilos de boxeo occidentales, y de esta combinación ha surgido el desarrollo de las técnicas de golpeo. Actualmente, estas técnicas de golpeo se dividen en ocho tipos principales. Las descripciones de los golpes que figuran a continuación se explican desde el punto de vista de un luchador típico. Si se lucha de forma ortodoxa, los golpes se realizarían con los pies, las manos y las extremidades opuestas.

1. El Jab

El jab se utiliza mucho en el Muay Thai y en el boxeo, por lo que es el más importante de este deporte. Es el golpe más fácil y muy importante, a diferencia del boxeo, donde no asegura el dominio. Como principiante en Muay Thai, su entrenador sin duda insistirá en mejorar el jab. Funciona para la defensa y el ataque. Varias combinaciones se pueden establecer desde el jab, ayudando a un luchador a mantener la distancia con el oponente.

¿Por qué se utiliza con frecuencia el jab? Es el puñetazo más rápido de asestar y suele ser el que se lanza cuando se está al alcance del adversario. Un jab es útil para contrarrestar a un oponente que sigue avanzando hacia usted agresivamente. Se necesita fuerza para lanzar un jab excelente. Cuando se utiliza correctamente, puede ser una técnica para desbaratar la combinación de su oponente. Además, los jabs pueden iniciar otros movimientos y golpes. Su oponente está al alcance y abierto a más ataques una vez que su jab impacta.

El jab es el puñetazo más fácil[14]

Para contrarrestar el jab, debe golpearlo o pararlo con la ayuda de la parte alta de la mano derecha. Entonces, puede empujar su jab hacia delante, con un pequeño paso de jab, mientras es rechazado. Para protegerse de los jabs, los boxeadores utilizan la maniobra de agacharse. Agacharse es un movimiento para esquivar y desorientar al oponente.

Cómo lanzar un jab

Cuando lance un jab, lance los hombros hacia delante al golpear, para producir un buen chasquido, de forma que la mandíbula y el hombro se encuentren. Esto aumenta el alcance del jab, y sus hombros protegen su barbilla. Al extender los puños, deje que los nudillos miren hacia arriba y la palma hacia abajo mientras estira el codo. No olvide doblar un poco las rodillas durante el golpe y volver a levantarlas después de asestar el jab. Si endereza las rodillas, perderá el equilibrio y disminuirá la potencia y el control del golpe.

Mantenga siempre la mano trasera cerca y pegada a la cara cuando lance el jab con la mano adelantada. Si se baja la guardia, el oponente puede lanzar un gancho de izquierda. Además, recuerde que su postura debe ser correcta para lanzar un buen jab.

2. El Cross

El cross llega más lejos que un jab[25]

El cross, conocido como golpe directo, es un potente puñetazo lanzado desde el revés. Suele utilizarse como golpe para noquear al adversario en Muay Thai. Aunque se utiliza con regularidad, al igual que el jab, no se utiliza habitualmente como golpe para establecer combinaciones. Se lanza sobre todo después de una combinación o de un jab. A diferencia del jab, el cross no impacta inmediatamente después de lanzarlo. Además, es el que llega más lejos.

El cross se realiza con la mano más alejada del oponente. Esta distancia y la posibilidad de añadir fuerza de rotación y peso al golpe lo convierten en uno de sus golpes más potentes. El cross puede alejar a sus oponentes porque es un golpe muy fuerte. Cuando un buen directo impacta con la barbilla de un oponente, puede noquearlo o, al menos, aturdirlo.

Los jabs pueden contrarrestarse con un cross. El cross es excelente para asestar golpes potentes en el exterior del oponente y puede lanzarse antes o después de una patada baja. Se puede combinar o añadir a combinaciones normales de puñetazos y patadas. El truco para lanzar un buen cross es empezar con un puñetazo al cuerpo para bajar la guardia del oponente y crear la apertura para aterrizar su golpe.

Cómo lanzar un cross

La configuración común para un cross es dar primero un golpe fuerte y rápido. El truco consiste en clavar la punta del pie derecho en el suelo mientras gira el cuerpo, al tiempo que dobla las rodillas e inclina ligeramente la parte superior del cuerpo hacia delante para alinearse con su oponente. A continuación, lance el puñetazo con los pulgares girados hacia abajo, mirando al suelo, y siguiendo el codo mientras se extiende. Además, asegúrese de que su pie trasero pivota mientras lanza el golpe cruzado; cuando lo haga correctamente, su talón estará hacia arriba con los dedos del pie en el suelo, mirando en la dirección exacta en la que se dirige su puñetazo. Debe hacerlo todo en un solo movimiento para que la potencia de su cuerpo acompañe al puñetazo. A continuación, devuelva rápidamente la mano para evitar una contra.

3. El gancho (Hook)

Un gancho es un golpe difícil de perfeccionar[86]

Los costados de su oponente pueden ser atacados con el gancho. Se lanza con la mano delantera o trasera. Lanzar un gancho con la mano adelantada es una gran estrategia para atrapar a un oponente con buen movimiento. Cuando se domina la técnica, puede lanzarse fácilmente e incluso efectuarse mientras se salta.

Es muy conocido y utilizado en Muay Thai, aunque es el golpe más difícil de perfeccionar. Una mala técnica de gancho puede provocar una fractura de muñeca e incluso dolor de espalda. El gancho ejecutado con la mano trasera a menudo puede noquear al oponente y es muy difícil de disimular. Suele lanzarse a corta distancia del oponente. Sin embargo, si se lanza en un momento inoportuno y sin cuidado, queda expuesto a los contraataques. Sin embargo, es una buena forma de acabar un combate. Antes de retroceder, lance un gancho a la cabeza de su oponente y termine con un golpe a las costillas.

El gancho de izquierda se utiliza habitualmente en las combinaciones. Al igual que el cross, el gancho no es un golpe de largo alcance para alcanzar al rival. Por lo tanto, es poco frecuente que un luchador diestro lance un gancho de derecha en su postura básica. Suponga que lanza un gancho de derecha en una postura de pie derecho; su puño estaría a centímetros de su mano principal. Esto no hace que los ganchos de derecha sean imposibles; simplemente no son tan convencionales como el gancho de izquierda.

Cómo lanzar un gancho

Ajuste el peso de su cuerpo a la pierna de atrás desde una postura correcta mientras dobla ligeramente las rodillas. Al mismo tiempo, gire el cuerpo con las caderas, transfiriendo toda la energía cinética al puñetazo. Doble el brazo en un ángulo de 90 grados mientras coloca el codo justo detrás de la mano adelantada para asestar el puñetazo con el codo de la mano adelantada doblado y los nudillos y el puño cerrado apuntando al suelo. El hombro, el codo y la mano deben estar alineados. Para aumentar la fuerza del puñetazo, gire simultáneamente con el pie adelantado, mientras con la mano derecha se protege la barbilla para defenderse.

4. El Uppercut

Un uppercut es un ataque dirigido a la barbilla"

Quienes no están de acuerdo con que el gancho sea el golpe más potente en Muay Thai suelen afirmar que es el uppercut. El método de ejecución de este golpe es similar al del gancho, pero el ángulo de ataque se dirige a la barbilla. Un golpe complicado, el uppercut puede causar un gran daño si impacta. Imagínese que le dan un fuerte golpe en la barbilla; puede desequilibrarle y conseguir un nocaut si la fuerza es suficiente.

El uppercut puede ser brutal y devastador durante el combate cuerpo a cuerpo, pero conectar a su oponente con él desde el exterior es difícil. Rara vez se utiliza como golpe inicial o principal porque puede ser detectado, bloqueado o contrarrestado con facilidad. Debido a la habilidad y sincronización necesarias para dominar este golpe, es el más difícil de asestar.

Si practica Muay Thai, debe perfeccionar su gancho y saber que asestar este golpe le deja abierto a codazos y patadas frontales.

Para asestar un uppercut, debe asegurarse de producir un movimiento ascendente que no interrumpa su defensa. En primer lugar, gire antes de ajustar su peso hacia el lado desde el que golpea, antes de subir su brazo en bucle hacia la mandíbula o la barbilla del oponente.

Cómo contrarrestar un uppercut

Los dos errores más comunes que le exponen a los uppercuts son no adoptar la postura correcta, exponiendo su barbilla, y extender demasiado sus golpes. Estar en la postura correcta y tener las técnicas cerradas ayuda a protegerse de los uppercuts del oponente. Para contrarrestar un uppercut, debe lanzar un jab cuando su oponente golpee. Muchos luchadores se mueven hacia delante antes de lanzar el uppercut, por lo que debe atraparlos inmediatamente. El paso se da en cuanto su cabeza cruza la línea central.

5. El columpio (Swing)

El movimiento del columpio es similar al del gancho[98]

El movimiento del swing es casi el mismo que el del gancho, pero el brazo está más extendido. El puñetazo se entiende mejor como un manotazo. Su capacidad de alcance compensa su insuficiencia de potencia. Un luchador puede llegar muy lejos cuando lanza el golpe lanzando un ataque al costado del adversario. Al igual que el gancho, no suele lanzarse con el revés ni utilizarse como golpe de ventaja. Un jab u otro golpe suele ocultar este swing. Además, no se utiliza en combate cuerpo a cuerpo porque es de largo alcance.

El swing no se considera un golpe de nocaut porque carece de potencia, pero es una buena técnica para pillar desprevenido al adversario. No es habitual asestar un golpe de gancho a distancia. Sin embargo, pillar al rival cuando está desprevenido es un buen ataque y le pone nervioso. El golpe de gancho es útil para los luchadores que carecen de altura porque les ayuda a acortar la distancia.

Debe mantener la distancia para contrarrestar a un luchador que golpea salvajemente; si no puede, intente bloquearlo, pero no por mucho tiempo. Un golpe a mano limpia puede superar fácilmente un bloqueo. Por tanto, retroceda rápidamente y acérquese a las piernas por debajo de la rodilla para derribar al oponente.

6. Puñetazo por encima de la cabeza (volado)

El puñetazo por encima de la cabeza es difícil de aprender[20]

El puñetazo por encima de la cabeza es otro puñetazo de gancho, lanzado desde atrás y en bucle sobre la cabeza. Puede noquear al adversario si se ejecuta correctamente y con suficiente potencia. Sin embargo, esta técnica es muy difícil de aprender.

Las dos desventajas de esta técnica son:
- Si no acierta, perderá el equilibrio y estará totalmente expuesto a los contraataques.
- El golpe no es fácil de asestar cuando se enfrenta a luchadores zurdos porque su cabeza, que es el objetivo, está lejos.

Esta técnica funciona bien cuando se lucha contra oponentes más altos porque puede sorprenderles y anular sus defensas. Una buena combinación en la que utilizar este puñetazo es después de una patada lateral con la pierna izquierda. Una forma adecuada de contrarrestar esta técnica es inclinarse hacia atrás, lanzando el puñetazo antes de que el oponente vuelva a su postura. Levantar la mano izquierda hacia arriba, como si cogiera un teléfono, puede bloquear el puñetazo por encima de la cabeza.

Cómo lanzar un puñetazo por encima de la cabeza

Suponga que la distancia entre usted y su oponente se está reduciendo y ve una oportunidad para lanzar un puñetazo por encima de la cabeza. En ese caso, debe ser rápido y dirigirlo a la cabeza del adversario. Debe doblar los codos en un ángulo de entre 90 y 135º, dependiendo de la distancia con su oponente. Asegúrese de que el puñetazo sale por encima del hombro y de la cabeza con un movimiento de bucle para guiar el golpe hacia abajo mientras se inclina ligeramente hacia fuera con el pie adelantado. Es importante doblar las rodillas al mismo tiempo que golpea para mantener el equilibrio.

7. Puño giratorio hacia atrás

El puño giratorio hacia atrás es una técnica avanzada[80]

Esta técnica es avanzada. El mecanismo y los movimientos son únicos con respecto a los otros golpes mencionados. Para contrarrestar esta técnica, agáchese cuando su oponente la lance o mantenga la guardia alta, gire la cabeza y lance un contragolpe.

Cómo lanzar un puño giratorio hacia atrás

Para lanzar un puño giratorio hacia atrás, haga lo siguiente:
- Dé un paso girando su cuerpo. Los que luchan de forma convencional darían un paso hacia la derecha con la delantera.
- A continuación, levante la pierna derecha, girando con la izquierda mientras el brazo derecho está completamente extendido.
- Golpee a su oponente utilizando el dorso de la mano o la base del puño.
- La acción giratoria con la fuerza centrífuga del giro confiere a este puñetazo un poderoso impacto. Si esta técnica se ejecuta correctamente, tendrá mucha potencia y noqueará a su oponente si impacta.

8. Puñetazo de Superman

El puñetazo Superman también se conoce como puñetazo volador[1]

Esta técnica es un puñetazo volador básico. Aunque a la gente le parezca una técnica espectacular, no es el puñetazo más fuerte. Se puede contrarrestar fácilmente porque se detecta rápidamente una vez lanzado.

Para contrarrestar un puñetazo Superman, desvíelo o apártese.

Cómo lanzar un puñetazo Superman

Para lanzar un puñetazo Superman:
- Debe fingir una patada antes de saltar en el aire.
- Lance la mano hacia delante en el aire, estirando la pierna al mismo tiempo.

Esta técnica es adecuada contra adversarios altos porque reduce la distancia y supera su defensa. El puñetazo no debe ejecutarse con frecuencia porque queda muy expuesto, por lo que es fácil de contrarrestar.

La práctica lo hace todo perfecto; este viejo dicho nunca es incorrecto. Asegúrese de utilizar estas técnicas con regularidad. El Superman y los puñetazos giratorios pueden parecer geniales, pero no afectan a los oponentes si se ejecutan de forma incorrecta. Cuando los utiliza un luchador inexperto, los contraataques se ejecutarán con facilidad. Intente no ejecutar estas técnicas hasta que esté seguro de su capacidad para hacerlas correctamente, y, por lo tanto, con eficacia.

Capítulo 4: Sok - Técnicas con los codos

El Muay Sok en Tailandia significa "luchador del codo". En el Muay Sok, el luchador se centra en estar a corta distancia de su oponente. El objetivo es evitar muchas patadas y pillar al oponente desequilibrado para asestarle un buen golpe de codo afilado. Quien recorta la distancia tiene más posibilidades de hacer caer a su adversario y obligarle a luchar en el terreno del rival.

Lo que hace única a esta técnica es su nivel de agresividad. El luchador de Muay Sok utiliza diferentes golpes de codo para tener éxito en diversas posiciones. Hay varios golpes de codo, como el *sok ping* (codo de apoyo), el *sok tad* (codo horizontal), el *sok ngad* (codo uppercut), el *sok ti* (codo cortante) y el *sok klap* (codo giratorio). Estos golpes se utilizan de forma diferente: horizontal, diagonal hacia arriba y hacia abajo, uppercuts, etc.

Este capítulo expone las diferentes formas prácticas de aplicar cada técnica, creando un sistema de defensa ante el ataque de un oponente y realizando un contraataque. Aprenderá los pequeños errores que probablemente encontrará como principiante y cómo superarlos.

Lo que diferencia a esta técnica de Kickboxing de otras son los golpes de codo. Estos golpes pueden noquear a un oponente a corta distancia y asestar un corte o golpe con efecto en la cara del rival. Esta es la singularidad del Muay Sok, que no emplea ningún otro estilo de lucha.

Cómo utilizar los golpes de codo

El codo es tan afilado y duro que puede provocar un corte contundente en la piel de su rival si ataca a corta distancia o a ras de suelo. El golpe de codo funciona eficazmente como contraataque para el puñetazo de un oponente. Debido a estos múltiples beneficios, el golpe de codo debería implementarse como un estilo para cada mecanismo de defensa personal.

En las artes marciales, limitarse a lanzar los codos para golpear la cara del adversario no es tan eficaz como aplicar otras técnicas brutales. En el boxeo Muay Thai, los codos se utilizan de varias formas: movimiento horizontal, movimiento vertical ascendente, movimiento vertical descendente, un uppercut, movimiento giratorio hacia atrás y el codo volador. El codo puede atacar la cara de su objetivo desde un lado, y esto podría dañarle la frente. Los codazos verticales son más eficaces en velocidad, aunque no tan rápidos como los otros.

Los golpes de codo se ejecutan de dos formas: el codo simple y el codo de seguimiento. Sin embargo, hay una gran distinción entre ambos. El codo mple es independiente de otros golpes, mientras que el de seguimiento se realiza con el mismo brazo sobre el mismo objetivo. Por ejemplo, lanzar un puñetazo y golpear inmediatamente al adversario con un codo. Sin embargo, los codazos sólo se utilizan cuando la distancia entre los oponentes es pequeña. Los codos son una buena defensa contra las rodillas laterales, las patadas al cuerpo, los puñetazos, etc.

En el boxeo Muay Thai, existen nueve golpes de codo, entre los que se incluyen;

- **Sok Tad (Codo horizontal)**

El codo horizontal es el golpe de codo más fácil y popular. Este golpe de codo puede compararse a un puñetazo de gancho. ¿Cómo es posible? Cuando golpee, gire las caderas y mueva los pies hacia el lado que va delante de su cuerpo para asestar el golpe. Mantenga el otro brazo sobre la cara durante este golpe para protegerse de los contraataques. El objetivo de este movimiento se dirige hacia la barbilla y la parte inferior de la cara del rival. Puede utilizar este movimiento para romper la defensa de su oponente.

Sok Tad es similar a un gancho

- **Sok Ngad (Codo Uppercut)**

El codo uppercut es uno de los golpes de codo más llamativos y rápidos en Muay Thai. Este golpe es rápido y provoca un golpe certero en el rival. Usando esto puede debilitar la defensa de su oponente. ¿Cómo es esto posible? Con el codo uppercut, usted golpea su codo entre los brazos de su oponente apuntando directamente a su barbilla. Puede convertirse en un golpe de nocaut limpio.

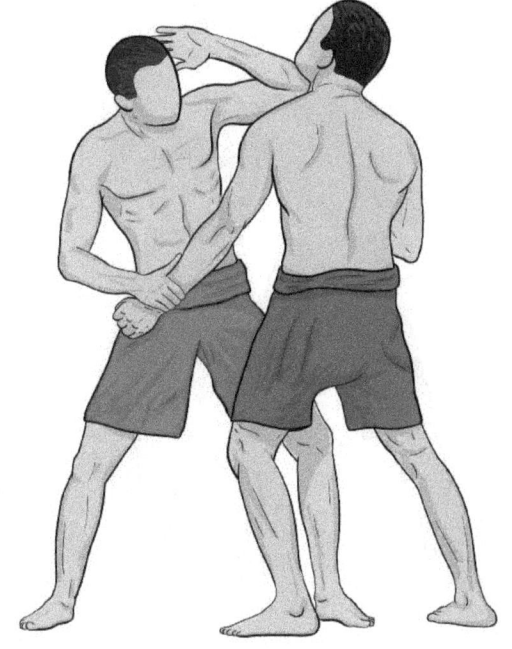

Sok Ngad es uno de los golpes más rápidos del Muay Thai

- **Sok Ti (Codo Cortante)**

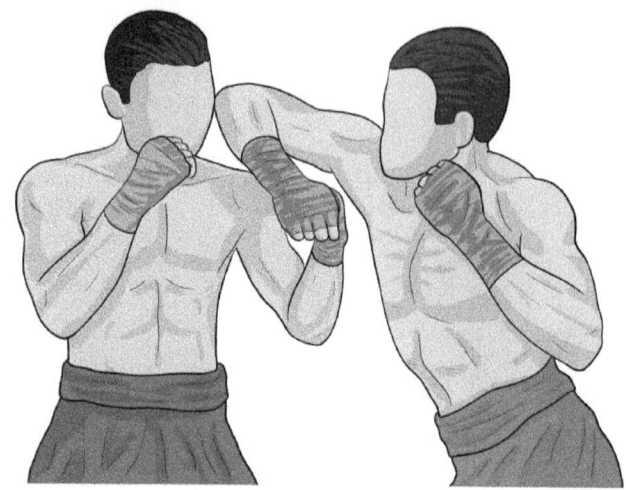

Sok Ti puede romper la defensa del oponente

Este movimiento de codo se lanza con un gesto cortante hacia abajo. El objetivo de este golpe es la frente, las mejillas o directamente encima de los ojos del adversario. Este golpe es eficaz para romper la defensa del adversario. Su oponente se defenderá para bloquear el ataque, pero puede agotarlo si sigue golpeando con el codo.

- **Sok Klap (Codo giratorio)**

Este movimiento es un clásico del Muay Thai. Se requiere un nivel de dominio de las técnicas anteriores para aplicar ésta. Esta técnica requiere cuidado ya que debe realizarse de espaldas al oponente mientras se golpea con el otro codo. No subestime este movimiento, ya que puede asestar eficazmente un golpe de nocaut al objetivo. ¿Cómo se aplica? Pase los pies por el lado del adversario y gire la parte superior del torso. Utilice el codo trasero para asestar un golpe en el lateral de la cara del objetivo. Asegúrese de observar a su objetivo desde el lado del hombro mientras ejecuta este golpe, y gire hacia atrás inmediatamente después de asestar el golpe.

Sok Klap es un movimiento clásico del Muay Thai

- **Sok Phung (Empuje de codo hacia delante)**

Este movimiento de codo suele confundirse con el uppercut. La única diferencia entre ambos es que el codo se lanza hacia delante en lugar de hacia arriba en el impulso hacia delante, como en un uppercut. ¿Cómo se aplica? Dé un paso hacia su oponente, empujándolo con la cadera. Coloque el codo como una lanza y empújelo hacia el objetivo.

Sok Phung es similar al codo uppercut

- **Sok Ku (Codo doble)**

Este es un movimiento fantástico, y cuando se utiliza correctamente puede ser un movimiento inteligente. Puede ser una manera brillante de acabar con su oponente. Durante el combate, una vez que se dé cuenta de una abertura en la que su oponente podría estar débil o herido, puede saltar alto y golpear con ambos codos en la parte superior de su cabeza.

Sok Ku puede ayudarle a eliminar a su oponente

- **Sok Tong (Codo hacia abajo)**

El Sok Tong no suele utilizarse en combate

Este golpe se conoce a menudo como el golpe "12-6" porque el golpe del codo se asemeja a la lectura del reloj "12-6". Este golpe de codo no se utiliza habitualmente durante el combate y está prohibido en algunos combates. Se aplica de forma similar al Sok Ku. En esta técnica, se golpea el muslo del adversario, se atrapa su patada y se golpea con el codo.

Bloqueo de codazos

El Muay Thai es un tipo de Kickboxing que utiliza varias técnicas de "clinch", incluyendo el bloqueo. El bloqueo es una habilidad crucial del mecanismo de defensa que requiere que proteja los golpes de su oponente con sus brazos, piernas o esquivándolos. En la defensa, los brazos y manos absorben los defectos del golpe de su oponente. Existen otros métodos defensivos en el bloqueo, como el tejido o el barrido.

El codazo es uno de los golpes más potentes del Muay Thai. Estos golpes suelen apuntar a la cara, el cuello o el cuerpo del rival. Con este golpe, puede cortar a su oponente, haciendo que sangre y se distraiga. Requiere una aplicación precisa y cuidadosa para ser eficaz. Utiliza el codo para bloquear la patada o el puñetazo de otro luchador. Se baja el codo para proteger un lado del cuerpo utilizando una buena postura de lucha. Para dominar el arte de la defensa personal, primero hay que aprender a bloquear los puñetazos con el hombro, el brazo o el codo para que el efecto de la fuerza sea menor en esas zonas sensibles del cuerpo.

Debido a la dureza del codo, se necesitará un luchador experimentado para utilizarlo con eficacia para noquear o causar daño a sus objetivos, ya que es difícil golpear con el codo. Son más eficaces en un ataque combinado con puñetazos o patadas, permitiendo ataques a corta distancia. Es esencial aprender a bloquear los ataques de codo con los antebrazos y los hombros. Bloquear le coloca en una buena posición para contraatacar con el mismo brazo en cuanto el codo de su oponente le toque.

Errores comunes con los codos y cómo superarlos

El Muay Thai es un arte nuevo en el mundo occidental. Los golpes de codo no se practican a menudo porque el golpe de codo es una técnica muy afilada y peligrosa que puede causar lesiones y daños con facilidad. El golpe de codo solo está permitido cuando se compite bajo las reglas completas de Thai o MMA. Sin embargo, esto no significa que la técnica del golpe de codo deba ser descartada, sino que debe ser usada bajo una práctica cuidadosa y sin errores. Los principiantes deben conocer lo que se debe y no se debe hacer antes de aventurarse en esta técnica. A continuación, se exponen algunos errores que cometen los principiantes y los luchadores avanzados al golpear con el codo y la forma de subsanarlos.

Error 1: Balanceo excesivo del brazo

Un error común es balancear excesivamente el brazo para golpear al oponente. Esta técnica aporta poca o ninguna ventaja al luchador, ya que hace que el golpe con el codo sea más forzado y tenga menos impacto. El objetivo es acercarse al rival y hacer que la parte superior del cuerpo sea lo suficientemente flexible como para girar y golpear con el codo de forma precisa y directa sobre el mismo. Por lo tanto, en lugar de balancear el brazo excesivamente, permita que la parte superior del cuerpo sea flexible en los giros.

Puede ser difícil resistirse utilizando un codo, pero asegúrese de que la parte superior de su cuerpo puede girar y engancharse, para que el codo pueda impactar con el oponente.

Error 2: Dejar la barbilla desprotegida

Este es un error común al golpear. Al concentrarse en interpretar y atacar a su oponente, puede perder la concentración en sí mismo y dejar la barbilla desprotegida; esto pasa una gran factura cuando hay un contraataque. Al estudiar al oponente y atacarle con un puñetazo, asegúrese de que la parte superior del brazo está doblada sobre la barbilla en forma de bufanda. Cuando su oponente contraataque, el brazo le protegerá la cara de recibir golpes.

Es especialmente importante porque los golpes con el codo se producen a muy corta distancia, por lo que es fácil que le pillen desprevenido al utilizar uno.

Error 3: Alargar el codo

Esto les ocurre sobre todo a los principiantes. Elevar el codo antes de golpear el objetivo cuando se lanza un codazo hace que se den cuenta de su postura antes de realizarla. Su codo debe estar elevado con su postura hacia el adversario antes de que gire e impacte contra él. Este movimiento hace que sea difícil para el oponente predecir el próximo movimiento.

Error 4: Un golpe duro

Es posible que quiera asestar un golpe duro para acabar con su oponente, pero utilizar el codo causaría un daño mayor, reduciendo los efectos sobre sus manos. Sus manos son frágiles y pueden romperse con facilidad, pero un codo es un fuerte trozo de hueso, y con él puede causar un daño significativo al rival. La mejor forma de utilizar un codo es con latigazos horizontales o verticales.

Error 5: Apretar el puño

Este error es común en todos los niveles, principiante y avanzado. No se lanza un codo con el puño cerrado; esto es una mala actuación y crea tensión en el músculo del antebrazo, haciendo que el luchador produzca un giro torpe del codo. ¿Cómo solucionarlo? Mantenga las manos y los dedos sueltos o relajados cuando lance un codazo. Esto crea un movimiento fluido del brazo y permite el movimiento libre de las manos.

Consejos y técnicas en Sok

En primer lugar, debe estar familiarizado con las técnicas básicas. Con la práctica constante, estas técnicas llegan a causar un daño real a su oponente cuando se aplican con cuidado. Las técnicas básicas incluyen el gancho, el uppercut, el codo en punta, el codo horizontal y el codo giratorio hacia atrás.

Los codos pueden aplicarse en posición cerrada o de bloqueo, independientemente de la distancia. El aspecto más esencial es que el golpe sea lo bastante fuerte como para afectar al oponente. Aquí tiene consejos para utilizar mejor la técnica del codo:

- Mueva las caderas agresivamente hacia el oponente: Al mismo tiempo que aprende a dar puñetazos y patadas, también debe aprender a mover las caderas de forma agresiva hacia el oponente para asestarle un codazo a corta distancia. En un intento de golpe, descienda desde la cadera para generar más energía para un golpe de codo. El codo se fortalece cuando aprende a mover las caderas de forma agresiva.

- Estabilice la parte baja de la espalda: Los músculos de la parte baja de la espalda, cuando se fortalecen, estabilizan la rotación de la cadera,

permitiendo un movimiento eficiente de los hombros. Para crear potencia, imagine que lanza libremente los hombros hacia un oponente con un fuerte golpe de codo.
- Mantenga los hombros relajados y flexibles: Para transferir la energía que generan las caderas al codo, hay que aprender a relajar los hombros. El cuerpo ha trabajado duro para crear la energía, así que los hombros deben alinearse para fortalecer los codos.

El Muay Sok es un aspecto crucial del Kickboxing tailandés y utiliza el codo para golpear al adversario. Este aspecto del combate es lo que lo separa de todas las demás formas de Kickboxing. El codo, una de las partes más duras del cuerpo, se utiliza como arma y sólo puede utilizarse a corta distancia y en el clinch. Puede ser peligroso cuando se utiliza correctamente y con precisión.

Esta técnica se puede aplicar y contrarrestar de varias maneras. Como principiante en Muay Thai, debe aprender las técnicas básicas, dominar cada nivel, y luego progresar a otras áreas del juego. Confiar sólo en un manual instructivo no tendría tanto efecto como acudir al gimnasio y registrarse bajo un entrenador. Lo más importante, la práctica es la clave para el dominio.

Capítulo 5: Ti Khao - Técnicas de rodilla

En la antigua dominación tailandesa, la técnica de la rodilla era un movimiento muy apreciado y puntuable. Cuando se ejecuta correctamente, puede dejar a los oponentes con la cara en el suelo. En Muay Thai, la rodilla es el golpe más destacado y completo capaz de darle la victoria en un combate. La parte anatómica de la rodilla responsable de ejecutar perfectamente este movimiento es su rótula. Suele ser la que mejor funciona y la que produce el efecto más devastador.

Observará que la rótula se mueve cuando se sienta con la pierna estirada en el suelo o cuando está de pie recto. Pero, cuando la flexiona contra el fémur, o como si estuviera haciendo una pose de Kung-fu con la pierna levantada en ángulo, notará que la rótula se vuelve firme. Asegúrese de que el talón está a la altura de su trasero cuando ataque, mientras que los dedos de la otra pierna apuntan al suelo, entonces golpee con la rótula. Esta posición facilita el ataque al oponente, y conducir este punto de golpe con precisión y la fuerza procedente de la cadera hace que el golpe sea más efectivo.

Técnicas de rodilla de Muay Thai

El Muay Thai, sin duda, tiene las mejores técnicas de rodilla de todas las artes marciales. A continuación, se muestran algunas con el potencial de dejar inconsciente a un oponente, romperle las costillas, desencadenarle una parálisis o dejarle gravemente herido:

La técnica de la rodilla recta (Khao Trong)

Como principiante, esta es la técnica de rodilla más simple y directa en Muay Thai. La rodilla recta puede ser aplicada desde dentro o fuera del doble cuello (el bloqueo) y se dirige principalmente a la sección media del oponente, golpeando por debajo del esternón. Si bien puede parecer fácil, no deje que la simplicidad de esta técnica de golpeo le despiste porque, cuando se ejecuta correctamente, causa un dolor insoportable en la sección media de su oponente.

Si puede aprovechar el empuje hacia arriba y el impulso al bloquear las manos tras el cráneo de su oponente, el impacto del golpe será más severo. Todo luchador que se precie debe aprender el truco que hay detrás de esta técnica.

Estos son algunos consejos para utilizar esta técnica:

Khao Trong es la técnica de rodilla más sencilla en Muay Thai

- Muévase hacia delante mientras estira una pierna.
- Empuje las caderas hacia delante para generar fuerza adquiriendo impulso.
- Apunte a la parte superior del abdomen de su oponente mientras extiende la rodilla en diagonal; esto mejora la eficacia del golpe.
- Debe inclinarse hacia atrás para aumentar la fuerza.
- Proteja la barbilla metiéndola en el pecho.
- Al realizar el golpe, la espinilla arrodillada debe estar vertical.
- Extienda la parte superior del codo hacia delante cuando lance desde media distancia para defenderse de los contraataques y mantener el equilibrio.

Técnica de la rodilla curva (Khao Khong)

Khao Khong es eficaz en el combate cuerpo a cuerpo

Otra técnica excelente para principiantes es la rodilla curva. Este golpe de rodilla es especialmente eficaz en el cuerpo a cuerpo, como en los agarres cerrados. Este ataque puede dirigirse a los costados del oponente, concretamente a las caderas, los muslos y las costillas. Aunque esta técnica de rodilla no causará tanto daño a su oponente como otras, puede ser bastante eficaz para ralentizarle y agotar su energía.

Estos son algunos consejos que le ayudarán a sacar lo mejor de su oponente utilizando esta técnica:

- Mientras flexiona la rodilla hacia el objeto de ataque, gire las caderas.
- Muévase hacia el lado opuesto o incline suavemente el cuerpo de su adversario.
- Asegúrese de tener un pie firme cuando esté bloqueado en la posición de clinch.
- Retroceda un poco antes de soltar la rodilla hacia el lado del adversario.

Técnica de rodilla horizontal (Khao Tat)

Khao Tat puede utilizarse ofensiva y defensivamente

La técnica de la rodilla horizontal es un movimiento común entre los luchadores, tanto ofensiva como defensivamente. En ocasiones, esta técnica de rodilla puede salvar vidas porque es bastante sencilla de realizar con la técnica adecuada. Algunos luchadores hacen la transición a una protección de rodilla horizontal una vez que establecen una conexión con su oponente.

La rodilla horizontal es efectiva cuando se lanza desde atrás y desde la pierna adelantada. El cambio añade diversidad a este golpe de rodilla, especialmente en el clinch, ya que puede pillar al oponente por sorpresa. Trabaje duro en su equilibrio y aprenda a establecer una ventaja sobre su oponente en el clinch mientras practica este golpe porque, si no se hace correctamente, corre el riesgo de ser derribado.

Siga estos consejos cuando realice el Khao Tat:

- Mueva la pierna que golpea hacia arriba, paralela al suelo.
- Láncese hacia delante, doblando la espinilla hacia el adversario.
- Genere potencia rotando y girando sobre la pierna que está de pie.

Técnica de la rodilla diagonal (Khao Chiang)

La rodilla diagonal es un segundo golpe de corto alcance que funciona dentro y fuera del clinch. Se dirige a los costados del oponente, especialmente a las costillas. Su dinámica hace que sea difícil de predecir y, si se ejecuta bien, puede ser un éxito. Mientras sale de un clinch abierto para asestar la rodilla diagonal, haga esto:

- Con el pie delantero, dé un ligero paso atrás.
- Simultáneamente, mueva la pierna que golpea hacia delante.
- Flexione la pierna lo suficiente para que la parte de la pierna que va de la rodilla hacia abajo forme un ángulo ascendente de 45 grados en el punto de contacto.

Khao Chiang es un ataque a corta distancia

Técnica de rodilla voladora (Khao Loi)

Aunque esta técnica está lejos de ser en lo que debe concentrarse un principiante, está bien tener una visión general de cómo funciona. Para dar este golpe, hay que tener una gran habilidad técnica y desarrollar el equilibrio y la postura. Aun así, puede hacerlo con suficiente práctica y compromiso.

Una de las técnicas más difíciles de lograr contra un oponente en Muay Thai es ocultar una rodilla voladora. Este golpe es bastante efectivo cuando un oponente esta desprevenido. Usted puede haber sido testigo de algunos espectaculares golpes voladores en MMA. Sin embargo, sus posibilidades de ejecutar esta técnica en Muay Thai probablemente serán restringidas porque los luchadores entregan esta rodilla como un ataque sorpresa contra el intento de un oponente de derribarlos. Sin embargo, así es como se realiza una rodilla voladora:

Khao Loi es una técnica más avanzada

- Asegúrese de que su oponente está en su línea de visión.
- Mientras da el rodillazo, empuje hacia arriba, flexionando ligeramente las rodillas antes de conducirlo hacia arriba.
- Gire la cadera adelantada hacia atrás y luego la opuesta.
- Al llegar a la parte superior del salto, extienda la rodilla.
- Por último, protéjase la barbilla de los contraataques.

Técnica de la rodilla pequeña (Khao Noi)

En el clinch, un rodillazo pequeño es un poderoso golpe que se puede ejecutar. Puede reducir la capacidad de movimiento de su oponente asestando pequeños y rápidos rodillazos en sus muslos. Esto puede detener el impulso del oponente y disminuir la fuerza de sus patadas y rodillas. Un oponente con ventaja en el clinch puede ser persuadido a romperlo por el pequeño rodillazo, dándote tiempo para cambiar las cosas.

Khao Noi reduce los ataques de su oponente

Técnica de rodilla larga (Khao Yao)

Khao Yao es efectivo desde larga distancia

El rodillazo largo es el golpe más eficaz a gran distancia en lugar de a corta distancia. Puede ser potencialmente un espectáculo llamativo debido al aumento del impacto con el impulso. Su oponente podría ser incapaz de contrarrestar o defenderse del ataque, incluso si anticipa el golpe. Algunas ideas para el rodillazo largo incluyen:

- Avance ligeramente en lugar de ir directamente hacia su oponente.
- Levante mientras gira el pie delantero y presiona con la rodilla hacia el rival.
- Asegúrese de que su rodilla impacta firmemente con el cuerpo de su oponente.
- Acelere el ritmo cuando practique esta técnica de rodilla, ya que lanzarla es más fácil que ejercitarla lentamente.

Errores cometidos al golpear con la rodilla

Los siguientes son algunos errores que cometen los luchadores principiantes al ejecutar técnicas de rodilla.

Enderezar la rodilla: Al ejecutar el golpe de rodilla, debe comprender que no está intentando rozar el cuerpo de una persona, sino desestabilizar a su oponente. La mayoría de los principiantes suelen empujar sus rodillas rectas hacia arriba como si estuvieran tocando a su adversario. Recuerde, debe profundizar a través de su oponente con el ataque de rodilla.

Aunque se esté moviendo hacia arriba, debe atacar el torso de su adversario mientras intenta golpearle con sus rodillas. Considérese en un ángulo, intentando agarrar las costillas de su oponente. En esta situación, su rótula debe golpear al oponente en la caja torácica.

No conseguir un movimiento fluido: Debe utilizar la fuerza, distancia y potencia de su rodilla al máximo para realizar un golpe con la misma. Sólo puede crear un movimiento fluido cuando mezcle estos tres componentes. Aunque extender las caderas puede ser un reto para los principiantes, es posible con la práctica regular.

Rodilla no doblada: No doblar la rodilla es un error bastante común entre los principiantes. El impacto del golpe disminuye si la rodilla no está doblada, ya que no está suficientemente solidificada. Si lo hace incorrectamente, también corre el riesgo de sufrir una lesión importante.

Bajar las manos: La mayoría de los principiantes cometen el error de colocar una mano baja para prepararse para un jab después de un golpe. No es un hábito excelente; debería evitarlo siempre que sea posible. En su lugar, levante ambas manos a la vez, defendiendo su mandíbula del ataque.

Lanzamientos desde lejos: Los principiantes creen que pueden atrapar a su oponente desde lejos, como con un saco de entrenamiento. Sin embargo, pronto descubren que su alcance se queda corto, ya que supera al que ensayaron con un saco. Como resultado, si intentan realizar el rodillazo desde la misma distancia durante un combate, se quedarán cortos.

Cómo fortalecer y acondicionar la rodilla para ataques fuertes

Aunque lleva tiempo fortalecer las rodillas, puede acelerar el proceso aprendiendo los métodos y ejercicios correctos. Aquí tiene algunas pautas que le ayudarán a conseguirlo.

Acondicionamiento

No importa lo hábil o dotado que sea, todo eso no serviría de nada si no estuviera en forma. A veces puede tener suerte, pero no será por mucho tiempo. Debe asegurarse de estar en las mejores condiciones para tener unas rodillas fuertes. Cada vez que luche, debe estar en las mejores condiciones físicas, porque puede apostar a que su oponente también lo estará.

Cuando hablamos de acondicionamiento, nos viene a la mente una linterna a pilas. Cuando las pilas están cargadas, brilla más; esto se aplica a todos los luchadores por igual. El entrenamiento es esencial. Sus piernas, de las que depende para moverse y golpear en Muay Thai, se rendirán si se cansan. Como luchador principiante, debe estar en excelente forma, ya que depende de sus piernas. Aquí le explicamos cómo mejorar su condicionamiento:

- Haga una carrera de fondo de 10 kilómetros cinco o más días a la semana.
- Haga series de sprints, como cinco series de 100 metros seguidas.
- Haga carreras de montaña.
- Haga estiramientos y flexiones con regularidad.
- Suba o baje escaleras con regularidad.

El entrenador y el equipo adecuados

Mejorará invariablemente sus golpes de rodilla con el entrenador y el equipo adecuados. Antes de tomar el control de esas rodillas, debe esforzarse mucho en la técnica. Levantar pesas o llevar brevemente objetos pesados sobre la cabeza no equivale a producir energía en los golpes de rodilla.

Su técnica debe perfeccionarse para producir la mayor potencia posible. Cada parte de un golpe puede ser desmontada por un entrenador experto que se concentrará en cómo se coloca, prepara, ejecuta y entrega; también es esencial practicar con luchadores que compartirán algunas sugerencias útiles.

Ejercicios

Antes de añadir potencia a su golpe de rodilla, primero debe comprender lo cruciales que son la postura, caderas, pies, piernas y rodillas para un gran golpe. Cada técnica, la rodilla curva, recta, horizontal o diagonal, debe practicarse para desarrollar potencia. Para desarrollar una potencia considerable, los fundamentos del golpe deben ser intuitivos.

Durante las distintas sesiones de entrenamiento, debe practicar ejercicios de rodilla. Elija el golpe de rodilla que desee dominar y dedique el tiempo necesario a perfeccionar y repetir los ejercicios necesarios. Golpear las rodillas en el entrenamiento, en el saco, en las almohadillas y durante el shadowboxing le ayudará a desarrollar el equilibrio, las posiciones, la profundidad y la sincronización. Se puede aumentar la fuerza de la rodilla fortaleciendo sus partes vitales. Experimentará un cambio en la fuerza que emplea para ejecutar el golpe, aunque puede que tarde unas semanas. Puede llegar a su destino más rápido de lo que cree si presta atención a los detalles y se concentra adecuadamente.

Cómo bloquear mejor una rodilla en combate

Si no se contrarrestan correctamente, las rodillas de Muay Thai pueden fracturar las costillas. Los siguientes consejos le ayudarán a defenderse de las rodillas de su oponente, ya sea dentro o fuera del clinch.

Extender el brazo (jabbing) hacia el pecho de su oponente bloqueará la rodilla del mismo si no está en el clinch. Su brazo debe extenderse más allá de la rodilla de su oponente si se inclina ligeramente hacia él. Debe golpear la barbilla en lugar del pecho.

Cuando su oponente levante la pierna para lanzar el rodillazo mientras sigue en el clinch, puede intentar desequilibrarle. Gírelo en la dirección de su pierna en pie. Si lanza su rodilla derecha, puede girar hacia la derecha.

Si el oponente desplaza su peso más allá de su pierna de pie, puede lanzarlo o responder con su rodilla (derecha). Se necesita algo de trabajo para dominar este movimiento porque es difícil ver la pierna del oponente cuando se está en el clinch. Debe practicar para detectarlo, observando cómo cambia su peso.

El mejor ataque es la mejor defensa en Muay Thai. Por lo tanto, como un luchador de Muay Thai, es esencial tener técnicas eficaces, entender cómo generar poder para sus técnicas, evitar errores comunes y bloquear las tácticas de su oponente. Como principiante, debe dedicar la misma cantidad de esfuerzo para aprender y practicar estas técnicas de rodilla, ya que realmente pueden ser útiles en caso de emergencia. La mejor opción para dominar la técnica de la rodilla es un buen compañero de entrenamiento. Podéis reforzar mutuamente vuestras defensas y debilidades, posicionándoos para ser los mejores.

Capítulo 6: Te: Técnicas de patadas

Las patadas fuertes son una parte importante del Muay Thai. Dominar varias técnicas de patadas le permite desarrollar ataques poderosos, y también pueden ser muy útiles para la defensa. Le ayudan a mantener su distancia del oponente, por lo que es más difícil para ellos llegar a usted, sin dejar de asestar golpes potentes a todas las áreas de su cuerpo. Además, si quiere golpear las piernas del oponente, lo más eficaz es utilizar buenas patadas.

Estas son algunas de las técnicas de patada más útiles que debería conocer bien, así como información adicional que le ayudará a maximizar sus técnicas de patada.

Las mejores técnicas para dar patadas

Estas técnicas de patada pueden utilizarse solas o combinadas. Dependiendo de la situación y del ataque que quiera efectuar, puede combinar dos patadas o combinar algunos puñetazos y movimientos de la parte superior del cuerpo con estas patadas.

1. Patada circular giratoria - Tae Klap Lang

Tae Klap Lang es una poderosa patada

Esta patada es una de las más potentes que puede dominar. Cuando se utiliza correctamente, puede noquear fácilmente a los oponentes; si se utiliza descuidadamente, puede ser fatal. Esta patada se utiliza principalmente como estrategia defensiva, pero, con las combinaciones y la preparación adecuadas, puede formar parte de su estrategia ofensiva.

Utilizará la pierna trasera para esta patada, creando un movimiento giratorio. Su espalda mira al oponente, entonces gire su pierna atacante alrededor del cuerpo para crear impulso. El objetivo es la parte superior del cuerpo, el cuello y la cara del oponente.

Es el movimiento giratorio lo que genera el impulso y lo que hace que las patadas circulares sean tan mortales. Para esta patada, debe entrenar la flexibilidad y destreza de las piernas y trabajar la movilidad de la cadera.

2. Patada de empuje con salto - Kradot Teep

Kradot Teep le ayudará a obtener ventaja

Si no tiene espacio para girar y crear fuerza extra en su patada o quiere crear más fuerza en una patada mientras se acerca a un oponente, la patada de empuje con salto le resultará útil.

Esta patada es como la patada recta, excepto que se utiliza la pierna trasera para saltar del suelo y crear más impulso. Una técnica popular es guiar al oponente con la pierna que patea, poniéndola recta hacia arriba como lo haría con una patada recta, pero luego saltando de la pierna trasera en medio de la patada para generar fuerza extra.

Esta patada es ideal para la parte superior del cuerpo y la cara. Si va a dar la patada recta normal, sólo tardará un momento en transformarla en la patada de empuje con salto.

3. Patada recta frontal - Tae Trong

La patada frontal recta se utiliza habitualmente en kárate. En japonés se denomina *Mae Geri*.

Con esta patada, se utilizan los dedos o la parte superior del pie para atacar al adversario en lugar de la planta del pie. Es una simple patada hacia delante dirigida a la barbilla o a los lados de la cara.

El Tae Trong es similar a la técnica de kárate Mae Geri

4. Patada giratoria hacia abajo - Tae Kod

El Tae Kod se conoce como la patada brasileña[89]

Esta patada se conoce como patada interrogante o patada brasileña. Una vez más, debido al movimiento giratorio requerido en el movimiento de la patada giratoria, esta patada genera mucho impulso y puede ser devastadora cuando se utiliza correctamente.

La principal diferencia con la patada giratoria tradicional es que la pierna que patea tiene que levantarse más arriba en la patada giratoria hacia abajo. Básicamente, hay que colocar la pierna por encima del rival, y luego inclinarla hacia abajo para completar el movimiento. Puede resultar especialmente difícil si su oponente es más alto que usted. Además, debe tener una excelente flexibilidad de cadera para este movimiento, ya que gira y empuja la pierna hacia arriba.

Esta es una patada excelente, ya que anula la protección del oponente y ataca la cabeza, el cuello y la zona de los hombros desde arriba en lugar de hacerlo desde delante, donde tendría que atravesar la defensa.

5. Patada diagonal - Tae Chiang

Tae Chiang es una patada rápida

Se trata de una patada muy rápida en la que se utiliza la espinilla para golpear el cuerpo del oponente, concretamente las costillas. Esta patada es perfecta para situaciones de cuerpo a cuerpo y puede ser un golpe muy doloroso cuando se hace bien.

Normalmente, la pierna del atacante forma un ángulo de 45 grados con el suelo y se introduce directamente en los costados del adversario.

6. Patada de hacha de Muay Thai - Tae Khao

El Tae Khao se centra en la cara, el cuello y los hombros

La patada hacha de Muay Thai es similar a la patada giratoria hacia abajo, pero sin el movimiento giratorio para crear impulso. Esta patada se dirige a la cara, el cuello y los hombros.

Desde una posición de pie, el atacante lanza una patada recta ligeramente por encima de la zona objetivo, a continuación, impulsa el talón del pie hacia abajo sobre la zona objetivo. Es similar a un hacha cayendo sobre su objetivo.

Aunque se trata de una patada potente, expone al atacante a un rápido contraataque, por lo que los luchadores rara vez la utilizan.

7. Empuje con el pie - Teep Top

Teep Top es útil para la defensa

En esta patada, se dobla la rodilla de la pierna que golpea y se utiliza la parte superior del pie o todo el pie para "abofetear" al adversario. Dependiendo de la altura a la que se lleve la pierna de golpeo y de si se tuerce durante esta patada, puede ser una patada recta al abdomen, una bofetada a las costillas o incluso una bofetada a la cabeza.

Esta patada es un gran movimiento en una situación defensiva. Ayuda a mantener al atacante alejado y también a desequilibrarlo. Sin embargo, no se puede generar mucha potencia con esta patada.

8. Jab con el pie recto - Teep Trong

Teep Trong suele dirigirse al abdomen

Esta patada rápida, afilada y recta puede considerarse la versión para pierna de un jab recto. En este movimiento, se inclinará ligeramente hacia atrás y dará un "puñetazo" en línea recta con la pierna que patea. Esta patada suele dirigirse al abdomen y al pecho, pero también puede dirigirse a la cabeza.

Es un gran movimiento para controlar la distancia del oponente. Puede utilizarse muy eficazmente para empujar al oponente o desequilibrarlo cuando se acerca a un ataque. También puede ser una buena patada para desequilibrar al oponente antes de lanzar el ataque. Se consideran patadas de bloqueo o "de control".

9. Patada lateral Muay Thai - Te Tad

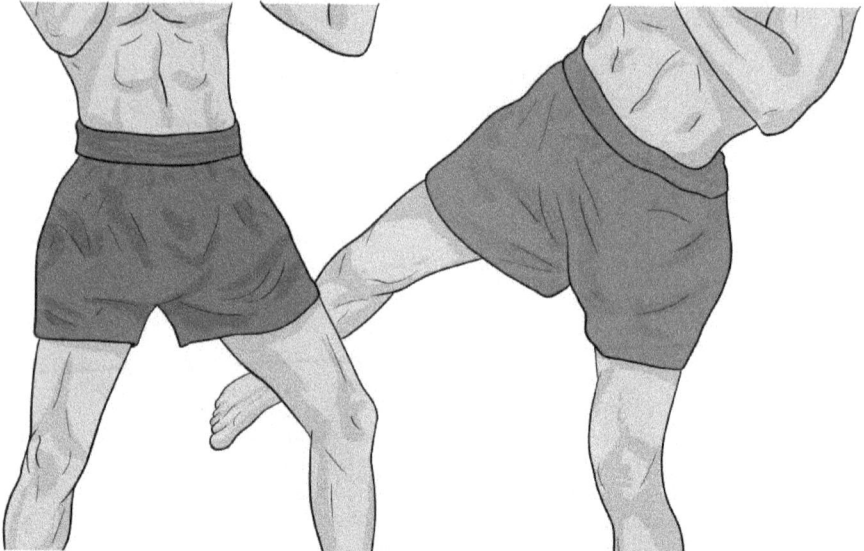

Te Tad es ligeramente diferente de un compañero normal

La patada lateral en Muay Thai es ligeramente diferente a la de otras disciplinas, como el taekwondo y el kárate. En el Muay Thai, la pierna que da la patada no se encaja. Más bien, el luchador da un paso hacia dentro con la pierna de pie para crear impulso y luego lanza la patada desde el lado de la cadera. El objetivo es golpear al oponente con la planta del pie, el lateral de la planta o incluso el talón si la patada se dirige ligeramente más arriba, a la barbilla o la nariz.

En otras disciplinas, se utiliza el arqueo de la pierna (tirar de la rodilla hacia el pecho) para generar potencia. Sin embargo, esto ralentiza el movimiento y abre al luchador a un contraataque.

10. Patada giratoria de Muay Thai-Te Tat

La patada giratoria de Muay Thai es la más reconocible de esta forma de lucha. También es la patada que diferencia a un luchador de Muay Thai de otros artistas marciales.

Esta patada consiste en golpear con la espinilla al oponente. Esta patada puede darse en las piernas, el abdomen, la cabeza o los brazos del oponente. Se puede dar desde una posición de pie, o se puede incorporar un giro al movimiento para generar aún más potencia.

Cuando se realiza correctamente, es un movimiento extremadamente potente y peligroso. Puede causar graves daños e incluso romper huesos duros, como la espinilla o el fémur del adversario.

Te Tat diferencia el Muay Thai de otras artes marciales

Consejos para las patadas giratorias

La patada giratoria es una patada muy flexible y versátil para utilizar en casi cualquier situación o propósito. Saber ejecutar esta patada con la máxima precisión le ayudará en innumerables situaciones.

La mejor postura para la patada giratoria

Antes de lanzar la patada giratoria, asegúrese de que está en la posición correcta. En primer lugar, los pies deben estar separados a la altura de los hombros, con la mayor parte del peso en la parte anterior de los pies. Si no está equilibrado, no podrá dar la patada con potencia ni precisión.

Lo siguiente más importante a tener en cuenta es la distancia al objetivo. Una buena forma de comprobarlo es lanzar un golpe rápido. Si puede lanzarlo cómodamente, está a la distancia adecuada, ya que las patadas a la espinilla o a la rodilla tendrán un alcance ligeramente superior.

Por último, debe tener la postura correcta al lanzar la patada y durante todo el movimiento. Si quiere dar una patada potente, debe estar equilibrado. Además, tenga en cuenta lo que el oponente puede hacer en respuesta a la patada; debe estar posicionado para manejar cualquier respuesta.

Debe centrarse en algunas cosas para conseguir una patada giratoria con éxito. En primer lugar, mantenga el peso sobre la planta del pie al lanzar la patada y permanezca sobre la planta del pie durante toda la rotación. Lo ideal es elevar el peso desde el talón hasta la parte anterior del pie al dar el paso y lanzar la patada. Este cambio aporta más potencia a la patada.

Además, asegúrese de que el pie de la pierna pivotante apunta hacia fuera en un ángulo de 45 grados cuando dé la patada. Esto provocará dos cosas; 1. Tendrá un equilibrio adecuado en la patada y, por lo tanto, más potencia. 2. No estará en la línea central de la patada para que pueda afrontar una respuesta del oponente. Además, tener el pie fuera en ángulo disminuye la distancia que tiene que mover la pierna, lo que aumenta la velocidad y la potencia percibidas de la patada.

Una cadera abierta es un componente esencial de la patada giratoria. Permite cargar la patada con mayor eficacia, proporciona un mejor equilibrio, facilita una mejor transferencia de energía e impulsa todo el cuerpo hacia la patada. Además, contribuye a la estabilización después de la patada, ayudándole a girar más rápidamente para volver a la posición inicial.

Errores comunes

Como se ha comentado en la sección "la mejor postura", la cadera es crucial en la patada giratoria y suele ser el área en la que la gente comete errores. Cometer este error puede acarrear numerosos problemas. Asegurarse de que la cadera está abierta y los pies en la posición correcta resolverá este problema.

Otro problema es patear con el pie; esto es muy común para las personas nuevas en Muay Thai. Golpear algo con la espinilla puede doler bastante, por lo que es importante acondicionar las espinillas. Sin embargo, durante el entrenamiento de patadas, debe centrarse en golpear el objetivo con el centro de la espinilla, donde tiene el mayor impulso.

El regreso de la patada es otro problema. La pierna debe bajar al suelo tan rápido como subió con la patada giratoria. Ser lento en esta parte de la patada le pondrá en una posición vulnerable donde puede ser derribado fácilmente.

Otra cuestión es sincronizar la patada y tener una buena defensa durante la misma. Aunque es poderosa, la patada giratoria debe ser sincronizada correctamente para obtener los mejores resultados. No querrá que el oponente le atrape o que le contraataque hasta el punto de meterle en problemas. Lanzar unos cuantos puñetazos o patadas de control, comprobar dos veces que está a un lado del oponente, y tener una buena posición con los brazos para proteger la barbilla, marcará una gran diferencia en la seguridad con la que realiza la patada giratoria sin ser un blanco fácil para el oponente.

Acondicionamiento de las piernas

Necesitará piernas y espinillas fuertes para dominar las patadas giratorias. Para ello, puede hacer varias cosas:

La primera es el saco pesado. Lo ideal es dar 200 patadas con cada pierna en el saco tres veces por semana. No tiene por qué ser muy duro; incluso un saco blando puede servir. La idea es amortiguar los nervios de la espinilla. Con el tiempo, a medida que los nervios responden menos a las patadas, dejarán de doler tanto porque ya no enviarán señales de dolor al cerebro.

A continuación, haga muchos saltos en cajón y en sentadilla para fortalecer la tibia y el peroné. Hacer 5 series de 15 de estos ejercicios 2 o 3 veces por semana acondicionará las tibias y las preparará para el fuerte estrés al que se enfrentan en el ring.

Por último, debe hacer mucho combate con las espinilleras puestas. Incluso con espinilleras, el combate intenso tiene un impacto enorme en las tibias. Esto hará maravillas para fortalecerlas y prepararlas para soportar el alto impacto.

Bloqueo de patadas

Para bloquear una patada giratoria, levante la espinilla y bloquee con ella. Levante la rodilla hasta formar un ángulo de aproximadamente 90 grados entre la espinilla y el muslo. Por supuesto, si bloquea una patada a la parte media del cuerpo, la rodilla estará más arriba. Puede utilizar la espinilla para bloquear golpes en las espinillas, los muslos y el abdomen. Debe utilizar los brazos para defenderse de cualquier golpe que le llegue al pecho o a la cabeza.

La patada giratoria es una patada fantástica para utilizar en muchas situaciones. Sin embargo, para sacarle el máximo partido, debe saber cómo ejecutarla correctamente, evitar los errores comunes y tener las piernas bien acondicionadas para esta habilidad. Un buen entrenamiento de las piernas le ayudará a ejecutar patadas excelentes y le proporcionará protección para defenderse de las patadas giratorias.

Capítulo 7: Teep: Técnicas del pie

Los golpes de pie son importantes en el Muay Thai. Ya sea como aficionado o compitiendo al más alto nivel, tener a su disposición diferentes patadas y golpes de pie le colocará en una mejor posición en el combate.

Mientras que el barrido es simple, se puede aplicar de muchas maneras para desequilibrar a su oponente, desarmarlo de un ataque, o prepararlo para su ataque. Como muchas otras cosas en el Muay Thai, una excelente técnica de pies se basa en la velocidad y la sincronización. Aquí está todo lo que debe saber acerca de las diferentes técnicas de pie en Muay Thai.

Patadas de pie de Muay Thai

Las patadas de Muay Thai son importantes en un combate. Desvían los ataques que se aproximan, desequilibran al oponente y también bloquean o impiden las patadas. Estas patadas se dirigen principalmente al abdomen, el pecho o la cara del oponente. Sin embargo, también pueden utilizarse en las piernas y para defenderse de las patadas. En estas patadas rápidas, se pueden utilizar los dedos, el talón o la planta del pie para atacar al adversario. También se denominan "palmadas con el pie", ya que son menos potentes que una patada recta o un puñetazo bien colocado. Sin embargo, con velocidad y precisión, se pueden utilizar con gran efecto.

Existen dos formas principales de patadas con el pie, que se enumeran a continuación.

1. Patada recta o hacia delante (Teep Trong)

Desde una posición de pie, el luchador levanta la rodilla y da una patada hacia delante con la espinilla para apoyar el pie en el adversario. Normalmente, se utiliza para atacar por encima de la cintura. Es un excelente ataque al abdomen, el pecho o la cara del oponente, pero debe ejecutarse con rapidez. La patada de vuelta al cuerpo debe ser tan rápida como la patada hacia el oponente. También será necesaria una buena movilidad de cadera para utilizar el teep trong para la cara.

2. Patada lateral con el pie (Teep Khang)

Teep Khang se utiliza de forma similar a cuando se utiliza una patada recta

Esta patada se utiliza del mismo modo que la patada recta. La diferencia es que el luchador se coloca de lado al lanzar el ataque. De esta forma, el lado del luchador mira hacia su oponente, las caderas se giran hacia un lado y se hunden, mirando hacia el suelo, y el lado de la suela impacta sobre el oponente. Como este barrido implica girar las caderas, tiene un poco más de fuerza, ya que el impulso de la parte superior del cuerpo se transfiere a la patada. Esta patada es un poco más difícil, ya que requiere una mejor movilidad de la cadera y el equilibrio para llevarse a cabo correctamente. La posición de los pies, la rotación de la cadera e incluso la posición de la parte superior del cuerpo influirán en el equilibrio que se consiga en un teep khang.

Barridos de pie

Los barridos de pie se utilizan mucho en Muay Thai y pueden beneficiar al luchador. Se pueden emplear varias versiones, dependiendo de la situación. Esta sección cubre algunos de los barridos más básicos, pero también más versátiles que debe dominar.

1. Captura y barrido

La captura y barrido es una gran respuesta a las patadas

La captura y barrido es una gran técnica utilizada con un efecto asombroso en respuesta a las patadas. Es una de esas acciones que la mayoría de los oponentes no se esperan. Normalmente, se utiliza una patada de bloqueo para bloquear patadas. El barrido bloqueará la patada y hará que sea menos probable que el oponente utilice esa patada de nuevo, ya que sabe que será contrarrestada ferozmente.

Para este barrido, atrape la patada lateral o giratoria con los brazos, casi abrazando la pierna mientras la atrapa para minimizar el impacto. A continuación, levante ligeramente la pierna del oponente y cambie sus pasos. Esto desequilibrará al oponente y facilitará su barrido. Mientras el oponente intenta saltar para recuperar el equilibrio, puede desplazarlo fácilmente hacia la lona con una patada en la pantorrilla de su pierna pivotante.

2. Barrido giratorio

El barrido giratorio puede permitirle dominar al oponente

Este barrido aprovecha la tendencia de la mayoría de los luchadores a responder a una patada con otra patada. Si lanza una patada giratoria al oponente, puede estar casi seguro de que se la devolverá.

Para este barrido, lance una patada giratoria al cuerpo para ver cómo reacciona su oponente. Si recibe una patada de vuelta, lance otra para prepararle para el barrido. Estas patadas iniciales son para preparar al oponente. No es necesario emplear demasiada fuerza en ellas, ya que se corre el riesgo de ser atrapado y contraatacado.

Antes de que el oponente pueda responder con su segunda patada, utilice su pierna trasera, apuntando a la zona del tobillo de la pierna trasera del oponente para desequilibrarle mientras su pierna adelantada está en el aire para un ataque. Lo ideal es asestar el golpe de barrido mientras la pierna de ataque del oponente está en el aire. De esta forma, puedes asegurarse de que su peso está sobre su pierna, y será más efectivo. Dependiendo de la altura y alcance del oponente, esto puede requerir que dé un pequeño paso hacia delante.

3. Barrido posterior

Este es un gran barrido y bastante doloroso para el oponente, ya que impacta completamente plano sobre su cuerpo cuando todo su peso está involucrado. Este barrido se realiza mejor después de unos cuantos puñetazos o patadas para asegurarse de que su oponente está poniendo la mayor parte de su peso en la pierna trasera.

Al patear el lado derecho del cuerpo del oponente, éste levantará la pierna derecha para defenderse. En la segunda o tercera patada, lance una coz hacia la derecha y avance con su pierna trasera para desplazar la pierna en la que está parado. Para conseguir un efecto aún mejor, utilice la mano contraria para apartar su pierna y acercarse a él, y empújelo hacia atrás sobre su pierna pivotante para que todo su peso recaiga sobre la pierna que está a punto de mover.

El barrido posterior puede ser doloroso para su oponente

4. Teep Counter Sweep (contador de barridos)

El teep counter sweep es una habilidad valiosa

Uno de los ataques más habituales es el barrido hacia delante. Saber contrarrestar este ataque con un barrido rápido y eficaz es una habilidad muy valiosa.

El objetivo es agarrar la pierna del oponente durante un teep, tirar de ella hacia usted, quitarle la pierna con la que pivota y empujarla hacia abajo mientras cae para que impacte más contra la lona.

Lo ideal es agarrarle la pierna con una mano y ahuecar la parte posterior del tobillo. A continuación, darle un tirón para desequilibrarle y poner a su alcance la pierna de pivote. Tras ello, darle una patada en la zona del tobillo para ejecutar el barrido y terminar con un fuerte empujón en el pecho o los hombros para acelerar la caída y aumentar el impacto contra la lona.

5. Patada baja con barrido

La patada baja con barrido puede ayudarle a romper los ataques del oponente

El objetivo es desplazar por debajo del muslo trasero del oponente para llevarlo a la lona. Una vez más, debe preparar a su oponente con algunas patadas bajas o patadas a las costillas para colocarlo en la posición correcta para ejecutar el barrido.

Acérquese a su oponente cuando levante la pierna para defenderse de lo que parece una patada. Cuando su pierna esté en el aire y todo su peso recaiga sobre la pierna que pivota, lance una fuerte patada a la cara interna de su muslo trasero para que impacte en el suelo. Tener la mano extendida delante de usted con la barbilla asegurada detrás del hombro también es un buen enfoque para que esté preparado para bloquear cualquier contraataque.

Si quiere aumentar el impacto, empuje al oponente cuando empiece a caer para aumentar la velocidad de la caída.

Beneficios de los barridos de pies

Los barridos se utilizan comúnmente en muchas artes marciales. Cada arte marcial tiene ciertos barridos únicos para ese arte marcial en particular. Además, muchos barridos pueden estar permitidos en un arte marcial, pero no en otras artes marciales en un entorno competitivo.

Tener múltiples barridos a su disposición como un atleta de Muay Thai sería una buena idea. Estos son algunos de los principales beneficios que proporciona un barrido:

Configuración del golpe

Los barridos son una forma excelente de desequilibrar al oponente. Al aprender a realizarlos, habrá muchas ocasiones en las que no realice un barrido limpio, pero, incluso así, habrá desplazado a su oponente. Este momento de inestabilidad es todo lo que necesita para lanzar un ataque completo y posiblemente terminar el combate.

Si usted está usando Muay Thai como parte de su entrenamiento de MMA, donde el suelo y los golpes están permitidos, entonces los barridos son una técnica útil para llevar al oponente al suelo. Por otra parte, cuando un oponente aterriza con fuerza en el suelo en un barrido, es difícil para ellos estabilizarse y estar preparados para el trabajo de suelo necesario para luchar en el suelo. En ambos casos, usted se beneficia del barrido.

Ritmo de combate

El ritmo de un jugador es significativo en su rendimiento en el encuentro, especialmente si el jugador puede sincronizar sus movimientos con el juego de pies y un ritmo de lucha natural. Puede utilizar los barridos para interrumpir este ritmo de forma eficaz. Cuando barre a un oponente, tarda un momento en volver a levantarse y reiniciar su ritmo. Hacer esto suficientes veces y con suficiente fuerza durante un combate puede ser devastador para el ritmo del rival. La falta de ritmo lleva a una mala sincronización, causando un impacto pobre y haciendo más difícil para ellos esquivar y defender sus ataques.

Los barridos tienen mucho más impacto que una simple patada o puñetazo al cuerpo. Si quiere cansar al oponente, acabar con su confianza y dañar su cuerpo, entonces los barridos serán más efectivos que las patadas rápidas y los jabs. Además, cuando añade un fuerte empujón a un barrido, éste es aún más peligroso.

Espacio

Por muy veterano que sea, enfrentarse a un rival fuerte puede ser agotador. Los barridos son una buena forma de ganar unos momentos para respirar hondo y refrescarse. Si su oponente está constantemente encima de usted, le resultará difícil respirar y concentrarse. Si alguna vez se encuentra en una situación difícil, lanzar un barrido le ayudará a aclararse.

Dominio

El juego mental, especialmente el estado de ánimo, juega un papel importante en el rendimiento en la lucha. Los barridos son uno de esos movimientos que dan confianza mientras desmotivan al oponente. Le dan un momento para pensar; y cuando tiene más confianza, puede trazar mejores planes.

Mantenerse erguido por encima de su oponente después de un barrido influye en su psicología directa e inconscientemente. Si cree que no puedes derribar al oponente, pero luego realiza con éxito un barrido, la situación puede cambiar drásticamente. Además, estar de espaldas en el tatami durante una competición merma la confianza del jugador. Caerse y volver a levantarse cansa al luchador; otra ventaja añadida de los barridos.

Puntos

No siempre se trata de hacer daño al oponente. En una competición, el objetivo es sumar puntos, y los barridos pueden hacer ganar valiosos puntos de cara a los jueces. También demuestra a los jueces que controla la situación y que tiene una excelente conciencia espacial.

Los barridos pueden impedir que su oponente consiga demasiados puntos fáciles con movimientos pequeños y rápidos. Si siente que un asalto se le va de las manos, lanzar un barrido le ayudará a nivelar la situación durante los siguientes segundos.

Barridos ilegales

Es importante conocer los barridos ilegales, especialmente para los jugadores procedentes de otras artes marciales. Los jugadores procedentes del Taekwondo, el Jiu-Jitsu y el Judo son los que más problemas tienen en este sentido. Barridos comunes en esos deportes, como Ouchi Gari y Ostoro Gari, son ilegales en Muay Thai.

Todos los barridos que impliquen coger al oponente por la cintura o utilizar una extremidad también son ilegales en Muay Thai.

Conocer los barridos es crucial, pero se necesita tiempo y práctica para perfeccionar el arte de ejecutar un buen barrido en el momento adecuado para cambiar las tornas. Se necesita mucha práctica para anticiparse a los movimientos y diseñar el barrido adecuado para cada situación. En otras secciones se explica cómo combinar los barridos con otros movimientos para crear combinaciones con las que superar al rival.

Capítulo 8: Chap Kho: Técnicas de clinch y lucha de cuello

Quizá el aspecto más emblemático del Muay Thai, además del Mangkon, sean los movimientos de agarre y lucha de cuello que utilizan los luchadores. En el boxeo occidental, e incluso en algunas artes marciales, no está permitido el clinch. Si dos luchadores se enzarzan en un abrazo, se les separa al instante o se interrumpe el combate. En otros deportes de combate, especialmente en el boxeo de estilo occidental, los luchadores utilizan el clinch para defenderse de los ataques que se les acercan y para tomarse un pequeño respiro durante el combate.

En el Muay Thai, el clinch es una parte esencial del combate. Es una de las situaciones más intensas y peligrosas en las que puede encontrarse un luchador. Con las habilidades correctas y el enfoque de clinch, puede ser una habilidad que cambie el juego para un luchador que sabe qué hacer. Los luchadores que favorecen la técnica del Muay Plam se centran en el clinch, al igual que el Muay Sok se centra en los codos y el Muay Thai en las patadas. Si quiere especializarse en Muay Plam, o simplemente quiere mejorar su juego de clinch, este capítulo abarca todo lo que hay que saber.

Técnicas de clinch más comunes

Se pueden utilizar diferentes técnicas de agarre para preparar al oponente, defenderse, barrer, dar patadas, rodillazos u otros objetivos. Algunas de las técnicas más utilizadas y versátiles son las siguientes:

1. Nudo de doble cuello

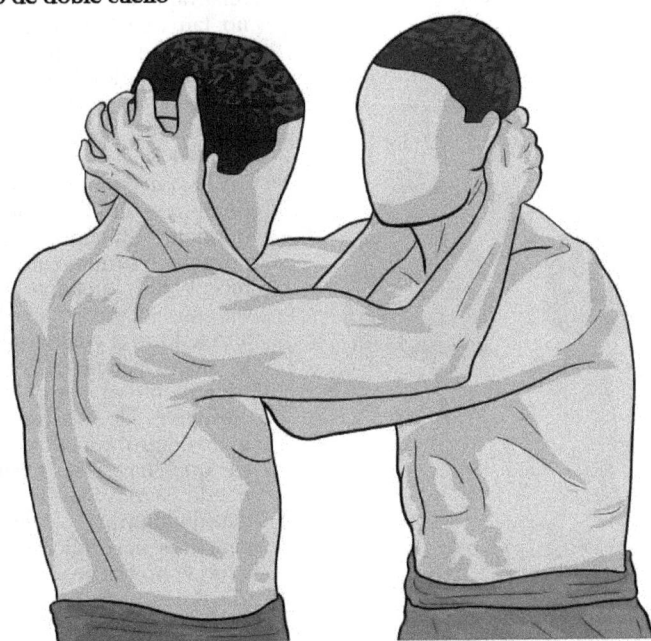

El nudo de doble cuello es una técnica de clinch habitual

Esta técnica es una de las más comunes en el Muay Thai. Ha sido utilizada por muchos de los mejores en el deporte con un efecto asombroso, incluyendo al altamente condecorado Petchboonchu. Esta técnica es una de las favoritas de los luchadores de estilo rodilla, ya que permite un excelente control sobre los oponentes y abre sus cabezas y abdómenes a los ataques de rodilla.

Existen dos versiones del nudo de doble cuello: alrededor de la cabeza o del cuello.

Si su objetivo es llegar a la cabeza, empiece por pasar la mano por su defensa y rodear la parte posterior de la cabeza. A continuación, coja la segunda mano y siga un camino similar para tener ambas manos detrás de la cabeza del oponente. Desde esta posición, es muy fácil llevar la cabeza hacia abajo para asestar un golpe con el codo o la rodilla. Además, maniobrar el cuerpo es mucho más fácil una vez que se tiene un buen control de la cabeza. Puede preparar fácilmente el cuerpo del oponente para golpes de rodilla en el esternón y los abdominales. En este agarre, es más fácil girar al oponente y mover su cuerpo si quiere prepararlo para otros ataques.

La otra opción es agarrar al oponente por el cuello. Para ello, ponga sus manos alrededor de su nuca y use un agarre de mariposa para juntar sus manos. Este agarre en particular proporciona un excelente control, dificultando que el oponente lo rompa y permitiéndole apretar su cuello. Con este agarre, puede ser bastante doloroso cuando cierra los antebrazos a los lados de su cuello, haciendo que este agarre sea efectivo. No tendrá tanto control sobre su cuerpo desde esta posición, pero sigue siendo un agarre efectivo en muchas situaciones. Esto será particularmente útil para oponentes un poco más altos. Alcanzar su cabeza expondrá su abdomen, lo que puede ser extremadamente arriesgado. Sin embargo, al agarrar su cuello, se protege a sí mismo a la vez que se pone al alcance del oponente.

2. Nudo de cuello simple

El nudo de cuello simple es el más común

El nudo de doble cuello puede sin duda hacer mucho daño a su adversario. Sin embargo, es relativamente fácil de defender y no tan difícil de romper una vez que se entiende cómo contrarrestarlo. Por estas razones, el nudo de cuello simple es un clinch que se practica con más frecuencia.

Esta técnica consiste en tener una mano alrededor del cuello del oponente mientras la otra se envuelve firmemente contra el bíceps del oponente en el lado opuesto. Con la mano derecha alrededor del cuello del oponente, la mano izquierda debe agarrar firmemente el bíceps derecho del oponente. De esta forma, tiene un buen control sobre todo su cuerpo, ya que hay dos lugares donde puede mover su peso y desequilibrarlo. Además, este clinch es más difícil de romper, y aunque no puede golpear la cabeza fácilmente desde esta posición, tiene muchas oportunidades de darle un rodillazo en el abdomen y el pecho y lanzarlo.

En esta posición, puede utilizar la mano izquierda (la del bíceps) para asestar fuertes uppercuts y ganchos a la cara del oponente. A medida que adquiera más experiencia en esta posición, aprenderá a lanzar fuertes codazos con la mano derecha a la cara y el pecho del oponente.

3. Posición Clinch superior/inferior

La posición de clinch superior/inferior es muy común en Muay Thai

El clinch superior/inferior es una de las posiciones de clinch más comunes en Muay Thai. Es versátil y se puede utilizar con eficacia si usted entiende cómo funciona.

En esta posición, usted tendrá un brazo que viene sobre el brazo de su oponente con la mano en el cuello, mientras que su otro brazo serpentea por debajo de su brazo opuesto. Dependiendo de la longitud de su alcance, ambas manos podrían estar en el cuello del oponente, o una alcanzará su hombro o bíceps. En cualquier caso, con un buen agarre, puede hacer muchas maniobras desde esta posición.

Puede utilizar la parte superior del brazo para derribar a su oponente y la inferior para empujarlo hacia arriba. Si tiene un mayor alcance, puede rodear a su oponente y juntar sus manos en un fuerte abrazo para controlar mejor la situación.

En este clinch, puede utilizar las rodillas de forma eficaz en los costados o el abdomen del oponente y está en una buena posición para desviar los ataques de rodilla que se aproximan. Es fácil empujar y tirar de los oponentes para desequilibrarlos e incluso barrerlos hacia la colchoneta. Sin embargo, debido al corto alcance, ser competente en la defensa en esta posición requiere mucha práctica y conciencia de lucha.

4. Doble gancho

Se trata de un clinch común en la lucha occidental, las MMA, el judo y otros deportes de combate que implican la lucha en el suelo. En el Muay Thai, la lucha en el suelo es casi inexistente. Sin embargo, este clinch puede utilizarse eficazmente para desequilibrar al oponente y obtener el control de la situación. Por otra parte, su proximidad también le protege y actúa como una forma de defensa de las rodillas, aunque sus costados seguirán estando expuestos, así que prepárese para reaccionar. Si quiere realizar barridos, este es también un gran clinch para utilizar con este fin. Este agarre proporciona una buena posición para generar potencia y suficiente alcance para barrer a su oponente incluso cuando ambos pies están en la lona.

Para entrar en este agarre, ponga sus manos debajo de los brazos del oponente y alcance su espalda. Los brazos deben pasar por debajo de sus brazos, por debajo de sus hombros y alrededor de su espalda. Puede agarrar las manos por detrás de su espalda si puede llegar tan lejos. Al mismo tiempo, mueva las caderas hacia delante hasta casi tocar las del adversario. Cuanto más cerca estén sus caderas del

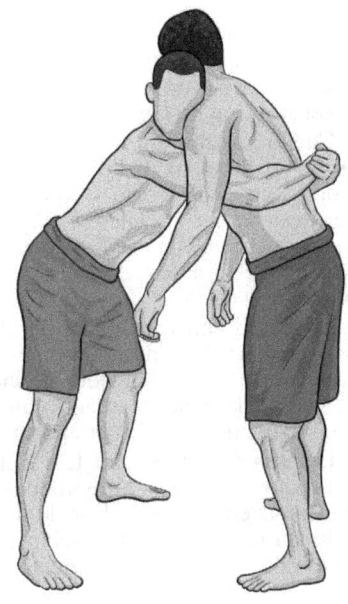

El doble gancho es un clinch común en los deportes de combate

oponente, más control tendrá, ya que el peso corporal es significativo y no sólo la fuerza de la parte superior del cuerpo.

Lo complicado de este clinch es dejarse llevar demasiado por los empujones al oponente y arrastrar los pies. Moverse demasiado desequilibrará su centro, y su oponente puede utilizar esto fácilmente en su beneficio. El objetivo es contrarrestar los movimientos del oponente con movimientos opuestos mientras mueve el peso de su cuerpo en la dirección opuesta.

Una vez que domine lo básico, puede utilizar este clinch para golpear, levantar y girar a su oponente. Para ello, sus manos deben estar más abajo en su espalda, alrededor de la base de sus costillas, desde donde puede conseguir un bloqueo más fuerte a su alrededor y luego levantarlo, chocar contra él, girarlo y tirarlo al suelo. Manejar el peso de sus oponentes desde esta posición facilita el barrido de muchas maneras.

Errores comunes en el clinch

Desarrollar una buena técnica de clinch es una parte del juego del clinch. Debe perfeccionar muchos otros aspectos del clinch para dominar este estilo y fase del combate. Estos son algunos aspectos comunes a tener en cuenta:

Postura: Muchos peleadores entran al clinch con su postura regular de pelea; esto lleva a un clinch débil y le expone a varias posibilidades de ataque. La postura del clinch es claramente diferente de la postura de lucha habitual. Asegúrese de no mezclar las dos y haga el cambio en el momento adecuado. La suavidad con la que pueda hacer la transición a la postura del clinch jugará un papel importante en su efectividad en la ejecución del mismo.

Impacto de las rodillas: Entrar en el clinch es una cosa, pero sacar el máximo partido del clinch se reduce a la eficacia con la que pueda dar rodillazos a su oponente. Inicialmente, sus rodillas no tendrán mucho impacto, dejando al oponente pensando que sólo está golpeando con ellas. Mientras que usted puede sentir que está aplicando mucha fuerza en las rodillas. Se necesita práctica para asestar un rodillazo doloroso en el abdomen.

Esta técnica requiere mucha práctica en el saco pesado. Practique clavando la punta de la rodilla en el oponente. Al dar rodillazos en los costados, asegúrese de clavar el hueso duro de la rodilla en el oponente, no sólo de empujar la rodilla contra su costado. Con un bajo impacto de rodilla, su técnica de clinch será de poca utilidad.

Cuello abierto: En el clinch se trata de agarrar el cuello o la cabeza. Muchos peleadores dejan su cuello completamente expuesto cuando entran al clinch, dando a su oponente fácil acceso y, consecuentemente, fácil acceso para controlar el clinch. Asegúrese de que su defensa es alta cuando entre en el clinch, haciendo lo más difícil posible que su cuello o cabeza queden expuestos. Contraataque y resista si percibe que su oponente va a por el cuello. Siempre puede soltarse y volver a entrar, así llegará primero a su cuello.

Lucha: El clinch es difícil de afrontar, especialmente cuando se lucha contra un oponente más alto o más fuerte. Sin embargo, el objetivo del clinch no es dominar a su oponente con sus habilidades de lucha; es un lugar para mostrar lo que puede hacer con sus rodillas y posiblemente con sus codos y puños. Utilice el cuerpo a cuerpo para causar daño, no para desplazar a su oponente.

Defensa de Transición: Los luchadores tienen una buena postura defensiva, pero tan pronto como llega el momento de agarrar, bajan los brazos, o levantan la cabeza para entrar en el agarre. Esto le da al oponente fácil acceso a su cuerpo, y un golpe desde tan cerca puede ser fácilmente un nocaut. Debe mantener una buena postura defensiva hasta el último momento en que esté a punto de agarrar al oponente.

Optimización del clinch

Aquí tiene algunos consejos que le ayudarán a llevar su juego de clinch al siguiente nivel:

Postura de Daño: Una vez que tenga a su oponente en un clinch, manténgalo en una postura hacia adelante todo el tiempo que pueda. La única forma que tienen de defenderse de sus rodillas es recuperar su postura erguida, y cuanto más tiempo pueda evitar que lo hagan, más tiempo podrá mantener el control de la situación y asestar sus golpes.

Proteja su cuello: Mientras no ceda la cabeza o el cuello a su oponente, controlará el clinch. Cuanto más difícil le ponga agarrarle en el clinch, menos posibilidades tendrá de que le golpeen o le tiren.

Flexibilidad: Hay múltiples formas de atacar mientras se está en el clinch. Si no puede meter las rodillas, pruebe con codazos, puñetazos, lanzar a su oponente o cualquier otra cosa que funcione. Manténgase atento a la situación y sea flexible a las diferentes opciones de ataque, dependiendo de las circunstancias. Impacte todo lo que pueda, siempre que sea preciso.

El clinch es algo en lo que la mayoría de los luchadores prefieren no involucrarse. Sin embargo, si domina sus fundamentos y sabe cómo afrontar la situación, podrá utilizarlo en su beneficio. Especialmente si se enfrenta a alguien que no es muy bueno en el clinch, esta puede ser su oportunidad para decantar el combate a su favor.

Capítulo 9: Técnicas combinadas

El Muay Thai es un deporte de ritmo rápido en el que caben golpes contundentes e intrincadas combinaciones que dejarán al adversario tambaleándose. Como luchador de Muay Thai, debe desarrollar competencia en ambos aspectos de la lucha. Necesita precisión láser en sus patadas, puñetazos y codazos, si quiere que impacten con fuerza.

El Muay Thai es un deporte de ritmo rápido[88]

También querrás emplear técnicas en diferentes combinaciones para ganar la partida. Este capítulo examina algunas de las mejores combinaciones para asegurar la victoria.

Combinaciones

Cuando se utilizan combinaciones, es vital calibrar la distancia antes de lanzar la combinación y no perder de vista dónde se está durante la misma. A veces, puede ser necesario dar un paso adelante durante la combinación, como lanzar la combinación mientras se camina hacia el oponente. En otros casos, podría ser al contrario.

Además, tenga en cuenta cómo responde el oponente a la combinación. No siempre será posible impactar con toda la combinación, y en algunos casos, debe tener espacio para añadir más movimientos a las combinaciones.

1. Patada de Empuje Falsa - Gancho Izquierdo - Patada Baja Derecha
1. Primero, simule una patada de empuje para preparar al adversario para este ataque. Esto le dará espacio y le mostrará qué esperar de la respuesta del oponente a una patada de empuje.
2. Nueve de cada diez veces, el adversario levantará una pierna para defenderse de la patada que se aproxima. Aquí lo que quiere es cogerle por sorpresa y lanzarle su gancho de izquierda.
3. Después de que el gancho haya impactado, siga con una fuerte patada a la pierna adelantada del oponente o al abdomen, dependiendo de lo que sea más fácilmente accesible teniendo en cuenta su defensa y reacción.
4. Si consigue asestar las tres patadas, su oponente verá las estrellas. Sin embargo, la clave de este ataque es el engaño. Esta combinación será más difícil contra luchadores familiarizados con su particular estilo de engaño y también con jugadores que captan el engaño con rapidez.

2. Jab - Derechazo - Patada al hígado
1. Para esta combinación, empiece con un golpe rápido con la mano adelantada. Esto tiene dos funciones. Una es hacer que su oponente mire en la dirección del jab. La otra es abrirle para el resto del ataque.
2. Siga el golpe con un puñetazo con la mano trasera. Será el puñetazo que realmente tenga impacto, ya que tiene un rango completo de movimiento para asestar este segundo puñetazo.
3. En rápida sucesión, dé una patada (con la pierna opuesta al brazo con el que golpea) en la sección media, idealmente en el hígado. Cuando golpee con su segundo puñetazo, el oponente levantará las manos para defenderse, dando acceso a su patada al hígado. Sin embargo, debe ser rápido para aprovechar al máximo esta oportunidad.
4. Esta combinación incorpora golpes en la parte superior e inferior del cuerpo, lo que la hace difícil de defender, confusa y también bastante dolorosa cuando se hace bien.

3. Rodilla izquierda - Codo derecho - Gancho izquierdo
1. Esta combinación comienza con la rodilla izquierda. Para hacerla más efectiva, puede engañar al oponente con una patada de pierna derecha para abrirle y luego dar un paso adelante para meter la rodilla izquierda en su sección media.
2. Vuelva a bajar la rodilla izquierda lo antes posible y desplace el peso hacia la derecha, desde donde lanzará el codo derecho. Debe apuntar a la sien, la nariz, la mandíbula o la clavícula con el codo.
3. De nuevo, cambie su peso al lado opuesto, y mientras su oponente tiene sus manos defendiendo el lado derecho, entre con un gancho de izquierda oscilante.
4. Esta combinación consiste en atacar desde lados opuestos con velocidad, sin dar al oponente tiempo suficiente para establecer las defensas necesarias. Necesitará una buena precisión en sus golpes y un excelente equilibrio para llevar esto a cabo correctamente.
5. Si su oponente no puede manejar este ataque, continúe con otro codazo desde la derecha y luego vuelva a la rodilla izquierda para reiniciar el bucle.

4. Patada de empuje - Gancho – Cross
1. Empiece con una patada de empuje (teep) para alejar a su oponente uno o dos pasos y desequilibrarlo. La distancia añadida le ayudará a dar un paso adelante, añadiendo impulso al golpe y permitiéndole realizar un swing completo.
2. Golpee con un gancho fuerte al lateral de la cabeza. Lo ideal es apuntar a la sien, pero cualquier golpe en el lateral de la cabeza servirá.
3. Inmediatamente después del gancho, centre su peso y atraviese la defensa con un cross a la nariz o a la barbilla.
4. Para obtener el máximo efecto, debe ser rápido como un rayo después del golpe para aprovechar el desequilibrio creado por la patada de empuje.

5. Jab - Cross - Patada alta
1. Comience el ataque con un jab. Esto infligirá algo de daño, pero lo más importante es que distraerá al oponente.
2. Inmediatamente, ataque con un fuerte cross desde el extremo opuesto. Aquí debe causar el mayor impacto posible.
3. A continuación, lance la patada alta a la cara, el cuello o la zona de la clavícula. Generalmente, una patada recta será la opción más rápida, pero si es excepcionalmente rápido, podría dar una patada giratoria. En cualquier caso, el elemento sorpresa es lo mejor de esta combinación.

6. Jab - Cross - Gancho de izquierda - Rodilla derecha
1. Empiece con un golpe rápido para ver cómo reacciona su oponente y cree espacio en el centro para su siguiente movimiento.
2. Casi con el mismo movimiento que el primer jab, lance un cross directo a través de su defensa. Tiene que aprovechar al máximo el momento en que está distraídos por el jab.
3. De nuevo, en rápida sucesión, lance el gancho de izquierda mientras se recupera del cross y levante los guantes delante de la cara anticipando otro golpe, pero dejando los lados de la cara abiertos.
4. Por último, lance un fuerte rodillazo derecho a la zona media. Si tiene la oportunidad, agarre al oponente para asegurarse de que se mantiene en posición para recibir el rodillazo.

7. Jab – Cross – Patada de transición
1. Aquí se utiliza un jab rápido para "abrir" el ataque.
2. En cuanto su oponente empiece a defender posibles ganchos, meta un cross directo a través de su defensa. Le desequilibrará temporalmente, haciendo más difícil que se concentre en qué defender a continuación.
3. En este punto, cambie sus pies para que el pie principal caiga hacia atrás. Tiene que balancear su pierna trasera hacia fuera usando el impulso que desarrolló con la técnica de cambio de pie y apuntar al cuello o cabeza del oponente. Con más espacio, podrá balancearse fácilmente hacia arriba y, con un movimiento de balanceo completo, imprimir una fuerza inmensa a la patada.

8. Codo izquierdo - Derechazo recto - Uppercut izquierdo
1. Dar un codazo a su oponente puede cambiar las reglas del juego. Incluso si no lo aplica con un 100% de precisión, puede hacer mucho daño. En esta combinación, empiece con un codazo izquierdo a la cara, cuello o clavícula del oponente.
2. Será suficiente para desequilibrarlo, ya que gran parte del peso del cuerpo está detrás del codo. Con el oponente desequilibrado y su defensa fuera de lugar por el codo, crea la oportunidad de lanzar un derechazo recto. Lo ideal es que lo haga con el mismo brazo con el que haya dado el codazo. Hágalo sin tirar el codo hacia atrás, pero lanzando un puñetazo recto en esa pequeña zona.
3. En este momento, habrá abierto una cavidad de buen tamaño. Aquí podría aprovechar la oportunidad y usar su brazo izquierdo de nuevo para un uppercut o un golpe al plexo solar.

Esta combinación en la cara es más adecuada para los luchadores que se sienten cómodos en situaciones cuerpo a cuerpo. Sin embargo, es una combinación excelente para que otros la practiquen contra las almohadillas o el saco para ayudar con la velocidad. Mejorará la fluidez de sus movimientos en esos espacios reducidos y aprovechará al máximo el espacio disponible.

9. Patada de empuje - Cross - Gancho de izquierda - Rodilla derecha
1. Una vez más, entra en juego la eterna Teep (patada de empuje). Comience la combinación empujando a su oponente hacia atrás y desequilibrándolo.
2. Muévase rápidamente hacia delante para alcanzar a su oponente, y siga con un cross directo a su oponente.
3. Un gancho izquierdo al lado de la cabeza debe seguir de cerca al cross.
4. A continuación, lleve la rodilla derecha a la sección media del oponente con el mayor impacto posible. De nuevo, puede agarrarse al bíceps o al cuello para mantener a su oponente en posición mientras golpea con la rodilla.

Esta combinación es un ataque completo que puede dar excelentes resultados, pero requiere práctica para ejecutarlo correctamente. Es una combinación que requiere un mayor grado de coordinación y también de resistencia. Practíquela a fondo hasta que pueda ejecutarla a la perfección antes de utilizarla en un combate. No querrá quedar atrapado en medio de su combinación con un contraataque.

10. Cross derecho - Uppercut izquierdo - Patada giratoria derecha

1. Esta es otra combinación que comienza con un puñetazo en la cara. Para que esto sea posible, debe buscar la apertura correcta para aterrizar con éxito un buen cross a la nariz, mejilla o barbilla del oponente.
2. Un buen cross desorientará a su oponente, dándole el espacio para proceder con el siguiente paso, un uppercut izquierdo. Si puede impactar con este uppercut de izquierda a la barbilla del oponente, sin duda le hará caminar con las piernas temblorosas.
3. La última pieza del puzle es la patada giratoria. Al aterrizar su uppercut, gire su peso sobre el pie adelantado, cambiando el impulso hacia el otro lado, donde puede lanzar una fuerte patada giratoria al cuerpo o la cabeza del oponente.
4. El elemento principal de esta combinación es la patada giratoria del final, que se espera que conduzca a una victoria por KO. Sin embargo, debe ser preciso con los puñetazos para hacerlo bien. Son los puñetazos los que pondrán al oponente en la posición correcta para asestar la patada giratoria con facilidad sin el problema de ser bloqueado o contrarrestado.

Lo que determina la eficacia de una combinación es el momento en que la lanza. Una estrategia consiste en buscar el momento perfecto para lanzar una combinación que dure toda la jugada. La otra estrategia consiste en atacar siempre que se vea una ligera abertura y llegar lo más lejos posible con la combinación. Nunca se sabe con certeza cómo reaccionará el rival, así que lo mejor es aprovechar al máximo cada oportunidad e infligir el mayor daño (sumar el mayor número de puntos) posible en cada ataque.

Estas son algunas de las mejores combinaciones en un enfrentamiento de Muay Thai. Sin embargo, recuerde, en un entorno competitivo, hay reglas que debe cumplir. Hay otras maneras de ejecutar estas combinaciones y muchas maneras de hacerlas más letales; pero siempre debe permanecer dentro de los confines de las normas cuando se compite.

Además, independientemente de lo bueno que sea en las combinaciones, debe dominar la gestión del peso de su oponente en el ring. La potencia que desarrolle para estas combinaciones procederá del impulso que consiga mediante la distribución del peso y la canalización de su peso hacia el lado desde el que ataca. Cuando pueda controlar mejor el peso de su oponente, podrá utilizarlo a su favor para crear más impulso en sus ataques. Practique estas combinaciones en colchonetas y sacos, pero también durante el combate. Le proporcionará la experiencia real de controlarse a sí mismo y a su oponente.

Capítulo 10: Consejos y técnicas de defensa

El Muay Thai es un arte marcial peligroso con técnicas que pueden utilizarse como defensa en el ring, en la calle y al aire libre. Este estilo de combate se conoce en todo el mundo como el "arte mortal de las ocho extremidades", que utiliza patadas, rodillas, codos, puñetazos, movimientos de clinch, etc. Su origen se remonta a la antigua era del Kickboxing sudasiático. Como luchador de Muay Thai, no basta con aprender mejores formas de golpear o atacar al oponente; una posición defensiva es tan necesaria como una ofensiva.

El Muay Thai es un deporte que requiere saber defenderse[84]

Este capítulo enseña las muchas maneras de bloquear un golpe y dar un contraataque en cualquier posición, en el ring o en la calle, y las herramientas esenciales a dominar para una buena defensa en cualquier momento y en cualquier lugar.

El Muay Thai dirige su atención a una posición de golpe simple pero eficaz, utilizando varias extremidades para atacar o defenderse rápidamente de un ataque. Esto se hace en cuestión de segundos, por lo que, como luchador, debe construir el enfoque a corto plazo y la velocidad para tener una gran ventaja en el mundo del Kickboxing tailandés. A medida que viaje a través de los consejos y técnicas de defensa para Muay Thai, prepare su mente para ser expuesto a los fundamentos, los beneficios de las buenas técnicas de defensa, y las formas prácticas de defender y seguir siendo dominante en el ring y en la calle.

Fundamentos de una buena defensa

A diferencia de la mayoría de los deportes de combate, hay que tener en cuenta muchos factores a la hora de participar en Muay Thai. Usted debe aprender las habilidades fundamentales para construir buenas técnicas de defensa. Estas técnicas pueden parecer difíciles para los principiantes, pero recuerde que incluso los profesionales de clase mundial tuvieron dificultades cuando entrenaron por primera vez. Por lo tanto, no se sienta abrumado y desanimado en su viaje. Siga los consejos que compartimos a continuación para construir una buena defensa en este deporte de combate:

Tener la guardia cerrada

En combate, todos los ataques con extremidades llegan desde todos los ángulos y pueden pillarle desprevenido. De ahí la necesidad de estar siempre en guardia. Con la guardia cerrada, será difícil para el adversario asestar puñetazos y golpes en zonas sensibles como la cara o la cabeza. También se aconseja que, aunque mantenga la guardia cerrada, se asegure de que es lo suficientemente flexible como para proteger otras partes del cuerpo. La razón es que la flexibilidad de la guardia facilita ver o predecir el siguiente movimiento del adversario y bloquear o defender el golpe. Es una habilidad esencial para estar equipado cuando se utilizan técnicas de Muay Thai.

Movimiento de la cabeza

Saber cómo mover la cabeza y esquivar golpes es útil cuando se enfrenta cara a cara con un oponente que da muchos golpes. Los movimientos impredecibles de la cabeza no son sólo para los boxeadores, ya que también se pueden aplicar en un deporte como el Muay Thai. El movimiento de la cabeza es una gran manera de evitar golpes en la cara. Aunque en Muay Thai, debe saber que agacharse bajo los golpes es una terrible manera de defenderse y evitarlos. Es probable que reciba una patada en la cara si lo hace. Esto no es para anular la necesidad de esquivar puñetazos, sólo una llamada de atención para no exagerar ciertos movimientos de la cabeza para evitar que su oponente gane ventaja.

Equilibrio

En el arte de la defensa personal, el equilibrio es un factor crucial que debe deliberarse. Si su estilo de defensa es una postura firme pero arriesgada, podría recibir una patada en la cara y perder la guardia. Si sus piernas no están firmes en el suelo, perderá el equilibrio, lo que dará ventaja a su oponente. Entonces, ¿cómo puede dominar esto? Adopte una postura que le mantenga en pie, incluso con varios golpes. Mantenga el espacio entre los pies lo suficientemente amplio como para que le proporcione una buena resistencia. De este modo, no tropezará fácilmente después de recibir una patada o un puñetazo.

Movimiento calculado

La precisión es primordial para conseguir un golpe fresco y perfecto sobre su oponente. Un movimiento bien calculado aturdirá a su oponente y le hará revisar dos veces su siguiente movimiento. Por ejemplo, los codos son un movimiento importante, pero con el momento y la distancia adecuados, podría noquear a su oponente. Los codos y las patadas son las técnicas más peligrosas y poderosas del combate de Muay Thai.

Beneficios de la defensa de Muay Thai

En todos los estilos de combate fuera del Muay Thai, la defensa y la ofensa son temas comunes que nunca se pasan por alto. Aunque otros estilos de combate tienen buenas técnicas de defensa y ofensa, ninguna supera a las del Muay Thai. El Kickboxing tailandés le permite mezclar tantas técnicas como pueda. Debido a su practicidad y flexibilidad, y el uso de todas las extremidades del cuerpo, puede aprender varias técnicas mientras entrena.

Agregando estas técnicas a su estilo de autodefensa, nunca se arrepentirá porque sabrá como defenderse en cualquier situación, haciendo de este estilo de arte marcial una gran ventaja. Por ejemplo, cuando se encuentre enredado en una pelea callejera, debe estar familiarizado con las formas de eclipsar y esquivar rápidamente a su atacante.

Sin embargo, cuando se involucra en peleas callejeras, se necesita mucho más que defensa personal para superar un ataque; debe haber contraataques para formar un equilibrio, y Muay Thai hace precisamente eso por usted.

Por qué el Muay Thai es importante dentro y fuera del ring

El entrenamiento de defensa personal no sólo le protege a usted, sino también a los demás. Le mantiene física y emocionalmente en forma y capaz de defenderse, al tiempo que aumenta su autoestima y confianza. Aprender defensa personal le ayuda a mantenerse en forma y saludable; aunque estas técnicas exigen mucho de usted en fuerza, entrenamiento y concentración, tiene muchos beneficios. Las siguientes son más razones por las que Muay Thai debe ser considerado importante para la autodefensa:

- **Socialización:** Aunque se trate de un deporte individual, le permite conocer a otros deportistas y entrenadores durante las sesiones de gimnasio y los torneos. Como en la película "Rocky Balboa", el aprendiz tuvo un encontronazo con su entrenador, lo que le dio ventaja al final.
- **Disciplina y concentración:** Esta forma de combate requiere mucha dedicación y disciplina. Requiere someterse a rutinas constantes y mantener la concentración y la determinación. Si todavía tiene que dominar el arte de la determinación, usted podría dejarlo fácilmente, pero Muay Thai naturalmente ayuda a construir la disciplina.
- **Autodefensa:** En Muay Thai, a medida que aprende las formas de ataque, también conoce las formas de defensa. Debe asegurarse de que van de la mano. Haga lo que haga, evite la confrontación como principiante, pero si la vida le pone en ese papel, use sus habilidades de defensa.
- **Respetar los límites:** Por mucho que quiera mostrar sus habilidades a medida que crece, puede que se encuentre en una situación en la que de repente le apetezca asumir el dominio. Esta es una mentalidad equivocada, y el Muay Thai enseña que cuando pelea, pelea para ganar, no para matar a su oponente. Por lo tanto, se asegura de que vaya con calma en los codos o nocauts.
- **Construye confianza:** Como se ha tratado anteriormente, Muay Thai le da un sentido de pertenencia y fortalece su bienestar emocional. Ya no se sentirá intimidado con facilidad, por lo que podrá caminar y hablar con confianza.

Muay Thai en la defensa del ring

En Muay Thai, dominar el combate mientras se encuentra en los límites del ring es una habilidad importante que debe tener. No es fácil porque se necesita resistencia y habilidad para conseguirlo. Incluso los mejores luchadores pierden peleas de vez en cuando por calcular mal los movimientos o perder una ventaja sobre sus oponentes. Pero en el cuadrilátero, lo que aumenta la confianza es que conoce los puntos débiles de su oponente y sabe cómo anular su defensa y dominarlo.

Entonces, ¿cómo puede convertirse en el mejor luchador sobre el ring? Utilizando un buen sistema de defensa y moviéndose con velocidad para contrarrestar cada ataque de su oponente demuestra que dominarás el ring. Esté preparado y en una buena postura para contrarrestar cada ataque de un oponente con velocidad. Haga que sea agudo e impredecible; esta postura le hará dominar un ring. Cuando todos sus movimientos son bruscos e impredecibles, su oponente caerá hacia atrás mientras está arriba y empujando.

Uso de defensas y contadores

- **Atrapar y barrer:** Esto tiene muchas ventajas cuando lo utiliza bien como defensor. Por ejemplo, Su oponente lanza una patada, y rápidamente le agarra la pierna y barre su otro pie del suelo. Podría utilizar esa medida para golpear porque, en ese momento, su oponente está desequilibrado. Hay muchas formas de atrapar patadas, pero se necesita precisión y sincronización. Con el Muay Thai, no le pueden faltar ideas para formas

prácticas de atrapar y barrer a su oponente del suelo.
- **Bloqueo y contraataques:** Es bueno defenderse en una pelea, pero sepa que para ganar un combate hace falta algo más que bloquear y defenderse; debe aprender a realizar contraataques cuando menos se lo espere.

Muay Thai en peleas callejeras

El Muay Thai posee técnicas poderosas y letales, lo que lo hace aún más perfecto e interesante para una pelea callejera. Impactar con unos cuantos codos en la cabeza o la cara de su oponente no requiere mucho esfuerzo para derribarlo y mantenerlo en el suelo. Las rodillas pueden ser letales, sobre todo si se utilizan en las costillas del oponente. Los codos son afilados y provocan más cortes en el cuerpo. Las rodillas son fuertes y causan más lesiones internas.

Una de las principales razones por las que el Muay Thai es muy eficaz en las peleas callejeras es la sutil violencia que ejerce sobre el cuerpo. El objetivo principal es golpear e impedir por todos los medios que su atacante se le acerque. Es un movimiento agresivo y directo dejando una marca al golpear. Es lo que lo diferencia de otros deportes. Debe ser bueno con sus patadas, puñetazos, codos, rodillas y zancadillas (para desequilibrar) para tener un buen mecanismo de defensa en Muay Thai. A medida que se haga más fuerte, tendrá más posibilidades de defenderse en una pelea callejera.

Entonces, ¿cuáles son las ventajas de usar Muay Thai en peleas callejeras?

Permite la técnica cuerpo a cuerpo

En el combate cuerpo a cuerpo se conserva la energía y la distancia entre los combatientes. Esta práctica ha sido la más popular entre los practicantes de artes marciales. Por ejemplo, puede agarrar a su oponente y desequilibrarlo durante las peleas callejeras. El clinch es una técnica esencial en el Muay Thai. Consigue acortar la distancia con su oponente e infligirle lesiones con sus rodillazos en los costados o en la cabeza, lo que le da más control sobre la pelea... y sobre él.

Las peleas callejeras tienen muchos agarres

Aunque se considerará falta si sujeta o agarra a su oponente, a menos que quiera atacarle, debe estar alerta a sus ataques. Cuando le ataque un adversario, debe mantener una buena postura y estar preparado para contraatacar en cualquier momento. Puede realizar cualquiera de estas acciones: bloquear el puñetazo, el golpe o la patada, y derribarlo. También puede maniobrar a su oponente agarrando su extremidad atacante como medio de autodefensa.

Una buena postura defensiva

Tener los hombros y los pies separados en anchura proporciona una postura defensiva buena y estable, lo que le da una movilidad fácil para una pelea. Puede tener movimientos más fluidos, y sus reacciones serán rápidas y agudas cuando se mueva. Utilice los codos para proteger su cuerpo de ataques y contraataques. Otra buena postura de lucha es mantener las manos hacia arriba y sueltas, no apretadas como en un puño. Manténgalas hacia arriba, cubriendo su barbilla para proteger su cara de golpes desconocidos.

Tanto si está pensando en participar en una pelea en el ring como si se ve envuelto en una pelea callejera, el uso de las técnicas del Muay Thai resulta lo mejor para la defensa personal. Es feroz y preciso, y utiliza ocho extremidades para el combate. Para participar en cualquier pelea, callejera o en el ring, debe desarrollar ciertas habilidades fundamentales: equilibrio, movimiento de la cabeza, agarre firme y protección de la cara. Con ellas puede construir su defensa utilizando movimientos calculados. Para cada defensa, debe haber un contraataque. Así que, mientras calibra las técnicas, los puntos fuertes y los puntos débiles de su oponente, debe planear dominar trabajando su velocidad y flexibilidad. Tenga una buena posición defensiva y aprenda a utilizar los codos para golpes a corta distancia y las rodillas para desequilibrar a su oponente.

Capítulo 11: Entrenar como un maestro

El sparring representa uno de los componentes más vitales del entrenamiento de boxeo. Es lo más parecido a un combate real. Le ayuda a entender mejor como usar las habilidades y estrategias que ha aprendido en el gimnasio (en cuanto a rango y alcance, ritmo y tiempo, y diferentes niveles de potencia). Este capítulo le guía a través de los conceptos básicos del sparring y le asegura que sabe cuándo es mejor empezar. Aprenderá la conducta en el combate, el equipo y otros consejos relevantes para que su viaje como principiante sea más fluido.

El sparring puede ayudarle a practicar las habilidades que ha aprendido[86]

Conceptos básicos del sparring

El objetivo principal del sparring es que usted y su compañero se familiaricen con los altibajos de un combate real. Se crea para imitar acontecimientos y situaciones concretas que podría encontrarse en el ring o en la vida real, de modo que esté totalmente preparado para aplicar sus talentos cuando sea necesario.

Para un principiante en boxeo o Kickboxing puede resultar intimidante practicar sparring. La idea de entrar en el ring y utilizar lo que ha aprendido contra una persona real puede inquietarle. Es una realidad con la que nunca se ha encontrado, y nada se puede comparar.

Sin embargo, con el tiempo alcanzará un alto nivel en su entrenamiento. Sus habilidades mejorarán, al igual que su técnica. De hecho, el sparring es bastante intimidante para los que no bien formados y entrenados.

¿Cuándo debe empezar a hacer sparring un principiante?

Muchos boxeadores que practican desde hace unos meses se preguntan a menudo cuándo deben empezar a hacer sparring; ésta es una de las preguntas más frecuentes. La respuesta difiere de una persona a otra, aunque se debería empezar a practicar sparring después de unos tres o cuatro meses de entrenamiento constante y sólido.

Es un buen momento para comenzar el combate una vez que se sienta cómodo con los movimientos básicos de Muay Thai como juego de piernas, golpes y bloqueos.

Los fundamentos deben ser parte de su programa de entrenamiento regular. Las estrategias tácticas defensivas básicas incluyen evasión, deslizamiento, contraataque y combinaciones ofensivas y defensivas fundamentales. No debería apresurarse en una sesión de sparring, así que espere hasta que esté lo suficientemente seguro de sus habilidades, al menos en teoría.

Después, es hora de pasar a las sesiones de enfrentamiento, una vez que las haya entrenado y ensayado lo suficiente. Así mejorarán sus reflejos, su sincronización y sus habilidades de combate en general.

Preguntar a su entrenador es otra excelente idea para determinar si está preparado para el sparring. Su entrenador puede evaluar sus progresos en el entrenamiento y decidir si ha alcanzado el nivel necesario para poner a prueba su destreza en el ring contra un oponente real. Estará preparado cuando su entrenador así lo considere.

Equipo de sparring

El tamaño de su cuenta bancaria y bolsa de gimnasio es su única restricción en la compra de equipos de entrenamiento de Muay Thai. La mayoría de los principiantes pueden arreglárselas con poco equipo. Sin embargo, después de hacerse un nombre, descubrirá que adquirir equipo de Muay Thai es tan divertido como dedicarse a "la práctica de las ocho extremidades".

Para asegurarse de que está preparado correctamente, utilice el siguiente equipo de sparring adecuado para evitar lesiones:

Espinilleras

Una pieza importante del equipo para un luchador de Muay Thai son las espinilleras o almohadillas. Protegen la espinilla y el pie de fuertes patadas y golpes. Son esenciales para perfeccionar los reflejos de control de patadas.

Aunque existen muchos tamaños y materiales, la versión más básica servirá para los principiantes. Asegúrese de que puede moverse libremente sin sentirse limitado. Además, asegúrese de que sean lo suficientemente gruesas como para protegerle a usted y a su acompañante, ofreciéndoles un amplio acolchado.

Tobilleras

Si quiere más sujeción para los tobillos, hágase con un par de tobilleras. Puede que no sean lo primero que incluya en su bolsa de entrenamiento, pero son un equipamiento del que se beneficiarán sus tobillos.

Guantes de combate

Su índice de peso, su experiencia y su estilo de lucha son importantes a la hora de elegir los guantes. Sin embargo, los guantes de boxeo de 16 onzas suelen ser la opción preferida para el sparring. No golpeará tan fuerte si utiliza un guante de 12 o 14 onzas porque proporcionan el equilibrio perfecto entre comodidad y protección. Los guantes son esenciales porque protegen sus manos y las de su oponente. Aunque los guantes suelen estar disponibles en el gimnasio, es aconsejable hacerse con los suyos propios para conocerlos y por higiene personal.

Si quiere probárselos, lo mejor es adquirirlos en persona. Los guantes deben ser de la talla adecuada, con el soporte y el acolchado adecuados en la muñeca.

Protector bucal

Un protector bucal de calidad le protegerá de los golpes y evitará que sus dientes se rompan o agrieten, proporcionándoles la protección adecuada. Aunque puede ejercer presión mordiendo con firmeza y manteniendo la mandíbula apretada, un protector bucal ayuda a reducir el riesgo de conmociones cerebrales u otras lesiones en la cabeza. Existen varios tipos de protectores bucales, pero el protector bucal de mordida es ideal para los principiantes. Sin embargo, uno de los problemas más frecuentes de los protectores bucales de este tipo es que a veces no se ajustan correctamente, de ahí que los deportistas de élite lleven protectores hechos a medida. Aunque un protector bucal a medida es innecesario para el entrenamiento rutinario, podría adquirir uno para mayor seguridad.

Casco

El casco es una idea inteligente. Pero no deje que le engañen haciéndole creer que está a salvo. No se exponga a recibir golpes en la cabeza por el mero hecho de llevar un casco. Los traumatismos craneales se acumulan con el tiempo si su gimnasio tiene tendencia a albergar combates intensos o si mezcla el boxeo tailandés con el boxeo puro. Es sensato considerar la posibilidad de llevar un casco protector en estas circunstancias. A la hora de seleccionar el mejor casco, debe tener en cuenta algunos aspectos: cobertura de seguridad, idoneidad, visibilidad y peso. Sin embargo, la visibilidad mejora con una menor cobertura de protección y viceversa.

Al igual que los guantes, cuanta más protección ofrezca gracias a un acolchado más denso, mayor será su peso, y viceversa. Aunque un casco protector más serio ofrece una defensa superior contra los golpes en la cabeza, puede ralentizar su capacidad para esquivar los ataques. La forma más eficaz de prevenir las lesiones en la cabeza es, sin duda, evitarlas. Por lo tanto, el casco ideal equilibra una seguridad suficiente y una gran visibilidad, todo ello dentro de un ajuste natural y cómodo.

Vendas de mano

Las vendas para manos protegen los 27 huesos pequeños de las manos, evitando que sufran daños (y el tejido blando que los rodea). Además, sujetan la mano para que los dedos y las muñecas no se muevan al golpear. Invierta en un par de alta calidad cuando compre vendas para las manos, ya que le servirán durante más tiempo y le proporcionarán una protección adicional. Además de invertir en unas buenas vendas para las manos, debe conocer las técnicas adecuadas para envolverlas.

Protector inguinal

Debido a la conformación biológica y anatómica de los genitales masculinos (y a su mayor colocación hacia fuera), el protector inguinal es más adecuado para hombres que para mujeres. Una patada en la ingle es conocida por destrozar el sentido de sí mismos de muchos hombres. Este tormento tan doloroso dejará a los hombres más fuertes gritando de agonía y acurrucados como un feto. Manténgase a salvo; lleve siempre una protección inguinal cuando practique sparring. Podría salvarle la vida.

Algunos consejos prácticos a la hora de elegir una coquilla: las partes nobles deben estar completamente cubiertas por la coquilla adecuada, sin que se deslicen. El protector debe ser cómodo y estar bien ajustado para que no se mueva mientras usted se mueve. Por supuesto, para una protección eficaz contra los golpes fuertes no intencionados, la coquilla debe ser resistente y duradera.

Los protectores inguinales se presentan en tres variedades principales: el suspensorio, los pantalones cortos de compresión con cazoletas y las cazoletas de acero tailandesas con cordones. Todas tienen objetivos idénticos y diseños diferentes. A la hora de elegir una, todo depende de las preferencias personales en cuanto a ajuste y tacto.

Rodilleras y coderas de Muay Thai

Las coderas y rodilleras de Muay Thai se utilizan con menos frecuencia durante el combate. Las personas con lesiones de rodilla o problemas o que quieren una protección más completa suelen llevar rodilleras. Nadie le impedirá ponerse protectores de rodilla como medida adicional si practica Muay Thai por ocio.

La rodillera puede minimizar la presión si golpea a sus compañeros de sparring con golpes de rodilla. Mientras que los golpes de codo están permitidos en el combate, las coderas se usan para disminuir el daño y proteger los codos.

Los golpes de codo son extremadamente arriesgados, por lo que la mayoría de los gimnasios los prohíben durante el combate. A pesar de llevar protecciones, los golpes de codo pueden ser muy dañinos. Por ello, el combate con codos debe llevarse a cabo bajo la dirección de un profesional, y debe prestarse especial atención a la hora de regular la potencia o el ritmo para evitar daños corporales.

Shorts de Muay Thai

Consiga un par de pantalones cortos de Muay Thai porque una de las peores cosas que querría hacer es llegar a un gimnasio de Muay Thai con pantalones cortos de baloncesto. Los muslos y la ingle de los pantalones cortos de Muay Thai están diseñados con espacio para golpear libremente. Realice un par de patadas mientras se prueba un par para evaluar si se ajustan cómodamente y proporcionan suficiente espacio para patear.

Ropa cómoda

Aunque a la mayoría de los atletas masculinos les gusta entrenar sólo con pantalones cortos, las damas deben invertir en un top que no retenga el sudor excesivo. Los artistas marciales veteranos suelen aconsejar a las mujeres un top sin mangas, ceñido y cómodo. Si no está segura, adquiera uno hecho expresamente para el entrenamiento de Muay Thai. Además, adquiera un par ideal de sujetadores de entrenamiento. Tienen tres ventajas: son cómodos, protegen los pechos y están hechos de material ventilado.

Protocolo de combate

A continuación, enumeramos algunos protocolos de sparring que debe saber en Muay Thai:

- Tener el equipo necesario.
- Mantener un contacto suave y ligero; un combate no es una pelea.
- Mostrar siempre respeto.
- Comunicarse con su compañero de entrenamiento.
- No "pasear" los puñetazos y las patadas.

Consejos para sparring

La práctica de ejercicios de sparring es uno de los elementos esenciales para que los luchadores desarrollen su forma de combatir y adquieran experiencia en un escenario de combate real. Muay Thai sparring es intimidante y emocionante para un principiante. Muay Thai sparring le ayuda a prepararse para aplicar sus habilidades correctamente cuando la ocasión lo requiera.

A continuación, se exponen algunos consejos para principiantes sparring que usted debe saber antes de entrar en el ring con su compañero de sparring.

Priorice su seguridad por encima de todo

En su primera sesión de sparring, lo primero y más importante que debe tener en cuenta es su seguridad. Un combate debe celebrarse en una atmósfera segura y regulada para garantizar que tanto usted como su compañero de combate puedan perfeccionar sus movimientos sin temor a sufrir lesiones innecesarias.

Además, es esencial llevar el equipo de seguridad adecuado, como casco, protector bucal, guantes y espinilleras protectoras. Para aumentar la eficacia de las sesiones de entrenamiento, el entrenador y otros instructores deben estar sobre el terreno para supervisar las sesiones de sparring.

No es necesario "ganar" en el sparring

No existe tal cosa como "ganar" en sparring. Léalo otra vez y recuérdelo.

Ha habido numerosas sesiones de sparring en las que los principiantes intentan matarse unos a otros como si se tratara de un combate por el título. Esta forma de pensar le lleva a centrarse excesivamente en asestar golpes potentes a su compañero y a descuidar el perfeccionamiento de su técnica. Nadie creerá que es un gran guerrero por muy bien que lo haya hecho en una ronda de sparring.

El truco está en mejorar. Cuando practique sparring, debe intentar hacerlo mejor que antes. Por lo tanto, si este es su primer intento de sparring, sin duda tendrá un montón de estrategias que puede practicar y perfeccionar. Relájese y concéntrese sobre todo en lo que puede aprender de la experiencia.

Elija un aspecto en el que concentrarse

Debe decidir qué áreas quiere mejorar antes de comenzar su entrenamiento de Muay Thai. Es crucial, ya que ayuda a crear sesiones de entrenamiento mejor organizadas, dando a su sparring un objetivo específico.

Elija algunas áreas primarias para concentrarse en toda su sesión de sparring. Por ejemplo, puede utilizar diferentes golpes de codo y combinaciones en su sesión de sparring si busca mejorar sus técnicas de codo. Siguiendo este proceso, pulirá una habilidad o aspecto concreto de forma más eficaz.

Asegúrese de que su entrenador lo aprueba

No sea un imbécil que entra en una sesión de sparring sin supervisión. Es probable que no haya intercambiado golpes porque su entrenador piense que no está preparado. No está cualificado para un combate de sparring si su entrenador piensa así.

Es crucial para su protección y la de sus compañeros de sparring. Muchos veteranos han hecho sparring con gente en sus sesiones de debut, pero siempre se vuelven locos, soltando golpes a toda pastilla y comportándose como si fuera una pelea. Evite ser *esa persona*.

Desarrollar un plan estratégico

Creer que se está jugando a un juego mientras se practica sparring es útil porque, como en cualquier juego, es esencial desarrollar una estrategia ganadora. El principio fundamental del Muay Thai es acumular la mayor cantidad de puntos e impedir que su oponente haga lo mismo. Las patadas al cuerpo consiguen más puntos en el Muay Thai tradicional que otras técnicas como las patadas bajas, las rodillas y los puñetazos. El desarrollo de un plan de juego antes de su ejercicio de sparring proporciona un camino claro a seguir. Además, dependiendo de si opera en defensa o ataque, es posible que prefiera seleccionar una estrategia de antemano.

Diviértase

Tómese las cosas con calma y diviértase durante el proceso. Debe sentirse orgulloso de sí mismo por haber tenido el valor de luchar. Sea siempre cordial a sus rivales, y goce de los nuevos enlaces que usted forma con su equipo de compañeros de sparring.

Muay Thai sparring le ayudará como principiante mediante el desarrollo de sus habilidades y le permitirá regular su cuerpo.

Capítulo 12: Muay Thai vs. Kickboxing holandés

Ahora que ya hemos cubierto los aspectos básicos, como el trabajo en la postura y las diversas técnicas de ataque y defensa, vamos a leer sobre una de las mayores rivalidades entre dos formas de arte marcial. Si, ha leído bien. Esta rivalidad es entre el Muay Thai y el Kickboxing holandés, un tema candente para los entusiastas de los deportes de combate desde hace varias décadas.

Este capítulo compara ambos estilos de lucha enumerando las principales diferencias entre sus reglas, entrenamiento, técnicas e información relevante para que decida el estilo de boxeo que más le conviene.

Introducción al Kickboxing holandés

El Kickboxing holandés es una combinación de Muay Thai y Kyokushin Karate[86]

Dado que la historia y los orígenes del Muay Thai ya han sido expuestos, hagamos un breve repaso de este rival igualmente popular del Muay Thai en los libros de historia.

Kickboxing holandés es una fusión de Muay Thai, Kickboxing japonés, y estilos de combate de karate Kyokushin. Se originó en los Países Bajos. Este estilo de lucha se ha hecho popular desde que surgió y ha logrado cautivar a cientos y miles de personas que eligen Kickboxing holandés. Una diferencia importante que distingue al Kickboxing holandés es la influencia del karate Kyokushin. El Kickboxing holandés obtiene la mayoría de sus movimientos, combos y técnicas del Muay Thai y del Kickboxing japonés, pero su velocidad y agresividad provienen del Kyokushin. Estos boxeadores siempre adoptan una postura agresiva para mantener la presión.

Otra razón general que diferencia a los dos estilos de combate es el uso intensivo de puñetazos y patadas bajas como movimientos finales.

El estilo holandés de Kickboxing fue desarrollado por karatekas locales que viajaron a Japón para aprender Kickboxing japonés y karate Kyokushin. Estos boxeadores holandeses regresaron a su país para enseñar estos estilos y, con el tiempo, una mezcla de estas técnicas de lucha japonesas y el Muay Thai dio origen al Kickboxing holandés.

Principales diferencias

Protocolos de entrenamiento del Kickboxing holandés

Los protocolos de entrenamiento y ejercicios en Kickboxing holandés y Muay Thai varían mucho. Los ejercicios de Kickboxing holandés son diferentes en cuanto al trabajo con las protecciones, ya que no hay necesidad de que los entrenadores sujeten las protecciones durante los ejercicios. Los boxeadores se hacen ejercicios entre sí, sustituyendo las protecciones por guantes de boxeo.

El sparring holandés es bastante popular, ya que los protocolos de entrenamiento, como no utilizar protecciones, llevan el cuerpo al límite, mejorando los resultados en fuerza física y salud cardiovascular.

Puntos fuertes de la práctica de Kickboxing holandés

- El entrenamiento se vuelve constante cuando se practica con un compañero.
- Se mejoran los movimientos de contraataque y el uso del juego de pies para mejorar la postura.
- Proporciona un mecanismo gradual que permite añadir ejercicios nuevos y complejos a medida que se progresa.

Inconvenientes de practicar Kickboxing holandés

- Aunque se pueden realizar ejercicios, hay poco o ningún margen para aprender nuevos movimientos o mejorar los existentes, porque muchos luchadores no son entrenadores y no pueden corregir a la otra persona cuando comete un error.
- El uso de la fuerza es limitado cuando se golpea durante los ejercicios porque no hay protecciones que soporten impactos contundentes.
- Se repiten los mismos ejercicios, a diferencia de lo que ocurre bajo la supervisión de un entrenador.
- No recibirá información instantánea del entrenador ni conocerá los movimientos correctos que debe hacer.

Protocolos de entrenamiento de Muay Thai

El uso de protectores de antebrazo y abdomen es obligatorio durante el entrenamiento de Muay Thai. Durante el entrenamiento de Muay Thai, la mayoría de los luchadores tienen un compañero experimentado o un entrenador que sujeta las almohadillas. Estos compañeros de entrenamiento también usan protectores de espinilla y empeine para lanzar patadas durante el entrenamiento para mejorar aún más los reflejos.

Una diferencia significativa a mencionar en el entrenamiento de Muay Thai y Kickboxing holandés está relacionada con una técnica conocida como clinching. Sólo verá clinching y su entrenamiento en un gimnasio de Muay Thai porque todos los demás deportes de combate han restringido o excluido esta técnica.

Puntos fuertes de la práctica del Muay Thai

- Tiene muchas posibilidades de mejorar sus técnicas y combos, ya que el entrenador estará allí para corregirlos.
- Dado que los entrenadores están formados para mejorar las habilidades del luchador, le dan la oportunidad de experimentar con diferentes tempos, ritmos y rangos para pulir sus habilidades.
- No se preocupará por el impacto y podrá dar rienda suelta a toda su potencia cuando entrene.
- La sesión de entrenamiento no se limitará sólo a los puñetazos. Podrá probar todas las técnicas con facilidad.

Inconvenientes del entrenamiento de Muay Thai

- No todos los protectores pueden soportar el impacto de los golpes durante el entrenamiento. Si el protector no hace su trabajo con eficacia, disminuyen las posibilidades del luchador de pulir sus habilidades.
- Un mal manejo de las almohadillas puede hacer que el luchador desarrolle técnicas ineficaces o erróneas.

Mientras que el entrenamiento en el Kickboxing holandés consiste en repetir combinaciones o ejercicios para una serie específica de asaltos, el Muay Thai mantiene un enfoque más relajado, sin series específicas de ejercicios ni repetición de los mismos ejercicios. Además, bajo la supervisión de un entrenador, resulta mucho más fácil desarrollar nuevas habilidades y perfeccionar las ya existentes.

Uso de almohadillas

El uso de almohadillas para el trabajo de entrenamiento se ve más en Muay Thai que en Kickboxing holandés, principalmente porque la mayoría de los gimnasios de Kickboxing holandeses evitan incorporarlas durante las sesiones de entrenamiento. Sin embargo, esto no significa que estas almohadillas estén prohibidas o no se puedan utilizar; es simplemente una cuestión de preferencia. Por el contrario, muchos gimnasios y entrenadores de Kickboxing holandeses utilizan regularmente estas almohadillas de entrenamiento mientras entrenan a sus luchadores.

Antes de seguir adelante, es necesario abordar otro concepto erróneo. Mucha gente cree que en el Kickboxing holandés sólo se utilizan puñetazos y patadas bajas. Sin embargo, eso es sólo parcialmente cierto. Puede usar las rodillas y codos y lanzar algunas patadas altas como en el Muay Thai. Si todavía está confundido y podría pensar que, si todos los movimientos están en ambos estilos de lucha, entonces ¿qué los hace diferentes?

La respuesta es la actitud o postura del luchador en ambos estilos de combate. Por ejemplo, un luchador de Muay Thai lanzará un montón de movimientos y utilizará técnicas estratégicamente para debilitar a su oponente. Por el contrario, un kickboxer holandés mantendrá siempre una postura agresiva y se centrará en el volumen de los golpes. El mayor volumen sólo puede conseguirse mediante puñetazos, la principal diferencia entre estas robustas formas deportivas de combate.

Las diferencias en las técnicas

En esta sección se comparan las técnicas para conocer sus diferencias y comprender mejor las razones que diferencian a estos dos estilos de combate.

Puñetazos

El uso de los puñetazos es similar al boxeo occidental, pero el Kickboxing holandés tiene algunas variaciones añadidas, como el puñetazo Superman o el puño hacia atrás. En lugar de trabajar una variedad de puñetazos, el Kickboxing holandés consiste más en mantener una postura agresiva y asestar golpes impactantes mientras se avanza.

Por otro lado, los luchadores de Muay Thai utilizan un enfoque diferente en el uso de los puñetazos. En lugar de asestar un gran volumen de golpes a un ritmo rápido, los luchadores de Muay Thai utilizan una combinación de técnicas para obtener resultados eficaces. Por ejemplo, pueden lanzar un golpe de izquierda e inmediatamente agarrar al oponente para inmovilizarlo en el suelo o utilizar una mezcla de rodillazos y puñetazos para crear una abertura para el siguiente golpe.

En pocas palabras, un kickboxer holandés se centrará en su ritmo y el volumen de sus ataques, pero un luchador de Muay Thai siempre incorporará diferentes técnicas juntas y las ejecutará estratégicamente para obtener los resultados deseados.

Patadas

Si no es boxeador, puede que le resulte difícil entender las diferencias en el estilo de patada. Aunque encontrará técnicas idénticas en ambos estilos de lucha, la forma y la frecuencia con que se ejecutan varían. Por ejemplo, en un combate de Kickboxing holandés, se hace hincapié en asestar un gran volumen de puñetazos y patadas bajas. Sin embargo, en el Muay Thai hay más espacio para diferentes técnicas de patada en lugar de depender sólo de unas pocas.

Golpes de rodilla

El uso de golpes de rodilla y de rodillazos dirigidos a las piernas sólo se ve en el Muay Thai. Sin embargo, el uso de rodillazos en la cara es común en el Kickboxing holandés. Cuando se ejecuta correctamente, este golpe letal puede noquear al oponente en pocos segundos.

(Del mismo modo, los boxeadores de Muay Thai utilizan golpes letales con el codo para noquear a sus oponentes).

Postura

La postura de los kickboxers holandeses es más cuadrada y dinámica. Siempre colocan los pies cerca, por lo que su postura permite golpear con fuerza y realizar movimientos rápidos. Si no mantienen una postura firme, no pueden utilizar eficazmente la parte superior del cuerpo y lanzar golpes que puedan noquear al enemigo. Al adoptar una postura de guardia, la cabeza y la cara son las principales zonas que un kickboxer holandés se centra en proteger.

Por el contrario, los boxeadores de Muay Thai se centran en una postura para estar preparados para la acción, pero de una manera ligeramente relajada. Sus pies se colocan más anchos y en ángulo, lo que facilita el uso de técnicas de patada, el mantenimiento del equilibrio y la mejora de la movilidad. La posición de guardia en Muay Thai se centra en la protección de la sección media y la parte inferior del cuerpo en lugar de sólo la cara. Esta posición de guardia en Muay Thai permite a los boxeadores contrarrestar los golpes entrantes utilizando diversas técnicas de contraataque y minimizar el impacto que estos golpes tienen en el cuerpo.

Técnicas de golpeo

Al golpear en el Kickboxing holandés, el énfasis principal está en lanzar puñetazos potentes y añadir patadas bajas. Esta combinación es muy popular e incluso algunos entusiastas la consideran una forma de arte. Los golpes son rápidos como el rayo y pasan de puñetazos a patadas bajas y viceversa en un abrir y cerrar de ojos. Los puñetazos se dirigen a la cara o a una abertura de la parte superior del cuerpo, y las patadas bajas a las piernas.

Por el contrario, el Muay Thai incorpora una enorme combinación de movimientos derivados del arte de las ocho extremidades. La mezcla de jabs, patadas, codazos y agarres puede quebrar el ánimo del oponente y cambiar las tornas. Tanto si el oponente está a corta como a larga distancia, hay movimientos e infinitas combinaciones ofensivas y defensivas para utilizar contra el oponente.

Clinching

El clinch en Muay Thai lo diferencia del Kickboxing holandés, ya que muchos luchadores de Muay Thai mezclan el clinch con golpes de codo, rodilla y antebrazo para atacar diferentes zonas del cuerpo. A diferencia del Muay Thai, el clinch en el Kickboxing holandés sólo se realiza ocasionalmente, como cuando el oponente está demasiado cerca para intentar buscar aperturas para golpear. También se realiza para asestar algunos golpes y crear distancia.

Como se ha mencionado, el clinch es una de las técnicas básicas utilizadas en Muay Thai y más que en otros deportes de combate. Estos luchadores dedican interminables horas a entrenar y perfeccionar las técnicas para ganar combates. En Muay Thai, los boxeadores están siempre en busca de una abertura para iniciar una lucha, utilizar varias técnicas de clinch, y encontrar oportunidades para impactar con golpes que puedan hacer que su oponente pierda el equilibrio u otras técnicas como barridos y golpes de rodilla.

Estilo de lucha

El estilo de lucha del Kickboxing holandés se mantiene agresivo lanzando una serie de potentes puñetazos y patadas bajas. Este enfoque mantiene la presión sobre el oponente. Con cada golpe, un kickboxer holandés avanza para dominar al oponente y controlar el ritmo, la cadencia y el tiempo del duelo.

En el otro lado del cuadro, los boxeadores de Muay Thai están entrenados para soportar golpes impactantes, aguantar el daño y buscar constantemente los puntos débiles del oponente. Mantener esta actitud y descifrar los puntos débiles permite a estos boxeadores planificar su siguiente movimiento con eficacia. Los contra movimientos eficaces y los golpes fuertes en el momento adecuado diferencian a un boxeador de Muay Thai de su deporte de combate rival, el Kickboxing holandés.

Énfasis en la formación

Aunque ya hemos explicado algunas diferencias en el entrenamiento, profundicemos un poco más. El entrenamiento en el Kickboxing holandés se centra en el desarrollo de la fuerza y la resistencia para mantener principalmente una postura agresiva y asestar un golpe potente tras otro para afirmar el dominio en el juego. Sus ejercicios son de alta intensidad y tienen como objetivo mejorar la fuerza física y la agilidad.

Mientras que los kickboxers holandeses trabajan en un conjunto de habilidades específicas, los boxeadores de Muay Thai mantienen un enfoque holístico que se esfuerza por equilibrar las técnicas, la fuerza, la agilidad y la fluidez. Además, los boxeadores de Muay Thai dedican la mayor parte de su entrenamiento a mejorar sus técnicas de clinch. Su enfoque es completo y siempre están preparados para enfrentarse a distintas situaciones en el ring.

Distancia de combate

El Kickboxing holandés favorece una distancia de combate de media a larga entre oponentes. Por el contrario, el Muay Thai puede luchar a larga, media y corta distancia sin problemas. El combate cuerpo a cuerpo en Muay Thai puede resultar en un nocaut, ya que el boxeador puede impactar con sus movimientos de clinch y lanzar golpes de rodilla para un nocaut. Un kickboxer holandés puede no ser cómodo cambiando la distancia de lucha como un boxeador de Muay Thai que puede cambiar su postura y ejecutar un nuevo conjunto de movimientos en un abrir y cerrar de ojos.

Técnicas defensivas

Los movimientos de contraataque de un kickboxer holandés tienen como objetivo evadir los golpes y minimizar su impacto. Mientras se defiende, el boxeador cambia rápidamente la colocación de los pies y la postura y al mismo tiempo lanza golpes ofensivos cada vez que se tiene la oportunidad.

Al igual que los movimientos ofensivos, el Muay Thai dispone de una amplia gama de técnicas defensivas y combinaciones para contrarrestar prácticamente todos los golpes. Bloquear los ataques, parar y redirigir el ataque son técnicas defensivas comunes. Los agarres son también una herramienta defensiva eficaz para limitar el número de ataques y reducir su impacto.

Cultura de lucha

Aunque ambas formas de deportes de combate presentan varias diferencias, una clara diferencia es su cultura de lucha. Mientras que el Kickboxing holandés es un estilo de combate híbrido influenciado principalmente por otras artes marciales profesionales y formas de deporte de combate y es competitivo, el Muay Thai tiene profundas raíces en la cultura y las tradiciones de la región. Un kickboxer holandés mantendrá un enfoque profesional, organizado y estructurado en el entrenamiento. Por el contrario, las danzas previas a los combates, los actos ceremoniales posteriores a los combates y el homenaje a sus antepasados y maestros son las expresiones que más exhiben los luchadores de Muay Thai.

Sistema de puntuación

Algunas diferencias evidentes se encuentran en los sistemas de puntuación. En un combate de Kickboxing holandés, los golpes limpios en las zonas objetivo dan puntos. Del mismo modo, noquear al oponente influye en la puntuación final. Mientras que el Muay Thai otorga una puntuación similar a los nocauts y a los golpes limpios, se pone un énfasis adicional en los golpes realizados durante el agarre. Defenderse con eficacia y hacer valer el dominio a lo largo del juego son otros factores que afectan a la puntuación final.

Finalizar su elección

Antes de elegir cualquier estilo de combate, es fundamental conocer los siguientes factores para decidir el estilo de lucha que más le conviene.

Entorno de entrenamiento

El entorno en el que entrene definirá los resultados del aprendizaje. Ejercitarse en un entorno de entrenamiento que resuene con su yo interior proporciona una sensación de relajación, y actuar como un refugio le hará elevar su juego al siguiente nivel. Independientemente del deporte de combate que elija, el gimnasio o centro de entrenamiento en el que se inscriba debe contar con una comunidad que le apoye, una atmósfera de aprendizaje y entrenadores con la experiencia suficiente para desbloquear su verdadero potencial. Por el camino, forjará relaciones inquebrantables con otros miembros y compartirá la misma pasión para impulsarse cada vez que se sienta decaído.

Objetivos personales

Tómese un tiempo libre y medite en su interior para comprender sus preferencias. Por ejemplo, si es espiritual y está dispuesto a embarcarse en un viaje cultural conectando profundamente con su entrenamiento, entonces el Muay Thai sería una opción factible. Por el contrario, el Kickboxing holandés podría ser la respuesta si quiere mantener un enfoque más profesional basado en el entrenamiento y desarrollar la confianza en sí mismo. No obstante, explorar sus objetivos y preferencias personales le guiará hacia el estilo de combate que mejor se ajuste a sus aspiraciones.

Estilo de combate

Imagine los dos estilos de combate en su mente y evalúe si se sentirá cómodo con el combate cuerpo a cuerpo, los agarres y los golpes contundentes. ¿O prefiere aumentar la presión y asestar golpes constantes al oponente? Escoja el estilo de lucha que más se adapte a usted para que le resulte más fácil entrenar, aprender y dominar estos estilos de combate.

Exigencias físicas

Aunque ambas son actividades deportivas físicamente exigentes, estar en buena forma física es crucial si se quiere optar por el entrenamiento. Además, las exigencias físicas de ambos estilos varían ligeramente. Por ejemplo, el Muay Thai requiere un equilibrio entre fuerza y resistencia. En cambio, el Kickboxing holandés se centra más en ser ágil para asestar golpes consistentes. Ver algunos combates de ambos estilos de lucha facilitará la decisión.

En resumen, la elección entre el Muay Thai y el Kickboxing holandés debería estar siempre influida por las preferencias y objetivos de cada persona. Si desea experimentar la conexión cultural y está familiarizado con el equilibrio de golpeo, clinch, defensa y actividades de fuerza, Muay Thai es una excelente opción. Sin embargo, el Kickboxing holandés es el deporte perfecto si es de ritmo rápido y quiere seguir afirmando su dominio sobre el oponente mientras le impacta con golpes constantemente.

Sesiones de prueba

La mejor forma de aprender un deporte de combate es a través de la experiencia práctica. Varios gimnasios y clubes ofrecen sesiones de prueba que, en su mayoría, son gratuitas o tienen una cuota simbólica. Sea cual sea la disciplina de artes marciales que elija, se enfrentará a retos durante el entrenamiento, pero le beneficiará a la hora de mejorar sus habilidades básicas de lucha.

Asistiendo a unas cuantas clases de prueba, comprenderá los movimientos básicos, las técnicas y los movimientos relacionados para juzgar mejor si es capaz física y mentalmente de entrenar y competir en deportes de combate. Dado que la mayoría de los gimnasios quieren que se afilien nuevos miembros, en ocasiones ofrecen exenciones de cuotas y descuentos, con lo que se ahorrará mucho más dinero que comprando una afiliación por días normales.

Coste del programa

La mayoría de los gimnasios y clubes de deportes de combate cuentan con planes de afiliación de pago de distintos importes y servicios. Hay que calcular de antemano todos los costes relacionados con el entrenamiento. Por ejemplo, tenga en cuenta la cuota de entrenamiento, el coste del equipo y otros gastos relacionados para saber cuánto dinero debe reservar para estas sesiones de entrenamiento.

Siempre es tentador elegir un gimnasio o una clase de entrenamiento que cueste lo menos posible, pero en la mayoría de las situaciones no obtendrá la mejor relación calidad-precio. Es mejor comprometerse con un gimnasio evaluando sus servicios y sabiendo que aprenderá el deporte de combate para competir o simplemente para disfrutar de una actividad físicamente divertida mientras aprende defensa personal. Encontrar las respuestas a estas preguntas hará que su elección sea más sólida y conveniente.

No obstante, nunca comprometa la calidad del entrenamiento ni la experiencia del instructor en el deporte de combate en cuestión. Cuanto mejor sean la calidad del entrenamiento y el instructor, mejores serán los resultados en el aprendizaje de la forma de artes marciales. Por lo tanto, disponer de un entorno de entrenamiento acreditado con las instalaciones necesarias es imprescindible si quiere mejorar su juego.

Capítulo 13: Ejercicios diarios de entrenamiento

¿Quiere mejorar su rutina diaria? ¿O quiere variar su régimen de fitness? Sean cuales sean los objetivos de su régimen de entrenamiento diario, este completo capítulo tiene lo que necesita.

En este último capítulo, descubrirá muchas maneras de construir un plan de entrenamiento diario de Muay Thai dirigido específicamente a los principiantes (dentro de los confines de su lugar de residencia o un centro de fitness local). Desde rutinas probadas hasta técnicas de entrenamiento de eficacia demostrada; no espere menos de este completo capítulo.

Trabajar los estiramientos, la movilidad y la rotación de la cadera

El estiramiento, la flexibilidad y la movilidad son necesarios para el Muay Thai[87]

Cuando la mayoría de la gente reflexiona sobre su primer día de entrenamiento de Muay Thai, se dan cuenta de que centrarse en la rotación de la cadera, la flexibilidad, la postura y la movilidad les habría hecho mejores luchadores. Ejecutar correctamente la rotación de la cadera es esencial, ya que determina la cantidad de potencia que puede poner en sus patadas y golpes de rodilla. Sorprendentemente, cualquiera puede practicar estos ejercicios con unos recursos mínimos en cualquier lugar.

Buena rotación de la cadera

Piense si alguien entrara en su casa: ¿golpearía un bate de béisbol verticalmente o utilizaría las caderas para generar toda la fuerza? En Muay Thai, dar una patada correctamente depende de la rotación adecuada de la cadera. Un luchador inexperto que intente dar patadas hacia arriba podría provocar efectos no deseados, como autolesionarse, en lugar de golpear eficazmente al oponente.

Del mismo modo, al ejecutar una patada giratoria en Muay Thai, tenga siempre en cuenta lo siguiente:

- Extienda el talón de la pierna adelantada más allá de los dedos del pie mientras lo gira 180 grados en línea con la dirección de la patada.
- Para ejecutar una patada más eficaz, dirija la fuerza hacia arriba en lugar de hacia abajo.
- Además, balancee rápidamente el brazo, utilizando el mismo que la pierna que patea, mientras impulsa el hombro hacia delante.

La clave para realizar esta técnica con precisión es activar los músculos laterales de los glúteos mientras se rota la cadera; notará una sensación específica que le indicará cuándo lo ha hecho bien. Aunque poco convencional en Muay Thai, dominar la rotación adecuada de la cadera es crucial para realizar patadas eficientes. Este ejercicio debería formar parte de su rutina diaria para mejorar la flexibilidad de la cadera.

1. Empiece colocando un pie sobre una superficie elevada, como un sofá, y el otro de puntillas, como haría preparándose para dar una patada.
2. Gire el pie elevado mientras activa los brazos y repita esta secuencia 25 veces antes de cambiar de pierna y repetirla 100 veces con cada pierna.
3. Intente hacer un mínimo de 100 repeticiones diarias con ambas piernas e incluso hasta 300 repeticiones por pierna si tiene las caderas tensas, como ocurre en Tailandia.

Movilidad

Si lleva un estilo de vida sedentario en el mundo occidental, es probable que sus caderas estén tensas. Esto afecta a su rendimiento atlético a la hora de ejecutar patadas, sobre todo en deportes como el boxeo Muay Thai.

Por suerte, hay formas de recuperar la movilidad de la cadera de forma independiente. Mantener una rotación adecuada de la cadera es esencial para los atletas profesionales y para minimizar las lesiones durante actividades físicas como los partidos de fútbol.

Las investigaciones sobre la prevención de lesiones entre atletas profesionales que incorporaron ejercicios de movilidad muscular a su régimen de entrenamiento han mostrado resultados impresionantes. Practicar de forma autónoma ofrece una excelente oportunidad para mejorar los patrones de calidad del movimiento.

Un excelente videoclip compartido por Don Heatrick proporcionaba consejos beneficiosos destinados a ayudar a los practicantes de Muay Thai a desbloquear las articulaciones de la cadera. Las rutinas que se destacan en él han demostrado tener un éxito notable en la mejora de las técnicas de patada, independientemente de la forma.

Puede mejorar significativamente la flexibilidad de su cadera siguiendo las instrucciones descritas en esta sección y llevando a cabo las tres rutinas diarias de ejercicios utilizando materiales como rodillos de espuma, pelotas de lacrosse y bandas resistentes (disponibles a precios asequibles en Amazon).

1. Liberación de las caderas

- Para empezar, coloque un rodillo de espuma justo por encima de las rodillas antes de desplazarlo gradualmente hacia arriba a lo largo de los muslos, lo que ayuda a romper el tejido muscular con mayor eficacia.
- Si al realizar este ejercicio aparecen puntos de tensión, mueva suavemente la pierna de izquierda a derecha, incidiendo en los músculos problemáticos mientras flexiona los músculos de la articulación de la cadera.
- No haga caso de las bandas iliotibiales (IT) situadas a medio camino, ya que son propensas a lesionarse si se las hace rodar directamente.

2. Apertura de caderas

- Sujete firmemente un extremo de una banda de resistencia a estructuras sólidas, como soportes para sentadillas o televisores.
- Pise la banda con ella colocada detrás de los músculos de los glúteos para que haya una tensión significativa en las caderas.
- Inicie el movimiento apretando con fuerza los glúteos e inclinando la pelvis hacia delante, impulsando la articulación de la cadera por delante de la rodilla.
- No arquee demasiado la espalda y dé prioridad a la movilidad de las caderas. En concreto, cambiar de postura le ayudará a practicar desde

distintos ángulos.
- Reserve 1-2 minutos para realizar repeticiones continuas en cada lado antes de continuar.

3. Anclaje de las caderas

Para estabilizar las caderas se necesita algo más que seguir una rutina de ejercicios cualquiera; requiere esfuerzo, precisión y técnica.

- La mejor manera de empezar es encontrar una plataforma sólida, un banco o una silla que coincida perfectamente con el lugar donde su pie necesita apoyo.
- Una vez que haya localizado este punto de apoyo, asegúrese de que, al colocarse sobre él, una de las caderas quede más baja o alineada exactamente a la altura de la rodilla; esto garantiza una alineación correcta durante toda la ejecución.
- Además, mantenga una buena postura durante cada paso: el pecho erguido y la barbilla apuntando hacia abajo.
- Al ejercer fuerza desde debajo de los pies y, al mismo tiempo, activar los músculos de los glúteos (siéntase libre de saborear el suave estiramiento), estabilizará eficazmente las caderas en un abrir y cerrar de ojos.
- Por último, incorpore pesas y haga tres series de diez repeticiones por pierna para poner a prueba sus límites.

¿Quiere llevar su rendimiento en Muay Thai a otro nivel? Entonces haga estos ejercicios; mejorarán su bienestar general y tendrán poderosos efectos sobre la longitud muscular, la alineación de las articulaciones, el control neuromuscular y los componentes fundamentales para optimizar la amplitud de movimiento y mejorar la capacidad de lucha.

Asegúrese de integrar estos ejercicios en una sólida rutina de calentamiento con movimientos dinámicos para garantizar la correcta ejecución de la patada y reducir al mismo tiempo el riesgo de sufrir daños por malos patrones de movimiento.

La liberación y apertura de las caderas puede realizarse en cualquier momento del día como técnica de descanso activo entre sesiones de levantamiento de pesas o participar en días de recuperación designados mientras se abordan los problemas posturales y se disminuyen las molestias musculares.

Invertir en equipos de alta calidad es fundamental para obtener los máximos beneficios de estos ejercicios de Muay Thai y mantener una buena postura.

Sin embargo, los avances tecnológicos de hoy en día, como los teléfonos inteligentes y los ordenadores, provocan malas posturas, lo que se traduce en futuras complicaciones de salud. Pero no se preocupe. Las diversas rutinas descritas anteriormente ayudan a liberar la tensión de las caderas y estabilizarlas.

Estiramientos

En el Muay Thai, donde la precisión es muy importante, dedicar tiempo a los estiramientos mejora enormemente el rendimiento general. Una vez que haya calentado adecuadamente con ejercicios de movilidad, concéntrese en alargar los músculos mediante estiramientos.

El estiramiento regular ayuda a tener una mejor flexibilidad, lo que se traduce en una mejor agilidad al realizar golpes o patadas que necesitan maniobrabilidad de su cuerpo. Además, un régimen de estiramientos exhaustivo antes de los entrenamientos o las competiciones ayuda a prevenir lesiones al crear una mayor elasticidad en los músculos.

1. Calentamiento

No se salte el calentamiento antes de empezar los ejercicios de estiramiento, porque no querrá arriesgarse a sufrir distensiones o tirones musculares. Empiece con actividades aeróbicas sencillas, como correr o saltar a la comba durante 5-10 minutos, para que la sangre fluya y los músculos se preparen para los estiramientos.

2. Estiramientos dinámicos

Los estiramientos dinámicos son magníficos como calentamiento y como movimientos que simulan lo que se hace durante el entrenamiento o las competiciones. Mejoran la circulación sanguínea, amplían la amplitud de movimiento y acondicionan los músculos. Los estiramientos dinámicos incluyen balanceos de piernas, círculos de brazos y giros de torso. Para realizar estiramientos dinámicos, haga lo siguiente:

1. Colóquese junto a una pared u otra estructura estable y balancee una pierna hacia delante y hacia atrás manteniendo el equilibrio; repita 10-15 veces por pierna.
2. Continúe con los brazos extendidos a los lados del hombro, haciendo pequeños movimientos circulares en el sentido de las agujas del reloj, aumentando gradualmente el tamaño hasta que se sienta lo suficientemente estirado.
3. Mantenga la intensidad alternando la dirección de los giros; cambie a la dirección contraria a las agujas del reloj después de unas pocas rotaciones.
4. De pie, con los pies separados a la anchura de los hombros, coloque las manos en las caderas antes de girar el torso, rotando la parte superior del cuerpo de izquierda a derecha y viceversa.

3. Estiramientos estáticos

Los estiramientos estáticos son una buena opción dirigida a varios grupos musculares clave para mejorar la flexibilidad durante las sesiones de estiramientos. Estos ejercicios requieren mantener la posición durante unos 15-30 segundos, lo que ayuda a aflojar la tensión en esas zonas.

Después de completar el calentamiento o los ejercicios, esfuércese por realizar las técnicas adecuadas y mantener las posiciones el mayor tiempo posible. Un estiramiento estático debe centrarse en grupos musculares como los isquiotibiales, los cuádriceps, el pecho, los hombros, los flexores de la cadera, los tríceps y la ingle.

- El estiramiento de los isquiotibiales es un método que consiste en sentarse en una superficie plana con una pierna extendida recta mientras se dobla la otra antes de inclinarse ligeramente hacia delante, estirando hacia los dedos de los pies con la espalda recta.
- El estiramiento de los cuádriceps es otra técnica beneficiosa para mejorar la flexibilidad tirando de los talones correspondientes (lado opuesto) hacia los glúteos sin curvar la espalda mientras se mantiene el equilibrio y se permanece erguido.
- Para estirar los músculos pectorales, coloque el antebrazo contra el marco de la puerta antes de inclinarse suavemente hacia delante.
- Incorporar estiramientos de hombros y flexores de cadera puede ser beneficioso. Extienda los brazos a lo largo del cuerpo o arrodíllese con una rodilla en el suelo mientras extiende la pierna opuesta hacia delante para obtener mejores resultados.
- ¿Quiere aliviar la tensión acumulada en los músculos flexores de la cadera? Simplemente mantenga una postura erguida adecuada y empuje hacia delante desde las caderas durante un par de repeticiones, alternando cada vez entre el lado izquierdo y el derecho hasta que detecte sensaciones agradables de estiramiento.
- Para la región de los tríceps, levante un brazo por encima de la cabeza y llévelo hacia la nuca antes de tirar ligeramente del codo con la mano contraria para aumentar la intensidad hasta que perciba sensaciones de estiramiento beneficiosas. Repita este procedimiento con el otro brazo.

- También puede abordar la zona de la ingle sentándose con los pies tocándose y las rodillas extendidas hacia fuera. Mientras sujeta firmemente ambos pies con las manos, tire hacia dentro utilizando los codos contra las rodillas para maximizar el estiramiento en esta región.

4. Facilitación Neuromuscular Propioceptiva

Si busca técnicas de estiramiento más exigentes que requieran interacción, pruebe los estiramientos FNP (facilitación neuromuscular propioceptiva). Este enfoque único combina contracciones musculares estratégicas con periodos de relajación para aumentar la flexibilidad y ampliar la amplitud de movimiento de varias partes del cuerpo.

Para empezar, pruebe este sencillo estiramiento FNP centrado en los isquiotibiales:

1. Empiece tumbándose boca arriba con una pierna levantada en el aire.
2. Colóquese de forma que pueda alcanzar fácilmente su tobillo con una mano mientras extiende el brazo hacia fuera para encontrarse con el agarre de su pareja con la otra mano.
3. Ahora realice una intensa rutina de empuje y tracción en la que empujará contra su agarre hacia usted, empleando todo su esfuerzo durante 6-10 segundos antes de relajarse finalmente.
4. Su compañero seguirá guiando su pierna hacia delante y empujándola suavemente hacia una mayor extensión en cada repetición progresiva de 20-30 segundos de duración.
5. Pruebe con cada pierna hasta que ambas estén igualmente estiradas.

5. Estiramientos con rodillos de espuma

El rodillo de espuma es un método eficaz para aliviar la tensión muscular y aumentar la flexibilidad en distintas partes del cuerpo mediante la auto liberación miofascial. Para que esta técnica haga maravillas con los problemas de tirantez, necesita un rodillo de espuma para trabajar los músculos específicos que requieren atención.

- Para aliviar la tirantez de los músculos cuádriceps a lo largo de la parte superior delantera de los muslos, túmbese boca abajo con un rodillo de espuma bajo los muslos. Mueva el rodillo desde la zona de la cadera hasta justo por encima de las rótulas; deténgase en los puntos sensibles a lo largo de este recorrido.

- Del mismo modo, para tratar los isquiotibiales hay que sentarse erguido con un rodillo de espuma bajo ambos muslos. Deslícelo suavemente hacia arriba desde los glúteos hacia las rodillas, ejerciendo una presión uniforme en las zonas doloridas que encuentre durante este proceso.

- Si los músculos de las pantorrillas le causan problemas, siéntese en el suelo con las piernas estiradas, utilizando movimientos de rodillo lentos para trabajar lentamente hacia arriba a lo largo de cada sección.

- Para aliviar los dolores en la parte superior de la espalda, túmbese boca arriba y coloque un rodillo de espuma cilíndrico bajo los omóplatos. Mueva suavemente el rodillo de espuma hacia arriba y hacia abajo por la columna vertebral.

- Asegúrese de detenerse y permanecer quieto cada vez que encuentre zonas sensibles.

Régimen diario de Shadowboxing

Cada rutina de entrenamiento de Muay Thai requiere una base sólida para un rendimiento excepcional, algo que el shadowboxing puede ofrecer gracias a sus múltiples ventajas, como el perfeccionamiento de técnicas, intrincados patrones de juego de pies, y la mejora de las capacidades de control de distancia.

A continuación, compartimos algunos consejos valiosos para obtener el máximo beneficio de los ejercicios diarios de shadowboxing:

- Comience siempre por calentar lo suficiente antes de sumergirse en las sesiones de entrenamiento, con una rutina destinada a preparar adecuadamente los músculos para los próximos entrenamientos intensos.
- Utilice estiramientos dinámicos junto con rotaciones articulares, y termine con ejercicios cardiovasculares ligeros como realizar brincos o saltar a la comba. De este modo, los músculos se activan antes y se reduce la probabilidad de sufrir torceduras o esguinces musculares durante los entrenamientos posteriores.
- Debe elegir una zona espaciosa que permita una movilidad sin restricciones y sin riesgo de elementos peligrosos o barreras. Con un espacio amplio, podrá realizar con confianza técnicas defensivas y ejecutar una amplia gama de movimientos de golpeo con la máxima precisión e impacto.
- Para maximizar la eficacia del shadowboxing durante el entrenamiento, es aconsejable visualizar mentalmente a un oponente frente a usted antes de empezar cada sesión. Visualice sus movimientos, anticipe sus golpes e imagínese inmerso en intensos escenarios de combate para tener un enfoque más centrado.
- Perfeccione su postura y posición de defensa asumiendo una posición equilibrada que permita una transición fácil entre los modos ofensivo y defensivo. Mantenga siempre los pies separados a la altura de los hombros con el pie adelantado ligeramente girado hacia fuera.
- Asegúrese de tener una postura de defensa elevada que cubra la cara; meta la barbilla hacia abajo mientras mantiene ambos codos pegados a los costados del cuerpo para una mayor protección.
- Durante las sesiones de shadowboxing, incorpore varias técnicas de golpeo empezando por movimientos básicos como jabs, cross, ganchos y uppercuts utilizando las técnicas adecuadas antes de avanzar lentamente hacia otras más difíciles como codazos, rodillazos o patadas.
- Mantenga siempre un movimiento fluido sin sacrificar la precisión y la potencia.
- Para mejorar sus tácticas de defensa en el boxeo Muay Thai, perfeccione su capacidad para bloquear o evadir los golpes entrantes mediante la incorporación de métodos como el deslizamiento, esquivando, evitando, o parando mientras se mantiene una posición de guardia firme en movimiento. Con el poder de la visualización, imagine que se enfrenta a diferentes estilos de ataque de sus oponentes mientras practica formas rápidas de esquivarlos con reflejos ágiles a través de la repetición.
- La sincronización es crucial para asestar golpes potentes con precisión durante los combates. Por lo tanto, sería aconsejable incluir regularmente técnicas de shadowboxing en las rutinas de entrenamiento para visualizar los movimientos del rival antes de asestar contragolpes oportunos.

Cardio

En esta sección se describen los ejercicios y técnicas clave que le ayudarán a incorporar el cardio al entrenamiento diario de Muay Thai:

- Antes de empezar un programa de entrenamiento, determine qué quiere conseguir, añadiendo más cardio para aumentar la resistencia o mejorar la forma cardiovascular.
- El calentamiento es necesario para prepararse adecuadamente antes de una sesión intensa de cardio. Realice movimientos dinámicos de estiramiento como círculos con los brazos, giros del torso o balanceos de las piernas, que aflojan los músculos, estimulan el flujo sanguíneo, reducen el riesgo de lesiones y aumentan el nivel de rendimiento.

- Asegúrese de mantener la forma correcta en todo momento para mejorar el rendimiento en futuros combates. Realizar ejercicios de patada y puñetazo con un compañero de entrenamiento o entrenador puede mejorar enormemente la resistencia cardiovascular y perfeccionar las técnicas de golpeo. Al utilizar las almohadillas, se encuentra una resistencia que imita la intensidad de un combate real, lo que le obliga a esforzarse al máximo.
- Correr siempre ha sido muy recomendable para mejorar la forma física cardiovascular. Aumenta la fuerza muscular de las piernas y mejora notablemente los niveles de resistencia.
- Considere la posibilidad de incorporar carreras constantes, sprints en cuesta o carreras a intervalos a su rutina para añadir variedad a las sesiones de carrera.
- El entrenamiento en circuito puede ser una opción perfecta para un entrenamiento integral de todo el cuerpo que combine ejercicios de fuerza con intervalos de cardio (como flexiones, sentadillas, burpees y balanceos con pesas rusas). Progrese rápidamente por cada ejercicio sin pausas intermedias para obtener el máximo beneficio.
- Las sesiones de trabajo con saco a alta intensidad son otra excelente adición a su programa de entrenamiento. Fomentan los golpes explosivos al tiempo que combinan técnicas y movimientos rápidos y mejoran la resistencia cardiorrespiratoria al retarle a mantener un ritmo rápido a lo largo de cada asalto.
- Ya sea para recuperarse de entrenamientos intensos o simplemente para descansar las articulaciones de actividades de alto impacto, nadar o realizar entrenamientos de intervalos en el agua puede ayudar a mejorar la función cardiovascular y proteger las zonas vulnerables.

Este último capítulo le ha proporcionado múltiples alternativas para establecer un programa de entrenamiento diario de Muay Thai eficaz y adecuado para cada entorno. Comprometerse con estos ejercicios a lo largo del tiempo le permitirá avanzar y dominar las técnicas y la resistencia física. Por último, no descuide la importancia de la seguridad; esté siempre alerta y busque el consejo de un experto en caso de duda. Recuerde, disfrute en todos los aspectos del dominio de este increíble arte marcial.

Conclusión

El Kickboxing tailandés tiene siglos de historia y en la actualidad es un arte aceptado en todo el mundo. Esta forma de combate requiere el uso de las ocho extremidades y, como principiante, realizará movimientos de golpeo con patadas, codos, puñetazos y rodillas.

Estas son las armas que utiliza un luchador de Muay Thai, lo que lo diferencia de otros deportes de combate. Hace siglos, los combates de Muay Thai solían ser brutales; hoy en día, se han modificado, convirtiéndolo en un deporte de competición más seguro, con árbitros que registran las puntuaciones y dan prioridad a la seguridad.

Aunque el Muay Thai es un deporte de la era moderna, esto no lo hace seguro para todo el mundo. Aun así, puede aprender los fundamentos de este deporte de combate y convertirse en un luchador profesional con el aprendizaje y el entrenamiento adecuados. El deporte de combate puede parecer peligroso para un principiante que lo ve desde fuera, pero con Muay Thai, hay mejores maneras de aprender las técnicas, por lo que es tan amigable como otros deportes.

Una gran ventaja del Muay Thai es que saca al guerrero que lleva dentro. Le mantiene física y emocionalmente en forma, a la vez que le expone a escenarios de ataque reales durante el entrenamiento. Es una forma excelente de aprender defensa personal y le enseña a mantener la calma cuando se enfrente a adversarios de la vida real. Con el Muay Thai, podrá subir al ring o luchar con confianza. Mientras entrena, desarrolla su resistencia y su postura, mejorando su capacidad de concentración.

Ahora que usted conoce estos consejos prácticos y técnicas de Muay Thai, debería ponerlos todos en práctica. Esta guía está escrita como un viaje a través de cada técnica simple y de manera comprensible. Por lo tanto, tome esas medidas, vaya al gimnasio, búsquese un entrenador, establezca una rutina, y asegúrese de su responsabilidad.

Puede que se agote en los primeros meses de entrenamiento, pero no pasa nada; forma parte del proceso. No se rinda. Mientras entrena, debe practicar cada técnica que aprenda con otros alumnos; empiece con cautela y utilice equipo de protección para las zonas sensibles.

El Muay Thai es una de las formas de arte marcial más prácticas y feroces. ¡Buena suerte en su viaje para dominarlo!

Cuarta Parte: Lucha

La guía definitiva para principiantes que desean aprender técnicas de lucha para defensa personal, destreza física o competición

Introducción

¿Está buscando una forma de llevar su condición física y sus habilidades deportivas al siguiente nivel? Entonces, la lucha libre puede ser la elección perfecta. Su combinación de fuerza, agilidad y técnica puede proporcionarle un entrenamiento increíblemente exigente a la vez que desarrolla habilidades que le ayudarán en otras áreas.

La lucha libre no es solo un deporte, sino una experiencia que cambia la vida. Desafía a las personas a superar sus límites físicos y mentales, enseñándoles disciplina, perseverancia, trabajo en equipo y resistencia. Los luchadores aprenden a enfrentarse a la adversidad, a superar los contratiempos y a encontrar soluciones creativas a los problemas dentro y fuera de la lona. Esta guía le mostrará los aspectos básicos de la lucha libre, desde las reglas y las habilidades hasta la postura y el equilibrio, pasando por las técnicas de entrenamiento más eficaces.

Más allá de la competición, la lucha libre crea camaradería y hermandad como ninguna otra. Es una comunidad de personas unidas por el amor a este deporte y la búsqueda común de la excelencia. En la lucha no se trata solo de ganar o perder; se trata del camino y de las lecciones que se aprenden por el camino. Aprenderá sobre penetración, elevación, ataque y contraataque, técnicas de reversión, técnicas de escape, combinaciones de inmovilización y mucho más. Aprenderá a entrenar en casa y a entrenar a jóvenes luchadores.

La lucha libre enseña habilidades vitales y cualidades de carácter inestimables para toda la vida. Desde la disciplina y la perseverancia hasta la humildad y el liderazgo, la lucha inculca rasgos valiosos que hacen de los participantes mejores personas. El vínculo entre los compañeros de equipo es inquebrantable, y la adrenalina de competir en la lona no se parece a ninguna otra cosa. La lucha desafía a las personas física y mentalmente, superando sus límites y ayudándoles a descubrir su verdadero potencial. Este libro explora todos estos aspectos y más.

Navegar por él puede resultar abrumador si es nuevo en el mundo de la lucha libre. La intensidad de este deporte, las normas y reglamentos aparentemente interminables y el mero aspecto físico pueden resultar intimidantes. Pero no deje que eso le disuada, porque una vez que se sumerja en él, las recompensas son infinitas. La disciplina y la armonía impregnan todos los aspectos de la lucha, desde el entrenamiento hasta la competición. Además, el crecimiento personal y la confianza que se adquieren superando los propios límites tienen un valor incalculable. El camino es a veces difícil, pero la recompensa merece la pena. Así pues, súbase al tatami porque el mundo de la lucha libre le espera con los brazos abiertos y un sinfín de oportunidades.

Al final de esta guía práctica y concisa, conocerá a fondo este deporte y todo lo que implica. Con ojo para el detalle y el compromiso con la excelencia, la lucha le hará mejor atleta y persona. Desde el aprendizaje de los fundamentos hasta la consecución del éxito en los niveles más altos, esta guía le ofrece todo lo que necesita. El mundo de la lucha libre es inmenso e increíblemente gratificante. ¿Qué está esperando? Anímese y deje que este libro le guíe en su viaje.

Capítulo 1: ¿Por qué elegir la lucha libre?

La lucha libre puede ser su nueva obsesión si busca un deporte que le suponga un reto físico y mental. No solo requiere una fuerza y una resistencia increíbles, sino que también exige fortaleza mental y pensamiento estratégico. La lucha es una gran prueba de carácter. Le enseña a sobreponerse al dolor y a la adversidad, a no rendirse nunca cuando las cosas se ponen difíciles. Además, las habilidades que se aprenden en el tatami se aplican a todos los ámbitos de la vida. Como resultado, ganará confianza y disciplina, que se trasladarán a sus relaciones, a sus estudios y a su carrera profesional.

Si quiere convertirse en una mejor versión de sí mismo mientras se divierte y hace amigos para toda la vida, elija la lucha libre. Este capítulo explora los orígenes, la filosofía y los beneficios de la lucha libre. Analiza cómo se compara con otras artes marciales y qué técnicas pueden utilizarse para el entrenamiento de defensa personal. El capítulo termina con consejos para los padres que estén pensando en inscribir a sus hijos en la lucha libre. Al final, comprenderá perfectamente por qué la lucha libre es tan popular.

Introducción a la lucha libre

La lucha libre es un deporte en el que intenta inmovilizar a su oponente contra un tatami [88]

La lucha libre es uno de los deportes más antiguos y populares del mundo. Es un deporte de combate en el que dos competidores intentan inmovilizar a su oponente contra la lona u obligarle a abandonar el cuadrilátero de lucha. La lucha libre requiere fuerza física, agilidad y pensamiento estratégico. Además, es un deporte que ha evolucionado a lo largo de los siglos, desde sus orígenes en las civilizaciones antiguas hasta las competiciones olímpicas actuales. Esta sección explora la historia de la lucha libre, sus orígenes y la filosofía que hay detrás de este deporte.

Orígenes

La lucha libre existe desde hace más de 15.000 años. Se cree que se originó en civilizaciones antiguas como Grecia, Egipto y Roma. La lucha era popular en los primeros Juegos Olímpicos de Grecia, donde era una de las cinco pruebas del pentatlón. En la Edad Media, la lucha era un deporte popular en Europa, con pruebas de competiciones organizadas en Francia, Alemania e Inglaterra. También se utilizaba como medio de defensa personal y como preparación para el combate cuerpo a cuerpo.

Historia

En Estados Unidos, la lucha se popularizó a principios del siglo XX con la creación de la Unión Atlética Amateur (AAU) y la Asociación Nacional de Atletas Colegiados (NCAA). La lucha colegial se popularizó en las universidades, y los institutos la introdujeron en sus programas deportivos. La lucha libre profesional surgió en Estados

Unidos como entretenimiento, con combates escenificados y argumentos.

En la segunda mitad del siglo XX, la lucha se convirtió en un deporte internacional con la creación de la Federación Internacional de Luchas Asociadas (FILA) y la inclusión de la lucha en los Juegos Olímpicos modernos. La lucha libre sigue siendo un deporte popular en todo el mundo, con millones de participantes y espectadores cada año.

Filosofía

La lucha libre es algo más que un deporte físico. Es una disciplina mental y espiritual. Los luchadores entrenan su cuerpo para ser fuertes y ágiles, desarrollando una fuerte ética de trabajo, perseverancia y fortaleza mental. La lucha enseña habilidades como la concentración, la disciplina y el autocontrol, que pueden aplicarse a otros ámbitos de la vida. La lucha también hace hincapié en el respeto por sí mismo y por el oponente. En los combates de lucha libre, los competidores se dan la mano antes y después del partido, y se valora mucho la deportividad. La lucha enseña humildad y la importancia del trabajo duro y la dedicación.

Desde sus orígenes en las civilizaciones antiguas hasta los Juegos Olímpicos actuales, la lucha libre ha evolucionado a lo largo de los siglos. La lucha es una disciplina mental y espiritual que enseña valiosas habilidades para la vida, como el autocontrol, la disciplina y el respeto por sí mismo y por el adversario. Tanto si es un luchador como un aficionado al deporte, la lucha libre ofrece una experiencia única y gratificante.

Beneficios de la lucha libre

Cuando la gente piensa en la lucha libre, suele imaginarse a dos atletas forcejeando y tirándose a la lona. Aunque esto es sin duda una parte importante del deporte, la lucha va mucho más allá. La lucha es un ejercicio para todo el cuerpo que requiere fuerza, agilidad y resistencia. Es un reto mental que fomenta la disciplina, la deportividad y el crecimiento personal. Esta sección explora los muchos beneficios de la lucha libre y por qué es algo más que un deporte.

- **Fuerza física y resistencia:** La lucha es un deporte físicamente exigente que requiere fuerza y resistencia. En él intervienen todos los grupos musculares importantes, desde los brazos y los hombros hasta las piernas y el tronco. Los luchadores deben tener resistencia cardiovascular para mantener su esfuerzo durante todo el combate. Este intenso entrenamiento ayuda a los luchadores a desarrollar músculo, quemar grasa y mejorar su forma física.
- **Fortaleza mental y disciplina:** La lucha no es solo física. Es un juego mental. Los luchadores deben pensar con los pies en la tierra, tomar decisiones en fracciones de segundo y mantener la concentración durante todo el combate. Requiere fortaleza mental y disciplina, lo que repercute positivamente en todos los aspectos de la vida de un luchador.
- **Trabajo en equipo y espíritu deportivo:** Si bien la lucha libre puede parecer un deporte individual, requiere un gran trabajo en equipo y espíritu deportivo. Los luchadores a menudo entrenan juntos y se apoyan mutuamente durante los entrenamientos y competiciones difíciles. Aprenden a respetar a sus oponentes y a demostrar un buen espíritu deportivo, incluso en el calor de un combate.
- **Comunidad y pertenencia:** Muchos luchadores conectan profundamente con sus compañeros de equipo y desarrollan amistades para toda la vida. Los luchadores pueden unirse a clubes, asistir a eventos y participar en actividades filantrópicas, lo que les ayuda a sentirse conectados con algo más grande que ellos mismos. Como resultado, la comunidad de lucha es muy unida y muchos luchadores tienen un fuerte sentimiento de pertenencia.
- **Crecimiento personal y confianza:** La lucha puede ayudar a las personas a crecer y desarrollarse de muchas maneras. Enseña resistencia, perseverancia

y el valor del trabajo duro. Fomenta el autoconocimiento y la confianza en sí mismo a medida que el luchador se fija metas y trabaja para alcanzarlas. La lucha puede ser una experiencia transformadora que ayuda a las personas a sacar lo mejor de sí mismas.

Los beneficios de la lucha van mucho más allá del aspecto físico del deporte. Fomenta la fortaleza mental, la disciplina y la deportividad, al tiempo que crea un sentimiento de comunidad y pertenencia. La lucha libre puede ser una excelente opción para las personas que buscan crecer, ganar confianza y esforzarse por dar lo mejor de sí mismas. Tanto si es un atleta experimentado como si acaba de empezar, la lucha tiene algo que ofrecer a todo el mundo.

Comparando la lucha libre con otras artes marciales

Los deportes de combate existen desde hace siglos y los practican personas de todas las edades. Como arte marcial basado en la lucha, el combate es una excelente forma de mejorar la fuerza, la agilidad y la coordinación, a la vez que se adquieren valiosas habilidades de defensa personal. Muchas otras artes marciales, como el judo, el kárate, el taekwondo y el boxeo, también fomentan estas habilidades. Aunque todas las artes marciales son eficaces a su manera, cada una tiene características únicas que la diferencian de las demás. Esta sección compara la lucha libre con otras artes marciales, destacando las diferencias y similitudes para ayudarle a decidir cuál es la mejor.

La lucha libre es un arte marcial ideal para las personas que disfrutan con la actividad física y los entrenamientos de alta intensidad. La lucha implica muchas técnicas de agarre y bloqueo, y se considera uno de los deportes de contacto más exigentes. Por lo general, la lucha se centra más en los derribos, el agarre en el suelo y los movimientos de sumisión que otras artes marciales como el kárate o el kickboxing. Es un ejercicio excelente para desarrollar la fuerza muscular, la resistencia, la agilidad y el equilibrio.

Mientras que la lucha libre es un arte marcial de contacto cuerpo a cuerpo, el judo es un deporte algo menos exigente físicamente y más defensivo. El judo es un arte marcial que utiliza derribos y zancadillas para derribar a los adversarios. Se considera una de las mejores formas de defensa personal, especialmente contra adversarios más grandes o fuertes. Por lo tanto, el judo es un arte marcial ideal para personas con un nivel de forma física diferente al requerido para la lucha libre.

El boxeo, otro arte marcial famoso, es un deporte de combate que utiliza técnicas de golpeo como jabs, ganchos y uppercuts. A diferencia de la lucha libre y el judo, el boxeo se centra principalmente en los puñetazos, el juego de piernas rápido y las técnicas de evasión. Este deporte es muy popular por sus beneficios cardiovasculares y de pérdida de peso, y mejora la función cognitiva y el equilibrio.

El taekwondo, un arte marcial coreano, es un deporte de combate que hace hincapié en los movimientos rápidos y explosivos y en las patadas altas. El taekwondo se basa en actividades dinámicas. Esta forma de arte ha demostrado ser excepcionalmente eficaz en defensa personal y ha sido aceptada como deporte de contacto total en los Juegos Olímpicos.

Comparar la lucha libre con otras artes marciales indica que cada una de ellas tiene puntos fuertes únicos que atraen a distintas personas, en función de sus intereses y capacidades físicas. La lucha libre podría ser la mejor opción para mejorar la fuerza, la coordinación y las habilidades de agarre. El judo podría ser la mejor elección para un enfoque menos riguroso y defensivo de las artes marciales. El boxeo y el taekwondo son artes de kickboxing que se adaptan a las personas que desean confiar más en las técnicas de golpeo que en el agarre. Lo mejor es elegir el arte marcial adecuado (para usted) en función de sus intereses, objetivos y capacidades físicas. Sea cual sea su elección, el entrenamiento regular y el trabajo duro le conducirán sin duda hacia la autodisciplina, la fortaleza mental y los logros físicos.

Incluir la lucha en el entrenamiento de artes marciales

Las artes marciales se han practicado durante siglos y abarcan muchas técnicas de combate que mejoran la fuerza física, la agilidad mental y el bienestar general. Desde el karate hasta el jiu-jitsu, cada estilo de arte marcial tiene su propio conjunto de movimientos, filosofías y estrategias. La lucha es un arte marcial popular que ha demostrado ser una forma de combate y defensa personal muy eficaz. Este deporte se originó en la antigüedad y requería un intenso esfuerzo físico, disciplina y práctica para dominarlo. Esta sección explora los beneficios de incluir la lucha libre en su rutina de entrenamiento de artes marciales y cómo puede mejorar su práctica.

Mejora de la forma física

La lucha libre es un deporte exigente que requiere fuerza, velocidad, agilidad y resistencia. Al incluir la lucha libre en su entrenamiento de artes marciales, desafía a su cuerpo de formas nuevas y exigentes, mejorando significativamente su forma física. La lucha desarrolla la fuerza central, mejora el equilibrio y la coordinación, desarrolla la potencia explosiva y aumenta la resistencia cardiovascular. Estos atributos físicos son cruciales para sobresalir en las artes marciales y beneficiarán la salud y el bienestar general.

Una de las principales razones por las que la gente practica artes marciales es para aprender técnicas de defensa personal que les protejan en situaciones de peligro. La lucha libre es una técnica que mejora las habilidades de defensa personal y aumenta la confianza en la capacidad para defenderse. En la lucha libre, aprende a derribar a su oponente, a controlar sus movimientos y a aprovechar el peso de su cuerpo para ganar la partida. Estas mismas habilidades pueden utilizarse en situaciones de defensa personal de la vida real, lo que convierte a la lucha libre en un arte marcial muy práctico.

Fortaleza Mental

Además de la forma física, la lucha desarrolla la fortaleza mental, la disciplina y la concentración. Las intensas exigencias físicas de la lucha requieren un alto nivel de fortaleza mental, concentración y disciplina para seguir superando sus límites. Estos atributos mentales son fundamentales para destacar en las artes marciales. A través de la lucha aprenderá a superar las barreras mentales, a desarrollar una mentalidad fuerte y a mantener la calma y la concentración bajo presión.

Variedad en el entrenamiento

Añadir la lucha a su rutina de entrenamiento de artes marciales puede añadir variedad a sus entrenamientos y mantenerlos emocionantes. La lucha proporciona una forma de entrenamiento diferente a la de algunas artes marciales, como las artes marciales basadas en el golpeo, como el kárate o el taekwondo. Incorporar la lucha a su rutina de entrenamiento desafía su mente y su cuerpo de formas nuevas y emocionantes y le proporciona un conjunto de habilidades en artes marciales más amplio.

Oportunidades competitivas

Por último, pero no por ello menos importante, si le gustan los deportes de competición y desea llevar su práctica de artes marciales al siguiente nivel, la lucha libre puede ofrecerle muchas oportunidades para competir. Los luchadores tienen numerosas oportunidades, desde campeonatos locales a nacionales, para mostrar sus habilidades y competir contra otros luchadores expertos. Incluir la lucha libre en su entrenamiento de artes marciales podría abrirle las puertas a nuevas experiencias y oportunidades que de otro modo no habría tenido.

No se puede negar que las artes marciales son una forma fantástica de mantenerse físicamente en forma, mentalmente ágil y disciplinado. Incluir la lucha libre en su rutina de entrenamiento de artes marciales amplifica estos beneficios. Mejorará su forma física y sus habilidades de defensa personal, desarrollará su fortaleza mental, añadirá variedad a su entrenamiento y le abrirá las puertas a oportunidades competitivas. Por lo tanto, tanto si es un artista marcial experimentado como un principiante, considere la posibilidad de añadir la lucha a su rutina de entrenamiento de artes marciales y lleve su práctica al siguiente nivel.

¿Cómo se practica la lucha libre?

La lucha libre es un deporte antiguo que ha ido ganando popularidad con el paso de los años. Es un deporte intenso y físicamente exigente que requiere habilidad, agilidad y potencia. Pero, ¿se ha preguntado alguna vez cómo se entrenan los luchadores para alcanzar este nivel de competitividad y dureza? La lucha libre implica un riguroso entrenamiento en diversas técnicas, estrategias y acondicionamiento físico.

Lugares de entrenamiento

La práctica de la lucha libre suele tener lugar en una sala de lucha o en una colchoneta diseñada para la lucha libre. Este deporte requiere una colchoneta específica creada con espuma de alta densidad y tejido de vinilo. Estas colchonetas son fundamentales para garantizar que los luchadores no se hagan daño durante el entrenamiento, y ayudan a absorber los golpes y a reducir el riesgo de lesiones. Durante los entrenamientos, los luchadores incluirán ejercicios de fuerza y acondicionamiento en el gimnasio, que incluyen levantamiento de pesas, ejercicios de acondicionamiento y ejercicios cardiovasculares para aumentar la resistencia, la agilidad y la fuerza.

Intensidad

La práctica de la lucha libre es intensa y físicamente exigente. La mayoría de los equipos de lucha practican con regularidad, a menudo durante varias horas al día. La intensidad del ejercicio aumenta a medida que los luchadores se vuelven más competitivos, y el entrenamiento suele incorporar ejercicios de alta intensidad que llevan a los luchadores hasta sus límites. Tener éxito en la lucha libre requiere dedicación y persistencia, y la voluntad de superarse a sí mismo.

Técnicas y estrategias

La lucha es un deporte estratégico que requiere una combinación de habilidades físicas y mentales. Durante el entrenamiento, los luchadores aprenden diversas técnicas que les permiten controlar a sus oponentes. Estas técnicas incluyen derribos, escapes, combinaciones de inmovilización y lucha por arriba y por abajo. Los luchadores deben estudiar a sus oponentes, analizar sus puntos fuertes y débiles y desarrollar estrategias para ganar la partida. Para mantenerse en la cima de su juego, los luchadores de éxito deben trabajar constantemente en el perfeccionamiento de su técnica.

Seguridad

La seguridad es primordial en cualquier deporte, y la lucha no es una excepción. Durante los entrenamientos, los entrenadores y los deportistas toman todas las medidas posibles para evitar lesiones. Esto incluye rutinas de calentamiento adecuadas, ejercicios de estiramiento y ejercicios de prevención de lesiones. Durante los entrenamientos de lucha, los entrenadores vigilan de cerca a los deportistas para asegurarse de que utilizan las técnicas adecuadas para evitar lesiones. Muchos equipos de lucha exigen que los deportistas lleven equipo de protección, como cascos, protectores bucales y rodilleras.

Los luchadores se someten a un riguroso entrenamiento en diversas técnicas, estrategias y acondicionamiento físico, todo ello orientado a que los atletas sean más musculosos y ágiles. La intensidad durante la práctica puede ser alta, pero los entrenadores y los atletas dan prioridad a las medidas de seguridad para evitar lesiones. En general, la práctica de la lucha libre es un sistema bien organizado y estructurado que garantiza que los luchadores estén en su nivel óptimo de entrenamiento y listo para competir, lo que la convierte en una prueba de fuerza física y mental.

Estilos de lucha

Aunque a primera vista la lucha libre puede parecer un deporte sencillo, los distintos estilos tienen reglas y técnicas únicas. En esta sección se analizan los diferentes estilos de lucha, sus orígenes y lo que los hace destacar.

Lucha libre

La lucha libre es la forma de lucha más común en todo el mundo y es una prueba olímpica habitual. Este estilo de lucha tiene su origen en Gran Bretaña y hace más hincapié en los movimientos rápidos y ágiles que en la fuerza bruta. Los luchadores pueden sujetar y atrapar las piernas de su oponente y utilizar los brazos para realizar derribos como los grecorromanos. El ganador se determina ganando el mayor número de puntos, conseguidos mediante derribos, reveses y exposiciones.

Lucha grecorromana

La lucha grecorromana es otra forma de lucha que se remonta a las civilizaciones antiguas. Llamada así por sus orígenes en Roma, este estilo de lucha no permite los ataques por debajo del cinturón, las llaves de piernas ni el uso de las piernas del adversario. En cambio, se centra en la fuerza de la parte superior del cuerpo y en los lanzamientos con brazos y hombros. Aunque los derribos son legales, deben ejecutarse de pie. La fuerza de agarre, la potencia explosiva y las técnicas de apalancamiento adecuadas son esenciales en la lucha grecorromana.

Lucha folclórica

La lucha folclórica, o colegial, es el estilo con el que están familiarizados la mayoría de los estadounidenses. Esta forma de lucha es popular en los institutos y universidades de Estados Unidos y Canadá, y hace hincapié en los derribos y las inmovilizaciones. En la lucha folclórica, los derribos valen dos puntos, mientras que un pin o puesta de espalda vale cinco. Un luchador gana si clava los hombros de su oponente en la lona o gana el mayor número de puntos en el combate.

Lucha de sumo

La lucha de sumo es originaria de Japón y combina elementos de la lucha libre y de las creencias sintoístas japonesas. Los combates de sumo se celebran en un ring circular, donde el objetivo del luchador es empujar a su oponente fuera del ring o hacerle tocar el suelo con cualquier parte del cuerpo, excepto los pies. Para competir con eficacia, los luchadores de sumo deben mantener una dieta estricta y un régimen de entrenamiento para alcanzar el peso y la talla requeridos.

Lucha en la playa

La lucha en la playa, conocida como lucha en la arena, es relativamente nueva en comparación con otras modalidades. Este estilo suele desarrollarse sobre una superficie de arena y requiere altos niveles de explosividad y agilidad. En la lucha en la playa, los luchadores se ahorran el tiempo de agarrarse e intentar conseguir el control. En su lugar, intentan inmediatamente agarrar las piernas del oponente o realizar un lanzamiento. El combate termina cuando el luchador clava los hombros del oponente en el suelo.

La lucha libre, la lucha grecorromana, la lucha colegial, la lucha de sumo y la lucha en la playa tienen reglas, técnicas y tradiciones específicas. Además, cada forma requiere un conjunto diferente de habilidades, lo que hace que cada estilo sea único y atractivo

La lucha libre como deporte para niños

La lucha es un deporte muy competitivo y exigente que requiere una gran energía, resistencia y perseverancia. Además, este deporte influye positivamente en la salud física y mental, especialmente de los niños. Esta sección explora los beneficios de la lucha libre para los niños y cómo encontrar el entorno adecuado.

Beneficios para los niños
- **Desarrollo físico:** La lucha libre es una actividad física intensa que incorpora resistencia cardiovascular, muscular y fuerza muscular. Ayuda a los niños a desarrollar músculos delgados, mejorar la densidad ósea y fomentar la flexibilidad. Además, mejora la salud cardiovascular de los niños, lo que les permite tener un peso saludable y llevar un estilo de vida activo.
- **Disciplina y formación del carácter:** La lucha es más que una actividad física. Enseña a los niños concentración, disciplina y perseverancia. La lucha ayuda a los niños a fijarse objetivos y a trabajar duro para conseguirlos. Les enseña habilidades esenciales para la vida, como la resistencia, el coraje y el trabajo en equipo
- **Salud mental:** La lucha tiene un impacto positivo en la salud mental, especialmente de los niños. Aumenta la confianza en sí mismo, la autoestima y el conocimiento de sí. Los niños que participan en la lucha libre se sienten más dueños de su cuerpo y tienen una mejor imagen de sí mismos.

Encontrar el entorno adecuado
- **Edad apropiada:** Encontrar un programa de lucha libre adecuado para la edad de sus hijos es esencial. Los niños pequeños deben comenzar con técnicas básicas de lucha libre, mientras que los niños mayores pueden aprender movimientos más complejos. El programa debe adaptarse a sus capacidades físicas y nivel de experiencia.
- **Espacio seguro:** La lucha libre requiere un contacto estrecho con otros luchadores, lo que puede aumentar el riesgo de lesiones. Por lo tanto, es esencial elegir un programa de lucha libre que se centre en la seguridad mental y ofrezca equipos de protección. Además, un buen programa de lucha libre debe contar con entrenadores experimentados que sepan cómo enseñar a luchar de forma segura.
- **Entorno cultural:** El entorno en el que sus hijos aprenden y participan es esencial. Es fundamental que el programa fomente una cultura positiva y de apoyo que promueva valores como la disciplina, la deportividad, el trabajo en equipo y el respeto.

La lucha es un deporte excelente para los niños, ya que aporta muchos beneficios físicos y mentales. Enseña habilidades como la disciplina, la perseverancia y la concentración, que son esenciales en la vida. Cuando elija un programa de lucha libre para sus hijos, busque uno que sea apropiado para su edad, seguro y que fomente un entorno cultural positivo. Es importante formar a futuros luchadores y dar a los niños la oportunidad de experimentar este deporte.

Los niños no son los únicos que se benefician de la lucha libre. Los adultos también pueden mejorar su salud física y mental. La lucha le enseña a ser fuerte pero humilde, a disciplinarse y a mantener la concentración. Es una forma estupenda de desahogarse, ganar fuerza y practicar el equilibrio. Como con cualquier deporte, la mejor manera de disfrutarlo es en un entorno seguro, con entrenadores y profesores bien informados que impartan las instrucciones adecuadas. No deje que la intimidación de la lucha libre le impida probarla. Hay muchos niveles y estilos diferentes, así que tanto si es un novato como si lleva años practicándola, hay algo para todos. Así que tome su equipo y únase a la lucha

Capítulo 2: Reglas y habilidades básicas

Aprender las reglas y habilidades básicas es crucial para triunfar en la lucha libre. Tanto si es un principiante como un luchador experimentado, comprender los fundamentos de este deporte le dará una ventaja competitiva. Desde los movimientos básicos, como los derribos y los pinos, hasta la comprensión del sistema de puntuación y las normas relativas a las actividades ilegales, tener una base sólida de conocimientos le ayudará a superar a sus oponentes. Además, aprender lo básico mejorará su técnica y le ayudará a prevenir lesiones en el tatami.

En este capítulo se analizan las reglas y habilidades básicas de la lucha libre para que pueda empezar con buen pie en este apasionante deporte. Abarca las leyes fundamentales de la lucha, las habilidades básicas y las técnicas que debe dominar. Con estos conocimientos, estará bien encaminado para convertirse en un luchador experimentado y de éxito. Los capítulos siguientes profundizan en habilidades y estrategias específicas. Pero, por ahora, veamos lo básico.

Reglas fundamentales de la lucha libre

En esencia, la lucha libre es un combate entre dos atletas regido por reglas que garantizan el juego limpio y protegen la seguridad de los competidores. En esta sección se examinan las leyes fundamentales de la lucha libre, incluidos el desarrollo del combate, el sistema de puntuación y las descalificaciones y sanciones. Esta sección le proporcionará una sólida comprensión del funcionamiento de la lucha libre y de lo que se necesita para triunfar en este apasionante deporte.

Preparación del combate

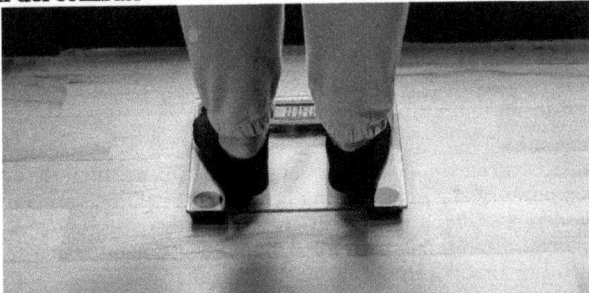

Los luchadores se pesan para determinar la clase en la que competirán[89]

Antes de que comience un combate de lucha libre, deben ocurrir algunas cosas. En primer lugar, los luchadores deben pesarse para determinar en qué categoría competirán. Una vez pesados, los luchadores son llamados a la lona y presentados al público. Cada luchador se coloca en la lona, uno en la esquina azul y el otro en la roja. A continuación, el árbitro señala el comienzo del combate, y los luchadores realizarán derribos, reveses y escapes para sumar puntos y ganar el combate.

Sistema de puntuación

El sistema de puntuación de la lucha libre es relativamente sencillo. Se conceden puntos por varias maniobras, como derribos, escapadas, reveses y clavadas. Un derribo se produce cuando un luchador lleva a su oponente al suelo y mantiene el control sobre él. Una escapada se produce cuando un luchador escapa de debajo de su oponente y se libera de su agarre. Una inversión se produce cuando un luchador que está abajo consigue dar la vuelta a su oponente y hacerse con el control. Por último, la clavada se produce cuando un luchador sujeta los hombros de su oponente sobre la colchoneta durante un tiempo determinado (normalmente dos segundos) para asegurarse la victoria. También se conceden puntos por penalizaciones y descalificaciones.

Descalificaciones y sanciones

La lucha libre es un deporte competitivo, y a veces los ánimos se caldean. Por ello, existen varias normas que regulan las descalificaciones y sanciones para garantizar la seguridad de los competidores y proteger la integridad del deporte. Por ejemplo, los luchadores no pueden golpear a su oponente con ninguna parte del cuerpo ni morderle o tirarle del cabello. Si un luchador infringe estas normas, puede ser sancionado con una advertencia, una deducción de puntos o la descalificación, dependiendo de la gravedad de la infracción. Estas reglas se han establecido para proteger a los luchadores y al deporte de la lucha.

Categorías de peso y divisiones

Una de las reglas fundamentales de la lucha son las categorías de peso y las divisiones. Cada competición cuenta con una categoría de peso, y los luchadores deben pesarse antes de cada combate. Las categorías de peso proporcionan una competición justa entre atletas de tallas, pesos y fuerzas similares. Si un luchador tiene sobrepeso para su categoría, puede ser penalizado, descalificado o trasladado a la categoría de peso siguiente.

Fuera de los límites

Otra regla esencial de la lucha libre es el fuera de límites. En la lucha libre, el cuadrilátero se denomina tatami y suele estar marcado por un círculo exterior. Si un luchador se sale de los límites, recibe una penalización o pierde el combate. Por lo tanto, es vital estar atento al borde de la colchoneta y asegurarse de que el cuerpo no cruza la línea durante el partido. Además, un luchador debe mantener constantemente el contacto con el tapiz y no puede empujar a propósito a su oponente fuera de los límites.

Límites de tiempo

La mayoría de los combates de lucha tienen un límite de tiempo, y entender cómo funciona es esencial. Por lo general, los combates de nivel secundario y universitario duran tres periodos de dos minutos cada uno. Si el partido termina en empate, los atletas van a la prórroga y tienen un minuto para ganar. Durante la prórroga, gana el primer luchador que anote un punto.

Puntuación

La última regla esencial de la lucha es la puntuación. Al final de cada periodo, el luchador con más puntos gana el asalto. Si el recuento de puntos está empatado al final del último periodo, los luchadores van a la prórroga. Se conceden puntos por diferentes acciones dentro del cuadrilátero: 1 punto por una escapada, 2 puntos por un derribo y 3 puntos por una combinación de tiempo de caída y casi caída, en la que un luchador casi aplasta a su oponente.

Las reglas fundamentales de la lucha garantizan una competición justa y segura para todos los participantes. Dominar estas reglas es esencial para convertirse en un luchador de éxito. Las categorías de peso, el fuera de límites, los límites de tiempo y la puntuación son de vital importancia para la lucha estratégica. Si conoce la organización de los combates, el sistema de puntuación y las descalificaciones y sanciones, podrá enfrentarse mejor a sus oponentes en el tatami y ganar más combates.

Habilidades básicas de la lucha libre

La lucha libre requiere una combinación única de fuerza, agilidad y equilibrio. Para tener éxito, debe desarrollar habilidades fundamentales para superar a su oponente. Esta sección analiza las habilidades esenciales que todo luchador debe dominar para llevar su rendimiento al siguiente nivel.

Equilibrio

Una de las habilidades más importantes en la lucha libre es el equilibrio. Un buen sentido del equilibrio en la lucha le permite mantener su posición y evitar que su oponente tome el control. Un buen equilibrio comienza con una alineación corporal y un juego de pies adecuados. Para mejorar su equilibrio, trabaje en su postura y posicionamiento con regularidad. Eso incluye practicar movimientos básicos como los derribos con una o dos piernas y desafiarse a sí mismo con variaciones de esos movimientos para mejorar aún más el equilibrio.

Fuerza

La lucha requiere mucha fuerza. Debe aplicar fuerza a su oponente y mantener su posición con eficacia. El entrenamiento de fuerza es una parte esencial del régimen de entrenamiento de un luchador. Incluye ejercicios con pesas y otros ejercicios de resistencia para aumentar la fuerza general. Céntrese en ejercicios compuestos, como sentadillas, peso muerto y press de banca, para desarrollar la fuerza funcional. Trabajar la fuerza de agarre es esencial para controlar al oponente y ejecutar los movimientos con mayor eficacia.

Agilidad

La agilidad es la capacidad de moverse con rapidez y responder a los movimientos del oponente, otra habilidad crucial en la lucha libre. Concéntrese en ejercicios para mejorar su rapidez y tiempo de reacción para desarrollar la agilidad. Las escaleras de agilidad y los ejercicios con conos pueden mejorar su juego de pies y su tiempo de reacción. Los ejercicios pliométricos, como los saltos de cajón y los saltos laterales, pueden ayudarle a desarrollar la potencia explosiva y la velocidad.

Resistencia mental

Aunque no es una habilidad física, la resistencia mental es un atributo fundamental que todo luchador debe cultivar. Los combates de lucha son eventos mental y emocionalmente agotadores que ponen a prueba sus límites. Desarrollar la fortaleza mental le ayuda a superar las dificultades de un combate y le mantiene motivado durante el entrenamiento. Para desarrollar la fortaleza mental, céntrese en sus objetivos y visualice el éxito. Recuerde siempre que la lucha exige disciplina, perseverancia y fortaleza mental.

Resistencia

La lucha es un deporte intenso que requiere una gran resistencia física. Por lo tanto, los luchadores necesitan un entrenamiento cardiovascular constante, como correr, montar en bicicleta o nadar, para aumentar su resistencia. El entrenamiento mejora su capacidad para mantener la actividad física y durar más tiempo durante los combates de lucha. Además, lo mejor sería centrarse en el desarrollo de la fuerza y la flexibilidad para mantener una postura y unos movimientos adecuados durante la lucha. El desarrollo de la resistencia requiere tiempo y disciplina, pero es una habilidad esencial que puede marcar la diferencia entre ganar y perder.

Fortaleza mental

La lucha libre somete a los deportistas a mucha presión, y es fácil sentirse abrumado por el estrés y la ansiedad. La fortaleza mental le ayuda a mantener la calma y a concentrarse durante los combates, a rendir al máximo y a tomar mejores decisiones. Puede mejorar su fortaleza mental fijándose objetivos realistas, trabajando la capacidad de visualización y expresándose positivamente. Aprenda a controlar sus emociones, especialmente cuando las cosas se ponen difíciles. Un luchador que ha perfeccionado su fortaleza mental está mejor preparado para afrontar los retos que se le presenten.

Conocimientos básicos de estrategia y táctica

Los combates de lucha requieren una planificación estratégica y la ejecución de movimientos. Conocer las tácticas y estrategias básicas de la lucha libre es esencial para tener éxito en este deporte. Las estrategias clave incluyen el control del centro de la colchoneta, el mantenimiento del equilibrio y la agresividad. Es crucial conocer diferentes técnicas, como derribos, escapes y clavadas, que dan ventaja durante los combates. Un buen luchador debe saber anticiparse a los movimientos de su oponente y evitar los patrones predecibles. Trabaje con su entrenador para desarrollar una sólida comprensión de las distintas estrategias y tácticas.

Confianza en sí mismo

La lucha es un deporte individual que requiere que confíe en sus habilidades y destrezas. La confianza en sí mismo es vital para ganar los combates. Debe tener confianza en sus habilidades físicas, su fortaleza mental y sus conocimientos de este deporte, que se adquieren con la práctica y la experiencia. Para aumentar la confianza en sí mismo, concéntrese en sus puntos fuertes, analice sus puntos débiles y fíjese objetivos alcanzables para mejorar ambos. Lo mejor es rodearse de personas positivas y que le apoyen y crean en usted. La confianza en sí mismo le ayudará a superar las adversidades y a tener más éxito sobre el tatami.

La lucha es un deporte difícil pero gratificante, y dominar las habilidades fundamentales que se tratan en esta sección le ayudará a convertirse en un luchador de éxito. La resistencia, la fortaleza mental, la estrategia y las tácticas, y la confianza en sí mismo son aspectos críticos de la lucha que mejorarán su rendimiento y le llevarán a la victoria. Recuerde, la lucha es un deporte que requiere dedicación, trabajo duro y disciplina, pero las recompensas son abundantes. Por lo tanto, continúe trabajando en sus habilidades, manténgase concentrado y mejore siempre.

Consejos para principiantes

La lucha libre es un deporte físicamente exigente que requiere resistencia, fuerza, agilidad y técnica. Es un deporte que pone a prueba las capacidades físicas y la fortaleza mental. Si es un principiante en el mundo de la lucha libre, aquí tiene algunas cosas que debe tener en cuenta.

- **Trabaje su cardio:** La resistencia cardiovascular es esencial en la lucha libre, ya que este deporte requiere mantener una intensidad alta durante un periodo prolongado. Debe entrenar el corazón y los pulmones para suministrar eficazmente oxígeno a los músculos. Correr, montar en bicicleta, nadar y saltar a la cuerda son algunas de las formas más eficaces de mejorar la resistencia cardiovascular. Incorpore el cardio a su régimen de entrenamiento; durará más en los combates.

- **Nutrición adecuada:** Una nutrición adecuada es crucial en cualquier deporte, y la lucha libre no es una excepción. Como luchador, debe consumir una dieta equilibrada de proteínas, carbohidratos y grasas saludables. Además, coma mucha fruta y verdura. Evite los alimentos azucarados y procesados, que pueden afectar a sus niveles de energía y entorpecer su rendimiento.

- **Domine los fundamentos:** La lucha requiere una base sólida en los fundamentos. Lo mejor es aprender las posturas, los golpes y los derribos básicos. Dedique tiempo a practicar estos movimientos básicos para que se conviertan en algo natural. Una vez que domine los fundamentos, podrá pasar a técnicas más avanzadas.

- **Entrene con compañeros de distintos niveles:** Entrenar con compañeros de distintos niveles supone un reto importante. Por ejemplo, luchar con alguien mejor que usted puede perfeccionar sus técnicas, mientras que luchar con alguien menos hábil refina sus movimientos. Puede aprender algo de todo el mundo, así que no dude en salir de su zona de confort y entrenar con diferentes compañeros.

- **Mantenga la motivación:** La lucha libre puede suponer un reto físico y mental, por lo que es esencial mantener la motivación. Fíjese objetivos realistas y controle sus progresos. Rodéese de personas positivas y afines que le apoyen y motiven. Sea audaz y busque la inspiración de los mejores luchadores, y recuerde siempre por qué empezó a luchar en primer lugar.

Técnicas básicas de lucha

Tanto si es usted un observador casual como un atleta serio, la lucha libre es un deporte divertido, desafiante y gratificante. Desde la colchoneta del instituto hasta el escenario olímpico, la lucha exige una combinación perfecta de fuerza, velocidad y técnica. Una de las cosas más importantes que hay que recordar al iniciarse en la lucha libre es dominar los aspectos básicos. No necesita movimientos extravagantes ni complicados bloqueos de piernas. En su lugar, céntrese en técnicas sencillas que puedan tener un impacto significativo en el tatami. Esta sección analiza algunos de los procesos más fundamentales en la lucha libre.

Postura y movimiento

Antes de que pueda ejecutar un movimiento, al menos bien, debe dominar la postura básica de lucha, una posición equilibrada y atlética. Empiece con los pies separados a la anchura de los hombros y las rodillas ligeramente flexionadas. La espalda debe estar recta y la cabeza hacia delante. Mantenga las manos en alto y los codos hacia dentro. Esta posición le permite moverse rápidamente sin perder el equilibrio. Mantenga siempre los pies en movimiento, arrastrando los pies de un lado a otro, rodeando al adversario y cambiando de nivel para mantenerlo en vilo.

Escapes

Las escapadas son la clave para salir de posiciones difíciles y evitar ser inmovilizado. La fuga más básica es el levantamiento, empujando la colchoneta con las manos y rodando sobre los pies. Desde ahí, puede escapar del agarre de su oponente, volver a ponerse de pie y empezar de nuevo. Otra buena forma de escapar es el hip heist, en el que utilizas las caderas para crear espacio y girar para escapar de un agarre. Pero, de nuevo, recuerde mantener sus movimientos rápidos y dinámicos y evitar que su oponente se sienta demasiado cómodo encima de usted.

Reversiones

Las reversiones consisten en dar la vuelta a la tortilla, tomar lo que el oponente tiene y hacerlo suyo. La reversión más sencilla es el cambio. Consiste en girar sobre su oponente y hacerlo rodar sobre su espalda. Este movimiento puede ser muy eficaz si se ejecuta con suavidad y rapidez. Otra reversión clásica es el giro Peterson. Este movimiento requiere más delicadeza y práctica, pero puede ser versátil si se domina. Una vez más, lo mejor es provocar al oponente para que se esfuerce más de la cuenta antes de tumbarlo de espaldas o exponer sus hombros.

Aprendiendo los fundamentos de la lucha, la postura, el movimiento de escape y las reversiones, desarrollará rápidamente sus habilidades y se convertirá en un luchador más seguro de sí mismo. Recuerde, mantenga sus movimientos rápidos y fluidos y la barbilla alta. La lucha libre consiste en desafiarse a sí mismo, superar los límites y divertirse. Tanto si es principiante como si tiene experiencia, los fundamentos son siempre la base del éxito.

Derribos

Los derribos son esenciales en la lucha libre, ya que permiten ganar puntos y dan ventaja al luchador. El objetivo es derribar a su oponente a la lona sacándolo de sus pies. Existen varios métodos de derribo, como el de una pierna, el de doble pierna y el del bombero. Dominar una o dos técnicas de derribo mediante la repetición y la práctica es esencial para el éxito. El método requiere estudiar los movimientos del oponente y anticiparse a su siguiente movimiento. Una vez que se tiene al oponente en la lona, el siguiente paso es iniciar una combinación de inmovilización.

Combinaciones de inmovilización

Las combinaciones de inmovilización son la piedra angular de la lucha libre. Una vez que el oponente está en la lona, es esencial conocer las diferentes técnicas para conseguir puntos. Entre las técnicas de inmovilización se incluyen la cuna, la media Nelson y el ala de pollo. Un buen luchador debe tener un repertorio de varias combinaciones de inmovilización para sorprender a su oponente y conseguir puntos esenciales. Dependiendo de la situación, las técnicas de inmovilización pueden ejecutarse después de un derribo o desde la posición de pie. La capacidad de un luchador para leer al oponente e identificar sus puntos débiles es esencial para aplicar estas técnicas con éxito.

Práctica

Para dominar los fundamentos de la lucha libre, debe practicar constantemente con una actitud positiva que le permita aprender de sus errores. Los ejercicios repetitivos le ayudarán a perfeccionar sus movimientos y a desarrollar la memoria muscular, aumentando sus habilidades técnicas y su eficacia. Observar y aprender de otros luchadores y entrenadores es una forma excelente de aprender.

Acondicionamiento

Por último, el acondicionamiento, que incluye el entrenamiento de fuerza y cardiovascular, es esencial para desarrollar la resistencia y mantenerse a la altura de las exigencias físicas de la lucha. Por lo tanto, un buen luchador debe tener un régimen de entrenamiento equilibrado, que incluya ejercicios de fuerza y cardio, para desarrollar sus capacidades atléticas y resistir la fatiga.

Montar y controlar las piernas

La conducción y el control de la pierna son técnicas fundamentales en la lucha libre. El primer paso es establecer el control sobre la pierna del oponente rodeándola con la pierna o enganchando el brazo por debajo de la pierna. Una vez que tenga el control, concéntrese en mantener la presión y el equilibrio. Mantenga su peso sobre el oponente para evitar que escape. Para montar las piernas con eficacia, utilice el control del tobillo y la cadera. Mantenga el tobillo de su oponente apretado contra su cuerpo y utilice la cadera para ejercer presión, dificultando que su oponente escape o maniobre con su cuerpo. A partir de aquí, puede realizar varios movimientos, como una inclinación o un giro.

Finalización

Una vez que haya conseguido controlar a su oponente, es el momento de ejecutar una finalización. Los remates más comunes en la lucha libre son los clavados, los derribos y los giros. Cada uno de ellos requiere técnicas y estrategias diferentes. Para realizar un pin, los hombros de su oponente deben estar sobre la colchoneta durante dos segundos. La forma más fácil de conseguirlo es levantar la pierna de su oponente y barrer su torso hacia la colchoneta. Una vez que su oponente esté de espaldas, sujételo con el peso de su cuerpo y clave el hombro en su pecho.

El objetivo de los derribos es llevar al adversario a la lona. La clave está en aprovechar el impulso y el efecto de palanca para dominar al adversario. Uno de los derribos más habituales es el de doble pierna. Consiste en lanzarse rápidamente hacia las piernas del oponente, rodearlas con los brazos y levantarlas del suelo. Los giros se utilizan para ganar puntos exponiendo la espalda del oponente a la lona, normalmente desde una posición superior. Utilice su peso y el control de la cadera para poner a su adversario boca arriba y, a continuación, sujételo para conseguir los puntos.

La lucha libre es un deporte que exige resistencia física, agilidad mental y dominio de las técnicas básicas de lucha. Los derribos y las combinaciones de inmovilización son habilidades fundamentales que todo luchador debe conocer. Las técnicas fundamentales ayudan a los luchadores a establecer y mantener una posición dominante frente a sus oponentes. Perfeccionar las técnicas básicas de lucha requiere mucha práctica, persistencia y dedicación. Desarrollar la resistencia es fundamental para que un luchador sobreviva a los rigores de este deporte, y es esencial un régimen de entrenamiento equilibrado, que incluya ejercicios de fuerza y cardiovasculares. Con una actitud positiva y una práctica regular, el dominio de estas técnicas básicas le ayudará a convertirse en un mejor luchador.

Capítulo 3: Postura y equilibrio

La postura y el equilibrio son los factores más críticos para lograr el éxito en el tatami. Mantener una buena postura garantiza que pueda generar la máxima potencia y apalancamiento en sus movimientos a la vez que evita lesiones. Mientras tanto, tener un excelente equilibrio le permite mantener el control sobre su oponente, evitando que gane la mano. Pero dominar estas habilidades es todo un reto. Requiere tiempo, dedicación y la voluntad de llegar al límite.

Con paciencia y práctica, mejorará día a día. Este capítulo profundiza en la importancia de la postura y el equilibrio en la lucha y en los ejercicios que los desarrollan. Además, explora cómo afectan positivamente a su vida diaria. Observará los errores que la gente suele cometer en la postura y el equilibrio y cómo afectan a su salud, y comprenderá cómo la postura y el equilibrio son esenciales para el éxito en la lucha libre.

Postura y equilibrio en la lucha libre

La lucha libre es un deporte intenso y físicamente exigente que requiere agilidad, fuerza y habilidad. Los luchadores deben aprender a mantener una postura y un equilibrio adecuados para destacar en este deporte. Una buena postura y un buen equilibrio pueden marcar la diferencia entre ganar o perder un combate. Esta sección explora la importancia de mantener una postura y un equilibrio adecuados en la lucha libre.

Importancia de una buena postura

La postura es fundamental para el rendimiento de un luchador. Una postura correcta ayuda a los luchadores a mantener el equilibrio, evitar lesiones y controlar a sus oponentes. Los luchadores con una buena postura pueden permanecer en una posición más ventajosa y estable, lo que les proporciona una ventaja táctica. Los luchadores con una buena postura tienen menos probabilidades de sufrir lesiones como torceduras y esguinces. Además, una postura correcta garantiza que los luchadores puedan generar la máxima potencia y apalancamiento en sus movimientos.

Beneficios de un buen equilibrio

El equilibrio es otro factor crucial en la lucha libre. Los luchadores con buen equilibrio pueden moverse con rapidez y fluidez, lo que les ayuda a eludir los ataques del oponente y a lanzar movimientos contraofensivos. Un buen equilibrio permite a los luchadores mantener el control cuando forcejean en la lona. Además, un luchador con buen equilibrio puede utilizar su posición corporal para mantener al oponente en su sitio y evitar ser inmovilizado. Además, un luchador con buen equilibrio es menos propenso a lesionarse.

Trabajar la postura y el equilibrio

Los luchadores pueden mejorar su postura y equilibrio mediante ejercicios específicos. Fortalecer los músculos centrales es fundamental para crear una base sólida para una buena postura y equilibrio. Un ejercicio dirigido a los músculos centrales es la plancha, que consiste en mantener una posición de flexión de brazos durante un tiempo determinado. Además, las estocadas pueden mejorar el equilibrio al fortalecer las piernas y las caderas. Los ejercicios con bandas de resistencia son prácticos para mejorar el equilibrio. Por ejemplo, ponerse de pie sobre una pierna mientras se sujeta una banda de resistencia puede desarrollar el equilibrio y la estabilidad.

Una buena postura y el equilibrio evitan lesiones, mantienen el control durante los partidos y crean ventajas estratégicas. Puede conseguir una mejor postura y equilibrio, incorporando ejercicios para mejorar la fuerza del tronco y la parte inferior del cuerpo y manteniendo una posición adecuada durante los partidos. La clave está en ser constante y persistente en su entrenamiento y hacer de la buena postura y el equilibrio una parte natural de su técnica de lucha. Verá los beneficios y dominará a sus oponentes con tiempo y dedicación.

Ejercicios para una buena postura y equilibrio

Mantener una buena postura y el equilibrio durante un combate requiere concentración y conciencia. Mantener la cabeza erguida y los hombros hacia atrás es vital para mantener una buena postura. Además, hay que ser consciente constantemente de la posición de los pies y del cuerpo para mantener un buen equilibrio. Esta sección cubre los ejercicios esenciales para mejorar la postura y el equilibrio, que los luchadores deben priorizar en su rutina de entrenamiento.

Planchas

Las planchas pueden ser útiles para desarrollar la fuerza central[40]

Las planchas son uno de los mejores ejercicios para desarrollar la fuerza del tronco, esencial para mantener una buena postura y el equilibrio. Trabajan todos los músculos principales del tronco, incluidos los abdominales, los oblicuos y la zona lumbar. Para realizar una plancha, colóquese en posición de flexión con los antebrazos apoyados en el suelo. Los codos deben estar justo debajo de los hombros. Mantenga esta posición de 30 segundos a 1 minuto, o tanto tiempo como pueda sin perder la forma.

Paseos con minibandas

Los paseos con minibandas pueden ayudar a mejorar el equilibrio y la estabilidad

Los paseos con minibandas son ejercicios excelentes para mejorar el equilibrio y la estabilidad. Se centran en los músculos de las piernas y las caderas que controlan el movimiento lateral, esencial para mantener una base sólida en la lucha. Para realizar caminatas con minibandas, colóquese una minibanda alrededor de los tobillos y colóquese de pie con los pies separados a la altura de los hombros. A continuación, dé pequeños pasos hacia un lado, manteniendo la tensión en la banda durante todo el ejercicio. Repita esta acción dando diez pasos en cada dirección.

Estocadas

Las estocadas pueden mejorar la postura, el equilibrio y la fuerza de las piernas[41]

Las estocadas son excelentes para mejorar la postura, el equilibrio y la fuerza de las piernas. Trabajan los músculos de los glúteos, los isquiotibiales y los cuádriceps, esenciales para mantener una base estable en la lucha. Por ejemplo, da un paso adelante con un pie y baja el cuerpo hasta que la rodilla delantera forme un ángulo de 90 grados para realizar una estocada. La rodilla trasera debe quedar justo por encima del suelo. Repita con la otra pierna.

Peso muerto con una sola pierna

Las elevaciones a una pierna trabajan las caderas, los isquiotibiales y los músculos lumbares

Las elevaciones a una pierna son un ejercicio exigente que afecta a las caderas, los isquiotibiales y los músculos lumbares. Mejoran el equilibrio y la estabilidad, lo que es vital para que los luchadores mantengan el equilibrio mientras derriban a sus oponentes. Colóquese sobre un pie con la rodilla ligeramente flexionada para realizar un peso muerto con una sola pierna. Baje lentamente el torso hacia el suelo mientras extiende la otra pierna por detrás. Mantenga la espalda recta y el tronco contraído. Repita con la otra pierna.

Flexiones con balón de estabilidad

Las flexiones con balón de estabilidad trabajan el tronco, los hombros y los músculos de la cadera

Las flexiones con balón de estabilidad son un ejercicio avanzado que se centra en los músculos del tronco, los hombros y la cadera. Mejoran el equilibrio, la estabilidad y el control general del cuerpo. Para realizar una flexión de brazos con balón de estabilidad, colóquese en posición de flexión de brazos con los pies sobre un balón de estabilidad. A continuación, empuje las caderas hacia el techo mientras acerca los pies a las manos. Por último, baje lentamente hasta la posición inicial.

Beneficios de una buena postura y equilibrio

La lucha es uno de los deportes más exigentes físicamente, que requiere fuerza, agilidad y coordinación. Estas habilidades dependen en gran medida de la postura y el equilibrio. Como luchador, comprenderá la importancia de estos dos componentes para el rendimiento en el cuadrilátero. Además, una buena postura y el equilibrio son cruciales para la lucha libre porque reducen el riesgo de lesiones y mejoran el rendimiento general. Esta sección analiza los beneficios de una buena postura y equilibrio en la lucha libre y cómo mejorarlos para llevar su juego al siguiente nivel.

Mejora de la técnica

La técnica de un luchador es la base de su juego. Debe tener una base adecuada de postura y equilibrio para ejecutar las técnicas con precisión. Una buena postura le permite mantener una base estable mientras realiza movimientos ofensivos o defensivos. El equilibrio adecuado le permite ajustar la distribución del peso y el movimiento para anticipar el siguiente movimiento de su oponente. Al mejorar su postura y equilibrio, estará preparado para ejecutar sus técnicas con eficacia y reaccionar con confianza a los movimientos de su oponente.

Reducción del riesgo de lesiones

La lucha libre es un deporte de alto riesgo, que a menudo provoca lesiones. Una buena postura y el equilibrio ayudan a mantener una alineación corporal adecuada y reducen el riesgo de lesionarse. Una postura correcta mantiene la columna vertebral en una posición neutra, lo que minimiza la tensión de los músculos de la espalda y reduce el riesgo de lesiones. Un equilibrio adecuado le permite distribuir su peso de manera uniforme, lo que evita que aterrice torpemente y se lesione las articulaciones.

Mayor fuerza y resistencia

Una postura y un equilibrio adecuados son esenciales para aumentar la fuerza y la resistencia durante el entrenamiento. Sin embargo, mantener una buena postura y el equilibrio requiere mucha energía, especialmente durante los largos combates de lucha. Al practicar ejercicios y técnicas de equilibrio, desarrolla los músculos centrales y de las piernas, lo que le permite desarrollar fuerza y resistencia. Además, una mayor resistencia le ayuda a mantenerse concentrado y alerta durante todo el combate, lo que le proporciona una ventaja competitiva sobre su oponente.

Mejor coordinación de movimientos

La lucha implica una gran cantidad de movimientos rápidos y fluidos que requieren la coordinación entre la parte superior del cuerpo, la parte inferior y los músculos centrales. Una buena postura y el equilibrio mejoran la coordinación de los movimientos al conectar todos los músculos y permitir que trabajen juntos sin problemas. La mejora de la coordinación le permite moverse con eficacia y rapidez, ejerciendo menos presión sobre los músculos y reduciendo la fatiga.

Mayor concentración mental

Por último, una buena postura y el equilibrio pueden mejorar su concentración mental. Los luchadores necesitan mucha fortaleza mental para destacar en este deporte. Practicar posturas y ejercicios de equilibrio le ayuda a centrarse en sus movimientos físicos, despejando su mente de distracciones. Una mente concentrada le mantiene alerta, concentrado y tranquilo en situaciones de gran presión.

Debe mejorar regularmente su postura y su equilibrio para convertirse en un luchador de éxito. Incorporar ejercicios de postura y equilibrio a su rutina puede mejorar su técnica, reducir las lesiones y desarrollar la fuerza, la resistencia, la coordinación de movimientos y la concentración mental. Un buen rendimiento en la lucha libre requiere una base sólida de postura y equilibrio adecuados. Con dedicación y esfuerzo, podrá desarrollar todo su potencial en la lucha libre.

Errores que la gente comete en la postura y el equilibrio

Desafortunadamente, muchos luchadores cometen errores comunes con respecto a la postura y el equilibrio, lo que conduce a lesiones y pérdidas de partidos. Es esencial asegurarse de que el cuerpo está en la posición correcta y de que el peso está distribuido uniformemente. Adoptar una postura demasiado amplia puede impedir el movimiento y desequilibrar al luchador. Estos son algunos de los errores más comunes que cometen los luchadores en relación con la postura y el equilibrio, y cómo corregirlos.

Encorvar los hombros

Uno de los errores más comunes que se cometen en la lucha libre es encorvar los hombros, el encorvamiento tensa los músculos del cuello y la espalda, lo que provoca dolor crónico y lesiones. Por lo tanto, es esencial mantener los hombros bajos y la espalda recta durante la lucha. Esta postura evita la tensión innecesaria en los hombros y los músculos de la espalda y mantiene el equilibrio.

Inclinarse demasiado hacia delante

Inclinarse demasiado hacia delante es otro error común en la lucha libre y puede provocar lesiones. Cuando los luchadores se inclinan demasiado hacia delante, ejercen mucha presión sobre las rodillas y son más propensos a ser derribados. La mejor forma de evitar este error es mantener una postura equilibrada. Mantenga los pies separados a la anchura de los hombros y doble ligeramente las rodillas para mantener el peso centrado.

Levantar la barbilla

Muchos luchadores levantan la cabeza y la barbilla mientras luchan, lo que afecta a su equilibrio. Esta postura dificulta mantener el contacto visual con el oponente y anticiparse a sus movimientos. En su lugar, meta la barbilla en el pecho, baje la cabeza y mantenga el contacto visual con su oponente. De este modo conseguirá un mayor equilibrio y control del combate.

No mantener fuertes los músculos centrales

Otro error que se comete en la lucha es no ejercitar los músculos centrales. Los músculos centrales son esenciales para mantener un buen equilibrio y una postura correcta. Los luchadores pierden la forma y son más propensos a lesionarse cuando no activan los músculos centrales. Concéntrese en respirar y en activar los músculos abdominales durante el combate para mantener activados los músculos centrales.

Extensión excesiva de las piernas

Durante la lucha, extender demasiado las piernas es un error común que cometen los luchadores. Esta postura puede hacerle perder el equilibrio y exponerle durante el ataque de su oponente. Puede provocar lesiones en sus piernas y articulaciones. En lugar de eso, concéntrese en mantener los pies separados a la anchura de las caderas y en trabajar los músculos de las piernas para mantener el equilibrio. Mantendrá un mejor control del combate y evitará daños innecesarios en su cuerpo.

Si evita estos errores comunes, podrá rendir al máximo y reducir el riesgo de lesiones. Recuerde, mantenga un equilibrio adecuado, mantenga sus músculos centrales comprometidos, y cuide su postura, y estará en camino de convertirse en un mejor luchador.

Desarrollar la postura y el equilibrio para la lucha libre

Una buena postura y un buen equilibrio le permiten mantener la estabilidad y el control mientras ejecuta los movimientos en el cuadrilátero. Una buena postura garantiza la alineación correcta del cuerpo, lo que reduce el riesgo de lesiones y aumenta la fuerza general. Por lo tanto, para mejorar su juego de lucha libre, es imprescindible construir una base sólida de postura y equilibrio. Aquí tiene consejos y ejercicios que le ayudarán a conseguir una buena postura y equilibrio.

Practicar una buena postura

El primer paso para desarrollar una buena postura es practicarla a diario. Por ejemplo, manténgase recto conscientemente, eche los hombros hacia atrás y mantenga la cabeza erguida. Esto ayuda a desarrollar la memoria muscular para mantener una buena postura durante los combates de lucha. Practique también una buena postura al sentarse, caminar y dormir. Por ejemplo, estar de pie o sentado con los hombros encogidos o encorvarse provoca desequilibrios musculares y una mala postura con el tiempo. Además, lo mejor es tener un colchón cómodo y almohadas que sujeten su espalda para mantener una buena postura mientras duerme.

Fortalezca el tronco

Los músculos centrales son la base de la postura y el equilibrio. Fortalecerlos mantiene una alineación y estabilidad adecuadas durante la lucha. Algunos ejercicios para mejorar los músculos centrales son las planchas, las flexiones en V y las bicicletas. Estos ejercicios se centran en los abdominales, la zona lumbar y los oblicuos, vitales para mantener una buena postura y el equilibrio.

Mejore el equilibrio

Tener un buen equilibrio es fundamental durante la lucha. Por suerte, puede realizar varios ejercicios y prácticas para mejorarlo. Empiece con ejercicios básicos de equilibrio, como ponerse de pie sobre una pierna o utilizar una tabla de equilibrio.

Una vez que los domine, pase a ejercicios más avanzados como sentadillas a una pierna, variaciones de estocadas y ejercicios con balón de inestabilidad. Estos ejercicios mejoran el equilibrio a la vez que fortalecen las piernas y el tronco.

Trabaje su juego de pies

El juego de pies es otro aspecto crucial de la buena postura y el equilibrio. Los movimientos rápidos y precisos requieren una base sólida sobre la que apoyarse, y esta suele proceder de un juego de pies adecuado. Dedique tiempo a practicar ejercicios básicos de juego de pies, como arrastrar los pies, hacer ejercicios de escalera y esquivar. Una vez que los domine, practique ejercicios más avanzados que simulen los movimientos más habituales en los combates de lucha libre.

Concéntrese en la respiración

A menudo se pasa por alto la respiración en los debates sobre postura y equilibrio, pero es una pieza crucial del rompecabezas. Las técnicas de respiración adecuadas le permiten mantener la estabilidad y el control durante la ejecución de los movimientos y aumentar la resistencia. Practique la respiración profunda e intencionada mientras realiza sus ejercicios de postura y equilibrio. Inhalar al subir y exhalar al bajar favorece el equilibrio.

Tanto si es un experto luchador como un principiante, trabajar la postura y el equilibrio es esencial para su éxito en el ring. Practicando estos consejos y ejercicios, puede desarrollar una base de estabilidad y control para ejecutar sus movimientos con mayor precisión y agilidad. Recuerde, trabaje en su postura, fuerza central, equilibrio, juego de pies y respiración, y pronto verá una mejora notable en su juego de lucha.

Consejos para mantener una buena postura y el equilibrio durante un combate de lucha libre

Mantener una buena postura y el equilibrio durante un partido es crucial, ya que le ayuda a conservar la energía, evitar lesiones y, en última instancia, ganar el partido. Debe practicar una buena postura y el equilibrio con regularidad para mantener el control y estar por encima de su oponente durante un combate. Estos son algunos consejos que le ayudarán a mantener una buena postura y equilibrio durante un combate de lucha.

Ejercita los músculos centrales

Los músculos centrales estabilizan el cuerpo y mantienen una buena postura durante el combate. Para ello, hale el ombligo hacia la columna vertebral y mantenga la espalda recta. Así mantendrá el equilibrio y evitará que su adversario le desequilibre. La clave es mantener los músculos abdominales contraídos durante todo el partido.

Mantenga los pies separados a la altura de los hombros

Tener los pies separados a la anchura de los hombros proporciona una base sólida para mantener el equilibrio y le ayuda a resistir los derribos. Mantener el peso distribuido uniformemente entre ambos pies es esencial para evitar perder el equilibrio. Si su oponente intenta empujarle, mantenga los pies firmemente plantados en la colchoneta y resista su fuerza. Podrá contrarrestar mejor sus movimientos si sus pies están estables.

Manténgase agachado

Permanecer agachado le ayudará a mantener el equilibrio mientras ejecuta derribos e inversiones. Mantenga las caderas por debajo del nivel de su oponente para hacer palanca y aumentar el control. Le ayudará a evitar ser derribado o invertido. Si está a la defensiva, manténgase agachado y utilice su centro para resistir la fuerza de su oponente.

Mantenga las manos abiertas

Las manos abiertas proporcionan equilibrio y un mejor agarre. Si tiene las manos cerradas, le resultará difícil reaccionar con rapidez a los movimientos de su adversario y perderá el equilibrio más rápidamente. Si su oponente se acerca lo suficiente como para agarrarle, tener las manos abiertas le dará flexibilidad para ajustarse y contrarrestar sus movimientos. Una vez que adquiera el hábito de mantener las manos abiertas, podrá aprovechar las oportunidades para ejecutar derribos e inversiones.

Flexione las rodillas

Doblar ligeramente las rodillas le ayuda a mantener el equilibrio y reaccionar con rapidez a los movimientos de su oponente. Le permite bajar su centro de gravedad, haciendo más difícil que su oponente le levante del suelo. La clave es mantener las rodillas ligeramente flexionadas, pero lo suficientemente rectas como para moverse con rapidez. Además, permanezca agachado y doble aún más las rodillas cuando esté en posición defensiva. Esto le dará más control y le hará ganar ventaja sobre su oponente.

Mantenga la cabeza alta

Levantar la cabeza ayuda a mantener una buena postura y a ser consciente de lo que le rodea. Es crucial en la lucha libre porque permite anticiparse a los movimientos del adversario y reaccionar en consecuencia. La posición ideal es mantener la barbilla alta y la mirada al frente. Así evitará que su oponente le derribe o le desequilibre.

Practicar yoga

Practicar yoga con regularidad puede mejorar el equilibrio, la flexibilidad y la postura. Las posturas de yoga centradas en el equilibrio, como la postura del árbol y la del guerrero III, pueden ser especialmente útiles para la lucha libre. Aunque solo practique algunas posturas durante cinco minutos al día, puede darle ventaja sobre sus oponentes. Los beneficios serán aún mayores si practica con regularidad y durante un periodo más prolongado.

Utilice la respiración

La respiración es fundamental en la lucha libre, ya que le ayuda a mantenerse relajado y concentrado. Respirar hondo durante el combate, conserva la energía y mantiene los músculos relajados. Cuando exhale, visualice el movimiento de su cuerpo como si estuviera ejecutando un movimiento impecablemente; le ayudará a centrarse en la tarea y a mantener un buen equilibrio y postura.

Mantener una buena postura y equilibrio durante un combate de lucha es crucial para el éxito. Si trabaja su núcleo, mantiene los pies separados a la altura de los hombros, flexiona las rodillas, mantiene la cabeza alta y practica yoga, puede mejorar su equilibrio y postura y convertirse en un mejor luchador. Practique regularmente estos consejos y verá cómo mejora su rendimiento sobre el tatami.

Capítulo 4: Penetración, elevación y otras maniobras

La lucha libre es una intrincada mezcla de agilidad, fuerza y estrategia. En su esencia, la lucha implica varios movimientos, como penetraciones y levantamientos, que requieren derribos, clavadas y sumisiones. Es una experiencia emocionante que mantiene a los espectadores al borde de sus asientos, maravillados por la fuerza, la habilidad y la técnica de los luchadores. Este deporte exige dedicación, perseverancia y disciplina para dominarlo, pero también es una forma excelente de ponerse en forma y ganar confianza en sí mismo.

Tanto si es aficionado como luchador, es innegable la emoción que produce ejecutar una maniobra perfecta sobre el tatami. Este capítulo se centra en algunas de las maniobras más comunes y valiosas de la lucha libre, ofreciendo detalles de cada movimiento y consejos de precaución para evitar daños físicos. Se explican los distintos niveles de movimiento y en qué es esencial centrarse. Al final de este capítulo, comprenderá mejor cómo ejecutar estos movimientos y por qué son tan importantes.

Penetración

La penetración es una habilidad esencial en la lucha libre, donde un luchador crea una ofensiva exitosa al romper la defensa de su oponente y obtener el control. Requiere una combinación de técnica, fuerza y agilidad. Esta sección analiza tres técnicas de penetración: Empujar, esquivar y rodar. Cada técnica funciona de manera diferente según el movimiento del cuerpo del oponente, el posicionamiento y la sincronización. Entonces, sumerjámonos en el mundo de la penetración y dominemos el arte de dominar el tatami de lucha libre.

Técnica de empuje

La técnica de empuje es mejor cuando el oponente está de pie

Es una técnica en la que el luchador carga hacia delante con velocidad y agresividad. El objetivo es superar la defensa del oponente aplicando una presión firme en la parte superior del cuerpo. A continuación, se explica cómo realizar esta técnica:

- Empiece con una postura baja y la cabeza a la altura del pecho del oponente.
- A continuación, coloque el hombro en el pecho del adversario y empuje con la pierna adelantada.
- Siga con la pierna de apoyo y colóquese detrás del adversario.
- Asegure el control bloqueando las manos o agarrando la cintura.

La técnica de empuje es mejor cuando el oponente está de pie o tiene una postura defensiva débil. Sin embargo, si el oponente anticipa el movimiento, puede contrarrestarlo con una extensión (sprawl) o un agarre de brazo (whizzer).

Técnica del paso alrededor

La técnica del paso alrededor consiste en un movimiento circular para sortear la defensa del oponente y asegurar el control desde atrás. Requiere un buen juego de pies y sincronización para ejecutarla con eficacia. Estos son los pasos para realizar esta técnica:

- Comience fingiendo un golpe o un ataque para obligar al adversario a reaccionar.
- Dé un paso hacia el exterior de la pierna adelantada del oponente y haga un círculo.
- Mantenga la cabeza baja y rodee la cintura del adversario con los brazos.
- Por último, asegure el control desde atrás y derribe al oponente a la lona.

La técnica del paso alrededor es adecuada para oponentes con una defensa sólida de la parte superior del cuerpo, pero débil en la parte inferior. Sin embargo, si el oponente se repliega, el luchador puede cambiar a un derribo con una sola pierna o pasar a otra técnica.

La técnica del paso alrededor requiere un buen juego de pies

Técnica de rodamiento

La técnica de rodamiento se utiliza mejor cuando el oponente tiene una postura fuerte

La técnica de rodamiento es una forma única de penetrar en la defensa del oponente utilizando su impulso en su contra. Consiste en rodar sobre el cuerpo del oponente y obtener el control desde el lateral. He aquí cómo realizar esta técnica:

- Comience con un agarre de cuello o un control de muñeca para manipular los movimientos del adversario.
- Deje caer el peso y ruede sobre la espalda del adversario metiendo la cabeza y el hombro.
- Gire hacia el otro lado y asegure el control agarrando la pierna o la cintura.
- Lleve a su adversario a la lona o pase a otro movimiento.

La técnica del rodamiento se ejecuta mejor cuando el oponente espera un ataque estándar o tiene una postura fuerte. Sin embargo, requiere una sincronización y coordinación excelentes para ejecutarla con eficacia.

La penetración es una habilidad crucial en la lucha libre, ya que proporciona al luchador la ventaja en el combate. Las técnicas de empuje, giro y balanceo son tres formas de penetrar en la defensa del oponente y obtener el control. Por lo tanto, es esencial practicar estas técnicas con regularidad y dominar la sincronización, el juego de pies y la colocación. Recuerde que la clave para penetrar con éxito es anticiparse a los movimientos del oponente, mantener la presión y mantener la concentración y la disciplina. Con dedicación y trabajo duro, cualquiera puede dominar el arte de la penetración en la lucha libre y convertirse en un oponente formidable en el tatami.

Levantamiento

La lucha es un deporte de combate que exige fuerza, agilidad, resistencia y técnica. En cuanto a la técnica, el levantamiento es esencial para el juego. El levantamiento puede ayudarle a derribar a su adversario, controlar el combate y sumar puntos. Sin embargo, el levantamiento es una tarea difícil y requiere un entrenamiento y una técnica adecuados. En esta sección se analizan las tres técnicas de levantamiento más eficaces en la lucha libre: El levantamiento de cadera, el paso por encima y la división rodante. También se proporcionan consejos para mejorar sus habilidades de levantamiento y evitar errores comunes.

Levantamiento de cadera

El levantamiento de cadera es la técnica más básica en la lucha

El levantamiento de cadera es la técnica más básica de la lucha y consiste en utilizar las caderas para levantar al oponente. Para realizarlo, debe adoptar una postura baja, con los pies separados a la altura de los hombros, las manos en la espalda del oponente y la cabeza gacha. Empuje las caderas hacia delante y levante al adversario mientras gira hacia un lado. Esto le dará la fuerza necesaria para tomar el control del partido y sumar puntos.

El paso por encima

El paso por encima es efectivo cuando su oponente está en una postura baja

El paso por encima es otra técnica de elevación eficaz en la lucha libre, especialmente cuando su oponente está en una postura baja. Para realizar esta maniobra de la mejor manera, pise la pierna de su oponente con un pie mientras agarra su brazo opuesto para realizar un paso por encima. A continuación, levante la pierna de su adversario en el aire con la otra mano y dé un paso adelante con el pie. Esto hará que su oponente pierda el equilibrio, lo que le permitirá derribarlo.

División rodante

La división rodante es una técnica de levantamiento avanzada

La división rodante es una técnica de levantamiento más avanzada en la lucha libre y requiere un entrenamiento y una estrategia adecuados. Para realizar una división rodante, agarre la pierna de su oponente y tire de ella hacia usted mientras rueda sobre su espalda. A continuación, separe las piernas y levante al adversario con las suyas, haciéndole caer de espaldas. Esta técnica requiere mucha flexibilidad y agilidad, pero puede cambiar el juego si se ejecuta correctamente.

Consejos y errores a evitar

Debe centrarse en su técnica, fuerza y flexibilidad para mejorar sus habilidades de levantamiento en la lucha libre. Es esencial que practiqué con un compañero que pueda darle su opinión y ayudarle a mejorar su técnica. Sin embargo, debe evitar errores comunes, como levantar con los brazos en lugar de con las caderas, no utilizar las piernas para apoyar el levantamiento y no mantener el equilibrio.

El levantamiento es una parte crucial de la lucha, y dominar las técnicas adecuadas le da ventaja para ganar los combates. El levantamiento de cadera, el paso por encima y la división rodante son tres técnicas de levantamiento eficaces para derribar a su oponente y sumar puntos. Sin embargo, dominar estas técnicas requiere un enfoque adecuado, fuerza y flexibilidad. Puede mejorar sus habilidades de levantamiento y convertirse en un mejor luchador practicando con un compañero, centrándose en su técnica y evitando los errores comunes. Así que siga entrenando y perfeccionando sus habilidades. Recuerde, la práctica hace al maestro.

Paso hacia atrás

Una de las técnicas más cruciales y fundamentales de la lucha libre es el paso hacia atrás. El paso hacia atrás permite a los luchadores ganar ventaja, control y puntos contra sus oponentes. En esta sección se analizan las tres maniobras de paso hacia atrás, como el caminar de cangrejo, el paso hacia atrás y el rodar hacia atrás, y sus aplicaciones en los combates de lucha libre. Tanto para principiantes como para luchadores experimentados, esta sección proporciona información y estrategias vitales para mejorar sus habilidades de paso hacia atrás y dominar el tatami.

Caminar de cangrejo

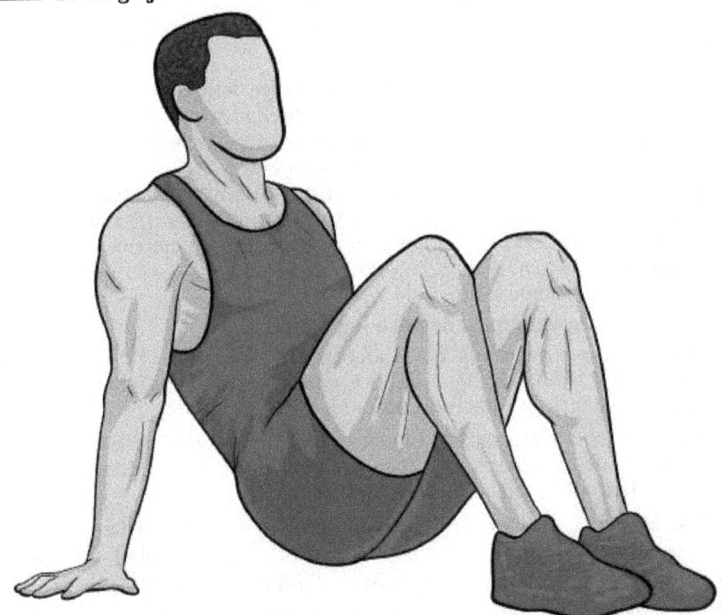

El caminar de cangrejo le permite moverse hacia atrás diagonalmente

La caminata de cangrejo es una técnica de retroceso en la que el luchador se mueve diagonalmente hacia atrás, cruzando su pie con el pie de su oponente. El cuerpo del luchador baja al hacerlo, presionando el pecho contra la espalda de su oponente. Este movimiento es beneficioso cuando el oponente del luchador inicia un ataque hacia delante, y el luchador quiere evitar el ataque y ganar ventaja. La técnica del caminar del cangrejo es una gran herramienta defensiva, pero puede dar lugar a contraataques, por lo que debe ejecutarse con rapidez y eficacia.

Paso hacia atrás

El paso hacia atrás es otra técnica útil de retroceso que consiste en dar un paso en diagonal hacia atrás y, al mismo tiempo, rodear el cuerpo del adversario. El luchador coloca su pie detrás del oponente y controla sus caderas. Este movimiento es excelente para obtener una posición ventajosa sobre el oponente, especialmente cuando este ataca hacia delante. El movimiento de paso hacia atrás es efectivo y deja al luchador contrario abierto a muchas otras formas de ataque, lo que lo convierte en una técnica versátil y efectiva para utilizar en competición.

Rodar hacia atrás

Rodar hacia atrás puede cambiar la dirección de un combate

Es una técnica de retroceso en la que el luchador mueve su cuerpo en un movimiento circular hacia atrás mientras se coloca detrás de la pierna de su oponente. El luchador gira su cuerpo para mirar a su oponente. En esta posición, tiene una posición clara y dominante para controlar a su oponente. Esta técnica es útil cuando el oponente del luchador intenta marcar puntos agarrando su pierna, permitiéndole escapar y atacar desde una posición de dominio. Cuando se ejecuta correctamente, la técnica de rodar hacia atrás es rápida y dinámica para cambiar la dirección de un combate, dejando al oponente vulnerable y perdido.

Consejos para los movimientos de paso hacia atrás

Las técnicas de paso hacia atrás son grandes herramientas, pero deben aplicarse con precaución y precisión. He aquí algunos consejos que le ayudarán a mejorar sus técnicas de paso hacia atrás y a hacerlas útiles en los combates.

- **Practicar con regularidad:** Practicar con regularidad movimientos de paso hacia atrás con la ayuda de un compañero de entrenamiento puede ayudarle a dominar con confianza el arte del paso hacia atrás.
- **Sea ágil:** El objetivo del paso atrás es esquivar y evitar los ataques del oponente, por lo que es esencial ser ligero de pies y ágil de puntillas.
- **Controlar las caderas del oponente:** Uno de los aspectos más cruciales de los movimientos de paso atrás es controlar las caderas del oponente. Le ayudará a dictar la dirección del combate y a apalancarse contra sus oponentes.
- **Utilice combinaciones:** Dominar los movimientos de retroceso forma parte del arsenal de un excelente luchador. Por lo tanto, es útil integrar esta técnica en otros métodos, como derribos, lanzamientos y sumisiones.

Los movimientos de paso hacia atrás son habilidades fundamentales que todo luchador debe dominar. La caminata del cangrejo, el paso hacia atrás y el giro hacia atrás son técnicas versátiles que ayudan a los luchadores a evitar ataques y obtener una posición ventajosa en los combates. Es esencial practicar y dominar estos movimientos, además de mejorar la agilidad y el control. Estos movimientos son técnicas excelentes para utilizar e integrar con otros métodos. Recuerde, un gran luchador requiere paciencia, diligencia y estrategia.

Arqueamiento de espalda

Una habilidad esencial en la lucha es levantarse del suelo lo más rápido posible, especialmente cuando su oponente está tratando de inmovilizarle. El arqueamiento de espalda o levantamiento con impulso es una técnica para levantarse del suelo, pero hay otras, como el levantamiento con balanceo y el levantamiento con salto. Esta sección explora los diferentes métodos de arqueo de espalda en lucha y proporciona consejos para dominarlos.

Levantamiento con impulso

Un levantamiento con impulso puede ayudarle a levantarse rápidamente

El levantamiento con impulso es una técnica muy extendida en la lucha libre, y muchos luchadores la utilizan para levantarse rápidamente del suelo. Esta técnica consiste en balancear las piernas para tomar impulso y luego empujar el cuerpo hacia arriba para alcanzar los pies. Para realizar un levantamiento con impulso, debe empezar tumbado boca arriba con las rodillas flexionadas y los pies apoyados en el suelo. A continuación, balancee las piernas hacia el pecho para generar impulso y patéelas hacia arriba mientras empuja el cuerpo con los brazos. Para dominar el levantamiento con impulso, asegúrese de balancear las piernas con la potencia suficiente para generar el impulso necesario para levantarse. Además, debe levantar todo el cuerpo del suelo, no solo la parte superior.

Levantamiento con balanceo

El levantamiento con balanceo es otra famosa técnica que los luchadores utilizan para levantarse rápidamente del suelo. Esta técnica consiste en levantar los hombros del suelo para coger impulso y, a continuación, poner las rodillas debajo de usted para levantarse. Para realizar el balanceo, empiece tumbado boca arriba con las rodillas flexionadas, los pies apoyados en el suelo y los brazos a los lados. A continuación, balancee los hombros hacia delante para crear impulso y levante las rodillas empujando el suelo con los brazos. Para dominar el balanceo hacia arriba, mueva los hombros lo suficiente para generar impulso. Además, empuje desde el suelo con los brazos y mantenga el tronco contraído para controlar el movimiento del cuerpo.

Levantamiento con salto

El levantamiento con salto es una técnica menos común en la lucha libre, pero es una forma eficaz de levantarse rápidamente. Esta técnica consiste en saltar con las manos y los pies para alcanzar una posición de pie. Para realizar el salto, empiece tumbado boca arriba con las rodillas flexionadas, los pies apoyados en el suelo y los brazos a los lados. A continuación, empuje el suelo con los pies y las manos en un movimiento rápido, levante las rodillas y póngase de pie. Para dominar el levantamiento, empújese del suelo con mucha fuerza, haciendo el movimiento lo más fluido posible.

El arqueo de la espalda es una habilidad crucial en la lucha, y dominar las diferentes técnicas puede aportarle una ventaja en el tatami. El levantamiento con salto, el levantamiento con impulso y el levantamiento con balanceo son tres técnicas eficaces que los luchadores utilizan para levantarse rápidamente. Para dominar estas técnicas, es necesario practicar los fundamentos de cada una de ellas y centrarse en la forma. Recuerde que debe balancear las piernas con suficiente potencia, mantener el control del movimiento y tensar el tronco. Puede dominar estas técnicas y elevar su juego de lucha al siguiente nivel con la práctica dedicada.

Diferentes niveles de movimiento

Entender e implementar los diferentes niveles de movimiento es crucial para dominar la lucha libre. Esta sección discute los diferentes niveles de movimiento en la lucha, incluyendo alta, media y baja energía. Al final, entenderá mejor cómo incorporar estos niveles de movimiento en sus técnicas de lucha.

Energía alta

Los movimientos rápidos y explosivos caracterizan a la lucha de alta energía; este nivel de movimiento requiere mucha resistencia y fuerza. Los luchadores de alta energía se mueven y atacan constantemente, y rara vez dan a sus oponentes la oportunidad de recuperar el aliento; este estilo de lucha se adapta mejor a los atletas ágiles que pueden moverse con rapidez y facilidad. Para incorporar la lucha de alta energía a su técnica, concéntrese en iniciar movimientos rápidos y explosivos, como derribos e inversiones.

Energía intermedia

El nivel de energía intermedia es más lento que el nivel de energía alto, pero requiere una energía y un esfuerzo significativos. En la lucha de energía intermedia, los atletas se mueven constantemente, pero a un ritmo ligeramente más lento. Este nivel de movimiento se utiliza a menudo por razones estratégicas, como preparar un derribo o esperar el momento adecuado para golpear. Los buenos luchadores de energía intermedia pueden mantener un ritmo constante durante todo el combate, conservando energía para los asaltos posteriores.

Energía baja

La lucha de baja energía es el nivel de movimiento más lento y suele utilizarse para estrategias defensivas. Este nivel de movimiento requiere mucha paciencia y habilidad, ya que los luchadores deben moverse con destreza y evitar que los ataques de su oponente les pillen desprevenidos. Los deportistas controlan los movimientos de su oponente mientras esperan una oportunidad para golpear en la lucha de baja energía. Este nivel de movimiento es el más adecuado para los luchadores con grandes habilidades defensivas que pueden mantener la compostura incluso en situaciones de gran presión.

Los diferentes niveles de movimiento en la lucha son cruciales en cada combate. Al dominar los diferentes niveles de movimiento, los luchadores pueden gastar su energía estratégicamente, adelantarse a sus oponentes y, en última instancia, salir victoriosos. Tanto si su estilo de lucha es de energía alta, media o baja, comprender estos niveles de movimiento le ayudará a convertirse en un atleta más eficaz. Así que, la próxima vez que salte al tatami, recuerde incorporar estos niveles de movimiento a su técnica y verá cómo se dispara su rendimiento.

Puntos de enfoque esenciales

Los luchadores tienen que ser mental y físicamente duros para competir y tener éxito. Por lo tanto, dominar las técnicas y tácticas de la lucha requiere estrategia, práctica y disciplina. Para un luchador, el enfoque es fundamental y comienza con la comprensión de los puntos de enfoque esenciales. Esta sección analiza tres puntos de enfoque cruciales en la lucha: el centro de gravedad, el equilibrio y la conciencia kinestésica.

Centro de gravedad

Uno de los puntos de enfoque más importantes en la lucha es el centro de gravedad. Su centro de gravedad es el punto de su cuerpo, donde la distribución de su peso está igualmente equilibrada. Tener un centro de gravedad bajo es crítico en la lucha. Cuanto más bajo esté, más difícil le resultará a su oponente derribarle. Los luchadores deben mantener este centro de gravedad bajo para mantener el equilibrio y evitar que sus oponentes ganen ventaja. Por lo tanto, concéntrese en mantener las caderas bajas y pegadas a su oponente para mantener un centro de gravedad intenso.

Equilibrio

Equilibrar la distribución del peso es otro punto crucial en la lucha. Debe mantenerse equilibrado para ejecutar movimientos y defenderse de sus oponentes. Para ello se requiere fuerza central y asegurarse de que los pies están correctamente colocados. Si pierde el equilibrio, será mucho más fácil para su oponente ejecutar un movimiento contra usted. Los luchadores trabajan el equilibrio practicando movimientos que requieren desplazar el peso del cuerpo y mantener el control. El equilibrio le permite mantener el control durante la lucha.

Conciencia kinestésica

Por último, la conciencia kinestésica se refiere a ser consciente de la posición y el movimiento del cuerpo. Por ejemplo, es fundamental controlar la posición del cuerpo para ejecutar los movimientos necesarios para ganar los combates de lucha libre. Saber dónde se encuentra el cuerpo en relación con el oponente y la lona requiere un sentido especializado llamado conciencia kinestésica. Esta conciencia puede desarrollarse mediante la práctica rigurosa y mejorarse, trabajando rutinariamente en ejercicios y centrándose en los movimientos del oponente.

Al reconocer los puntos de enfoque esenciales en la lucha, como el centro de gravedad, el equilibrio y la conciencia kinestésica, los luchadores pueden posicionarse para convertirse en mejores competidores. Estos tres puntos de enfoque son esenciales no solo en la lucha, sino también en la vida diaria. Al igual que en la lucha, mantener un centro de gravedad bajo, una distribución equilibrada del peso y la conciencia del movimiento le permiten progresar y tener éxito en cualquier cosa que se proponga. Por tanto, concéntrese, practique y sea disciplinado en la medida de lo posible.

En este capítulo se han tratado la penetración, la elevación y otros movimientos habituales en la lucha libre. Saber cómo utilizar estos movimientos correctamente es esencial para tener éxito en el tatami, y dominarlos requiere concentración, práctica y disciplina. La conciencia de la posición del cuerpo y la distribución del peso son elementos cruciales a la hora de ejecutar los movimientos. Además, debe comprender los diferentes niveles de movimiento en la lucha, como la energía alta, media y baja. Al dominar estos niveles de movimiento, aumenta su movilidad y agilidad en el tatami, lo que en última instancia le ayuda a convertirse en un mejor luchador. Así pues, céntrese en lo esencial y vea cómo se dispara su rendimiento.

Capítulo 5: Cómo atacar y contraatacar

La lucha libre es un deporte que requiere habilidad y estrategia para salir victorioso. Los luchadores deben tener confianza en sus habilidades para atacar y contraatacar con eficacia y saber leer los movimientos de su oponente. Se trata de comprender sus puntos débiles y aprovechar las oportunidades. Ya se trate de un derribo, una inmovilización o una sumisión, todos los luchadores tienen movimientos preferidos en los que confían. Sin embargo, saber cómo contrarrestar estos movimientos es crucial para mantenerse a la cabeza del juego.

Con práctica y determinación, los luchadores pueden dominar el arte de atacar y contraatacar, convirtiéndose en una fuerza formidable sobre el tatami. En este capítulo se describen algunas de las técnicas de lucha más comunes para atacar y contraatacar, así como consejos para evitar errores y minimizar el daño corporal. Estas técnicas son significativamente ventajosas cuando se intenta ganar control sobre un oponente. Al final de este capítulo, comprenderá mejor los diferentes ataques y contraataques en la lucha libre.

Desbloqueando el poder de las llaves a la cabeza en lucha libre

Las llaves a la cabeza son un movimiento popular en la lucha libre

Las llaves de cabeza en la lucha libre son un movimiento popular conocido por su eficacia y facilidad de ejecución. Sin embargo, no todas las llaves de cabeza son iguales. Algunos son más eficaces que otros, y algunos pueden causar lesiones graves si no se realizan correctamente. En esta sección se analizan las diferentes llaves de cabeza, sus ventajas y las formas correctas de ejecutarlas. Además, se ofrecen consejos sobre los errores más comunes y sobre cómo evitar lesiones. Sumerjámonos en el mundo de las llaves de cabeza.

Preparación del movimiento

El primer paso para ejecutar una llave de cabeza con éxito es prepararla correctamente. Esto implica crear la posición correcta para realizar el movimiento. La posición para una llave de cabeza normalmente comienza con ambos luchadores de pie cara a cara. El luchador atacante coloca su brazo sobre la cabeza del oponente y se agarra a su muñeca o al brazo del oponente. El luchador debe mover su cuerpo cerca del oponente, con la cabeza apretada contra la cabeza o el cuello del oponente. Esto crea un agarre y una posición firmes para ejecutar el movimiento.

Ejecución del movimiento

Una vez que haya configurado el movimiento correctamente, es el momento de ejecutarlo. El luchador aprieta el brazo contra el cuello del oponente y gira el cuerpo hacia un lado para ejercer presión y mantener el control. Esto debe hacerse gradualmente sin tirar demasiado fuerte del oponente, ya que podría causar lesiones. El movimiento ejerce una presión inmensa en el cuello del oponente, dificultándole la respiración y la huida si se ejecuta correctamente.

Errores comunes

Un error común que cometen los luchadores cuando intentan hacer una llave de cabeza es tirar demasiado fuerte. Puede ser potencialmente peligroso, especialmente si el oponente no está preparado para el movimiento. Otro error común es no preparar el movimiento correctamente, lo que lleva a perder el control y a un intento fallido. Es esencial evitar ser demasiado predecible con este movimiento para que el adversario no pueda contrarrestarlo fácilmente.

Cómo evitar lesiones

Al igual que con cualquier movimiento de lucha, es vital prestar mucha atención al lenguaje corporal del oponente y realizar únicamente movimientos que se hayan practicado y con los que se esté cómodo. Si siente incomodidad o resistencia durante el movimiento, es crucial que suelte el agarre y vuelva a intentarlo más tarde. El estiramiento y el calentamiento son esenciales antes de intentar cualquier movimiento de lucha, incluidos los bloqueos de cabeza.

La llave de cabeza es un movimiento decisivo en la lucha libre que puede controlar eficazmente al oponente. Es esencial ejecutar este movimiento correctamente, prepararlo adecuadamente, tomárselo con calma una vez que se ha agarrado al oponente y evitar los errores comunes. Como en todos los movimientos de lucha, la seguridad es fundamental. Preste siempre atención al lenguaje corporal de su oponente y evite emplear demasiada fuerza. Con la práctica, usted también puede convertirse en un maestro de la llave de cabeza y una fuerza dominante en el tatami de lucha.

Domine el arte de ejecutar derribos

Los derribos son necesarios en los deportes de combate

Los derribos son una habilidad esencial en las artes marciales y los deportes de combate. Es un movimiento que puede cambiar instantáneamente el curso de una pelea y darle ventaja sobre sus oponentes. Sin embargo, ejecutar un derribo es más complejo de lo que parece. Requiere combinar técnica, sincronización y estrategia. Tanto si es un principiante como un luchador experimentado, esta sección le ayudará a dominar el arte de ejecutar derribos y evitar lesiones.

Preparación del movimiento

Antes de ejecutar un derribo, debe prepararlo adecuadamente. Un derribo se puede realizar de muchas formas, desde un clinch, un disparo o sorprendiendo al oponente con la guardia baja. Una forma popular de preparar un derribo es utilizar golpes falsos o fintas para atraer la atención del oponente y crear aperturas. Muchos luchadores experimentados utilizan esta técnica en posiciones de pie y en el suelo. Otras formas de preparar un derribo son el juego de pies, los ángulos o la creación de posiciones desbalanceadas para desequilibrar al oponente.

Ejecución del movimiento

Una vez preparado el derribo, es hora de ejecutarlo. Un derribo con éxito requiere sincronización, técnica y velocidad. Algunos derribos habituales son el derribo con doble pierna, el derribo con una sola pierna y el lanzamiento de cadera. Para ejecutar el derribo, debe asegurarse de que se encuentra en la posición adecuada y de que el peso de su oponente se desplaza en la dirección correcta. Los derribos pueden ajustarse sobre la marcha, por lo que es importante mantener las opciones abiertas mientras se ejecuta el movimiento.

Errores comunes

Al igual que otras técnicas, los derribos conllevan errores comunes que pueden perjudicar su rendimiento en el combate. Uno de los errores más frecuentes es no preparar el derribo correctamente, lo que puede provocar una contra o una sumisión. Apresurarse en el derribo o telegrafiar el movimiento puede dar a su oponente tiempo suficiente para defenderse y preparar su contraataque. Otros errores son comprometerse demasiado (en lugar de controlar el centro de gravedad del oponente) y no llevar a cabo el derribo.

Cómo evitar lesiones

Los derribos son potentes y conllevan un alto riesgo para usted y su oponente. Para evitar lesiones, en primer lugar, asegúrese de ejecutar un movimiento controlado. Evite emplear una fuerza o un impulso excesivos, que pueden causarle daños graves a usted o a su oponente. Además, lleva el equipo de protección adecuado, como un protector bucal y un casco. Por último, si no está seguro de cómo ejecutar correctamente un derribo o siente molestias, consulte a un entrenador o a un médico.

Dominar el arte de los derribos es una habilidad crucial para un aspirante a luchador. Puede mejorar significativamente sus posibilidades de ganar un combate si prepara el movimiento correctamente, lo ejecuta en el momento oportuno y con la técnica adecuada, y evita los errores comunes y las lesiones. Así que, tanto si es principiante como si ya tiene experiencia, recuerde estos consejos y siga practicando para perfeccionar su técnica de derribo.

Dominar las llaves de sumisión

Las llaves de sumisión son la forma más eficaz de dominar a su oponente[48]

¿Alguna vez le ha asombrado lo técnicos y precisos que son algunos movimientos de la lucha libre profesional? Las llaves de sumisión son uno de ellos. Esta técnica es una de las formas más complejas y eficaces de dominar a su oponente y ganar un combate. Sin embargo, las llaves de sumisión pueden resultar intimidantes, especialmente para los principiantes. En esta sección se explican los fundamentos de las llaves de sumisión y se analizan los pasos necesarios para ejecutarlas a la perfección.

Preparación del movimiento

Antes que nada, recuerde que todas las presas de sumisión comienzan como resultado del control de la posición del cuerpo de su oponente. Debe poner a su oponente en una posición vulnerable para preparar una presa de sumisión. Así es como debe hacerlo: Debe crear aperturas siendo consciente de la postura de su oponente y buscando signos de debilidad. Cuando vea una oportunidad, aprovéchela y prepare sus movimientos. Si su oponente intenta contrarrestar o resistir el movimiento, mantenga la calma, pero sea firme. Mantenga la presión hasta que ejecute el movimiento. Preparar una llave de sumisión requiere habilidad, atención y movimientos cuidadosos.

Ejecución del movimiento

Después de preparar el movimiento, debe ejecutarlo con eficacia o perderá el combate. Practicar repetidamente las presas de sumisión es la mejor forma de ejecutar el movimiento a la perfección. Estos son algunos pasos para ejecutar una llave de sumisión: En primer lugar, debe acercarse a su oponente. Así tendrá un mejor agarre para sujetarlo. A continuación, bloquee su agarre y envuelva las partes del cuerpo de su oponente, como las piernas y los brazos, en su agarre. Algunas presas de sumisión requieren mantener un agarre firme durante unos instantes, así que tenga paciencia, concéntrese y mantenga siempre el agarre y el equilibrio. Por último, asegúrese de que su agarre es suficiente para obligar a su oponente a abandonar.

Errores comunes

Algunos luchadores cometen errores al ejecutar las llaves de sumisión, lo que les hace perder combates. Estos son algunos errores comunes en las presas de sumisión que puede corregir rápidamente:

- No ser lo suficientemente paciente para establecer la posición correcta para el movimiento puede llevar a contraataques.
- No agarrar con fuerza puede hacer que se pierda la llave y el combate.
- Perder la concentración en el control del cuerpo del oponente puede llevarle a escapar rápidamente de la presa.
- No mantener el equilibrio puede derribar al luchador y hacer que pierda el combate.

Cómo evitar lesiones

Las lesiones son habituales en la lucha libre. Sin embargo, puede reducir el riesgo de lesiones:

- Estirar siempre correctamente antes de entrenar
- Llevar equipo de protección durante los entrenamientos y los combates
- Conocer sus límites y no sobrepasar sus capacidades.
- Acudir inmediatamente al médico si se produce una lesión

Recuerde que la salud y el bienestar generales de un luchador son esenciales para ejecutar, ganar y disfrutar de este deporte.

Las llaves de sumisión son una forma excelente de mostrar las técnicas de lucha y ganar combates. Para preparar las llaves de sumisión, debe mantenerse alerta, buscar aperturas y permanecer concentrado. Ejecutar las llaves de sumisión requiere práctica, paciencia, equilibrio y concentración. Si evita los errores que suelen cometer los luchadores durante las llaves de sumisión, aumentará sus posibilidades de ganar. Por último, cuide siempre de su salud y bienestar y busque atención médica cuando sea necesario. Con estos consejos, podrá dominar las presas de sumisión y convertirse en un luchador de éxito.

Escapar hacia la victoria

Una de las habilidades más cruciales en la lucha libre es la capacidad de escapar. Cuando el oponente le agarra o le mueve, una escapada puede cambiar el curso del combate o impedir que el oponente marque. Esta técnica requiere fuerza, flexibilidad y rapidez mental. Esta sección le guiará para reconocer el movimiento de un oponente, ejecutar una escapada, evitar errores comunes y prevenir lesiones innecesarias.

Cómo reconocer el movimiento del adversario

El primer paso para ejecutar un escape es reconocer la presa o el movimiento que su oponente tiene sobre usted. Puede ser un reto, ya que varios movimientos en la lucha requieren diferentes escapes. Una forma excelente de identificar el movimiento es centrarse en la parte del cuerpo que su oponente utiliza para sujetarle o controlarle. Por ejemplo, si su oponente le sujeta por las piernas, intente utilizar varios escapes de piernas para liberarlas. Observar de cerca el movimiento de su oponente le ayudará a anticipar sus acciones posteriores, lo que le permitirá preparar su escape.

Ejecución del escape

Una vez que haya identificado el movimiento de su adversario, debe actuar con rapidez para escapar de él. Mantener la calma y la cabeza fría es vital en esta situación, ya que debe pensar con rapidez. Los escapes más comunes son las sentadillas, los cambios de posición y los levantamientos, que requieren fuerza, flexibilidad y técnica. Además, practicar estos movimientos de antemano aumenta sus posibilidades de ejecutar una escapada con éxito durante un combate.

Errores comunes

Uno de los errores más comunes que cometen los luchadores al intentar escapar es comprometerse solo parcialmente con el movimiento. Si se contiene o vacila, perderá la ventaja y permitirá que su oponente le domine. Otro error es confiar únicamente en la fuerza para escapar en lugar de en la técnica. El uso de la fuerza bruta funciona ocasionalmente, pero a menudo le cansará más rápidamente, dejándole vulnerable al siguiente movimiento de su adversario.

Cómo evitar lesiones

El riesgo de lesionarse es alto en la lucha libre. Practique las técnicas adecuadas, y caliente antes de los combates para evitar daños o lesiones. Cuando ejecute escapes, evite arquear la espalda o torcer el cuello, posturas que podrían predisponerle a lesionarse. Por último, es fundamental saber cuándo hay que abandonar. Aunque retirarse es un signo de debilidad, es prudente evitar daños innecesarios.

Escapar en la lucha libre no es simplemente una habilidad que le ayuda a sumar puntos, sino una técnica que impide que su oponente marque. Requiere paciencia, práctica y un sentido agudo de los movimientos del oponente. Sin embargo, una vez dominada, puede marcar la diferencia en un combate. Recuerde, manténgase concentrado, comprométase con el movimiento y dé prioridad a la seguridad.

Cómo dominar las reversiones en la lucha libre

Para dominar las reversiones, debe ser capaz de anticiparse a los movimientos de su oponente

Lucha libre es un deporte de combate muy técnico que implica músculo, velocidad, agilidad y pensamiento estratégico. Uno de los aspectos más importantes de la lucha libre es aprender a invertir el movimiento del oponente. Esta técnica es esencial para la defensa personal y puede suponer una ventaja significativa sobre el oponente. Esta sección explora el arte de las reversiones en la lucha libre, incluyendo el reconocimiento del movimiento del oponente, la ejecución de la reversión, los errores comunes y cómo evitar lesiones.

Cómo reconocer el movimiento del oponente

Antes de ejecutar una inversión de lucha con éxito, debe reconocer el movimiento de su oponente. Algunos movimientos estándar de los luchadores son el derribo con doble pierna, el derribo con una sola pierna o el derribo con la entrepierna alta. La clave para invertir el movimiento de su oponente es analizar la posición, la palanca y el impulso de su oponente. Aprenda las distintas técnicas de lucha, ejercicios y sparrings con luchadores experimentados.

Ejecución de la reversión

Una vez que reconozca el movimiento de su oponente, la sincronización de la ejecución de la inversión es esencial. Varias reversiones en la lucha incluyen sentarse y cambiar de reversión, la reversión giro de Granby, la reversión de la cadera-heist, y la reversión basada en whizzer. Para realizar una reversión, debe utilizar su fuerza, velocidad y agilidad para contrarrestar el impulso de su oponente. La sincronización y la precisión son cruciales para ejecutar una inversión con éxito. Se necesita práctica y entrenamiento para dominar el arte de los reveses, así que no se desanime si tiene dificultades al principio.

Errores comunes

Incluso los luchadores experimentados cometen errores con las reversiones. Uno de los errores más comunes es forzar la reversión antes del momento adecuado. Otro error es no continuar con la reversión, dejándole abierto a un contraataque. Además, los luchadores pueden emplear demasiada fuerza y lesionar a sus oponentes, lo que da lugar a la descalificación. Es esencial conocer las reglas y normas de la lucha libre para evitar sanciones o lesiones.

Cómo evitar lesiones

Por último, mantenerse seguro y evitar lesiones al ejecutar una reversión es esencial. Esto implica una técnica adecuada, entrenamiento de fuerza, nutrición y estrategias de prevención de lesiones. Antes de realizar un movimiento, estire y caliente los músculos para evitar torceduras y esguinces. Además, escuche siempre a su cuerpo y comuníquelo a su entrenador si siente dolor o molestias. La lucha es un deporte físicamente exigente, y cuidar de su cuerpo para rendir al máximo es crucial.

Los giros constituyen una de las técnicas esenciales en la lucha libre, y dominarlos puede darle una ventaja significativa sobre su oponente. Para ejecutar una inversión con éxito, debe reconocer el movimiento de su oponente, analizar su posición y apalancamiento, y moverse con precisión y sincronización. Evite errores comunes como forzar la inversión demasiado pronto o no seguirla. Por último, mantenga la seguridad y evite las lesiones siguiendo las técnicas de lucha adecuadas, el entrenamiento de fuerza y las estrategias de prevención de lesiones. Con práctica y dedicación puede dominar el tatami de lucha y convertirse en un oponente formidable.

Contrarrestar eficazmente el movimiento de su oponente

Debe ser capaz de contrarrestar rápidamente los movimientos de su oponente

Como luchador, su objetivo es inmovilizar a su oponente o conseguir más puntos que él. Sin embargo, solo puede alcanzar estos objetivos reaccionando rápidamente a los movimientos y contragolpes de su oponente. En esta sección se explica cómo reconocer el movimiento de su oponente, ejecutar el contraataque, los errores más comunes que debe evitar y las técnicas para prevenir lesiones.

Cómo reconocer el movimiento del adversario

La clave para contrarrestar el movimiento de su oponente es reconocerlo a tiempo. Por lo tanto, es crucial comprender bien los fundamentos de la lucha libre. Estudie atentamente los movimientos de su oponente durante el combate, observando su posicionamiento y sus movimientos. Preste atención a los cambios sutiles en su postura o posición corporal, ya que pueden indicar qué movimiento se está preparando para ejecutar. Algunos luchadores son conocidos por sus movimientos característicos, así que es mejor que vea vídeos de sus combates para familiarizarse con su estilo de lucha. Le ayudará a anticipar y contrarrestar sus movimientos y a prepararse para su técnica antes del partido.

Ejecución del contraataque

Ejecutar el contraataque requiere reflejos rápidos, sincronización precisa y técnica. Sus contramovimientos dependen de los movimientos, la posición y el estilo de lucha de su oponente. Un contramovimiento estándar es un "cambio", en el que se modifica rápidamente la posición para invertir el movimiento que acaba de ejecutar el adversario. Otra técnica es el "rodar hacia afuera", en el que se utiliza el impulso para salir del agarre del adversario y controlar el combate. Una vez que haya identificado el movimiento que intenta su oponente, ejecute el contragolpe inmediatamente. Es esencial tener confianza y decisión al ejecutar la contra, ya que la indecisión puede dar ventaja al oponente.

Errores comunes

Aunque contrarrestar el movimiento de un oponente puede ser emocionante y gratificante, también puede provocar lesiones si no se ejecuta correctamente. Los errores de los luchadores al contraatacar incluyen una mala sincronización, una técnica inadecuada y falta de concentración. Estos errores llevan a perder el control del combate y permiten al oponente sacar provecho del error. Para evitar cometer estos errores, debe mantenerse concentrado y paciente. Mantenga el control de la situación y no se deje llevar por el pánico, ya que puede precipitarse o cometer errores técnicos. En su lugar, tómese su tiempo para ejecutar la contra con la técnica y el ritmo adecuados.

Cómo evitar lesiones

Es esencial dar prioridad a la seguridad al ejecutar contragolpes. Muchas lesiones, como esguinces, fracturas y dislocaciones, se producen al contraatacar. Para evitarlas, hay que calentar antes del partido, utilizar la técnica adecuada y mantener el cuerpo ágil. Otro consejo importante es aumentar gradualmente la intensidad de la práctica para evitar sobrecargar y forzar los músculos. Si siente dolor o molestias musculares o articulares, pare inmediatamente y busque atención médica.

Para convertirse en un luchador de éxito, debe dominar el arte de atacar y contrarrestar los movimientos de su oponente. Esto incluye reconocer el movimiento de su oponente, ejecutar la estrategia correctamente, evitar errores comunes y priorizar la seguridad. En este capítulo se han tratado consejos y técnicas que le ayudarán a desarrollar sus habilidades como luchador. Recuerde, la práctica hace al maestro, así que siga practicando y mejorando sus habilidades hasta que alcance sus objetivos.

Capítulo 6: Técnicas de inversión

Como luchador, no hay nada más satisfactorio que caer en una situación complicada y ejecutar una inversión perfecta. Puede transformar lo que parecía una derrota segura en un triunfo glorioso con las técnicas adecuadas. Los movimientos de inversión adoptan diferentes formas, desde utilizar el impulso de su oponente en su contra hasta emplear su fuerza para volcar la situación a su favor. Sea cual sea la táctica, la clave es confiar en su capacidad para llevarla a cabo.

Crear un arsenal de técnicas de inversión es esencial para convertirse en una fuerza a tener en cuenta en el tatami. Así que prepare sus habilidades de lucha y domine a sus oponentes. Este capítulo explora las maniobras de inversión, desde las técnicas básicas de cambio hasta los contraataques ofensivos más avanzados. Se exploran estrategias para analizar a su oponente y ganar ventaja.

Maniobras de cambio

La lucha libre consiste en dominar al oponente y ser ágil y rápido en los movimientos. Un factor crítico en la lucha es cambiar a una posición favorable cuando el oponente le ha pillado en una posición peligrosa. Las maniobras de cambio ayudan a los luchadores a librarse de agarres y bloqueos y a hacerse con el control del combate. Esta sección explora los diferentes cambios y sus aplicaciones.

¿Qué es el cambio?

En la lucha libre, cambiar la posición del cuerpo para pasar de un agarre o movimiento a otro. Permite a los luchadores liberarse del agarre de sus oponentes y ganar control. También puede utilizarse para contraatacar o ejecutar un movimiento. Uno de los cambios más comunes en la lucha es el de "sentarse". El movimiento requiere que el luchador se siente sobre sus caderas mientras tira de su oponente hacia él y desplaza su peso. El cambiador se desplaza y toma el control desde atrás mientras el oponente avanza.

Reversión de bloqueos corporales

El bloqueo corporal es una maniobra habitual en la que el oponente rodea con sus brazos la cintura y los hombros del luchador, dificultándole el movimiento. Los luchadores pueden utilizar el cambio de «atraco de cadera» para escapar de este agarre. En esta maniobra, el luchador deja caer sus caderas al suelo mientras tira del oponente hacia él. Cuando el oponente cae hacia delante, el luchador desplaza su peso y gana una posición favorable para atacar. El cambio de cadera también puede utilizarse para contraatacar.

Reversión de agarres con rompe espaldas

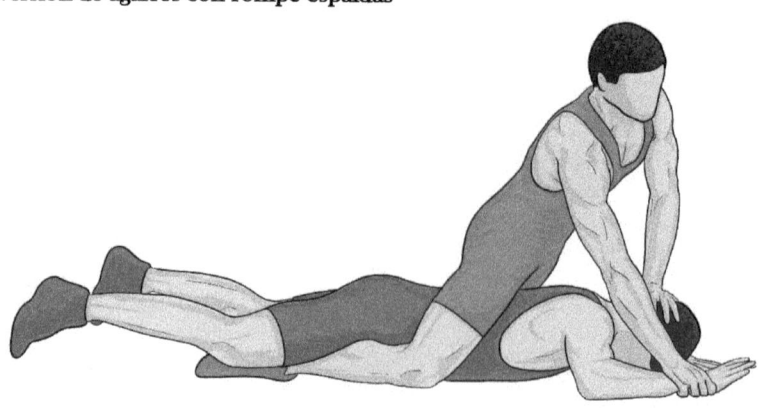

El cambio de posición te ayuda a ganar ventaja

La llave rompecráneos es un movimiento doloroso que ejerce presión sobre la columna vertebral y el cuello del luchador. Sin embargo, los luchadores pueden utilizar el cambio "enredadera" para escapar de esta llave. En esta maniobra, el luchador rodea con la pierna la pierna del oponente y gira el cuerpo, ejerciendo presión sobre la rodilla y el tobillo del oponente. Es una maniobra eficaz para escapar de la llave rompe espaldas y tomar el control del combate.

Reversión de llaves de estrangulamiento

Un cambio de llave de cabeza puede ayudarle a ganar el control

La llave de estrangulamiento es una maniobra peligrosa que restringe el flujo de aire a los pulmones y al cerebro del luchador. Los luchadores pueden utilizar el cambio de "llave de cabeza" para escapar de esta llave. En esta maniobra, el luchador rodea el cuello del oponente con el brazo, bajando su peso. Como resultado, el agarre del oponente se afloja, lo que permite al luchador cambiar su peso y ganar control. El cambio de llave de cabeza es una maniobra eficaz para escapar de las llaves de estrangulamiento y tomar el control del combate.

Reversión de una llave

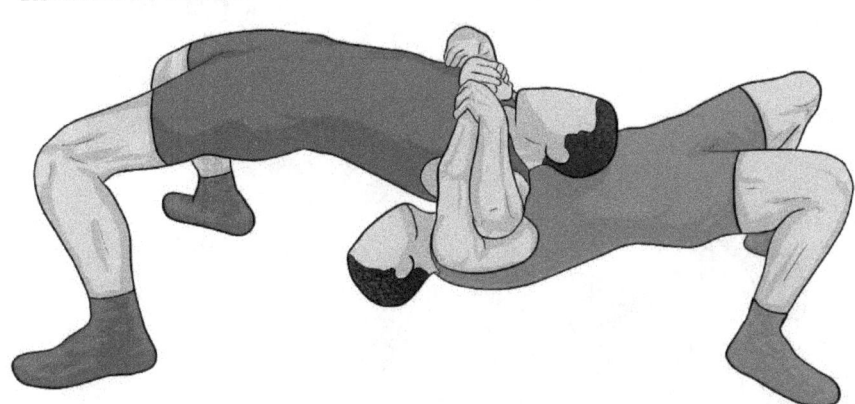

Un cambio de puente le ayudará a revertir una llave

La llave de inmovilización se produce cuando el oponente intenta atrapar los hombros del luchador en el tatami durante una cuenta de tres. Los luchadores pueden utilizar el "puente" para escapar de esta llave. En esta maniobra, el luchador cambia el peso sobre sus pies y voltea su cuerpo sobre los hombros, levantando el peso de su oponente. El luchador cambia el peso a sus pies y gana una posición favorable para atacar. El cambio de puente es una forma eficaz de escapar de las presas y tomar el control del combate.

Las maniobras de cambio son un aspecto fundamental de la lucha libre. Pueden cambiar el resultado de un combate y dar ventaja al luchador. Comprender los diferentes cambios y sus aplicaciones ayuda a los luchadores a mejorar sus habilidades y su técnica.

Maniobras de transición

Los luchadores siempre buscan formas de ser más astutos que sus oponentes en un combate. La capacidad de pasar sin problemas de un movimiento a otro es crucial para que un luchador obtenga ventaja sobre su oponente. Los movimientos de transición son como un puente entre diferentes técnicas de lucha que, cuando se ejecutan correctamente, pueden marcar una diferencia significativa en el resultado de un combate.

En esta sección se analizan tres maniobras de transición que le convertirán en un mejor luchador. Estas maniobras incluyen la reversión a puente, el escape a través de rodamiento y la reversión por impulso. Cada movimiento requiere precisión y sincronización, pero puede ser dominado con práctica enfocada.

Reversión a puente

La reversión a puente es un gran movimiento de transición para contrarrestar un intento de derribo del oponente. Colóquese en posición sentada con su oponente encima de usted e inmovilice uno de sus hombros contra la colchoneta. Desde aquí, empuje hacia arriba con el hombro que no está inmovilizado mientras arquea la espalda para hacer rodar a su oponente sobre su cuerpo y sobre su espalda.

Una vez que su oponente esté sobre la colchoneta, puede levantarse y atacar. La sincronización es crucial para ejecutar este movimiento con éxito. Debe iniciar el movimiento tan pronto como sienta que el agarre de su oponente se afloja, aunque sea un poco. Le ayudará a mover la cabeza hacia el hombro desprendido para tener más influencia.

Escape por rodamiento

Un escape mediante rodamiento le ayudará a escapar de un control lateral

El escape a través de rodamiento es otro tremendo movimiento de transición que le ayudará a escapar del control lateral de su oponente. Cree espacio entre usted y su oponente. A continuación, colóquese de lado, de espaldas al pecho de su oponente, y tiré de la rodilla hacia el pecho mientras lleva la mano contraria hacia el tobillo. Utilice este impulso para girar sobre su espalda y deslizar la rodilla hacia su oponente.

Una vez que esté en una posición más favorable, puede atacar. La clave de este movimiento es aprovechar el impulso y permanecer relajado. El giro debe ser suave y fluido, casi como un baile. Es esencial mantener los movimientos fluidos y controlados para no dar al oponente la oportunidad de sacar provecho.

Reversión por impulso

El impulso para revertir es un gran movimiento de transición para contrarrestar el ataque de un oponente. Colóquese en posición defensiva y espere el ataque de su adversario. Cuando se acerque a usted, utilice su impulso en su contra, esquivándolo y tirando de él hacia delante, haciéndole perder el equilibrio. A continuación, utilice su impulso para invertir la posición y atacar. Este movimiento requiere una sincronización y un conocimiento excelentes. Es crucial saber cuándo su oponente está decidido a atacar y tener los reflejos necesarios para reaccionar con rapidez. Manténgase agachado y relajado y utilicé la fuerza de su oponente en su contra para ganar ventaja.

Las maniobras de transición son un aspecto esencial de la lucha, ya que le proporcionan una ventaja estratégica sobre su oponente. Los tres movimientos analizados en esta sección, la reversión a puente, el escape a través de rodamiento y la reversión por impulso, son maniobras de transición efectivas que le ayudarán a convertirse en un mejor luchador.

Maniobras ofensivas

Tanto si es principiante como si es un luchador experimentado, aprender maniobras ofensivas puede darle la ventaja para dominar a sus oponentes, esta sección discute tres maniobras ofensivas efectivas que los luchadores utilizan para ganar ventaja en los combates. Estas maniobras incluyen el uso del impulso del oponente en su contra, la realización de barridas inversas y derribos, y la ejecución de contragolpes inversos.

Utilizar el impulso del oponente en su contra

La primera maniobra ofensiva consiste en utilizar el impulso del adversario en su contra. Esta técnica requiere prestar mucha atención a los movimientos del adversario y anticiparse a su siguiente movimiento. El objetivo es utilizar la energía del adversario a su favor, redirigiéndola y derribándolo. Por ejemplo, si el adversario se lanza hacia delante, hágase a un lado, agárrele del brazo y aproveche su impulso para lanzarle por encima del hombro. Este movimiento se denomina lanzamiento de cadera.

Otro movimiento que utiliza esta técnica es el arrastre de brazo. Agarre el brazo de su oponente y tire de él hacia usted. A continuación, mientras avanza, usted se aparta y aprovecha su impulso para girar su cuerpo y derribarlo.

Barridos y golpes de reversión

La segunda maniobra ofensiva es el barrido de reversión y el golpe. Esta técnica contrarresta el intento de derribo de su oponente mediante una rápida transición hacia su derribo. Por ejemplo, si su oponente intenta derribarlo con una sola pierna, usted puede cambiar rápidamente su peso y utilizar un lanzamiento de cadera para derribarlo. Este movimiento requiere mucha velocidad y equilibrio, pero puede ser devastador si se ejecuta correctamente. Otro movimiento que utiliza esta técnica es el derribo por arrastre de brazo. En este movimiento, agarra el brazo de su oponente y utiliza su impulso para tirarlo al suelo.

Contraataque

La tercera maniobra ofensiva es el contraataque de reversión. Este movimiento requiere anticiparse al intento de derribo del oponente y utilizarlo en su contra. Por ejemplo, si su oponente intenta derribarlo con una doble pierna, arrástrese y aproveche su impulso para derribarlo. Este movimiento se denomina contraataque, uno de los más eficaces de la lucha libre. Otro movimiento que utiliza esta técnica es el cambio. Empiece de espaldas y utilicé su pierna para atrapar a su oponente en este movimiento. A continuación, cuando avance, gire rápidamente y derríbelo.

Las maniobras ofensivas son esenciales en la lucha libre. Utilizar el impulso del oponente en su contra, realizar barridos y derribos de reversión y ejecutar contraataques de reversión son tres formas eficaces de dominar este deporte. La clave para dominar estas maniobras es practicarlas con regularidad y prestar mucha atención a los movimientos del oponente. Si incorpora estas técnicas ofensivas a su arsenal de lucha, estará en el buen camino para convertirse en un luchador dominante.

Estrategias de reversión

La lucha libre, el deporte más antiguo del mundo, es algo más que una competición de fuerza física. Es un juego de inteligencia y estrategia en el que los mejores luchadores siempre están atentos a los movimientos de su oponente. En medio de un combate, es esencial mantener la calma y la paciencia, tanto si se está arriba como abajo. Las reversiones pueden hacer que pases de ser el desvalido a convertirte en ganador en un abrir y cerrar de ojos. Si desarrolla estrategias de reversión sólidas, podrá hacerse rápidamente con el control y dejar a su oponente confundido y estresado. Esta sección explora el arte de las reversiones en la lucha libre y tres técnicas esenciales para dominarlas.

Dominio de los fundamentos

El primer paso para dominar el arte de la reversión es aprender lo básico. Una sólida comprensión de los movimientos y técnicas fundamentales, como el levantamiento de cadera, el giro de Granby, el cambio y el sentarse y girar, son las piedras angulares para desarrollar una estrategia de reversión eficaz. Practique estos fundamentos en una colchoneta todos los días. Las reversiones requieren una reacción y un tiempo rápidos como el rayo, y si se asegura de que estos movimientos se conviertan en algo natural, tendrá una ventaja ganadora. Además, es esencial trabajar la fuerza de agarre. Un agarre firme le ayudará a controlar al oponente durante todo el combate.

Desarrollar contraataques

Un contraataque es un movimiento ofensivo para desviar y redirigir la agresión o el ataque del adversario. Desarrollar estos contraataques es muy eficaz durante un combate de lucha libre. Primero, familiarícese con los movimientos de su oponente, anticipe sus próximos pasos y prepare su contraataque. Los contraataques, como los giros Peterson y Granby, son ejemplos de movimientos de contraataque eficaces que deben aprenderse.

Trabaje la sincronización y la ejecución

La sincronización es vital en la lucha. Lo mismo ocurre con las estrategias de reversión. El luchador que puede cambiar rápidamente de defensa a ataque es el que probablemente ganará. A la hora de realizar una reversión, es esencial contar con una sincronización y una ejecución excelentes. Sea paciente, anticipe los movimientos de su oponente y seleccione la estrategia de reversión más eficaz en el momento adecuado. Recuerde, el momento oportuno lo es todo.

Desarrollar la fortaleza mental

Los buenos luchadores poseen una fortaleza mental excepcional, no se dejan afectar por los movimientos de su oponente. Por el contrario, los utilizan en su propio beneficio. Como resultado, están tranquilos y serenos, incluso bajo presión, y pueden decidir rápidamente durante los combates. Para desarrollar la fortaleza mental, hay que seguir practicando y ganar confianza. Participar en torneos de lucha y enfrentarse a rivales duros es una forma estupenda de adquirir experiencia y desarrollar la fortaleza mental.

Analizar al oponente

La lucha exige una evaluación del adversario antes de realizar un movimiento. Los luchadores deben aprovechar sus puntos fuertes y explotar los débiles de su oponente para obtener ventaja. Por lo tanto, lo mejor es aprender los movimientos, los tiempos y las tendencias del oponente para planificar correctamente los movimientos. Analizar al oponente es fundamental para ganar en la lucha libre. En esta sección se explican algunos consejos esenciales que le ayudarán a triunfar en el tatami.

Identificar los puntos débiles

El primer paso para analizar con éxito a su oponente es identificar sus puntos débiles. Cada luchador tiene sus puntos fuertes y débiles, incluidos sus oponentes. Observe cómo se mueve, su tipo de cuerpo, posición y estilo. Podrá saber si tiene problemas con los derribos, los escapes o los bloqueos. Conocer sus puntos débiles le ayudará a planificar maniobras estratégicas dirigidas a esas vulnerabilidades. A continuación, elabore su plan de juego basándose en los puntos débiles de su oponente y trate de ser más astuto que él.

En busca de oportunidades

Cuando identifique los puntos débiles de su oponente, busque oportunidades para aplicar sus puntos fuertes. Observe a su oponente durante el calentamiento o al comienzo del partido. Estudie su juego de pies y sus tiempos para predecir sus movimientos y planear contragolpes. Comprenda que las oportunidades surgen en cualquier momento del encuentro, así que esté alerta y preparado para ajustar su plan de juego.

Utilizar tácticas de defensa

Aprender a defenderse de los ataques del oponente es esencial. Protegerse es tan importante como ejecutar derribos. Estudie la técnica de su oponente y aprenda a identificar cuándo es usted vulnerable. Es probable que su oponente se aproveche de las debilidades observadas, así que practique contrarrestando sus ataques y manteniéndose a la ofensiva.

Reunir resistencia

La resistencia es esencial para los luchadores que esperan ganar. Su capacidad para rendir al máximo durante todo el partido depende en gran medida de su forma física. La falta de resistencia y fuerza arruinará casi de inmediato sus posibilidades de ganar. Por lo tanto, mantenga sus entrenamientos y rutinas de entrenamiento para mantener su energía y concentración durante todo el partido.

Las inversiones son esenciales para el plan de juego de un luchador; para dominarlas se requiere una estrategia integral. Sin embargo, con práctica, una base sólida, el desarrollo de contraataques y un gran sentido de la sincronización y la ejecución, podrá burlar a su oponente rápidamente. Perfeccione sus movimientos fundamentales, estudie los movimientos de su adversario, familiarícese con sus técnicas de contraataque y desarrolle su fortaleza física y mental. Recuerde que cada segundo de un combate es una oportunidad; con la estrategia adecuada, puede salir vencedor.

Capítulo 7: Técnicas de escape

No hay nada como la emocionante intensidad de un combate de lucha libre. Cuando se encuentra atrapado en un forcejeo con su oponente, lo único que tiene en mente es encontrar una salida. De ahí la importancia de las técnicas de escape. Estos movimientos le permiten liberarse del agarre de su oponente y ganar ventaja. Como luchador, dominar las técnicas de escape es esencial para salir victorioso. Los mejores luchadores pueden volver en su contra el ímpetu de su oponente, utilizando el peso de su cuerpo y el efecto palanca para ganar ventaja. Pero no se trata solo de fuerza bruta. Se trata de estrategia, instintos y reflejos rápidos.

Con las técnicas de escape adecuadas, cualquiera puede dar la vuelta a la tortilla y hacerse con la victoria. Este capítulo aborda varias técnicas de escape y cómo utilizarlas con eficacia. Se exploran técnicas de defensa y consejos para aumentar la eficacia de la huida. Así que, si está listo para mejorar su lucha, empiece a dominar las escapadas y demuestre a sus oponentes quién manda.

Escapes en la posición superior

La lucha libre requiere destreza física, fortaleza mental y una buena comprensión de las técnicas. Tanto si es principiante como si es un luchador avanzado, dominar las distintas técnicas de escape para escapar de una situación difícil es crucial. Por ejemplo, si su oponente le atrapa en una posición superior mediante un derribo o una combinación de inmovilización. En esta sección se analizan los escapes en la posición superior para recuperar el control del combate.

Escape de agarre por encima

Los ganchos pueden ser difíciles de esquivar[48]

Cuando un oponente utiliza un gancho, puede ser difícil escapar. La mejor manera de escapar de un gancho es utilizar la técnica "control de muñeca con agarre por encima". En primer lugar, pase el brazo por debajo del de su oponente y agárrele la muñeca, lo que le proporcionará una mejor palanca y control. Utilice el otro brazo para presionar su hombro y girarlo hacia la colchoneta. A continuación, deslice su cuerpo y colóquese en una posición neutra. Esta técnica le ayuda a liberarse del gancho de su oponente y volver al juego.

Escape por debajo del gancho

Las llaves de cabeza pueden desembocar rápidamente en un bloqueo

Si su oponente tiene un gancho bajo, puede utilizar algunas técnicas para escapar. Una de las más efectivas es el *whizzer*. Primero, agarre la muñeca de su oponente con una mano y su tríceps con la otra. Ahora, empuje su brazo hacia arriba y hacia fuera mientras gire su cuerpo alejándose de él, creando suficiente espacio para que usted pueda escapar y ganar control de su posición. Siga practicando esta técnica hasta que pueda realizarla sin esfuerzo durante un combate.

Escape de la llave de cabeza

Las llaves de cabeza pueden desembocar rápidamente a una inmovilización

Una llave de cabeza es una posición peligrosa que puede conducir rápidamente a una inmovilización. Si le hacen una llave de cabeza, no se asuste. Utilice la técnica del "cambio de posición" para escapar. Agarre el codo de su oponente con una mano y la muñeca opuesta con la otra. Ahora, ruede hacia su brazo atrapado y utilice las piernas para crear espacio. Una vez fuera de la llave, vuelva a ponerse de pie y utilice sus técnicas para tomar el control del combate. Con suficiente práctica, la técnica del cambio de posición se convertirá en algo natural.

Escape del abrazo del oso

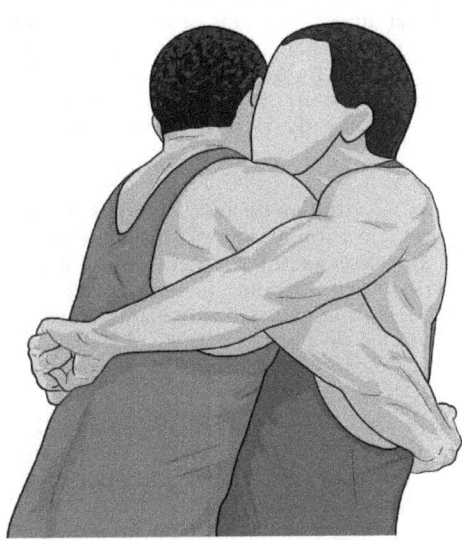

Un abrazo del oso puede ser mortal si no sabe cómo escapar de él. Para escapar del abrazo del oso, primero rodee la cintura de su oponente con los brazos lo más fuerte posible, impidiendo que le agarre con más fuerza. Ahora, deje caer su peso y utilice las piernas para levantar a su oponente de la colchoneta. Gire el cuerpo al caer, creando espacio suficiente para liberarse del abrazo del oso. Una vez libre, aproveche la vulnerabilidad de su oponente para recuperar el control del combate.

Escape de agarre de cintura

Puede resultar difícil escapar de un agarre de cintura, pero no es imposible. Puede utilizar la técnica de "giro de Granby" para liberarse. Meta la cabeza y gire el cuerpo hacia el lado del bloqueo de cintura. Mientras lo hace, agarre los tobillos de su oponente

Los abrazos de oso pueden ser mortales si no escapa

y tire de ellos hacia usted. De este modo, se abrirá el agarre de su cintura, lo que le permitirá alejarse y recuperar el control. Una vez libre, utilice sus técnicas para tomar las riendas del combate.

Quedar atrapado en una posición superior puede ser desalentador, pero con estas eficaces técnicas de escape es fácil recuperar el control del combate. Dominar estos escapes de la posición superior requiere práctica, pero pueden convertirse en algo natural con trabajo duro y dedicación. Saber cómo escapar de los agarres de su oponente puede cambiar las tornas de un combate de lucha a su favor. Con estos escapes de la posición superior en su arsenal, estará bien equipado para manejar incluso a los oponentes más formidables.

Escapes en posición inferior

La lucha libre es un deporte exigente y físico que requiere un alto nivel de destreza para dominar al adversario. Es una combinación de técnica, fuerza y resistencia que requiere un entrenamiento constante. La posición inferior es una de las más difíciles en la lucha libre y es difícil escapar de ella. En esta sección se describen los métodos eficaces que los luchadores pueden utilizar para escapar de esta posición.

El giro de Granby

El giro de Granby puede ser eficaz para escapar de la posición inferior

El giro de Granby es una de las técnicas más eficaces para escapar de la posición inferior. Se requiere velocidad, flexibilidad y coordinación. El giro Granby comienza cuando el luchador en la posición inferior inicia un giro mientras mantiene el peso de su oponente fuera de él. Los luchadores deben usar sus manos para mantener el peso alejado mientras hacen el puente y ruedan en la dirección opuesta. Una vez completado el giro, el luchador debe distanciarse de su oponente. El giro Granby es un escape efectivo que ayuda a los luchadores a pasar de la posición inferior a una posición neutral.

Escape de cambio de base

Los luchadores pueden utilizar la técnica de cambio de base como otra forma eficaz de escapar del control del oponente en la posición inferior. El luchador crea un espacio entre él y su oponente. El luchador en la posición inferior debe utilizar la parte inferior de su cuerpo para empujar los brazos de su oponente y crear una abertura. Una vez que el luchador cree este espacio, debe utilizar sus brazos para cambiar su base y volver a ponerse de pie. Este escape es efectivo porque permite al luchador en la posición inferior salir de debajo de su oponente más rápidamente.

Escape de levantamiento de cadera

El escape de levantamiento de cadera es otra forma práctica de escapar de la posición inferior que utilizan los luchadores para escapar del control de su oponente. El luchador utiliza sus caderas para crear espacio entre él y su oponente. El luchador en la posición inferior apoya las manos en la colchoneta y levanta las caderas. A continuación, el luchador debe desplazar su peso hacia un lado mientras patea la pierna opuesta hacia atrás para crear espacio para escapar. El levantamiento de cadera es un escape eficaz que ayuda a los luchadores a pasar rápidamente de la posición inferior a una posición neutral.

Escape de lazo de piernas

El lazado de piernas es otra posición inferior de escape que los luchadores pueden utilizar para escapar del control de su oponente. El luchador crea un espacio entre él y su oponente uniendo o atando sus piernas. El luchador de abajo pone las manos en la colchoneta y ata las piernas. El luchador levanta las caderas para crear espacio entre él y su oponente. Una vez que el luchador ha creado el espacio, puede utilizar sus brazos para cambiar su base y volver a ponerse de pie. El lazo de piernas es otro escape eficaz que ayuda a los luchadores a pasar rápidamente de la posición inferior a una posición neutral.

Escape de puente

El puente es el último escape de la posición inferior que los luchadores pueden utilizar para escapar del control de su oponente. El luchador crea espacio entre él y su oponente haciendo un puente en la dirección opuesta. El luchador apoya las manos en la colchoneta y arquea la espalda para levantar las caderas. A continuación, el luchador utiliza las manos y los pies para alejarse de su oponente. Una vez que el luchador ha creado el espacio, debe utilizar los brazos para cambiar su base y volver a ponerse de pie. El puente es otra forma eficaz de escapar que ayuda a los luchadores a pasar rápidamente de la posición inferior a una posición neutra.

Escapar de la posición inferior es todo un reto y requiere habilidad y entrenamiento. El giro de Granby, el cambio de base y el levantamiento de cadera son tres formas efectivas de escapar de la posición inferior que los luchadores pueden utilizar para pasar de la posición inferior a una posición neutra. Estos movimientos requieren velocidad, flexibilidad y coordinación. Sin embargo, ayudan a los luchadores a escapar del control de su oponente y volver a ponerse de pie. Perfeccionar estos escapes requiere tiempo y práctica, pero una vez dominados son herramientas prácticas para que los luchadores ganen un combate.

Técnicas de defensas

La lucha es un deporte que requiere habilidades ofensivas y defensivas. Aunque muchos luchadores son excelentes atacando a sus oponentes, la lucha libre también consiste en defenderse del ataque del oponente. Esta sección trata de las técnicas de defensa más utilizadas en la lucha libre. Estas técnicas incluyen la defensa de la tortuga, la ruptura de movimiento inverso y el contraataque whizzer. Comprender y dominar estas técnicas es crucial para cualquier luchador que quiera destacar en este deporte.

Defensa de la tortuga

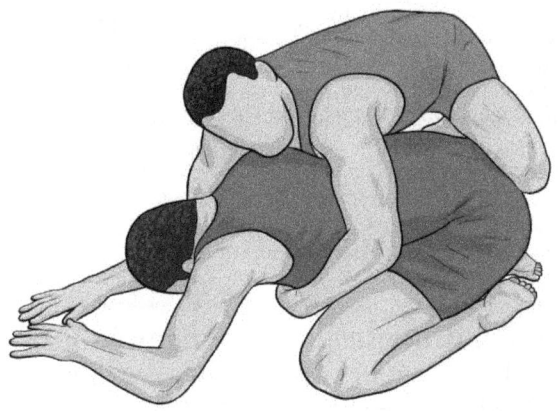

La defensa de la tortuga dificulta el ataque de los oponentes

La defensa de la tortuga es una técnica defensiva que los luchadores utilizan cuando su oponente está a punto de atacarles con un derribo. Para ejecutar esta técnica, el luchador se arrodilla y coloca las manos sobre la colchoneta, formando una posición similar a la de una tortuga. Esta posición dificulta que el oponente ataque con un derribo, ya que el luchador está bajo en el suelo, y su cabeza está protegida. La defensa de la tortuga es una técnica simple, pero eficaz que podría salvar a un luchador de ser derribado por su oponente.

Derribo con movimiento inverso

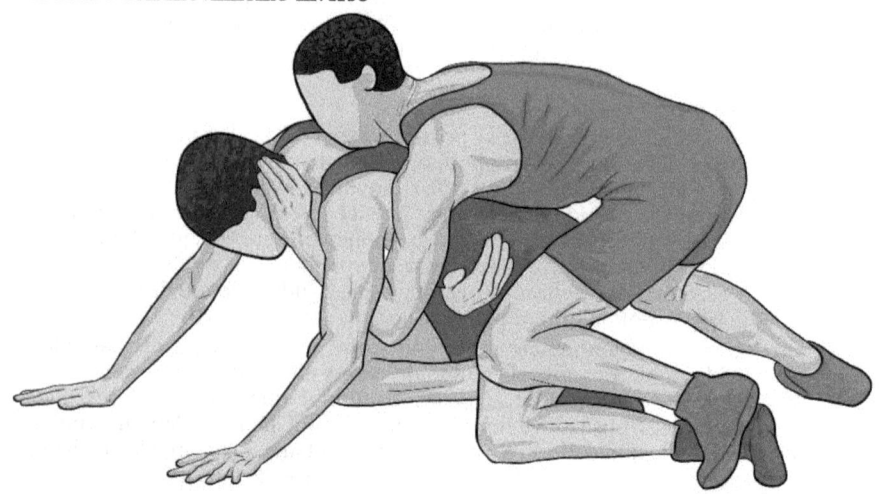

El derribo con movimiento inverso impide que el oponente gane puntos

El derribo con movimiento inverso es una técnica de defensa utilizada por los luchadores cuando su oponente los controla en el suelo. Cuando el luchador siente que su oponente ha asegurado el control, puede utilizar el movimiento inverso para revertir la situación. Para ejecutar este movimiento, el luchador gira rápidamente sobre su estómago y vuelve sobre su espalda, llevándose a su oponente con él. Esto permite al luchador volver a la posición neutral y evitar que su oponente consiga puntos.

Contraataque whizzer

El contraataque whizzer es una técnica de defensa que utilizan los luchadores cuando su oponente intenta derribarlo con una sola pierna. Para ejecutar el contraataque whizzer, el luchador utiliza su brazo para empujar la cabeza de su oponente hacia abajo y, al mismo tiempo, utiliza el brazo opuesto para rodear el cuerpo de su oponente y agarrar el codo. Este movimiento permite al luchador zafarse del agarre de su oponente y hacerse con el control de la situación. El contraataque whizzer es una técnica eficaz para defenderse de un derribo con una sola pierna.

Es esencial tener excelentes habilidades de defensa para convertirse en un luchador de éxito. La defensa de la tortuga, la interrupción del movimiento inverso y el contraataque whizzer son algunas de las técnicas para defenderse de los ataques del oponente. Si domina estas técnicas y las añade a su arsenal, aumentará significativamente sus posibilidades de protegerse de los ataques y conseguir puntos. Recuerde, la lucha libre requiere habilidades ofensivas y defensivas, y un luchador completo destaca en ambas áreas.

Cómo aumentar la eficacia en la huida

La lucha libre es un deporte intenso y exigente, lleno de retos físicos y mentales. Una de las habilidades más importantes de la lucha libre es la evasión, es decir, la capacidad de escapar de su oponente o evitar ser inmovilizado. Desarrollar las habilidades de escape puede marcar la diferencia entre ganar o perder un combate. Esta sección explora las tres áreas principales para aumentar la eficacia de la escapada en la lucha libre: Ejercicios y repeticiones, mecánica corporal adecuada y reconocimiento de las oportunidades de escapada.

Ejercicios y repeticiones

Centrarse en el entrenamiento y la repetición es la primera clave para mejorar la eficacia de la fuga en la lucha libre. Escapar es una habilidad que debe aprenderse y practicarse. Los entrenadores deben hacer que los luchadores trabajen el escape en cada entrenamiento, utilizando diversas técnicas y escenarios. Los luchadores también deben practicar de forma independiente, dedicando tiempo a practicar técnicas específicas hasta que se conviertan en algo natural. Cuanto más practique una técnica de escape concreta, más cómodo y seguro se sentirá al utilizarla durante un combate.

Mecánica corporal adecuada

Centrarse en una mecánica corporal adecuada es la segunda clave para mejorar la eficacia de la evasión. Escapar es un movimiento complejo en el que se utiliza todo el cuerpo. Debe utilizar sus caderas, rodillas y hombros en un esfuerzo coordinado para maniobrar su cuerpo y escapar de su oponente. Además, debe desarrollar un núcleo fuerte y fuerza en las piernas para que escapar sea más fácil y eficiente. Una mecánica corporal adecuada incluye mantener una buena postura y equilibrio para evitar quedarse atascado e incapaz de moverse.

Reconocer las oportunidades de escape

La tercera clave para mejorar su eficacia en la huida es reconocer las oportunidades de escapar. Cada combate es diferente, por lo que debe identificar el momento adecuado para moverse. Esto requiere inteligencia en la lucha, saber leer al oponente y anticiparse a su siguiente movimiento. Lo mejor sería centrarse en desarrollar un conjunto de movimientos de escape y, al mismo tiempo, ser lo suficientemente flexible como para adaptarse al estilo del oponente. Sea paciente y esté atento al momento adecuado para realizar su movimiento.

Además de centrarse en estas tres áreas, aquí tiene otros consejos para mejorar la eficacia de su escapada. En primer lugar, debe mantener su forma física para mantenerse fuerte y ágil durante todo el partido. Lo mejor sería practicar técnicas de visualización que le ayuden a prepararse mentalmente para las situaciones de escape. Por último, no deje que su ego se interponga en el camino de la mejora de sus habilidades de escape. Debe estar dispuesto a aprender nuevas técnicas de entrenadores, compañeros de equipo y oponentes.

Escapar es una habilidad fundamental en la lucha, y mejorar su eficacia en el escape puede marcar la diferencia. Por lo tanto, debe centrarse en la práctica y la repetición, la mecánica corporal adecuada y el reconocimiento de las oportunidades de escape. Practicando estas tres áreas e incorporando consejos adicionales, se convertirá en un mejor luchador y en un competidor más exitoso. Recuerde, cada combate ofrece un nuevo reto, y al mejorar sus habilidades de escape, estará mejor equipado para afrontar lo que se le presente.

Capítulo 8: Combinaciones de inmovilización

La lucha es un arte en el que la fuerza, la técnica y la estrategia convergen para crear combinaciones de inmovilización. Como luchador, debe entender claramente cómo derribar a su oponente, controlarlo y, en última instancia, inmovilizarlo en la lona. Dominar el arte de la lucha, especialmente las combinaciones de inmovilización, requiere práctica, disciplina y una actitud intrépida. Pero una vez que lo ha aprendido, no hay nada más estimulante que sentir cómo su oponente cede y se rinde ante su hábil inmovilización.

Las combinaciones de llaves le ayudarán a convertirse en un mejor luchador"

Así que, vamos a coger nuestro equipo de lucha, golpear la colchoneta y perfeccionar las combinaciones de inmovilización hasta que sean tan naturales como respirar. Este capítulo explica los fundamentos de la combinación de movimientos para convertirse en un luchador experto y cómo crear combinaciones de inmovilización efectivas. Incluye movimientos para optimizar las combinaciones, estrategias para hacerlas efectivas, combos para principiantes y técnicas avanzadas.

Movimientos para optimizar las combinaciones

Una de las claves del éxito en la lucha libre es combinar varios movimientos para derribar a su oponente sin problemas y con eficacia. La combinación de varias técnicas permite a los luchadores ganar ventaja en un combate y, en última instancia, salir victoriosos. Esta sección explora los movimientos para ayudar a los luchadores a optimizar sus combinaciones, aumentando sus posibilidades de éxito en la competición. Se examina la combinación de golpes, bloqueos y agarres, así como la fluidez entre movimientos.

Combinación de golpes

Los golpes son componentes esenciales de la lucha libre para derribar al oponente de forma eficaz. Cuando se combinan de forma creativa, pueden ser un arma poderosa en su arsenal. La clave para combinar los golpes de forma eficaz es pensar siempre en el siguiente movimiento. Por ejemplo, puede lanzar un codazo y, a continuación, realizar una transición perfecta a un derribo con doble pierna para derribar a su oponente. Otra técnica eficaz es combinar un puñetazo recto con un barrido de piernas. Se trata de lanzar un puñetazo y, a continuación, colocarse rápidamente detrás del adversario y barrerle la pierna. Este movimiento le toma desprevenido y le ayuda a desequilibrarle lo suficiente como para derribarle.

Combinación de bloqueos y agarres

Los bloqueos y las presas son algunas de las técnicas de lucha más influyentes. Combinadas, pueden ser aún más poderosas. Para combinar los bloqueos y las presas, agarre la muñeca de su oponente, lo que le dará control sobre su brazo. A continuación, utilice este agarre para bloquear su brazo y, al mismo tiempo, colocarse detrás de él, lo que le situará en una posición muy ventajosa en la que podrá derribarlo fácilmente. Otra combinación eficaz es utilizar una media Nelson para preparar una cuna. Esta técnica consiste en bloquear el brazo del oponente con una media Nelson y, a continuación, tumbarlo boca arriba con una cuna. Este movimiento requiere mucha práctica y habilidad, pero puede cambiar las reglas del juego en un combate.

Fluidez entre movimientos

Por último, uno de los aspectos más cruciales de la combinación de movimientos en la lucha libre es la fluidez entre ellos. Debe anticipar el siguiente movimiento de su oponente y ajustar rápidamente su estrategia. Por ejemplo, supongamos que va a realizar un derribo y su oponente contraataca. En ese caso, cambia inmediatamente a otro movimiento para mantener el control. Otro factor crítico es combinar movimientos que se complementen entre sí. Por ejemplo, puede preparar un derribo de doble pierna con una combinación de jab-cross. El jab-cross distraerá a su oponente y creará una abertura para que usted vaya a por el derribo.

Estrategias para combinaciones eficaces

La lucha libre es un deporte dinámico y muy técnico que requiere gran habilidad, fuerza y resistencia. Tanto si es un principiante como un luchador experimentado, dominar los movimientos combinados es esencial para llevar su juego al siguiente nivel. Puede desarrollar combinaciones efectivas de varias maneras, pero todo se reduce a tres estrategias cruciales: identificar debilidades y fortalezas, aprovechar las debilidades de su oponente y desarrollar adaptabilidad. Esta sección profundiza en estas tres estrategias y proporciona consejos prácticos para mejorar su rendimiento y convertirse en un luchador más formidable.

Identificación de debilidades y fortalezas

El primer paso para desarrollar combinaciones eficaces es identificar sus puntos fuertes y débiles como luchador. Analizar sus combates le ayudará a identificar las áreas en las que destaca y las áreas que puede mejorar. Este conocimiento es crucial, ya que le permite desarrollar sus puntos fuertes y superar sus puntos débiles. Una vez que conozca sus puntos fuertes y débiles, podrá adaptar su entrenamiento para abordar estas áreas. Por ejemplo, si es más fuerte de pie que en el tatami, debe centrarse más en su juego de suelo. Del mismo modo, si le falta resistencia, trabaje con ejercicios cardiovasculares y ejercicios para aumentar la resistencia.

Aprovechar los puntos débiles del oponente

La siguiente estrategia consiste en centrarse en los puntos débiles del oponente. A medida que se adquiere experiencia, se aprende que cada luchador tiene puntos débiles específicos que pueden explotarse. Reconocer estos puntos débiles, ya sea la falta de resistencia, el equilibrio deficiente o la susceptibilidad a ciertos movimientos, le dará una ventaja significativa. Una forma de desarrollar esta habilidad es observar los combates y analizar el estilo de lucha de su oponente. Observe sus actuaciones anteriores y compruebe si ha tenido problemas en algún aspecto. A continuación, utilice este conocimiento para desarrollar movimientos y combinaciones que exploten eficazmente estas debilidades y pongan a su oponente a la defensiva.

Desarrollar la adaptabilidad

Por último, la adaptabilidad es uno de los aspectos más cruciales a la hora de desarrollar combinaciones eficaces. La lucha es un deporte impredecible, y debe pensar sobre la marcha y ajustar su estrategia a medida que avanza el combate. Desarrollar la adaptabilidad significa evaluar la situación y modificar rápidamente el plan de juego en consecuencia. Una forma de desarrollar la adaptabilidad es practicar y perfeccionar los movimientos constantemente. Luego, a medida que se sienta más cómodo con las técnicas, experimente con distintas variaciones y cree nuevas combinaciones. Este método le ayudará a prepararse para situaciones inesperadas y le proporcionará más herramientas con las que trabajar durante un combate.

Combos para principiantes

Ganar un combate de lucha libre consiste en ser más fuerte que su oponente y utilizar las técnicas adecuadas en el momento oportuno. Una forma de mejorar su técnica es practicar combos para principiantes. Los combos son una serie de movimientos combinados para obtener una ventaja sobre su oponente. Esta sección analiza algunos combos básicos que los principiantes deberían practicar para mejorar sus habilidades de lucha.

Combos básicos de golpeo

Los combos básicos de golpeo son esenciales en la lucha libre. Estos utilizan golpes para crear aperturas en la defensa de su oponente, y luego capitalizarlas con derribos o lanzamientos. Algunos combos básicos de golpeo incluyen el jab-cross, jab-uppercut, y el derechazo por arriba.

- El jab-cross es un combo estándar para crear distancia con el oponente y golpear. El jab es un puñetazo rápido y potente dirigido a la cara o al cuerpo del oponente. El cross es un puñetazo recto dirigido a la barbilla o el pecho del oponente. Esta combinación puede utilizarse para preparar un derribo o un lanzamiento.

- El combo jab-uppercut es otro combo básico para crear aperturas para derribos o lanzamientos. El jab mantiene al oponente a distancia, mientras que el uppercut cierra la distancia y golpea. El uppercut es un puñetazo dirigido a la barbilla o al cuerpo del oponente. Este combo funciona mejor cuando se tiene al oponente contra la jaula o en la esquina del tatami.

- El combo de derecha por encima es un poderoso combo para golpear con fuerza. El derechazo por encima es un golpe ancho y en bucle dirigido a la barbilla o la mejilla del oponente. Este combo se utiliza mejor cuando el oponente no se lo espera y debe reaccionar con rapidez. El derechazo por encima puede preparar un derribo o un lanzamiento.

Combos esenciales de bloqueos y agarres

Los combos de llaves y presas son otro aspecto vital de la lucha. Utilizan la palanca y la presión para controlar el cuerpo del oponente e inmovilizarlo. Algunos combos de bloqueos y presas esenciales son la armbar, la kimura y el estrangulamiento por detrás.

- La armbar es un bloqueo eficaz para controlar el brazo del oponente. Este bloqueo consiste en agarrar el brazo del oponente y rodearlo con las piernas. A continuación, se ejerce presión sobre el codo del oponente, obligándole a someterse o a arriesgarse a que se rompa el brazo. Puede utilizar este bloqueo cuando está encima de su oponente o cuando está abajo.

- La kimura es otro bloqueo eficaz para controlar el brazo del oponente. Este bloqueo consiste en agarrar la muñeca del oponente y retorcerla detrás de su espalda. A continuación, utilice la otra mano para ejercer presión sobre el codo y obligarle a someterse o arriesgarse a sufrir una lesión. Una vez más, la kimura puede utilizarse desde arriba o desde abajo.

- El estrangulamiento por detrás es una conocida llave de sumisión que controla el cuello del oponente. Consiste en rodear el cuello del oponente con los brazos y apretar hasta que se someta o se desmaye. Esta llave se utiliza mejor cuando se tiene al oponente de espaldas.

Flujos para principiantes

Los flujos para principiantes son una combinación de técnicas de golpeo y agarre que fluyen de una a otra. Estos flujos ayudan a desarrollar la memoria muscular y a mejorar el tiempo de reacción. Algunas técnicas para principiantes son:

- El flujo jab-takedown utiliza el jab para crear una apertura para un takedown. Por ejemplo, se golpea la cara del oponente, se crea distancia y se dispara para derribarlo.
- La técnica jab-cross-shoot es una combinación de técnicas de golpeo y derribo. Comienza con un jab, lanza un cross, y luego tira para derribar.
- El derribo con doble jab y doble pierna combina técnicas de golpeo y derribo. Comienza con dos jabs, crea distancia, y dispara para un derribo de doble pierna.

Combinaciones eficaces

En la lucha libre, uno de los aspectos más críticos de este deporte es la combinación perfecta de movimientos. Cuando se hace correctamente, la combinación de diferentes movimientos puede coger desprevenido al oponente, poniéndole a la defensiva y, en última instancia, llevándole a la victoria. Esta sección profundiza en algunas de las combinaciones más eficaces de la lucha libre.

La combinación multigolpe

La combinación multigolpe es una poderosa herramienta en el arsenal de un luchador. Combina diferentes golpes para crear una abertura que permita un derribo o una clavada. Esta combinación puede incluir puñetazos, patadas o incluso cabezazos; por ejemplo, a algunos luchadores les gusta empezar con un puñetazo en el estómago, seguido de una patada en la pierna o un cabezazo en el pecho. La idea es mantener al adversario indeciso y desequilibrado, dejándole abierto a un intento de derribo. Si se ejecuta correctamente, la combinación de golpes múltiples puede ser devastadora.

Combinación de bloqueo y golpe

La combinación de bloqueo y golpe es otra forma eficaz de derribar al oponente. Esta técnica consiste en bloquear al oponente y golpearle con una serie de golpes para crear una apertura para un derribo o una sumisión. Esta combinación incluye golpes a la cabeza, las tripas o las piernas. Una vez que el oponente está aturdido por los golpes, se utiliza el bloqueo para apalancarlo en una posición vulnerable. Muchos luchadores utilizan esta combinación para preparar una llave de estrangulamiento o un armbar.

La combinación evasiva

La combinación evasiva se basa en el movimiento. Esta combinación utiliza movimientos rápidos y evasivos para evitar los golpes de su oponente mientras prepara su intento de derribo. Un movimiento evasivo típico es el "deslizamiento". Se desliza hacia el lado del golpe de su oponente y, a continuación, golpea con un gancho corto o un uppercut. Otro movimiento evasivo habitual es el "agacharse". Se agacha por debajo del brazo del adversario y luego intenta derribarlo. La combinación evasiva es excelente para los luchadores que saben leer los movimientos de su oponente y pueden reaccionar con rapidez.

Dominar las combinaciones de inmovilización en la lucha libre es fundamental para derribar a su oponente. Practicando estas combinaciones durante el entrenamiento, se convertirá en un oponente formidable en el tatami y dominará a su oponente en el ring. Recuerde, la lucha libre se basa en la técnica y en saber utilizar cada movimiento a su favor. Así que practique sus combinaciones, aprenda a leer los movimientos y reacciones de su oponente y conviértase en el campeón de lucha que ha nacido para ser.

Técnicas avanzadas

La lucha libre, conocida por su combinación única de fuerza, agilidad y técnica, se ha convertido en un deporte de competición que exige habilidades físicas y mentales. Como luchador, el desarrollo de técnicas avanzadas es esencial para mantenerse por delante de la competencia. Esta sección trata de las técnicas avanzadas que le ayudarán a dominar el tatami.

Combinaciones avanzadas para el combate uno contra uno

Uno de los aspectos más cruciales de la lucha libre es encadenar diferentes técnicas para crear una combinación convincente. Los luchadores avanzados saben combinar varios agarres, lanzamientos y derribos con fluidez. Para mejorar su juego, debe tener un conocimiento sólido de los fundamentos y basarse en ellos. Por ejemplo, un derribo de hombro básico puede combinarse con un barrido de piernas para conseguir un derribo decisivo. A medida que avance, mezcle diferentes técnicas para sorprender a su oponente, como un falso golpe seguido de un derribo con una sola pierna. Puede ser más astuto y superar a su oponente en el tatami dominando las combinaciones avanzadas.

Combinaciones de maestros para múltiples oponentes

Uno de los retos más comunes a los que se enfrenta un luchador es superar a varios oponentes a la vez. Los maestros han desarrollado técnicas para superar este reto. Un enfoque consiste en utilizar el impulso de un oponente contra el otro. Por ejemplo, se puede arrastrar con el brazo a un luchador para lanzarlo a la trayectoria de otro. Utilizar la visión periférica y el conocimiento de la situación es crucial para enfrentarse a varios oponentes. Otra técnica avanzada consiste en derribar con dos piernas a un luchador y aprovechar el impulso para someter al otro. Estas combinaciones avanzadas requieren precisión, sincronización y agilidad, pero pueden cambiar las tornas en un combate difícil.

Combinación de estrategias y desencadenantes mentales

La lucha libre no consiste solo en técnicas físicas. También se trata de ser innovador y estratégico. Los luchadores de élite saben cómo ejecutar los movimientos y cuándo utilizarlos. Los factores mentales le dan una ventaja significativa, como comprender los puntos débiles de su oponente o aprovechar sus errores. Combinar diferentes estrategias puede ayudar a mantener a su oponente fuera de equilibrio. Por ejemplo, si se le conoce por su gran capacidad para derribar, la próxima vez empiece con un derribo de pie, para sorprender a su oponente con la guardia baja. Puede convertirse en un oponente formidable incorporando estrategias mentales a las técnicas.

Utilizar fintas y amagos

Las fintas y amagos pueden ser herramientas poderosas en la lucha libre. Una finta o amago puede ser tan simple como fingir un derribo de pierna para provocar que el oponente busque una defensa abriendo los brazos para contraatacar y lanzar. Las fintas pueden poner a prueba las reacciones del oponente antes de realizar el movimiento real. Puede crear huecos en la defensa de su oponente y desequilibrarlo utilizando fintas y amagos.

Perfeccionar las técnicas avanzadas de lucha requiere tiempo y práctica. Sin embargo, la combinación de diferentes estilos, la utilización de activadores mentales estratégicos y la incorporación de fintas y amagos pueden facilitar el dominio de sus oponentes en el tatami. Si domina estas técnicas, podrá anticiparse a los movimientos de su oponente, crear aperturas y ejecutar derribos y lanzamientos decisivos. Recuerde que solo algunas estrategias o planes conducirán al éxito. Lo mejor es experimentar con distintas combinaciones para encontrar la que mejor funcione. Después, siga perfeccionando sus habilidades y refinando sus técnicas, y estará en el buen camino para convertirse en un luchador de élite.

Capítulo 9: Entrenamiento en casa

¿Está cansado de perderse su entrenamiento de lucha debido al cierre del gimnasio o a conflictos de horarios? No deje que eso le impida alcanzar sus objetivos. Con el equipo adecuado, puede entrenar eficazmente en casa y mantener la fuerza, la técnica y la resistencia. Ya sea instalando una colchoneta en el garaje, invirtiendo en un maniquí de lucha o simplemente encontrando formas creativas de sustituir a un compañero, existen infinitas posibilidades para mantener el ritmo del entrenamiento.

Con dedicación y una mentalidad centrada, puede convertir su casa en un formidable escenario de entrenamiento y mantenerse por delante de la competencia. En este capítulo se describen los ejercicios que puede practicar solo en casa, con y sin equipamiento. Entrenar solo y practicar a diario es tan importante como practicar con un adversario y mejorar las habilidades y la condición física.

Ejercicios en solitario

Los luchadores deben ser agudos y precisos con sus técnicas, lo que se consigue con la práctica constante. A veces, las lesiones o la falta de compañeros o instalaciones hacen necesario el entrenamiento en solitario. Los ejercicios en solitario son esenciales para ayudar a los luchadores a refinar y desarrollar sus habilidades mientras entrenan de forma independiente. Esta sección explora algunos ejercicios en solitario que los luchadores pueden realizar para mejorar.

Boxeo de sombra

El boxeo de sombra ayuda a recrear las técnicas de lucha[45]

El boxeo de sombra es uno de los ejercicios en solitario más fundamentales para los luchadores. La técnica requiere la visualización y recreación de técnicas de lucha en el aire. Es útil para refinar movimientos y técnicas, dominar el equilibrio y la coordinación, y desarrollar el juego de pies y el alcance. Los ejercicios en solitario de boxeo de sombra se realizan sin equipamiento ni accesorios. Además, el objetivo del boxeo de sombra es simular un combate real, y los luchadores deben ejecutar sus técnicas con precisión y potencia, como en la competición real. Los luchadores deben centrarse en su juego de pies, el movimiento de la cabeza, la postura y la posición de las manos cuando hacen boxeo de sombra.

Trabajo de pies y ejercicios de movimiento

Los luchadores necesitan un excelente juego de pies para superar a sus oponentes, controlar su alcance y mantener el equilibrio mientras ejecutan una técnica. Los ejercicios de movimiento son esenciales para desarrollar la flexibilidad y agilidad necesarias para la lucha. Los ejercicios ayudan a cambiar rápidamente el peso de un pie a otro, a pivotar y a mantener las variaciones en el movimiento del oponente. Los ejercicios de juego de pies y movimiento incluyen pivotar, arrastrar los pies, dar pasos laterales, saltar a la cuerda, etc.

Ejercicios de trabajo con colchonetas

Los ejercicios con colchonetas son fundamentales para desarrollar una distribución adecuada del peso, el alcance y las técnicas de golpeo. Las almohadillas ofrecen resistencia y reproducen el cuerpo del oponente, lo que ayuda a los luchadores a desarrollar precisión y potencia en sus golpes. Uno de los ejercicios más populares es el de la manopla. Los luchadores se centran en conseguir ritmo y fluidez en sus técnicas de golpeo para simular el movimiento del oponente.

Ejercicios con el saco pesado

Los ejercicios con saco pesado son esenciales para desarrollar la fuerza, la resistencia y la explosividad de los luchadores. Además, son fundamentales para perfeccionar la puntería y los movimientos en situaciones reales. Los ejercicios con saco pesado consisten en golpear un saco pesado con intensidad y precisión. Los ejecutantes utilizan una serie de golpes, como patadas, puñetazos y rodillazos, para trabajar la forma, la potencia y el alcance. Los luchadores deben centrarse en mantener una técnica adecuada en sus golpes, garantizando la seguridad de sus articulaciones.

Ejercicios en pareja

Mientras que las sesiones de práctica en solitario son cruciales para el crecimiento personal, los ejercicios en pareja son esenciales para perfeccionar las técnicas de lucha y desarrollar habilidades de resolución de problemas. Además, ayudan a los luchadores a practicar técnicas específicas, mejorar su sincronización y conciencia, y aumentar su resistencia para mejorar su ventaja competitiva. En esta sección se describen algunos de los ejercicios de pareja más eficaces para los luchadores. Tanto si es nuevo en la lucha como si ya tiene experiencia, estos ejercicios le ayudarán a perfeccionar sus habilidades y a convertirse en un oponente formidable.

Sparring

El sparring es un elemento básico en la lucha libre y se considera uno de los mejores ejercicios de pareja para grapplers. Le permite aplicar las técnicas que ha aprendido en la práctica a una situación real y competitiva. Con un compañero, puede atacar y defenderse por turnos, utilizando todos los métodos diferentes, como el derribo y el desplazamiento. Las sesiones de sparring pueden realizarse en varios formatos, pero el sparring libre y la lucha en vivo son dos de los más populares. El sparring libre permite a los luchadores practicar sus movimientos y contragolpes sin acciones predeterminadas. Por el contrario, la lucha en vivo limita las técnicas utilizadas en el combate para dar a los luchadores la sensación de una práctica de lucha más organizada.

Ejercicios de trabajo en pareja

Los ejercicios con compañero son excelentes para practicar y mejorar la potencia y precisión de sus golpes y lanzamientos. Estos ejercicios implican trabajar con un compañero que sujeta unas almohadillas, dándole objetivos a los que golpear. Por ejemplo, el ejercicio del guante de enfoque implica golpear objetivos en movimiento (guantes) sostenidos por su compañero. Este ejercicio le permite trabajar sus puñetazos, patadas y otras técnicas de golpeo al tiempo que aumenta su potencia y velocidad. El compañero puede sujetar las almohadillas y darle objetivos a los que lanzar para ayudarle a perfeccionar sus lanzamientos y derribos.

Ejercicios de lucha y agarre

Los ejercicios de lucha y agarre mejoran la posición, el control y las técnicas de sumisión. Desarrollan un agarre firme y la fuerza de los brazos. Ejercicios como el golpeo, en el que los luchadores se agarran y recolocan los brazos mientras están de pie, o la práctica de varios derribos y defensas son algunos de los mejores ejercicios para demostrar estas habilidades. Otro ejercicio para aumentar la fuerza de agarre es el de agarre de mono. Este ejercicio consiste en sujetar la muñeca y la mano de un compañero mientras este retira el brazo. El objetivo es asegurar el agarre y mantener una postura firme mientras su compañero intenta liberarse.

Ejercicios de acondicionamiento

Aunque los combates de lucha suelen durar solo unos minutos, requieren una gran resistencia y aguante. Por lo tanto, los ejercicios de acondicionamiento son lo mejor para que los luchadores desarrollen su resistencia y mejoren su forma física. Un ejercicio es el "ejercicio suicida". El ejercicio consiste en correr a toda velocidad de una línea a otra, seguido de una inversión de dirección para completar la siguiente carrera. El ejercicio se realiza en formato de "escalera", en el que la distancia que se corre aumenta con cada repetición. Otro ejercicio eficaz para el acondicionamiento es la caminata del oso. En este ejercicio, se pone a cuatro patas y se arrastra hacia delante, moviendo simultáneamente la mano izquierda y el pie derecho, y luego la otra mano y el otro pie. El objetivo es arrastrarse un número determinado de metros o hasta que esté demasiado cansado para continuar.

Ejercicios de reacción

Los ejercicios de reacción son esenciales en todos los deportes de combate, especialmente en la lucha. Mejoran la capacidad de los luchadores para anticipar el siguiente movimiento de su oponente, al tiempo que desarrollan la sincronización de los golpes y las respuestas. Uno de los ejercicios de reacción más populares en la lucha es el ejercicio de sombra. Este ejercicio consiste en luchar en la sombra con un compañero, ejecutando una serie de movimientos, y el otro luchador responde con contramovimientos para mejorar los reflejos y el tiempo de reacción. Este ejercicio también mejora el juego de pies, el movimiento de la cabeza y el control general del cuerpo.

Ejercicios en casa sin equipamiento

La lucha libre es un deporte que requiere agilidad y fuerza física y mental. Es entretenido y ayuda a mejorar la salud general del individuo. Si es luchador, sabrá lo importante que es mantener la fuerza corporal. La buena noticia es que puede hacerlo fácilmente en casa sin aparatos de gimnasia. Aquí tiene algunos ejercicios de lucha libre para hacer en casa sin equipamiento.

Saltar a la cuerda

Saltar a la cuerda puede parecer una actividad sencilla, pero es uno de los mejores ejercicios para mejorar la agilidad, la coordinación y el juego de pies. Es un ejercicio cardiovascular eficaz que mejora la forma física cardiovascular y la resistencia. Saltar a la cuerda de forma constante durante al menos 10 minutos puede quemar hasta 100 calorías. Como luchador, saltar a la cuerda mejora el equilibrio y la rapidez de movimientos de los pies, que son esenciales para derribar a su oponente.

Burpees

Los burpees son un ejercicio para todo el cuerpo en el que participan todos los grupos musculares. Es un entrenamiento a intervalos de alta intensidad (HIIT) que mejora la forma cardiovascular al tiempo que desarrolla los músculos. Los burpees son ejercicios fáciles de realizar que no requieren equipamiento y que pueden modificarse en función del nivel de forma física. También es un ejercicio excelente para mejorar la resistencia y el aguante.

Flexiones y abdominales

Las flexiones y los abdominales son dos ejercicios clásicos que pueden realizarse en cualquier lugar. Son asequibles y no requieren equipamiento. Son ejercicios esenciales para los luchadores, ya que ayudan a desarrollar la fuerza de la parte superior del cuerpo, la estabilidad central y el equilibrio. Las flexiones trabajan el pecho, los hombros, los tríceps y la parte superior de la espalda, mientras que las sentadillas mejoran los músculos abdominales.

Sentadillas y zancadas

Las sentadillas y las zancadas son dos ejercicios fundamentales para desarrollar los músculos de las piernas. Ayudan a mejorar el equilibrio, la flexibilidad y la movilidad. Las sentadillas trabajan los cuádriceps, los isquiotibiales y los glúteos, mientras que las estocadas trabajan las pantorrillas, los cuádriceps y los glúteos. Hacer sentadillas y zancadas con regularidad puede mejorar la agilidad, la resistencia y el equilibrio, que son esenciales para la lucha libre.

Correr, montar en bicicleta o nadar

El ejercicio cardiovascular es esencial en cualquier rutina de entrenamiento. Correr, montar en bicicleta o nadar pueden mejorar la salud cardiovascular y mantener una excelente forma física. Correr ayuda a quemar calorías, aumenta la resistencia y fortalece los músculos de las piernas. El ciclismo es un ejercicio de bajo impacto que fortalece los músculos de los cuádriceps y los isquiotibiales al tiempo que aumenta la resistencia. La natación es un excelente ejercicio de bajo impacto que involucra a todo el cuerpo a la vez que mejora la salud cardiovascular.

Ejercicios en casa con equipamiento

La lucha libre es uno de los deportes más exigentes, ya que requiere fuerza, resistencia y agilidad. Pero si es aficionado a la lucha libre, no necesita ir al gimnasio para mantener un buen físico. Puede hacerlo desde la comodidad de su casa. A continuación, se enumeran algunos de los mejores ejercicios de lucha libre caseros con equipamiento que le ayudarán a ponerse en forma, mantenerse sano y mejorar su juego de lucha libre.

Bandas de resistencia

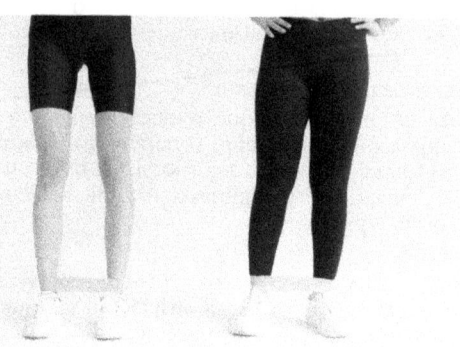

Las bandas de resistencia pueden mejorar la fuerza y tonificar el cuerpo"

Las bandas de resistencia son una forma estupenda de mejorar la fuerza y tonificar el cuerpo. Póngase las bandas alrededor de sus pies, sujételas con las manos y realice ejercicios como press de pecho de pie, curl de bíceps, extensiones de tríceps y remo de pie. Puede utilizar las bandas para trabajar las piernas haciendo sentadillas, zancadas y flexiones de piernas. Además, puede ajustar la intensidad de los ejercicios mediante el uso de diferentes bandas con diferentes niveles de resistencia, por lo que es un excelente entrenamiento para principiantes y luchadores experimentados.

Balones medicinales

Los balones medicinales son otro equipo que le ayudará a ponerse en forma. Los hay de distintos pesos y tamaños, así que elija uno cómodo y adecuado. Sujete el balón con las dos manos y realice ejercicios como el press por encima de la cabeza, el pase de pecho, los lanzamientos laterales y los derribos. Puede hacer ejercicios en pareja como el giro ruso, el pase contra la pared y las sentadillas. Estos ejercicios son estupendos para desarrollar la fuerza central, la velocidad y la agilidad.

Saco de boxeo o guantes de boxeo

Los puñetazos son un componente esencial de la lucha libre, y un saco de boxeo o unos guantes de boxeo pueden ser una buena forma de mejorar la técnica y la resistencia. Cuelgue el saco en el garaje o compre un par de guantes de boxeo y pídale a un compañero que se los sujete. A continuación, practique sus jabs, ganchos, cruces y uppercuts para un gran entrenamiento cardiovascular y para ayudarle a tonificar los brazos y la parte superior del cuerpo.

Pesas rusas

Las pesas rusas son ideales para entrenar todo el cuerpo con excelentes resultados. Las hay de distintos pesos, así que elija una con la que se sienta cómodo. A continuación, realice ejercicios como el balanceo con pesas rusas, la sentadilla de vaso, el levantamiento de peso y el levantamiento turco para aumentar la fuerza y mejorar su condición física general. Las pesas rusas pueden suponer un reto, así que empiece con un peso bajo y vaya subiendo a medida que se fortalezca.

Pesas de tobillo

Las pesas de tobillo le ayudan a desarrollar fuerza y potencia en la parte inferior del cuerpo. Utilícelas durante ejercicios como elevaciones de piernas, elevaciones de pantorrillas y elevaciones laterales de piernas. Úselas mientras camina o hace ejercicio para aumentar la resistencia. Sin embargo, tenga cuidado de no excederse, ya que las pesas de tobillo pueden ejercer demasiada presión sobre las articulaciones y provocar lesiones.

Consejos para entrenar solo en casa

La actual crisis sanitaria ha planteado nuevos retos a los luchadores acostumbrados a entrenar en un entorno de equipo. Sin embargo, puede seguir sintiendo pasión por este deporte. Con un poco de creatividad, puede seguir mejorando sus habilidades y mantenerse en forma mientras entrena solo en casa. Aquí tiene algunos consejos para prepararse, mantenerse concentrado y motivado, y hacer un seguimiento de sus progresos.

Establece un horario

Mantener un horario regular es uno de los aspectos más importantes del entrenamiento en solitario. Sin un entrenador o compañeros de equipo, es fácil perder la concentración y comprometerse menos con las sesiones de entrenamiento. Para evitarlo, fije una hora concreta cada día para entrenar y cúmplala a rajatabla. Cree un horario que funcione mejor para usted y le permita centrarse en sus actividades diarias.

Elija una variedad de ejercicios

Elija una variedad de ejercicios para mejorar diferentes aspectos de su juego de lucha, es crucial para desarrollar un programa de entrenamiento completo. Empiece seleccionando ejercicios básicos que desarrollen la fuerza, la velocidad y la resistencia, como flexiones, sentadillas y abdominales. A continuación, añada ejercicios pliométricos, como saltos de cajón, saltos de cuerda y sentadillas con salto. Para el desarrollo de la potencia y los ejercicios de peso corporal, incluya caminatas de cangrejo, burpees y planchas.

Centrarse en la técnica y la forma

La lucha requiere una técnica y una forma excepcionales. Para alcanzar todo su potencial, debe dedicar tiempo a trabajar su forma y asegurarse de que sus técnicas se ejecutan correctamente. Aunque analizarse a uno mismo durante el entrenamiento es un reto, se pueden conseguir mejoras significativas viendo vídeos tutoriales y desglosando cuidadosamente los movimientos.

No descuide el acondicionamiento

En la lucha libre, el acondicionamiento lo es todo. De él depende que aguante o no un combate entero y que le ayude a ganar. Cuando entrene solo, es esencial incluir ejercicios de acondicionamiento que imiten la intensidad y la duración de un combate de lucha. Actividades como correr, hacer sprints, subir cuestas y el entrenamiento a intervalos crearán una base sólida.

Controle sus progresos

Cuando entrena solo, el seguimiento de su progreso es vital para mantenerse motivado y para ayudarle a documentar sus ganancias. Lleve un diario o descargue una aplicación de entrenamiento que le ayude a medir sus progresos y a controlar las áreas de mejora. Conocer sus logros le ayuda a convertir las sesiones de entrenamiento desafiantes en experiencias más positivas y le empuja más cerca de sus objetivos.

La lucha puede ser un reto, pero también de lo más gratificante. Con disciplina y dedicación, puede mejorar sus habilidades, seguir entrenando solo y llevar su juego de lucha libre al siguiente nivel. Establecer un horario, elegir una variedad de ejercicios, centrarse en la técnica y la forma, no descuidar el acondicionamiento, hacer un seguimiento de sus progresos, mantenerse motivado y tomarse descansos con regularidad, fomentan el progreso y le mantienen inspirado durante esta difícil etapa. No se deje convencer de que entrenar sin equipo o en solitario es inadecuado. Puede marcar la diferencia en su carrera como luchador.

Capítulo 10: Entrenamiento y formación de jóvenes

La lucha libre no es solo un deporte. Es una forma de vida. Enseñar a los jóvenes el arte de la lucha requiere dedicación, paciencia y las estrategias de entrenamiento adecuadas. No basta con enseñarles las técnicas y los movimientos; hay que inculcarles la disciplina, la resistencia y la confianza en sí mismos que conlleva ser un luchador. Como entrenador, es crucial comprender los diferentes estilos de aprendizaje de cada luchador y proporcionar un entorno de apoyo que fomente sus puntos fuertes y débiles.

Al invertir en el desarrollo de los jóvenes luchadores, usted está construyendo atletas sobresalientes y líderes honorables que llevarán las lecciones que aprendieron en el tatami a todos los aspectos de sus vidas. Este capítulo tiene como objetivo proporcionar a los entrenadores y padres la información necesaria para garantizar que cada luchador esté seguro, cuidado y equipado con un entorno de aprendizaje divertido para prosperar. Recuerde, con la orientación y el apoyo adecuados, estos luchadores en ciernes alcanzarán todo su potencial.

Seguridad y precauciones para los jóvenes luchadores

Los jóvenes luchadores deben utilizar equipo de protección"

La lucha libre es un deporte desafiante y físicamente exigente. Aunque a muchos niños les parezca un juego divertido para jugar con los amigos, es esencial recordar que los luchadores corren un mayor riesgo de lesionarse. Como padre o entrenador, es crucial asegurarse de que los luchadores practican este deporte de forma segura, dentro y fuera del cuadrilátero. En esta sección se describen algunas precauciones de seguridad esenciales para los jóvenes luchadores que todo entrenador, padre o deportista debe conocer.

Equipo de protección para luchadores

Muchos jóvenes luchadores se lanzan a este deporte sin el equipo de protección adecuado. Sin embargo, el equipo adecuado es esencial para mantener a los luchadores seguros mientras participan en el deporte. Los siguientes son los equipos de protección cruciales que todo joven luchador debe tener:

- **Casco:** El casco es el equipo de protección más importante que puede llevar un luchador. Minimiza y evita lesiones críticas en la cabeza y los oídos.
- **Zapatillas de lucha:** Las zapatillas de lucha protegen los pies de los luchadores y proporcionan agarre en el tatami.

- **Protector bucal:** Se recomienda el uso de un protector bucal para proteger los dientes y la mandíbula de posibles lesiones. Un cabezazo, o un codazo accidental en la boca, pueden hacer saltar fácilmente un diente o causar lesiones graves en la mandíbula y el cuello.
- **Rodilleras:** Las rodilleras no son necesarias, pero sí muy recomendables para proteger las rodillas y evitar rozaduras, cortes o contusiones.

Reglas adicionales de seguridad y diversión

La lucha no es solo cuestión de fuerza física. Se trata de seguir reglas y técnicas. He aquí algunas reglas y consejos adicionales para garantizar la seguridad y la diversión de todos los jóvenes luchadores:

- Respete siempre al adversario y evite conductas bruscas o antideportivas cuando practique o compita.
- Evite imitar las técnicas profesionales que se ven en televisión, ya que pueden ser peligrosas para los jóvenes luchadores.
- Siga los requisitos de peso para evitar competir con alguien mucho más grande o pesado que usted.
- La hidratación es fundamental. Los luchadores deben beber mucha agua y evitar las bebidas azucaradas antes, durante y después de los combates.

Aprender los fundamentos de la lucha libre

Antes de subir al ring y competir, los jóvenes luchadores deben aprender los fundamentos de la lucha libre. Las técnicas y reglas adecuadas pueden ayudar a prevenir lesiones. Los entrenadores profesionales deben encargarse de enseñar estas técnicas fundamentales. He aquí algunas estrategias esenciales para los principiantes:

- **Derribos:** Enseñe a los niños técnicas de derribo adecuadas para evitar lesiones en la cabeza y el cuello.
- **Escape:** Esta técnica puede ayudar a los luchadores a volver a ponerse de pie o a evitar ser inmovilizados.
- **Combinación de inmovilizaciones:** Esta técnica puede ayudar a los luchadores a dominar en un combate y llevar a su oponente a la lona.

La importancia del descanso y la recuperación

El descanso es esencial para que los jóvenes luchadores se recuperen del estrés físico y mental del deporte. No se debe presionar demasiado a los jóvenes luchadores en los entrenamientos, ya que esto puede provocar agotamiento y lesiones. El descanso y la recuperación adecuados ayudan a evitar las distensiones musculares y otras lesiones.

Fomentar el respeto por el deporte

Enseñar a los jóvenes luchadores la importancia de respetar el deporte y a sus oponentes es crucial. Como entrenador o padre, es su responsabilidad asegurarse de que sus luchadores entienden la importancia de respetar el deporte y demostrar un buen comportamiento. Esta sección trata de las formas de fomentar el respeto por el deporte, en los jóvenes luchadores y de cómo sentar las bases de un comportamiento positivo.

Ser un buen entrenador o padre

Como entrenador o padre, es esencial predicar con el ejemplo. Los jóvenes luchadores admiran a quienes les rodean y reflejan su comportamiento. Si usted muestra un comportamiento positivo y respeta el deporte y a los oponentes, es más probable que inspire el mismo comportamiento en quienes luchan con usted. Aclare sus expectativas y demuéstrelas sistemáticamente.

Mantener una comunicación abierta con sus luchadores es crucial. Anímeles a expresar sus pensamientos, preocupaciones e ideas. De este modo, les hará saber que sus opiniones importan y que pueden aprender de la crítica constructiva. Asegúrese de ser accesible y comprensivo, de entender lo que motiva a sus luchadores y de

proporcionarles el apoyo necesario.
Enseñar buen comportamiento
A los luchadores se les deben enseñar desde el principio las reglas del deporte y el código de conducta. Hay que hacer hincapié en los valores de integridad, humildad y respeto por los oponentes, dentro y fuera del tatami. Deben saber que se representan a sí mismos y a su equipo, escuela y comunidad. Anímeles a esforzarse por alcanzar la excelencia y recuérdeles la importancia de respetar a todo el mundo. Inculque este comportamiento recompensando a quienes muestren una conducta positiva.

Enseñarles deportividad es otro aspecto del comportamiento esencial en la lucha y en la vida. Felicitar al adversario, ayudarle a levantarse y no regodearse nunca son cualidades de la buena deportividad. Este comportamiento debe reforzarse con regularidad, ya que fomenta el respeto hacia todos.

Recompensas por buena conducta
Una forma de promover el comportamiento respetuoso es incentivar el comportamiento positivo. Recompensar a los luchadores por su buena conducta promueve un ambiente positivo y ayuda a reforzar los valores de respeto e integridad. Por ejemplo, recompénselos con fichas, insignias, certificados o cualquier cosa que el luchador considere valiosa. Esta motivación incluirá un mejor comportamiento, y los demás emularán su comportamiento para recibir reconocimiento.

La lucha libre es un deporte individual, pero se necesita un equipo para tener éxito. Por lo tanto, cree un ambiente de equipo que infunda unidad, respeto y apoyo mutuo. A medida que todo el mundo se sienta más unido y valorado, podría aportar un nuevo nivel de realización y satisfacción a su trayectoria en la lucha libre.

Dar a los niños la oportunidad de brillar
La lucha tiene que ver con la fuerza física, la fortaleza mental y el pensamiento estratégico. Para los jóvenes luchadores, puede ser una experiencia difícil pero gratificante. Para los padres y entrenadores, puede ser una oportunidad de moldear a futuros campeones e inculcarles habilidades esenciales para la vida. Esta sección explora cómo fomentar y apoyar la participación, crear y alcanzar objetivos, celebrar el éxito y aprender de los errores puede ayudar a los jóvenes luchadores a brillar.

Fomentar y apoyar la participación
Una de las cosas más importantes que los padres y entrenadores pueden hacer por los jóvenes luchadores es fomentar y apoyar su participación. Esto significa asistir a sus partidos y proporcionarles apoyo emocional, comentarios positivos y críticas constructivas. El estímulo puede adoptar muchas formas, como ofrecer ánimos antes de un partido, elogiar el trabajo duro y la superación, y reconocer los logros de un luchador. Además, el apoyo a la participación incluye garantizar que los jóvenes luchadores tengan acceso al equipo adecuado, transporte a los partidos y acceso a los entrenadores y otros recursos. Por último, los padres y entrenadores pueden ayudar a los jóvenes luchadores a mantenerse motivados y a disfrutar del deporte, fomentando un entorno de apoyo.

Crear objetivos y alcanzarlos
Establecer objetivos es una parte esencial de cualquier deporte, y la lucha libre no es una excepción. Establecer objetivos ayuda a los jóvenes luchadores a mantenerse centrados y motivados, a medir sus progresos y a celebrar sus éxitos. Los objetivos pueden ser a corto o largo plazo, e incluir hitos como ganar un partido o alcanzar un determinado nivel de forma física. Los entrenadores y los padres pueden ayudar a los jóvenes luchadores a crear objetivos alcanzables que sean realistas pero estimulantes para ayudarles a desarrollar sus habilidades y mejorar su rendimiento. Al fijar y alcanzar objetivos, los jóvenes luchadores ganan confianza en sus capacidades y desarrollan una mentalidad de crecimiento.

Celebrar el éxito y aprender de los errores
En la lucha libre, como en la vida, el éxito y el fracaso son oportunidades vitales de aprendizaje. Cuando los jóvenes luchadores alcanzan sus objetivos o ganan un

combate, es esencial celebrar sus logros y reconocer su duro trabajo y dedicación. Esto puede hacerse de muchas formas, como elogiando sus esfuerzos, dándoles recompensas o reconociéndoles públicamente. Celebrar el éxito ayuda a los jóvenes luchadores a sentirse valorados y apreciados y les motiva a seguir trabajando duro. Al mismo tiempo, es esencial aprender de los errores y los reveses. Tras una derrota o un fracaso, los entrenadores y los padres deben ayudar a los jóvenes luchadores a identificar lo que salió mal y cómo pueden mejorar. Esto puede incluir la crítica constructiva, la práctica de habilidades específicas o la búsqueda de nuevas formas de abordar un reto.

Crear el entorno adecuado para el aprendizaje

Los jóvenes luchadores, especialmente los que acaban de empezar, necesitan un entorno seguro, positivo y alentador para desarrollar sus habilidades de forma eficaz y crecer como atletas. Esta sección destaca algunos consejos esenciales que los entrenadores y los padres pueden utilizar para crear el entorno adecuado para los jóvenes luchadores.

Garantizar un entorno seguro y sin estrés

La seguridad es el primer y más importante factor en la creación de un entorno de aprendizaje positivo. Los entrenadores y los padres deben asegurarse de que el entorno de lucha sea seguro para que los jóvenes deportistas practiquen sin riesgo de lesionarse, lo que incluye mantener el equipo adecuado, asegurarse de que las colchonetas de lucha estén limpias y en buen estado, y enseñar a los deportistas buenas técnicas para evitar lesiones.

Además, el entorno debe estar libre de estrés. Los jóvenes luchadores pueden agobiarse y desanimarse fácilmente si se sienten presionados para rendir o temen cometer errores. Por el contrario, los entrenadores y los padres deben centrarse en crear una atmósfera de positivismo y aliento en la que los deportistas se sientan cómodos y apoyados y no tengan miedo de arriesgarse y probar cosas nuevas.

Fomentar la diversión mientras se aprende

La lucha libre es un deporte difícil y exigente, pero eso no significa que no pueda ser divertido. Los entrenadores y los padres deben esforzarse por hacer del aprendizaje de la lucha libre una experiencia agradable, incorporando juegos, retos y otras actividades que enganchen a los jóvenes deportistas y los mantengan motivados. Por ejemplo, los entrenadores pueden organizar ejercicios y juegos para que los luchadores practiquen sus habilidades mientras se divierten. Los padres también pueden participar asistiendo a los partidos y animando a sus hijos, demostrándoles que la lucha no consiste solo en ganar, sino también en pasarlo bien.

Hacer que la enseñanza de la lucha sea divertida

Es esencial que la enseñanza de la lucha sea amena y atractiva para que los jóvenes luchadores se mantengan concentrados y motivados durante todo el entrenamiento. Por lo tanto, los entrenadores deben variar sus métodos de enseñanza y utilizar diferentes técnicas para comunicar nuevas habilidades y técnicas de manera eficaz. Por ejemplo, los entrenadores pueden utilizar demostraciones en vídeo, discusiones en grupo y sesiones individuales de entrenamiento para enseñar técnicas de lucha. Pueden proporcionar regularmente comentarios y ánimos y crear planes de entrenamiento individualizados que se adapten a los puntos fuertes y débiles de cada deportista.

Fomentar la mentalidad de crecimiento

Por último (pero no por ello menos importante), los entrenadores y los padres deben fomentar una mentalidad de crecimiento en los jóvenes luchadores. La mentalidad de crecimiento es la creencia de que las destrezas y habilidades pueden mejorarse mediante el trabajo duro, la dedicación y la persistencia. Este concepto anima a los jóvenes deportistas a aceptar los retos y contratiempos como oportunidades para aprender y crecer, y a no desanimarse ante ellos. Los padres y entrenadores pueden ayudar a desarrollar una mentalidad de crecimiento elogiando a los luchadores por su esfuerzo y progreso en lugar de solo por sus resultados. Deben animar a los luchadores a fijarse objetivos realistas y alcanzables y a celebrar sus logros. Crear un entorno de aprendizaje positivo y productivo es esencial para que los jóvenes luchadores desarrollen sus habilidades y crezcan como atletas. Los entrenadores y los padres crean un entorno en el que los jóvenes deportistas pueden prosperar y alcanzar todo su potencial, dando prioridad a la seguridad, fomentando la diversión, haciendo que la enseñanza de la lucha sea agradable y promoviendo una mentalidad de crecimiento. Como entrenadores y padres, es su responsabilidad proporcionar la orientación y el apoyo adecuados e inculcar el amor por el deporte a los jóvenes luchadores para mantenerlos comprometidos y motivados durante años.

Consideraciones durante los entrenamientos y los partidos

La lucha libre puede ser un excelente medio para que los niños aprendan disciplina, mejoren su salud física y adquieran confianza en sí mismos. Sin embargo, como ocurre con cualquier deporte, la lucha requiere precauciones, como una nutrición adecuada, calentamientos y recordatorios de las normas, que los jóvenes luchadores y sus padres deben recordar. Esta sección ofrece a los padres y a los jóvenes deportistas consideraciones esenciales durante los entrenamientos y los partidos para mejorar la seguridad y el rendimiento.

Nutrición adecuada

Aunque la mayoría de la gente sabe que la nutrición es importante para un atleta, los jóvenes luchadores deben tener una dieta adecuada para asegurarse de que tienen la energía necesaria para competir. Una dieta suficiente y saludable debe ofrecer carbohidratos y proteínas adecuados para el cuerpo en crecimiento de un atleta, que sostenga las exigentes sesiones de entrenamiento y los partidos de ritmo rápido. Por ejemplo, un tentempié proteínico y un plátano antes del entrenamiento o de un partido deberían proporcionar la energía necesaria para durar. Además, los padres pueden consultar a entrenadores o nutricionistas para asegurarse de que sus jóvenes luchadores reciben los nutrientes adecuados.

Calentamiento y estiramientos

La lucha exige un esfuerzo físico intenso, y los jóvenes luchadores deben preparar correctamente sus músculos antes de comenzar los partidos o las sesiones de entrenamiento. Por lo tanto, los entrenadores deben dirigir sesiones de calentamiento de hasta 30 minutos. Estas sesiones deben incluir ejercicios de estiramiento para prevenir lesiones musculares, ejercicios de agilidad para mejorar la flexibilidad y la explosividad, y ejercicios calisténicos como flexiones y abdominales para mejorar la fuerza. Además, los jóvenes luchadores deben recibir instrucciones sobre cómo estirarse correctamente, incluida la reducción de la velocidad si sienten tensión o dolor durante los ejercicios de calentamiento.

Recordatorios sobre las reglas del árbitro

Los combates de lucha libre requieren que los árbitros se aseguren de que todos los partidos cumplen las normas exigidas y eviten lesiones como caídas y heridas. Por lo tanto, los jóvenes luchadores deben conocer las reglas del juego para mantener los encuentros seguros y justos. Por ejemplo, deben comprender que los movimientos de agarre y ciertos agarres están permitidos, mientras que las técnicas como dar cabezazos, morder o pinchar en los ojos de los oponentes están prohibidas. Además, los jóvenes luchadores deben escuchar las indicaciones de sus entrenadores y del árbitro y comportarse de forma respetuosa con sus oponentes, entrenadores y árbitros. Se les debe enseñar a afrontar situaciones tanto mentales como emocionales, como perder un combate o responder a un comportamiento agresivo.

Gestión del estrés

La lucha libre es un deporte intenso y exigente, que a menudo provoca estrés emocional y mental en los jóvenes luchadores. Este estrés puede afectar a su rendimiento durante los entrenamientos y los partidos. Educar a los jóvenes luchadores sobre la importancia de las técnicas de gestión del estrés, como los ejercicios de respiración profunda, el yoga y la visualización, ayuda a reducir los niveles de estrés y a aumentar su rendimiento general. Además, los padres pueden ayudar a sus jóvenes luchadores a reconocer los desencadenantes del estrés y animarles a practicar ejercicios de relajación para controlarlo.

La lucha libre es un deporte estimulante que beneficia el bienestar físico y emocional de los jóvenes atletas. Sin embargo, los jóvenes luchadores deben tomar las precauciones necesarias y seguir unas consideraciones esenciales para mantenerse seguros y rendir al máximo. Una nutrición adecuada, las sesiones de calentamiento, el conocimiento de las reglas del árbitro y las técnicas de gestión del estrés marcan la diferencia en el éxito de los jóvenes luchadores dentro y fuera del tatami. Por lo tanto, padres, entrenadores y jóvenes luchadores deben trabajar juntos para crear una experiencia deportiva segura, saludable y exitosa.

Capítulo 11: Éxito en la lucha libre

La lucha libre se basa en la dedicación, el trabajo duro y la pasión que se pone en cada entrenamiento y en cada momento sobre el tatami. Los luchadores de éxito entienden que cada movimiento cuenta y que su mentalidad y preparación determinan el resultado. Tienen la confianza y la determinación necesarias para enfrentarse a cualquier oponente con un plan estratégico y la fortaleza mental para superar el cansancio y el dolor. El éxito en la lucha libre se consigue mediante el entrenamiento continuo, el sacrificio y una actitud de "no rendirse nunca".

La satisfacción y el orgullo son indescriptibles cuando todo el trabajo duro da sus frutos y sale victorioso de la lona. Este capítulo está dedicado a celebrar historias de éxito de luchadores que han alcanzado la grandeza y a proporcionar consejos para ayudar a los aspirantes a deportistas a alcanzar sus sueños. Estas historias y consejos le inspirarán y le dejarán listo para afrontar cualquier reto. Los éxitos de estos luchadores son un testimonio vivo del poder del trabajo duro y la perseverancia. Empecemos.

Los triunfos de los campeones de lucha libre

La lucha libre es mucho más que un deporte o un entretenimiento. Implica pasión, perseverancia y dedicación. A lo largo de los años, muchos luchadores han cruzado fronteras y alcanzado nuevos hitos. Merece la pena conocer a algunos luchadores con trayectorias inspiradoras. Esta sección examina de cerca las historias de éxito de campeones de lucha libre, como John Cena, La Roca, Charlotte Flair, Hulk Hogan y CM Punk.

John Cena

John Cena es un conocido icono de la lucha libre con una amplia base de fans. Comenzó su carrera en la lucha libre con la Ultimate Pro Wrestling (UPW) y luego firmó con la WWE en 2000. Cena tiene un impresionante palmarés en la WWE, con 25 campeonatos a sus espaldas. Su inspiradora historia radica en su perseverancia. Cena tuvo que superar numerosos contratiempos y lesiones, pero nunca perdió de vista su objetivo y trabajó incansablemente para volver al juego. Se convirtió en uno de los mejores luchadores de la historia gracias a su esfuerzo y dedicación.

John Cena es un conocido icono de la lucha libre"

La Roca

La Roca, alias Dwayne Johnson, tiene una de las historias más inspiradoras de la lucha libre profesional. Comenzó su carrera en la lucha libre con su padre, Rocky Johnson, y más tarde se unió a la WWE. Tras años de duro trabajo y dedicación, se convirtió en uno de los mayores campeones de la WWE. Incluso después de alcanzar un gran éxito, La Roca siguió esforzándose al máximo. Además, persiguió su pasión por la interpretación y ha protagonizado varios éxitos de taquilla. La tenacidad y dedicación de La Roca a su oficio lo convierten en una verdadera inspiración.

Charlotte Flair

La hija de la leyenda de la lucha libre Ric Flair, Charlotte Flair, siempre ha tenido grandes zapatos que llenar. Comenzó su carrera en la lucha libre en 2012 y pronto fichó por la WWE. Desde entonces, ha ganado numerosos títulos y ha batido varios récords. Su camino hacia el éxito se basa en el trabajo duro, la dedicación y la pasión por el deporte. Flair sigue trabajando incansablemente, inspirando a las luchadoras de todo el mundo a seguir sus sueños.

Hulk Hogan

Hulk Hogan es un nombre que resuena en la historia de la lucha libre. Su dinamismo y su presencia en el cuadrilátero le convirtieron en uno de los rostros más conocidos de la lucha libre. Hogan comenzó su carrera en Tennessee y pronto fichó por la WWE. Su camino hacia el éxito se debe a una dedicación incesante, al trabajo duro y a la práctica. A pesar de numerosos contratiempos, siguió adelante y se convirtió en una leyenda viva de la lucha libre.

CM Punk

CM Punk comenzó su carrera en la lucha libre con el circuito independiente y más tarde se unió a la WWE. Rápidamente, ganó popularidad gracias a su personalidad única y a su estilo de lucha. Punk se convirtió en una de las fuerzas más importantes de la WWE. Sin embargo, Punk se sintió insatisfecho a pesar de sus éxitos y finalmente se retiró en 2014. Desde entonces, ha inspirado a luchadores de todo el mundo a perseguir sus sueños y esforzarse más.

Las historias de John Cena, La Roca, Charlotte Flair, Hulk Hogan y CM Punk encarnan los rasgos fundamentales de un verdadero campeón. Sus trayectorias son inspiradoras y han servido de referencia para que muchos luchadores sigan sus pasos. Estos iconos de la lucha libre han alcanzado la cima de sus carreras, no una, sino varias veces. Nos recuerdan que, con trabajo duro y una gran determinación, podemos conseguir cualquier cosa que nos propongamos.

Consejos de profesionales

La lucha libre profesional es un deporte físicamente exigente que requiere fuerza, agilidad y fortaleza mental. Convertirse en luchador profesional requiere mucho trabajo y dedicación, pero con el enfoque adecuado, puede alcanzar sus objetivos y llevar su rendimiento al siguiente nivel. En esta sección se enumeran valiosos consejos sobre la lucha libre profesional que le ayudarán a convertirse en un mejor luchador y a triunfar en este apasionante campo.

- **Entrene duro y con constancia:** La clave del éxito en la lucha libre profesional es entrenar duro y con constancia. Perfeccione su fuerza, agilidad y resistencia para convertirse en un mejor luchador. Asegúrese de tener una rutina de entrenamiento completa, que incluya levantamiento de pesas, ejercicios cardiovasculares y de flexibilidad. Lo mejor es practicar con regularidad las técnicas de lucha para mejorar sus habilidades y desarrollar la memoria muscular.

- **Sea positivo y crea en sí mismo:** Los luchadores profesionales deben tener una actitud positiva y creer en sus capacidades. Este deporte es muy exigente, y habrá momentos en los que se enfrentará a reveses y fracasos. Sin embargo, es esencial ser positivo y seguir adelante. Crea en sí mismo y en sus capacidades; nunca renuncie a sus sueños.

- **Recurra a mentores y entrenadores:** La lucha libre profesional es un deporte de equipo, por lo que es esencial contar con un sistema de apoyo, que incluya mentores y entrenadores. Encuentre un mentor que pueda guiarle a través de los retos de la lucha libre profesional y aconsejarle sobre cómo mejorar sus habilidades. Además, trabaje con un entrenador que le ayude a desarrollar un programa de entrenamiento adaptado a sus necesidades.

- **Tómese su tiempo para descansar y recuperarse:** La lucha libre profesional es un deporte de alto impacto, y es esencial descansar y recuperarse. Asegúrese de dormir bien, seguir una dieta sana y cuidar su cuerpo. Debe escuchar a su cuerpo y tomarse descansos cuando sea necesario; así evitará lesiones y se asegurará de rendir siempre al máximo.

- **Céntrese en sus objetivos:** Para convertirse en un luchador profesional de éxito, necesita objetivos claros y bien definidos. Ya sea ganar un campeonato, fichar por una gran organización de lucha libre o simplemente mejorar sus habilidades, asegúrese de que tiene un plan y mantenga su compromiso. Centrarse en los puntos fuertes, trabajar en los débiles y esforzarse siempre por ser el mejor luchador posible.

Consejos para quienes desean dedicarse a la lucha libre profesional

La lucha libre profesional es una carrera apasionante. No es ningún secreto que los luchadores profesionales son algunos de los atletas con más talento del mundo. Sin embargo, para convertirse en un luchador profesional de éxito, todo aspirante a luchador debe tener en cuenta ciertas cosas. En esta sección se exponen algunos consejos fundamentales para quienes desean dedicarse profesionalmente a la lucha libre. Tanto si acaba de empezar como si lleva tiempo luchando, estos consejos le ayudarán a convertirse en un luchador de éxito.

Consiga la formación adecuada para triunfar

El primer consejo, y el más importante, para cualquiera que se dedique a la lucha libre profesional es que se entrene adecuadamente. No basta con ser atlético o tener un buen físico. Hay que tener una formación adecuada en el arte de la lucha libre profesional. Existen muchas escuelas y entrenadores de lucha libre, así que tómese su tiempo para buscar los mejores. Busque entrenadores con experiencia que hayan entrenado a luchadores de éxito en el pasado. Recibir una buena formación le ayudará a comprender los matices de la industria de la lucha libre y le preparará para todo lo que conlleva.

Encuentre un mentor o entrenador que le guíe

Además de una buena formación, es esencial encontrar un mentor o entrenador que le guíe. Es especialmente importante en las primeras etapas de su carrera. Un mentor ofrece valiosos consejos sobre todo tipo de temas, desde el equipo de ring hasta la psicología dentro del cuadrilátero. Puede presentarte a otros luchadores y promotores, lo que puede ser muy valioso para establecer contactos en el sector. Se pueden encontrar mentores en casi cualquier lugar, desde la escuela de lucha libre hasta los espectáculos independientes. Aproveche las oportunidades de aprender de aquellos que ya han estado donde usted quiere llegar.

Desarrolle su fortaleza mental y mantenga una actitud positiva

La lucha libre profesional es un negocio complicado. Las exigencias físicas del trabajo no son más que el principio. Hay que enfrentarse al rechazo, la decepción y las lesiones. Por lo tanto, para triunfar en este sector hay que ser mentalmente fuerte y capaz de enfrentarse a la adversidad. Lo mejor es mantenerse positivo. Céntrese en las cosas que puede controlar y no se desanime por las que no puede. En lugar de eso, crea en sí mismo y en sus capacidades, y siga adelante.

Fije objetivos realistas y cúmplalos

Uno de los errores más importantes de los aspirantes a luchadores es fijarse metas poco realistas. Aunque es importante soñar a lo grande, también es esencial fijarse metas alcanzables. Esto significa fijarse objetivos a corto y largo plazo. Por ejemplo, entre los objetivos a corto plazo se incluye la contratación para varios combates en un mes. Los objetivos a largo plazo pueden consistir en fichar por una gran promoción de lucha libre. Una vez fijados los objetivos, es fundamental cumplirlos. Mantenga la concentración y el compromiso, y siga adelante, aunque las cosas no sucedan tan rápido como le gustaría.

Relaciónese con otros luchadores y promotores

Por último, la creación de redes es fundamental para triunfar en la industria de la lucha libre profesional. Establecer contactos con otros luchadores y promotores del sector es muy beneficioso. Asista a espectáculos y convenciones de lucha libre y preséntese a la gente. Ofrezca su ayuda en espectáculos y eventos y esté dispuesto a aprender de quienes le rodean. Cuanta más gente conozca en el sector, más posibilidades tendrá de que le contraten para espectáculos y de avanzar en su carrera.

Consejos para mujeres luchadoras

Las mujeres interesadas en la lucha libre a menudo rehúyen este deporte debido a la percepción de su carácter físico y a la presencia dominante de los hombres. Sin embargo, la lucha libre es tan accesible para las mujeres como para los hombres. Todo lo que hace falta es perseverancia, dedicación y una fe inquebrantable en sí mismo. Veamos los consejos más importantes para ayudar a las luchadoras a conquistar este fantástico deporte.

No tenga miedo de hablar por sí misma

Las luchadoras a menudo se sienten intimidadas al estar rodeadas de hombres. Sin embargo, todo el mundo tiene que pasar por el proceso de aprendizaje de este deporte. Hablar claro y afirmar sus límites y zonas de confort es esencial porque nadie le conoce mejor que usted mismo. No dude en pedir ayuda u orientación a su entrenador y a sus compañeras de equipo. Expresar sus necesidades le ayudará a ganarse el respeto y el apoyo de los demás.

Empiece poco a poco y vaya subiendo

Comenzar poco a poco significa ir paso a paso. No se lance directamente a niveles de entrenamiento avanzados sin dominar lo básico. Empiece por lo básico, centrándose en la postura y el juego de pies, y haciendo bien los fundamentos. A continuación, practique las técnicas que más le convengan y amplíelas. Si perfecciona lo básico, puede crear una base sólida para el aprendizaje avanzado futuro.

Confíe en sus habilidades y capacidades

La lucha libre intimida, sobre todo cuando se ve en acción a luchadores experimentados. Pero no deje que eso la desanime. Confiar en sí misma y en su capacidad para aprender y crecer como cualquier otro luchador es una actitud fundamental. Afronte el partido con una mentalidad positiva. Visualícese en acción, dé lo mejor de sí misma y concéntrese en los movimientos en los que destaca. Crea en su capacidad y en sus habilidades, y seguro que triunfará.

Busque mentores que le ayuden a crecer como luchadora

Tener un mentor marca una diferencia sustancial en su trayectoria como luchadora. Busque luchadoras que hayan estado donde usted está y hayan alcanzado los objetivos que usted se ha marcado. Las mentoras le ofrecerán orientación, motivación y entrenamiento práctico mientras comparten sus experiencias. Puede aprender mucho de las personas que han pasado por lo mismo que usted.

Mantenga una actitud positiva y crea en sí misma

Una actitud positiva es crucial para el éxito en cualquier campo; la lucha libre no es diferente. Mantener una actitud positiva no significa hacer las cosas bien todo el tiempo. Significa tener la voluntad de aprender y mejorar a partir de los errores. Ninguna luchadora es perfecta. Sin embargo, cada error puede ser una oportunidad para aprender y mejorar. Mantenga el ánimo alto y permítase oportunidades para crecer y desarrollar sus habilidades.

Las mujeres pueden hacerlo. La lucha libre no tiene restricciones de género y, si le pone corazón al juego y adopta los consejos antes mencionados, puede convertirse en una as de la lucha libre femenina. Sea valiente y defiéndase, empiece poco a poco, confíe en sus habilidades y capacidades, busque mentores que la guíen y mantenga siempre una actitud positiva. Crea en sí misma y alcanzará sus objetivos en un abrir y cerrar de ojos. Recuerda que cuanto más practique, mejor será, y está siempre dispuesta a aprender más. Entonces, es el momento de golpear la colchoneta.

Consejos generales sobre lucha libre profesional

Tanto si está entrenando para convertirse en luchador profesional como si es un principiante, es esencial aprender los conceptos básicos y evitar posibles lesiones. En esta sección encontrará algunos consejos generales sobre la lucha libre profesional que le ayudarán a prepararse mental y físicamente para los retos que le esperan.

- **Practique con seguridad para evitar lesiones:** La lucha libre es un deporte de contacto que implica muchos contactos físicos, lo que puede provocar lesiones. Por lo tanto, es esencial practicar técnicas seguras y utilizar equipos de protección, como cascos, coderas, rodilleras, protectores bucales e inguinales. Caliente siempre antes de entrenar o de un combate para evitar lesiones.

- **Aprenda las reglas de la lucha libre profesional:** Debe dominar las reglas de la lucha libre profesional para ser un luchador de éxito. Es imprescindible estudiar los distintos combates, comprender la disposición del ring y aprender los movimientos y agarres específicos. Además, vea combates de lucha libre para aprender de otros luchadores experimentados.

- **Manténgase en forma e hidratado:** En la lucha libre profesional, la resistencia y la fuerza son cruciales. Por lo tanto, es esencial mantenerse en forma siguiendo una dieta equilibrada y una rutina de ejercicios que incluya entrenamiento cardiovascular y de fuerza. Además, mantenerse hidratado es vital en cualquier deporte para un rendimiento óptimo. Beba mucha agua antes, durante y después del entrenamiento o los partidos.

- **Escuche a su cuerpo y respete sus límites:** Conocer sus límites es vital en la lucha libre profesional. Exigirse demasiado puede provocar lesiones, por lo que es fundamental escuchar al cuerpo y tomarse descansos cuando sea necesario. Además, no asuma riesgos innecesarios en los combates; dé siempre prioridad a su seguridad y a la de los demás luchadores.

- **Utilice la visualización para alcanzar sus objetivos:** La visualización es una técnica excelente para ayudarle a alcanzar sus objetivos en la lucha libre profesional. Por ejemplo, imaginarse ejecutando un movimiento perfecto o ver los movimientos de su oponente antes del combate puede ayudarle a obtener ventaja. Además, visualizar lo que se siente al ganar puede ayudarle a aumentar su confianza y motivación.

Para triunfar en la lucha libre son realmente importantes algunas cosas clave. En primer lugar, debe interesarle este deporte. La lucha no es algo que se pueda hacer a medias y esperar sobresalir. Debe estar dispuesto a dedicar tiempo y esfuerzo al entrenamiento físico y mental. Además, debe tener una fuerte ética de trabajo y un compromiso inquebrantable con sus objetivos.

Tanto si compite para ganar un campeonato como para mejorar sus habilidades, necesita una dedicación inquebrantable a su oficio. Por último, lo mejor es rodearse de personas que le apoyen y animen en su camino. Sus entrenadores, compañeros de equipo y familiares son cruciales para ayudarle a triunfar sobre el tapiz de lucha. Con pasión, trabajo duro y un sólido sistema de apoyo, puede conseguir cualquier cosa en la lucha libre y más allá.

Conclusión

La lucha es uno de los deportes más antiguos y difíciles. Sin embargo, proporciona innumerables beneficios y recompensas a quienes están dispuestos a dedicar tiempo y esfuerzo a dominar sus técnicas. Desde la postura y el equilibrio hasta las maniobras y técnicas avanzadas, la lucha libre es un deporte completo que requiere fuerza, agilidad y una mente despierta. Así que, tanto si es un atleta juvenil, de instituto o universitario como si simplemente quiere volver a ponerse en forma, la lucha libre le ofrece un reto emocionante y gratificante para mejorar su vida dentro y fuera del tatami.

La lucha libre consiste en forcejear con un adversario para controlarlo e inmovilizarlo en el suelo. Entre las reglas y técnicas básicas que todo luchador debe dominar se incluyen la postura correcta, la colocación de las manos y el agarre. El objetivo de la lucha libre es llevar al oponente al suelo y controlarlo mediante movimientos combinados, como derribos, bloqueos de articulaciones y maniobras de inmovilización. Esta guía abarca los fundamentos de la lucha libre, desde las reglas y técnicas hasta los movimientos y estrategias más avanzados. Se exploran los fundamentos de la postura y el equilibrio y cómo realizar maniobras de penetración y elevación. También se aborda el arte de atacar y contrarrestar, y cómo utilizar eficazmente las técnicas de inversión.

Una de las habilidades más importantes para triunfar en la lucha libre es mantener una postura y un equilibrio adecuados. Esto implica mantener un centro de gravedad bajo, separar los pies a la altura de los hombros y permanecer equilibrado y centrado. Esta habilidad requiere práctica y disciplina, que se desarrollan mediante un entrenamiento y una preparación constantes. La lucha implica varias maniobras y técnicas avanzadas que exigen fuerza, agilidad y precisión. Estas maniobras incluyen movimientos de penetración, como derribos con dos piernas, ataques de una sola pierna y maniobras de levantamiento y lanzamiento que requieren reflejos rápidos y una buena sincronización.

Un aspecto clave de la lucha es atacar y contraatacar con eficacia. Esta habilidad consiste en crear huecos y oportunidades para marcar puntos y anticipar y neutralizar los movimientos del oponente. Requiere pensamiento estratégico, destreza física y fortaleza mental. Esta guía proporciona varios ejercicios y prácticas para desarrollar sus capacidades ofensivas y defensivas.

La lucha requiere un buen conocimiento de las técnicas de inversión y escape, que permiten salir de una posición vulnerable y recuperar el control del combate. Estas habilidades implican rapidez mental, agilidad y la voluntad de asumir riesgos calculados para obtener una ventaja. Por último, la lucha consiste en varias combinaciones de inmovilizaciones que utilizan la fuerza física y el pensamiento estratégico. Estos movimientos le permiten controlar a su oponente y asegurarse la victoria. Pero hay que aprender a adaptarse a las circunstancias cambiantes y reaccionar con rapidez a los movimientos del adversario.

La lucha libre es un deporte único que ofrece retos mentales y físicos, lo que lo convierte en una opción ideal para quienes buscan mejorar su salud y su forma física. Tanto si está interesado en competir a un alto nivel como si simplemente quiere recuperar la forma y aprender valiosas habilidades para la vida, la lucha libre es un reto emocionante y gratificante que le ayudará a ganar confianza, disciplina y resistencia dentro y fuera del tatami. ¿Por qué no prueba la lucha libre y descubre cómo este antiguo deporte puede mejorar su vida?

¡Buena suerte en su viaje para convertirse en un experto luchador!

Quinta Parte: Karate

Guía completa de técnicas de karate para principiantes que quieren pasar de lo básico a cinturón negro

Introducción

¿Se ha preguntado alguna vez cómo es ser estudiante de karate? ¿Siempre ha querido aprender un arte marcial antiguo y poderoso, pero no sabe por dónde empezar? Este libro le da toda la información para empezar y dominar este arte atemporal.

El karate se centra en mejorar la mente, el cuerpo y el espíritu. Se trata de golpear y patear y de desarrollar el carácter, la disciplina y la resistencia. Con cada técnica y forma, aprenderá a centrar su mente, aprovechar su fuerza y superar sus límites. Si practica karate con diligencia, ascenderá rápidamente de nivel a medida que aumente su destreza y sus conocimientos.

La dedicación y el compromiso inculcados a los practicantes de karate van mucho más allá de las paredes del dojo y afectan a todos los aspectos de sus vidas. Desarrollar una mentalidad de karateca requiere fortaleza mental, una voluntad inquebrantable y una actitud de no rendirse nunca. Con estos rasgos, un karateca puede superar los retos físicos y los obstáculos a los que se enfrenta en la vida. Los principios fundamentales y los métodos de entrenamiento del karate son la base para cualquier practicante, independientemente del rango del cinturón. Comprender correctamente las posturas, bloqueos, golpe, patadas, katas y kumite es esencial para tener éxito en las artes marciales.

Los cinturones de karate no son solo un trozo de tela atado alrededor de la cintura de un artista marcial. Representan hitos y logros en su trayectoria en el karate. Cada color de cinturón tiene un significado y simboliza el trabajo duro y la dedicación del karateca. Desde el cinturón blanco de principiante hasta el experimentado cinturón negro, el viaje es un proceso interminable de aprendizaje y mejora. La comunidad del karate se siente emocionada y orgullosa cuando un karateca entra en el dojo con un cinturón nuevo. Cada color de cinturón es significativo y vital para el viaje del karateca. Aporta una sensación de logro y demuestra que vale la pena esforzarse al máximo.

Esta completa guía profundiza en los detalles del karate, desde las posturas y los bloqueos hasta las katas y el kumite. Descubrirá los fundamentos, las técnicas avanzadas, los puntos de presión y los ejercicios. Conocerá la cultura del karate y lo que se necesita para dominar este arte marcial. Desde la importancia del respeto hasta el poder de la mentalidad karateca, este libro le enseña todo sobre este arte milenario.

Antes de comenzar su viaje, ármese de conocimientos. Lea este libro y aprenda la información necesaria para triunfar como karateca. Con la mentalidad y la dedicación adecuadas, podrá defenderse e impresionar a sus amigos con formas y técnicas impresionantes. Prepárese para experimentar el poder del karate y llevar su viaje por las artes marciales al siguiente nivel.

Capítulo 1: La mentalidad del karate

¿Está preparado para dominar la destreza física y mental? ¿Puede reestructurar su mentalidad y desarrollar un espíritu inquebrantable? El karate mejora su fuerza física y agilidad y le enseña el valor de la autoconfianza y la disciplina.

La mentalidad del karateca consiste en entrenar su mente para que sea tan fuerte como su cuerpo. Se trata de superar sus límites y alcanzar un nivel de concentración y disciplina que nunca creyó posible. Al adoptar la forma de pensar del karate, se vuelve más paciente, humilde y resistente. Aprende a aceptar el fracaso como un peldaño hacia el éxito y desarrolla un profundo aprecio por el poder del trabajo duro y la perseverancia.

La mentalidad del karate se centra en entrenar su mente para que sea tan fuerte como su cuerpo

Tanto si es un artista marcial experimentado como un completo principiante, este capítulo le ayudará a comprender las enseñanzas filosóficas del karate y los aspectos psicológicos transmitidos durante siglos. En él se describen brevemente los cuatro estilos principales de karate, sus técnicas correspondientes y los tres elementos principales del karate en detalle. El dominio de estos conceptos llevará sus habilidades físicas y mentales al siguiente nivel.

Enseñanzas filosóficas del karate

Para entender de verdad el karate, hay que profundizar y abrazar sus enseñanzas filosóficas. El karate ha enseñado a las personas a ser más conscientes de sí mismas, a encontrar la paz interior y a desarrollar la disciplina más allá del dojo. Comprender las enseñanzas filosóficas del karate es esencial para liberar todo el potencial y la verdadera esencia de este antiguo arte. Esta sección explora la conexión entre la armonía de la mente y el cuerpo en las enseñanzas tradicionales del karate.

Conciencia

Una de las enseñanzas fundamentales del karate es la conciencia. A los practicantes de karate siempre se les enseña a estar presentes en el momento, conscientes de su entorno y alerta ante posibles peligros. Esta conciencia es esencial en la defensa personal y en la vida diaria. Conocer su entorno, acciones y pensamientos puede ayudarle a navegar por la vida con mayor claridad y evitar distracciones innecesarias. La mayor conciencia que se adquiere al practicar karate es una poderosa herramienta de superación y crecimiento personal.

Unidad de cuerpo y mente

El karate enseña que la mente y el cuerpo no son entidades separadas, sino interconectadas. Practicando karate, aprenderá a dominar su mente y su cuerpo, alineándolos entre sí. Sabe utilizar la mente para controlar el cuerpo y el cuerpo para apoyar la mente. Como resultado, el entrenamiento de karate aumenta la claridad mental y la concentración, incrementa la fuerza física y la flexibilidad, y mejora la salud y el bienestar general. Al practicar karate, desarrolla una conexión más profunda entre su mente y su cuerpo, lo que es esencial para alcanzar sus objetivos y encontrar la paz interior.

Disciplina

Otra enseñanza fundamental del karate es la disciplina. El karate requiere disciplina en todo lo que hace, desde el entrenamiento y la práctica hasta la vida diaria. La disciplina es lo que separa a un artista marcial de un simple luchador. Los artistas marciales son individuos disciplinados dedicados a buscar la excelencia en todos los aspectos de la vida. A través de la disciplina aprenderá a respetarse a sí mismo, a los demás y al mundo que le rodea. Los individuos disciplinados pueden centrar su atención y energía en lograr sus objetivos sin distraerse con pensamientos negativos o influencias externas.

Humildad

La humildad es una piedra angular de la enseñanza tradicional del karate. La humildad consiste en reconocer sus limitaciones, debilidades, fortalezas y habilidades. El karate enseña que todo el mundo debe acercarse al entrenamiento con una mente abierta y la voluntad de aprender de los demás, independientemente de su habilidad o rango. Abrazando la humildad, se ve a sí mismo y a los demás como iguales, desarrollando la tolerancia y el respeto. La humildad evita la arrogancia y el ego, que pueden obstaculizar considerablemente el crecimiento personal.

Perseverancia

La perseverancia es la capacidad de persistir ante la adversidad y de mantener el compromiso con los objetivos a pesar de los retos y los contratiempos. El entrenamiento de karate puede ser física y mentalmente exigente, y requiere mucha perseverancia para progresar en habilidad y rango. La perseverancia es esencial para desarrollar un espíritu fuerte, crucial para superar obstáculos y alcanzar el éxito. Creando una mentalidad resistente y decidida, se puede superar cualquier reto.

Las enseñanzas filosóficas del karate son esenciales para liberar todo el potencial de este arte milenario. Las enseñanzas sobre la conciencia, la unidad de cuerpo y mente, la disciplina, la humildad y la perseverancia contribuyen a un enfoque holístico de la vida. El objetivo último del karate no es solo llegar a ser físicamente fuerte o hábil en las técnicas marciales, sino también convertirse en un mejor ser humano y vivir una vida más plena. Una mejor comprensión del significado y el propósito más profundos del karate puede ayudarle a lograr la armonía entre la mente y el cuerpo.

Importancia del kokoro correcto

El karate es un deporte físico y una disciplina mental que requiere una combinación equilibrada de mente y cuerpo. Por lo tanto, el kokoro, el término japonés para corazón, mente y espíritu, es vital en la práctica del karate. Su kokoro debe ser puro y enfocado, permitiéndole concentrarse en la tarea y realizarla a su máximo potencial. Esta sección discute por qué tener el kokoro correcto es crucial en karate y cómo impacta en su rendimiento general.

Un kokoro fuerte le ayuda a superar desafíos

Un kokoro fuerte significa tener un enfoque claro y una mentalidad positiva. Cuando usted practica karate, habrá momentos en los que encontrará desafíos aparentemente imposibles de superar. Sin embargo, tener el kokoro adecuado le permitirá superar estos retos con agallas, determinación y una actitud de no rendirse nunca. Le ayuda a mantener su compostura en la adversidad y le hace un practicante de karate mejor y más resistente.

Un kokoro claro le ayuda a desarrollar su técnica

La importancia del kokoro correcto en karate va más allá de la fortaleza mental. Una mente clara le ayuda a aprender y dominar técnicas efectivamente. Cuando se distrae mentalmente, su cuerpo naturalmente lo seguirá, resultando en posturas y movimientos incorrectos. Por el contrario, cuando su kokoro está claro y centrado, sus acciones son más precisas y sus actividades más fluidas. Desarrollará su técnica más rápidamente y logrará mejores resultados en el tatami.

Un kokoro puro le ayuda a conectar con sus compañeros de entrenamiento

Tener el kokoro correcto le permite conectar más profundamente con sus compañeros de entrenamiento. Cuando su corazón es puro, su energía es positiva y sus intenciones son sinceras. Se crea un ambiente de respeto mutuo y confianza, fomentando una excelente atmósfera de entrenamiento donde todos pueden crecer y

aprender juntos.
Un kokoro inclusivo le ayuda a promover la unidad y la camaradería
El karate es un deporte inclusivo que da la bienvenida a personas de todos los ámbitos de la vida. El kokoro adecuado fomenta un espíritu de inclusión, promoviendo la unidad y la camaradería entre los practicantes. Se convertirá en un embajador del deporte y ayudará a difundir sus valores más allá del dojo.
El kokoro adecuado le ayuda a encontrar la paz interior
El karate no consiste únicamente en ganar medallas y competiciones. Se trata de encontrar la paz interior y el equilibrio. El kokoro correcto le ayuda a hacer precisamente eso. Cuando tiene una mente clara, un corazón puro y un espíritu centrado, se conecta con su ser interior y alcanza la serenidad, impactando positivamente en otras áreas de su vida.

No se puede exagerar la importancia de tener el kokoro adecuado en el karate. Va más allá del entrenamiento físico y le permite convertirse en un practicante completo en mente y cuerpo. Un kokoro claro y centrado le ayuda a superar retos, desarrollar su técnica, conectar con sus compañeros de entrenamiento, promover la unidad y encontrar la paz interior. Para llevar su práctica de karate al siguiente nivel, concéntrese en cultivar el kokoro adecuado y observé cómo se dispara su rendimiento.

Aspectos psicológicos del karate

El karate es más que una serie de puñetazos, patadas y bloqueosEs una forma de vida. Más allá de los beneficios físicos del karate, como la mejora de la forma física y las habilidades de defensa personal, las artes marciales pueden tener profundos efectos psicológicos. Esta sección explora los aspectos psicológicos del karate y cómo la práctica de este arte milenario le beneficia mental y físicamente.

Fortaleza mental
En primer lugar, el karate cultiva la disciplina y el autocontrol. La fortaleza mental necesaria para dominar este arte marcial implica dedicación, trabajo duro y perseverancia. La práctica del karate es un camino hacia la comprensión del poder de la mente y de cómo puede aprovecharse para superar obstáculos. El dominio de una nueva técnica o nivel de cinturón aporta una sensación de propósito y logro que se extiende a todos los aspectos de la vida y permite a los practicantes controlar su destino.

Sistema de apoyo
En segundo lugar, el karate fomenta un sentimiento de comunidad y pertenencia. Practicar karate junto a otras personas que persiguen el mismo objetivo crea un sistema de apoyo más allá del dojo. Este sentimiento de camaradería y pertenencia conduce a una mejora de la autoestima y a un mayor bienestar. Además, el karate ofrece la oportunidad de conectar con tradiciones y culturas practicadas durante siglos, por lo que los practicantes se sienten más arraigados y conectados a una comunidad más amplia.

Mecanismo de afrontamiento
En tercer lugar, el karate fomenta la resistencia y la fortaleza mental. Incluso los karatecas más experimentados (expertos en karate) sufren reveses en el dojo y en la vida. La práctica del karate ayuda a las personas a desarrollar los mecanismos de afrontamiento necesarios para superar estos retos y salir fortalecidos del otro lado. Este enfoque de la adversidad se aplica a cualquier ámbito de la vida y conduce a una estabilidad emocional más excelente y a una visión positiva del mundo.

Reducción del estrés
En cuarto lugar, el karate fomenta la atención plena y la reducción del estrés. La práctica del karate requiere una presencia completa en el momento, lo que ayuda a los practicantes a experimentar un mayor enfoque y concentración en todos los ámbitos de la vida. Además, el karate proporciona una salida saludable para el estrés y la ansiedad, lo que es especialmente beneficioso para las personas con profesiones de

alto estrés o aquellos que se enfrentan a problemas de salud mental. La liberación física de energía ayuda a las personas a sentirse más relajadas y tranquilas.

Crecimiento espiritual

Por último, el karate ofrece una vía de crecimiento personal y espiritual. Ya sea a través de la meditación, los ejercicios de respiración o las katas (movimientos preestablecidos), el karate ofrece oportunidades para la autorreflexión y el desarrollo personal. Este enfoque ayuda a los individuos a explorar sus valores, creencias y objetivos, lo que conduce a una mayor conciencia de sí mismos y a un sentido más profundo de propósito.

Los aspectos psicológicos del karate proporcionan una vía de crecimiento y desarrollo personal que va más allá de los beneficios físicos del arte marcial. Ofrece una forma de cultivar la disciplina, la fortaleza mental, la resiliencia y la atención plena, al tiempo que fomenta un sentido de comunidad y pertenencia para que las personas prosperen dentro y fuera del dojo. Así que, tanto si su objetivo es mejorar su forma física, aprender defensa personal o explorar lo que ofrece el karate, los beneficios psicológicos de este arte milenario son innegables.

Las cuatro mentalidades

Uno de los elementos cruciales del karate es la mentalidad, las cuatro perspectivas: Shoshin, mushin, fudoshin y zanshin. Comprender estas mentalidades puede mejorar su práctica de karate y su vida diaria. Así pues, exploremos cada perspectiva, su significado y cómo desarrollarla.

Shoshin

Shoshin es la mente del principiante. Significa tener una mente abierta, libre de ideas preconcebidas, opiniones o prejuicios. Cuando se enfoca en el karate o cualquier experiencia de aprendizaje con shoshin, se es receptivo a nuevas ideas, se está dispuesto a aprender de los errores y se es lo suficientemente humilde como para pedir ayuda. Shoshin es la base del crecimiento y la mejora continua. Para desarrollar shoshin, debe dejar de lado su ego, respirar profundamente y centrarse en el momento presente. Practique karate como si lo hiciera por primera vez, con curiosidad y entusiasmo y no con hábitos automáticos.

Mushin

Mushin es la mente de la no mente. Significa estar en un estado de flujo en el que sus acciones son espontáneas, intuitivas y sin esfuerzo. Mushin se refiere a una mente vacía, libre de distracciones, dudas o miedos, en la que actúa instintivamente y con confianza. Mushin es el objetivo de toda práctica de artes marciales, donde cuerpo y mente se convierten en uno, y se reacciona de forma instantánea y adecuada a cualquier situación. Para desarrollar mushin, debe estar totalmente inmerso en su práctica y libre de distracciones externas o internas. Debe crear su sentido intuitivo y confiar en las reacciones naturales de su cuerpo.

Fudoshin

Fudoshin es la mente inamovible. Significa tener una mentalidad tranquila, estable y comprometida, independientemente de las circunstancias externas. Fudoshin se refiere a un espíritu guerrero, en el que uno está preparado para los desafíos y no se deja intimidar por obstáculos o contratiempos. Fudoshin es esencial en el karate cuando se enfrenta a oponentes que intentan intimidarle o distraerle. Para desarrollar fudoshin, hay que entrenar la mente para que sea inquebrantable y flexible al mismo tiempo. Debe cultivar la fortaleza mental, concentrarse en la respiración y visualizarse como invencible.

Zanshin

Zanshin es la mente persistente. Significa tener una mente consciente, observadora y reflexiva, incluso después de una acción. Zanshin se refiere a un estado de mayor conciencia en el que permanece vigilante, atento y preparado para una acción posterior. En karate, zanshin es crucial, ya que le permite anticipar un contraataque, escapar o defenderse. Zanshin también es aplicable en la vida diaria para permanecer vigilante y atento a su entorno, incluso después de completar una tarea. Para desarrollar zanshin, hay que entrenar la mente para que sea consciente, observadora y reflexiva. Hay que permanecer conectado con el entorno, concentrarse en la respiración y visualizarse alerta y preparado.

Las cuatro mentalidades del karate son más que conceptos abstractos o jerga filosófica. Son habilidades prácticas que mejoran su práctica del karate y su vida. Al desarrollar shoshin, se vuelve receptivo a nuevas ideas y mejora continuamente. Al crear mushin, se encuentra en un estado de flujo y reacciona instantáneamente ante una situación. Al desarrollar fudoshin, se vuelve resistente e inquebrantable ante los desafíos. Por último, si crea zanshin, estará siempre alerta y vigilante. Así pues, cultive estas mentalidades y verá cómo su karate y su vida se transforman.

Estilos y técnicas de karate

El karate es un arte marcial que ha evolucionado a partir de antiguas tradiciones japonesas. Implica técnicas de puñetazos, patadas y golpes con fines defensivos. El karate tiene varios estilos y diseños dependiendo de la región y el instructor. Como resultado, puede que se sienta abrumado por los múltiples estilos y diseños si es nuevo en el karate. Para ayudarle a empezar, aquí tiene algunos de los principales estilos y técnicas de karate que debe conocer:

- **Karate shotokan:** El shotokan es uno de los estilos más populares de karate. Enfatiza los movimientos potentes y rectos, con puñetazos y patadas propinados de forma lineal. Además, el shotokan se centra mucho en las posturas y las técnicas de respiración, que desarrollan la fuerza y la resistencia.
- **Karate wado-ryu:** El wado-ryu es otro estilo popular de karate. Hace hincapié en los movimientos rápidos y las técnicas de evasión. El wado-ryu se centra en el desplazamiento y la colocación del cuerpo, lo que permite al practicante maximizar la fuerza y la velocidad.
- **Karate goju-ryu:** El goju-ryu es un estilo de karate centrado en los movimientos circulares y el acondicionamiento del cuerpo. Enfatiza las técnicas de combate cuerpo a cuerpo, incluyendo el agarre y el bloqueo de articulaciones. El goju-ryu se centra sobre todo en las técnicas de respiración, la mejora de la salud cardiovascular y la potenciación de las capacidades curativas naturales del cuerpo.
- **Karate kyokushin:** Kyokushin es un estilo de karate que hace hincapié en el combate de contacto total y en el acondicionamiento físico. Hace especial hincapié en los golpes potentes y en el endurecimiento del cuerpo mediante el entrenamiento de impacto repetido. Kyokushin incorpora derribos, bloqueos de articulaciones y potentes patadas al cuerpo y las piernas.
- **Bunkai:** El bunkai no es un estilo de karate, sino un conjunto de técnicas para practicar movimientos de karate en un contexto realista de defensa personal. El bunkai consiste en descomponer los movimientos del kata (un conjunto de acciones preestablecidas) y practicarlos con un compañero. Hace hincapié en las técnicas prácticas de defensa personal que pueden utilizarse en situaciones del mundo real.

El karate es un arte marcial diverso y emocionante con una gama de estilos y técnicas para explorar. Sin embargo, independientemente del tipo que se practique, los beneficios del karate son numerosos. Desde la mejora de la forma física hasta el desarrollo de la autodisciplina y las habilidades de defensa personal, el karate tiene algo que ofrecer a todo el mundo.

Tres elementos básicos del karate

El karate es un antiguo arte marcial japonés popular en todo el mundo. La palabra "karate" significa "mano vacía", lo que significa que este arte marcial no se basa en las armas. En su lugar, el karate se basa en tres elementos esenciales: Kihon, kata y kumite. Estos elementos son cruciales para que todo principiante los aprenda y domine. Constituyen la base del karate y de cualquier otro arte marcial. Esta sección explica estos tres elementos esenciales del karate en detalle para que pueda mejorar sus habilidades y convertirse en un mejor karateca.

Kihon

El primer y más importante elemento esencial del karate es el kihon. Significa "técnicas básicas" e incluye diferentes bloqueos, puñetazos, golpes, patadas y posturas. El kihon es la base del karate y ayuda a desarrollar una alineación corporal, un equilibrio y una coordinación adecuados. Por lo tanto, un karateca debe dominar el kihon antes de pasar a técnicas más avanzadas. Un karateca puede ejecutar eficazmente los otros dos elementos con un kihon abrumador.

Kata

El segundo elemento esencial del karate es el kata. Kata significa "forma" y es una serie de movimientos preestablecidos que simulan una lucha contra oponentes imaginarios. Cada kata tiene una secuencia específica de actividades, y cada movimiento tiene un propósito. El kata ayuda a desarrollar la memoria muscular, la sincronización, el ritmo y la respiración. La práctica del kata mejora el equilibrio, la coordinación y la concentración del karateca. Recuerde que el kata no debe ejecutarse mecánicamente, sino con espíritu, emoción y expresión.

Kumite

El tercer elemento fundamental del karate es el kumite. Kumite significa "combate" y es el elemento más dinámico y emocionante del karate. El kumite es un combate simulado con un compañero y la prueba definitiva de las habilidades de un karateca. El kumite desarrolla los reflejos, la sincronización, la velocidad y la agilidad. Enseña al karateca cómo reaccionar en una situación de combate real. Sin embargo, el kumite no debe tomarse a la ligera, ya que puede ser peligroso si no se realiza correctamente. Por lo tanto, un karateca siempre debe practicar kumite de forma segura y bajo la supervisión de un instructor cualificado.

Cómo dominar estos elementos

Debe practicar y refinar continuamente sus habilidades para convertirse en un karateca experto. Una forma excelente de practicar kihon es repetir cada técnica hasta que se vuelva automática. Practique kata memorizando la secuencia de movimientos y ejecutándolos con emoción y expresión. Puede practicar kumite haciendo sparring con un compañero y aumentando gradualmente la intensidad del combate. Un karateca debe practicar técnicas de respiración, meditación y visualización para mejorar su concentración, relajación y claridad mental.

El karate es un arte marcial que requiere dedicación, perseverancia y paciencia para dominarlo. Al dominar los tres elementos esenciales del karate, un principiante puede desarrollar una base sólida para su viaje en el karate. Estos elementos están interconectados, y al aprender un aspecto, un karateca mejora los demás. Recuerde, practique siempre con seguridad y bajo la dirección de un instructor cualificado. Siga practicando y nunca abandone su camino en el karate.

Este capítulo exploró la mentalidad del karate y cómo es esencial en el arte marcial. Desde las cuatro mentalidades de shoshin, mushin, fudoshin y zanshin hasta los cuatro estilos principales de karate: Shotokan, wado-ryu, kyokushin y goju-ryu, debe tener la actitud y el enfoque correctos para convertirse en un mejor karateca. Además, los tres elementos esenciales de kihon, kata y kumite se trataron en detalle para que los karatecas pudieran practicar y perfeccionar sus habilidades. Un karateca puede convertirse en un hábil artista marcial con dedicación, perseverancia y paciencia.

Capítulo 2: Posturas y bloqueos de kihon I

El karate es un arte marcial que ha ganado popularidad en todo el mundo gracias a sus técnicas únicas y a su intenso régimen de entrenamiento. Uno de los aspectos fundamentales del karate es el dominio del kihon. Estas posturas y bloqueos son los cimientos de todas las demás técnicas de karate, por lo que son esenciales para el entrenamiento de cualquier practicante. Desde la robusta y arraigada postura zenkutsu dachi hasta los elegantes giros y vueltas de hidari gedan barai, cada kihon requiere disciplina, concentración y un compromiso inquebrantable con la excelencia. Los estudiantes pueden perfeccionar estos movimientos a través de una extensa práctica, aumentando la agilidad, la coordinación y la fuerza en general.

Este capítulo presenta las posturas y bloqueos básicos del karate. Orienta sobre cómo practicarlos correctamente y destaca su importancia en un entrenamiento adecuado. Cuando domine los kihon básicos, se abrirá a técnicas más avanzadas. La confianza adquirida con solo unos meses de práctica puede durar toda la vida. Al final de este capítulo, usted estará bien versado en las posturas y bloqueos básicos del karate. El aspecto del karate parecerá mucho menos intimidante y más alcanzable.

Posturas

El karate no consiste solo en lanzar puñetazos y patadas. Se trata de dominar el arte de las posturas. Conocidas como tachikata, las posturas son la base de todos los movimientos y técnicas del karate. Cada postura requiere una alineación y un equilibrio precisos, desde la clásica postura frontal hasta la más avanzada postura del caballo. Es esencial mantener las posturas correctamente y moverse entre ellas con velocidad y facilidad. Cuando se ejecutan a la perfección, las posturas proporcionan a los practicantes de karate la potencia, velocidad y flexibilidad necesarias para realizar cualquier movimiento con eficacia.

Tachikata y requisitos

El karate, cuyos orígenes se remontan a Japón, se ha convertido en un deporte muy practicado con millones de adeptos en todo el mundo. Conocido por su fuerza y sus golpes letales, el karate hace hincapié en la importancia de una buena postura para ejecutar golpes y patadas potentes. Esta sección explora los fundamentos del tachikata y los requisitos para una buena postura en el karate.

Posturas básicas

El tachikata, o postura de karate, constituye la base de todos los movimientos del karate. Una buena postura es esencial en karate, ya que proporciona equilibrio y estabilidad al cuerpo, lo que es fundamental para generar potencia en los golpes. Existen tres posturas básicas en el karate: El zenkutsu-dachi, el kiba-dachi y el kokutsu-dachi. La postura zenkutsu-dachi, conocida como postura frontal, es la más común en karate. Consiste en colocar un pie hacia delante y el otro hacia atrás, con las rodillas flexionadas y el peso distribuido uniformemente entre las piernas.

La postura kiba-dachi, o postura del caballo, consiste en colocarse de pie con los pies separados a la altura de los hombros y las rodillas flexionadas, como si se estuviera sentado en una silla imaginaria. La postura kokutsu-dachi, conocida como la postura de espalda, requiere que te pongas de pie con un pie hacia atrás y el otro hacia delante, con el cuerpo inclinado hacia atrás.

Lograr una buena postura

Los practicantes deben cumplir unos requisitos específicos para lograr una buena postura en karate. En primer lugar, se debe mantener un equilibrio adecuado manteniendo el centro de gravedad bajo y distribuyendo el peso entre las piernas. Las caderas deben estar metidas y alineadas con la columna vertebral, y la espalda recta. Por último, es imprescindible controlar la respiración, inhalando profundamente por la nariz y exhalando lentamente por la boca.

En segundo lugar, la colocación de los pies es crucial para desarrollar una buena postura en karate. La distancia entre los pies y el ángulo de los dedos deben ajustarse para cada postura. El pie situado en la parte delantera debe apuntar hacia el objetivo previsto, mientras que el pie trasero debe estar ligeramente inclinado hacia un lado, proporcionando estabilidad y equilibrio.

En tercer lugar, la posición de las rodillas es vital para lograr una buena postura. Las rodillas deben estar flexionadas, pero no tanto como para sobrepasar los dedos de los pies, ya que esto puede suponer una carga excesiva para las articulaciones de la rodilla. Preste atención a la alineación de las rodillas con los dedos de los pies; siempre deben apuntar en la misma dirección.

Además, las manos deben colocarse a la altura correcta en una buena postura de karate. Las manos deben mantenerse en alto para proteger la cara, con los codos metidos para salvar las costillas. Evite dejar caer las manos, ya que debilita la defensa. Por último, mantener el contacto visual y la concentración es crucial para una buena postura de karate. Su mirada debe estar permanentemente fija en su oponente, lo que le permite anticipar los golpes entrantes y reaccionar con rapidez.

Tipos de posturas

Las técnicas de karate se basan en una postura sólida, que proporciona estabilidad al practicante y canaliza la fuerza generada desde el suelo hacia arriba. En el karate, las posturas son mucho más que estar de pie o caminar. Son la base de cada movimiento que ejecutas. Por lo tanto, comprender las diversas posturas del karate es crucial para cualquier estudiante que aspire a dominar el arte. Esta sección profundiza en las cuatro posturas del karate, sus beneficios y cómo ejecutarlas correctamente.

Postura natural

La postura natural es la postura más importante del karate y la posición inicial para la mayoría de los movimientos. Es una postura simple pero eficaz, caracterizada por pies separados a la anchura de los hombros, dedos de los pies apuntando hacia delante y rodillas ligeramente flexionadas. Esta es su postura predeterminada y la posición a la que volverá después de cada movimiento. La postura natural sienta las bases del equilibrio, la fuerza y la movilidad. Mantenga el tronco contraído y distribuya el peso uniformemente sobre las puntas de los pies. Recuerde mantener la cabeza erguida, los hombros relajados y la barbilla metida hacia dentro, mirando al frente. Esta postura beneficia especialmente a los principiantes, ya que ayuda a desarrollar la coordinación y el equilibrio.

Heiko-dachi, la postura natural

Postura inestable

Las posturas inestables, conocidas como kiba-dachi, requieren colocar los pies más separados, con los dedos apuntando hacia fuera. Esta postura se centra en el desarrollo de la fuerza, la estabilidad y el equilibrio de las piernas. Esta postura puede bajar su centro de gravedad, permitiéndole generar más potencia para técnicas como los puñetazos. Coloque los talones juntos; los dedos de los pies apuntan hacia fuera unos 45 grados, desplace el peso hacia atrás sobre los talones y doble las rodillas uniformemente. Mantenga la espalda recta, la barbilla metida y el tronco contraído. Esta postura es especialmente beneficiosa para golpear con los pies o para el combate cuerpo a cuerpo.

Kiba-dachi, la postura inestable

Postura de tensión exterior

La postura de tensión exterior, o soto-tensión, es más avanzada. Esta postura consiste en maximizar la potencia de las técnicas creando tensión en los músculos. Gira el pie delantero en un ángulo de 45 grados y empuja el talón del pie trasero lejos del cuerpo mientras mantienes los dedos en el suelo. Este movimiento activa las caderas y el tronco, haciendo hincapié en los músculos laterales. Ejerce presión sobre la zona lumbar, las articulaciones de la cadera y los músculos de las piernas. La postura de tensión exterior mejora la capacidad de patear, incluidas las patadas altas y giratorias. Además, crea una base más completa, larga y estable que fortalece la parte inferior del cuerpo.

Postura de tensión exterior

Postura de tensión exterior

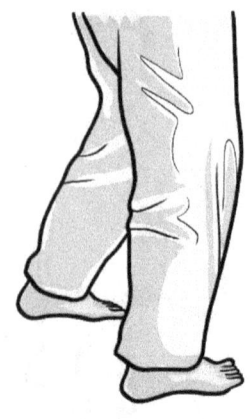

Postura de tensión uchi

La postura de tensión interior, o uchi-tensión, es como la postura de tensión exterior pero con la colocación del pie delantero invertida. Enfatiza los músculos internos, creando tensión desde los glúteos hasta los abdominales inferiores. Ejerce más presión sobre las rodillas, lo que la convierte en una postura ideal para desarrollar la estabilidad y la potencia. El énfasis principal está en la movilidad y en mover rápidamente las caderas y las piernas. Coloque el pie delantero en un ángulo de 45 grados, pero coloque el pie trasero mirando hacia delante. Baje hasta la postura doblando la rodilla del pie trasero. Asegúrese de que la espalda está recta y la cabeza erguida. Esta postura es ideal para movimientos ofensivos, como rodillazos y técnicas cuerpo a cuerpo.

Las posturas natural e inestable son posturas de nivel principiante que ayudan a desarrollar la coordinación, la flexibilidad y el equilibrio. Además, permiten al practicante generar potencia para golpes y patadas. Por otro lado, las posturas de tensión exterior e interior son más avanzadas para las técnicas ofensivas y defensivas. Estas posturas hacen hincapié en los músculos laterales e interiores, creando tensión que canaliza la energía hacia las caderas, las piernas y el núcleo. La correcta ejecución de las posturas es crucial en karate, ya que es la clave para dominar movimientos poderosos y decisivos. Con la técnica y la práctica adecuadas, el perfeccionamiento de las diferentes posturas en karate puede llevar su juego al siguiente nivel.

Estabilidad en karate

Como practicante de karate, dominar la estabilidad es un aspecto crucial del arte, ya que le permite transferir el peso de su cuerpo con eficacia, controlar los movimientos y asestar golpes precisos. Desafortunadamente, los practicantes de karate a menudo se centran en las técnicas, olvidando que la estabilidad es la base de un ataque o defensa con éxito. Esta sección explora consejos prácticos y trucos para ayudarte a conseguir estabilidad en karate, desde bajar el centro de gravedad hasta posicionar las rodillas, tobillos, plantas y caderas.

Bajar el centro de gravedad

Bajar el centro de gravedad ayuda a estabilizar los movimientos y a mantener una postura equilibrada. Esta técnica se basa en doblar las rodillas y bajar ligeramente las caderas, permitiendo que el peso del cuerpo se reparta uniformemente entre ambas piernas. Para lograr esta técnica, haga lo siguiente:

1. Parta de una posición natural de pie y doble las rodillas, imaginándose sentado en una silla imaginaria.
2. Mantenga los pies separados a la anchura de las caderas, alineándolos con los omóplatos.

3. Contraiga los músculos centrales tirando del ombligo hacia la columna y exhalando lentamente.
4. Distribuya su peso uniformemente entre ambos pies y evite inclinarse demasiado hacia delante o hacia atrás (mantenga la espalda recta).
5. Practique regularmente esta postura hasta que le resulte natural y cómoda. Cuanto más bajo esté su centro de gravedad, más estables serán sus movimientos.

Colocación de rodillas, tobillos, pies y caderas

La posición correcta de las rodillas, los tobillos, los pies y las caderas contribuye significativamente a la estabilidad en el karate. Las rodillas deben apuntar en la misma dirección que los dedos de los pies, y los tobillos deben permanecer flexibles y relajados. La planta del pie debe agarrarse al suelo, lo que le permitirá pivotar y girar durante las técnicas. Las caderas deben girar suavemente, siguiendo los movimientos de la parte superior del cuerpo. Colóquese de lado frente a un espejo y realicé un golpe básico para comprobar su posición. Observe sus rodillas, tobillos, plantas y caderas, y corrija cualquier desalineación. Unos buenos hábitos en su postura repercutirán positivamente en su estabilidad y técnicas generales.

Qué hacer y qué no hacer

Para mejorar aún más su estabilidad en el karate, aquí hay algunas cosas que hacer y no hacer a tener en cuenta:

- Mantenga los hombros relajados y la barbilla metida para evitar tensiones en el cuello.
- No bloquee las articulaciones ni extienda demasiado las extremidades, ya que podría provocar inestabilidad y lesiones.
- Contraiga los músculos centrales y respire profundamente para aumentar la estabilidad y la concentración.
- Recuerde calentar antes de entrenar para evitar tensiones musculares y rigidez.
- Practique en diferentes superficies, como suelo blando o arena, para poner a prueba su estabilidad y equilibrio.
- Tómese su tiempo con las técnicas y los movimientos para garantizar la estabilidad y la precisión.

Estabilidad mental

La estabilidad mental es tan importante como la estabilidad física en el karate. La fuerza mental consiste en desarrollar una mente clara y concentrada, libre de distracciones y pensamientos negativos. Practique la meditación y la atención plena con regularidad, visualice sus objetivos y manténgase motivado para lograr la estabilidad mental. Utilice afirmaciones positivas y celebre los pequeños logros a lo largo del camino. La estabilidad mental mejorará sus habilidades en las artes marciales y su bienestar general.

Técnicas de respiración para el karate

El karate es un arte marcial que implica un gran esfuerzo físico, velocidad y precisión. Debe dominar muchas técnicas, incluida la respiración, para convertirse en un experto practicante de karate. Las técnicas de respiración adecuadas ayudan a generar potencia, concentrar la mente y mantener el equilibrio. En esta sección se analizan las técnicas de respiración en karate para mejorar su rendimiento y acercarle un paso más al dominio de este apasionante arte marcial.

- **Respiración abdominal:** La respiración abdominal es una técnica de respiración esencial en karate. Consiste en respirar por la nariz, llenar el vientre de aire y exhalar por la boca. Esta técnica ayuda a mantener un flujo constante de oxígeno a los músculos, aumentando la resistencia y

reduciendo la fatiga. Además, calma la mente y regula el ritmo cardíaco.
- **Respiración inversa:** La respiración inversa es una técnica que consiste en inhalar contrayendo los músculos abdominales y exhalar expandiéndolos. Esta técnica ayuda a generar potencia extra durante los golpes y bloqueos y fortalece los músculos centrales. Sin embargo, esta técnica requiere una guía adecuada, ya que puede provocar mareos y desmayos si no se realiza correctamente.
- **Control de la respiración:** El control de la respiración es un aspecto esencial del karate. Consiste en sincronizar la respiración con los movimientos. Por ejemplo, se puede inhalar al levantar los brazos y exhalar al dar un puñetazo. Esta técnica mejora el equilibrio y la coordinación, haciendo que sus movimientos sean más fluidos y eficaces.
- **Respiración ki:** La respiración ki es una meditación que implica una relajación profunda y una respiración controlada. Esta técnica aumenta la conciencia del ki, la energía vital que fluye por el cuerpo. La respiración ki consiste en inhalar lenta y profundamente por la nariz, aguantar la respiración unos segundos y exhalar lentamente por la boca. Esta técnica calma la mente, reduce el estrés y mejora la salud y el bienestar general.
- **Respiración dinámica:** La respiración dinámica utiliza espiraciones cortas y agudas al golpear o bloquear. Esta técnica aumenta la potencia y la velocidad y ayuda a intimidar a los adversarios. La respiración dinámica consiste en exhalar con fuerza por la boca mientras se tensan los músculos abdominales. Es esencial practicar esta técnica con regularidad para evitar la hiperventilación.

Las técnicas de respiración son un aspecto esencial del karate, y dominarlas le ayudará a mejorar su rendimiento y alcanzar sus objetivos. Tanto si es un principiante como un practicante experimentado, la incorporación de estas técnicas de respiración a su rutina de entrenamiento le ayuda a desarrollar una comprensión más profunda del arte y lleva sus habilidades al siguiente nivel. Recuerde, practique estas técnicas lenta y constantemente, y busque siempre la orientación de un instructor cualificado antes de intentar técnicas avanzadas. Con práctica constante y paciencia, puede convertirse en un maestro de karate y tomar el control de su mente, cuerpo y espíritu.

Bloqueos (uke)

El karate es un antiguo arte marcial conocido por sus poderosos bloqueos (uke). El objetivo principal de un bloqueo es defenderse de los golpes y patadas de un atacante. Los bloqueos de karate no son simples movimientos, sino una combinación de técnica, velocidad y potencia. Esta sección profundiza en el mundo de los bloqueos, sus tipos y su importancia en el karate.

Conceptos básicos

Los bloqueos se encuentran entre las técnicas fundamentales del karate, y todo principiante debe dominarlos. Un bloqueo, o "uke", es un movimiento defensivo que protege al defensor de un ataque. Los bloqueos más comunes en karate son el bloqueo ascendente (age uke), el bloqueo interior (uchi uke), el bloqueo exterior (soto uke) y el bloqueo descendente (gedan barai). Cada bloque es crucial, y un karateca debe dominarlos todos.

El karate es más conocido por su uke[60]

El bloqueo ascendente (age uke) es un movimiento ascendente que desvía un ataque ascendente. El bloqueo hacia dentro (uchi uke) levanta el antebrazo para bloquear puñetazos o golpes entrantes. El bloqueo hacia afuera (o soto uke) desvía los golpes desde el exterior, y el bloqueo hacia abajo (gedan barai) tiene como objetivo defenderse de las patadas y ataques bajos.

Otro bloqueo esencial es el bloqueo combinado, que combina varios bloqueos individuales en rápida sucesión para defenderse de los continuos ataques de un atacante. El bloqueo combinado es crucial en el karate actual, y un karateca debe practicar diferentes combinaciones para reaccionar instintivamente a los movimientos de un atacante.

Nunca se insistirá lo suficiente en la importancia de los bloqueos en karate. Además de proteger al defensor de un ataque, dominar los bloqueos en karate proporciona al karateca muchos beneficios. La práctica de los bloqueos mejora la fuerza muscular, la velocidad y la flexibilidad, lo que facilita la ejecución de técnicas más complejas. Los bloqueos mejoran la conciencia y el tiempo de reacción, cualidades esenciales en las artes marciales.

Un karateca debe practicar los bloqueos con regularidad para perfeccionar sus técnicas. Las sesiones regulares de práctica deben incluir ejercicios de calentamiento, prácticas y sparring con un oponente para simular un ataque real. Practicar con un compañero ayuda a dominar las técnicas defensivas al tiempo que se gana confianza y se aprende a reaccionar instintivamente.

Cada bloqueo, desde los bloqueos hacia el interior y hacia el exterior hasta los bloqueos combinados, tiene como objetivo proteger al defensor de un ataque del atacante. Los bloqueos aportan innumerables beneficios al karateca, como la mejora de la fuerza muscular, la velocidad, la flexibilidad, la conciencia y el tiempo de reacción. Por lo tanto, la práctica y el entrenamiento regulares son esenciales para que un karateca domine los bloqueos y otras técnicas de karate.

La sincronización de los bloqueos

El karate es un arte marcial centrado en las técnicas de defensa personal. Por lo tanto, requiere mucha práctica y disciplina para dominar los diversos movimientos y técnicas. En esta sección se explica cómo sincronizar los bloqueos y convertirlos en contraataques eficaces en karate. Esta técnica es crucial para los artistas marciales porque puede darles ventaja en una pelea y ayudarles a defenderse eficazmente.

La sincronización lo es todo

Las técnicas de sincronización marcarán la diferencia. La sincronización de los bloqueos es esencial para impedir que el oponente le ataque, pero sincronizar los bloqueos y convertirlos en contraataques es aún mejor. Cuando los bloqueos se realizan en el momento justo, se puede asestar un contragolpe eficaz y dominar al rival. Debe mantenerse concentrado y observar los movimientos y el lenguaje corporal de su oponente para sincronizar correctamente sus bloqueos. Si bloquea demasiado pronto o demasiado tarde, su bloqueo puede resultar ineficaz y su oponente tendrá la oportunidad de atacarle.

Contraataque

Una vez sincronizado correctamente el bloqueo, es hora de contraatacar. Cuando contraataque, aproveche el impulso generado por su oponente y utilícelo a su favor. Debe apuntar a puntos vulnerables como las costillas, la garganta o la ingle para que su contraataque sea eficaz. Estas zonas son sensibles y pueden causar un dolor inmenso a su oponente. Cuando realice un contraataque eficaz, su oponente puede verse obligado a retroceder, lo que le permitirá escapar o lanzar otro ataque.

Convertir bloqueos en contraataques

Cronometrar los bloqueos y convertirlos en contraataques requiere mucha práctica. La mejor forma de practicar es formar pareja y practicar diferentes movimientos y técnicas. Durante la sesión de práctica, su compañero desempeñará el papel de atacante, y usted, el de defensor. Cuando su compañero ataque, usted debe concentrarse en sincronizar correctamente su bloqueo y lanzar inmediatamente un contraataque. Con la práctica, aprenderá a sincronizar mejor sus bloqueos y sus contraataques serán más eficaces.

Recuerde que sincronizar los bloqueos y convertirlos en contraataques requiere paciencia y disciplina. Lo mejor es esperar al momento adecuado para atacar y no precipitarse. Se necesita mucha práctica para dominar la técnica, así que no se desanime si no funciona a la primera. Siga practicando y acabará mejorando.

Además de los bloqueos básicos tratados en este capítulo, un karateca puede practicar muchas técnicas más avanzadas. Bloqueos como los bloqueos divididos, los bloqueos cruzados y los bloqueos palma-talón pueden proteger aún más al defensor del ataque de un atacante. Estas técnicas requieren más práctica y habilidad, pero proporcionan una protección aún más excelente una vez dominadas. Al practicar estos bloqueos avanzados, es esencial tener en cuenta los mismos principios de sincronización. La correcta sincronización de estos bloqueos garantizará que el contraataque del defensor tenga más probabilidades de éxito.

Mantener una buena postura es fundamental para ejecutar con eficacia patadas, puñetazos y bloqueos. Una postura adecuada requiere que el tanden o centro de gravedad esté en el centro del cuerpo. Esto garantiza que el peso se distribuya uniformemente y que los movimientos sean precisos. Un buen tachikata diferencia a un principiante de un karateca experimentado, y la práctica regular puede ayudar a mejorar su postura. Desarrollar una postura equilibrada y estable es fundamental para avanzar en el karate y es un viaje que merece la pena emprender. Así pues, quítese los zapatos, manténgase erguido y prepárese para conseguir la postura perfecta.

Capítulo 3: Kihon II puñetazos y patadas

Los puñetazos y las patadas son solo una pequeña parte de lo que hace que el karate tenga tanta visión de futuro. Cuando observe a un experto practicante de karate, observará que sus movimientos son casi sin esfuerzo pero increíblemente poderosos. Del mismo modo, las patadas y los puñetazos del karate están pensados para ser rápidos y mortales, lo que hace que el karate sea muy eficaz en la defensa personal. Dominar las técnicas del karate lleva tiempo, pero comprender sus fundamentos es un punto de partida esencial.

Este capítulo desglosa los fundamentos de los puñetazos y patadas de karate para que pueda comenzar con confianza su viaje por el karate. En primer lugar, se explican los agarres y puñetazos esenciales, desde simples puñetazos rectos y jabs hasta técnicas avanzadas como puñetazos invertidos y katas. En segundo lugar, aprenderá los fundamentos de las patadas, desde las patadas frontales hasta las patadas de media luna y de media luna invertida. Por último, se abordan las patadas de karate avanzadas, los ataques a las piernas y las patadas no tradicionales.

Puñetazos

Desde el clásico puñetazo frontal hasta el golpe circular y el uppercut, el karate es un arte marcial en el que el poder del puñetazo reina por encima de todo. Cada puñetazo requiere precisión y técnica para ejecutarlo a la perfección, por lo que resulta aún más satisfactorio cuando finalmente los domina. No olvidará el subidón de adrenalina que siente al dar un puñetazo en un entrenamiento o en un combate real. Los puñetazos de karate parecen intimidantes, pero pueden convertirse en una de sus mejores armas con práctica y dedicación. Así que póngase los guantes, saque el maestro de karate que lleva dentro y empiece.

Cómo agarrar un puñetazo

El karate es un arte marcial que incluye técnicas de golpeo, patadas y puñetazos. El agarre de los puñetazos es esencial para la eficacia de las técnicas de golpeo. Es necesario tener un agarre sólido en el karate, ya que contribuye a la precisión y potencia de los puñetazos. Esta sección explora la importancia del agarre del puño en karate, por qué es importante, y cómo mejorar su técnica de agarre del puño.

Importancia del agarre del puño

Un agarre firme del puño es esencial en karate, ya que le ayuda a desarrollar más potencia en su técnica de golpeo. Cuanto más músculo ponga en sus puñetazos, más intimidará a sus oponentes y les ofrecerá una rápida victoria. El agarre de un puñetazo también puede ser un indicador de su técnica. Un agarre correcto del puño demostrará su dominio del método.

Sostener un puñetazo es necesario para la práctica del karate

Cómo mejorar el agarre de los puños

Una forma de mejorar el agarre del puñetazo en karate es fortalecer los músculos de la mano. Los dispositivos de agarre de la mano pueden ayudar, o incluso ejercicios sencillos como apretar una pelota de tenis o agarrar bandas de resistencia. Puede mejorar el agarre centrándose en la posición de los dedos. Por ejemplo, deben estar muy juntos en un puño. Así se asegura de hacer contacto con los nudillos en el saco de boxeo y protegerlos de lesiones.

Consejos para agarrar un puñetazo

Durante la práctica del karate, es fundamental mantener un agarre suelto del puñetazo para evitar lesiones. Con un agarre suelto, la mano puede adaptarse rápidamente al movimiento del puñetazo y evitar lesiones en la muñeca. Además, debe asegurarse de que la muñeca está recta durante el golpe, ya que doblarla puede dañar los tendones. Además, el ángulo de la muñeca y la flexibilidad de la mano deben mantenerse constantes en cada golpe. Por último, aleje firmemente el pulgar en todo momento. Mantener el pulgar apartado evita que se lesione al golpear.

Agarre perfecto

Un agarre perfecto en karate es natural y cómodo. Su agarre debe proporcionar suficiente potencia para romper tablas. Sin embargo, evite agarrar con fuerza, ya que se dañará los nudillos y se lesionará. En su lugar, intente golpear en el ángulo correcto, con los nudillos dirigidos hacia el objetivo. Con la técnica adecuada, se convertirá en algo natural. Concéntrese en fortalecer los músculos de las manos, colocar los dedos correctamente y mantener un agarre suelto para mejorar el agarre de los puñetazos. Durante la práctica del karate, domina el arte del puñetazo con un agarre firme y una buena técnica; sus golpes serán más potentes, precisos y tendrán más posibilidades de éxito.

Cuatro golpes básicos

El karate hace hincapié en los golpes como una de sus principales técnicas de ataque. El arte del karate es conocido por sus golpes potentes y precisos que pueden derribar a un oponente de un solo golpe. En esta sección se analizan los cuatro golpes básicos del karate para liberar todo su potencial como practicante. El dominio de estos puñetazos mejorará su fuerza física y cultivará la disciplina mental.

Golpe recto

El golpe seiken es fundamental en el karate

El golpe recto, conocido como golpe "seiken", es el más básico del karate. Consiste en golpear con el brazo estirado y empujar hacia delante con el peso del cuerpo. Este golpe se dirige a la cara, el plexo solar o las costillas del adversario. Al realizar un golpe recto, mantenga los codos cerca del torso y gire la muñeca al final del golpe para añadir más fuerza. Dominar esta técnica requiere mucha práctica, concentrándose en perfeccionar la postura, el equilibrio y la sincronización.

Golpe de estocada

El oi-zuki es más potente que un golpe recto

El golpe de estocada, conocido como "oui-zuki", es más potente que el golpe recto. Consiste en dar un paso adelante con un pie mientras se lanza un puñetazo simultáneamente. La fuerza generada en esta técnica proviene del impulso del cuerpo al lanzarse hacia delante. Apunta al pecho o al estómago de su oponente con este puñetazo. Mantenga la espalda recta y gire el pie trasero mientras golpea para conseguir la máxima potencia. Esta técnica es más avanzada que el golpe recto y requiere más entrenamiento en velocidad y precisión.

Golpe invertido

El gyaku-zuki genera más potencia y velocidad que un golpe recto

El golpe inverso, conocido como "gyaku-zuki", se lanza desde la cadera. Este puñetazo puede causar más daño que el golpe recto, ya que genera más potencia y velocidad. Para ejecutar esta técnica, gire el pie trasero 90 grados y tuerza la cadera, creando torsión en el cuerpo. El golpe se da en línea recta, dirigido a la caja torácica o la cabeza del adversario. El golpe inverso es un movimiento característico del karate y puede derribar al oponente de un solo golpe si se ejecuta correctamente.

Golpe de jab

El golpe de jab, conocido como "oi-tsuki", es un golpe rápido y afilado para distraer al adversario. A menudo se lanza como preparación para otros golpes o como contragolpe al golpe del adversario. Esta técnica se ejecuta extendiendo el brazo recto y retrayéndolo rápidamente, apuntando a la cara del adversario. Mantenga el codo cerca del torso y vuelva a colocar el puño en la posición inicial. Este golpe es una herramienta valiosa para el combate, ya que puede desorientar al adversario y abrirle paso a otros ataques.

El karate es un arte que requiere años de entrenamiento y disciplina, pero dominar los cuatro golpes básicos es la base para convertirse en un karateca experto. El golpe recto, el golpe de estocada, el golpe invertido y el golpe de jab son técnicas que todo alumno debe aprender para dominar el karate.

El oi-tsuki puede utilizarse como preparación para otros golpes

Estas técnicas ayudan a desarrollar la fuerza, la velocidad y la precisión y se utilizan durante el combate o la defensa personal. Recuerde, practique estas técnicas hasta que se vuelvan intuitivas, y estará bien encaminado para convertirse en un hábil practicante de karate.

Golpes y katas avanzados

El karate es más que una disciplina. Es desarrollar su mentalidad, su cuerpo y su espíritu. A medida que progreses en la práctica, aprenderás técnicas y movimientos más poderosos que exigen precisión, fuerza y equilibrio. Esta sección explora los golpes y katas avanzados del karate. Tanto si es un veterano como un novato, encontrará valiosas ideas que le ayudarán a liberar su poder y elevar sus habilidades.

Mecánica de los golpes avanzados

Los golpes son una de las habilidades básicas del karate, pero se necesitan años de práctica y dedicación para dominarlos. En el karate avanzado, los golpes se vuelven más complejos y potentes. La clave está en utilizar todo el cuerpo, no solo el puño, para generar la máxima fuerza y velocidad. Debe coordinar la respiración, la postura y las caderas para asestar un puñetazo que derribe a su oponente. Algunos de los golpes avanzados del karate son el puñetazo invertido, el doble puñetazo y el puño giratorio hacia atrás. Debe entrenar sus músculos, reflejos y sincronización para ejecutar estos golpes. Trabaje con su sensei o instructor para aprender la técnica adecuada y aumente gradualmente la intensidad y la precisión.

Kata: El arte de la meditación en movimiento

El kata es una secuencia de movimientos que simulan un combate contra varios oponentes. Es un aspecto fundamental del entrenamiento de karate, ya que desarrolla la coordinación, el equilibrio, la concentración y las habilidades marciales. El kata requiere precisión, gracia e intensidad. No se trata simplemente de mover los brazos y las piernas al azar. Cada movimiento tiene un propósito y un significado. Es como una danza que cuenta una historia. En el karate avanzado, el kata se vuelve más complejo y exigente. Hay que memorizar secuencias más largas e intrincadas y ejecutarlas con una velocidad y una potencia increíbles. El kata es un ejercicio físico, mental y emocional. Le enseña disciplina, paciencia y resistencia.

Golpes a dos manos, con los nudillos por delante y con la mano en forma de lanza

Ahora que ya conoce los fundamentos de los golpes de puño, vamos a explorar los golpes más avanzados. Estos golpes son cruciales en situaciones de lucha y defensa personal. Aprenderlos le enseñará a lanzar un puñetazo y a causar el máximo impacto de forma adecuada. He aquí un breve resumen de cada golpe:

Golpe a dos manos

El golpe a dos manos es una técnica utilizada por muchos artistas marciales de todo el mundo. Se utilizan las dos manos para golpear al adversario. Para asestar este golpe, debe dar un paso adelante con el pie adelantado y llevar ambas manos al pecho. A continuación, empuje ambas manos hacia delante mientras mantiene los puños juntos y coloca el peso de su cuerpo detrás del puñetazo. Esta técnica puede causar daños significativos en los órganos, las costillas y la columna vertebral del oponente. Si se ejecuta correctamente, este puñetazo puede provocar un nocaut.

Golpe de nudillos recto

El golpe de nudillos rectos es uno de los golpes más eficaces de las artes marciales. Se trata de una técnica que consiste en golpear al adversario con los nudillos de los dedos índice y corazón. Para ejecutar este puñetazo, cierre el puño con el pulgar en la parte exterior de los dedos. Extienda los nudillos de los dedos índice y corazón de modo que los dedos sobresalgan hacia delante para formar un puñetazo. Efectúe este golpe empujando el brazo hacia delante y dirigiéndolo con el hombro. Este golpe puede causar daños importantes en la cara, la nariz y la mandíbula del adversario. Por lo tanto, la precisión y la alineación adecuada son fundamentales para maximizar el impacto de este golpe.

Golpe de mano de lanza

El golpe de mano de lanza es una técnica en la que la mano se convierte en una lanza. Consiste en clavar las puntas de los dedos directamente en zonas vulnerables del torso del adversario. Si se ejecuta con fuerza, puede dañar órganos vitales como el plexo solar, el hígado y el corazón. Para ejecutar el golpe con la mano en forma de lanza, cierre el puño y extienda los dedos hacia delante, manteniendo los dedos rectos y el pulgar junto al índice. A continuación, empuja el brazo hacia delante, empujando las puntas de los dedos hacia el objetivo mientras mantienes la muñeca rígida.

Las ventajas del golpe de mano de lanza son que es rápido como el rayo y más potente directamente que un golpe de mano ordinario. La clave está en asestar este puñetazo con un impulso sólido y estable hacia delante para clavar los dedos en el cuerpo del adversario. Además, es vital entrenar adecuadamente los músculos de la muñeca y el antebrazo para asestar un puñetazo eficaz con la mano en forma de lanza.

Estos tres golpes son muy eficaces y deben ser aprendidos por quienes deseen ser competentes en artes marciales. Son versátiles y pueden emplearse en diversas aplicaciones de lucha y defensa personal. Sin embargo, estas técnicas solo deben utilizarse en defensa propia y nunca de forma violenta o agresiva. Perfeccione sus habilidades practicando constantemente y aprendiendo a ejecutar estos golpes con fuerza. Domine estas técnicas y conviértase en un artista marcial más poderoso, dispuesto a defenderse a sí mismo y a los demás.

Combinación de golpes y katas

Los golpes y los katas son como las dos caras de la moneda del karate. Se complementan y mejoran sus habilidades en las artes marciales. Combinar golpes y katas crea una rutina de entrenamiento dinámica y versátil que desafía a su cuerpo y a su mente. Puede incorporar diferentes golpes avanzados a sus secuencias de katas para añadir variedad, fuerza y sorpresa. Puede utilizar las katas como calentamiento o enfriamiento antes o después de una sesión de puñetazos. La clave es equilibrar los golpes y los katas y evitar el uso excesivo o insuficiente de cada elemento.

Consejos de entrenamiento para golpes y katas avanzados

Para mejorar su rendimiento y evitar lesiones, he aquí algunos consejos de entrenamiento para realizar golpes y katas avanzados:

- Caliente adecuadamente antes de empezar a entrenar. Realice ejercicios de estiramiento, cardio y movilidad articular.
- Concéntrese en la calidad, no en la cantidad. No apresure sus golpes o katas. Concéntrese en los detalles y la forma.
- Progrese gradualmente. No intente dominar todos los golpes y katas avanzados a la vez. Empiece por lo básico y vaya progresando.
- Tómese descansos entre sesiones. Su cuerpo necesita tiempo para recuperarse y adaptarse al estrés del entrenamiento.
- Escuche a su cuerpo y a su sensei. No se esfuerce demasiado ni ignore el dolor o las molestias. En su lugar, hable con su sensei sobre sus preocupaciones o preguntas.

Patadas

Ver a un experto karateca ejecutar la patada perfecta con movimientos elegantes, precisión y la velocidad del rayo es realmente fascinante. Es como ver una obra de arte en movimiento. Además, las patadas de karate son herramientas de defensa personal increíblemente eficaces. Así que, tanto si es principiante como cinturón negro, perfeccionar sus patadas es esencial para dominar el arte del karate, pero no olvide el factor diversión. Hay algo increíblemente satisfactorio en sentir el impacto de su pie al conectar con un objetivo. Es un subidón que hace que los entusiastas del karate vuelvan a por más. Así que ponga en marcha los músculos de sus piernas y agudice su concentración porque esta sección profundiza en las patadas de karate.

Consejos clave para dar patadas

- **Elija la escuela de karate adecuada:** El primer paso y el más crucial para convertirse en un karateca de éxito es elegir la escuela de karate adecuada. Hay muchos estilos de karate, por lo que es vital encontrar una escuela que enseñe un estilo que te interese. Además, es esencial encontrar una escuela con instructores experimentados y cualificados.
- **Establezca objetivos realistas:** Uno de los mayores errores que se cometen al iniciarse en el karate es fijarse objetivos poco realistas. Recuerde que el karate es un viaje que dura toda la vida y no algo que se domina de la noche a la mañana. Así que, en lugar de fijarse objetivos como "quiero ser cinturón negro en seis meses", fíjese objetivos como "quiero asistir a clase tres veces por semana" o "quiero aprender una técnica nueva por semana".
- **Sea paciente:** Dominar el karate requiere tiempo y paciencia. Habrá días en los que sienta que está haciendo progresos significativos y días en los que sienta que no está haciendo ningún progreso. Es esencial que siga adelante y que sea paciente consigo mismo. Recuerde que toda gran habilidad necesita ser cultivada al principio.
- **Practique, practique, practique:** La única forma de mejorar en karate es practicar con regularidad. Además de asistir a clase, es esencial practicar en casa. Puede hacerlo haciendo boxeo de sombra, practicando técnicas en un saco pesado o incluso haciendo flexiones y abdominales. Cuanto más practique, mejor será.
- **Manténgase sano y sin lesiones:** Para ser un maestro del karate es fundamental mantenerse sano y sin lesiones. Esto significa seguir una dieta equilibrada, dormir bien y hacer estiramientos antes y después de cada sesión de entrenamiento. Es esencial escuchar a su cuerpo y descansar cuando esté dolorido o cansado.

- **Diviértase:** Recuerda que el karate debe ser divertido. Si no se divierte, no tiene sentido practicarlo. En lugar de eso, encuentre una actividad que le guste y diviértase con ella.

Patadas esenciales para dominar

El karate es un arte marcial conocido por sus movimientos rápidos, sus golpes potentes y sus patadas dinámicas. Aunque hay muchas técnicas en el karate, dominar las diferentes patadas es esencial para cualquier practicante. Sin embargo, con tantas patadas que aprender, puede llevar tiempo saber por dónde empezar. Esta sección repasa las patadas esenciales para dominar el karate. Tanto si es un principiante como un artista marcial experimentado que desea repasar los fundamentos, esta guía le ayudará a desarrollar sus habilidades y mejorar su rendimiento.

- **Patada frontal:** La patada frontal es una de las patadas más básicas del karate, y a menudo la primera que aprenden los principiantes. Para ejecutar una patada frontal, sitúese en posición de combate con el pie dominante detrás de usted. Levante la rodilla hacia el pecho y extienda la pierna, golpeando al oponente con la punta del pie. De nuevo, es crucial mantener los dedos del pie hacia arriba y el talón hacia abajo para evitar lesiones.
- **Patada lateral:** La patada lateral es potente y puede derribar a su oponente si se ejecuta correctamente. Para realizar una patada lateral, levante la rodilla hacia el pecho y gire el cuerpo para mirar a su objetivo. Extienda la pierna mientras mantiene los dedos del pie apuntando hacia arriba y el talón hacia abajo. Intente dar la patada con la punta del pie, la zona de la parte exterior del pie.
- **Patada giratoria:** La patada giratoria es una patada versátil dirigida a la cabeza, el torso o las piernas del adversario. Para ejecutar una patada giratoria, adopte una postura de combate y levante la rodilla hacia el pecho. A continuación, gírese sobre el pie con el que está de pie y dé una patada con la pierna, con el objetivo de golpear al objetivo con la espinilla. Es vital retraer la pierna rápidamente después de golpear para evitar quedar expuesto a contraataques.
- **Patadas de media luna y media luna invertida:** Las patadas de media luna y media luna invertida son técnicas avanzadas que requieren mucha práctica para dominarlas. Para ejecutar una patada en media luna, levante la rodilla hacia el pecho y extienda la pierna mientras realice un movimiento circular con el pie. El objetivo es golpear a su oponente con la hoja del pie mientras balancea la pierna alrededor de su cabeza. Las patadas de media luna invertidas se realizan en la dirección opuesta, con la pierna colgando hacia la parte posterior de la cabeza de su oponente.

Dominar las distintas patadas de karate requiere tiempo, práctica y dedicación. Así que, tanto si está aprendiendo patadas frontales básicas como patadas de media luna avanzadas, concéntrese en los detalles, como la postura, la posición de los pies y la sincronización. Al incorporar estas patadas esenciales a su rutina de entrenamiento, se convertirá en un estudiante de karate completo y mejorará su técnica y rendimiento en el dojo. Como siempre, recuerde entrenar con seguridad y bajo la guía de un instructor cualificado.

Patadas y ataques de pierna avanzados

Debe trabajar duro en la velocidad, potencia y precisión de sus patadas para ser un excelente luchador de karate. El entrenamiento en patadas y ataques de pierna avanzados en karate es una experiencia desafiante, pero gratificante que le enseñará varias técnicas para mantener a su oponente adivinando. Esta sección explora el mundo de las patadas y ataques de pierna no tradicionales.

- **Patada giratoria con el talón hacia atrás:** Las patadas estándar del karate, como la frontal, la giratoria y la lateral, son bien conocidas y de uso común, pero hay muchas más patadas que puedes añadir a tu arsenal. La primera patada no tradicional es la patada giratoria con el talón hacia atrás. Empiece girando y levantando la pierna de atrás, luego gírela para patear a su oponente con el talón del pie. Esta patada es excelente como ataque sorpresa y para cambiar de dirección rápidamente.

- **Patada de gancho:** Otra patada eficaz es la patada de gancho o "ura mae geri". Balancéese en círculo utilizando la pierna trasera para generar impulso y extienda la pierna a mitad del balanceo en forma de patada. Esta patada es difícil de ver venir y de bloquear por su movimiento único. Aproveche la imprevisibilidad de esta patada utilizándola en el momento adecuado para confundir a su oponente.
- **Patada baja hacia atrás:** Una patada baja hacia atrás es muy efectiva y poco utilizada. Esta patada barre hacia abajo y puede derribar al oponente apuntando a sus tobillos. Para ejecutar esta patada, colóquese en una posición baja, gire para dar la espalda a su oponente y barra sus piernas con el talón.
- **Patada de rodilla:** A pesar de su nombre, la patada de rodilla, o "hiza geri", es un ataque increíblemente eficaz cuando se realiza correctamente. El movimiento de la patada de rodilla es excelente para asestar un golpe devastador en el estómago o el pecho del oponente. Para iniciar la patada, lleve la rodilla hacia el pecho del oponente y extienda la pierna. Es esencial practicar esta patada no tradicional con cuidado; de lo contrario, podría lesionarse la rodilla.
- **Patada de pisotón:** Otra patada que se pasa por alto y que coge desprevenidos a muchos luchadores es el "fumikomi" o patada de pisotón. Esta patada se ejecuta pisando con la pierna adelantada y haciéndola caer sobre el oponente. Una patada de pisotón bien ejecutada puede interrumpir los movimientos del oponente o romperle los huesos.

Para convertirse en un excelente luchador de karate, resulta útil disponer de una amplia colección de patadas y técnicas de pierna. Las patadas clásicas son esenciales, pero las patadas no tradicionales comentadas pueden pillar desprevenido a su oponente, confundirle o llevarle a una trampa para su siguiente movimiento. Entrénese a fondo para realizar sus movimientos con la mayor rapidez y precisión posibles y conviértase en un hábil luchador de karate. Puede dominar estas patadas y ataques de pierna avanzados y convertirse en un luchador de karate letal con mucha práctica y dedicación.

Los lectores pueden encontrar un glosario completo al final de esta guía que cubre todos los temas tratados aquí. Este glosario proporciona información detallada sobre cada puñetazo, patada y golpe tratado en este capítulo. Ahora que entiende los fundamentos de los puñetazos y las patadas, el siguiente capítulo trata de las katas kumite de los cinturones blanco y amarillo.

Capítulo 4: Katas y kumite de los cinturones blanco y amarillo

Los cinturones de karate son un componente fascinante de la tradición de las artes marciales que ha cautivado a la gente durante generaciones. Los dos primeros cinturones del sistema de cinturones, blanco y amarillo, significan nuevos comienzos, pero marcan un hito importante en la práctica del karate. No solo representan los primeros pasos en el camino del alumno hacia la maestría, sino que también conllevan retos y recompensas únicos. Tanto si es un principiante que quiere dar sus primeros pasos en el karate como si simplemente siente curiosidad por los entresijos de la práctica de las artes marciales, los cinturones blanco y amarillo son vívidos recordatorios de la dedicación y determinación que conlleva el dominio de este fascinante arte.

Este capítulo se centra en los kata y kumite necesarios para los practicantes de karate con cinturón blanco y amarillo. Se estudian los katas heian shodan, heian nidan y heian sandan. Proporciona diagramas de embusen/suelo para ayudar a ilustrar el flujo de movimientos. La segunda parte de este capítulo examina el gohon kumite y el sanbon kumite. El objetivo de este capítulo es proporcionar a los practicantes de artes marciales en ciernes una comprensión clara de los fundamentos básicos para construir bases sólidas y progresar en su entrenamiento.

Katas

Como principiante en el mundo del karate, las katas de cinturón blanco y amarillo parecen desalentadoras al principio, pero no se preocupe. Estas katas enseñan los movimientos y técnicas fundamentales del karate a la vez que perfeccionan tu enfoque y concentración. Tanto si practica los golpes y patadas básicos como si se adentra en secuencias más complejas, la ejecución correcta de las katas mejora sus capacidades físicas y le proporciona un increíble entrenamiento mental. A medida que avance en su entrenamiento, recordará sus primeros katas de cinturón con orgullo y agradecimiento por la sólida base que le proporcionaron. Estos son los tres katas en los que se centrará:

Heian Shodan

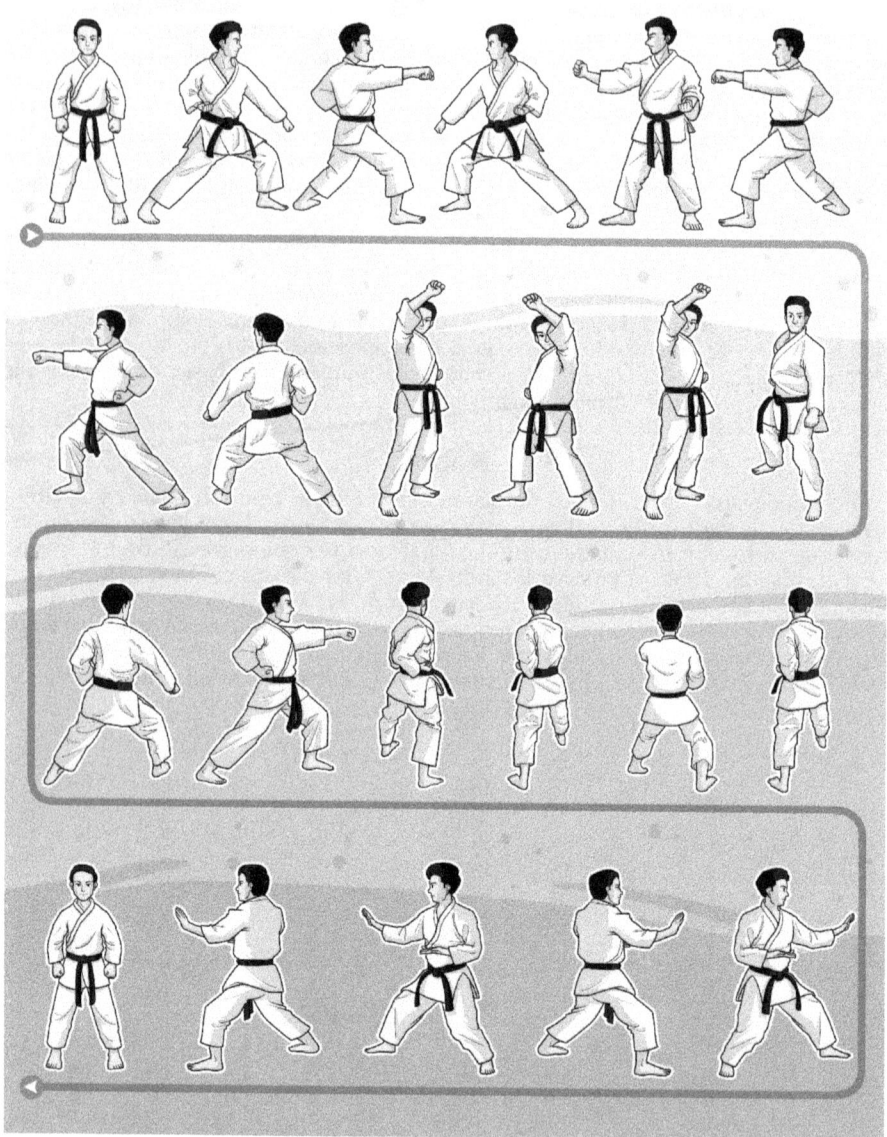

Ejecución del heian shodan

El karate no es solo una forma de arte físico; también es una expresión de destreza mental y espiritual practicada y refinada durante siglos. Kata, una práctica legendaria del karate, es una colección única de movimientos de artes marciales que perfeccionan la fuerza, la resistencia y la flexibilidad de un karateka. El kata heian shodan es el primer kata de la serie de katas heian y uno de los katas más populares del karate, especialmente entre los principiantes. Esta sección explora las complejidades del kata heian shodan, cómo ejecutarlo impecablemente y su importancia en el karate.

El kata heian shodan comprende 21 movimientos que deben ejecutarse en una secuencia específica. Cada movimiento debe completarse con precisión y concentración. El kata comienza con la postura "preparado", seguida de la postura "kamae" y de los movimientos "oi tsuki". El movimiento "oi tsuki" es un puñetazo hacia delante dirigido a un adversario imaginario.

A continuación viene el movimiento "gedan barai", un movimiento de barrido hacia abajo, seguido del movimiento "age uke". El movimiento "age uke" es un bloqueo hacia arriba dirigido a la cara del adversario imaginario. A continuación, se repite el movimiento "gedan barai" en la dirección opuesta, seguido del movimiento "shuto uke" y de nuevo "oi tsuki". El movimiento "shuto uke" es un bloqueo con la mano en forma de cuchillo dirigido hacia la zona del cuello del adversario.

En el kata heian shodan, hay varios movimientos de piernas, como las patadas "kekomi" y "mawashi geri", que requieren una ejecución perfecta, ya que un fallo podría conducir a un resultado desastroso. Además, todos los movimientos deben ejecutarse con precisión y sincronización, incluido el movimiento "tate zuki", que consiste en un puñetazo vertical dirigido al plexo solar del adversario.

La práctica regular del kata heian shodan mejora la técnica física y proporciona una comprensión más profunda de la aplicación práctica del karate. El kata comprende diferentes técnicas como bloqueos, patadas y puñetazos, y cada movimiento debe ejecutarse con precisión y concentración. Perfeccionar la secuencia de movimientos de este kata y ejecutarlos correctamente conduce a la maestría. Explore las complejidades de este kata y abrace la belleza y la disciplina del karate.

Heian nidan

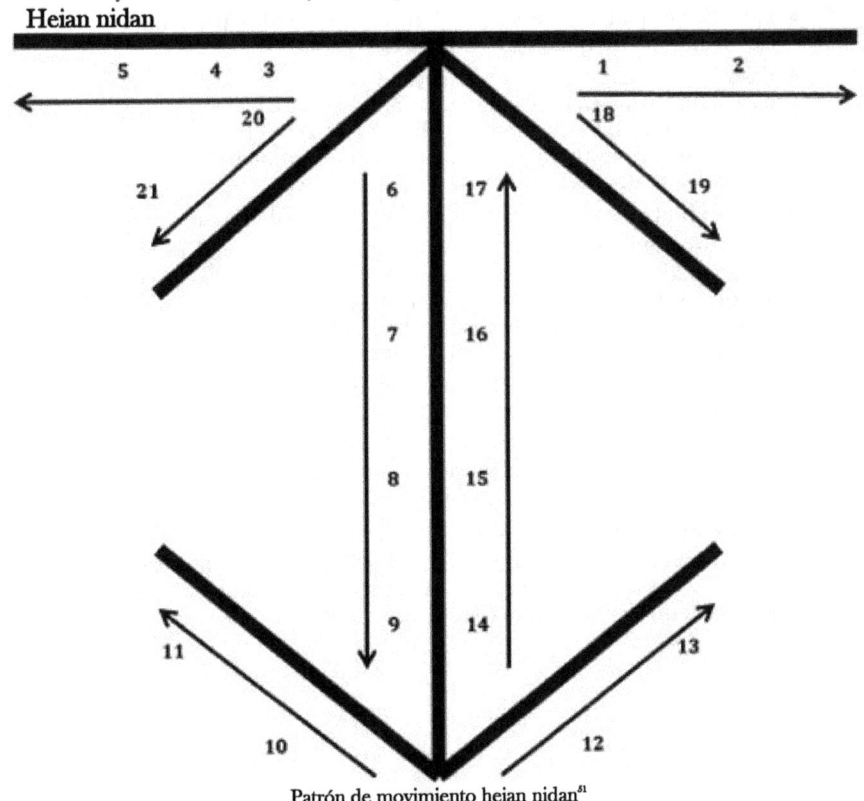

Patrón de movimiento heian nidan[81]

El karate es defensa personal y una forma de vida. Los katas, como el heian nidan, son una parte esencial del karate y ayudan a los estudiantes a desarrollar sus habilidades de defensa personal, flexibilidad y concentración. Aunque heian Nidan se considera un kata fundamental en el karate, sigue requiriendo práctica, paciencia y disciplina para dominarlo. Cualquiera que desee aprender karate debería empezar con heian Nidan y centrarse en los movimientos básicos antes de pasar a otros katas avanzados. Esta sección explora el kata heian Nidan y explica cómo ejecutarlo.

El kata heian nidan es el segundo kata de la serie heian y consta de 26 movimientos. Heian significa "mente pacífica" y nidan representa "segundo nivel". El kata es relativamente sencillo y es un excelente punto de partida para cualquiera que esté aprendiendo karate. He aquí los pasos para realizar heian nidan:

- **Paso 1:** Posición inicial. Permanecer inmóvil, inclinarse hacia delante y dar un paso con el pie izquierdo en la postura heisoku dachi o cerrada.
- **Paso 2:** Junte el puño derecho en la cadera derecha y golpee con la mano izquierda en el lado izquierdo. Avance dos pasos mientras golpea.
- **Paso 3:** Junte la mano izquierda junto a la cadera izquierda y golpee con la mano derecha en el lado derecho.
- **Paso 4:** Coloque el pie izquierdo en posición de kiba dachi y realice dos bloqueos consecutivos de grado inferior, izquierdo y derecho, con la pierna contraria adelantada.
- **Paso 5:** Gire el pie izquierdo 90 grados y dé un paso adelante con el derecho en una postura adelantada con un bloqueo simultáneo hacia abajo con la mano derecha.
- **Paso 6:** Sin pausa, rote su pie derecho 180 grados para mirar hacia atrás, ejecutando un bloqueo descendente derecho.
- **Paso 7:** Lleve su pie izquierdo hacia atrás, gire su pie izquierdo para mirar hacia atrás, y mueva su pie derecho hacia atrás, haciendo la transición a una nueva postura hacia delante. Realice un bloqueo por encima de la cabeza con la mano izquierda. Simultáneamente, su mano derecha abierta se llevará hacia atrás al lado derecho de la cadera.
- **Paso 8:** Junte los pies y vuelva a la posición inicial, mirando al frente.
- Los pasos anteriores constituyen la primera mitad del kata. Como se ha mencionado anteriormente, heian nidan consta de 26 movimientos; cada acción es esencial. Se necesita práctica, concentración y disciplina para comprender y dominar el kata por completo. Estos son algunos pasos adicionales que realizarás al completar el kata:
- **Giros y bloqueos:** Desde su posición inicial, realice una serie de giros y bloqueos para defenderse de los asaltantes imaginarios.
- **Patadas:** Realizar varias patadas, como mae geri, kekomi y mawashi geri. El equilibrio y la fuerza de las piernas son esenciales para ejecutar las patadas.
- **Puñetazos:** Al igual que otros katas de karate, heian nidan incluye varios puñetazos, como age uke, yoko uchi y uchi uke.
- **Combinación de técnicas:** Debe desplegar varias técnicas, incluyendo bloqueos, patadas y puñetazos. Requiere concentración y precisión para realizar todos los movimientos correctamente.

Heian Sandan

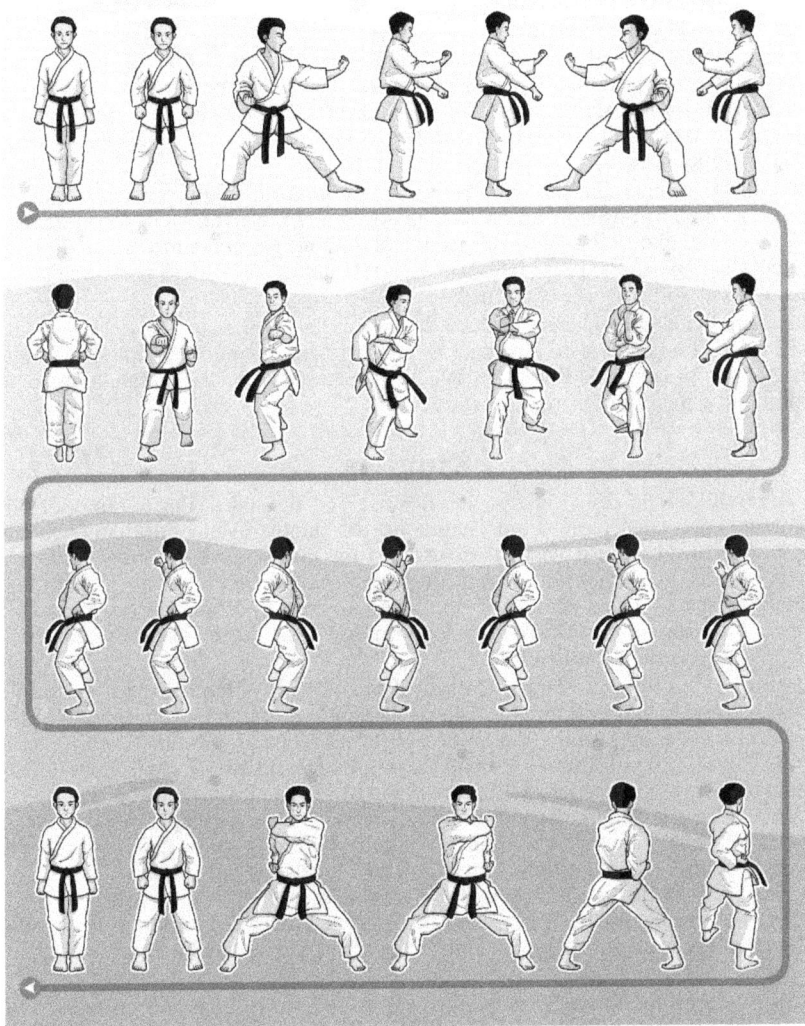

El heian sandan se considera a menudo un puente entre los katas básicos y los avanzados

Heian sandan se considera a menudo un puente entre los katas básicos y los avanzados. Para los practicantes de karate, el kata heian sandan es una parte esencial de su entrenamiento. Esta sección explora el kata heian sandan, uno de los cinco katas heian del karate. Este kata suele denominarse el "puente" entre los katas básicos y los más avanzados. Aprenderá a ejecutar este kata, su significado, cómo practicarlo y sus beneficios en las artes marciales y en la vida cotidiana.

El kata heian sandan consta de 20 movimientos para enseñarle técnicas poderosas, como age uke (bloqueo superior), shuto uchi (golpe con la mano en forma de cuchillo) y gedan barai (bloqueo inferior). La kata comienza con un paso adelante y un bloqueo hacia abajo, seguido de un doble puñetazo. A continuación, se levantan los brazos y se realiza un bloqueo con mano de cuchillo y un puñetazo invertido. A continuación, se realiza un bloqueo bajo y un codazo ascendente.

A medida que se avanza en el kata, se ejecutan diversas técnicas, como patadas frontales, golpes y bloqueos. El kata heian sandan muestra cómo pasar con fluidez de un método a otro y cómo utilizar la potencia generada por las caderas para asestar golpes eficaces. Este kata hace hincapié en la sincronización, la velocidad y la agilidad, elementos esenciales en el karate.

El kata heian sandan tiene un significado más profundo que el aprendizaje de técnicas de defensa personal. El kata refleja los aspectos espirituales y filosóficos del karate. Enseñe humildad, respeto y autodisciplina. Cada movimiento debe ejecutarse con intención y concentración, en un esfuerzo por ser mejor practicante de karate y persona en general.

Es vital mantener una buena postura y equilibrio para practicar este, kata. Concéntrese en la transición entre cada movimiento y ejecuté cada movimiento con precisión e intención. Practique el kata lentamente, aumentando gradualmente su velocidad y potencia. Es útil practicar el kata delante de un espejo para asegurarse de que las técnicas son correctas y controlar los progresos.

Los beneficios de practicar el kata heian sandan van más allá de volverse más robusto y ágil. La práctica de este kata forja el carácter, fomenta la autodisciplina y el respeto, y mejora la claridad mental y la concentración. El kata aumenta la resistencia y la flexibilidad y mejora la forma física general.

Kumites

El atractivo del karate reside en sus desafíos físicos y mentales. Por lo tanto, el *kumite* (o combate) es crucial para el entrenamiento de karate. Como estudiante de karate, tienes la oportunidad de participar en kumites en varios niveles, comenzando con el cinturón blanco, aprendiendo y practicando técnicas básicas. Una vez que domine las habilidades básicas y se gradúe al cinturón amarillo, participará en kumites más competitivos. Esta sección trata sobre los kumites de cinturón blanco y amarillo, sus reglas y cómo entrenarse para ellos.

El kumite de cinturón blanco es el nivel inicial para el karateca. En el kumite de cinturón blanco, luchas con un compañero siguiendo técnicas predeterminadas que ha aprendido en clase. El kumite le permite aplicar las técnicas aprendidas en un entorno controlado y seguro. El kumite le ayuda a desarrollar un fuerte espíritu de lucha y a aprender a luchar con respeto y deportividad. El kumite para cinturón amarillo es el segundo nivel en la progresión del kumite. En este nivel, participará en kumites más competitivos. En el cinturón amarillo, se lucha contra alguien del mismo nivel de cinturón o superior. El kumite de cinturón amarillo se centra en desarrollar una buena sincronización, ritmo y distancia. Aprenderá a evaluar los movimientos y las intenciones de su oponente. El kumite de cinturón amarillo es una oportunidad para enfrentarse a un combate más desafiante y aprender a adaptarse a diferentes estilos de lucha.

Para practicar los kumites, debe mejorar las posturas, el equilibrio y la postura. Además, debe dominar técnicas básicas como bloqueos, puñetazos y patadas. Practicar sparring con un compañero, utilizando equipo de protección como un karate gi y un casco, le ayudará a simular el kumite y a poner a prueba sus habilidades. Lo mejor sería practicar golpeando un makiwara, un saco de boxeo, para desarrollar la fuerza en los puñetazos y las patadas.

El kumite de karate proporciona una forma práctica de desarrollar las habilidades de las artes marciales. Los kumites para cinturón blanco y amarillo son excelentes puntos de partida para los jóvenes entusiastas del karate. Además de aprender las técnicas básicas, los alumnos comprenderán la importancia de la deportividad. A medida que continúen su camino en el karate, aprenderán a adaptarse a diferentes estilos de lucha y mejorarán su espíritu de lucha. Practicando con regularidad y dando lo mejor de sí mismo, progresará a niveles de cinturón más altos mientras disfruta de la emoción de los kumites.

Gohon kumite

Técnica gohon kumite

El karate es conocido por su riguroso entrenamiento y sus exigentes técnicas, como el gohon kumite. El gohon kumite es un ejercicio de combate en cinco pasos para alumnos avanzados de karate. Consiste en defenderse de cinco ataques diferentes y responder con técnicas predeterminadas.

Necesitará un compañero para realizar gohon kumite. El ejercicio debe realizarse a un ritmo constante, y es esencial mantener el control en todo momento. Estos son los pasos para conseguir el gohon kumite:

- **Paso 1:** El primer ataque es un puñetazo frontal recto. Su compañero golpea con su mano principal, y usted bloquea con su brazo delantero, pisando simultáneamente con el pie opuesto. Luego contraataque con su puñetazo principal.
- **Paso 2:** El segundo ataque es una patada giratoria. Su compañero le lanza una patada giratoria a las costillas, usted la bloquea con el antebrazo y contraataca con un golpe.
- **Paso 3:** El tercer ataque es un golpe recto seguido de una combinación de golpes invertidos. Su compañero lanza un puñetazo recto con una mano, seguido inmediatamente por un puñetazo inverso con la mano opuesta. Usted bloquea el primer puñetazo con la mano contraria, el segundo con la misma mano, da un paso adelante y contraataca con un puñetazo.
- **Paso 4:** El cuarto ataque es una patada frontal. Su compañero le lanza una patada frontal al pecho. Usted la bloquea con el brazo delantero y, al mismo tiempo, interviene con el pie contrario. A continuación, contraataque con un puñetazo.
- **Paso 5:** El quinto y último ataque es un simple agarre y puñetazo. Su compañero le agarra la muñeca delantera y le da un puñetazo con la mano contraria. Usted escapa del agarre de la muñeca, bloquea el puñetazo con la mano contraria y contraataca con un puñetazo.

Gohon kumite es una técnica excelente para los alumnos de karate avanzados. Les ayuda a ganar control, mejorar su sincronización y mejorar su respuesta a diferentes ataques. Recuerde, aborde el ejercicio con firmeza, mantenga el control y concéntrese en la técnica. Con la práctica, dominará el gohon kumite en poco tiempo.

Sanbon kumite

El karate utiliza golpes, patadas y puñetazos como mecanismos de defensa personal. El sanbon kumite se practica habitualmente en la mayoría de las escuelas. Se trata de una técnica de combate de tres pasos para mejorar los reflejos, la agilidad y la coordinación de los alumnos en situaciones reales. Este kumite requiere técnicas básicas como jabs, patadas frontales y patadas giratorias inversas. Esta sección discute los pasos para realizar sanbon kumite.

- **Paso 1:** Posición inicial: La posición inicial requiere pararse a 6 pies del oponente. El atacante y el defensor se colocan en posición sanchin dachi con las manos en la cara. El atacante inicia el combate lanzando un puñetazo jodan hacia la cara del defensor. El defensor bloquea el puñetazo con un bloqueo ascendente y se acerca para lanzar su propio puñetazo.

- **Paso 2:** El primer intercambio: Tras el bloqueo inicial, el defensor lanza un puñetazo jodan hacia la cara del atacante. El atacante bloquea el puñetazo con un bloqueo ascendente y devuelve el golpe con un chudan hacia el pecho del defensor. El defensor bloquea el puñetazo con un bloqueo inferior, completando el intercambio.

- **Paso 3:** El segundo intercambio: Una vez completado el primer intercambio, el atacante inicia el segundo con un gyaku-tsuki o puñetazo inverso al plexo solar del defensor. El defensor bloquea el ataque con un bloqueo interior o exterior y contraataca con una mae geri o patada frontal. Cuando el defensor lanza la patada frontal, debe mantener al atacante a distancia y volver a la posición inicial.

- **Paso 4:** El tercer intercambio: En el tercer intercambio, el atacante inicia el combate con una mawashi geri o patada giratoria. El defensor bloquea la patada con un bloqueo ascendente y contraataca con un gyaku-tsuki o puñetazo invertido hacia la cara del atacante. El atacante bloquea el puñetazo con un bloqueo interior o exterior y vuelve a la posición inicial.

- **Paso 5:** Repetir el proceso: Una vez finalizado el tercer intercambio, los papeles del atacante y el defensor cambian y se repiten los pasos. El defensor se convierte en atacante, y así sucesivamente. Este proceso se repite tres veces para ayudar a los alumnos a dominar la técnica sanbon kumite.

El sanbon kumite es una técnica esencial del karate que mejora las capacidades defensivas y ofensivas del alumno en el combate. Al comprender y dominar los pasos de este kumite, los alumnos adquieren fluidez en el combate y, en última instancia, se convierten en mejores karatecas. Se necesita tiempo y práctica para perfeccionar la técnica de sanbon kumite, pero siguiendo estos pasos, cualquiera puede aprenderla y ejecutarla con pericia. Así que, la próxima vez que esté en clase de karate, pruebe el sanbon kumite y conviértase en un mejor artista marcial.

Al comenzar su andadura en el mundo de las artes marciales, las katas de cinturón blanco y amarillo y el kumite (combate) son la base de su práctica. Estos niveles iniciales le permitirán desarrollar movimientos precisos y defenderse en situaciones de la vida real. El kata es un ejercicio preestablecido que permite perfeccionar la técnica y la fluidez. Cuando pase a kumite, se enfrentará a un oponente y se centrará en la sincronización, la distancia y la estrategia. No deje que el color de su cinturón le desanime. Estas habilidades básicas son esenciales para avanzar en las artes marciales y darle la confianza para conquistar cualquier desafío. Así que anímese a dar patadas, golpes y hachazos en su camino hacia el éxito.

Capítulo 5: Katas y kumite de los cinturones naranja y verde

A medida que el karateca progresa en los rangos, se le presentan una serie de katas y kumite, que le ayudan a mejorar su técnica y a dominar el arte de la defensa personal. Los alumnos de cinturón naranja y verde deben aprender un conjunto específico de katas y kumite para poner a prueba sus capacidades físicas y mentales. Estos katas y kumite ayudan a los alumnos a ser más disciplinados, centrados y seguros en su enfoque del karate. Con un entrenamiento riguroso y una práctica constante, los alumnos pueden progresar hasta convertirse en cinturones negros, el rango más alto del karate.

Si es usted un aspirante a karateca, dispuesto a esforzarse y a dedicarse a dar rienda suelta a su verdadero potencial, este capítulo es para usted. Desde el heian yondan hasta el kihon-ippon kumite, este capítulo profundiza en las técnicas que los cinturones naranja y verde aprenden para progresar. Además, pretende darle una mejor comprensión de las katas y kumite a dominar cuando se entrena para los rangos de cinturón de orden medio.

Kata del heian yondan

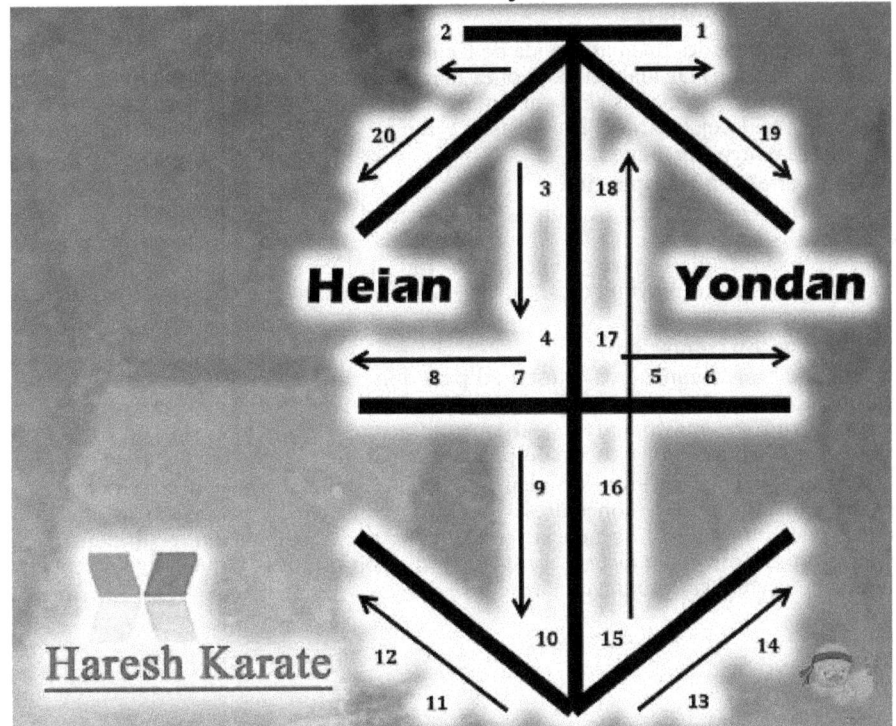

Plano del heian yondan[a]

Uno de los componentes fundamentales del karate es el kata, una serie de movimientos que se practican en una secuencia para simular un combate contra varios oponentes. El kata heian yondan es un kata de nivel intermedio que se aprende normalmente después de practicar los tres primeros katas heian. Esta sección desglosa el kata heian yondan y proporciona consejos sobre cómo dominarlo.

Comprender los conceptos

Antes de intentar aprender el kata heian yondan, es crucial comprender sus conceptos. Este kata consiste en una serie de movimientos que simulan la lucha contra varios oponentes. Incluye técnicas como bloqueos, golpes, patadas y cambios de posición. También es esencial comprender el ritmo de los movimientos y cómo fluyen juntos para crear una secuencia fluida.

Practicar las técnicas

En primer lugar, es esencial practicar las técnicas individuales que componen el kata heian yondan. Concéntrese en perfeccionarlas antes de pasar a la siguiente para asegurarse de tener una base sólida antes de intentar realizar el kata. Algunas técnicas en las que centrarse son:

- **Patada Frontal:** Esta patada primaria consiste en dar una patada con el pie delantero. Practica manteniendo la forma adecuada, manteniendo el equilibrio y haciendo cámara con la pierna que patea.
- **Bloqueo hacia abajo:** Este bloqueo consiste en bajar el brazo desde el exterior hacia el interior del cuerpo para defenderse de un golpe por encima de la cabeza. Concéntrese en mantener el brazo y la muñeca alineados y el codo hacia abajo.
- **Puñetazo doble:** Esta técnica consiste en golpear con ambas manos simultáneamente. Practica manteniendo la forma adecuada, incluida la alineación de los codos y los puños con los hombros.

Aprender la secuencia

Una vez que tenga una base sólida de técnicas, es hora de aprender la secuencia del kata heian yondan. Divídala en secciones más pequeñas y practique cada una de ellas hasta que pueda ejecutarlas sin problemas. Poco a poco, practique toda la secuencia hasta que pueda ejecutarla con confianza y fluidez. Grábese practicando para poder identificar las áreas de mejora.

Concéntrese en la respiración

La respiración adecuada es un aspecto esencial del karate. Cuando practique el kata heian yondan, mantenga un patrón de respiración regular. Inhale profundamente antes de realizar una técnica, y exhale con cada golpe o bloqueo para mantener el ritmo y controlar sus movimientos. Cuanto más estable sea su respiración, más fluida y potente será su kata.

Practicar con compañeros

Practicar con compañeros es esencial para dominar las técnicas y katas del karate. Busque un compañero de entrenamiento y practiquen juntos el kata heian yondan. Así perfeccionará sus movimientos y su sincronización, y aumentará la confianza y la resistencia. Comuníquese con su compañero para ayudarse mutuamente a mejorar.

Dominar el kata heian yondan en karate requiere paciencia, disciplina y dedicación. Recuerde, concéntrese en los conceptos, practique las técnicas individuales, aprenda la secuencia, concéntrese en la respiración y practique con compañeros. Con una práctica constante y un compromiso inquebrantable, puede dominar el kata heian yondan de karate.

Kata heian godan

Heian Godan

Plano del heian godan

El kata heian godan es su próximo reto si es cinturón verde. Este kata tradicional requiere concentración, precisión, sincronización, equilibrio y coordinación. Esta sección proporciona una visión general de los movimientos y explica sus traducciones para ayudarle a dominar este kata.

Preparación

El primer paso es colocarse en el centro de la colchoneta, mirando hacia la parte delantera del dojo. Mantenga los pies separados a la altura de los hombros y los brazos a los lados. Inclínese para mostrar respeto al dojo y a su sensei. Lleve las manos al pecho y dé un paso adelante con el pie izquierdo. Esta es la posición inicial para el kata heian godan.

Movimientos

El kata heian godan consta de 23 movimientos, divididos en cuatro partes. La primera parte incluye tres movimientos hacia la izquierda, seguidos de un bloqueo con la mano derecha. La segunda parte se desplaza hacia la derecha y consiste en una serie de golpes y patadas. La tercera parte comprende un paso atrás y un bloqueo, seguidos de un giro y un golpe. La cuarta parte incluye una serie de bloqueos y golpes, y termina con un golpe de puño martillo con la mano derecha.

La sincronización

La sincronización es crucial en el karate, y la kata heian godan no es una excepción. Cada movimiento debe ejecutarse con precisión y puntualidad. Asegúrese de contar los pasos y concentrarse en cada técnica. No se precipite, pero tampoco vacile. Recuerde respirar profundamente antes de cada movimiento para mantenerse concentrado, centrado y relajado.

Visualización

La visualización es una técnica poderosa que le ayudará a mejorar su práctica del karate. Antes de empezar el kata, haga lo siguiente:

1. Visualícese realizando cada movimiento impecablemente.
2. Imagínese moviéndose con fluidez, con una sincronización y una técnica perfectas.
3. Imagínese sintiéndose seguro, fuerte y concentrado.
4. Visualice que lo consigue y se hará realidad.

Práctica

El kata heian godan requiere dedicación y esfuerzo para dominarlo. Repita el kata varias veces lentamente y aumente gradualmente la velocidad. Practique con un compañero o delante de un espejo para recibir comentarios y mejorar su técnica. No tenga miedo de cometer errores. Al contrario, aprenda de ellos y siga adelante. Si se esfuerza, pronto dominará el kata de heian godan. Recuerde prepararse mentalmente, ejecutar cada movimiento con precisión, concentrarse en el tiempo, visualizar el éxito y practicar con constancia. Con dedicación y esfuerzo, puede dominar el kata heian godan y progresar en su camino en el karate.

Tekki Shodan

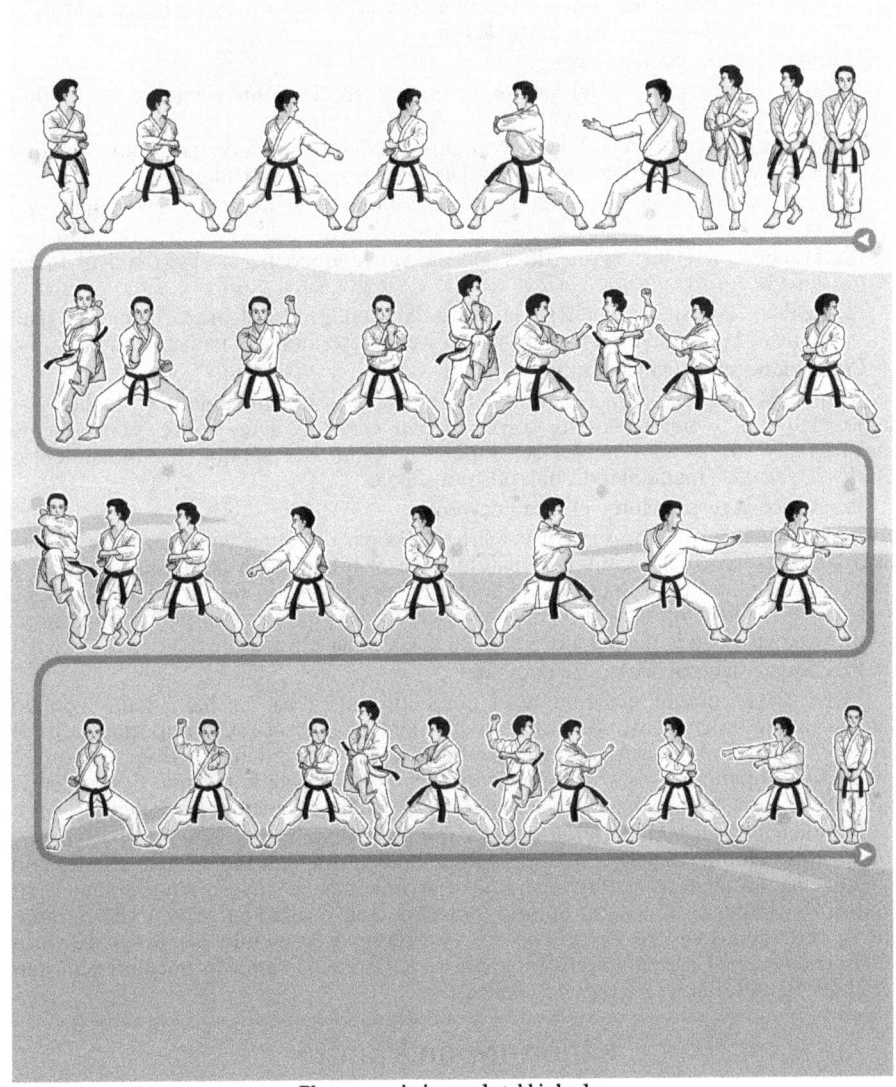

Plano y movimientos de tekki shodan

Un cinturón verde en karate simboliza que ha aprendido los conceptos fundamentales en su viaje por las artes marciales y está en camino de dominar sus técnicas. Uno de los requisitos para este rango es dominar el kata tekki shodan. Este kata se centra en el desarrollo de movimientos suaves y fluidos para enfrentarte a tu oponente con eficacia. El kata tekki shodan es una serie primaria de acciones secuenciales de pasos en diferentes direcciones mientras se ejecutan varias patadas, puñetazos y bloqueos. Esta sección le guiará a través del kata tekki shodan, resaltando los pasos críticos necesarios para alcanzar la maestría.

Aprender la postura básica

Debe aprender la postura básica para ejecutar correctamente el kata tekki shodan. Comience de pie con los pies juntos, luego mueva el pie derecho hacia adelante mientras pivota sobre el pie izquierdo. Los pies deben estar separados a la anchura de los hombros, con el pie trasero en un ángulo de 45 grados para mantener el equilibrio. Las rodillas deben estar ligeramente flexionadas y las caderas metidas hacia dentro, lo que le permitirá transferir el peso entre los pies.

Dominar los tres primeros pasos

Los tres primeros pasos del kata tekki shodan implican una secuencia de golpes, patadas y bloqueos:

1. Dé un puñetazo hacia delante con el brazo derecho y, a continuación, coloque el brazo izquierdo paralelo al estómago mientras gira las caderas.
2. Levante la pierna izquierda y pivote sobre el pie derecho, ejecutando una patada frontal.
3. Avance con el pie izquierdo y ejecute un bloqueo hacia abajo con el brazo derecho.
4. Realice la misma secuencia, pero esta vez utilizando el brazo izquierdo para golpear, la pierna derecha para patear y el brazo izquierdo para bloquear.

Perfeccione sus movimientos

A medida que siga practicando, concéntrese en sus movimientos. Deben ser fluidos, rápidos y potentes. Sus golpes deben caer de lleno sobre su oponente imaginario, y sus patadas deben ser rápidas y seguras. Practique los movimientos rápidos y elegantes manteniendo una postura sólida.

Interiorice la respiración y el ritmo correctos

La respiración y el ritmo correctos son vitales para ejecutar correctamente el kata tekki shodan. Inhale bruscamente cuando lleve el brazo hacia atrás para golpear, y exhale bruscamente cuando ejecute el golpe. El sonido creado por la exhalación debe ser audible y agudo. Si sincroniza adecuadamente la respiración, conseguirá sincronizar sus movimientos con la respiración y realizar golpes más eficaces.

Practique con compañeros de combate

Lleve su práctica al siguiente nivel poniendo a prueba sus habilidades con un compañero de sparring. Al practicar con una persona, apreciarás la importancia de la sincronización, el distanciamiento y la precisión de sus movimientos. Observe cómo se mueve su compañero y ajústese en consecuencia. El combate le permite desarrollar la mentalidad correcta de calma, concentración y conciencia, y mejora los reflejos.

Dominar el kata tekki shodan no es tarea fácil. Requiere dedicación, paciencia y compromiso con los detalles. Sin embargo, a medida que se adquiere más fluidez con la secuencia, las técnicas evolucionan y los movimientos se vuelven naturalmente más fluidos. Por lo tanto, tómese su tiempo, practique con regularidad y recuerde siempre que la verdadera maestría es un viaje, no un destino. Siguiendo los pasos descritos anteriormente, su viaje para convertirse en un karateca de cinturón púrpura será más agradable, gratificante y, sobre todo, exitoso.

Kihon-ippon kumite

Kihon-ippon kumite es un elemento esencial del entrenamiento de karate con técnicas de combate de un solo paso. Esta sección examina más de cerca el kihon-ippon kumite y cómo dominarlo. Desde lo básico a lo avanzado, se examinan diversos enfoques y ejercicios que le ayudarán a convertirse en un mejor artista marcial.

Conceptos básicos

Kihon-ippon kumite es una técnica de combate en la que se realiza una secuencia predeterminada de movimientos con un compañero. Esta técnica es fundamental en karate porque ayuda a los alumnos a aprender a reaccionar con rapidez y eficacia en diversas situaciones. El método también es excelente para mejorar la concentración y la coordinación.

Secuencia

El kihon-ippon kumite consiste en una serie de movimientos divididos en dos partes. En la primera, el atacante ejecuta un ataque que el defensor bloquea. La segunda parte consiste en el contraataque del defensor con una secuencia predeterminada de movimientos. El atacante y el defensor intercambian sus papeles después de cada secuencia, lo que permite a ambos practicar sus habilidades.

Combate con compañero

Es esencial comenzar el kihon-ippon kumite con un compañero del mismo nivel o ligeramente superior. Esto garantiza que la técnica se realice correctamente y con seguridad. Los compañeros deben llevar el equipo de protección adecuado para protegerse de posibles lesiones. El equipo de protección incluye guantes, protectores bucales y protectores inguinales.

Práctica de la forma

Al practicar kihon-ippon kumite, es vital mantener una postura correcta. La postura correcta en karate consiste en mantener las rodillas ligeramente flexionadas, los pies separados a la altura de los hombros y el peso distribuido uniformemente. Mantenga las manos en alto para protegerse la cara, con los codos pegados a los costados. No despegue los ojos de su compañero. Practique la técnica lentamente al principio y aumente gradualmente la velocidad y la intensidad. Preste mucha atención a su compañero y asegúrese de que la comunicación es eficaz. Divida el proceso en pequeños pasos y practique cada uno de ellos hasta que se convierta en algo natural.

El kihon-ippon kumite es un elemento crucial del entrenamiento de karate, ya que ayuda a los alumnos a aprender a reaccionar con rapidez y eficacia. Es una técnica excelente para mejorar la concentración, la coordinación y la fuerza física. Es esencial practicar la técnica con seguridad y con un compañero del mismo nivel o ligeramente superior. Recuerde mantener una postura correcta, comunicarse eficazmente con su compañero y practicar la técnica en pequeños pasos. Con tiempo y dedicación, dominará esta técnica y se convertirá en un hábil estudiante de karate.

Consejos para dominar las katas y el kumite de los cinturones naranja y verde

El karate es un arte marcial que hace hincapié en la forma física, la fortaleza mental y la disciplina. Los cinturones naranja y verde son hitos significativos en este viaje, representando rangos intermedios. Dominar las katas y el kumite en este nivel puede ser un reto, pero puede lograr su objetivo con el entrenamiento y la orientación adecuados. Esta sección comparte consejos y técnicas para mejorar sus katas y kumite de cinturón naranja y verde.

Practique a diario

La constancia es vital para dominar las katas y el kumite. Reserve un tiempo cada día para practicar y sea constante. Concéntrese en al menos uno o dos katas durante cada sesión y divida cada movimiento en pasos manejables. Lo mismo se aplica al kumite, practique diferentes movimientos de forma repetitiva hasta que los perfeccione. Tómese su tiempo y no se precipite, ya que puede crear malos hábitos. En su lugar, concéntrese en dominar cada paso antes de pasar al siguiente.

Concéntrese en la técnica adecuada

Asegúrese de que realiza cada técnica correctamente desde el principio. Concentrarse en la forma adecuada le ayudará a evitar el desarrollo de malos hábitos que son difíciles de romper más adelante. Si necesita ayuda para ejecutar una técnica concreta, pregunte a su sensei o vea vídeos de entrenamiento para aprender la forma correcta. Los jueces de la competición buscan precisión y exactitud, así que asegúrese de que sus técnicas son correctas. Una forma excelente de comprobar su técnica es grabarse a sí mismo y verlo.

Mejore su forma física

Los cinturones naranja y verde requieren una buena forma física. Debe tener un excelente nivel de resistencia cardiovascular, fuerza y flexibilidad. Cuanto mejor sea su forma física, mejor se desenvolverá en kata y kumite. La estabilidad, la fluidez y el control son esenciales para el éxito, así que asegúrese de incorporar ejercicios de fitness a su régimen de entrenamiento. Incorpore a su rutina de entrenamiento una mezcla de ejercicios de fuerza, resistencia y estiramiento.

Dieta y descanso

Una nutrición e hidratación adecuadas son esenciales para dominar las katas y el kumite. Come alimentos saludables con las proteínas, carbohidratos y grasas adecuados. Preste atención a su nivel de hidratación, que es significativo en el rendimiento. Por último, descanse lo suficiente. Descansar adecuadamente entre las sesiones de entrenamiento es vital para que su cuerpo y su mente se recuperen. Una buena noche de sueño puede contribuir en gran medida a mejorar su rendimiento.

Evaluaciones semanales

Dedique un tiempo cada semana a evaluar sus progresos. Registre los katas y kumite que ha aprendido y las dificultades que ha encontrado. Lleve un diario de sus progresos y utilícelo para fijarse objetivos para la semana siguiente. Le ayudará a mantener el rumbo y a garantizar un progreso constante. Si tiene dificultades, pida a su sensei que le guíe y le ayude. Con su ayuda, podrá seguir progresando en la dirección correcta.

Crea en sí mismo

Uno de los aspectos esenciales para dominar katas y kumite es su estado mental. Crea en sí mismo. No deje que el miedo o las dudas le frenen. Visualícese realizando katas y kumite sin ningún error. Fíjese objetivos y esfuércese por alcanzarlos. Recuerde que la mente es tan crucial como el cuerpo en el karate. Si cree que puede hacerlo, lo hará.

Dominar las katas y el kumite de los cinturones naranja y verde en karate puede ser un reto, pero alcanzable con una dedicación y orientación ejemplares. Puede alcanzar sus objetivos mediante la práctica constante, centrándose en la técnica adecuada, mejorando su forma física, entrenando con un compañero y creyendo en sí mismo. Recuerde que el karate es un viaje que requiere paciencia, persistencia y trabajo duro. Comprométase con su entrenamiento y ascenderá de categoría en muy poco tiempo.

Capítulo 6: Katas para cinturón morado y marrón

Los entusiastas del karate saben que el camino hacia el cinturón negro implica dominar una serie de katas, cada una más intrincada que la anterior. Los katas para cinturón morado y marrón no son una excepción. Con sus complejas combinaciones de puñetazos, patadas y bloqueos, estas formas suponen un reto incluso para los practicantes más experimentados. Sin embargo, la clave del éxito reside en la disciplina y la práctica. Al dedicarse al arte y comprometerse plenamente con cada movimiento, los karatecas pueden desbloquear todo un nuevo nivel de habilidad y precisión.

Tanto si se aspira al cinturón morado como al marrón, el camino hacia la maestría es apasionante y está lleno de retos y recompensas. Este capítulo cubre cuatro katas esenciales practicados por cinturones morados y marrones. Desde los fluidos movimientos del bassai-dai hasta el dinámico kata enpi, estos katas son cruciales para cualquier practicante serio. Este capítulo explica, traduce e ilustra las técnicas para realizar cada forma. Al final de este capítulo, estará bien encaminado para dominar estas complejas katas y conseguir su siguiente cinturón.

Bassai-dai

Bassai Dai

Plano y movimientos del bassai-dai

El bassai-dai es un kata de kyokushin que hace hincapié en la potencia y la velocidad. Incluye varias técnicas, como golpes, patadas y bloqueos. Estas técnicas de golpeo deben ejecutarse con pasión y precisión. Las patadas son rápidas y duras y ponen de relieve la importancia del equilibrio y la agilidad. El movimiento básico del bassai-dai es la postura del caballo, que fortalece la parte inferior del cuerpo. Las técnicas destacadas del bassai-dai permiten a los alumnos luchar con confianza y potencia.

El kata bassai-dai se ejecuta en una postura intimidatoria con los brazos en alto. Esta forma se centra en movimientos potentes y rápidos que requieren fuerza y agilidad. La clave para dominar este kata es moverse con precisión y determinación, dirigiendo cada golpe y patada. Esta sección explica el kata bassai-dai, su traducción y las técnicas esenciales para ejecutar esta forma. Al final de este capítulo, comprenderá mejor lo que se necesita para dominar el kata bassai-dai e impresionar a sus amigos y compañeros de entrenamiento.

Traducción

En primer lugar, vamos a desglosar lo que el kata bassai-dai significa en español. Bassai-dai significa "penetrar una fortaleza", lo que representa dominar su fortaleza interior y canalizar esa fuerza en la práctica. Esta forma simboliza a menudo la fuerza y la disciplina para atravesar cualquier obstáculo.

Técnicas

El comienzo del kata implica una serie de movimientos destinados a desestabilizar al oponente mediante bloqueos y golpes. Se necesita una base sólida y un centro de gravedad estable para realizarlo con eficacia. Concéntrese en mantener los pies separados a la anchura de los hombros y las rodillas ligeramente flexionadas, incluso a medida que avanza por los pasos del kata. Utilice los músculos centrales para generar potencia y equilibrio en todos los movimientos. Es fundamental mantener una postura firme y con los pies en el suelo.

A continuación viene la técnica de la "bisagra". Esta técnica consiste en utilizar los brazos para desviar el ataque del oponente y, al mismo tiempo, golpear con un contragolpe. En primer lugar, utilice las caderas para pivotar lateralmente y alejarse del ataque. A continuación, mantenga los pies en el suelo, doble las rodillas y utilice los brazos para bloquear. Mientras bloquea, utilice las caderas para girar hacia su oponente y lanzar un puñetazo o golpe. Este movimiento debe ser fluido y rápido.

Tras la técnica de la bisagra, se realizan varios movimientos combinados centrados en derribar al oponente, controlar sus extremidades y desestabilizar su equilibrio. Debe aprender movimientos como el "barrido" y el "gancho". El barrido utiliza el pie para hacer tropezar al adversario y, al mismo tiempo, tira de su brazo, desequilibrándolo. La técnica del gancho utiliza el codo o el antebrazo para golpear el brazo o la pierna del adversario y provocarle un tropiezo o una caída. Estos movimientos requieren sincronización y precisión.

El bassai-dai kata termina con una serie de movimientos destinados a incapacitar por completo al adversario. Esto implica asestar un último y potente golpe para incapacitarlo. Para realizarlo con eficacia, debe centrarse en generar potencia desde las piernas, a través de las caderas y el tronco, y hacia los brazos. Manteniendo una base sólida y utilizando todo el cuerpo, asestará un golpe impactante que dejará aturdido a su oponente.

Dominar el kata bassai-dai requiere potencia, técnica y precisión. Usted dará grandes pasos hacia el dominio de este poderoso kata centrándose en su base, la técnica de pivote, los movimientos de desestabilización, y los golpes finales. Recuerde que la práctica constante y la atención a los detalles son las claves del éxito en el karate. Así que, manténgase firme; pronto será un maestro del kata bassai-dai.

Kanku-dai

Kanku Dai

Plano y movimientos del kanku-dai

Kanku-dai kata es una de las formas de karate más complejas y fascinantes. Desarrolla posturas fuertes, movimientos fluidos y precisión en la alineación del cuerpo. Con cinco posturas, múltiples golpes y una serie de intrincados giros, no es de extrañar que los principiantes a menudo necesiten ayuda para ejecutarla a la perfección. Sin embargo, con la práctica y una profunda comprensión de las técnicas, dominar la kata kanku-dai es posible. Esta sección analiza cada técnica del kata, proporcionando explicaciones claras e ilustraciones que le ayudarán a perfeccionar su forma.

- **Mawashi geri (patada giratoria):** El mawashi geri es una patada única que consiste en balancear la pierna en un movimiento circular y golpear el objetivo con la parte anterior del pie. Para ejecutar correctamente esta técnica, colóquese en posición frontal izquierda y levante la pierna derecha. A continuación, gira el pie izquierdo y da una patada con la pierna derecha en un ángulo de 45 grados. Lleve la pierna a la posición inicial y vuelva a la postura frontal derecha. Mantenga los brazos pegados al cuerpo mientras da la patada, manteniendo el equilibrio.

Mawashi geri

- **Tettsui uchi (puño martillo):** Tettsui uchi es una técnica crucial en el kata kanku-dai, ya que golpea los puntos vitales del oponente. Empezando en una posición de cadera izquierda, levanta ambos brazos a la altura de los hombros. Cerrar el puño con la mano derecha y bajarlo en un movimiento de martilleo, golpeando al oponente con la base de la mano. Mantenga el contacto visual con su objetivo en todo momento, manteniendo el brazo izquierdo extendido hacia delante mientras el derecho golpea.

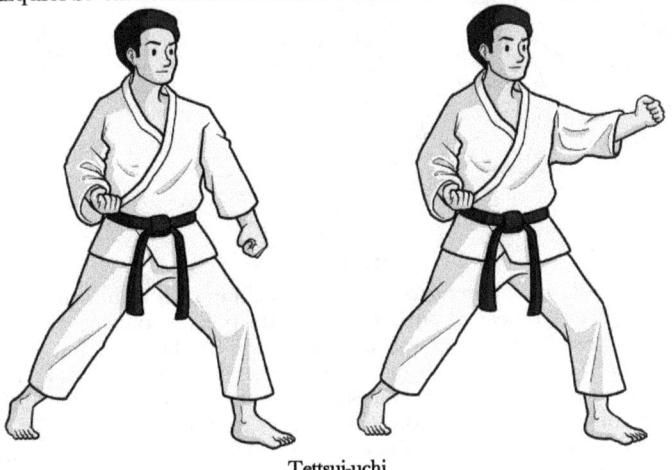

Tettsui-uchi

- **Yoko-geri (lateral):** Yoko-geri es una técnica versátil y poderosa para atacar las piernas del oponente o el costado de su cuerpo. Desde una posición frontal izquierda, levante la pierna izquierda pivotando sobre el pie derecho. A continuación, patee con la pierna izquierda hacia un lado, golpeando a su objetivo con la hoja del pie. Vuelva a la posición inicial y repita la técnica con la otra pierna. Mantenga la guardia alta y los brazos juntos para protegerse de los contraataques.

Yoko-geri

- **Morote-uke (bloqueo a dos manos):** Morote-uke es una técnica defensiva que bloquea y controla los brazos del adversario. Para realizar esta técnica, posiciónese en una postura frontal izquierda, levante la rodilla derecha y junte ambas manos delante del pecho. Cuando el adversario ataque, utilice ambos brazos para bloquear sus brazos y apartarlos. Mantenga una postura firme y un equilibrio adecuado en todo momento.

Morote-uke

- **Gyaku-zuki (golpe inverso):** El Gyaku-zuki es una técnica fundamental que consiste en golpear al adversario con un potente puñetazo invertido. Para realizar esta técnica, colóquese en posición frontal izquierda, doble el codo izquierdo y tire de él hacia atrás, hacia el cuerpo, creando una potente reacción en cadena para canalizar la fuerza de todo el cuerpo hacia el brazo que golpea. A continuación, sin cambiar de postura, lleve el brazo derecho hacia delante mientras gira la cadera y lanza un golpe con el brazo derecho. Mantenga el codo hacia abajo y la muñeca recta mientras golpea.

Kanku-dai es un kata que conlleva muchos movimientos complejos, con énfasis en la velocidad, la concentración y la fuerza. Es una forma de karate potente y dinámica que exige un equilibrio y un control excelentes. La kata tiene una elaborada secuencia de movimientos, que incluye varias técnicas de giro y salto. Fortalece los reflejos y la coordinación mano-ojo del alumno. Este kata ofrece una excelente oportunidad para que los alumnos muestren sus habilidades delante de sus compañeros e instructores.

Kata jion

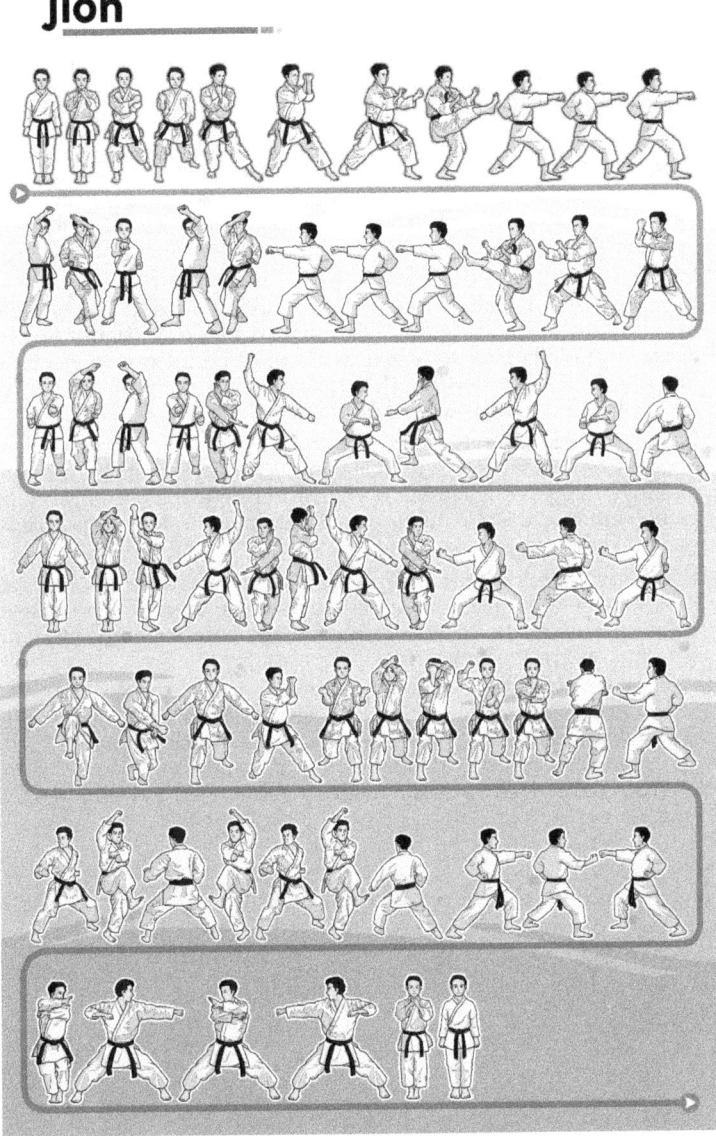

Plano y movimientos del kata jion

El kata jion es un kata tradicional de Okinawa que hace hincapié en la concentración, el equilibrio y el juego de pies. Incluye varias técnicas de bloqueo y golpeo que requieren un excelente control por parte del alumno. Este kata desarrolla la sincronización del alumno, le ayuda a mejorar su concentración y le enseña a adaptarse a diversas situaciones. Es difícil y requiere constancia y paciencia para dominarla.

Para los entusiastas del karate, dominar el kata jion es un hito importante en su camino para convertirse en cinturón negro. Este kata se remonta al siglo XII y es venerado por sus movimientos fuertes y rápidos que simulan un combate real. El kata jion es una secuencia de movimientos que requieren fuerza, velocidad y ejecución. Esta sección profundiza en las técnicas para realizar este kata correctamente.

- **Patada frontal:** La patada frontal se realiza al principio del kata y requiere la ejecución de movimientos rápidos. La técnica consiste en dar una patada hacia delante con una pierna, aterrizar sobre el mismo pie e inmediatamente ejecutar otra patada con el otro pie. Es crucial centrarse en la fluidez y velocidad de la técnica, manteniendo el equilibrio para realizar este movimiento.
- **Bloqueo bajo y bloqueo alto:** Estos dos movimientos se combinan frecuentemente en una sola acción durante la secuencia de kata. El bloqueo bajo se ejecuta hacia el lado izquierdo, seguido de un bloqueo alto hacia la derecha. La técnica requiere una excelente coordinación y sincronización para que el movimiento parezca fluido.
- **Bloqueo interior y bloqueo exterior:** Similar a la combinación de bloqueo bajo y bloqueo alto, las técnicas de bloqueo interior y exterior requieren una ejecución precisa para ser efectivas. El bloqueo interior se ejecuta con una mano en el lado opuesto del cuerpo, mientras que el bloqueo exterior se realiza con ambas manos en el mismo lado.
- **Golpe con el codo:** El golpe de codo es uno de los movimientos más poderosos de la secuencia del kata jion. La técnica requiere un movimiento rápido y enérgico, enfatizando el uso del codo para golpear y bloquear. Debe centrarse en el equilibrio y el movimiento del cuerpo para ejecutar este movimiento correctamente.
- **Rodillazo:** El golpe de rodilla se ejecuta hacia el final de la secuencia de kata. La técnica requiere la rápida ejecución de un rodillazo hacia la sección media del oponente. Este movimiento requiere un excelente equilibrio y coordinación para ser eficaz.

Dominar las técnicas del kata jion requiere mucha práctica y paciencia. Es esencial comprender y concentrarse en la fluidez, la fuerza y la velocidad de la técnica. Las técnicas mencionadas forman la base para subir de nivel en el karate. En todas las disciplinas del karate, incluyendo el shito ryu y el karate shotokan, el kata jion es crucial en la construcción de la disciplina mental y física.

Kata enpi

Enpi

Plano y movimientos del kata enpi

El kata enpi, conocido como "kata de la golondrina voladora", hace hincapié en la movilidad, la velocidad y la agilidad. El kata incluye varias patadas altas y golpes, y el movimiento es fluido y grácil. Este kata mejora la flexibilidad, la velocidad y la precisión del alumno. Además, enseña a los alumnos a reaccionar con rapidez y a cambiar de dirección rápidamente durante un combate.

Si planea aprender el kata enpi, le espera un viaje emocionante. Este kata es uno de los más impresionantes visualmente del karate shotokan, conocido por sus rápidos y afilados movimientos, patadas, puñetazos y bloqueos. El kata enpi es un arte marcial tradicional japonés difícil de dominar. Sin embargo, se puede perfeccionar este kata con las técnicas y la práctica adecuadas. En esta sección se describen algunas técnicas esenciales para ejecutar el kata enpi con éxito.

- **Técnica de paso (fumikomi):** La técnica de paso del kata enpi es fundamental para crear impulso y producir potencia. Para realizar la técnica fumikomi, da tres pasos hacia delante con el pie izquierdo, extiéndelo firmemente y tira hacia atrás con el pie derecho. Este movimiento debe crear un sonido conocido como kiai que pone todo su cuerpo en el ataque.

Fumikomi

- **Técnica de empuje con el codo (empi uchi):** La técnica de empuje con el codo en el kata enpi es esencial para su arsenal. Después de dar tres pasos hacia delante con la técnica fumikomi, gire el cuerpo hacia la izquierda, levantando el brazo derecho y el codo. A continuación, empuje el codo hacia delante, golpeando la cabeza o la garganta de su oponente imaginario, y retroceda inmediatamente.

Empi uchi

- **Bloqueo alto y patada (jodan uke y mae geri):** El kata enpi incluye muchas técnicas de patada y bloqueo, entre ellas la combinación de bloqueo alto y patada. Para realizar esta técnica, levante su brazo izquierdo para un jodan uke (bloqueo alto), levante su rodilla derecha, y realice un mae geri (patada frontal), golpeando la cara de su oponente.

Jodan uke

Mae Geri[54]

- **Golpe invertido (gyaku zuki):** El golpe invertido (gyaku zuki) es una técnica fundamental del karate shotokan y un componente crucial del kata enpi. Para ejecutar el golpe invertido, se coloca la mano derecha junto a la cadera, se da un paso adelante con el pie izquierdo, se gira el pie izquierdo y se empuja el puño derecho hacia la cara del oponente.
- **Saltos y giros (tobi y kaiten):** El kata enpi termina con una serie de movimientos dinámicos, que incluyen saltos y giros. Para realizar el tobi (salto), agáchese, propúlsese del suelo extendiendo las piernas y aterrice de nuevo en su postura kiba-dachi. En cuanto al kaiten (giro), gire el cuerpo y golpee a su oponente imaginario en el aire.

El kata enpi no es fácil de dominar, pero practicando estas técnicas esenciales estarás en camino de convertirte en un profesional. Recuerde que el entrenamiento constante y persistente es la clave del éxito. Esperemos que estas técnicas le ayuden a perfeccionar sus habilidades. Tanto si es un principiante como un karateca avanzado, estas técnicas son adecuadas para cualquiera que desee mejorar su kata enpi.

Los katas de cinturón morado y marrón, incluyendo bassai-dai, kanku-dai, jion kata y enpi kata, son vitales para desarrollar las habilidades y la destreza de un estudiante. Estos katas ayudan a los alumnos a mejorar su agilidad, velocidad, potencia y concentración. Además, hacen hincapié en la importancia de la autodisciplina, la paciencia y la concentración mental, atributos cruciales que debe poseer un estudiante de karate. Así pues, si es un estudiante de karate con cinturón morado o marrón, perfeccione estas katas.

Capítulo 7: Kumites para cinturones marrones y negros

La práctica del kumite, o sparring, es un componente crucial del entrenamiento en artes marciales. Para los karatecas que aspiran a cinturón negro, los kumites de cinturón marrón y negro son esenciales en el proceso. Una vez perfeccionados los fundamentos del kumite, los practicantes pueden pasar al combate semilibre (jiyu ippon kumite) y al combate libre (jiyu kumite). Aunque ambos tienen similitudes, existen diferencias críticas entre ellos.

Los cinturones marrones y negros utilizan el sparring

Este capítulo describe las principales características, técnicas y pasos de jiyu ippon kumite y jiyu kumite. La comprensión de estos ejercicios es esencial, ya que son importantes para la práctica de los cinturones marrón y negro. El conocimiento adquirido aquí ayudará a los karatecas a realizar estos ejercicios lo mejor posible. Dominar estos kumites es esencial antes de progresar al siguiente nivel. Siga leyendo para aprender más sobre el kumite para cinturones marrones y negros.

Kumites para cinturón marrón y negro

Los kumites para cinturones marrones y negros ponen a prueba la resistencia, la estrategia y la habilidad. Se trata de un combate de contacto total con un oponente del mismo nivel o superior. El karateca debe demostrar su dominio de técnicas como bloqueos, golpes y patadas. El objetivo no es noquear al oponente, sino sumar puntos mediante la correcta ejecución de las técnicas.

Tiempo

Un componente clave de los kumites de cinturón marrón y negro es la sincronización. Una fracción de segundo puede marcar la diferencia entre ganar o perder. Los karatecas deben demostrar un distanciamiento eficaz para controlar la distancia entre ellos y su oponente. El juego de pies es crucial para moverse con rapidez y eludir el ataque del oponente.

Control

El control es otro aspecto crucial que debe tenerse en cuenta durante los kumites de los cinturones marrón y negro. Los karatecas deben golpear a su oponente con la fuerza suficiente para conseguir un punto, pero no tanto como para herirle. Deben utilizar el control en su defensa, siendo conscientes de los movimientos de su oponente y anticipándose a sus ataques. Requiere dominio físico y concentración mental, y agudeza.

Carácter

Los kumites de cinturón marrón y negro ponen a prueba el carácter de un karateca: Respeto por su oponente, seguir las normas y reglamentos, y demostrar humildad en la victoria y en la derrota. Los karatecas deben mostrar perseverancia en la mejora de sus habilidades y técnicas. Estas son cualidades esenciales que debe poseer un verdadero artista marcial. La capacidad de controlar las emociones y mantener la concentración son rasgos vitales que hay que desarrollar.

Valor

Por último, los kumites de cinturón marrón y negro permiten a los karatecas poner a prueba sus límites y enfrentarse a sus miedos. Hace falta mucho valor para enfrentarse a un oponente experto y arriesgarse a recibir un golpe. Fracasar en un kumite de cinturón marrón o negro parece desalentador, pero es una oportunidad para reflexionar sobre lo que salió mal y mejorar. Al final, los karatecas emergen más potentes y confiados en sus habilidades.

Los kumites de los cinturones marrón y negro son algo más que un combate con un oponente. Ponen a prueba las capacidades físicas y mentales, el valor y el carácter de un karateca. No se trata de ganar o perder, sino de que cada karateca ponga a punto lo que ha aprendido en el entrenamiento para demostrar su destreza, inteligencia y control. Los kumites de cinturón marrón y negro llevan a los karatecas a sus límites, pero se vuelven más robustos, disciplinados y resistentes.

Jiyu ippon kumite (combate semilibre)

Jiyu ippon kumite, conocido como combate semilibre, es un método popular en el entrenamiento tradicional de karate. Es uno de los ejercicios más desafiantes y satisfactorios que ayuda a los practicantes a mejorar su técnica y sus habilidades en el combate. Además, el jiyu ippon kumite permite a los karatecas demostrar su agilidad, sincronización y precisión. Esta sección explora las principales características, técnicas y pasos para dominar jiyu ippon kumite.

Características principales

Jiyu ippon kumite es una combinación de técnica y combate. Los practicantes pueden utilizar cualquier método siempre que sea controlado y no cause daño a sus oponentes. Durante jiyu ippon kumite, no hay una secuencia de ataque planificada de antemano, y el oponente se mueve espontáneamente para atacar o contraatacar. Este entrenamiento incorpora velocidad y gestión de la distancia, lo que permite a los practicantes perfeccionar el juego de pies y la coordinación corporal.

Técnicas utilizadas

Jiyu ippon kumite permite a los practicantes aplicar técnicas en un entorno controlado pero más realista. Para dominar el jiyu ippon kumite es necesario conocer y ejecutar las técnicas básicas en el momento. Aquí están las técnicas más efectivas en jiyu ippon kumite y consejos para mejorar su técnica.

- **Utilice su juego de pies a su favor:** El juego de pies es crucial en jiyu ippon kumite. Es esencial mover los pies con rapidez y eficacia para superar a su oponente. Un consejo es practicar moviéndose en todas direcciones y esquivando para evitar ser golpeado. Puede entrar o salir rápidamente de la zona de golpeo, dificultando que su oponente reciba un golpe limpio.

- **Centrarse en el bloqueo:** El bloqueo eficaz es esencial en jiyu ippon kumite. Es necesario practicar el bloqueo con precisión y utilizar las manos y los brazos para proteger las zonas vitales. Una técnica consiste en bloquear hacia el exterior del golpe del oponente, lo que se conoce como uke. Puede utilizar patadas para bloquear golpes. Bloquear inmediatamente después de que el oponente inicie un movimiento es crucial.

- **Aplicar contraataques:** Los contraataques son importantes en jiyu ippon kumite. Una vez que bloquea el golpe de su oponente, puede contraatacar. Algunas técnicas incluyen jodan, un puñetazo a la cabeza, y chudan, un puñetazo al torso. También puede utilizar patadas y barridos para desequilibrar a su oponente. Es esencial asegurarse de que los contraataques son precisos y controlados.

- **Aproveche las distracciones:** Las distracciones son eficaces para pillar desprevenido al adversario y crear una oportunidad para atacar. Algunas técnicas son las fintas, que consisten en fingir un movimiento para engañar al oponente, y los objetivos móviles, que consisten en mover la cabeza o el cuerpo para dificultar los golpes. Utilizando estas técnicas, se crean aperturas para golpear al adversario.

- **Mantener la concentración y la calma:** Por último, mantener la concentración y la calma es fundamental para dominar el jiyu ippon kumite. Mantener una mentalidad clara y centrada es esencial, incluso bajo presión. Evite agitarse y perder la calma, lo que conduce a errores. Si se mantiene concentrado, podrá anticipar los movimientos de su oponente y reaccionar en consecuencia.

Pasos del jiyu ippon kumite

Los pasos para practicar jiyu ippon kumite varían de un dojo a otro, pero los fundamentos siguen siendo los mismos.

1. En primer lugar, comience con una exhaustiva sesión de calentamiento para evitar lesiones.
2. Sitúese frente a su oponente e inclínese para comenzar la sesión de sparring.
3. Decida quién será el atacante y quién el defensor.
4. El atacante decide qué técnica utilizar mientras el defensor realiza un bloqueo y, a continuación, le responde rápidamente con una contratécnica.
5. Mantenerse relajado, controlar la distancia y mantener un buen juego de pies durante el combate.
6. Por último, haga una reverencia a su oponente para indicar el final de la sesión.

Jiyu ippon kumite es un excelente mecanismo de entrenamiento para mejorar sus habilidades de karate. Este método pone a prueba su técnica y sus habilidades en el combate y le ayuda a ganar confianza en sí mismo. Puede dominar esta forma de karate y desarrollar habilidades esenciales como la agilidad, la sincronización y la precisión con la práctica regular. Las técnicas son muy variadas y permiten un sinfín de creatividad. La clave es mantenerse relajado y concentrado y mantener un buen juego de pies durante el combate. Practique regularmente jiyu ippon kumite y verá cómo mejora sus habilidades de karate.

Jiyu kumite (combate libre)

Las artes marciales son algo más que aprender formas y técnicas. Se trata de ponerse a prueba física y mentalmente contra los demás. Para los practicantes de karate, el jiyu kumite les permite mostrar sus habilidades y aprender de sus errores. El jiyu kumite, conocido como sparring libre, es crucial en el entrenamiento tradicional de karate. Esta sección se sumerge en las principales características del jiyu kumite, las técnicas y los pasos de esta práctica dinámica y emocionante.

Características principales

Jiyu kumite es una práctica de sparring que enseña a los alumnos a reaccionar rápida y eficazmente ante diferentes estilos de lucha. A diferencia del kumite predeterminado, el jiyu kumite no se basa en movimientos coreografiados. En su lugar, los alumnos deben crear sus ataques y defensas sobre el terreno. Este enfoque ayuda a los practicantes a desarrollar el pensamiento en sus pies y adaptarse a situaciones cambiantes. Además, jiyu kumite hace hincapié en la importancia del control y el respeto hacia su oponente, manteniendo a ambos artistas marciales seguros durante la sesión de sparring.

Técnicas utilizadas

Jiyu kumite es uno de los aspectos más emocionantes y desafiantes del entrenamiento de karate. Al igual que un combate real, requiere reflejos rápidos, pensamiento estratégico y adaptación a cualquier situación. En jiyu kumite, debe estar preparado para trabajar con una amplia gama de técnicas de ataque, desde puñetazos hasta patadas y codazos.

En primer lugar, los golpes (tsuki) son una técnica fundamental en jiyu kumite. Mantener la guardia alta es una de las cosas más importantes a recordar cuando se lanza un puñetazo en el combate. Su oponente buscará debilidades en su defensa, así que mantenga las manos en alto para proteger su cara y su cuerpo. Cuando golpee, apunte a la barbilla, al plexo solar o a las costillas. Utilice todo el cuerpo, no solo el brazo, para generar potencia.

Los golpes de codo (empi) son otra técnica crucial en el jiyu kumite. Los golpes de codo pueden utilizarse en combates cuerpo a cuerpo y son increíblemente eficaces cuando se lanzan correctamente. Para lanzar un golpe de codo, lleve el codo hacia arriba y a un lado de su cuerpo, y luego llévelo hacia delante utilizando todo el cuerpo. El objetivo de un codazo suele ser la sien, la mandíbula o la clavícula. Los golpes con el codo son potentes y pueden aturdir o incapacitar rápidamente al adversario.

Los golpes con la mano en forma de cuchillo (shuto) se utilizan habitualmente en el jiyu kumite. Los golpes shuto implican golpear con el lateral de la mano y se utilizan de varias formas. Por ejemplo, puede utilizar un golpe shuto en el cuello o la sien para aturdir a su oponente o golpear las costillas para dejarle sin aliento. Para ejecutar un golpe shuto, mantenga los dedos juntos y el pulgar metido hacia dentro, y golpee con la parte carnosa de la mano.

Las patadas son esenciales en el jiyu kumite e incluyen tres técnicas principales: patadas frontales (mae geri), patadas laterales (yoko geri) y patadas giratorias (mawashi geri). Las patadas frontales son potentes y pueden mantener a raya al oponente. Cuando lance una patada frontal, apunte al plexo solar o a la barbilla. Las patadas laterales son útiles cuando el adversario se desplaza lateralmente y pueden dirigirse a las costillas o a la rodilla. Las patadas giratorias son potentes pero más lentas que las demás. Se dirigen al lateral de la cabeza o a las costillas.

Pasos del jiyu kumite

Antes de la sesión de sparring, los alumnos deben calentar y aprender correctamente los pasos del jiyu kumite. A continuación, suelen realizar ejercicios predeterminados para perfeccionar sus habilidades y técnicas. Una vez que la sesión de sparring comienza, hay algunos pasos fundamentales que debe conocer.

1. Comience con un arco y asuma una postura de combate.
2. Probarse mutuamente con golpes ligeros o juego de pies antes de intercambiar técnicas más avanzadas.
3. Sea consciente de su distancia y posicionamiento cuando se enfrente a su oponente.
4. Utilice diferentes técnicas para atacar, defenderse y contraatacar.
5. Sea consciente de la posición de su oponente, sus movimientos y sus reacciones a sus ataques.
6. Utilice un contacto ligero y mantenga el control en todo momento.
7. Sea respetuoso con su oponente y sus habilidades.
8. Al finalizar el combate, inclínese y dése la mano.

Jiyu ippon kumite es el segundo ejercicio de combate que practican los cinturones marrones y negros. Este combate está más estructurado que el jiyu kumite y sigue una secuencia predeterminada de ataques y bloqueos. En este ejercicio, los alumnos practican técnicas preestablecidas desde una perspectiva ofensiva y defensiva para conseguir puntos. Los métodos de este ejercicio incluyen puñetazos, patadas, codazos y golpes con la mano.

Jiyu-ippon y jiyu kumite son esenciales para dominar el karate y desarrollar habilidades críticas de las artes marciales, como la concentración, el equilibrio, la precisión y el respeto. Además, estos kumites ayudan a desarrollar la confianza en sí mismo y la capacidad de tomar decisiones, lo que los convierte en una valiosa práctica de los aspectos físicos y mentales del karate. Ya sea un principiante o un artista marcial experimentado, estos kumites proporcionan un desafío interesante y emocionante para llevar sus habilidades de karate al siguiente nivel.

Capítulo 8: Katas para cinturón negro I

Lleve sus habilidades en artes marciales al siguiente nivel con los katas avanzados para cinturón negro. Estas intrincadas formas no son para los pusilánimes, sino para aquellos dispuestos a dedicarles tiempo y esfuerzo. El jitte aporta movimientos afilados y precisos para mantener a tu oponente expectante. El tekki nidan y el tekki sandan suponen un reto, ya que se centran en la fuerza y el equilibrio. El bassai-sho enfatiza la potencia y la velocidad, manteniéndote siempre alerta.

Como cinturón negro, estos katas son la prueba definitiva de sus habilidades y muestran su dedicación al arte. Este capítulo le ayudará a aceptar el reto y añadir estas impresionantes formas a su arsenal de artes marciales. Se aborda el significado, las técnicas, los pasos, los tiempos y los consejos de cada kata. Al final estará preparado para enfrentarse con confianza a los katas avanzados para cinturón negro.

Kata jitte

Plano y movimientos de jitte

El karate consiste en lanzar patadas y puñetazos y abarca movimientos artísticos llamados katas. El kata es una secuencia de acciones que imitan un combate contra un oponente imaginario. Uno de los katas que todo karateca cinturón negro debe aprender es el kata jitte. Desafortunadamente, este kata es una joya oculta que solo unos pocos pueden ejecutar correctamente. Esta sección le guiará para aprender a ejecutar el kata jitte correctamente.

Significado

Jitte significa diez manos en japonés. El propósito del kata es demostrar que, con la técnica y la sincronización adecuadas, el karateca puede defenderse contra diez oponentes. El kata jitte ayuda a mejorar el equilibrio, la concentración y la coordinación. Le enseña a ser consciente de lo que le rodea y a utilizar estrategias de combate.

Técnicas y pasos

El kata jitte consta de 24 movimientos divididos en dos partes. La primera parte contiene diez movimientos que implican técnicas de bloqueo, mientras que la segunda incluye catorce acciones que implican técnicas de golpeo.

1. Comience en una postura izquierda, con los puños y las manos abiertas en las caderas.
2. Dé un paso hacia la derecha en posición de caballo y ejecute simultáneamente un bloqueo hacia abajo (gedan barai).
3. Dar un paso adelante con el pie delantero y ejecutar un bloqueo interior medio (uchi uke) mientras gira sobre el pie trasero, preparándose para una patada frontal (mae geri).
4. Dé un paso adelante con el pie trasero y ejecute la patada frontal (mae geri).
5. Aterrice y tire hacia atrás el pie delantero y ejecute un bloqueo medio hacia abajo (chudan gedan barai).
6. Hacer una finta con la mano delantera y emplear un golpe de mano de lanza modificado de nivel inferior a la ingle (nage-azuki).
7. Sin retraer la mano de lanza modificada, pivote 270 grados en el sentido de las agujas del reloj.
8. Cambie a una posición frontal y ejecute un bloqueo ascendente (age uke).
9. Dé un paso adelante con el pie trasero y ejecute una patada frontal (mae geri).
10. Aterrice y retroceda con el pie delantero y ejecute un bloqueo interior medio (uchi uke).
11. Deslice el pie izquierdo hacia dentro y levante el pie derecho para ejecutar una patada frontal izquierda.

La segunda parte incluye técnicas de golpeo y consta de catorce movimientos. Al igual que la primera parte, todos los movimientos requieren un excelente juego de pies, equilibrio y coordinación.

Cronometraje

El kata jitte requiere precisión y sincronización. Cada movimiento es una respuesta a un ataque de un oponente imaginario. Por lo tanto, es esencial comprender claramente la secuencia de movimientos antes de practicar el kata. Practique cada paso metódicamente y asegúrese de que cada movimiento fluye suavemente hacia el siguiente. Cuando practique, observe su respiración y asegúrese de que se sincroniza con sus acciones.

Consejos

- Practicar con un compañero ayuda a comprender el ritmo y la fluidez de los movimientos.
- Comprender el significado de este kata le ayudará a ejecutarlo con la perspectiva adecuada.
- Concéntrese en su postura. Asegúrese de que es sólida y de que sus caderas y hombros están alineados.

- La constancia es vital para la maestría. Practique con regularidad y trate de mejorar en cada sesión.

El kata jitte es un kata vital que todo karateca debería aprender. Aprender y dominar el kata requiere dedicación, práctica y paciencia. Sin embargo, cuando se ejecuta correctamente, el kata muestra su coordinación, equilibrio y concentración. Si sigue las directrices de esta sección, podrá completar el kata jitte rápidamente y con confianza.

Kata tekki nidan

Tekki Nidan (Ne2)

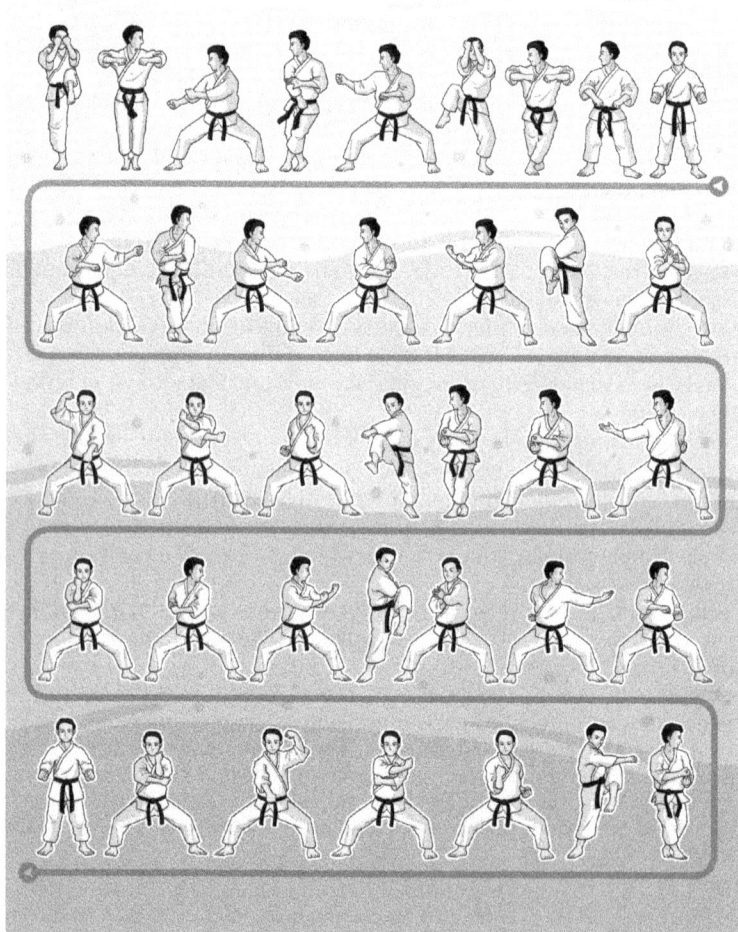

Plano y movimientos de tekki nidan

El kata es la piedra angular de la práctica tradicional del karate, y el tekki nidan es una de las formas más importantes y populares. Un kata es una serie de movimientos y técnicas preestablecidos que simulan una situación de defensa personal, y el kata tekki nidan se considera una de las formas más avanzadas. Este antiguo kata es un kata básico, excelente para que los estudiantes aprendan y perfeccionen. Esta sección explora el significado, las técnicas, la sincronización y los consejos para realizar el kata tekki nidan.

Significado

El tekki nidan, conocido como naihanchi nidan, es un kata potente y dinámico para simular la lucha cuerpo a cuerpo. Su nombre proviene de la palabra japonesa "tekki", que significa "caballo de hierro", y "nidan", que significa "segundo nivel" o "segundo paso". En este kata, te mueves linealmente, firmemente plantado en el suelo como un "caballo de hierro". El kata tekki nidan desarrolla los músculos fuertes de las piernas, mejora el equilibrio y desarrolla una mentalidad de lucha adecuada.

Técnicas y pasos

El kata tekki nidan comprende 24 movimientos que deben ejecutarse con precisión. Los movimientos incluyen posturas bajas, puñetazos, bloqueos, patadas y giros. El kata se mueve linealmente, con muchos giros y cambios de dirección. Las técnicas y pasos del kata tekki nidan desarrollan la fuerza de la parte superior e inferior del cuerpo, mejorando el equilibrio y fomentando la agilidad. Algunas técnicas esenciales de este kata son shuto uke (bloqueo con mano de cuchillo), shoto-uke (bloqueo exterior) y gedan-barai (barrido bajo). He aquí un desglose paso a paso del kata tekki nidan:

1. Comience en una postura natural y realice un shuto uke, luego pivote y realice un shoto-uke.
2. Dé un paso adelante con el pie izquierdo en una postura lateral (jodan uke).
3. Realice un golpe con el pie derecho y adopte una postura frontal (chudan uke).
4. Dar un paso atrás con el pie izquierdo y realizar un bloqueo hacia dentro (gedan-barai).
5. Dar un paso adelante con el pie derecho en posición frontal y realizar un codazo hacia dentro (empi-uchi).
6. Paso atrás con el pie izquierdo y realizar un bloqueo bajo (gedan-barai).
7. Avanzar en posición baja con el pie derecho mientras se realiza un bloqueo hacia dentro (gedan-barai).
8. Dar un paso adelante con el pie izquierdo y realizar un shuto-uke.
9. Retroceda con el pie izquierdo y realice un bloqueo bajo (gedan-barai).
10. Dar un paso hacia la izquierda y realizar un bloqueo hacia afuera (shoto-uke).
11. Dar un paso adelante con el pie derecho en una postura lateral y realizar un puñetazo frontal.
12. Dar un paso adelante con el pie izquierdo en una posición natural y realizar un shoto-uke.

Tiempo

La sincronización es crucial cuando se ejecuta el kata tekki nidan. La sincronización de sus movimientos debe ser precisa y bien coordinada para simular una situación real de defensa personal. Realice este kata a un ritmo lento y controlado hasta que domine las técnicas y los movimientos. Una vez que se sienta cómodo con el kata, aumente la velocidad. El kata debe realizarse con un movimiento constante, sin pausas entre los movimientos.

Consejos

Para realizar el kata tekki nidan con eficacia, ten en cuenta estos consejos:

1. Mantenga un centro de gravedad bajo durante todo el kata para ayudarle a equilibrarse y mantener sus movimientos conectados a tierra.
2. Mantenga sus ojos enfocados en su oponente mientras realiza el kata.
3. Respire correcta y continuamente durante todo el kata para mantener la resistencia física y mental.
4. Practique el kata repetidamente hasta que sus movimientos se vuelvan fluidos y agresivos.

5. Aprenda a controlar su cuerpo y sus acciones para ejecutar cada técnica con precisión y fuerza.

El kata tekki nidan es un kata explosivo y desafiante que requiere tiempo y dedicación para dominarlo. Es necesario desarrollar la flexibilidad, la fuerza y la resistencia para perfeccionar este kata. Aunque el kata tekki nidan parece sencillo a primera vista, se trata de una forma compleja que requiere técnicas avanzadas y una sincronización precisa. Sin embargo, puede aprender a ejecutar este dinámico kata como un verdadero artista marcial con práctica y dedicación constantes. Así pues, tómese su tiempo, manténgase concentrado y disfrute del viaje a medida que descubre las técnicas y la sincronización de este antiguo kata.

Kata tekki sandan

Tekki Sandan

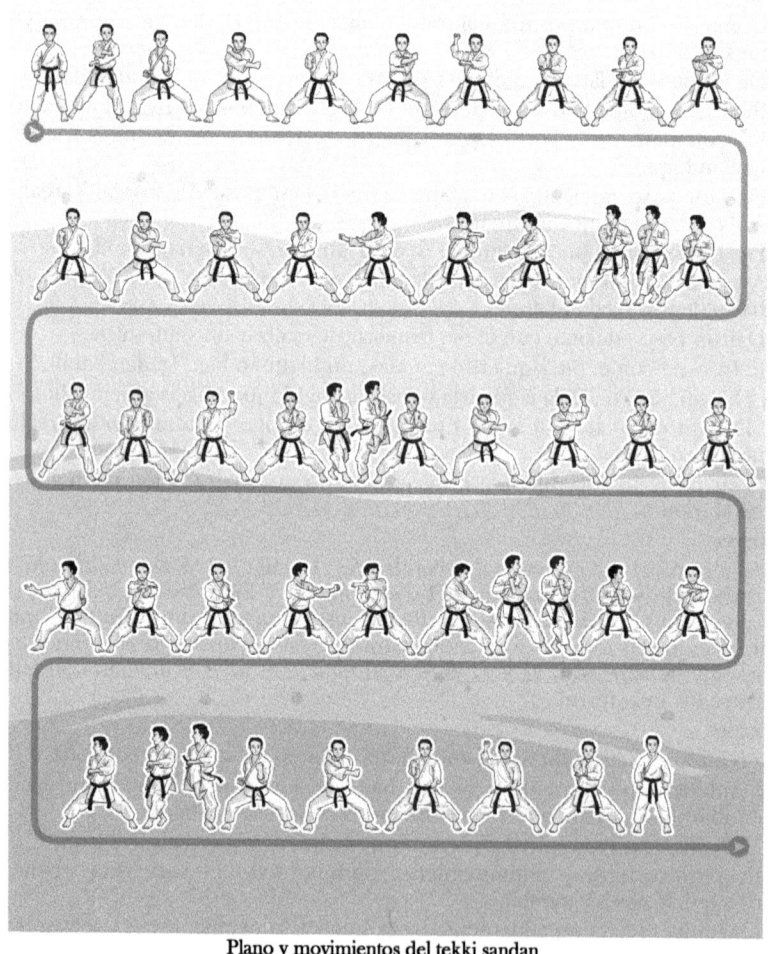

Plano y movimientos del tekki sandan

El kata tekki sandan es una forma básica que se enseña después de obtener el cinturón azul. Esta sección cubre el significado del kata tekki sandan, las técnicas, los pasos, la sincronización y los consejos para ayudarle a dominar este kata.

Significado

El kata tekki sandan se traduce como "caballo de hierro tres". Es una excelente representación de los movimientos y posturas al ejecutar el kata. La importancia simbólica deriva de la firmeza del caballo y del equilibrio. El equilibrio entre la parte delantera y trasera de los pies debe ser preciso, donde ambos pies apunten en direcciones perpendiculares y proporcionen una base estable.

Técnicas y pasos

El kata tekki sandan incluye técnicas fundamentales para dominar las artes marciales. Una de las técnicas más importantes es la técnica "shuto uke" o el bloqueo de la mano con el cuchillo. Otros movimientos de este kata son el golpe de talón con la palma de la mano, el puñetazo y la patada frontal. El kata es bastante complejo en sus técnicas de paso y requiere mover las piernas lateralmente de forma continua. Recuerde, la práctica hace al maestro. Comience por conseguir un juego de pies correcto y luego trabaje para dominar las diversas técnicas implicadas.

Tiempo

La sincronización lo es todo en las artes marciales. En el kata tekki sandan, los movimientos son rápidos e intrincados. Sin embargo, para el ojo inexperto, pueden parecer lentos. La kata consta de 26 movimientos y requiere unos 50 segundos para completarse. El truco está en moverse a una velocidad constante y asegurarse de que cada acción esté sincronizada.

Consejos

1. Concéntrese en la respiración. Recuerde inhalar y exhalar durante los movimientos.
2. Preste atención a su postura y asegúrese de que es correcta. Una postura inadecuada podría causar desequilibrio.
3. Asegúrese de que cada movimiento es preciso. Le llevará tiempo hacerlo bien, pero lo conseguirá con la práctica.

Sus posturas deben estar ancladas y ser estables. La técnica se realiza sin esfuerzo cuando sus posturas son correctas.

Aprender el kata tekki sandan sentará unas bases sólidas para dominar las artes marciales. En primer lugar, es esencial comprender el significado del kata, las técnicas y los pasos que implica, el ritmo y leer los consejos que le ayudarán a dominarlo. Después, ejecutará el kata sin esfuerzo con práctica regular, determinación y paciencia.

Kata bassai-sho

Bassai-Sho

Plano y movimientos del bassai-sho

El kata bassai-sho es una forma de artes marciales originaria de Okinawa, Japón. Esta forma tradicional de karate es ampliamente practicada por artistas marciales de todo el mundo, y por una buena razón. El kata bassai-sho encarna la agilidad, la potencia y el control, y desafía al cuerpo y a la mente. Esta sección explica todo sobre esta forma dinámica de karate, incluyendo su significado, técnicas, sincronización y consejos para mejorar su habilidad.

Significado

"Bassai-sho" significa "penetrar una fortaleza" en japonés. El arte del kata bassai-sho se basa en los dos conceptos de infiltración y evasión. Los movimientos del kata bassai-sho permiten a un artista marcial superar a un adversario mediante golpes directos, consecuentes y eficaces. Los principios básicos del kata bassai-sho incluyen el dominio del juego de pies, la alineación adecuada y la concentración en la respiración.

Técnicas y pasos

En la ejecución del kata bassai-sho intervienen varias técnicas y pasos. Sin embargo, los más esenciales incluyen movimientos, tales como:

1. **Hachiji-dachi:** Esta postura forma una base para muchos movimientos en el kata bassai-sho.
2. **Chudan-uke:** Se trata de un bloqueo medio utilizando el antebrazo para bloquear un ataque dirigido al torso.
3. **Age-uke:** Este bloqueo ascendente utiliza su brazo para desviar los ataques dirigidos a su cara.
4. **Kiba-dachi:** Esta postura es para contraataques, golpeando las piernas de su oponente.
5. **Empi-uchi:** Este es un poderoso golpe de codo para golpear a un oponente a corta distancia.

Tiempo

La sincronización es un componente esencial del kata bassai-sho. Este arte consiste en aprovechar el momento adecuado para atacar o defenderse de un oponente. La sincronización implica reconocer los huecos adecuados para ejecutar un movimiento, lo que se traduce en una mayor exactitud y precisión. La clave de la sincronización es controlar los movimientos del cuerpo para no telegrafiar el siguiente movimiento. La alineación, el juego de pies y la respiración adecuados son cruciales para la sincronización en el kata bassai-sho.

Consejos

- **Practique con regularidad:** Como en cualquier arte marcial, el entrenamiento continuado del kata bassai-sho asegura la maestría. Además, la práctica regular le ayudará a sentirse más cómodo con los movimientos y técnicas para mejorar sus habilidades.
- **Fortalezca su núcleo:** La fuerza del tronco es fundamental para ejecutar los movimientos del kata bassai-sho. Fortalezca su núcleo mediante ejercicios como abdominales y planchas.
- **Busque retroalimentación:** Sus movimientos son tan buenos como su habilidad para ejecutarlos en karate. Busque retroalimentación de su sensei o compañeros para entender las áreas que necesita mejorar.
- **Concéntrese en la respiración:** Los maestros de karate hacen hincapié en la importancia de controlar la respiración durante la práctica. Concéntrese en una respiración constante y profunda mientras ejecuta los movimientos.

Aprender el kata bassai-sho requiere tiempo, esfuerzo y dedicación. Requiere práctica constante, disciplina y concentración para dominar los movimientos y las técnicas. Sin embargo, con paciencia y persistencia se pueden obtener grandes recompensas en forma física y fuerza mental. Tanto si se aprende para el deporte como para la defensa personal, el kata bassai-sho es una excelente adición a su repertorio de artes marciales. Recuerde siempre los componentes críticos del kata bassai-sho, incluyendo el significado, las técnicas, la sincronización y los consejos, ya que forman la base de su crecimiento en esta hermosa forma de artes marciales.

Los katas para cinturón negro son una forma avanzada de karate tradicional. Este capítulo cubre el significado, las técnicas, los pasos y los tiempos de los katas más populares entre los practicantes avanzados. Con práctica, disciplina y concentración, podrá adquirir las habilidades necesarias para despejar la fortaleza de estos katas y crecer en fuerza, agilidad y claridad mental. Recuerde, busque retroalimentación cuando sea necesario, concéntrese en la respiración controlada mientras practica, y fortalezca su núcleo para aumentar la estabilidad.

Capítulo 9: Katas del cinturón negro II

Los katas para cinturón negro son un aspecto vital del régimen de entrenamiento de cualquier artista marcial en karate. Desde el kanku-sho hasta el gankaku, cada forma presenta desafíos únicos que ponen a prueba la fuerza, la agilidad y la concentración mental del practicante. Por ejemplo, el hangetsu hace hincapié en la importancia del equilibrio y el control de la respiración. Sochin desafía incluso a los luchadores más expertos con intrincados movimientos de manos y un juego de pies preciso. Tanto para un principiante como para un profesional experimentado, dominar estos katas requiere dedicación y compromiso. Pero nada supera la sensación de ejecutar cada movimiento con precisión y gracia.

Este capítulo está dedicado a los cuatro katas para cinturón negro, con descripciones detalladas. Abarca la traducción y el significado de cada kata, esboza los movimientos y ofrece valiosos consejos para dominarlos. Al final de este capítulo, comprenderá los cuatro katas y estará bien encaminado para convertirse en cinturón negro. El camino es largo, pero la recompensa es grande.

Kanku-sho

Kanku-Sho

Plano y movimientos de kanku-sho

El karate es un arte marcial dinámico que requiere disciplina, concentración y práctica continua. Como cualquier arte marcial, tiene sus propias katas o patrones coreografiados de movimientos. Uno de estos katas es el kata kanku-sho, un kata de segundo nivel conocido por sus intrincados movimientos y simbolismos. Esta sección explora la traducción, el significado y la importancia del kata kanku-sho. Además, se ofrecen consejos para ayudarle a dominar este kata único.

Significado

El kata kanku-sho significa "mirar al cielo y hacer señas". Este nombre deriva de uno de los movimientos del kata en el que el practicante realiza un bloqueo hacia arriba con una mano mientras la otra se extiende hacia arriba como si hiciera señas o llamara a algo desde el cielo. Se cree que esta acción representa un momento de meditación en el que el practicante se toma un momento para reflexionar y conectar con el universo. La mayoría de los practicantes creen que este kata simboliza el viaje hacia la iluminación. Es un poderoso recordatorio de que, con dedicación y concentración, todo es posible.

Movimientos

El kata kanku-sho consta de 27 movimientos divididos en tres partes: La apertura, el medio y el cierre. Cada elemento tiene sus acciones y significados. Al principio, el practicante realiza una serie de movimientos defensivos y ofensivos que simbolizan la necesidad de protegerse de las amenazas externas. La parte intermedia se centra en movimientos lentos y deliberados que enfatizan el equilibrio, el control y la concentración. La parte final incluye movimientos de remate para terminar la kata con potencia y gracia. Mientras se ejecuta cada movimiento, el practicante debe permanecer concentrado y consciente de su entorno.

Consejos

Para dominar el kata kanku-sho, empiece por memorizar los movimientos y sus significados. Practique cada movimiento lenta y deliberadamente, centrándose en la forma, la postura y la respiración. Una vez memorizados los movimientos, practique su ejecución con fluidez y gracia, manteniendo sus acciones precisas y controladas, y manteniendo siempre el contacto visual con su oponente imaginario. Practique los katas con regularidad para aumentar su resistencia. Cuanto más practique, mejor será su ejecución.

El kata kanku-sho es un kata fascinante y profundo que requiere disciplina, concentración y práctica. Sus movimientos y simbolismos representan la esencia del karate, que es la búsqueda de la perfección física y espiritual. Dominar este kata le enseña a defenderse y a desarrollar una conexión más profunda con el universo. Así que siga practicando, manténgase concentrado y recuerde siempre mirar al cielo y hacer señas.

Hangetsu

Hangetsu

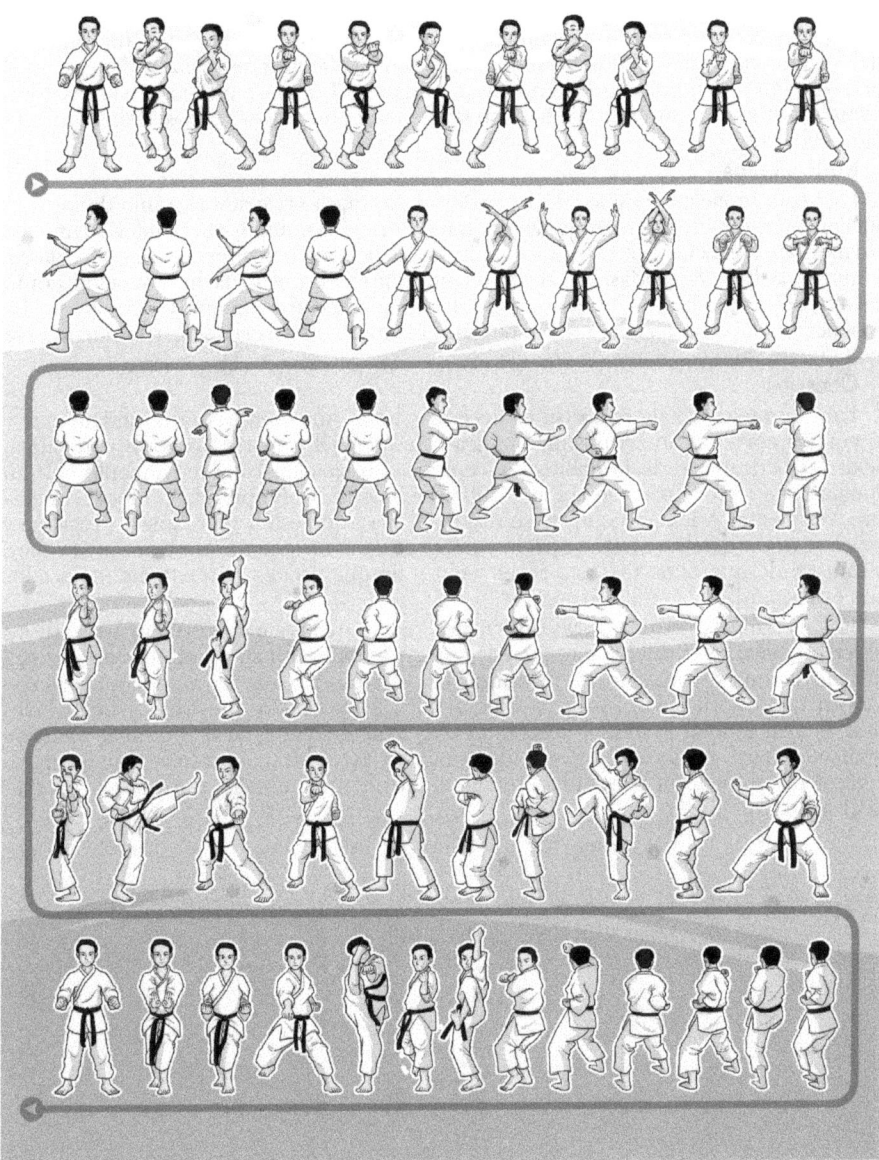

Plano y movimientos del hangetsu

Para los entusiastas del karate, el kata hangetsu es una forma que no debe pasar desapercibida. Este kata en particular es uno de los más singulares y desafiantes. Hangetsu se traduce como media luna, simbolizando el equilibrio entre las artes marciales japonesas y chinas. Este kata es una herramienta excelente para perfeccionar la concentración mental, el equilibrio físico y la precisión. Esta sección explora el significado y los movimientos del hangetsu kata y proporciona consejos sobre cómo dominarlo.

Significado

El kata hangetsu combina dos formas, el gojushiho y el kata sanchin. La media luna simboliza el equilibrio entre el cuerpo físico y la mente, las artes marciales externas y el arte de la energía interna. La idea central de este kata es desarrollar la fuerza interior, la velocidad y la agudeza de movimientos. Hace hincapié en posturas profundas y estables que aumentan el equilibrio y la estabilidad mientras se realizan movimientos que redirigen o neutralizan el ataque del oponente. El final de este kata está marcado por una postura que simboliza la luna en su plenitud con ambas manos levantadas y las palmas abiertas

Movimientos

Este kata se ejecuta con lentitud y precisión, lo que lo convierte en uno de los más difíciles de dominar. Requiere mucho control y un peso equilibrado para ejecutar cada movimiento correctamente. El kata hangetsu tiene muchos movimientos circulares, bloqueos, golpes y patadas. Se abre con un lento neko ashi dachi, conocido como postura del gato, que le prepara para los siguientes movimientos constantes. La secuencia incluye un ejercicio de respiración centrado en relajar el cuerpo mientras se mantiene un flujo constante de energía.

Consejos

Para dominar el kata hangetsu es necesario tener una comprensión fundamental y un control corporal de las posturas básicas. Es esencial tomarse las cosas con calma, incluso más despacio de lo habitual, y centrarse en ejecutar cada movimiento con un equilibrio perfecto. Preste atención a cada movimiento y comprenda cómo se conecta con el siguiente. Además, controle su respiración, ya que este kata requiere precisión y atención a los detalles. Otro aspecto crítico a tener en cuenta es su juego de pies. Asegúrese de que tiene los pies en el suelo y de que están correctamente colocados para evitar perder el equilibrio.

El kata hangetsu es una de las principales formas de karate que ayudan a los artistas marciales a liberar su fuerza interior y lograr el equilibrio en su estado físico y mental. Sus movimientos complejos y su énfasis en el equilibrio de la mente y el cuerpo ofrecen una oportunidad única para desarrollar su potencia, precisión y habilidades marciales en general. Así que, pruébelo y experimente la alegría de dominar este kata desafiante pero gratificante. Recuerde tomarse las cosas con calma, mantener las técnicas de respiración adecuadas, centrarse en sus movimientos y mantener los pies en el suelo.

Gankaku

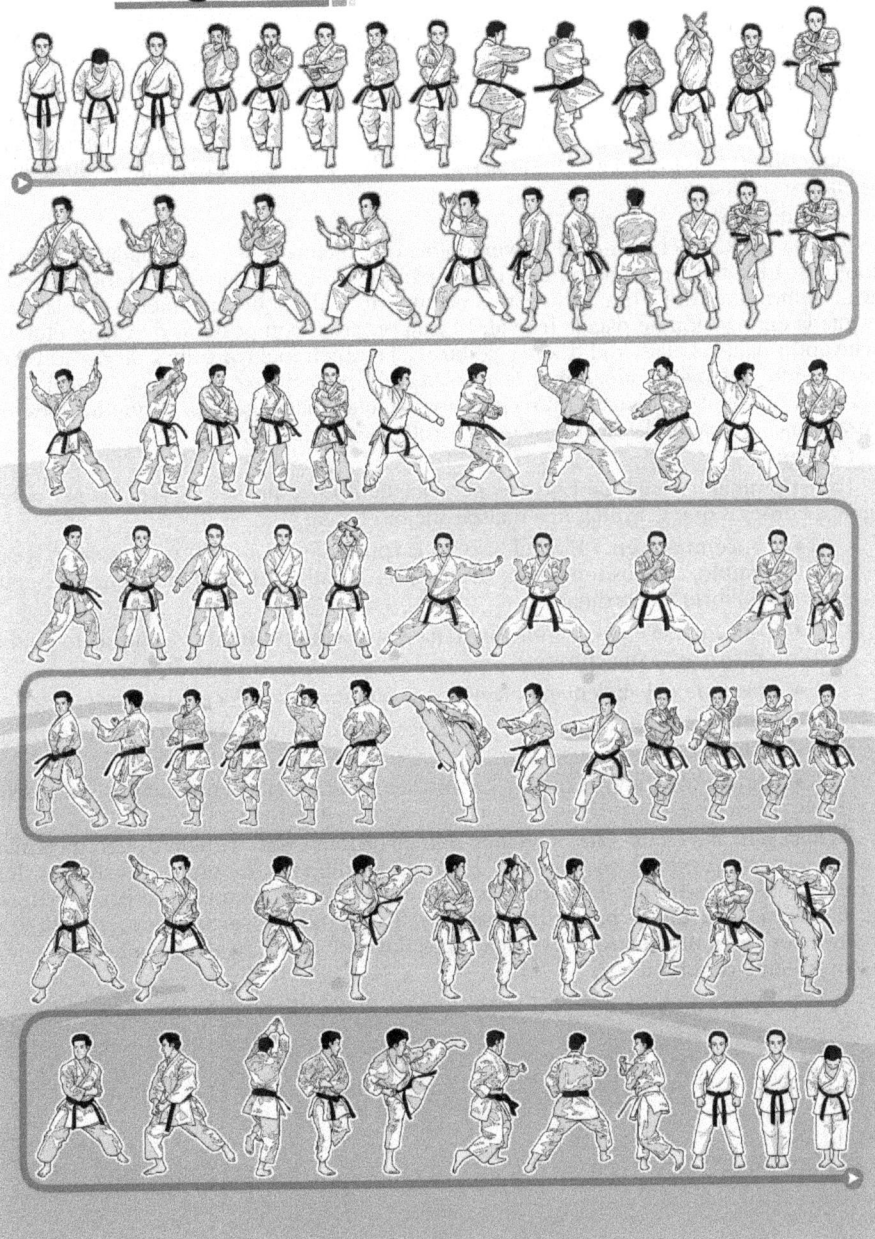

Plano y movimientos del gankaku

El karate, un arte marcial originario de Okinawa (Japón), tiene una amplia gama de katas (formas) con diferentes técnicas y movimientos. Una de ellas es el kata gankaku, conocido como el kata de la "grulla sobre una roca". Este kata combina de forma única posturas, patadas, golpes y bloqueos, y es conocido por sus movimientos fluidos y su gracia. Esta sección profundiza en el kata gankaku y explora su significado, movimientos y consejos.

Significado

El kata gankaku, conocido como kata chinto, se traduce como "grulla sobre una roca" o "lucha sobre una roca". Se cree que se originó en las artes marciales chinas y fue traído a Okinawa por un artista marcial chino llamado chintō. El kata debe su nombre a una pequeña isla cercana a China con terreno rocoso, que se asemeja a la posición de la grulla sobre una roca. El kata incorpora los movimientos de una grulla, que simbolizan la longevidad, la gracia y el equilibrio, y se considera uno de los katas más bellos del karate.

Movimientos

El kata gankaku contiene 42 movimientos, que incluyen diversas patadas, golpes y bloqueos. El kata comienza con una postura suave y relajada, seguida del movimiento "grulla sobre una roca", que incluye una postura de grulla sobre una pierna con la otra levantada en posición de patada frontal. El kata progresa con posturas de varias alturas, incluyendo patadas altas, rodillazos y codazos. También incluye golpes de mano y un movimiento único llamado koko, la técnica del "pico de pájaro" para controlar el brazo del oponente. El kata termina con una patada "mariposa", en la que los pies se cruzan en el aire, seguida de la pose de la "grulla sobre una roca".

Consejos

Para dominar el kata gankaku se necesita tiempo, esfuerzo y práctica. He aquí algunos consejos que le ayudarán a realizar mejor el kata:

- Concéntrese en el equilibrio y la precisión de cada movimiento. Por ejemplo, la postura de la grulla y la patada frontal requieren un buen equilibrio y coordinación.
- Concéntrese en la respiración. Una respiración profunda y controlada ayuda a relajarse y concentrarse.
- Practique el kata lentamente antes de aumentar la velocidad y la intensidad.
- Visualice a su oponente y realice cada movimiento con intención y propósito.
- Entrene con un compañero o instructor para recibir comentarios y mejorar su técnica.

El kata gankaku es un kata desafiante que incorpora los movimientos de una grulla para lograr gracia, equilibrio y fluidez. Es un testimonio de los principios básicos del karate, como la disciplina, la concentración y la precisión. Dominar este kata requiere paciencia, dedicación y práctica constante. Tanto para principiantes como para practicantes experimentados, el kata gankaku es una excelente adición a su entrenamiento de karate.

Sochin

Sochin

Plano y movimientos del sochin

El kata sochin, conocido como "la fuerza en la tranquilidad", es uno de los katas más destacados del karate. Originaria de Okinawa, Japón, este kata es practicado por artistas marciales principiantes y experimentados debido a sus beneficios para el cuerpo y la mente. El kata sochin es una poderosa rutina que requiere concentración, flexibilidad y disciplina. Esta sección profundiza en el significado de este kata, sus movimientos y algunos consejos para dominarlo.

Significado

El kata sochin se traduce como "fuerza tranquila" o "fuerza en la tranquilidad". Este kata fue desarrollado por Chojun Miyagi, el fundador del karate goju-ryu, a principios del siglo XX. El kata combina técnicas duras y suaves, representadas por las transiciones suaves y repentinas entre las distintas posturas. Los movimientos del kata sochin entrenan al practicante para ser más estable, sólido y poderoso.

Movimientos

El kata sochin consta de 41 movimientos y se ejecuta a un ritmo lento y controlado. El kata comienza con un lento movimiento de marcha, seguido de una serie de golpes y patadas. Los movimientos del kata sochin se realizan en una postura de lucha mientras se respira siguiendo patrones específicos. Estos movimientos no solo sirven para el entrenamiento físico, sino también para que la mente se concentre en las técnicas. El kata sochin enfatiza las posturas de pie fuertes y estables con bloqueos de postura amplia y patadas bajas. El kata se realiza lenta y deliberadamente para fomentar la concentración y la disciplina.

Consejos

Para realizar bien el kata sochin, debe dominar las técnicas de respiración y los movimientos físicos. Al exhalar durante el kata, deje salir una respiración robusta y enérgica para aumentar su potencia en cada movimiento. Centrarse en la técnica y la forma es esencial para garantizar que cada movimiento sea preciso y exacto. Tómese su tiempo con cada movimiento y practíquelo hasta que se sienta cómodo. A continuación, pase al siguiente movimiento. Practique el kata frente a un espejo para observar su técnica e identificar las áreas que debe mejorar.

El kata sochin es un poderoso kata de karate que le ayudará a desarrollar la atención, la disciplina y la estabilidad. Los movimientos lentos y deliberados del kata le permiten centrarse en su técnica y respiración y fortalecer su mente, cuerpo y espíritu. El kata sochin es una rutina impresionante y una disciplina que le ayudará a convertirse en un mejor artista marcial. Con la práctica constante, la concentración y la disciplina, puede lograr la grandeza y encarnar plenamente la fuerza dentro de la tranquilidad.

La conquista del primer rango de cinturón negro

Emprender el viaje para convertirse en cinturón negro en artes marciales no es tarea fácil. Requiere dedicación, disciplina y perseverancia. Sin embargo, la sensación de logro y orgullo al obtener ese primer rango es inconmensurable. Debe dominar 26 katas, cada uno con técnicas y movimientos únicos, para alcanzar este hito. El glosario de términos al final de esta guía contiene todos los nombres e información sobre estos katas, para que pueda investigarlos más a fondo.

Puede conseguir su cinturón negro a través de la práctica constante y la dedicación y avanzar en su viaje por las artes marciales. En este capítulo se han tratado los tres katas para cinturón negro: Kanku-sho, hangetsu y sochin. Estudiando los fundamentos de estas formas, analizando las técnicas y dominando los movimientos adecuados, alcanzará su objetivo de convertirse en cinturón negro. El camino es difícil, pero la recompensa merece la pena. Ahora que entiende mejor estas katas, puede practicarlas y dominarlas.

Los siguientes capítulos de este libro le guiarán a través de las técnicas de defensa, los ejercicios de entrenamiento y la etiqueta del dojo para convertirse en un maestro del karate. Puede parecer desalentador, pero con la mentalidad y la orientación adecuadas, puede conquistar cada una de ellas y demostrar que puede alcanzar la grandeza. Imagine la satisfacción cuando por fin consiga el codiciado cinturón negro y la sensación de logro que conlleva. Así que siga practicando y, muy pronto, lucirá un cinturón negro con inmenso orgullo.

Capítulo 10: Entender los cinturones y el dojo

Comprender las complejidades de las antiguas tradiciones y costumbres es esencial para dominar el arte del karate. El sistema de rangos del karate se basa en cinturones de colores; cada color representa su nivel de habilidad. A medida que progresa en su entrenamiento, se gana el derecho a llevar un cinturón más alto. Pero no se trata solo del cinturón. Se trata del viaje. El dojo, o sala de entrenamiento, es un lugar donde usted puede esforzarse física y mentalmente hasta nuevos límites. Allí se aprende disciplina, respeto y humildad, y se crean vínculos con otros practicantes que comparten la misma pasión.

Al comprender los matices de los cinturones de karate y del dojo, se sumerge plenamente en el arte y desbloquea su verdadero poder. Este capítulo examina de cerca los diez kyus y el sistema de clasificación dan, los títulos en el karate y la etiqueta correspondiente, y le enseña cómo atarse un cinturón. El viaje del karate comienza cuando entra en el dojo. Empecemos.

Entrar en el dojo

¿Está pensando en apuntarse a una clase de artes marciales para mejorar su bienestar físico y mental? No busque más. El karate podría ser precisamente lo que necesita. Esta antigua forma de arte marcial japonesa fomenta la disciplina, la concentración y el respeto por uno mismo y por los demás. Tanto si desea mejorar sus habilidades de defensa personal como experimentar los beneficios físicos y mentales del entrenamiento, el karate podría ser la actividad perfecta. Siga leyendo para descubrir más sobre esta gran forma de arte y por qué debería considerar unirse a un dojo de karate hoy mismo.

Los beneficios físicos del karate

El karate mejora el equilibrio, la coordinación y la flexibilidad. Además, la naturaleza de los movimientos y golpes que se practican en el karate ayuda a desarrollar un cuerpo esbelto y ágil con el paso del tiempo. Como resultado, el entrenamiento regular de karate conduce a un cuerpo más robusto y saludable. Además, la práctica del karate reduce el estrés, ya que la concentración necesaria para realizar los movimientos y las técnicas ayuda a despejar la mente de pensamientos y emociones negativos.

Otra razón para apuntarse a un dojo de karate es el aspecto comunitario. Un dojo de karate es un espacio acogedor para personas de todas las edades. Es un lugar para hacer amigos, cruzarse con gente de distintas profesiones, socializar y divertirse. Además, practicar karate con personas que luchan por los mismos objetivos puede ser increíblemente motivador y edificante.

Consejos

Debe tener en cuenta algunas cosas a la hora de apuntarse a un dojo. En primer lugar, es crucial elegir el dojo adecuado. Asegúrese de que los instructores están titulados, tienen experiencia y pertenecen a un dojo con buena reputación. Tómese su tiempo para asistir a una o dos clases antes de comprometerse a una afiliación a largo plazo. Merece la pena comprobar las opiniones de antiguos o actuales miembros, las instalaciones y las medidas de seguridad. En cuanto al entrenamiento, recuerde que el karate exige un cierto nivel de respeto y disciplina. Es esencial llegar a tiempo, realizar los movimientos correctamente y tener en cuenta a los demás practicantes del dojo.

Etiqueta en el dojo y en el combate

La etiqueta se toma muy en serio en la mayoría de los dojos y es la base del entrenamiento del alumno. Parte del entrenamiento incluye el combate, que puede ser una experiencia intimidatoria para los nuevos en este deporte. Esta sección trata de la etiqueta en el dojo y en el combate que se espera de los principiantes y de los practicantes avanzados de karate. Siguiendo estas pautas, mostrará respeto a sus compañeros karatecas y se convertirá en un mejor artista marcial.

Inclinación

Lo primero que notará al entrar en el dojo es que todo el mundo hace una reverencia al entrar y salir de la sala. La reverencia es un signo de respeto y debe tomarse muy en serio. Saludar a su compañero de entrenamiento antes y después de cada sesión de combate es una práctica esperada y aceptada. Recuerde que, en el combate, su compañero no es su oponente, sino su compañero de entrenamiento. Hacer una reverencia demuestra que respeta a su compañero y sus habilidades.

Código de vestimenta

Se espera que lleve el atuendo apropiado en el dojo. Esto incluye el karate gi, o uniforme, que debe ser limpiado y planchado antes de cada sesión de entrenamiento. El pelo largo debe ir recogido y no se deben llevar joyas. Presentarse vestido de forma inapropiada muestra una falta de respeto por el arte y por los demás karatecas.

Reglas de combate

Antes del combate, pregunte a su compañero si está preparado para empezar. Tampoco se debe golpear nunca a alguien que no esté mental o físicamente preparado. Los golpes deben ser lo suficientemente suaves como para no lesionar al compañero, y está estrictamente prohibido cualquier contacto en la cara o en la ingle. Por último, una vez finalizada la sesión de sparring, dé las gracias a su compañero e inclínese ante él en señal de respeto.

Respeto al maestro

En el dojo, su profesor debe ser respetado y admirado. Debe inclinarse ante él en señal de respeto y escuchar atentamente sus instrucciones. En el combate, obedezca sus órdenes y nunca discuta. Recuerde que su profesor está ahí para ayudarle a aprender y a crecer.

Respeto por el dojo

El dojo es un lugar sagrado al que los alumnos acuden para entrenarse y mejorar. Por lo tanto, debe tratarse con respeto. No coma, beba ni mastique chicle en el dojo, y mantenga los niveles de ruido al mínimo. Limpie lo que ensucie y evite que el equipo esté tirado por ahí. Al respetar el dojo, usted está respetando el arte del karate. Un karateca debe esforzarse siempre por ser humilde y respetuoso, incluso cuando compite en torneos. De esta forma se da una mejor impresión del arte.

Comprensión de las palabras japonesas en el entrenamiento de karate

Las palabras japonesas están impregnadas en este arte. Conocerlas es esencial, ya que se utilizan en todo el entrenamiento de karate. Esta sección desvela los secretos del karate, descifrando las palabras japonesas utilizadas en el entrenamiento de karate para que pueda abordar con confianza su práctica.

- **Sensei:** Sensei significa "maestro" en japonés. Este término muestra respeto hacia el maestro, al que se considera mentor y guía. Por lo tanto, dirigirse correctamente a su sensei es un signo de respeto y un aspecto esencial del entrenamiento en artes marciales.
- **Obi:** Un obi es un cinturón ancho que se lleva alrededor de la cintura con un karate gi. Representa el rango y la progresión en el arte, con cinturones de diferentes colores que representan diferentes niveles de logro en la práctica.
- **Shihan:** Un shihan es un maestro de un arte marcial. Es el título más alto que se puede alcanzar en el karate y requiere muchos años de dedicación y compromiso con el arte.

- **Reigi:** Reigi es el término japonés para etiqueta. El comportamiento respetuoso y los modales son esenciales en el karate y deben observarse siempre durante el entrenamiento y en el dojo.
- **Sempai:** Un sempai es el superior de los kohai o estudiantes junior. El sempai debe mostrar respeto a su profesor y a los alumnos mayores. A menudo ayudan a los kohai a comprender las técnicas enseñadas.
- **Rei:** Rei se traduce como "respeto". Es el acto de inclinarse en karate, que es un signo de respeto y gratitud. Debe hacerse antes y después del entrenamiento y al saludar a alguien en el dojo.

Obtención de cinturones en karate

TAK Belt Ranking System

Color Belt		Black Belt	
Yellow Belt			1ST DAN Black
Orange Belt			2ND DAN Black
Purple Belt			3RD DAN Black
Blue Belt			4TH DAN Black
ADV. Blue Belt			5TH DAN Black
Green Belt			6TH DAN Black
ADV. Green Belt			7TH DAN Black
Brown Belt			8TH DAN Black
INT. Brown Belt			9TH DAN Black
ADV. Brown Belt			10TH DAN Black
Master Brown			

Sistema de clasificación de los cinturones de karate

Uno de los aspectos más emblemáticos del karate es la forma en que los alumnos obtienen cinturones que significan su competencia y dedicación. Además, la colorida progresión de los cinturones blancos a los negros simboliza el trabajo duro, la perseverancia y el respeto hacia uno mismo y hacia los demás. Esta sección explora el camino hacia la obtención de cinturones en karate y lo que implica para estudiantes e instructores.

Lo básico

Antes de que los alumnos puedan obtener cinturones en karate, deben dominar los fundamentos del arte, incluido el aprendizaje de las posturas, el juego de pies, los golpes, los bloqueos y las patadas adecuados. Los fundamentos son la base sobre la que se construyen todas las técnicas avanzadas. Con una base sólida, los alumnos pueden progresar. Por lo tanto, los instructores prestan mucha atención a la forma en que los alumnos ejecutan las técnicas básicas, lo que refleja su disciplina y compromiso con el arte. Los alumnos que toman atajos o descuidan los fundamentos necesitarán ayuda para obtener cinturones en karate.

El viaje de un principiante

Como principiante en karate, el camino hacia la obtención de cinturones suele parecer desalentador. Sin embargo, es esencial reconocer los progresos realizados en cada paso. Los principiantes comienzan con un cinturón blanco y deben ir subiendo de rango mediante la práctica constante, la dedicación y el trabajo duro. El primer cinturón suele ser el más difícil de conseguir, ya que marca la pauta para el resto del camino. Los instructores trabajan estrechamente con los principiantes, ofreciéndoles orientación y ánimo para ayudarles a superar los retos y mejorar sus habilidades.

El significado de los colores de los cinturones

Cada color de cinturón en karate tiene un significado y una importancia específicos. Por ejemplo, el cinturón amarillo representa la salida del sol y el comienzo de un nuevo día en el camino hacia la maestría. El cinturón verde representa una planta en crecimiento, lo que significa crecimiento y progreso. A medida que los alumnos avanzan en el rango de los cinturones, comprenden mejor el arte y sus principios. Las pruebas de cinturón implican el dominio de las técnicas y katas, la etiqueta y el respeto hacia los instructores y compañeros.

El papel de la competición

Aunque ganar cinturones en karate no consiste en ganar competiciones, la competición es importante en el camino hacia la maestría. Las competiciones permiten a los alumnos poner a prueba sus habilidades contra otros y adquirir experiencia en un entorno controlado. Ganar competiciones no es el objetivo, sino aprender de la experiencia y mejorar las habilidades. Los instructores suelen animar a los alumnos a participar en competiciones para ayudarles a crecer en su comprensión del karate y de sí mismos.

La recompensa de obtener un cinturón negro

El objetivo final de muchos estudiantes de karate es conseguir un cinturón negro, que significa el dominio del arte. Obtener un cinturón negro es un logro significativo que representa años de dedicación y trabajo duro. Más que un símbolo físico, un cinturón negro significa una mentalidad de humildad, respeto y aprendizaje continuo. Los estudiantes que obtienen un cinturón negro a menudo encuentran el viaje más gratificante que el destino, ya que han crecido en todos los aspectos de sus vidas.

El sistema de clasificación de los 10 kyu y dan

Un aspecto esencial del karate es el sistema de clasificación que describe el progreso y las habilidades del alumno. El sistema de clasificación se conoce como el sistema de los 10 kyu y dan, utilizado en todo el mundo por escuelas y organizaciones de karate. Esta sección detalla el sistema de clasificación de 10 kyu y dan, el significado de los diferentes rangos y cómo progresar a través de los niveles.

Los sistemas de clasificación de los 10 kyu y dan se utilizan para calificar las habilidades y conocimientos de karate de los alumnos. El sistema comprende diez rangos kyu, del más bajo al más alto. Los cinturones de colores representan los rangos kyu, y cada rango tiene su propio conjunto de habilidades y técnicas. Por ejemplo, el rango más bajo es el cinturón blanco, seguido del amarillo, naranja, verde, azul, morado y cinturones. Los diferentes rangos representan las distintas etapas del aprendizaje, y cada color representa un nivel de competencia.

Después de los rangos kyu, vienen los rangos dan. Estos son los rangos de cinturón negro y se dividen en diez grados. El primer grado de cinturón negro es shodan. El grado más alto es el décimo, que se otorga a los maestros. Los rangos dan significan un nivel de maestría y son un símbolo de excelencia en el karate. Los grados dan suelen concederse tras varios años de práctica y dedicación. Conseguir un cinturón negro no es tarea fácil y requiere trabajo duro, disciplina y perseverancia.

Una forma de progresar en el sistema de clasificación es asistir regularmente a las clases de karate. La práctica y el entrenamiento constantes son esenciales para ascender de rango. Muchas escuelas tienen un periodo mínimo de espera para la progresión entre rangos, normalmente de tres a seis meses. Así se garantiza que los alumnos tengan tiempo suficiente para dominar las habilidades y conocimientos necesarios para el siguiente nivel.

Los alumnos de karate deben realizar un examen para ascender de rango. Los alumnos se examinan de sus técnicas, conocimientos de karate y capacidad física. El examen suele estar dirigido por un panel de instructores de cinturón negro que califican el rendimiento de los alumnos. El examen puede incluir pruebas de kata, una secuencia preestablecida de movimientos, sparring y rompiendo tablas.

Títulos de karate

El karate es una de las artes marciales más antiguas del mundo y la practican millones de personas en todo el planeta. Pero, ¿usted sabía que el karate viene con un sistema único de títulos? Estos títulos indican el nivel de experiencia y dominio que han alcanzado los practicantes. En esta sección se examinan los distintos títulos de karate y sus significados. Así que abróchese el cinturón y adéntrese en el fascinante mundo de los títulos de karate.

Los títulos de principiante

En karate, el rango de principiante se conoce como rango kyu. Normalmente, los practicantes comienzan en el rango 10 y progresan a partir de ahí. Los rangos kyu están numerados, empezando por diez y descendiendo hacia uno. Cualquier estudiante por debajo del rango kyu es considerado un novato. Los títulos de rango kyu suelen ser cinturones de colores que denotan el nivel de experiencia del alumno. Por ejemplo, un cinturón amarillo significa un quinto rango kyu, mientras que un cinturón azul es el tercer rango kyu.

Los títulos dan

Después de avanzar a través de los rangos kyu, un estudiante progresa a un rango dan. Los grados dan comienzan con el primer dan, que significa cinturón negro de primer grado. Los grados dan llegan hasta el décimo dan, el nivel más alto del karate. Los títulos dan se conceden normalmente en función del dominio del alumno de varias técnicas de karate, su rendimiento en torneos y su contribución a la comunidad de karate.

Los títulos de maestro

Los títulos de maestro suelen concederse a los practicantes de karate de más alto rango. Estos títulos incluyen renshi, shihan, kyoshi y hanshi. Estos títulos se obtienen tras décadas de dominio de diferentes formas y técnicas de karate. Un renshi se refiere normalmente a un maestro que ha completado su quinto dan. Un shihan denota a un maestro que ha alcanzado su octavo dan y ha demostrado excelentes habilidades de enseñanza.

Los títulos de referencia

Además de los títulos de kyu, dan y maestro, el karate tiene muchos títulos de referencia que denotan la contribución de una persona al karate. Algunos de estos títulos son soke, kokusai budoin y kaiso. Un soke es una persona que fundó un determinado estilo de karate y es considerado su padre. El kokusai budoin es una organización que reconoce a los karatecas más destacados del mundo.

Ceremonia de entrega de títulos

La concesión de títulos se considera la más alta distinción de honor en la comunidad del karate. Durante la ceremonia, el practicante recibe su nuevo título y se reconocen sus logros. A la ceremonia suelen asistir otros karatecas que han conseguido títulos similares.

Tutorial paso a paso sobre cómo atarse el cinturón

Si es nuevo en el karate, una de las primeras cosas que debe aprender es a atarse el cinturón. No solo es una parte esencial de su uniforme, sino también un símbolo de su progreso y dedicación al arte marcial. Puede parecer complicado la primera vez que intenta atarse el cinturón, pero con la práctica se convierte en algo natural. Este tutorial paso a paso le guiará a través del proceso para que pueda atarse el cinturón como un profesional.

- **Paso 1:** Coloque el centro del cinturón en el ombligo y envuélvalo alrededor de la cintura. Asegúrese de que tiene la misma longitud a ambos lados.
- **Paso 2:** Cruce los extremos por detrás y llévelos de nuevo a la parte delantera.
- **Paso 3:** Tome el extremo derecho del cinturón y métalo por debajo de ambas capas. Tire de él hacia arriba y por encima del extremo izquierdo del cinturón. A continuación, tome el extremo izquierdo del cinturón y métalo por debajo del extremo derecho y a través del lazo que acaba de crear. Tire de ambos extremos del cinturón para asegurar el nudo.
- **Paso 4:** Ajuste el cinturón tirando de los extremos para que le resulte cómodo. Asegúrese de que el cinturón esté uniforme alrededor de la cintura y de que el nudo esté centrado en el cuerpo.
- **Paso 5:** Meta los extremos sueltos del cinturón en los pliegues de la cintura. Colóquese erguido, orgulloso y listo para comenzar su entrenamiento de karate.

Aprender a atarse el cinturón de karate puede resultar confuso al principio, pero si sigue los pasos anteriores, lo tendrá dominado en muy poco tiempo. Recuerde que su cinturón no es solo una prenda de vestir, sino un símbolo importante de su trayectoria en el karate. Así que trátelo siempre con respeto y cuidado. Practique atarse el cinturón antes de la clase para no sentirse apurado o presionado antes de la práctica.

Los cinturones y los rangos no son solo simbólicos en el karate. Representan sus habilidades, progresos y logros. Desde el nivel de principiante, los diez kyus, hasta el nivel avanzado, el sistema de clasificación dan, cada nivel es desafiante y gratificante. Recuerde los títulos de karate que inspiran a los practicantes a convertirse en mejores artistas marciales, como sensei, shihan y hanshi. El respeto por el dojo, el instructor y los compañeros es crucial. Además, la etiqueta adecuada en el combate y el uso de palabras japonesas sencillas como "oss" y "rei" mejorarán su experiencia de entrenamiento.

Capítulo 11: Cómo defenderse con el karate

Aprender karate no es solo dominar una nueva habilidad. Se trata de ganar confianza para defenderse en cualquier situación. Tanto si vuelve a casa tarde por la noche como si se enfrenta a un matón, saber cómo protegerse con el karate puede marcar la diferencia. Al centrarse en la disciplina, la forma física y la defensa personal, el karate le proporciona las herramientas para protegerse a la vez que mejora su salud y bienestar general.

El karate puede enseñarle disciplina y ayudarle a defenderse[66]

Este capítulo explica por qué el karate es una herramienta excelente para la defensa personal. Analiza cómo se creó el karate shotokan como arte de defensa personal y ofrece consejos sobre cómo utilizar el karate en diferentes situaciones. Por último, examinará los puntos vitales a los que debe dirigirse para defenderse eficazmente. Nadie debería sentirse indefenso o asustado al salir en público. Con las técnicas adecuadas, el karate puede darle la confianza y las habilidades necesarias para mantenerse a salvo.

Por qué el karate debe ser su método de defensa personal

La autodefensa se ha convertido en una necesidad en el mundo actual. Con el creciente número de delitos, protegerse se ha convertido en una prioridad. Como resultado, se han desarrollado muchas artes marciales, y elegir la adecuada para la defensa personal puede resultar abrumador. Sin embargo, el karate ha superado la prueba del tiempo y ha demostrado ser una herramienta eficaz para la defensa. Esta sección explora por qué el karate debería ser su arte marcial preferido para la defensa personal.

El karate es un arte marcial excelente para ayudarle a ser física y mentalmente exigente. Es un ejercicio físico y se centra en la disciplina mental. La práctica del karate requiere dedicación y disciplina, y le ayuda a desarrollar la perseverancia, la fuerza y la concentración. Además, al practicar karate, se vuelve físicamente más potente y seguro de sí mismo, lo que le ayuda a defenderse de un posible atacante.

El karate se centra en los golpes, las patadas y los bloqueos, lo que lo convierte en el arte marcial perfecto para la defensa personal. Estos golpes pueden incapacitar a un atacante sin causarle daños graves. Además, el karate no se basa en las armas, lo que significa que puede defenderse en cualquier situación. Los bloqueos y golpes que se enseñan en el karate pueden asestarse con velocidad, potencia y precisión, neutralizando a un atacante con eficacia.

El karate enseña a evitar y eludir los ataques. La mejor manera de prevenir un ataque es reconocer a tiempo las señales de peligro. El karate le enseña a ser consciente de lo que le rodea, a identificar posibles amenazas y a actuar con rapidez. Técnicas como el desplazamiento del cuerpo y el distanciamiento pueden crear espacio entre usted y el atacante, permitiéndole defenderse con éxito.

Otra ventaja del karate es que puede practicarlo cualquier persona, independientemente de su edad y sexo. Es una forma estupenda de ponerse en forma, mantenerse activo y aliviar el estrés. Aprender karate le da confianza para protegerse a sí mismo, a sus seres queridos y a su propiedad. Practicando karate, aprendes autodisciplina, autocontrol y autoconciencia, habilidades esenciales en cualquier situación de defensa personal.

Karate shotokan: Un arte de defensa personal

Aprender defensa personal se ha convertido en una necesidad, ya que la violencia sigue asolando la sociedad. En lo que respecta a las artes marciales para la defensa personal, debe tenerse en cuenta el karate shotokan. Con sus raíces en Japón, este arte marcial proporciona un sistema completo de golpes, patadas, bloqueos y derribos para defenderse de un atacante. Esta sección profundiza en el arte del karate shotokan, explora su historia, filosofía y técnicas, y por qué merece la pena para satisfacer sus necesidades físicas y de defensa personal.

Historia y filosofía

Las raíces del karate shotokan se remontan a principios del siglo XX, cuando Gichin Funakoshi desarrolló este arte basándose en los principios del karate de Okinawa. El objetivo de Funakoshi era promover la disciplina física y mental, el desarrollo del carácter y el respeto mutuo a través del entrenamiento en artes marciales. Llamó a su arte "shotokan", que significa "casa de Shoto", su seudónimo. Hoy en día, el karate shotokan se ha convertido en uno de los estilos de artes marciales más populares, con millones de practicantes en todo el mundo. Se centra principalmente en técnicas básicas como puñetazos, patadas, golpes y bloqueos, diseñadas para aumentar la fuerza, la velocidad y la coordinación.

Las técnicas del karate shotokan

El karate shotokan es conocido por sus técnicas potentes y explosivas, que requieren mucha concentración y precisión. El arte hace hincapié en posturas sólidas, posturas adecuadas y técnicas de respiración eficaces para generar potencia y velocidad. Éstas son las técnicas de karate shotokan más comunes que aprenderá en una clase para principiante:

- **Golpes:** Hay cuatro puñetazos básicos en el karate shotokan, incluyendo el golpe frontal (jodan zuki), el golpe invertido (gyaku zuki), el uppercut (chudan tsuki), y el golpe gancho (kagi tsuki).
- **Patadas:** El karate shotokan incluye varias patadas, como la patada frontal (mae geri), la patada lateral (yoko geri), la patada de gancho (uchi mikazuki geri) y la patada giratoria (chudan mawashi geri).
- **Bloqueos:** Un bloqueo eficaz es esencial para defenderse de los ataques. El arte del karate shotokan incluye varias técnicas de bloqueo, como el bloqueo alto (jodan uke), el bloqueo bajo (gedan barai), el bloqueo medio (chudan uke) y el bloqueo hacia dentro (uchiake).

Beneficios del karate shotokan

El entrenamiento de karate shotokan ofrece muchos beneficios más allá de la defensa personal. Estos son algunos de los beneficios que puede obtener de la práctica del karate shotokan:

- **Mejor condición física:** El karate shotokan proporciona un entrenamiento completo que mejora la salud cardiovascular, aumenta la fuerza y la flexibilidad, y mejora el equilibrio y la coordinación.
- **Mayor confianza:** A medida que progresa en su entrenamiento de karate shotokan, gana confianza en sus habilidades, lo que se traduce en otras áreas

de su vida.
- **Autodisciplina:** El karate shotokan requiere dedicación, compromiso y concentración, desarrollando la autodisciplina y la determinación.
- **Alivio del estrés:** El esfuerzo físico y mental que supone el entrenamiento de karate shotokan proporciona una liberación catártica del estrés y la tensión.

El karate shotokan es una práctica holística con numerosos beneficios para mejorar el bienestar físico y mental. Por lo tanto, si desea mejorar sus habilidades de defensa personal, aumentar la confianza en sí mismo o mejorar su forma física, el karate shotokan es una excelente opción. Es una disciplina que requiere paciencia, compromiso y práctica, pero la recompensa merece la pena.

Maniobras de karate contra delincuentes desarmados

¿Se preocupa cuando vuelve a casa solo por la noche? ¿O tiene que atravesar un barrio peligroso para llegar a su destino? Si es así, es esencial que conozca algunas técnicas de defensa personal. El karate es una de las formas más comunes y eficaces de defensa personal. Esta sección cubre algunas maniobras de karate que puede utilizar contra delincuentes desarmados.

- **Golpe de talón con la palma de la mano:** Esta técnica es perfecta para golpear la nariz o la barbilla de un asaltante que le haya agarrado por el cuello o el hombro. Para ejecutar esta maniobra, cierre la mano en un puño y gírela hacia dentro. A continuación, golpee con fuerza la barbilla o la nariz de su adversario con la palma de la mano. Esto hará que se tambalee hacia atrás, dándole tiempo para escapar.
- **Rodillazo:** El golpe de rodilla es ideal para un atacante que está de pie ante usted. Para ejecutar esta maniobra, suba la rodilla y empújela hacia la ingle de su oponente con los dedos del pie apuntando hacia abajo. Así tendrá tiempo más que suficiente para escapar o defenderse.
- **Golpe con el codo:** El golpe con el codo es una gran técnica cuando se lucha en espacios reducidos, como un bar o en casa. Lance el codo directamente hacia la mandíbula de su oponente para realizar este movimiento. Este movimiento puede noquear a un atacante, dándole tiempo suficiente para huir.
- **Patada trasera:** La patada hacia atrás es perfecta cuando alguien se acerca sigilosamente. Para utilizar esta técnica, levante el pie por detrás y, a continuación, dese la vuelta para patear directamente hacia atrás. Esta patada puede desequilibrar al atacante y hacerle tambalearse, dándole tiempo suficiente para huir.
- **Puño martillo:** Esta técnica es perfecta para golpear la parte posterior de la cabeza del adversario. Para realizar un golpe de puño martillo, cierre la mano en un puño y golpee la cabeza de su oponente con la parte plana de la mano. Esta acción puede hacer que su oponente pierda el conocimiento el tiempo suficiente para que usted pueda escapar.

Conocer los movimientos básicos del karate puede ayudarle a sentirse más seguro cuando camine solo o por una zona desconocida. Nunca se sabe cuándo puede ser necesario utilizar una técnica de defensa personal para protegerse. Sin embargo, aprender estos cinco métodos puede proporcionarle las herramientas necesarias para defenderse eficazmente si surge la necesidad. Recuerde que el uso de técnicas de defensa personal debe ser siempre el último recurso, y que pedir ayuda a las autoridades debe ser siempre su primera acción.

Cómo defenderse de asaltantes armados

Una de las situaciones más aterradoras en las que puede encontrarse alguien es un enfrentamiento con un asaltante armado. Ser víctima de un asalto a mano armada es algo que nadie quiere experimentar. Pero, ¿y si le ocurre a usted? ¿Cómo puede defenderse y mantenerse a salvo en una situación así?

- **Prepárese:** La preparación es vital en cualquier situación defensiva. En caso de ataque armado, su preparación debe incluir conocer su entorno y tener un plan de salida. Recuerde que cada segundo cuenta cuando se enfrenta a un asaltante armado, así que vale la pena estar preparado.
- **Mantenga la calma:** Es difícil mantener la calma en una situación estresante, pero es crucial cuando se enfrenta a un asaltante armado. El agresor ya se encuentra en un estado mental agitado, por lo que ponerse nervioso solo agrava la situación. Mantener la calma le permite pensar y actuar racionalmente, lo que le ayuda a controlar el problema.
- **Defiéndase:** Si le están atacando y huir no es una opción, defenderse puede ser su único recurso. Conocer técnicas básicas de defensa personal, como patadas, puñetazos y bloqueos, puede ayudarle a repeler al agresor y ganar tiempo suficiente para pedir ayuda o esperar a que lleguen las autoridades.
- **Utilice las herramientas disponibles:** En caso de ataque armado, cualquier herramienta puede ser útil. Por ejemplo, objetos como llaves, spray de pimienta o un bolígrafo táctico pueden servir para defenderse. Estas herramientas pueden parecer pequeñas, pero pueden causar graves daños a un asaltante, permitiéndole escapar o controlar la situación.
- **Busque formación:** Es esencial obtener formación para defenderse en un ataque armado. No hace falta ser un experto en artes marciales para defenderse. Sin embargo, una formación básica en defensa personal, como krav magá o kickboxing, puede marcar una gran diferencia en una situación de vida o muerte.

Dominar los movimientos del karate para defenderse de los ataques con armas diferentes

El karate es un arte marcial de defensa personal útil en diversas situaciones, especialmente cuando se trata de ataques con armas. Saber cómo defenderse de cuchillos, bates o palos le da una sensación de seguridad y empoderamiento. Aquí tiene algunos movimientos de karate que puede dominar para protegerse de los ataques con armas.

- **Contra ataques con cuchillo:** Para defenderse de un ataque con cuchillo, coloque las manos delante de la cara, con un pie hacia atrás y el otro hacia delante. Espere a que el atacante se mueva hacia usted y utilice el antebrazo para bloquear la mano que sostiene el cuchillo. A continuación, golpee rápidamente su cara, cuello o ingle con un puñetazo o una patada para distraerle y crear una oportunidad para desarmarle.
- **Contra los ataques con bates:** Si alguien le ataca con un bate, muévase hacia un lado para evitar el impacto directo y utilice el antebrazo para bloquear el bate. A continuación, utilice el otro brazo para golpear el cuello o la cara del atacante con un puñetazo o un codazo. También puede darle una patada en las rodillas para desestabilizarlo y crear un hueco para contraatacar.
- **Contra ataques con palo:** Cuando se enfrente a un ataque con palo, utilice el antebrazo para bloquear el impacto y golpee la cabeza, la garganta o el pecho del atacante con un puñetazo o un golpe con la mano. Si el atacante sujeta el palo con ambas manos, puede utilizar un bloqueo de antebrazo doble para desviar el ataque y luego contraatacar con un puñetazo o una patada.
- **Contra varias armas:** Si el atacante tiene más de un arma, debe ser consciente de todas las amenazas y priorizar su defensa. Una estrategia consiste en moverse con rapidez y evadir los ataques mientras se buscan oportunidades para desarmar al atacante. Otra estrategia consiste en defenderse de un arma cada vez y neutralizar el equilibrio y la postura del atacante.

- **Contra los ataques por sorpresa:** En caso de ataque por sorpresa, su tiempo de reacción y su conciencia son cruciales. Mantenga una postura relajada, pero alerta y utilice su visión periférica para detectar señales de peligro. Si percibe un ataque, muévase rápidamente hacia un lado y utilice una combinación de bloqueos y golpes para crear espacio y tiempo para reaccionar.

Los movimientos de karate pueden ser una herramienta valiosa en la defensa personal contra diversos ataques con armas. Sin embargo, dominar estos movimientos requiere práctica, dedicación y la guía de un instructor experimentado. Recuerde, la mejor defensa es evitar situaciones peligrosas y buscar ayuda de las fuerzas del orden u otras autoridades cuando se enfrente a amenazas. Así pues, manténgase a salvo y siga practicando.

Capítulo 12: Ejercicios diarios de entrenamiento

Participar en un régimen de entrenamiento de karate puede ser una de las decisiones más importantes que tomes en tu vida. Promueve la forma física y cultiva el bienestar mental y emocional. El ejercicio regular puede reducir el estrés y la ansiedad, mejorar la concentración y la función cognitiva y aliviar los síntomas de la depresión. Pero lo que diferencia al karate de otros ejercicios es la disciplina y dedicación que requiere. Como resultado, mejorará su destreza física y adquirirá valiosas habilidades para la vida, como la paciencia, el autocontrol y la perseverancia.

Este capítulo esboza un régimen de entrenamiento diario de karate que puede seguirse en el gimnasio o en la comodidad de su hogar. Se desglosan varios ejercicios y rutinas para mejorar la forma física, la agilidad, la velocidad y la potencia. Los ejercicios están pensados para principiantes y pueden adaptarse a practicantes avanzados.

El ejercicio puede ayudarle a progresar en karate[67]

Ejercicios de calentamiento

El karate implica muchos movimientos de alto impacto, por lo que una rutina de calentamiento adecuada es crucial para evitar lesiones. Un buen calentamiento debe incluir ejercicios cardiovasculares para aumentar el ritmo cardíaco y ejercicios de estiramiento para preparar los músculos y las articulaciones. Los ejercicios de calentamiento recomendados incluyen saltos de tijera, saltar a la comba, balanceo de piernas y rotaciones de cadera.

Ejercicios de patadas y puñetazos

El karate consiste en dominar las distintas patadas y puñetazos. Practicarlos repetidamente, solo y con compañeros, es esencial para perfeccionar estos movimientos. Los equipos de entrenamiento, como los sacos de boxeo y las almohadillas para patadas, pueden añadir resistencia e intensidad a los ejercicios. La práctica continua desarrolla la memoria muscular, lo que permite automatizar los movimientos y mejorar la técnica en general.

Ejercicios de acondicionamiento muscular

El karate requiere músculos sólidos y potentes para ejecutar los movimientos con velocidad y precisión. Incorporar ejercicios como sentadillas, estocadas y flexiones a su régimen de entrenamiento aumenta la fuerza y la resistencia. Estos ejercicios fortalecen los músculos centrales, esenciales para el equilibrio y la estabilidad. El uso de barras con peso o pesas rusas puede ayudarle a llevar su rutina de acondicionamiento muscular al siguiente nivel

Entrenamiento pliométrico

El entrenamiento pliométrico es un entrenamiento específico para mejorar la potencia explosiva. En karate, esto se traduce en saltos más altos, patadas más rápidas y golpes más decisivos y rápidos. Los ejercicios pliométricos incluyen sentadillas con salto, burpees y saltos de caja, que se centran en contraer y extender rápidamente los músculos. Cuando se realizan correctamente, los ejercicios pliométricos pueden mejorar significativamente el rendimiento físico. Sin embargo, es fundamental ejecutar los ejercicios a la perfección y dedicarles tiempo.

Ejercicios con bandas de resistencia

Los ejercicios con bandas resistentes son excelentes para entrenar los grupos musculares más débiles y preparar el cuerpo para movimientos de alto impacto. Centrarse en los grupos musculares específicos más utilizados en el entrenamiento de karate completa un régimen de entrenamiento completo. La resistencia de las bandas ayuda a desarrollar la fuerza, la resistencia y la flexibilidad.

Entrenamiento cardiovascular

El karate hace hincapié en la forma física y la salud en general, incluido un sistema cardiovascular sólido. La combinación de ejercicios aeróbicos, como correr o montar en bicicleta, con ejercicios anaeróbicos, como saltar o esprintar, proporciona un régimen de entrenamiento eficaz que fortalece el corazón y mejora la resistencia. Una buena combinación de ejercicios de alta y baja intensidad es ideal para un entrenamiento completo. Por ejemplo, realice una sesión de cardio de 30 minutos al menos dos veces por semana para aumentar la resistencia y la salud cardiovascular.

Entrenamiento de la estabilidad y el tronco

Los ejercicios centrados en fomentar el equilibrio, la estabilidad y la coordinación ayudan a ejecutar con eficacia varias posiciones de karate. Estos ejercicios incluyen planchas, alpinismo y ejercicios de equilibrio con una sola pierna que fortalecen los músculos que rodean las caderas, la parte inferior del cuerpo y la columna vertebral. Aunque no están directamente relacionados con las artes marciales, las sentadillas y los levantamientos de peso muerto también fortalecen los músculos centrales. El tronco es esencial para el equilibrio y la estabilidad en todas las artes marciales, así que incorpora estos ejercicios a su rutina.

Ejercicios de enfriamiento

Después de completar un entrenamiento de karate extenuante, es esencial enfriarse adecuadamente para evitar dolores musculares y lesiones. Los ejercicios de estiramiento y las actividades cardiovasculares lentas, como correr o caminar, reducen gradualmente el ritmo cardiaco y mejoran la circulación sanguínea en los músculos, lo que contribuye a su recuperación. Tómese su tiempo para estirar después de cada entrenamiento para mejorar la flexibilidad y prevenir la rigidez muscular. Si se siente increíblemente dolorido después de una sesión, tomar un baño de hielo o utilizar una compresa fría puede hacer maravillas para mantener a raya la inflamación muscular.

Meditación

Dedicar un rato de su apretada agenda a relajarse y concentrarse en la respiración puede mejorar la concentración, reducir el estrés y aumentar el bienestar general. Utilice la meditación para visualizar ciertos movimientos o técnicas que le ayudarán a comprenderlos mejor. Hay muchas formas de meditar, así que no dude en experimentar y encontrar la que más le convenga. Incluso unos minutos de meditación dedicada pueden ayudarle a mantenerse concentrado y motivado mientras entrena.

Rutina semanal

Ahora que conoce los conceptos básicos, es hora de crear una rutina. Intente entrenar 3 o 4 días de karate a la semana, en función de su nivel y de sus objetivos de forma física. Complemente su entrenamiento con otros ejercicios, como correr o nadar, para un entrenamiento completo. Asegúrese de que cada sesión incluya calentamiento, ejercicios pliométricos, ejercicios con bandas de resistencia, entrenamiento cardiovascular, entrenamiento de estabilidad y ejercicios de enfriamiento. Es importante incorporar a su rutina días de descanso y meditación. Su cuerpo necesita tiempo para recuperarse después de un entrenamiento extenuante, así que tómese al menos un día libre a la semana para permitir que sus músculos se recuperen y evitar lesiones.

- **Lunes:** Entrenamiento cardiovascular - 30 minutos
- **Martes:** Ejercicios pliométricos - 20 minutos
- **Miércoles:** Descanso y meditación
- **Jueves:** Ejercicios con bandas de resistencia - 25 minutos
- **Viernes:** Entrenamiento del tronco y de la estabilidad - 20 minutos
- **Sábado:** Ejercicios de karate - 40 minutos
- **Domingo:** Estiramientos y ejercicios de enfriamiento - 20 minutos

Esta rutina le ayudará a mantenerse en forma, mejorar su técnica y aumentar sus habilidades de karate. Sin embargo, cada persona es diferente, así que siéntase libre de experimentar con otros ejercicios y rutinas hasta que encuentre el que mejor funcione.

Un régimen completo de entrenamiento de karate le ayuda a alcanzar sus objetivos, centrándose en su bienestar físico y mental. Un entrenamiento de karate completo que incluya ejercicios de calentamiento, ejercicios de patadas y puñetazos, ejercicios de acondicionamiento muscular, entrenamiento pliométrico, ejercicios con bandas de resistencia, entrenamiento cardiovascular, estabilidad, ejercicios básicos y ejercicios de enfriamiento allanará tu camino hacia el éxito en el karate. Además, el entrenamiento regular, la dedicación, la disciplina en el seguimiento de sus objetivos de karate y la práctica constante con compromiso dan como resultado el logro de sus objetivos de karate y una dieta bien equilibrada con una nutrición adecuada. Así pues, continúe, construya su régimen, y alcance la excelencia en karate.

Extra: Visión general de los puntos de presión y términos de karate

Tanto si es un practicante experimentado como si acaba de empezar, comprender los puntos de presión es crucial para dominar el arte del karate. Si se actúa sobre estas zonas específicas del cuerpo, se puede incapacitar rápidamente al oponente y obtener ventaja en el combate. Puesto que el karate tiene un vocabulario único, este capítulo final explora términos populares con los que debería estar familiarizado. Así pues, prepárese para dar patadas, puñetazos y hachazos en su camino hacia el éxito.

Puntos de golpe y su ubicación

En defensa personal, es esencial saber qué puntos de golpeo vitales pueden derribar a alguien, especialmente si es físicamente más pequeño que su atacante. Los puntos de golpeo son puntos de presión en todo el cuerpo que pueden causar dolor, desequilibrio e incluso inconsciencia. He aquí algunos puntos a tener en cuenta:

- **Punto del templo:** Uno de los puntos de golpe más comunes es la sien. Al golpear el punto de la sien a ambos lados de la cabeza, cerca de la línea del cabello, puede provocar una descarga repentina en el cerebro, lo que provoca desorientación y confusión. Esto le da tiempo para reaccionar y defenderse del atacante.
- **Punto de la mandíbula:** Otro punto de ataque crucial es el punto de la mandíbula, debajo de la oreja. Cuando se golpea correctamente, causa dolor intenso, desorientación y daño al oído interno del atacante, lo que provoca desequilibrio. Por otra parte, un fuerte puñetazo o codazo en este punto puede inmovilizar temporalmente al atacante, dándote tiempo para huir.
- **Punto de clavícula:** El punto clavicular se encuentra en el borde inferior de la parte delantera de la clavícula. Golpear este punto puede causar un dolor y una incomodidad extremos, provocando parálisis temporal y dificultad para respirar. Sin embargo, golpear este punto puede darle unos segundos para escapar si está siendo atacado de frente.
- **Punto del plexo solar:** El punto del plexo solar se encuentra en el centro del torso, justo debajo de la caja torácica. Golpear este punto puede causar una pérdida repentina de aliento, provocando parálisis temporal e incluso inconsciencia. Sin embargo, los puñetazos, las patadas o incluso un golpe rápido en este punto pueden ser muy eficaces para detener a un atacante.
- **Punto Inguinal:** El punto inguinal se encuentra entre las piernas, por debajo de la línea del cinturón. Golpear este punto causará un dolor intenso, especialmente en los hombres, y provocará parálisis temporal y desorientación. Aunque no está garantizado que detenga a un atacante, puede darle tiempo para escapar o tirarlo al suelo.

Terminología del karate

Ahora que conoce los puntos de golpeo esenciales, es hora de aprender los conceptos básicos de la terminología del karate. Estos son los términos y frases con los que debería estar familiarizado:

26 katas
1. Heian shodan
2. Heian nidan
3. Heian sandan

4. Heian yondan
5. Heian godan
6. Tekki shodan
7. Tekki nidan
8. Tekki sandan
9. Bassai dai
10. Bassai sho
11. Kanku dai
12. Kanku sho
13. Empi
14. Hangetsu
15. Jion
16. Jiin
17. Wankan
18. Meikyo
19. Unsu
20. Sochin
21. Nijushiho
22. Gojushiho-te
23. Chinte
24. Jitte
25. Gankaku
26. Gojushho-dai

Números japoneses
1. Ichi
2. Ni
3. San
4. Shi/yon
5. Go
6. Roku
7. Shichi/nana
8. Hachi
9. Ku/kyuu
10. Juu

Posturas de karate
- Zenkutsu-daichi (postura de frente)
- Kiba-dachi (postura del caballo)
- Heiko-dachi (postura paralela)
- Shiko-dachi (postura del sumo)
- Tsuru-ashi-dachi (postura de la grulla)
- Neko-ashi-dachi (postura del gato)
- Kokutsu-Dachi (postura de espalda)
- Hangetsu-dachi (postura de la media luna)

Técnicas de karate
- Uke (bloqueo)
- Tsuki (puñetazo)
- Tsuki (golpeo)
- Geri (patadas)

- Kihon (entrenamiento básico)
- Kata (forma o patrón)
- Kumite (combate)
- Tanden (centro de gravedad)
- Goshin-Jitsu (defensa personal)
- Shime-Waza (técnicas de agarre)
- Atemi-Waza (golpeo en el punto vital)
- Kime (concentración)
- Jiyu-Kumite (combate libre)
- Ukemi (rotura-caída)
- Ikken Hisatsu (matar de un solo golpe)
- Kyusho-Jitsu (golpeo de puntos vitales)

Ahora que conoce los puntos de golpeo, las posturas y las técnicas esenciales del karate, es hora de empezar a practicar. Busque clases de karate cerca de usted y empiece a entrenar con un profesor experimentado. Con práctica y dedicación, conseguirá dominar el arte del karate y convertirse en un luchador experto.

Conclusión

El karate es un antiguo arte marcial practicado durante siglos, originario de Okinawa, Japón. Es una forma muy disciplinada de defensa personal que se centra en el entrenamiento físico y mental para desarrollar la mente y el cuerpo. Este arte marcial consiste en dar puñetazos y patadas y desarrollar una mentalidad fuerte, disciplina, respeto y humildad. Esta guía definitiva lo abarca todo, desde los fundamentos hasta las técnicas avanzadas del karate.

La mentalidad del karate es uno de los aspectos más críticos de este arte marcial. El karate le enseña a ser disciplinado, centrado y mentalmente fuerte. Es una forma de vida que requiere respeto por sí mismo y por los demás. Debe comprometerse con su práctica y perseverar en situaciones difíciles para desarrollar esta mentalidad. Además, procure ser humilde y tener una actitud positiva. La meditación y los ejercicios de visualización son esenciales para desarrollar la mentalidad del karate.

El kihon es el entrenamiento básico del karate e incluye posturas y bloqueos básicos. Estas técnicas son los cimientos de técnicas más avanzadas. Esta guía le ha enseñado las posturas básicas, como las posturas de frente, de espalda y de caballo. También aprendió los bloqueos básicos, como los bloqueos hacia adentro, hacia afuera y hacia arriba. Estas técnicas son cruciales para la defensa y se utilizan junto con los golpes. Este libro cubre las técnicas de golpeo adecuadas, como el golpe recto, el gancho y el uppercut, y explora varias patadas, como la frontal, la giratoria y la lateral. La forma y la técnica adecuadas son esenciales para golpear con eficacia.

Los katas son secuencias preestablecidas de movimientos que simulan un combate real. El kumite, o combate, es otro componente esencial del entrenamiento del karate. Esta completa guía abarca los katas y las técnicas de kumite para cada nivel de cinturón. Aprenderá a ejecutar los katas correctamente, la importancia de una técnica adecuada y cómo aplicar sus técnicas en kumite para defenderse de sus oponentes. Además, este libro proporcionaba una guía para entender los cinturones y la cultura del dojo. Aborda los diferentes niveles de cinturón, lo que representan y la etiqueta que se espera en el entorno del dojo.

Esta guía ofrece una visión general de los puntos de presión y un glosario de términos. Conocer los puntos de presión del cuerpo puede inmovilizar al oponente y controlar la situación. Comprender la terminología del karate es esencial para una comunicación adecuada dentro del dojo. Al final de este libro, usted debe tener una sólida comprensión de los fundamentos, habilidades y conocimientos para llevar su entrenamiento de karate al siguiente nivel. Con práctica y dedicación constantes, podrá dominar el arte del karate y desarrollar una mentalidad poderosa que le servirá para defenderse.

Desde las posturas y bloqueos básicos hasta los katas avanzados de cinturón negro y las técnicas de defensa personal, el karate proporciona entrenamiento físico y mental para personas de todas las edades y procedencias. Con la práctica y el entrenamiento constantes, puede mejorar sus habilidades, desarrollar una mentalidad fuerte y alcanzar sus objetivos en el karate. Además, consulte el glosario de términos al final de esta guía para refrescar sus conocimientos y mejorar su experiencia en el karate. Buena suerte y feliz entrenamiento.

Sexta Parte: Taekwondo

Guía completa de técnicas, fundamentos y principios del taekwondo para principiantes que desean dominar este arte marcial

Introducción

Al igual que cualquier otro deporte, iniciarse en el taekwondo puede resultar desalentador para los principiantes. Si bien tiene algunas similitudes con otras formas de artes marciales, es notablemente diferente en varios aspectos, razón por la cual es necesario aprender los fundamentos para poder sentar una base sólida para su viaje.

El taekwondo, como deporte de combate, tiene una historia que abarca varios siglos. Los primeros precursores de este deporte se remontan a más de 2000 años. Traducido como "los caminos que recorren las manos y los pies", este deporte se asemeja a muchas artes marciales antiguas que acabaron unificándose en las décadas de 1940 y 1950.

El taekwondo es un deporte de contacto combativo, pero no es una batalla campal. Hay reglas, así como técnicas específicas a las que hay que atenerse. Más allá de su carácter físico, hay algunos principios y fundamentos únicos que deben aprenderse. El taekwondo también enseña disciplina y hace hincapié en el desarrollo de la mente tanto como del cuerpo.

El taekwondo es para todo el mundo y es una forma estupenda de ejercitarse, aumentar la fuerza, desarrollar excelentes habilidades de liderazgo y mejorar en general. ¿Quiere iniciarse en el taekwondo y disfrutar de todos sus beneficios? Adéntrese en los fundamentos, los principios y las técnicas de este antiguo arte marcial.

Capítulo 1: Breve historia del taekwondo

El taekwondo es un arte marcial coreano que se caracteriza por sus rápidas y potentes patadas en las piernas. El nombre del arte se traduce como "el camino del pie y el puño". Hoy en día, el taekwondo es una de las formas de artes marciales más conocidas y con los estilos más fáciles de aprender para cualquier persona de cualquier edad en todo el mundo.

Aunque las formas originales de artes marciales de las que el taekwondo toma sus raíces se remontan a mucho tiempo atrás, su historia es muy corta en su forma actual. Es joven en comparación con otras formas de artes marciales asiáticas, como el kárate.

El desarrollo del taekwondo tal y como lo conocemos hoy en día comenzó en la década de 1940. El arte surgió gracias al trabajo de varios artistas marciales. Nació de una combinación de formas de arte más antiguas, como las artes marciales chinas y las coreanas, como el taekkyeon, que se centra en el trabajo de pies dinámico y el golpeo; el subak, el arte marcial predecesor del taekkyeon; y el gwonbeop, que es la versión coreana de las artes marciales chinas.

Historia antigua

Como se ha mencionado anteriormente, aunque el taekwondo es relativamente joven, tiene sus raíces en antiguas formas de artes marciales coreanas. Por lo tanto, es imposible hablar de la historia del taekwondo sin hacer una breve referencia a cómo surgieron estas formas de arte marcial más antiguas.

Según la antigua mitología coreana, la nación coreana fue fundada en el año 2333 a. C. por los Tangun o Dangun (reyes-dioses). Sin embargo, no hay registros de artes marciales durante este periodo. La primera mención de las artes marciales está relacionada con la época de los Tres Reinos. La historia de nuestro taekwondo comienza con el establecimiento de estos tres reinos: Silla, Goguryeo y Baekje, en el 57 a. C., 37 a. C. y 18 a. C., respectivamente.

Durante la época de los Tres Reinos, el reino de Silla, que era el más pequeño de los tres, solicitó ayuda a los Baekje para defenderse de los Goguryeo y de los piratas que lo aterrorizaban. El reino de Baekje tenía un estilo básico de artes marciales, que enseñó a los soldados de Silla para ayudarles a defender su reino.

Chin Heung, el vigésimo cuarto rey de Silla, elevó la popularidad de este arte marcial al incorporarlo a los programas fundamentales de entrenamiento militar. Formó un grupo de jóvenes luchadores expertos en artes marciales. Hwa rang do fue el nombre que eligieron; se traduce como "juventud floreciente".

El subak, el arte marcial practicado por este grupo de soldados, fue uno de los primeros predecesores del taekwondo. También aprendían a dominar armas como espadas, arcos y lanzas, además del combate físico. La práctica de los subak también incluía clases de reglas éticas que eran paralelas a las enseñanzas de los monjes budistas. Estas incluían el desinterés y la dedicación al servicio del reino y de su pueblo y a llevar un estilo de vida ejemplar. Estos principios son similares a muchos de los principios del taekwondo que se siguen enseñando hoy en día.

Las tropas de los hwa rang do tuvieron un gran éxito en las conquistas militares y, con su ayuda, el reino de Silla derrotó a sus enemigos. Esta victoria también condujo a la unificación de los tres reinos separados en un solo reino en la península de Corea.

En el año 936 d. C., Wang Kon formó el reino de Koryo, y el subak (combate de mano) fue el estilo de artes marciales adoptado. Además de utilizarse para el combate militar, también se practicaba para la defensa personal y como forma de ejercicio.

Como este arte se convirtió rápidamente en el pasatiempo favorito del pueblo, los hombres que practicaban el arte del subak eran ampliamente respetados. Era popular entre los ciudadanos de la dinastía Koryo, de la misma manera que el fútbol americano es conocido hoy en día en Estados Unidos.

Durante esta época, el subak se convirtió en algo más que un simple entrenamiento de combate militar y se enseñó a los plebeyos, lo que aumentó su popularidad.

Durante el siglo XIII, el estilo de artes marciales subak evolucionó hasta convertirse en el taekkyeon, una forma de arte que hacía hincapié en las patadas. La historia del nombre "tae-kwon-do" también se ha relacionado con el taekkyeon.

Durante la dinastía Joseon (dinastía Yi), que duró de 1392 a 1910, el ejército del país cambió sus ideales filosóficos del budismo al confucianismo. Una de las consecuencias de esto fue que las artes marciales subak y teakkyeon, que antes eran populares, dejaron de serlo entre las élites y la clase dirigente; solo las practicaban los plebeyos.

La ocupación japonesa

Los japoneses invadieron Corea en 1909 y ocuparon el país hasta que terminó la Segunda Guerra Mundial en 1945. Durante este periodo, se suprimieron todos los elementos de la cultura coreana, y el gobierno japonés prohibió todo lo relacionado con la herencia y las formas artísticas coreanas, incluyendo el teakkyeon y el subak.

Se enseñaron artes marciales japonesas y chinas en lugar de las tradicionales coreanas. Como resultado de esta supresión, muchos maestros de taekkyeon y subak tuvieron que esconderse o escapar a otros países para seguir enseñando y practicando su arte.

Taekwondo moderno

Fuentes de imágenes[68]

La era del taekwondo moderno comenzó tras la Segunda Guerra Mundial, que supuso la libertad de la península coreana. Una vez más, los coreanos eran libres de practicar sus artes marciales tradicionales.

A partir de 1945, se abrieron varias escuelas de artes marciales en Seúl, Corea del Sur, para enseñar las artes del subak y el taekkyeon. Todas estas escuelas afirmaban enseñar métodos de artes marciales coreanas "genuinos" o "tradicionales". Estas artes no solo eran diversas, sino que también incluían elementos de lo aprendido durante la ocupación japonesa, incluyendo técnicas de kung fu y karate.

En la década de 1960, existían nueve escuelas de artes marciales notables (también conocidas como kwans), cada una de las cuales practicaba un estilo ligeramente diferente. Pero todas tenían algunas similitudes con las antiguas artes de subak y taekkyeon.

A pesar de ser distintas en sus técnicas y de incorporar características de artes marciales extranjeras, los muchos tipos de artes marciales que se practican en los kwans se agrupan a veces como "taekwondo tradicional". Alrededor de este periodo, el ejército surcoreano decidió elegir el taekkyeon tradicional como arte marcial de combate sin armas oficial, lo que aumentó enormemente su popularidad. En 1952, durante una demostración de taekkyeon por parte de los militares, el presidente de Corea del Sur, Syngman Rhee, quedó tan impresionado que hizo obligatorio que todos los soldados del país se entrenaran en este arte. El general Choi Hung-hi, un capitán de la época, recibió la responsabilidad de formular un entrenamiento estandarizado que devolviera las antiguas artes del subak y el taekkyeon a sus raíces. Esto implicaba unir los nueve kwans diferentes y despojar sus diversas técnicas de toda influencia del kung fu y el karate.

En 1955, los maestros de todos los diferentes kwans habían colaborado para formar una única técnica de artes marciales coreanas. Tae soo do fue el nombre original del nuevo estilo establecido a partir de la palabra coreana *tae*, que significa "pisar o pisotear", *soo*, que significa "mano", y *do*, que significa "camino" o "disciplina".

El general Choi Hong Hi sugirió más tarde que la palabra "soo" se sustituyera por kwon, que significa "puño". De ahí nació el nombre de "tae kwon do". Este nombre unificado y las técnicas recién establecidas fueron adoptados por los distintos kwans que enseñaban el arte.

Las asociaciones de taekwondo

Unos años más tarde, en septiembre de 1961, se formó oficialmente la Asociación Coreana de Taekwondo como parte de los esfuerzos para estandarizar aún más las actividades de los distintos kwans. La KTA (por sus siglas en inglés Korean Taekwondo Association) se convirtió en el organismo rector del taekwondo en todo el país y fue dirigida nada menos que por el general Choi.

Bajo la administración del general, el arte del taekwondo recibió un gran impulso. Se enviaron maestros del arte a varios lugares del mundo para difundir las enseñanzas adecuadas del taekwondo, además de establecer una representación respetable del país. También sentó las bases para la creación de un organismo internacional llamado Federación Internacional de Taekwondo, que tendría su sede en Corea del Sur.

Como jefe de la KTA, el general Choi desempeñó un importante papel en el desarrollo y la popularidad del arte. Sin embargo, sus ambiciosos esfuerzos por hacer crecer el taekwondo acabaron por enemistarlo con el pueblo y el gobierno de Corea. En 1966 envió una delegación de instructores de taekwondo a Corea del Norte en misión diplomática. Esto no fue un buen augurio para el gobierno de Corea del Sur, ya que los países estaban en guerra entre sí; el general Choi fue entonces relevado de su cargo.

Enfurecido, el general Choi abandonó el país y se trasladó a Toronto (Canadá). Desde allí, creó la Federación Internacional de Taekwondo y se desvinculó de la KTA en 1972. La Federación Internacional de Taekwondo se centra más en el estilo de taekwondo tradicional que fue creado y perfeccionado por el general Choi.

El gobierno de Corea del Sur estableció una nueva academia nacional para enseñar Taekwondo un año después de que se formara la ITF (por sus siglas en inglés International Taekwon-Do Federation). Esta academia se llamó Kukkiwon. La Federación Mundial de Taekwondo también se creó en esta época. El propósito de la WTF (por sus siglas en inglés World Taekwondo Federation) era promover el taekwondo a nivel internacional.

El estilo y las reglas del taekwondo adoptadas por la WTF se conocen como estilo kukkiwon o estilo WTF. También es el mismo que el estilo olímpico o estilo deportivo. Los esfuerzos de la WTF aseguraron el reconocimiento del taekwondo como deporte internacional. Actualmente, el taekwondo es una de las dos únicas artes marciales asiáticas (incluyendo el judo) que compiten en los Juegos Olímpicos. En 2010, también fue reconocido como deporte en los Juegos de la Mancomunidad.

El taekwondo en América

En 1962, Jhoon Goo Rhee estableció la primera escuela de taekwondo en América, en Washington DC. Rhee suele tener fama de ser el padre del taekwondo estadounidense, pero antes de su llegada, ya había otros maestros de este deporte en el país. Los maestros de taekwondo llegaron por primera vez a Estados Unidos desde Corea para enseñar el arte en la década de 1960. Llegaron como representantes de la KTA de la época. En 1963, se llevó a cabo una demostración de taekwondo en Estados Unidos, que tuvo una aceptación favorable, lo que llevó a la formación de la Federación de Taekwondo de Estados Unidos bajo la supervisión de la Unión Atlética Amateur y la Unión de Taekwondo de Estados Unidos. La WTF reconoció a la Unión de Taekwondo de Estados Unidos como organización reguladora de los torneos en Estados Unidos en 1984. El Comité Olímpico de Estados Unidos se hizo cargo de la Unión en 2004 debido a un problema interno, y el deporte pasó a llamarse USA Taekwondo al año siguiente. Haeng Un Lee fundó la Asociación Americana de Taekwondo en 1969 después de ir a conocer al general Choi en 1968 para aprender el taekwondo tradicional. La sede de la organización está en Little Rock, Arkansas, y cuenta con más de 350.000 miembros que participan en este deporte. El estilo songaham de taekwondo es el que utiliza la ATA (estilo pino y roca). En este enfoque, los alumnos son considerados como un pino que crece desde un pequeño y débil arbolito hasta un gran y magnífico árbol con raíces sólidas como una roca. La ATA tiene unos requisitos muy rigurosos, y las escuelas que son miembros están obligadas a aplicar el modelo empresarial de la asociación. La ATA se gestiona como una empresa, con un director general (al que se le exige un cinturón negro de 9º grado) y un consejo de administración.

Historia de la WTF y de los Juegos Olímpicos

La Federación Mundial de Taekwondo está vinculada a diferentes escuelas de taekwondo en más de 160 países desde 1973. La sede de la organización se encuentra en Kukkiwon, Seúl, Corea del Sur. Desde 1980, el Comité Olímpico Internacional (COI) ha reconocido a la organización como organismo oficial de este deporte. Según el sitio web oficial de la organización, actualmente hay más de 5 millones de cinturones negros certificados por la WTF. El taekwondo debutó en los Juegos Olímpicos como deporte de demostración en 1988 y luego en 1992. En los Juegos Olímpicos de 2000 en Sidney, Australia, fue reconocido formalmente como deporte olímpico.

Las prácticas y el entrenamiento de la WTF tienden a inclinarse más hacia la forma deportiva del taekwondo que los estilos de la ITF, que se centran más en el taekwondo tradicional. Sin embargo, muchos maestros sostienen que ciertos aspectos del taekwondo tradicional siguen estando presentes en los programas de entrenamiento de la WTF. La Federación Mundial de Taekwondo sanciona y promueve torneos internacionales, nacionales, regionales y locales de taekwondo. La WTF también promueve este deporte en las comunidades locales a través de instituciones académicas (también conocidas como dojangs) que enseñan artes marciales a adultos y niños para mejorar su estado físico y su salud. Su método es comparable al de la antigua técnica hwa rang do, que enseñaba el arte subak a los plebeyos.

Capítulo 2: Los maestros originales del taekwondo

Los maestros pioneros del taekwondo son un grupo de 12 instructores de artes marciales surcoreanos que crearon la Asociación de Taekwondo de Corea (KTA) en la década de 1960 para promover las últimas formas de arte marcial. Muchos de los hombres de la lista tuvieron papeles destacados en la Federación Internacional de Taekwondo (ITF), pero con el paso del tiempo la mayoría se trasladó a Norteamérica, Australia y Europa. Sin embargo, el título de "maestros originales" no implica que estos individuos fueran los primeros maestros de la KTA. La KTA fue fundada por nueve hombres que dirigían sus propios kwans, un conjunto de individuos distintos a los de la lista que vamos a comentar. Pero muchos de ellos practicaban artes marciales bajo diferentes nombres, como kong soo do y tae soo do, negándose a utilizar el nombre de taekwondo. A continuación, una lista de los primeros hombres que adoptaron ese nombre y lo promovieron activamente.

- **Choi Chang Keun**

C.K. Choi nació en Corea en 1940 y comenzó su formación en artes marciales en el ejército coreano en 1956. Comenzó a enseñar taekwondo en Malasia en 1964 y se trasladó a Vancouver en 1970. Ascendió a 8º dan en 1981 y a 9º dan en 2002, después de empezar como 7º dan en 1973. A día de hoy, sigue viviendo en Vancouver.

- **Choi Kwang Jo**

K.J. Choi nació en Daegu, Corea, en marzo de 1942, y comenzó a entrenar en las artes marciales cuando era niño. Choi conoció a Hong Hi Choi mientras servía en el ejército surcoreano. En 1966/67 instruyó a alumnos de taekwondo por todo Singapur, Malasia, Indonesia y Hong Kong. Sin embargo, las lesiones sufridas durante el entrenamiento le llevaron a buscar atención médica en Estados Unidos en 1970. En 1987, formó la organización Choi Kwang-Do y ahora reside en Atlanta. Está clasificado como 9º dan en la disciplina denominada choi kwang-do.

- **Han Cha Kyo**

Nacido en Seúl (Corea) en 1934, C.K. Han se formó con nada menos que tres maestros: Woon Kyu Um, Duk Sung Son y Tae Hi Nam. En marzo de 1959, fue el primer maestro original que practicó el taekwondo fuera de Corea al viajar a Vietnam y Taiwán. Tras abandonar el ejército surcoreano en 1971, emigró a Estados Unidos y residió en Chicago. En 1980, fundó la Fundación Universal de Taekwondo y continuó enseñando hasta su muerte en 1996.

- **Kim Jong Chan**

Nacido en 1937, J.C. Kim enseñó taekwondo en la década de 1960 en Malasia. En 1979, siendo 7º dan, viajó a Argentina para mostrar y enseñar taekwondo. Chan figuraba como presidente del Consejo Mundial de Taekwondo en una carta que escribió y que posteriormente se publicó en la revista Black Belt en julio de 1985. En la actualidad, vive en Vancouver, Canadá.

- **Kim Kwang II**

K.I. Kim contribuyó significativamente a la introducción del taekwondo en Alemania Occidental y, hasta 1971, fue el instructor principal de la ITF en Alemania Occidental. En 1975, fue elevado a 6º dan, y en 1976, promovió a Rolf Becking, el líder del Comité Técnico de la ITF en Alemania, a 2º dan. De 1974 a 1977 dirigió su propio restaurante en Stuttgart y terminó su formación de maestro cervecero antes de abrirlo.

- **Kong Young II**

Y.I. Kong nació en Corea en 1943 y comenzó a entrenar en shogun karate en 1952. Sirvió en el ejército surcoreano de 1963 a 1967, ascendiendo al rango de sargento. Durante todo ese tiempo y tras dejar el ejército, participó en manifestaciones por todo el mundo y emigró a Estados Unidos hacia 1968. En 1968, él y su hermano, Young Bo Kong, formaron la Asociación de Taekwondo de los Jóvenes Hermanos, y en 1997, H.H. Choi le hizo avanzar hasta el 9º dan en Polonia. Actualmente reside en Las Vegas.

- **Park Jong Soo**

Nacido en Chung-Nam, Corea del Sur, en 1947, J.S. Park se entrenó con H.H. Choi. Viajó a Alemania Occidental en 1965 para asumir el cargo de entrenador de la Asociación Alemana de Taekwondo. En 1966 se trasladó a los Países Bajos, donde estableció la división holandesa de la asociación. Se trasladó a Canadá en 1968 y sigue residiendo allí en la actualidad, ostentando el nivel de 9º dan.

- **Park Jung Tae**

H.T. Park nació en Corea en 1943/44 (no está claro en qué año) y aprendió boxeo de niño antes de pasar al judo y al taekwondo. Fue jefe de entrenamiento de taekwondo militar de 1965 a 1967 en Vietnam, antes de trasladarse a Canadá en 1970. En 1984, alcanzó el rango de 8º dan en la ITF, pero, debido a cuestiones políticas, abandonó la ITF en 1989. Formó la Federación Mundial de Taekwondo en 1990 y residió en Mississauga hasta 2002, donde falleció.

- **Park Sun Jae**

S.J. Park, uno de los fundadores del taekwondo, visitó Croacia en 1964 para dar conferencias sobre el arte marcial. Lo presentó en Italia en 1968 y fue calificado entonces como 5º dan, ascendiendo a 7º dan en 1975. En 1976, durante la reunión inaugural de la fundación, fue elegido vicepresidente de la Unión Europea de Taekwondo. Se incorporó a la junta de arbitraje de la Copa del Mundo de la WTF en 2002 y fue nombrado presidente interino de la WTF en 2004, tras la dimisión de Un Yong Kim. Sigue siendo vicepresidente de la Federación Mundial de Taekwondo por Italia y fue elegido presidente de la Federación Italiana de Taekwondo en 1998.

- **Rhee Chong Chul**

C.C. Rhee nació en Corea en 1935 y creció practicando artes marciales, gimnasia, boxeo, halterofilia y baloncesto. Durante tres años, sirvió en la Infantería de Marina de Corea como profesor de combate sin armas, instruyendo a los Comandos de la Infantería de Marina, al Cuartel General de la Brigada de la Infantería de Marina y a la 2ª División de Infantería de Marina. Rhee fue uno de los pioneros en la difusión del taekwondo en el sudeste asiático, principalmente en Singapur y Malasia, así como en Brunei, Indonesia y Hong Kong. Alrededor de 1965, fundó la Organización de Taekwondo Rhee en Australia y todavía vive en Sydney.

- **Rhee Chong Hyup**

Nacido en Corea en 1940, C.H. Rhee ayudó a introducir el taekwondo en Singapur y Malasia a mediados de la década de 1960. Se trasladó a Melbourne, Australia, en 1970 y dirige las operaciones en Melbourne de la Organización de Taekwondo Rhee.

- **Rhee Ki Ha**

Nacido en Seúl, Corea, en 1938, K.H. Rhee comenzó a entrenar a los 7 u 8 años. Sirvió en el ejército surcoreano, donde conoció a H.H. Choi y aprendió taekwondo. En 1964, empezó a enseñar taekwondo al personal de la Real Fuerza Aérea destinado a Singapur, y en 1967 se trasladó a Londres, Inglaterra. En 1981, obtuvo el rango de 8º dan y alcanzó el 9º dan en San Petersburgo en 1997. Ahora es reconocido como el padre del taekwondo irlandés y británico, y actualmente se encuentra en Glasgow.

Capítulo 3: La clasificación y el sistema de cinturones del taekwondo

En el taekwondo, los cinturones de colores se denominan grados kup, y simbolizan el rango que un individuo ha alcanzado en el deporte. Curiosamente, el actual sistema de clasificación no era una parte original del deporte; el complejo sistema de clasificación se introdujo cuando el taekwondo llegó al mundo occidental.

Originalmente, los estudiantes simplemente pasaban de cinturón blanco a cinturón negro después de años de práctica y entrenamiento dedicados. Sin embargo, se descubrió que este formato no convenía a los practicantes occidentales, que preferían tener un incentivo para seguir participando en el entrenamiento. Por lo tanto, se introdujo el sistema de clasificación de cinturones.

Además de conseguir los principales colores sólidos, se introdujeron las puntas para crear 9 cinturones diferentes (etapas o gups). Los alumnos deben ascender desde el blanco hasta el amarillo, el verde, el azul, el rojo y, finalmente, el cinturón negro.

La frecuencia de los grados o ascensos depende de la frecuencia con la que el alumno entrena. Cuantas más lecciones asista y más duro practique, más probabilidades tendrá de conseguir el siguiente cinturón. El sistema de graduación incluye una prueba de técnicas físicas, y también se exige a los alumnos que tengan una actitud correcta basada en los principios de las artes marciales.

Las calificaciones se programan cada 3 meses, pero los estudiantes no pueden calificar cada vez a menos que hayan estado practicando constantemente y sean extremadamente dedicados. Hay un número mínimo de lecciones que un estudiante debe completar antes de calificar para la siguiente etapa. También hay técnicas específicas que deben dominarse y una lista de traducciones sobre las que se examinará. Todo ello suele estar recogido en un programa de estudios.

Los estudiantes suelen necesitar de 3 a 4 años de práctica rigurosa para pasar de cinturón blanco a negro. Sin embargo, esta duración puede ser más larga o más corta, dependiendo de las circunstancias específicas y de la intensidad de la práctica del estudiante.

Aunque los instructores le ayudan y guían en su formación, la responsabilidad de cada estudiante es practicar y dominar sus requisitos de calificación. Una vez que el estudiante haya cubierto el número de lecciones requerido para la calificación, el instructor lo incluirá en la evaluación previa a la calificación para determinar si está listo para ser calificado para la siguiente etapa.

Qué esperar el día de la calificación

Su instructor le informará del día y el lugar de la calificación. Se espera que los estudiantes se presenten con un uniforme limpio y bien planchado y con el formulario de calificación completado el día de la calificación. En el lugar de la evaluación, los estudiantes se colocan en fila como en una clase normal. Los examinadores se presentan y les explican el orden del día.

Normalmente, los alumnos se sientan al fondo de la sala en sus respectivos grupos de grado y se les invita a pasar al frente cuando llega el momento del examen. El examen evalúa a los alumnos en función de las técnicas estándar de cada grado, incluyendo los fundamentos, las rutinas, el sparring y las técnicas de rompimiento. Además, los estudiantes también se examinarán acerca de la teoría y la traducción del taekwondo.

Cuando lo llamen para hacer su examen, se anunciará su nombre y se le indicará la posición de salida para su clasificación, normalmente marcada con una X en el suelo. Cuando lo llamen, responda con un "sí, señor" y corra hacia el lugar. Adopte una posición de atención, levante las manos y mencione su nombre y su grado, por ejemplo, John Doe, 10º kup, señor, haga una reverencia, y adopte una posición preparada mientras espera las instrucciones del examinador para comenzar.

¿Quiénes son los examinadores?

Los examinadores de los grados de taekwondo suelen ser los mejores instructores. Observarán los requisitos de calificación del plan de estudios de su grado y le calificarán en función de su rendimiento. Si ha practicado bien, debería estar seguro de que tendrá un buen rendimiento y complacerá a los examinadores.

Resultados de las calificaciones

Los resultados de las calificaciones se suelen anunciar aproximadamente una semana después de un examen de calificación por parte de su instructor durante una clase normal. Se asignarán nuevos cinturones o distintivos y un certificado de calificación a los alumnos que hayan aprobado. Usted también recibirá un certificado de grado. Los resultados de la calificación estándar de taekwondo son de aprobado o reprobado. Si no aprueba, su instructor debe explicarle las razones y trabajar con usted para preparar su próxima prueba de calificación. Si solo aprueba por poco, su instructor puede exigirle que tome más lecciones durante un período prolongado antes de realizar su próxima prueba de calificación.

También se puede asignar un sobresaliente a los alumnos que aprueben de forma excelente. Pero esto es poco frecuente, ya que requiere que el alumno tenga una nota alta en todas las áreas de calificación. En este caso, es posible que puedan realizar su siguiente examen de calificación incluso un mes después de haberse entrenado para ello.

Requisitos de tiempo y grados

Se necesita tiempo para pasar por todos los grados de taekwondo, y el requisito de tiempo estándar entre cada grado se alarga progresivamente a medida que se pasa del cinturón blanco al negro. Los cinturones azul y negro son los dos grados principales que indican un paso sustancial hacia arriba.

Su programa de estudios de taekwondo contiene detalles de los requisitos para cada grado, incluyendo el número de horas de lecciones en las que se participa para calificar para una prueba de clasificación. Tenga en cuenta que estas horas solo se consideran un mínimo. Su instructor puede decidir retrasar su calificación en base a la evaluación de su rendimiento.

- Cinturón blanco (10º kup) - Un mínimo de 3 meses de entrenamiento y 20 lecciones
- Cinturón blanco, con punta amarilla (9º kup) - Mínimo de 3 meses de entrenamiento y 20 lecciones
- Cinturón amarillo (8º kup) - Mínimo 3 meses de entrenamiento y 20 lecciones
- Cinturón amarillo, con punta verde (7º kup) - Mínimo 3 meses de entrenamiento y 30 lecciones
- Cinturón verde (6º kup) - Mínimo 3 meses de entrenamiento y 30 lecciones
- Cinturón verde, con punta azul (5º kup) - Mínimo 3 meses de entrenamiento y 40 lecciones
- Cinturón azul (4º kup) - Mínimo 6 meses de entrenamiento y 60 lecciones
- Cinturón azul, con punta roja (3º kup) - Mínimo 6 meses de entrenamiento y 70 lecciones
- Cinturón rojo (2º kup) - Mínimo 6 meses de entrenamiento y 70 lecciones

- Cinturón rojo, con punta negra (1º kup) - Mínimo 6 meses de entrenamiento y 80 lecciones
- Cinturón negro (1º dan)

Aunque el cinturón negro se considera a menudo como lo máximo, es, de hecho, solo el principio. Hay otros grados de dan y otras calificaciones de taekwondo que se pueden obtener incluso como cinturón negro.

En qué consiste el examen de clasificación

Durante su calificación, usted será examinado en diversas áreas. Además de demostrar los movimientos correspondientes a su nivel de grado, también se le examinará en las traducciones, los rompimientos y su desempeño en el combate.

Traducciones

Las traducciones que debe aprender según su nivel de grado están incluidas en el programa de estudios, pero la lista es solo una guía. Puede ser examinado de cualquier traducción que el examinador considere que debe conocer para su nivel de grado y grados inferiores. Las traducciones incluyen los términos coreanos utilizados para los movimientos y las posiciones en el taekwondo, por lo que debe estar familiarizado con ellos.

Rompimiento

El grado de rompimiento no es para todos, y solo los estudiantes mayores de 16 años deberán participar en él como parte de su calificación. Cada grado tiene un conjunto específico de técnicas que debe utilizar para romper ladrillos o tablas de madera y azulejos. Su evaluación se basará en su técnica, precisión, potencia y capacidad para romper la tabla.

Antes de intentar el rompimiento, demostrará la técnica tocando lentamente el objetivo. De este modo, el examinador podrá evaluar su técnica y juzgar si lo hace correctamente y golpea la tabla con seguridad. Después de esto, tendrá unos cuantos intentos para romper la tabla.

Asegúrese de haber practicado las distintas técnicas de rompimiento para su calificación antes de la prueba de calificación. Apunte al centro de la tabla y golpee a través de ella (no solo hacia ella). La confianza es una de las cosas que buscan los examinadores, así que respire profundamente y golpeé la tabla sin dudar.

Trabajo en pareja

Durante la demostración de algunas técnicas, como el sparring y la defensa personal, se necesita de un compañero. Normalmente, los examinadores seleccionarán un compañero que sea otro estudiante que pretenda el mismo grado.

La evaluación del examinador sobre su rendimiento se basa en su técnica, respeto y control mientras trabaja con su compañero. También es posible que se le pida que trabaje con diferentes compañeros durante una actuación, ya que los examinadores lo hacen para evaluar cómo responde a diferentes personas en función de su nivel de habilidad en comparación con el suyo.

Al comienzo de cualquiera de estas actividades, su examinador le dará instrucciones claras antes de pedirle que preste atención.

Capítulo 4: Movimientos fundamentales del taekwondo

Hay más de 3000 movimientos, que son los elementos básicos del taekwondo, a menudo comparados con notas musicales. Cuando se enlazan correctamente, producen un resultado armonioso que añade gracia y belleza al deporte.

Los movimientos fundamentales del taekwondo implican a todas las partes del cuerpo y se ejecutan de forma armoniosa basándose en la teoría de la potencia. Se espera que los alumnos de todos los niveles practiquen estos movimientos y adquieran el dominio de cada uno de ellos. De este modo, podrán hacer uso de ellos cuando lo necesiten.

El dominio de los movimientos fundamentales es el núcleo del entrenamiento en taekwondo. Estos movimientos suelen ser una combinación de posiciones designadas con técnicas específicas de manos y pies, pero también intervienen otras partes del cuerpo como la cabeza y las rodillas. Además de dominar los movimientos básicos, se espera que los alumnos de taekwondo reconozcan las armas de ataque con las manos y los puntos vitales del cuerpo del adversario. Una combinación de todos estos movimientos constituye un ataque formidable o una defensa eficaz.

En el taekwondo, cada uno de los movimientos básicos significa un asalto, un contraataque o una defensa contra una región específica o una acción contra un adversario (o adversarios) real o imaginario. Es fundamental entender cómo estos movimientos fundamentales se relacionan con su competencia general como alumno mientras los estudia. Esto determina cómo se aplicarán en el combate real.

Con la práctica constante, los movimientos de taekwondo se convertirán en algo natural para usted. Los estudiantes deben esforzarse por mejorar la potencia y el equilibrio de sus movimientos y cambiar de posición para bloquear o atacar a un oponente sin perder la forma.

Aprenderá a utilizar físicamente estos movimientos fundamentales contra oponentes reales en movimiento durante el sparring una vez que los haya dominado en el entrenamiento individual.

Las posiciones

Las posiciones se refieren a la forma de estar de pie y es posiblemente el aspecto más importante del aprendizaje del taekwondo y de cualquier otra forma de artes marciales. La posición es un factor elemental esencial sobre el que descansan todas sus futuras lecciones y la razón por la que debe dominarse desde el principio.

En el taekwondo, hay numerosas posiciones que los alumnos deben aprender y dominar. Cada posición tiene un papel importante en el desarrollo del ataque y la defensa y también es esencial para desarrollar la fuerza física del alumno.

Las posiciones de taekwondo son la base sobre la que se construyen todos los movimientos ofensivos y defensivos. Mantener la posición adecuada es vital para ejecutar correctamente cualquier patada, puñetazo o bloqueo. Si no se aprecia la importancia de mantener una buena posición, se perderá el equilibrio y la potencia. La posición adecuada también permite lanzar puñetazos y patadas con más precisión.

Los principios de la posición correcta en el taekwondo

Cada posición en el taekwondo tiene un propósito específico. Por ejemplo, la posición de caminar le da una base fuerte para las técnicas de avance y retroceso. La posición sentada le da una base sólida para realizar golpes laterales mejorando su técnica de avance. La posición en L es principalmente una posición de lucha.

Es extremadamente importante que usted domine los principios de mantener la posición adecuada para cada posición desde el comienzo de su entrenamiento de taekwondo. Esto le ayudará a desarrollar cierta memoria muscular, haciendo gradualmente cada movimiento más suave y sin esfuerzo. A medida que avance en su entrenamiento o en los desafíos de sparring aplicados, sus movimientos se volverán más complicados, y su cuerpo utilizará naturalmente cualquier posición necesaria que haya sido aprendida previamente.

Solo necesita entender los principios y familiarizarse con la sensación de una posición correcta, y con el tiempo, los realizará correctamente sin necesidad de comprobarlo. Algunos principios de una posición correcta son:

- **Equilibrio:** Como en cualquier otra forma de arte marcial, el equilibrio es importante en el taekwondo. Los instructores suelen hacer hincapié en la importancia del equilibrio; sin él, siempre habrá fallos en su posición y, en consecuencia, en su ataque y defensa.

- **Relajación:** Un cuerpo tenso no puede producir los movimientos correctos, por lo que debe relajar su cuerpo mientras está en cada posición. Esto da más fluidez a sus movimientos y le ayuda a reaccionar rápidamente cuando es necesario. Más adelante en este libro, usted aprenderá sobre la meditación y cómo ayuda a calmar su mente en el taekwondo.

- **Mantenga su espalda recta:** Para cada posición, su espalda debe estar recta y alineada. Si su columna vertebral no está alineada como debería, lo más probable es que su base esté mal.

- **Fortalezca su núcleo:** Su núcleo (su abdomen) tiene que estar apretado mientras está en una posición, ya que esto le ayuda a controlar mejor sus movimientos. Investigue y practique diferentes métodos para apretar su abdomen sin tensar su cuerpo.

- **Posición de los pies:** Los pies son la base de todas las posiciones y deben colocarse correctamente. En todas las posiciones, debe apoyarse en las puntas de los pies para garantizar una distribución uniforme del peso y aumentar el tiempo de reacción.

- **Respiración:** Una de las formas de asegurar que su cuerpo esté relajado es respirar de manera uniforme; esto hace que sea más fácil para usted mantener una posición adecuada.

Hay varias posiciones diferentes en el taekwondo. Cada asociación de taekwondo tiene su lista de posiciones que deben ser dominadas, y las siguientes son las básicas que todo estudiante debe conocer.

La posición para caminar

Como su nombre indica, la posición para caminar parece que se está dando un paso hacia delante. El pie izquierdo se coloca hacia delante y en un ángulo de unos 30 grados, mientras que el pie derecho mira hacia delante. En esta posición, todo el cuerpo se gira unos 45 grados respecto al ángulo natural. Esta posición ayuda al equilibrio. En la mayoría de los casos, el peso se reparte uniformemente entre ambos pies. La colocación de los pies en esta posición la hace adecuada para el ataque.

La posición de jinete (Juchum Seogi, o Snnun Seogi)

La posición de jinete

La posición de jinete es similar a la posición de las piernas cuando se monta a caballo. La colocación específica de los pies varía según el estilo de taekwondo que se practique. En el estilo kukkiwon o WTF, los pies se colocan a una distancia aproximada de más de dos anchos de hombros. En el estilo ITF, los pies se separan menos, a una anchura de uno y medio de los hombros.

Ambos pies deben apuntar hacia adelante. Las rodillas están profundamente dobladas en dirección hacia afuera de su cuerpo. El grado de flexión requerido varía de una escuela a otra. En la posición de jinete, hay una distribución uniforme del peso entre ambos pies. La cadera se empuja hacia delante y el torso se mantiene recto y vertical. Los puños deben estar pegados a los lados del cinturón con el abdomen apretado.

La posición de jinete se utiliza para ayudar a los alumnos a desarrollar la fuerza de sus piernas y suele utilizarse para hacer ejercicio. Sin embargo, la posición de jinete también puede ser una posición ofensiva desde la que se pueden lanzar puñetazos y patadas.

Posición de espalda (Dwi Kubi Seogi)

Este estilo también se conoce como posición en L en el estilo ITF. La posición de espalda también se denomina posición de lucha en algunos estilos tradicionales de taekwondo.

Un pie se coloca delante del otro para realizar esta posición. El pie de atrás se coloca en dirección perpendicular al pie de adelante. La posición de los dos pies debe formar la letra L.

El pie delantero debe estar a una zancada, alrededor de un metro, por delante del pie trasero. En la posición de espalda, la mayor parte del peso debe descansar sobre la pierna trasera. Las rodillas deben estar ligeramente flexionadas y ambos pies deben estar apoyados en el suelo.

La denominación de la posición de espalda no sigue la convención normal en el taekwondo. Normalmente, la versión correcta de cada posición implica que el pie derecho es el que lleva la delantera, y el izquierdo está detrás. Pero para la posición de espalda, esta regla no se aplica. En la posición de espalda, el pie derecho se coloca detrás del otro y se denomina *pie de arrastre*, mientras que el izquierdo desempeña el papel de delantero.

Posición de espalda
(Dwi Kubi Seogi)

Posición del tigre o del gato (Beom Seogi)

En esta posición, el pie delantero se coloca hacia delante con el talón ligeramente elevado, unos 10 cm. Esto significa que solo la punta del pie delantero debe colocarse en el suelo. El pie trasero debe apuntar hacia fuera unos 30 grados.

Al colocar los pies de esta manera, la mayor parte del peso recae sobre el pie trasero, y ambas piernas deben estar dobladas por las rodillas. En la versión ITF de esta posición, el pie delantero debe estar adelantado aproximadamente a la anchura de los hombros.

Posición del tigre o del gato (Beom Seogi)

Posición frontal o posición hacia delante larga (Ap Kubi)

Posición frontal o posición hacia delante larga (ap kubi)

Esta posición es similar a la posición de caminar. En la posición frontal, el pie delantero se coloca muy por delante, hasta dos pies y medio, del pie trasero. El pie delantero apunta hacia delante, mientras que el pie trasero se coloca hacia fuera en un ángulo de unos 25-30 grados.

La rodilla delantera está doblada y la espinilla está paralela al suelo. Normalmente, si todavía se pueden ver los dedos delanteros del pie, la rodilla no está suficientemente doblada. La pierna trasera no está doblada, y el pie está colocado en el suelo sin levantar el talón. La pierna delantera soporta la mayor parte de su peso (alrededor de dos tercios).

En esta posición, hay una propensión a inclinarse hacia adentro o a girar las caderas, pero para lograrlo correctamente, las caderas deben mantenerse al frente para mantener el cuerpo recto. Estas son las posiciones básicas del taekwondo. Aprender y realizar todos los demás movimientos será mucho más sencillo si ha aprendido a mantener estas posiciones correctamente.

Bloqueos

Los bloqueos son los movimientos más básicos del taekwondo. El objetivo de estas maniobras es evitar ser golpeado por un oponente. Se puede utilizar casi cualquier parte del cuerpo para desviar un ataque que se aproxima y golpear al oponente.

Aunque un bloqueo es un movimiento defensivo, también tiene que ser fuerte y rápido si se quiere detener un ataque. Es el propósito de aprender este movimiento desde las primeras etapas del dominio del taekwondo.

Cada uno de los diferentes movimientos de bloqueo tiene un giro en su extremo para bloquear el golpe entrante con eficacia, y se necesita mucha práctica para dominar las técnicas de bloqueo. El bloqueo medio, el bloqueo alto, el bloqueo bajo, el bloqueo de cuchillo y el bloqueo de antebrazo exterior son ejemplos de movimientos de bloqueo en el taekwondo.

- **Bloqueo bajo**: Este es uno de los bloqueos más básicos que hay que aprender si se está empezando a practicar taekwondo. Coloque su puño en el hombro opuesto y bájelo por delante de su pelvis; deténgase en el mismo lado, cerca de la base de su pierna, al igual que su brazo de bloqueo.

- **Bloqueo interior:** Se trata de un movimiento de barrido interior que se utiliza para proteger el cuerpo golpeando los ataques hacia los lados del cuerpo. Para hacer el bloqueo interior, lleve el antebrazo de su brazo bloqueador hacia adentro a través de su cara o cuerpo para bloquear un ataque del oponente mientras da un paso hacia un lado.

Bloqueo bajo

Bloqueo interior

- **Bloqueo a la cara:** Para realizar el bloqueo a la cara, levante el brazo formando un ángulo, deteniéndose justo por encima de la frente. El movimiento debe ser como si estuviera formando un techo o el campanario de una iglesia. Con este bloqueo, puede hacer que un golpe se desvíe de usted protegiendo su cabeza. Este tipo de bloqueo es excelente para la defensa con armas.

Bloqueo a la cara

- **Doble bloqueo con antebrazo:** Este es un bloqueo más complejo ya que se duplica como un movimiento de ataque. Para ello, una de sus manos bloquea el ataque mientras la otra está lista para dar un golpe de respuesta al oponente. Esta técnica es muy compleja y muchos principiantes la malinterpretan.

Doble bloqueo con antebrazo

Ataques

Al principio, los ataques de taekwondo solo se realizaban con las piernas. Con el tiempo, el deporte se amplió para incorporar golpes y puñetazos propinados con los brazos. Las maniobras de ataque, por otra parte, se enseñan normalmente en los niveles superiores del deporte, ya que no se puede aprender a atacar sin aprender primero a defender. Los puñetazos se han convertido en un arma importante en el taekwondo, por lo que dominarlos es crucial. A continuación, se presentan algunos de los movimientos básicos de ataque con puñetazos y patadas con los que debería estar familiarizado un principiante:

- **Puñetazo recto:** Para realizar el puñetazo recto, el puño comienza desde la zona de la cadera y se impulsa directamente hacia delante. Se utilizan los dos nudillos grandes para impactar. Este puñetazo debe darse desde la posición frontal o de jinete.

Puñetazo recto

- **Patada frontal:** Esta es la base de casi todas las patadas en el taekwondo. Casi todas las demás patadas comienzan con una base de patada frontal.

Patada frontal

- **Golpe de mano con cuchillo:** A menudo se conoce como el golpe de karate. El ataque se realiza hacia el exterior con la palma de la mano hacia abajo. También puede realizarse hacia el interior con la palma de la mano hacia arriba. El impacto se realiza con el cuchillo o la mano. Como movimiento de ataque, el golpe de mano con cuchillo suele dirigirse al costado del cuello, la tráquea o la sien del oponente.

Golpe de mano con cuchillo

- **Patada lateral:** Este es otro movimiento de ataque muy popular en el taekwondo, y es común que la habilidad general de un individuo en taekwondo sea juzgada en base a su patada lateral. La patada lateral se realiza como una simple patada hacia delante con la pierna trasera. Requiere llevar la pierna hacia un lado y empujarla hacia adelante hacia el oponente. Este movimiento puede ser un poco difícil de dominar.

Patada lateral

- **Patada circular:** La patada circular también es popular en muchas otras artes marciales, pero el método de ejecución del taekwondo es único. En una posición de espalda, gire las caderas con el pie delantero mientras lleva la rodilla de la pierna trasera hacia arriba. Empuje su pierna hacia el objetivo. Puede ser muy útil para el sparring.

Patada circular

Otros movimientos de ataque comunes

- Giro de mano con puñetazo
- Golpe de mano con doble cuchillo
- Patada frontal
- Patada trasera
- Patada de hacha

Además de estos movimientos básicos, existen muchas variaciones que abren la puerta a técnicas de taekwondo más avanzadas. La clave para aprender y dominar estos movimientos es la práctica. Cuanto más se practique y se mejore la técnica, se ejecutarán estos movimientos con mayor confianza y se podrá pasar a otros más complejos.

Capítulo 5: Meditación y taekwondo

Lo crea o no, el taekwondo va de la mano con la meditación. La meditación ha sido una herramienta muy útil en el mundo de las artes marciales durante años y siempre lo será. La investigación científica ha demostrado que la meditación posee excelentes beneficios para la salud, entre ellos:

- Disminución del insomnio
- Aumento de la inteligencia
- Reducción del riesgo de enfermedades
- Facilidad de enfoque y concentración
- Aumento del desarrollo personal
- Disminución de la presión arterial
- Reducción del riesgo de enfermedades cardiovasculares
- Reducción de los niveles de estrés y ansiedad

¿Formidable, verdad? Parece que la meditación proporciona un cuerpo mucho más fuerte y saludable a quien la practica. La meditación tiene una gran importancia para todos. Los niños la utilizan para calmarse antes de enfrentarse a ese importante examen de matemáticas o cálculo. A los adultos con timidez o miedo a hablar en público se les ha aconsejado que practiquen la meditación para calmarse antes de esa entrevista de trabajo o presentación. Cualquiera que se encuentre en una situación estresante puede calmarse lo suficiente mediante la respiración y la concentración, dos factores preeminentes que se enseñan en la meditación.

Respiración y concentración

La meditación hace mucho para mejorar el rendimiento del taekwondo, por ejemplo, dar un impulso de energía muy necesario que es beneficioso para el entrenamiento. Para aquellos que son nuevos en la meditación, la mejor manera de empezar es concentrarse únicamente en la respiración. Unos minutos de respiración concentrada dan para mucho, y lo mejor es empezar con pequeños pasos y desarrollar un buen patrón de respiración al acceder al ser interior. Asegúrese de cerrar los ojos mientras lo hace.

Fuente de la imagen[89]

Cuando estás inmerso en el taekwondo, controlar su patrón de respiración es de suma importancia porque sus movimientos requieren una gestión adecuada de la respiración. El taekwondo requiere que se mueva con habilidad y precisión. Por supuesto, estos movimientos son complejos, pero deben realizarse con fluidez. El entrenamiento de la meditación aumenta su capacidad pulmonar, lo que se traduce en mejores patrones de respiración, y la meditación avanzada lo afinará aún más.

Mientras se realizan los movimientos de taekwondo, se necesita una concentración sin igual. La concentración lo es todo en el taekwondo, un error de cálculo o un desliz puede suponer una pérdida para usted, y una forma de pulir su concentración es a través de la meditación porque también utiliza la concentración de la persona. La meditación consistente le da a su mente un ritmo que hace que la concentración no requiera esfuerzo.

Mucha gente cree erróneamente que las artes marciales tienen que ver con la fuerza física. Aunque el papel de la fuerza física en las artes marciales no puede ser subestimado, ya que es muy instrumental, hay varios casos en los que un oponente mucho más pequeño supera a un hombre o mujer físicamente fuerte. La inteligencia y la concentración tienen prioridad sobre la fuerza bruta en cualquier situación. La mayoría de las veces, los grandes caen ante oponentes más pequeños debido a la falta de una mente concentrada. Mantener la calma y la concentración durante una pelea le permite ejecutar los movimientos correctos con un tiempo de reacción eficaz ante los avances de su oponente.

Dominar la meditación - Consejos para empezar

Hemos señalado los excelentes beneficios que conlleva la meditación. Es un hecho que los atletas de taekwondo que incorporan la meditación en su entrenamiento superan a los que no lo hacen. Entonces, ¿cómo se puede incorporar en el suyo?

Como todo, hay varias formas de meditar. Como principiante, veinte minutos de práctica de meditación al día deberían ser suficientes para empezar.

Encuentre un lugar tranquilo. Es imposible meditar en medio de un barullo o un lugar impregnado de ruido y sonidos insanos. Recuerde que su mente necesita concentrarse. Este lugar tranquilo puede ser cualquier sitio, como su dormitorio u oficina, por ejemplo; lo importante es que no le interrumpan. No debe ser un lugar al que cualquiera pueda llegar fácilmente y molestarle. La mayoría de los clubes de entrenamiento de taekwondo utilizan el dojang. Es muy poderoso, y es algo que usted también puede aprovechar.

¿Cuál es su intención con la meditación? ¿En qué quiere concentrarse en ese momento? ¿O en el día? La meditación es una cuestión de concentración, y la concentración es una cuestión de intencionalidad. Debe ser consciente de en qué quiere centrarse. ¿Quiere perfeccionar sus técnicas? Imagine que desempeña los dos lados. Establezca una estrategia. La meditación necesita intención, si no el objetivo no se alcanzará.

Comience por inhalar y exhalar. Respire lentamente desde la parte más baja del abdomen. Mantenga la respiración todo el tiempo que pueda y luego exhale lentamente por la boca. Cuando haga esto tres veces, su cuerpo entrará en un estado de calma y relajación, y también su mente. A continuación, concéntrese simplemente. Concéntrese en su respiración y disfrute de cada una de ellas para que los pensamientos aleatorios disminuyan.

Sin duda, sus pensamientos rondarán por su mente; esto es inevitable; reconózcalos y deje que se alejen. Si se encuentra atascado por demasiados pensamientos, vuelva a centrarse únicamente en su respiración hasta que su temporizador se apague. Se sentirá mucho más tranquilo y relajado.

Lo mejor es meditar con un temporizador. Le ayudará a mantener el rumbo en caso de que pierda la noción del tiempo; esto suele ocurrir cuando entra en estado de flujo. Cuando esto ocurre, veinte minutos parecen cinco. La práctica hace la perfección y, a medida que usted medite más a menudo, le resultará más fácil meditar durante períodos más prolongados.

Como principiante, tiene que aprender a ser paciente consigo mismo y a no ejercer una presión innecesaria. La meditación es diferente para cada uno de nosotros, y cada uno responde a ella de forma diferente. Lo único que debe entender es que el flujo viene con la consistencia. La meditación funciona mejor si se practica a la misma hora todos los días o regularmente antes de los torneos o prácticas de taekwondo. No se asuste si nota que no puede meditar durante largos períodos o que su mente está siempre abrumada con procesos de pensamiento. No siempre el comienzo es bueno para todos. Se necesita tiempo. A medida que vaya adquiriendo el hábito a través de la consistencia, se volverá más competente.

Comprender la conexión entre las artes marciales y la meditación

La meditación integrada a la lucha no se inició hoy en día. Ha existido desde el principio de los tiempos. Antes de participar en peleas mortales, los antiguos guerreros empleaban diferentes métodos de respiración para calmar sus mentes y cuerpos. La meditación, en cambio, no se incorporó a las artes marciales hasta varias décadas después.

Las artes marciales tradicionales poseen varios conceptos filosóficos para mejorar las capacidades mentales y físicas de los alumnos. Uno de ellos es una mente tranquila y el control sobre el estado físico y las emociones. Estos son cruciales para llevar a cabo y ejecutar movimientos complejos de artes marciales. Existen distintas técnicas de respiración que se reconocen como meditación.

Fuente de la imagen[60]

El entrenamiento y las competiciones de artes marciales no son para los débiles de corazón. Son muy estresantes y sus complejidades son bastante complicadas, especialmente para los principiantes. Si es usted un novato en el mundo del taekwondo, probablemente pueda identificarse con los constantes fracasos o la lucha por reprimir su ira en el tatami cuando su oponente saca lo mejor de usted. Por eso necesitas meditar. De esta manera se calma la mente y se aumenta la concentración.

La meditación puede llevar a una persona a un estado mental conocido como el estado de flujo o la zona. Entrar en este estado de concentración intensiva aumenta su rendimiento en la lucha, cambiando la forma en que percibe y entiende el dolor; esto le ayudará a mantener un alto nivel de energía constante durante las peleas. A continuación, se enumeran tres métodos y ejercicios populares que puede utilizar para meditar antes de lanzarse a una sesión o entrenamiento de taekwondo:

Control de la respiración y del cuerpo

Debido a su capacidad para vincular la mente y el cuerpo, un arte marcial como el taekwondo no descarta la importancia de la respiración. Cuando lucha, debe inhalar mientras se prepara para realizar su movimiento y exhalar tan pronto como lo haya completado. Se pueden realizar tanto las técnicas de defensa como las de ataque concentrándose en la respiración.

Significado más profundo

A menudo, ciertas cosas impiden que un verdadero artista marcial alcance todo su potencial. Puede ser una gran y profunda pérdida personal, el miedo a la muerte o lesiones colosales. Para dar rienda suelta al verdadero potencial de lucha que invariablemente conduce a la excelencia, el artista necesita una comprensión integral del mundo que le rodea y de su verdadero yo.

Práctica de defensa personal

Se trata de despertar su subconsciente y centrarse en integrar mentalmente las técnicas que ha aprendido previamente. El objetivo es que su subconsciente tenga una respuesta automática. Aunque suene básico y demasiado simplificado en su contexto, puede llevar tiempo perfeccionarlo.

Atención plena y taekwondo

"La atención plena significa prestar atención de una manera particular, a propósito, al momento presente, y sin juzgar" - Jon Kabat Zinn

Fuente de la imagen[61]

La atención plena es una de las muchas técnicas de meditación disponibles, pero es especialmente importante en el taekwondo. Requiere que usted preste deliberadamente toda su atención al presente sin juzgar ni criticar. Practicarlo formalmente requiere que reserve un tiempo para ello cada día, e informalmente requiere que preste atención a lo que está haciendo en cualquier momento del día.

Lo bueno de la atención plena es que se puede empezar por lo mundano: ducharse, vestirse, comer, etc. Recomiendo empezar y dominar la práctica informal antes de pasar a la formal. ¿Por qué? Porque puede empezar con algo pequeño y fácil y luego ir subiendo. La clave es su atención y la falta de juicio.

Ahora, hágalo formalmente. Busque una posición cómoda en un lugar tranquilo, cierre los ojos e inhale. Deje que su atención se centre únicamente en su ritmo de inhalación y exhalación y en nada más. Su mente divagará y sus sentidos se agudizarán. Tome nota de sus experiencias, pero devuelva siempre su atención a la respiración. Con el tiempo, se relajará. La relajación es importante en el taekwondo, ya que los psicólogos y analistas deportivos han determinado que la ansiedad es una gran causa de fracaso. Por lo tanto, cuanto menos ansioso esté, mejor. También se regularán sus niveles de energía, pero la concentración es quizás el beneficio más significativo de la atención plena.

Con la atención plena, su mente puede divagar. Pero su tarea consiste en devolver su mente al foco de atención elegido sin juzgarla. Al hacerlo, descubrirá que este ejercicio es perpetuo. La distracción aparece, pero usted vuelve a centrarse una y otra vez. Con el tiempo, obtendrá el poder de centrarse en lo que quiere y no en lo que quiere su cerebro. Este enfoque es vital en el taekwondo porque debe centrarse en las acciones de su oponente en lugar de en las emociones, como el miedo o la duda.

En conclusión, la mayor ventaja de la meditación en el taekwondo es su capacidad para ayudarle a liberarse de cualquier miedo, duda o vergüenza al entrar en el tatami con una mente clara y un único objetivo. Le ayuda a aprender y a crecer significativamente y a aprovechar los factores pertinentes para tener éxito. Desde el principio de los tiempos, ha formado parte de los rituales de combate de los guerreros más hábiles, y siguen surgiendo nuevas tendencias, estudios y análisis.

No todos los entrenadores incorporan la meditación en sus enseñanzas, pero hará bien en dedicarse a ella de forma constante como principiante. Le ayudará a recorrer un largo camino en su éxito en las artes marciales.

Recuerde que todo lo que desea está al otro lado de la consistencia.

Capítulo 6: Los 24 patrones esenciales del taekwondo

Los patrones en el taekwondo se refieren a los movimientos básicos de defensa y ataque en orden secuencial, contra uno o varios oponentes imaginarios. También conocidos como formas (tul), estos patrones forman una parte intrincada del entrenamiento en taekwondo y se utilizan para medir lo que se ha avanzado como estudiante y las habilidades que se han desarrollado.

Los patrones se enseñan y practican para que los estudiantes mejoren su conocimiento de las técnicas de taekwondo, muchas de las cuales son exclusivas del taekwondo. Al practicar estos patrones, se desarrolla la flexibilidad y el movimiento, se mejora la capacidad de combate, el control de la respiración, el tono y la construcción de los músculos; también se nota un aumento del equilibrio y la coordinación. Estos patrones se realizan normalmente de acuerdo con los libros escritos por el general Choi Hong Hi, el fundador del taekwondo.

¿Por qué hay 24 patrones esenciales?

Los 24 patrones del taekwondo se basan en la filosofía del gran maestro el general Choi Hong Hi. Él pensaba que para obtener la inmortalidad y vivir una vida con sentido, debemos esforzarnos por dejar un legado espiritual a la generación futura. El general opinaba que la existencia del hombre en la tierra ocupa un tiempo muy corto en el espacio, y utilizaba los 24 patrones para representarlo. En su legado, dijo:

"Aquí dejo el taekwondo para la humanidad como una huella del hombre en el siglo XX. Los 24 patrones representan 24 horas, un día o toda mi vida".

Creó estos patrones centrales para representar la vida del hombre en un solo día. Los diseños simbolizan muchos acontecimientos significativos y personas conocidas que afectaron a la historia del pueblo coreano. El taekwondo tiene 24 patrones que abarcan de 19 a 72 movimientos.

Cada uno de los 24 patrones lleva un mensaje que le inspira en su vida diaria y al realizar los movimientos. Estos movimientos sincronizados van de lo simple a lo complejo. Los primeros son una combinación de movimientos simétricos ejecutados con ambos lados del cuerpo. Cada patrón comienza y termina en el mismo lugar, lo que le permite dominar las técnicas básicas de patadas y bloqueos y desarrollar una posición sólida adecuada.

Estos patrones también tienen como objetivo honrar la historia coreana e impactar a cada estudiante con el conocimiento histórico coreano y una comprensión completa de las técnicas del taekwondo. Cada patrón tiene un diagrama y un número específico de movimientos que relatan un acontecimiento o una persona heroica de la historia. Las historias elegidas son realistas, y las luchas de cada uno de los personajes son relacionables con personas de otras naciones y culturas que no son coreanas. Los patrones de taekwondo enseñan una moral universal e inspiran a sus alumnos a luchar por una vida de legado y devoción a un bien mayor.

Los 24 patrones esenciales del taekwondo

Chon Ji

El primero de los patrones esenciales contiene 19 movimientos que parten de una posición preparada en paralelo y terminan con el retorno del pie izquierdo. Se traduce como "el cielo y la tierra". Hace referencia a la historia y la creación de la humanidad y suele ser el patrón inicial que aprende un principiante en el taekwondo. Los movimientos de este patrón se dividen en 2 partes similares; una parte simboliza el cielo y la otra, la tierra.

Dan Gun
Este es el siguiente patrón esencial. Lleva el nombre del hombre que fundó la nación de Corea en el año 2.333 a. C. Comprende 21 movimientos, requiere una posición preparada en paralelo y termina con un retorno del pie izquierdo.

Do San
Este patrón lleva el nombre del patriota nacional Ahn Chang-Ho, que se hacía llamar Do San. Dedicó toda su vida a Corea, luchando por su independencia y sus derechos educativos. El patrón requiere que se realicen 24 movimientos, comenzando con una posición preparada en paralelo y terminando con el retorno del pie derecho.

Won Hyo
En el año 686 d. C., durante la dinastía Silla, un monje llamado Won Hyo fue el encargado de introducir el budismo en el país, y este patrón lleva su nombre. Cuando se ejecuta el Won Hyo, se realizan 28 movimientos, empezando por una posición cerrada y preparada, una posición de preparación y terminando con el retorno del pie derecho.

Yul Gok
Conocido como el "Confucio de Corea", Yul Gok era un seudónimo del erudito y filósofo del siglo XVI Yil. Este patrón de Taekwondo requiere que realices 38 movimientos que representan los 38 grados de latitud del lugar de nacimiento del filósofo. Comienza con una posición preparada en paralelo y termina con el retorno del pie izquierdo. La palabra "erudito" está representada por el gráfico que exhibe este patrón.

Joong Gun
El sexto patrón de taekwondo lleva el nombre de Ahn Joong Gun, un nacionalista coreano que mató al primer gobernador general japonés tras la unificación de Corea y Japón. A la edad de 32 años, fue encarcelado y ahorcado en la prisión de Lui-Shung en 1910. Los 32 movimientos que requiere este patrón representan la edad de Joong Gun cuando fue asesinado. El patrón comienza con una posición cerrada y preparada y termina con el retorno del pie izquierdo.

Toi Gye
Este patrón debe su nombre al seudónimo del renombrado erudito y gurú del neoconfucianismo del siglo XVI, Yi Hwang. Para este patrón, hay que realizar 37 movimientos, empezando por la posición cerrada y preparada en B, y terminando con el retorno del pie derecho. Los 37 movimientos indican la latitud a 37º del lugar de nacimiento del gurú, y el "erudito" está representado en el diagrama de este patrón.

Hwa Rang
Durante la dinastía Silla, a principios del siglo VII, se formó una compañía de soldados conocida como Hwa Rang Do. Este patrón recibió su nombre en honor a ellos, y para ejecutarlo se requieren 29 movimientos, que comienzan con una posición cerrada y preparada en C y terminan con el retorno del pie derecho. Los 29 movimientos de este patrón representan el lugar donde el taekwondo se desarrolló plenamente como arte marcial: la 29ª división de infantería.

Choong Moo
Este patrón lleva el nombre del famoso almirante de la dinastía Yi, Yi Soon-Sin. En 1592, se le atribuyó la invención del Kobukson, el acorazado pionero. Se dice que sus inventos allanaron el camino a lo que hoy son los submarinos. El patrón requiere que se realicen 30 movimientos, comenzando con una posición preparada en paralelo y terminando con el retorno del pie izquierdo. El último movimiento de este patrón es un ataque con la mano izquierda que representa cómo murió el gran almirante.

Kwang Gae
El patrón Kwang Gae lleva el nombre del famoso decimonoveno gobernante de la dinastía Goguryeo, Gwang-Gae-Toh-Wang. Es conocido por haber recuperado la mayor parte de Manchuria y todos los demás territorios que se habían perdido. Para realizar este patrón, hay que formar 39 movimientos, empezando por una posición

paralela con la mano en posición de cielo y terminando con el retorno del pie izquierdo. Los 39 movimientos de este patrón representan los dos primeros números del año en que Kwang Gae comenzó a gobernar, el 391 d. C. El diagrama de este patrón muestra los territorios recuperados y la consecuente expansión.

Po Eun

El patrón Po Eun recibe su nombre del seudónimo de un famoso poeta del siglo XV y súbdito de la dinastía Koryo. Fue uno de los físicos más importantes de su época; fue autor de un poema, "No serviría a un segundo amo, aunque me crucifiquen cien veces", que todavía es muy conocido en Corea. Para este patrón, se espera que se realicen 36 movimientos, comenzando con una posición paralela con la mano en el cielo y terminando con el retorno del pie izquierdo. El diagrama de este patrón muestra la interminable lealtad de Po Eun a su país y al gobernante de la época.

Ge Baek

Este patrón requiere que se realicen 44 movimientos, comenzando con una posición preparada en paralelo y terminando con el retorno del pie derecho. Lleva el nombre de Ge Baek, uno de los generales más famosos de la dinastía Baek Je en el año 660 d. C. La disciplina militar del general está representada en el diagrama de este patrón.

Eui Am

Eui Am hace referencia al alias utilizado por el líder del movimiento independentista coreano del 1 de marzo de 1919, Son Byong Hi. El patrón requiere que se realicen 45 movimientos que comienzan con una posición cerrada y preparada en D y terminan con el retorno del pie derecho. Los 45 movimientos de este patrón corresponden a la edad de Byong Hi cuando transformó el Dong Hak en Chong Kyo (cultura oriental a religión celestial) en 1905. El diagrama de este patrón mostraba su carácter insuperable cuando dirigía su país.

Choong Jang

El general Kim Duk Ryang, un general de la dinastía Yi en el siglo XIV, recibió el seudónimo de general Kim Duk Ryang. Requiere la realización de 52 movimientos que comienzan con una posición cerrada y preparada en A y terminan con el retorno del pie izquierdo. El movimiento final de este patrón es un ataque con la mano izquierda que representa la muerte prematura del general en prisión. Tenía 27 años.

Ko Dang

El patrón Ko Dang requiere que se realicen 45 movimientos que comienzan con una posición paralela con un codo lateral gemelo y que terminan con el retorno del pie derecho. Lleva el nombre del alias de uno de los patriotas nacionales de Corea, Cho Man Sik. Dedicó su vida al movimiento de independencia de su país y luchó por la educación de los coreanos. Los 45 movimientos de este patrón representan las dos últimas cifras del año en que Corea se liberó de los japoneses: 1945.

Juche

El juche es la visión filosófica de que el hombre es el gobernante del mundo y, en consecuencia, de su destino. Es decir, el hombre tiene autoridad sobre todo en este mundo y determina su camino. Este concepto proviene de la montaña Baekdu, que se supone que refleja el espíritu del pueblo coreano. La ejecución de este patrón requiere 45 movimientos que terminan con el retorno del pie derecho. El diagrama del patrón juche simboliza la montaña Baekdu.

Sam-Il

Este patrón representa el período histórico del movimiento de independencia de Corea que comenzó el 1 de marzo de 1919. Para llevar a cabo este patrón, es necesario realizar 33 movimientos, comenzando con una posición cerrada y preparada en C y terminando con el retorno del pie derecho. Los 33 movimientos de este patrón simbolizan a los 33 patriotas pioneros que organizaron el movimiento de independencia.

Yoo-Sin

Este patrón requiere que se realicen 68 movimientos, comenzando con una posición de guerrero listo en la posición B y terminando con el retorno del pie derecho. El general Kim Yoo-Sin, uno de los principales generales de la dinastía Silla, es la inspiración de este diseño. La posición de preparación del guerrero en B representa una espada desenvainada en el lado derecho en lugar del izquierdo. Esto representa el error del general al obedecer las instrucciones del rey de luchar junto a fuerzas extranjeras contra su propia nación. Los dos últimos dígitos del año en que se unió Corea, 668 d. C., se utilizan como simbolismo a lo largo de los 68 movimientos.

Choi Yong

El general Choi Yong, comandante en jefe y primer ministro de las fuerzas armadas de la dinastía Koryo en el siglo XIV, influye en este patrón. Era muy querido y respetado por su sinceridad y devoción. Fue asesinado por varios de sus oficiales subordinados, al mando del general Yi Sung Gae, que llegó a ser el primer emperador de la dinastía Lee. Este patrón requiere 45 movimientos para completarlo correctamente, comenzando con una posición de C cerrada y preparada y concluyendo con el retorno del pie derecho.

Yon Gae

Yon Gae Somoon fue un conocido general durante el periodo Goguryeo; este patrón lleva su nombre. Para realizar este patrón, es necesario realizar 49 movimientos comenzando desde una posición de preparación del guerrero en A y terminando con el retorno del pie izquierdo. Los 49 movimientos corresponden al año en que Yon Gae obligó a la dinastía Yang a huir de Corea tras destruir a más de 300.000 de sus guerreros en Ansi Sung. Fue el año 649 d. C.

Ul-Ji

Este patrón requiere que se realicen 42 movimientos que comienzan con una posición paralela con la mano en X hacia atrás y terminan con el retorno del pie izquierdo. Lleva el nombre del general Ul-Ji Moon Dok, a quien se atribuye la defensa de Corea contra una invasión de los Tang de casi un millón de personas en el año 612 d. C. Utilizando tácticas de guerrilla de golpeo y huida, el general fue capaz de aniquilar una parte sustancial de sus fuerzas. El esquema de este patrón tiene forma de "L", que representa el apellido del general. Los 42 movimientos del patrón representan la edad del autor que diseñó el diagrama.

Moon-Moo

El trigésimo rey de la dinastía Silla, que fue enterrado en Dae Wang Am (que se traduce como la roca del gran rey), inspiró el patrón de taekwondo Moon-moo. El rey pidió que su cuerpo, después de su muerte, fuera colocado en el mar para poder proteger a su país de Japón. El Sok Gul Am (caverna de piedra), un artefacto notable de la cultura de la dinastía Silla, fue creado para proteger su tumba después de ser enterrado. Este patrón necesita 61 movimientos, que corresponden a los dos últimos números del año en que Moon Moo llegó al trono, el 661 d. C.

So-San

Este patrón requiere 72 movimientos, que comienzan con una posición cerrada y preparada, y terminan con el retorno del pie izquierdo. Choi Hyong Ung, un monje de la dinastía Lee del siglo XVI, recibió el nombre de este patrón. Los 72 movimientos del patrón indican la edad del monje cuando, en 1592, él y su alumno Sa Myung Dang reunieron un batallón de soldados monjes para resistir a los piratas japoneses en la península de Corea.

Se Jong

Este patrón lleva el nombre de Se-Jong, el gran rey coreano y un reconocido meteorólogo al que se le atribuye la invención de los alfabetos del idioma coreano en 1443. Para ejecutar este patrón, hay que realizar 24 movimientos, comenzando con una posición cerrada y preparada en B y terminando con el retorno del pie izquierdo. Los 24 movimientos representan las 24 letras del alfabeto coreano, mientras que el diagrama "Z" de este patrón simboliza al rey.

Tong-Il

Este patrón requiere que se realicen 42 movimientos, comenzando con una posición preparada de posición paralela con un revés superpuesto y terminando con el retorno del pie izquierdo. Simboliza la unión de la nación coreana, separada desde 1945. El diagrama del patrón tiene forma de "I", lo que significa una raza uniforme y única.

Consejos importantes a tener en cuenta al realizar los patrones de taekwondo

Se espera que comience y termine cada patrón en el mismo lugar. Esto demuestra su precisión al realizar el patrón.

- Debe mantener la posición correcta y mantener el rostro correcto en todo momento.
- Debe asegurarse de que sus músculos están tensos o relajados en el momento crucial y preciso de la ejecución del patrón.
- Debe realizar cada patrón con un movimiento rítmico y sin rigidez.
- Necesita asegurar la aceleración y desaceleración de los patrones según las instrucciones dadas.
- Debe perfeccionar cada patrón antes de pasar al siguiente.
- Como estudiante, se espera que conozcas el propósito de cada movimiento.
- Como estudiante, se requiere que realice cada patrón con realismo.

Capítulo 7: Los cinco principios del taekwondo

Si ha asistido a alguna clase de taekwondo estándar en el pasado, entonces debe haber escuchado esta frase en algún momento. Los principios del taekwondo suelen recitarse como parte del juramento de los alumnos de taekwondo en la mayoría de las escuelas. Al comienzo de la clase, los alumnos recitan el juramento, ya sea al unísono o repitiendo después de su instructor.

El juramento del alumno de taekwondo sirve para recordar a los alumnos su responsabilidad para con ellos mismos, el arte, su instructor, sus compañeros y la sociedad. Por lo tanto, los principios forman una parte integral del juramento que se espera que los estudiantes conozcan.

Por suerte, como principiante que lee este libro, puede familiarizarse con ellos antes que la mayoría. Más que aprender a luchar, podrá comprender algunas de las ideas fundamentales de este deporte y apreciarlas.

Para empezar, hay que entender qué es un principio. Un diccionario o una enciclopedia definen un principio como una opinión, un dogma, un criterio o una doctrina que una persona o una organización cree, practica y mantiene como verdadera.

Es una definición muy completa, pero no hace justicia a la rica historia y herencia de la que se derivan los principios del taekwondo. La cuestión es entender el papel de estos principios. Fueron creados para dar a los antiguos guerreros poderosas motivaciones, y lo mismo sigue siendo cierto como fuerza motriz de todos los procesos de aprendizaje, incluso hoy en día.

- Cortesía
- Integridad
- Perseverancia
- Autocontrol
- Espíritu indomable

Estos son los cinco principios del taekwondo moderno, pero no siempre han sido así. Los antiguos principios del arte ancestral se conocían como el código de conducta Hwarang y constaban de cinco reglas. Tienen el mismo significado que las modernas, pero están escritas en un lenguaje más florido y superfluo. El código Hwarang es:

- Rígida lealtad al rey y al país
- Respeto y obediencia a los padres
- Lealtad y confianza inquebrantables a los amigos
- Mostrar valor y no retroceder nunca en la batalla
- Prudencia en el uso de la violencia y en la toma de una vida

Aunque relacionar cómo llegó uno a convertirse en el otro sería complicado, es fácil ver sus similitudes. El respeto y la obediencia son sinónimos de cortesía. La lealtad y la confianza son una parte importante de la integridad. La prudencia en el uso de la violencia y el asesinato es el autocontrol. "El despliegue de valor y el no retroceder nunca muestran la perseverancia y el espíritu indomable.

Como siempre, el Taekwondo se mantiene fiel a sus raíces.

Los cinco principios son una fuente de orientación para los estudiantes serios del arte. Son un código moral y deben cumplirse, no solo cada vez que se está en el dojang, sino cada vez que se utilizan las habilidades. El taekwondo es una filosofía espiritual, y es una disciplina tanto mental como física. Su éxito en la comprensión de la parte mental del taekwondo también determinará su éxito físico.

El respeto por la rica historia y la tradición del taekwondo debe estar siempre recién incrustado en la mente. Por ello, la mayoría de los entrenadores e instructores recitan todos los principios una vez que los alumnos se han inclinado sobre las colchonetas para recordarles que el taekwondo gira en torno a la superación personal y la humildad. Lo mejor de los principios del taekwondo es que también pueden servir para la vida cotidiana.

Analizando los principios

Fuente de la imagen[68]

Cortesía (Ye Ui)

La cortesía es otra palabra para designar la amabilidad, la humildad y el respeto duradero hacia uno mismo y hacia los demás. Es una inmensa consideración hacia los demás y suele verse y mostrarse en el dojang. En el dojang se quitan los zapatos en señal de respeto a las instalaciones de entrenamiento, y los alumnos se inclinan ante los grandes maestros y los cinturones negros para demostrar respeto por sus logros. Siempre que el gran maestro o el instructor esté dando una lección, los alumnos deben permanecer en silencio y escuchar activamente; las discusiones laterales simbolizan una falta de respeto. Si usted es un principiante que nunca ha estado dentro de un dojang, debe recordar estas cosas.

A menudo, a medida que los estudiantes progresan en el escalafón y se vuelven amistosos con sus tutores y superiores, la complacencia en cuanto a la cortesía se arrastra, y es entonces cuando se requiere vigilancia. Ser amistoso está muy bien, pero ser una encarnación perfecta de quien se adhiere a los principios en todo momento es aún más importante. La cortesía también requiere respeto sin buscar gratificación. A veces, los alumnos solo son corteses con sus superiores por lo que pueden conseguir, pero nunca son corteses con los recién llegados; esto es inaceptable.

La verdad es que su dedicación a los principios no se pondrá a prueba en su etapa inicial. Para un principiante es fácil adherirse a ellos, pero a medida que adquiera más experiencia, necesitará más conciencia de sí mismo y comprenderá la necesidad de renovar constantemente su dedicación. No es de extrañar ver a los jóvenes artistas corteses cuando están en el peldaño más bajo de la escalera, solo para alcanzar el estatus de cinturón negro y transformarse en algo que nadie reconoce.

Integridad (Yom Chi)

La integridad es la firme adhesión a un estricto código moral y ético. El taekwondo tiene su ética, y los instructores, los grandes maestros, los cinturones negros, los alumnos y los principiantes deben adherirse a ella. Por ejemplo, los instructores no deben enseñar o demostrar técnicas que sean deliberadamente perjudiciales para el oponente del alumno. Incluso cuando se enseña a los alumnos los movimientos rompehuesos de la defensa personal, se hace hincapié en el principio de que solo se ejecutan cuando el uso o la amenaza de la fuerza pone en peligro la vida.

Como artista marcial en ciernes, debe reconocer que la integridad es una de las virtudes que debe mantener. Debe aprender a ser fiel a sí mismo, a su dojang, a su gran maestro y a su instituto de formación. Entienda que los códigos morales y la ética son tan importantes como el aprendizaje de las técnicas de taekwondo. En el taekwondo, la integridad también significa ser fiel a su palabra. Hoy es un principiante, pero un día evolucionará hasta el punto de enseñar a otros. ¿Cómo lo hará? Debe ser capaz de enseñar y ayudar de buena gana a los que necesitan ayuda. Integridad significa respeto y lealtad. Significa ser fiel a su palabra y a usted mismo. Significa definir el bien y el mal y escuchar a su conciencia.

Perseverancia (In Nae)

Un viejo proverbio asiático dice: "la paciencia conduce al valor o al mérito". La perseverancia es un rasgo necesario para el proceso de crecimiento y, como principiante, no se puede enfatizar más lo importante que es para usted. El taekwondo es un deporte complejo, y no puedes ser débil de corazón y esperar sobresalir en este deporte. Aprender a perfeccionar sus técnicas, y pulirlas hasta que brillen, solo se consigue con perseverancia. *¡Los cinturones negros no llegan a esa posición por casualidad!*

La perseverancia en una tarea es en sí misma una habilidad. A medida que usted progrese en el taekwondo, descubrirá su conjunto único de fortalezas y debilidades. Habrá ciertos movimientos que le resultarán fáciles de perfeccionar y otros no tanto. Pero no importa lo duro o arduo que sea el proceso, debe aprender a ser persistente y a dedicarse a no abandonar nunca el perfeccionamiento de sus defectos. La perseverancia es el único principio que le llevará a la excelencia y le dará una sensación de plenitud cuando logre aquello por lo que ha trabajado asiduamente.

En todos los niveles, debe renovar su dedicación a la perseverancia. Habrá momentos en los que se sienta seguro y tranquilo con ciertos movimientos que cree haber perfeccionado, solo para recibir un duro despertar en la práctica de un entrenamiento o, aún peor, durante un torneo. Es la perseverancia la que le hará volver al tatami y le asegurará el perfeccionamiento y la puesta a punto de lo que creía saber.

Como principiante, la mejor manera de afrontar el empinado viaje de aprendizaje es tomarse un día a la vez. Cada día que se presenta, se esfuerza por ser mejor de lo que era ayer. Cuando tenga ese principio constantemente en su mente, será más competente en el taekwondo hasta que se convierta en el mejor.

Autocontrol (Guk Gi)

El taekwondo es un arte marcial de combate que incluye ataques con las piernas, patadas y puñetazos. Requiere que aprenda a controlarse porque es muy fácil cruzar la línea. Imagine, por ejemplo, que se convierte en cinturón negro, y que está haciendo un combate con alguien que le desagrada mucho. Podría ser tentador golpearle hasta la saciedad ejecutando movimientos impecables, y sí, eso podría hacerle sentir bien consigo mismo, pero el taekwondo no se trata de eso. La falta de autocontrol puede resultar desastrosa para el oponente y el alumno.

El autocontrol también consiste en prestar atención a su instructor y no moverse ni un centímetro hasta que se le indique. Significa mantener la calma mientras su oponente le destroza con fuerza. Significa que usted responda bien a las críticas sin importar cuán encolerizado lo pongan. Además del taekwondo, todas las artes marciales requieren años de comprensión y práctica paciente. Si no tiene autocontrol, no podrá durar.

Espíritu indomable (Baekjul Boolgool)

El taekwondo se basa en la superación personal. Siempre que le resulte difícil el terreno, recuérdese a sí mismo por qué empezó a entrenar en primer lugar.

¿Ha visto la épica película Troya? Está protagonizada por el poderoso actor de Hollywood Brad Pitt en el papel del legendario guerrero griego Aquiles. En la primera batalla en la que el ejército griego avanza, Aquiles y sus mirmidones se enfrentan sin ayuda a los temibles guerreros de Troya en la playa. Fueron lo suficientemente resistentes como para derribar una ciudad que nunca había sido conquistada.

Utilicemos un ejemplo más de artes marciales. ¿Usted recuerda la película "Karate Kid"? (Dato curioso, la película debería llamarse "Kung Fu Kid" porque Dre Parker en realidad aprende kung fu y no karate). Durante el torneo, Dre resultó gravemente herido y le dijeron que su lesión era tan grave que era aconsejable dejar de luchar, pero persistió porque estaba decidido a vencer sus miedos esa noche.

Una última referencia cinematográfica para reforzar la idea: ¿recuerda la película de batalla 300? Leónidas y su ejército de 300 guerreros espartanos se enfrentaron al poderoso y superior ejército de Jerjes y mostraron uno de los actos de valor más profundos que el mundo haya visto jamás. Su epitafio dice: Aquí yacen 300, que cumplieron con su deber.

Estas películas se utilizan como ejemplo porque son películas de guerreros. Incluso si es un principiante, debe entender que el día que decidió pisar el tatami en un centro de entrenamiento, se convirtió en un guerrero. Y como guerrero, debe mostrar coraje, incluso frente a probabilidades abrumadoras.

Fuente de la imagen[68]

La perseverancia es el esfuerzo físico necesario para afrontar los retos, pero un espíritu indomable es la voluntad del alma necesaria para vencer la oposición. Usted muestra un espíritu indomable cuando elige constantemente elevarse por encima de los temores que le roen el corazón. Demuestra un espíritu indomable cuando elige no ser débil de voluntad y se enfrenta a su oponente sin miedo. Tiene un espíritu indomable cuando decide seguir compitiendo en los torneos, aunque haya perdido mucho. Demuestra un espíritu indomable cuando tiene problemas para dominar sus movimientos, pero no deja de acudir a los entrenamientos. Se necesita un espíritu de lucha para tener éxito en la vida, y el taekwondo no es una excepción.

Los artistas marciales contemporáneos ignoran en gran medida los cinco principios del taekwondo, aunque se canten como un mantra en la escuela. Puede resultar tentador hacer lo mismo, e incluso puede que se encuentre con quienes le digan que estos principios están pasados de moda. Sin embargo, puede estar seguro de que adherirse a estos principios es una garantía segura de éxito.

Además, estos principios le pueden servir en la vida. El autocontrol le enseña a mantener la calma bajo el fuego. Hay un dicho que dice que puede lamentar la dureza de sus palabras después de que muera su ira, pero nunca podrá lamentar el silencio que guardó. La integridad le ayudará a mantener su palabra y a ser leal en sus relaciones. La cortesía hace que respete a todo el mundo, incluso a los desconocidos. La perseverancia y el espíritu indomable le darán una inmensa fuerza de voluntad y valor para alcanzar cualquier sueño que tenga fuera del taekwondo.

El taekwondo no es solo una habilidad de combate. También es una habilidad para la vida. Vivir según los cinco principios le ayuda a convertirse no solo en un mejor luchador, sino en un mejor ser humano. La disciplina física y mental le permitirá mejorar todos los aspectos de su vida. Los principios pueden encajar sin esfuerzo con cualquier creencia religiosa o filosófica que tenga. Así pues, estudie los cinco principios y deje que sean una fuente de orientación a lo largo de su viaje por las artes marciales. Será una de las mejores decisiones que cambiará su vida.

Capítulo 8: Técnicas de manos del taekwondo

La mayoría de la gente cree que el taekwondo es un arte marcial que gira en torno a las patadas, y no están del todo equivocados. Pero, si bien las patadas fueron un elemento predominante de este deporte en sus inicios y siguen siendo una parte integral del mismo en la actualidad, hay una variedad de técnicas de manos que también se utilizan comúnmente. Este capítulo se centra en algunos de los golpes de mano que aprenderá en el taekwondo y en los trucos y estrategias para mejorarlos.

Lanzar el golpe perfecto en el taekwondo, como en cualquier otro arte marcial, requiere tiempo y práctica. Debe aprender a ejecutar cada técnica correctamente para obtener las habilidades necesarias; esto le dará ventaja, especialmente en los combates competitivos.

Hay varias combinaciones de técnicas de mano en el taekwondo. Algunas son más populares que otras, y la complejidad también varía mucho de una técnica a otra. A continuación, algunas cosas que hay que saber sobre las técnicas de mano del taekwondo.

Los puñetazos son un arma secreta

Los puñetazos son mayormente sub-utilizados en el taekwondo, especialmente en los juegos competitivos. La mayoría de la gente se centra en las patadas sin prestar suficiente atención a sus habilidades de mano. Esto podría ser una ventaja para un oponente que invierte su tiempo y esfuerzo en desarrollar técnicas de mano.

La gente no solo se olvida de lanzar golpes, sino que apenas se defiende de ellos. Es bastante interesante si se tiene en cuenta que se pueden ganar entre 1 y 2 puntos por dar un puñetazo, dependiendo de las reglas de la competición.

La selección mexicana de taekwondo se aprovecha de ello. Actualmente es uno de los mejores equipos a nivel mundial y ha dominado durante más de dos décadas. Notará que sus actuaciones incorporan más puñetazos que la mayoría, lo que contribuye a su dominio en el deporte, demostrando además que se pueden acumular valiosos puntos con los puñetazos si se sabe aplicar correctamente las técnicas de mano.

Cómo dar un buen puñetazo en taekwondo

Contrariamente a la creencia popular, se necesita algo más que las manos para lanzar buenos golpes. Muchas de las técnicas de mano en el taekwondo requieren que utilice todo su cuerpo. Además de las manos, el brazo, el abdomen y los pies pueden contribuir a la eficacia del golpe.

Fuente de la imagen[64]

- **Los pies:** En el taekwondo, los pies son su base sólida y su fundamento. Debe estar tan estable y equilibrado en el suelo como sea posible para generar suficiente potencia para su técnica de mano. La mayoría de los movimientos requieren que se mantenga sobre la punta de los pies para detener, girar y pivotar sus golpes correctamente.
- **Abdomen:** Este es el centro de su cuerpo. En todos los deportes físicos, incluido el taekwondo, los abdominales sirven para conectar las manos con los pies. La potencia generada por los pies se transmite a las manos, por lo que debe aprender a apretar el abdomen para asegurarse de no perder la potencia de su golpe.
- **Brazos:** Aunque la mayoría de las técnicas de mano en el taekwondo implican la mano, los brazos son igualmente importantes ya que realizan el movimiento. Su puño y muñeca deben estar en el nivel correcto de firmeza durante un puñetazo para evitar lesiones.

Técnicas de mano del taekwondo

En el taekwondo hay una gran variedad de puñetazos y técnicas de mano; a continuación, se presentan algunas de las más populares.

El jab

Este método se emplea en el taekwondo tanto para la defensa como para medir la distancia. El jab también puede utilizarse para provocar al oponente, dejándolo vulnerable a un contraataque. El jab está diseñado para provocar a su oponente para que ataque mientras usted contraataca con una patada. El jab se lanza como un golpe directo desde la distancia, con el brazo por encima del pie delantero. Esta técnica debe ser ejecutada con velocidad y explosividad sincronizada si se quiere coger al adversario desprevenido. Suele ir acompañado de una ligera rotación de las caderas y el torso. El puño gira en un ángulo de 90 grados durante el golpe, volviéndose horizontal en el momento del impacto.

Lleve el hombro principal hacia arriba para proteger la barbilla mientras la mano está completamente extendida; la otra mano permanece junto a la cara para proteger la mandíbula. Retraiga la mano principal en posición de guardia frente a su cara tan pronto como haga contacto con el objetivo. En lugar de golpear solo con la mano mientras se lanzan los jabs, transfiera parte del peso de su cuerpo al golpe para sostenerlo. Para conseguir un mayor efecto, intente dar un golpe de 10 a 15 cm por detrás de la superficie del objetivo. Cuando esté en combate, intente golpear a través de su oponente en lugar de limitarse a hacer contacto en la superficie.

Como nota de precaución, debe asegurarse de que su muñeca está bien alineada cuando lance un golpe. Se arriesga a sufrir una lesión si se dobla al impactar, especialmente contra una superficie sólida.

Puñetazo recto o cruzado

Un puñetazo recto o cruzado es similar a un jab, pero se golpea la superficie o al oponente con la parte trasera de la mano y no con el puño delantero. Como hay que girar el cuerpo para dar el golpe, un puñetazo recto suele tener más potencia que un jab. Al realizar un puñetazo cruzado o recto, se golpea al adversario con los dos primeros nudillos del puño. Dependiendo de las reglas de la competición, puede lanzarse hacia la cabeza o el cuerpo. Cuando su oponente se acerca a usted, los puñetazos rectos son la mejor opción.

Uppercut

El uppercut es un golpe que consiste en mover el cuerpo hacia arriba mientras se golpea al adversario. Girando el torso hacia arriba para poder levantar el brazo y disparando una mano hacia arriba para golpear al oponente es como se logra este golpe. En una situación de lucha cuerpo a cuerpo, un uppercut se emplea mejor para asestar un golpe al cuerpo de su oponente. Para obtener el máximo efecto, hay que bajar el hombro junto con las rodillas. A continuación, impulsando el cuerpo hacia arriba y hacia delante, se extiende el puño hacia la barbilla y la cara del adversario.

Uppercut

Golpe de gancho

Es una variante más compacta o corta del puñetazo recto o cruzado estándar. Se suele lanzar con la mano delantera y se dirige a los costados del adversario. Al dar un puñetazo en forma de gancho, el cuerpo realiza un ligero movimiento de giro apretado.

Golpe de gancho

En el taekwondo, el puñetazo en forma de gancho se considera una alternativa más controlada y eficaz que el puñetazo más tradicional. Utilice este puñetazo para realizar un golpe al cuerpo en el combate cuerpo a cuerpo o para superar la guardia del oponente; también es más difícil parar un puñetazo de gancho.

Puede utilizarse el gancho para dirigir un golpe cruzado o como parte de una secuencia combinada de golpes, siendo el último el gancho. El gancho también es eficaz como contragolpe contra un oponente. Empuje su puño en forma de gancho con la pierna adelantada y gire perpendicularmente el pie mientras lanza el puño para darle más fuerza.

Puño trasero

En el taekwondo hay diferentes tipos de puños traseros. El tipo más común se realiza con la mano delantera, de forma similar al jab. Pero en este caso, se utiliza la parte acolchada del revés. Al final de este puñetazo, hay que dar un golpe con la mano en el lado de la cabeza del oponente (dependiendo de la organización, puede estar prohibido golpear con la parte acolchada de la mano).

En el taekwondo existen dos versiones del puño trasero: el puño trasero con giro y el puño trasero giratorio. La diferencia es muy sutil.

El puño con giro hacia atrás; antes de golpear a un oponente con el dorso de la mano, la mano debe girar 180 grados.

El puño giratorio hacia atrás; se produce un giro de 360 grados de la mano. Este tipo de puñetazo suele seguir a otro golpe que inicia el giro. Ambos tipos de puños traseros se preparan normalmente con un puñetazo o una patada.

Puño de martillo

Para realizar la técnica del puño de martillo, haga un movimiento similar al de un martillo. Con la parte carnosa de su mano, debe ejecutar un movimiento hacia abajo. El puño martillo puede utilizarse para atacar por encima de la guardia del oponente y también puede lanzarse con un giro o una vuelta para conseguir un impacto adicional.

Puño trasero

Puño de martillo

Gire el puño hacia abajo en dirección al objetivo para ejecutar esta técnica. Una de las principales ventajas del puño de martillo, especialmente para los principiantes, es que es bastante seguro, y no hay riesgo de lesiones en la mano o los nudillos, ya que se golpea el objetivo utilizando la parte inferior acolchada del puño.

Puñetazo con nudillo extendido

Un puñetazo con nudillo extendido es una variación de la configuración tradicional del puño utilizada para dar un puñetazo normal. Para lanzar un puñetazo con nudillo extendido, un dedo sobresale hacia delante (normalmente el nudillo del dedo corazón). El nudillo se utiliza para generar el impacto, concentrando más fuerza en un área más pequeña para un mayor impacto.

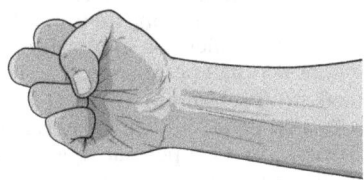

Puñetazo con nudillo extendido

El nudillo extendido se utiliza a menudo para atacar los puntos de presión. Esta técnica tiene sus raíces en el kung fu tradicional. Sin embargo, se considera un movimiento de taekwondo de alto nivel que solo utilizan los estudiantes avanzados porque requiere un nivel de precisión y acondicionamiento que la mayoría de los principiantes no tienen.

Para dar este puñetazo correctamente, se espera que el cuerpo se relaje al máximo durante el golpe y se tense justo en el punto de impacto, relajándose de nuevo al retroceder la mano. La secuencia de relajación y tensión del cuerpo ayuda a alcanzar la mayor velocidad posible, al tiempo que se consigue una máxima transferencia de fuerza.

Golpe con la mano en forma de lanza

El golpe con la mano en forma de lanza es un golpe con la mano abierta. Se llama así porque la mano está completamente extendida, dando la apariencia de una lanza. El golpe se realiza con las puntas de los dedos y suele dirigirse al ojo, la garganta u otros objetivos más sensibles. Una ventaja significativa de esta técnica es que amplía el alcance de la mano unos centímetros.

Tenga en cuenta que el golpe con la mano en forma de lanza debe utilizarse con precaución. Si falla y golpea un objetivo duro, corre el riesgo de lesionarse los dedos. Además, aunque esta técnica se enseña habitualmente en el taekwondo, se considera ilegal en los torneos.

Golpe con la mano de cresta

El golpe con la mano de cresta es otra técnica común de mano abierta. Al ejecutar este golpe, las manos y los dedos están extendidos mientras se golpea el objetivo con el lado del pulgar de las manos abiertas.

Este golpe es bastante efectivo; se da de la misma manera que un gancho o un golpe de mano. Sin

Golpe con la mano en forma de lanza

embargo, para evitar lesiones, se espera que se meta el pulgar en las palmas de las manos para evitar lesiones cuando se golpea el objetivo.

Diferencias en las reglas de las técnicas de mano entre las organizaciones de taekwondo

Hay diferentes reglas respecto a las diversas técnicas de mano en el taekwondo. La WTF, la ITF y la ATA tienen reglas específicas sobre qué golpes están permitidos y qué parte del cuerpo está prohibida.

Federación Mundial de Taekwondo (WTF): Los luchadores de artes marciales solo pueden dar golpes rectos utilizando la zona de los nudillos de las manos, según las directrices de la WTF. Además, los puñetazos solo pueden aterrizar en el abdomen, el jab o los uppercuts; los ganchos no están permitidos.

Federación Internacional de Taekwondo (ITF): Las reglas de la ITF para los golpes de mano son similares a las de la WTF, con la excepción de que la ITF permite los golpes a la cabeza. Además, la ITF permite que los contendientes lancen una variedad de golpes en lugar de solo golpes directos.

Asociación Americana de Taekwondo (ATA): Las reglas para el combate de la ATA son comparables a las de la WTF. Solo son legales los golpes abdominales rectos.

Consejos para mejorar las técnicas de mano en el taekwondo

La práctica y el entrenamiento constantes son necesarios para perfeccionar las técnicas de mano en taekwondo. Como todo en el taekwondo, cuanto más se practica, mejor se hace. También es importante que comprenda la filosofía de las técnicas de mano de empuje y tracción y la ejecución dura y suave.

El principio de empujar y tirar tiene un gran impacto en la ejecución de sus golpes. Cuando empuje su mano de golpeo hacia delante, debe tirar de la mano que no golpea hacia atrás con la misma fuerza con la que está empujando la mano de golpeo. El mismo principio se aplica al bloqueo. Cuando bloquee, tire de la mano que no bloquea con la misma potencia que la otra mano para maximizar todo su potencial.

Además, es imperativo dominar cómo ser suave y duro en varios aspectos de su técnica. Ser completamente duro no es bueno, y a la inversa, ser completamente blando tampoco es bueno. Encontrar el punto óptimo entre ambos extremos es esencial. Un artista marcial debe aprender a relajarse antes de ejecutar una técnica y a tensarse justo en el momento adecuado para concentrar toda su potencia detrás de un golpe para conseguir el máximo efecto.

Como se ha mencionado anteriormente, las técnicas de mano implican a todo su cuerpo y no solo a sus manos. Todo, desde sus pies (su centro de energía inferior) hasta la punta de su dedo, tiene que estar involucrado para dar un golpe. Su cadera se utiliza para hacer estallar el látigo para generar suficiente potencia y velocidad para sus golpes.

Además, debe tener en cuenta las consideraciones de seguridad para cada técnica de mano y prestarles la debida atención. Puede arriesgarse a sufrir un esguince, una dislocación o incluso a romperse la mano si los golpes de mano se ejecutan de forma negligente.

Ejercicios para mejorar las técnicas de mano

Hay diferentes métodos de entrenamiento que puede utilizar para mejorar sus técnicas de mano. Tres de las formas más comunes de potenciar sus golpes son:

- **Entrenar con un saco de boxeo:** Las escuelas de taekwondo suelen tener un saco de boxeo que puede utilizar para entrenar. Para fortalecer sus técnicas de mano, su entrenador deberá guiarle a través de sesiones de práctica con el saco.

Fuentes de imágenes[65]

- **Entrenamiento con guantes:** Otro método que utilizan los instructores para ayudar a la práctica con el saco de boxeo es el entrenamiento con guantes. Se trata de enseñar a los alumnos a sincronizar los puñetazos mientras llevan los guantes para golpear. El entrenamiento de acondicionamiento también se realiza con esta técnica.

- **Sparring técnico:** A veces se empareja a los alumnos con un compañero de sparring, animándolos a practicar varias técnicas de manos entre ellos. Hay que tener en cuenta que los puñetazos y golpes de taekwondo se practican mejor bajo la supervisión del instructor.

Capítulo 9: Técnicas para los pies en el taekwondo

No es ningún secreto que el taekwondo cuenta con unas patadas impresionantes. Se denominan chagui en coreano, y son el aspecto más reconocible de este deporte. Las patadas de taekwondo pueden ser ejecutadas a través de una variedad de métodos, incluyendo patadas de salto a varias alturas, patadas giratorias, o una combinación de estas. El tipo de patada a utilizar depende de la situación específica. Mientras que algunas patadas son excelentes para la defensa personal, otras son más adecuadas para los ataques en las competiciones. Este capítulo examina algunas patadas comunes del taekwondo, para qué se utilizan y cómo se ejecutan.

La patada frontal ("Ap Chagui")

La patada frontal, también conocida como patada instantánea o patada rápida por la rapidez con la que se ejecuta, es uno de los primeros conjuntos de patadas que aprenderá como principiante. Es una patada poderosa, útil tanto en los niveles principiantes como en los avanzados de este deporte.

Al ejecutar una patada frontal, se levanta la rodilla de la pierna que da la patada hasta el nivel de la cintura. A continuación, mueva el pie hacia delante en dirección al objetivo; esto ejerce una fuerza hacia delante que empuja al objetivo hacia atrás. La patada frontal puede ser utilizada para infligir un daño significativo.

En cualquier patada del taekwondo, la pierna de apoyo o fuera de combate es tan importante como la propia patada durante su ejecución. Para esta patada, se dobla ligeramente la pierna de apoyo para ejecutar la patada. Su peso debe estar apoyado en la punta del pie y no en el suelo. También puede levantar el pie ligeramente del suelo, pero tenga cuidado de no exagerar. Durante la patada, el pie que está fuera gira ligeramente en dirección contraria al objetivo.

La posición del brazo y el torso también son importantes. Lleve el puño hacia el pecho como en una posición de bloqueo. Cuando la pierna que patea se lleva hacia adelante, el brazo de ese lado debe llevarse hacia abajo y tirarse hacia atrás.

En los estilos de la WTF y la ITF, los dedos de los pies se doblan hacia arriba cuando se ejecuta esta patada para asegurar que se golpea el objetivo con la planta del pie. En otros estilos, los dedos de los pies apuntan directamente en la misma dirección que el resto del pie. De este modo, se utiliza la parte superior del pie para golpear el objetivo. En este estilo, también se amplía el alcance de la pierna.

La patada lateral ("Yop Chagui")

Este es otro movimiento que probablemente se espera que aprenda al principio de su carrera en el taekwondo. La patada lateral es también una poderosa patada que puede tener diferentes implicaciones dependiendo de las reglas del taekwondo que esté siguiendo.

Para realizar esta patada, hay que levantar la rodilla mientras se gira el cuerpo unos 90 grados. A continuación, se ejerce fuerza enderezando la pierna. Al ejecutar esta patada, debe girar el pie que no patea a el atacante para que esté completamente alejado del objetivo en el momento del impacto.

Su torso debe estar doblado hacia un lado durante una patada lateral; esto es particularmente importante si está haciendo una patada lateral alta. Si está pateando con la pierna derecha, el brazo derecho baja por detrás de la pierna que patea mientras la patea hacia adelante. El brazo izquierdo se lleva a la zona del pecho con el puño cerrado en una posición de bloqueo.

Al igual que con la patada frontal, la parte del pie utilizada para golpear el objetivo depende de las reglas de taekwondo que esté siguiendo. Pero las opciones son entre el borde exterior del pie y el talón.

La patada circular ("Dollyo Chagui")

La patada circular es posiblemente la patada de taekwondo más mencionada en la cultura popular. Esta patada es muy potente cuando se domina. Para realizar la patada circular, se levanta la rodilla de la pierna que da la patada y se dirige hacia el objetivo. A continuación, gire el pie de apoyo y gire ligeramente la cadera; esto hará que su cuerpo se dirija hacia el objetivo. A continuación, enderece la pierna, moviendo la espinilla en paralelo al suelo mientras da la patada.

En algunas versiones, la parte superior del pie es la base de la patada. En esta situación, se mantiene el tobillo recto para alinearlo con el resto de la pierna y se apuntan los dedos del pie a lo largo de la misma línea. En otras versiones, la patada se ejecuta con la planta del pie. Si esta es la intención, el tobillo y los dedos del pie deben estar doblados hacia arriba.

La pierna que no patea es una parte vital de la patada circular. Impulsa su cuerpo al girar en dirección al objetivo. Es importante que gire sobre la punta del pie de apoyo. Normalmente, el pie que no patea debe estar alejado del objetivo en el momento del impacto.

Cuando se gira para hacer la patada circular con la pierna derecha, hay que llevar el brazo derecho hacia abajo, hacia la derecha; esto proporciona una contra-rotación a la pierna que patea. Algunas personas prefieren llevar la mano derecha por detrás de la pierna derecha en el momento del impacto.

La patada trasera ("Dwit Chagui")

Una de las técnicas del taekwondo más complejas es la patada hacia atrás. Como su nombre lo indica, debe realizar esta patada colocándose lejos del objetivo. Si lo hace de forma incorrecta, acabará perdiendo el equilibrio o cayendo.

Para ejecutar la patada hacia atrás, usted tiene que girar alejándose de su oponente y ejecutar una patada lineal hacia atrás una vez que esté de espaldas al objetivo. Es importante tener en cuenta que, aunque mucha gente se refiere a esta patada como patada trasera giratoria, la pierna que da la patada no hace un movimiento giratorio, y el giro solo se refiere a cómo el artista marcial gira su cuerpo durante la patada.

Su torso debe inclinarse ligeramente hacia delante mientras ejecuta la patada para aumentar la altura de la misma. Además, gire la cabeza hacia un lado mientras ejecuta la patada para poder ver hacia dónde está pateando.

La patada media luna exterior/interior ("An Chagui / Bakat Chagui")

Existen dos variantes de la patada de media luna: interior y exterior. También se conocen como patadas con el borde externo del pie interior y exterior. Ambas variantes implican la formación de un arco; en una, el arco va de adentro hacia afuera, y de afuera hacia adentro en la otra variante.

Ambos tipos comienzan de la misma manera, levantando la pierna y doblándola como si fuera a dar una patada frontal. La rodilla se dirige entonces hacia el lado izquierdo o derecho del objetivo. Cuando la energía del chasquido se desvía, su pierna atraviesa el objetivo en forma de arco, golpeando desde un lado.

Este movimiento es ideal para apuntar a las defensas del oponente, golpeando la cabeza o derribando sus manos antes de lanzar un ataque cercano.

En el caso de una patada de media luna hacia afuera, el arco se forma en el centro de su cuerpo y se mueve hacia afuera. De este modo, se patea el objetivo con la hoja (borde exterior) del pie.

En el caso de la patada de media luna hacia dentro, el movimiento de arco comienza en el lateral del cuerpo y se mueve gradualmente hacia el centro. De este modo, la patada se ejecuta con el borde interior del pie.

La patada de gancho ("Huryeo Chagui")

La patada de gancho es una técnica de taekwondo más reciente. En su ejecución, es igual que la patada circular, pero con un giro. Al final de la patada, cuando el pie está extendido, se produce un movimiento de barrido hacia atrás cuando la pierna impacta con el objetivo creando un movimiento de gancho.

Cuando se realiza la patada de gancho, se golpea al oponente con el talón del pie (o con la parte plana del pie cuando se practica). El inicio de la patada de gancho es similar a la patada lateral. Se levanta la rodilla de la pierna que da la patada hacia delante, hacia el objetivo, tras lo cual se gira el pie contrario hacia un lado, moviendo la cadera de la pierna que da la patada.

Cuando se patea más allá del objetivo con una patada de gancho, se inclina conscientemente la pierna hacia los dedos del pie que patea. En el momento en que la pierna golpea el objetivo, se extiende un poco hacia un lado. Su talón golpea el objetivo en plena extensión, entonces doble la rodilla mientras está en posición y empújela hacia un lado.

Normalmente, la parte posterior del talón se utiliza para dar una patada de gancho, pero a una distancia más cercana, la parte posterior de la pantorrilla o la parte posterior de una rodilla doblada también pueden servir para golpear.

La patada de hacha ("Naeryeo Chagui")

Esta es otra adición muy reciente al taekwondo de competición. Como su nombre indica, la ejecución de esta patada es similar al movimiento que se realiza al bajar un hacha para cortar un tronco de madera. Se comienza levantando el hacha por encima de la cabeza y balanceándola hacia el tronco (en un ligero ángulo para un mejor impacto).

La patada de hacha funciona de la misma manera. Se tira de la pierna hacia abajo ejerciendo presión hacia abajo mientras se mantiene el talón dirigido hacia el suelo después de levantarlo en alto hacia el adversario. Cualquier zona del cuerpo por encima del torso puede ser objetivo de esta patada, incluyendo el torso, la cabeza, la clavícula o el hombro.

La patada de hacha se diferencia de las otras patadas en su ejecución. Mientras que la mayoría de las otras patadas implican doblar la rodilla primero, este no es el caso de la patada de hacha. En cambio, la pierna con la que se da la patada se mantiene recta mientras se levanta (ligeramente hacia el lado del objetivo) y se baja con fuerza.

Al igual que las patadas de media luna, existen dos variantes de la patada de hacha. Se denomina patada de hacha interior-exterior si la pierna se levanta hacia el centro del cuerpo y se baja ligeramente por fuera mientras se realiza el golpe hacia abajo. Por el contrario, si la pierna que patea se levanta hacia el exterior de su cuerpo y se baja ligeramente hacia el centro, es una patada de hacha de afuera hacia adentro.

La patada de hacha

El golpe con la rodilla ("Murup Chagui")

Si somos estrictos con la definición de la palabra, entonces el golpe con la rodilla no es exactamente una "patada". Sin embargo, la rodilla es una parte esencial de cualquier buena patada y ejecuta un poderoso golpe por sí misma cuando se utiliza correctamente.

El golpe con la rodilla

El golpe con la rodilla se puede realizar de varias maneras. Sin embargo, la premisa principal es que todas ellas requieren que el oponente se arrodille o conduzca la rodilla hacia él. Los golpes de rodilla son más frecuentes en las artes marciales mixtas (MMA) y en otros tipos de artes marciales. En el taekwondo, el golpe con la rodilla se dirige a la cabeza o al cuerpo de su oponente. Para ejecutar este movimiento, debe controlar el cuerpo o la cabeza de su oponente y llevar la rodilla hacia delante. Simultáneamente, se levanta la rodilla para golpear al oponente. Al realizar este movimiento, hay que mantener el tobillo de la pierna de golpeo recto (apuntando hacia abajo).

La patada de tijera ("Kawi Chagui")

Es una patada más avanzada que se realiza saltando en el aire. La patada de tijera no se utiliza habitualmente en las competiciones, ni siquiera en la defensa personal, debido a su compleja ejecución. En cambio, se reserva para las demostraciones.

La patada de tijera

La ejecución de la patada de tijera implica saltar para ejecutar una patada que golpea a dos oponentes simultáneamente, y cada pierna se utiliza para apuntar a un oponente. Por supuesto, es un movimiento muy impresionante si se ejecuta correctamente, pero difícilmente práctico en una situación de combate.

Patada lateral y trasera voladora ("Twi Myo Yeop Chagui / Twi Myo Dwi Chagui")
Estas dos patadas son quizás las más legendarias del taekwondo. Son una versión avanzada de la patada lateral y la patada trasera, con la distinción clave de que se realizan mientras "vuela".

Para entender cómo funciona esta patada, es importante que entiendas la distinción entre una patada de salto y una patada voladora. El término "volador" se utiliza a menudo para indicar que el cuerpo del artista marcial tiene un impulso significativo al realizar la acción. Para realizar una patada voladora, el artista marcial necesita un comienzo corriendo para generar suficiente impulso para la patada.

Por ejemplo, para la patada voladora hacia atrás, se corre hacia el oponente, se gira el cuerpo 180 grados para estar de espaldas al objetivo y se da la patada. La patada trasera voladora se da de forma lineal, lo que significa que la pierna no se arquea mientras se dirige hacia el objetivo, sino que se empuja directamente hacia el objetivo mientras está en el aire.

La patada lateral voladora y la patada trasera voladora se utilizan principalmente en demostraciones y no en situaciones reales de combate, pero a veces pueden utilizarse en el combate.

Consejos para mejorar las patadas en el taekwondo

Para añadir más potencia y velocidad a sus patadas en taekwondo, debe trabajar para aumentar su fuerza muscular. Una combinación de ejercicios, una rutina de estiramientos y la práctica constante y el perfeccionamiento de la técnica de su habilidad le ayudarán a mejorar su forma y asegurar la ejecución adecuada de sus técnicas de patada.

Ejercitar los grupos musculares vitales

Sin embargo, primero debe familiarizarse con los principales grupos musculares que determinan la fuerza y la velocidad de sus técnicas de patada. Los cuádriceps, las pantorrillas, los abdominales, los músculos lumbares y los oblicuos laterales desempeñan un papel importante en la ejecución de las distintas técnicas de patada del taekwondo.

Si usted se concentra en estos músculos durante sus rutinas de entrenamiento, mejorará su rendimiento, ya que forman una red interconectada que contribuye a los resultados generales de su patada en taekwondo. Si falta alguno de los eslabones de esta conexión debido a un error, debilidad o lesión, será imposible reproducir una habilidad del taekwondo con la velocidad y la potencia adecuadas. Por lo tanto, su rutina de entrenamiento debe incluir ejercicios específicos que apunten a cada uno de estos músculos para prevenir esto. El objetivo es mejorar la fuerza y la flexibilidad de cada músculo para aumentar el rendimiento general.

Ejercicios para los cuádriceps

Los cuádriceps están formados por cuatro músculos que coordinan el movimiento. Las sentadillas, las extensiones de piernas y las estocadas son ejercicios ideales para trabajar estos músculos en particular. Lo bueno es que puede realizar estos ejercicios en su casa sin necesidad de un equipo de entrenamiento especializado. También puede aumentar la intensidad de estos ejercicios en su casa o en un gimnasio público con barras, mancuernas, poleas y otras pesas.

Isquiotibiales

Los isquiotibiales son necesarios para la rotación del pie durante la patada. La fuerza de los isquiotibiales también es crucial para conseguir la extensión de la cadera y la flexión de la rodilla necesarias para una buena ejecución de la patada. Algunos ejercicios excelentes para este grupo muscular son las estocadas, las elevaciones de glúteos y piernas, y las elevaciones de brazos. Las sentadillas y los balanceos con pesas rusas también son beneficiosos para aumentar la potencia explosiva.

Pantorrillas

La mayoría de la gente cree que los músculos de las pantorrillas tienen un papel menor en la producción de patadas. Sin embargo, se están perdiendo mucho. Son una parte importante de la cadena interconectada, y sin ellos, su patada será débil. Algunos de los ejercicios que puede realizar para aumentar su fuerza son los escalones, las elevaciones de pantorrillas y las estocadas.

Abdominales

El músculo central es el punto central del cuerpo, y se necesita un núcleo fortalecido no solo para las patadas, sino también para los puñetazos y los bloqueos. En casi todas las artes marciales, incluido el taekwondo, se hace hincapié en la fuerza del núcleo, y a menudo se recomiendan rutinas como flexiones, levantamientos de peso muerto, dominadas y abdominales para fortalecer los abdominales y los músculos del núcleo.

Parte baja de la espalda

La parte inferior de la espalda soporta mucho peso al realizar patadas. Fortalecer la parte baja de la espalda aumenta la potencia y la velocidad de las patadas y evita tensiones y otras lesiones. Para desarrollar los músculos de la parte inferior de la espalda, pruebe con ejercicios como las dominadas, las flexiones de brazos, los estiramientos y el remo con mancuernas.

Oblicuos laterales

Este grupo muscular es especialmente importante para ejecutar las patadas con giro y las patadas giratorias. Como exigen mucha flexión lateral y rotación del tronco para producir resultados óptimos, este tipo de técnicas se basan en los oblicuos laterales. Los ejercicios como las flexiones laterales y las planchas laterales son excelentes para fortalecer los oblicuos laterales.

Ejercicios de estiramiento y el taekwondo

La mayoría de las patadas en el taekwondo requieren que seas lo más flexible posible para su correcta ejecución. Por lo tanto, para dominar el arte, debe incluir una rutina de estiramiento en su régimen de entrenamiento porque aumenta su flexibilidad muscular. El ejercicio de estiramiento también ayuda a acondicionar sus músculos y a prevenir lesiones.

Fuentes de imágenes[66]

Sin embargo, es imprescindible no pasar directamente a los ejercicios de estiramiento. Antes de empezar a estirar, debe realizar una breve sesión de calentamiento para que la sangre fluya correctamente. Realice un calentamiento de entre 3 y 5 minutos; puede incluir el boxeo de sombra o el salto de cuerda antes de comenzar las actividades de estiramiento.

Estiramiento hacia abajo

Uno de los ejercicios de estiramiento más típicos para aumentar la flexibilidad es el estiramiento hacia abajo, que también es relativamente básico. Extienda los brazos hacia el suelo mientras mantiene las piernas a la anchura de los hombros. Intente mantener esta posición durante unos 10 segundos antes de mover las manos de un lado del cuerpo al otro.

Posición agachada

Inclínese hacia un lado de su cuerpo con una de sus rodillas doblada hacia un lado, y la otra rodilla se mantiene recta. Intente mantener esta posición durante unos 10 segundos antes de cambiar al otro lado y repetir el mismo procedimiento. Haga esto para ambos lados de su cuerpo unas 2 o 3 veces.

Posición del jinete o posición preparada

Esta posición ya se ha explicado ampliamente en este libro. La posición del jinete está a medio camino entre la sentadilla y la embestida. Para maximizar la tensión del estiramiento, mantenga la espalda vertical, saque el pecho y empuje las piernas hacia fuera mientras empuja las manos hacia fuera. Mantenga esta posición entre 30 segundos y un minuto.

Splits

Las divisiones son comunes en las artes marciales, y el taekwondo no es una excepción. Se incluyen como parte de la práctica en casi todas las escuelas de taekwondo. Haga un split durante unos 30 segundos (o más si puede aguantar más tiempo). Puede que al principio no sea capaz de hacer splits correctamente, pero si sigue un régimen de estiramiento, con el tiempo será capaz de ejecutarlo.

Patadas de estiramiento

Fuentes de imágenes[67]

Las patadas de estiramiento son más difíciles de dominar, ya que requieren que emule las acciones de una patada. Comience por la cadera y luego eleve gradualmente la pierna hasta que sea capaz de dar una patada a la altura de la cabeza.

Otros ejercicios para aumentar la velocidad y la potencia de sus patadas

Corra unos cuantos kilómetros

Correr puede ayudarle a aumentar su fuerza muscular y mejorar su rendimiento. Debería correr unos 4-5 kilómetros al menos tres veces a la semana si es un atleta que se toma en serio su rendimiento. Sin embargo, no es necesario que recorra esa distancia de inmediato; puede empezar con 3 kilómetros y seguir subiendo.

La natación también funciona

La natación es una forma estupenda de que los artistas marciales hagan un entrenamiento corporal adecuado. Desarrolla los músculos y también es una forma estupenda de aumentar la resistencia. Puede utilizarse como alternativa a la carrera o como complemento de su rutina.

Saltos de caja

Este ejercicio requiere un movimiento rápido y explosivo. Este tipo de ejercicios son excelentes porque necesita esa energía explosiva detrás de su patada. Intente hacer de 5 a 10 repeticiones de saltos de caja hasta 3 o 5 veces. Puede hacerlo a una altura cómoda para que no se esfuerce demasiado.

Practique sus patadas

Si hay algo que debe hacer a menudo, como artista marcial, es practicar. Cuanto más tiempo practique, más refinadas serán sus patadas. Practique el lanzamiento de sus patadas para dominarlas. Se recomienda la práctica diaria.

Consejos para una práctica eficaz de las patadas en el taekwondo

Cabe señalar en este punto que la práctica repetida no sirve de mucho si su técnica es mala. Su cerebro solo terminará memorizando los movimientos equivocados. Dado que la memoria muscular sirve de mucho en la ejecución de patadas en taekwondo, practicarlas correctamente dará mejores resultados que cuando se limita a practicar sin prestar atención a la forma o a la precisión de sus técnicas. Aquí tiene algunos consejos útiles para mejorar la eficacia de su práctica de taekwondo.

Aprender la técnica adecuada

Cada movimiento de taekwondo tiene una secuencia específica de movimientos que deben seguirse para obtener el máximo efecto. También es una buena idea utilizar las técnicas correctas para evitar lesionarse.

Prepare bien sus patadas

Como se ha mencionado anteriormente, una gran parte de esto es la preparación; se trata de conseguir la técnica correcta. Si continúa lanzando patadas sin control, puede acabar perdiendo el equilibrio; no preparar bien la patada puede provocar lesiones graves.

Mantener una base estable

Para conseguir la potencia y la velocidad deseadas con una patada, tiene que mantener una base sólida durante todo el movimiento. Por ejemplo, colóquese siempre sobre las puntas de los pies en lugar de hacerlo con los pies planos, lo que le permitirá ejercer suficiente fuerza en el suelo para lanzar su patada con la máxima velocidad y potencia.

Los ángulos son importantes

Las patadas parecen más rápidas de lo que son en realidad si su ángulo es el correcto. Si domina el ángulo de sus patadas, añadirá más velocidad a las mismas.

No intente igualar la velocidad de su oponente

Tome este consejo para cuando esté haciendo sparring con un oponente que es un pateador más rápido que usted. Lo peor que puede hacer es tratar de igualar su velocidad. Siempre se quedará atrás porque es más lento, y eso es una derrota casi segura.

Entonces, ¿qué hay que hacer? Se recomienda apostar por lo único que se puede controlar, que es la estrategia. A falta de velocidad, la sabiduría es su única posibilidad de vencer a un oponente más rápido. Si usted puede elaborar una estrategia adecuada, podrá observar el movimiento de su oponente y calcular su movimiento para contrarrestarlo o bloquearlo con mayor eficacia.

Es importante señalar que la lista de patadas de este capítulo no es exhaustiva. Hay otros tipos de patadas en el taekwondo con las que debería familiarizarse. Están incluidas en el programa de estudios, y las aprenderá gradualmente a medida que pase de un nivel a otro. Por supuesto, aprender las patadas es solo la mitad de la batalla. Debe dominarlas y aprender a potenciar su velocidad y potencia. Para ello, necesitará los consejos que se tratan en este capítulo para mejorar su entrenamiento de patadas y su estrategia en una situación de sparring. Cuanto más se esfuerce, más fuertes y rápidas serán sus patadas.

Capítulo 10: La defensa personal en el taekwondo

La defensa personal es una de las principales razones por las que la gente se interesa en aprender artes marciales en primer lugar. En algún momento de la vida de todos, nos enfrentamos a una situación que pone en peligro la vida, y algunos tienen la mala suerte de encontrarse con estas situaciones con más frecuencia que otros. Aprender algunas técnicas básicas de defensa personal le preparará mental y físicamente para enfrentarse a situaciones intimidatorias, de modo que no esté totalmente indefenso en situaciones de peligro.

Por supuesto, el taekwondo es una de las formas de artes marciales más populares en todo el mundo que se aprende con este mismo propósito. Aunque en su día fue una forma brutal de artes marciales, ya no se practica así en los tiempos modernos. Hoy en día, la gente aprende taekwondo para los torneos y para defenderse en situaciones difíciles.

El taekwondo tiene varias técnicas de ataque y movimientos de bloqueo que son muy útiles para la defensa personal. Su eficacia queda demostrada por el hecho de que se utilizó en las batallas de Corea y Vietnam para la defensa personal. Se trata de un estilo de lucha divertido y fácil de aprender, que sigue siendo muy relevante hoy en día.

Aunque el taekwondo se enseña ahora como deporte de combate, puede aplicarse para la defensa personal; solo se necesita afinar el pensamiento activo en escenarios de combate de defensa personal. El tipo de entrenamiento de taekwondo que se recibe depende de la escuela de artes marciales a la que se asiste. Algunas escuelas incluyen específicamente en sus lecciones el entrenamiento de taekwondo contra un atacante armado, múltiples atacantes o cuando se está en desventaja. Por ejemplo, usted está con un niño o una persona mayor. Cuando su atacante tiene un arma, todo el escenario cambia por completo. Cualquier descuido puede dejarle con heridas graves o incluso puede costarle la vida. A veces, la defensa personal implica la necesidad de identificar y hacer uso de armas improvisadas. Le enseñan a reaccionar y a defenderse en situaciones adversas contra un atacante, ya sea un atracador, un ladrón o un desconocido que le acosa.

Cuando se entrena de forma constante y correcta, se llega a un punto en el que el taekwondo se convierte en algo natural, y el cuerpo reacciona a los ataques de forma instintiva.

Importancia de la defensa personal en el taekwondo

Cuando se ha entrenado adecuadamente en las artes marciales, el respeto por uno mismo y la confianza en sí mismo aumentan. Caminar solo por esa inevitable calle solitaria o defenderse de un asaltante ya no le parece tan aterrador; bueno, al menos, no tanto como antes.

Cuanto más entrene, más seguro se sentirá de sus capacidades, su autoestima aumentará. Y lo que es más importante, se siente menos aterrorizado en momentos de peligro. La confianza recién adquirida también puede aplicarse a otros ámbitos específicos de su vida, como el trabajo. Es una de las mejores cosas de la defensa personal en el taekwondo. El incremento de su confianza en sí mismo le hace sentirse capacitado y en control de ciertas situaciones en su vida, y su fuerza mental juega un papel activo en el éxito de las peleas de defensa.

El taekwondo también puede ayudarle a mejorar la concentración, la autodisciplina y a desarrollar una voluntad sólida y fuerte. A medida que se intensifican las sesiones de entrenamiento, notará que aumenta su capacidad para concentrarse y observar hasta los detalles más pequeños.

Las clases de taekwondo son repetitivas. Repetir constantemente el mismo movimiento una y otra vez hasta alcanzar la perfección requiere mucha autodisciplina. Al igual que su confianza en sí mismo, puede aplicar intencionadamente sus habilidades mejoradas de autodisciplina y concentración a otras áreas de su vida para obtener más productividad. Principalmente, aplicará estas habilidades a situaciones relevantes de forma instintiva, especialmente cuando haya entrenado mucho, y el taekwondo se haya convertido en parte de usted.

Técnicas de autodefensa

"Hosinul" es un término utilizado para describir los mecanismos de autodefensa del taekwondo. Con el hosinul, puede desarmar rápidamente a su oponente y restringir sus movimientos. La teoría de las técnicas de autodefensa en el taekwondo es que debería ser capaz de eliminar a su atacante con un solo movimiento. Sin embargo, se necesita un periodo de tiempo significativo para exigir las habilidades necesarias para lograr esta hazaña.

Los ataques de corto alcance, de largo alcance y de furia en el suelo también son técnicas importantes que hay que dominar para la defensa, porque nunca se sabe con certeza qué estilo utilizará el atacante contra usted y en qué momento. Una deficiencia en cualquiera de estas técnicas podría colocarle en una gran desventaja.

El tamaño, la resistencia y la agresividad de su atacante son también factores importantes a tener en cuenta durante el enfrentamiento. Además, el tipo de entrenamiento que haya tenido, su dedicación a la práctica, la capacidad de leer a su oponente y la sincronización del ataque también son esenciales. El entrenamiento consistente y las prácticas de acondicionamiento del cuerpo son determinantes para el éxito en las peleas; determinan la eficacia del taekwondo en el combate real.

Solo necesita lo básico

Hay que dedicarse a dominar las técnicas básicas de forma consciente. Las técnicas avanzadas, aunque parezcan elaboradas, no son adecuadas para la lucha de defensa personal en una situación real. Le dejan más propenso y abierto a los ataques y no son prácticas en las peleas reales. Su objetivo principal en una pelea de defensa no es mostrar sus elegantes habilidades de lucha, sino defenderse y alejarse de las amenazas lo antes posible.

Tiene que aprender a utilizar las combinaciones de movimientos adecuadas para su ventaja. Cuando entrene o haga ejercicios, concéntrese en realizar los movimientos correctamente. Algunas de las técnicas clave que debe aprender son: La dislocación de articulaciones, las roturas de tablas, el lanzamiento de patadas y puñetazos potentes, los golpes de mano y los golpes de codo y rodilla. También es necesario saber localizar los puntos de presión y utilizarlos en su beneficio.

Debe haber invertido suficiente tiempo en el taekwondo para saber que se centra en las técnicas de patada, aunque los golpes de brazo sean biológicamente más rápidos. La idea detrás de esto es que, dado que las piernas son más fuertes y largas que los brazos, son más eficaces durante las peleas. Esta noción es bastante válida cuando se ha entrenado tanto que se pueden mover las piernas tan rápido como los brazos.

Otra cosa muy importante a tener en cuenta es que no es aconsejable utilizar los bloqueos contra las patadas en defensa personal. Si va a utilizarlo, debe ser el último recurso, ya que bloquear contra patadas potentes podría causar fácilmente lesiones en las manos. La mejor manera de evitar los ataques es estar bien versado en las técnicas de evasión, ya que le permiten evitar fácilmente los ataques entrantes de su oponente y conservar la fuerza para contraatacar desde sus puntos ciegos.

Movimientos básicos de taekwondo útiles para la defensa personal

Patadas

Al igual que los puñetazos, también hay diferentes tipos de patadas que se utilizan con fines específicos. Las patadas potentes pueden mantener a sus atacantes a una distancia segura de usted. Por ejemplo, para una rápida recuperación durante el combate y para realizar correctamente los ataques a la parte inferior del cuerpo de su oponente, utilice la patada cuarenta y cinco o la patada circular. Las patadas circulares son movimientos muy versátiles. La ventaja es que este movimiento puede ser utilizado cerca de un oponente y a distancia. Pueden hacer que su enemigo pierda fuerza en las costillas, las piernas o cualquier otro lugar que decida atacar. Los ataques son aún más eficaces cuando se combinan patadas giratorias y puñetazos hacia un enemigo a corta distancia.

Las patadas frontales y de empuje son útiles para alejar a su oponente, y son eficaces cuando se quiere alejar a un atacante de su ruta de escape. Las patadas laterales defensivas son potentes patadas que sirven para el doble propósito de contrarrestar las patadas de ataque entrantes y causar dolor a su oponente. Una patada dura y rápida a la ingle es una buena forma de incapacitar a su oponente.

Puñetazos rectos

Hay diferentes estilos para lanzar un puñetazo eficaz. Los puñetazos difieren en función de la técnica utilizada y la cantidad de potencia que se aplica. Por lo tanto, es esencial aprender y conocer el momento adecuado para lanzar un puñetazo en particular. Un puñetazo eficaz en un escenario específico puede ser inútil e irrelevante en otro. Un puñetazo recto es especialmente eficaz en el taekwondo porque es duro y rápido, y es bastante difícil detectar y evadir los puñetazos rectos. Por lo general, su atacante no está preparado para ello, por lo que tiene más posibilidades de noquearlo rápidamente. La combinación de puñetazos rectos, patadas frontales y bloqueos bajos son buenos bloques de construcción en el combate de defensa personal.

Su posición de lucha

La posición es una de las cosas más importantes para acertar en una situación de lucha. Difieren según los distintos estilos y técnicas, y una posición de lucha adecuada garantiza que esté protegido de aperturas peligrosas y ataques evitables. Con la posición de lucha, debe estar de pie con los pies firmemente colocados en el suelo a la anchura de los hombros y asegurarse de que está bien equilibrado. Mantenga la barbilla hacia abajo y las manos hacia arriba, preparadas para un ataque. Su posición debe ser lo suficientemente flexible como para permitir un ataque rápido, un contraataque y movimientos defensivos.

Fuentes de imágenes[88]

Golpe de codo y rodilla

Es posible que necesite utilizar todas las partes de su cuerpo en situaciones de defensa personal, especialmente si no tiene un arma. Incluso los codos pueden ser útiles en este caso. La mayoría de la gente no es consciente del daño que puede causar un codo durante una pelea. Golpear la cabeza de alguien con su codo, o ser golpeado en su cabeza por un codo, puede ser bastante doloroso. Puede causar un dolor insoportable a su atacante cuando le agarra la cabeza y le golpea con un golpe limpio de codo. Los golpes de rodilla también son igual de efectivos. Hay que tener en cuenta que hay que mantenerse firme y bien equilibrado para dar un golpe de rodilla adecuado. Nunca debe lanzar un ataque de rodilla en un espacio abierto. Podría dejarle vulnerable a los ataques o contraataques; es aconsejable atraer a su oponente antes de utilizar el golpe de rodilla.

Bloqueo con la mano

Este movimiento también se conoce comúnmente como el bloqueo de doble antebrazo. Con este movimiento, una de sus manos bloquea un ataque mientras la otra mano está preparada para bloquear el siguiente ataque entrante.

Bloqueos de palma y cara

Instintivamente, se suelen levantar las manos para proteger los ojos, la cara y la cabeza durante una agresión provocada. Las lecciones de bloqueo con la palma de la mano son buenas para reducir las lesiones sin perder la compostura ni el equilibrio. También le ayudan a prepararse para un contraataque exitoso.

Golpe de mano con cuchillo y puño trasero

El golpe de mano con cuchillo se dirige principalmente contra la tráquea, los lados del cuello y las sienes de su atacante, y se utiliza con la palma hacia fuera o hacia dentro. El golpe de espalda es rápido y se utiliza para atacar la cabeza o el espacio entre la nariz y el labio superior.

Golpes con la palma de la mano

Estos golpes son estupendos para realizar ataques duros sin causar lesiones o daños graves en la mano. El golpe con la palma de la mano es una opción perfecta si no quiere romperse la mano o magullarse los nudillos en una pelea. Por lo tanto, no necesita preocuparse por el daño severo o el dolor en su mano mientras realiza ataques duros a su oponente en una situación de defensa personal utilizando este golpe.

Trabajo de pies

El movimiento lateral es un movimiento defensivo y es ideal para realizar contraataques y esquivar golpes. Es una habilidad que requiere tiempo y esfuerzo para su dominio. Los movimientos de salto son útiles cuando su oponente hace uso de toda la longitud de la pierna, como en una situación en la que su oponente está armado con un cuchillo, y usted puede entrar y salir de su rango de patada, patear a su oponente, y desarmarlo.

Técnicas de defensa personal en diferentes situaciones

En situaciones en las que necesite defenderse, disminuya sus expectativas; tal vez su atacante no sea justo. Por lo tanto, para salvarse, no es necesario ceñirse a las reglas que se cumplen en clase y en los torneos. Por ejemplo, en algunas competiciones no se permiten los puñetazos en el cuerpo ni las patadas con fuerza en la cabeza. Pero, cuando se trata de situaciones que ponen en peligro su vida, a nadie le importa si se ciñe a las reglas o no. De hecho, se pone en desventaja cuando se respetan algunas reglas. He aquí algunos ejemplos de ataques comunes utilizados en una confrontación y cómo defenderse como principiante.

Estrangulamiento frontal

En este tipo de ataque, su atacante intenta apretar su cuello desde la parte delantera. Utilice el golpe de cuchillo para golpear a su oponente en el pecho alrededor de las costillas para distraerlo. Abra el bloqueo con ambas manos y golpee a su agresor en el cuello.

Agarre del cuello

Cuando su oponente haga esto, puede interrumpir el agarre moviendo con fuerza una de las manos de su oponente hacia abajo y levantando la otra. Entonces puede lanzar un golpe con el codo a su barbilla.

Agarre del hombro

Agarre la mano de ataque del adversario y sujete su codo con la otra mano. Abra su posición para mantener el equilibrio y presione la mano hacia abajo para incapacitar a su atacante.

Agarre del hombro por detrás

En caso de que le agarren el hombro por detrás, lo primero que debe hacer es mantener los hombros relajados. Mire hacia atrás y levante el brazo para rodear los codos de su adversario, bloqueándolos con fuerza. A continuación, puede lanzar un golpe a la zona de la caja torácica con la otra mano libre.

Agarre por el cabello

Cuando el adversario le agarre el cabello por delante, muévase hacia un lado y bloquee con la palma la mano atacante. A continuación, dé un fuerte puñetazo en el estómago de su atacante. Su rápida respuesta determina la eficacia de este contraataque.

Técnicas de autodefensa de taekwondo lineales y circulares

En el taekwondo, las técnicas se pueden agrupar en categorías de movimiento lineal y circular.

Técnicas lineales

También conocidas como técnicas duras, este grupo consiste en golpes directos, puñetazos, patadas y cabezazos. Estos movimientos necesitan una gran fuerza para su correcta ejecución. La elección de la técnica depende en gran medida de la distancia entre usted y su atacante. Si su oponente está muy cerca, el uso de sus rodillas o codos sería su mejor apuesta. Si está un poco más alejado, utilice los puñetazos, y use las patadas cuando su atacante esté fuera del alcance de su brazo. Su atacante debe ser eliminado con un solo ataque con la técnica adecuada, especialmente cuando se enfrenta a más de un oponente.

Técnicas circulares

Este grupo también es denominado como las técnicas suaves. Los movimientos de esta categoría son en su mayoría circulares, como indica su nombre. Los movimientos circulares dependen en gran medida de la realización de contraataques a su oponente. Esta categoría de técnicas es un enfoque más defensivo, y se necesita una menor cantidad de fuerza que los ataques lineales directos.

La técnica circular tiene como objetivo redirigir los ataques de su oponente y ponerle en ventaja. En otras palabras, cuando su oponente ataca, usted realiza un movimiento circular para desequilibrarlo y manipular el ataque, de modo que su atacante se vea obligado a desestabilizarse o a permanecer en una posición de bloqueo, lo que le da una ventaja sobre él. Entonces tiene la oportunidad de aplicar el movimiento de remate.

Capítulo 11: El arte del bloqueo en el taekwondo

El bloqueo es el acto de desviar o detener el ataque de un oponente para que no haga contacto con el propio cuerpo en el taekwondo y otras artes marciales. Un bloqueo suele implicar la colocación de una extremidad a través de la línea de ataque. Sin embargo, aunque los bloqueos son el tipo de técnica defensiva más directa en las artes marciales, no son los únicos. Otras estrategias de evasión incluyen la evasión, la trampa y el deslizamiento, todas ellas denominadas técnicas "suaves" o evasivas. Al bloquear, se espera que el cuerpo se relaje lo máximo posible antes del bloqueo, pero que se tensen los músculos lo justo en el momento del impacto. A continuación, se produce un retroceso y una relajación después de completar el bloqueo. Este ciclo de relajación y retroceso asegura que el bloqueo logre el mayor efecto posible. La relajación da al miembro que bloquea una buena velocidad, mientras que la rigidez en el punto de impacto asegura una transferencia óptima de la fuerza.

Principios básicos del bloqueo

Al realizar un bloqueo, se deben observar varios principios básicos para garantizar su seguridad y maximizar los efectos. He aquí algunos:

Fuentes de imágenes[69]

1. Mantenga el brazo doblado en un ángulo de entre 15 y 45 grados. De este modo, interceptará el ataque en un ángulo oblicuo y no de frente.
2. No extienda su brazo de bloqueo más allá del punto de enfoque del ataque.
3. En el momento del impacto del ataque, baje ligeramente el brazo de bloque.
4. Salvo algunas excepciones, retire siempre su brazo bloqueador inmediatamente después de hacer contacto con el ataque.
5. En el punto de contacto del ataque, el brazo bloqueador forma un triángulo con el brazo atacante.

Cómo se clasifican los bloqueos en el taekwondo

Existen diferentes tipos de bloqueos que se clasifican en función de la posición relativa de la mano que bloquea, la posición de enfrentamiento, el tipo de herramienta de bloqueo y el método de bloqueo, así como el propósito del bloqueo, por supuesto.

Clasificación de los bloqueos en función del nivel de bloqueo

Los bloqueos se pueden clasificar en alto, medio, bajo, hacia adentro o hacia afuera, según la orientación del movimiento de bloqueo que se realice durante el mismo.

Bloqueo alto (Nopunde Makgi)

Un bloqueo se considera alto si su puño llega al mismo nivel que sus ojos en el momento del impacto. Un bloqueo alto se utiliza para interceptar un ataque dirigido a una zona cercana o por encima de su cuello. Se puede realizar un bloqueo alto desde casi todas las posiciones. Este bloqueo puede realizarse desde un bloqueo de antebrazo, mano de cuchillo, mano de cuchillo invertida, palma, puño lateral o bloqueo de doble brazo.

Bloqueo medio (Kaunde Makgi)

Si el puño o las puntas de los dedos llegan al mismo nivel que el hombro durante un bloqueo, se considera un bloqueo medio. Este tipo de bloqueo se utiliza para rechazar un ataque dirigido al plexo solar y a cualquier zona por encima de él. Al igual que el bloqueo alto, el bloqueo medio puede ejecutarse desde cualquier posición. El bloqueo medio involucra la mano y el pie. La planta lateral, la espada del pie, el empeine lateral, la punta del pie y la planta trasera pueden desempeñar un papel vital en la ejecución de este bloqueo.

Bloqueo bajo (Najunde Makgi)

Un bloqueo bajo se utiliza para interceptar una mano o un pie de ataque dirigido a la parte inferior del abdomen o a una zona por debajo de este. La mano o el pie que bloquea debe recibir el impacto del ataque al mismo nivel que la zona elegida. Puede realizar un bloqueo bajo con el antebrazo exterior, el reverso de la mano del cuchillo, la palma de la mano o la base lateral.

Bloqueo hacia adentro (Anuro Makgi)

Si su bloqueo encuentra el ataque con una trayectoria desde afuera y hacia adentro de las líneas del pecho, esto se llama un bloqueo hacia adentro. Este tipo de bloqueo puede ser ejecutado desde cualquier posición. Un bloqueo hacia adentro se utiliza para bloquear un ataque dirigido hacia su línea del pecho. Este bloqueo se puede realizar con cualquier estilo de bloqueo excepto con el revés y el antebrazo interno.

Bloqueo hacia afuera (Bakuro Makgi)

Cuando su bloqueo golpea el objetivo desde una trayectoria desde adentro hacia afuera, se considera un bloqueo hacia afuera. Este bloqueo se puede realizar desde cualquier posición, pero no se puede ejecutar un bloqueo hacia afuera con la palma de la mano.

Bloqueo frontal (Ap Makgi)

Un bloqueo se considera frontal si su cuerpo está totalmente orientado hacia el objetivo y su bloqueo está en el centro de su cuerpo. El bloqueo frontal se realiza desde cualquier posición, independientemente de la posición inicial del oponente. Se puede realizar un bloqueo frontal con el antebrazo exterior, la palma doble, la mano del cuchillo o la palma de la mano.

Bloqueo lateral (Yop Makgi)

Un bloqueo lateral es cuando su cuerpo se enfrenta a su oponente en el momento de ejecutar un bloqueo. Se ejecuta desde cualquier posición, independientemente de la posición del oponente. Un bloqueo lateral puede ser ejecutado con cualquier herramienta de bloqueo y a menudo se centra en el centro de los hombros del defensor.

Otras formas de clasificar los bloqueos

Un bloqueo puede ser clasificado en base a la altura del bloqueo, la posición de la mano, la orientación, etc.

Clasificación de los bloqueos según la posición de la mano

Se utilizan varios modificadores para nombrar los bloques en función de la posición de su mano durante la ejecución, a menudo mencionada en la sección anterior. Algunas posiciones comunes de las manos usadas para ejecutar un bloqueo incluyen mano de cuchillo, mano de cresta, talón de palma, etc.

Clasificación de los bloqueos en función de la orientación

Para describir el bloqueo es posible referirse a la dirección de la mano al ejecutarlo. El hecho de que la palma de la mano esté hacia arriba o hacia abajo al ejecutar un bloqueo determina el lado del antebrazo que sirve de superficie de bloqueo. En un bloqueo exterior convencional, por ejemplo, la superficie de bloqueo es su antebrazo exterior, lo que significa que su puño está con la palma hacia abajo cuando ejecuta el bloqueo. Por el contrario, si se utiliza el antebrazo interno, el puño está con la palma hacia arriba al ejecutar el bloqueo.

Clasificación de los bloqueos en función de la posición de la mano libre

Para la mayoría de los tipos de bloqueos, la posición predeterminada de la mano que no está en contacto con el cuerpo debe estar en la dirección opuesta al movimiento del bloqueo. Este movimiento opuesto contribuye al efecto de acción-reacción, que es uno de los principios clave del taekwondo. Sin embargo, en algunas situaciones, la mano que no está en contacto con el cuerpo puede estar incluida en el bloqueo. Aquí hay varios ejemplos:

- **Bloqueo de apoyo:** El brazo con el que se bloquea debe estar apoyado en el brazo libre en esta situación.
- **Bloqueo de asistencia:** El bloqueo se considera un bloqueo de asistencia si su mano libre ofrece un empuje adicional al brazo que bloquea.
- **Bloqueo aumentado:** Si la mano libre está cerca del brazo que bloquea y no se retira, el bloqueo se refuerza.

Es importante notar que estas diferentes descripciones de los bloqueos no son siempre consistentes y pueden variar según el estándar de la organización que se aplique.

Bloqueos comunes en el taekwondo

En esta sección, repasaremos brevemente algunos bloques comunes en el taekwondo. Si bien la mayoría de los bloqueos enumerados aquí son básicos, también se incluyen algunos avanzados que requieren una técnica de alto nivel.

El bloqueo con el antebrazo exterior (Bakat Palmok Makgi)

El bloqueo con el antebrazo exterior se puede realizar de tres formas diferentes: alta, media o baja. Para completar este bloqueo, el antebrazo debe saltar hacia adelante en un marco horizontal. El impacto de la fuerza de ataque se realiza con la parte exterior de su antebrazo. En una posición de marcha, este tipo de bloqueo se utiliza con frecuencia. Típicamente, se comienza el bloqueo en una posición preparada y se hace la transición a la posición de caminar mientras se ejecuta el bloqueo.

Bloqueo interior con el antebrazo (An Makgi)

Este es el opuesto al bloqueo con el antebrazo externo, ya que se realiza con el antebrazo interno. Se da un paso adelante y se mueve el brazo en un movimiento de corte. El brazo se mantiene en posición vertical con la palma de la mano hacia dentro, y el golpe se da en la parte interior del brazo.

Bloqueo ascendente (Chookya Makgi)
El bloqueo ascendente es un bloqueo alto que se utiliza para defenderse de los golpes en la cabeza y los hombros. Se levanta el brazo por encima de la cabeza en horizontal y se deja que la parte interior del antebrazo reciba el golpe. En circunstancias en las que su oponente tiene un arma, este bloqueo también es útil para la defensa personal.

Bloqueo de guardia (Daebi Makgi)
En el estilo ITF del taekwondo, se utiliza más a menudo el bloqueo de protección. El bloqueo de protección se ejecuta comúnmente en una posición en L o como una posición sobre el pie trasero. Su mano delantera es empujada hacia adelante para encontrar el golpe del oponente en el punto de impacto con la fuerza ofensiva, mientras que la mano de descanso se coloca a un lado de su pecho. En esta posición, la mano de guardia debe proporcionar suficiente cobertura para la mayor parte de su cuerpo.

Bloqueo de torsión
Un bloqueo de torsión ocurre cuando su torso gira en la dirección del golpe. Una de las mayores ventajas de este bloqueo es que posteriormente puede agarrar a su oponente. El bloqueo de torsión con mano de cuchillo se crea cuando este bloqueo se combina con la mano de cuchillo.

Bloqueo de tijera (Kawi Makgi o Gawi Makgi)
El bloqueo de tijera es una combinación de un bloqueo hacia abajo y un bloqueo con el antebrazo exterior. Ambas acciones deben realizarse simultáneamente, con ambos brazos produciendo un movimiento de tijera a través del pecho. El bloqueo de tijera permite proteger diferentes partes del cuerpo simultáneamente con un solo movimiento.

Bloqueo en cruz o bloqueo en X (Otgoreo Makgi)
En el estilo de taekwondo de la ITF, el bloqueo cruzado también se denomina bloqueo de puño en X. Cruce sus muñecas delante de su cuerpo en el mismo lado que su pierna principal, con las palmas hacia afuera. Utilizando el puño o la mano de cuchillo, puede defenderse de las agresiones altas, medias y bajas.

Bloqueo con la palma de la mano (Sonbadak Naeryo Makgi)
Este bloqueo consiste en poner la palma de la mano abierta delante de la cara para protegerla. Para un buen bloqueo con la palma de la mano, todos los dedos deben estar unidos en lugar de estirados. Cuando usted reciba un puñetazo o una patada de ataque con un movimiento de empuje, el retroceso evitará que le golpeen en la cara.

Bloqueo con un solo antebrazo (Wae Sun Palmok)
El bloqueo con un solo antebrazo puede utilizarse para bloquear patadas dirigidas a la zona del torso. Su mano principal se dirige a su hombro opuesto, mientras que su otro brazo se baja rápidamente hacia abajo para recibir la patada del oponente. El antebrazo se utiliza para realizar este tipo de bloqueo.

Bloqueo de antebrazo doble
Es una versión del bloqueo con un solo antebrazo que se utiliza para defenderse de los ataques altos e intermedios al mismo tiempo. Normalmente se comienza con el brazo cruzado sobre el pecho. Luego se ejecuta un bloqueo alto con el brazo exterior y un bloqueo intermedio con el brazo interior.

Bloqueo con la mano de cuchillo doble (Yangsonnal Momtang Magki)
El bloqueo con doble mano de cuchillo es idéntico al bloqueo exterior, con la excepción de que se ejecuta con una mano de cuchillo mientras se está en posición de espalda. Este movimiento puede utilizarse para bloquear un ataque alto o bajo.

Bloqueo de antebrazo doble (Doo Palmok Makgi)
Este bloqueo es comparable al bloqueo de antebrazo con el que la mayoría de la gente está familiarizada. Pero, para este movimiento, se coloca la mano de apoyo detrás de la mano que bloquea, dando al brazo que bloquea un apoyo extra. También

facilita el bloqueo de un ataque secundario si es necesario.

Bloqueo nueve (Gutja Makgi)

El bloqueo nueve es una técnica de bloqueo más compleja para defender la sección media contra una variedad de ataques. El nombre de esta técnica de bloqueo se deriva de la posición de la mano cuando se ejecuta este bloqueo. El bloqueo nueve se ejecuta normalmente en una posición de marcha.

Patada de empuje (Mireo Chagi)

Aunque la patada de empuje no es estrictamente un bloqueo, se puede utilizar para desviar el golpe del oponente; de ahí que se incluya en nuestra lista. Lleve su rodilla al pecho y empuje su pierna hacia el oponente. Esto no solo desviará el golpe de su oponente, sino que también le proporcionará un amplio espacio para contraatacar.

Patada de corte

La patada de corte, al igual que la patada de empuje, puede utilizarse para desviar el ataque del adversario. Tiene la apariencia de una patada lateral y se emplea con frecuencia para contrarrestar los golpes giratorios durante un combate. Si su oponente ejecuta una patada giratoria, lance una patada de corte a la cadera o a la parte inferior de la espalda para hacerle perder el equilibrio. La patada de corte también le da suficiente espacio para un contraataque.

Bloqueo de montaña (Santul Makgi)

Este es un movimiento más popular en el estilo WTF. Se utiliza para bloquear múltiples ataques dirigidos a la cara simultáneamente. El borde interior de la muñeca se mueve en el sentido de las agujas del reloj, mientras que el borde exterior de la otra muñeca se mueve en la dirección opuesta al realizar este bloqueo.

Consejos para practicar los bloqueos de taekwondo

Las diversas técnicas de bloqueo de taekwondo descritas en este capítulo son fáciles de ejecutar, y existen muchas otras variaciones de cada uno de estos tipos. Como en cualquier otro aspecto de este deporte, la clave para mejorar sus bloqueos en taekwondo es la práctica.

Para practicar sus bloqueos, puede hacerlo por su cuenta practicando diferentes poomseas (patrones) o practicando con un compañero de sparring. Cuando se entrena en bloqueos con un compañero, se deben alternar los turnos para practicar bloqueos específicos. Si su compañero toma una posición de ataque, usted toma la de defensa y viceversa. Durante la práctica, las patadas de ataque y los puñetazos deben lanzarse a menos de la mitad de su velocidad habitual para dejar espacio y tiempo para perfeccionar el bloqueo.

Cuando practique las poomseas de sus bloqueos solo, hágalo frente a un espejo. De este modo, podrá observar si está realizando los bloqueos correctamente y colocando las manos en la posición adecuada.

Existe una amplia biblioteca de técnicas de bloqueo en el taekwondo. A medida que vaya pasando por los distintos niveles, se le enseñarán algunos de estos bloqueos.

Capítulo 12: Estiramientos y ejercicios

El taekwondo es una combinación de muchas cosas: artes marciales, mecanismos de defensa, un camino hacia una experiencia de vida más energética y enriquecedora, y una rica explosión de combinación de tradiciones chinas y coreanas. Sin embargo, en su esencia, se trata de una habilidad de lucha tradicional sin armas que hace hincapié en las patadas con salto, las patadas a la cabeza, las patadas laterales y los golpes. Una clase de taekwondo normal incluye ejercicios de patadas, golpes y objetivos de velocidad. Estos ejercicios están diseñados para mejorar las habilidades motoras y la flexibilidad.

El taekwondo tiene abundantes beneficios para la forma física. Las investigaciones demuestran que mejora notablemente la salud cardiovascular, potencia la capacidad atlética y mejora el equilibrio y la coordinación. En 2014, los investigadores descubrieron que los atletas de taekwondo mostraban una buena resistencia, fuerza en la parte superior e inferior del cuerpo, mayor flexibilidad y potencia anaeróbica. Estos beneficios también son producto de buenos ejercicios y estiramientos.

Al tratarse de un arte físicamente defensivo, los ejercicios suelen combinarse con otros ejercicios de calistenia y más ejercicios de fuerza y acondicionamiento para proporcionar un entrenamiento completo. Son ventajosos porque potencian su capacidad a medida que avanza continuamente. Hay distintas formas de estirar. Los estiramientos suelen realizarse después de un calentamiento para activar los músculos fríos. El calentamiento es necesario porque los músculos fríos no se estiran bien. Algunas sesiones de taekwondo también concluyen con estiramientos. La idea es aprovechar el hecho de que todos los músculos están completamente calientes en ese momento. Veamos la importancia de los estiramientos antes de analizar los distintos tipos.

Importancia de los estiramientos

Fuente de la imagen[70]

- Aumentan la flexibilidad. El cuerpo necesita una buena cantidad de flexibilidad, pero es más importante para los artistas marciales, especialmente en las caderas, la zona lumbar y las piernas.
- También aumenta la amplitud de movimiento. Un buen estiramiento ayuda a conseguir patadas más altas o a ser mejor en movimientos o posiciones difíciles.
- Suelen producirse menos lesiones durante los entrenamientos y los combates de competición cuando los músculos se acondicionan mediante los estiramientos.

- A menudo, los estiramientos desempeñan un papel en la recuperación de las lesiones. Los preparadores físicos recurren a estiramientos suaves después de las lesiones para devolver la flexibilidad y la fuerza al cuerpo.
- Aumenta el flujo sanguíneo y mejora el desarrollo muscular. Los estiramientos también mejoran la concentración mental debido al grado de concentración que requieren. Muchos artistas lo utilizan como una especie de meditación.
- Reduce el dolor muscular después de las sesiones de entrenamiento y proporciona una mayor flexibilidad de movimiento, lo que ayuda a golpear o patear bien y a moverse tan rápido como un rayo.
- El estiramiento ayuda a prevenir las lesiones porque permite una gama completa de movimientos al realizar las técnicas de taekwondo sin provocar tirones o desgarros en los músculos. El taekwondo requiere un uso excesivo de las piernas. Cuando se estira correctamente, permite colocar las piernas en las posiciones adecuadas sin forzarlas demasiado. Es imposible conseguirlo con los músculos tensos, y los movimientos incorrectos pueden provocar desagradables lesiones.
- Como los estiramientos aportan más flexibilidad, sus músculos se vuelven cada vez menos resistentes a los movimientos o posiciones de lucha. El resultado es una mayor velocidad que mejora su rendimiento. El aumento de la velocidad allana el camino para una mayor potencia, y una mayor flexibilidad y amplitud de movimiento mejora su rendimiento general como guerrero del taekwondo en velocidad y potencia.

Los estiramientos deben realizarse de forma adecuada y constante. Es un componente clave de cualquier deporte, pero es más importante para el taekwondo debido a la naturaleza explosiva de este deporte. Como principiante, entienda que estirar solo en los días de entrenamiento es peligroso. Estire en casa los días que no entrena para aumentar su flexibilidad lo más rápido posible.

Trabaje con el ritmo que le exige su cuerpo; de lo contrario, podría sufrir lesiones complicadas. Pero si solo estira en los días de entrenamiento, su flexibilidad tardará en mejorar, y con frecuencia se verá superado por los que dan prioridad a los estiramientos. Cuando realice estiramientos en casa, considere la posibilidad de hacerlo por la mañana en lugar de por la noche.

Diferentes tipos de estiramientos

Nota: Como principiante, es mejor hacer estos estiramientos con su instructor o entrenador primero. La mayoría de los instructores de artistas marciales son profesionales con una experiencia muy avanzada. Algunos de los estiramientos que aparecen a continuación son arriesgados, así que solo debe intentarlos en casa cuando tenga un buen control y comprensión de lo que está haciendo.

De pie y sentado

- **Rotación del cuello:** Basta con girar el cuello con un movimiento circular en el sentido de las agujas del reloj. Otra técnica consiste en ponerse de pie o sentarse con la espalda recta y mirar directamente al frente. Lleve los brazos delante de su cuerpo y enderécelos, luego júntelos con fuerza. Gire la cabeza para que la barbilla quede por encima del hombro. Este estiramiento va desde la mandíbula hasta la clavícula.
- **Estiramiento del cuello:** Estire el cuello hacia delante y hacia atrás y luego hacia los lados. Empuje o tire del cuello para ampliar el estiramiento si quiere ir más allá.
- **Hombros:** Doble los brazos de modo que los puños estén cerca de los hombros y gire los brazos con movimientos en el sentido de las agujas del reloj y en sentido contrario. Para estirar los hombros, mantenga un brazo

estirado y tire de él hacia la parte superior del pecho utilizando el otro brazo. Coloca el otro brazo justo debajo del codo del brazo estirado y apriétalo hacia el pecho para aumentar aún más el estiramiento. El objetivo es sentir un movimiento de estiramiento a lo largo del hombro.

- Para estirar la parte delantera del hombro, colóquese con los pies separados a la anchura de los hombros y mire al frente. Lleve las manos a la espalda y entrecrúcelas manteniendo los brazos rectos. Ahora, suelte suavemente las manos hacia atrás, tanto como le resulte cómodo, y apriete los codos entre sí.
- El estiramiento de la parte posterior del hombro comienza poniéndose de pie con los pies separados unos cuantos metros y mirando al frente. Levante el brazo de forma que quede paralelo al suelo. Lleve el brazo por encima del pecho mientras mantiene los hombros bajos. Utilice el otro brazo para apretar el brazo hacia el pecho colocando el antebrazo justo debajo del codo del brazo estirado.

Estiramientos de espalda
- **Espalda baja:** Túmbese de espaldas en el suelo con las rodillas dobladas. Lleve las rodillas hacia el pecho. Al realizar este estiramiento, procure no arquear la espalda.
- **Espalda:** Arrodíllese en el suelo y mantenga las rodillas firmemente juntas. Coloque los brazos hacia arriba y, a continuación, inclínese desde la cintura, doble el pecho sobre las rodillas y coloque las manos apoyadas en el suelo. Déjelas estiradas. Vuelva a sentarse sobre los talones al cabo de un rato para sentir cómo es que se estira la parte inferior de su espalda. Para el estiramiento hacia atrás, inclínese lo más posible hacia atrás, mirando hacia atrás por encima de su cabeza. Deje que las piernas se separen a la altura de los hombros y coloque las manos en las caderas.
- **Estiramiento de espalda de rodillas:** Arrodíllese en cuatro patas. Mire al suelo con la espalda recta. Arquee la espalda hacia arriba y deje caer la cabeza al suelo. Vuelva a la posición inicial y deje caer el estómago (no el pecho) hacia el suelo. Mantenga la mirada al frente y separe las rodillas y las manos a la altura de los hombros cuando realice este estiramiento.

Para estirar la espalda en pareja, entrelace los codos y colóquese espalda con espalda. Túrnense para levantarse mutuamente del suelo inclinándose hacia delante.

Rotación de la cintura

Gire la cintura en un movimiento circular con las manos en las caderas y las piernas separadas a la altura de los hombros. Tenga cuidado de girar lentamente. Para un estiramiento lateral, doble la cintura hacia un lado y luego inclínese hacia el otro. Intente levantar el brazo por encima de la cabeza mientras lo hace.

Además de las rotaciones con la cintura, debe realizar un estiramiento con la pelota. Túmbese en el suelo y agarre los dos pies con el objetivo de llevarlos por encima de la cabeza. El objetivo es que sus pies toquen su frente y mantenerlo así durante al menos un minuto.

Estiramientos de piernas

Túmbese sobre la espalda, doble una rodilla y llévela hasta el pecho; por último, acérquela al hombro contrario. De este modo, se consigue estirar la parte inferior del cuerpo desde la parte superior de la pierna hasta la parte inferior de la espalda. Para la parte exterior de la cadera, túmbese boca arriba con los brazos ligeramente extendidos. Doble una rodilla hacia arriba, luego agárrela con la mano contraria y llévela por encima del pecho hasta el suelo. Mantenga la otra pierna estirada y los hombros en el suelo. El objetivo es estirar la pierna exterior hasta la cadera.

Un excelente estiramiento para la ingle es sentarse en el suelo con la espalda recta y las piernas estiradas. Separe los pies todo lo que pueda, manteniendo las piernas rectas. Mantenga la espalda recta mientras baja el pecho hacia el suelo y estira los brazos hacia delante. Adelántese todo lo que pueda y deje que los codos mantengan el estiramiento.

Al estirar la parte delantera de los muslos, colóquese sobre una pierna y lleve el talón opuesto hasta el trasero. Agarre el pie y tire suavemente hacia arriba.

Para la parte posterior de los muslos, colóquese con las piernas rectas y junte los pies. Levante las manos por encima de la cabeza y pliéguelas hacia abajo, e intente tocarse los dedos de los pies.

Cómo entender los ejercicios de taekwondo

El taekwondo es un mecanismo de defensa sin armas, lo que significa que depende únicamente de sus habilidades de sparring para llevarlo a cabo con seguridad y eficacia. El sparring es el núcleo del taekwondo, y lo más importante es infundir siempre el control y no dejar que se nos vaya de las manos. Si tiene miedo de ser golpeado o herido, o incluso de hacer daño a otra persona, esto no significa que el taekwondo no sea para usted.

Sus temores son comprensibles porque el cuerpo humano posee un fuerte sentido de autoconservación. Sin embargo, los ejercicios fueron diseñados para ayudarle en su combate. Por lo tanto, para tener éxito en los torneos de combate o en las sesiones de entrenamiento en el tatami, debe aprender a trabajar más eficazmente en sus habilidades de sparring. El sparring es una lucha sin llegar a pelear; le ayuda a desarrollar una comprensión más amplia y estimula el desarrollo de habilidades como la velocidad, el control de la distancia y la potencia.

Antes de empezar cualquier ejercicio, lo primero que hay que hacer es disponer de un espacio abierto de unos 100 pies cuadrados (10 pies de ancho y 10 pies de largo). Será un espacio más que suficiente si entrena solo y en casa. Pero como principiante, es mejor empezar a practicar en un centro de entrenamiento para tener un compañero para los ejercicios.

Sparring de sombra

El sparring de sombra se suele realizar delante de un espejo. Tendrá que lanzar patadas, puñetazos y codos; también tendrá que utilizar un juego de pies adecuado mientras mantiene un buen rango en su movimiento de flujo. La parte buena del sparring de sombra es que puede verse a sí mismo, por lo que puede identificar fácilmente sus defectos. Pero, si está haciendo sparring de sombra con un compañero, necesita concentrarse en su oponente y no en usted mismo, o será golpeado.

Entrenamiento con saco de boxeo

Este es un gran punto de partida para los principiantes que quieren practicar sus ejercicios. Golpear un saco pesado le da una idea de lo que puede esperar cuando se enfrente a un oponente real. Usted consigue entender cuánta fuerza y velocidad necesita incorporar. Es un saco, así que siéntase libre de ser brutal con sus patadas, puñetazos, codazos y golpes de mano. Cuando el saco se balancee hacia delante, utilice esto para practicar tácticas de evasión antes de volver a golpear.

Combate con maniquí

Esto también es genial para los principiantes que quieren mejorar sus habilidades defensivas. Los maniquíes se utilizan mucho en las artes marciales e incluso en el control de armas porque son mucho más seguros. Un maniquí será fundamental para aprender los golpes ofensivos y defensivos y el uso de ambas manos simultáneamente. Al igual que con la bolsa, siéntase libre de lanzar sus golpes, pero no es necesario evadirlos ya que el maniquí no puede reaccionar. Por lo tanto, concéntrese mucho en sus niveles de potencia.

Sparring en círculo

Esto es bastante avanzado, pero incluso si es un principiante, tendrá que enfrentarse a esto en algún momento. El objetivo principal de este ejercicio es aprender a ser consciente de su entorno. En el sparring en círculo, estará rodeado por seis o más personas que le atacarán una a una. El sparring en círculo pone a prueba su velocidad, su potencia, sus habilidades y su capacidad de reaccionar intuitivamente bajo presión. No hay tiempo para pensar. O actúa rápido o pierde. Normalmente, sus compañeros de combate tienen el mismo nivel de habilidad que usted. Pero cuando sus habilidades crecen, el combate en el círculo puede volverse más intenso porque tendrá más de una persona atacándole a la vez. Como principiante, es posible que tenga que dejar esto para el final y comprender bien otros ejercicios antes de enfrentarse a los ataques de seis personas.

Cosas adicionales a tener en cuenta

La velocidad es de una importancia monumental en el taekwondo. Actualmente, ¿qué tan rápido es usted? ¿Cuán rápido cree que puede ser en el futuro? Los combates de sparring son muy cortos, y no suelen durar más de dos minutos. Mejorar sus patadas es una forma excelente de mejorar su velocidad, de planificar su siguiente movimiento incluso antes de ejecutar un golpe, y de planificar más de una patada en sus ataques. Cuando tiene una preparación adecuada, no necesita estar esbozando su próximo movimiento mientras está en el tatami mentalmente. Debe hacerse antes de pisar el tatami.

- Las patadas más rápidas provienen de músculos relajados, y por eso la meditación y los estiramientos son importantes. Los músculos tensos siempre reaccionarán más despacio, nunca más rápido. Antes de practicar sus patadas, relaje sus músculos para que sus patadas se produzcan con un movimiento fluido y fácil.

- La potencia es también de una importancia colosal en el combate de taekwondo. Debe perfeccionar constantemente su fuerza. Tener esto en cuenta maximiza el impacto de sus patadas o puñetazos, y puede calcular el tiempo de sus patadas o puñetazos para que choque con su oponente que se precipita hacia usted. Esto multiplica la potencia de su ataque y la velocidad de contraataque de su oponente. Para aumentar su potencia, también debe aprender a incorporar las sentadillas y los saltos en sus ejercicios de calentamiento, ya que; desarrollan los músculos de los muslos. Recuerde que debe ser prudente y cuidadoso con los ejercicios y realizarlos en presencia de un profesional. Un exceso de estos ejercicios podría causar una presión excesiva que inevitablemente conduce a lesiones.

- Una última cosa que debe tener siempre presente es ser preciso con sus patadas, golpes o puñetazos. Una forma de mejorar la precisión es practicar el pateo de objetos pequeños hasta que acierte sistemáticamente sus objetivos con precisión. En la mayoría de los casos, esto le supondrá un reto, ya que son más pequeños de lo que está acostumbrado con los objetivos habituales. Los objetivos pequeños no solo le ayudan a mejorar la precisión, sino que también le ayudan a entrenar su reacción hacia un objeto en movimiento. Este entrenamiento es vital porque su oponente es un objeto en movimiento en el ring, y usted será lo suficientemente hábil como para dirigir su respuesta con rapidez. Entrenar con amigos también es una buena forma de mejorar la precisión. Solo tiene que asegurarse de que ambos lleven ropa protectora.

En conclusión, el taekwondo no es el deporte ni el arte marcial más fácil. Pondrá a prueba su capacidad física y mental de numerosas maneras. Algunos volarán por las nubes, y otros se estrellarán y arderán. Como principiante, debe averiguar de qué lado quiere estar. Estudie los hábitos de los mejores en este arte y descubrirá que no bromean con sus estiramientos ni aflojan en sus ejercicios. También son potentes combinaciones de precisión, velocidad y potencia. Concéntrese en ser la encarnación perfecta de estas cosas, y estará preparado para un éxito astronómico.

Capítulo 13: El hábito del taekwondo: Entrenamiento, disciplina y mentalidad

Aprender taekwondo tiene varios beneficios. Es una de las formas de arte marcial más beneficiosas para aprender, ya que mejora su capacidad para defenderse, y este deporte también influye en varios aspectos de su vida. El taekwondo mejora su salud, su estado físico y su mentalidad, y experimentará un aumento general de su calidad de vida al participar en este deporte.

Los numerosos beneficios de este deporte se derivan de la diversidad de técnicas y de la disciplina y mentalidad necesarias para alcanzar la maestría. Más que un ejercicio físico o un deporte de competición, el taekwondo es un estilo de vida que puede potenciar al individuo de diversas maneras. Las personas que practican este deporte pueden esperar obtener un cierto nivel de confianza y entusiasmo en su vida.

¿Qué se puede aprender del taekwondo?

Un buen número de personas toman clases de taekwondo para defenderse o para ganar fuerza física y agilidad. Sin embargo, a medida que pase el tiempo y siga entrenando, se dará cuenta de que los beneficios del taekwondo trascienden su aspecto físico. Puede que aún no lo sepa, pero dominar el camino de los pies y las manos puede ayudarle a cambiar su visión de la vida y a mejorar en varios aspectos. Algunos de los beneficios adicionales del taekwondo son:

Cortesía y respeto

Si hay algo que usted aprenderá desde su primera lección de taekwondo, es que debe hacer una reverencia a todos y a cualquiera. Este acto no solo lo hacen los alumnos principiantes, sino que incluso los profesores y los mayores hacen una reverencia en el taekwondo antes de proceder a cualquier acción. Una explicación sencilla de esto es que enseña respeto.

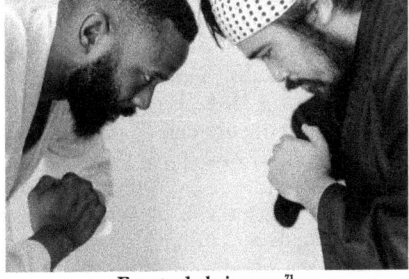

Fuente de la imagen[71]

Al inclinarse ante cualquier persona, independientemente de su edad, rango o nivel de habilidad, se aprende la cortesía, reduciendo también el ego. No puede llevar su estatus en la vida real a todas partes. En el taekwondo también hay que inclinarse ante el adversario. Aunque pueda parecer ridículo, este acto encierra una importante lección; en la vida real, se debe aprender a mostrar respeto a la gente, aunque se tengan opiniones diferentes o simplemente se esté en desacuerdo.

Perseverancia

Hay una razón por la que la perseverancia y el espíritu indomable están entre los principios del taekwondo. Se necesitan años para alcanzar la maestría en este arte. Se practica continuamente durante semanas y meses para pasar de un nivel a otro, construyendo una actitud de perseverancia hacia el trabajo. Incluso cuando llegue al punto más alto y obtenga su cinturón negro, el aprendizaje en el taekwondo puede seguir siendo un aspecto sostenible y duradero de su estilo de vida.

Esto le enseña a invertir en sus lágrimas y sudor para convertirse en una mejor versión de sí mismo. Así es en el mundo real. La adversidad se cruzará en su camino, pero debe mantenerse fuerte y perseverar si quiere cosechar los frutos de su trabajo.

Aprenderá algo nuevo cada día

En el taekwondo, se dará cuenta de que el aprendizaje nunca termina. No importa cuánto haya aprendido o los colores de cinturón que haya logrado, tiene que aprender nuevas habilidades y desarrollarse continuamente. El mejor artista marcial es aquel que nunca cierra la puerta a una oportunidad de aprender algo nuevo.

Disciplina por encima de todo

Al comenzar su entrenamiento de taekwondo, tenga siempre presente que la disciplina es vital para su éxito en el taekwondo y en su vida diaria. Muchas cosas tratarán de alejarle del camino elegido. En algún momento de su entrenamiento, puede parecer que no está progresando tanto como debería. En momentos así, depende de usted decidir cómo quiere responder en adelante.

Entrenamiento de taekwondo

A estas alturas, probablemente sepa que el taekwondo es muy exigente desde el punto de vista físico. Necesitará mucha potencia física, resistencia y flexibilidad si quiere rendir a niveles superiores. Por eso el entrenamiento de taekwondo es más adecuado para los jóvenes y ágiles, pero la edad es solo un número, y todo es posible para cualquier persona con suficiente fuerza de voluntad, independientemente de la edad.

Ser joven y fuerte no es suficiente para sobresalir en el taekwondo, y muchos jóvenes siguen teniendo problemas para seguir el ritmo del entrenamiento. Tendrá que esforzarse al máximo para crear la actitud y el hábito adecuados para convertirse en un guerrero del taekwondo de éxito.

En comparación con muchas otras formas de artes marciales, el taekwondo es bastante agresivo, pero tiene un índice de lesiones muy bajo o la posibilidad de sufrir lesiones permanentes o graves. Sin embargo, sigue siendo importante que sea consciente de los peligros y el rigor de aquello en lo que se está metiendo. Iniciarse en las artes marciales es más peligroso que pintar o cualquier otra afición ligera. Por lo tanto, debe tener en cuenta importantes consejos de seguridad y seguir las instrucciones de entrenamiento para reducir las posibilidades de lesiones. La idea errónea de que el taekwondo es un deporte seguro no es la única que existe.

¿Comenzando? Tenemos noticias para usted

En realidad, hay dos. Hay buenas y malas noticias. Vamos a darle las dos de inmediato y a dejarle con ellas. Empezaremos por las malas.

El taekwondo es duro; nunca comience con la ilusión de que va a entrar en un deporte sencillo que es fácil de dominar. Como usted descubrirá cuando comience su viaje, pasar de cinturón blanco a cinturón negro requiere un alto nivel de dedicación y consistencia de su parte.

La buena noticia es que es posible acelerar su dominio y lograr resultados impresionantes. En primer lugar, felicidades. El hecho de que haya leído este libro hasta este punto y no haya entrado en la alfombra de entrenamiento es estupendo. Para celebrar esta hazaña, obtendrá un cinturón blanco, que es más que si no pisara el tatami en absoluto. Así que, adelante, dese una palmadita en la espalda.

Sepa que la decisión de tomar clases de taekwondo significa que se ha comprometido a hacer algo desafiante pero increíble. Pero, como pronto se dará cuenta, el viaje desde aquí hasta la cima es una subida. Es posible que se sienta perdido al principio, e incluso puede que se sienta tonto al intentar imitar los movimientos de otros que parecen moverse con gracia con su elegante juego de pies y sus elaboradas patadas giratorias.

Entonces, ¿cómo puede hacer más fácil el aprendizaje del taekwondo y acelerar su entrenamiento? (Nota - más fácil, y no fácil. El taekwondo no es fácil, pero puede hacerlo más fácil siguiendo unos sencillos consejos). Tenga en cuenta las siguientes cosas al comenzar su entrenamiento y desarrolle los hábitos adecuados.

Relájese

Si hay algo que debe saber, es que los músculos tensos no funcionan bien en las artes marciales. Sus movimientos serán más lentos, y sus patadas y puñetazos serán más débiles si está tenso. Además, se perderá rápidamente durante el entrenamiento.

Así que, usted relájese y afloje. Lo necesitará si quiere desarrollar las técnicas adecuadas. Practica cómo relajar no solo sus extremidades, sino también su mente. Las prácticas de meditación y atención plena son esenciales para este aspecto. Practique regularmente con una mente clara y relajada, y verá una mejora significativa en su técnica. Cuanto más lo haga, más automáticos y fluidos serán sus movimientos. Es posible que al principio tenga que esforzarse por relajarse, pero con el tiempo descubrirá que ya no tiene que pensar tanto en ello.

Practique regularmente

Debe asistir a las clases y prestar atención a sus lecciones. Sin embargo, logrará resultados notables con más práctica, lo que significa que necesita más tiempo que las clases regulares que pasa con sus instructores. Debe practicar en casa por su cuenta. Las personas que practican taekwondo por su cuenta en casa suelen obtener mejores resultados que las que no lo hacen.

Su entrenamiento debe incluir sesiones en solitario para desarrollar su forma y construir su técnica a su propio ritmo. Sin embargo, el combate es una parte importante del entrenamiento de taekwondo. Las investigaciones han demostrado que practicar en condiciones que probablemente utilizará como habilidad motriz mejorará su dominio de forma significativa. Es particularmente esencial si está aprendiendo taekwondo para la defensa personal o con fines competitivos. Es importante tener en cuenta que, como principiante, no se le permitirá practicar sparring de inmediato, pero a medida que suba de nivel, será una parte integral de su rutina de entrenamiento.

Ejercicios

Los ejercicios regulares son importantes para fortalecer los músculos y mejorar la flexibilidad. Debe centrarse en los estiramientos y otras rutinas que ayuden a mejorar la fuerza de los grupos musculares seleccionados.

Se recomienda realizar rutinas de estiramiento después del entrenamiento diario (no antes). Los estiramientos al final del entrenamiento ayudan a evitar que los músculos se tensen y aumentan la flexibilidad. Sus músculos ya están calientes y elásticos después de un entrenamiento, y conseguirá mejores resultados con sus estiramientos.

También debería hacer rutinas que fortalezcan su núcleo y sus músculos (isquiotibiales, caderas y glúteos). En el taekwondo se dan muchas patadas, y la eficacia de las mismas depende de la fuerza del tronco y la columna vertebral. Ejercicios como abdominales, sentadillas y cuchillos son muy beneficiosos para este grupo muscular. Además, incluye flexiones, dominadas y otras rutinas que fortalezcan la parte superior del cuerpo para mejorar los golpes.

Medite y visualice

A veces los entrenamientos más beneficiosos son los que se hacen sin mover un músculo. Con rutinas de meditación y visualización, puede mejorar sus habilidades y agudizar su mente mientras está en el trabajo, cocinando o incluso en la cama.

Se ha hablado mucho de las técnicas de meditación en el capítulo cuatro de este libro. Repáselo si lo necesita. La visualización implica que se imagine a sí mismo realizando los movimientos de las técnicas para perfeccionarlas. Es como la práctica, pero en su mente. Las investigaciones han demostrado que la misma zona del cerebro que participa en la ejecución física de esos movimientos se estimula cuando se visualiza haciéndolos. Esto ayuda a crear vías neuronales fuertes para mejorar sus habilidades.

Estas habilidades no físicas también le serán útiles cuando esté demasiado ocupado, lesionado o enfermo para practicar físicamente y tenga que estar fuera de combate durante un tiempo.

Conclusión

El taekwondo es una de las formas de artes marciales más fáciles de aprender, pero eso no significa que sea sencillo y de color de rosa hasta el final. Se necesita determinación y perseverancia para pasar por los distintos niveles de este deporte y sobresalir.

Hay una gran variedad de técnicas y estilos que dominar. Puede que note que hay muchas variaciones entre lo que ha leído en este libro y lo que encontrará en otros lugares. Muchas de las técnicas de taekwondo han sido desarrolladas por diferentes maestros. El deporte también está gobernado globalmente por varias organizaciones que adoptan diferentes reglas y convenciones. Aunque las lecciones que ha aprendido en este libro le resultarán instructivas y beneficiosas, le rogamos que escuche a sus instructores. No solo tienen la última palabra sobre las técnicas que debe dominar, sino que su instructor también determinará el ritmo al que debe aprenderlas. Tiene que hacer lo que le diga su instructor si quiere obtener los mejores resultados.

No se adelante a los acontecimientos. Concéntrese en dominar lo básico y vaya subiendo poco a poco. El gancho con giro puede parecer elegante y sexy, pero debe resistirse a él hasta que esté mental y físicamente preparado. Los movimientos y técnicas avanzados vendrán después, y muchos son simplemente variaciones de los básicos que ya está aprendiendo. Si no domina los fundamentos, es probable que tenga dificultades en las fases avanzadas.

Por último, esperamos que este libro le haya resultado útil y que complemente eficazmente su entrenamiento.

Séptima Parte: Kung-fu

La guía definitiva del kung fu shaolín junto con sus movimientos y técnicas

Introducción

La primera introducción de la mayoría de la gente a las artes marciales fue a través de películas o programas de televisión. Héroes fuertes, firmes y disciplinados luchan contra probabilidades aparentemente imposibles con nada más que sus brazos, manos, piernas y pies. Estos héroes son verdaderos embajadores. Introdujeron esta forma de arte al público de fuera de China y Hong Kong. No es necesario vivir en ninguno de esos lugares para aprender kung-fu correctamente.

Este libro es su portal a los dojos y kwoons. Desde la comodidad de su propia casa y trabajando a su propio ritmo, usted también puede realizar las patadas deslumbrantes y los movimientos certeros del kung-fu. Tanto si es un principiante como si ya tiene algo de entrenamiento en su haber, este libro está diseñado no solo para ampliar su conocimiento de las artes marciales, sino para potenciar las ondas positivas que su aprendizaje puede propagar en todas las facetas de su vida.

El kung-fu es más que aprender a dar golpes y patadas. Se trata de disciplina. Este arte marcial es una forma fantástica de conseguir y mantener una buena forma física. En el ajetreado y a menudo exigente mundo actual, puede ser una fantástica salida para aliviar el estrés y la ansiedad. Afinar el cuerpo agudiza la mente y mejora la concentración.

En su viaje con este libro, puede descubrir la confianza en sí mismo que le puede faltar o reforzar la que ya tiene. Al aprender kung-fu con esta guía, estará conectado, si no físicamente, en espíritu con todos los practicantes que le precedieron. Se unirá a una comunidad ancestral, todos ellos compartiendo los objetivos de aprender defensa personal y mejorar.

El kung-fu es un arte que promueve la autoexpresión. Puede tomar los fundamentos y ampliarlos para formar algo propio. Como un pintor, este libro le proporcionará la pintura, los pinceles y el lienzo. Y le enseñará a pintar dejando el producto final en sus manos.

Capítulo 1: ¿Qué es el kung-fu?

Antes de aprender kung-fu, es primordial entender de dónde viene. Para sacar el máximo provecho de las lecciones de este libro y del arte marcial en sí mismo, es esencial obtener un firme conocimiento de su historia y sus orígenes. Estos son los cimientos sobre los que se construye la disciplina. Al igual que los de una casa, estos cimientos ayudan a mantener unida toda la estructura y evitan que se desmorone.

Hay varias definiciones o traducciones aceptadas de "kung-fu". Algunos lo interpretan como "trabajo y esfuerzo". Otros consideran que la traducción a "trabajo duro de un hombre" es más precisa. Sea cual sea su interpretación, siempre hay dos elementos: trabajo duro y dedicación. Dominar un arte marcial requiere ambas cosas.

Los orígenes del kung-fu son discutidos. En un país tan antiguo y con una historia tan rica como la de China, reducirlo a una sola fuente es aparentemente imposible. Dicho esto, hay rastros mitológicos e históricos que se pueden seguir para establecer una cronología aproximada del origen de las artes marciales.

Muchos creen que los inicios de lo que acabaría siendo el kung fu comenzaron con la introducción y difusión de las artes marciales en China. Se cree que Huangdi, más tarde conocido como el "Emperador Amarillo", escribió algunas de las primeras guías sobre tácticas militares y técnicas de autodefensa que evolucionarían hasta convertirse en una disciplina de lucha.

Según las leyendas, las estrellas predijeron el nacimiento y el gran destino del Emperador Amarillo. Nacido en una época de grandes luchas y tribus enfrentadas, Huangdi uniría a las diferentes tribus que vivían a lo largo del río Amarillo. Unificados, estos grupos se convertirían en la primera versión del Estado chino.

El Emperador Amarillo no solo influyó en el panorama político y militar de China, sino que también fue el precursor de la medicina china. Sus filosofías y descubrimientos médicos se convertirían más tarde en algunos de los principios centrales del kung-fu. Estos escritos son algunos de los más antiguos descubiertos en la historia de la humanidad.

Tras la muerte del legendario Emperador Amarillo, sus enseñanzas sobre las artes marciales continuaron y se ampliaron. Siglos de guerras a pequeña escala entre señores feudales por todo, desde los derechos sobre la tierra hasta las afrentas personales, envolvieron a una China aún joven. En esta fase, las filosofías de Huangdi sobre las artes marciales, la guerra y la superación personal fueron adoptadas y adaptadas por diferentes regiones del extenso país.

Las filosofías del Emperador Amarillo evolucionaron hasta convertirse en las "seis artes" de la antigua China. Muy similar al concepto occidental de "hombre del renacimiento", los hombres chinos, especialmente los de la clase alta, eran alentados a aprender. Estas seis artes eran: el tiro con arco, la caligrafía, la equitación, la música, las matemáticas y los ritos.

Durante la dinastía Han, otra figura influyente en el desarrollo de las artes marciales chinas se puso al frente del movimiento. Era un infame médico y cirujano llamado "Hua Tuo". Además de que se le atribuye el descubrimiento de la anestesia, el conocido médico llenó las lagunas relativas a la medicina en las enseñanzas del Emperador Amarillo.

Otra gigantesca contribución de Hua Tuo al kung-fu fue el desarrollo de técnicas de ejercicio que tenían numerosos beneficios para la salud de sus pacientes. Estas técnicas estaban basadas en animales que él había observado. Desarrolló un sistema que más tarde se utilizaría en las técnicas de kung-fu nacidas del shaolín utilizando esos movimientos que observó.

Pasaron más siglos con varios estilos de lucha, técnicas y filosofías de vida cultivadas en la China continental. No fue hasta que un monje budista extranjero del sur de la India, Bodhidharma, visitó el país que se formó el kung-fu.

Bodhidharma llegó a la China continental en algún momento entre el 450 y el 500 d. C. Los detalles de cómo llegó y sus viajes por el país no están claros. No hay muchos registros de sus viajes. Lo que sí se sabe es que en un principio llegó para enseñar y difundir lo que se conocería como el budismo Xiao Sheng.

La llegada de Bodhidharma fue anunciada por la realeza india, solicitando a los reinos de China que cuidaran bien de su monje que venía a difundir las enseñanzas de Buda. Allá donde iba, los chinos estaban ansiosos por verle, oírle hablar y aprender de él. Pero se sorprendieron cuando en lugar de hablar, se limitó a meditar. Algunos estaban intrigados, otros confundidos, e incluso hubo quienes se enfadaron. Sea cual sea su reacción, la mayoría de la población china con la que se cruzó no entendía del todo lo que predicaba. Sin embargo, se corrió la voz sobre él y sus enseñanzas radicales.

Con el tiempo, las historias de Da Mo (Bodhidharma), el monje meditador indio, llegaron a oídos del gobernante del reino del sur de China, el emperador Wu. El emperador, un devoto budista, se empeñó en erigir monumentos, estatuas y templos dedicados a esta religión. Así que, cuando oyó hablar de este monje indio con una nueva visión de lo que amaba, tuvo que conocerlo.

Hay una famosa historia de la primera interacción entre el emperador Wu y Bodhidharma. El emperador preguntó si el monje pensaba que la dedicación del líder al budismo y las generosas donaciones a las instituciones religiosas eran buenas y morales. Para su sorpresa, el monje dijo que "no". Cuando le preguntó si en su mundo vivía un Buda, de nuevo, el monje dijo "no".

Probablemente no hace falta decirlo, pero las respuestas de Bodhidharma molestaron al emperador Wu. Su razonamiento era sencillo y demostraba cómo veía el monje el mundo y lo que promovía a través de sus enseñanzas. Las grandes donaciones del emperador Wu a los templos e instituciones budistas no eran algo de lo que presumir o de lo que estar orgulloso. Tal y como lo veía el monje, era el deber de un líder. Incluso preguntar si un Buda vivía entre ellos mostraba una clara falta de fe en la religión. A Bodhidharma se le ordenó que abandonara el reino y no volviera jamás.

Tras su exilio del reino del emperador Wu, el viaje de Bodhidharma a la parte norte de China le llevó a una reunión en el pueblo de Nanjing. Allí, se encontró con un antiguo y prolífico general llamado "Sheng Guang". El sentimiento de culpa por toda la gente que había matado, directa o indirectamente, y los efectos que tuvo en los amigos y familiares de sus víctimas le llevaron a convertirse en monje budista.

Ese día, en Nanjing, Sheng Guang se dirigió a una multitud de aldeanos, enseñándoles lecciones budistas tradicionales. Bodhidharma le escuchó y reaccionó en consecuencia, tanto si estaba de acuerdo con lo que se decía como si no. El hecho de que este extranjero tuviera el valor de sacudir la cabeza y no estar de acuerdo con sus lecciones enfureció a Sheng Guang. Ese enfado se desbordó hasta el punto de que el ex general le arrebató las cuentas budistas del cuello al monje y le lanzó algunas de ellas, golpeándole en la cara, ensangrentándole y arrancándole algunos dientes.

Naturalmente, Sheng Guang pensó que su arrebato de ira produciría un enfrentamiento con el monje del sur de la India. Sorprendentemente, Bodhidharma se limitó a sonreír y se alejó. Este acto de autocontrol y la capacidad de poner la otra mejilla impactaron profundamente al antiguo general. También demostró un principio básico del kung-fu, la disciplina, el control y la capacidad de gestionar la propia ira. Esto impactó tan profundamente a Sheng Guang que siguió a Bodhidharma hasta el templo shaolín.

Cuenta la leyenda que cuando Bodhidharma llegó al templo shaolín, fue recibido por monjes entusiastas que habían oído hablar de él y de sus enseñanzas. Estaban emocionados. Pero él pasó por delante de todos ellos sin decir una palabra ni siquiera reconocer su presencia. En cambio, se dirigió hacia la parte trasera del templo. Una vez allí, encontró una cueva, se sentó y comenzó a meditar.

Se dice que Bodhidharma se sentó en esa cueva, mirando la pared, ni siquiera la entrada, durante nueve años enteros. ¿Se puede imaginar eso? ¿Sentarse en el lugar durante casi una década sin siquiera murmurar una sola palabra? Dicen que su meditación y oración fue tan intensa que su silueta dejó una huella en esa pared.

Los monjes shaolín quedaron impresionados por la dedicación y la fe de Bodhidharma. Hicieron y le ofrecieron una habitación allí en el templo. Aunque nunca dijo una palabra, el monje indio se levantó después de nueve años y entró en la habitación que le ofrecieron. Se sentó y meditó durante otros cuatro años.

Una mística creció alrededor de Bodhidharma. Sus enseñanzas poco ortodoxas empezaron a calar entre los monjes shaolín. Comenzaron a apreciar su enfoque de las enseñanzas religiosas a las que habían dedicado su vida. Aunque no eran lo suficientemente fuertes física o espiritualmente para seguir sus pasos, el monje extranjero pensó que podían fortalecerse.

De vuelta al sur de la India, Bodhidharma formaba parte de la casta guerrera, un kshatriya. Utilizando las técnicas que había aprendido como guerrero, comenzó a entrenar a los monjes shaolín. Utilizando sus técnicas de respiración y movimientos aprendidos, sin saberlo, comenzó a sentar las bases de lo que más tarde se llamaría "kung-fu".

Esta forma primitiva de kung-fu estaba muy estilizada según las filosofías budistas de Bodhidharma. Principalmente se centraba en el dominio de su ser interior. Creía que mejorando su salud, su concentración y el control de su mente, podía acercarse a Buda.

Las enseñanzas de Bodhidharma en el templo shaolín condujeron al desarrollo del arte marcial. Desde este infame lugar, el kung-fu se extendió por todo el país y, finalmente, por todo el mundo.

7 Disciplinas del kung-fu

Hay cientos de sub-disciplinas bajo el paraguas del kung-fu. Repasarlas todas en este libro no solo sería *casi imposible*, sino que no le ayudaría a tener las bases que necesita en su viaje por las artes marciales. En su lugar, verá siete de las disciplinas más populares y básicas que serán la base perfecta para empezar.

1. Baguazhang

Originado en la China del siglo XIX, el baguazhang, o "palma de ocho trigramas", es un estilo suave de kung-fu. Se refiere a su técnica, que hace hincapié en utilizar la fuerza y el peso del adversario en su contra. Se trata de redirigir los golpes para desequilibrar al adversario. Se trata de un estilo principalmente defensivo, que requiere una gran paz interior y una mente clara para emplearlo con eficacia.

Lo que hace único al baguazhang es la integración de una gran variedad de técnicas de lucha en un solo sistema. Está diseñado para que un practicante pueda enfrentarse a hasta ocho oponentes a la vez.

Parte de lo que hace que el baguazhang sea tan eficaz es su constante movimiento y su intrincado juego de pies. Con un practicante en constante movimiento, girando y contorsionando su cuerpo, golpearlo es extremadamente difícil. El uso de estas técnicas elimina la necesidad de un bloqueo excesivo y permite, en cambio, utilizar el engaño y la evasión.

Al desequilibrar al adversario, se pueden asestar golpes utilizando prácticamente cualquier parte del cuerpo del practicante. Utilizando el peso del cuerpo y el impulso del enemigo, el baguazhang también utiliza lanzamientos, sumisiones y técnicas de agarre para neutralizar al atacante.

El entrenamiento del baguazhang comienza con el fortalecimiento de la mente antes de aprender los movimientos. Es un estilo interior de kung-fu. Exige la capacidad de centrarse espiritual y mentalmente. Al tratarse de un flujo, como un río embravecido alrededor de las rocas que sobresalen del agua, el practicante de esta disciplina debe ser capaz de adaptarse.

Tras alcanzar un nivel mental adecuado, un artista marcial debe aprender primero los movimientos circulares centrales del baguazhang. Se cree que los movimientos circulares crean una especie de vórtice de energías naturales de la tierra que se pueden aprovechar para defenderse. Existe un segundo método, en línea recta, que se suma a la diversidad de esta disciplina de kung-fu tan completa.

2. Mantis religiosa del norte

Supongamos que alguna vez ha visto el kung-fu mostrado o representado en los medios de comunicación populares. En ese caso, no hay duda de que ha estado expuesto a la disciplina de la mantis religiosa nacida en el norte de China. Sin embargo, esas representaciones son a menudo inexactas y hacen poco para retratar las complejidades de esta colección de técnicas de tres siglos y medio de antigüedad. Lo que comenzó con un monje que observó a una mantis religiosa matar a una cigarra se convirtió en una de las principales variantes del arte marcial.

Al igual que el baguazhang, el estilo de la mantis religiosa del norte se basa en la técnica y el movimiento frente a la fuerza bruta. Utilizando movimientos cortos, algo bruscos y de retroceso, la variante del estilo de las siete estrellas es la más dominante y generalmente se considera mejor que la original desarrollada en el templo shaolín. Como genera fuerza desde la cintura y el núcleo, los practicantes con menos fuerza física pueden ayudar a igualar las probabilidades cuando se enfrentan a oponentes más fuertes.

El estilo mantis religiosa del norte se centra más en las piernas del practicante que en la parte superior del cuerpo. Esto tiene mucho sentido si se piensa en ello. Sus piernas son probablemente la parte más fuerte de su cuerpo. Este estilo puede enviar golpes devastadores con el mínimo esfuerzo o tensión, utilizando patadas rápidas e impulsadas por la fuerza del cuerpo. Esto encaja perfectamente con la filosofía de esta técnica del uso eficiente de la energía.

3. Tai chi

Es una de las formas más populares de kung-fu. Es una disciplina a la que probablemente ha estado más expuesto de lo que cree. Piénselo. ¿Alguna vez ha visto a un grupo de personas, muy a menudo de edad avanzada, practicando lo que parecen formas lentas de artes marciales en los parques? Están practicando tai chi.

El tai chi tiene que ver con la armonía. Los movimientos controlados y las técnicas de respiración están diseñados para generar chi, también conocido como energía vital. Eso promueve beneficios tanto hacia adentro como hacia afuera.

Es muy difícil definir una disciplina tan compleja como el tai chi. Para entenderla de verdad, hay que practicarla. Utilizando el agua como inspiración, al igual que el baguazhang, sus movimientos curvos y redondeados están destinados a redirigir la energía. A diferencia del baguazhang, esta disciplina está pensada para fortificar y complementar las habilidades y la salud del practicante, no para ofender o defenderse.

En muchos sentidos, la armonía que proporciona el tai chi complementa al artista marcial. Su práctica puede mejorar la flexibilidad, ampliando la gama de capacidades físicas. Puede fortalecer los músculos, los huesos y los tendones. Repetir y dominar los movimientos controlados puede mejorar la agilidad y fortalecer el equilibrio. Son tantos los beneficios potenciales para la salud de esta disciplina que los profesionales de la medicina han tomado prestadas algunas de sus formas y principios para tratar a sus pacientes.

La interminable lista de posibles beneficios de la práctica del tai chi no empieza ni termina en lo físico. Se ha demostrado que también mejora la salud mental. El equilibrio y la armonía en los que se basa requieren una mente sana. Por suerte, eso no es un requisito previo para empezar a aprender la disciplina, ya que funciona para mejorarla en la práctica.

El tai chi es un misterio. Nadie sabe realmente dónde están sus límites. Su amplia gama de beneficios físicos y mentales hace que ese potencial ilimitado sea aún más intrigante para los artistas marciales y la gente común.

4. Xing yi quan

Imagine una lanza y la forma en que se maneja: imagine el golpe de la afilada punta de la lanza. Tome un momento y piense en cómo se usa esa arma, cómo utiliza movimientos sutiles para desviar los ataques del enemigo. La lanza utiliza las mismas ideas básicas de la disciplina de kung-fu xing yi quan.

Mientras que algunas disciplinas kung-fu son bonitas, incluso lujosas, utilizando movimientos elegantes y extravagantes, el xing yi quan es mucho más utilitario. Sus formas están construidas para ser efectivas en la batalla en lugar de mostrar y exhibir el arte que hay detrás. Este enfoque aparentemente sencillo esconde una profunda complejidad. Esto hace que su aprendizaje sea un esfuerzo serio y debe ser evitado por aquellos que no pueden dedicarle mucho tiempo.

La complejidad del xing yi quan comienza con el hecho de que requiere una mezcla relativamente equilibrada de técnicas internas de poder suave con formas de arte marcial más tradicionales. En otras palabras, requiere dominar la mente y el alma y la destreza física. Pero la complejidad no acaba ahí.

Al constar de una gran variedad de formas complejas conectadas, el aprendizaje del xing yi quan requiere un enfoque muy metódico. Para dominarlo, hay que repetir cada una de ellas en forma de ejercicio, y cada paso se basa en el anterior. Este enfoque poco personal lo hace ideal para instruir a grandes grupos a la vez. Esto ha llevado a muchas teorías a pensar que su origen es militar, tanto por su régimen de entrenamiento como por la propia técnica.

Los practicantes de xing yi quan se basan en gran medida en los ataques y contraataques directos. Utilizan potentes puñetazos para romper las defensas del oponente. Algunas subdisciplinas utilizan patadas rápidas, como el estilo mantis religiosa del norte, mientras que otras se centran en la manipulación de las articulaciones. Es un estilo diverso con fuertes propiedades utilitarias que lo convierten en una de las disciplinas de kung-fu más prácticas.

5. Estilo shaolín

Cuando piensa en el kung-fu, ¿qué le viene a la mente? ¿Cuáles son las primeras imágenes que pasan por su mente? Probablemente piense en películas de artes marciales de la vieja escuela o en monjes con músculos de hierro y túnicas naranjas. Todo ello está influenciado por la famosa meca espiritual del arte marcial, el templo shaolín.

Quizá el estilo de kung-fu más famoso sea el estilo shaolín. No solo se originó en el mismo lugar en el que se originó el propio arte marcial tras la llegada de Bodhidharma, sino que también es una de las disciplinas más coloridas y extravagantes. Esto ha hecho que se introduzca en casi todas las facetas de la cultura popular, desde el cine y la televisión hasta los videojuegos y la música.

El uso práctico del kung-fu estilo shaolín se centra en derrotar, incapacitar y desarmar al oponente con diversos golpes y bloqueos. Evitando en su mayor parte el uso de lanzamientos y la manipulación de las articulaciones, esta disciplina hace hincapié en las posturas amplias, las patadas potentes y los puñetazos con las manos abiertas y cerradas.

El estilo shaolín se diferencia de muchas otras disciplinas de kung-fu en sus numerosas subdisciplinas. A menudo teatrales, estas ramas de estilos suelen utilizar movimientos acrobáticos muy ágiles que pueden deslumbrar a los espectadores. A veces se centran en endurecer partes del cuerpo, lo que da lugar a emocionantes demostraciones de fuerza y tolerancia al dolor. Otras subdisciplinas se basan en animales o características del mundo natural.

Cuando la mayoría de nosotros piensa en el estilo shaolín, el aspecto que más destaca es su pura belleza. Realmente es la más artística de todas las artes marciales del mundo. Esta disciplina se sigue practicando hoy en día. Al principio, esta variante del kung-fu era conocida por su poder y por lo formidables que eran sus practicantes. Hoy en día, pasó a ser más una forma de entretenimiento y se utiliza principalmente para construir la fuerza interior.

6. Bajiquan

Supongamos que le interesa más la explosividad, los golpes potentes y repentinos que pueden hacer añicos la defensa del adversario. En ese caso, el bajiquan podría ser su especialidad. Obtiene su formidabilidad de la idea de que el cuerpo humano tiene un poder y unas protecciones inherentes que pueden aprovecharse en la defensa personal.

El bajiquan consiste en acercarse al adversario, acortar la distancia y utilizar no solo los puños o los pies. Las rodillas, los codos, los hombros e incluso la cabeza son armas naturales y poderosas que a menudo se pasan por alto en otras disciplinas del kung-fu. De hecho, son tan fuertes que, si se utilizan correctamente, pueden compensar cualquier falta de fuerza o destreza física que pueda tener un practicante. Esto significa que es un sistema ideal para los principiantes o para aquellos que puedan estar en desventaja física.

El poder del bajiquan no solo proviene de la extremidad que se utiliza para golpear al oponente. También se centra en aprender a generar los golpes más fuertes posibles a través de la técnica. Aunque tiene algunos aspectos de poder suave, el poder abrumadoramente fuerte que se necesita requiere una mentalidad agresiva. Tiene que avanzar continuamente y ser lo más eficiente posible con sus movimientos y golpes para ahorrar energía para los golpes explosivos impactantes.

Para aprender bajiquan, primero hay que acondicionar y fortalecer los huesos para soportar el arduo entrenamiento que se requiere. Además, sus huesos deben ser capaces de soportar los poderosos golpes que dará en su entrenamiento y en la práctica. Aunque es amigable para aquellos que no tienen conocimientos amplios de kung-fu, es una de las disciplinas más exigentes de aprender debido a lo que hay que soportar.

El bajiquan se utiliza hoy en día en las fuerzas especiales chinas y taiwanesas. Esto se debe a lo eficaz que es esta disciplina. También puede ser mortal, lo que la hace indispensable en el arsenal de quienes regularmente se encargan de poner su vida en juego. Aunque sus orígenes son chinos, sus principios también se pueden encontrar en las artes marciales de países como Israel, Brasil, Rusia y Estados Unidos.

7. Wing chun

Un día, en el templo shaolín, un monje, Ng Mui, observó la lucha entre una rata y una cigüeña. Aunque la rata se ensañó, arañando, clavando las garras e incluso mordiendo, el ave consiguió mantener a raya a la alimaña. Utilizando la combinación de sus alas y patas, la cigüeña se impuso, expulsando a la rata.

Ng Mui era una de las guerreras más formidables de toda China. Tomó las lecciones que aprendió al ver la lucha de la cigüeña y la rata para desarrollar una nueva disciplina de kung-fu. Una vez desarrollada, llamó a su nuevo arte "wing chun".

Joven para los estándares del kung-fu, el wing chun nació del deseo de Ng Mui de simplificar el arte marcial. Recogió todos los puntos fuertes que había aprendido de otras disciplinas y trató de eliminar sus debilidades inherentes. La velocidad, la precisión y la adaptabilidad fueron la clave para convertirlo en una técnica de lucha eficaz.

Desarrollado para funcionar en los entornos densamente poblados y a menudo urbanos en los que nació, el wing chun puede utilizarse en espacios más reducidos. Se diseñó para ser utilizado en espacios reducidos como callejones o huecos de escaleras. Requiere el uso de golpes rápidos y reflejos superiores para mantener a raya a cualquier asaltante, incluso armado.

Aunque se inspira en un combate a muerte entre un pájaro y una rata, los principios del wing chun se basan en la anatomía humana. El conocimiento de cómo funciona el cuerpo y cómo sacarle el máximo partido ha dado lugar a un estilo que requiere menos tiempo para aprender y dominar que otras disciplinas del kung-fu. A diferencia de otros estilos, puede adaptarse a diferentes tipos de cuerpo. Existe una larga historia en la que las mujeres son, de hecho, más hábiles en la lucha mediante el wing chun.

El wing chun, al igual que los estilos tradicionales de Shaolín, suele estar muy presente en la cultura pop. Uno de los productos más famosos, en realidad una rama de la disciplina, fue la estrella del cine de acción de Hollywood Bruce Lee. Utilizando sus filosofías y principios, creó una versión más suelta y libre llamada jeet kun do. Su versión era más parecida al jazz. Hay más improvisación y tiene una fluidez natural en la forma de hacer los movimientos.

El luchador de wing chun tradicional más famoso, y el que lo salvó de casi perderse en los anales de la historia en medio de la revolución cultural china, es Ip Man. Se convirtió en una rara leyenda del kung-fu moderno. Los combates y la vida de Ip Man han sido inmortalizados en una franquicia cinematográfica de gran éxito e innumerables libros.

Capítulo 2: Kung fu shaolín frente a otros estilos

Kung fu es un término que puede ser utilizado para abarcar muchos estilos diferentes de artes marciales. Sin embargo, existen seis estilos principales en el mundo. En este capítulo, veremos cómo el kung fu shaolín se compara con otros estilos de kung fu. Compararemos el shaolín con el wing chun, el tai chi, la mantis religiosa del norte, el baguazhang y el xing yi quan para ver qué lo hace único.

¿Qué hace que los diferentes estilos de kung fu sean únicos?

A mucha gente le cuesta diferenciar entre el kung fu shaolín y otras formas de kung fu. Cada estilo se distingue en base a sus orígenes, geografía, características, técnicas y filosofías. Aparte de los estilos de kung fu mencionados anteriormente, existen otros estilos antiguos. Sin embargo, estos no se practican habitualmente.

Cada estilo único se desarrolló dependiendo de cómo se enseñaba la forma de arte principal. Mientras que el kung fu shaolín es el más antiguo y significativo, los otros tipos como el wing chun y el tai chi han prevalecido durante cientos de años. Mientras que el kung fu shaolín es conocido por sus amplias posturas, patadas y golpes de mano, el tai chi es más bien un arte marcial interno que se centra en la mente y la energía con movimientos físicos lentos. Del mismo modo, otras formas como el wing chun y la mantis religiosa del norte, aunque son menos populares fuera de China, son algunas de las técnicas de defensa personal más poderosas, gracias a sus movimientos explosivos ágiles y de corto alcance y a sus posturas animales.

En este capítulo se comparará el kung fu shaolín con otros estilos para ver qué es lo que los hace únicos.

Entender el kung fu shaolín

El kung fu shaolín es uno de los estilos de artes marciales más antiguos de China. Fue desarrollado en un templo shaolín por monjes budistas hace más de 1.500 años. La forma más popular, que se ha estudiado durante siglos en toda Asia, es el wushu (deporte del kung fu). Sin embargo, pocos saben que existen otros tipos de kung fu basados en diferentes escuelas y estilos.

El kung fu shaolín hace hincapié en varias técnicas, como las posturas amplias, las patadas y los golpes con las manos abiertas y cerradas. El kung fu shaolín es quizás uno de los más conocidos y sofisticados entre todos los estilos de kung fu.

El kung fu shaolín enfatiza los estilos animales, incluyendo el tigre, el leopardo, la serpiente, la grulla y el dragón.

Filosofía del kung fu shaolín

En el kung fu shaolín, el practicante tiene como objetivo mejorar su condición física y mental a través de un riguroso entrenamiento. En este estilo, los movimientos son muy fluidos en la batalla, por lo que a menudo se le llama "la danza de las mil manos".

El kung fu shaolín hace hincapié en varias características, como la generación de potencia a partir de la quietud, la sensibilidad, la estabilidad y la velocidad. Una de las cosas más importantes que hay que recordar sobre el kung fu shaolín es que es un estilo de lucha, una forma de arte y una filosofía de vida.

Es la única forma de arte marcial que abarca todos los estilos de combate, desde el agarre y la lucha en el suelo hasta los golpes de largo alcance, incluyendo patadas y puñetazos.

Estos son algunos de los principales objetivos del kung fu shaolín:
- Desarrollar la fuerza y la resistencia
- Aumentar la conciencia mental y espiritual
- prender a utilizar la fuerza interna conocida como chi/qi

Técnicas y métodos de lucha del kung fu shaolín

En el kung fu shaolín, el practicante trata de hacer que su oponente pierda el equilibrio y la estabilidad utilizando posturas bajas. Este antiguo estilo está considerado como una de las mejores formas de arte marcial de China, ya que hace un uso completo de cada parte del cuerpo con fines de autodefensa.

El kung fu shaolín también hace hincapié en varias técnicas de ataque y bloqueo, como las patadas a distancia, los golpes con las manos abiertas y cerradas y las combinaciones de puñetazos.

El kung fu shaolín es conocido por el uso de armas como bastones, espadas, cuchillos, etc.

Wing chun

El wing chun es un tipo de kung fu desarrollado por la monja budista Ng Mui y su alumno Yim Wing Chun. Es un arte marcial que se centra en el combate cuerpo a cuerpo e incluye varios tipos de bloqueos, puñetazos, patadas y golpes utilizados para derribar a un oponente rápidamente. El sistema se ha enseñado en secreto durante generaciones hasta que uno de sus alumnos, Ng Chung-sok, publicó el primer manual con el consentimiento de su maestro durante la década de 1930.

El wing chun se centra en el combate cuerpo a cuerpo, los puñetazos, las tácticas defensivas como agacharse y esquivar, y la agilidad. El wing chun es especialmente famoso por sus golpes de brazo dirigidos a los puntos de presión del cuerpo, que pueden ayudar a los practicantes a noquear rápidamente a sus oponentes en una pelea. Incluye varios tipos de bloqueos con los brazos cruzados para anular un ataque antes de lanzar un contraataque.

El wing chun suele considerarse uno de los estilos más poderosos del kung fu porque hace hincapié en los golpes y bloqueos potentes y se centra en la velocidad.

El wing chun es una forma práctica de defensa personal que se utiliza en situaciones de la vida real para defenderse de atacantes o asaltantes sin causar lesiones duraderas. Sin embargo, es necesario practicar las técnicas con regularidad y bajo la supervisión de un maestro experimentado para dominar adecuadamente sus habilidades.

El wing chun es la única variante del kung fu que lleva nombre de mujer.

Wing chun vs. kung fu shaolín

El wing chun es uno de los estilos de kung fu más prácticos de aprender porque se centra en la lucha a corta distancia. Enfatiza la velocidad y la agilidad en lugar de los golpes poderosos que fácilmente noquean a un oponente o causan lesiones duraderas. Los practicantes de wing chun utilizan técnicas "suaves" durante las sesiones de entrenamiento para evitar lesionarse mientras practican.

En la actualidad, el kung fu shaolín se practica más como espectáculo que como defensa personal. Sin embargo, puede ser un estilo de kung fu muy eficaz si se practica de forma correcta.

Tai chi

El tai chi es una forma de kung fu que implica movimientos lentos y suaves en lugar de golpes o bloqueos rápidos. Es más bien un arte meditativo en el que el practicante se centra en el espíritu más que en la técnica. Se considera una de las mejores artes marciales para la salud porque favorece la flexibilidad muscular, la coordinación corporal y mejora la capacidad respiratoria.

El tai chi se practica principalmente en China y existe desde hace siglos. Se desarrolló a partir de estilos más antiguos de kung fu, como el estilo tigre-grulla. Es un arte marcial suave que hace hincapié en la defensa más que en el ataque, ya que los practicantes utilizan movimientos lentos para evadir un golpe entrante antes de lanzar un contraataque contra su oponente.

El tai chi es un excelente estilo de kung fu para aprender si se quiere mejorar la salud y el bienestar físico. Sus suaves movimientos pueden ayudar a aliviar el estrés, calmar la mente y aumentar la flexibilidad muscular de las personas mayores.

Kung fu shaolín vs. Tai chi

El tai chi es una forma suave de arte marcial que puede utilizarse para defenderse de un atacante sin causar lesiones duraderas. Sus movimientos son lentos y suaves, lo que lo hace perfecto para las personas que quieren aprender kung fu, pero no tienen la fuerza física o la resistencia para practicar otros estilos.

Por otro lado, el kung fu shaolín es una forma de arte marcial agresiva con varios bloqueos y golpes poderosos. Se considera uno de los mejores estilos para aprender porque puede ayudar a mejorar la fuerza física, la resistencia y las capacidades mentales de las personas que lo practican regularmente.

Mantis religiosa del norte

El kung fu de la mantis religiosa del norte es uno de los estilos más populares que se practican en China. Fue desarrollado durante la dinastía Song por Wang Lang, que quiso crear su propia versión tras observar a varios insectos mantis religiosa luchando entre sí por la comida y el territorio. La mantis religiosa del norte se centra en la velocidad, la agilidad y los contraataques rápidos contra los oponentes.

El kung fu de la mantis religiosa del norte es un arte marcial práctico que puede aprenderse en pocos meses. Sin embargo, se necesitan años para dominarlo adecuadamente y utilizarlo con eficacia contra los oponentes durante las sesiones de entrenamiento o en situaciones de la vida real sin causar lesiones duraderas.

Kung fu shaolín vs. Kung fu de la mantis religiosa del norte

La mantis religiosa del norte es una excelente forma de kung fu para aprender si consigue desarrollar velocidad y agilidad en sus movimientos. Sus rápidos contraataques lo convierten en uno de los estilos más prácticos. Sin embargo, su falta de golpes poderosos hace que se necesiten años de entrenamiento antes de utilizarlos eficazmente durante situaciones de defensa personal contra un atacante sin causar lesiones duraderas.

Baguazhang

El baguazhang es un estilo de kung fu suave desarrollado en China por Dong Haichuan durante el siglo XIX. Se considera uno de los estilos más eficaces porque utiliza todas las partes del cuerpo, incluidos los brazos, las piernas e incluso la cabeza, para contrarrestar el ataque de un adversario o bloquear sus golpes. Los practicantes de baguazhang no utilizan la fuerza bruta para atacar a sus oponentes. En su lugar, intentan mantener la calma y se centran en evadir un golpe entrante antes de lanzar un contraataque.

El baguazhang se considera uno de los estilos más elegantes porque utiliza movimientos circulares combinados con pasos rápidos para defenderse de los golpes de un atacante sin causar lesiones duraderas en situaciones que requieren defensa personal.

Es una forma interna de arte marcial adecuada para las personas que quieren aprender kung fu, pero no tienen la fuerza física necesaria para practicar otros estilos.

Baguazhang significa "palma de ocho trigramas", en referencia a los trigramas del I-Ching, un texto clásico chino escrito hace miles de años. Los movimientos del estilo se basan en la teoría que los sustenta. Sus practicantes pasan muchos años aprendiendo a utilizar sus manos para desviar un golpe entrante antes de lanzar su contraataque contra los oponentes durante las sesiones de entrenamiento o en situaciones de defensa personal sin causar lesiones duraderas.

Es uno de los estilos más populares que se practican actualmente en China. Dong Haichuan hizo la primera demostración de baguazhang en la ópera de Pekín, donde derrotó a varios atacantes sin utilizar armas ni fuerza física.

Kung fu shaolín vs. Baguazhang

El baguazhang es una forma interna del kung fu que se centra en la defensa más que en el ataque. Sus movimientos circulares combinados con pasos rápidos lo convierten en uno de los estilos más elegantes. Sin embargo, su falta de golpes potentes hace que los practicantes necesiten años de entrenamiento antes de poder utilizarlo eficazmente en situaciones de defensa personal sin causar lesiones o daños duraderos a su oponente.

Xing yi quan

Zhang Sanfeng lo desarrolló durante el siglo XIV, y se basa en la teoría taoísta que dice que todas las cosas comparten una energía vital común, que puede ser controlada utilizando patrones de respiración y capacidades mentales. El estilo se centra en movimientos rápidos combinados con golpes potentes para derrotar a los adversarios sin causarles lesiones duraderas en situaciones de defensa personal.

Xing yi quan significa "forma e intención", en referencia a la necesidad de utilizar tanto los movimientos corporales como las capacidades mentales para comprender las acciones del adversario durante las sesiones de entrenamiento o en situaciones de la vida real.

Xing yi quan es un estilo de kung fu externo que tiene muchas aplicaciones prácticas en situaciones de defensa personal. Los practicantes pasan años perfeccionando sus movimientos musculares, patrones de respiración y capacidades mentales para entender la teoría detrás de cada forma de ataque antes de intentarlos contra un oponente para evitar lesiones duraderas.

Kung fu shaolín vs. Xing yi quan

El xing yi quan es una forma externa de arte marcial que se centra en atacar a los oponentes más que en defenderse de ellos. Sus rápidos movimientos combinados con poderosos golpes lo convierten en uno de los estilos más agresivos. Sin embargo, su falta de movimientos defensivos hace que los practicantes deban pasar años perfeccionando sus movimientos musculares antes de poder utilizarlos eficazmente durante la defensa personal.

Bajiquan

El bajiquan es un popular arte marcial chino que se desarrolló durante la dinastía Tang. Este estilo de kung fu se centra en los golpes o puñetazos explosivos de corto alcance con los codos o los hombros.

El término "baji" puede traducirse como "ocho palos" o, más literalmente, "ocho secciones divisorias". Se refiere a las ocho divisiones del cuerpo que se utilizan durante las sesiones de entrenamiento.

El bajiquan es un estilo externo que se centra en el uso de golpes para atacar a los oponentes en lugar de patadas u otros movimientos. Sus rápidos movimientos combinados con poderosos golpes lo convierten en uno de los estilos más agresivos. Sin embargo, su falta de movimientos defensivos hace que los practicantes deban pasar años perfeccionando sus movimientos musculares antes de poder utilizarlos eficazmente durante la defensa personal.

El jin, un método de entrega de potencia, es el núcleo del bajiquan. Jin y los ocho métodos de golpeo son las esencias del bajiquan.

Kung fu shaolín vs. Bajiquan

El bajiquan es un estilo externo que se centra en atacar a los oponentes más que en defenderse de ellos. Sus rápidos movimientos combinados con poderosos golpes lo convierten en uno de los estilos más agresivos.

Beneficios de la práctica del kung fu

El kung fu tiene muchos beneficios, tales como:

- Aumentar la fuerza y la resistencia
- Mejorar la flexibilidad
- Aumentar la densidad ósea para prevenir las fracturas en la vejez. El entrenamiento en kung fu puede reducir el riesgo de caídas entre las personas mayores hasta en un 20 por ciento. Esto se debe a que entrena la coordinación de la mente y el cuerpo, el equilibrio y el balance, lo que ayuda a mantener una buena postura y, en última instancia, a evitar las caídas.
- Enseña autocontrol, disciplina, paciencia y respeto por los demás. El entrenamiento de kung fu puede ayudar a mejorar la conciencia del mundo que nos rodea y darnos un sentido de la vida. También anima a las personas a interactuar entre sí durante las sesiones, creando un sentido de pertenencia dentro de las diferentes comunidades del mundo.

¿Qué estilo de kung fu debería aprender?

Hay muchos estilos diferentes de kung fu, como el shaolín, el wing chun, el tai chi, la mantis religiosa del norte y el baguazhang. El mejor estilo de arte marcial que debería aprender depende de su razón para querer hacerlo en primer lugar. Algunas personas quieren hacerlo puramente por la apariencia. Les encanta el aspecto de los movimientos del kung fu cuando los practican, mientras que otros quieren hacerlo porque disfrutan del reto de aprender un nuevo deporte.

También debe considerar cuánto tiempo y esfuerzo está dispuesto a dedicar al entrenamiento. Por ejemplo, algunos estilos de kung fu requieren menos fuerza física que otros, pero siguen proporcionando muchos beneficios para la mente y el cuerpo si se practican correctamente.

¿Cuál es el estilo de kung fu más mortífero?

El wing chun puede ser el estilo más mortífero de kung fu porque es una forma externa que se centra en movimientos defensivos diseñados para contrarrestar los ataques de los oponentes. El wing chun utiliza muchas técnicas de patadas y movimientos de manos y bloqueos, lo que lo convierte en uno de los estilos más eficaces a la hora de luchar contra oponentes que utilizan diferentes métodos de combate físico.

El estilo de kung fu más práctico para la defensa personal

El wing chun es el estilo de kung fu más práctico para la defensa personal porque se centra en el uso de movimientos defensivos diseñados para contrarrestar los ataques. El wing chun utiliza muchas técnicas de patadas y movimientos de manos y bloqueos, lo que lo convierte en uno de los estilos más eficaces a la hora de luchar contra oponentes que utilizan diferentes métodos de combate físico.

Decidir qué estilo de kung fu aprender depende de la razón por la que quiera hacerlo en primer lugar y de cuánto tiempo y esfuerzo esté dispuesto a dedicar al entrenamiento. La disponibilidad de maestros entrenadores también puede jugar un papel importante en el estilo de kung fu que decida aprender.

El kung fu y el mundo moderno

El kung fu es un estilo de arte marcial tradicional chino que se remonta a cientos de años atrás. Su historia se remonta al año 500 a. C., cuando Bodhidharma, también conocido como Ta Mo en China, creó lo que algunos consideran la primera escuela del kung fu.

Este deporte ha evolucionado hasta convertirse en una práctica extremadamente popular en todo el mundo, con unos 200 millones de practicantes. Ha llegado a las artes marciales modernas, apareciendo en películas como Kill Bill y Operación Dragón.

El kung fu se hizo más popular cuando se introdujo en el mundo de las artes marciales modernas. Desde entonces, se ha incorporado a otros estilos de lucha que se han hecho muy conocidos en los medios de comunicación de todo el mundo, como el krav magá, que es una mezcla entre movimientos de kung fu y kárate.

Este estilo comenzó a utilizarse en las películas durante la década de 1970 y desde entonces se ha utilizado en innumerables películas y programas de televisión como El tigre y el dragón (2000), la trilogía de Matrix (1999-2003), y la serie de Ip Man.

Algunas artes marciales modernas, como el taekwondo y el kárate, se desarrollaron a partir de estilos tradicionales de kung fu. Sin embargo, algunas personas creen que algunas formas de kung fu no son prácticas para la defensa personal porque algunos movimientos no pueden utilizarse en una situación real.

La popularidad de los estilos de kung fu en los países occidentales

partir de estilos tradicionales de kung fu. Sin embargo, algunas personas creen que algunas formas de kung fu no son prácticas para la defensa personal porque algunos movimientos no pueden utilizarse en una situación real.

La popularidad de los estilos de kung fu en los países occidentales

El kung fu se ha hecho muy popular entre los países occidentales en los últimos años debido a su incorporación en muchas formas de artes marciales modernas utilizadas en películas y programas de televisión. Hoy en día, incluso se pueden dar clases de kung fu en algunos gimnasios.

Sin embargo, es posible que la gente no se dé cuenta de que hay cientos, si no miles, de estilos de kung fu, y no todos ellos son adecuados para la defensa personal. Algunos estilos se centran en el uso de movimientos defensivos que contraatacan, mientras que otros se centran en atacar al enemigo o en protegerse de cualquier daño.

Algunos estilos de kung fu son más populares en los países occidentales en comparación con otras formas, lo que puede estar relacionado con la disponibilidad de maestros entrenadores, el tiempo de entrenamiento disponible y lo conocido que es el estilo en los medios de comunicación.

El kung fu shaolín y el tai chi son dos de los estilos más populares en los países occidentales, mientras que el wing chun y la mantis religiosa del norte son menos conocidos.

Los estilos de kung fu evolucionaron, y numerosos estilos llegaron a practicarse por sus diversos beneficios. Hoy en día, se siguen practicando siete estilos. Algunos se centran más en atacar al enemigo o en protegerse de los daños, mientras que otros se centran en utilizar movimientos defensivos para contrarrestar los ataques.

Todos los estilos de kung fu se centran en la postura y el juego de pies, y en el entrenamiento interno y externo del cuerpo. El objetivo de estos estilos es proporcionar beneficios para la salud, como la mejora del tono muscular y el aumento de la flexibilidad, entre otros muchos.

El kung fu ha pasado de ser un arte marcial a convertirse en un régimen de ejercicios para la salud, por lo que muchas personas de los países occidentales toman clases para mejorar su estado físico.

El kung fu shaolín y el tai chi son dos de los estilos más populares en los países occidentales, mientras que el wing chun y la mantis religiosa del norte son menos conocidos. Decidir qué estilo aprender depende de la razón por la que se quiera entrar en el kung fu, así como del tiempo que se esté dispuesto a dedicar al entrenamiento.

Capítulo 3: Los 5 patrones animales del kung fu

La inspiración para las diferentes disciplinas de kung fu suele provenir de una multitud de fuentes. Algunas se desarrollaron por la simple necesidad de defensa personal. La China en la que se originaron muchas de estas disciplinas era un lugar violento. Los señores feudales estaban a menudo en guerra, dejando a los ciudadanos para que soportaran los efectos y se enfrentaran a bandas itinerantes de bandidos o soldados caprichosos decididos a tomar, violar, mutilar y a veces incluso matar.

Uno de los principales impulsores del desarrollo de los estilos de kung fu fue la superación personal. Estimulados por las enseñanzas del Emperador Amarillo, algunos segmentos de la población china estaban motivados a mejorar. Esto incluía un enfoque en la salud mental, así como en la salud física. Alinear ambos aspectos se convirtió en algo crucial para que la gente encontrara el equilibrio necesario para convertirse en la mejor versión de sí misma.

Como demostró Bodhidharma, la piedad religiosa puede reforzarse con la práctica de las artes marciales. Uno de los caminos más populares para comprender la naturaleza de Buda llegó en forma de kung fu. La naturaleza meditativa y humilde de sus numerosas disciplinas se inspira en una amplia selección de posibles opciones que se ajustan a las necesidades y atributos del practicante.

Por último, una de las inspiraciones más conocidas para los diferentes estilos de kung fu proviene de la propia naturaleza. No se limitó a fuerzas elementales como el viento, el fuego, el agua y la tierra. Se observaron, copiaron y aprendieron de los animales para desarrollar cinco técnicas principales inspiradas en los animales que acabaron convirtiéndose en sinónimo de artes marciales.

Echemos un vistazo a los cinco patrones y técnicas de animales significativos para el kung fu.

Tigre

El felino más grande y uno de los depredadores más formidables de toda la naturaleza es el tigre. Hoy en día, la población de tigres está disminuyendo lentamente y se está añadiendo a la lista de especies en peligro de extinción. Sin embargo, en la antigua China estaban lejos de estar en peligro de extinción. Estas peligrosas criaturas eran una verdadera amenaza para los agricultores y los viajeros. Ese peligro conllevaba un profundo respeto. Los practicantes de kung fu fueron desarrollando una admiración por la intrepidez de los tigres. Su valentía y fiereza representan la fuerza interior, que ayuda a conducir a uno hacia formas sencillas con una intención clara. Esto hace que uno se sienta valiente y con una fuerza a tener en cuenta.

Estilo y técnica

Los practicantes de kung fu se inspiran en una de las armas más feroces de las que dispone un tigre, que son sus garras. El estilo del tigre utiliza movimientos y técnicas de manos muy fuertes, el "puño del tigre". En realidad, las manos del practicante tienen forma de garra para imitar al gran felino.

Tigre

Para convertir las manos en algo tan duro como las garras de los extremos de las patas de la enorme criatura, hubo que emplear un duro y doloroso proceso de entrenamiento. Se utilizan varias técnicas de entrenamiento populares para fortalecer la mano cuando se practica el estilo del tigre. Una de estas técnicas se conoce a menudo como el "tarro arañado". Con la mano doblada en forma de puño de tigre, agarre un vaso grande y vacío o una jarra de cerámica. Llene el recipiente con agua hasta el borde. También puede llenarlo solo hasta la mitad para practicar al principio. Intente moverlo en su mano todo lo que pueda durante unos cinco o diez minutos. Cada día, añada otra taza y siga añadiendo hasta que el tarro esté lleno hasta arriba. A continuación, repita el mismo proceso con la arena. Este entrenamiento le ayudará a fortalecer y fortificar cada parte de su mano y partes de sus brazos. Es sencillo, y puede encontrar fácilmente todo lo que necesita en casa para practicar y desarrollar su habilidad.

Ejercicios

Otro ejercicio para conseguir un puño de tigre potente es el llamado "domar al tigre", en el que se fortalecen los músculos y tendones de los dedos. Empiece por ponerse en posición de flexión de brazos. Extienda los dedos hasta que soporten todo el peso de su cuerpo. Con los dedos aún extendidos, doble los brazos y baje el cuerpo hasta acercarlo al suelo (pero sin dejar que toque la superficie). Después de mantener el cuerpo en esta posición durante unos segundos, súbalo para volver a la posición original.

Puede practicar domar al tigre a su propio ritmo y realizar tantas repeticiones a la vez como quiera. Sin embargo, aumente el número de cuentas y el periodo de tiempo cada vez que practique. Tómese al menos una hora diaria para practicar e intente hacer al menos entre treinta y cincuenta de estas flexiones con los dedos antes de llegar al entrenamiento real. Una técnica popular de entrenamiento al estilo del tigre es la llamada "granos perforantes". Lo primero que tiene que hacer es meter sus puños de tigre (manos) en una bañera o una cesta tan ancha como sus hombros y llena de frijoles secos.

Póngase en posición de caballo y mantenga la columna vertebral recta. Ambos muslos deben estar paralelos a la tierra, a la esterilla o al piso. Levante las manos, saque los dedos rectos (manténgalos rígidos) y empújelos alternativamente hacia el recipiente de los frijoles. Intente contener la fuerza que pone en este movimiento. Además de estar diseñado para fortalecer sus manos, este ejercicio también le ayudará a generar más fuerza de forma natural y a crear memoria muscular. Repítalo varias veces.

Dragón

El dragón representa la energía mística y espiritual del kung fu. Las tres entidades potenciadoras o fundamentales de este arte marcial son el jing (fuerza interna), el chi (energía intrínseca) y el shen (poder mental), que colectivamente forman una unidad y prosperan en armonía. Se les conoce como los "tres tesoros". A pesar de ser una criatura mítica, el dragón se toma en serio en la cultura y la filosofía china. El animal representa el espíritu de lucha y convierte su energía en fuerza física. También subraya la importancia de la flexibilidad y la gracia, representando así la energía "chi".

Dragón

Características y simbolización

El dragón representa la prosperidad, el éxito y la suerte. Procedente del agua, esta criatura ocupa un lugar importante en la mitología china. Sus movimientos fluidos y su fuerza ondulante son muy respetados en el kung fu shaolín. De hecho, algunos de los movimientos más duros de este arte marcial están inspirados en el rápido movimiento del dragón. Su identidad acuática ayuda a desarrollar la fuerza interior y a aportar flexibilidad a los movimientos. Shen hace referencia al "espíritu" o a la "mente", y el dragón motiva a los practicantes a desarrollar su fuerza interior. Al mismo tiempo, también les inspira a mantenerse mentalmente sanos, frescos y tranquilos para practicar el kung fu con gracia.

El dragón es extremadamente poderoso y actúa a su antojo. Puede aparecer o desaparecer en cualquier momento y trascender a un estado sobrenatural cuando le plazca. Los dragones son fuertes, impredecibles y engañosos. Los cuatro animales shaolín representan colectivamente la fuerza interna y externa y combinan varias patadas y combinaciones de puños. Es necesario mantenerse relajado y concentrado en los movimientos cuando se inspira en el dragón para mejorar su habilidad. Por el contrario, el dragón puede ser extremadamente peligroso o actuar como un pacifista cuando está descontento o rodeado de energía negativa. Esta característica opuesta también se refleja en sus ejercicios y su técnica.

Ejercicios y técnicas

Los dos movimientos famosos del kung fu inspirados en el dragón son la "garra de dragón" y la "patada de cola de dragón". Ambos ejercicios de entrenamiento utilizan como estrategia principal movimientos rápidos, patadas rápidas y puños cerrados. Las técnicas también combinan varios movimientos y ejercicios de otros animales. Básicamente, los maestros entrenan a los practicantes para que sean más ágiles, flexibles y fuertes. El "dragón nadador juega con el agua" y el "dragón verde lanza la perla" son otras dos técnicas relacionadas con el dragón. Como se ha mencionado, los movimientos inspirados en el dragón pueden ser confusos. En un momento se mueve suavemente con gracia, y en el otro, está completamente en acción y listo para golpear al oponente.

Básicamente, puede adaptarse a cada movimiento, técnica y lucha en función de su entorno y del oponente. Es completamente opuesto a la otra persona, lo que le da la suficiente flexibilidad y libertad para ganar el combate. Los típicos guerreros de kung fu estilo dragón reaccionan a los movimientos de su oponente tras escudriñar sus movimientos y contraatacar descifrando sus puntos débiles. También se les conoce como contragolpeadores. El estilo del dragón del norte y el estilo del dragón del sur son dos tipos de kung fu inspirados en el dragón.

La primera habilidad motiva al luchador a mantenerse en el terreno, mientras que la segunda mantiene el combate fluido y flexible. Algunos movimientos de evasión giratorios se combinan con patadas rápidas y bloqueos en el kung fu estilo dragón del norte. Por otro lado, los luchadores confunden y evaden a sus oponentes en el kung fu estilo dragón del sur para ganar la partida. La técnica de la "garra del dragón" es uno de los movimientos más comunes y únicos del kung fu. Fortalece el poder de su garra y le ayuda a ganar contra su oponente usando el poder de su mano.

Para practicar este movimiento, curve el dedo medio, el índice y el pulgar como una pinza para agarrar los ligamentos o los tendones de su oponente y ganar la pelea. Si está entrenado para ello, también puede utilizar la palma abierta o el talón de la palma para derribar a su oponente.

Grulla

La grulla representa el aplomo, la gracia y la firmeza en el kung fu. Las técnicas inspiradas en este animal necesitan relativamente menos fuerza y se basan en movimientos evasivos. Cuando está en calma, el ave se mantiene elegantemente sobre una pata. Sin embargo, cuando ve que suben las mareas y los vientos, entra en acción y picotea con precisión para combatir la situación. El ave inspira varias técnicas del kung fu por esta razón. La grulla también puede inspirarle en su vida diaria. Es una lección de elegancia y gracia. Si es torpe o busca desarrollar la elegancia, aprenda de la grulla e impulse su proceso de superación.

Características

La grulla representa la energía "jing". Sus características principales son la esencia y la elegancia. Lo ideal es que la grulla permanezca en silencio, en equilibrio y en calma en todo momento. Sin embargo, cuando es necesario, puede atacar con fuerza. Incluso cuando entra en acción, los movimientos son mínimos y muy sencillos. La famosa cita del shaolín, "el espíritu de la grulla, reside en la quietud", es la principal motivación de los movimientos del kung fu. El pájaro se ofende menos y se centra en los puntos débiles del oponente. A pesar de ser menos popular que otros animales en el kung fu, la energía y los mecanismos de defensa de la grulla son probablemente los más fuertes y básicamente imbatibles.

Algunas zonas vitales y blandas a las que se dirige el ave son la garganta, los ojos, las costillas, los lados de la cabeza y el corazón. Al igual que la grulla, el practicante debe ser alto y poseer fuertes niveles de concentración. También debe tener un buen equilibrio y la capacidad de utilizar la menor cantidad de energía posible. Y lo que es más importante, debe ser capaz de permanecer quieto y tranquilo durante un largo periodo de tiempo, lo que significa que debe ser extremadamente paciente. Cuando está en crisis, la grulla utiliza su ingravidez para mantener las cosas bajo control y conducir los resultados con precisión.

Ejercicios y técnicas

Como se ha mencionado, los practicantes necesitan un mínimo de fuerza al practicar las técnicas del kung fu relacionadas con la grulla. Se centran en las partes superiores del cuerpo de los oponentes durante un golpe. Las zonas críticas como la garganta y los ojos son los principales puntos de ataque. Las técnicas también se basan en mecanismos de autodefensa que proporcionan a los practicantes una fuerza óptima y les ayudan a mantener a sus oponentes fuera de equilibrio. Un famoso ejercicio de estilo suave inspirado en este animal es el "pico de grulla". Los practicantes que tienen problemas para ganar fuerza o los que son físicamente débiles pueden confiar en la técnica del pico de grulla para ganar el juego.

Al practicar esta técnica, hay que juntar los dedos índice, corazón y pulgar para hacer una forma de gancho que se parezca al pico de una grulla. Luego hay que concentrarse en un solo punto y balancear la mano en un movimiento de picoteo con fuerza de empuje. Las patadas son también una parte integral de los movimientos de kung fu relacionados con las grullas. Combinados con el "puño ojo de fénix", los movimientos de pico de grulla se hacen más fuertes al atacar colectivamente los puntos vitales. La "grulla reencarnada" y la "grulla está entre gallos" son otras dos formas o técnicas desarrolladas a partir de la postura y los movimientos de la grulla.

Serpiente

Serpiente

Como dice el refrán shaolín: "dura como el acero y suave como una cuerda de seda", la serpiente puede ser fuerte y engañosa. Es rápida, ágil, precisa y exacta en sus movimientos. Puede intimidar fácilmente a las personas siseando, pero no necesariamente atacándolas. El reptil se mantiene atento en todo momento y puede asustar a sus enemigos repitiendo movimientos de enrollamiento y utilizando sus finos pero rápidos músculos. También puede esconderse fácilmente de ellos, lo que le da la oportunidad de atacar con precisión. Todos los movimientos y mordiscos de la serpiente son venenosos, por lo que el que los recibe debe estar más atento a la hora de enfrentarse a la criatura.

Simbolización

La serpiente representa la energía "chi", que se relaciona con la sensibilidad profunda y el despertar. La criatura es consciente en todo momento y, por tanto, está preparada para atacar a sus oponentes en cualquier momento. Se la conoce como el "dragón de tierra" y se desliza suavemente para alcanzar sus objetivos. El espíritu y la energía están intrínsecamente conectados, al igual que las características de la serpiente. Prospera en armonía con la energía chi, que en conjunto representa la resistencia y la fluidez. Impulsa la fuerza interna y mantiene la fluidez de los movimientos de los practicantes. Cuando la serpiente es completamente consciente, puede utilizar toda su fuerza muscular y su memoria para dar golpes certeros.

La serpiente también actúa como una persuasión para promover los buenos valores en su vida cotidiana. Por ejemplo, le inculca la importancia de tener los pies en la tierra, ser preciso en sus movimientos y ser más consciente de sí mismo. También simboliza la suerte y la salud. Le inspira a seguir entrenando y trabajando duro. Sus debilidades pueden convertirse en su fuerza si es dedicado y constante. En la astrología china, la serpiente es un símbolo importante utilizado por el emperador. La serpiente también representa ciertos signos que poseen los otros cuatro animales en el kung fu shaolín, creando así la armonía entre todas las criaturas.

Técnicas

Una de las técnicas más populares inspiradas en la serpiente es la "forma de la mano de la serpiente", que es una poderosa técnica de defensa. Utiliza uno o dos dedos para ejercer una fuerza de empuje sobre los oponentes. Este movimiento también puede tomar por sorpresa a cualquier oponente, ya que es extremadamente ágil y explosivo. El practicante debe trabajar en el desarrollo de sus músculos, ya que la técnica exige una gran fuerza muscular. También debe ser rápido con los pies y construir una silueta fina para realizar movimientos rápidos. Las principales partes del cuerpo que se atacan con esta técnica son la garganta, la cara y los ojos, considerados los puntos débiles del adversario.

La "mano de serpiente" y la "mano de lanza" son otras dos técnicas populares en el kung fu inspiradas en la serpiente. Otras técnicas menos conocidas son la "serpiente que se sumerge en la niebla", la "serpiente blanca que cruza el valle" y la "serpiente venenosa que dispara veneno". Una parte importante del entrenamiento de las técnicas de la serpiente en el kung fu incluye el desarrollo de la autoconciencia. Algunos entrenadores piden a sus alumnos que desarrollen la autoconciencia y mejoren la concentración. Esto puede ayudarles a ser más conscientes de sus pensamientos subconscientes y de su entorno, lo cual es necesario para mejorar la defensa personal y vencer a los oponentes con precisión. Esto, a su vez, también ahorra mucha energía.

Leopardo

Leopardo

El leopardo en el kung fu shaolín representa el dicho: "doble los dedos con fuerza, como el hierro". El leopardo representa la velocidad, el cálculo, la eficiencia, el sigilo y la fuerza. Los leopardos también son conocidos por sus habilidades de caza y su gran velocidad, especialmente cuando cubren una distancia corta. Cuando detectan una presa, los leopardos se esconden o acechan con sigilo, listos para abalanzarse. Sin alertar a su presa, buscan el momento perfecto para atacar al animal más pequeño.

Características

El leopardo simboliza la velocidad instintiva. Sus movimientos son de naturaleza explosiva y se centra en los contraataques para ganar la partida. Significa la energía "qi", que subraya la importancia de la fuerza muscular. Cuando se entrena como un leopardo, se puede combatir fácilmente en las luchas cotidianas y moverse con rapidez en las tareas diarias. También puede notar un aumento de su velocidad al abordar las tareas importantes y realizar las acciones necesarias. Algunos comparan las características y técnicas del leopardo con las del tigre, ya que ambos pertenecen a la misma familia. Sin embargo, hay una gran diferencia entre ambos animales en cuanto a movimientos y eficacia.

El tigre se centra en la potencia y la fuerza, mientras que el leopardo presta atención a la precisión y la rapidez. Al igual que el leopardo, los practicantes necesitan desarrollar una fuerza flexible para abalanzarse con facilidad y retraer sus extremidades para lanzar un golpe eficaz. El leopardo es valiente y feroz. En lugar de tener miedo, el animal intimida a sus oponentes simplemente mostrándose. El practicante también necesita fortalecer el torso y desarrollar la agilidad alrededor de la cintura, ya que esa zona le ayuda a realizar movimientos rápidos. Al mismo tiempo, la alta velocidad y la potencia son las otras dos cualidades que el practicante debe mejorar y mantener.

Técnicas

La principal estrategia desplegada por los movimientos de kung fu relacionados con el leopardo es el sigilo y la rapidez. Al igual que el leopardo ataca con velocidad, los practicantes de kung fu atacan con el fin de infligir dolor para distraer a sus oponentes y asestar el mayor golpe con el fin de acabar con ellos. En cierto modo, utilizan la distracción para ganar. Las principales zonas de ataque son las axilas, la ingle, el cuello, las orejas y las sienes, que son básicamente todas las regiones con tejidos blandos. El practicante debe adquirir fuerza y desarrollar los músculos para abalanzarse sobre su oponente para infligirle dolor y causar distracción. Otro requisito es la fuerza flexible. "El leopardo dorado mira el fuego" y "el leopardo dorado corre veloz a tráves del loto" son otras de las técnicas típicas.

La principal técnica utilizada en esta forma de kung fu es la "pata de leopardo", en la que el practicante cierra medio puño y ataca al oponente con los dos nudillos. Este golpe es intenso y puede entablar un doloroso contacto con la superficie. Afinar la técnica de la pata de leopardo es extremadamente crucial, ya que es el primer instinto de cualquier ataque. Cuanto más fuerte sea el golpe, más débil será el oponente para luchar desde el principio. Debe ser rápido como un rayo, eficaz y afilado. Los maestros sugieren a sus alumnos que se esfuercen por mejorar su precisión, ya que el golpe debe situarse en lugares y puntos precisos.

Capítulo 4: Posturas en el kung fu

Hay varias posturas en el kung fu, y la mayoría de ellas se derivan de las cinco posturas primarias. Este capítulo se centra en cinco posturas: la postura del caballo, la postura del gato, la postura del delantero, la postura del giro y la postura de la grulla. Se comienza por describir la importancia de las posturas en el kung fu y también se destacan otras posturas que pueden ser de interés para usted.

Importancia de las posturas en el kung fu

Las posturas juegan un papel fundamental cuando se practica kung fu shaolín. Son la base del aprendizaje de este tipo de arte marcial, pero la mayoría de los estudiantes suelen tardar en darse cuenta de su importancia. En el primer día de aprendizaje del kung fu shaolín, cada estudiante es introducido a las posturas básicas, incluyendo la postura del delantero, la postura del caballo y la postura del gato. Durante la lección introductoria, la mayoría de los estudiantes desarrollarán un gran interés en saber más sobre estas posturas. En esta fase, el alumno se muestra ansioso por aprender patadas altas, algunos movimientos extravagantes y otras técnicas de lucha.

Después de entrenar durante mucho tiempo, es cuando se puede apreciar plenamente la importancia de las posturas en el kung fu shaolín. Aunque las posturas son básicas y suelen enseñarse en la primera lección, el entrenamiento constante determina si se domina la habilidad de aplicarlas correctamente o no. Los novatos suelen estar interesados en observar los movimientos de las manos, pero los practicantes experimentados observan las posturas y el trabajo corporal cuando ven la ejecución. Las posturas impulsan los movimientos de las manos, que les dan potencia.

Además, las posturas son cruciales porque permiten utilizar el cuerpo con eficacia. Con una postura adecuada, puede controlar el movimiento de su cuerpo. Todos los movimientos del cuerpo pasan por varias posturas, que ayudan a proporcionar técnicas de mano y una base sólida para coordinar las diferentes partes del cuerpo. Las posturas también le ayudan a aprovechar la fuerza del suelo cuando ejecuta varios movimientos. La siguiente sección analiza las posturas básicas del kung fu shaolín.

Postura del caballo

La postura del caballo es la primera postura que aprenderá cuando comience su viaje de aprendizaje del kung fu. La postura del caballo significa básicamente postura de montar a caballo, y representa una sentadilla amplia. Puede adoptar fácilmente esta postura si se concentra en los pies y se asegura de que estén bien separados. La anchura de sus hombros debe ser paralela a la de sus pies. Cuando esté en esta postura, doble las rodillas e intente apoyar el cuerpo hacia abajo.

Esta postura constituye el entrenamiento básico para los diferentes estilos utilizados en el kung fu. En primer lugar, la postura del caballo desempeña un papel crucial en el fortalecimiento de las piernas. Para ser un luchador eficaz, las piernas deben tener suficiente fuerza para mantener el equilibrio. En otras palabras, el principal objetivo de esta postura es el entrenamiento de la resistencia, que ayuda a fortalecer los tendones y los músculos de las piernas. También enseña a los alumnos a relajarse en su postura de forma que su centro de gravedad

Postura del caballo

esté bajo. No es necesario empujar el pecho hacia fuera en esta posición. Esto es esencial, ya que la fuerza en el kung fu se obtiene del suelo. Los estudiantes también pueden sentarse en una postura determinada cuando practican diferentes movimientos de manos. Por ejemplo, pueden utilizarla para practicar golpes y, al mismo tiempo, aprender a evadir ataques.

Cuando practique esta postura, asegúrese de mantener los pies hacia fuera, y deben ser más anchos que los hombros. Mientras mantiene los pies hacia delante, póngase lentamente en cuclillas en una posición que se asemeje a la de una persona montando a caballo. Asegúrese de que su postura es plana y la columna vertebral está en posición recta. El grado de descenso en esta postura varía significativamente en función del estilo de kung fu que desee practicar.

Si quiere entrenar utilizando la postura del caballo, primero debe tomar un palo y asumir la posición. Mientras está en esta posición, ponga el palo encima de sus rodillas y mantenga los brazos hacia afuera. Las palmas deben estar paralelas al cuerpo. No debe permitir que el palo se caiga. Repita el ejercicio hasta que se familiarice con esta postura.

Postura del delantero

Este es un paso crucial en el kung fu shaolín. Es útil para mover su cuerpo hacia delante, y ayuda a formar una base estable que le permita generar potencia y realizar movimientos avanzados. Cuando esté atacando a un oponente, debe utilizar esta postura para asegurarse de que está en una posición adecuada. Su peso estará en la pierna delantera, y determina la acción que realizará.

En esta postura, doble la rodilla delantera mientras la pierna trasera está recta. Cuando vea la postura desde un lado, parecerá un arco tensado. Por ello, su otro nombre es la postura del arco. Otros prefieren llamarla postura de inclinación hacia delante, y se utiliza en diferentes estilos de artes marciales. Los hombros y las caderas deben permanecer orientados hacia delante. Esencialmente, el objetivo principal de esta postura es enseñar al practicante la alineación musculo esquelética, que desempeña un papel crucial a la hora de añadir la masa de la tierra al golpe. Con esta postura, se tiene una gran posibilidad de generar potencia hacia adelante. Sin embargo, se puede generar muy poca potencia en la dirección inversa.

Postura del delantero

En el kung fu, la postura frontal se practica con diferentes variantes según el estilo concreto que se desee adoptar. La otra función de la postura es darle estabilidad mientras se proyecta el peso del cuerpo hacia adelante. Esto ocurre a menudo cuando se golpea para asestar un poderoso impacto al adversario. Cuando golpee, debe asegurarse de que el puñetazo es lo suficientemente fuerte como para tener una ventaja competitiva sobre el oponente.

Su pierna trasera recta empujará el centro de gravedad hacia adelante para asegurar que todo el peso del cuerpo esté detrás de su golpe. En este caso, la pierna delantera doblada ayudará a soportar el peso del cuerpo. Además, también puede utilizar la postura frontal para avanzar o retroceder siempre que esté seguro de que el centro de gravedad o el peso del cuerpo se proyecta hacia delante. El centro de gravedad es fundamental, ya que determina la potencia del golpe y su impacto en la víctima. Por el contrario, la postura trasera se utiliza cuando se coloca el peso del cuerpo sobre la pierna trasera. Por ejemplo, se adopta esta posición cuando se inclina hacia atrás para evadir un ataque.

Postura del gato

La postura del gato está pensada principalmente para la movilidad y otros movimientos de transición de una posición a otra. Todo el peso de su cuerpo estará en su pierna trasera mientras que la pierna delantera se apoyará en la planta del pie frontal. La pierna delantera debe parecerse a la forma en que un gato saca la pata cuando da un paso. No habrá peso en la pata, y de ahí viene su nombre. Puede utilizar la pierna delantera para cambiar de postura o para dar una patada a su oponente.

También está bien si comienza su postura desde un nivel más alto y luego baja lentamente con su entrenamiento. Esta postura es versátil, y le permite moverse rápidamente y permanecer ligero de pies. Cuando utilice esta postura, debe visualizar al gato mientras se prepara para saltar rápidamente hacia adelante para atrapar a su presa. Usted debe tratar de hacer lo mismo cuando utilice este estilo en particular.

Si desea practicar la postura del gato izquierda, retroceda con el pie derecho desde la posición inicial. Gire el pie derecho que ha movido hacia atrás en el sentido de las agujas del reloj en un ángulo de

Postura del gato

unos 45 grados para que pueda conseguir un mejor equilibrio. El siguiente movimiento consiste en doblar la rodilla derecha de forma que coloque aproximadamente el 90% de su peso en esa pierna. Su pie izquierdo debe extenderse hacia el frente, y utilice la planta del pie para colocarlo en el suelo. No use la base del pie cuando apoye el pie izquierdo en el suelo. Solo ejercerá muy poca presión hacia abajo utilizando la pierna izquierda. El beneficio de este movimiento es que se causará poco daño si el oponente intenta el truco de barrer su pierna de adelante. Además, también puede utilizar su pierna de adelante para evitar el barrido.

La postura del gato ofrece un excelente equilibrio cuando la utiliza como patada frontal brusca de tal manera que mantiene al oponente a raya. Como se ejerce poco peso sobre la pierna delantera, puede desplegarla rápidamente y utilizar la planta del pie como arma. La postura es una forma eficaz de atacar a su oponente si la utiliza como defensa personal.

Postura del giro

La postura del giro es una postura de transición, y sus piernas aparecerán torcidas para ayudarle a ejecutar su siguiente movimiento. Su pie delantero debe estar girado hacia fuera, mientras que su pie trasero debe estar apoyado en la planta del pie delantero. Puede utilizar esta postura para avanzar hacia el oponente o para retirarse cuando se dé cuenta de que está bajo presión. También puede utilizarla para cambiar la posición del cuerpo. Si desea cambiar de dirección, desenrosque las piernas y retome la postura una vez que se haya colocado correctamente.

También puede utilizar la postura de giro para ejecutar una patada lateral oculta. Es buena porque le ayuda a conseguir un buen equilibrio que le permite realizar varios movimientos cuando se enfrenta al oponente. Cuando el oponente intente barrer su pierna delantera, podrá mantener el equilibrio gracias al poco peso que tiene en ese lado. Además, puede contrarrestar el ataque intentando otro barrido al oponente. La postura también se utiliza para esquivar ataques bajos.

La postura del giro es útil de varias maneras, dependiendo de cómo se quiera utilizar. La forma de entrar en esta postura o de salir de ella determina cómo se puede utilizar eficazmente. Puede pivotar en muchos lanzamientos o utilizar su impulso de giro para derribar al oponente. También puede realizar una técnica de barrido cuando sus manos se mueven en la dirección opuesta.

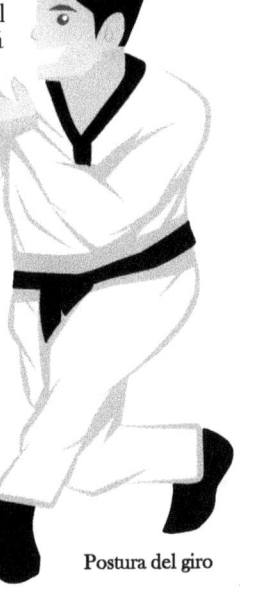

Postura del giro

Postura de la grulla

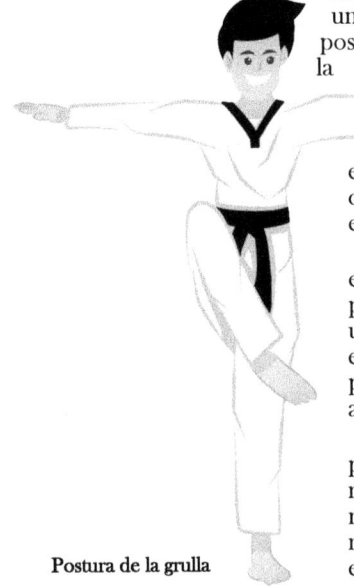

Postura de la grulla

La postura de la grulla se asemeja a la forma en que una grulla se sostiene sobre una pierna. Con esta postura, usted se pone de pie sobre una pierna mientras la otra está levantada. Esta postura se utiliza habitualmente en el kung fu y en otras formas de artes marciales, ya que ayuda a desarrollar la coordinación y el equilibrio del cuerpo. Esencialmente, la postura se centra en entrenar al alumno para que mantenga el equilibrio mientras está de pie sobre una pierna.

Puede usar la postura para patear al oponente o evadir y atacar. Al patear al adversario utilizando esta postura, puede llegar más alto. También puede utilizarla para realizar patadas laterales manteniendo el equilibrio de su cuerpo sobre una pierna. Esta postura se construye elevando la rodilla a su máxima altura mientras se mira al adversario.

Recuerde que, con la postura de la grulla, su pierna de apoyo debe estar doblada a la altura de la rodilla. Esto le ayuda a mantener el equilibrio y a mejorar la ejecución de sus patadas. Si bloquea la rodilla, es muy fácil perder el equilibrio, creando espacio para que el oponente ataque. También puede tener problemas para realizar técnicas de seguimiento si su rodilla está bloqueada. Eventualmente, esto hará que su postura sea inútil.

La patada lateral que se ejecuta desde la postura de la grulla puede combinarse con un golpe de espalda. Cuando use su patada lateral sobre el oponente, este caerá hacia usted, y es entonces cuando puede golpear su cabeza con un puño trasero. Si sigue esta postura y ejecuta bien sus patadas, obtendrá una ventaja competitiva sobre su oponente.

Estas son las cinco posturas básicas del kung fu shaolín que debe conocer si desea convertirse en un maestro de este arte marcial. A medida que progrese en su entrenamiento, se dará cuenta de que también hay otras posturas que debe conocer. Las siguientes son algunas de las posturas que puede necesitar conocer a medida que avance en su viaje para dominar el kung fu.

Postura del arco

Postura del arco

La postura del arco es una variación de la postura hacia delante, y desempeña un papel fundamental en el kung fu. Esta postura básica implica mover el cuerpo hacia delante, lo que le da la estabilidad necesaria para generar más potencia y avanzar en su movimiento. Cuando esté en esta postura, puede pivotar el centro de su peso sobre la pierna delantera para asegurar la máxima fuerza cuando golpee su objetivo. Su pierna trasera debe estar recta, mientras que la rodilla delantera debe estar doblada. Si ve esta postura desde un lado, parece un arco tensado, por lo que también se conoce como postura del arco. Debe asegurarse de que ambos talones estén alineados. No olvide el talón trasero cuando se mueva hacia delante.

Postura inferior

A la mayoría de los estudiantes de kung fu no les gusta esta postura porque requiere que se asuma una postura de caballo muy amplia. Coloque todo el peso de su cuerpo sobre una pierna y agáchese todo lo que pueda. Esta postura está pensada principalmente para ayudarle a evitar los ataques altos, de rodilla, de tobillo y de ingle. Dado que se pondrá en cuclillas muy abajo en esta postura, tiende a ejercer cierta presión sobre sus músculos inferiores, lo que puede causar dolor.

Si desea aprender kung fu, su primera lección abarcará diferentes posturas. Debe prestar atención a estas posturas, ya que afectan a casi todos los movimientos que realiza, y coordinan elementos como el movimiento del cuerpo y el juego de pies. Por lo tanto, no debe descuidar las diferentes posturas, ya que afectan a casi todo lo que hace en kung fu.

Capítulo 5: El patrón lohan

El patrón lohan es uno de los aspectos más importantes del kung fu. Se trata de una serie de 18 movimientos de la mano que se utilizan con muchos fines, entre ellos la defensa personal y sus beneficios para la salud. El patrón lohan proviene de las escrituras budistas, pero ha sido modificado a lo largo de los años para adaptarse a diferentes estilos de kung fu. En este artículo, hablaremos de cada movimiento en detalle para familiarizarnos con ellos.

Origen del patrón lohan

El patrón lohan se introdujo por primera vez en los monjes shaolín en el siglo XVIII, cuando Daai Yuk se encontró con una escritura budista que detallaba los movimientos de las manos descritos como "18 manos de lohan". Esto se conoció como el patrón lohan y se ha utilizado en muchos estilos de kung fu desde entonces.

Según una antigua leyenda, un monje budista, Bodhidharma, considerado el fundador del kung fu shaolín, meditó durante muchos años para alcanzar la iluminación. Durante este tiempo, había perdido toda su energía y fuerza debido a su falta de movimiento. Decidió que, si quería recuperar estos poderes, sería a través de rigurosos ejercicios. Estos ejercicios fueron diseñados para enseñar a otros cómo pueden mejorar también su salud y bienestar espiritual.

El patrón lohan está destinado a ser una de las bases del entrenamiento de wushu porque ayuda a desarrollar la conciencia y la coordinación de una persona a través del movimiento. También enseña cómo defenderse cuando es necesario, lo que puede ser útil por muchas razones diferentes (es decir, defensa personal o si es atacado). Los patrones están pensados como formas de meditación en las que su mente puede concentrarse en los movimientos. Puede aliviar el estrés, mejorar la coordinación y tener una mentalidad más centrada practicando estos patrones de mano.

Importancia de los patrones de mano de lohan para el kung fu

Entender los patrones de mano de lohan puede ayudarle a mejorar su kung fu. Se trata de una serie de 18 ejercicios destinados originalmente a desarrollar la fuerza, la flexibilidad y la coordinación del cuerpo. Sin embargo, muchas escuelas los han modificado con el tiempo para trabajar también las habilidades de defensa personal. Por ejemplo, algunos movimientos se utilizan para atrapar o agarrar a los oponentes, mientras que otros ayudan a relajar el cuerpo después del combate.

El número 18 es significativo en el budismo, por lo que el patrón lohan se ha convertido en una parte integral del kung fu. Aunque cada uno puede tener su propia interpretación, cada estilo hace hincapié en conocer estos patrones por dentro y por fuera. Al obtener una comprensión completa de este patrón, mejora sus habilidades de kung fu.

Estos patrones de manos también se llaman ejercicios de qigong, y se mantuvieron en secreto durante muchos años en el famoso templo shaolín. Aunque se compartían con los monjes y otros maestros de kung fu, los movimientos se mantenían en secreto para que nadie pudiera copiar su estilo de lucha.

La importancia del qigong para el kung fu

El qigong (también conocido como chi kung) es un aspecto del kung fu que se centra en cultivar y controlar la energía en todo el cuerpo. Esto incluye el aprovechamiento de la misma para hacer el cuerpo más fuerte, más flexible o incluso para curar ciertas dolencias.

El chi existe desde hace muchos años, pero fue mencionado por primera vez en la antigua China por el Emperador Amarillo. Afirmó que había dos energías en todos los seres vivos: El yin y el yang. El yin se considera la energía femenina, mientras que el yang es la energía masculina. Trabajan juntas en armonía para crear el chi (energía). Esto puede conducir a una buena salud e incluso a la iluminación si se aprovecha correctamente.

El patrón lohan es uno de los muchos ejercicios que pueden ayudarle con su qigong. La realización de estos movimientos ayuda a mejorar la flexibilidad, la fuerza y la coordinación, lo que finalmente conduce a mejorar las habilidades de kung fu.

Para los entusiastas del wushu, esto significa que deben aprender a realizar estos patrones de mano para convertirse en mejores artistas marciales.

Practicando el patrón lohan

El patrón lohan se confunde a menudo con el mero ejercicio físico. Sin embargo, es mucho más que eso. Se trata de un ejercicio de qigong, que involucra tanto a la mente como al cuerpo para lograr resultados milagrosos.

Por lo tanto, es vital aprender a realizar este patrón correctamente. El error más común es la falta de enfoque y concentración al realizar estos movimientos. Hay que poner el corazón en ello para entender mejor el propósito de aprender kung fu en general.

Para obtener los máximos beneficios de los ejercicios lohan, deben realizarse junto con la respiración de qigong. Esto ayudará a construir la energía dentro de su cuerpo y le permitirá sentir una conexión más fuerte con cada movimiento.

La importancia de practicar con un maestro

Los ejercicios descritos en este capítulo son solo formas físicas del ejercicio. Para obtener todo el beneficio de la práctica, es crucial aprender más sobre la mente y la energía. Los maestros de shaolín enseñan estas técnicas de la dimensión interna. Por lo tanto, siempre que sea posible, debe practicar con un maestro de kung fu shaolín.

Los fundamentos de los patrones de lohan

A continuación, una breve explicación de los 18 movimientos con algunas imágenes que le ayudarán a entenderlos mejor.

Levantar el cielo

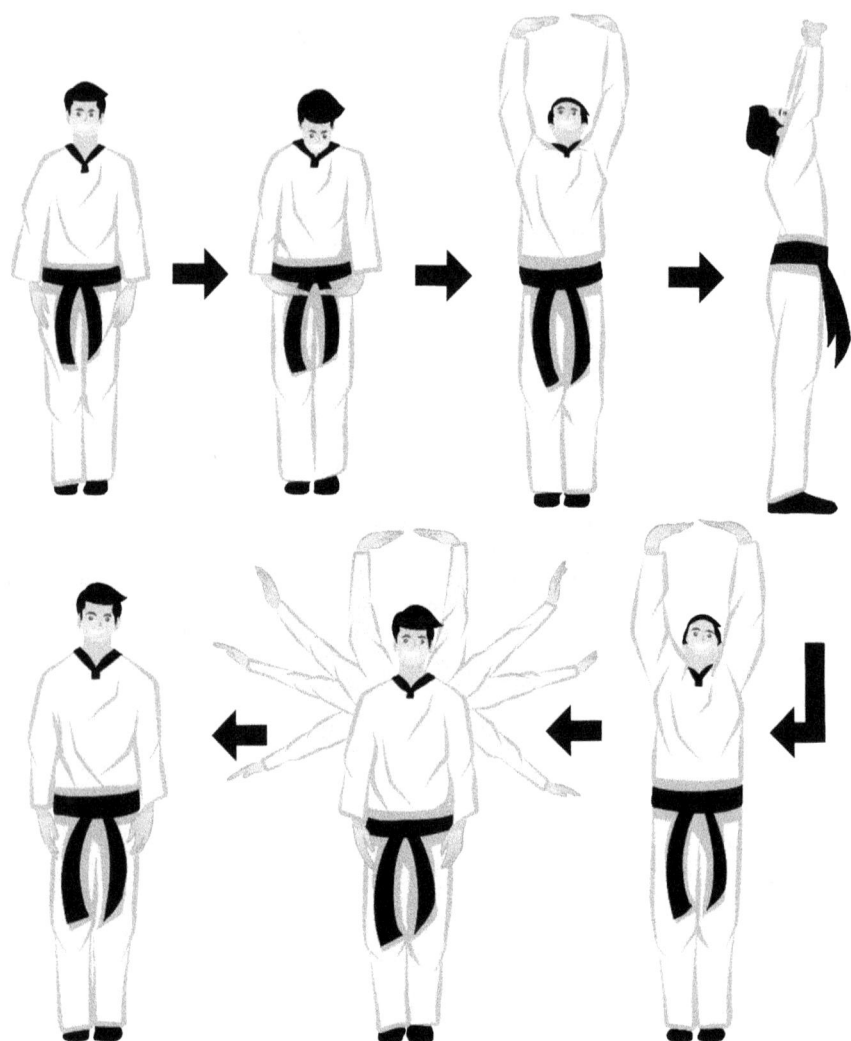

El primer patrón comienza con las dos manos levantadas hacia el cielo. A continuación, se bajan a ambos lados del cuerpo.

Esto significa que debe estirarse hacia delante y levantar los brazos por encima de la cabeza como si estuviera recogiendo algo pesado, como un saco de arroz. Al realizar este ejercicio, las palmas de las manos deben estar orientadas hacia arriba, que es lo contrario de lo que cabría esperar.

Después de levantar los brazos, se bajan las manos a ambos lados del torso para formar una línea nivelada con ambos brazos completamente extendidos.

Disparar flechas

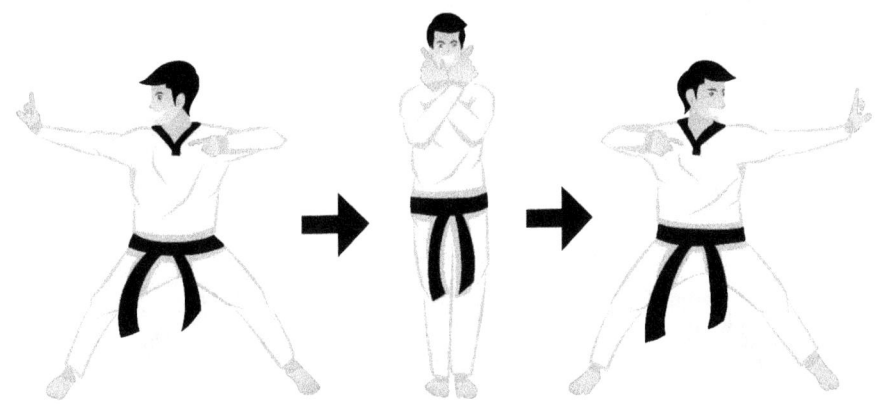

Disparo de flechas

En el siguiente movimiento las cosas se complican un poco más. Aquí, una mano sale disparada mientras la otra tira hacia atrás en forma de flecha.

Un error común aquí es mover ambas manos juntas para que estén paralelas o incluso apuntando ligeramente hacia abajo. En su lugar, asegúrese de mover un brazo a la vez. Esto garantiza que se involucren adecuadamente los músculos centrales mientras se realiza este ejercicio.

Cosechar estrellas

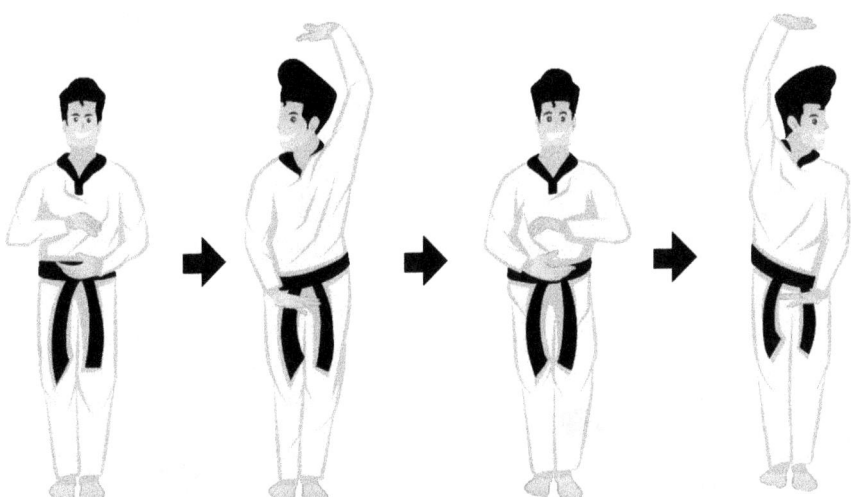

Extienda una mano hacia el cielo, con la palma hacia arriba, y extienda la otra hacia abajo, con la palma hacia abajo. Mantenga los brazos cerca del cuerpo y extiéndalos hacia el cielo.

A continuación, debe llevar ese brazo hacia su lado mientras extiende el brazo opuesto con un movimiento hacia arriba.

Cuando la mano llegue a la cima de su movimiento, debe estar con la palma hacia arriba mientras el otro brazo sigue a su lado. Cuando vuelva a poner ese brazo en reposo, de nuevo, extienda el otro con un movimiento hacia abajo.

Girar la cabeza

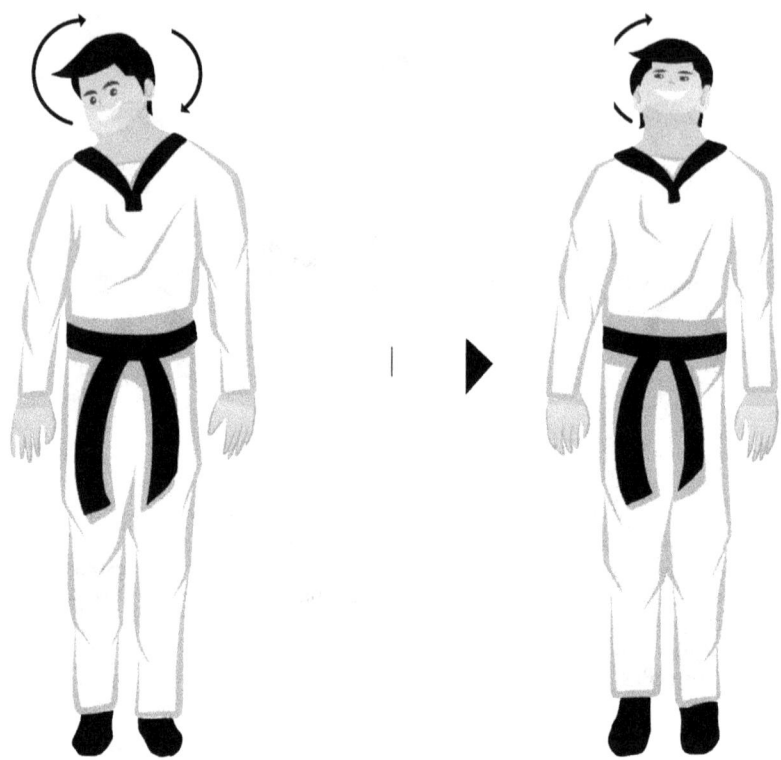

Girar la cabeza

Gire la cabeza en forma circular como si estuviera volteando la cabeza para mirar el cielo.

Esta es una parte muy importante del ejercicio, ya que conecta nuestra mente con nuestro cuerpo. Por lo tanto, asegúrese de mantener el cuello recto y de no empujar o tirar torpemente hacia delante al realizar estos movimientos.

Se sabe que este patrón tiene numerosos beneficios para el sistema nervioso.

Carrusel

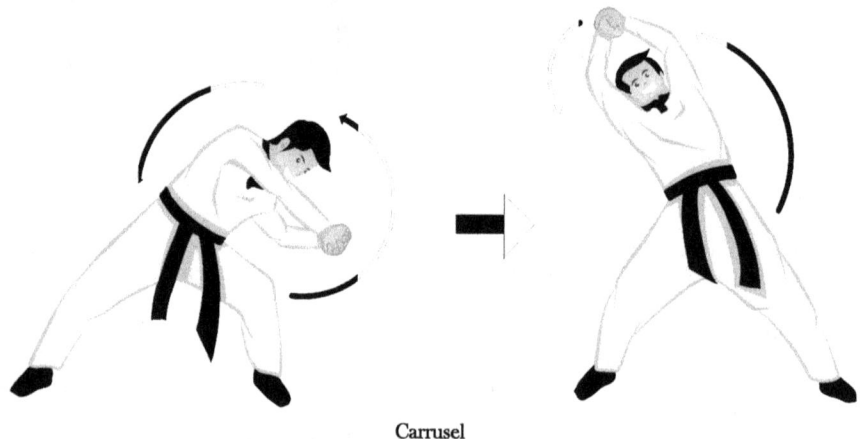

Carrusel

Junte las manos, únalas y entrelace los dedos. Ahora imagine que tiene un palo en la mano. Haga circular sus brazos, extendidos, alrededor de su cuerpo. Muévase desde la cintura.

Este ejercicio funciona bien para despertarse y estimular el flujo sanguíneo.

Puñetazo de empuje

Puñetazo de empuje

Asuma una postura amplia, con los dedos de los pies apuntando en ángulos de 180 grados. Ahora, como si estuviera practicando un puñetazo, empuje los brazos hacia delante con un brazo encima del otro.

Mientras los mueve hacia fuera, extienda ambos puños juntos para formar una L delante de su cuerpo. A continuación, vuelva a bajar para descansar cruzando ambas manos una sobre la otra a la altura del pecho mientras sigue manteniendo una postura amplia.

El patrón de golpe de empuje es un gran ejercicio para el corazón, los pulmones, los riñones y el sistema digestivo.

Sujetar la luna

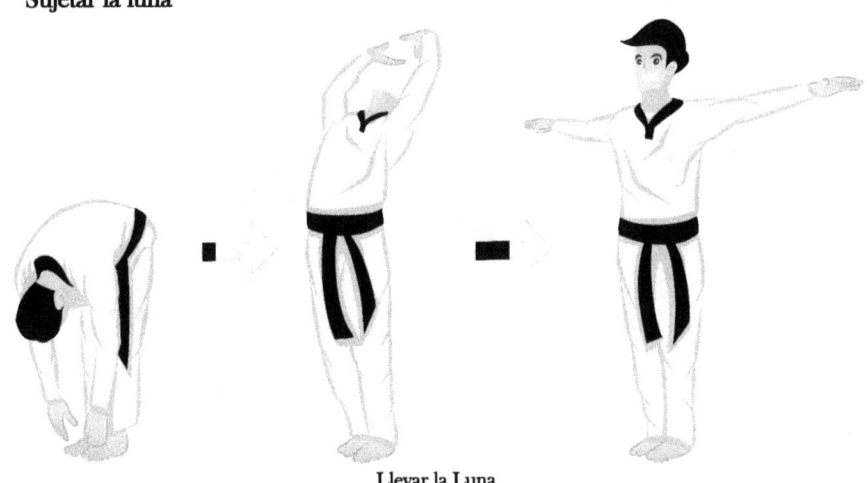

Llevar la Luna

Este patrón comienza con una flexión hacia delante de la cintura sin doblar las rodillas. Intente doblarse lo más posible hacia los dedos de los pies. Ahora, en el siguiente paso, levante los brazos hacia el cielo para realizar la posición central. En el último paso, separe las manos llevándolas hacia abajo lateralmente.

Este ejercicio potencia la juventud y la vitalidad y es excelente para las dolencias de la espalda.

Nutrir los riñones

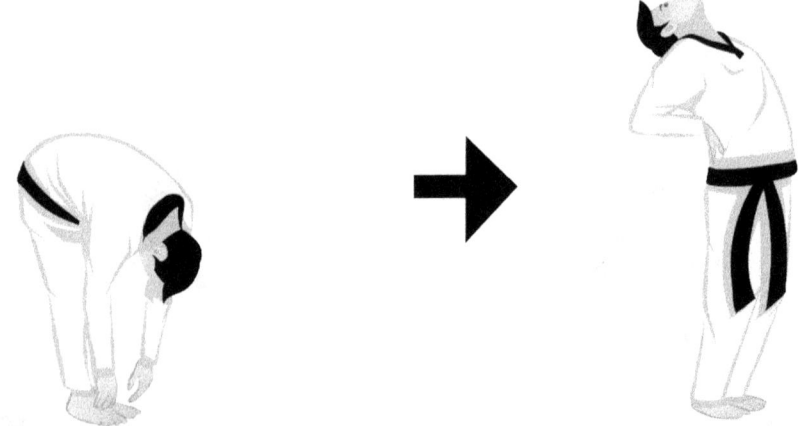

Nutrir los riñones

Comience con los brazos en la cintura. Dóblese hacia atrás. En el segundo paso, doble la cintura y toque los dedos de los pies con los dedos de las manos sin doblar las rodillas.

La función renal está estrechamente relacionada con el bienestar reproductivo. Esta posición es crucial para la fertilidad, la vitalidad y los problemas relacionados con la ciática.

Tres niveles al suelo

Se trata de una sentadilla básica en la que los brazos se estiran lateralmente. Este ejercicio es conocido como la "posición de la rana" y es muy eficaz para las piernas.

Si hace varias repeticiones, aumentará su ritmo cardíaco y mejorará su estado cardiovascular.

Grulla danzarina

Doble las rodillas y pase el peso a una pierna. Ahora mueva el otro pie hacia adelante mientras mantiene la rodilla doblada en un ángulo de 90 grados, formando una L con ambas piernas.

Este ejercicio es ideal para aumentar la flexibilidad de las articulaciones y fortalecer los huesos al estimular la producción de calcio en el cuerpo.

Cargar montañas

Póngase en posición vertical. Levante los brazos lateralmente hasta el nivel de los hombros. Ahora gire por la cintura de modo que la parte inferior del cuerpo esté orientada hacia el frente y la parte superior del cuerpo (cintura arriba) esté orientada hacia los lados. Repita esto en ambos lados. Esta posición es ideal para el dolor de espalda crónico.

Lanzar cuchillos

Comience por colocarse en posición vertical, con los pies juntos. Mantenga la postura. Ahora imagine que sostiene algo detrás de su espalda con un brazo. Levante el otro brazo y ahora póngalo detrás de la cabeza para tocar el otro brazo. Imagine que saca una flecha de su carcaj o aljaba.

Presentar las garras

Presentar las garras

En una postura amplia, levante las manos hacia el pecho, con las palmas hacia afuera. Ahora doble los dedos como si fueran garras. Esta es la posición inicial. En el segundo paso, mueva una mano hacia el lado y levante la otra hacia el cielo. Ahora, para llegar a la posición final, doble lateralmente la cintura para que la mano levantada se curve en la dirección opuesta sobre su cabeza. Repita para el otro lado.

Empujar montañas

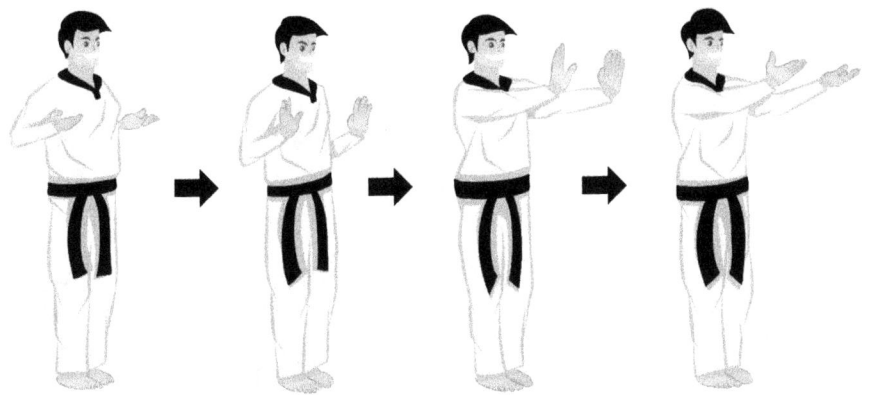

Empujar montañas

Mantenga las rodillas ligeramente dobladas. Como si estuviera empujando algo contra una pared, empuje las palmas de ambas manos juntas, como si estuvieran pegadas la una a la otra.

Este patrón es estupendo para aliviar el estrés mental y fortalece todo el cuerpo. Además, con el tiempo tonificará las piernas y los brazos porque ayuda a la circulación.

Separar las aguas

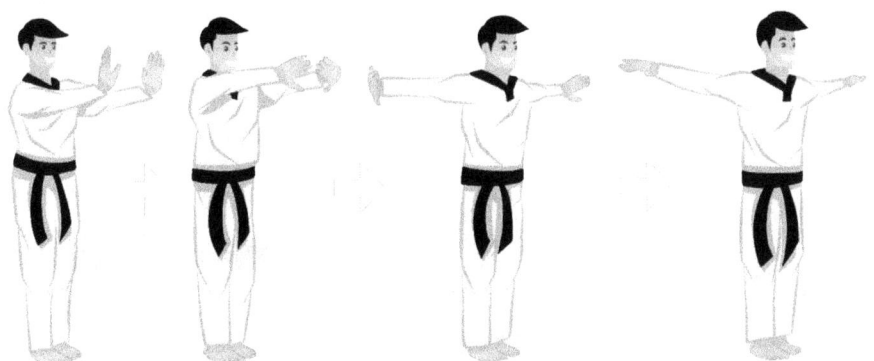

Comience con los pies juntos y los brazos a los lados. Ahora levante ambos brazos lateralmente hasta los hombros. A continuación, llévelos al frente y bájelos hacia los lados como si nadara. Este patrón es muy útil para desarrollar la fuerza de los brazos.

Gran molino de viento

Esto es muy fácil. Simplemente gire los brazos a 360 grados mientras está de pie. Repita la operación con ambos brazos.

Flexión profunda de rodillas

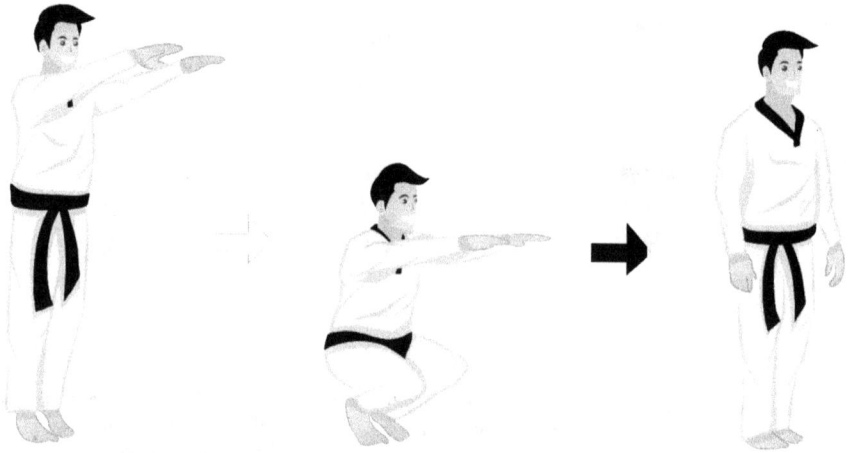

Una flexión profunda de rodillas no es más que una sentadilla sobre las puntas de los pies y los brazos estirados delante de usted. Los brazos deben estar paralelos al suelo. Este es también un excelente ejercicio cardiovascular.

Rotación de rodillas

Comience en posición vertical. Ahora inclínese hacia delante y sujete ambas rodillas con las manos. Mueva lentamente ambas rodillas en un movimiento circular, en el sentido de las agujas del reloj y luego en sentido contrario.

Este ejercicio es útil para aliviar el dolor de rodilla y también ayuda a tonificar las piernas. Debe repetirse varias veces para obtener los mejores resultados. Sin embargo, hay que tener en cuenta la postura y no ir demasiado rápido para no torcerse la rodilla.

Practicar los ejercicios del patrón lohan

Como ya hemos dicho, estos patrones mejoran eficazmente su fuerza física y calman su mente. Intente practicarlos al menos una vez al día para obtener los mejores resultados.

Aquí tiene un ejemplo del plan de entrenamiento:

Lunes: Rotación de rodillas (20 veces en el sentido de las agujas del reloj y en sentido contrario)

Martes: Flexión profunda de rodillas (50 veces)

Miércoles: Cargar montañas (20 veces cada una)

Jueves: Lanzar cuchillos (15 veces en ambos lados)

Viernes: Grulla danzarina (50 repeticiones) y empujar montañas (25 veces cada brazo)

Sábado: Gran molino de viento (25 veces en el sentido de las agujas del reloj y en sentido contrario)

Domingo: Separar las aguas (100 repeticiones)

Si sigue este plan durante un mes, su salud física y mental mejorará considerablemente. Asegúrese de evitar los alimentos con conservantes y el azúcar procesado durante el transcurso de los ejercicios del patrón lohan.

Una vez que se familiarice con todos los ejercicios, procure hacer al menos un par de repeticiones de cada uno a diario.

Cómo encontrar un entrenador de kung fu

Realizar los ejercicios por sí mismo podría ser abrumador. Por ello, le sugerimos que contrate a un maestro de kung fu para que le guíe en el proceso. Sin embargo, encontrar uno podría ser difícil y su mejor opción es preguntar por ahí o buscar uno en línea.

También puede ver algunos vídeos en youtube que enseñan estos ejercicios en detalle.

Ejercicios del patrón lohan para principiantes

Si es usted principiante, lo mejor es empezar con un ejercicio fácil, como la rotación de las rodillas o los brazos. Empiece lentamente y aumente gradualmente la velocidad hasta que el movimiento sea fluido.

Una vez que haya acumulado suficiente resistencia para este patrón, pase a otros patrones. Algunos de los ejercicios más avanzados, como lanzar cuchillos y la grulla danzarina, pueden llevar meses antes de que se acostumbre a ellos. Así que tenga paciencia y no se precipite en su plan de entrenamiento.

Además, es importante centrarse en conseguir la postura correcta en lugar de centrarse en las repeticiones. Una buena postura es lo que proporciona apoyo al cuerpo y ayuda a fortalecer los músculos de manera uniforme en todo el cuerpo.

Patrón de lohan. Ejercicios para perder peso

Si está mirando estos patrones desde la perspectiva de la pérdida de peso, entonces es mejor empezar con la flexión profunda rodillas. Esto se debe a su alta intensidad y le ayudará a perder peso más rápido que otros ejercicios.

Sin embargo, se sugiere que los principiantes comiencen con algo pequeño si no están acostumbrados a actividades tan extenuantes. La rotación de rodillas o brazos es perfecta para perder esos kilos de más.

El patrón lohan es una serie de ejercicios que están diseñados para tener beneficios tanto físicos como mentales. Estos ejercicios pueden hacer maravillas, desde ayudar a la pérdida de peso, mejorar la postura, aliviar el dolor de las articulaciones o simplemente proporcionarle la oportunidad de respirar profundamente. Sin embargo, no son precisamente fáciles. Empiece despacio y tómese su tiempo para dominar cada patrón antes de pasar a otros más difíciles, como lanzar cuchillos o la grulla danzarina. Además, recuerde centrarse en conseguir la postura correcta en lugar de centrarse únicamente en las repeticiones al realizar estos patrones. Una buena postura proporcionará apoyo al cuerpo y ayudará a fortalecer todos los músculos si se hace correctamente.

Aunque todos estos ejercicios parecen sencillos de realizar, no son fáciles. Se necesita mucha concentración y paciencia para perfeccionar cada patrón de movimiento. Por lo tanto, le sugerimos que no se apresure en su rutina y que dedique al menos 15 minutos cada día a los ejercicios del patrón lohan si quiere obtener los mejores resultados.

Capítulo 6: El chi y el zen en el kung fu

Cuando se practica el kung fu shaolín, es esencial tener en cuenta que hay algo más que el aspecto físico del arte marcial. También anima a los practicantes a crecer espiritualmente junto a su mejora en el combate, y lo hace centrándose en dos conceptos, el chi y el zen.

Entendiendo el chi

Chi, a veces conocido como qi, es una palabra china que puede traducirse literalmente como "vapor", "aire" o "aliento". De forma más metafórica, suele traducirse como "energía vital", "energía material", "fuerza vital" o simplemente "energía".

Este concepto es fundamental para una serie de creencias y prácticas tradicionales chinas, como el taoísmo, la medicina tradicional china y las artes marciales chinas, incluido el kung fu.

Una forma sencilla de entenderlo es observar cómo se escribe la palabra en chino. El símbolo de "chi" es una combinación de otros dos símbolos chinos, los de "vapor" y "arroz".

Cuando se entiende según la forma en que se escribe la palabra, el chi representa literalmente el vapor que surge del arroz o, más exactamente, la energía que el arroz emite.

En el sentido más básico, eso es precisamente lo que es el chi. La energía o la fuerza vital que anima el mundo. Abarca una variedad de fenómenos conocidos por el mundo occidental y representa el flujo y las vibraciones que se producen continuamente en los niveles molecular, atómico y subatómico de la naturaleza.

Aunque el chi es poco comprendido (y aún menos aceptado) en el mundo occidental moderno, diversas culturas han teorizado la idea de una fuerza vital que fluye a través de todos los seres vivos. Esta fuerza vital se conoce como:

- Ki en Japón
- Prana o sakti en la India
- Ka por los antiguos egipcios
- El gran espíritu por los nativos americanos
- Pneuma por los antiguos griegos
- Ashe en Hawái
- Ha o mana por los nativos hawaianos

De hecho, algunos teóricos incluso equiparan al chi con la concepción cristiana del espíritu santo.

Tipos de chi

Existen numerosos tipos diferentes de chi/qi, identificados por los practicantes de la medicina tradicional china. Entre ellos se encuentran:

- **Yuan qi**: El chi innato con el que nacemos. También se conoce como qi ancestral.
- **Qi del cielo o tian qi**: Formado por fuerzas naturales, como la lluvia y el sol.
- **Qi de la tierra, o di qi**: Afectado por el qi del cielo. Por ejemplo, demasiado sol conduce a la sequía, mientras que muy poco sol hace que las plantas mueran.
- **Qi humano, o ren qi**: Afectados por el qi de la tierra de la misma manera que los humanos son afectados por la tierra.

- **Hou tain qi (también conocido como qi postnatal):** El chi que se absorbe de los alimentos, el agua y el aire que se consume durante la vida.
- **Wei qi (o qi protector):** El chi que actúa como una envoltura protectora alrededor de su cuerpo.

Además, cada órgano interno tiene su propio chi. Algunos de ellos son el bazo, el hígado, los pulmones y los riñones.

La cosmología taoísta sostiene que existen otras dos formas importantes de chi: el yin qi y el yang qi, energías primordiales masculina y femenina que fluyen por el mundo.

Por otra parte, la práctica del qigong suele implicar el uso de los qis del cielo y de la tierra, mientras que el feng shui consiste en equilibrar los tres: el cielo, la tierra y los qis humanos.

Cada tipo tiene sus propios efectos y usos.

Sentir el chi

En el qigong y en la medicina tradicional china, el chi equilibrado y que fluye libremente da como resultado una buena salud. Por el contrario, si el chi está estancado o desequilibrado, se padecerá la enfermedad. Esto es válido tanto a nivel micro (humano) como macro (ecosistema). Un chi desequilibrado puede provocar problemas en el mundo natural.

Existen numerosas formas de restablecer el flujo libre del chi a través del cuerpo, incluyendo la práctica del qigong y el feng shui. Una de las habilidades que ayuda a ello es la capacidad de percibir el flujo del chi, tanto en uno mismo como en los demás (tanto animados como inanimados) que le rodean.

Es esencial tener en cuenta que la capacidad de sentir el chi es una habilidad, lo que significa que algunas personas están naturalmente más dotadas para ello que otras. De hecho, si usted es lo suficientemente hábil, puede incluso percibir el chi a su alrededor sin saberlo.

Piense en esto, ¿alguna vez ha hablado con alguien y ha recibido una "mala vibración" de él? ¿O ha entrado en una habitación y ha notado que las cosas estaban tensas? Ambas cosas son esencialmente su capacidad de sentir el chi de las personas y las cosas que le rodean manifestándose.

Además de hacerle más perceptivo, la fluidez del chi en su cuerpo también aumenta la creatividad y estabiliza su estado de ánimo. Además, le ayuda a alcanzar un estado de conciencia superior.

Trabajar con el chi

Existen numerosas formas de trabajar con el chi. Algunas técnicas comunes son:

- **Acupuntura:** Los puntos de acupuntura pueden utilizarse para redirigir el flujo de chi a través de los meridianos del cuerpo. Los meridianos son las "cuerdas" que conectan los puntos de acupuntura y que sirven como "pasajes" a través de los cuales fluye la energía por el cuerpo.
- **Qigong:** Un sistema de movimientos corporales y posturas que ayudan a entrenar el kung fu y a cultivar y equilibrar el chi. El tai chi está estrechamente relacionado con el qigong. Es un estilo marcial interno que implica movimientos más complejos que se coreografían con la respiración y que pueden utilizarse para la autodefensa. Muchos estudiosos consideran que el tai chi es un subconjunto del qigong y no un estilo diferente.
- **Yoga y meditación:** Esto ayuda a unificar el cuerpo y la mente. Ciertas posturas de yoga pueden ayudar a acumular y bloquear el chi, que se libera al salir de la postura, permitiendo que el chi reunido fluya por el cuerpo. La

meditación le ayuda a concentrarse para que pueda deshacerse de cualquier otro bloqueo que obstaculice el flujo de su chi.

Ejercicios de chi

Aquí tiene dos ejercicios que puede utilizar cuando trabaje con su chi:

Ejercicio de respiración

Para este ejercicio:
- Busque una posición cómoda. Puede ser sentado, de pie o incluso tumbado.
- Inhale por la nariz y exhale por la boca, alargando la exhalación todo lo que pueda.
- Deje que su cuerpo inhale automáticamente. Cuando el aire entre en sus pulmones por la nariz, abra la boca y déjelo salir.
- Repítalo durante el mayor tiempo posible. Además de ayudarle con su chi, este ejercicio también puede ayudarle a recuperar el aire cuando se sienta sin aliento e incluso puede ayudarle a aumentar sus niveles de energía.

Bola de energía

Para activar la bola de energía con la que va a trabajar, usted debe:
- Frotar sus manos vigorosamente.
- Llevar sus manos frente a su cara, manteniéndolas en una posición de oración relajada. Sin embargo, no permita que se toquen entre sí.
- Concentrar su energía en el centro de las palmas. Debería empezar a sentir una sensación similar a una fuerza magnética entre sus palmas.
- Intentar imaginar que esta fuerza o energía se fusiona en una pequeña bola de energía luminosa entre sus palmas.

Ahora, puede empezar a trabajar con la bola de energía. Para ello, necesitará:
- Separar las manos lentamente y volver a cerrarlas (sin dejar que se toquen). Debería sentir una ligera resistencia entre las palmas, como si dos imanes se repelieran.
- Repetir el paso anterior para familiarizarse con la sensación de la energía.
- Una vez que esté preparado, practique el lanzamiento de la bola de energía de una mano a otra, lanzándola con una mano y atrapándola con la otra.
- Mantener la misma distancia entre las palmas de las manos, intente girar la bola entre las manos.

Mezcla del chi

En el ejercicio, comenzará a tomar conciencia de las formas de chi que le rodean y empezará a comprender cómo puede mezclarlas armoniosamente. Para realizar el ejercicio, usted debe:
- Estar de pie con las rodillas ligeramente flexionadas y los pies separados entre sí hasta la anchura de los hombros.
- Desplazar el peso hacia las puntas de los pies, manteniendo la atención en la parte delantera del cuerpo. Concéntrese en la energía que pasa por las piernas, el pecho, el torso, la parte superior de los brazos y las manos y la cara.
- Después de mantener esta posición, cambie su peso a los talones. Ahora es el momento de concentrarse en cómo pasa la energía por la parte posterior del cuerpo, desde la parte posterior de la cabeza hasta los brazos y la columna vertebral, y hasta las piernas.

Nota: Aunque comenzará manteniendo esta posición y la anterior durante solo un minuto, después de practicar, debería ser capaz de mantenerla hasta 5 minutos seguidos.

- Repita los pasos anteriores, esta vez centrándose en la izquierda y la derecha del cuerpo en lugar de la parte trasera y delantera.
- Repita los tres primeros pasos con cuidado. Repítalos de forma que el movimiento sea lo más invisible posible a simple vista. En su lugar, utilice su mente para mover su peso mientras siente cómo su chi fluye a través de la parte delantera y trasera de su cuerpo.
- Intente sentir cómo su chi fluye por la parte delantera y trasera de su cuerpo simultáneamente, en lugar de hacerlo de forma diferente.

Chi, qigong y kung fu shaolín

Hay dos aspectos en el kung fu tradicional: El neigong (los ejercicios físicos externos) y el neijing (los ejercicios internos centrados en el chi).

Practicar qigong y trabajar con el chi le ayuda a mejorar sus habilidades en el neijing. Esto, a su vez, se utiliza para obtener una ventaja cuando se utiliza el arte marcial en el combate. Por ejemplo, puede usar el neijing para recoger la energía que posee y dirigir esta energía hacia un oponente a través del punto de contacto en su cuerpo. Este punto de contacto es la única puerta a través de la cual puede conducir las energías del neijing.

Sin un control consciente de su chi, el neijing es difícil (si no imposible) de aprender. Empezar con unos pocos ejercicios le ayudará a llegar a un punto en el que pueda controlar el chi lo suficientemente bien como para emplearlo en el kung fu shaolín.

Entendiendo el zen

Zen es el término japonés para la palabra china "chan", que, en sí misma, es la pronunciación china de la palabra sánscrita "dhyana" ("meditación"). Se trata de un nombre dado a una escuela particular del budismo mahayana que se desarrolló en China durante la dinastía tang, antes de viajar a través de Asia oriental hasta Japón. Antes de extenderse a Japón, se conocía como budismo chan.

El budismo zen hace hincapié en la práctica de la meditación, el autocontrol riguroso y la exploración de la naturaleza de la mente y de las cosas. Este conocimiento debe expresarse en la vida diaria, especialmente como una forma de beneficiar a los demás.

Esencialmente, el budismo zen se centra menos en la doctrina y los sutras y más en la práctica espiritual real para comprender mejor el ser, el mundo que le rodea y el propio budismo.

Aunque es innegable que el budismo zen ha influido en la forma en que el mundo exterior ve el budismo como religión (pensemos en cómo se utiliza la palabra "zen" hoy en día), esto no explica su relevancia para el kung fu shaolín.

Zen y kung fu shaolín

El kung fu shaolín se conoce como tal porque se desarrolló en el famoso templo shaolín de China. Aunque las artes marciales chinas existían antes del desarrollo del kung fu shaolín, el surgimiento del templo representó la primera vez que se institucionalizó.

El templo shaolín fue también el hogar del monje Bodhidharma, a quien tradicionalmente se atribuye la difusión del budismo chan en China.

La leyenda cuenta que Bodhidharma llegó por primera vez y solicitó la entrada al templo shaolín unos 30 años después de su fundación. Cuando se le negó, subió a las montañas y meditó en una cueva durante nueve años antes de que se le permitiera finalmente la entrada.

Se dice que, durante esos nueve años, Bodhidharma se ejercitó para mantenerse en forma. Estos ejercicios fueron los que se convertirían en la base del kung fu shaolín. Así, se le atribuye ser el creador del kung fu shaolín.

Aunque hay dudas sobre la credibilidad de esta historia, no se puede negar que el templo de shaolín fue el centro del budismo chan (o zen) y del kung fu.

En el año 618, los monjes del templo shaolín participaron en batallas para defender la dinastía tang, y en el siglo XVI defendieron la costa japonesa de los piratas y lucharon contra ejércitos de bandidos.

Debido a este vínculo, el kung fu shaolín ha sido considerado durante mucho tiempo como una forma de practicar el budismo chan y el zen. De hecho, recibió el término "wuchan", o "chan marcial", y se consideraba una forma de cultivo interior en el budismo chan. El budismo chino adoptaría posteriormente estos ejercicios de cultivo como una forma de aumentar la concentración. De hecho, en cierto modo, el kung fu shaolín puede considerarse el camino físico para alcanzar el zen.

El zen se considera una forma de distinguir el kung fu shaolín y otras artes marciales de Asia oriental, como el judo, de otros deportes.

Proporciona a los practicantes de kung fu shaolín la capacidad de comprenderse mejor a sí mismos, llegando hasta el núcleo de su mente. Cada movimiento de kung fu implica el control de la energía y la conciencia mental, que se intensifica mediante la práctica del zen.

En combinación con el kung fu shaolín, el zen ayuda a las personas a llevar una vida equilibrada y positiva.

Aunque el templo shaolín entró en decadencia durante la dinastía qing, sigue siendo un templo budista practicante en el que se sigue enseñando kung fu shaolín. Aunque mucha gente cree que el kung fu shaolín que se enseña hoy en el templo es la forma original, otros afirman que el kung fu shaolín original era demasiado poderoso, por lo que los monjes pasaron a enseñar una versión menos agresiva.

Sea cual sea la verdad, el templo shaolín no solo es el lugar de nacimiento del kung fu shaolín, sino también un recordatorio de cómo el zen y el kung fu están intrínsecamente conectados.

Encontrando y dominando el zen en su vida diaria

No tiene que ser un experto en kung fu shaolín para trabajar en el dominio del zen. De hecho, ni siquiera es necesario que dedique mucho tiempo de su día a concentrarse en él. Aquí tiene algunas formas sencillas de encontrar y dominar el zen en su vida diaria:

Respire

El zen hace hincapié en encontrar la quietud y la paz en su vida. Sin embargo, el caos del día puede conducir a menudo a la preocupación, que no es propicia para encontrar la paz.

Una forma sencilla de recuperar el equilibrio es tomarse el tiempo necesario para respirar profundamente. Esto no tiene por qué llevar mucho tiempo. La próxima vez que se encuentre en una espiral, tómese un tiempo y respire profundamente durante unos momentos. Con cada respiración, inhale calma y exhale sus preocupaciones. Se sorprenderá de lo eficaz que puede ser.

Cierre sus ojos

Cerrar los ojos como forma de ahogar el mundo puede sonar a tópico, pero en realidad puede funcionar.

Si se siente abrumado por la vida, tómese un momento para detenerse, reclinarse y cerrar los ojos. Concéntrese en su interior, no en el caos del mundo exterior, y aprecie la sensación de quietud que le aporta.

Si nunca ha hecho esto antes, puede que tenga que desarrollar sus habilidades poco a poco. Puede que note que los pensamientos intrusivos vuelven a aparecer en su mente después de unos momentos de quietud cuando empiece.

Sin embargo, siga concentrándose en su interior cuando sea necesario, y pronto descubrirá que es capaz de deleitarse en la quietud de su mundo interior durante más tiempo cada vez.

Haga una pausa y medite

No es necesario tener horas de tiempo libre para meditar. Basta con cinco minutos entre tareas.

A continuación, le explicamos cómo puede llevar a cabo una minisesión de meditación en medio de su oficina:

- Siéntese en una posición cómoda.
- Cierre los ojos.
- Inhale y exhale profundamente. Respire por la nariz.
- Repita el último paso mientras observa sus pensamientos. No se concentre demasiado en lo que está pensando, ya que eso puede distraerle. En lugar de eso, observe cómo pasan sus pensamientos, como los coches en una autopista.

Admita cómo se siente

Muchos de nosotros intentamos utilizar el estrés y el caos de la vida cotidiana como una forma de escapar de los sentimientos desafiantes, difíciles e inconvenientes. Sin embargo, la negación solo sirve para exacerbar su inquietud y lucha interior.

Es importante ser honesto y admitir lo que siente, aunque solo sea ante usted mismo. Si no está preparado para hablar con un amigo de confianza, su pareja o un terapeuta, escribir sus sentimientos en un diario o hablar en voz alta consigo mismo puede ayudarle.

Recuerde ser compasivo y no juzgar cuando reconozca lo que siente. El autodesprecio solo empeorará las cosas.

Por ejemplo, si está preocupado por una próxima entrevista de trabajo, es importante que:

- Reconozca que está preocupado.
- Mantenga la confianza sin denigrarse a sí mismo por estar preocupado. Decir o pensar cosas como "soy un estúpido por preocuparme" o "no estoy cualificado, por supuesto, no conseguiré el trabajo" solo empeorará su lucha interior. En su lugar, intente cambiar conscientemente sus patrones de pensamiento por otros compasivos, como "estar preocupado es comprensible, pero confío en que lo haré bien", o "no hay razón para que me preocupe. Estoy cualificado y conozco mi trabajo por dentro y por fuera"

Déjese llevar

Aferrarse a pensamientos, preocupaciones y, en realidad, a cualquier cosa negativa no solo puede provocar un desorden físico y mental en su vida, sino que también puede dificultar que aprecie el aquí y el ahora. Aunque no es posible desprenderse de todo, hay que practicarlo en la medida de lo posible.

Tómese un momento para despejar su espacio de trabajo y desechar los objetos que ya no necesita o anotar en un diario sus pensamientos para poder superarlos y dejarlos en el pasado. Despeje tanto material como mentalmente en la medida de lo posible.

Ahora que comprende la importancia del chi y el zen en el kung fu, también es importante tener en cuenta que el kung fu se centra tanto en lo espiritual como en lo físico. El chi y el zen le ayudan a comprender el valor de los aspectos espirituales del kung fu, pero hay algo más que lo espiritual.

En el próximo capítulo, volverá a los aspectos físicos del arte marcial y verá las 18 armas del kung fu.

Capítulo 7: Armas del kung fu

Mientras que muchos tipos de artes marciales consideran que el propio cuerpo es un arma, en el kung fu las armas reales son simplemente extensiones de su cuerpo. Hay que saber utilizarlas bien para dominar el arte shaolín con eficacia. Se necesita un conjunto particular de habilidades físicas y mentales para imaginar, creer y aceptar un arma como parte de su cuerpo. Balancear metódicamente un pesado sable debería ser tan fácil como desviar con gracia un golpe con el pico de grulla. Manejar perfectamente un bastón debe ser algo natural para usted.

Se dedican años de entrenamiento y práctica a dominar las numerosas formas corporales, técnicas y katas del kung fu, pero puede que le lleve varios años más dominar el uso de las armas. Esto se debe a que no hay solo una o dos espadas o bastones con los que practicar, sino 18 armas diferentes que se consideran sagradas en el mundo del shaolín, llamadas alternativamente las dieciocho armas de wushu. Sin embargo, una vez que pueda combatir y defenderse con cada una de ellas de forma experta, podrá protegerse contra cualquier tipo de arma.

Aquí, le guiaremos a través de la naturaleza, el uso, las habilidades combativas y los propósitos defensivos de cada una de las 18 armas sagradas del kung fu. Sin embargo, tenga mucho cuidado al manejarlas. Cada arma es increíblemente poderosa y extremadamente segura en manos de un maestro shaolín, pero puede ser igualmente peligrosa tanto para el que la empuña como para el oponente si la utiliza un aficionado. Dicho esto, no se puede dominar mágicamente el armamento de kung fu, así que no olvide practicar con cada arma todos los días en un entorno seguro y cuidadosamente controlado.

1. Báculo

Cuatro armas son más veneradas que las 14 restantes. Son la espada recta, el sable, el báculo y la lanza. El báculo es la pieza más fundamental y de mayor reputación de todas ellas. Es el "jefe/padre de las armas". Hay varios tipos de báculo utilizados en el kung fu. Por nombrar algunos, está el khakkhara con un borde superior artísticamente diseñado, el arma, que es un báculo regular inclinado con una sujeción ligeramente más ancha, y el báculo de tres secciones que consiste en tres fuertes palos conectados con cuerdas o anillos de metal. De ellos, el arma o el bo es ideal para el entrenamiento.

El báculo bo suele ser de madera y se utiliza mejor tanto para fines ofensivos como defensivos. Aunque se parece mucho a un taco de billar, no se sujeta de la misma manera. Hay que tomarlo con ambas palmas, boca arriba desde la parte inferior, y practicar los movimientos desde ahí. Al ser un arma cuerpo a cuerpo de largo alcance, el arma tiene un rango excepcional en el combate, y puede defenderse fácilmente de la mayoría de las otras armas shaolín. El equilibrio es la clave para dominar el arte del kung fu, pero necesita un poco más de él para manejar el báculo correctamente.

2. Espada recta

¿A quién no le gusta el aspecto y el tacto de la espada recta? Después de todo, fue el arma elegida por muchos de nuestros héroes de la infancia, míticos o reales. No en vano, la espada recta de shaolín recibe el nombre de "el caballero", ya que es el arma preferida por los individuos admirablemente gentiles, pero extraordinariamente valientes. Durante los últimos 2500 años, los especialistas chinos en kung fu han utilizado una espada recta de doble filo (llamada jian), pero también se puede practicar con una de un solo filo.

El jian puede parecerse a un ninjaken o a una katana desde lejos, pero las diferencias entre las legendarias armas ninja japonesas y su homóloga shaolín son muy evidentes de cerca. En primer lugar, el jian tiene una empuñadura más larga y ancha para proteger mejor las palmas de las manos de la espada del adversario. En segundo lugar, las espadas rectas shaolín de doble filo son más populares, a diferencia de las de un solo filo que prefieren los japoneses.

Muchos artistas marciales creen que el jian es la única arma con la que pueden expresar su estilo único de kung fu. Su hoja se forja generalmente en acero con una técnica especial llamada sanmei. Consiste en intercalar una placa de acero dura entre dos relativamente más blandas. Sin embargo, si usted es un to dai o un principiante en kung fu, entonces comenzará con una espada recta de madera con bordes sin filo.

3. Espada ancha

Una espada ancha es más pesada que una espada recta, pero puede sostenerse fácilmente con una sola mano. Un sable chino no se parece en nada a los de las leyendas artúricas. Su hoja se ensancha desde la empuñadura antes de curvarse en la parte superior. Forjada con un solo filo, se denomina dao en la cultura shaolín. Existe en diferentes longitudes, pero los maestros de kung fu creen que la espada elegida debe llegar hasta la ceja cuando se sostiene verticalmente en la palma de la mano, apuntando hacia la cara.

De todas las dieciocho armas del wushu, el dao es el "mariscal" o el "general", lo que implica que reúne y dirige todas las demás espadas en la batalla. Los sables chinos normales tienen una hoja más ancha, pero también hay daos con una anchura menor, llamados alternativamente sables. El sable ancho es principalmente un arma ofensiva, que se utiliza sobre todo para acciones de corte y tajo. La empuñadura está curvada en dirección contraria a la hoja, lo que maximiza el empuje de su corte.

El dao fue en sus días el arma más utilizada en el ejército chino, ya que solo se necesitaba una semana para dominar sus fundamentos. Pero no se haga demasiadas ilusiones. Vuelva a leer esa frase. Una semana para dominar sus fundamentos. El kung fu es un arte marcial avanzado, y puede que te lleve varios meses, o incluso años, utilizar el dao de forma efectiva con fines ofensivos.

4. Lanza

La lanza de kung fu puede parecer y sonar como un arma ordinaria, ni un báculo completo ni una espada completa, pero su uso en shaolín es extraordinario. No es sin razón que el qiang (nombre chino de la lanza) es llamado el "rey" de todas las dieciocho armas. Tiene una hoja en forma de hoja fijada en la parte superior de un bastón normal, lo que le da un alcance incomparable en el combate uno a uno.

A diferencia de la espada china, que lleva una borla enrollada en el pomo, el qiang tiene una atada justo debajo de la hoja. El color de esa borla denota el rango de la infantería, y se utiliza mejor para distraer al oponente en combates rápidos y cuerpo a cuerpo. También es ideal para absorber y detener el flujo de sangre por el mango, manteniéndolo limpio.

En los centros de entrenamiento de kung fu, el qiang es una de las primeras armas que se enseñan a los to dai, ya que es la pieza perfecta para aprender las extensiones armadas de varios estilos shaolín. Los filos durante el entrenamiento son desafilados, y las empuñaduras están hechas de madera de cera para mejorar el rendimiento. Su longitud puede variar, desde nueve pies hasta más de 21 pies, dependiendo de la altura y la capacidad del manejador.

5. Kwan dao

Como habrá adivinado por su nombre, el kwan dao, a menudo estilizado como guandao, es una versión más larga del dao (espada ancha). La anchura de la hoja es más pronunciada para mantener un sano equilibrio con el largo mango, pero su forma es casi la misma que la del dao.

El kwan dao también es parecido a la lanza (hoja del dao colocada sobre un palo largo de madera), solo que el mango del primero suele ser de metal y su hoja es más parecida a la de un sable ancho que a la de un cuchillo. La afilada curvatura en la parte superior de la hoja, junto con su largo alcance, hacen que el guandao sea excepcional para bloquear el arma del adversario, impidiendo eficazmente sus ataques.

6. Pu dao

El pu dao es casi idéntico al kwan dao, con la única diferencia de que su mango suele ser más corto que el de este último. El resto de la estructura, hasta la curvatura de la hoja y su uso para parar y defender los ataques, es la misma que la del guandao.

7. Tridente shaolín

Llamado también tridente de tigre, el tridente shaolín se utiliza como cualquier arma de wushu de largo alcance. Una horquilla de acero de tres puntas está unida a un bastón de metal, y una borla suele estar envuelta justo debajo del tridente para confundir al oponente. Bastantes de sus estilos de kung fu son similares a la lanza y al kwan dao, pero sus técnicas varían en muchas otras formas y katas. El tridente shaolín es perfecto para preparar un contraataque en combates cuerpo a cuerpo a distancia.

8. Espada de doble filo de tres puntas

Desde lejos, la espada de doble filo de tres puntas puede confundirse fácilmente con una tridente shaolín, pero al mirarla de cerca, se pueden notar claramente las diferencias entre ambas. Si es usted un artista de corazón, se dará cuenta inmediatamente de que las hojas de las tres puntas tienen forma de loto, con dos curvaturas laterales que se doblan hacia fuera y la del centro que se dispara hacia arriba. El resto de su estructura, hasta el material utilizado, es similar a la del tridente. Se utiliza normalmente en los estilos de combate de parada y empuje.

9. Hacha

No hay ninguna diferencia entre un hacha de leñador y un hacha de wushu. Un mango de madera enganchado a un sólido panel de acero curvado hace que cualquier tipo de hacha sea mortal en manos de un monje shaolín. Sus variantes de kung fu suelen incluir la longitud variable del mango y el material utilizado para forjarlo. A veces, también se puede encontrar un hacha de doble filo con un pico afilado, al igual que una de tres puntas. El propósito principal del hacha en el kung fu es cortar y acuchillar, pero a menudo se hace con gracia artística, ajustándose a los estilos preexistentes de la forma de combate.

10. La pala del monje

Un arma defensiva de wushu similar al tridente, pero que varía mucho en sus estilos de práctica. La pala de monje es dos veces más pesada que el dao, lo que hace que el factor fuerza del artista marcial entre en la ecuación. Aunque cualquier to dai puede entrenar con una pala shaolín de madera en un dojo, muy pocos pueden utilizar una de verdad en combate. Consiste en una hoja en forma de media luna sujeta a un palo largo, con el otro extremo forjado en metal como una pala. Dado el filo y la curvatura de la hoja, se utiliza sobre todo para movimientos defensivos y para mutilar al adversario sin infligirle heridas mortales.

11. Bastón da mo

También conocido como el bastón de Bodhidharma en honor al fundador del kung fu y del zen, el bastón da mo es una de las armas más antiguas en el arte de la defensa shaolín. Con la forma de un típico bastón sin bordes afilados, es ideal para aprender la técnica de wushu de la garra del tigre. Simplemente elija un bastón da mo en función de su altura para que sea adecuado para recorrer los caminos de la montaña, y comience sus katas defensivas en sincronización con las posturas básicas de bloqueo y parada.

12. Látigo de nueve secciones

Se llama simplemente látigo de cadena. Su nombre fue modificado a látigo de nueve secciones para denotar el número de secciones de cadena que contiene. Puede haber menos o más secciones en diferentes látigos de cadena, y se denominan en consecuencia. La variante de nueve secciones se ha utilizado en las artes marciales chinas durante generaciones. De hecho, en la primera época del wushu, solo existían los látigos de siete y nueve secciones, pero hoy en día se pueden encontrar los de hasta 13 secciones.

Cada segmento de la cadena está hecho de acero inoxidable. Hay un mango de madera en un extremo y un dardo de metal en el otro. El látigo de nueve secciones está considerado como el arma más difícil de dominar. Debe ser capaz de girar y azotar con movimientos rápidos, hasta el punto de que el dardo se convierte en una mancha invisible.

13. Dardo de mano

Un dardo de mano shaolín es más largo y pesado que un dardo normal de diana. En el extremo puntiagudo del dardo se ata una borla ligera como una pluma para poder guiarlo mejor a través del viento. Tradicionalmente se fabricaba en piedra, pero actualmente se forja en hierro y acero. Se utiliza generalmente como proyectil de largo alcance para abatir objetivos lejanos.

14. Dardo volador

Un dardo volador es habitualmente más ligero que un dardo de mano, y se llama así porque se devuelve a la mano del atacante. Se ata una cuerda larga al extremo romo del dardo metálico, lo que permite al especialista en artes marciales balancear el arma a su antojo. Un usuario experto en dardos voladores puede atravesar al oponente por todos los lados, incluso por la espalda. Esta arma y el látigo de nueve secciones forman parte de la familia de los dardos de cuerda de las antiguas armas chinas.

15. Pluma de hierro

Elija cualquier objeto de su casa que se parezca a un bolígrafo largo y fino. Ese será su pluma de hierro. Requiere un agarre delicado, y sus movimientos complementarios de kung fu son también bastante suaves y elegantes. Una típica pluma de hierro shaolín suele ser mucho más pesada y larga que una pluma normal tallada en latón. Es ideal para fortalecer la punta de los dedos con la técnica chin na. Si la punta es más afilada y el agarre en el centro es más pronunciado, también se puede utilizar para algunas maniobras ofensivas y defensivas.

16. Espina

Realmente no hay mucho que decir sobre la espina porque el nombre habla por sí mismo. La espina shaolín es como cualquier otra espina, solo que más larga y punzante. Dependiendo del usuario, puede o no tener veneno. Suele ser el arma preferida de las mujeres especialistas en kung fu, ya que pueden ocultar fácilmente la espina en su larga cabellera o atarla en un moño con ella. El arma se lanza contra el oponente con precisión y con la intención de extraer sangre y debilitar a la persona. No hay que confundirla con la espina tribal africana, que se lanza al adversario a través de una fina boquilla circular.

17. Flauta de hierro

La flauta de hierro es precisamente eso, una flauta hecha de hierro. Se puede tocar para susurrar una dulce melodía, ayudándole a meditar y calmar sus sentidos, tranquilizando su mente y preparándose para la siguiente sesión de katas de wushu. Al mismo tiempo, la flauta de hierro funciona como un arma que puede utilizarse de la misma manera que la pluma de hierro. Esta es la razón principal por la que los chinos no prefieren la flauta de madera a la de hierro. Esta última puede generar un mejor sonido, pero no puede utilizarse como un arma eficaz.

18. Hoces shaolín

Muchos de los antiguos practicantes chinos de kung fu eran agricultores. Por ello, transformaron de forma natural la hoz, una de las herramientas agrícolas más utilizadas, en un arma mortal de wushu. Las hoces de shaolín se manejan normalmente por parejas. Están hechas de hierro macizo con un borde superior curvado y otra curva corta que sale de la primera curva. Esta última es más importante para los movimientos defensivos, bloqueando el arma del oponente mientras se apunta un golpe ofensivo con la segunda hoz.

Como ya habrá adivinado, la mayoría de las dieciocho armas del wushu son meras versiones modificadas de las herramientas de trabajo cotidianas, excepto las cuatro armas principales, el báculo, la espada recta, el sable y la lanza. En esencia, un maestro de artes marciales muy experimentado puede utilizar cualquier elemento disponible como arma. Por lo tanto, si no tiene fácil acceso a ninguna de las 18 armas, no dude en tomar cualquier herramienta de su garaje que se parezca a un arma y practique sus formas de kung fu con ella.

El entorno ideal en el que puede empuñar y practicar cada una de esas armas es un dojo bajo la atenta mirada de un shifu. Sin embargo, si no hay un dojo en sus alrededores y se ve obligado a practicar en casa, asegúrese de despejar su habitación de cualquier objeto delicado y rompible, especialmente el televisor, las lámparas, los candelabros y los jarrones. El sótano sería perfecto para el entrenamiento con armas, y si tiene una habitación libre con un mínimo de muebles, aún mejor.

Capítulo 8: Golpear y lama pai kung fu

El kung fu lama pai es una de las artes marciales chinas más solicitadas que implica golpes de estilo animal y técnicas de precisión. Los golpes en el kung fu se engloban bajo el término "lama pai", que significa rugido de león. La práctica procede de una tradición tibetana y se remonta a la dinastía qing. De hecho, el hop gar y la grulla blanca tibetana son las versiones más antiguas de este arte marcial y hoy se conocen colectivamente como lama pai tibetano. Todas las técnicas, movimientos y subcategorías relativas del lama pai se engloban en una figura llamada "sing lung". En el lama pai, los movimientos de golpeo se inspiran en la grulla, y las técnicas de agarre pueden atribuirse al mono.

Se cree que el sistema fue ideado por un monje llamado Dai Dat Lama, o Ah Dat Ta. El monje exploró y viajó por Qinghai y el Tíbet con su tribu nómada para encontrar la paz y meditar en reclusión. Ah Dat Ta encontró un lugar aislado y residió entre las montañas para estudiar los escritos budistas y encontrar la paz interior. El monje también practicaba con diligencia sus habilidades marciales. Un día, cuando su meditación se vio perturbada por una pelea entre una grulla y un mono, vio el escenario como una inspiración para idear un nuevo arte marcial que incluía movimientos basados en la grulla y el mono.

Fundamentos llamativos del lama pai

Por lo general, el arte marcial de Ah Dat Ta se basa en unos eficaces movimientos de agarre inspirados en las técnicas de golpeo de los puntos vitales del mono y la grulla blanca. Fue testigo de cómo el ave luchaba por su vida utilizando sus gigantescas alas y picoteando los puntos débiles del mono, mientras que este se resistía y contraatacaba con sus poderosos movimientos de mano y sus golpes. De este modo, el sistema típico del lama pai consta de ocho golpes con el codo, ocho golpes con la palma de la mano, ocho golpes con el puño, ocho técnicas de patada, ocho patrones de paso, ocho posturas, ocho técnicas de garra o agarre y ocho golpes con los dedos. Esto hace que el sistema de artes marciales sea un conjunto de 8 golpes con ocho movimientos en cada conjunto.

El patrón y las técnicas de lucha también incorporan trazos de shuai jiao (lucha manchuriana), lucha mongola, técnicas de manos indias y técnicas de brazos largos. Varios movimientos de pies también forman parte de lama pai. Idealmente, este arte marcial se limita a estas ocho partes de divisiones y nunca estuvo abierto a la exploración o a la ampliación por parte de los practicantes y maestros de kung fu.

Diferentes técnicas de golpeo

Varias técnicas relacionadas con el golpeo en el lama pai kung fu son importantes tanto para los principiantes como para los profesionales. Los practicantes aprenden una variedad de golpes que implican muchos movimientos de manos y codos.

8 golpes de puño – Kyuhn faat

Lo ideal es que todo luchador cierre la mano para convertir sus puños en un arma para atacar o protegerse. Mientras que los antiguos chinos desarrollaron su propia forma de utilizar los puños como defensa

Fuentes de imágenes[72]

personal, los antiguos griegos también idearon otra forma de incorporar los puños cerrados durante los combates. Entre todas las formas de arte marcial, el lama pai tiene particularmente muchos golpes de puño en movimiento circular. Las formas más básicas de golpes de puño son el uppercut: paau choih, el puñetazo recto: chyuhn choih, el puño trasero horizontal (el pulgar apuntando hacia el cielo), el puñetazo por encima de la mano: kahp choih, el puñetazo de gancho: gok choih, el golpe con el antebrazo, el golpe de barrido hacia dentro: so choih, y el golpe de puño trasero de 45 grados: gwa choih (la palma apuntando hacia el cielo).

Otras formas de golpe de puño son el puño cortante (pek choih), el golpe de látigo (bin choih) y el pequeño golpe trampa (siu kau dah). Aunque los golpes de puño son poderosos y actúan como armas fuertes e instantáneas, es necesario combinarlos con otras formas de golpeo para obtener resultados efectivos y establecer un fuerte mecanismo de ataque y defensa. Lama pai también se centra en el principio de distribuir los golpes entre las partes superior e inferior del cuerpo, mejorando así el juego. Si el practicante ataca la cabeza del oponente varias veces, la caja torácica queda expuesta, lo que le permite atacar sus piernas completamente indefensas.

Al utilizar las combinaciones de puños en lama pai, el oponente recibe continuos golpes en la parte superior de su cuerpo, lo que le ralentiza y debilita su juego de pies. A su vez, son incapaces de utilizar sus manos y puños. Incluso si el oponente puede interceptar los golpes, un practicante de lama pai puede esquivar los movimientos desplegando la postura lateral derecha o el golpe de látigo. Cuando se combina con el golpe de giro hacia dentro, el practicante puede atacar y defenderse con la máxima potencia.

8 Golpes con el codo - Jaang faat

Las ocho formas más básicas de golpear con el codo son:

- Hyuhn jaang (codo redondo)
- Tai jaang (codo hacia arriba)
- Chum jaang (codo hacia abajo)
- Deng jaang (codo recto)
- Kahp jaang (codo por encima del hombro)
- Bong jaang (codo ascendente inverso)
- Bui jaang (codo a la espalda)
- Bouh jaang (codo plegable)

Algunas pueden utilizarse de forma independiente, mientras que otras deben incorporarse a otras técnicas para formar combinaciones eficaces.

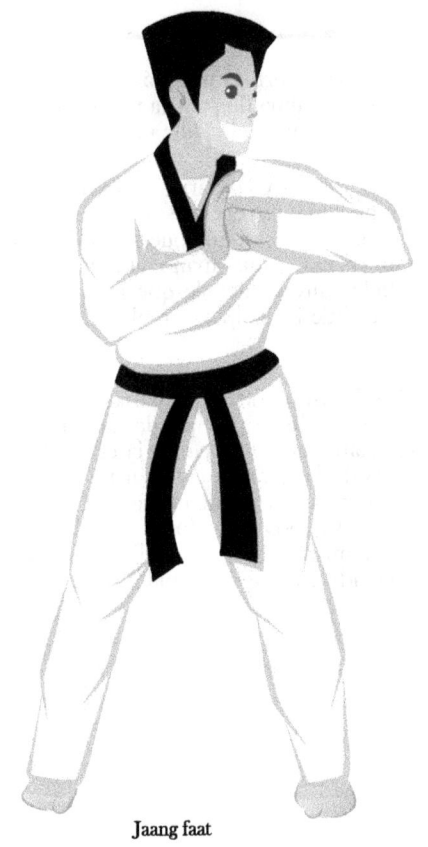

Jaang faat

8 golpes de palma – Jeung

Jeung

    Las ocho formas más básicas de golpes con las palmas son las palmas gemelas de empuje, la palma de pala, la palma de corte, la palma de un solo empujón, la palma de golpeo en la ingle, la palma de apuntalamiento, la palma de estampado y la palma de corte.

    Las palmas y las garras son las armas más fuertes en lama pai, ya que pueden ser extremadamente versátiles. Cuando mantiene una mano abierta, su poder de lucha se hace más fuerte, ya que puede ser difícil romper una mano abierta. A diferencia de un puño cerrado, una mano abierta puede realizar varios movimientos y oscilar en múltiples direcciones, lo que hace que los golpes con la palma y las garras sean más eficaces que los golpes con el puño (no necesariamente en todos los casos, pero sí en la mayoría).

    Una palma abierta ofrece al luchador dos formas de combatir: la cara de la palma y el borde (superficies primarias de golpeo). Cuando se utiliza en un movimiento circular o de corte, puede atacar la parte superior del cuerpo del oponente, concretamente zonas como la clavícula, el cuello, la axila y las costillas flotantes. Los bordes de las palmas también pueden desplegarse en un movimiento de empuje. La cara de la palma puede cubrir partes más amplias de la parte superior del cuerpo y de la cara. Algunos luchadores se tapan las orejas con la cara de la palma. En algunos casos, también se pueden utilizar las palmas para crear espacio empujando al oponente y haciéndole perder el equilibrio.

8 Técnicas de agarre o de captura - Jau

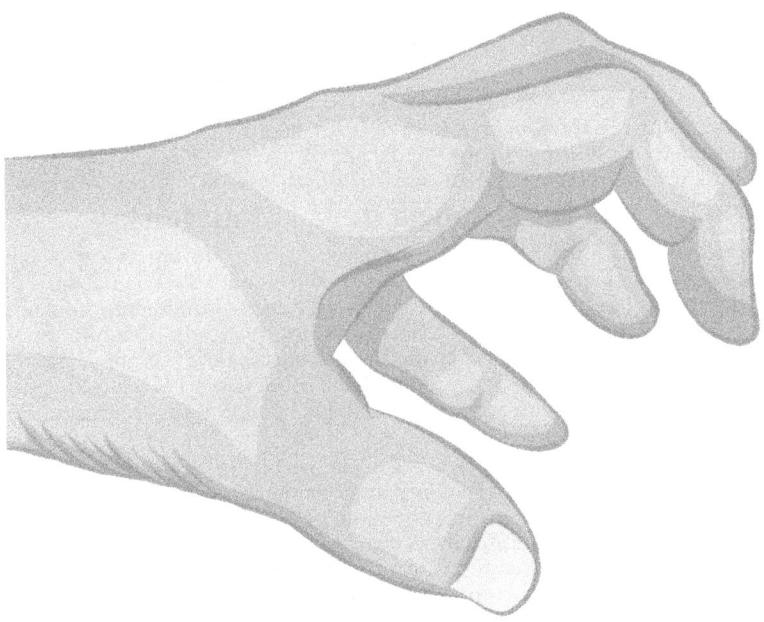

Jau

Las ocho formas más básicas de golpes con garras son: tigre simple sube a la montaña, garras de agarre con el brazo hacia arriba, garra de grulla, garras gemelas hacia abajo, garra envolvente mayor, garra envolvente menor, bodhisattva somete a un tigre y agarre de barrido hacia adentro.

Al igual que los puños y las palmas, un luchador puede utilizar sus garras para agarrar o sujetar al oponente. Las garras actúan como armas de arrastre que se utilizan para crear desequilibrio y defenderse de los ataques y golpes que se avecinan. Puede usar sus garras para tirar, presionar, retorcer los músculos y la piel del oponente, infligiendo así dolor además de distraerlo.

Golpes con 8 dedos - Jih

Las ocho formas más básicas de golpes con los dedos son dedos lanza a los ojos, pico de grulla, cabeza de dragón, ojo de fénix, dedos cortantes, dedos de flecha, dedo de empuje y dedo de aguja.

Los golpes con los dedos son otra parte importante de los movimientos de la mano en las prácticas de lama pai kung fu. Es necesario desarrollar la fuerza y la resistencia de los dedos para utilizarlos constantemente en la práctica del kung fu. Para ello, los alumnos desarrollan la habilidad del "biu gung", que desarrolla los músculos de los dedos y fortalece los huesos para evitar que se rompan durante los ataques y los golpes fuertes en las peleas. Los practicantes utilizan los dedos para luchar contra algunas de las partes más delicadas y triviales del cuerpo, como los ojos y las partes interiores y blandas del cuerpo. Duhk ngaan jih se refiere a los dedos utilizados para envenenar (atacar) los ojos, y biu jih se refiere a los dedos principales de empuje o ataque. A veces, los pulgares y los segundos nudillos también se utilizan durante las peleas.

8 técnicas de patada

Las ocho formas más básicas de las técnicas de patada son el empuje del talón delantero, la patada trasera, la patada lateral, el barrido de enganche, el barrido del suelo, la patada interior de media luna, la patada de tornado y la patada cruzada.

8 Patrones de paso

Las ocho formas más básicas de los patrones de paso son 7: juego de pies en estrella, juego de pies en flor de ciruela, juego de pies baat gwa, juego de pies meridiano, bik bouh, arrastre, juego de pies con paso de robo y retiro con salto.

8 posturas

Las ocho formas más básicas de posturas son la postura de desplome, la postura de una sola pierna, la postura de rodillas, la postura del gato, la postura cruzada, la postura del caballo, la postura de 7 estrellas y la postura del arco.

Lama pai y la importancia de la autodefensa

Al ser un arte marcial tradicional, el lama pai suele ser cuestionado por su capacidad de autodefensa o contraataque. Como algunas técnicas se centran solo en el ataque, el adversario puede contraatacar fácilmente y ganar la partida. Normalmente, muchos estilos y técnicas de kung fu permiten que un brazo gire por debajo de la cintura o por detrás del cuerpo, lo que deja espacio para un contraataque. A menos que el practicante sea experimentado o extremadamente hábil, debe ser consciente de estas posturas y aplicar sus técnicas con precisión para defenderse. De esto se encargan las técnicas de lama pai kung fu.

En este arte marcial, el practicante gira automáticamente su mano principal, la coloca delante de su cuerpo y la gira hacia atrás para defenderse. Golpean con la mano trasera. Esta forma y técnica también puede verse en el boxeo occidental, parte del cual es inculcado por lama pai. Sin embargo, el practicante puede ser percibido como un blanco abierto, y los movimientos de la mano delantera pueden ser confundidos con una apertura. En realidad, el movimiento de la mano principal desvía un golpe o una estocada hacia el oponente y protege de un ataque. De este modo, usted puede golpear fácilmente el control del adversario con la mano trasera mientras se defiende. A su vez, obtiene el control total del juego.

Aunque el lama pai da mucha importancia a la defensa personal y a los contraataques, también hace hincapié en los puntos en los que los participantes deben atacar para controlar la situación y poner las cosas a su favor. Al igual que un boxeador occidental, un practicante de lama pai acerca los puños a la parte superior de su cuerpo y a la cara para atacar al oponente mientras se salva de un contraataque. El boxeo occidental y muchas prácticas de artes marciales modernas pueden aprender valiosas lecciones del kung fu lama pai, especialmente las relacionadas con las técnicas de defensa personal. Dado que un boxeador occidental deja muchos puntos vitales abiertos a los ataques del oponente, lama pai puede enseñarles formas eficaces de contraatacar o defenderse.

Tres formas o categorías de lama pai

Estas ocho divisiones se simplificaron en distintas categorías o formas para entender y aprender el arte marcial con facilidad. Estas formas son: "manos dou lo", "manos maitreya "(neih lahk sau), y "manos de grulla voladora" (fei hok sau).

Manos dou lo

Este apodo proviene de una planta indígena de la India con un interior suave como el algodón y un exterior duro como un coco. La cáscara dura protege las suaves semillas interiores. La forma "manos dou lo" no se centra necesariamente en los aspectos exteriores o principales del lama dai, sino en los factores internos y las enseñanzas. La "habilidad de cambio de vena" es una parte integral del sistema de golpeo.

Manos maitreya - Neih lahk sau

Esta forma es una versión avanzada del arte marcial básico lama pai e incorpora varias técnicas de mano nuevas para sujetar, agarrar o retorcer las partes vitales o los brazos del adversario. Esta habilidad requiere mucha práctica y se denomina "mano de agarre de venas", inspirada en su nombre original.

Manos de grulla voladora - Fei hok sau

Fei hok sau

Esta forma implica principalmente movimientos de manos y puños abiertos para atacar al oponente en sus puntos débiles o vitales. Utiliza principalmente los niveles fundamentales del lamai pai y las técnicas de golpeo, junto con técnicas de evasión de pies y patadas. También implica muchos golpes de mano y movimientos circulares para mantener al adversario alerta.

Hasta la fecha, el lama pai, o kung fu del rugido del león, se enseña en toda China y en algunas partes de Oriente, y está ganando adeptos en todo el mundo occidental. Con el paso del tiempo, el arte marcial ha evolucionado a medida que varios maestros han ido explorando esta habilidad. Los guardianes budistas conocidos como los gam gong (diamantes) y los santos conocidos como los lo han inspiraron muchos movimientos y golpes de mano. Después de que el kung fu de rugido de león se convirtiera en lama pai, fue superado gradualmente por la nueva forma, y los fundamentos se enseñaron solo a los alumnos curiosos o avanzados. Sin embargo, los ocho fundamentos fueron cuidadosamente registrados por los maestros en el pasado, que es como conocemos el sistema de arte marcial kung fu desarrollado por Ah Dat Ta.

Capítulo 9: Pateando en kung fu

Las patadas son una parte importante de muchas técnicas de artes marciales, especialmente en el kung fu. Aunque las patadas suelen ser la segunda línea de defensa en el kung fu, siguen considerándose una herramienta útil. Debido a la prevalencia de las técnicas de mano en las artes marciales de kung fu, mucha gente asume que hay muy pocas o ninguna técnica de patadas en el kung fu. Por el contrario, el kung fu shaolín tiene específicamente unas 36 técnicas de patada, con más de un tipo de patada en cada técnica. Aunque el entrenamiento básico de kung fu solo abarca cinco métodos de patadas, si se aprenden los principios fundamentales de cada técnica, las técnicas avanzadas serán más fáciles de dominar.

Las patadas, sin embargo, no se utilizan tan comúnmente como los golpes en las artes marciales debido a sus debilidades innatas. Aunque se supone que las piernas tienen un 70% de potencia mientras que las manos dan un 30%, también hay un mayor riesgo cuando se utilizan las piernas para atacar. Hay más posibilidades de perder el equilibrio cuando se utilizan técnicas de patada que de golpeo. Dado que la patada es una técnica más difícil de aprender y tiene numerosos riesgos de seguridad, es fundamental aprender todo lo posible sobre las distintas técnicas antes de empezar a aprender.

Las características de una buena patada

Debido a los numerosos riesgos de seguridad, las técnicas de patada son más difíciles de dominar y requieren ciertas características para ser eficaces. Una buena patada debe tener las siguientes características.

1. Precisión instintiva

Una buena patada debe lanzarse con precisión para golpear correctamente al adversario. Como practicante de artes marciales, usted también debe ser capaz de seleccionar la técnica de patada correcta en función de la situación. Hay muchos factores que influyen en esto, como la distancia espacial, los puntos de dolor expuestos y la cantidad de daño que quiere infligir. Sus instintos deben ser capaces de predecir qué punto quiere golpear, teniendo en cuenta también su propia seguridad. Por ejemplo, si golpea el hueso de su oponente con los dedos de sus pies, causaría una grave fractura y le incapacitaría para dar patadas durante un tiempo, por no mencionar el inmenso dolor que le causaría.

2. Potencia

Aunque se dice que las piernas ejercen más potencia que los brazos, pueden ser completamente inútiles si no sabe cómo ejercer su fuerza correctamente. Si su patada no ejerce una cantidad específica de potencia sobre su oponente, no servirá de nada, y su oponente no sufrirá ningún daño. Por eso es importante que entienda cada técnica y cómo potenciar sus patadas con precisión para inducir el máximo daño.

3. Velocidad

La velocidad con la que da las patadas desempeña un papel importante en la eficacia de las mismas. Si mantiene una velocidad alta, habrá menos posibilidades de ser interceptado o esquivado, mientras que las patadas más lentas solo le harán vulnerable a los ataques en la parte inferior de su cuerpo. Su oponente podrá hacerle tropezar fácilmente si sus técnicas de pateo son demasiado lentas, por no mencionar que la potencia tampoco se mantendría. Sin embargo, patear rápido es una habilidad avanzada que requiere mucho trabajo y práctica, pero sus técnicas serán infinitamente mejores una vez aprendidas. Asegúrese de trabajar también otras habilidades, como la potencia, el equilibrio y los instintos, porque sin ellos la velocidad no le servirá de mucho.

4. Tiempos

Cada situación de lucha es diferente y requiere un tiempo diferente para lanzar la patada con precisión. En primer lugar, tiene que identificar si hay suficiente tiempo para lanzar una patada sin alertar al oponente de su movimiento. En segundo lugar, tendrá que considerar qué técnica de patada puede utilizar en dicho tiempo. Si calcula correctamente el tiempo de su patada, aumentan las posibilidades de que esta golpee eficazmente a su oponente. De lo contrario, puede fallar su objetivo y ser susceptible de tropezar o caer.

5. Cadena muscular

Cuando usa el máximo número de músculos de su cuerpo para lanzar una patada, esta puede ser infinitamente más potente que una patada normal. Esto se debe a que la utilización de la cadena muscular reduce las posibilidades de interrumpir el flujo de energía en sus movimientos y requerirá un esfuerzo considerablemente menor que una patada normal.

6. Imprevisibilidad

Una de las características más importantes de una buena patada es su imprevisibilidad. Si su oponente es un buen luchador, podrá identificar fácilmente sus movimientos y bloquear o desviar su patada o atacar su parte inferior para hacerle tropezar. Por ello, primero debe aprender cada técnica y aplicar estas características para mejorar significativamente sus habilidades de lanzamiento de patadas.

Patadas básicas

Hay seis tipos básicos de patadas que debe conocer primero si desea comprender las técnicas avanzadas de patadas en el kung fu. Si comprende los principios básicos y los movimientos de estos tipos, le resultará mucho más fácil aprender las técnicas complejas de las que hablaremos más adelante.

1. Patada trasera

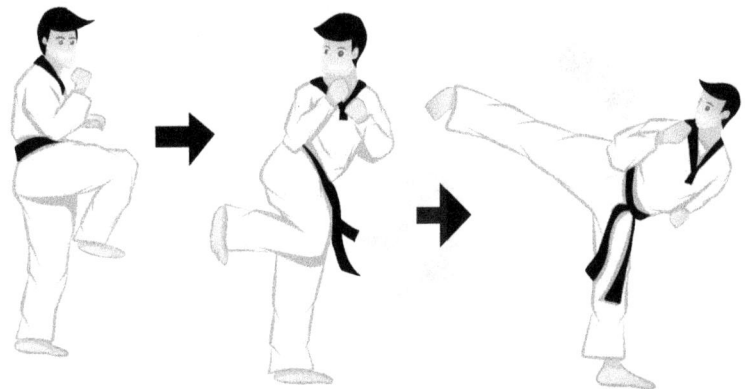

Patada trasera

Es una de las técnicas de patada más utilizadas en numerosas artes marciales. Las patadas hacia atrás son poderosas e infligen el máximo daño a su objetivo. Siga estas instrucciones para dominar la patada trasera.

- Utilice su pierna trasera para esta técnica, colóquese en una posición de patada y gire su cuerpo hacia la derecha hasta que esté mirando directamente a su objetivo.
- Continúe girando hacia la derecha mientras mantiene un ojo detrás de su hombro derecho.
- Levante la rodilla derecha hacia el pecho y lleve el talón de su pie directamente hacia su oponente.

- Después de golpear a su objetivo, reanude rápidamente su postura de pateo en una posición defensiva y prepárese para la siguiente patada.

2. Patada frontal

Las patadas frontales son sencillas, precisas y golpean el objetivo con la máxima potencia para causar un daño considerable. Las patadas frontales suelen consistir en golpear el objetivo con la planta o el talón del pie. Siga estas instrucciones para aprender la técnica de la patada frontal.

- Levante la rodilla de su pierna dominante y empuje su pie hacia adelante
- Golpee a su oponente con la planta o el talón de su pie. Asegúrese de evitar golpear con los dedos del pie.
- Doble los dedos del pie hacia arriba antes de la patada para evitar cualquier daño
- Después de golpear a su objetivo, retire la pierna para evitar que le agarren o le pongan la zancadilla.

Patada frontal

3. Patada descendente

Las patadas descendentes se utilizan para apuntar a la cabeza o a la clavícula del adversario. Las siguientes instrucciones le permitirán utilizar correctamente esta técnica.

- Levante la pierna trasera (la dominante) lo más alto que pueda en dirección vertical.
- Golpee el objetivo con el talón del pie. El hueso duro del talón es más eficaz que golpear con la planta del pie.
- Apunte a la cara o al hueso del hombro de su oponente para inducir el máximo daño.
- Tenga cuidado con la parte inferior de su cuerpo, ya que esta técnica lo dejará expuesto a cualquier ataque.

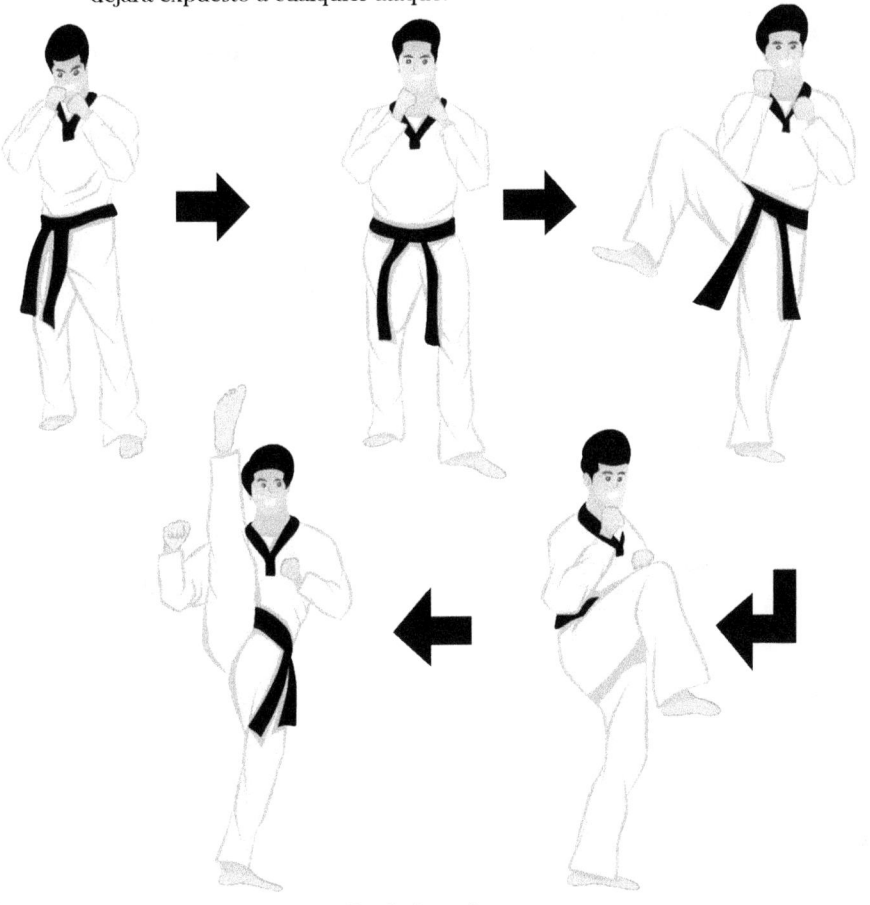

Patada descendente

4. Patada lateral

Aunque las patadas laterales se consideran poderosas, son mucho más lentas que las otras técnicas y dejan el cuerpo muy abierto a los contraataques. Esta patada se puede realizar con la pierna trasera o con la delantera y requiere que se haga una cámara de potencia antes de soltar la pierna. Siga las instrucciones que se dan a continuación para asegurarse de que puede lanzar una patada lateral efectiva.

- Gire su cuerpo hasta que esté en un ángulo de 90 grados con respecto a su oponente
- Gire 180 grados sobre su pierna delantera.
- Mientras gira, lleve su pierna trasera hacia adelante hasta que su rodilla esté cerca de su cintura. Su pie debe estar orientado hacia el atacante.
- Su rodilla debe estar casi a 270 grados de la posición inicial si desea lanzar su patada correctamente.
- Empuje su pie hacia delante y utilice el talón o el borde exterior de su pie para golpear a su objetivo.

Patada lateral

5. Patada circular

La técnica de la patada circular es una de las más utilizadas y una de las más fáciles en las artes marciales. Además, a diferencia de los otros tipos, esta técnica no se centra en atacar una parte específica del cuerpo de su oponente y, en cambio, puede utilizarse para apuntar a cualquier parte. Tanto si desea atacar la rodilla, el pecho o la cabeza de su oponente, puede potenciar su patada en consecuencia y dar una patada eficaz y fuerte. La patada circular básica puede dominarse practicando los siguientes pasos.

- Utilice su pierna delantera o trasera dependiendo de su preferencia
- Póngase en posición de combate dando un gran paso hacia delante con la pierna izquierda y dejando que la pierna derecha gire naturalmente hacia un lado
- Lleve su pierna hacia arriba y dóblela sobre sí misma para que esté tocando el muslo
- Lleve la pierna doblada hacia el lado de forma que la rodilla quede en posición
- Levante la pierna hacia delante y gire sobre la parte inferior del pie. Asegúrese de hacer contacto con el objetivo antes de que la pierna esté completamente extendida para obtener el máximo efecto.
- Después de golpear el objetivo, retraiga la pierna y vuelva a su postura de combate.

Patada circular

6. Patada de media luna

La patada de media luna tiene muchas técnicas avanzadas, pero las más básicas son la patada de media luna interior y exterior. Siga estos pasos para asegurarse de que lo hace correctamente.

- Doble la pierna que patea de forma similar a como se hace en una patada frontal.
- Dirija su rodilla engañosamente hacia el punto izquierdo o derecho del objetivo real.
- Mueva la pierna en forma de arco y golpee el objetivo desde un lado.
- Según la técnica utilizada, el movimiento en forma de arco parte del centro de su cuerpo y se traslada hacia fuera o hacia dentro.

Patada de media luna

Patadas avanzadas

Las técnicas avanzadas de patadas se derivan básicamente de las técnicas básicas y, por lo tanto, deberían ser más fáciles de dominar. A continuación, se enumeran algunas de las muchas técnicas avanzadas de patadas de kung fu disponibles. Siga los pasos para cada una de las siguientes, y practique primero por su cuenta antes de pasar a un oponente real.

1. **Patada mariposa**
   - Asegúrese de estar orientado hacia la dirección en la que quiere que impacte su patada.
   - Póngase en una postura de arco hacia adelante colocando las piernas separadas y colocando ambos pies a 45 grados.
   - Extienda los brazos para dar impulso a la patada.
   - Levante los talones del suelo y gire los pies 90 grados.
   - Mueva los brazos para tomar impulso.
   - Doble su cuerpo hacia adelante y gire 180 grados sobre una pierna, luego levante la pierna y extiéndala detrás de usted.
   - Salte con su otra pierna y gire para golpear su objetivo, y aterrice de nuevo en esta pierna.

Patada mariposa

2. Patada carrusel

- Coloque el pie derecho detrás del hombro y desplace su peso hacia la derecha.
- Levante el antebrazo izquierdo para defender la zona expuesta.
- Transfiera su peso a la izquierda y agáchese lateralmente, empuje hacia el suelo con la pierna y la mano izquierdas.
- Levante la pierna derecha y golpee el objetivo.

Patada carrusel

3. Patada trasera con giro

- Póngase en una postura de lucha similar a la de las patadas hacia atrás. Asegúrese de vigilar a su oponente por encima de su hombro.
- Levante la pierna en la espalda hasta que llegue a los muslos.
- Utilice el talón de su pie para golpear los puntos de dolor de su oponente.
- Asegúrese de mantener las manos en una postura protectora para desviar los contraataques.

Patada trasera con giro

4. Patada con gancho giratorio

- Póngase en posición de lucha con las rodillas dobladas y las piernas muy separadas.
- Mueva los brazos con la pierna que no patea con el fin de tomar impulso para la patada.
- Gire 180 grados y mire por encima del hombro para medir la potencia y la distancia de la patada.
- Levante la pierna que patea y lance una patada de gancho al pecho o al hombro de su oponente.

Patada con gancho giratorio

Aunque la práctica de estas patadas pueda parecer una actividad inofensiva, debe asegurarse de contar con la orientación de un especialista en artes marciales del kung fu. Además, si intenta dar estas patadas a un oponente, asegúrese de no ejercer una fuerza perjudicial sobre el cuerpo de su adversario, ya que puede causar daños permanentes. Es una buena idea aprender primero en detalle los tipos básicos de patadas antes de pasar a los avanzados, porque los principios subyacentes siguen siendo los mismos en todo momento. Encontrará numerosas técnicas avanzadas, que serán casi imposibles de dominar si no aprende primero los fundamentos de una buena patada. La práctica hace la perfección, y debe practicar todo lo que pueda si quiere dominar estas técnicas de patada a la perfección.

Capítulo 10: La defensa personal en el kung fu

El kung fu es mucho más que un arte marcial. Es una forma de arte que nos enseña múltiples lecciones de vida. Aunque mucha gente asume que todas las artes marciales se centran en el ataque, solo unos pocos son conscientes del aspecto defensivo de estas artes. El wing chun es un estilo de kung fu realmente único que se centra principalmente en la defensa. Es un estilo de kung fu muy intrincado y hermoso que enseña a una persona la capacidad de defenderse contra casi todos los ataques posibles.

El wing chun es tan popular que es un deporte ampliamente reconocido en múltiples partes del mundo. Hay una razón muy lógica detrás de esta popularidad, y es el hecho de que el wing chun es el más acorde con las necesidades actuales. Las artes marciales ya no son lo que eran porque vivimos en una sociedad relativamente más segura y regulada por la ley. Dado que no necesitamos las formas letales de las artes marciales en la sociedad moderna, el wing chun ofrece una excelente alternativa a quienes buscan aprender defensa personal.

Los elementos básicos del wing chun son el bloqueo y el golpeo simultáneos, junto con la captura del oponente, el ataque a corta distancia, la presión sobre el oponente con el movimiento y la ráfaga de golpes. Hay muchos más elementos que dan al wing chun su reputación única, pero estas son las características más conocidas y visibles. La cualidad única del wing chun que lo separa de otras formas de artes marciales o incluso del kung fu es que es especialmente eficaz cuando se aplica en un escenario de defensa personal. Tal vez, esto se deba a que el wing chun puede incapacitar a un agresor sin dañarlo letalmente. La capacidad de defenderse a uno mismo mientras se mantiene en el lado correcto de la ley es algo que todo el mundo quiere, y ahí es donde el wing chun brilla más.

El wing chun hoy en día

Antes de seguir explorando cómo el wing chun puede ayudar en la defensa personal, es importante conocer un poco el estado actual de este arte marcial. La mayoría de los entrenamientos de wing chun impartidos por maestros no nativos se centran únicamente en el entrenamiento o son completamente erróneos. Aunque está perfectamente bien centrarse en el entrenamiento durante las fases iniciales, el wing chun es un arte práctico que debe ser practicado regularmente.

El entrenamiento no puede proporcionar el mismo nivel de experiencia y conocimiento que la práctica del wing chun con un compañero o en competiciones. Estos métodos de entrenamiento poco realistas han hecho que el wing chun adquiera una imagen mucho más blanda de lo que realmente es. Las técnicas extremadamente complejas tienen cada una su propio mérito, pero no en el caso de los escenarios de defensa personal.

Discutiremos muchas técnicas que no son tan enfatizadas como algunas de las más elegantes debido a razones estéticas solamente. Estas técnicas menos conocidas no son de ninguna manera menos efectivas que las que se enseñan en casi todos los dojos de artes marciales. Por el contrario, las técnicas que discutiremos son algunas de las más importantes para aprender desde el punto de vista de la defensa personal.

El wing chun se ha convertido poco a poco en un ejercicio de espectáculo, y todas las técnicas y métodos utilizados son absolutamente redundantes en un escenario del mundo real. Problemas como estos suelen surgir debido a la naturaleza cambiante del wing chun. Cuando hablamos del wing chun como arte marcial de defensa personal, debemos entender que difiere de las formas regulares. Sin embargo, lo mismo puede decirse de cualquier arte marcial que tenga aplicaciones tanto de espectáculo como de defensa personal.

Fundamentos de la defensa personal

1. Estructura

El wing chun es un arte marcial que se practica centrándose tanto en el ataque como en la defensa. El objetivo principal de un practicante de wing chun es atrapar, bloquear o atascar las extremidades de su oponente para crear ventanas de ataque. Un practicante de wing chun no solo tiene que desarrollar su fuerza, sino que también tiene que centrarse en desarrollar su técnica de forma estructurada para que su fuerza se multiplique. Todas las diferentes técnicas se engloban en subgrupos como puñetazos, bloqueos y patadas. Si usted puede aprender a usar estas técnicas en conjunto con el aspecto de movimiento hacia adelante del wing chun, será capaz de vencer a cualquier oponente.

2. Ataque contra defensa

He subrayado este punto muchas veces en este capítulo, pero su importancia requiere que lo repita de nuevo. El wing chun es un estilo de kung fu que exige simetría entre la ofensiva y la defensiva, lo que significa que un golpe acompañará a cada bloqueo que haga. Lo mismo se aplica a los golpes. Aprenderá a utilizar diferentes golpes para desviar los ataques. Esta característica solo está presente en algunas otras artes marciales como el muay thai. El resto de las artes marciales no utilizan este sofisticado estilo de lucha, y es por ello que el wing chun es mucho más técnico por naturaleza. Los practicantes tendrán que equilibrar su entrenamiento ofensivo y defensivo en todas las etapas de su desarrollo.

3. Captura

Las capturas son uno de los aspectos del wing chun que han perdido popularidad debido a los malos métodos de enseñanza y práctica. Mientras que los expertos pueden utilizar la técnica de atrapar del wing chun para someter a un oponente efectivamente, la gran mayoría de los practicantes no tienen ni idea de cómo hacerlo. Debido a la falta de práctica regular y de combate, los luchadores optan por confiar en otros aspectos más dominantes del wing chun. Debido a esto, la mayoría de la comunidad deportiva cree que el combate con wing chun no puede ser aplicado en escenarios como una pelea de MMA o un escenario de defensa personal.

La captura es algo en lo que todo luchador debería centrarse. El conocimiento de sus variaciones de estilo wing chun ayudará a amplificar la fuerza de un practicante. Sin embargo, es importante entender que las capturas más sofisticadas no son más que una serie de agarres más pequeños superpuestos. Nunca serán tan efectivos como las más simples, menos llamativas y mucho más efectivas.

4. Combate

El combate es la eventualidad a la que todos los practicantes de wing chun deben enfrentarse después de haber entrenado durante un tiempo. No importa cuánto haya entrenado, no será capaz de defenderse de los ataques del enemigo a menos que practique todos sus movimientos en un escenario de la vida real. Por eso el combate es un aspecto tan importante del wing chun. Le ayuda a superar sus límites con un compañero sin arriesgarse a sufrir lesiones mortales.

La razón por la que el combate es tan efectivo es que los movimientos de su oponente son impredecibles. La forma correcta de realizar un combate es hacerlo con ligereza, sin intención de herir a su compañero, más como una danza que como una pelea, porque hay que corresponder con la misma fuerza. El mayor error que se comete al realizar un combate es que ambos luchadores practican sus técnicas de wing chun. Aunque esto está perfectamente bien desde el punto de vista competitivo, no será muy útil en una pelea callejera. Lo ideal es que uno de los dos imite los movimientos de un luchador no entrenado, ya que es muy poco probable que su oponente en la vida real también sea experto en wing chun.

Técnicas de wing chun

Siempre que un luchador, un guerrero o un soldado va a la batalla, tiene que llevar las herramientas adecuadas para luchar. En el caso de la defensa personal, sus técnicas son sus herramientas. Usted debe dominarlas perfectamente para poder defenderse. Todo luchador debe tener una variedad de herramientas para contrarrestar las diversas situaciones en las que se puede encontrar, y es por esto que necesita ser un experto en múltiples técnicas.

En esta sección, vamos a explorar las diversas técnicas que debería intentar dominar para la defensa personal. Mientras que los movimientos más elegantes son definitivamente atractivos para el público, nuestro enfoque aquí es la eficiencia y ser capaz de defenderse. Por eso solo veremos las técnicas esenciales que debería dominar primero antes de pasar a movimientos más complejos.

1. Golpes con las mano

Los golpes con las manos son algunos de los más importantes en cualquier arte marcial porque nuestras manos son la parte más intuitiva del cuerpo. En el wing chun no se hace tanto hincapié en los golpes con las manos como en el bloqueo, y esto se debe principalmente a la naturaleza defensiva del arte marcial. Sin embargo, estos golpes juegan un papel importante, y vamos a ver algunos de los golpes con la mano más importantes que debería aprender.

Bin sau: También conocida como la técnica de los dedos penetrantes, el biu sau consiste simplemente en lanzar la mano hacia delante con una fuerza tremenda para dañar los puntos blandos del cuerpo de su oponente. Recuerde que los dedos juegan un papel crítico aquí, y acondicionarlos adecuadamente debe ser su principal prioridad.

Lin wan kuen: Este no es un solo golpe como el ataque anterior. Se conoce como un golpe en cadena debido a la ráfaga de golpes que el practicante debe aprender a lanzar. El objetivo principal aquí es abrumar a su oponente, y es uno de los ataques más sorprendentes que puede hacer para defenderse.

Golpes: Esta es una categoría más amplia que las dos anteriores e implica múltiples tipos de golpes en el wing chun. Debería intentar practicar el puñetazo de una pulgada, el doble puñetazo y algunos otros golpes básicos para que su arsenal no sea limitado y, por tanto, predecible.

2. Patadas

A diferencia de las artes marciales centradas en las patadas, como el taekwondo, el wing chun se centra más en los ataques y bloqueos de la parte superior del cuerpo. Sin embargo, aprender a dar una patada bien ejecutada sigue siendo muy importante, ya que las patadas ayudan a aumentar el alcance y el daño. Todo artista marcial debería conocer algunas patadas básicas como la patada recta, la patada lateral, la patada de martillo y la patada redonda. No es necesario aprender patadas sofisticadas como la patada circular o la patada tornado para la defensa personal, ya que no tendrá tiempo de utilizarlas en una pelea real.

3. Golpes con el codo

Asociados sobre todo a las artes marciales como el muay thai, los golpes con el codo pueden ser especialmente devastadores si se ejecutan correctamente. La mayor ventaja de utilizar los golpes con el codo es que puede sorprender a su oponente y asestarle un golpe fulminante que casi garantiza que se paralice durante un breve momento. El golpe de codo más popular en el wing chun es el pai jarn, y generalmente consiste en golpear la cabeza del oponente para aumentar la cantidad de daño causado.

4. Bloqueo

El bloqueo es uno de los aspectos más significativos del wing chun, y un ataque suele acompañar a los bloqueos ejecutados por un luchador de wing chun. Esto significa que se puede infligir un daño masivo mientras se reducen las posibilidades de resultar herido en el proceso.

Biu sau: Se habló del biu sau en los golpes con las manos, y es un movimiento muy versátil que puede utilizarse para desviar, atacar y contraatacar al mismo tiempo.

Chi sau: También conocida como la técnica de las manos pegadas, el chi su implica movimientos rápidos de las manos apoyadas por los reflejos y la velocidad del ejecutor. Con esta técnica se puede desviar fácil y rápidamente una ráfaga de ataques del enemigo, lo que le proporcionará amplios espacios para golpearlo.

Huen sau: Esta técnica también se conoce como la técnica de las manos circulares, y es muy útil si quiere cambiar de posición mientras mantiene el control sobre el brazo de su oponente.

Kwan sau: La técnica de la mano giratoria es muy útil cuando se quiere bloquear ataques simultáneos de bajo y alto nivel del enemigo. Su oponente a menudo intentará abrumarle con este tipo de ataques en un combate real, y cuando ejecute este bloqueo, podrá anularlos por completo.

Pak sau: Esta técnica también se conoce como el bloqueo de la mano que golpea, y es muy útil si necesita desviar un ataque entrante con facilidad. Se trata de utilizar la palma de la mano para desviar el ataque, e incluso puede desviar la dirección del ataque, lo que puede hacer que su oponente pierda el equilibrio.

Capítulo 11: Ejercicios diarios de entrenamiento

Fuente de la imagen [78]

Después de haber cubierto todas las diferentes técnicas, estilos y ejercicios que se emplean para crear una rutina de kung fu completa, al igual que con muchas otras cosas en la vida, la práctica hace la perfección. Incluso las rutinas más sencillas, como los golpes y las patadas básicas, deben practicarse a fondo si quiere dominar estos movimientos y llevar su kung fu al siguiente nivel.

Sin una práctica regular y un enfoque adecuado en la mejora de su conjunto de habilidades, será casi imposible mejorar como artista marcial. Tanto si es usted un completo principiante que solo ha aprendido lo básico como si es alguien más avanzado que aprende los movimientos más técnicos, siempre se requiere un trabajo constante. Las artes marciales dependen de que conozca el movimiento y comprenda teóricamente el concepto y que traslade ese conocimiento y lo aplique a su cuerpo, y le enseñe a moverse de una determinada manera. Al igual que el boxeo, las artes marciales mixtas y cualquier otro tipo de actividad física, la repetición grabará esta información en su memoria muscular y la grabará en su sistema nervioso. Esto es crucial cuando se trata de perfeccionar un movimiento. Y lo que es más importante, cuando tenga que utilizar uno de estos movimientos en un partido o incluso en la vida cotidiana, no tendrá tiempo para pensar en ello. Tiene que ser capaz de reaccionar rápida y eficazmente.

Si observamos a los futbolistas profesionales, veremos que practican la misma rutina cientos de veces a lo largo del año, durante las temporadas de entrenamiento y competición. De este modo, cuando se encuentran en un partido, no tienen que pensar, ya que su cuerpo sabe lo que hay que hacer. Esto se aplica a casi todos los deportes y es una solución eficaz tanto para la estrategia de juego como para los movimientos específicos que utiliza un jugador.

En el kung fu no es diferente. A medida que progresa, se aprenden habilidades más complejas, y la memoria muscular se vuelve aún más importante. No hay que aprender cosas nuevas a expensas de habilidades más antiguas y a menudo más fundamentales. Mantenerse en contacto con los movimientos básicos también mantendrá su cuerpo ágil y listo para absorber habilidades más avanzadas que se basan en esos movimientos básicos.

Si tiene tiempo para inscribirse en una academia de artes marciales, debería hacerlo. No solo se entrenará en lo que necesita, sino que también tendrá la oportunidad de sumergirse en un gran ambiente y estar rodeado de personas con ideas afines. Tendrá acceso a mucho equipo y a profesores cualificados que serán vitales para mejorar sus sesiones de práctica. Sin embargo, no deje que la falta de recursos o de tiempo limite su entrenamiento de kung fu. Incluso si está solo y no tiene ningún equipo para entrenar, puede hacer una buena sesión que le ayudará tanto a su estado físico como a su kung fu.

Sin embargo, si realmente desea ser autosuficiente, debería considerar la posibilidad de adquirir algún equipo básico. No tiene por qué ser extremadamente caro. De hecho, la mayoría de los equipos básicos que necesita pueden ser bastante baratos. Por ejemplo, un maniquí de madera de tamaño mediano, unas cuantas bandas de estiramiento y algunos equipos básicos de resistencia no son muy caros y son portátiles. Puede llevarlos consigo fácilmente si tiene que salir de casa con frecuencia. Estos artículos también son muy fáciles de manejar y guardar en casa. Si se toma en serio el desarrollo de su kung fu, un buen equipo es imprescindible.

Para que el entrenamiento diario sea un poco más manejable, veamos algunas cosas específicas que puede hacer para mejorar aspectos particulares junto con algunas rutinas de entrenamiento holístico que podría utilizar.

Estiramiento

Fuente de la imagen [74]

Esta es una parte crítica de cualquier rutina de entrenamiento y es importante si desea realizar los movimientos correctamente. Casi todos los movimientos que realice, ya sea una voltereta, una patada o un puñetazo, requerirán que tenga unas articulaciones sólidas y la capacidad de extender completa y adecuadamente sus extremidades y su torso. Incluso las técnicas de respiración más sencillas requieren que expanda y contraiga completamente todo el torso para que pueda obtener la máxima cantidad de oxígeno en su sistema y generar la máxima cantidad de fuerza en los golpes. Del mismo modo, la flexibilidad de las caderas, la parte baja de la espalda y la cintura son extremadamente importantes para las artes marciales. Ya sea que esté golpeando, pateando, esquivando o haciendo cualquier otra cosa, esta parte central de su cuerpo es la que le permite generar impulso.

Cualquier rutina de estiramiento que haga debe incorporar una parte, especialmente para su núcleo y el resto de su columna vertebral. También es importante que cuando haga los estiramientos al principio del entrenamiento, se los tome con calma y no fuerce ningún movimiento rápido o explosivo. Puede incorporar los estiramientos como parte de su rutina de calentamiento, o puede hacerlo por separado, centrándose en determinadas zonas de su cuerpo que se sientan tensas. Lo ideal es que tenga un poco de ambas cosas y que los estiramientos formen parte de su rutina de calentamiento y enfriamiento. También puede tener un tiempo separado en el que solo se centre en los estiramientos y la flexibilidad.

Calentamiento

Fuente de la imagen [75]

Si le pregunta a cualquier artista marcial experimentado cuál es la clave para una rutina saludable y sostenible, le dirá que es el manejo adecuado del cuerpo, y esto comienza con el calentamiento. Usted puede evitar fácilmente muchos problemas y reducir significativamente sus posibilidades de lesión si simplemente dedica diez minutos más antes del entrenamiento para calentar adecuadamente y unos minutos más después del entrenamiento para enfriar correctamente. Las rutinas de calentamiento no tienen por qué estar relacionadas con su entrenamiento de artes marciales, y puede hacer cualquier cosa, como salir a caminar, nadar o trotar, o incluso simplemente hacer algo de cardio para calentar. De hecho, los monjes shaolín y muchos otros artistas marciales orientales siempre comienzan su día y su entrenamiento con una carrera.

Puede ser una carrera corta de 10 minutos o incluso de 30, pero la cuestión es que sirve como un calentamiento suave que prepara todo el cuerpo para el entrenamiento. Si tiene una cinta de correr en casa, es fantástico. Si no, simplemente salga a dar un pequeño paseo al aire libre y haga un buen calentamiento antes de empezar a entrenar. Si va a realizar movimientos explosivos, calentar es fundamental. Del mismo modo, el calentamiento tiene que ver tanto con el sistema cardiovascular como con la obtención de un buen flujo sanguíneo hacia los músculos. Con ambas áreas debidamente preparadas, estará listo para entrenar.

Combate

Fuente de la imagen [76]

Esencialmente, el propósito de todo el intenso entrenamiento de kung fu es convertirlo en un mejor luchador y darle todas las habilidades y conocimientos que necesite para construir una mejor rutina de lucha. Sin embargo, incluso con las diferentes habilidades, hay una variedad de formas de aplicarlas. Utilizando los distintos estilos de combate, como el estilo tigre, el estilo dragón, el estilo mantis religiosa o el estilo leopardo, entre otros, podrá aplicar mejor sus habilidades y derribar a su oponente con mayor eficacia. Estos diferentes tipos de técnicas de combate implican sus propios movimientos y estrategias. Si desea dominar realmente un determinado estilo, debe aprender las pequeñas variaciones de cada uno de ellos.

Las pequeñas diferencias, como la ligera variación en la forma de sujetar la mano entre el estilo dragón y el estilo tigre, pueden tener un gran impacto en la forma de ejecutar el movimiento. Y lo que es más importante, los diferentes estilos también influyen en la estrategia general de combate. Mientras que algunos estilos, como el estilo tigre, son más agresivos y requieren que sea más ofensivo, otros estilos, como el estilo dragón, le permitirán ser más escurridizo y golpear de forma más estratégica.

Además, el tipo de estilo que desee seguir también tendrá un gran impacto en el tipo de entrenamiento que realice y en el modo en que construya su cuerpo para soportar un determinado estilo de lucha. Por ejemplo, si desea seguir el estilo de combate tigre, se centrará más en la forma física. Requiere más calistenia, y hay una mayor importancia en el combate en lugar de solo perfeccionar los movimientos.

Golpeando

Fuente de la imagen [77]

En cualquier tipo de arte marcial, el objetivo es la autopreservación. Se trata de protegerse de un atacante. Para hacerlo de forma eficaz, usted debe ser capaz de golpear con potencia, precisión y velocidad. Sin una buena combinación de estos tres factores, puedes seguir luchando, pero su intento de detener al atacante no será efectivo, y este seguirá atacando mientras usted sigue quedándose sin energía y finalmente será derrotado.

Cuando se practica el golpeo, hay que asegurarse de que se da uno bien ejecutado. Esto significa que su golpe es rápido, potente y se dirige a las zonas correctas. Si está a punto de lanzar un ataque muy complejo, pero no tiene suficiente potencia detrás de él, o su estrategia no es lo suficientemente buena como para romper la defensa del oponente, la complejidad no sirve de nada.

Al golpear, lo primero que hay que tener en cuenta es la postura, la base desde la que se lanza el ataque. Debe estar en una buena posición, y debe aprender a colocarse eficazmente en el cuadrilátero o dondequiera que esté para formular un buen ataque. Lo más importante en una buena postura es la posición de sus pies y la distribución equitativa del peso.

A continuación, tiene que ser consciente de su distancia con el oponente. Tanto si utiliza las manos y las piernas para los puñetazos y las patadas como si utiliza un arma, tener el rango de movimiento adecuado le ayudará a sacar el máximo provecho del golpe. Si su oponente está demasiado lejos o demasiado cerca, se reducirá la cantidad de potencia que puede generar, y puede que ni siquiera sea capaz de asestar el golpe donde quiere. Por lo tanto, tenga en cuenta su distancia con el oponente en todo momento.

Un buen golpe tiene que tomar la ruta más rápida y ser un movimiento veloz. No es necesario un gran movimiento fluido cuando se quiere asestar una patada de talón invertida: un mayor movimiento reduce la eficacia. Para que el golpe sea fuerte, debe ser rápido, y debe tener un excelente impulso desde el lanzamiento hasta el punto final de impacto. Además, usted debe asegurarse de que utiliza su chi para impulsar la energía adicional en la ejecución de la patada. Mantenga las cosas simples y sea rápido en sus movimientos para generar tanta fuerza como sea posible.

Tanto si utiliza un arma o su mano, usted quiere ser capaz de poner tanta masa en el movimiento como sea posible. Esto significa incorporar todo el cuerpo al movimiento. La masa combinada con la velocidad crea potencia, y cuando pone todo su cuerpo en el movimiento, aumenta la masa exponencialmente. Tenga mucho cuidado con la dirección en la que se mueve su cuerpo cuando lanza un ataque, e intente agilizarlo todo para crear un golpe sólido.

Otra gran forma de añadir impulso y fuerza a su golpe es con la rotación. Girar sobre sus talones, girar desde la cintura, o simplemente cambiar el peso de un pie a otro es una gran manera de hacer uso de la torsión. Lo que hay que eliminar es la contrarrotación, ya que esta reduce el impulso y ralentiza el movimiento.

Al lanzar un golpe, también hay que prestar más atención al ángulo desde el que se lanza y al ángulo en el que el golpe caerá sobre el oponente. Esto puede ser a menudo la diferencia entre un golpe que tiene un impacto muy pequeño y uno que acaba con el partido. Comprenda dónde está golpeando al oponente y qué tipo de ángulo es más eficaz para esa zona, y luego cambie su ángulo de ataque en consecuencia.

Pateando

Fuente de la imagen [78]

En el kung fu se pueden utilizar innumerables patadas para defenderse, pero en general se pueden clasificar como patadas de empuje hacia delante, patadas de elevación y patadas giratorias. Además, se pueden utilizar otras patadas para peleas a corta o larga distancia, pero también se basarán en un empuje, una elevación o un giro. Lo ideal es dominar una gran variedad de patadas. Las patadas ayudan a mantener la distancia con el oponente y crean mucha más fuerza que la que se puede conseguir con un puñetazo.

Defensa personal

Fuente de la imagen [79]

Si su objetivo es la defensa personal, el kung fu es algo que puede resultar útil. Se originó en el campo de batalla como una forma de lucha que incapacita al oponente con muchos tipos de golpes que pueden ser fatales cuando se hacen bien. Para que su kung fu sea letal, no es necesario conocer habilidades muy avanzadas, pero sí es necesario ser extremadamente competente en la ejecución de las habilidades básicas. Sin embargo, tan importante como el ataque es, también es importante ser muy competente en las técnicas defensivas y en las técnicas de esquive para protegerse adecuadamente. Con la combinación adecuada de defensa y ataque, usted puede superar a cualquier oponente. Depender solo de una de estas dos cosas no le ayudará en la mayoría de las situaciones.

Ideas de entrenamiento de kung fu en general

Fuente de la imagen [80]

Como puede ver, una buena rutina de kung fu aborda muchas cosas y una en la que el entrenamiento es equilibrado. Necesita una buena mezcla de todo para tener una base sólida en kung fu que pueda utilizar para aprender habilidades más avanzadas. Para ello, hay muchos maestros e incluso grandes maestros que siguen practicando un entrenamiento muy básico todos los días. El hecho es que estas cosas básicas se enseñan a los nuevos luchadores no porque sean sencillas, sino porque son la base. La postura del caballo es un ejemplo perfecto de algo tan importante en muchos sentidos. Simplemente mantener la postura del caballo todos los días durante treinta minutos es un ejercicio fantástico.

Sin embargo, también puede utilizar algunos principios generales de entrenamiento para ayudarle a entrenar de forma más eficaz.

Calentamiento: 15 minutos de carrera o salto de cuerda, o 30 minutos de caminata.

Entrenamiento

- Estiramiento de 4 segundos (4 veces por lado)
- Estiramiento de 2 segundos (4 veces por lado)
- Balanceo de piernas (10 veces con cada pierna, tanto hacia delante como hacia un lado)
- Patadas bajas (5 veces con cada pierna)
- Flexiones de brazos de 9 cuentas (un mínimo de 10 o todas las que pueda hacer)
- Flexiones de nudillos (tantas como pueda en una serie)
- Sentadillas (de nuevo, tantas como pueda en una serie)
- Postura de caballo (comience por mantener la posición durante 1 minuto y aumente 30 segundos cada semana. Los principiantes deben aspirar a un tiempo total de 5 minutos, los intermedios a 10 minutos y los avanzados a 20 minutos)
- Estiramiento de los isquiotibiales, estiramiento de la horquilla, estiramiento de la mariposa, estiramiento de la caída del dragón, estiramiento de la torsión (2 minutos cada uno, total 10 minutos)

Este es un ejemplo de entrenamiento que puede hacer fácilmente todos los días, ya que no requiere mucho equipo, es rápido y es efectivo. Por supuesto, si tiene un determinado tipo de entrenamiento en el que se está centrando, puede elaborar una rutina que se dirija mejor a eso. Sin embargo, como rutina de entrenamiento diario, usted quiere algo que trabaje su fuerza general, su flexibilidad y los requisitos básicos para los movimientos del kung fu.

Conclusión

En esta guía definitiva de kung fu, hemos proporcionado una visión completa y práctica de este tipo de arte marcial. El libro cubre elementos críticos del kung fu como las posturas, los diferentes patrones, las armas, la autodefensa y los ejercicios de entrenamiento diario. Es necesario entender cómo ejecutar diferentes movimientos contra el oponente antes de emplear realmente cualquiera de los movimientos para la defensa personal. Lea este libro para aprender un enfoque paso a paso de este increíble arte marcial.

Mucha gente ha oído hablar del kung fu, y algunos creen que es un arte excepcional para individuos de gran talento y habilidad. Sin embargo, con los conocimientos adecuados en su haber, usted también puede llegar a dominar esta forma de arte marcial. Este libro le ofrece la información sobre las técnicas y posturas fundamentales que necesita para entender cómo vencer a sus oponentes. También explica en qué se diferencia el kung fu de otros tipos de artes marciales.

Si está interesado en desarrollar sus conocimientos y habilidades en kung fu, es vital saber en qué se parece y en qué se diferencia de otras formas de artes marciales. La información que obtendrá en este libro le ayudará a familiarizarse con la disciplina del kung fu, a la vez que le preparará para la acción real. Al leer este libro, obtendrá conocimientos teóricos y técnicas fáciles de aplicar.

El volumen está lleno de imágenes e instrucciones bien explicadas sobre los diferentes movimientos y posturas que debe conocer. Podrá practicar fácilmente cada movimiento gracias a todos los detalles que se ofrecen. También encontrará muchas imágenes que le ayudarán a hacerse una mejor idea de cómo son algunos de los movimientos y posturas.

El libro es único porque está diseñado específicamente para los principiantes y los interesados en el kung fu. Todos los términos se explican de forma sencilla y fácil de entender. También está actualizado y presenta comparaciones con otras formas de artes marciales. El kung fu sigue evolucionando, y este texto le proporciona la información más reciente que puede necesitar para mejorar sus habilidades.

Si desea obtener consejos de expertos para mejorar sus habilidades de kung fu, este libro es para usted. Proporciona un enfoque práctico para ayudar a los principiantes a dominar diferentes técnicas. Mientras que usted requiera un instructor para entrenar en diferentes elementos de este arte marcial, con este libro, se dará cuenta de que algunas de las otras cosas son autodidactas. Y lo que es más importante, toda la información es fácil de entender, y puede realizar algunos de los ejercicios sin ninguna ayuda. Si está buscando la mejor manera de empezar su viaje de kung fu, este libro es su mejor opción.

Octava Parte: Judo

Guía sencilla para principiantes que quieren competir o aprender técnicas de defensa personal

Introducción

El judo es un arte marcial japonés que se centra en las técnicas de agarre y lanzamiento. Es un deporte olímpico y también puede utilizarse en defensa personal. La filosofía del judo consiste en utilizar la fuerza del oponente en su contra, lo que lo hace perfecto para las personas más pequeñas que necesitan defenderse de atacantes. No se necesita experiencia ni equipo especial para empezar. Esta guía le enseña todo lo que necesita saber sobre los fundamentos del judo para que empiece a practicar hoy mismo.

Este libro es una guía práctica para las personas interesadas en el judo y presenta aspectos de este deporte relacionados con la defensa personal y la competencia de las artes marciales. Ilustra técnicas, estrategias, la mentalidad o filosofía y la disciplina. Se centra en el uso de estas herramientas en situaciones de la vida real, como la defensa contra oponentes armados o contra más de un oponente y en combates de competencia.

El libro es una guía bien escrita, apta para principiantes y sin errores, para todos los interesados en el judo. El autor transmite al lector gran parte de sus conocimientos y experiencia en judo, y cada capítulo se relaciona con el anterior.

La pasión y el amor del autor por el judo son evidentes en cada página. Además, tiene ilustraciones de alta calidad, por lo que es ideal para principiantes. Los lectores se sentirán como si estuvieran aprendiendo de un amigo que quiere que tengan éxito, en lugar de un simple instructor o entrenador.

Las imágenes y fotos de alta calidad ilustran las técnicas que se enseñan en el libro, facilitando al lector la comprensión de los conceptos básicos de agarres y lanzamientos.

Este libro cubre todos los lanzamientos y derribos básicos que son esenciales para cualquiera que quiera aprender a derribar a sus oponentes con facilidad. También repasa algunas de las sumisiones y llaves más comunes, así que incluso si alguien lo agarra durante un combate, ¡hay formas de salir de casi todas las situaciones! Por último, habla de cómo es el judo en su más alto nivel: reglas de competición y estrategias para ganar combates contra otros luchadores expertos. Tanto si quiere algo divertido para hacer después del trabajo como si sueña con convertirse en campeón olímpico algún día, ¡este libro tiene todo lo que necesita!

El judo es una forma estupenda de ponerse en forma y mantenerse activo. También es una excelente forma de defensa personal que puede ayudarle a protegerse de cualquier daño.

Este libro le enseña los fundamentos del judo para que empiece inmediatamente. No es necesario tener experiencia. Una vez que entienda los fundamentos, practicar en casa o en su *dojo* local será fácil.

Capítulo 1: Reglas y filosofía del judo

Origen

El judo es muy diferente de cualquier otro arte marcial. Es un arte marcial muy joven, existe desde hace poco más de un siglo. A diferencia de otras artes marciales, en las que el desarrollo del deporte es la culminación de los aportes de muchas personas a lo largo del tiempo, el judo puede atribuirse a una sola persona, Kano Jigoro.

Nacido en 1860 en Japón, Jigoro era un polímata, educador de profesión y ávido artista marcial. Desde joven, a los 17 años, Jigoro era un hombre muy delgado y esbelto. Como sufría de acoso escolar, le interesaba mucho aprender artes marciales para defenderse. A mediados y finales del siglo XVIII, el *jiu-jitsu* estaba perdiendo popularidad, y a Jigoro le resultaba muy difícil encontrar un instructor. Además, su baja estatura no le hacía ningún favor, y los pocos maestros que encontraba no lo aceptaban debido a su tamaño.

Más tarde, se convirtió en discípulo de Fukuda Hachinosuke. Sin embargo, esta relación no duró demasiado, y poco más de un año después de comenzar su entrenamiento, Hachinosuke enfermó y murió. Jigoro buscó otro maestro, Iso Masatomo. Con Masatomo aprendió y progresó mucho. Muy pronto obtuvo el título de Maestro instructor (*Shihan*) y se convirtió en instructor asistente.

El último maestro de Jigoro fue Likubo Tsunetoshi, de la escuela Kito-Ryu, una escuela diferente a la Escuela Tenjin Shin Ro-Ryu de Artes Marciales de la que habían sido sus dos primeros maestros. A lo largo de su formación, Jigoro siempre aprendió de maestros que ponían mucho énfasis en la práctica libre y se centraban en la forma perfecta más que en la energía intensa. Este enfoque en la forma, el movimiento libre y los principios fundamentales del *jiu-jitsu* sentó las bases para las nuevas técnicas que Jigoro desarrolló cuando, esencialmente, creó el judo tal y como lo conocemos hoy en día.

Judo y jiu-jitsu

Como puede ver, el judo nació del *jiu-jitsu*, pero se desarrolló con un propósito muy diferente. Mientras que el *jiu-jitsu* nació en el campo de batalla, el judo lo hizo en una época de paz, en la que la atención se centraba en la estrategia, la disciplina, el control y la deportividad. De hecho, el nombre «judo» hace referencia a la gentileza, la suavidad y la flexibilidad y ayuda a entender que el judo se trata sobre el «método suave».

Mientras que en las artes marciales tradicionales todo giraba en torno a la fuerza, la potencia y la energía con el objetivo de herir gravemente o matar al oponente, el judo trata de comprender al oponente y utilizar técnicas para volver su fuerza contra él. Por eso, en lugar de ataques duros y bloqueos, el judo utiliza muchos movimientos de apalancamiento mediante los que el judoca intenta desequilibrar al oponente, redirigir su impulso y confiar más en movimientos inteligentes que en la fuerza bruta.

Además, en lugar de ser simplemente una forma de luchar, el Judo es una forma de pensar y de vivir que genera una mejoría física, mental, emocional e incluso espiritual. Por lo tanto, quienes se proponen aprender judo no solo aprenden un arte marcial, sino algo más importante, una forma de vida.

Etiqueta

Un profesor de judo se conoce como *sensei*. Un estudiante, por su lado, es conocido como judoca, aunque tradicionalmente el término «judoca» se reservaba para los estudiantes que habían alcanzado el cuarto dan o superior. A los alumnos nuevos y hasta el tercer dan se les denomina *kenkyu-sei* (aprendices). El atuendo que visten los practicantes de judo se conoce como *judogi*. Este mismo uniforme es utilizado en muchas otras artes marciales y fue desarrollado inicialmente por Jogori en 1907.

En los Juegos Olímpicos y en otras grandes competiciones, un jugador viste de blanco mientras que el otro lo hace de azul. Esto es simplemente para facilitar a los jueces, árbitros y espectadores la distinción entre los luchadores. En Japón, sin embargo, esta tendencia está mal vista. Allí, ambos competidores visten de blanco con un cinturón rojo.

La reverencia

La buena etiqueta es primordial en un combate de judo y la reverencia juega un papel importante. Aunque es importante en la cultura japonesa en general, la reverencia es vital en el deporte del judo. Los jugadores deben inclinarse ante los instructores cuando entran o salen de un combate. Durante el combate y antes y después del mismo, los competidores también deben inclinarse los unos ante los otros. Este es un signo de actitud deportiva y cortesía que demuestra que desean un combate profesional y justo.

Modestia

No se esperan celebraciones ruidosas ni reacciones emocionales de los luchadores de judo. Cualquier tipo de jactancia, intimidación o lenguaje abusivo es completamente inaceptable. Los jugadores de judo deben respetar a sus oponentes antes, durante y después del partido. No arman mucho alboroto por la victoria, y los perdedores deben asumir la derrota con dignidad. En general, los luchadores de judo son extremadamente considerados con el oponente y con todos los que ven el combate.

Respeto

Además de mostrar modestia, los jugadores de judo se deben tratar con el máximo respeto y utilizar sus habilidades con cautela. Algunas de esas habilidades pueden causar lesiones graves a los oponentes, y los luchadores de judo deben utilizar sus conocimientos de acuerdo con la situación y buscando lograr el objetivo del juego, no con frenesí emocional para herir al oponente. Este es uno de los principios del judo que construye un carácter fuerte en los luchadores, además de integridad y humildad, que son cualidades que resuena en otras áreas de sus vidas.

Perseverancia

El judo es un deporte particularmente difícil, sobre todo cuando se enfrenta a un oponente técnicamente más hábil. Es mentalmente agotador y estresante no poder contrarrestar los movimientos de un oponente. Sin embargo, los luchadores siempre están motivados para seguir adelante. Incluso si pierden un combate, deben continuar entrenando con la misma concentración y disciplina y seguir aprendiendo. En el judo, hay muchos niveles de dan y muchos movimientos que lleva tiempo dominar, por lo que ser un estudiante constante es un principio fundamental de este arte.

Judo moderno

Kodokan, la palabra para una escuela de judo, se traduce literalmente como «un lugar para enseñar el camino».

En esencia, el judo consiste en giros, caídas, derribos, estrangulamientos y llaves. Los jugadores de judo rara vez recurren a los puños y las patadas, pero están familiarizados con ellos y pueden utilizarlos si es necesario.

El judo se centra principalmente en el lanzamiento (*nage-waza*) y el agarre (*katame-waza*). Además, los lanzamientos pueden subdividirse en técnicas de pie (*tachi-waza*) y técnicas de sacrificio (*sutemi-waza*). Del mismo modo, las técnicas de lucha desde el suelo también se dividen en tres categorías principales de ataques en las que un jugador lucha contra llaves (*kansetsu-waza*), estrangulamientos (*shime-waza*) o técnicas de inmovilización (*osaekomi-waza*).

A medida que los jugadores progresan y se vuelven más técnicos, conocen técnicas más intrincadas y complejas utilizadas en las distintas áreas del combate. Por ejemplo, las técnicas de derribo de pie pueden dividirse a su vez en mano, cadera, pie y pierna. Además, hay múltiples técnicas dentro de cada subcategoría. Hay tantos movimientos, que la mayoría de los jugadores no los practican todos. En su lugar, se centran en las técnicas más útiles para ganar un combate. Esto se ha vuelto más común desde que el judo se convirtió en un deporte reconocido y comenzó a tratarse menos del arte del judo y más de conseguir puntos para ganar.

En el judo, hay una práctica conocida como *randori*, que es la «práctica libre». Se trata de una sesión de práctica en la que los jugadores no están sujetos a las reglas del judo de competición y pueden emplear cosas como patadas y puñetazos. A veces incluso pueden emplear «técnicas de cuchillo y espada» Sin embargo, este tipo de práctica solo se permite a los alumnos más veteranos. La razón principal para no permitirlo (ni siquiera como práctica) es la seguridad de los alumnos. Este tipo de armas y prácticas pueden ser extremadamente peligrosas y solo los estudiantes de cierta edad y rango están autorizados a hacerlo.

La estructura de un *randori* es similar a la de muchos torneos formales en donde los jugadores luchan entre sí hasta que uno de ellos se rinde. El objetivo del juego hacer una llave o estrangular al oponente hasta que se rinda.

El judo como deporte

Los partidos de judo modernos se dividen en combates de cinco minutos entre oponentes de la misma categoría de peso. Para entender cómo se gana un combate, aparte de la sumisión, es importante comprender el sistema de puntuación.

Puntuación en el judo

El judo formal tiene tres tipos principales de puntuación y dos tipos de penalización.

Puntos

1. **Ippon** – Se concede cuando hay un derribo «completo». Para que un derribo se considere completo, el luchador debe tirar a su oponente a la lona con potencia y velocidad, de forma que caiga de espaldas. También se obtiene un ippon cuando un luchador inmoviliza a su oponente durante veinte segundos o más, o si el oponente se desmaya o se golpea durante el agarre. Un ippon termina instantáneamente el combate.
2. **Waza-ari** – Se concede en respuesta a un lanzamiento muy bueno, no tan preciso como un ippon. Si el jugador inmoviliza al oponente con un agarre entre quince y veinte segundos, se gana un waza-ari. Si un jugador obtiene dos waza-ari durante un combate, eso equivale a un Ippon y la contienda termina.
3. **Yuko** – Se concede por un lanzamiento al que le falta alguno de los tres componentes principales de un buen derribo, que son la velocidad, la fuerza y que el oponente caiga de espaldas. También se concede un yuko si el jugador consigue inmovilizar al rival entre diez y quince segundos. Los yukos no se acumulan para crear *waza-ari* o *ippon*, su cuenta se lleva por separado.

En los combates, normalmente se ven tres columnas, que representan la puntuación que cada luchador ha ganado hasta el momento en cada categoría de puntuación. Una forma más simple de ver esta puntuación es en términos cuantitativos, donde:

Ippon = 100 puntos
Waza-ari = 10 puntos
Yuko = 1 punto

Penalizaciones

1. **Hansoku-make** – Es un error grave que descalifica al luchador al instante. Intentar lesionar al oponente, un comportamiento poco profesional, la infracción reiterada de las reglas y otros comportamientos inadecuados hacen que el luchador reciba un *hansoku-make*. Es el equivalente negativo de un *ippon*.
2. **Shido** – Se trata de una infracción leve e incluye cosas como no ser lo suficientemente activo en el combate, estar demasiado a la defensiva, tocar

con la mano la cara del oponente, etc. Según el reglamento estándar, hay un límite de tres *shido*. Si se emite un cuarto *shido*, equivale a un *hansoku-make* y da lugar a la descalificación del combate.

Hay varias formas de ganar un combate:
1. Lograr un *ippon*.
2. Lograr dos *waza-aris*.
3. Que el oponente obtenga un *hansoku-make*.
4. Que el oponente obtenga cuatro *shido*.
5. Que el oponente no pueda continuar por lesión.
6. Someter al oponente y que se rinda.

Si se termina el tiempo del combate, el ganador se determina por el número de *waza-aris* que haya obtenido cada luchador. Si ambos luchadores tienen el mismo número de *waza-aris*, se define por el número de *yukos*. Si también el número de *yukos* es igual, se tienen en cuenta los puntos que ha obtenido cada jugador y el menos número de penalizaciones. Si todo, incluido el número de penalizaciones, es igual, entonces el combate se decide en un punto de oro. Se trata de una situación de muerte súbita. La ronda del punto de oro no tiene límite de tiempo y el combate termina en cuanto alguien gana el primer punto. Además, si un luchador recibe un *shido* en el punto de oro, el oponente gana.

Principales reglas del judo

Las reglas principales del judo son bastante sencillas:
1. No está permitido lesionar intencionalmente al oponente.
2. No están permitidos los puños ni las patadas.
3. No está permitido tocar el rostro del oponente.
4. No está permitido atacar articulaciones diferentes del codo.
5. No están permitidos los cabezazos.

Beneficios del judo

El judo es un deporte muy explosivo que requiere mucha fuerza y un pensamiento crítico agudo. Desde la posición de pie, requiere fuerza para levantar y derribar al oponente; y desde el suelo, requiere habilidad y estrategia para inmovilizar al oponente con diversas llaves y estrangulamientos.

Desde un punto de vista físico, el judo es un deporte muy beneficioso para el desarrollo de la fuerza. Solo con los ejercicios y los combates, el luchador se enfrenta a un entrenamiento físico bastante intenso. Los luchadores de judo desarrollan una contextura física más grande y fuerte, además de mucha flexibilidad. En lugar de tener solo músculos grandes, trasladan su fuerza a la vida diaria y la utilizan en muchas otras áreas fuera del judo.

A nivel mental, es un fantástico juego de estrategia. Como el objetivo del juego no es dañar a la otra persona, sino ser más astuto que ella, es muy beneficioso aprender las tácticas de este arte marcial. Requiere pensar con rapidez, ser capaz de analizar situaciones sobre la marcha, prever lo que va a hacer la otra persona y estar preparado para enfrentar cualquier ataque del adversario. Este entrenamiento, sumado al aspecto moral que se espera de los luchadores de judo y el ambiente social de una escuela o clase, es una excelente manera de que los jóvenes aprendan normas sociales y desarrollen rasgos clave como la perseverancia, la disciplina, el respeto y la deportividad.

Además, al tratarse de un deporte complejo, que puede llevar bastante tiempo dominar, desarrolla la paciencia y una ética de trabajo minuciosa. Cualquiera que quiera ser bueno en judo o competir en este deporte comprenderá pronto que no se trata simplemente de empujar a otras personas.

Cómo ha contribuido el judo con la educación

Jigoro era un profesor académico y un *sensei* de judo. En el centro de su enseñanza estaba el propósito de mejorar la forma en que se enseñaba a los jóvenes y la forma en que los jóvenes aprendían. Quería que el judo fuera un deporte que contribuyera al desarrollo de los seres humanos y ayudara a crear una sociedad más fuerte.

Es un deporte que entrena tanto la mente como el cuerpo y ayuda a desarrollar todos los aspectos de la vida.

Más concretamente, uno de los principios básicos de este deporte es el «*Seiryoku Zenyo*» (máxima eficacia). Este enseña a los estudiantes que todo se puede lograr, pero solo cuando el cuerpo y la mente se aplican a sus propósitos con la máxima dedicación. Esto funciona tanto en el judo como en la vida. Usando los conceptos de máxima eficiencia, bienestar mutuo y beneficio, se puede trabajar para crear una sociedad ideal para los humanos y libre de los defectos que se ven en las sociedades de todo el mundo. Aunque hay muchas ideologías religiosas, políticas y filosóficas destinadas a mejorar la sociedad, sigue habiendo una desconexión entre todas las culturas del mundo. Incorporando los principios del judo al sistema educativo de todo el mundo, se puede trabajar para inculcar un mayor sentido de la compasión, la disciplina, la empatía y la integridad en las nuevas generaciones.

Flor de cerezo

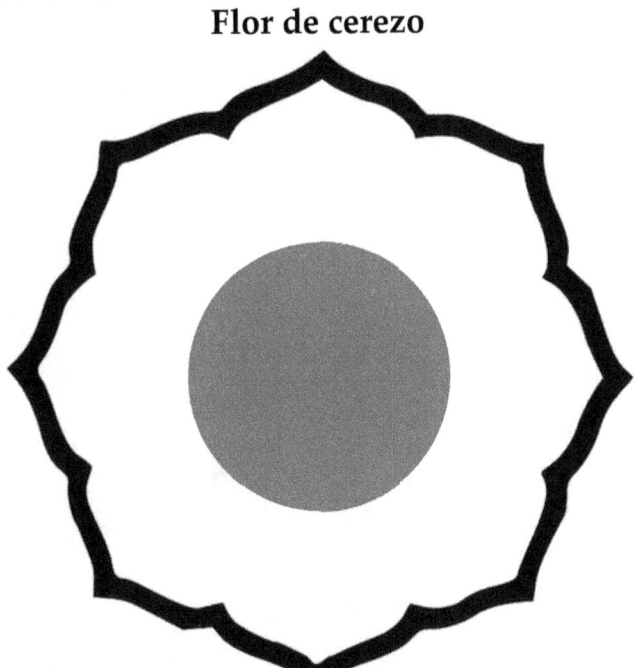

Fuente de la imagen [81]

El cerezo y su flor ocupan un lugar especial en la cultura japonesa y en el judo. De hecho, el símbolo internacional del judo es la flor del cerezo. Sin embargo, esto se hizo oficial mucho después de la muerte de Jigoro. La flor del cerezo ha desempeñado un papel importante en las artes marciales y, más concretamente, en la vida de los samuráis. La temporada de floración de los cerezos es importante en el año japonés, y la gente visita Japón especialmente en esta época. Los lugareños pasan los días en parques llenos de cerezos florecidos disfrutando de la naturaleza en compañía de amigos y familiares.

Para los samuráis y los *judogis*, la flor del cerezo simboliza la extrema belleza y fragilidad. La flor del cerezo suele desprenderse del árbol en su plenitud (en el apogeo de su floración), y es muy importante que un guerrero comprenda esto. Cuando está en su mejor momento, es más posible que muera en el campo de batalla, y esto no es algo de lo que deba avergonzarse. Al contrario, es increíblemente hermoso abrazar a la muerte en la cúspide de sus capacidades, de una forma que enfatice su compromiso con el papel de guerrero. Por eso, en muchas escuelas de artes marciales el centro de la meditación es el árbol o la flor del cerezo.

El judo y los Olímpicos

El judo apareció por primera vez en el escenario de los Juegos Olímpicos en 1932 en Los Ángeles. Jigoro y cerca de doscientos discípulos hicieron una demostración en directo. Sin embargo, solo treinta años después se convirtió en un deporte oficial de las Olimpiadas. La primera vez que se practicó judo de forma competitiva en las Olimpiadas fue en 1964 (cuando se celebraron en Tokio). En ese entonces, aún era un deporte para hombres, y solo hasta las Olimpiadas de 1992 hubo también competición femenina de judo. En la actualidad, existen siete divisiones de peso en el judo olímpico, tanto para hombres como para mujeres.

Capítulo 2: Judo kata vs. judo randori

En este capítulo, se comparan estos dos métodos de entrenamiento y se analizan las ventajas de cada uno. Todo el mundo sabe que practicar es la mejor manera de aprender una nueva habilidad. Practicar significa hacer algo una y otra vez hasta que se vuelve automático. Lo mismo ocurre con el judo, pero hay dos formas diferentes de practicar: *kata* y *randori*.

La diferencia entre el judo *kata* y el *randori*

El *kata* se practica siguiendo un sistema formal de ejercicios preestablecidos. En cambio, el *randori* o enfrentamiento se practica libremente con un oponente simulando la lucha al máximo posible. Puede adoptar el papel de atacante o de defensor y aplicar las técnicas que ha aprendido en el *kata* para ganar control sobre su oponente.

El *randori* se centra en la técnica y la forma, haciendo evidente lo que funciona mejor para los diferentes oponentes, de modo que usted pueda ajustarse en consecuencia durante los combates, mientras que el entrenamiento de *kata* desarrolla una comprensión más profunda del judo. Cuanto más practique *randori*, mejor será su entrenamiento de *kata*, ya que desarrollará una comprensión más profunda del judo.

Fundamentos del judo *kata*

El judo *kata* se basa en ejercicios preestablecidos. Los alumnos practican técnicas de una forma específica para desarrollar los principios de ejecución de movimientos correcta y eficazmente. Las formas preestablecidas se utilizan para reforzar la disciplina, la atención en los detalles, la precisión, el ritmo, la sincronización y el control de la distancia, entre otras cosas.

Los siete *kata* oficiales

Existen siete formas oficiales de *kata*:

1. Kata goshin-jutsu.
2. Kata itsutsu-no.
3. Kata ju-no.
4. Kata katame-no.
5. Kata kime-no.
6. Kata koshiki-no.
7. Kata nage-no.

Kata goshin-jutsu

El *kata goshin-jutsu* es el único *kata* que trata técnicas de defensa personal. Tiene una aplicación muy práctica, y sus movimientos son similares a los del *kata ju-no*. Incluye técnicas de defensa contra ataques con armas (puñal, bastón y pistola) y sin armas.

Kata itsutsu-no

El *kata itsutsu-no* se compone de cinco movimientos, cada uno de los cuales utiliza una técnica diferente. Este *kata* tiene más de una aplicación, y su objetivo principal es enseñar a los alumnos a aplicar los movimientos de judo mientras desarrollan su velocidad y fuerza. Las cinco técnicas, conocidas por su número, son: empuje directo (*ichi*), desviación (*ni*), energía circular (*san*), acción y reacción (*shi*) y vacío (*go*).

Kata ju-no

El *kata ju-no* es una rutina en tres partes que se realiza entre dos personas, una como *uke* y la otra como *tori*. Las tres series incluyen técnicas como empujones con las manos y con los hombros, agarres, golpes y giros.

Kata katame-no

El *kata katame-no* consta de quince técnicas, clasificadas en tres grupos principales: agarres, estrangulamientos y llaves. Este *kata* está diseñado para enseñar a los alumnos a defenderse de ataques utilizando técnicas duras y blandas. Hay tres grupos de métodos de agarre, cada uno con cinco técnicas distintas. El objetivo del entrenamiento de *kata katame-no* es dominar las habilidades necesarias para controlar al oponente en un combate.

Kata kime-no

De rodillas (*idori waza*) y de pie (*tachi waza*) son las dos posturas iniciales para las técnicas de este *kata*. En total hay ocho técnicas. Ambos conjuntos de técnicas incluyen defensas contra ataques con y sin armas.

Kata koshiki-no

Se trata de un conjunto de formas que provienen de técnicas antiguas y fue creado para el «*kumiuchi*», el forcejeo de guerreros acorazados en la época feudal, que era una práctica popular. En este movimiento, ambos luchadores deben imaginar que llevan una armadura mientras realizan el *kata*.

Kata nage-no

El *kata nage-no* consta de quince técnicas divididas en cinco categorías principales. Las técnicas incluyen técnicas de mano, técnicas de cadera, técnicas de pie, técnicas de sacrificio trasero y lateral. Las técnicas se realizan dos veces en el lado derecho y dos en el izquierdo siguiendo la misma secuencia.

Técnicas usadas en el judo contemporáneo

Hay una serie de técnicas nuevas que se han añadido a las formas originales. Entre ellas están:

Kata okuri eri – Se practica con un integrante de la pareja acostado boca abajo y el otro sujetándolo y volteándolo de varias formas. El objetivo de esta técnica es desarrollar la sincronización y el control de la distancia en las técnicas de lanzamiento.

Koshi guruma – Se trata de una técnica de cadera en la que el *tori* levanta y gira al *uke* sobre sus caderas.

Sumi gaeshi – Es una extensión del *koshi guruma*, en la que el *tori* cae sobre una rodilla mientras lanza al *uke* hacia atrás por encima de él.

Ippon seio nage – Significa literalmente «lanzamiento con un brazo al hombro», esta técnica es similar a *seio nage*, pero con un brazo un brazo debajo de la pierna.

Yoko guruma – En esta técnica, el *tori* levanta al *uke* por encima de los hombros y termina en una posición de pie con el oponente de espaldas.

Uki goshi – Lanzamiento de cadera que consiste en levantar al *uke* por encima de la cadera.

Uchi mata – Técnica de derribo que consiste en levantar al oponente por los pies y dejarlo caer lateralmente para derribarlo.

Nami ashi dori – Significa literalmente «mango de pies ondulados» y es un lanzamiento con raspado de pies en el que se utiliza una pierna a la vez.

O uchi gari – El *tori* utiliza su pierna para enganchar el pie de apoyo del *uke* desde el interior.

O soto gari – Una técnica popular que se utiliza para derribar al oponente raspando su pierna de apoyo por un lado.

Ko uchi gari – En esta técnica, el *tori* utiliza el brazo y el hombro interiores y se inclina hacia delante por las caderas mientras raspa la pierna exterior del *uke*.

Ko soto gari – Una técnica similar a *ko uchi gari*, pero en la que el *tori* raspa hacia fuera con el brazo y el hombro en lugar de utilizar las caderas.

O guruma – Consiste en lanzar al oponente por encima de los hombros arrodillándose y agarrándolo por la cintura.

O goshi – Lanzamiento de cadera que implica un movimiento giratorio mientras el *tori* levanta al *uke* y lo deja caer al suelo de espaldas.

Yoko sumi gaeshi (banana split) – Se trata de una versión avanzada de *uki goshi* en la que se dobla la cadera hacia delante mientras se sujeta al *uke*.

Juji gatame – Se trata de una llave de brazos invertida en la que el *tori* dobla el brazo de su oponente en forma de «X» antes de inmovilizarlo contra el suelo.

Osoto guruma – El raspado de pierna exterior, consiste en que el *tori* enganche el pie de apoyo del *uke* desde el exterior mientras lo raspa simultáneamente hacia fuera.

Sasae tsurikomi ashi – Se utiliza para bloquear los movimientos del oponente utilizando las piernas antes de rasparle la pierna de apoyo hacia fuera.

O soto gari – El mayor lanzamiento con la parte exterior del muslo hacia el interior en el que el *tori* utiliza el brazo y hombro interior mientras se inclina hacia delante sobre las caderas para raspar al *uke* con su pierna exterior.

Uchi mata – El derribo desde el interior del muslo, también conocido como «gancho interior», en el que el *tori* raspa la pierna de apoyo del *uke* desde el lado interior antes de derribarlo de espaldas.

Soto makikomi – Técnica de lanzamiento en la que se envuelven las piernas alrededor del *uke* para levantarlo del suelo.

Kata guruma – El giro de hombro, una forma más avanzada de *uki goshi* en la que el *tori* levanta al *uke* de los pies mientras gira en círculo.

Kata okuri eri – Crear distancia y sincronización para las técnicas de lanzamiento practicando de rodillas.

Okuri ashi barai – Es similar a *hiza guruma* y consiste en que el *tori* levanta al *uke* por encima de la cadera mientras raspa una de sus piernas.

Harai goshi – El lanzamiento de raspado de cadera, se utiliza para derribar al oponente raspando la pierna de apoyo de un lado con el brazo extendido hacia fuera.

Hane goshi – Consiste en agarrar el pie de apoyo del *uke* por un lado con el brazo interior y enganchar su tobillo.

Hiza guruma – el giro de rodilla, una forma más avanzada de *uki goshi* en la que el *tori* levanta al *uke* del suelo antes de dejarlo caer de espaldas sobre sus caderas.

Kibisu gaeshi – Lanzamiento de tobillo desde la posición de pie en el que el *tori* raspa la pierna de apoyo del *uke* desde el exterior y, al mismo tiempo, la raspa hacia dentro y fuera de sus pies.

Hikikomi gaeshi – Técnica de derribo con el pie hacia atrás en la que se derriba al oponente agarrándolo de una o ambas piernas por los tobillos mientras intenta alejarse.

Ko soto gake – Técnica de derribo con el pie hacia delante en la que el Tori engancha la pierna de apoyo del Uke por un lado con su brazo interior mientras simultáneamente realiza un barrido hacia fuera para derribarlo.

Kata gatame – Sujeción del hombro en la que se rodea el cuello con el brazo antes de dejarlo caer sobre la nuca tirando hacia abajo con los brazos.

Ude garami – Una llave al hombro en la que se dobla el codo hacia dentro mientras se empuja la muñeca hacia arriba para tumbar al oponente de espaldas.

Kesa gatame – Sujeción con pañuelo en la que el *tori* sujeta al *uke* rodeando su cuello con uno de sus brazos y agarrándolo con la mano contraria.

Ude gatame – Una llave de hombros en la que se dobla uno de los brazos del oponente por el codo antes de empujarlo hacia abajo para causarle dolor. Con las dos manos, se presiona la muñeca hasta que se somete o queda inconsciente por la presión.

Fundamentos del judo *randori*

El judo *randori*, que literalmente significa «práctica libre», es el combate libre. Durante el entrenamiento *randori* los oponentes simulan el combate en vivo con la mayor fidelidad posible. Cada uno adopta el papel de ataque o de defensa y aplica las técnicas aprendidas en los *katas* para controlar al oponente. El entrenamiento de *randori* permite desarrollar el espíritu de lucha, ya que enseña a adaptarse rápidamente a cualquier situación.

Randori es técnica y forma. Debe tener en cuenta la distancia, el tiempo y el agarre necesarios para aplicar sus técnicas sin exponerse a los contraataques de su oponente. El entrenamiento de *randori* ayuda a desarrollar la confianza en sí mismo y favorece la creatividad en cualquier situación. Además, permite conocer lo que funciona mejor con diferentes oponentes, de modo que se pueda ajustar la postura durante los combates en vivo. Cuanto más practique *randori*, más beneficioso será su entrenamiento de *kata*, porque le ayuda a comprender el judo más profundamente.

Reglas y trucos del *randori*

Las reglas del judo *randori* son similares a las del judo *kata*. La única diferencia es que se pueden utilizar todas las técnicas de contacto total durante el entrenamiento, lo que significa que el oponente no puede contraatacar como lo haría en una situación de la vida real.

Cuando se trata del judo *randori*, no hay un reglamento específico, ya que este tipo de entrenamiento se realiza para desarrollar las habilidades de judo mediante la aplicación de las técnicas del sistema de *kata*.

En el *randori* no hay vencedores ni vencidos, así que láncese libremente sin pensar en que lo van a derribar. Relájese y deje que su cuerpo y su mente se muevan libremente. Mantenga los brazos sueltos. Tómelo con calma, pero no lo suelte.

Siga cada estrategia. Evite el hábito de dejar una estrategia a medias y pasar a nuevas técnicas.

Mantenga un contacto sólido con la colchoneta utilizando los pies. Para mayor potencia, emita un fuerte *kiai*. No pierda de vista su respiración para mantener el control. Mantenga los codos bien pegados al cuerpo, donde son más eficaces. Mire siempre a su oponente y nunca le dé la espalda. No junte los pies.

Importancia de dominar el *kata*

Es importante dominar el *kata* antes de pasar al método *randori*, porque el *kata* ayuda a desarrollar las habilidades técnicas necesarias para ganar mediante cualquier técnica en *randori*.

El entrenamiento de *kata* es la forma en la que se creó el judo, y constituirá la mayor parte de su entrenamiento. En este entrenamiento aprenderá todo sobre técnicas, agarres y contraataques, con la ayuda de un compañero que estará con usted en el tatami.

El entrenamiento de *kata* es lo que le enseña a aplicar diferentes técnicas cuando esté en combates *randori*, donde no hay restricciones y todo vale. Así que asegúrese de que sus habilidades de *kata* están bien antes de intentar un enfrentamiento *randori* para que pueda utilizar eficazmente las técnicas y ganar contra un oponente.

La importancia de seguir las normas de seguridad y la etiqueta del judo

El objetivo principal de las normas de seguridad y la etiqueta del judo en el combate es mantener su seguridad y la de su oponente durante el entrenamiento.

Asegúrese de calentar y estirar todos los músculos de su cuerpo antes de empezar una sesión de combate. Esto es esencial para evitar distensiones musculares, esguinces y otro tipo de lesiones causadas por movimientos bruscos durante las sesiones de entrenamiento de *randori*. Asegúrese siempre de llevar el equipo de protección adecuado, como protectores bucales y para la cabeza.

Durante el entrenamiento de *randori*, sea respetuoso y tómeselo con calma: no malgaste su energía, especialmente si es nuevo en el judo o no tiene mucha experiencia. Para convertirse en un mejor judoca y comprender lo que el judo puede ofrecerle, puede trabajar en el desarrollo de sus técnicas entrenando con jugadores más experimentados y personas que practiquen este arte a un nivel superior al suyo. Esté atento a su entorno y a las personas que lo rodean durante el entrenamiento *randori* o las sesiones de combate para que nadie resulte herido durante la práctica. Esto es especialmente importante si hay mucha gente en un evento. Lo mejor es tener un conjunto de reglas acordadas por las personas que participan en el entrenamiento de *randori*, especialmente para quienes acaban de empezar.

Tómese siempre su tiempo y concéntrese en lo que está haciendo durante el combate para que pueda mejorar su técnica sin apresurarse a terminar cada asalto. Para no dañar al oponente, es importante saber cuánta fuerza aplicar al ejecutar las distintas técnicas.

Deténgase cuando el árbitro haga sonar el silbato.

No ataque a su oponente cuando esté en el suelo tras haber sido derribado o inmovilizado.

Haga siempre una reverencia antes y después de los combates, independientemente de cuál competidor haya ganado.

Asegúrese de que su oponente está preparado antes de comenzar el *randori*. Si no lo está, espere educadamente hasta que esté totalmente listo para luchar.

Comience con calma y aumente gradualmente la intensidad del entrenamiento a medida que se sienta más cómodo con las sesiones de práctica.

No haga movimientos bruscos mientras su oponente le está aplicando una técnica, ya que podría causarle lesiones a él o a usted mismo.

Siempre haga una reverencia a su oponente antes y después del combate, mostrando respeto por su entrenamiento, manifestando cortesía y evitando malentendidos que podrían conducir a lesiones. También puede mostrar buena deportividad inclinándose ante el árbitro si cree que ha tomado una decisión injusta.

Beneficios del combate de judo

El combate de judo proporciona un buen entrenamiento cardiovascular y ayuda a aumentar la resistencia. También es una forma intensa de entrenamiento que mejora su velocidad, resistencia y fuerza si utiliza las técnicas adecuadas en el momento correcto durante las sesiones de *randori* o de práctica libre. El combate es ideal para ganar confianza en sí mismo cuando se lucha con otros judocas.

El *randori* es una gran manera de poner en práctica las técnicas que ha aprendido y aplicarlas en diferentes escenarios, especialmente si quiere superar sus límites o desafiarse a sí mismo para ser mejor. El entrenamiento diario con gente nueva de distintos niveles de experiencia supone un reto mental y físico. También es una oportunidad para aprender de los errores y corregirlos en futuras sesiones de entrenamiento, así como una ocasión para mejorar su técnica a través de la experiencia.

Dominar el kata nage-no y el kata katame-no

La repetición es la única manera de aprender y mejorar técnicas de judo, así como de dominar el *kata nage-no* (técnicas de derribo) y el *kata katame-no* (técnicas de agarre). Dado que los *kata nage-no* son formas preestablecidas, puede seguir la secuencia de pasos sin pensar en ello, ya que se integran en sus sesiones de práctica o los entrenamientos *randori*.

La práctica de *kata* le enseña a aplicar las técnicas de judo en un entorno seguro y controlado, por lo que es importante hacerlo con un 100 % de concentración. Solo así podrá aprender a aplicar correctamente los derribos de judo. Aquí es donde su *sensei* puede entrenarlo y corregir sus errores al mismo tiempo que aumenta su resistencia, preparándolo para el entrenamiento *randori*. El entrenamiento *randori* le permite luchar contra oponentes que atacan desde cualquier dirección y en cualquier momento. El *randori* requiere que los luchadores estén mentalmente concentrados y preparados para cualquier cosa, por lo que ambas formas de práctica son importantes a la hora de aprender el arte y el deporte del judo.

El *kata nage-no* y el *kata katame-no* son los ejercicios de entrenamiento técnico clave del judo. Esto se debe a que permiten practicar técnicas de lanzamiento y agarre sin la presión del *randori* o la lucha contra un oponente que tienen las sesiones de práctica libre. El *kata nage-no* también es una gran oportunidad para mejorar la sincronización y la conciencia de la distancia, así como para aprender técnicas de lanzamiento nuevas que no están en la práctica del *kata katame-no*.

Estas técnicas se explican en detalle en los próximos capítulos.

Las dos formas de judo (*kata* y *randori*) tienen sus propios beneficios. La clave para mejorar sus habilidades es practicar la forma correcta en el momento adecuado. Practique en los combates con precaución para no lesionarse usted ni a los demás mientras realiza su entrenamiento en velocidad, resistencia, fuerza y confianza durante sus sesiones de práctica de *randori*.

Capítulo 3: Fundamentos del judo y *ukemi*, o caer de forma segura

En este capítulo se habla de los fundamentos del judo y de *ukemi*. *Ukemi* es el término japonés para el arte de caer con seguridad. Empieza con un breve resumen de lo que es el judo, por qué es tan popular en Japón y cómo realizar correctamente las posturas y movimientos básicos. Después, habla del *shisei* (postura), la forma ideal que debe procurar cuando se practica judo. Por último, habla de varias maneras de caer de forma segura cuando un oponente le practica un lanzamiento o cuando usted mismo se lanza al suelo.

Shisei (postura)

Shisei

Shisei es el término japonés para postura. Durante la práctica del judo, debe esforzarse por mantener un *shisei* perfecto en todo momento, lo que significa permanecer erguido, con la cabeza levantada y la espalda ligeramente arqueada hacia atrás. Los pies deben estar separados a la distancia de los hombros, apuntando hacia delante perpendiculares a la parte superior del cuerpo, que también debe estar mirando hacia delante. Las rodillas deben estar ligeramente flexionadas, el estómago metido y los hombros hacia atrás.

El concepto de *shisei* implica que el cuerpo debe esté en una postura natural de pie que logre el máximo equilibrio. Existen tres posturas principales de *shinzei-tai* (postura natural de pie), *shinzen-hontai*, *migi-shizen-tai* e *hidari-shizen-tai*.

Shinzei-tai (postura natural de pie)

Esta postura es la más habitual para los principiantes y debe progresar a partir de ella. El peso se distribuye uniformemente sobre ambas piernas, con los pies mirando hacia delante. Esto permite adoptar una postura natural de pie. Meta la barbilla, enderece la nuca y apriete las nalgas. Al principio puede ser difícil de mantener, pero con el tiempo y la práctica continuada se acostumbrará. La parte superior del cuerpo debe estar erguida, no inclinada hacia delante. Las caderas deben estar ligeramente echadas hacia atrás, formando un ángulo de 45 grados con la parte superior del cuerpo.

La posición natural de pie se compone de *shinzen-hontai*, *migi-shizen-tai* e *hidari-shizen-tai*.

Shinzei-tai

Shizen-hontai

El *shizen-hontai* es la más natural de todas las posturas, porque es la posición en la que se está en reposo de pie. El peso del cuerpo se distribuye uniformemente mientras se mantienen los talones y las caderas alineados, de modo que ambas piernas forman un ángulo recto entre sí. Los pies deben estar separados a la anchura de los hombros y mirando hacia delante. Las rodillas deben estar ligeramente flexionadas, pero no más de 15 grados con respecto a la parte superior del cuerpo. La cabeza erguida, la barbilla apretada contra el cuello y la espalda ligeramente arqueada hacia atrás.

Shizen-hontai

Migi-shizen-tai

Esta postura es otra posición natural de pie en la que el peso del cuerpo se distribuye uniformemente sobre ambas piernas con el pie derecho apuntando hacia delante. Las caderas y los hombros deben estar alineados con las piernas. El pecho erguido, la barbilla metida hacia el cuello y las rodillas ligeramente flexionadas, igual que en el *shizen-hontai*.

Migi-shizen-tai

Hidari-shizen-tai

La última postura natural de pie es *hidari-shizen-tai*, en la que se coloca el pie izquierdo hacia delante. El peso del cuerpo se distribuye uniformemente sobre ambas piernas, con las caderas y los hombros alineados, igual que en la postura *migi-shizen-tai*. La única diferencia entre estas dos posturas es que en esta se mira hacia el lado derecho en lugar de hacia delante.

Hidari-shizen-tai

Defensa en el judo

En judo, la idea de la defensa no es defenderse de un ataque, sino anular la fuerza y redirigirla para un lanzamiento. Se trata de utilizar la fuerza del oponente en su contra. La mejor manera de hacerlo es utilizar la fuerza que ejerce hacia delante en su contra. Para evitar que el oponente lo lance, mantenga la calma y la relajación. La mayoría de las veces, su oponente se pone tenso cuando intenta ejecutar un lanzamiento, porque requiere mucho esfuerzo de su parte: es como empujar o tirar de algo con todas las fuerzas.

Si el oponente está intentando lanzarlo, procure no resistirse ni ponerse tenso, porque eso solo se lo hará más fácil, por eso mantenerse relajado y tranquilo funciona aún mejor contra un oponente más grande y más fuerte. Si lo lanza hacia atrás, asegúrese de no retroceder con el mismo pie que él (si su pie derecho está adelantado, usted debe retroceder con la pierna izquierda). Si intenta lanzarlo hacia un lado, utilice el mismo principio: dé un paso en la dirección opuesta a la que él/ella lo está intentando lanzar.

Importancia de la postura en la defensa

Cuando practique efectuar lanzamientos, tenga en cuenta que la postura es importante. Si se siente débil y no es capaz de agarrar al oponente fácilmente, puede ser porque su equilibrio no es el correcto; puede estar desequilibrado o demasiado inclinado hacia delante o hacia atrás, etc., así que asegúrese de mantenerse equilibrado cuando practique.

Posturas defensivas en judo (*jigo tai*)

Jigo tai, o posturas defensivas, son una serie de posturas que aprenderá en el entrenamiento de judo. Le permiten absorber la fuerza de un ataque y redirigirla contra su oponente. Estas posturas se utilizan para protegerse de daños o lesiones.

Hay tres posturas básicas que son: *jigo-hontai*, *migi-jigo-tai*, e *hidari-jigo-tai*.

En judo, la postura en la que se bajan las caderas y se abren ambas piernas se denomina *jigo-hontai*.

Jigo-hon tai

Abra bien los pies si está en la postura *migi-jigo-tai* con la pierna derecha hacia delante.

Migui-jigo-tai

Por otro lado, la postura en la que se baja el cuerpo y se abren ampliamente ambos pies desde la postura con el pie izquierdo adelantado se denomina *hidari-jigo-tai* (postura defensiva izquierda).

Suri-ashi (juego de pies)

Cuando esté aprendiendo el arte del judo, el juego de pies es crucial para el éxito. Es crucial ser capaz de moverse sin tropezar consigo mismo y colocarse en buena posición para derribar a alguien, ya sea quitándole el equilibrio o desbalanceándolo para que le resulte más difícil defenderse.

Cuando luche en el dojo, asegúrese de utilizar el juego de pies correctamente. Si no sabes qué es o cómo usar los pies correctamente para derribar a alguien en judo, pida ayuda a un compañero con más experiencia. Le podrá mostrar y enseñar todo, desde la postura y la posición adecuadas hasta las diferentes estrategias de lanzamiento.

Suri-ashi es el término utilizado para describir el juego de pies en judo. Cuando esté entrenando, no se limite a caminar. Utilice *suri-ashi* (mover los pies rápidamente deslizándolos por el suelo) en lugar de dar grandes pasos. Asegúrese de mantener la espalda recta y de no dar pasos innecesarios.

Hidari-jigo-tai

El término «*suri-ashi*» se refiere al juego de pies utilizado durante un combate o *randori* con el objetivo de mantener el equilibrio mientras se mueve.

Con el método *suri-ashi* (trabajo de pies), se evita levantar demasiado las piernas del suelo al pisar, lo que permite desplazarse rápidamente manteniendo equilibrado el peso del cuerpo.

Ayumi-ashi y *tsugi-ashi*

El término «*ayumi-ashi*» se refiere al trabajo de pies utilizado durante el *tai sabaki* (técnicas de desplazamiento del cuerpo). Permite dar pasos rápidos y grandes sin perder el equilibrio ni la postura. Se debe dar un paso adelante rápidamente deslizando los pies por el suelo para no perder el equilibrio mientras se mantiene el peso del cuerpo uniformemente distribuido.

El término «*tsugi-ashi*» es una técnica de juego de pies utilizada para avanzar rápidamente sin perder el equilibrio o la postura y se realiza deslizando los pies por el suelo en lugar de levantarlos y dar grandes pasos. Esta técnica también se conoce como «*shuffling*».

Deslice los pies por el suelo cuando luche en judo y asegúrese de mantener una postura firme. Utilizar un juego de pies y una postura adecuados le dará ventaja sobre oponentes que no sepan utilizar correctamente sus estrategias de lucha, así que pruebe diferentes posturas hasta que encuentre la que funcione mejor para usted.

Para garantizar la seguridad durante una práctica o combate de judo, asegúrese de mantener el equilibrio y la postura, así evita lesiones. También es importante conocer el juego de pies del judo, ya sea *ayumi-ashi* o *tsugi-ashi*, ¡asegúrese de practicarlos ambos!

Tai Sabaki (técnicas de descplazamiento corporal)

Una de las cosas más importantes que aprenderá en judo es el *tai sabaki*, o cómo mover su cuerpo de forma efectiva. El tipo de *tai sabaki* requerido depende de si usa lanzamientos o trabajo desde el suelo en su práctica o combate. En cualquier caso, saber cómo mover correctamente el cuerpo es una de las partes más importantes del judo.

Cuando intenta derribar a alguien, lo mejor es utilizar el *tai sabaki* para colocarse en posición de derribo. Asegúrese de mantener un buen equilibrio y una buena postura cuando utilice el *tai sabaki* durante un entrenamiento o un combate. De lo contrario, puede ser derribado fácilmente, ¡y no quiere que su oponente se aproveche de ello!

El *tai sabaki* es una parte importante del judo, así que practique diferentes técnicas hasta que encuentre la que mejor le funciona.

«*Tai-sabaki*» (japonés) se refiere a la forma en que la posición y orientación del cuerpo de un luchador cambian al realizar o recibir un *waza*.

Las cuatro técnicas fundamentales de *tai-sabaki* (desplazamiento o control del cuerpo) son:
1. *Mae-sabaki* es cuando da un paso adelante y pone su pie delante del pie de la otra persona. Un pie tiene que estar delante del adversario.

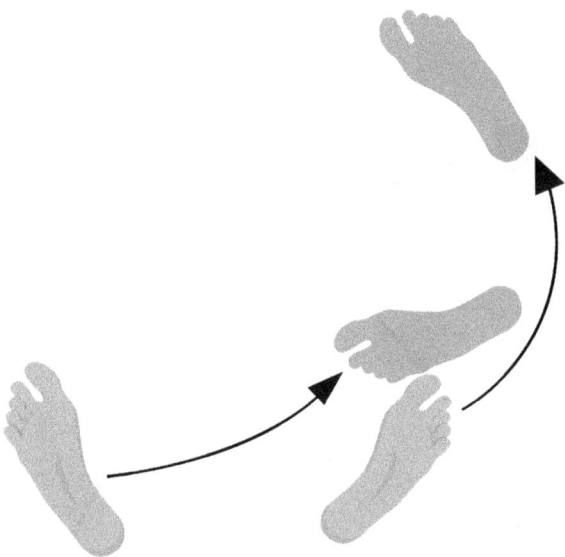

2. *Ushiro-sabaki* es cuando da un paso atrás con uno de sus pies, poniéndolo al lado del pie del oponente en *un* ángulo recto. Debe hacerlo manteniendo la posición.

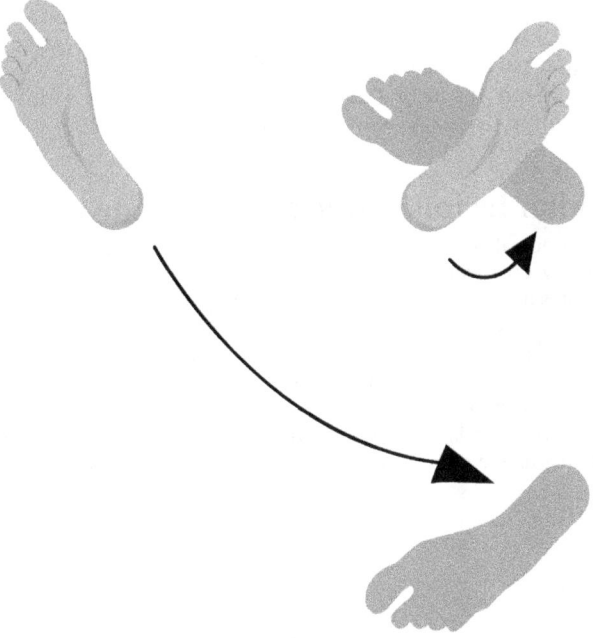

3. *Mae-mawari-sabaki* es un *movimiento* en el que se da un paso adelante con un pie y se gira delante del oponente.

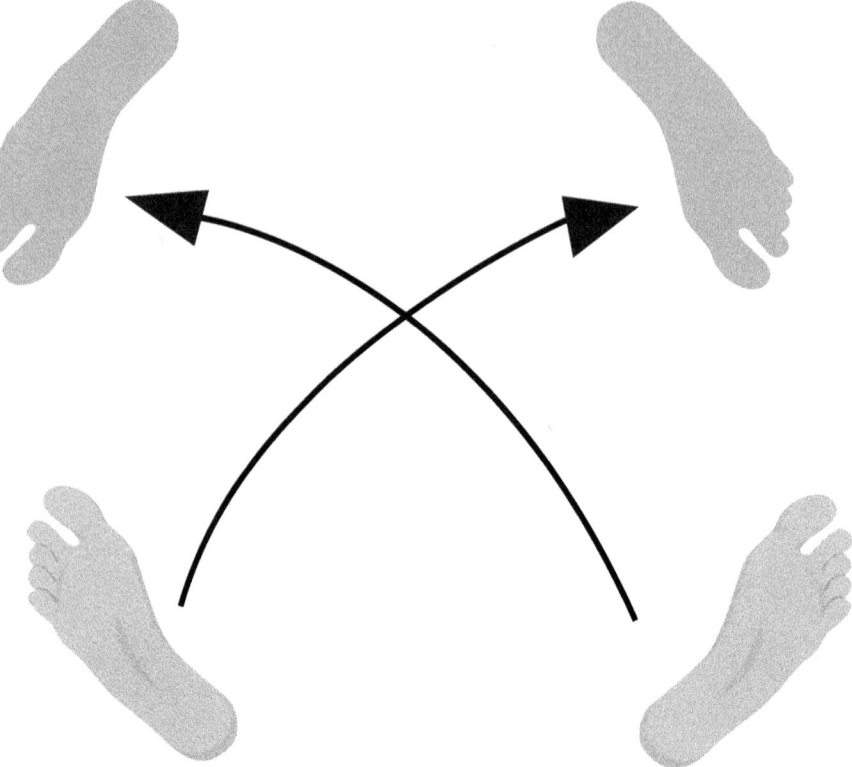

4. *Ushiro-mawari-sabaki* es un *movimiento* en el que desplaza un pie hacia atrás antes de girar para mirar hacia el otro lado.

Estas técnicas de *tai-sabaki* son una de las partes más importantes del aprendizaje del judo, así que asegúrese de practicarlas repetidamente hasta que se conviertan en algo natural.

Evitar lesiones al usar técnicas de *ukemi*

Es vital evitar lesiones al realizar *ukemi* (técnicas de caída) en judo. Las personas que saben hacer *ukemi* correctamente y con seguridad son capaces de evitar lesiones, mientras que quienes no saben cómo caer correctamente pueden terminar lesionándose durante una práctica o combate.

Debe aprender la forma correcta de caer cuando haga *ukemi*. Es decir, sobre su cadera o su brazo. Debe evitar a toda costa caer sobre la parte baja de la espalda ¡especialmente si es principiante!

La razón principal por la que es importante saber hacer *ukemi* correctamente es que es muy fácil lesionarse cuando no se practica de esta manera.

Consejos para *ukemi*

Comprender la postura y el equilibrio

Uno de los elementos más importantes para hacer *ukemi* es una buena postura y equilibrio.

Dependiendo de su sexo, altura, peso y complexión, puede alterar los ángulos y redondear las esquinas de su cuerpo para entrar y salir de *ukemi* hasta que esté satisfecho.

Imagine que siente la esterilla con todo su cuerpo; escuche lo que su cuerpo tiene que decir. Mientras se deja aconsejar, recuerde prestar atención a lo que le funciona y lo que no.

Relájese y respire

Estar nervioso o tenso mientras hace *ukemi* solo empeora las cosas y aumenta sus posibilidades de hacerse daño.

Si se siente tenso, relájese respirando profundamente y deje salir la tensión lentamente mientras piensa en algo que lo tranquilice.

No se resista a la técnica del *tori*

No se resista al intento del *tori* (jugador que ejecuta la técnica) de hacer un lanzamiento u otro *waza*. Si se tensa, sus posibilidades de ser contrarrestado son mucho mayores y aumentan las posibilidades de lesión de ambos jugadores.

Energía y confianza

Al hacer *ukemi*, debe estar confiado y sus acciones llenas de energía. Esto hace que sea más fácil colocarse en posición para el lanzamiento y mucho más difícil para el *tori* (jugador que ejecuta la técnica) contraatacar.

¡Practique, practique, practique!

Cuanto más practique *ukemi*, mejor será su equilibrio y su postura. También podrá saber lo que funciona para usted en términos de ángulos, velocidad, etc., de modo que resulte fácil hacer *ukemi* en cualquier momento durante un combate o entrenamiento.

Métodos de *ukemi*

Para mejorar las técnicas de *ukemi*, debe tener movimientos fluidos y dedicación, lo cual viene con la práctica. La mejor manera de aprender es practicar el *ukemi*. Empiece con una caída sentado, luego en cuclillas y, con el tiempo, vaya subiendo hasta ponerse de pie.

Hay tres tipos de caídas: en primer lugar, caer recto al suelo, repartiendo la energía a través de los brazos y las piernas; en segundo lugar, rodar en el suelo; y en tercer lugar, una combinación de las dos anteriores.

La capacidad de caer correctamente es esencial para la práctica y la competición de judo. Un error que mucha gente comete cuando hace *ukemi* por primera vez durante un combate o entrenamiento es rotar demasiado el cuerpo y girar demasiado la cabeza, lo que resulta peligroso, ya que provoca un latigazo cervical.

Aunque piense que caer es fácil, se necesita mucha práctica y paciencia para hacerlo sin lesionarse.

Mae ukemi (caída hacia adelante) y *ushiro ukemi* (caída hacia atrás)

La caída hacia adelante, o frontal, es esencial para aprender, ya que evita que su cabeza golpee el suelo si es atacado por detrás.

Se debe caer directamente hacia delante desde la posición erguida. Asegúrese de que la parte superior del cuerpo permanece rígida. No debe inclinarse hacia delante.

La cabeza se gira hacia la izquierda o la derecha y se levanta ligeramente justo antes de entrar en contacto con el suelo para evitar golpearse la cara (o la nariz) contra el suelo. Levante los brazos con los pulgares a la altura de las orejas; evite la rigidez de los brazos para evitar lesiones en los codos.

La caída hacia atrás es una técnica esencial de aprender en el judo, ya que puede dañar la espalda y la cabeza si se hace de forma incorrecta. Consiste en arrodillarse y caer rodando sobre la espalda, protegiendo la cabeza en todo momento con los brazos estirados hacia delante. Esta caída es difícil, ya que no se puede ver y corregir desde detrás de sí mismo.

Yoko ukemi (caída de costado)

Esta caída dura se practica cuando una pierna está bloqueada o raspada. Empuje una pierna hacia el lado sobre el que quiere caer. Muévala por delante del otro pie con un movimiento de raspado. Mientras lo hace, mantenga las rodillas flexionadas hasta que caiga de costado.

Debe rodar sobre el tatami con el brazo recto y plano, con la cadera por delante. Es importante mantener el ángulo del brazo con el eje del cuerpo entre 20 y 40 grados para evitar lesiones. Tenga cuidado también con las lesiones en la cabeza.

Consejos para caer de forma segura

- Asegúrese de estar relajado, pero confíe en que puede aguantar todo lo que su oponente haga.
- Practique las técnicas *ukemi* para mejorar el equilibrio y la postura. Así, también puede saber lo que funciona para usted en términos de ángulos, velocidad, etc., lo que facilitará más hacer *ukemi* en cualquier momento de un combate o entrenamiento.
- Para aprender a hacer *ukemi*, debe tener movimientos fluidos y dedicación, lo cual viene con la práctica. La mejor manera de aprender es siendo lanzado y practicando su *ukemi*. Comience con una caída desde la posición sentado, luego en cuclillas y suba poco a poco hasta ponerse de pie.
- Aunque piense que caerse es fácil, se necesita mucha práctica y paciencia para hacerlo sin lesionarse. Un error común en el aprendizaje de *ukemi* durante un combate o entrenamiento es girar demasiado el cuerpo y la cabeza, lo que resulta peligroso, ya que provoca un latigazo cervical.
- La caída hacia adelante o frontal es esencial para aprender, al igual que la caída hacia atrás, ya que evita que su cabeza golpee el suelo si es atacado por detrás. Para ello, debe caer correctamente, arrodillarse y caer rodando sobre la espalda, protegiendo la cabeza en todo momento y con los brazos recogidos por delante. También debe mantener rígida la parte superior del cuerpo y no inclinarse hacia delante, así como mantener la relación cabeza-cuello girándola ligeramente hacia un lado para que la nariz no golpee el suelo.

Otro error que comete mucha gente cuando hace *ukemi* durante un combate o entrenamiento es meter la cabeza en el pecho. Esto causa lesiones excesivas en el cuello. Para evitar este problema, debe rodar de lado con el brazo recto y plano (y la cadera primero). Tenga en cuenta que es importante mantener el ángulo del brazo con el eje del cuerpo entre 20 y 40 grados para evitar lesiones.

El judo es un deporte que requiere agilidad y resistencia. Una postura adecuada, o *shisei*, no solo lo hace más ágil, también protege su espalda de lesiones cuando se tira al suelo. Estas técnicas son esenciales para cualquier competidor de judo, ya que lo mantienen en pie sin importar cuántos lanzamientos realice su oponente durante el combate. Asegúrese de practicar las posturas y movimientos básicos de judo mientras entiende qué funciona mejor para usted al practicar *ukemi*. Una vez que domine estas técnicas, sabrá qué ángulos y velocidades funcionan mejor para usted al hacer *ukemi*. Tenga por seguro que, aunque no parezcan fáciles al principio, el dominio de estas técnicas llegará con el tiempo, la dedicación y, lo más importante: ¡la práctica!

Capítulo 4: *Te waza*: Técnicas de manos

Las *nage waza* son un tipo de técnicas de lanzamiento en judo. Incluyen raspados, levantamientos, zancadillas, agarres y otras técnicas de sumisión. *Te waza* es el nombre que reciben las técnicas de derribo que implican el uso de las manos o los brazos. Después de derribar a un oponente con los brazos, inmediatamente tiene el control de él mientras está en el suelo o intentando levantarse.

Como ya se ha dicho, en judo no hay reglas sobre cómo lanzar a un oponente. Solo hay un objetivo: tirarlo al suelo. Sin embargo, a veces los lanzamientos estándar no funcionan para oponentes más grandes. Si este es el caso, puede recurrir a las técnicas *te waza*. Se consideran más seguras que las *nage waza* porque no requieren contacto con todo el cuerpo. En este capítulo, se profundiza en los detalles de las técnicas *te waza*, que pueden utilizarse para controlar o incluso derribar a oponentes más grandes y fuertes. También se cubren las quince técnicas de *te waza*.

Te waza y nage waza

Te waza es la primera de las tres categorías principales del judo *kodokan* y fueron creadas por Jigoro Kano. Consta de treinta y seis técnicas o *waza*, que se ejecutan desde una posición de pie con el oponente desequilibrado. La principal diferencia entre las *te waza* y las otras dos técnicas de judo es que esta categoría no incluye ningún trabajo desde el suelo o en la colchoneta.

La idea detrás de las *te waza* es utilizar los brazos o manos de forma segura para usted y peligrosa para su oponente. Si puede controlar el equilibrio de su oponente sin usar sus piernas, no habrá nada que él pueda hacer para contrarrestar el lanzamiento. Después de ganar control sobre él, tirarlo al suelo resulta extremadamente fácil.

Esto es completamente diferente en el *nage waza*, que requiere contacto de todo el cuerpo. Si su oponente no cae, queda libre para contraatacar. En cambio, si lanza a su oponente con *te waza*, no habrá nada que él pueda hacer una vez que usted tome el control de su equilibrio. Esto le permite inmovilizarlo o hacer cualquier otra cosa que desee.

El objetivo de las *te waza* es simple. Controle a su oponente antes de que él lo controle a usted. Tener siempre un equilibrio perfecto le permite luchar contra oponentes de cualquier tamaño, aunque sean más grandes que usted. Las técnicas de *te waza* aumentan en gran medida sus posibilidades de ponerse en control en una situación de agarre.

Técnicas de *te waza*

Hay un total de quince técnicas de *te waza* para derribar a un oponente. Las tres primeras le permiten derribar con seguridad y facilidad, incluso a los adversarios más fuertes. Las doce siguientes funcionan mejor contra personas de estatura normal que ya han sido derribadas.

1. *Kata guruma* (giro de hombro)
2. Esta técnica básica de *te waza* se realiza a partir del *kata kumi*. Para desglosarla un poco más, puede hacer un *harai goshi* estándar con su pierna derecha, después de girar hacia su lado izquierdo y luego lanzar al oponente sobre su espalda. El movimiento de rotación le permitirá agarrarlo fácilmente levantándolo por debajo del hombro para que no pueda resistirse.
3. *Morote seoi nage* (lanzamiento de hombros a dos manos)
4. La segunda técnica se realiza de forma similar al *ippon seoi nage*. Puede utilizar ambas manos para agarrar al oponente por el cuello y luego lanzarlo sobre su cuerpo con la ayuda del impulso. Esto será más fácil si ya lo ha desequilibrado o derribado atrapando uno de sus brazos detrás de su espalda.

5. *Tai otoshi* (caída corporal)
6. La tercera técnica es un poco más peligrosa. Se realiza atrapando uno de los brazos de su oponente contra su espalda, levantándolo con ambas manos y lanzándolo por encima de su cuerpo. Esto es extremadamente fácil si están inclinados hacia delante, lo que lo hace perfecto para competencias de judo.
7. *Morote gari* (siega de doble pierna)
8. Esta técnica de *te waza* es un poco más difícil de realizar porque se hace desde los pies. Sin embargo, es extremadamente fácil si ya tiene a su oponente de rodillas o boca abajo, ya que resulta más fácil atrapar uno de sus brazos debajo de su pierna. Después de eso, solo necesita empujar un poco y que él tire para que caiga de espaldas.
9. *Ippon seoi nage* (lanzamiento de hombro con una mano)
10. Al igual que las otras técnicas *seoi nage*, este es un lanzamiento bastante básico. Se puede hacer desde un *harai goshi* estándar, que le permite levantar el brazo del oponente por debajo de su hombro. Después, todo lo que tiene que hacer es agarrar su otra mano y lanzarlo de espaldas. Esta técnica funciona mejor contra oponentes débiles que no esperan ser lanzados.
11. *Sukui nage* (lanzamiento de pala)
12. Esta técnica es extremadamente útil porque puede realizarse desde casi cualquier posición. Si tiene a su oponente atrapado con los brazos, todo lo que tiene que hacer es recogerlo y luego lanzar su centro de gravedad sobre su hombro. También puede hacerle una zancadilla en la pierna para que caiga de rodillas. Las posibilidades son infinitas, lo que lo convierte en uno de los favoritos de los judocas.
13. *Obi otoshi* (caída de cinturón)
14. Esta técnica de *te waza* se realiza mejor cuando tiene a su oponente contra la pared. Cualquier momento en que sus pies no estén en el suelo será útil, pero también puede hacerlo cuando esté parado en una pierna. Para quebrarlo aún más, agárrelo por el cinturón con ambas manos y luego empújelo hacia atrás y lejos de usted. Así es más fácil desequilibrarlo, derribarlo y caer sobre él.
15. *Kibisu gaeshi* (inversión de talón)
16. Se realiza lanzando al oponente por el talón después de tumbarlo de espaldas. Solo funciona bien si hay suficiente espacio para agarrar el talón con una mano. Una vez hecho esto, solo es cuestión de sentarse derecho, levantarlo por el talón y lanzar su centro de gravedad sobre su estómago.
17. *Kuchiki taoshi* (caída del árbol muerto)
18. Esta técnica se realiza agarrando uno o los dos brazos de su oponente con sus piernas antes de tirar de él hacia usted. Esto hace que sea extremadamente fácil derribarlo y aterrizar encima de él. Si lo hace correctamente, acabará sentado con el oponente boca arriba mientras tiras de él hacia usted.
19. *Morote gari* (siega a dos manos)
20. Esta técnica de derribo se realiza lanzando al oponente por encima del hombro después de atrapar uno de sus brazos. Es fácil de hacer, porque solo necesita uno de sus brazos para bloquear el del oponente y luego recogerlo cuando esté desequilibrado. Siéntese recto, tire de él por encima de su hombro y aterrice sobre él.
21. *Sumi otoshi* (caída de esquina)
22. Se realiza lanzando al oponente hacia un lado después de atrapar su brazo. Todo lo que tiene que hacer es hacerlo tropezar para que pierda el equilibrio y tirar de él sobre su cuerpo. Esto hará que sea fácil caer encima de él mientras está de espaldas. Después de eso, solo tiene que sentarse recto para obligarlo a voltear.
23. *Uki otoshi* (caída flotante)

24. Se ejecuta tirando de su oponente sobre su hombro después de atrapar su brazo. Tendrá que ser rápido para desequilibrarlo y tirar de su brazo antes de que pueda agarrarse de la colchoneta. Una vez hecho esto, siéntese recto y tire de él por encima del hombro para lanzarlo de espaldas. Puede aumentar la potencia tirando hacia arriba con ambos brazos.
25. *Uchimata sukashi* (deslizamiento interior del muslo)
26. Esta técnica de *te waza* se realiza tirando de su oponente sobre su cadera después de hacer tropezar su pierna. Esto hará que sea fácil desequilibrarlo y tirar de él sobre su cadera mientras se sienta recto. Entonces, puede aterrizar directamente encima de él con una pierna entre las suyas o ambas piernas fuera de las suyas. Con cualquiera de las dos técnicas, acabará sentado sobre él mientras está de espaldas.
27. *Yama arashi* (tormenta de montaña)
28. Esta técnica de *te waza* se realiza atrapando uno o ambos brazos del oponente antes de tirar de él sobre su cadera. Esto le permite desequilibrarlo fácilmente y tirarlo de espaldas. También funciona si el rival tiene ambos brazos sobre sus hombros, porque puede simplemente tirar de él sobre un costado de su cuerpo.
29. Seoi otoshi (caída de hombro)
30. La última técnica de *te waza* se realiza tirando a su oponente de lado después de atrapar uno de sus brazos. Simplemente agárrelo por el brazo y tire de él sobre su cuerpo para ponerlo de lado. Todo lo que tiene que hacer a partir de ahí es sentarse recto para un lanzamiento fácil. Debe poner sus caderas debajo de él antes de que toque el suelo.

Dado que *te waza* es la primera categoría importante en judo, debe dominarla antes de pasar a otras. Practicar estas técnicas aumentará sus habilidades generales en judo y lo preparará para estudiar técnicas de lanzamiento más complejas como *Osaekomi waza*. Lo más importante que debe recordar para hacer *te waza* es que siempre debe intentar atrapar los dos brazos del oponente antes de lanzarlo para que no pueda agarrarse de la colchoneta. Si consigue inmovilizarle ambos brazos antes de lanzarlo, el lanzamiento será sin duda más fácil de realizar.

Las quince técnicas, o *waza*, de este capítulo se realizan atrapando uno o ambos brazos del oponente antes del lanzamiento. Están pensadas para realizarse desde una posición de pie con el oponente desequilibrado, lo que facilita derribarlo y caer directamente sobre él. Las quince técnicas se mezclan a menudo para formar combinaciones más eficaces, fluyendo suavemente de una técnica a la siguiente. Debería ser fácil encontrar una técnica de *te waza* que funcione bien con su tipo de cuerpo particular y su nivel de conocimientos de judo.

Capítulo 5: *Koshi waza*: Lanzamientos de cadera

La idea principal de los *koshi waza* es romper el equilibrio del oponente tirando de él hacia usted y lanzándolo hacia abajo con la ayuda de su cadera. Los *koshi waza* se realizan normalmente desde una posición estática o durante un *tai-otoshi*, pero también se pueden utilizar como técnicas de contraataque después de haber sido lanzado incorrectamente. Este capítulo explica el objetivo principal y los movimientos adecuados de las once técnicas de *koshi waza*.

Fundamentos de *koshi waza*: Lanzamientos de cadera

Este grupo de técnicas se utiliza para lanzar al oponente utilizando la cadera como fuerza motriz. Cuando un practicante de judo se inicia, koshi guruma es la primera técnica que aprende. Es importante aprender *koshi waza* desde el principio porque sirven como base para aprender más fácilmente los *waza* posteriores. Usando los *koshi waza*, puede ejecutar técnicas poderosas que hacen parecer que estuviera «empujando» al oponente. La fuerza para ejecutar estas técnicas proviene de todo su cuerpo, no solo de sus brazos. En lugar de utilizar la fuerza de los brazos, utiliza todo el cuerpo para ejecutar estas técnicas de cadera. Puede utilizar los *koshi waza* como técnicas de lanzamiento o técnicas de contraataque después de ser lanzado.

Para todos los *koshi waza*, lo primero que debe hacer es agarrar el cuerpo del oponente con las dos manos. Se comienza agarrando la ropa del oponente. Sin embargo, no se trata del agarre tradicional llamado «*sumi-kakae*» (agarre *sumi* de esquina). Debe agarrar la solapa de su oponente con la mano que bloquea y la manga de su oponente con la otra. Tenga cuidado de no cambiar el agarre tradicional *sumi-kakae* mientras realiza *koshi waza*, o se convertirá en una técnica diferente.

Para algunos de los *waza*, debe romper el equilibrio de su oponente dando un paso y bloqueando al rival con el mismo pie. Lo primero que debe hacer es dar un paso en diagonal hacia delante con el pie derecho. Si quiere lanzar a su oponente con la cadera, debe colocar rápidamente el pie izquierdo en el suelo para utilizar la cadera como fuerza motriz. Si es necesario, debe bloquear el pie derecho del adversario con su pie izquierdo.

Luego, debe intentar agarrar el cinturón o el pantalón del adversario con la mano derecha y mantener el brazo izquierdo estirado. A continuación, mientras utiliza la mano derecha y el pie izquierdo como guía para bloquear el pie del adversario, debe tirar de él hacia usted. luego, debe utilizar la mano derecha y la cadera para lanzar al adversario.

Al lanzar al adversario, puede levantarlo y lanzarlo hacia abajo (*kata-guruma*) o lanzarlo directamente al suelo (*uki-goshi*). Al ejecutar *kata-guruma*, debe intentar levantar al oponente y lanzarlo directamente hacia abajo. Al ejecutar *uki-goshi*, primero debe elevar a su oponente, pero en lugar de lanzarlo directamente hacia abajo, debe saltar y lanzarlo hacia un lado.

Técnicas de *koshi waza*

Existen once técnicas de *koshi waza*, que se explican a continuación, junto con las reglas para realizarlas. Es importante recordar que, con unos pequeños cambios, puede utilizar estas técnicas de infinitas maneras. Esto es parte de la belleza del judo.

1. *Daki-age* (levantamiento alto)

Esta técnica se aplica levantando a su oponente y luego lanzándolo directamente hacia abajo. Sin embargo, el *daki-age waza* comienza agarrando los hombros o las mangas del oponente y puede aplicarse de muchas formas.

Una vez que ha agarrado a su oponente, debe utilizar la fuerza de sus brazos para levantarlo. A continuación, mientras mantiene el agarre con ambas manos, debe levantar a su oponente recto hasta el nivel de sus hombros. El siguiente paso consiste en levantar rápidamente la pierna izquierda sin dejar de sujetar al adversario. Ahora debe aterrizar sobre su pie izquierdo mientras lanza al oponente hacia abajo con la ayuda de su cadera.

2. Hane goshi (lanzamiento de rebote de cadera)

Esta técnica debe aplicarse en posición de pie, con el pie izquierdo hacia delante y el derecho hacia atrás. Debe agarrar los hombros o las mangas del adversario con las manos. El siguiente paso es utilizar la mano exterior para tirar del adversario rápidamente hacia usted utilizando la mano derecha. La mano derecha debe moverse en un pequeño movimiento circular, siendo su codo el centro para romper el equilibrio del oponente con su tirón. A continuación, debe utilizar la cadera para lanzar al adversario.

3. Harai goshi (lanzamiento amplio de cadera)

Esta técnica se aplica de forma muy similar al *hane goshi*. Debe agarrar la solapa izquierda del oponente con su mano derecha, la mano exterior. A continuación, debe agarrar la manga del oponente con la mano de bloqueo. El brazo derecho actúa como fuerza motriz de esta técnica, por lo que debe tirar de su oponente hacia usted girando la mano derecha en un movimiento circular. Cuando haya tirado del oponente, tiene que aplicar el *harai goshi* utilizando su cadera para lanzar al oponente.

4. Koshi guruma (lanzamiento de giro de cadera)

Para realizar con éxito el *koshi guruma*, debe estar de pie con el pie izquierdo hacia delante y el derecho hacia atrás. Debe agarrar el cinturón o los pantalones de su oponente con ambas manos. El siguiente paso es bloquear rápidamente el pie izquierdo del oponente con su propio pie izquierdo. A continuación, debe lanzar al adversario utilizando la cadera y la mano derecha. No debe utilizar los brazos para levantar al adversario, sino mantenerlos lo más cerca posible del suelo. La rotación se produce alrededor de un eje que pasa por la pierna de su oponente y su propio cuerpo. *Koshi guruma* es una técnica difícil de realizar, pero es posible para alguien con buena fuerza física y flexibilidad.

5. O goshi (lanzamiento mayor de cadera)

Esta técnica es muy similar al *koshi guruma*. La única diferencia es que *o goshi* no bloquea el pie del oponente para lanzarlo. *O goshi* es una técnica suave, a la que puede ser difícil acostumbrarse para quien está habituado a lanzar a los oponentes con fuerza. Sin embargo, es muy eficaz para lanzar a niños u oponentes más pequeños. Todo lo que tiene que hacer es tirar del oponente hacia usted utilizando los brazos. Debe tirar de ellos hacia arriba y luego mover rápidamente un pie hacia delante mientras lanza al oponente al suelo sobre su rodilla.

6. Sode tsurikomi goshi (lanzamiento de cadera con levantamiento y tirón de mangas)

Esta técnica se aplica agarrando la manga izquierda del oponente con la mano izquierda y la parte posterior del cuello o cinturón del oponente con la mano derecha. La mano derecha es la fuerza motriz de esta técnica, por lo que debe tirar del oponente hacia usted utilizando el codo como centro y girando la mano derecha en círculo. A continuación, debe tirar de su oponente mientras utiliza la cadera para derribarlo.

7. Tsuri goshi (lanzamiento de cadera con levantamiento)

Este lanzamiento es casi idéntico al *sode tsurikomi goshi*. Sin embargo, en este caso, debe agarrar el cinturón del oponente con su mano izquierda y la parte posterior de su cuello con la mano derecha. Una vez más, la mano derecha es la fuerza motriz de esta técnica, y debe tirar de su oponente hacia usted utilizando su codo como centro y rotando su mano derecha en un movimiento circular. Luego debe lanzar a su oponente hacia el suelo, utilizando su cadera como punto de pivote.

8. **Tsurikomi goshi (lanzamiento de cadera con levantamiento y tirón)**
Tsurikomi goshi es una variación de la técnica *sode tsurikomi goshi*. En este caso, agarra la manga de su oponente con la mano izquierda y la parte posterior de su cinturón o cuello con la mano derecha. A continuación, tira del oponente hacia usted utilizando el codo como centro y girando el brazo derecho en un movimiento circular. A continuación, debe levantar a su oponente y tirar de él hacia abajo para lanzarlo.

9. **Uki goshi (lanzamiento de cadera flotante)**
Esta es una técnica muy tradicional, y normalmente solo se enseña a los cinturones negros. Es un lanzamiento de cadera más difícil de realizar, por lo que no debería intentarlo hasta que esté muy familiarizado con los fundamentos. *Uki goshi* se realiza agarrando el cinturón del oponente con la mano derecha. Luego debe tirar del oponente hacia usted, levantando su pierna izquierda en el aire. Después de eso, mueva rápidamente su pie derecho al exterior del pie izquierdo de su oponente para lanzarlo al suelo.

10. **Ushiro goshi (lanzamiento trasero)**
Normalmente se enseña a los cinturones blancos. Debe colocarse detrás de su oponente, con los brazos alrededor del cuerpo y la espalda arqueada un poco hacia atrás. Después, debe levantarlo en el aire utilizando la cadera y lanzarlo al suelo por encima del hombro. No debe doblar las rodillas al realizar el *ushiro goshi*, y debe mantener los pies en la misma posición durante toda la ejecución.

11. **Utsuri goshi (lanzamiento de cadera con giro)**
Este es otro lanzamiento de cadera que no se enseña hasta que alguien llega al cinturón negro. Es una técnica difícil de aprender y de ejecutar porque se basa en movimientos muy sutiles. Primero debe tirar de su oponente hacia usted utilizando su hombro o muñeca, forzándolo a cambiar su peso sobre una pierna para que se incline hacia usted. Después, debe levantarlo y desplazar sus caderas hacia el exterior de su pierna para tirarlo al suelo.

Los *koshi waza* (lanzamientos de cadera) en el judo utilizan la cadera como punto de giro y requieren que rompa el equilibrio de su oponente. La técnica principal en todos los lanzamientos de cadera enumerados anteriormente consiste en tirar y luego derribar al oponente utilizando la cadera. los lanzamientos de cadera pueden ser muy difíciles de aprender y ejecutar, por lo que solo se enseñan cuando se ha superado la fase de principiante. Debe centrarse en perfeccionar los fundamentos antes de intentar cualquiera de estas técnicas avanzadas. Todas estas técnicas, a excepción del *ushiro goshi* y *utsuri goshi*, pueden ser ejecutadas tanto por hombres como por mujeres. Puede realizar cualquiera de estas técnicas de judo en cualquier nivel competitivo, y son muy útiles en los combates. Como siempre, es esencial practicar estas técnicas con un entrenador de judo capacitado para asegurarse de realizarlas correctamente. Una vez que domine los lanzamientos de cadera, pueden constituir un medio muy eficaz de defensa personal.

Capítulo 6: *Ashi waza*: Técnicas de pies

Ashi waza es una categoría de técnicas de judo que incluye lanzamientos de raspado, enganche y siega, así como lanzamientos de sacrificio. El término *ashi waza* puede descomponerse en dos palabras: «*ashi*», que significa pie, y «*waza*», que significa técnica. Por lo tanto, *ashi waza* puede traducirse como técnicas de pie. Este capítulo se centra en las 21 técnicas de pie reconocidas por la Federación Internacional de Judo (FIJ).

Principio fundamental de *ashi waza*

El principio principal detrás de cualquier técnica de *ashi waza* es desequilibrar al oponente utilizando raspados de pie, movimientos de enganche, o movimientos de siega. Una vez que el oponente ha sido desequilibrado, debe ser lanzado o inmovilizado contra el suelo. Como su nombre indica, las *ashi waza* implican el uso de los pies en lugar de las manos para derribar al oponente. Existen 21 técnicas reconocidas de *ashi waza*. Estas incluyen todos los lanzamientos de sacrificio, raspados, movimientos de enganche y movimientos de siega. Aunque muchas de estas técnicas son similares a las de mano de *katame waza*, siguen siendo únicas e importantes de aprender.

Ashi waza de judo: Lista de técnicas de pies

Las siguientes son las 21 técnicas de *ashi waza* d judo reconocidas por la FIJ. Cada una de estas técnicas debe ser practicada en dos fases distintas: el ataque y la ejecución. El ataque es cuando raspa o engancha el pie de su oponente para desequilibrarlo. La ejecución es cuando se presiona el pie del oponente, se aplica una técnica de derribo y se tira al oponente al suelo.

1. ***Hiza guruma* (giro de rodilla)**
   Esta técnica consiste en raspar o enganchar el pie adelantado del adversario con la pierna adelantada. Raspe el pie hacia fuera en un movimiento circular mientras presiona el pie adelantado con el arco de la pantorrilla de su pierna del mismo lado. Raspe el pie adelantado del oponente hacia su pecho mientras lanza su otra pierna sobre la pierna adelantada del oponente.

2. ***Kosoto gake* (gancho pequeño exterior)**
   Este movimiento consiste en enganchar la parte exterior del pie adelantado del oponente con la pierna adelantada. Enganche el pie de su oponente justo por encima o por debajo del tobillo con el empeine de su pie. Es importante mantener las manos en el pecho o los hombros del oponente mientras engancha su pie. Luego, lance a su oponente hacia atrás.

3. ***Kosoto gari* (gancho pequeño interior)**
   Esta secuencia es similar al *kosoto gake*, pero su oponente no tiene las manos en el suelo. Usando su pierna adelantada, raspe el pie exterior de su oponente a la altura del tobillo o más arriba de la espinilla. Raspe el pie de su oponente con un movimiento hacia abajo mientras mantiene el contacto entre su pecho y la espalda de su oponente. Luego, raspe a su oponente hacia atrás y hacia el suelo

4. ***Kouchi gari* (Siega menor interior)**
   Esimilar al *kosoto gari*, excepto que el pie adelantado de su oponente está en el interior de su cuerpo. Raspe hacia abajo el pie exterior de su oponente con su pierna adelantada. Deslice el pie hacia adentro y hacia afuera como si lanzara un *sumi gaeshi* (lanzamiento invertido de esquina). Con este lanzamiento, el oponente estará de espaldas a usted, y usted estará mirando hacia su lado opuesto. Antes de lanzarlo, incline la parte superior del cuerpo

hacia delante del oponente de forma que quede paralelo al suelo.

5. *Guruma* (gran giro)
Se realiza balanceando la pierna adelantada de su oponente con su pierna trasera. Mantenga las manos sobre los hombros o el pecho del oponente mientras raspa el pie de su oponente con un gran movimiento circular. Empuje o tire del raspado y luego láncelo hacia abajo. Recuerde mantener las caderas alejadas de las del oponente al realizar esta técnica.

6. *Okuriashi harai* (continuación del raspado de pie)
Esta técnica se realiza raspando el pie adelantado de su oponente con la parte posterior de la pantorrilla de su pierna del mismo lado. Gire hacia el pie adelantado del oponente con la pierna adelantada. Raspe el pie delantero del oponente rápidamente para desequilibrarlo mientras mantiene sus manos en su pecho u hombros.

7. *Ouchi gari* (siega mayor interior)
Es similar al *kouchi gari*, excepto que su oponente estará mirando en la dirección opuesta. Raspe hacia abajo el pie interior de su oponente con su pierna trasera. Raspe el pie hacia dentro y hacia atrás, lanzando a su oponente de nuevo a la colchoneta. Antes de lanzarlo, incline la parte superior de su cuerpo delante de su oponente de forma que quede paralelo al suelo. Su brazo del lado opuesto debe estar presionado contra su cuerpo para apoyo y equilibrio.

8. *Ouchi gaeshi* (inversión mayor interior)
Es similar al *ouchi gari*, excepto que lanza a su oponente por encima de su hombro opuesto. Raspe hacia abajo el pie interior de su oponente con su pierna trasera. Raspe el pie de su oponente hacia adentro y hacia atrás, girando su cuerpo mientras lo raspa de sus pies. Esto hará que su oponente caiga sobre la parte superior de la espalda y los hombros.

9. *Osoto gari* (siega exterior mayor)
Esta técnica es similar al *kosoto gari*, excepto que en este movimiento raspa el pie adelantado de su oponente con su pierna trasera y mirando en la dirección opuesta. Es importante mantener las manos sobre el pecho o los hombros del oponente mientras raspa su pie. Raspe el pie adelantado de su oponente hacia fuera con un movimiento circular mientras mantiene su pie exterior pegado a la colchoneta. Debe mantener el contacto entre su pecho y la espalda del oponente mientras raspa su pie hacia fuera para desequilibrarlo. Mientras raspa a su oponente, incline hacia delante la parte superior de su cuerpo de forma que quede paralelo al suelo.

10. *Osoto gaeshi* (contraataque *osotogari*)
Esta técnica se realiza raspando el pie adelantado de su oponente con su pierna trasera mientras él está mirando en la dirección opuesta. Mantenga el contacto entre su pecho y la espalda del oponente mientras raspa su pie adelantado. Balancee el pie del adversario hacia fuera, tirándolo a la colchoneta. Mientras raspa a su oponente, incline hacia delante la parte superior de su cuerpo hasta quedar paralelo al suelo.

11. *Osoto guruma* (giro exterior más grande)
Al raspar la pierna adelantada del oponente, raspe con su pierna trasera del mismo lado y gire 180 grados. Es similar al *osoto gaeshi*, excepto que está dando la espalda al oponente. Presione el brazo contrario contra el cuerpo para mantener el equilibrio y el apoyo. Esta técnica es útil si se enfrenta a un oponente con una fuerte defensa, ya que será incapaz de detener o contrarrestar su raspado.

12. *Osoto otoshi* (caída exterior más grande)
En este movimiento, debe balancear la pierna adelantada de su oponente con la pierna trasera del mismo lado. Al igual que en el *osoto gari*, raspe hacia

abajo el pie adelantado de su oponente con su pierna adelantada. Sin poner energía en el raspado, junte rápidamente ambas piernas y gire ligeramente para raspar el pie delantero de su oponente. Mantenga su peso hacia delante mientras se mueve, balanceando el pie y cayendo sobre una rodilla para apoyarse. Mientras raspa, inclínese ligeramente hacia delante con la parte superior del cuerpo para hacer que su oponente caiga encima de usted.

13. *Sasae tsurikomi ashi* (levantamiento y tirón de apoyo de tobillo)

Esta técnica se utiliza cuando su oponente está parado o se mueve hacia usted. Al igual que en el *kouchi gari*, raspe la parte interior del pie adelantado de su oponente con su pierna trasera, tirando de él hacia arriba y hacia atrás para desequilibrarlo. Raspe el pie hacia dentro y hacia atrás. Incline la parte superior de su cuerpo delante de su oponente. Mantenga las manos sobre el adversario, utilizándolas para desequilibrarlo o como apoyo si es necesario.

14. *Tsubame gaeshi* (vuelo invertido)

Este *ashi waza* se hace raspando la pierna adelantada del oponente hacia el lado contrario. Enganche el pie adelantado del oponente con su pierna trasera, raspándolo hacia fuera y hacia un lado. Baje su cuerpo inclinándose en la misma dirección que raspa. Baje aún más después del raspado, enviando a su adversario hacia fuera y por encima de usted. Tire del cuerpo del adversario hacia usted con el brazo del mismo lado mientras mantiene el contacto con su espalda para mantener el equilibrio.

15. *Uchimata* (lanzamiento de muslo interior)

En este, su oponente tiene su peso centrado sobre la pierna delantera. Raspe el pie adelantado del oponente con su pierna trasera, raspándolo hacia dentro y hacia atrás. Esto desequilibra a su oponente y lo deja de espaldas. Inclínese hacia delante con la parte superior del cuerpo para añadir dificultad al lanzamiento. Mantenga el contacto entre su pecho y la espalda del adversario y utilice el brazo opuesto para apoyarse. Mantenga al oponente cerca de usted mientras cae para desequilibrarlo aún más y reducir las posibilidades de un contraataque.

16. *Ashi guruma* (giro de pierna)

Su oponente está en posición de frente. Balancee el pie adelantado del oponente con su pierna trasera, tirando de él hacia fuera y alrededor de usted. Mantenga al oponente cerca de usted mientras cae de espaldas, manteniendo el contacto entre tu pecho y su espalda.

17. *Deashi harai* (raspado de pie hacia adelante)

Cuando su oponente está de pie con su peso centrado sobre sus pies, raspe su pie adelantado hacia el interior con su pierna trasera y tire de él hacia delante y arriba, de manera que ambos caigan al suelo. Incline ligeramente la parte superior de su cuerpo hacia su espalda para controlar el raspado. Raspe lo suficientemente alto para asegurarse de que su oponente no pueda agarrarle la pierna al bajar.

18. *Hane goshi gaeshi* (contraataque de rebote de cadera)

Esta técnica se utiliza cuando su oponente lo raspa con su pie adelantado. Raspe la parte exterior de su pierna adelantada hacia dentro, hacia el centro de su cuerpo. Baje la parte superior del cuerpo y las caderas para dificultar el lanzamiento del oponente. Utilice el impulso del raspado de la pierna adelantada para lanzar a su oponente más allá de usted y desequilibrarlo.

19. *Harai goshi gaeshi* (contraataque de raspado de cadera)

Esta técnica se utiliza cuando su oponente lo raspa con su pierna trasera. Enganche el interior de su pierna adelantada hacia dentro, hacia el centro de su cuerpo. Mantenga sus manos en sus caderas para desequilibrarlo y completar el lanzamiento. Esta técnica no requiere que usted haga ningún movimiento hacia atrás.

20. **_Harai tsurikomi ashi_ (raspado con levantamiento y tirón de pie)**
    Esta técnica se utiliza cuando su oponente está desequilibrado o raspando desde el otro lado. Raspará el interior de su pierna adelantada justo por debajo de la rodilla con su pierna trasera. Realice un raspado recto hacia dentro y hacia arriba, manteniendo la mayor parte de su peso sobre la pierna trasera. Mantenga las manos en las caderas del oponente para ayudar a desequilibrarlo y completar el lanzamiento.
21. **_Hiza guruma_ (giro de rodilla)**
    Su oponente estará desequilibrado o de pie. Raspe la parte exterior de su pierna trasera con su pierna adelantada, tirando de ella hacia atrás y hacia arriba. Mantenga su mano adelantada sobre su hombro para controlarlo mientras raspa, asegurándose de mantener parte de su peso sobre la pierna trasera durante el raspado. Una vez que la pierna de raspado está detrás, utilice el brazo opuesto para tirar del cuerpo de su oponente y llevarlo hacia su espalda.

Las *ashi waza* son útiles para hacer sus lanzamientos más efectivos y desequilibrar al oponente. Entrenar con un compañero y añadir poco a poco más velocidad a sus derribos le ayudará a desarrollar el control corporal y la sincronización necesarios para este eficaz estilo de derribo. En este capítulo se explican 21 de las *Ashi Waza*, o técnicas de pie, más comunes. Se explora el principio fundamental de estas técnicas y se explica cómo aplicarlas en la práctica. Esto incluye los principios de raspar, segar, enganchar y contrarrestar. Es útil que aprenda estas técnicas si planea participar en competencias de judo o quiere aprender lanzamientos efectivos.

Capítulo 7: *Sutemi waza*: Técnicas de sacrificio

En judo, *sutemi waza*, término japonés para las técnicas de sacrificio, entra dentro de la categoría de técnicas de lanzamiento, o *nage waza*. Una técnica de sacrificio consta de dos componentes, el *tori* y el *uke*.

El *tori* es el luchador que ejecuta la técnica, y el *uke* es el oponente que recibe el ataque. Para ejecutar una técnica de sacrificio, el tori envuelve el cuerpo del uke alrededor del suyo y cae junto con el *uke*.

El término «*sutemi*» puede traducirse como «tirar la semilla». Sin embargo, se traduce más comúnmente como «sacrificio». La palabra «*waza*» se refiere a una técnica, particularmente una de lanzamiento. El nombre ilustra el hecho de que un judoca debe lanzarse sobre su espalda, sacrificando su equilibrio para realizar el lanzamiento.

Los lanzamientos de sacrificio son útiles cuando ambos oponentes caen al suelo y como estrategia en la lucha libre. Los lanzamientos de sacrificio son una forma rápida de dar vuelta a una situación.

Algunos movimientos de *sutemi waza* no son tan poderosos como el *uke waza*, que también se conoce como técnica flotante. En cambio, otros movimientos, como el *tomoe nage*, o el lanzamiento en círculo, pueden ser muy poderosos.

Los *sutemi waza* se dividen a su vez en dos grupos: *ma-sutemi waza* y *yoko-sutemi waza*. Los *ma-sutemi waza* son lanzamientos de sacrificio traseros, mientras que *yoko-sutemi waza* son lanzamientos de sacrificio laterales.

En este capítulo se profundiza en las técnicas de sacrificio de judo. También se discute la importancia de *ukemi* y se explica cómo las técnicas de sacrificio pueden ser perjudiciales si no se realizan correctamente. Encontrará una lista de los diferentes *ma-sutemi waza* y *yoko-sutemi waza*, así como una explicación de cómo se realizan.

Ukemi en los sutemi waza

Las técnicas de *sutemi waza* requieren que el practicante se lance intencionadamente al suelo junto con su oponente. Si no se hace correctamente y con cuidado, el daño que sufre el atacante puede ser similar al del oponente.

En cualquier disciplina de lucha, los practicantes siempre tienen un plan o estrategia. Además de estos factores, el luchador debe tener en cuenta la caída cuando planea realizar un *sutemi waza*.

Ukemi, que ha sido explicado previamente, es la forma correcta de caer, y es muy importante para prevenir lesiones. Practicar *ukemi* es una parte importante del aprendizaje y ejecución de *sutemi waza*. La aplicación de esta técnica debe convertirse en un movimiento instintivo, lo cual se hace posible gracias a la memoria muscular.

El *ukemi* puede ser practicado generalmente en cuatro direcciones, como se explicó en un capítulo anterior. Estas son: *ushiro ukemi*, caídas hacia atrás; *mae ukemi*, caídas hacia adelante, y *yoko ukemi*, caídas del lado derecho e izquierdo. Esto significa que siempre hay una manera de frenar la caída, independientemente de si se decide hacer el *ma-sutemi waza* o el *yoko-sutemi waza*.

El desarrollo de grandes habilidades de *ukemi* requiere mucha práctica y repetición, y esta repetición lo convertirá en un buen judoca, porque las técnicas de *ukemi* son la clave de las habilidades del judo. No solo ayudan a ejecutar correctamente y con seguridad los *sutemi waza*, sino que también ayudan a recuperarse fácil y rápidamente de los ataques del oponente.

Riesgos potenciales

Los movimientos *sutemi waza* funcionan gracias al impulso del oponente. Al ejecutar el movimiento, el luchador no intenta detener al oponente. Lo que hace es aceptar su impulso y utilizarlo en su propio beneficio. Redirige los esfuerzos del adversario, utilizando su movimiento y equilibrio.

Estos lanzamientos, cuando se hacen de forma incorrecta o dubitativa, pueden ser muy peligrosos. Esto se debe a que el atacante debe colocarse en una posición de desventaja; esta es la parte de sacrificio de la técnica. Si se aplica una técnica de caída defectuosa, los resultados pueden ser devastadores. Del mismo modo, la indecisión da poder al oponente. Dado que la posición del atacante en *sutemi waza* no es la ideal, ser lento o vacilante da más ventaja al adversario.

Aunque pueden ser arriesgados, los *sutemi waza* son relativamente fáciles de hacer. El impulso que proviene de la caída del cuerpo añade mucha potencia al lanzamiento. Esto significa que se requiere muy poca fuerza, por sorprendente que pueda parecer. Además, el efecto del lanzamiento puede ser increíble.

Esta es la razón por la que realizar *sutemi waza* debe ser un proceso muy suave de principio a fin. Se debe mover con el cuerpo de su oponente, aceptar su impulso, aplicar *ukemi* para caer con seguridad al suelo y continuar ejecutando su lanzamiento rápida y limpiamente.

Ma-sutemi waza

Hay cinco lanzamientos de sacrificio trasero o técnicas *ma-sutemi waza* que se pueden aplicar:

1. Hikikomi gaeshi

Hikikomi gaeshi significa tirar hacia atrás. Esta técnica requiere tirar del oponente hacia delante y luego lanzarlo por encima y por detrás de su cabeza.

Para realizar el *hikikomi gaeshi*, necesita moverse hacia delante y colocar su pie a medio camino entre los pies de su oponente. A continuación, debe utilizar su *hiki-te*, o mano de agarre, para tirar del oponente hacia delante. Esto hará que pierda el equilibrio. Cuando empiecen a caer hacia delante, utilice su *tsurite*, o mano de elevación, para alcanzarlo por encima del hombro. Agarre su cinturón. Al mismo tiempo, utilice de nuevo su *hiki-te* para levantar el costado de su oponente o agarrar sus pantalones. Tras ese movimiento, desplace su centro de gravedad hacia atrás. Mientras agarra a su oponente, continúe haciéndolo rodar hacia atrás y láncelo por encima y detrás de su cabeza. Mientras lo lanza, debe patear hacia arriba y contra sus muslos para proyectar su cuerpo.

2. Sumi gaeshi

Sumi gaeshi significa lanzamiento desde la esquina. Esta técnica requiere que el luchador tire del oponente hacia delante, desestabilizándolo y desequilibrándolo antes de caer hacia atrás y lanzarlo por encima de la cabeza.

Para ponerse en posición, colóquese en la posición *kenka yotsu* y utilice su *tsurite* para agarrar a su oponente por la parte trasera de su uniforme. A continuación, utilice su *tsurite* y su *hiki-te* para tirar del oponente hacia delante. Cuando pierdan el equilibrio, debe asegurar a su oponente por la espalda con su pierna enganchada a la entrepierna de él. Debe dar una patada hacia arriba rápidamente para lanzarlo por encima de su cabeza.

3. Tawara gaeshi

Tawara gaeshi significa lanzamiento de un saco de arroz. Esta técnica requiere lanzar al oponente por encima de su cabeza y por detrás, como si el oponente fuera un saco de arroz.

Esta técnica se utiliza normalmente como contraataque al *morote-gari* o siega a dos manos. Así, cuando las caderas del oponente están bajas y se preparan para moverse hacia delante y agarrar su torso, debe agarrarlo por detrás de sus hombros. Entonces debe sujetarlo en lo que parece un abrazo de alcance. Su cabeza, en este punto, mira hacia abajo. Debe sujetar con fuerza la parte superior del cuerpo de su oponente y desestabilizarlo hacia delante. Luego, ruede sobre su espalda, lanzándolo sobre su cabeza y hacia atrás de ella.

Como ya se ha explicado, en realidad no utiliza su fuerza ni sus brazos en el proceso. En cambio, es el impulso del cuerpo desestabilizado de su oponente, junto con su propio movimiento de giro, lo que provoca un cambio en su centro de gravedad y le asegura la buena ejecución de la técnica.

4. Tomoe nage

Tomoe nage significa lanzamiento circular, que también se conoce como técnica submarina. Esto se debe a que la técnica requiere que el *tori* se sumerja debajo del *uke* y utilice la pierna para lanzarlo.

Mientras está de pie en una postura natural, el oponente realiza un movimiento lateral que usted anticipa. Mientras él lo ejecuta, tiene que doblar las rodillas y lanzarse. A continuación, utilice su cuerpo para proyectar un giro hacia delante, lo que hace que se enrosque como una bola. Desde esa posición, debe sumergirse debajo del adversario. Debe colocar el pie en la parte superior del muslo del adversario, cerca de su torso, y utilizar toda su fuerza para extender la rodilla. La fuerza de resorte de la rodilla extendida patea al oponente hacia arriba. Luego, utilice su *tsurite* y su *hiki-te* en armonía con tu fuerza de patada.

5. Ura nage

Ura nage significa lanzamiento trasero. Si está familiarizado con la lucha libre profesional, verá que la técnica es similar al retroceso. Esta técnica requiere que el practicante abrace a su oponente por detrás y lo lance hacia arriba y por detrás de la cabeza.

Cuando su adversario intente un ataque y dé un paso adelante para sujetarlo por detrás del cuello, debe abrazarlo o agarrarlo con ambos brazos. Puede doblar las rodillas para oponer resistencia si intenta engancharle una de las piernas. A continuación, debe tirar de su adversario hacia atrás, desplazando su propio centro de gravedad. En este punto, estará sobre su estómago. Extienda sus piernas para utilizar la fuerza de rebote de su rodilla, lanzando a su adversario por encima y hacia atrás.

Yoko-sutemi waza

Hay quince lanzamientos de sacrificio lateral o técnicas de *yoko-sutemi waza* que puede aplicar:

1. Daki wakare

Daki wakare significa rotación trasera del tronco. El *tori* debe abrazar y lanzar al *uke* por detrás.

Cuando su oponente intenta un *seoi-nage* o un ataque similar, usted contraataca agarrando su costado con una mano. Esto hace que él amplíe su postura y pierda el equilibrio. En ese momento, debe rodear su cuello con el otro brazo, agarrando la parte posterior de su cuello u hombro en el contraataque. A continuación, empuje su espalda hacia un lado, doblando la rodilla y colocando un pie delante. Impida que su adversario se gire hacia un lado sujetándole la rodilla. A continuación, láncelo hacia un lado, abrazándolo a medio camino mientras gira su propio cuerpo con fuerza. Esto acerca al adversario a su abdomen. Empuje el abdomen hacia fuera, como en una postura de puente, y luego afirme los codos en el suelo. Ejecute un sacrificio lateral mientras lo lanza con un movimiento de torsión.

2. Hane makikomi

Hane makikomi significa lanzamiento envolvente con rebote.

Después de intentar y fallar en un *hane-goshi* o salto de cadera, puede realizar un *hane makikomi*. Lo que debe hacer es soltar su mano derecha, extendiéndola hacia afuera y girando hacia la izquierda. Esto hará que envuelva el cuerpo de su oponente a su alrededor. Finalmente, láncelo rodando y cayendo hacia delante sobre la colchoneta.

3. Harai makikomi

Harai makikomi significa lanzamiento envolvente con raspado de cadera.

Para ejecutar el lanzamiento, lleve a su oponente a la esquina frontal para desequilibrarlo. Después de estar en *harai-goshi*, debe soltar su agarre derecho y girar hacia la izquierda. Entonces envolverá el cuerpo de su adversario alrededor del suyo agarrando su brazo derecho por debajo de su axila. Finalmente, caerá hacia delante cuando lo derribe con su lanzamiento.

4. Kani basami

Kani basami significa lanzamiento de cangrejo o tijera. Este lanzamiento de sacrificio ha sido prohibido en todas las competiciones de judo y en la mayoría de las de BJJ en todo el mundo.

5. Kawazu gake

Kawazu gake significa enredo con una pierna, y también está prohibido en competiciones.

6. Osoto makikomi

Osoto makikomi significa gran lanzamiento envolvente exterior.

Un *osoto makikomi* debe ser realizado desde un *o-soto-gari*. Si está en esa posición, su mano derecha debe estar en la solapa de su adversario. Tiene que soltar con esa mano y girar hacia la izquierda. En ese momento, lleve su brazo sobre el derecho del adversario. Esto hará que su cuerpo se enrolle alrededor del suyo. Reanude su movimiento para ejecutar el lanzamiento.

7. Soto makikomi

Soto makikomi significa envolvimiento exterior.

Comience desequilibrando al oponente, dirigiéndolo hacia su esquina frontal derecha. Entonces, suelte su mano derecha y gire a la izquierda. Asegúrese de envolver con su brazo derecho el brazo derecho de su oponente y utilice su axila para apretarlo. Esto hará que su cuerpo se enrolle alrededor del suyo. Después, continúe moviéndose en esa posición para lanzar a su oponente hacia delante.

8. Tani otoshi

Tani otoshi significa caída en el valle.

Para ejecutar el *tani otoshi*, necesita desequilibrar a su adversario hacia la esquina trasera derecha. Después, tiene que mover su pie izquierdo hacia el exterior de su pie por detrás de ambos pies. Para terminar, debe sacrificarse hacia la izquierda mientras lanza a su adversario a la esquina trasera derecha.

9. Uchi mata makikomi

Uchi mata makikomi significa envoltura interior del muslo.

Para entrar en esta posición, debe hacerlo desde el *uchi mata* o la envoltura interior del muslo. Luego, debe que soltarse con la mano derecha y girar hacia la izquierda. Lleve el brazo derecho hacia el exterior de forma que el cuerpo de su oponente envuelva el suyo. Continúe girando y luego déjese caer, haciendo caer a su oponente con usted.

10. Uki waza

Uki waza significa técnica flotante.

Debe desequilibrar a su oponente y dirigirlo a la esquina frontal derecha. Después, amplíe su postura y extienda su pie izquierdo, bloqueando el exterior del pie derecho de su oponente. Finalmente, caiga rápidamente sobre su lado izquierdo para lanzar al adversario.

11. Uchi makikomi

Uchi makikomi significa envolvimiento interior.

Para entrar en *uchi makikomi*, debe hacerlo desde una posición de *ippon-seoi-nage* o lanzamiento con un solo brazo al hombro. Empuje sus caderas en un gran movimiento fuera de la dirección del lanzamiento. Debe envolver el brazo derecho de su oponente en el pliegue de su codo. Luego, sacrifíquese y lance a su oponente por encima.

12. Yoko gake
Yoko gake significa caída lateral del cuerpo.

Necesita desequilibrar a su oponente y lanzarlo hacia la esquina frontal derecha, en la dirección de sus dedos izquierdos. Entonces, llévelo hacia el lado derecho de él y utilice su pie izquierdo para raspar su pie derecho por debajo de él. Debería caer hacia la izquierda junto con su oponente.

13. Yoko guruma
Yoko guruma significa giro lateral.

Necesita contrarrestar el *waza* de su oponente moviéndose hacia el frente. Luego, use su pierna para lanzarlo alrededor en un movimiento similar al de una rueda.

14. Yoko otoshi
Yoko otoshi significa caída lateral.

Para realizar esta técnica debe desequilibrar a su oponente hacia su derecha. Luego, mueva su pierna hacia el exterior del pie derecho de él. Por último, déjese caer hacia la izquierda y lance a su adversario.

15. Yoko wakare
Yoko wakare significa separación lateral:

Debe desequilibrar a su oponente y lanzarlo hacia la esquina delantera derecha o hacia delante. A continuación, déjese caer hacia su lado izquierdo o hacia atrás, extendiendo las piernas delante de su adversario. Por último, láncelo por encima de su cuerpo.

Los judocas, los luchadores y quienes practican otros estilos de lucha son propensos a perder el equilibrio cuando se les agarra desprevenidos o por sorpresa. Si no reaccionan con rapidez, estas situaciones ponen en peligro su posición en el combate. Afortunadamente, el *sutemi waza* puede convertir la postura indeseable de un judoca en una ventajosa.

La clave de cualquier deporte, no solo de las técnicas de lucha, es tener el control del cuerpo, la mente y el movimiento. Por lo tanto, perder el equilibrio nunca es una buena señal, y rara vez es intencional. Sin embargo, el *sutemi waza* permite a los judocas sacrificar voluntariamente su equilibrio para lanzar al atacante. De esta forma, recuperan el control de su propio cuerpo, de sus decisiones y del combate, además de ganar ventaja sobre su oponente.

Capítulo 8: *Osae waza*: Técnicas de inmovilización

Hay muchas cosas que la gente hace para defenderse, tanto física como mentalmente. Una forma de defensa personal es mediante técnicas de agarre o de inmovilización llamadas *Osaekomi Waza*. *Osaekomi Waza* consiste en utilizar el peso del cuerpo para mantener a un oponente boca arriba. Los movimientos de inmovilización son una parte integral de la defensa personal, porque permiten sujetar a alguien hasta que se someta o hasta que llegue ayuda. Estos movimientos permiten al luchador sujetar a su oponente por la espalda, que es una parte esencial del combate.

Los luchadores de judo deben saber utilizar *osaekomi waza* porque el agarre es una parte importante de este deporte. Muchos judocas entrenan duro para perfeccionar su capacidad de inmovilizar a un oponente, incluso durante todo un combate. Esta técnica se desarrolló a partir de movimientos llamados *katame waza*. Debido a que *osaekomi waza* son una parte tan importante del deporte, estos movimientos necesitan su propia categoría y los estudiantes deben aprender todo lo que necesitan sobre ellos. Este capítulo enseña las técnicas apropiadas de *osaekomi waza*, con instrucciones paso a paso e imágenes.

El principio fundamental de *osae waza*

El principio fundamental del *osae waza* es que un jugador inmoviliza a su oponente acostándose sobre él con todo su peso. El objetivo es inmovilizar al oponente, lo que puede conducir a una sumisión o un cambio de técnica. Una buena forma de que los principiantes recuerden la posición adecuada es imaginarse a sí mismos como una manta pesada que debe cubrir a su oponente.

Primero, el atacante debe agarrar el uniforme del defensor con ambas manos y colocar su pecho sobre sí mismo. El peso se minimiza manteniendo los antebrazos, codos, palmas y rodillas en contacto con la colchoneta en todo momento. Estas partes del cuerpo se utilizan como punto de pivote para desplazar el peso de un lado a otro.

El defensor debe mantener los codos en contacto con la colchoneta e intentar no moverse demasiado mientras el atacante está encima de él. La técnica puede finalizarse fácilmente moviendo las caderas hacia un punto ligeramente descentrado, lo que permite agarrar el cuello del oponente mientras se utiliza una de las piernas para inmovilizar la pierna pegada al cuerpo.

Tanto el atacante como el defensor deben mantener las caderas bajas con ambas rodillas sobre la colchoneta. Si se levantan demasiado las caderas, el otro puede dar la vuelta y contraatacar. Manteniendo una posición corporal adecuada, ambos luchadores pueden conservar energía mientras intentan inmovilizar a su oponente.

1. Yoko shiho gatame (inmovilización de control lateral)

Esta es la primera y más básica de todas las *osaekomi waza*, pero también es una de las más importantes, ya que existen variaciones que pueden ser utilizadas para vencer al oponente. Necesitará un buen movimiento de cadera para realizar esta técnica. De lo contrario, no funcionará. Esta técnica puede utilizarse para someter al oponente mediante estrangulamientos o llaves de brazo, por lo que es una parte importante del entrenamiento.

Si realiza este movimiento sobre alguien que está de pie, puede intentar tirar su peso sobre usted, por lo que debe tener una buena postura cuando se inicie la inmovilización. Cuando practique *shiho gatame*, asegúrese de que el hombro de su oponente ceda para que pueda crear presión en el lado de su cuello.

2. Kuzure yoko shiho gatame (control lateral - variante)

A diferencia del *yoko shiho gatame* normal, esta técnica se realiza cuando el oponente está tumbado. Cuando la practique, asegúrese de mantener las caderas bajas y de ejercer una buena presión para inmovilizar a su oponente.

Cuando realice esta variante sobre un oponente de pie, este puede agarrar una de sus piernas e intentar tirar de usted hacia él. Si esto ocurre, utilice los brazos para tirar de usted hacia delante de forma que mantenga la presión sobre el cuello y los hombros de su oponente.

3. Tate shiho gatame (control de montada)

Una vez que esté en la posición *tate shiho gatame*, su oponente intentará abrir espacio entre usted y él usando las caderas. Para evitar que esto suceda, coloque uno de sus brazos bajo su cuello, lo que dificultará su movimiento. Cuando se dé cuenta de que no puede escapar, intentará mover las caderas hacia atrás, pero usted puede utilizar su peso para inmovilizarlo.

Cuando practique esta técnica, asegúrese de que el brazo que tiene debajo del cuello está bloqueado. De lo contrario, podrá zafarse. Si intenta levantar las manos por la cara, agarre uno de los brazos y bloquee el codo con el hombro.

4. Tate shiho gatame (control de montada - variante)

Esta es otra variante del *tate shiho gatame* que se puede utilizar contra un oponente de pie. Cuando ataque utilizando este método, mantenga sus caderas bajas y aplique presión a su brazo. Cuando el oponente intente llevar el codo a su cara, agarre uno de sus brazos con ambas manos y bloquee los codos con el hombro. Si intenta levantar la cadera, empuje hacia abajo para que no pueda salirse de la llave.

Con esta técnica, es importante mantener las caderas bajas y mantener el centro de gravedad. Un error común de los principiantes en este movimiento es colocarse demasiado alto, lo que facilita al oponente escapar de la sujeción. Además, si su oponente mantiene las caderas bajas, puede utilizar este movimiento para someterlo.

5. Kesa gatame (sujeción del pañuelo)

El *kesa gatame* es una acción de inmovilización muy famosa y directa que no requiere mucha fuerza para llevarse a cabo. Este movimiento requiere el uso de todo el cuerpo, junto con un buen movimiento de cadera. Practíquelo en ambos lados del cuerpo de su oponente para estar preparado para cualquier situación.

Una vez que el oponente tiene su brazo bajo su axila, puede lanzar su peso sobre usted para que no pueda agarrarlo en el *kesa gatame*. Para salir de esta posición, enganche una de sus piernas alrededor de sus caderas y tire hacia delante. Esto debería obligarlo a ponerse de espaldas y permitirle preparar el *kesa gatame*.

6. Kuzure kesa gatame (sujeción del pañuelo - variante)

El *kuzure kesa gatame* es otra variante de esta popular técnica de inmovilización. Para colocarse en posición, su oponente debe mover las caderas hacia fuera e intentar escapar. Si lo hace, agárrelo de la solapa con una mano y coloque el otro brazo bajo su axila. Luego deslícelo hacia arriba a través de su cuello y bloquee su antebrazo con la mano contraria.

Para practicar esta variante, mantenga el pecho erguido y use las rodillas para ejercer la presión necesaria para inmovilizarlo. Si intenta subir el codo por la cara, agarre uno de sus brazos con ambas manos y bloquee el codo con el hombro. Debe mantener una buena postura cuando inmovilice a su oponente.

1. 7. vKami shiho gatame (sujeción de las cuatro esquinas superiores)

El *kami shiho gatame* es otra variante del *kesa gatame*, en la que necesita que su oponente abra las piernas. Para colocarse en posición, ponga su brazo bajo la axila de él y deslícelo hacia arriba a través de su cuello mientras le agarra por el otro lado. A continuación, agarre la manga con la mano contraria y siéntese sobre su estómago.

Para practicar esta variante, mantenga el pecho erguido y ejerza presión sobre el oponente con el peso de su cuerpo. En cuanto intente levantar los brazos, agárrelo con ambas manos y bloquee el codo con su hombro.

8. Kuzure kami shiho gatame (sujeción de las cuatro esquinas superiores - variante)

El *kuzure kami shiho gatame* es otra variante de este popular método de inmovilización. Para colocarse en posición, el oponente debe sacar las caderas e intentar escapar. si es así, coloque un brazo bajo la axila de él y agárrele el cuello del otro lado con la mano libre. A continuación, pase ese brazo por el cuello del adversario, de modo que el brazo quede delante del otro.

Para colocarse en posición, necesitará un buen movimiento de cadera. Cuando el adversario intente subir los brazos a su cara, agarre uno de sus brazos con ambas manos y bloquee el codo con el hombro. Debe mantener el pecho erguido e inmovilizarlo con las rodillas.

9. Morote shiho gatame (sujeción de las cuatro esquinas superiores a dos manos)

Se trata de una eficaz técnica de inmovilización con ambos brazos. Este movimiento requiere el uso de su fuerza central y el movimiento de la cadera, por lo que no es fácil de dominar. Para colocarse en posición, debe pasar el brazo por debajo de la axila del oponente y luego deslizarlo hacia arriba por el cuello. Además, debe moverse rápido para que no le aparte el brazo. A continuación, agarre una de las mangas con la mano contraria. Sus piernas ya deberían estar entre las del oponente, así que solo tiene que mover las caderas sobre ellas y ejercer presión.

Se necesita mucha energía para inmovilizar a alguien, así que debe mantener una buena postura durante todo el agarre. Si el oponente intenta levantar los codos hacia su cara, agarre uno de sus brazos con ambas manos y bloquee el codo con el hombro.

10. Makura kesa gatame (Sujeción de pañuelo almohada)

Esta técnica de inmovilización es más difícil de ejecutar de lo que parece. En lugar de agarrar la manga con la mano libre, debe pasar el brazo por debajo de la axila opuesta del oponente y agarrar el cuello del mismo lado. Luego lleve ese brazo a través de su cuello de modo que quede frente a su otro brazo.

Debe comenzar esta posición subiendo las piernas para bloquearlas alrededor de la cintura del oponente. Luego inclínese hacia delante y pase el brazo por su cuello por debajo de la axila de su brazo libre. En cuanto el rival intente levantarse, siéntese sobre él y manténgalo inmovilizado utilizando su peso. Mantenga una buena postura para no cansarse.

Es importante recordar que estas técnicas de inmovilización ejercen una gran presión sobre la espalda y el pecho del oponente. Esto significa que le resulta difícil utilizar los brazos y no puede moverse con la libertad habitual. Una vez inmovilizado de esta forma, su oponente no puede contrarrestarlo tan fácilmente. Esto le da una gran oportunidad de conseguir una sumisión.

Estas diez técnicas de inmovilización le ayudarán a mantener a su oponente boca arriba el mayor tiempo posible para realizar una sumisión. Es importante saber cómo funcionan estas técnicas, dominarlas con la práctica y el entrenamiento le dará ventaja en los combates. Pero recuerde siempre poner atención a la seguridad.

Capítulo 9: *Shime waza*: Técnicas de estrangulamiento

Existen tres tipos principales de estrangulamiento, dependiendo de dónde se produzca la presión. Los puntos son el cuello, la tráquea o el pecho. Se consideran «arte sutil» por los peligros que entrañan para el oponente y solo deben practicarse bajo la supervisión de un instructor de judo capacitado. Las técnicas de estrangulamiento pueden incapacitar efectivamente a un oponente con menos fuerza que los golpes, lo que las hace particularmente útiles en el judo de defensa personal. Este capítulo explora los tres tipos de estrangulamientos y describe e ilustra doce técnicas de estrangulamiento en judo.

Las técnicas de estrangulamiento se ejecutan desde varias posiciones de agarre con el objetivo de cortar el flujo sanguíneo al cerebro mientras se limita el movimiento del oponente. Estas técnicas se han utilizado en el judo durante décadas, incluso siglos. Varias de estas técnicas se practicaban y enseñaban en las escuelas tradicionales japonesas de *jujutsu* ya a mediados del siglo XIX.

Las técnicas de estrangulamiento funcionan bloqueando las arterias carótidas a ambos lados del cuello, que es como normalmente se respira, con el cuerpo recibiendo sangre oxigenada de cada lado del cuello. En el judo, los estrangulamientos no bloquean completamente esas arterias, sino que limitan el flujo sanguíneo lo suficiente para afectar gradualmente al cerebro.

El principio fundamental del *shime waza*

En judo, el principio fundamental del *shime waza* es quitarle a una persona el equilibrio y la posición de pie utilizando su peso en su contra. Aunque esto suene complicado, se logra a través de una variedad de movimientos que incluyen levantamientos, zancadillas y lanzamientos. Cuando un oponente es lanzado y cae sobre su espalda o cuello, no puede realizar la maniobra defensiva adecuada. Mientras aterrice de lleno en el suelo y mantenga una posición de pie, si el *shime waza* es controlado adecuadamente por quien aplica la presión, no debería haber ninguna lesión.

En los *shime waza*, una de las cosas más importantes a tener en cuenta es que el oponente debe quedar inconsciente. Dado que el oponente está de pie y su movimiento está restringido, no será capaz de golpear. Por eso es muy importante que la persona que ejecuta un *shime waza* tenga cuidado con el tiempo que aplica la presión. Una persona puede perder el conocimiento aplicando la cantidad apropiada de presión, pero usar demasiada fuerza puede causar daños serios, así que es imperativo que no use demasiada fuerza. En general, es una buena idea practicar solo bajo la supervisión de un instructor capacitado durante las clases.

Técnicas de *shime waza*

Hay un total de doce técnicas diferentes de estrangulamiento. Se denominan *shime waza* o «técnicas de estrangulamiento». Las técnicas de estrangulamiento del judo son similares a las utilizadas en otras artes marciales, como el aikido, el *jiu-jitsu* y el karate. Algunas de las técnicas de estrangulamiento del judo son similares a las utilizadas en la calle. Por ejemplo, los estrangulamientos *gi* pueden aplicarse a una persona que no lleve uniforme de judo. Esto hace que sea importante que las fuerzas del orden y profesiones afines dominen la ejecución de estas técnicas.

1. Do jime (llave de torso)

Do jime

Este estrangulamiento también se conoce como «llave de torso». Para aplicar esta técnica, su oponente debe estar tumbado boca arriba. Agarre el brazo de su oponente y gírelo de modo que la palma quede hacia arriba. Luego deslice su brazo derecho por debajo de su cabeza y cuello. Con el antebrazo, presione la tráquea para que quede por debajo del brazo del adversario. Si tiene éxito, su adversario perderá el conocimiento.

2. Gyaku juji jime (estrangulamiento cruzado invertido)

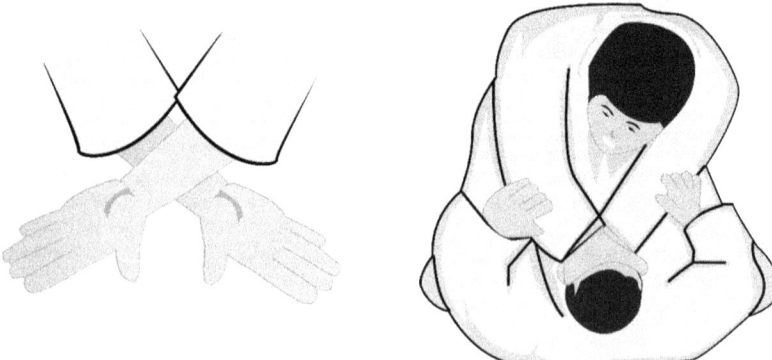

Gyaku juji jime

Este estrangulamiento se aplica de la misma forma que el *do jime*. Sin embargo, cuando presione la tráquea de su oponente con el antebrazo, utilice el lado opuesto del brazo. Esto significa que la tráquea se presiona desde debajo del brazo de su oponente en lugar de por encima, lo que hace que el estrangulamiento sea más fuerte y aumenta sus posibilidades de conseguir que se desmaye en cuestión de segundos.

3. Hadaka jime (estrangulamiento desde atrás)

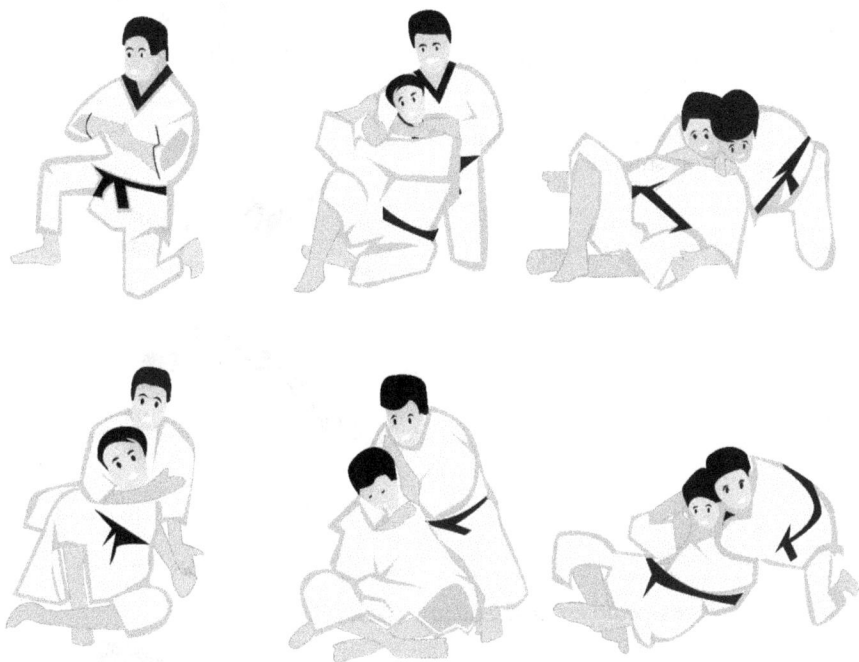

Hadaka jime

Este estrangulamiento se aplica agarrando el cuello de la camisa de su oponente y rodeando su cuello con el brazo. Una vez hecho esto, agarre el dorso de la mano con la otra mano. Mantenga ambas manos cerca del cuello de su adversario. Luego tire hacia usted y hacia arriba para que la barbilla de su oponente sea empujada hacia abajo, y su cuello se alargue. De esta misma forma se aplica este estrangulamiento contra un oponente de pie. Esta técnica es extremadamente efectiva porque toma al oponente por sorpresa.

4. Kata ha jime (estrangulamiento de un ala)

Para aplicar esta técnica, su adversario debe estar tumbado boca arriba y usted junto a él de pie o arrodillado. Coloque su brazo derecho sobre el pecho del oponente y agarre el cuello de su uniforme. Gire la mano hacia abajo y tire hacia arriba para levantar la barbilla del adversario. De este modo, la tráquea del adversario quedará al descubierto y le resultará más fácil aplicar el estrangulamiento.

Kata Ha Jime

5. Kata juji jime (medio estrangulamiento cruzado)

Kata juji jime

Este estrangulamiento también se conoce como «diagonal». Se aplica de la misma forma que el kata ha jime. La única diferencia es que debe aplicar la llave de muñeca desde el lado opuesto. Se aplica desde el lado izquierdo de su oponente, lo que significa que tiene que utilizar su brazo derecho. Recuerde mover el brazo por debajo del cuello del oponente y colocarlo en el lado derecho de su tráquea. Tire hacia arriba para que el cuello de su adversario se alargue y la tráquea quede expuesta.

6. Kata te jime (estrangulamiento con una mano)

Kata te jime

Para aplicar este método, su oponente debe estar tumbado boca arriba y usted de pie o arrodillado a su lado. Su brazo derecho rodeará el cuello y el brazo del oponente. La única diferencia es que debe bloquear su mano izquierda, lo que significa que puede utilizar una de sus manos. Lo más importante de esta técnica es asegurarse de que sus dos brazos están cerca del cuello de su oponente. Esto le permite más fuerza de apalancamiento y hace que el estrangulamiento sea más fuerte.

7. Nami juji jime (estrangulamiento cruzado normal)

Nami juji jime

Este estrangulamiento se aplica de la misma forma que el *kata te jime*. Sin embargo, debe utilizar ambas manos. Esto significa que tiene que pasar su mano izquierda alrededor del cuello de su oponente y agarrar su brazo derecho. Así aplica presión en la tráquea del oponente y, si tiene éxito, lo dejará inconsciente inmediatamente. Al igual que en el *kata te jime*, asegúrese de que ambos brazos están cerca del cuello de su oponente. Si lo hace con la técnica correcta, el estrangulamiento será más fuerte y amentará sus posibilidades de dejar inconsciente al oponente.

8. Okuri eri jime (estrangulamiento corredizo de solapa)

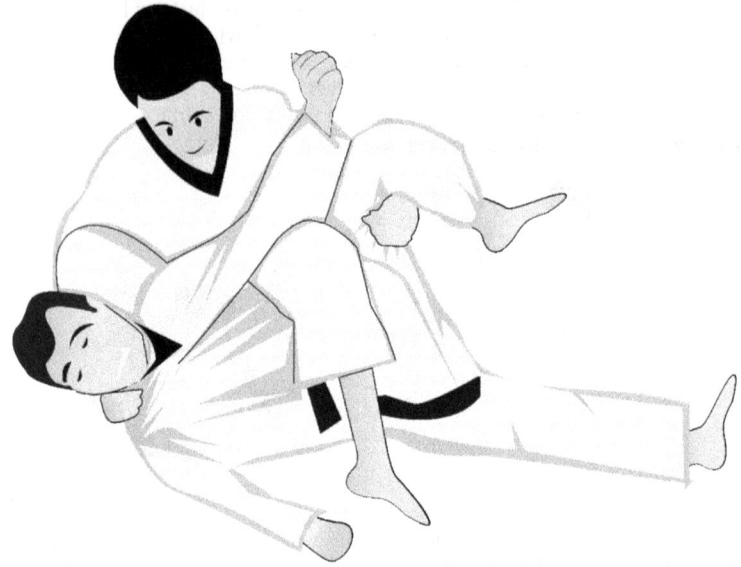

Okuri eri jime

Aplique este estrangulamiento de la misma forma que el *kata ha jime*. Para ello, agarre el cuello de su oponente con la mano izquierda y rodee su cuello con el brazo. Mientras lo hace, agarre el dorso de su mano derecha. Mantenga ambas manos cerca del cuello del oponente. Luego, tire hacia usted y hacia arriba para empujar la barbilla de su oponente hacia abajo y alargar su cuello. Puede realizar este estrangulamiento desde una posición de pie o tumbado. Si lo realiza desde una posición de pie, recuerde tirar de su oponente hacia usted y hacer que pierda el equilibrio.

9. Ryo te jime (estrangulamiento a dos manos)

Ryo te jime

Este estrangulamiento se aplica de la misma forma que todas las técnicas anteriores. La diferencia de este método es que debe utilizar ambas manos. Normalmente se aplica desde el suelo y una vez que ha conseguido superar todas las defensas de su oponente. Para aplicar este estrangulamiento, agarre la mano derecha de su oponente con la izquierda y luego coloque su brazo derecho alrededor del cuello de él. Una vez en esta posición, asegúrese de mantener ambas manos cerca del cuello del oponente. Esto le dará más fuerza y dificultará la huida del rival.

10. Sankaku jime (estrangulamiento en triángulo)

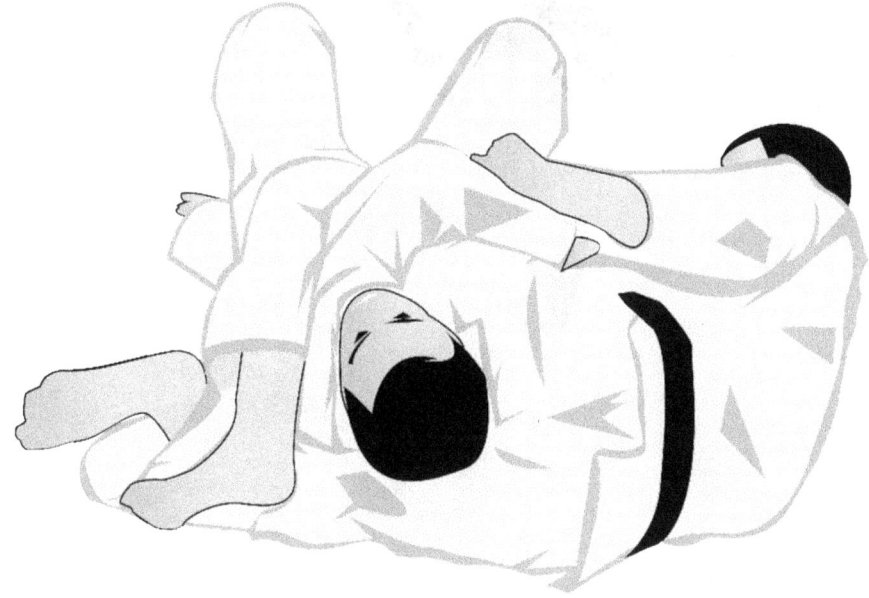

Sankaku jime

Para aplicar este estrangulamiento, su oponente debe estar tumbado boca arriba. Usted debe arrodillarse con la rodilla izquierda junto a su cabeza y la pierna derecha sobre su pecho. Agarre el cuello de su oponente con la mano izquierda y ponga el brazo derecho alrededor de su cuello. Una vez hecho esto, sujete la parte posterior del brazo izquierdo con el brazo derecho y colóquelo cerca del cuello del adversario. Para que este estrangulamiento sea más fuerte, empuje hacia abajo el hombro del adversario con la rodilla izquierda.

11. Sode guruma jime (estrangulamiento de giro de manga)

Sode guruma jime

Este estrangulamiento se aplica de la misma forma que el *kata te jime*. La única diferencia es que debe utilizar ambas manos para agarrar la manga derecha de su oponente. Para aplicar este estrangulamiento, agarre ambos hombros de su oponente con su brazo derecho y luego colóquelo alrededor de su cuello. Termine el movimiento agarrando su manga izquierda. Así genera la asfixia y hace que su oponente pierda el conocimiento.,

12. Tsukkomi jime (estrangulamiento de empuje)

Tsukkomi jime

Para aplicar este estrangulamiento, debe estar de pie frente a su oponente. A continuación, agarre el cuello del *judogi* de su oponente con la mano izquierda y coloque el brazo derecho bajo su axila. Luego, agarre el dorso de la mano izquierda con la derecha. A continuación, tire de los brazos del rival hacia usted y hacia arriba, de forma que los omóplatos de su oponente queden fuertemente presionados. Esto crea una fuerte presión alrededor del cuello y le proporciona un buen agarre. Su oponente no tardará en caer, rendirse o desmayarse.

Los *shime waza* son movimientos importantes de aprender cuando se practica judo. Son extremadamente efectivos en situaciones de la vida real en las que puede necesitar defenderse contra un atacante callejero o en clase durante un entrenamiento de combate. Si aprende estas técnicas correctamente y las practica, pronto se convertirán en algo natural para usted y será capaz de aplicarlas con confianza y competencia. En este capítulo se enumeran doce de los estrangulamientos más comunes del *shime waza* y se muestra cómo realizarlos. Además, hay consejos sobre cómo practicar las técnicas para que se vuelvan en instintivas para usted.

Capítulo 10: *Kansetsu waza*: Técnicas de bloqueo articular

Existen diferentes técnicas de bloqueo articular en judo que puede aplicar para someter a su oponente. Este capítulo contiene consejos y técnicas para los diez bloqueos articulares más comunes de judo que debería conocer. Da detalles sobre cómo utilizar cualquiera de las técnicas para dejar indefenso a su oponente bloqueando una articulación o doblándola en la dirección opuesta.

Lo que debe saber sobre los bloqueos articulares

Un bloqueo articular implica la manipulación de las articulaciones del oponente de forma que lleguen a su máximo límite de movimiento. Los bloqueos articulares causan dolor intenso e inmovilizan al oponente. Pueden causar diferentes lesiones en los ligamentos, tendones y músculos. También pueden causar lesiones graves como fracturas o dislocaciones óseas, dependiendo de su impacto. En las artes marciales, los bloqueos articulares suelen practicarse de forma segura y controlada. Hay diferentes tipos de bloqueos articulares en judo; las siguientes diez son las técnicas oficiales que están permitidas.

Figura *ude garami* (bloqueo articular en cuatro)

El bloqueo articular en cuatro también se conoce como llave de hombro superior, llave de brazo doblado o llave de brazo V1. Se trata de un método de agarre que provoca la flexión del codo, el hombro y, en menor medida, la muñeca del adversario. Para apuntar a la mano derecha del oponente, se utiliza la mano izquierda. Esto le permite clavar el brazo en el suelo de tal forma que el codo caiga en ángulo recto y la palma de la mano mire hacia arriba.

A continuación, pase el brazo izquierdo por debajo de la parte superior del brazo del adversario. Esto dará lugar a una figura cuatro, de donde proviene el nombre de la técnica. Si usted quien la ejecuta, obtendrá una ventaja sobre su oponente. Debe deslizar la muñeca del oponente hacia la parte inferior de su cuerpo para completar el movimiento. Mientras hace esto, debe levantar el antebrazo y el codo simultáneamente en un movimiento de raspado. Esto hace que las articulaciones del oponente se flexionen y duelan. Si el oponente no se somete a tiempo, podría lesionarse.

Figura ude garami

Ude hishigi juji gatame (bloqueo cruzado de brazo)

Ude hishigi juji gatame

El bloqueo cruzado de brazo es una técnica de judo que también se conoce como llave cruzada de brazo, llave de brazo o llave recta. La técnica también se aplica en otros tipos de artes marciales de agarre. Debe sujetar el brazo extendido del oponente por la muñeca mientras aprieta con las rodillas el brazo del adversario. Para someter al oponente, una de sus piernas debe quedar sobre su pecho y la otra sobre la cara del oponente (o justo debajo de su barbilla). Sus caderas deben estar apretadas contra la axila mientras los muslos sujetan el brazo. Si sujeta la muñeca del oponente contra su pecho, puede estirar fácilmente su brazo, hiperextendiendo el codo. Puede aumentar aún más la presión sobre la articulación presionando sus caderas contra el codo. Esta técnica se utiliza habitualmente en diferentes formas de artes marciales, entre ellas el judo.

Ude hishigi ude gatame (llave de brazo)

Ude hishigi ude gatame

Puede realizar esta llave de brazo cuando el adversario está boca abajo y su brazo atrapado con el codo bajo su axila. La otra mano está levantada y la articulación de su codo está hiperextendida. Si es usted quien ejecuta la técnica, primero debe agarrar el brazo extendido con ambas manos y luego abrazarlo contra su pecho. A continuación, tire de la muñeca hacia un lado de la cara y presione la rodilla contra el costado del adversario. El brazo no se moverá con facilidad, lo que provocará cierto dolor. Esto bloqueará el costado mientras extiende la flexión del brazo para aumentar un poco la presión. Cuando tire del brazo atrapado hacia su estómago, estará aplicando una llave articular sobre el. El oponente puede rendirse en esta fase si no consigue zafarse del apretado agarre de esta llave.

Ude hishigi hiza gatame (llave de rodilla a brazo)

Ude hishigi hiza gatame

Al igual que la llave de brazo explicada anteriormente, la llave de rodilla a brazo se utiliza para inmovilizar al oponente usando la articulación de la rodilla. Puede aplicar la llave de brazo sobre el codo del oponente utilizando su rodilla cuando esté boca abajo. También puede ejercer presión hacia arriba sobre la muñeca mientras utiliza la rodilla para ejercer presión hacia abajo sobre el codo. También puede utilizar la zona interior de la rodilla para estirar el hombro o el codo desde una posición inferior.

Después de tirar del brazo del adversario hacia usted, atraparlo entre sus piernas y utilizar las rodillas para bloquear la articulación del codo, al adversario le resultará difícil moverse y sentirá un dolor que puede llevarlo a rendirse.

Ude hishigi waki gatame (bloqueo de axila)

Ude hishigi waki gatame

Esta técnica de bloqueo articular es peligrosa y puede acarrear una penalización. En el bloqueo de axila se tuerce el brazo del adversario por detrás y se bloquea la articulación del codo. Cuando el adversario esté en el suelo, agarre su brazo firmemente por la muñeca y tire de él con fuerza por debajo de la axila. Mientras ejecuta esta acción, abra bien las piernas para mantener el equilibrio y evitar que el adversario escape. Se trata de una técnica de presión hacia abajo que utiliza una fuerza excesiva y que puede causar daños en los ligamentos del codo o incluso romper un hueso.

Ude hishigi hara gatame (bloqueo de estómago)

Ude hishigi hara gatame

Esta maniobra es utilizada principalmente por luchadores con estómagos grandes para bloquear uno de los brazos del adversario. Mientras se arrodilla junto al adversario en cuatro apoyos, agarre la parte posterior de su cuello y cinturón y luego tire hacia delante con un movimiento diagonal. Esto hará que su oponente extienda el brazo, creando un hueco entre su costado y el brazo. Entonces aproveche la oportunidad para deslizar la pierna en el hueco y utilizarla para presionar el brazo del adversario contra su estómago. Una vez que el brazo queda atrapado, puede aplicar el peso de su cuerpo sobre él; esto le ayuda a bloquear la articulación del codo.

Ude hishigi ashi gatame (llave de pierna a brazo)

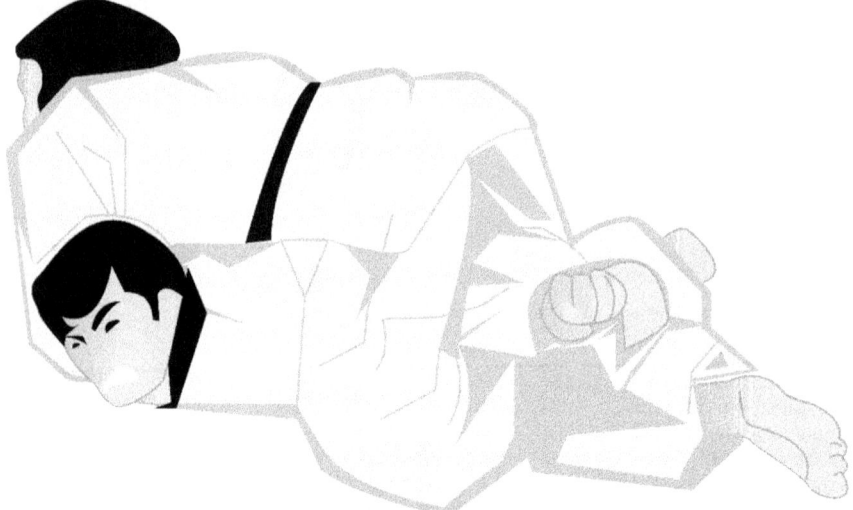

Ude hishigi ashi gatame

Cuando se utiliza esta técnica, se emplean ambas piernas para atacar la articulación del codo del adversario. Agarre el brazo del oponente entre sus piernas para bloquear la articulación del codo. La llave de pierna a brazo tiene diversas variantes y puede aplicarlas al adversario cuando está en el suelo. Cuando su adversario esté boca abajo en el suelo, agarre uno de sus brazos y rodee una pierna con él. Al mismo tiempo, baje la parte superior del cuerpo por la espalda del oponente. Sujete la pierna que está alrededor del adversario para crear la forma de «4» y ejerza presión en forma de tijera sobre su codo. Si ejecuta la técnica desde esta postura, flexione el cuerpo hacia atrás para doblar el codo del adversario en sentido inverso.

Si el adversario está boca arriba, rodee su cuello con el brazo desde arriba y tire de su cuerpo contra usted mientras sujeta uno de los brazos entre sus piernas. A continuación, utilice la parte inferior de la pierna para levantar la parte superior del cuerpo del adversario y ejercer presión sobre su codo utilizando el muslo.

Ude hishigi te gatame (llave de mano a brazo)

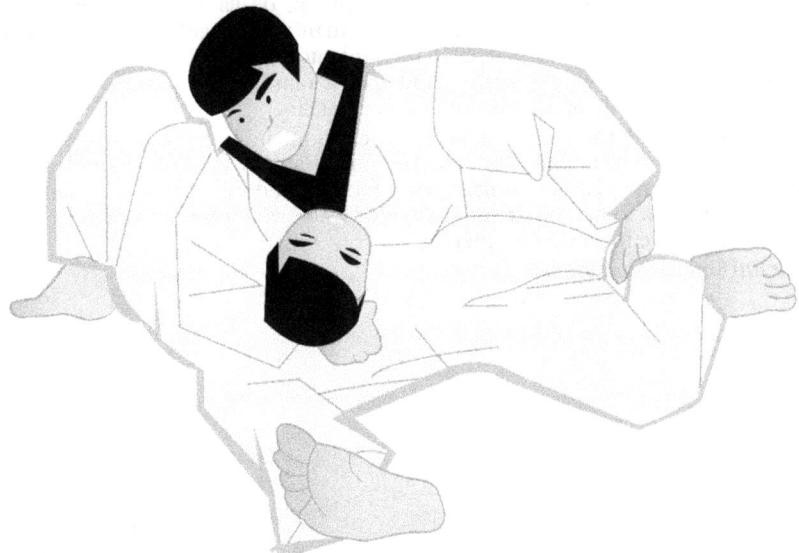

Ude hishigi te gatame

Utilice ambas manos cuando quiera atacar la articulación del codo de su adversario. Hay diferentes variantes que puede considerar para inmovilizar la articulación del codo de su oponente. Puede agarrar su brazo y colocarlo sobre su muslo, luego presionar la parte inferior del brazo hacia abajo para doblar el codo hacia atrás. Cuando pase a una sujeción lateral de cuatro esquinas, sujete el brazo de la misma forma y ejecute la acción.

A continuación, apriete el codo para ejercer presión con el dorso de la mano del adversario. Luego, sujete firmemente el brazo del lado contrario para ejercer presión, al tiempo que impide cualquier movimiento. Al bloquear la mano en una llave de brazo, el oponente no puede girarse y esto hace que se someta si no encuentra otra forma de escapar de la apretada llave.

Ude hishigi sankaku gatame (llave de brazo en triángulo)

Ude hishigi sankaku gatame

Para ejecutar la llave de brazo en triángulo, sujete el brazo del adversario entre las piernas y bloquee la articulación del codo. El nombre de llave de brazo en triángulo deriva de las piernas en forma de tijera, que forman un triángulo mientras sujetan el brazo del adversario. Para completar el movimiento, agarre el brazo del adversario mientras está en cuatro apoyos y gire rápidamente con las dos piernas. Debe sujetar firmemente el brazo de la otra parte, junto con el cuello.

Esta postura puede parecer como si tirara del oponente hacia abajo y hacia delante, pero sus piernas lo sujetarán. Esto solo permite tirar del brazo hacia delante. Esta postura le permite empujar el estómago hacia fuera para doblar el brazo del adversario hacia atrás, bloqueando la articulación del codo. Esto ejerce presión sobre el brazo del oponente y le impide moverlo libremente.

Ashi garami (enredo de piernas)

Ashi garami

Para realizar esta técnica, sujete ambas piernas alrededor de las de su oponente. Gire la pierna para bloquear la articulación de la rodilla. El oponente suele estar tumbado boca abajo en la colchoneta. Asegúrese de que sus piernas están afirmadas alrededor de las piernas del oponente mientras gira su cuerpo hacia ellas, que están en tijera. También es probable que el oponente aplique un movimiento de torsión.

Para que el bloqueo sea fuerte y efectivo, agarre la manga del oponente y júntela con la acción de la pierna para conseguir un fuerte bloqueo articular de rodilla. Esta forma de pierna enredada supone un alto riesgo de lesión para las articulaciones de la pierna del contrario. Esta técnica de bloqueo está prohibida, aunque puede ser necesario aprenderla. Puede utilizarlo como defensa personal si se enfrenta a una amenaza de daño o a cualquier acción no deseada.

Las técnicas de bloqueo articular en judo se utilizan para inmovilizar las articulaciones de los oponentes y someterlos. Cuando se aplica presión a la articulación de forma que alcanza su máximo límite de movimiento, el oponente queda indefenso. Hay diferentes técnicas que se pueden practicar, pero es importante saber cuándo aplicarlas.

Capítulo 11: *Goshin jutsu kata*, el judo en defensa personal

El judo incluye lanzamientos, técnicas de agarre, bloqueos articulares y estrangulamientos, con el objetivo final de atacar a un adversario e inmovilizarlo. Se ideó originalmente con fines de defensa personal y se denominó judo *goshin jutsu kata*, que significa «forma de defensa personal», y utiliza técnicas del programa estándar del judo. Hay cuatro *katas* que incluyen desarmado, cuchillo, palo y pistola. A su vez, están divididas en doce técnicas de ataque sin armas, tres de ataque con cuchillo, tres de ataque con palo y tres de ataque con pistola. Algunas personas clasifican las *katas* sin armas y con cuchillo en una sola, pero originalmente son cuatro categorías separadas.

El judo como defensa personal

Hay muchas razones por las que el judo *goshin jutsu kata* es una buena herramienta de defensa personal. Una de las razones es que se centra en derribar a alguien más grande, más fuerte o más rápido antes de que llegue a golpear. Muchas artes marciales enseñan lo contrario de esto, que es golpear antes de que el adversario lo haga. Los derribos de judo permiten escapar si hay una diferencia de velocidad o potencia y al mismo tiempo permiten controlar a un atacante si no se cuenta con esa ventaja. Esto da más opciones a la hora de enfrentamientos violentos con adversarios de casi cualquier tamaño.

Otra razón por la que el judo *goshin jutsu kata* es una buena herramienta de defensa personal es su capacidad para revertir cualquier ataque contra el oponente. A algunas personas les desanima esta idea porque no entienden que se refiere verdaderamente a cualquier ataque, no solo a puñetazos o patadas. Esto incluye ataques con armas como cuchillos, palos e incluso pistolas. Si no puede evitarlas fácilmente, puede utilizarlas contra su agresor. Por ejemplo, si alguien intenta apuñalarlo con un cuchillo, puede contrarrestarlo con la técnica *«kata* del cuchillo» y desarmarlo. Luego, puede incapacitarlo con bloqueos articulares o estrangulamientos. Por lo tanto, el entrenamiento en judo *goshin jutsu kata* proporciona un conjunto completo de herramientas de defensa personal.

Por último, el judo *goshin jutsu kata* es una buena herramienta de defensa personal porque permite practicar técnicas realistas. El judo está diseñado sobre los principios del movimiento y la mecánica corporal y el impulso, por lo que su técnica funciona independientemente de las diferencias de fuerza o velocidad entre usted y su oponente. Esto significa que si debe utilizar técnicas de judo *goshin jutsu kata* en una situación de defensa personal, lo más probable es que funcionen contra alguien que no esté entrenado o tenga menos práctica que usted. Además, los principios del movimiento y la mecánica corporal permiten contraataques al hacer ejercicios. Puede utilizar las técnicas en toda su extensión cuando entrena, porque puede ejecutarlas a altas velocidades. Esto le permite perfeccionar su técnica y utilizarla en un combate real.

Defensa personal contra ataques sin armas

La *kata* contra «ataques sin armas» consta de doce técnicas como puñetazos, patadas y golpes con la palma de la mano. Se dividen en tres grupos: ataques altos, ataques medios y ataques bajos. El orden de estos grupos va del más difícil al menos complicado. Aunque algunas de las técnicas requieren estar agachado cerca del suelo, todas pueden utilizarse contra alguien que esté de pie. Este *kata* es que comienza con técnicas sencillas y se vuelve más complejo a medida que se progresa. Esto le permite ampliar su abanico de técnicas manteniéndolo organizado para que pueda entenderlo si es un principiante. También tiene sentido porque debe utilizar técnicas más sencillas cuando se enfrente a situaciones menos peligrosas.

Técnica de contraataque 1: Ataques altos - Palmas en la cara, puño en la sien

Esta técnica es un simple golpe con la palma de la mano en la frente del oponente. Enseña a acercarse para dar golpes efectivos y, al mismo tiempo, protegerse de los contraataques. Se trata de una técnica de defensa personal para cuando alguien ataca con un golpe por encima de la cabeza, como un batazo u otro golpe a la cara. Para ejecutar la defensa, debe redirigir el brazo atacante mientras lo golpea con su propia palma en la sien.

Técnica de contraataque 2: Ataques altos - Manos a la quijada o a la barbilla, golpe de rodilla

Este movimiento comienza con un golpe del oponente a su mandíbula con un puño. Puede ver venir este ataque observando cómo caen sus caderas y hombros cuando empieza a prepararse para el golpe. Inmediatamente después de bloquear el golpe, acérquese para clavarle los dos dedos en los ojos. También tiene la otra mano libre para agarrarle del pelo y tirar de él hacia el suelo. Luego, puede pisarle la rodilla o la espinilla con el talón y lanzarlo por encima del hombro con un lanzamiento de cadera.

Técnica de contraataque 3: Ataques altos - Bloqueo de antebrazo con mano con cuchillo al plexo solar

Este movimiento comienza bloqueando un puño del oponente con el antebrazo levantado y luego agarrando su brazo de la muñeca con la mano libre. Ahora puede golpearlo en el plexo solar con un golpe de mano de cuchillo para interrumpir su respiración, lo que hará mucho más difícil contraatacar. También puede tirar del brazo de su oponente hacia arriba y pasar por detrás de él. Desde ahí, puede aplicar un bloqueo de muñeca para derribarlo.

Técnica de contraataque 4: Ataques medios - Bloqueo de antebrazo con puño a la ingle

Esta técnica comienza bloqueando el puño de su oponente con su antebrazo para darle luego un fuerte golpe en la ingle. Es importante asegurarse de estar lo suficientemente cerca para golpear al oponente a esta altura. Si está demasiado lejos, su puño no tendrá suficiente alcance, por lo que tener clara la distancia necesaria para los puños estudiando las *katas*.

Defensa personal contra ataques con cuchillo

Las tres técnicas de este segmento están pensadas para cuando el oponente lo está apuñalando con su cuchillo.

Técnica de contraataque 1: Bloqueo bajo con esquivada y patada en la ingle

Esta maniobra comienza bloqueando la puñalada de su oponente con el antebrazo y utilizando esa energía para golpear una de sus piernas con la mano libre. Su siguiente movimiento es dar una fuerte patada en el lateral de su rodilla, justo donde se dobla, lo que inutilizará su pierna el resto del combate. Luego puede darle un rodillazo en la cara mientras está doblada por el dolor.

Técnica de contraataque 2: Bloqueo bajo con mano de cuchillo y mano al cuello

Comience bloqueando la puñalada de su oponente con un brazo mientras lo acercas a usted. Cuando esté lo suficientemente cerca, tire de su cabeza hacia abajo y golpéelo con su mano de cuchillo en el costado del cuello, interrumpiendo su sistema nervioso central. Si sigue de pie, puede darle una fuerte patada en la rodilla para doblarla y luego lanzarlo con su cadera.

Técnica de contraataque 3: Bloqueo bajo con antebrazo y golpe al costado de la cabeza

Esta técnica comienza bloqueando la puñalada del adversario con el antebrazo y bloqueando su puñetazo con el otro brazo. Sin soltar su muñeca, golpéelo en el costado de la cabeza para dejarlo inconsciente. Luego, puede echar los pies hacia atrás y esperar a que caiga antes de darle un pisotón en la cara o en el cuello.

Defensa personal contra ataques con palos

En esta *kata* aprenderá a defenderse de una persona que lo ataca con un palo. La primera está diseñada para defenderse de un golpe de un brazo que sostiene un palo o garrote, y los otros dos movimientos están pensados para cuando su oponente lo golpea con un palo en la cabeza.

Técnica de contraataque 1: Paso al frente y bloqueo de guillotina

Este movimiento se inicia poniéndose delante de su oponente cuando este intenta golpearlo con un palo. En cuanto falle, gírese rápidamente y agárrele la muñeca de la mano que sujeta el palo. Agarre su otro brazo por detrás con la mano libre y tire de él hacia abajo mientras deja caer su peso sobre él. Mientras lo hace, deslice la mano libre hasta la nuca y bloquéela con una llave de guillotina.

Técnica de contraataque 2: Bloqueo de antebrazo con golpe al costado de la cabeza

Esta técnica comienza bloqueando el palazo de su oponente con su antebrazo. Después de que falle, dele rápidamente un fuerte puñetazo en el costado de la cabeza para desorientarlo. A continuación, puede utilizar el impulso del oponente en su contra tirando de su hombro y volteándolo hacia atrás con su cadera.

Técnica de contraataque 3: Bloqueo bajo con mano de cuchillo y mano al cuello

Este movimiento se hace bloqueando el golpe de su oponente con ambos brazos, luego moviendo sus manos juntas para que las de su oponente queden bloqueadas. Una vez que tiene agarrada su arma, úsela para tirar de él hacia delante mientras da un paso atrás y se deja caer al suelo. Cuando caiga, empújese con los pies y lance a su oponente por encima de su cabeza.

Defensa personal contra ataques con pistola

En esta *kata* aprenderá a defenderse de una persona que lo ataca con un arma de fuego. Las tres técnicas de este segmento están pensadas para cuando el oponente saca y dispara su pistola contra usted.

Técnica de contraataque 1: Interceptación y golpe en la cara

Empiece dando un paso adelante y levantando el brazo por delante de la cabeza cuando vea que su oponente saca un arma de fuego. En cuanto dispare, bloquee la bala con el brazo e inmediatamente dele un puñetazo en la cara con la mano libre para desorientarlo. Mientras tiene la cabeza girada, agárrelo de la muñeca y gírela para que suelte la pistola y pueda darle un rodillazo en la ingle.

Técnica de contraataque 2: Bloqueo de antebrazo y golpe al costado de la cabeza

Esta técnica se realiza bloqueando el disparo del oponente con el antebrazo. Inmediatamente después de que la bala falle, dele un fuerte puñetazo en el costado de la cabeza para desorientarlo. Cuando esté aturdido, dele una patada lo más fuerte que pueda en la rótula para lanzarlo sobre usted usando la cadera.

Técnica de contraataque 3: Bloqueo bajo con mano de cuchillo y mano al cuello

Esta técnica comienza bloqueando el golpe de su oponente con ambos brazos, y luego juntando las manos para que las de él queden bloqueadas. Ahora que tiene agarrada su arma, utilícela para tirar de él hacia delante mientras da un paso atrás y se deja caer al suelo. Cuando caiga, empújese con los pies y lance a su adversario por encima de su cabeza.

Goshin jutsu kata recomendados para defensa personal

Como alternativa a las tres técnicas de cada sección, puede incorporar a su rutina cualquiera de los siguientes *katas*:

- ***Kime no kata*** - Un gran *kata* ofensivo. Practique combinaciones hasta que sepa qué ataque suge de cada configuración.
- ***Ikkyo*** - El *kata* estándar para principiantes. Utilícelo para aprender lo básico antes de pasar a algo más complejo.
- ***Nikyo*** - Otro *kata* para principiantes; le permite salir de situaciones difíciles utilizando bloqueos articulares.
- ***Sankyo*** - Este *kata* implica varias formas de liberarse de los agarres y puede utilizarse contra un oponente que intenta golpearlo.
- ***Yonkyo*** - Practique este *kata* para comprender bien cómo controlar a su oponente.
- ***Gokyo*** - Este también es un *kata* para principiantes, pero puede convertirse fácilmente en una técnica avanzada si se tiene la fuerza y la energía para mantener una presión constante.
- ***Kansetsu waza*** -Si alguien le agarra por detrás o le ataca con un cuchillo, utilice este *kata* para liberarse.
- ***Koryu dai san*** -Si alguna vez un oponente le ataca por la espalda con un palo o un objeto similar, utilice este *kata* para darle la vuelta a la situación y golpearlo hasta dejarlo sin sentido.
- ***Goshin jutsu* de Kodokan** - Esta es una compilación de muchos *katas* diferentes. Úselo para tener una idea general de la defensa personal en el judo, (puede usar cualquiera de las técnicas dependiendo de la situación).
- ***Aikido no kata*** - Si su oponente lo ataca con puños y patadas, este *kata* te mostrará cómo salir de la situación utilizando derribos y bloqueos articulares.
- ***Aiki nage no kata*** - Similar al *Aikido no kata*, este *kata* enseña a terminar arriba en situaciones de lucha desde el suelo; también permite golpear al oponente mientras está en el suelo y estrangularlo hasta que se desmaye.
- ***Ju no kata*** - Si utiliza este *kata* mientras su oponente está tratando de golpearlo, podrá redirigir la fuerza y el impulso entrantes y utilizarlos en su contra.
- ***Kime katame no kata*** - Un gran *kata* para defenderse de un ataque con agarres. Utilícelo si alguien intenta emberstirlo o derribarlo en una pelea.
- ***Suigetsu no kata*** - Si alguna vez alguien intenta derribarlo e inmovilizarlo, utilice las técnicas de este *kata* para soltarse de su agarre.
- **1er y 3er *kyu katas* de la Academia Kodokan** - ¡Practique estos *katas* simplemente para obtener las ventajas de la práctica y la repetición! Ayudarán a sus técnicas de judo pase lo que pase.
- ***Goshin jutsu kata* de Kodokan** -Utilice este *kata* para tener una idea general de cómo defenderse en una pelea.

El judo es una excelente herramienta de defensa personal porque se centra en derribar al oponente, independientemente de su tamaño o fuerza, para controlarlo y detenerlo. Esto lo hace útil para todo el mundo, no solo para quienes están en buena forma física o quieren convertirse en luchadores profesionales. Puede utilizar los *goshin jutsu kata* como alternativa a las técnicas enumeradas anteriormente para defenderse de cualquier tipo de arma. Si alguna vez se encuentra en una mala situación, estas técnicas le ayudarán a escapar o lo protegerán lo suficiente hasta que llegue ayuda.

El judo es una gran herramienta de defensa personal que cualquiera puede utilizar. Si quiere aprender a defenderse de atacantes desarmados, con armas o de ataques de agarre, practique *goshin jutsu kata*. Hay muchos *katas* incluidos en este libro, tanto para principiantes como para estudiantes avanzados. Sea cual sea su nivel, concéntrese en mejorar su judo; este *kata* será una herramienta útil en su repertorio.

Si se ve en peligro en la calle, utilice las técnicas de judo de *goshin jutsu kata* y otros *katas*. La práctica de estos *katas* es positiva para estudiantes de cualquier nivel que quieran adquirir experiencia practicando con diferentes tipos de ataques. Si alguna vez lo atacan por la espalda con un cuchillo, utilice el *kata koryu dai san* para darle la vuelta a la situación. Si su oponente lo ataca con puños y patadas, utilice el *kata Goshin Jutsu* de Kodokan para escapar o defenderse. Practique estas técnicas para protegerse de todo tipo de situaciones peligrosas.

Capítulo 12: El lado competitivo del judo

En los capítulos anteriores, se han mencionado los diferentes tipos y técnicas de judo. Ahora es el momento de hablar del *shiai* en el judo. *Shiai* se refiere a una competición o un combate de judo entre dos luchadores. Es importante señalar que el judo no es solo un estilo de lucha, sino también una forma de arte marcial y un deporte. En este capítulo se habla de las reglas, las clasificaciones y las pruebas de promoción, además de que se dan algunos consejos sobre cómo prepararse.

El judo como forma de arte y como deporte

Hablemos del judo como arte de defensa personal. Si está interesado en aprender judo, debe sumergirse en su cultura y en lo que implica física y mentalmente. Los samuráis japoneses practicaban el judo, así como otros tipos de artes marciales. Era un ejercicio importante porque les enseñaba el arte del combate sin el uso de armas.

Los movimientos físicos del judo consisten en combinaciones de golpes, patadas, derribos y técnicas para mantener a los oponentes en el suelo e infligirles el dolor suficiente para ganar y mantener la ventaja. Dominar el arte del judo permite a los luchadores conocer las técnicas para salir de dificultades y recuperar su postura. Una de las principales tácticas del judo consiste en dejar de resistir cuando uno se encuentra en una posición difícil y esperar a que el oponente pierda el equilibrio para derribarlo. Así es como el judo ganó su nombre, que significa «suave» o «blando».

Exploremos las técnicas con un ejemplo. Supongamos que su oponente es más fuerte que usted y lo empuja con todas sus fuerzas. Lo tirará al suelo, por mucho que se resista. Este es el resultado de la resistencia directa a un ataque contundente. En cambio, si decide dejar de resistirse, puede mantener el equilibrio moviéndose hacia atrás con la misma fuerza. Esto hará que su oponente pierda el equilibrio, porque se estará moviendo hacia delante. Su posición en ese momento es más vulnerable debido a la postura extraña, lo que lo hace más débiles que usted. Como usted mantiene el equilibrio, puede conservar su fuerza y contraatacar. Aunque usted sea más fuerte, es mejor no resistirse desde el principio, ya que debe mantenerse firme y esperar a que su oponente se debilite.

En otra situación, su oponente puede intentar levantarlo y tirarlo al suelo. Aunque se resista, caerá por su posición vulnerable. Una buena defensa consiste en agarrarse del adversario y lanzarse deliberadamente al suelo mientras lo lleva consigo y lo derriba con facilidad. Con estos ejemplos, puede hacerse una idea de cómo el judo enfatiza en el uso de la fuerza y el impulso del oponente para contrarrestarlo sin resistirse. Por supuesto, esto no siempre funciona. Por ejemplo, si su oponente lo agarra de la muñeca y no se resistes, no será capaz de zafarse de esta posición. En ese caso, debe levantar todo el brazo para utilizar la fuerza de su cuerpo y resistirse a su agarre. (Esta técnica es opuesta a la anterior, ya que usó su propia fuerza contra la de él).

Un judoca (practicante) desarrolla su fuerza física, con la práctica regular, pero también mejora mentalmente, y la inteligencia es muy importante en las competencias. Existen numerosas formas de aprender las técnicas, lo que confiere a cada judoca un estilo único y le permite desarrollarse por sí mismo. La belleza del judo es que admite a personas de todas las edades y niveles de fuerza. El objetivo final es tener un excelente control corporal y mental y estar preparado para cualquier ataque repentino.

Los alumnos de judo entrenan para ser conscientes de los puntos fuertes y débiles de sus oponentes, de modo que puedan utilizar esta información para ganar combates. Este entrenamiento mental es tan importante como el físico y, si se realiza correctamente, se adquiere confianza y precisión en los movimientos. Un buen judoca es resolutivo y sabe cómo y cuándo reaccionar ante un movimiento repentino. Este estado de conciencia mental permite estar alerta en todo momento, permanecer concentrado y no ser vencido. Es buena idea investigar y observar regularmente combates de judo para aprender de los errores y aciertos de otros. En el entrenamiento de judo aprenderá a utilizar su imaginación, lógica y criterio para ganar combates.

La práctica regular del judo es exigente y exige vigor. Desarrollará su forma física mejorando su fuerza, velocidad, precisión, resistencia, equilibrio y flexibilidad. Las maniobras ofensivas y defensivas le ayudarán a mejorar sus reflejos y su coordinación corporal y aumentarán su confianza. Su físico mejorará drásticamente al cabo de unos meses, porque el entrenamiento de judo trabaja todos los músculos. Basta con dominar unas pocas técnicas para triunfar en las competiciones.

Además de los beneficios físicos y mentales, el judo enseña a controlar las emociones y los impulsos. A los alumnos de judo se les enseña a controlar la ira y los arrebatos emocionales, o corren el riesgo de malgastar su energía, dando al oponente la oportunidad de ganar. La estabilidad emocional le beneficiará en todos los aspectos de su vida. A menudo se experimenta falta de motivación y desánimo a la hora de realizar trabajos o proyectos. El judo enseña a utilizar el cuerpo y la mente según el principio *seiryoku-zenyo*, o uso eficiente de la energía. Puede utilizar este principio para motivarse y superar las malas rachas.

Aprenderá mucho sobre ética y etiqueta en el entrenamiento. Los jóvenes estudiantes de judo demuestran valentía y capacidad para trabajar bajo presión, ya que no dejan que el miedo los paralice. Las normas del judo hacen hincapié en los principios de justicia y juego limpio. Es más que un deporte, ya que la moral y las lecciones del entrenamiento inculcan a los alumnos de este arte humildad y decencia, características que llevan consigo al mundo. Este deporte también enseña a los alumnos la importancia de ayudar a sus comunidades y contribuir con su desarrollo. El mundo del judo gira en torno a sus tradiciones únicas y a la cultura de la delicadeza. Es una de las artes marciales más populares y se enseña en muchas escuelas y centros de todo el mundo.

Aprenderá a forjar amistades y asociaciones mientras practica judo, porque los luchadores que entrenan juntos pasan mucho tiempo superando sus límites y compartiendo sus estados más vulnerables y fuertes. Al participar en judo, aprenderá que cada movimiento tiene un significado. No se trata solo de aprender movimientos y repetirlos. Hay combinaciones ilimitadas que puede utilizar para luchar. Así es como el judo es más que un estilo de lucha normal, es una forma de arte.

La Federación Internacional de Judo (FIJ)

A nivel deportivo, las competiciones de judo empezaron a tomar forma oficial a principios del siglo XX. En 1932 se creó en Alemania la Unión Europea de Judo. Dos años más, tarde se celebró en Dresde el primer campeonato europeo. A los países europeos de Alemania, Austria, Francia, Países Bajos, Italia y Suiza se unió Argentina. El nombre de la unión pasó a ser Federación Internacional de Judo (FIJ), fundada en 1951. El judo tardó en formar parte de los Juegos Olímpicos debido a la Segunda Guerra Mundial. Tras el fin de la guerra, este deporte se hizo cada vez más popular en muchos países. Finalmente, el judo pasó a formar parte de los Juegos Olímpicos en 1964.

La función de la Federación Internacional de Judo es organizar eventos de judo en todo el mundo y proteger su integridad. La FIJ participa en la organización de los combates de judo en las Olimpiadas, y su objetivo es difundir la práctica del judo como arte marcial a personas de todas las edades y categorías. En la actualidad, la FIJ está afiliada a 200 federaciones de numerosos países, y unos veinte millones de personas practican este arte marcial en todo el mundo, según las encuestas de la FIJ. La FIJ también celebra el Campeonato Mundial y el Tour Mundial de Judo cada año desde 2009.

Si quiere poner en práctica su destreza en el judo, lo animamos a que vea los eventos que organiza la FIJ cada año. También hay muchos vídeos en YouTube que puede ver mientras practica judo.

Reglas, formato y puntuación en competiciones de judo

Categorías de peso

Existen siete categorías de peso para cada uno de los equipos masculinos y femeninos de judo:

Categorías de peso para hombres:
- Peso extra liviano - 60 kg (132 lb.)
- Peso liviano medio - 66kg (145 lb.)
- Peso liviano - 73 kg (160 lb.)
- Peso medio - 81kg (178 lb.)
- Peso medio pesado - 90 kg (198 lb.)
- Peso pesado - 100 kg (220 lb.)
- Peso abierto + 100 kg (+220 lb.)

Categorías de peso para mujeres:
- Peso extra liviano - 48 (105 lb.)
- Peso liviano medio - 52 (114 lb.)
- Peso liviano - 57 (125 lb.)
- Peso medio - 63 (138 lb.)
- Peso medio pesado - 70 (154 lb.)
- Peso pesado - 78 (171 lb.)
- Peso abierto + 78 (+171 lb.)

Categorías de peso para juveniles IJF

Hombres juveniles sub 18
- Peso pluma - 50 kg (110 lb.)
- Peso extra liviano - 55 kg (121 lb.)
- Peso liviano medio - 60 kg (132 lb.)
- Peso liviano - 66 kg (145 lb.)
- Peso medio - 73 kg (170 lb.)
- Peso mediano - 81 kg (178 lb.)
- Peso medio pesado - 90 kg (198 lb.)
- Peso pesado + 90 kg

Tenga en cuenta que las conversiones de Kg en LBS no son exactas.

Hombres juveniles sub 21
- Peso pluma - 55 kg (121 lb.)
- Peso extra liviano - 60 kg (132 lb.)
- Peso medio liviano - 66 kg (145 lb.)
- Peso liviano - 73 kg (170 lb.)
- Peso medio - 81 kg (178 lb.)
- Peso mediano - 90 kg (198 lb.)
- Peso medio pesado - 100 kg (220 lb.)
- Peso pesado + 100 kg

Mujeres juveniles
- Peso pluma - 40 kg (88 lb.)
- Peso extra liviano - 44 kg (97 lb.)
- Peso medio liviano - 48 kg (105 lb.)
- Peso liviano - 52 kg (114 lb.)
- Peso medio - 57 kg (125 lb.)
- Peso mediano - 63 kg (138.9 lb.)
- Peso medio pesado - 70 kg (154 lb.)
- Peso pesado + 70 kg

Mujeres juveniles IJF
- Peso pluma - 44 kg (97 lb.)
- Peso extra liviano - 48 kg (105 lb.)
- Peso medio liviano - 52 kg (114 lb.)
- peso liviano - 57 kg (125 lb.)
- Peso medio - 63 kg (138.9 lb.)
- Peso emdiano - 70 kg (154 lb.)
- Peso medio pesado - 78 kg (172 lb.)
- Peso pesado + 78 kg

Todos los luchadores deben someterse a un pesaje un día antes de la competencia. Cada país puede incluir dos jugadores en cada categoría de peso, con un máximo de siete jugadores y jugadoras en el equipo. Los últimos ocho jugadores de la clasificación compiten en eliminatorias de repesca. Los jugadores que pierden en cuartos de final compiten en otras dos repescas por la medalla de bronce.

Estructura

En un combate de judo, dos luchadores compiten sobre una colchoneta o tatami. Uno de los luchadores viste un traje de judo blanco o judogi, y el otro un traje azul. El árbitro hace una señal a los jugadores para que se acerquen al tatami, se ubiquen frente a frente y hagan una reverencia. El árbitro inicia el juego dando la orden verbal «*hajime*». Cada combate dura cinco minutos, tanto para la categoría masculina como para la femenina. El árbitro puede detener el juego con la orden verbal «*matte*» y proseguir diciendo de nuevo «*hajime*». El reloj se detiene durante estas pausas. En caso de que ambos luchadores consigan los mismos puntos al final del combate, este no se detiene. Se da una prórroga ilimitada o periodo de punto de oro. El juego se termina cuando un jugador anota un punto (y gana) o recibe una penalización (y pierde).

Reglas

El área de combate debe estar completamente cubierta por colchonetas de judo u otras aceptadas en este deporte, del color preferido por la Federación Internacional de Judo. El área se divide en dos partes. El tamaño del área interior o área de combate oscila entre 8x8 y 10x10 metros. El tamaño del área exterior o área de seguridad es de al menos tres metros de ancho, y ambas áreas deben ser de colores diferentes.

Puntuación

El árbitro realiza señales con las manos cuando un jugador marca un punto o recibe una penalización. Así comunican las instrucciones y las puntuaciones a los jugadores. La puntuación más alta en judo se llama *ippon*. Si un jugador marca un *ippon*, gana y el combate termina. Hay cuatro formas de marcar un *ippon*. La primera consiste en utilizar la velocidad y la fuerza para tumbar al adversario de espaldas.

La segunda consiste en inmovilizar al oponente en el suelo mediante la técnica de sujeción «*osaekomi waza*» y mantenerlo durante veinte segundos. Si el adversario da dos o más palmadas en el suelo con las manos o los pies o grita «*maitta*», significa que se somete por estrangulamiento (*shime-waza*) o por bloqueo de brazo (*kansetsu-waza*). Mientras que *ippon* es un punto completo, un *waza ari* es medio punto. Se consigue un *waza ari* si falta un elemento en la técnica de lanzamiento o inmovilizando al oponente entre diez y veinte segundos. Si se marcan dos *waza ari*, se gana la partida. Existían otras dos puntuaciones inferiores llamadas *koka* y *yuko*, pero fueron canceladas en 2008 y 2017, respectivamente.

La puntuación final es la puntuación de penalización (*shido*). Hay muchas formas de obtener penalizaciones por faltas en una competición de judo. El *shido* puede marcarse cuando un luchador pasa demasiado tiempo sin comprometerse o siendo poco agresivo en el combate. Si ambos jugadores consiguen el mismo número de *shidos*, estos se anulan mutuamente y no se tienen en cuenta en la puntuación ganadora. Los *Shido* son penalizaciones menores, mientras que los *hansoku-make* son penalizaciones mayores. También se pueden conceder si un jugador recibe tres *shidos*. Un *hansoku-make* es una penalización grave y el jugador que la recibe queda eliminado de todo el torneo.

Procedimientos de seguridad y etiqueta

Los jugadores no deben hacerse daño a propósito, y no se permite utilizar patadas, puños o ataques similares durante el juego. Tampoco pueden tocarse la cara en ningún momento. No se les permite llevar ningún objeto duro en sus trajes, como anillos, relojes o cualquier equipo de protección, ya que todo esto merece un *hansoku-make*. Tampoco se les permite realizar zambullidas de cabeza ni atacar articulaciones que no sean las del codo. Hay otras dos técnicas que no están permitidas: *kawazu gake* (una técnica de enredo de piernas) y *kani basami* (un movimiento de raspado de pies).

En términos de etiqueta, los jugadores deben inclinarse antes de pisar el área de combate. A continuación, se colocan frente a frente y se inclinan de nuevo antes y después de la competición o la sesión de entrenamiento. Los luchadores deben mantener un comportamiento honorable, por lo que no se permiten malas palabras ni gestos. Durante el combate, los luchadores no pueden entretenerse, utilizar una postura defensiva o ignorar las instrucciones del árbitro.

El traje de judo o *judogi* tiene criterios específicos que favorecen la seguridad y permiten las técnicas de agarre. Las mangas no deben ser demasiado cortas; deben estar 5 cm por encima de la muñeca cuando el brazo está extendido delante del cuerpo del jugador. Los pantalones deben llegar a 2 pulgadas por encima del tobillo. Los logotipos de los patrocinadores deben reducirse al mínimo en el traje. Si el uniforme no es apropiado, el jugador es sancionado.

Rangos del judo y pruebas de promoción

El judo se rige por un sistema de clasificación en el que el color del cinturón representa el nivel del luchador. El cinturón negro es para los maestros de este deporte. Hay dos grados principales en el judo: *kyu* y dan. El *Kyu* o *mu-dan-sha* es para los estudiantes que están empezando a aprender judo. Este grado se divide a su vez en seis niveles. En orden ascendente, el cinturón marrón se denomina *ikkyu*, el azul *nikyu*, el verde *sankyu*, el naranja *yonkyu*, el amarillo *gokyu* y el blanco *rokyu*. Después del cinturón blanco, el estudiante realiza una prueba de promoción para subir de nivel y entrar en los grados dan.

El grupo de grados dan, o cinturón negro, se denomina *yū-dan-sha*, que significa poseedor del cinturón negro. Esta clasificación se divide en diez niveles o grados. Todos los jugadores llevan un cinturón negro. En ocasiones especiales, como cuando un luchador alcanza el sexto, séptimo y octavo nivel de cinturón negro, puede llevar un cinturón rojo y blanco. Quienes alcanzan los niveles noveno y décimo pueden llevar un cinturón rojo.

Antes de la prueba de promoción, es necesario dominar la técnica de caída. Es importante aprender a caer para evitar lesiones graves. Debe conocer todas las reglas y la etiqueta del juego. Tiene que aprender la terminología en japonés y ser cortés y respetuoso en todo momento con sus profesores y compañeros de entrenamiento. Debe tener limpio su *judogi* para la prueba y cortarse las uñas antes de cada combate o entrenamiento. Si tiene el pelo largo, debe atárselo bien con una goma y asegurarse de no llevar ningún objeto metálico. Las mujeres pueden llevar una camiseta blanca debajo de la chaqueta. Su comportamiento y asistencia son importantes en el judo, por lo que debe comprometerse plenamente con este deporte para alcanzar altas clasificaciones.

A estas alturas, ya habrá aprendido que el judo es algo más que un estilo de lucha. Es una forma de arte y un deporte muy apreciado. Aprender judo significa enormes beneficios, desde la forma física hasta el control de la ira, que podrá aplicar en su vida diaria.

Capítulo 13: Ejercicios diarios de entrenamiento

El judo es una de las artes marciales más exigentes. Aunque no es tan exigente físicamente como otros estilos como el karate o el taekwondo, requiere mucha disciplina mental y concentración. No solo eso, sino que comprende muchos aspectos diferentes en los que puede entrenar y desarrollar sus habilidades: desde sumisiones y derribos hasta trabajo desde el suelo y defensa personal. Y aunque entrene lo suficiente, le llevará un tiempo significativo dominar cada área.

Este capítulo le ayuda a encontrar el tiempo para entrenar diariamente y tener éxito en este arte marcial.

A continuación, encontrará algunos ejercicios y rutinas que para dedicar más tiempo al entrenamiento diario. Pueden utilizarlas además de las sesiones en el gimnasio o en casa con un compañero de entrenamiento. Se incluye una lista de ejercicios para el entrenamiento específico de judo, que incluye acondicionamiento muscular y rutinas de calentamiento.

Además, este capítulo incluye información sobre el entrenamiento de fuerza. No solo es importante el acondicionamiento, sino también entrenar los músculos para no lesionarse. Incluso si no participa en ninguna otra arte marcial, es importante que entrene sus músculos para soportar los movimientos del judo. Verá que muchas de estas rutinas incluyen una cantidad determinada de repeticiones y series. Puede hacer tantas como quiera para cada serie, pero no sobrepase la cantidad recomendada, o podría lesionarse.

Al final de este capítulo, hay algunos ejercicios de estiramiento que es importante hacer después de terminar con la rutina de entrenamiento. No importa qué estilo de artes marciales practique; debe estirar para prevenir lesiones y dolores musculares. Esto es especialmente importante en el judo, ya que se utiliza todo el cuerpo para estrangular, lanzar o inmovilizar al oponente.

Ejercicios de calentamiento

El judo es un deporte en el que se utiliza todo el cuerpo, por lo que no solo hay que entrenar los músculos, sino también calentar para evitar lesiones. Aquí tienes algunos ejercicios de calentamiento que puedes hacer antes de tu entrenamiento de judo:

1. Media levantada

Póngase en cuatro apoyos. Lleve la rodilla derecha hacia el pecho y extiéndala hacia atrás. A continuación, suba la rodilla hasta la altura de los hombros, asegurándose de mantener los abdominales contraídos. Por último, vuelva a subir la rodilla a la altura del pecho, pero esta vez vuelva a la posición inicial a cuatro apoyos. Realice tres series de doce repeticiones y repita todo el proceso con el lado izquierdo.

2. Postura del niño

Empiece en cuatro apoyos, pero en lugar de llevar las rodillas hacia el pecho, llévelas hacia fuera. Empuje las caderas hacia atrás hasta que su frente toque el suelo. Mantenga los brazos estirados delante de usted, con las palmas apoyadas en el suelo. Mantenga esta posición de treinta a sesenta segundos.

3 Estiramiento de cuádriceps

Colóquese de pie y doble una pierna hacia atrás en un ángulo de 90 grados. Agárrese al pie o llévelo hasta el trasero y sujételo con ambas manos. La pierna debe estar estirada hacia atrás. Inclínese lentamente hacia delante, asegurándose de que la rodilla no sobrepasa los dedos del pie. Sentirá un estiramiento en la parte delantera del muslo y en toda la parte posterior de la pierna. Mantenga esta posición entre treinta y sesenta segundos y luego cambie de pierna.

Prácticas de calentamiento

Después de haber estirado y calentado, aquí tiene algunos ejercicios que harán que su corazón bombee y su sangre fluya:

1. Hombre corriendo

Este ejercicio se puede hacer en cualquier sitio, aunque es más fácil hacerlo al aire libre. Es un excelente ejercicio cardiovascular. Empiece de pie con los brazos estirados por encima de la cabeza. A continuación, salte y junta las puntas de los dedos. Vuelva a saltar, pero esta vez lleve las manos al otro lado de la cabeza. Siga cambiando de un lado a otro. Para aumentar su habilidad, salte y tóquese los dedos de un lado, luego cambie de brazo y salte con el brazo contrario.

2. Rodillas altas

Corra en su posición, llevando las rodillas a la altura de la cintura. Mantenga los brazos extendidos delante de usted, casi en un ángulo de 90 grados. Suba las rodillas todo lo que pueda. Si siente que baja el ritmo, mueva los brazos con más fuerza.

3. Patadas en el trasero

Este ejercicio también puede hacerlo al aire libre. Corra en su posición, llevando las rodillas hacia el pecho. Intente darse patadas en el trasero con los talones. Mueva los brazos para aumentar la intensidad.

4. Saltos

Este ejercicio es similar al de las patadas en el trasero, pero debe llevar las rodillas a la altura del pecho. Salte recto hacia arriba y hacia abajo, pero intente conseguir altura en tus saltos. Mueva los brazos mientras saltas para aumentar la intensidad.

Entrenamiento de fuerza para judo

El judo es un ejercicio para todo el cuerpo. No solo utiliza los brazos y las piernas, sino también los músculos centrales. Después de calentar y estirar, debe hacer ejercicios de fuerza. Aquí tiene una lista con algunos ejercicios que puede hacer en el gimnasio para complementar su entrenamiento de judo:

1. Dominadas y flexiones

Una flexión es cuando las palmas de las manos miran hacia usted. Una dominada es cuando las palmas de las manos miran hacia otro lado. Las dominadas y las flexiones son excelentes ejercicios para fortalecer los músculos de la espalda. También ayudan a levantar a un oponente del suelo. La mejor forma de realizarlas es con un agarre por encima de la mano, es decir, con las palmas de las manos hacia fuera. Agarre la barra con ambas manos separadas a la altura de los hombros y cuélguese de ella. Suba todo lo que pueda y vuelva a bajar. Realice tres series de doce repeticiones.

2. Levantamiento de pecho

Este ejercicio es ideal para desarrollar los músculos del pecho y los tríceps. Acuéstese en un banco con una barra apoyada en el pecho. Sujete la barra con ambas manos separadas a la altura de los hombros y presione hasta que los brazos queden completamente extendidos por encima de usted. Baje lentamente la barra hasta el pecho y repita. Realice tres series de doce repeticiones.

3. Peso muerto

El peso muerto es un gran ejercicio para aumentar la fuerza de las piernas y fortalecer la espalda. Debe hacerse con precaución, así que asegúrese de saber lo que hace antes de realizarlo. La mejor forma de hacer este ejercicio es utilizar un agarre por encima de la mano con los brazos separados a la altura de los hombros. Póngase de pie con los pies separados a la altura de los hombros y flexione ligeramente las rodillas. A continuación, baje lentamente la barra hasta la altura de las rodillas. Mantenga la espalda recta, vuelva a levantar la barra y repita la operación. Realice tres series de doce repeticiones.

4. Sentadillas

La sentadilla es un excelente ejercicio. Se centra en la parte inferior del cuerpo y los músculos centrales, además de fortalecer la espalda. Párese con los pies separados a la altura de los hombros y baje como si fueras a sentarse. Mantenga la espalda recta estirando las nalgas hacia atrás. Asegúrese de que las rodillas no sobrepasan los dedos de los pies, ya que podría lesionarse. Vuelva a levantarse lentamente y repita el ejercicio. Utilice un peso que le suponga un reto, pero que pueda levantar. Haga tres series de doce repeticiones.

5. Flexiones de tríceps

Este ejercicio trabaja los tríceps. Puede realizarse en casa o en el gimnasio, pero es más fácil hacerlo con un banco o una silla. Agárrese al borde de un banco con las palmas de las manos en el borde y los dedos apuntando hacia usted. Empuje con los dedos de los pies para elevarse y luego vuelva a bajar. Mantenga los codos pegados a los costados durante todo el movimiento. Realice tres series de doce repeticiones.

Ejercicios de acondicionamiento muscular

1. Flexiones de pecho

Empiece con las manos ligeramente separadas de la anchura de los hombros. Mantenga la espalda recta y baje hasta que el pecho esté justo por encima del suelo. Mantenga los abdominales contraídos para evitar lesionarlos. Se recomiendan entre cuarenta y cincuenta repeticiones. Haga todas las que pueda sin parar, pero no sobrepase el número recomendado o podría hacerse daño. Si no tiene fuerza suficiente para hacer tantas, empiece con las rodillas en el suelo en lugar de los pies. Haga todas las que pueda al principio y vaya añadiendo repeticiones a medida que se va haciendo más fuerte.

2. Abdominales

Siéntese en el suelo y coloque los pies debajo de un objeto resistente. Cuanto más pesado sea el objeto bajo el que coloques los pies, más difícil le resultará. Coloque las manos detrás de la cabeza y flexione el torso hacia las rodillas. Mantenga esta posición durante unos segundos y luego vuelva al suelo lentamente. Asegúrese de no tocar el suelo con la espalda, ya que se arquearía y podría hacerse daño. En cambio, baje la parte superior del cuerpo hasta el suelo. El número recomendado de repeticiones es entre cuarenta y cincuenta. De nuevo, haga tantas repeticiones como pueda sin detenerse, pero no sobrepase el número recomendado.

3. Levantamiento de piernas

Acuéstese boca arriba y levante las rodillas hasta formar un ángulo de 90°. Manténgalas en ese ángulo y levante los pies del suelo. Si es necesario, ponga un poco de peso sobre los pies para evitar que se bajen. Suba las piernas hasta que estén perpendiculares al torso y luego bájelas lentamente. Mantenga la cabeza en el suelo y no ruede hacia atrás para levantarse. El número de repeticiones recomendado es entre veinte y treinta.

4. Abdominales en bicicleta

Este es otro ejercicio para todo el cuerpo que ejercita los abdominales y las piernas. Colóquese en la misma posición que para el levantamiento de piernas. En este caso, mueva las piernas de modo que la rodilla derecha quede junto al codo izquierdo y, a continuación, la rodilla izquierda junto al codo derecho. Continúe alternando en este patrón uno tras otro hasta que haya recorrido todo el cuerpo. El número de repeticiones recomendado es entre veinte y treinta.

5. Planchas

Acuéstese en el suelo con los codos justo debajo de los hombros y las piernas estiradas hacia atrás. Apóyese en las puntas de los pies y en el dorso de las manos, manteniéndose lo más plano posible. Puede mantener las rodillas en el suelo si le resulta demasiado difícil. Mantenga esta posición el mayor tiempo posible. El tiempo recomendado es de treinta segundos.

6. Burpees

Empiece de pie. Tírese al suelo y apoye las manos en él. Mande las piernas hacia atrás hasta que esté en posición de flexión con los brazos extendidos. Haga una flexión de pecho, luego vuelva a la posición de pie y salte en el aire. Cuando aterrice, agáchese y toque el suelo con los dedos. El objetivo es volver a elevar los pies en el aire mientras toca el suelo, pero no es obligatorio. Con este ejercicio trabaja las piernas, los brazos, el pecho y el tronco. Haga tantas repeticiones como pueda.

7. Zancadas

Póngase de pie con los pies separados a la altura de los hombros. Dé un paso adelante de modo que una pierna quede delante de la otra. Mantenga la espalda recta y baje hasta que la rodilla de atrás casi toque el suelo. Levántese y dé un paso adelante con la otra pierna, repitiendo el movimiento de ese lado. Asegúrese de moverse hacia delante durante todo el movimiento, en lugar de desplazarse hacia un lado. El número de repeticiones recomendado es entre veinte y treinta. Puede sostener mancuernas con ambas manos si desea añadir peso adicional.

Estirar después de entrenar

Una vez finalizado el entrenamiento, es importante estirar. Esto ayuda a relajar los músculos y evita lesiones. Los estiramientos de pie incluyen:

- Tocarse los dedos de los pies.
- Estirarse hacia arriba en la postura del árbol.
- Agacharse, intentando tocar el suelo con los dedos, si es posible.
- Acostarse boca arriba y elevar ambas piernas en un ángulo de 90°.
- Acostarse boca arriba y llevar ambas piernas hacia atrás en un ángulo de 45°.
- De pie y con las manos en alto, luego hacia la derecha y hacia la izquierda.
- De pie sobre una pierna, llevar la otra delante y agacharse hasta tocarse la rodilla.
- De pie sobre una pierna, llevar la otra hacia un lado y agacharse hasta tocarse la rodilla.

Estiramientos sentado

- Alejar los dedos de los pies y volver a acercarlos.
- Acostarse boca arriba y subir ambas piernas hasta formar un ángulo de 90°. Luego bajarlas y tocar el suelo delante.
- Acostarse boca arriba, llevar las dos piernas hacia atrás, de nuevo en un ángulo de 45°, y luego tocar el suelo delante.
- Sentarse con una pierna cruzada sobre la otra y estirar la mano para agarrar los dedos de los pies y tirar de ellos hacia usted.
- Sentarse agarrar a una pierna y llevarla hacia el pecho. Si es posible, agarrar la planta del pie con la mano contraria y acercarlo hacia usted.

El judo es un arte marcial que requiere disciplina, entrenamiento y trabajo duro para alcanzar el nivel de cinturón negro. Sin embargo, es beneficioso para todo el mundo añadir algo de entrenamiento de judo a su régimen de ejercicios. El entrenamiento de judo ayuda a mejorar su coordinación y equilibrio general, a desarrollar la musculatura y a quemar calorías durante el proceso. En este capítulo se han ofrecido algunas ideas de ejercicios que puede realizar para entrenar Judo o simplemente para añadir un poco de variedad a su plan de entrenamiento actual. Todos estos movimientos se pueden realizar en el gimnasio o en casa y no requieren ningún equipamiento especial, salvo una colchoneta para amortiguar las caídas.

El entrenamiento de judo puede combinarse con otras formas de ejercicio, pero lo mejor es hacerlo solo. Se recomienda entrenar al menos tres días a la semana, pero puede hacerlo más a menudo si lo desea. Solo recuerde tomárselo con calma y escuchar los límites de su cuerpo. Recuerde que volver a la posición de pie después de practicar cualquiera de los derribos es importante para prevenir lesiones en las clases de judo. También debe recordar estirar al terminar y beber mucha agua después del entrenamiento.

Conclusión

El objetivo de este libro es ofrecerle una amplia visión general del judo en cuanto a sus principios, técnicas y clasificaciones. Comenzamos mencionando la historia del Judo, explicando cómo se originó a partir del *jiu-jitsu* y cómo fue practicado por los samurai. Hablamos de cómo la etiqueta es un aspecto importante del judo, ya que los jugadores deben inclinarse antes de pisar el tatami y antes y después de cada combate. La idea del judo es lograr la máxima eficacia conservando la energía, por lo que no se trata de ejercer la fuerza contra el oponente. Se trata de mantener el equilibrio y esperar el momento adecuado para derribarlo. Hay un montón de técnicas y variaciones que puede utilizar durante un combate de judo, como se menciona a lo largo del libro.

En el capítulo 2, mencionamos los dos métodos principales de aprendizaje del judo, que son el judo *kata* y el judo *randori*. Aprendió a anticiparse a los movimientos ofensivos de su oponente y responder a cualquier ataque repentino. Mencionamos las siete técnicas de *kata* y cuáles se siguen utilizando hoy en día. El judo *randori* es la forma más libre del judo, en la que se aprende a ser más creativo con las técnicas. El judo es un deporte fluido y no basta con memorizar unas cuantas técnicas o combos de lucha para ganar un combate. En judo, necesita saber cómo poner las probabilidades a su favor cuando está en una posición vulnerable. Las técnicas de *randori* enseñan a combatir de pie o desde el suelo. Debe estar completamente familiarizado con las técnicas de *kata* antes de pasar al estilo *randori*.

En los capítulos del 3 al 10, mencionamos todas las técnicas esenciales del judo, empezando por la más básica, que es aprender a caer y aterrizar con seguridad para evitar lesiones. Esto es vital porque el judo conlleva muchos lanzamientos y caídas. El aspecto más importante de cualquier deporte es respetar los procedimientos de seguridad y practicar el autocontrol para no caer en la tentación de herir al oponente a propósito (o será descalificado del combate). Hablamos de las técnicas de mano y de cómo utilizar la parte superior del cuerpo para lanzar a un oponente a través de las quince técnicas de *te-waza*. Aprender los lanzamientos de cadera también es muy importante para hacer que su oponente pierda el equilibrio. Luego pasamos a las 21 *ashi-waza* o técnicas de pie y luego a las técnicas de sacrificio, en las que engaña a los oponentes cayendo de espaldas para derribarlos.

En los capítulos 9 y 10, hablamos de las técnicas de inmovilización, estrangulamiento y bloqueo articular, que son muy necesarias para conseguir un punto completo o *ippon*, que es como se gana el juego. Hay que tener cuidado con todas estas técnicas y solo se deben practicar bajo supervisión. Después, hablamos del judo como arte de defensa personal y explicamos cómo se puede derribar a un oponente más grande y más fuerte, así como la forma de sobrevivir a los ataques armados. Hablamos del lado competitivo del judo, cómo trasciende a una forma de arte, las reglas de competencia, la estructura y la puntuación, y cómo entrenar antes de las pruebas de promoción. En el último capítulo, explicamos cómo establecer una rutina diaria de entrenamiento de judo que se puede aplicar en casa o en el gimnasio. Esperamos que este libro le sea útil para aprender todo sobre este magnífico arte marcial.

Novena Parte: Sambo

Una guía esencial sobre este arte marcial similar al judo, el jiu-jitsu y la lucha libre, junto con sus lanzamientos, estilos de agarre, sujeciones y técnicas de sumisión

Introducción

El sambo es un arte marcial que se asemeja a la disciplina del judo, pero con algunas variaciones. En este libro, aprenderá la terminología básica y las técnicas de los lanzamientos, las técnicas de agarre, los movimientos de defensa personal en el sambo, las maniobras ofensivas y los golpes, e incluso las formas de mejorar sus habilidades en este emocionante deporte.

El sambo es un arte marcial ruso; su nombre es un acrónimo que significa "defensa personal sin armas". Se desarrolló inicialmente en la década de 1900 para proporcionar entrenamiento de combate sin armas a los militares soviéticos. Es muy similar al judo, al jiu-jitsu y a la lucha libre, pero tiene muchos aspectos únicos.

El sambo, aunque deriva del judo, tiene diferencias técnicas únicas. Dado que la forma de arte se desarrolló inicialmente para los militares, el sambo tiene intrínsecamente muchos elementos de combate. Por ejemplo, el sambo de combate permite maniobras más agresivas de golpes, codazos, rodillazos, etc. Los maestros de sambo tienden a obtener buenos resultados en las competiciones de artes marciales mixtas (MMA), gracias a la versatilidad de esta forma de arte.

Dominar el sambo aporta muchos beneficios a los que lo entrenan. En primer lugar, el sambo es ideal para situaciones de defensa personal, ya que las técnicas son prácticas y eficaces. Además, esta forma de arte es excelente para el acondicionamiento físico y la superación personal. El sambo requiere mucha fuerza para realizar lanzamientos contra oponentes más fuertes, lo que aumenta la resistencia rápidamente.

El sambo tiene una gran variedad de técnicas de lanzamiento. Hay lanzamientos para derribar a su oponente si está de pie, sentado o tumbado. Los agarres utilizados en el sambo permiten muchas combinaciones y ataques a su oponente, por lo que practicarlos también es muy beneficioso.

El sambo también tiene muchas técnicas de lucha de agarre que se pueden utilizar para obtener una ventaja antes de un combate. Se pueden utilizar las manos o las piernas también, dependiendo de la situación, y estos movimientos permiten controlar al oponente de forma muy efectiva.

Dominar el sambo requiere una práctica diligente y un entrenamiento de varios años. No es fácil convertirse en un experto practicante de sambo, ¡pero los beneficios de hacerlo merecen la pena!

Este manual de estilo enciclopedia es imprescindible para los luchadores de sambo de todos los niveles. Contiene todo, desde la historia hasta las técnicas de agarre, las sumisiones y la defensa personal, en un formato claro y conciso, perfecto para los principiantes que quieren convertirse en expertos o para los ejecutivos que quieren iniciarse en este deporte.

Situando las técnicas de defensa personal en su contexto, este libro es una guía fácil de seguir que equipa a los lectores con toda la información esencial que necesitan para conseguir el dominio de este arte marcial. No se omite ningún detalle, desde el capítulo 1: ¿Qué es el sambo? hasta el capítulo 10: ¡Mejorando sus habilidades en el sambo!

En esta guía esencial, se le presentarán los diferentes lanzamientos y giros, así como la defensa personal. ¡Aproveche nuestra experiencia!

En esta guía sobre el sambo, aprenderá los elementos fundamentales del sambo. Los lectores tienen mucho que aprender, con secciones detalladas sobre lanzamientos y técnicas de sujeción, bloqueos de cabeza y estrangulamientos, bloqueos de brazos y clavijas. Se trata de un análisis de los diferentes estilos de lucha que se aplican en el sambo, como el judo, el jiu-jitsu brasileño y los sistemas de lucha, que constituyen el mayor porcentaje de todas las competiciones del mundo.

La mayoría de los libros sobre este tema son estudios teóricos que cubren la información básica sobre técnicas, estrategias y observaciones sin proporcionar nada específico para las necesidades de una persona. Esta guía le ofrece todos los conocimientos básicos que necesita para aprender cómo funcionan los fundamentos a través de un entrenamiento práctico con un instructor experimentado. El libro también ofrece una guía detallada de ejercicios individuales para la autopráctica.

Se le guiará a través de cada paso, desde los procedimientos cuidadosamente explicados para movimientos como los derribos o los lanzamientos hasta las descripciones de los cambios de estilo, los cambios de posición y las posiciones generales, proporcionando instrucciones claras sobre cómo deben realizarse estas transiciones.

Capítulo 1: ¿Qué es el sambo?

En los últimos años, cada vez más personas se han interesado por aprender artes marciales. La prioridad de todos es garantizar su seguridad, así como su salud mental y física. Por suerte para nosotros, nada combina la defensa personal, la fuerza y la salud física y el bienestar mental (además de la estimulación) como la práctica de las artes marciales.

Quizá le sorprenda saber que existen más de 170 artes marciales. China, Japón y Corea son conocidas por ser las patrias ancestrales de varias técnicas de combate y defensa personal, como el kárate, el jiu-jitsu y el taekwondo. El sambo, sin embargo, es un *deporte ruso* de renombre.

El sambo fue creado para ser un sistema de combate universal. Los aficionados trabajaron incansablemente para recopilar, seleccionar y combinar a la perfección una amplia gama de elementos que sirvieran de base para el deporte de combate universal que es el sambo. Los programas de enseñanza de este deporte son altamente distintivos, lo que hace que sus practicantes dominen numerosas técnicas y sean hábiles en el pensamiento táctico, tal y como se necesita en el tatami.

El acrónimo SAMBO deriva de la frase "Samooborona Bez Oruzhia", que se traduce como "Defensa personal sin armas". Su estructura se basa en la defensa y no en el ataque, lo que puede resultar útil en varias situaciones a las que nos enfrentamos en el mundo actual. Además de enseñar valiosas técnicas de defensa personal, el sambo puede ayudar a las personas a forjar un carácter fuerte. Enseña la perseverancia y la resistencia, cualidades que necesitamos para hacer indispensables las experiencias de la vida y soportar sus complejidades.

El sambo no solo nos ayuda a protegernos de posibles depredadores, sino que también puede ayudarnos a mantenernos a salvo durante cualquier otro incidente cotidiano. Por ejemplo, los accidentes por resbalones y caídas son una de las causas más comunes de lesiones. Tanto si se tuerce el tobillo al caminar como si resbala en una superficie mojada, puede mantenerse a salvo empleando la técnica de caída del sambo. Una técnica de caída segura es algo que se debe aprender en cualquier sistema de lucha.

Este deporte enseña innumerables cualidades y rasgos increíbles. No solo se trata de la fuerza física, sino que también se ocupa de producir individuos de carácter fuerte. El sambo ayuda a los individuos a desarrollar importantes rasgos de carácter como la autodisciplina, el control, la diligencia, la persistencia y la voluntad. Todas estas cosas pueden aumentar nuestro sentido de autoconciencia fuera de las instalaciones de entrenamiento.

Para algunos, el sambo es su combustible, incluso si lo ven como un deporte profesional. Otros piensan en el sambo como un pasatiempo y una forma de trabajar en el crecimiento y desarrollo de sí mismos. Independientemente de lo que este deporte acabe significando para usted, puede ser un impresionante complemento a su carrera. Puede ser una válvula de escape para el estrés, un tiempo de descanso o incluso el momento perfecto para dar rienda suelta a su creatividad.

Si está pensando en darle una oportunidad al sambo, este libro es una lectura perfecta. A lo largo de este capítulo profundizaremos en qué es exactamente el sambo y de dónde viene. No hay mejor manera de comenzar su viaje que entendiendo el deporte en el que se está metiendo y su historia. También cubriremos algunos de los subtipos de sambo y explicaremos las diferencias entre ellos.

Conociendo el sambo

¿Qué es el sambo? El sambo es un deporte de combate y un arte marcial soviético. Como mencionamos anteriormente, es un acrónimo de una frase rusa romanizada que significa defensa personal sin armas. Se encuentra entre las formas de arte marcial más nuevas o modernas. Según la United World Wrestling, está reconocido como el tercer estilo de lucha internacional más popular.

Inicialmente se creó para ser utilizado en el ejército y ayudar a terminar las peleas de la manera más eficiente y rápida posible. Poco después, el sambo se convirtió en un deporte de competición internacional.

El judo y el jujitsu, junto con otras formas de artes marciales, inspiraron la composición, los movimientos y las técnicas del sambo. Este conjunto de sistemas de lucha o combate también es ampliamente conocido como un *arte* de defensa personal.

En el sambo, al igual que en cualquier otro sistema de lucha, existe un conjunto específico de normas y reglas que los luchadores deben cumplir. En la lucha participan dos individuos que emplean diferentes trucos y golpes. Los puntos que obtienen son una evaluación de sus trucos y, por supuesto, el luchador con el mayor número de puntos gana. El combate puede terminar antes de su límite de tiempo asignado si un jugador intenta con éxito varios trucos de sumisión y bloqueos a su oponente.

Como habrá intuido, este deporte no es fácil de dominar. Por ello, los luchadores de sambo deben someterse a rigurosas fases de entrenamiento para adquirir el conjunto de habilidades y técnicas necesarias. Los luchadores deben ser capaces de forcejear y golpear en el clinch.

Aunque el sambo es un deporte de defensa, sigue requiriendo mucha agresividad, especialmente durante los combates. El éxito durante el combate depende de la adquisición y el dominio de una amplia gama de habilidades.

La flexibilidad y la agilidad son imprescindibles para llevar a cabo bloqueos de articulaciones, diversos lanzamientos, técnicas de asfixia, patadas y golpes. Todas estas son habilidades y movimientos que deben utilizarse con tacto a lo largo del combate.

Si quiere aprender sambo, tiene que recordar que se necesitan años de práctica y dedicación para dominar el arte. Este no es un deporte para aquellos que carecen de motivación, determinación y paciencia. El sambo no solo consiste en realizar los movimientos, sino también en obtener un control total sobre cada habilidad que se tiene y cada movimiento que hace el cuerpo.

Los objetivos y las características del sambo ruso

Los objetivos del sambo ruso dependen del estilo, del que hablaremos más adelante a lo largo del capítulo. Sin embargo, el objetivo final de este estilo de combate es terminar una pelea rápida y eficientemente. Esto se hace típicamente llevando al adversario al suelo. El luchador debe entonces proceder a ejecutar rápidamente una llave de sumisión. El practicante suele seguir el derribo con golpes rápidos en los estilos de sambo más orientados al combate.

Quien practica el sambo es conocido por tres características específicas. Se trata de bloqueos de piernas, una combinación perfecta de judo y otras maniobras de lucha, y habilidades de control fundamentales. El estilo de sambo empleado también puede añadir algunas cosas a la mezcla básica. Por ejemplo, si uno se dedica al sambo orientado al combate, debe adquirir grandes habilidades de golpeo. Aun así, el sambo es esencialmente un arte de agarre magistral. Las sumisiones y los derribos son sus principales áreas de interés.

La historia del sambo

Los orígenes

El sambo fue desarrollado para servir como una combinación de todas o la mayoría de las diferentes artes marciales. El objetivo principal era desarrollar un estilo y un sistema que ofreciera la mayor eficacia. Rusia, el puente metafórico que conectaba los países asiáticos con los europeos, era el centro de atención de varios estilos y técnicas de lucha.

Las artes marciales que se desarrollaron en uno u otro continente se introdujeron rápidamente en los rusos, ya que estaban en contacto casi directo con los vikingos, los mongoles, los japoneses, los tártaros y varias otras civilizaciones expertas en la lucha. Los estilos y técnicas que estos pueblos donaron a los rusos sirvieron de materia prima para la fundación de lo que hoy conocemos como sambo ruso.

El instructor de élite de kárate y judo del ejército rojo ruso, Vasili Oshchepkov, fue uno de los pioneros del sambo. Como el objetivo o el sueño de cualquier otro entrenador, quería que sus aprendices fueran los mejores, los más hábiles y los más competentes en todos los sistemas de combate y técnicas de artes marciales.

Oshchepkov era uno de los pocos no japoneses que poseía un cinturón negro de segundo grado en judo de Jigoro Kano. Este logro le hizo pensar que podía desarrollar un mejor estilo de artes marciales. Decidió combinar los movimientos y habilidades que consideraba más eficaces del judo con otras del kárate y varias técnicas de lucha autóctonas rusas.

Durante ese tiempo, Victor Spiridonov, un hombre muy experimentado en la lucha grecorromana y en otros estilos, se dedicó a clasificar y escoger todas las técnicas que funcionaban de los métodos de lucha cuerpo a cuerpo y a dejar de lado lo que no funcionaba tan bien. Spiridonov fue herido por una bayoneta durante la guerra ruso-japonesa. Esta lesión le dejó con problemas en el brazo izquierdo, lo que sin duda afectó a su trabajo.

El estilo que Spiridonov empleaba era, naturalmente, mucho más suave en retrospectiva. Su lesión le hizo pensar desde una perspectiva alternativa, bastante inusual. Normalmente, los individuos aspiran a utilizar la potencia y la fuerza en el combate con al menos la misma cantidad de potencia y fuerza. Sin embargo, Spiridonov esperaba desarrollar un estilo eficaz que le permitiera utilizar la propia fuerza del oponente en su contra. Esto funcionaría si se desviaba la agresión o el poder del adversario de una forma que no se anticipara fácilmente. Su técnica era muy valiosa para los practicantes lesionados o más débiles, ya que les permitía luchar igual de bien. Su estilo era conocido oficialmente como "samoz".

El entrenamiento militar general o vseobuch fue desarrollado en 1918 por Vladimir Lenin. Este programa tenía como objetivo entrenar al ejército rojo bajo la dirección de K. Voroshilov. El centro de entrenamiento físico del NKVD, Dinamo, fue creado entonces por Voroshilov. Se reunieron varios instructores experimentados y profesionales para garantizar el éxito de este centro. Se da la circunstancia de que Spiridonov fue uno de los primeros instructores que enseñaron técnicas de defensa personal y lucha libre en Dinamo.

1923 fue el año en que se produjo la magia. Fue cuando Spiridonov y Oschepkov trabajaron juntos para ampliar y mejorar el sistema de lucha y combate sin armas del Ejército Rojo. I.V. Vasiliev y Anatoly Kharlampiev, que eran excepcionales conocedores de las artes marciales mundiales, también participaron en esta importante colaboración.

Una década más tarde, un esquema o borrador general de lo que el mundo conoce ahora como sambo estaba finalmente listo. Este esbozo combinaba todas las técnicas y estilos que cada uno pensaba que eran altamente eficientes y eficaces.

Aunque todos ellos trabajaron con diligencia en el proyecto, Kharlampiev es conocido como el *padre del sambo*. Esto se debe quizás a sus fuertes conexiones políticas de la época. También es un homenaje a su capacidad y perseverancia para mantenerse fiel a la formulación del arte marcial durante todo el periodo de sus primeras etapas de iniciación y desarrollo.

Además, Kharlampiev fue la persona que estuvo detrás de la campaña para que el sambo fuera el deporte de combate oficial de la Unión Soviética. Sus sueños y esfuerzos de campaña cobraron vida en 1938. Sin embargo, vale la pena mencionar que la evidencia apunta al hecho de que Spiridonov fue el primero en utilizar el nombre "sambo" en referencia al sistema de combate que todos habían ideado.

El sambo fue finalmente enseñado y empleado por el ejército y la policía soviéticos, así como por otras organizaciones, tan pronto como sus técnicas fueron refinadas y debidamente catalogadas. Sin embargo, hay que tener en cuenta que las técnicas sufrieron pequeñas mejoras para servir a las necesidades del grupo al que se dirigían o asumían.

El sambo en los Estados Unidos

No fue hasta la década de 1960 que el sambo comenzó a extenderse fuera de Rusia. Empezó a aparecer en otras partes del mundo cuando varios practicantes del estilo de lucha empezaron a participar en competiciones internacionales de judo. En 1968, la FILA ("Fédération Internationale des Luttes Associées" por sus siglas en francés), o la Federación Internacional de Lucha Libre Asociada, reconoció el judo, el sambo y la lucha grecorromana como estilos de lucha internacionales.

Boris Timoshin, político de origen ruso y refugiado checoslovaco, viajó a Estados Unidos en 1968. Era practicante y campeón de Sambo en la universidad y pretendía seguir entrenando mientras buscaba una carrera en la enseñanza del sambo. A su llegada, fue rechazado por todos los centros de artes marciales a los que acudió. A pesar de esto, encontró un lugar para entrenar y enseñar sambo en la calle 23 de la YMCA en la ciudad de Nueva York y formó maravillosas amistades en el camino.

Aunque su carrera como profesor de sambo solo duró allí hasta 1971, dejó una huella increíble, convirtiéndolo en una de las figuras más legendarias de la comunidad del sambo. Se ganó el título de "primer entrenador de sambo de Estados Unidos", ya que fue el primer instructor de sambo de ese país.

Fue a mediados de la década de 1980 cuando las competiciones de sambo ganaron popularidad. El deporte incluso recibió su propia organización, la FIAS o Federación Internacional de Sambo en 1985. Sin embargo, el verdadero reconocimiento y la popularidad del estilo de combate despegaron cuando Oleg Taktarov, poseedor de un cinturón negro ruso en judo y competidor de sambo, ganó el UFC 6 en 1995. Solo entonces un número excepcional de luchadores de la UFC comenzó a añadir técnicas de sambo a sus movimientos y habilidades.

Ahora hay dos grandes organizaciones de sambo americanas, la AASF o All-American SAMBO Federation y la USA Sambo.

El sambo: ¿Es un deporte olímpico?
En 1980, la ceremonia de apertura de los Juegos Olímpicos de verano en Moscú contó con una demostración de sambo juvenil. A pesar de que se habla de que el Comité Olímpico Internacional reconozca al sambo como deporte olímpico oficial durante 1981, el estilo de combate aún no lo es. A pesar de ello, la presión y la esperanza persisten, teniendo en cuenta que el presidente Vladimir Putin, presidente honorario de la FIAT, muestra un apoyo constante al deporte y a los esfuerzos sinceros de la comunidad del sambo.

El sambo moderno

Según la Federación Internacional de Sambo, los campeonatos mundiales de sambo que se celebraron en Sofía (Bulgaria) en 2016 acogieron a más de 500 atletas. Estos participantes procedían de unos 80 países diferentes. No se puede estimar el número exacto de personas que practican el sambo a nivel mundial. Sin embargo, ¡en 2013 había más de 410.000 individuos que practicaban sambo solo en Rusia!

Como se ha explicado anteriormente, el sambo tiene una filosofía muy admirable, al igual que cualquier otro arte marcial. Esta convicción promueve principios de respeto, autodisciplina, crecimiento y desarrollo personal y amistad. Estos valores se enseñan a todos los practicantes de sambo, independientemente de la edad, la raza, las creencias, la ubicación geográfica o la nacionalidad, por no mencionar la gran influencia de este deporte en la resistencia, el aguante y la fuerza. Todo esto hace que el sambo sea el deporte y la técnica de defensa personal perfecta para niños y adultos por igual.

Subtipos de sambo

Existen varios tipos de sambo. Aunque los principios definitivos del sambo siguen siendo más o menos los mismos, han surgido numerosas variaciones de este deporte desde su primera formulación. A pesar de los innumerables estilos de sambo, el estilo de combate se puede dividir en sambo deportivo y sambo de combate. Además de estas dos categorías o subtipos principales, solo cuatro más son ampliamente reconocidos por el público.

1. Sambo deportivo

El sambo deportivo es principalmente una forma competitiva de sambo y es generalmente similar al judo y a la lucha libre. Por ejemplo, se debe confiar mucho en el agarre, las defensas de derribo y los derribos para ganar el combate. Los bloqueos de piernas, en todos sus tipos y formas, también están permitidos dentro de las reglas de la competición. Los bloqueos de piernas son muy similares a las barras de brazos. Sin embargo, como se puede deducir del nombre, se realizan con las piernas.

Las categorías de peso actuales del campeonato mundial para hombres son 52 kg, 57 kg, 62 kg, 68 kg, 74 kg, 82 kg, 90 kg, 100 kg y más de 100 kg. Para las mujeres, las categorías de peso son 48kg, 52kg, 56kg, 60kg, 64kg, 68kg, 72kg, 80kg y más de 80kg.

2. Sambo de combate

El sambo de combate fue creado exclusivamente para uso militar. Por eso, aunque sambo significa defensa personal sin armas, el sambo de combate incluye el uso tanto de técnicas de desarme como de armamento. Además de los otros movimientos básicos del sambo, el sambo de combate requiere la ejecución de una cantidad excesiva de agarres y golpes.

A pesar de haber sido creado exclusivamente para los militares rusos, el sambo de combate es ahora uno de los estilos de sambo de competición más comunes. Se diferencia del sambo deportivo en que incluye golpes en la cabeza, codos y rodillas, agarre, golpes en la ingle, puñetazos y patadas. Es algo similar a las actuales MMA. Los competidores pueden tener que llevar espinilleras y protectores de cabeza, así como protectores de manos, además del equipo normal de sambo.

El sambo de combate es practicado solo por hombres, y las categorías de peso actuales del campeonato mundial son 52 kg, 57 kg, 62 kg, 68 kg, 74 kg, 82 kg, 90 kg.

3. Sambo de estilo libre

En 2004, la Asociación Americana de Sambo desarrolló el subtipo de sambo de estilo libre. Esto fue un intento de que los practicantes que no son de sambo, especialmente los que participaron en judo y jujitsu, participaran en eventos de sambo. Estos eventos permiten el uso de varias sumisiones que normalmente no se permiten en el sambo deportivo, como la ejecución de asfixias.

4. Sambo de autodefensa

El sambo de autodefensa se trata de, lo ha adivinado, tácticas y técnicas de defensa. Lo mejor de este subtipo de sambo es que enseña a sus practicantes a defenderse de las armas y otros tipos de ataques. La estrategia principal es utilizar el poder y la agresividad del oponente o atacante en su contra. Como se puede recordar, este era el principal objetivo de Spiridonov. Su influencia, junto al espíritu del aikido y el jujitsu, es eminente en el sambo de autodefensa.

5. Sambo especial

El sambo especial fue creado para las formaciones de respuesta rápida de la ley y las fuerzas especiales del ejército. Si se piensa en ello, esto es solo una versión más especializada o subtipo de la técnica de sambo promedio. Es refinado y perfeccionado para adaptarse a la unidad específica que lo utilizará. El sambo especial es bastante similar al sambo de combate. Sin embargo, cada grupo añade algunos objetivos particulares a la mezcla.

6. Sambo de playa

El sambo de playa es la versión no convencional del estilo de combate. Como su nombre indica, el combate se lleva a cabo en la playa, eliminando la tradición de la lucha en la estera. También se emplea una regla que establece que la duración del combate es de 3 minutos. No hay penalizaciones, y el recuento de tiempo comienza en cuanto se realiza el primer movimiento. También se modifica el uniforme habitual de competición. En los Juegos Asiáticos de Playa de 2016, celebrados en Danang (Vietnam), las categorías de peso para los hombres fueron 62 kg, 74 kg, 90 kg y más de 90 kg. Para las mujeres, las categorías de peso eran 56kg, 64kg, 72kg y más de 72kg.

El sambo se convirtió rápidamente en un deporte internacional gracias a la incorporación de numerosas artes marciales nacionales. La técnica de defensa personal ya ha reunido a entusiastas en más de 80 países, y el número sigue creciendo. Se celebran torneos y campeonatos internacionales en todo el mundo, lo que significa que hay escuelas o instructores de sambo especializados en distintas partes del mundo.

Los practicantes de sambo se sienten muy orgullosos de su deporte. Los instructores, los aprendices e incluso los luchadores contrarios están unidos por la solidaridad y la amistad. Todos los luchadores deben mostrar respeto a sus oponentes.

Capítulo 2: Comparación del sambo con el judo, el jiu-jitsu y la lucha libre

En este capítulo, echaremos un vistazo a las similitudes y diferencias entre el sambo y el judo, el jiu-jitsu y la lucha libre. Explicaremos lo que es único en cada uno de estos estilos de artes marciales para ayudarle a decidir qué deporte puede adaptarse mejor a sus necesidades.

Comparación de los valores fundamentales: Sambo vs. Judo vs. BJJ vs. Lucha

Los valores fundamentales del sambo

Fuente de la imagen [88]

El sambo es un arte marcial con orígenes en Rusia, pero es reconocido y practicado internacionalmente. Es un híbrido del judo y la lucha libre, que se desarrolló a principios del siglo XX. El objetivo principal del sambo es neutralizar o inutilizar a un oponente lo más rápidamente posible con bloqueos articulares eficaces, estrangulamientos, lanzamientos, patadas, puñetazos y otras técnicas que funcionan para una situación determinada. Además de ser muy funcional por sus propios méritos, el sambo se basa en gran medida en los lanzamientos y técnicas del judo para ser eficaz. Esto significa que un practicante de sambo tendrá excelentes habilidades de derribo porque ya tiene una base sólida en el arte y la capacidad de derribar a los oponentes que pueden no saber cómo defenderse de esos ataques particulares. En cambio, otros estilos de artes marciales se centran más en las técnicas de pie y menos en los derribos.

Los valores fundamentales del judo

Fuente de la imagen [88]

El judo es un arte marcial con orígenes en Japón, pero también es reconocido internacionalmente. Se centra más en los lanzamientos, el agarre, los estrangulamientos, los bloqueos de brazos, los rodillazos, las patadas en la zona de la cabeza y el cuello (no en la ingle), etc., que el sambo. Esto significa que el judo es una de las artes marciales más eficaces para la defensa personal contra oponentes más grandes, más fuertes o más pesados que usted. Tiene su lugar en las MMA (Artes Marciales Mixtas). Puede ser una excelente opción para quienes buscan competir profesionalmente en torneos de sumisión.

Los valores fundamentales del jiu-jitsu

Fuente de la imagen [84]

El jiu-jitsu brasileño es un arte marcial que tiene sus raíces en el judo. Se trata principalmente de la lucha en el suelo y el agarre. No se centra en las técnicas de pie, como las patadas y los puñetazos. Esto significa que es muy eficaz para la defensa personal contra oponentes que son más grandes, más fuertes o más pesados que usted, porque lo más probable es que traten de llevar la lucha al suelo, donde una menor estatura no importará tanto. Sin embargo, el BJJ puede ser más peligroso que otros estilos de artes marciales debido a que se centra en el agarre y la lucha en el suelo. Si no está entrenado adecuadamente, entonces su oponente puede ser capaz de utilizar su tamaño y fuerza superior contra usted de una manera que pone en peligro su seguridad.

Los valores fundamentales de la lucha libre

Fuente de la imagen [85]

La lucha es el deporte de agarre más antiguo, con orígenes que se remontan a la antigua Grecia (e incluso más allá si consideramos sus raíces comunes con la caza). En términos de defensa personal, la lucha libre es una de las artes marciales más efectivas porque le protege de oponentes más grandes y fuertes al permitirle derribarlos rápidamente. La capacidad de tener en cuenta el tamaño y la fuerza de un oponente mientras se lucha de pie también hace que la lucha libre sea una forma muy práctica de agarre para las MMA, que es ahora uno de los deportes más populares en todo el mundo.

Diferencias en los orígenes

El sambo se desarrolló en Rusia a principios del siglo XX. Es una combinación de judo y lucha, lo que lo hace muy eficaz para la defensa personal (sobre todo contra oponentes más grandes y fuertes) y limita su practicidad a situaciones de agarre como las MMA.

El judo tiene su origen en Japón, y se centra en los lanzamientos, el agarre, los estrangulamientos, los bloqueos de brazos, los rodillazos, las patadas en la zona de la cabeza y el cuello (no en la ingle), etc. Esto hace que sea muy eficaz para la defensa personal contra oponentes más grandes o más fuertes, pero puede ser peligroso si se entrena de forma incorrecta, ya que se centra en la lucha en el suelo.

El judo se originó en Japón, introducido por primera vez en 1882 por Kano Jigoro Shihan. El judo es un método educativo que procede de las artes marciales. Se convirtió en deporte olímpico en 1964.

El jiu-jitsu brasileño procede del judo, pero se centra principalmente en la lucha en el suelo y en las técnicas de pie, como los puñetazos y las patadas. Los japoneses enseñaron su arte a otras personas en Brasil. Un experto judoka llamado Mitsuyo Maeda llegó a Sao Paulo y enseñó su arte a los brasileños.

La lucha es un deporte muy antiguo que comenzó en la época de los sumerios, hace 5000 años. Es una de las artes marciales de agarre más prácticas, ya que le protege de oponentes más grandes y fuertes, permitiéndote derribarlos rápidamente.

Diferencias en las metas/objetivos

Aunque el sambo se derivó del judo y tiene muchas similitudes con esta forma de arte, difiere enormemente en su filosofía. El judo enseña a mantener la calma mental y se centra en evitar el conflicto, lo que coincide con la filosofía de todas las formas de artes marciales japonesas.

Por otro lado, el sambo le permite luchar por la victoria por todos los medios necesarios, incluso si eso significa golpear a su oponente. Esto es especialmente cierto en el sambo de combate, donde se permiten técnicas como las patadas. Por el contrario, el sambo deportivo tiene un enfoque más tranquilo, similar al del judo.

La filosofía del jiu jitsu brasileño es que cualquier persona más pequeña o más débil puede defenderse con éxito contra un oponente más grande. Esto les permite aplicar sobre todo bloqueos de articulaciones para derrotar a la otra persona. Uno de los principales objetivos del jiu-jitsu brasileño es bloquear e inmovilizar utilizando las manos y las piernas. Por último, la lucha libre idealiza la idea de controlar al oponente en lugar de atacarlo. La lucha libre consiste en ganar una posición corporal superior para inmovilizar al oponente sobre su espalda y luego salir de esa posición realizando una técnica o ejecutando una maniobra de escape antes de ser inmovilizado.

Diferencias en la técnica

El sambo se centra en las técnicas de bloqueo de piernas, lanzamiento, trabajo en el suelo y sumisión. El sambo no permite las llaves de estrangulamiento y tiene algunas restricciones en las técnicas específicas de agarre y sujeción.

Por otro lado, el sambo de combate se desarrolló para los militares y se asemeja mucho a las artes marciales mixtas. Esta variante del sambo permite formas de golpeo y agarre de MMA y puñetazos más combativos, patadas con el codo y la rodilla, patadas de fútbol y cabezazos.

La diferencia entre el sambo y el jiu-jitsu brasileño (BJJ) es que las normas y reglamentos del sambo de combate no permiten la lucha en el suelo sin lanzamientos u otras tácticas combativas, a diferencia de lo que ocurre en el BJJ, que permite esas maniobras.

El objetivo del jiu-jitsu brasileño es forzar a un adversario al suelo para poder neutralizar posibles ventajas físicas o de tamaño mediante métodos de lucha en el suelo, estrangulamientos y bloqueos de articulaciones.

El judo y el sambo tienen un estilo de lucha muy similar. Ambas artes utilizan una amplia gama de lanzamientos y agarre para derribar a un oponente. Sin embargo, como se ha comentado, el sambo de combate permite golpes adicionales y patadas con la rodilla o el codo que no están permitidos en la competición o el entrenamiento de judo.

Las reglas de la lucha libre permiten que los oponentes continúen luchando de pie después de ganar el control sobre el otro, lo que se conoce como "posición superior" o "control superior". El objetivo de la lucha libre es inmovilizar a su oponente de espaldas durante el tiempo suficiente para poder ganar el combate alcanzando una cantidad de puntos acordada.

Diferencias en las reglas

El conjunto de reglas que rige cualquier arte marcial suele atender a tres criterios principales:

1. Las técnicas permitidas en el combate: por ejemplo, algunas artes marciales permiten las llaves de estrangulamiento y los golpes, mientras que otras no.
2. Criterios de victoria: ¿cuándo se puede declarar ganador a un competidor? Puede tratarse de conseguir el máximo de puntos, tener ventaja o ejecutar la maniobra perfecta.

3. Movimientos sucios o ilegales y las sanciones impuestas por ellos.
4. Un sistema de puntos detallado que otorgue un número específico de puntos por movimientos concretos (o que deduzca puntos por movimientos ilegales).

Reglas del sambo y del sambo de combate

Hay cuatro formas de ganar un combate en el sambo de combate:
1. Tirar a un oponente al suelo mientras está de pie. La forma de lanzar a su oponente debe mostrar control e intención. Es decir, realizar un lanzamiento perfecto mientras permaneces en posición de pie.
2. Conseguir una ventaja de 12 puntos sobre su oponente.
3. La sumisión, en la que el árbitro detiene el combate después de que consigue una técnica sobre el oponente que lo deja inconsciente o golpea por miedo. Esto se consigue encerrando al oponente.
4. Ganar más puntos al final del combate que el oponente. Esto se consigue realizando lanzamientos, derribos y agarres que le conduzcan a la victoria.

Los lanzamientos y las inmovilizaciones se puntúan en el sambo de combate.

Si el oponente es inmovilizado durante 11 a 19 segundos, se otorgan 2 puntos. Si el oponente es inmovilizado durante más de 20 segundos, se otorgan 4 puntos.

Los lanzamientos se puntúan en función de su posición durante y después del lanzamiento y de la caída del adversario. Se otorgan más puntos cuando se está en posición vertical durante y después del lanzamiento.

Las técnicas ilegales y el estancamiento se penalizan en una competición.

Reglas del judo

Las reglas del judo son idénticas a las del sambo en el sentido de que el objetivo es lanzar, derribar o inmovilizar al adversario sobre su espalda. La puntuación ideal o Ippon se otorga cuando se tiene a un oponente inmovilizado sobre su espalda durante 25 segundos.

En el judo, todas las sumisiones están permitidas, excepto las que provocan una rotura de hueso o un bloqueo articular en el codo y los dedos. Además, durante la competición no hay ninguna posición "puntuable" que no sea la de obtener el control del cuerpo del adversario mediante inmovilizaciones o sujeciones. Cualquier cantidad de tiempo con el oponente de espaldas se considera un agarre legal.

Un waza-ari (o medio punto) se otorga por lanzamientos menos ideales o cuando el oponente es inmovilizado durante un tiempo más corto que el requerido para marcar un ippon. Por último, un yuko es la menor puntuación que se puede obtener por técnicas menos eficaces. El objetivo es conseguir un ippon perfecto para superar al oponente y ganar el combate con el máximo de puntos.

Reglas del jiu-jitsu

Los combates de jiu-jitsu suelen durar entre 5 y 10 minutos. Los competidores reciben 2, 3 o 4 puntos por lograr posiciones dominantes o ejecutar técnicas. La victoria la obtiene el oponente con más puntos o por una sumisión exitosa.

Reglas de la lucha libre

Los combates de lucha se dividen en dos rondas de tres minutos cada una. Los competidores pueden obtener puntos por:

Derribo - Un competidor hace caer a su oponente al suelo con al menos un pie en el suelo entre él y el borde del ring o en el suelo.

Escape - Un competidor se libra del control de su oponente y vuelve a una posición de pie en la que al menos un pie no está tocando el suelo dentro del ring (o líneas) *sin ser controlado por un oponente.*

Inversión - Un competidor está en el suelo y su oponente tiene control total sobre él, puede obtener puntos si lo invierte para tener control total.

Penalizaciones - Los competidores pueden obtener puntos negativos por agarres ilegales o violaciones técnicas.

Diferencias en el uniforme

Estas artes marciales exigen un rápido juego de pies y técnicas que giran en torno a complejos movimientos corporales. Por lo tanto, los uniformes de cada uno de los deportes están diseñados para permitir la máxima flexibilidad y movimiento. El sambo, el judo y el BJJ tienen un atuendo casi similar, con pequeñas diferencias. La lucha libre, sin embargo, tiene un uniforme único, bastante diferente de los otros tres.

Los uniformes del sambo consisten en tres piezas: la chaqueta, los pantalones y el cinturón. El uniforme puede ser de cualquier color, pero el blanco es el más común para las competiciones. Los pantalones suelen ser de color rojo o azul. El uniforme también se llama kurtka.

El uniforme de judo normalmente solo incluye un judogi (similar al gi de karate). Debe ajustarse de forma similar a los uniformes de sambo o jiu-jitsu, sin que quede demasiado suelto o ajustado al cuerpo. El judogi suele ser de color blanco.

El uniforme de jiu-jitsu incluye un gi similar al de judo. Puede venir en cualquier color, pero el blanco es el más común para las competiciones. También viene con un sistema de clasificación de cinturones, desde el blanco hasta el negro, según el tiempo que lleve entrenando y su rango dentro de la escuela o asociación.

Los uniformes de lucha son específicos del tipo de competición que se celebra. En la universidad, el estilo folclórico es el más común, con una malla o pantalones cortos ajustados y una camiseta que se lleva sin zapatos durante los entrenamientos. En las competiciones de estilo libre se usan uniformes más ajustados y botas de lucha para el calzado, mientras que en el estilo folclórico femenino se usan trajes cortos tipo spandex en lugar de mallas para minimizar el riesgo de infecciones en la superficie de las colchonetas.

Comparación del sistema de cinturones

El sambo, el jiu-jitsu y el judo tienen sus propios sistemas de cinturones. Estos indican el rango de un competidor dentro de su deporte. En la mayoría de los casos, la experiencia también se mide en función del rendimiento a nivel regional y mundial. Al igual que otros deportes, las artes marciales clasifican a sus jugadores a nivel mundial. Sin embargo, para figurar en este sistema de clasificación, un jugador tiene que participar y jugar contra los mejores del mundo.

En el sambo, hay siete rangos. Cada rango se mantiene durante un año, empezando por el de novato o nivel 1 hasta el 7º año, el de segundo maestro. Diversas organizaciones otorgan el título de "maestro del deporte" o "maestro internacional del deporte" a quienes destacan a nivel nacional e internacional.

Los cinturones de jiu-jitsu brasileño se dividen por colores y se clasifican de blanco a rojo, y constan de ocho cinturones. Se requiere un número mínimo de horas de entrenamiento para cada nivel de cinturón antes de ser examinado; por lo general, cuanto más alto sea el rango, más horas se necesitan para lograr ese siguiente cinturón o título.

El judo también tiene un sistema de progresión de cinturones, siendo los cinturones negros los más altos.

La lucha libre no tiene un sistema de cinturones definido para los competidores. Sin embargo, tiene un nivel de progresión basado en la práctica, y la clasificación mundial se otorga en función del rendimiento en las competiciones.

Oportunidades de entrenamiento cruzado

El sambo, el BJJ y el judo son muy similares y ofrecen oportunidades de entrenamiento cruzado. Muchos atletas compiten en más de un deporte y experimentan el éxito debido a sus similitudes. La lucha libre es una forma de agarre por sumisión, y el sambo está fuertemente influenciado por el judo. La lucha utiliza sumisiones similares a las del BJJ, lo que facilita la transición de un arte a otro sin problemas para quienes practican ambos.

En cada deporte hay reglas diferentes. Sin embargo, todos trabajan en conceptos, movimientos y técnicas similares que implican derribos, sumisiones y el uso de las piernas. Las similitudes entre estas artes facilitan a los que se entrenan en una de ellas el entrenamiento cruzado con otra arte similar, lo que aumenta sus índices de éxito en cada deporte y los convierte en practicantes más capacitados en general.

Por ejemplo, un atleta entrenado en sambo lo hará muy bien en las competiciones de MMA, gracias al entrenamiento cruzado de judo (lanzamientos y agarre) y a los golpes, codazos y rodillazos del entrenamiento de sambo de combate. Gracias a estas habilidades, los luchadores de sambo son llamados, con razón, los más feroces de todos.

Competiciones

El entrenamiento dedicado a las artes marciales suele culminar en una mentalidad competitiva. Las cuatro formas de arte se han desarrollado a lo largo de los años y han experimentado un importante aumento de las competiciones, tanto las mundiales profesionales como las locales o regionales.

Las competiciones de sambo se rigen por la FIAS, el organismo rector internacional. Cada año se celebran numerosos eventos, en los que se conceden medallas a los ganadores en función de su rango y de los niveles del sistema de cinturones. Los eventos más destacados son la copa del mundo y otros campeonatos mundiales. La Federación de Sambo ha obtenido recientemente el reconocimiento del COI (Comité Olímpico Internacional), y pronto podría formar parte de los Juegos Olímpicos.

En las competiciones de judo suelen participar muchos atletas en los principales torneos, como los Juegos Olímpicos, los campeonatos del mundo o los encuentros regionales. Además, hay torneos por invitación más pequeños en todo el país que también ofrecen oportunidades para que los atletas compitan en sus respectivas divisiones.

El jiu-jitsu está regido por la IBJJF (Federación Internacional de Jiu-Jitsu Brasileño), que organiza torneos y campeonatos. Se celebran muchas competiciones en todo el mundo para todos los niveles de cinturón, tanto para hombres como para mujeres.

La lucha libre es uno de los deportes más populares y también forma parte de los Juegos Olímpicos. Se rige por la FILA (Federación Internacional de Lucha Libre Asociada), que organiza diversos encuentros y competiciones.

Beneficios del sambo en comparación con otras artes marciales

El sambo es una gran oportunidad para aquellos interesados en las artes marciales pero que no tienen idea de por dónde empezar. El sambo tiene muchos beneficios que lo convierten en una gran opción para los principiantes.

El sambo es un arte marcial efectivo y ofrece un entrenamiento fitness al emplear ejercicios cardiovasculares y acondicionamiento de la fuerza y habilidades de defensa personal.

Los interesados en aprender sambo pueden tomar clases con otros estudiantes de su nivel de habilidad mientras hacen nuevos amigos que comparten los mismos intereses. Esto fomenta la camaradería y es una gran manera de conocer a otras personas con objetivos similares.

El sambo ofrece muchas oportunidades para aquellos que deseen competir, lo que aumenta la confianza en sí mismos y proporciona una gran salida para el alivio del estrés, que a menudo falta en otros deportes o actividades. Fomenta la disciplina y un alto nivel de aptitud física, así como la fuerza mental y la perseverancia.

El sambo puede ser practicado por cualquier persona, independientemente de su edad o nivel de forma física; es una excelente opción para los niños porque enseña disciplina sin ser excesivamente agresivo. También ayuda a fomentar la autoestima, al tiempo que aumenta las habilidades de coordinación que pueden mejorar el rendimiento académico en la escuela.

El sistema de cinturones en el sambo actúa como una guía para los estudiantes en su progreso, y la antigüedad de los cinturones refleja el nivel de conocimiento de una persona.

El arte marcial más eficaz

Aunque, en principio, todas las artes marciales tienen sus propios pros y contras en cuanto a la técnica, cuando se trata de una pelea, un individuo entrenado en sambo ganará. Esto se debe a que el entrenamiento de sambo, especialmente el sambo de combate, es duro e incluye golpes, agarres, patadas y técnicas de desarme de armas. Es el mejor arte marcial para la defensa personal y una gran forma de entrenamiento físico con muchos beneficios, tanto mentales como físicos.

El sambo se diferencia de otras artes marciales en que también utiliza los derribos utilizando todas las partes del cuerpo, incluidas las piernas y la cabeza, lo que hace que el sambo destaque entre las demás. El judo es básicamente la madre del sambo y del BJJ, aunque con ciertas restricciones y menos brutalidad.

Por otro lado, la lucha libre enseña al practicante a manipular la fuerza del adversario y a utilizarla en su contra. Es un deporte en el que uno puede aplicar sus habilidades en situaciones de la vida real, lo que hace de la lucha libre una gran opción para la defensa personal, así como una actividad recreativa.

En resumen, el sambo es un fantástico arte marcial y sistema de defensa personal que puede ser practicado por casi todo el mundo, independientemente de la edad o del nivel de forma física. Ofrece muchos beneficios físicos y mentales, lo que lo convierte en una excelente opción para aquellos interesados en aprender técnicas de lucha eficaces y en buscar mejoras en la salud en general.

Disponibilidad de instalaciones de entrenamiento y entrenadores

El sambo está disponible en varios lugares del país, incluyendo bases militares y universidades. Sin embargo, no hay muchos centros de entrenamiento de sambo fuera de Rusia. Esto significa que si alguien desea aprender este arte marcial, tendrá que viajar al extranjero o encontrar un entrenador capaz en su cercanía que pueda ofrecer clases privadas o a través de clases públicas impartidas en un gimnasio o centro de fitness. Lo mejor es hablar con personas que tengan experiencia en el sambo y averiguar dónde creen que sería más fácil para usted empezar a entrenar. En cuanto a los entrenadores, muchos artistas marciales con experiencia ofrecen clases de diferentes tipos de estilos de combate cuerpo a cuerpo, incluido el sambo.

El judo es un deporte que practican millones de personas en todo el mundo. Muchos se sienten atraídos por este arte marcial porque se centra en las técnicas de agarre, que pueden utilizarse en situaciones reales con más frecuencia que los movimientos de golpeo. El judo se puede aprender con bastante facilidad en la mayoría de los gimnasios y centros de fitness de todo el país, lo que lo convierte en una opción ideal para quienes desean entrenar de forma regular y organizada.

El jiu-jitsu está considerado como una de las artes marciales más efectivas cuando se trata de la lucha en el suelo, con elementos similares al sambo, el judo y la lucha libre, el jiu-jitsu se ha hecho cada vez más popular en todo el mundo y puede ser practicado por cualquiera. Hay muchos centros de entrenamiento de jiu-jitsu en todo el país donde los practicantes pueden tomar clases, normalmente junto con un programa de fitness.

La lucha libre es un deporte de combate que implica técnicas de agarre y ofrece beneficios (tanto físicos como mentales) que lo convierten en una excelente opción para la defensa personal y una actividad recreativa. Los gimnasios y centros de fitness de todo el país suelen disponer de instalaciones para el entrenamiento de la lucha libre.

Todas las artes marciales descritas en este capítulo tienen su propio conjunto de filosofías, orígenes, técnicas, reglas, ventajas competitivas y beneficios. Sin embargo, casi todas las formas de arte se han derivado del judo, de alguna manera.

Debe elegir la disciplina en función de la disponibilidad de instalaciones de entrenamiento y entrenadores y de su propia capacidad física.

Si su objetivo es solo practicar para la defensa personal, cualquier arte marcial será útil. Si quiere competir internacionalmente, opte por el judo o la lucha libre, ya que es fácil encontrar maestros cualificados cerca de usted. El jiu-jitsu brasileño es una gran opción para los interesados en la lucha en el suelo, mientras que el sambo ofrece una eficaz mezcla de técnica y combate.

Capítulo 3: Antes de empezar: Lo esencial del sambo y sus beneficios

Si está leyendo este libro, entonces ha decidido que el sambo es el arte marcial para usted. O tal vez su hijo ya se ha aficionado y ahora quiere saber más sobre el deporte que ha elegido. En cualquier caso, ¡siga leyendo! El capítulo 3 le dará toda la información necesaria antes de empezar a practicar sambo, incluyendo los requisitos del equipo y el uniforme, los beneficios de aprender este arte marcial en particular, las razones por las que vale la pena aprenderlo, ¡y mucho más!

Tipos de sambo

El sambo se puede clasificar en tres tipos en función de las técnicas utilizadas. Estos son el sambo deportivo, el sambo de combate y el sambo de estilo libre.

1. Sambo de portivo

El sambo deportivo combina el judo y la lucha libre, permitiendo técnicas como el bloqueo de piernas y los derribos con un enfoque en los lanzamientos. El sambo deportivo no permite las llaves de estrangulamiento.

2. Sambo de estilo libre

El sambo de estilo libre es una versión más independiente de este deporte que permite todas las técnicas, incluyendo la sumisión, el golpeo y el agarre. Esta forma se centra en los lanzamientos y derribos, así como en los bloqueos de piernas.

El sambo de estilo libre permite cualquier técnica de agarre, incluidas las no permitidas en los estilos deportivo o de combate. El sambo de estilo libre fue introducido por la Asociación Americana de Sambo. Se permiten técnicas como las llaves de cuello y las presas de piernas retorcidas para obtener sumisiones. Los golpes no están permitidos. Dominar los lanzamientos es la clave para ganar el combate.

3. Sambo de combate

El sambo de combate es una versión más realista de este deporte, que incluye golpes y agarre, lo que lo hace más cercano a las artes marciales mixtas.

El sambo de combate combina el judo, la lucha libre y el combate, permitiendo técnicas como el agarre, el golpeo, las llaves de estrangulamiento y los bloqueos de piernas. También permite técnicas de patadas con el codo y la rodilla, golpes en la ingle y cabezazos. Es la forma más agresiva de sambo.

11 razones de peso para aprender sambo

1. El sambo es un arte marcial superior

El sambo se derivó del judo en la Unión Soviética como una forma de combate para los militares. Esto posiciona al sambo como un arte marcial único, que tiene las antiguas técnicas de agarre del judo, así como las habilidades superiores de combate de las artes marciales mixtas. Un maestro del sambo es hábil en el agarre, los derribos, la dominación y las sumisiones en el suelo. Un maestro del sambo es, por tanto, casi imbatible en cualquier situación de combate.

2. El sambo es un sistema de autodefensa perfecto para todos, jóvenes y mayores

Cualquiera puede aprender sambo. No importa si es viejo o joven, grande y alto, o pequeño y rápido, ya que el sambo funciona bien con cada tipo de cuerpo. Este arte marcial le enseñará a defenderse a la vez que le enseña respeto y disciplina. Los bloqueos, las presas y el trabajo de fondo que uno aprende en el sambo le prepararán para cualquier situación de amenaza.

3. El sambo es un deporte competitivo

Mucha gente piensa que el sambo solo funciona como un sistema de defensa personal, ¡pero también puede ser competitivo! Usted no tiene que competir si no quiere hacerlo. Pero hay muchas competiciones para aquellos que lo hacen. Es divertido y emocionante y le ayudará a mejorar su nivel de forma física rápidamente. Recientemente, el COI ha reconocido el deporte del sambo, y puede que pronto forme parte también de los Juegos Olímpicos.

4. Condición física y resistencia

El sambo es un excelente ejercicio para el cuerpo. Entrena todos los músculos del cuerpo, lo que permite aumentar la fuerza y la resistencia. Como el sambo implica tantos movimientos rápidos, ¡también es un gran trabajo cardiovascular! Tanto si quiere ponerse en forma rápidamente como si quiere realizar un entrenamiento completo del cuerpo que le haga sentirse increíble cuando termine, ¡el sambo es el camino a seguir!

5. El éxito del sambo en las MMA

El sambo es un arte marcial mixto. Esto significa que los practicantes de sambo están entrenados tanto en estilos de agarre como de golpeo, lo que les permite sobresalir en el combate en el suelo, así como en la lucha de pie. Se sabe que los luchadores de sambo son los mejores en todas las técnicas de MMA: agarre, lanzamiento y derribos. Los maestros del sambo también son muy buenos en las sumisiones y las inversiones. Son conocidos por ser los luchadores más feroces de este deporte.

6. El sambo enseña disciplina y respeto

El sambo es un arte basado en la disciplina y el respeto. Enseña a los estudiantes a ser conscientes de sus acciones, tanto en el tatami como en la vida. Se espera que los practicantes de sambo muestren autodisciplina en todo momento, no solo durante el entrenamiento. El sambo enseña a los estudiantes a ser humildes y respetuosos consigo mismos y con los demás.

7. Fuerza física y destreza

El sambo exige mucho al cuerpo: flexibilidad, capacidad de coordinación, resistencia, aguante; ¡es un entrenamiento para todo el cuerpo! Se pondrá en forma rápidamente y desarrollará una fuerza increíble con el entrenamiento de sambo. Tanto si quiere ser más fuerte como más flexible, el sambo le ayudará a conseguir sus objetivos.

8. El sambo es una habilidad valiosa para las fuerzas del orden y los militares

Los oficiales de la ley y el personal militar a menudo son llamados para someter a las personas agresivas que pueden estar armados con pistolas o cuchillos. La mayoría de las veces, esto requiere habilidades de agarre. El sambo es una herramienta muy útil para los que se dedican a este tipo de profesiones, ya que prepara a las personas para poder enfrentarse a estas situaciones peligrosas.

9. Fuerza mental y bienestar

El sambo ofrece un gran entrenamiento para el cuerpo y una excelente manera de calmar los nervios agotados. La concentración y la energía que obtendrá con el entrenamiento de este arte marcial también le ayudarán a mantener su mente aguda. Se ha demostrado que la actividad física reduce los niveles de estrés, lo que hace que el sambo sea perfecto para aquellos que están siempre en movimiento o que se enfrentan constantemente a situaciones estresantes.

10. Aprende a prevenir lesiones

El entrenamiento de sambo es excelente para prevenir lesiones. En su esencia, el sambo es una forma de defensa personal. Esto significa que el sambo le ayudará efectivamente a defenderse contra la agresión y le enseñará a prevenir lesiones al sufrir una caída. Aquellos que comienzan a entrenar sambo aprenderán a protegerse contra las lesiones, lo que puede ser útil para aquellos cuyos trabajos o estilos de vida los llevan a situaciones peligrosas.

11. El sambo proporciona una excelente base para otras artes marciales

Cualquiera que esté interesado en añadir otras habilidades de artes marciales se beneficiaría de comenzar con el sambo. El trabajo de base que se aprende como parte de este arte marcial en particular es muy beneficioso cuando se añaden otras artes marciales a su colección. En el capítulo anterior, aprendimos que el sambo es muy similar al jiu-jitsu brasileño (BJJ), la lucha libre y el judo. Por ello, muchas personas comienzan a entrenar sambo antes de pasar al BJJ o al judo, ya que estas artes son más populares que el sambo entre el público en general. Sin embargo, ¡no se puede superar una buena base sólida!

Equipo de sambo

Para sacar el máximo provecho de su entrenamiento de sambo, necesitará cierto equipo y equipamiento. El equipo de sambo es muy similar al de MMA, y consiste principalmente en la sambovka, el casco, las protecciones, los guantes y los protectores bucales.

La sambovka

La sambovka es un chaleco tradicional que llevan los sambistas cuando entrenan. Está diseñada para ajustarse a la forma y proporciona una amplia protección sin comprometer la agilidad o el movimiento. Esta chaqueta suele ser roja o azul y se lleva con un cinturón y unos pantalones cortos a juego. Por lo general, un competidor debe tener tanto conjuntos de color azul como de color rojo para poder distinguirlos visualmente en el tatami.

La sambovka no refleja de ninguna manera el rango o la experiencia del competidor: no hay ninguna identificación de este tipo en el uniforme.

El sambovka tiene especificaciones estrictas en cuanto a material y diseño. Utiliza una variante de tejido específico con costuras robustas y alas en los hombros. Se lleva un cinturón alrededor de la sambovka para asegurarla durante el partido. Además, la manga no debe tener más de 10 cm de ancho y debe llegar exactamente a la muñeca. Las solapas de la chaqueta deben quedar solo unos 15 cm por debajo del cinturón del uniforme.

Casco

El casco de sambo es igual que el casco de boxeo y se usa para proteger la cabeza del competidor. Debe ser muy ligero para no dificultar los movimientos ni causar molestias durante los entrenamientos.

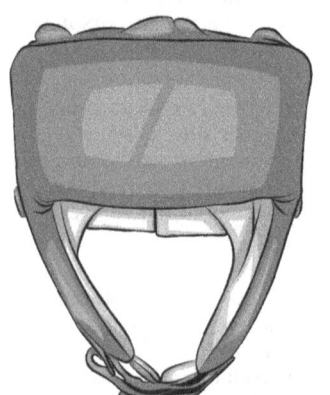

Está hecho de plástico firme pero blando y tiene viseras en la parte delantera para una correcta visibilidad cuando se combate con los competidores por todos los lados. Además, protege de cualquier golpe accidental con la rodilla o el codo. El casco tiene correas en la barbilla y en la parte posterior de la cabeza para proteger de lesiones accidentales.

Guantes

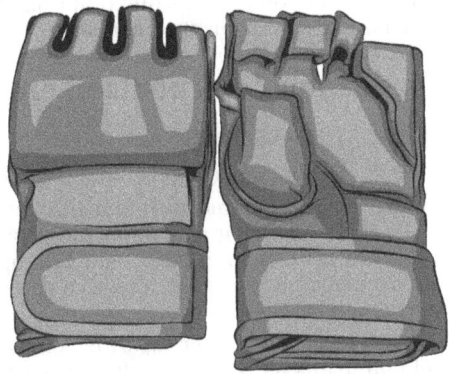

Los guantes de sambo son muy similares a los de boxeo y MMA. Proporcionan una protección integral para las manos, las muñecas, los dedos y los nudillos durante las sesiones de entrenamiento con los competidores. El guante también ayuda a asegurar un agarre firme cuando se lucha en los combates, al tiempo que protege de cualquier lesión accidental.

El sambista siempre debe tener tanto guantes rojos como azules.

Protectores bucales

El protector bucal se considera una pieza vital del equipo en el sambo, ya que ayuda a evitar que se astillen o se rompan los dientes al sufrir caídas. Sin embargo, mucha gente no los lleva porque pueden ser incómodos e incluso afectar a la respiración durante los entrenamientos.

Protectores inguinales

Los protectores inguinales no son obligatorias en el sambo, pero son muy recomendables. Ayudan a prevenir lesiones en la ingle durante las sesiones de entrenamiento con otros competidores en todos los lados.

Calzado

Las especificaciones del calzado no son muy estrictas en el sambo. Lo ideal es usar zapatos de lucha o botas de boxeo que tengan un buen agarre para la tracción en el tatami. Estos zapatos deben tener un ajuste ceñido y sujetar adecuadamente el tobillo y los talones. Los zapatos de sambo no deben ser extravagantes y no deben tener partes que sobresalgan, lo que podría causar lesiones.

Pantalones cortos

Los pantalones cortos de sambo deben ser del mismo color que la chaqueta. Deben medir aproximadamente 2/3 de la longitud del muslo y llegar a unos 5 cm por encima de la rodilla. Los pantalones cortos con bolsillos no están permitidos. El color de los pantalones cortos debe coincidir con el de la chaqueta.

Qué llevar al entrenamiento

No se necesita ningún tipo de ropa o equipo en particular para entrenar, pero se debe llevar algo cómodo que permita a su cuerpo un rango completo de movimiento.

El gi de judo es el uniforme más común que se usa para el entrenamiento de sambo, y es obligatorio en los niveles superiores (competiciones nacionales e internacionales). El gi de judo consiste en una chaqueta, un cinturón y unos pantalones cortos. Algunas personas llevan una sambovka en lugar del gi de judo cuando entrenan con otros sambistas.

Se deben llevar calcetines, pero no zapatos ni zapatillas, ya que pueden provocar lesiones durante el agarre y el lanzamiento.

Discuta el uniforme con su entrenador. Es posible que quiera informarle sobre cualquier limitación financiera para comprar el equipo apropiado. Muchos maestros donarán o sugerirán un atuendo de entrenamiento alternativo.

Qué esperar antes de tomar en cuenta el entrenamiento de sambo

Considere lo siguiente antes de decidir comenzar el entrenamiento de sambo:

- El combate y la competición incluyen muchos lanzamientos, derribos, agarres, placajes e incluso levantar a su oponente para derribarlo o lanzarlo por la colchoneta. Si no está preparado para este tipo de contacto físico durante el entrenamiento, es mejor que empiece con el judo. Asegúrese de que goza de buena salud antes de empezar.
- Debe tener una mente tranquila o ser capaz de controlar sus emociones; de lo contrario, el entrenamiento puede resultar muy frustrante. Siempre hay nuevas técnicas que aprender, así que es importante que las aprenda rápidamente y que no se altere si alguien le gana en el tatami. Siga intentándolo hasta que lo consiga.
- Debe ser capaz de seguir las instrucciones y escuchar con atención. De lo contrario, no aprenderá lo que tiene que aprender. Practicar la concentración durante la clase le será muy útil más adelante.
- Tiene que ser una persona con iniciativa propia. Si no puede motivarse a sí mismo y trabajar duro sin que se lo digan, entonces el sambo no es el arte marcial para usted.
- Necesita ser capaz de manejar el dolor. El sambo es doloroso. Ser lanzado, derribado o sujetado puede doler, pero con el tiempo, ¡su cuerpo se acostumbrará a ello!
- Debe ser capaz de trabajar bien con los demás. Trabajar en equipo es importante, y lo aprenderá rápidamente cuando se entrene en el sambo.
- Tiene que ser capaz de aprender rápidamente. No importa su edad, si tiene problemas para aprender algo, pida ayuda a los instructores. ¡Ellos están ahí para ayudarle!
- Necesita ser capaz de moverse rápidamente cuando sea necesario. Muchos de los lanzamientos y derribos que usted aprenderá ocurrirán rápidamente, y necesita ser capaz de reaccionar rápidamente. ¡De lo contrario, acabará en el suelo!
- El entrenamiento de sambo puede ser caro. Tiene que estar preparado para los costes de los uniformes, el equipo de sparring y las tasas de entrenamiento.
- El entrenamiento puede llevar mucho tiempo. Conseguir ser bueno en este deporte requiere constancia y dedicación.
- El combate y la competición pueden ser peligrosos, por lo que es importante entrenar bien antes de entrar en los combates.
- Tiene que estar preparado para la decepción. Si no gana, siga practicando. La mayoría de los deportistas han perdido más combates de los que han ganado antes de ser realmente buenos.
- Es posible que tenga que viajar para entrenar, dependiendo de dónde viva. El sambo se practica en todo el mundo, pero no hay muchos clubes en Norteamérica, por lo que es posible que tenga que viajar.

¡Seguramente se divertirá mucho! El sambo es una gran actividad física y una gran manera de ponerse en forma mientras se aprende algo nuevo. ¡No hay nada mejor que conseguir un derribo e inmovilizar a su oponente!

Práctica y entrenamiento de sambo

Una vez que tenga todo su equipo, es hora de empezar a practicar el sambo.

El sambo es un arte marcial muy dinámico que implica muchos lanzamientos y técnicas de agarre diferentes. Para empezar en este arte marcial, uno debe centrarse en aprender la técnica adecuada para cada lanzamiento o sujeción de sumisión antes de aplicarlos durante las sesiones de sparring contra los compañeros.

Aunque no hay un plan de estudios formal para el sambo, es mejor empezar aprendiendo las técnicas básicas de lanzamiento y agarre antes de pasar a las más avanzadas. Hay algunos principios básicos que hay que aprender para practicar correctamente y no lesionarse a sí mismo o a su oponente durante las sesiones de entrenamiento:

- **Lucha de agarre** - Esto es cuando ambos están tratando de ganar un buen agarre en el otro con el fin de ejecutar un lanzamiento adecuado o movimiento de sumisión.
- **Lanzamiento** - Aquí es donde una persona levanta a su oponente y lo golpea contra la colchoneta, haciéndolo caer con un brazo sobre su pecho mientras aterriza con fuerza en el suelo.
- **Derribo** - En este caso, ambas personas están de pie y una de ellas derriba a su oponente haciéndole tropezar o empujándole.
- **Lucha en el suelo** - Una vez que un competidor ha sido arrojado al suelo, tratará de colocarse en una posición que le permita una mejor defensa mientras prepara un ataque a su oponente después de ganar el control de su cuerpo.
- **Submisiones** - En este caso, un competidor mantiene a su oponente en una posición que le pone en riesgo de lesionarse ciertas partes del cuerpo, como las extremidades, las articulaciones o incluso el cuello.
- **Técnicas de inmovilización** - Después de controlar el cuerpo de su compañero en el suelo e inmovilizarlo con su propio peso para evitar que se escape, puede intentar inmovilizarlo con estas técnicas.

¿Cuánto cuesta convertirse en un maestro de sambo?

El costo de aprender sambo dependerá del lugar donde se encuentre y de lo que cobre su instructor por lección.

Los instructores de sambo son raros de encontrar en regiones fuera de Rusia. Por lo tanto, este podría ser un arte caro de aprender. Típicamente, similar a un gimnasio de MMA, la membresía de un gimnasio de sambo puede costar entre $100 y $150 por mes.

Con el sambo, al igual que con otras artes marciales, una parte de la cuota se destinará al equipamiento y al equipo que se necesita para las sesiones de entrenamiento.

Algunos otros factores que determinarán los costos son:

Ubicación: Si se encuentra en una gran ciudad, los precios de las lecciones pueden ser más altos debido a la demanda.

Instructor: Algunos instructores cobrarán más que otros en función de su experiencia y reputación como instructor o competidor.

Clases en grupo frente a clases particulares: Las clases en grupo suelen costar menos por lección, pero el número de sesiones necesarias para llegar a dominar el sambo es mayor que con las clases particulares.

Tamaño del área de entrenamiento: Si el área de entrenamiento es pequeña, el equipo tendrá que ser compartido, lo que puede afectar a los costes.

Una sesión típica de entrenamiento de sambo

Para aprender más sobre el sambo, lo mejor es ir y observar una sesión de entrenamiento con su instructor.

Normalmente, habrá ejercicios de calentamiento que serán dirigidos por el instructor. Estos ejercicios están diseñados para aumentar su fuerza y resistencia y ayudarle con el control de la respiración antes de entrar en el combate o la lucha con un compañero de entrenamiento.

Para empezar, aprenderá los lanzamientos y derribos básicos. Hay muchos tipos diferentes de lanzamientos que puedes aprender, cada uno con sus propios beneficios.

Una vez que domine estas técnicas, podrá aprender movimientos de agarre y derribo más avanzados.

Si es posible, lo mejor sería conseguir al menos un compañero de sparring que tenga experiencia en el sambo, para que pueda darle información sobre su técnica y ayudarle a corregir cualquier error.

Una sesión de entrenamiento suele consistir en la realización de técnicas de forma repetitiva hasta que se desarrolle la memoria muscular. Algunas sesiones también se organizarán para poner a prueba su habilidad con un combate. Los combates suelen realizarse con oponentes del mismo nivel.

Niveles de dominio del sambo

El entrenamiento de sambo se divide en siete años; cada año le acercará un poco más a convertirse en un maestro. El primer año se comienza como un novato, y finalmente, en el séptimo año, un estudiante progresa hasta convertirse en un maestro.

En este capítulo, hemos esbozado los fundamentos del sambo, un arte marcial único. Si es una persona que busca un entrenamiento intenso que mejore su coordinación y sus reflejos y, al mismo tiempo, pueda aprender algunas técnicas de defensa personal, ¡el sambo puede ser justo lo que necesita! Esperamos que después de leer nuestra guía sobre cómo empezar, tenga una mejor idea sobre todos los beneficios disponibles al aprender este arte marcial en particular.

El sambo es una forma de arte única con una rica filosofía que se adapta a estudiantes de todas las mentalidades. Existen formas de sambo para aquellos que quieren centrarse en los lanzamientos limpios y también una variante para aquellos que buscan patadas y golpes más agresivos.

En este capítulo se han analizado las consideraciones que hay que tener en cuenta antes de empezar a practicar el sambo, los costes que conlleva, el equipo y otros elementos esenciales, así como las ventajas de convertirse en estudiante de sambo.

Capítulo 4: Técnicas de lanzamiento

En su mayor parte, el sambo se practica como un arte de agarre. El agarre se define generalmente como dos o más atletas que compiten entre sí para lograr una posición de dominio en la que puedan aplicar sumisiones a su oponente, dejarlo inconsciente, o derrotarlo de otra manera. Este capítulo se centrará en los lanzamientos más básicos del sambo. Las técnicas elegidas en este capítulo son las más fáciles de aprender y las más efectivas cuando se trata de agarrar a un oponente que se resiste.

Los fundamentos de los lanzamientos

Cuando se aprenden estas técnicas, es importante entender la importancia de la lucha o el agarre en general. El agarre consiste en minimizar el daño mientras se maximiza el control sobre el oponente. La parte más importante de cualquier lanzamiento de sambo es el clinch, donde el luchador asegura un bloqueo del cuerpo de su oponente para limitar el movimiento de su oponente. Una vez que el luchador ha establecido su agarre, puede empezar a lanzar técnicas con una ejecución adecuada y un control apropiado sobre su oponente.

Fuente de la imagen [86]

Existen diferentes variaciones en lo que respecta al agarre. Cada una de ellas tiene como objetivo limitar los movimientos y el ataque del oponente.

Los luchadors efectivos en sambo tratan de usar el clinch siempre que sea posible, ya que les da una gran ventaja en el control de sus oponentes al limitar sus movimientos y aumentar la eficiencia del agarre. Muchos lanzamientos implican agarrar el hombro o el área de la axila por esta razón, pero otros agarres como los bloqueos de cintura y los bloqueos de cadera también son comunes.

Fuente de la imagen [87]

Empezar con un clinch le da la ventaja y la oportunidad de agarre.

A partir de este punto, el luchador puede ejecutar su lanzamiento colocando su pie o pierna detrás de uno de los pies de su oponente y empujándolo fuera de balance. Esto debe hacerse inmediatamente después de agarrar al oponente, para que no tenga tiempo de reaccionar antes de ser lanzado. La parte más importante de la ejecución de una técnica es empujar al oponente fuera de su equilibrio, no levantarlo. Levantar a su oponente puede llevar a muchos problemas durante el lanzamiento, como quedar estancado en el aire sin control sobre el cuerpo de su oponente. Una vez que se consigue desequilibrar al oponente y establecer una posición superior sobre su cuerpo, es fácil terminar la técnica bloqueando una sujeción o ejecutando un codazo o un golpe sobre el oponente.

Estos lanzamientos de sambo son muy eficaces en deportes de combate como las MMA y en situaciones de defensa personal porque atacan todo el cuerpo y pueden ser utilizados con poca energía por un luchador que ya ha establecido un posicionamiento superior sobre su oponente. El grappling es más eficaz que el golpeo, pero es más difícil de aprender y ejecutar con eficacia. Estos lanzamientos pueden practicarse como calentamiento o como ejercicio al final del entrenamiento de agarre antes de pasar a las sujeciones por sumisión o a los golpes efectivos.

Comprenda la importancia de una posición adecuada antes de intentar estas técnicas. Contra un oponente que se resiste, es imperativo utilizar la posición superior para ganar el control sobre su cuerpo de manera que no pueda escapar. El posicionamiento adecuado es la clave del éxito al aplicar cualquier sumisión o golpe a su oponente después de un lanzamiento.

Recuerde que los lanzamientos de sambo se basan en empujar al oponente fuera de equilibrio en lugar de levantarlo. El hecho de desequilibrar al oponente le da más control sobre su cuerpo y hace más difícil que su oponente se resista a usted cuando hace la transición a un golpe efectivo o una sujeción de sumisión.

No intente levantar a su oponente durante ninguna de estas técnicas. Esto solo le dará la oportunidad de quedarse parado y resistirse, poniéndole a usted en una posición peor que cuando empezó. Intentar un lanzamiento con una posición inadecuada es como intentar golpear a alguien estando de pie sobre una pierna. No puede generar la cantidad de fuerza necesaria para hacerlo eficazmente, y es probable que se caiga al intentar ejecutar la técnica.

Busque siempre el clinch cuando inicie un intercambio de agarre con un oponente. El agarre es más eficaz que el golpeo en la mayoría de los casos, pero requiere un posicionamiento adecuado antes de poder aplicar cualquier técnica con éxito. Intentar un lanzamiento sin tener el control del cuerpo de su oponente solo le llevará a perder su posicionamiento y a que ninguno de los dos gane ninguna ventaja.

El entrenamiento de estos lanzamientos puede realizarse después de los intercambios de agarre o como calentamiento antes de pasar a las presas de sumisión o a los golpes. Los lanzamientos están pensados para ser ejecutados rápidamente, por lo que sus músculos deben estar aflojados antes de intentarlos.

Técnicas básicas de lanzamiento de sambo

1. Derribo

La técnica de lucha más importante es el derribo. Sin la capacidad de ejecutar un derribo con éxito, no se puede ganar ningún intercambio de lucha en los deportes de combate. Incluso cuando se aplican técnicas de golpeo, es mucho más fácil y efectivo derribar a un luchador y establecer una posición superior en el suelo.

Ejecución de un derribo: Para ejecutar una simple zancadilla con la pierna exterior, primero debe establecer un buen agarre sobre su oponente. Una vez que tenga dominio sobre él, bloquee las caderas y empuje la pierna exterior hacia atrás con su pierna interior. Su objetivo es hacer que su oponente caiga hacia adelante con las piernas extendidas mientras cae. A continuación, déjese caer encima de él y asegure la posición montada.

Fuente de la imagen [88]

Derribo
Si su oponente gira o se retuerce mientras usted intenta este movimiento, siga y láncelo al suelo de todos modos. No es tan eficiente como la técnica adecuada, pero aun así estará en una mejor posición que antes.

2. Barrido de judo
El barrido básico de Judo implica establecer un agarre de doble gancho sobre su oponente y luego empujar sus caderas hacia atrás mientras tira hacia adelante con sus hombros. Si se ejecuta correctamente, este movimiento debería hacer que su oponente caiga sobre usted y se estrelle contra el suelo.

Fuente de la imagen [89]

Barrido de judo

Intentar un barrido de judo sin el control apropiado sobre su oponente resultará en que usted sea lanzado y colocado de espaldas, así que asegúrese de establecer el agarre por debajo del gancho antes de intentar esta técnica.

3. Lanzamiento de espalda

Un lanzamiento de espalda básico de sambo se ejecuta agarrando uno de los brazos de su oponente y saltando hacia arriba mientras tira hacia abajo de su hombro con su brazo. Este movimiento lleva directamente a una posición montada, lo que lo convierte en una forma eficiente de tomar el control de la pelea de su oponente.

Un lanzamiento hacia atrás requiere una sincronización y un posicionamiento adecuados para ser eficaz, por lo que es necesario tener un control total sobre el oponente antes de intentar esta técnica. Si es lanzado durante el proceso, no podrá seguir y montar a su oponente.

4. Derribo de rodilla

El golpe de rodilla es el más simple de todos los lanzamientos de sambo. Simplemente se engancha el pie detrás de una de sus rodillas y se levanta, forzándolo a ponerse de espaldas con usted encima. Esta técnica solo se puede utilizar cuando ambos combatientes están frente a frente, por lo que no es tan útil en las competiciones de MMA como algunos de los otros lanzamientos.

Derribo de rodilla

Agarrar ambas piernas y tirar de ellas con los brazos le dará más apalancamiento que intentar coger solo una pierna. Sin embargo, este movimiento sigue siendo bastante fácil de ejecutar sin una posición o fuerza adecuada.

5. Caída de espalda

Esta técnica es muy similar al lanzamiento de judo; la diferencia es que debe plantar los pies en el suelo antes de levantar a su oponente. Adopte una postura amplia con la cabeza levantada y agáchese hacia abajo mientras agarra fuertemente sus dos brazos. Este movimiento puede ser bloqueado o contrarrestado fácilmente si no se está en la posición adecuada, por lo que debe utilizarse como táctica de sorpresa en lugar de un lanzamiento ordinario.

Caída de espalda

Una vez que haya desequilibrado a su oponente, láncelo al suelo. Si sus piernas no están completamente extendidas, es posible que se vea obligado a retroceder en lugar de avanzar. El objetivo es derribarlos por debajo de usted para lograr una posición montada.

6. Arrastre de brazos

El arrastre de brazos en el sambo es muy parecido a un movimiento de lucha libre profesional. Debe agarrar ambos brazos de su oponente con sus manos y luego tirar de ellos en una dirección mientras empuja contra sus piernas con las suyas. Al igual que el golpe de rodilla, el arrastre de brazos solo funciona cuando se enfrentan cara a cara en lugar de lado a lado.

Un arrastre de brazos efectivo puede ser difícil de ejecutar sin el control y la posición adecuados, pero es un movimiento increíblemente poderoso. Debido a que el practicante de sambo no está encima de su oponente durante esta técnica, puede pasar fácilmente a otro lanzamiento o sujeción de sumisión.

7. Zancadilla a la pierna

Este movimiento requiere poca habilidad técnica para realizarlo, por lo que es un movimiento excelente para los principiantes. Simplemente pase su pie por debajo de uno de los pies de su oponente y tire de él en dirección a su cuerpo mientras empuja la parte superior de su cuerpo con ambas manos. Utilizando esta sencilla técnica, podrá derribarlo rápidamente al suelo.

Una zancadilla eficaz puede ser bloqueada o contrarrestada por un adversario que esté preparado para ello, por lo que esta técnica debe utilizarse a corta distancia o como táctica de sorpresa. Una zancadilla a la pierna suele ir seguida de otras técnicas de agarre, como el lanzamiento en el clinch o la media guardia, que actúan como continuación del lanzamiento inicial.

8. Giro de hombros

El giro de hombros es una técnica avanzada que resulta más eficaz cuando se combina con otros lanzamientos y derribos. Comienza con un agarre alrededor del cuello y los hombros del oponente, y luego se gira y tira en una dirección mientras se empuja hacia adelante con las caderas. El objetivo es pasar rápidamente de una posición de pie a una posición de montaje o de montaje lateral una vez que el lanzamiento se ha ejecutado con éxito.

Giro de hombros

El agarre inicial debe ser increíblemente firme para evitar que el oponente contrarreste el movimiento. Debe producirse el ángulo y la rotación adecuados para ser arrastrado a una posición de montaje o de montaje lateral, por lo que esta técnica es difícil para los principiantes.

9. Expansión

Este movimiento es una técnica de contragolpe que solo puede utilizarse cuando se intenta escapar de un derribo del oponente. Consiste en empujar las caderas hacia atrás, agacharse y patear rápidamente los pies hacia el estómago del oponente. Esto hace que vuelen sobre usted mientras se deja caer al suelo por debajo de ellos.

Esta técnica debe ejecutarse rápidamente para que tenga la mejor oportunidad de funcionar, por lo que es más útil cuando su oponente lo tiene demasiado cerca o intenta darle un rodillazo en el estómago. Si consigue esquivar a su oponente, solo tiene que volver a caer en una posición lateral encima de él.

La expasión también puede utilizarse como técnica defensiva para evitar que le derriben. Es una herramienta importante que puede ser utilizada tanto ofensiva como defensivamente durante las competiciones y sesiones de práctica de sambo.

10. Empuje desde la garganta

El empuje desde la garganta es más efectivo cuando su oponente está manteniéndose demasiado cerca para otros lanzamientos, pero también puede ser utilizado como un movimiento sorpresa durante los combates de agarre y lucha. Comience por clavar su pulgar en un lado del cuello, empujando hacia la barbilla con los cinco dedos. Una vez que haya presionado lo suficiente como para crear una abertura para usted, utilice su otro brazo para empujarlos hacia atrás o desequilibrarlos.

Este movimiento puede ser difícil de ejecutar sin la sincronización adecuada, pero es muy útil contra los oponentes que se resisten a romper el abrazo o que simplemente le sujetan con demasiada fuerza. También se puede utilizar como una gran táctica de distracción para usar contra los oponentes que piensan que le tienen acorralado.

11. Lanzamiento de cadera

El lanzamiento de cadera es una técnica básica de lanzamiento que es efectiva contra oponentes que pueden ser más grandes, más fuertes o más pesados que usted. Comience por agacharse y agarrarse a los hombros del oponente con ambos brazos mientras se prepara para levantarlo del suelo. Una vez que haya asegurado el agarre, empuje las caderas hacia delante para llevarlas hacia arriba y hacia delante por encima del hombro.

Esta técnica puede terminar de varias maneras, incluyendo el aterrizaje en una posición de montaje lateral inmediata o en una posición de montaje posterior, dependiendo de hacia dónde lance a su oponente. Dado que este movimiento es tan básico, es una forma fácil para que los principiantes se acostumbren rápidamente al sambo. Al igual que la zancadilla a la pierna, es muy efectiva cuando se utiliza a corta distancia, pero solo puede ser bloqueada o contrarrestada por un oponente que sea consciente de lo que esta intentando hacer.

12. Suplex

El suplex es un movimiento básico que puede ser ejecutado de varias maneras diferentes, dependiendo de sus preferencias y del estilo de lucha en el que planea competir. Consiste en tirar de su oponente hacia arriba y bloquear sus manos detrás de la cabeza, para luego caer hacia atrás y levantarlo del suelo. También puede ejecutarse agarrandolo más abajo el torso y levantándolo directamente en el aire.

Suplex

El suplex se considera un movimiento de gran habilidad que requiere fuerza, equilibrio, agilidad y coordinación importantes para ejecutarlo con eficacia. Puede ser una gran técnica para que los principiantes practiquen contra oponentes más grandes, pero requiere una cantidad significativa de habilidad y entrenamiento para ejecutarlo correctamente.

13. Derribo de rodilla

El derribo de rodilla es una técnica para principiantes que puede utilizarse para impedir que los oponentes completen sus derribos. Comience agarrando el torso o el hombro de su oponente, luego baje rápidamente a una posición en cuclillas antes de deslizar una de sus rodillas entre sus piernas. Una vez hecho esto, póngase de pie y bloquee sus manos detrás de su espalda.

Esta técnica se puede utilizar para barrer a un oponente del suelo o para hacerle tropezar muy rápidamente. Se utiliza más comúnmente como un movimiento de contraataque a las zancadillas de las piernas, pero también se puede utilizar si está siendo sujetado contra las cuerdas por su oponente durante los combates de lucha.

14. Sujeción americana de pie

La sujeción americana de pie es otra técnica básica que puede ser utilizada para despegar a un oponente de su posición. Comience por colocarse frente a su oponente y atrapar una o ambas piernas entre sus muslos. A continuación, agarre la parte posterior de la cabeza con ambos brazos. Una vez hecho esto, inclínese hacia delante mientras mantiene un fuerte agarre en la cabeza y los hombros.

Este movimiento puede utilizarse para derribar a su oponente de varias maneras, dependiendo de cómo lo haya agarrado por los hombros. Si se agarra a la parte posterior de su cuerpo o a las piernas, puede atrapar uno de sus brazos por detrás de su espalda mientras se da la vuelta para alejarse de él. Si se agarran a sus caderas o a la parte inferior de los muslos, puede atrapar sus brazos detrás de usted mientras cae en el tatami. Este movimiento es ideal para los principiantes porque es fácil de aprender y sencillo de ejecutar. También proporciona una increíble cantidad de control sobre su oponente cuando se ejecuta contra oponentes más grandes y más fuertes.

15. Derribo de cuatro puntos

El derribo de cuatro puntos es una técnica versátil que puede utilizarse para derribar a los oponentes rápidamente. Comience por ponerse en cuclillas junto a una de las piernas de su oponente. A continuación, rodee con su brazo la parte posterior de su rodilla mientras agarra la parte interior de su muslo opuesto con la otra mano. Por último, levántese y láncelo o arrójelo sobre su espalda.

Esta técnica se considera una maniobra de gran habilidad que requiere mucha fuerza y entrenamiento para dominarla, pero es una excelente manera de que los principiantes se acostumbren a los fundamentos del sambo. Puede ser contrarrestada con algo de esfuerzo por oponentes experimentados, pero les resultará difícil impedir que se ejecute correctamente.

Hay una variedad de técnicas de lanzamiento de sambo que se pueden utilizar para sacar a su oponente de su posición. Estos movimientos se utilizan más a menudo en situaciones de la vida real cuando se lucha contra un oponente para evitar ser golpeado o tomado como rehén. Los principiantes deben practicar con un compañero antes de probar estas técnicas en la competición, pero pueden proporcionar una ventaja significativa sobre oponentes más grandes y fuertes. Una vez que haya aprendido a utilizarlas, intente incorporar algunas a su rutina de entrenamiento mientras se acostumbra a los combates de sambo. Cuanta más experiencia tenga con estos movimientos, más fácil será ejecutarlos en un escenario de la vida real.

Capítulo 5: Técnicas de agarre

El sambo es un arte marcial ruso que se centra en el agarre y el golpeo. El sambo proporciona una excelente base para cualquier persona interesada en las MMA o en la defensa personal.

Uno de los mejores aspectos del sambo es su amplio uso de diferentes técnicas de lucha con agarre. Este capítulo proporcionará una visión general de lo que uno debe saber antes de utilizar eficazmente el sistema de agarre del sambo. También proporcionará algunos consejos sobre cómo empezar a aprender sobre el agarre.

Visión general de las técnicas de agarre del sambo

El sambo tiene varios métodos de lucha de agarre. Es importante que todos los estudiantes no aprendan estos agarres. También es necesario que entiendan completamente de lo que son capaces y sean conscientes de sus limitaciones.

El primer tipo de lucha de agarre en sambo se llama shime waza (estrangulación). Este es un recurso de agarre que se encuentra en el judo y artes relacionadas. Implica el uso de cualquier extremidad y parte del cuerpo, aislando un brazo o una pierna, y aplicando presión sobre ella para negar el uso de esa extremidad o causar daño. Un ejemplo de shime waza sería el bloque de brazo estándar desde la montura, pero en lugar de usar las piernas para elevar las caderas del oponente y crear espacio, usaría su cabeza como tercer punto de contacto.

El segundo tipo de lucha con agarre se llama kansetsu waza (palancas). También se encuentra en el judo y en artes relacionadas como la lucha de agarre y el jiu-jitsu brasileño. Consiste en aislar los brazos y las piernas del oponente, inmovilizarlo en el suelo y controlarlo para crear una situación que permita atacar con la máxima eficacia. Un ejemplo de kansetsu waza serían las sumisiones con americana de pie desde el control lateral o el bloqueo de las piernas de un oponente que está de pie.

El tercer tipo de lucha de agarre en el sambo se llama lucha de sumisión. Esta forma de agarre es una mezcla de shime waza y kansetsu waza. La lucha por sumisión implica el uso de bloqueos de brazos, bloqueos de piernas, estrangulamientos y clavijas para someter a un oponente o forzarlo a renunciar debido a una lesión. Se denomina "lucha por sumisión" porque no incluye el trabajo en el suelo ni los métodos de inmovilización.

El cuarto tipo de lucha de agarre en el sambo se denomina lucha de agarre de combate (CGW). Este tipo de agarre implica luchas a vida o muerte con un oponente donde no hay reglas, y la única manera de ganar es aplicando una sumisión.

Ahora que tiene un marco de referencia para los cuatro tipos diferentes de lucha de agarre en el sambo, veamos algunos métodos básicos de agarre de cada tipo.

Métodos básicos de agarre en el sambo

En el sambo, hay varios métodos de agarre básicos a partir de los cuales se puede pasar a otros más complejos.

Agarre georgiano

El primer método de agarre se llama "agarre georgiano", o el agarre estándar por encima y por debajo, con una mano por encima y otra por debajo. Al utilizar este agarre, siempre querrá controlar las muñecas de su oponente con sus manos. La forma más básica de hacerlo es agarrar la muñeca del oponente por ambos lados y empujarla hacia la cintura. Además de controlar la muñeca, también puede controlar el hombro de ese brazo agarrando el tríceps de su oponente y tirando de él hacia usted.

Agarre georgiano

Agarre en forma de cuatro

Agarre en forma de cuatro

El segundo método de agarre se llama "agarre en forma de cuatro" porque se agarran los brazos del adversario de forma similar a como aparecen sus piernas cuando están de pie normalmente. Para lograr este método de agarre, se debe agarrar la muñeca del oponente por un lado con la mano mientras se agarra el codo opuesto con la otra mano. A partir de ahí, controla el brazo doblándolo por el codo y tirando de él hacia usted.

Agarre inverso en forma de cuatro

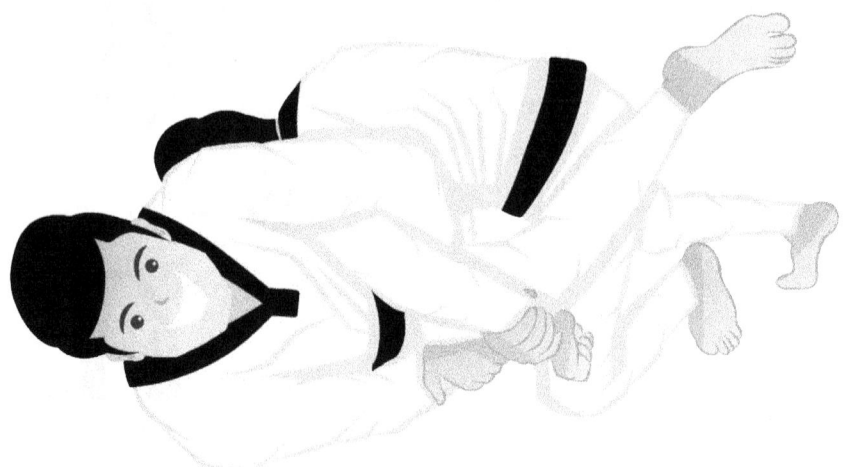

Agarre inverso en forma de cuatro

El tercer método de agarre se denomina "agarre inverso en forma de cuatro" porque se agarran los brazos del adversario de forma similar a como aparecen sus piernas cuando está sentado en el suelo. Para lograr este método de agarre, deberá agarrar la muñeca del oponente por un lado con su mano mientras agarra su codo opuesto con la otra mano. A partir de ahí, controlará el brazo doblándolo por el codo y alejándolo de usted.

Tortuga

Tortuga

El cuarto método de agarre se llama "tortuga" porque uno utiliza sus brazos para cubrir su cabeza, cuello y cara. Esto es comúnmente utilizado por los luchadores con el agarre por encima y por debajo (mencionado anteriormente) y durante los intercambios de agarre de pie. Para lograr esta posición, deberá tirar de los brazos de su oponente hacia usted mientras empuja su cabeza hacia su pecho. Esto le permitirá girar a su alrededor y tomar su espalda.

Técnicas de agarre en el sambo de combate

En el sambo de combate, los cuatro métodos básicos de agarre se combinan con técnicas de golpeo para crear un estilo que es explosivo y eficaz. Estilísticamente, el sambo de combate se asemeja a las artes marciales mixtas (MMA), y por una buena razón. Las reglas de las competiciones de sambo permiten golpear en el suelo, y un oponente puede ganar por sumisión o por nocaut técnico.

Lanzamiento sobre la cabeza y el brazo

Lanzamiento sobre la cabeza y el brazo

La primera técnica de agarre se denomina "Lanzamiento sobre la cabeza y el brazo" porque se utiliza el brazo para controlar la cabeza del adversario mientras se utiliza la pierna contraria para hacerle tropezar. Para ello, tendrá que agarrar la cabeza de su oponente con la mano y tirar de ella hacia sí mismo mientras planta el pie en su cadera. A partir de ahí, deberá clavar un lado de su cara en la colchoneta y empujar hacia abajo su hombro hasta que se someta o caiga inconsciente.

Giro ruso

La segunda técnica de agarre se denomina "giro ruso" porque se asemeja a una sumisión que puede verse en la MMA. Para ello, tendrá que agarrar los brazos del oponente mientras está de pie y tirar de ellos hacia usted mientras se deja caer en una posición prona. A partir de ahí, pasará a una posición de guardia sentada y rodeará su cabeza con las piernas. A continuación, le hará rodar sobre la espalda o el costado, obligándole a someterse por el dolor de un bloqueo articular.

Estrangulamiento inverso de cabeza y brazo

La tercera técnica de agarre se denomina "estrangulamiento inverso de cabeza y brazo" porque se utilizan los pies para tirar del brazo del oponente hacia el cuello mientras se tira de su cabeza con la mano contraria. Para ello, deberá agarrar la muñeca del adversario con la parte interior de su brazo y colocarla contra la parte delantera de su hombro. A continuación, rodeará su cabeza con el brazo y lo mantendrá en una llave de cabeza antes de tirar de ambos brazos hasta que se someta.

Barrido de la guardia de la tortuga

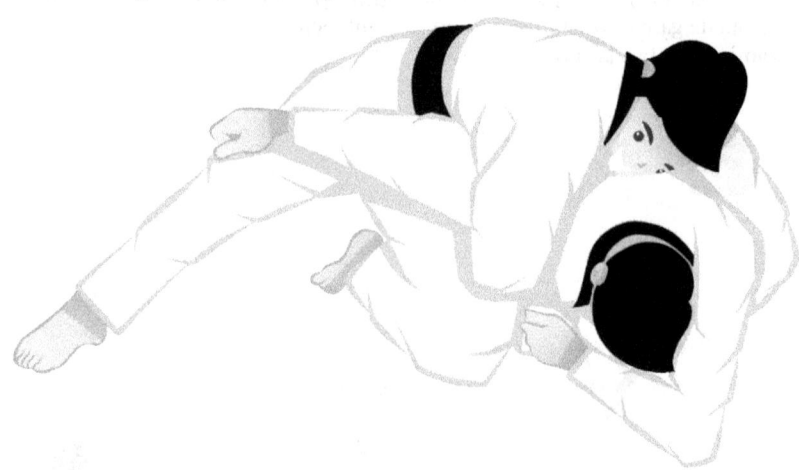

Barrido de la guardia de la tortuga

El "barrido de la guardia de la tortuga" es la última técnica de agarre en el sambo de combate que usted necesitará saber. Esta técnica obtuvo su nombre porque se asemeja a una tortuga retirándose a su caparazón. Para hacerla, necesitará agarrar los brazos de su oponente mientras está de pie y tirar de ellos hacia usted mientras se deja caer sobre su espalda. A partir de ahí, rodea su cabeza con las piernas y tira de él hacia un lado hasta que caiga o se someta. No es una técnica fácil de usar, pero puede ser devastadora si se consigue; ¡acabe con la racha de victorias de su oponente con el barrido de la guardia de la tortuga!

Agarres de pierna

Cuando se lucha en un encuentro de sambo de combate, hay muchas posibilidades de que su oponente intente aplicar estos agarres a su pierna en un intento de lanzarlo. Estos son algunos de los agarres de pierna más comunes con los que puede tener que lidiar:

Agarre triangular

El agarre triangular es una de las formas más fáciles para que un luchador tire de la pierna hacia sí mismo para ejecutar una técnica de barrido o lanzamiento. Para aplicar este agarre, es necesario agarrar el tobillo y el muslo del oponente antes de tirar de la pierna hacia sí mismo. Si consigue desequilibrarle lo suficiente, podrá ejecutar un barrido mientras continúa con un ataque que podría sorprenderle.

Agarre con una sola pierna

El agarre con una sola pierna es exactamente lo que parece. Para aplicar este agarre, agarre el tobillo del oponente y coloque la parte posterior de su cuello contra su rodilla antes de tirar de él hacia usted. Si intentan escapar alejándose de usted, aproveche esta oportunidad para ejecutar un barrido o un lanzamiento que le permita tomar el control del combate.

Agarre de doble pierna

El agarre de doble pierna es similar al agarre de una sola pierna; solo que le permite controlar las dos piernas de su oponente al mismo tiempo. Para aplicar este agarre, agarre ambos tobillos antes de colocar la parte posterior de su cuello contra sus rodillas antes de tirar de ellas hacia usted. Si intentan escapar alejándose de usted, aproveche esta oportunidad para ejecutar un barrido o un lanzamiento que le permita tomar el control del combate.

Agarres comunes en BJJ y lucha libre

Cuando luche en un combate de sambo, es muy probable que tenga que enfrentarse a los agarres utilizados por el jiu-jitsu brasileño o la lucha libre. A continuación se presentan algunos de los agarres más comunes que puede ver que su oponente intente utilizar:

Agarre por encima y por debajo

El agarre por encima y por debajo es uno de los agarres más comunes con los que tendrá que lidiar si está practicando jiu-jitsu brasileño. Este agarre comienza en el momento en que uno de los practicantes agarra la muñeca del otro y, al mismo tiempo, el hombro opuesto. A partir de ahí, tire de su oponente hacia sí mismo hasta que sea incapaz de moverse de nuevo.

Agarre de doble solapa

El agarre de doble solapa es uno de los agarres más utilizados tanto en el jiu-jitsu brasileño como en la lucha libre. Para comenzar este agarre, necesitará agarrar las muñecas de su oponente mientras está de pie. A partir de ahí, rodee su cintura con los brazos antes de colocar los codos contra el interior de sus muslos. A continuación, colocará la parte posterior de su cabeza contra su pecho antes de levantarlo del suelo y forzarlo a caer hacia delante.

Agarre cruzado (o agarre por debajo)

El agarre cruzado es más difícil de aplicar que la mayoría de los agarres, pero puede ser extremadamente eficaz si lo aplica correctamente un luchador experimentado. Para comenzar este agarre, deberá agarrar la muñeca de su oponente con una mano mientras alcanza su hombro opuesto. A partir de ahí, tire de él hacia usted hasta que no pueda acercarse más.

Agarre de pendular (o gancho inferior)

El agarre pendular es similar al agarre por encima y por debajo; la única diferencia es que sus brazos estarán cruzados sobre los hombros de su oponente. Para comenzar este agarre, deberá agarrar uno de los brazos de su oponente con ambas manos antes de tirar de él hacia usted hasta que no pueda acercarse más.

Agarre de solapa con rodillazo

El agarre de solapa con rodillazo es uno de los agarres más comunes utilizados por los luchadores de jiu-jitsu brasileño y de lucha libre. Para aplicar este agarre, tendrá que agarrar las caderas de su oponente con sus manos mientras que simultáneamente lo tira hacia usted hasta que no pueda acercarse más.

Bloqueo de muñeca estando de pie

Este capítulo solo cubre los agarres más populares utilizados en los combates de sambo. Se pueden aplicar docenas de otros agarres en varios momentos del combate, pero estos son algunos de los más eficaces para que los principiantes los utilicen mientras practican sus técnicas de lucha con agarre.

Otras técnicas de agarre y lanzamientos

En la competición de sambo se pueden utilizar otras innumerables técnicas de agarre y lanzamiento, pero requieren un cierto nivel de habilidad y destreza para llevarlas a cabo con éxito. Sin embargo, hay algunas técnicas de agarre y lanzamiento que los principiantes pueden utilizar para obtener una ventaja sobre sus oponentes:

Armbar volador

Armbar volador

El armbar volador es uno de los mejores lanzamientos que puede aprender a utilizar en la competición de sambo. Para comenzar esta técnica, necesitará agarrar el brazo derecho de su oponente con ambas manos antes de tirar de él hacia usted. A partir de ahí, coloque sus pies en sus caderas antes de saltar en el aire y simultáneamente tirar hacia abajo de su brazo.

Lanzamiento de piernas

Este lanzamiento es extremadamente efectivo cuando se utiliza contra oponentes a los que les gusta agarrarse a sus piernas mientras luchan por el control del partido. Para comenzar este movimiento, tendrá que tirar de su oponente hacia usted mientras barre una de sus piernas hacia arriba y alrededor. A partir de ahí, tire de él hacia usted antes de alejar sus caderas de él para completar el lanzamiento.

Derribo ruso con gancho a la manga

Esta técnica de derribo se utiliza cuando el oponente consigue agarrarse a sus dos mangas a la vez, dejándole sin poder controlar su cintura o la parte superior del cuerpo. Para comenzar esta técnica, tendrá que tirar de su oponente hacia usted mientras empuja sus dos mangas en la dirección opuesta. A partir de ahí, enganche una de sus piernas con la suya antes de tirar de él hacia el suelo estableciendo un agarre.

Agarre para el control de la espalda

Este agarre se puede utilizar cuando su oponente consigue ponerse detrás de usted, impidiéndole tomar el control sobre cualquier parte de su cuerpo o incluso hacer contacto con sus brazos o piernas. Para comenzar este agarre, lleve un brazo hacia el lado opuesto de la espalda de su oponente antes de agarrarlo por debajo de su cintura. A partir de ahí, deslice su brazo hacia abajo a través de su pecho antes de llevarlo hasta su cuello y sujetarlo contra usted para realizar un estrangulamiento o una inmovilización.

Derribo por la manga desde la posición de pie

Este movimiento se utiliza cuando su oponente se extiende y agarra sus mangas sin tener ningún control sobre su cintura o parte superior del cuerpo. Este es un movimiento muy común utilizado en las competiciones, pero puede ser evitado al apartarse de él. Para empezar esta técnica de derribo, tendrá que extender la mano en dirección al brazo que agarra su oponente antes de tirar de él hacia usted hasta que no pueda acercarse más. A partir de ahí, tome su manga con el brazo opuesto antes de tirar de él hacia el suelo para un agarre.

Método 1 de derribo de tijera

El derribo en tijera es uno de los lanzamientos más utilizados en el sambo, pero puede evitarse manteniendo la distancia con el oponente o colocándose detrás de él. Para comenzar este lanzamiento, necesitará tirar de su oponente hacia usted agarrando su manga mientras coloca una de sus piernas delante de la suya. A partir de ahí, empuje su manga hacia arriba y da una patada de tijera alrededor de su pierna antes de derribarlo al suelo para inmovilizarlo.

Método 2 del derribo de tijera

Esta versión del derribo de tijera se puede utilizar cuando su oponente está de pie frente a usted con sus pantorrillas contra la parte posterior de sus muslos, lo que le impide ganar el control sobre ellos utilizando cualquier otro método. Para empezar este lanzamiento, tire de su oponente hacia usted agarrando sus mangas antes de colocar sus dos pies encima de los suyos y dar una patada de tijera alrededor de ellos hasta que no puedan moverse más. Después de hacer esto, lleve una de sus piernas hacia arriba y empuje hacia abajo con las suyas antes de llevar su torso hacia abajo a través de su otra pierna para un bloqueo.

Método 1 de derribo por agarre del cinturón

Esta primera versión del derribo por agarre del cinturón se utiliza cuando su oponente se extiende y agarra el cinturón de la cintura de sus pantalones, impidiendo que usted pueda tomar el control de ellos desde cualquier otra posición. Para comenzar esta técnica de derribo, coloque una mano en su pecho mientras se agarra a su cinturón con el otro brazo antes de derribarlo al suelo para un bloqueo.

Método 2 de derribo por agarre del cinturón

Esta segunda versión del derribo por agarre del cinturón se puede utilizar cuando su oponente consigue agarrar sus dos mangas, impidiéndole tomar el control de la parte superior de su cuerpo. Para comenzar esta técnica de derribo, coloque una mano en su pecho mientras se extiende hacia el lado opuesto de su cintura con el otro brazo antes de derribarlo al suelo para un bloqueo.

Los luchadores de sambo y los que practican la sumisión pueden beneficiarse de saber cómo agarrar eficazmente a sus oponentes para sacar el máximo provecho de cada movimiento que intenten. Aunque hay muchas formas diferentes en las que un competidor puede agarrar y sujetar a un oponente, esta información se centra en las técnicas de derribo para principiantes diseñadas para ser utilizadas contra oponentes que aún no han desarrollado una defensa efectiva para ellos. Estas técnicas de derribo también pueden utilizarse para obtener una gran ventaja contra oponentes que no las esperan, aumentando aún más su eficacia. Las técnicas de derribo del sambo pueden añadirse a cualquier combate de BJJ o de lucha libre para mejorar las posibilidades de ejecutarlas con éxito contra oponentes experimentados.

Capítulo 6: La defensa personal en el sambo

Si quiere iniciarse en cualquier arte marcial, debe saber siempre que el dominio de la defensa personal es una parte esencial del proceso. Esto es especialmente cierto para el sambo, que ya sabemos que es un sistema de combate que tiene como objetivo proporcionar tácticas de autodefensa sin armas.

Nadie puede depender únicamente de su habilidad para ir a la ofensiva, lanzando puñetazos, patadas, bloqueos de articulaciones y cualquier otra cosa que se le ocurra. Por muy buenos o fuertes luchadores que sean, los practicantes nunca podrán tener éxito sin dominar las técnicas de defensa.

Aprender defensa personal resulta beneficioso incluso cuando no estás en el tatami. No solo podrá defenderse con habilidad y eficacia de posibles atacantes, sino que el aprendizaje de la defensa personal también puede mejorar su bienestar emocional, cognitivo y físico de muchas maneras.

Parte del proceso de aprendizaje de la defensa personal requiere que confíe en sí mismo y en sus habilidades. Las técnicas que aprenda le otorgarán una gran conciencia de su mente y su cuerpo, lo que puede empujarle a alcanzar los límites que de otro modo creía inalcanzables. También empezará a ver mejoras en su salud en general. Todas estas cosas le darán un impulso de confianza, mejorando automáticamente otras áreas de su vida en el proceso. Una gran confianza en usted mismo no solo aumenta su rendimiento en el ring de lucha, sino que también puede ayudarle a conseguir ese ascenso laboral que sabe que se merece.

Todo practicante sabe que la clave para dominar la defensa personal es tener disciplina. No es ninguna sorpresa que el nivel de disciplina es lo que determina si seremos capaces de tener éxito en cualquier deporte o área de la vida. Cuando se aprende defensa personal, se aprende a evitar, resistir y superar los ataques de forma física, mental y emocional. En general, esta es una habilidad muy útil en la vida. Aunque la vida no nos lance puñetazos físicos, seguro que tiene su buena dosis de obstáculos.

El entrenamiento en defensa personal también ayuda a los estudiantes a adquirir la capacidad de establecer objetivos pequeños y grandes, así como a dar los pasos necesarios para alcanzarlos. Las tácticas de defensa personal no son fáciles de aprender. Sin embargo, el proceso en sí mismo, y la forma en que se enseña, ayuda a aprender a fijarse metas y a alcanzarlas incluso cuando parecen muy difíciles. Todo el mundo sabe que el éxito en la vida no puede alcanzarse si no se tienen objetivos sólidos.

Cuando se aprende defensa personal, nunca se trata solo del momento actual. Las técnicas de defensa traen consigo siglos de valores, habilidades y tradiciones. Piense en todo lo que ofrece un deporte inclusivo y completo como el sambo. Sabiendo esto, el aprendizaje de las técnicas no solo significa obtener los conocimientos suficientes para ejecutarlas. Sin embargo, el deber de utilizar las habilidades de forma constructiva, adecuada y responsable también se transmite automáticamente.

En este capítulo, encontrará varios consejos sobre cómo puede defenderse de muchos de los lanzamientos que hemos discutido a lo largo del capítulo anterior. También cubriremos algunas tácticas de defensa para las sumisiones que se explicarán en los siguientes capítulos. También aprenderá cómo defenderse con tacto contra alguien con un arma o un objeto pesado. Le proporcionaremos una guía paso a paso sobre cómo puede afrontar la situación.

Sambo y defensa personal

Se cree que el sambo es la técnica de defensa personal más eficiente y efectiva entre el karate, el judo, el boxeo y el jujitsu. No solo porque es una recopilación de sus mejores movimientos, sino porque fue diseñado para girar en torno a los problemas de la vida real, así como las luchas en el combate.

Aunque no esté en el campo de batalla, el personal de las fuerzas del orden requiere conocimientos y habilidades de defensa personal para completar misiones básicas, como traer a los criminales para interrogarlos. Mientras tanto, en los combates y peleas, los individuos necesitan una ventaja sobre sus oponentes. Para los soldados rusos, el sambo ofrecía esa ventaja necesaria.

Al final, el sambo es un sistema de combate que se desarrolló para reunir a propósito solo los mejores elementos, movimientos, puñetazos, sumisiones, patadas, agarres, barridos, lanzamientos, zancadillas, armbars, estrangulamientos, agarres y barras de piernas de una amplia gama de sistemas de artes marciales. Todo lo que se percibía como deficiente se descartaba inmediatamente de este sistema perfeccionado.

Aplicación en la vida real

El sambo se desarrolló para los practicantes que necesitaban reaccionar inmediatamente ante situaciones siempre cambiantes. Era para cualquiera que tuviera que incapacitar a un oponente con nada más que las posibles herramientas que ya tenía, ya fueran sus manos, una silla o una pala. El sistema también está diseñado para ayudar a sus practicantes a desarmar rápidamente a sus oponentes para minimizar el peligro y facilitar al máximo la misión. El objetivo es acabar con una pelea rápidamente, de una vez por todas.

Aunque originalmente se diseñó para los soldados soviéticos, el sambo se ha convertido en una de las mejores formas para que el individuo promedio, a nivel global, se proteja a sí mismo y a su familia de las adversidades del mundo moderno. Desgraciadamente, los incidentes trágicos, como los robos, los asaltos y las violaciones, se han vuelto bastante comunes hoy en día. Lo que es aún más aterrador es que la mayoría de los atacantes tienen armas. Por eso, aprender técnicas de defensa personal que abarquen estrategias de desarme es necesario para garantizar la seguridad.

Con la competición regulada, se sabe lo que se puede esperar. Los participantes saben qué movimientos y elementos están permitidos, el tiempo asignado (si lo hay), y son conscientes de todo lo que está fuera de los límites. Sin embargo, en las luchas de la vida real, nadie sabe lo que el enemigo tiene preparado. El sambo enseña a sus practicantes cómo actuar estratégicamente en numerosas situaciones, qué utilizar contra uno o varios adversarios y cómo actuar si están armados.

Ventaja en la defensa

Puede que no reconozca esto a menos que lo vea por sí mismo. Sin embargo, vale la pena mencionar que un movimiento de sambo perfectamente ejecutado puede incapacitar totalmente al adversario. Esto se aplica especialmente a los adversarios que no son muy hábiles para romper las caídas correctamente. En este punto, se puede esperar que el combate termine. Esto se debe a que el cerebro humano no es muy receptivo a perder el contacto con el suelo firme o con un punto de referencia. Si el oponente no se posiciona correctamente para la caída, todo su cuerpo absorberá el impacto o la energía. Si se tiene en cuenta el aumento de la aceleración producido por la palanca, es de esperar que los resultados sean desastrosos.

Como alguien que está bien versado en la defensa personal del sambo, esto le da una ventaja increíble. Por un lado, aprender las técnicas de caída adecuadas puede ayudarle a evitar que esto le ocurra a usted. Mientras tanto, si su oponente está en el extremo receptor, usted puede ser capaz de utilizar sus deficiencias de defensa personal en su contra, tal como lo discutimos anteriormente.

Mucha gente piensa que el aprendizaje del sambo consiste en aprender las barras de piernas y aprovechar la oportunidad para hacer algunos lanzamientos. Sin embargo, esto no es suficiente. El sambo es un sistema completo que aquellos que nunca han practicado parecen pensar que se trata de agarrar y lanzar. Sin embargo, un ávido practicante de sambo sabe que la ejecución adecuada de las técnicas de sambo requiere una amplia preparación física, así como una comprensión de la palanca y las leyes fundamentales de la física.

Ejecución única

El sambo le enseña técnicas de ejecución finas incluso durante las situaciones más estresantes y difíciles. Le enseña la confianza y le ayuda a incorporarla a su técnica junto con la velocidad. Aquí es donde el sambo se diferencia de otras técnicas de lucha. La gente piensa que el judo y el sambo son muy similares, donde los practicantes de cualquiera de las dos disciplinas pueden hacer ambas. Sin embargo, no muchos se dan cuenta de que los luchadores de sambo pueden ser increíbles judokas, mientras que lo contrario no es necesariamente cierto.

Por eso es crucial elegir el entrenador de sambo adecuado. Una regla a seguir siempre sería elegir un instructor que se dedique y se comprometa con el sambo, en lugar de alguien que haya ganado tres veces el campeonato de aikido y sea cinturón negro de judo. Su éxito en otros estilos de lucha no significa que sobresalga en el sambo.

No necesita dedicar su vida al sambo o tomarlo como un deporte competitivo para tener éxito. Usted sabe que es un gran jugador cuando encuentra útil todo lo que ha aprendido y lo puede implementar fácilmente en su vida diaria. Puede pensar en el sambo como una habilidad extra de supervivencia o una caja de herramientas que quizás pueda salvar su vida.

Elementos esenciales de defensa

Lo mejor del sambo es que es una recopilación de la mayoría de los estilos de combate que existen. Esto hace que sus practicantes estén bien preparados para varios estilos de lucha sin tener que tomar por separado diferentes técnicas de lucha.

Técnicas para romper el agarre

1. Técnica 1

Para liberarse del agarre de un oponente, comience por agarrar su manga con un agarre de dos en uno. A continuación, debe empujar su mano en un ángulo de 45 grados lejos de su gi. Este movimiento debe hacerse con fuerza y rapidez mientras mantiene una buena postura. Asegúrese de mover su cuerpo en la dirección opuesta de la mano. En este punto, su agarre debe aflojarse. No afloje su agarre todavía, y continúe empujando su mano lejos de su cuerpo.

2. Técnica 2

Si la manga de su mano de fuerza es la que está bajo el agarre de su oponente, comience doblando su brazo desde el codo. La manga se libera en cuanto lleva el pulgar hacia el hombro. Entonces, debe levantar, subir el codo y tirar del brazo para liberarlo y llevarlo hacia la espalda. Quedará libre del agarre de su oponente mientras aparta el brazo.

3. Técnica 3

Otra forma de liberar su mano de poder sería doblando el brazo por el codo y llevando el pulgar hacia el hombro para quitar la tensión de la manga. A continuación, debe llevar el pulgar, en un movimiento circular, hacia la muñeca del adversario y llevar el pulgar hasta la oreja. Con fuerza y rapidez, aléjese de su adversario.

4. Técnica 4

Una tercera forma de liberar la mano de poder sería arqueando la mano hacia atrás y agarrando la muñeca del adversario. Enderece y redondee su espalda mientras empuja hacia abajo su muñeca para liberar el agarre. Empuje su muñeca lo más lejos posible.

5. Técnica 5

Si la manga de su mano principal está bajo el agarre del adversario, coloque su mano de poder encima de su muñeca y luego enderece su brazo mientras empuja su mano de poder hacia abajo. Su propia mano de poder debería entonces atrapar su brazo de la manga para liberar el agarre.

Defensa de derribo

1. Trabajo de pies

Más vale prevenir que curar. Si el adversario no puede tocarle, no puede derribarle. Todo el mundo sabe que un buen juego de pies es la esencia de la defensa personal. Para que alguien pueda derribar a su adversario, tiene que estar a una cierta distancia de él. Si gira, utilizando el movimiento lateral y siendo evasivo, puede evitar los derribos.

- Intente no quedarse con los pies planos
- No deje de mover los pies
- Preste atención a las patadas bajas, ya que pueden hacerle perder el equilibrio
- Intente dar patadas y puñetazos mientras se mantiene en movimiento

2. Golpear

Si el derribo comienza desde el agarre, probablemente deberá recurrir al golpeo. Esta es una técnica de lucha muy común que puede ayudarle a evitar que el oponente se lance a los ganchos. Si lo consigue, tendrá mucha ventaja. Su objetivo es golpear por debajo de los ganchos, conseguir dobles ganchos y finalmente desengancharse cuando quiera. En este caso, es posible que pueda realizar un derribo por su cuenta.

3. Expansión

Las expansiones son una forma eficaz de defenderse de los derribos con una o dos piernas. Puede utilizar las expansiones para evitar que el adversario le agarre. Esto también puede ayudarle a prepararse para los ataques por la espalda.

Cuando el atacante se acerque para realizar un derribo bajo, empuje hacia abajo su cuello, cabeza u hombro. Mientras lo hace, deje caer las piernas y las caderas hacia atrás. En ese momento, el peso de su cuerpo debería estar por debajo de ellos. Apunte a una llave de cabeza o a un estrangulamiento en esta posición, o rodee al atacante para tomarlo por la espalda.

4. Estrangulamientos

Aunque no están permitidos en varios subtipos de sambo, puede utilizar los estrangulamientos para protegerse de un ataque hostil. Esta es una estrategia arriesgada. Sin embargo, puede poner fin a un combate inmediatamente. Se puede optar por un estrangulamiento ninja, peruano o de guillotina.

5. Derribe con la rodilla

Para evitar que un oponente le derribe, puede lanzar su rodilla. Sin embargo, debe tener en cuenta que en esta estrategia de defensa, el momento es clave. Cualquiera de las dos piernas puede ser utilizada para atrapar al oponente con la guardia baja. Tendrá un momento antes de que decidan intentar otro derribo.

Defensa de golpeo

1. La patada circular baja

Si aún no está muy bien entrenado, no debe apuntar por encima de la rodilla. En este caso, la patada baja circular es muy útil. Si sus brazos están luchando, mueva su pierna dominante hacia atrás una buena distancia para obtener la máxima potencia. Asegúrese de estar en una posición estable y equilibrada y gire el pie de su pierna no dominante hacia fuera mientras mueve los hombros en la misma dirección. A continuación, utilice rápidamente su pierna dominante para patear al adversario. Sin embargo, asegúrese de levantar la rodilla lo más alto posible antes de extender la pierna. Utilice la parte superior trasera de su pie, en lugar de la parte lateral, para patear el lado interno o externo de la rodilla. Si da en el punto correcto, sufrirán un dolor insoportable y no podrán reanudar el ataque.

La patada circular baja

2. El golpe con la palma abierta

Golpe con la palma abierta

Si no está seguro de sus habilidades, evite utilizar los nudillos durante una pelea. En su lugar, utilice un golpe con la palma abierta. Para ello, debe prestar atención al momento en el que su oponente deja la cara desprotegida. Es entonces cuando debe doblar las falanges superiores de los dedos, exponiendo la palma, y dirigir toda su fuerza a la base de la palma. Los puntos ideales para dirigir el golpe serían la nariz o la barbilla. Si apunta a su barbilla, asegúrese de atacar desde abajo hacia arriba.

3. El golpe de codo del carnero

Golpe de codo del carnero

Naturalmente, estamos condicionados a proteger nuestras cabezas durante un ataque. Si está dividido entre cubrirse la cabeza o luchar por su vida, opte por el golpe de codo del carnero. Si el adversario va a por su cabeza, dirigiendo todo tipo de golpes hacia ella, debe asegurarse de que su cabeza está totalmente cubierta con sus brazos. Sus codos deben estar al frente, separados ligeramente para permitirle ver. Toda su fuerza debe concentrarse en los codos, golpeando como un carnero. Debe dirigir los golpes a la parte interna del brazo o a la nariz. Si golpea las zonas correctas con la cantidad adecuada de fuerza, el oponente sufrirá un gran dolor, lo que le dará tiempo para planificar su siguiente movimiento.

Defensa por sumisión

La mejor manera de lidiar con un movimiento de sumisión sería evitándolo por completo. Por eso debe tener en cuenta que el tiempo es crucial. No importa si es nuevo en el sambo o si ha dominado las tácticas de defensa personal durante años. La forma de actuar justo antes de que el oponente haga una sumisión determina si usted va a golpear o no. No espere a que se produzca una sumisión para empezar a defenderse, ya que esta debería ser su última línea de defensa.

Cuando empiece a practicar este deporte, descubrirá que hay varias cosas que debe tener en cuenta antes de realizar un movimiento de sumisión. Debe asegurarse de tener el agarre adecuado, conseguir el ángulo correcto y, lo más importante, abrir sus defensas. Esto le da el tiempo y la oportunidad de actuar.

1. Anular el ángulo

Varios ataques de sumisión requieren que el oponente se coloque en un ángulo específico. Por ejemplo, si están apuntando a un triángulo, estar en ángulo recto con usted solo hará que sea más difícil para ellos completar el ataque. Esto se debe a que la presión sobre el cuello será defectuosa. Este es el caso de los bloqueos de pierna, los armbars, los estrangulamientos y casi todas las demás sumisiones. Si puede enviarlos fuera del ángulo antes de que ataquen, estará seguro.

2. Control de la línea central

Debe tener en cuenta que corre el riesgo de sufrir una sumisión cada vez que cruza el centro de su cuerpo o el de su oponente. Por ejemplo, para que los oponentes ejecuten armbars, su brazo debe estar en el centro de su cuerpo. Controlar su línea central puede mantenerle a salvo.

3. Líneas de defensa

Hay varias líneas de defensa que puede utilizar. Las primeras ocurren antes de que se ejecute la sumisión, como anular el ángulo y controlar la línea central. También puede defenderse durante la sumisión, lo que requeriría esconder los brazos en el caso de un ataque de armbar. Su última línea de defensa es cuando está en sumisión, justo antes de ser forzado a golpear. Es entonces cuando puede ejecutar algo como un escape de armbar o un enganche. También puede tirar de la rodilla del oponente si está en una sumisión con gancho de rodilla.

Defensa contra ataques con armas

Asegúrese de que el oponente no está mirando y no haga ningún movimiento brusco si está mirando o apuntando hacia usted.

1. Solo debe atacar si están a 1,5 o 2 metros de distancia de usted.
2. Agáchese fuera de la mira del cañón y muévase hacia el lado exterior del arma.
3. Haga lo que haga, no se acerque al pecho del atacante.
4. Utilice su mano dominante para cortar o golpear la muñeca del adversario para desarmarlo. También cabe la posibilidad de golpear la parte exterior de su muñeca.
5. Lo más probable es que el arma salga volando de su mano. En este caso, aléjese rápidamente de ella o empújela lo más lejos posible.
6. Si todavía tiene la pistola, agárrele rápidamente de la muñeca para evitar que le dispare. Agarre su brazo con la mayor fuerza posible.
7. Tire de su muñeca armada y bájela al suelo. Realice un movimiento circular para desequilibrarlo.
8. Por último, tuerza el brazo. Probablemente soltará el arma. Si no, podrá apartarla fácilmente.

Al igual que cuando está en modo ofensivo, necesita un movimiento intenso para sobresalir en la defensa personal. Aunque parezca que está aprendiendo una sola disciplina o estilo de lucha, el enfoque que utilice difiere mucho según el extremo de la lucha en el que se encuentre. La defensa personal conlleva una rutina de ejercicios totalmente diferente de la que su cuerpo seguramente se beneficiará. También podrá mantenerse a salvo en situaciones desafortunadas.

Capítulo 7: Rodadas y golpes ofensivos

Las rodadas y los golpes juegan un papel importante en el arsenal del sambo. Los golpes son una forma muy eficiente de poner a un oponente a la defensiva y pueden ser usados como una preparación para un lanzamiento o intento de derribo de alta puntuación. Cuando se lanzan desde la posición de pie, los golpes también le permiten mantener su cuerpo cerca de su oponente, lo que hace difícil que se defienda contra cualquier lanzamiento o viaje que pueda intentar también.

Las rodadas, por otra parte, pueden utilizarse como técnica ofensiva por sí mismas. Rodar es muy similar a dar volteretas. Sin embargo, en el sambo se aplican algunas reglas adicionales que impiden lanzar todo tipo de volteretas y giros con toda su fuerza. Por ejemplo, si se quiere realizar un giro hacia delante en el sambo, se debe mantener el contacto con la colchoneta por lo menos con uno de los hombros. También, al igual que con los derribos, la dirección de su giro es guiada por cuál de sus hombros hace el primer contacto con la colchoneta.

Este capítulo desglosará algunos de los fundamentos del balanceo del sambo, así como mostrará algunas variaciones que pueden usarse como técnica ofensiva. También hay algunos rollos más complejos con mucho potencial de variación, pero hablaremos de ellos más adelante en el libro.

Los fundamentos de las rodadas

Antes de que podamos discutir las diferentes variaciones de las rodadas, es importante entender la mecánica básica de una rodada. Hay dos maneras en que un competidor puede realizar un giro hacia adelante en el sambo:

- Dirigir con la cabeza y el hombro.
- Dirigir con las caderas y mantener las piernas detrás de usted.

La primera opción suele ser más segura, ya que protege la cabeza de un adversario que intente darle una patada o un rodillazo en la cara. Sin embargo, también tiene sus desventajas. Si no gira la cabeza en absoluto mientras rueda, acabará boca abajo y será completamente vulnerable a los ataques.

Para ser capaz de dirigir con cualquiera de los dos hombros al realizar un giro hacia delante en el sambo, debe estar muy familiarizado con el concepto de transición de postura de cambio. Una transición de cambio de postura es cuando usted cambia su postura dominante mientras se mueve hacia la dirección opuesta al cambio de postura. Esto se ve comúnmente en la mayoría de las artes marciales con golpes, como puñetazos o patadas, ya que el golpe se lanza desde una postura, pero cae en otra.

Dirigir con las caderas y mantener las piernas detrás es un poco más complejo, pero generalmente se considera la mejor opción para un giro hacia delante en el sambo. Proporciona un gran impulso al rodar, así como una buena protección contra los golpes y derribos de su oponente. Incluso si se pierde el contacto con el oponente mientras se realiza este tipo de balanceo, todavía se encuentra protegido por sus piernas.

El giro más popular en el sambo es el *giro hacia delante*. Se utiliza para ponerse rápidamente detrás de su oponente sin correr, lo que es crucial para cualquier enfoque que requiera atacar desde la posición de pie. Aquí hay algunos puntos que debe tener en cuenta al realizar un giro hacia adelante:

- Mantenga la espalda recta y extienda las piernas lo máximo posible.
- En cuanto empiece a rodar, empuje la colchoneta con las manos y empuje las caderas hacia arriba.
- Ruede lo más lejos posible, manteniendo la espalda recta todo el tiempo.
- Siga rodando hasta que haga contacto con su oponente o llegue a una distancia segura de él.

Otros rodamientos ofensivos en el sambo
Rodar hacia atrás

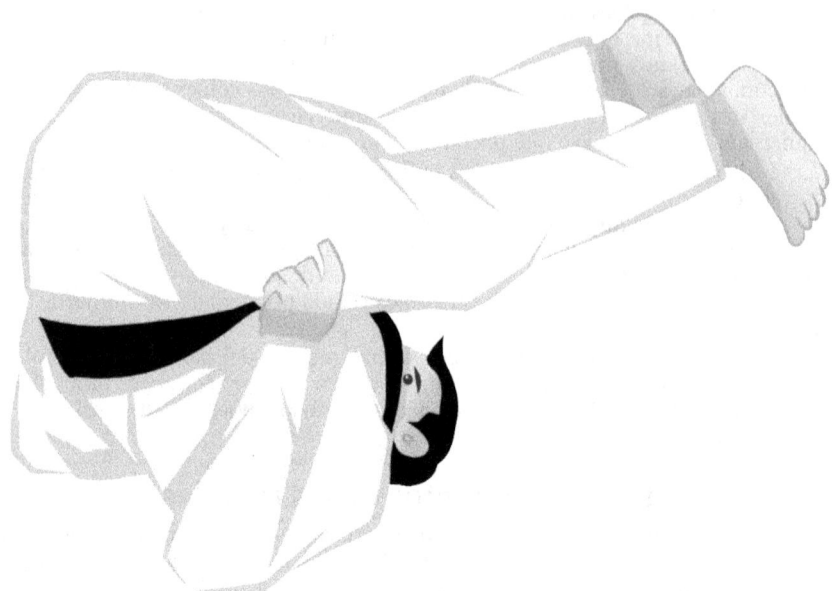

Rodar hacia atrás

Esto no se utiliza tan a menudo en el sambo, pero sigue siendo importante saber cómo hacerlo. Si usted está cerca del borde de la colchoneta durante un combate, por ejemplo, el ponerse detrás de su oponente usando un rodamiento hacia atrás puede ser muy útil si se combina con un juego agresivo de pie. Estos son algunos puntos clave que debe tener en cuenta al realizar esta técnica:

- Mantenga las piernas y los brazos rectos pero no bloqueados.
- Durante el balanceo hacia atrás, mantenga la cabeza metida hacia adentro y de cara a su oponente.
- Si necesita cambiar de dirección o detener el giro antes de que termine, coloque rápidamente ambas manos en la colchoneta y utilícelas para redirigirse.

Al igual que los giros hacia delante, los giros hacia atrás se inician empujando la colchoneta con las manos. Sin embargo, asegúrese de empujarse lejos de su oponente en lugar de hacia él. Una vez que complete el giro y quiera volver a una posición de pie, utilice ambos brazos para ayudarse a empujar hacia arriba.

Cuando lance un golpe durante un giro ofensivo, tenga en cuenta que si falla, puede que le lleve un tiempo considerable completar su giro y volver a una posición neutral. Dependiendo de la situación, esto podría ser peligroso para usted, ya que permite a su oponente un amplio tiempo para capitalizar su error.

El giro de cabeza

Cuando se lance desde la posición de pie, este es uno de los rodamientos más populares en el sambo. Su propósito principal es ponerse detrás de su oponente mientras que simultáneamente lo mueve hacia atrás, lo que lo prepara muy bien para cualquier técnica de seguimiento que usted elija. Aquí hay algunos puntos clave que debe tener en cuenta cuando realice un giro de cabeza:

- Mantenga sus piernas dobladas y mantenga la tensión en sus piernas y brazos.
- Al igual que con otros rodamientos, asegúrese de que el primer contacto que haga con la colchoneta sea un golpe con los hombros.
- Al hacer el impacto, empuje inmediatamente ambas piernas hacia adelante y hacia arriba tan alto como sea posible para hacer retroceder a su oponente.

El giro de cabeza lateral

Esta variación del giro de cabeza es muy útil si quiere golpear a su oponente con el hombro, pero también necesita alejarlo ligeramente de usted. Debido a que comienza y termina en una posición diferente a la del giro de cabeza original, también puede ser utilizada para mover a su oponente hacia los lados si es necesario. Aquí hay algunos puntos clave que debe tener en cuenta al lanzar esta variación:

- Una vez más, mantenga las piernas flexionadas y mantenga la tensión en ellas durante todo el giro.
- Una vez más, mantenga las piernas flexionadas y mantenga la tensión en ellas durante todo el giro.
- Intente poner el hombro directamente en la colchoneta para que sea el primer punto de contacto.
- Una vez que el hombro entre en contacto con la colchoneta, empuje sus piernas hacia adelante y hacia arriba para hacer retroceder a su oponente.

El giro de rodilla deslizante

Este giro de sambo es similar a la bicicleta o resorte en el sentido de que utiliza el impulso de las piernas mientras se empuja fuera de la colchoneta para volver a la posición de pie. El giro deslizante de rodilla puede ser útil porque no pierde tiempo en volver a levantarse, lo que le permite cambiar rápidamente el impulso del combate a su favor. Aquí hay algunos puntos clave que debe tener en cuenta al realizar esta variación:

- Asegúrese de que sus pies permanezcan lo más cerca posible de la colchoneta y también durante el balanceo.
- Empuje las piernas hacia fuera y hacia arriba lo antes posible, como si tratara de sentarse en una silla situada justo detrás de usted.
- Una vez que su espalda toque la colchoneta, empuje inmediatamente ambas piernas hacia delante para que le ayuden a empujarla.

Giro del bombero

Esta es otra variación del giro de sambo que puede ser usada para golpear a su oponente con su hombro. Es muy similar al golpe de cabeza original, pero en lugar de empujar ambas piernas hacia adelante, simplemente las lanza hacia afuera con una patada e inmediatamente las vuelve a incorporar. Esto es útil si necesita alejarse ligeramente de su oponente después del giro. Aquí hay algunos puntos clave que debe tener en cuenta al lanzar esta variación:

- Una vez más, mantenga la tensión en sus piernas durante todo el giro.
- Mantenga los pies tan cerca de la colchoneta como sea posible hasta que patee y recupere su posición.
- Empuje ambas piernas hacia adelante una vez que llegue a la colchoneta para hacer retroceder a su oponente.

El giro de cabeza cruzado con la rodilla

Hay tantas variantes del giro de cabeza que sería casi imposible enumerarlas todas, pero esta es única porque se levanta la rodilla para poder agarrarla una vez que se golpea la colchoneta. Esto podría ser útil si necesita pasar de una posición dominante a otra en el suelo para recuperar el dominio. Estos son algunos puntos clave que debe tener en cuenta al realizar esta variación:

- Levante la pierna para que esté paralela al suelo una vez que toque la colchoneta.
- Cuando haga contacto con la colchoneta, utilice ambas manos para agarrarse a la rodilla, justo por encima de la rótula.
- Empuje ambas piernas hacia adelante para ayudar a derribar a su oponente una vez que comience a levantarse.

El giro de cabeza con el tobillo

Otra gran variación del rodamiento de cabeza es esta variación basada en agarrar el tobillo que le permite mantener el dominio mientras hace la transición a una posición dominante. Esta puede ser muy útil si su oponente trata de poner su pierna en el suelo mientras usted intenta levantarse de la lona. Aquí hay algunos puntos clave que debe tener en cuenta al lanzar esta variació:

- Mantenga una base amplia con ambas manos y pies para mantener el equilibrio durante todo el giro.
- En el momento en que su cabeza retroceda, agarre el tobillo de su oponente con una mano.
- Utilice la otra mano para evitar que su adversario utilice las manos para levantarse (que probablemente estará en posición de defensa).
- Inmediatamente después de sujetar el tobillo, utilice ambas manos y pies para levantarse.

El giro de cabeza con gancho al cuerpo con una sola pierna

Esta es otra variación del giro de cabeza que utiliza una sola pierna para mantener el equilibrio durante todo el giro. Esto es particularmente útil si su cuerpo se siente lejos de la pierna de su oponente por alguna razón, haciendo difícil agarrar su tobillo con ambas manos. Estos son algunos puntos clave que debe tener en cuenta al realizar esta variación:

- Mantenga el mayor equilibrio posible sobre una sola pierna durante todo el giro.
- Mantenga la otra rodilla doblada y preparada para golpear la colchoneta con fuerza.
- Utilice ambas manos para agarrarse al tobillo de su oponente una vez que golpee la colchoneta.
- Ruede hacia atrás, de modo que su cabeza se aleje de él, y luego utilice inmediatamente ambas manos y un pie para ponerse de pie en una posición dominante.

Golpes de sambo

El sambo es un arte marcial de contacto total que le permite utilizar sumisiones, lanzamientos, derribos y golpes para noquear completamente a un oponente. La mejor parte de los golpes de sambo es que son muy simples pero efectivos. Aquí están algunas de las técnicas más populares de golpes de sambo que usted debe conocer:

El jab

En el sambo, el jab es un golpe recto apoyado en la pierna delantera. En BJJ, es más bien una patada frontal, ya que su pierna normalmente se dobla en la rodilla para obtener más potencia en su golpe. Un jab de sambo adecuado puede ser lanzado a larga o media distancia, lo que significa que puede lanzarlo estando de pie o en el suelo. Estos son algunos puntos clave que debe tener en cuenta al lanzar esta variación:

- Empuje su hombro izquierdo ligeramente hacia atrás para obtener más potencia en su golpe.
- Levante la pierna delantera lo suficiente como para que esté paralela al suelo para lograr un mejor equilibrio.
- Su pie delantero debe estar ligeramente girado hacia fuera (lo que se conoce como postura Franklin).

El cross

El cross es simplemente un golpe recto de derecha, pero se lanza con la pierna trasera en lugar de la delantera como en el jab. Como se lanza a larga distancia, solo puede utilizarse en el suelo. Estos son algunos puntos clave que debe tener en cuenta al lanzar esta variante:

- Continúe con su puñetazo de manera que su hombro termine frente a usted.
- Su pie delantero debe estar ligeramente girado hacia dentro para un mejor equilibrio.
- Utilice su pierna trasera para levantar su pierna delantera lo suficiente para que esté paralela al suelo.

Los ganchos

El jab

Un gancho es simplemente un golpe circular que puede provenir tanto del interior como del exterior de su cuerpo. Por ejemplo, si lanza un gancho interior, su cuerpo debe girar de manera que su pierna delantera esté más cerca del objetivo. En cambio, si lanza un gancho exterior, su cuerpo debe girar de forma que su pierna delantera esté más alejada del objetivo. Estos son algunos puntos clave que debe tener en cuenta al realizar esta variante:

- Mantenga la pierna lo más cerca posible del suelo para poder retirarla rápidamente si es necesario.
- Lance el gancho apoyándose en la punta del pie para generar más potencia.
- Gire todo su cuerpo con esta patada para lograr un mejor equilibrio.

El golpe de rodilla

El golpe de rodilla es simplemente un golpe recto con la rodilla en lugar de la mano. Este golpe puede ser extremadamente efectivo, especialmente cuando está en el suelo. Aquí hay algunos puntos clave que debe tener en cuenta al realizar esta variación:

- Mantenga la rodilla doblada mientras gira ligeramente el cuerpo para ser un blanco más pequeño.
- Inclínese ligeramente hacia delante para poder golpear a su oponente con la parte superior de la rodilla en lugar de la parte inferior.
- Utilice su pierna trasera para levantar la pierna delantera lo suficiente como para que quede paralela al suelo.

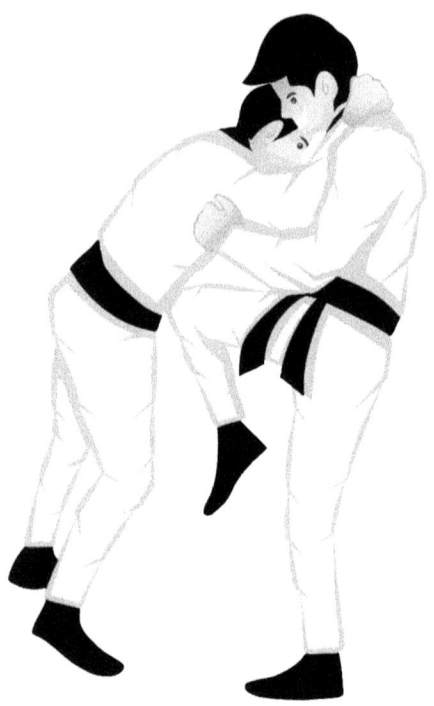

Golpe de rodilla

La patada de hacha

Una patada de hacha es simplemente una patada circular con la pierna trasera. Este golpe puede ser lanzado a larga o media distancia, por lo que solo puede ser utilizado sobre el suelo o sobre sus pies. Aquí hay algunos puntos clave que debe tener en cuenta al realizar esta variación:

- Mantenga su pierna delantera lo suficientemente elevada como para que se separe del suelo en un ángulo de 45 grados.
- Mantenga la pierna trasera flexionada y levante la parte delantera del pie para poder golpear con la base del pie.
- Inclínese ligeramente hacia atrás para que su peso recaiga sobre la pierna trasera en lugar de la delantera para generar más potencia.

El uppercut

Un uppercut es simplemente un puñetazo recto lanzado a corta distancia que viene desde abajo. Puede lanzar este golpe a las costillas de su oponente, a la barbilla, o incluso al abdomen (si quiere alejarlo rápidamente). Estos son algunos puntos clave que debe tener en cuenta al realizar esta variante:

Patada de hacha

- Mantenga las rodillas dobladas para un mejor equilibrio.
- Meta la barbilla para reducir las posibilidades de ser golpeado.
- Mantenga las manos en alto para protegerse.

La patada frontal

La patada frontal es una patada de empuje con la pierna delantera. Se debe utilizar la base del pie para generar más potencia. Este golpe solo puede ser lanzado de pie, ya que requiere un buen equilibrio y flexibilidad en la pierna delantera. Estos son algunos puntos clave que debe tener en cuenta al lanzar esta variación:

- Mantenga las manos en alto para protegerse mientras gira ligeramente el cuerpo para convertirse en un objetivo más pequeño.
- Mantenga las manos levantadas mientras lanza la patada y apoye la base del pie en el suelo para lograr un mayor equilibrio.
- Doble la pierna delantera ligeramente para mejorar el equilibrio.

El sambo es un arte marcial ruso y un deporte de combate en el que un luchador utiliza una combinación de ataques de agarre y de golpeo para derrotar a un oponente. Se utilizan varias tácticas, como lanzamientos, bloqueos, golpes y maniobras para romper las articulaciones, con el fin de preparar un brazo o una pierna para la ejecución de una técnica de sumisión. Para realizar los giros hacia delante de forma eficaz, es necesario tener una buena flexibilidad en las zonas ipsilaterales de la cadera, la rodilla y el tobillo. Además, los giros hacia adelante pueden ser utilizados desde diferentes posiciones en el suelo, como cuando se está de espaldas o cuando se está sentado. Si desea añadir una variación a uno de los golpes explicados anteriormente, puede utilizar una combinación de patadas giratorias de taekwondo. Estos ataques son muy eficaces y elegantes. ¡Buena suerte!

Capítulo 8: Sumisiones para la parte superior del cuerpo

Las sumisiones juegan un papel fundamental en el sambo, ya que le ayudan a someter a su oponente cuando está en la lucha. Se pueden aplicar diferentes técnicas de sumisión para ejercer presión y dolor sobre el oponente para que se someta o se rinda. Este capítulo se centra en las llaves de cuello, los estrangulamientos y las sumisiones de brazo. También se explica cómo aplicar cada tipo de sumisión y por qué es efectiva.

Lista de sumisiones en BJJ

Las sumisiones constituyen un componente clave del jiu-jitsu brasileño (BJJ), y proporcionan una sensación instantánea de logro y victoria a aquellos que consiguen someter a sus oponentes. El arte de las sumisiones sigue evolucionando, e incluye diferentes formas de otras artes como el judo y la lucha libre. Las siguientes son algunas de las formas populares de sumisión de la parte superior del cuerpo que incluyen estrangulamientos, bloqueos de articulaciones, estrangulaciones y llaves. Estos tipos de sumisiones se realizan desde diferentes posiciones.

Estrangulamientos y llaves de cuello

Una llave de cuello también se llama bloqueo de cuello, y se aplica a la columna cervical del oponente para causar hiperflexión, hiperextensión, hiper rotación, o distracción de extensión. Estas formas de sumisión se aplican mediante la torsión, la flexión, la tracción o la elongación del cuello y la cabeza más allá de sus rangos normales de rotación. En el proceso, la sumisión inducirá un estrangulamiento que llevará al oponente a someterse.

Guillotina

Guillotina

La sumisión de guillotina es versátil, y el practicante puede utilizarla para comprimir el cuello de su oponente desde una posición cercana. Este es el primer tipo de sumisión que aprenden los estudiantes de cinturón blanco, y se puede realizar desde varias posiciones. Algunas de las posiciones que se pueden considerar para realizar este movimiento de sumisión son la guardia abierta, la montura, la posición de pie, el gi y las aplicaciones no-gi. Se puede escoger la posición adecuada en función de lo que se quiera conseguir.

Estrangulamiento por la espalda

Estrangulamiento por la espalda

Este tipo de estrangulamiento es gi y no gi e implica una sumisión de lucha común donde se comprime el cuello del oponente desde atrás para inmovilizarlo. Utilizará ambos antebrazos para realizar el estrangulamiento por detrás, que normalmente se realiza desde el control de la espalda. Cuando está detrás de su oponente, tiene más control, y puede utilizar tanto los pies como las manos para lograr el máximo equilibrio y eficacia. El estrangulamiento por detrás también se llama estrangulamiento descubierto, y tiene diferentes nombres en otros idiomas.

Estrangulamiento triangular

Estrangulamiento triangular

El estrangulamiento triangular es una sumisión de agarre en la que se utilizan las piernas y el brazo del oponente para completarlo. El estrangulamiento triangular se originó en el judo, pero desde entonces se ha convertido en una sumisión popular en BJJ. Puede realizarse la sumisión desde varias posiciones, incluyendo la colocación del gi y del no-gi. Este movimiento es versátil, y puede realizarlo desde la posición de guardia cerrada, montaje, de pie, media guardia, control de espalda, o guardias abiertas como la araña y la guardia z.

Estrangulamiento arco y flecha

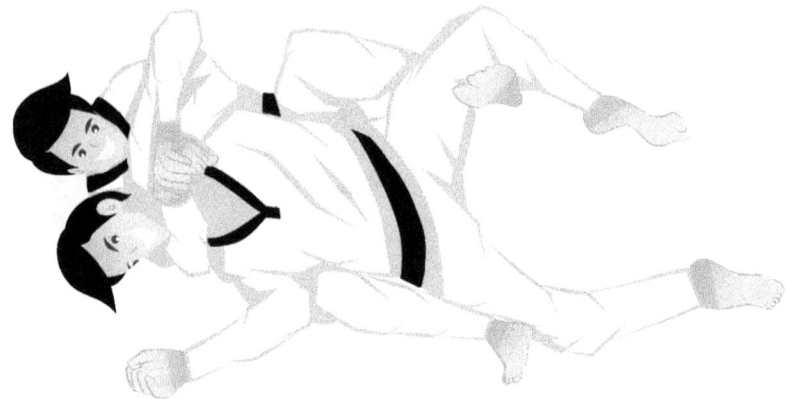

Estrangulamiento arco y flecha

El estrangulamiento con arco y flecha involucra el cuello, y se puede realizar desde el control de espalda. Puede utilizar la solapa de su oponente y una pierna para terminar el estrangulamiento mientras controla su movimiento con las piernas. Este es un tipo de estrangulamiento gi, y el nombre deriva de la combinación de dos cuerpos que tiene lugar durante el estrangulamiento. Se puede iniciar esta forma particular de estrangulamiento desde la guardia cerrada, la tortuga y el control lateral.

Estrangulamiento de Ezekiel

Estrangulamiento de Ezekiel

Este tipo de estrangulamiento de gi es un estrangulamiento de manga. Usted envuelve sus antebrazos alrededor del cuello del oponente, y utiliza sus mangas para hacer palanca. Este estrangulamiento por sumisión es versátil, y puede realizarlo desde la guardia cerrada de su oponente, la montura, el control de la espalda y el control lateral. Mientras está estrangulando a la otra parte, tiene suficiente espacio para maniobrar diferentes movimientos fuera de peligro.

El estrangulamiento D'Acre es otra forma del triángulo de brazos en la que se utiliza el antebrazo junto con el brazo y el hombro del oponente. Este estrangulamiento basado en el gi es similar al estrangulamiento Brabo que también utiliza la solapa del oponente. Puede realizar este estrangulamiento desde la tortuga, el control lateral y la media guardia.

Estrangulamiento cruzado

Estrangulamiento cruzado

El estrangulamiento cruzado se realiza cuando agarra el cuello de su oponente usando ambas manos cruzadas. Tirará del oponente hacia usted y doblará su muñeca hacia el cuello de su oponente. El estrangulamiento cruzado es muy efectivo, y es una de las sumisiones que los estudiantes de BJJ aprenden por lo simple que es de ejecutar. Tiene raíces en el judo como otras sumisiones de BJJ. La sumisión del estrangulamiento cruzado es posible desde diferentes posiciones que incluyen la montura, el control de espalda, y la guardia cerrada.

Del mismo modo, el estrangulamiento de bate de béisbol es otro ejemplo de estrangulamiento de cuello en el que sus manos agarran el cuello del oponente de la misma manera que se agarra un bate de béisbol. Rotará su cuerpo mientras mantiene su agarre, lo que lleva a un estrangulamiento de sangre apretado. De nuevo, puede realizar este tipo de estrangulamiento desde diferentes posiciones como el control lateral, la media guardia inferior y la rodilla en el vientre.

Estrangulamiento del reloj

Estrangulamiento del reloj

El estrangulamiento del reloj consiste en un estrangulamiento del cuello por la camisa contra el adversario. Se realiza cuando se agarra el cuello del oponente y se coloca el pecho o la cadera en la parte posterior de la cabeza del contrario. Al igual que otras formas de estrangulamiento de cuello, puede utilizar este tipo de sumisión desde el control lateral o la tortuga.

Estrangulamiento norte-sur

Estrangulamiento norte-sur

El estrangulamiento norte-sur se realiza desde la posición norte-sur, como su nombre indica. En esta sumisión, se utiliza el bíceps a través del cuello del sujeto para añadir presión a la cabeza. En este caso, los pies de ambos luchadores están orientados en distintas direcciones. Sin embargo, este tipo de estrangulamiento puede ser difícil de terminar, ya que requiere algunos detalles más finos que debe conocer. Además, el estrangulamiento se suele realizar desde el control lateral, y hay que tener mucho cuidado para evitar ser la víctima.

Estrangulamiento crucifijo

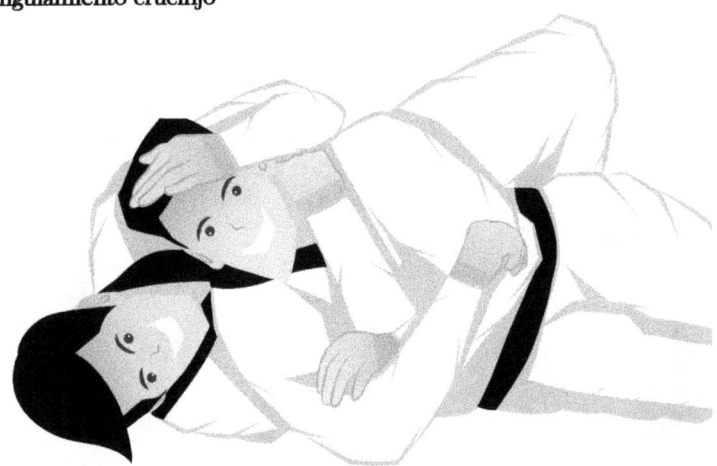

Estrangulamiento crucifijo

Este tipo de estrangulamiento se asemeja al estrangulamiento por detrás, pero la única diferencia es que se realiza utilizando un brazo desde la posición de crucifijo. Esta posición de crucifijo parece una cruz cristiana, y es un tipo de control de espalda. Usted envuelve sus piernas alrededor de uno de los brazos y hombros de su oponente. (Si el oponente está en posición de tortuga, es cuando puede iniciar el estrangulamiento por crucifijo). Además, también se puede utilizar la posición de crucifijo para hacer que el oponente se someta utilizando diferentes formas de bloqueo de brazos. Cuando se ejerce presión sobre el brazo, el oponente sentirá el dolor, y puede someterse rápidamente.

Estrangulamiento por empuje

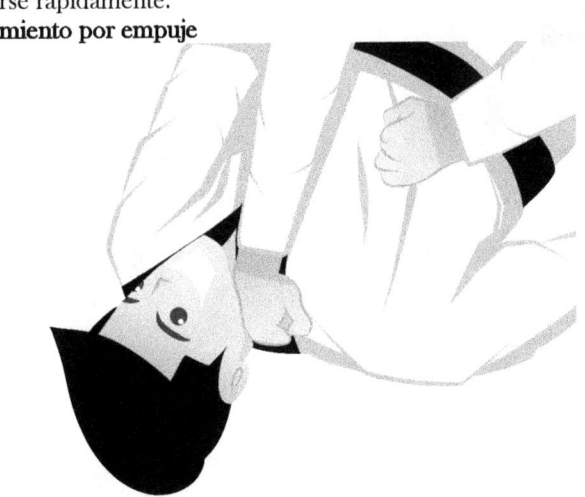

Estrangulamiento por empuje

El estrangulamiento por empuje consiste en tirar de la solapa del oponente para cubrir el cuello mientras mueve el puño hacia el cuello. Puede iniciar el estrangulamiento por empuje como parte del pase de guardia o desde la montura. El objetivo es ejercer más presión sobre la solapa del sujeto para que sienta un dolor que le haga ceder rápidamente. Debe estar en la posición correcta para ejecutar correctamente este tipo de estrangulamiento.

Estrangulamiento de anaconda

Estrangulamiento de anaconda

El estrangulamiento de la anaconda se parece al estrangulamiento del triángulo formado por los brazos y el hombro del oponente para ejecutar el estrangulamiento. Este movimiento implica un movimiento de balanceo para completar el estrangulamiento cuando se ha establecido el agarre. Puede iniciar este estrangulamiento desde una guardia abierta o una llave de cabeza frontal. Debe elegir la posición ideal para poder realizar el estrangulamiento.

Corbata peruana

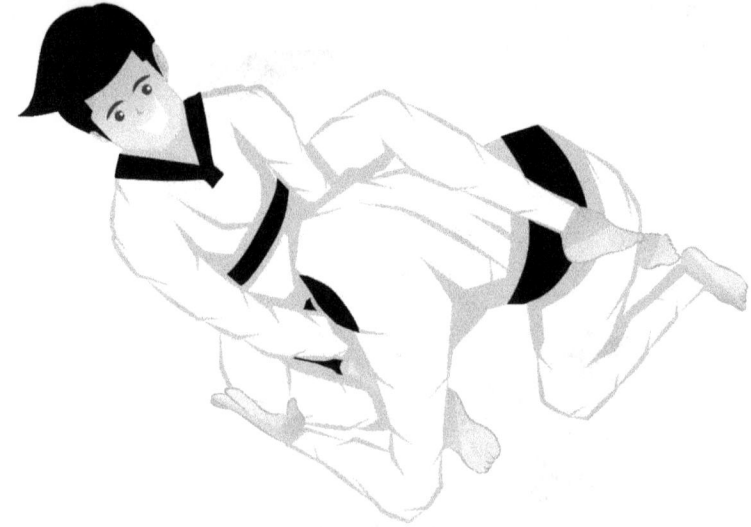

Corbata peruana

Este tipo es otra variación del estrangulamiento en triángulo con los brazos que puede realizar desde la posición de tortuga. Sus piernas estarán encima de la cabeza y la espalda del sujeto para poder completar el estrangulamiento. La corbata japonesa es otro tipo de estrangulamiento en el que utiliza el pecho y los brazos en la parte posterior de la cabeza de su oponente. También utilizará el hombro y el brazo de su oponente para completar el estrangulamiento. También puede ser una llave además de un estrangulamiento, dependiendo de cómo se aplique. Puede iniciar un estrangulamiento japonés desde la tortuga, el control lateral y la media guardia.

Estrangulamiento de lazo

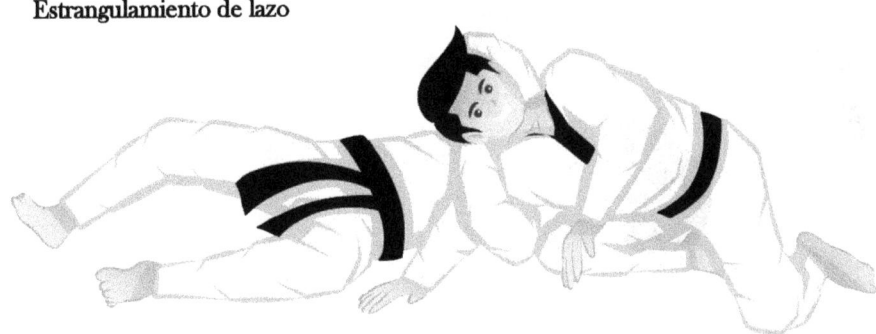

Estrangulamiento de lazo

El estrangulamiento de lazo implica un estrangulamiento de cuello en el que se utiliza el brazo libre para pasar por detrás del cuello del oponente para terminar el estrangulamiento. Se puede utilizar el estrangulamiento como una contrapartida al pase de guardia. Al igual que otros estrangulamientos de cuello, el estrangulamiento de lazo es versátil, y puede realizarlo desde varias posiciones que incluyen control lateral, guardia abierta, tortuga y guardia cerrada.

Estrangulamiento canto

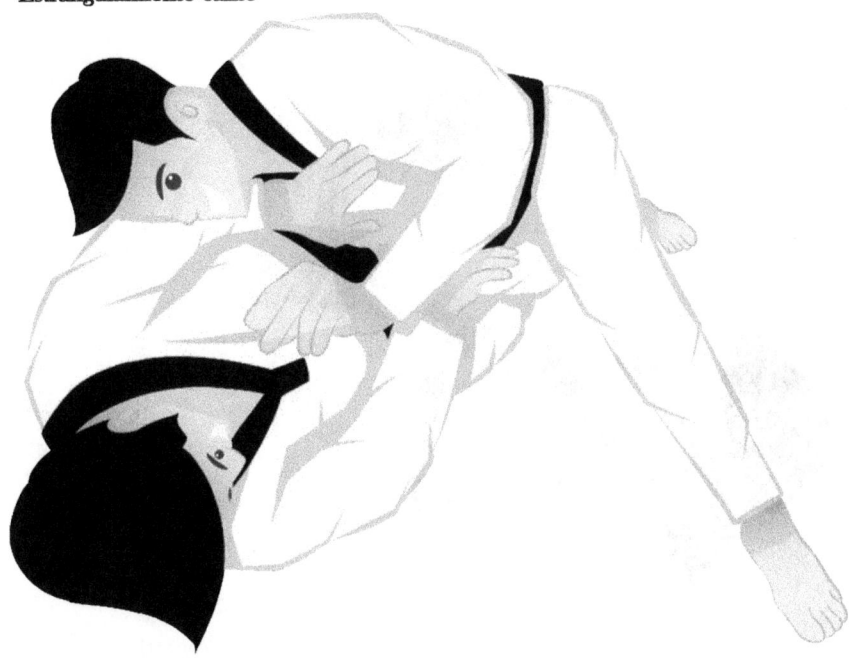

Estrangulamiento canto

Este estrangulamiento se suele realizar desde el control lateral superior, donde se coloca la pierna sobre la cabeza del oponente como forma de apretar el estrangulamiento. Puede iniciar el estrangulamiento canto desde la tortuga o la rodilla en el vientre. Debe estar atento cuando realice este movimiento.

Estrangulamiento de abrecartas

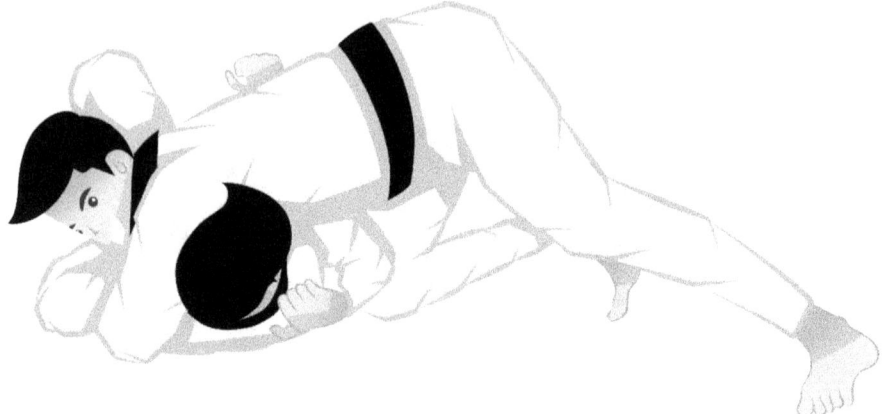

Estrangulamiento de abrecartas

Este estrangulamiento es una llave al cuello que utiliza su antebrazo a la altura del cuello del sujeto para acabarlo. El estrangulamiento se realiza normalmente utilizando el control de la parte superior. Este estrangulamiento es furtivo, y mucha gente no suele anticiparlo o verlo venir. Si quiere engañar a su oponente, puede considerar el uso del estrangulamiento de abrecartas.

Gogoplata

Gogoplata

Esta es una sumisión poco común donde usted puede usar su mano y pie para crear el estrangulamiento alrededor del cuello de su oponente. Debe ser flexible cuando decida usar su pierna para envolver su cuello y hombro. Muy pocas personas pueden lograr esa hazaña con facilidad. Puede realizar el gogoplata tanto en gi como en no-gi, incluyendo diferentes posiciones como montaje, guardia cerrada, y guardia del protector de goma.

Estrangulamiento Brabo

Estrangulamiento Brabo

Este es un estrangulamiento de solapa que a menudo se realiza desde la media guardia superior. Requiere aflojar la solapa del oponente desde la parte superior y luego agarrar su parte inferior. Envuelva la solapa alrededor del cuello de su oponente y asegúrese de cambiar los agarres para completar. Puede realizar el estrangulamiento Brabo desde diferentes posiciones, que incluyen la guardia cerrada, la media guardia y el control lateral.

Estrangulamiento Von Flue

Estrangulamiento Von Flue

Este estrangulamiento consiste en utilizar el hombro para empujar el cuello del oponente. Esta sumisión se realiza normalmente cuando se intenta defender de la guillotina utilizando el control lateral superior. La forma en que se aplica el estrangulamiento de Von Flue suele pillar al oponente desprevenido.

Sumisiones con bloqueo de brazos y hombros

Esta sección destaca diferentes posiciones de bloqueo de brazos y hombros que debe conocer si quiere hacer que el oponente se someta cuando está en combate. Asimismo, estas sumisiones varían, y debe adoptar las posiciones adecuadas para ejecutarlas.

Monoplata

Monoplata

La monoplata implica un bloqueo de hombros, y puede iniciarse desde la montura ¾ o desde el montaje. Utilizará sus piernas para atrapar el brazo del sujeto para completar la sumisión. Este tipo de sumisión es versátil, y puede iniciarse desde la guardia de araña, la montura, el triángulo fallido y el pase de guardia.

Americana

Americana

La sumisión americana se dirige principalmente al hombro del oponente. Para ejecutar esta sumisión, usted debe doblar el brazo y el codo de su oponente en dirección hacia arriba mientras controla su cuerpo. Además, también debe impedir que el oponente se mueva usando su brazo. En la mayoría de los casos, las sumisiones americanas se inician desde el control lateral, la montura, el agarre de bufanda o la guardia cerrada. Son versátiles, y se pueden realizar desde varias posiciones.

Kimura

Kimura

La Kimura es una sumisión de BJJ en la que puede usar sus dos manos para empujar uno de los brazos de su sujeto detrás de su espalda. Cuando hace esto, excede el rango normal de movimiento, lo que causa dolor. Recuerde que debe controlar su cuerpo y al mismo tiempo apuntar a la unión de los hombros. La sumisión recibió su nombre de un judoka japonés, Masahiko Kimura, que sometió a Hélio Gracie y le provocó una fractura de brazo. Se puede realizar la sumisión Kimura desde el control lateral, el control norte, la guardia cerrada, el control de espalda y la guardia Z.

Sumisión armbar BJJ

Sumisión armbar BJJ

El armbar es uno de los métodos más antiguos de sumisión que ha existido durante miles de años. Un armbar es una forma de sumisión que se relaciona con el ejercer presión sobre el brazo en un ángulo específico para causar dolor o lesiones. Este tipo de sumisión sigue evolucionando y se utiliza en diferentes prácticas de agarre. La técnica de armbar funciona de la misma manera que cuando se tira de una palanca. Si ejerce presión sobre la articulación del codo de su oponente, es probable que se someta rápidamente.

Puede realizar movimientos de armbar desde diferentes posiciones como la guardia y otras. Realizar esta sumisión desde la guardia es la mejor opción que puede utilizar para someter a su oponente. Su objetivo es agarrar el brazo que quiere atacar por el tríceps y sujetar a la otra parte para evitar que se posicione. Sus piernas también deben estar en la postura correcta para facilitar el control del sujeto y romper su postura. Debe mantener las rodillas firmes mientras realiza los últimos pasos del armbar. La sumisión de armbar es versátil, y puede iniciarla desde diferentes posiciones que incluyen montaje, guardia cerrada, control lateral, montaje en S, rodilla en el vientre, control de espalda, tortuga, y armbar volador.

Armbar cortante

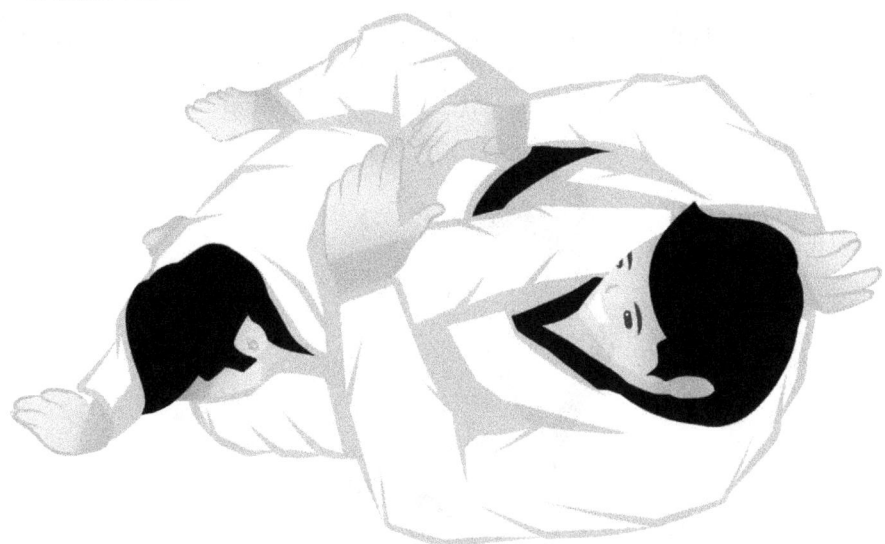

Armbar cortante

Esta es otra versión de la sumisión de armbar regular donde usted usa su cabeza y hombro para atrapar el brazo del sujeto. Utilizará sus rodillas para atrapar el hombro de su oponente. Puede completar esta ejecución ejerciendo presión en la parte posterior del brazo superior del oponente. Puede realizar el armbar cortante desde la montura, la guardia cerrada, el control lateral y la guardia mariposa.

Rebanadora de bíceps

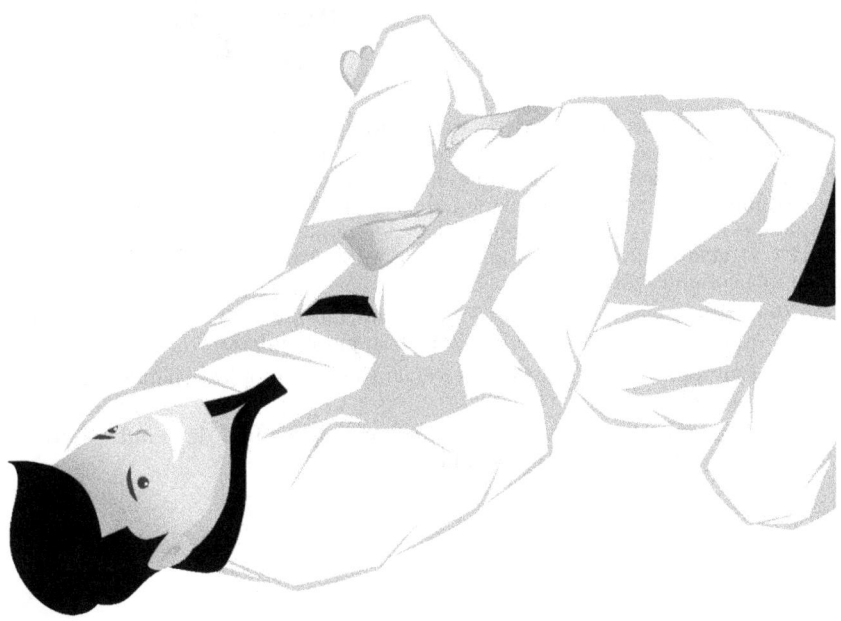

Rebanadora de bíceps

La sumisión rebanadora de bíceps implica la compresión del bíceps de su oponente contra los huesos de su antebrazo. Esta sumisión proporciona un posicionamiento fácil, y se puede utilizar para contrarrestar la defensa armbar. La sumisión rebanadora de bíceps es legal en ciertos niveles de cinturón, particularmente en el nivel marrón y superior. Usted puede iniciar este tipo de sumisión desde la guardia cerrada, el control lateral, y la defensa armbar.

Omoplata

Omoplata

Esta sumisión es un bloqueo de la articulación de los hombros en el que se utilizan las piernas para atrapar y controlar los brazos del oponente. Para completar la sumisión, debe sentarse de tal manera que pueda rotar el hombro de su oponente más allá de su rango normal de movimiento, al igual que la Kimura. Se puede realizar esta sumisión desde varias posiciones, que incluyen la montura, la guardia cerrada, la media guardia y la guardia de araña. También hay otras variaciones de omoplata que se enumeran a continuación.

- **Marceloplata** - Esta versión de la omoplata le permite terminar el movimiento si el oponente bloquea su pierna inferior.
- **Baratoplata** - Constituye una versión de la omoplata cuando su oponente esconde su brazo.
- **Tarikoplata** - Constituye una versión del bloqueo de hombros contra el adversario que viene con el brazo doblado.

Bloqueo de muñeca

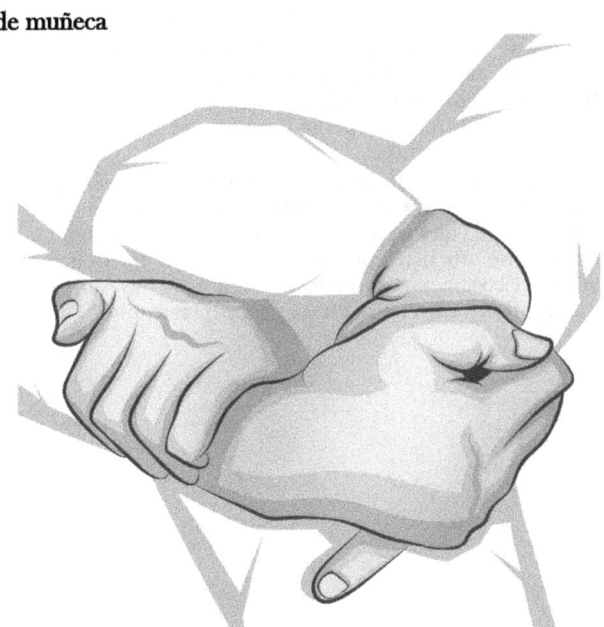

Bloqueo de muñeca

La sumisión de bloqueo de muñeca se dirige a la muñeca de su oponente forzándola a moverse más allá del rango normal de movimiento. Se puede realizar mediante rotación, hiperflexión o hiperextensión. Para ejecutar esta sumisión con éxito, debe inmovilizar primero el codo y el antebrazo de su oponente. Termine la acción forzando la palma de la mano hacia delante o hacia atrás, dependiendo de su posición. Los bloqueos de muñeca son versátiles, y puede iniciarlos desde diferentes posiciones que incluyen la montura, el control lateral, la guardia y el control de espalda.

Rebanadora de pantorrilla

Rebanadora de pantorrilla

Esta es una sumisión de compresión en la que se coloca el antebrazo detrás de la rodilla del oponente y se tira de la pierna para comprimir la pantorrilla. Esto causará dolor y hará que el oponente se someta. Sin embargo, este tipo de sumisión es ilegal en otros casos. Se puede comenzar con la rebanadora de pantorrilla desde diferentes posiciones, que incluyen la tortuga, la media montura, el camión, la guardia abierta, la guardia en X y la rodilla en el vientre.

Como ha observado en este capítulo, en las artes marciales hay varias técnicas de sumisión cuyo objetivo es someter al oponente. Los tipos comunes de sumisión de la parte superior del cuerpo incluyen sujeciones de estrangulamiento, bloqueos de compresión y bloqueos de articulaciones. Estas sumisiones pueden ser aplicadas desde diferentes posiciones. El siguiente capítulo se centra en las sumisiones de la parte inferior del cuerpo si quiere convertirse en un experto en sambo.

Capítulo 9: Sumisiones para la parte inferior del cuerpo

Este capítulo se centra en la importancia del trabajo en el suelo y las sumisiones en el sambo. Como hemos destacado en el capítulo anterior, las sumisiones ayudan al participante a someter al oponente. Aquí, vamos a discutir las técnicas en torno a diferentes bloqueos de pierna, bloqueos de pie, bloqueos de tobillo, y barras de rodilla.

Bloqueo de piernas

Hay diferentes sumisiones de bloqueo de piernas disponibles en BJJ, y se basan principalmente en ejercer presión sobre los músculos o las articulaciones de las piernas. Como resultado, los diferentes bloqueos de piernas vienen con diferentes principios mecánicos. Además, los diferentes bloqueos de piernas tienen diferentes niveles de éxito y son adecuados para diferentes situaciones. Si la pierna del oponente está atrapada por dos piernas, es extremadamente difícil que la víctima pueda salir del bloqueo. En tal situación, la sumisión será la única opción viable a considerar. La siguiente es una lista de sumisiones de la parte inferior del cuerpo que debe conocer para las competiciones y la defensa personal.

Llave recta de tobillo

Las llaver rectas de tobillo son legales, y pueden ser utilizados en diferentes competiciones para cada nivel de cinturón para adultos. El tobillo y el pie forman una articulación compleja, y hay alrededor de 26 huesos involucrados. Esto significa que se pueden dañar diferentes ligamentos y huesos como resultado de la presión que se aplica en una llave. Cuando se bloquea el tobillo del adversario, es probable que este sienta dolor y que la acción lo inmovilice.

Llave recta de tobillo

Una llave recta de tobillo tiene como objetivo principal provocar la torsión e hiperextensión de la articulación. Para conseguirlo, debe asegurarse de colocar los brazos correctamente alrededor del pie. La parte ósea de la muñeca debe colocarse contra la parte más baja del tendón de Aquiles, que se encuentra por encima del talón. Las palmas de las manos deben proporcionar un agarre suficiente que ejerza presión sobre los tendones. Esto provocará la sumisión del adversario si no puede escapar del apretado agarre. Cuando aplique esta técnica, debe tener cuidado de que el adversario no pueda escapar fácilmente de su agarre.

Americana de pie

La sujeción americana de pie es una sumisión legal en el sambo, pero solo se puede practicar en los niveles superiores. Por ejemplo, los niveles de cinturón marrón o superiores permiten el uso de esta devastadora sujeción.

Americana de pie

La sumisión mediante la americana de pie se basa principalmente en la mecánica de torsión. Se puede utilizar un agarre en forma de cuatro como el de la Kimura alrededor del pie del oponente. Se colocan los dedos alrededor del dedo meñique del pie y se comienza a girar en cualquier dirección, tratando de forzarlo a exceder su movimiento regular. La presión se forma cuando se aprieta el dedo del pie del oponente. Esto provocará un gran dolor en los ligamentos que rodean el dedo del pie, lo que hará que el oponente se someta.

Llave de rodilla

Una llave de rodilla es un tipo de sumisión en la que se utiliza toda la fuerza del cuerpo contra una articulación del oponente. Este bloqueo de pierna es similar a una armbar, en la que se sujeta con fuerza la pierna del oponente para controlar su rotación. Aplicará presión sobre la rodilla que está sujetando en la dirección opuesta a su flexión natural. Se dará cuenta de que la posición de su cuerpo para una llave de rodilla es similar a la postura que adopta para un armbar.

Asegúrese de que todo su cuerpo está colocado sobre la pierna del oponente de forma que sus caderas estén por encima de su rótula. También puede considerar otros agarres como colocar el pie en la axila. Sin embargo, estas opciones no son del todo devastadoras. La sumisión con llave de rodilla es versátil y se puede aplicar desde diferentes posiciones. Si lo desea, puede aplicar la sumisión desde abajo, arriba, o cuando está de pie. Además, las sumisiones con llave de rodilla pueden ser usadas legalmente por personas con rangos inferiores al cinturón marrón. Esta es una de las sumisiones más seguras que puede considerar para diferentes situaciones cuando se está defendiendo.

Rebanadora de pantorrilla

La sumisión rebanadora de pantorrilla es muy brutal, y puede arruinar completamente la rodilla del oponente. También puede romper el músculo de la pantorrilla, y estas son algunas de las razones por las que es ilegal en las competiciones de BJJ. Otro aspecto que debe conocer sobre este tipo de sumisión es que su posicionamiento es bastante complejo, ya que debe tener algún conocimiento sobre la posición de la guardia de goma. La idea principal detrás de esta sumisión es que coloque una de sus espinillas detrás de la rodilla del oponente mientras utiliza sus brazos para tirar de su pie. Utilizará su segunda pierna para reforzar la sumisión, y esto puede causar un gran daño a la pierna.

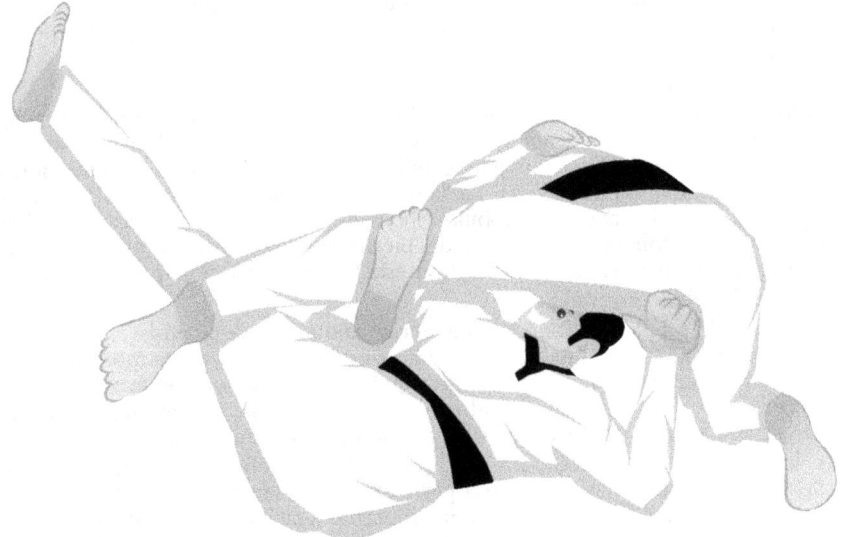

Americana de pie

La americana de pie es el líder de los bloqueos de piernas, y es el más brutal de todos. Esta técnica afecta al tobillo y también puede destruir fácilmente la estructura interna de la rodilla. A menos que se especifique lo contrario, este movimiento en particular no está permitido en todas las competiciones de gi. Sin embargo, es la sumisión preferida si se utiliza con fines de defensa personal. Se puede realizar la americana de pie en dos variaciones diferentes. La primera es la americana de pie regular, mientras que la segunda es la americana de pie inversa, que es más peligrosa.

Sin embargo, ambas opciones comparten una mecánica similar. Los dedos de su oponente se colocan en la axila y el talón sobresale. Usando un brazo, ahueque el talón y colóquelo bajo el pulgar como en el llave recta de tobillo. Al tirar del talón con un movimiento de torsión, se puede producir una torsión de la rodilla. Esto desgarrará completamente la mayoría de los ligamentos. Cuando realice esta forma de sumisión, debe asegurarse de estar en la posición correcta. Recuerde siempre que esta sumisión es ilegal, por lo que solo puede utilizarla en defensa propia.

Llave recta de tobillo

La llave recta de tobillo es también conocida como la llave recta de pie o la llave de Aquiles. Este tipo de bloqueo es muy común, e implica el uso de sus piernas para controlar la pierna del oponente. A continuación, aplique presión sobre el tobillo y el pie utilizando los brazos. Hay principalmente dos presiones que pueden hacer que el oponente se someta cuando se utiliza la llave recta de tobillo. La primera consiste en la hiperextensión de los ligamentos y músculos por encima del pie. La segunda implica la compresión del tendón de Aquiles que se encuentra en la parte posterior de la pierna.

La técnica de la llave recta de tobillo es la base de otros tipos de llaves de pierna como las presiones de dedos, los ganchos de talón y las vueltas rápidas. Esta sumisión también le enseña a controlar el movimiento de la pierna del oponente mientras utiliza un modo de ataque seguro. Otra cosa importante que debe saber es el posicionamiento apropiado.

Triturador de pantorrillas

La sumisión del triturador de pantorrillas es también conocida como el rebanador de rodilla y se asemeja al bloqueo del rebanador de bíceps. Esta forma de sumisión solo se aplica a la pierna del oponente, no a sus brazos. Sin embargo, la técnica es ilegal en muchos torneos de gi hasta el nivel de cinturón negro, al igual que el rebanador de bíceps. Si, por alguna razón, no puede completar la sumisión, puede hacer una buena transición a la posición de montaje posterior. Cuando elija esta técnica en particular, debe conocer su posición para evitar errores que pueden ser contraproducentes.

Americana de pie en forma de 4

La llave americana de pie en forma de 4 es una llave de pierna versátil que puede aplicar al pie de su oponente cada vez que se acerque a él. Puede utilizar esta sumisión como ataque principal. También puede utilizar esta técnica como continuación de otras formas de bloqueo de piernas. La "americana de pie en forma de 4" se asemeja de alguna manera al "gancho de tobillo", pero esta es una técnica legal por alguna razón comparada con otros bloqueos de pierna rotativos. Esto significa que debe entender la situación en la que puede aplicar esta técnica y la acción que debe seguir.

Gancho de tobillo invertido

El gancho de tobillo invertido es muy eficaz, aunque es ilegal en la mayoría de los torneos. Por lo tanto, debe saber cuándo aplicar esta táctica. De todos modos, este tipo de sumisión es una llave de pierna rotativa que hace que su oponente sienta dolor y daño inmediato. Con el flujo de adrenalina, su oponente sentirá rápidamente el impacto de esta técnica que puede llevarle a una sumisión temprana.

Incluso si la técnica es ilegal, los practicantes de BJJ deberían familiarizarse con el gancho de tobillo con fines de defensa personal. Si alguien le aplica la técnica y cree que no hay forma de librarse, la sumisión temprana es vital para evitar daños graves en el tobillo. Si utiliza la técnica con fines de entrenamiento, asegúrese de hacerlo con suavidad para no dañar los ligamentos de su compañero de entrenamiento.

Aparte del gancho de tobillo normal, la sumisión del gancho de tobillo invertido es peor y puede causar más daño. En el gancho de tobillo inverso, se gira la pierna del oponente hacia fuera en lugar de hacia dentro, y esto provoca una sumisión más rápida. Asimismo, no debe aplicar esta técnica cuando esté en una sesión de entrenamiento. También debe conocer sus límites cuando decida utilizar esta técnica en particular.

Candado de banana split

El candado de banana split es también conocido como estiramiento de la ingle, silla eléctrica, y desgarrador de la entrepierna. Esta sumisión es una efectiva llave de piernas que tiene como objetivo atacar las caderas y las áreas de la ingle. Se puede utilizar esta sumisión con otros movimientos como las llaves de pie y las rebanadoras de pantorrilla. La variación de la silla eléctrica utiliza la posición de bloqueo de piernas en forma de 4 para controlar la acción mientras los brazos se estiran junto con la otra pierna.

Posiciones de bloqueo de piernas

En las diferentes opciones de sumisión, debe estar en la mejor posición que le ofrezca los mejores resultados. No puede utilizar las piernas al azar sin una posición adecuada, ya que esto puede comprometer su táctica prevista. Cuando utilice un bloqueo de piernas para lograr una sumisión rápida, es posible que no sea efectivo como resultado de la falta de control. Por lo tanto, hay posiciones ideales para sus piernas que debe conocer. Algunas de las sumisiones están disponibles desde varias posiciones que debe conocer.

Ashi garami

La posición ashi garami es la mejor en todo el sistema de sumisión de la parte inferior del cuerpo, ya que es controlable. Esta posición significa enredar la pierna, y se basa en la versión de la guardia en x de una pierna. La única diferencia es que el pie, que se mantiene en la parte trasera cuando se trata de una sola pierna, ahora se engancha en el lado opuesto.

Ashi garami

La posición también le permite controlar la rodilla, la cadera, el tobillo y los agarres correctos. Cuando está en esta posición, puede inmovilizar completamente al oponente, y también le da oportunidades para diferentes ataques que también puede utilizar. Para esta posición, el gancho de tobillo es la mejor opción de sumisión, seguido de la recta de tobillo. Cuando el oponente intente escapar, también puede considerar la alternativa de una americana de pie. Esta posición le da suficiente control de la situación, y le ayuda a aumentar las posibilidades de someter a su oponente. Esta posición es legal, y puede utilizarse en competiciones de BJJ.

Ashi garami exterior

El ashi garami exterior es la segunda mejor posición para las opciones de bloqueo de piernas. Le da un mejor control comparado con el ashi estándar. Con esta posición, también tiene mejores opciones de transición a otras sumisiones dependiendo de su situación. En cuanto a las diferentes mecánicas, la pierna inferior permanecerá en la misma posición, al igual que en el ashi garami habitual. La pierna superior que se utiliza para enganchar el costado del oponente en ashi irá sobre la cadera del mismo lado de la pierna que está siendo atacada.

Ashi garami exterior

Esencialmente, ambos pies se colocarán hacia el exterior de la cadera de su oponente. Esto le dará más control sobre la cadera. Sin embargo, puede sacrificar algo de control sobre la rodilla. Lo bueno de esta posición es que le da el control de los diferentes movimientos que puedan tener lugar. El bloqueo de tobillo y el gancho de talón son las sumisiones más apropiadas que puede aplicar en esta posición. La punta del pie también se mantiene disponible desde una posición superior de la misma manera que el ashi garami. La llave de rodilla es otra transición corta desde el ashi garami exterior.

411, agujero de miel, silla de montar, sankaku interior

Para la última posición de control de espalda, el 411 es el campeón del sistema de bloqueo de piernas. Le ofrece un control total de varias opciones de sumisión que puede considerar para someter al oponente.

411, agujero de miel, silla de montar, sankaku interior

Con esta posición, usted crea un triángulo usando sus piernas alrededor de la pierna de su oponente. Esta estructura de triángulo le da el control definitivo sobre la extremidad que está atacando. En otras palabras, la posición 411 simplemente significa que sus piernas deben formar un triángulo entre las piernas del oponente. Cuando mantiene su rodilla alrededor del pliegue de la cadera del oponente, enfatiza el poder y la presión de la posición.

El pie del oponente también se coloca a través de su cuerpo, y esto abrirá el gancho de tobillo invertido. Algunas de las sumisiones disponibles en esta posición incluyen llaves de tobillo, americanas de pie y llaves a la rodilla. Es difícil para el oponente escapar de esta posición, lo que le da más poder y control. La otra cosa que usted debe saber acerca de las posiciones 411 es que es ilegal. Puede causar serias lesiones que implican la rotura de la rodilla. El gancho de tobillo invertido llevará a la descalificación instantánea si lo aplica en un evento de BJJ. Por lo tanto, debe tener cuidado cuando utilice esta posición en particular en eventos regulados.

Nudo de sambo

Otro nombre para el nudo de sambo es "remate de rodilla", lo que implica que es una posición peligrosa que puede causar daños severos. Esta posición implica la colocación de una de las piernas de su oponente en un triángulo, y usted mantiene el pie de la pierna atacada en el mismo lado. Se puede controlar la otra pierna encerrando los pies alrededor del tobillo del adversario, manteniéndolo así en el suelo y doblado. El nudo de sambo ofrece posiciones de bloqueo de piernas eficaces. Puede realizar ganchos al tobillo y la americana de pie utilizando solo una mano mientras hace la transición a la posición 411. Debe saber que el 411 es ilegal en las competiciones de gi, pero puede aplicarlo en caso de defensa personal.

Nudo de sambo

Guardia 50/50

La posición de guardia 50/50 es legal en BJJ, y cae entre el triángulo y el ashi garami en términos de control. La posición implica un triángulo de algún tipo, pero fuera de la cadera del oponente. La sumisión elegida para esta posición es el gancho de tobillo, aunque también se puede probar con la americana de pie y las llaves al tobillo. Sin embargo, el mayor inconveniente de esta posición es que el oponente estará en la misma posición que usted. Esto significa que también pueden atacar al mismo tiempo utilizando bloqueos de piernas. Esto puede ponerle en desventaja si no tiene cuidado.

Guardia 50/50

Guardia de goma

La guardia de goma fue desarrollada por Eddie Bravo, y es una posición a medio camino entre el control de espalda y el control lateral. Proporciona diferentes opciones de sumisión al anfitrión. Usted puede aplicar fácilmente esta posición al rebanador de pantorrilla, y el tornado es también otra opción que usted puede considerar. Cuando elija esta posición, asegúrese de que se aplica al tipo de sumisión que desea iniciar. Cuando esté en la posición correcta, podrá leer fácilmente las intenciones del oponente y tomar las medidas adecuadas para contrarrestarlas.

Los diferentes tipos de bloqueos de piernas son sumisiones seguras y eficaces que le ayudan a controlar y someter a su oponente. Mientras que otras sumisiones son ilegales, debería aprenderlas para la defensa personal y utilizarlas solo en esos escenarios. Debe recordar que no todos los bloqueos de piernas funcionan siempre y contra todo el mundo. Es vital saber cuándo cambiar a otro sistema de ataque antes de que sea demasiado tarde. Y lo que es más importante, debe estar atento a las reglas de los encuentros de BJJ para evitar sanciones. El siguiente capítulo se centra en los consejos y medidas que puede aplicar para mejorar sus habilidades en el sambo.

Capítulo 10: Mejorar sus habilidades de sambo

Este último capítulo se centrará en afilar la espada y aplicar un entrenamiento más avanzado a sus habilidades de sambo. Una vez que conozca los fundamentos, es importante entrenar todos los días realizando ejercicios de acondicionamiento del cuerpo, ejercicios repetidos, práctica de piernas, y estos ayudarán a construir una base sólida. En las próximas secciones, hablaremos sobre el avance de sus habilidades con la práctica diaria. También proporcionaremos una gran cantidad de información sobre la estructuración de su programa de entrenamiento desde el principiante hasta el avanzado. Teniendo en cuenta la disponibilidad de entrenadores expertos en sambo, también nos adentraremos en la posibilidad, los métodos y la eficacia del entrenamiento en solitario y el entrenamiento en casa.

La importancia del entrenamiento cotidiano

El entrenamiento cotidiano es importante, no solo para dominar las técnicas y tácticas del sambo, sino también como forma de mantener la forma física. El ejercicio es parte de un estilo de vida saludable y debe considerarse un componente esencial de su entrenamiento.

Los ejercicios diarios de acondicionamiento para el sambo le prepararán mejor para el día de la competición, cuando tenga que rendir al 100% de su capacidad con una técnica precisa bajo presión. Además, ayudan a prevenir lesiones al fortalecer los ligamentos y tendones que sostienen las articulaciones, como las rodillas y los codos.

Los ejercicios diarios le entrenan para reaccionar adecuadamente desde una variedad de posiciones, ya sea inmovilizado en la posición montada, en el control lateral, en la guardia, etc., de modo que cuando surja una oportunidad durante el sparring o la competición, su cuerpo sepa exactamente qué hacer.

Los ejercicios de sambo en solitario son una excelente manera de desarrollar su técnica y practicar combinaciones/ataques o contraataques sin ninguna interferencia de otra persona. También puede utilizarlos como ejercicios de acondicionamiento para posiciones específicas como el agarre, el lanzamiento, la inmovilización, el montaje, el control de la espalda, etc. Sin embargo, es importante tener en cuenta que no se puede dominar el sambo simplemente siguiendo los movimientos de los ejercicios diarios.

Es importante entender las posiciones y las transiciones correctamente, lo que solo puede lograrse trabajando con un instructor experimentado o con un compañero que observe su técnica de cerca.

La importancia de los ejercicios de sparring (sparring con un compañero)

Los ejercicios en solitario son limitados en cuanto a la práctica del juego de pies y el movimiento. Cuando se lucha con un compañero, se puede practicar el movimiento alrededor de la colchoneta y la transición de una posición a otra hasta que se perfeccione la forma.

No podrá ejecutar ciertos lanzamientos sin establecer primero un agarre efectivo sobre el uniforme o la posición de su oponente, por lo que tiene sentido practicar también sus agarres y lanzamientos.

Los ejercicios de combate (o "randori" en las artes marciales japonesas como el judo y el aikido) son la mejor manera de dominar las técnicas de sambo mediante la repetición. Es imposible predecir lo que hará su oponente o cómo reaccionará, pero es posible entrenar repetidamente bajo condiciones que imitan de cerca una pelea real.

Es fácil intentar simular el combate en sí, pero hay que tener cuidado de no comprometerse del todo o lesionarse. Los ejercicios de sparring permiten una resistencia de contacto total a la vez que minimizan el riesgo de lesiones debido a su naturaleza controlada. Ambos participantes saben lo que se espera de cada ejercicio. Empiezan en la misma posición, y el ejercicio termina cuando uno de los participantes se somete o es inmovilizado.

Si se está entrenando para la competición, es importante practicar las técnicas de sambo en una progresión gradual de lo simple a lo más avanzado. Si sus movimientos fallan durante el sparring o el combate debido a la falta de experiencia y/o preparación, entonces necesita trabajar en su debilidad y mejorar gradualmente. La práctica hace la perfección.

La mayoría de las técnicas de sambo están diseñadas para ser ejecutadas con un compañero, ya sea durante el sparring o los combates competitivos. El sparring o la competición no es una actividad en solitario. No puede pensar en sí mismo como una isla e ir a través de los movimientos sin darse cuenta de cómo todo encaja con las acciones de su oponente

Prácticas y ejercicios de acondicionamiento físico

El combate y la competición son actividades físicamente exigentes. Por lo tanto, es importante mantener el cuerpo en buenas condiciones haciendo ejercicios diarios que fortalezcan los músculos, los ligamentos, los tendones, básicamente todo lo que sostiene las articulaciones, como las rodillas y los codos. Los ejercicios regulares de acondicionamiento evitarán que se produzcan lesiones durante los entrenamientos o las competiciones, por lo que podrá seguir mejorando sus habilidades en el sambo.

¿Qué es el acondicionamiento físico?

El acondicionamiento físico consiste en mantener su cuerpo alineado, fuerte y flexible.

Mejorar su acondicionamiento es la única manera de prevenir lesiones y mantener un alto nivel de rendimiento durante el entrenamiento/competición. Los ejercicios de acondicionamiento se utilizan en todos los deportes con este mismo propósito, no solo en el sambo.

El acondicionamiento se refiere a cualquier cosa que mejore su estado físico a través del esfuerzo mental o físico.

Ejercicios comunes de acondicionamiento físico

- **Sentadillas/zancadas** - Mejora la fuerza de los músculos de las piernas.
- **Cuerda de saltar** - Desarrolla la resistencia a través del uso de los músculos de la parte inferior del cuerpo.
- **Zancadas dobles** - Fortalece las piernas mediante una triple extensión en tobillos/rodillas/caderas.
- **Patadas de burro con pelota de ejercicio** - Mejora el entrenamiento de los abdominales y los glúteos.
- **Flexión con mancuernas** - Proporciona un entrenamiento equilibrado para los músculos del pecho.
- **Flexiones** - Utiliza los principales grupos musculares para trabajar la parte superior del cuerpo, especialmente los pectorales (pecho), los deltoides anteriores (parte delantera de los hombros), los bíceps braquiales (parte superior del brazo), los tríceps braquiales (parte superior de la espalda) y los músculos serratos anteriores.
- **Inmersiones de luchador** - Es un ejercicio muy intenso, por lo que es mejor empezar con pocas repeticiones antes de aumentar el número.
- **Dominada con peso** - Se centra en la fuerza de la parte superior del cuerpo en el músculo dorsal ancho de la espalda, el bíceps braquial de los brazos y los deltoides (hombros).

- **Plancha** - Fortalece los abdominales, los músculos lumbares y el glúteo mayor.
- **Elevaciones de piernas** - Entrenamiento para los abdominales y los flexores de la cadera.

Estos son solo algunos de los muchos ejercicios de acondicionamiento del cuerpo que se pueden realizar a diario. Estos ejercicios no solo mejorarán su estado físico, sino que también acelerarán la recuperación muscular después de las sesiones de entrenamiento o de un sparring/competición.

Es importante evitar hacer los mismos ejercicios de acondicionamiento todos los días, ya que esto puede provocar un sobreentrenamiento y lesiones debido a los movimientos repetitivos. Es mejor mezclar estos ejercicios para acondicionar diferentes partes de su cuerpo semanalmente (por ejemplo, sentadillas/saltos un día, saltar la cuerda con potencia otro día, y así sucesivamente).

Acondicionamiento mental para el sambo

El acondicionamiento mental es tan importante como el físico para un rendimiento de alto nivel.

Se trata de mantener la disciplina, la confianza y la concentración para tener éxito durante el sparring/la competición. La preparación mental comienza con el establecimiento de objetivos que se quieren alcanzar en un plazo determinado y luego se dividen en pasos semanales o mensuales para que se pueda hacer un seguimiento de los progresos y disfrutar del viaje para alcanzar estos objetivos.

Mantener la concentración es también una parte importante de la preparación mental, porque una cosa es establecer un objetivo, pero hay que mantenerse centrado en ese objetivo para poder alcanzarlo. Esto requiere disciplina y paciencia, ya que algunos días serán más productivos que otros (es decir, un día estará concentrado y decidido, pero al día siguiente puede estar cansado y no tan motivado).

También es importante evitar las cosas que puedan distraerle, como escuchar música o ver la televisión antes del entrenamiento/competición, porque esto cambiará su mentalidad (música) o le restará la energía mental necesaria para rendir al máximo (televisión).

Otras formas de mejorar el acondicionamiento mental son la visualización, la inserción de un discurso positivo en las conversaciones diarias y el establecimiento de recompensas cuando se alcanzan los objetivos semanales o mensuales.

La visualización consiste en imaginarse a sí mismo realizando cada paso de una tarea específica, ya sea competir o entrenar, antes de realizar realmente el ejercicio. Es una forma de prepararse para la tarea en cuestión y, si se hace con regularidad, puede ayudar a desarrollar la confianza en sus capacidades.

La autoconversión positiva es otra técnica de acondicionamiento mental en la que se considera a uno mismo como un ganador, independientemente de la situación (es decir, tanto si se gana como si se pierde). Significa dejar de lado cualquier pensamiento negativo que pueda afectar al rendimiento.

Recompensarse por alcanzar los objetivos semanales o mensuales es una forma de mantener la motivación alta. Puede ser algo tan sencillo como salir a comer con los amigos o ver la última película, pero sea lo que sea, asegúrese de recompensarse después de cada hito porque esto le ayudará a mantener la concentración en las tareas futuras.

Estas son solo algunas de las formas de mejorar el acondicionamiento mental para un rendimiento de mayor nivel en el sambo.

Ejercicios en solitario para principiantes de sambo

Los ejercicios de sambo en solitario son muy importantes para los principiantes porque es la mejor manera de familiarizarse con todos los movimientos básicos del sambo.

Estos son algunos de los ejercicios en solitario que deben ser realizados regularmente por los principiantes:

Roca y patada

El ejercicio de roca y patada es una gran manera de aprender a mover las caderas para defenderse con éxito de los intentos de derribo o sumisión de un oponente. También ayuda a desarrollar la flexibilidad de la cadera, que es importante para mantener la posición de guardia, así como la transición a otras técnicas.

Técnica: Comienza tumbado sobre su espalda. Ahora ruede hacia arriba, levantando ambas piernas al mismo tiempo, con las rodillas ligeramente dobladas. Esto creará un movimiento de balanceo. Repita este movimiento varias veces para desarrollar fuerza en el torso y acostumbrarse a crear impulso con la parte inferior del cuerpo.

Patada hacia arriba

Este movimiento ayuda a dominar las técnicas de guardia para los estrangulamientos triangulares, armbars y omoplatas.

Técnica: La patada hacia arriba es una extensión del movimiento anterior. Comienza tumbado sobre la espalda. Levanta las piernas juntas hacia el techo, simulando una patada con las dos piernas. Suba todo lo que pueda. Sienta la tensión en los abdominales inferiores mientras lo hace.

180 rock

El ejercicio 180 rock hará que su cuerpo se familiarice con el cambio de ángulo mientras está en el suelo. Es vital dominar este movimiento para que pueda girar alrededor de la colchoneta con facilidad mientras realiza su guardia.

Técnica: Nuevamente, comienza sobre su espalda. Ruede hacia arriba con una pierna doblada y la otra recta, de modo que ahora esté en una posición lateral. Mantenga ambas manos cerca de su cara para protegerse.

Ahora, ruede y haga un giro de 180 grados usando su cabeza y hombros como eje. Repita este ejercicio varias veces.

Sentadilla en forma de S

El ejercicio de la sentadilla en forma de "S" le permitirá ponerse de pie rápidamente después de haber sido derribado.

Técnica: Nuevamente, comience por acostarse en la colchoneta. Ruede hacia arriba en una posición de sentado y permanezca allí durante un segundo antes de rodar hacia atrás para volver a una posición sentada en L al revés (las piernas todavía dobladas a 90 grados). Vuelva a rodar a la posición inicial. Repita varias veces antes de pasar a realizar otros ejercicios.

Sentadilla en forma de S alternada

Este ejercicio simula el movimiento de levantarse sobre los pies después de ser derribado.

Técnica: Comience en una posición de sentadilla en L, luego ruede hacia un lado en una sentadilla en S antes de volver a rodar. Repita este movimiento varias veces con cada pierna. Esto le ayudará a desarrollar la fuerza y la velocidad necesarias para escapar del control lateral de su oponente.

Ejercicios de giro

Los ejercicios de giro le ayudarán a aprender a crear pequeños movimientos de rotación en las caderas, lo cual es un movimiento muy importante en el sambo.

Técnica: Comience por sentarse con las piernas flexionadas y los pies apoyados en el suelo, separados a la anchura de los hombros el uno del otro. Inclínese hacia atrás lo más que pueda mientras levanta ambos brazos hacia el techo.

Ahora incline su cuerpo hacia un lado y luego hacia el otro, pasando de una posición sentada completa a una posición en L con las piernas rectas. Repita varias veces con cada pierna antes de pasar a otro ejercicio.

Tracción con cuerdas
Este ejercicio le ayudará a aprender a utilizar las piernas para ponerse de pie.
Técnica: Comience por tumbarse en la colchoneta con los brazos estirados hacia delante a la altura de los hombros. Mueva las dos piernas hacia arriba en dirección a la cabeza mientras las mantiene juntas (es más fácil si las dobla ligeramente). Ahora lleve una pierna hacia atrás y luego la otra. Tire hacia delante. Repite este movimiento varias veces para dominarlo antes de pasar al siguiente ejercicio.

Rodamiento con los hombros
El ejercicio de rodar con los hombros le ayudará a desarrollar la fuerza en las caderas, que es necesaria para la transición entre las diferentes técnicas durante un partido.
Técnica: Comienza tumbado con los brazos estirados hacia delante a la altura de los hombros y las piernas separadas. Ahora ruede hacia adelante sobre sus hombros y luego hacia atrás. Repita este movimiento varias veces.

Rodamiento hacia delante
El ejercicio de rodar hacia delante le ayudará a desarrollar velocidad al levantarse, así como a mejorar sus transiciones entre las diferentes técnicas durante un partido.
Técnica: Comience por acostarse sobre su espalda con los brazos estirados hacia adelante a la altura de los hombros. Ahora ruede hasta una posición sentada y luego ruede rápidamente hacia atrás para volver a la posición inicial del rodamiento hacia adelante.

Puente
Este ejercicio le ayudará a aprender a utilizar sus caderas para levantarse rápidamente.
Técnica: Comience tumbado de espaldas, con las piernas dobladas por la rodilla y pegadas a los glúteos. Levante lentamente los glúteos y colóquese en posición de tabla. El torso debe estar muy estable y recto, de manera que se pueda mantener una taza de café sobre él. Vuelva a tumbarse en la esterilla. Repita este movimiento varias veces.

Ejercicios intermedios y avanzados

Estos ejercicios están pensados para luchadores con experiencia. Asegúrese de dominar las habilidades básicas antes de pasar a estas más difíciles.

Gamba
El ejercicio de la gamba le ayudará a aprender a ponerse de pie rápidamente.
Técnica: Acuéstese sobre su espalda. Doble las rodillas y acerque los talones a las nalgas. Ahora gire hacia un lado mientras empuja los brazos y las piernas como si estuviera empujando algo. Repita la operación del otro lado.

Círculos con las piernas
Este ejercicio le ayudará a mejorar su juego de pies y su coordinación.
Técnica: Túmbese en el suelo, levante las piernas y dibuje círculos imaginarios de 360 grados. Repita el movimiento varias veces. Este es un excelente ejercicio para fortalecer su núcleo.

Puente con cambio de piernas
Este ejercicio le ayudará a aprender a utilizar las caderas para levantarse rápidamente y mejorar la coordinación mano-ojo al mismo tiempo.
Técnica: Esto es básicamente un puente con piernas alternadas. Colóquese en posición de puente y equilibre su cuerpo solo sobre una pierna en lugar de ambas. Siga alternando las piernas para ir practicando.

Caminata del cangrejo
El ejercicio de la caminata del cangrejo le ayudará a aprender cómo volver rápidamente a ponerse de pie y mejorar la velocidad en la transición entre las diferentes técnicas durante un combate.

Técnica: Comience en una posición sentado con las piernas extendidas hacia adelante. Mantenga ambas manos en la colchoneta, con las palmas hacia abajo. Ahora levante los glúteos y muévase por el espacio en una posición similar a la de una mesa. Sin embargo, puede mantener los glúteos cerca del suelo, pero sin tocarlo.

Variaciones del estrangulamiento triangular

Este ejercicio le ayudará a desarrollar la velocidad al levantarse y a mejorar sus transiciones entre las diferentes técnicas durante un combate.

Técnica: El estrangulamiento triangular se utiliza en el sparring. En este movimiento, el atacante envuelve sus pies alrededor del cuello del oponente y envuelve uno de los brazos del oponente en una llave de pierna. Este movimiento se puede ensayar repetidamente en solitario hasta que se convierta en memoria muscular.

Pase rápido de rodilla

El ejercicio de pase rápido de rodilla le ayudará a mejorar la velocidad de transición entre diferentes técnicas durante un partido.

Técnica: Comience de rodillas y con las manos perpendiculares a los hombros. Ahora, levante la pierna izquierda y la mano izquierda y cambie al lado opuesto estirando la rodilla. Vuelva inmediatamente a la posición inicial y repita con la otra pierna.

Molinos de papel

Este ejercicio le ayudará a desarrollar la velocidad y a mejorar sus transiciones entre las diferentes técnicas durante un partido.

Técnica: Comience en una plancha alta. Ahora levante una mano y equilibre todo su peso sobre la misma. Lentamente, comience a moverse en círculos, apoyando todo su peso en una mano. Repita con la otra mano. Repita una serie sobre el codo como una variación de los molinos de papel originales.

Arrastre del oso

Este es un gran calentamiento y también aumenta la fuerza del núcleo.

Técnica: Practicar el arrastre del oso es bastante sencillo, póngase a cuatro patas, con las manos perpendiculares a los hombros y las rodillas sobre la colchoneta. Ahora levante ambas rodillas y arrástrese por la zona.

Ejercicios para mejorar el equilibrio

El equilibrio es vital para mejorar sus habilidades en el sambo. Durante un sparring, será lanzado, agarrado, y realizará un trabajo de suelo explosivo y rápido. Esto requiere una postura muy equilibrada y la capacidad de recomponerse rápidamente en caso de desequilibrio. Por eso hay que entrenar mucho para conseguir una postura equilibrada.

A continuación, le presentamos algunos ejercicios que le ayudarán a mejorar el equilibrio y la postura:

1. De pie con una pierna, sin manos (2 x 5 minutos al día)

Este ejercicio es bastante desafiante para la mayoría de las personas al principio, pero mejora el equilibrio y la fuerza muy rápidamente porque puede desafiarse a sí mismo aumentando gradualmente la dificultad. Esto significa simplemente que puede aumentar gradualmente el tiempo que es capaz de mantener el equilibrio sobre una pierna sin tocar ninguna superficie de apoyo.

2. Planchas (3 x 30 segundos al día)

Una plancha es un ejercicio simple y muy efectivo que fortalece los músculos de la espalda y también es genial en términos de postura, ya que entrena su cuerpo para ser capaz de mantener la espalda recta. Los músculos responsables de ello son a menudo ignorados pero son muy importantes para ayudarle a mantener una buena postura en el trabajo o en casa.

3. Sentadillas en la pared (2 x 30 segundos al día)

Este ejercicio consiste simplemente en sentarse con la espalda contra la pared y deslizarse hacia abajo hasta que los muslos queden paralelos al suelo. Esto entrena sus músculos para poder mantener una posición de sentado "contra la gravedad" durante un período de tiempo más largo. Si no se siente cómodo haciéndolo contra una pared, hágalo en cambio estando de pie.

4. Ejercicios para el cuello (2 x 10 repeticiones al día)

Este se explica por sí mismo. Solo tiene que mover el cuello en el sentido de las agujas del reloj y luego en sentido contrario.

5. Caminar con los ojos cerrados (5-10 minutos al día)

Este es otro ejercicio que le entrena para poder concentrarse mejor en el equilibrio, por lo que es ideal para las personas que tienden a marearse fácilmente o a sentirse desequilibradas. Solo asegúrese de hacerlo lentamente y sin distracciones, ya que puede ser ligeramente peligroso si no presta suficiente atención al entorno.

En este libro, hemos profundizado en el sambo, lo hemos comparado con otras artes marciales, hemos hablado largo y tendido sobre las distintas técnicas, lo esencial para iniciarse, las competiciones mundiales y todo lo que hay que saber sobre este arte marcial.

En este capítulo final, hablamos sobre cómo mejorar sus habilidades en el sambo utilizando la práctica, los ejercicios en grupo y los ejercicios en solitario. El capítulo también ofrece una visión de algunos ejercicios que puede realizar para mejorar la velocidad y las transiciones durante un combate.

La práctica es crucial para lograr la maestría en el sambo. Convertirse en un experto no es fácil. Sin embargo, es fácil dar el primer paso.

Conclusión

Como ha observado, este libro se ha centrado principalmente en proporcionar una comprensión práctica y completa del sambo y sus elementos críticos como los lanzamientos, las llaves y los movimientos. El sambo es un arte marcial que puede utilizarse para la defensa personal, y este libro proporciona toda la información sobre los movimientos básicos que debe conocer. Antes de considerar el uso del sambo para defenderse de cualquier oponente, debe saber cómo ejecutar los diferentes movimientos.

Este libro informativo es una lectura obligatoria, ya que está cuidadosamente escrito para proporcionarle detalles útiles sobre las sumisiones y los lanzamientos. Mucha gente ha oído hablar de la disciplina del sambo como arte marcial, pero la mayoría tiene miedo de probarlo. De hecho, la realización de los diferentes movimientos puede resultar abrumadora para los principiantes. Sin embargo, con el conocimiento adecuado del juego, se dará cuenta de que todo es alcanzable. Este libro proporciona una guía paso a paso para comprender los movimientos y lanzamientos cruciales que pueden ayudarle a vencer al adversario.

Otra razón por la que debería leer este libro es que ofrece una comprensión básica del sambo y cómo difiere significativamente de otras artes marciales. El arte marcial es una disciplina conocida por proporcionar a las personas habilidades de autodefensa cuando se enfrentan a situaciones amenazantes. Hay diferentes tipos de artes marciales, y cada una de ellas está diseñada para diversos propósitos. Sin embargo, el sambo difiere significativamente de otras disciplinas en diferentes aspectos.

Si usted tiene un gran interés en el sambo, debe conocer sus similitudes y diferencias con otros tipos de artes marciales. La información proporcionada en este libro le ayuda a familiarizarse con el tema y le prepara para la acción real. Cuando tenga conocimientos teóricos sobre el sambo, podrá mejorar significativamente sus habilidades. El libro es esencial porque proporciona técnicas fáciles de aplicar. También obtiene imágenes que pueden guiarle mientras aprende a ejecutar diferentes movimientos.

También obtiene instrucciones claras del libro para ayudarle a entender la razón detrás de cada movimiento que realiza cuando está practicando sambo. Puede utilizar el libro para aprender movimientos básicos, agarres, lanzamientos y sumisiones. Cada acción está bien ilustrada y puede practicarla. Además, hay enlaces a vídeos relevantes que pueden ayudarle a comprender rápidamente los diferentes movimientos con los que debe familiarizarse. Sin embargo, hay que seguir cuidadosamente las instrucciones que se exponen en el libro.

Este libro es único, ya que está diseñado específicamente para los principiantes y otras personas que puedan estar interesadas en el sambo. Es fácil de entender, y todos los términos complejos se explican en términos simples. Además, el libro está actualizado y contiene toda la información que puede ser nueva en el mundo del sambo. Se puede observar que esta disciplina ha ido evolucionando, y es diferente hoy en día a como era en sus inicios. Por lo tanto, si usted lee este libro, obtendrá la última versión de su deporte de combate favorito de una manera simplificada.

Si está interesado en obtener consejos de expertos para mejorar sus habilidades en el sambo, este libro es para usted. Es ideal para los principiantes, ya que proporciona instrucciones prácticas para ayudarles a dominar las diferentes técnicas rápidamente. Mientras que usted necesita un profesor o entrenador para enseñarle diferentes cosas sobre el sambo, con este libro, usted puede practicar en casa o con un compañero de sparring. Y lo que es más importante, el libro es fácil de entender, y podrá ejecutar varios movimientos sin necesidad de pedir ayuda a su entrenador.

¡Esperamos que haya disfrutado aprendiendo sobre el sambo!

Décima Parte: Capoeira

La guía definitiva de movimientos y técnicas de capoeira para principiantes

Introducción

La capoeira es una forma expresiva de arte marcial que implica algo más que movimientos de lucha. Aunque se considera un arte marcial, es más una danza que otra cosa. También aprenderá acerca de la música utilizada en las actuaciones de capoeira y la historia que hay detrás de ellas. Si está interesado en aprender un estilo de danza elaborado y único, este libro le ayudará a familiarizarse con las técnicas básicas y le pondrá en el camino correcto hacia el aprendizaje de la capoeira.

Muchos artistas marciales aprenden la capoeira porque es una forma estupenda de hacer ejercicio. La mayoría de las otras formas de artes marciales incluyen posturas o pausas para dar a los luchadores la oportunidad de evaluar a sus oponentes. La capoeira no es así. Se mueve constantemente al ritmo de la música. Esto aumenta sus capacidades físicas y mentales. La capoeira mejora la concentración y le enseña a anticiparse a los movimientos de su oponente incluso mientras se mueve. También mejora significativamente su flexibilidad porque estirará todos sus músculos y se doblará de formas que nunca antes había hecho. El equilibrio y la buena coordinación con la parte superior e inferior del cuerpo también son cosas que ganará a medida que se acostumbre a utilizar los músculos del núcleo, los brazos, la mano, las piernas y los pies para realizar acciones de capoeira. Le proporcionará un divertido entrenamiento de todo el cuerpo.

En los próximos capítulos, aprenderá sobre los orígenes de la capoeira y su historia única. También aprenderá en qué se diferencia de otras artes marciales y qué es lo que la hace tan atractiva. Los espectáculos de capoeira en la calle son cada vez más populares en todo el mundo, y se pueden encontrar centros de entrenamiento en muchos países. Las increíbles habilidades y los fluidos movimientos de los intérpretes de capoeira son lo que atrae a la gente a aprenderla. Si usted es una de esas personas, pero no sabe cómo o por dónde empezar, continúe leyendo este libro. Este libro fue creado pensando en usted. Encontrará los fundamentos con pasos detallados sobre cómo hacerlos en casa e ilustraciones fáciles de entender.

Con este libro como guía básica del mundo de la capoeira, se hará una idea de los antecedentes y el origen de este arte marcial, ¡convirtiéndose en un verdadero capoeirista! También le animamos a que vea los vídeos que muestran las técnicas de la capoeira para obtener información visual mientras lee este libro. Hemos combinado la historia y las técnicas básicas que necesitará para comenzar su viaje de entrenamiento de capoeira, así que ¡entremos de lleno!

Capítulo 1: ¿Qué es la capoeira?

La capoeira es una forma de arte marcial originada en Brasil por los esclavos africanos en el siglo XVI. Tiene cierto parecido con el jiu-jitsu brasileño. La diferencia clave es que los luchadores de capoeira no hacen contacto entre sí. Las técnicas implican muchos movimientos de patada incorporados a la danza y la ejecución gimnástica. A diferencia de otras artes marciales, la capoeira se acompaña tradicionalmente de música y canto. Se considera más artística que otras formas de artes marciales, ya que es más expresiva que combativa. Los artistas marciales que participan en competiciones suelen incorporar algún tipo de entrenamiento de capoeira para aumentar su gama de movimientos, mantener su forma física y mejorar su flexibilidad. Sumerjámonos en el mundo de la capoeira y hablemos de su origen, su historia y sus diferencias con otras artes marciales.

Una visión general de la capoeira

La capoeira implica mucho juego de pies y movimientos acrobáticos. Los luchadores de capoeira se mueven unos alrededor de otros dentro de un círculo llamado roda. La actuación se considera un juego en lugar de una pelea. Los luchadores o jugadores demuestran sus habilidades gimnásticas haciendo volteretas hacia atrás, hacia delante y hacia los lados con movimientos específicos de las manos que se asemejan a una danza. La música es un elemento esencial en un espectáculo de capoeira. Los instrumentos que se tocan y las palabras que se cantan durante el juego guían a los jugadores en su actuación. La música suele ilustrar la historia de la capoeira y cómo surgió. Este arte marcial único implica movimientos bruscos que reflejan la violencia, el racismo y la eventual libertad que sufrió la gente cuando se creó la capoeira. Toda la rutina es de naturaleza filosófica, y capta la esencia de la cultura africana cuando se introdujo en Brasil.

La música que se toca durante la capoeira consiste en canciones tradicionales que pueden diferir un poco con cada grupo o región. Cada comunidad ha creado canciones únicas añadiendo un poco de su propia cultura en ellas. El instrumento principal de la capoeira es el birimbao *(en portugués berimbau)*, y este instrumento de madera se considera sagrado, ya que se asocia con la esclavitud y las injusticias a las que se enfrentaban los esclavos en aquella época. Las canciones tradicionales de la capoeira incluyen la Samba de roda, que es similar a las melodías de samba, e incorpora una mezcla de música brasileña y africana. Otras canciones se interpretan para iniciar una actuación de ritmo lento con movimientos bajos y cercanos al suelo. Algunas canciones recuerdan la historia del juego, mientras que otras son enérgicas y alegres, y suelen celebrarse con un baile rápido y potente.

Cuando vea vídeos sobre la capoeira, es posible que se sienta intimidado por las habilidades y la forma física de los ejecutantes. Tenga en cuenta que se necesitan años para dominar esta forma de artes marciales. Puede que le lleve un año de práctica regular conseguir su primer cinturón e incluso más tiempo para alcanzar el siguiente nivel. Los expertos en capoeira estarán encantados de ayudarle a avanzar en sus clases, porque ayudar a los menos experimentados que usted es uno de los principios fundamentales de este juego. Recuerde que debe disfrutar de su viaje e ir paso a paso. Ningún instructor le va a apresurar para que aprenda a dar volteretas cuando está empezando. Hay que entrenar mucho para adquirir la fuerza necesaria para realizar los movimientos sin hacerse daño. Puede empezar utilizando las instrucciones de este libro y viendo vídeos relacionados con la capoeira utilizando la información que se indica en todo el libro.

El entrenamiento de capoeira le ayudará a mantenerse concentrado y le motivará a mejorar sus habilidades. Como cualquier otro deporte o arte marcial, la capoeira requiere una práctica regular con la máxima concentración y compromiso. Puede que al principio haya mucha información que ingerir, pero la perseverancia es la clave para alcanzar niveles avanzados. Adquiera el hábito de escuchar música de capoeira y ver vídeos, ya sea de actuaciones o de entrenamientos. Siempre es bueno estirar con regularidad, incluso más allá de sus horas de entrenamiento. De esta manera, estará entrenando sus músculos, haciéndolos más flexibles, sin sentir que es una tarea. Aplicar estas prácticas en su vida le ayudará a entender, apreciar y disfrutar del mundo de la capoeira.

Origen e historia de la capoeira

Se dice que la capoeira se originó en el siglo XVI por los africanos esclavizados transportados por los portugueses a Brasil. La tradición de la danza ritual, que incluía patadas, bofetadas, caminar con las manos y movimientos elaborados, era practicada por africanos originarios de lo que hoy conocemos como Angola. Este ritual religioso se realizaba porque la gente creía que les unía a sus antepasados en el más allá.

Los colonos portugueses esclavizaron a los africanos para que trabajaran en los campos de caña de azúcar. Se les obligaba a trabajar en condiciones inhumanas. No podían rebelarse contra los colonos porque carecían de armas y conocimientos del nuevo país. La capoeira era una forma de escapar de las torturas a las que se enfrentaban cada día. Los movimientos se utilizaban para expresar cómo podían ganar una lucha sin armas contra los colonos hostiles. La capoeira también se utilizaba como danza para disimular que en realidad se entrenaba en un arte marcial.

En los dos siglos siguientes, las técnicas de la capoeira permanecieron intactas y el arte marcial prosperó. Muchos esclavizados aceptaban trabajos más allá de los que tenían que hacer para sus amos a cambio de una parte de su salario. Practicaban la capoeira durante y después de sus horas de trabajo. Esto continuó hasta el siglo XIX, cuando entró en vigor la prohibición de la capoeira. El régimen gobernante la consideraba una amenaza, por lo que se arrestaba a toda persona que fuera sorprendida practicando capoeira.

Grupos de rebelión

Algunos de los africanos esclavizados pudieron escapar de sus opresores formando comunidades externas llamadas quilombos. Se trasladaron a regiones remotas fuera del alcance de los colonos y empezaron a crecer en tamaño a medida que se les unían poco a poco otros esclavizados, lugareños brasileños e incluso forajidos europeos. Algunas comunidades crecieron tanto que formaron un estado separado de Brasil e incluyeron varias etnias. La gente podía vivir libremente y mantener sus tradiciones como quisiera, lejos de las normas de la ley colonial. Debido a la mezcla de culturas, la capoeira pasó de ser simplemente una danza tradicional a convertirse en un arte marcial con técnicas que podían utilizarse durante la guerra.

Una de las mayores y más famosas comunidades se llamaba Quilombo dos Palmares. Duró más de cien años e incluía numerosas aldeas. Fueron capaces de sobrevivir a varios ataques e invasiones. Los agentes coloniales portugueses informaron de que era difícil derribar al pueblo porque utilizaban movimientos de lucha extrañamente estructurados cuando combatían.

La capoeira se extendió más en las ciudades a medida que esas comunidades se hacían más grandes y se transportaban más personas esclavizadas a ciudades importantes como Río de Janeiro. En aquella época, el gobierno promulgó leyes para incriminar a las personas que practicaban la capoeira porque se asociaba a los rebeldes contra el régimen vigente. Los agentes coloniales solían perseguir a los practicantes de capoeira para ejecutarlos públicamente. Aproximadamente un tercio de las personas detenidas en aquella época fueron acusadas de practicar la capoeira.

A finales del siglo XIX, la esclavitud empezó a llegar a su fin. Esto se debió a los crecientes ataques de grupos rebeldes que se volvieron más estructurados y fuertemente armados. Los que antes eran esclavos se quedaron sin trabajo ni casa y fueron discriminados por los brasileños locales. La gente empezó entonces a utilizar la capoeira de forma singular. Trabajaban para bandas como guardaespaldas e incluso atacaban ciudades. Estos grupos criminales incluían a expertos en capoeira de diferentes culturas y etnias. El nuevo gobierno brasileño seguía criminalizando la capoeira, pero la gente seguía practicándola en regiones remotas, lejos del alcance de la policía.

A principios del siglo XX, las leyes de discriminación contra los practicantes de capoeira empezaron a relajarse cuando los instructores de artes marciales empezaron a incorporar los movimientos a su entrenamiento. Mezclaban los movimientos con otras formas de artes marciales para crear técnicas de defensa personal. Algunos entrenadores excluían la parte musical de la capoeira para disimular la práctica ante la policía. Poco a poco, las técnicas de capoeira volvieron a aparecer, pero perdieron el aspecto cultural, por lo que la forma original de capoeira empezó a desvanecerse como arte.

Así fue hasta que un maestro de capoeira de Salvador llamado Mestre Bimba desarrolló un sistema de entrenamiento llamado Lucha Regional de Bahía para enseñar la forma original de capoeira y estableció la primera escuela en 1932. Ocho años más tarde, la capoeira pasó a ser legal y, en 1941, Mestre Pastinha fundó otra escuela de capoeira llamada Centro Deportivo de Capoeira Angola, que era muy popular entre los intérpretes de capoeira tradicional. El estilo tradicional pasó a conocerse posteriormente como Capoeira Angola. Los funcionarios del gobierno seguían sintiéndose amenazados por la práctica de la capoeira, pero en la década de 1980, el régimen actual aceptó la práctica entre los estudiantes como una forma de arte marcial de danza, que es como llegó a conocerse hoy.

Hoy, la capoeira es conocida como una parte única de la cultura brasileña y se enseña en muchos países. Esta fantástica forma de artes marciales es popular entre los turistas que visitan Brasil cada año para ver los espectáculos callejeros. Los entusiastas de la capoeira de todo el mundo se esfuerzan por aprender portugués para poder entender las canciones que suenan durante las rutinas. En todo el mundo, los espectáculos de capoeira que incluyen movimientos acrobáticos y rítmicos se han hecho más comunes en los últimos años.

En qué se diferencia la capoeira de otras artes marciales

La mayoría de las artes marciales tienen su origen en países asiáticos como China y Japón. A primera vista, un espectáculo de capoeira se parece más a una danza que a un arte marcial. Los movimientos son más suaves y fluidos que las patadas y puñetazos decididos y potentes de otras artes marciales como el judo o el taekwondo. Un intérprete de capoeira se mantiene en constante movimiento, y la música de la capoeira guía sus patadas y volteretas durante su actuación.

Los movimientos de la capoeira son más cercanos al suelo, ya que el jugador se apoya más en la parte inferior de su cuerpo para realizar movimientos intrincados. El movimiento principal de la capoeira se llama *Ginga*. A diferencia de otras artes marciales, los jugadores de capoeira no se quedan quietos, sino que se balancean hacia delante y hacia atrás y hacia los lados con grandes pasos. Estas técnicas se utilizan para convertir al jugador en un blanco difícil y evitar que el adversario se anticipe a su próximo movimiento. En comparación con otras artes marciales asiáticas, la capoeira implica movimientos fluidos similares a los de la danza, mientras que otras artes marciales como el kárate implican movimientos bruscos y cambios de postura repentinos.

La capoeira no es precisamente eficaz en este aspecto cuando se trata de defensa personal. Dado que en una roda no hay contacto entre las personas, la capoeira no es una opción viable para luchar contra un oponente. Sin embargo, muchos instructores de artes marciales utilizan las técnicas de la capoeira para entrenar a sus alumnos porque fomenta la flexibilidad, la forma física y la fuerza.

Terminologías

La capoeira se celebra como parte de la cultura brasileña mediante una actuación o un juego entre dos personas. Una rutina de capoeira se realiza como una presentación para las masas o con fines de entrenamiento. No se trata de herir al adversario, sino de mostrar las propias habilidades. Como experto en capoeira o capoeirista, evitará que su pie golpee a su oponente por unos pocos centímetros, ya que no hay necesidad de golpearlo porque ya ha establecido que sus habilidades son superiores. Así es como suelen ocurrir las actuaciones callejeras regulares, pero los juegos privados con capoeiristas más avanzados pueden llegar a ser más violentos.

Una partida de capoeira puede tener lugar en cualquier lugar, pero normalmente se desarrolla dentro de un círculo o roda formada por los músicos y los jugadores. Los músicos tocan instrumentos tradicionales y cantan canciones específicas de la cultura de la capoeira. Esta música se utiliza para dictar el ritmo del juego. El juego puede terminar cuando un jugador abandona la roda o cuando otro entra en ella. También puede terminar si uno de los músicos de birimbao decide parar. Los espectáculos callejeros implican más movimientos acrobáticos que las peleas serias, que implican más derribos que presentaciones en público.

Otro término para una roda es *batizado*, que es un espectáculo callejero ceremonial. Los nuevos estudiantes de capoeira se presentan en un batizado como recién graduados, y los estudiantes avanzados pueden ser reconocidos por haber alcanzado un grado superior. Los estudiantes suelen entrar en un batizado contra su maestro o un jugador experimentado. Suele terminar con el derribo del alumno. Durante una partida puede producirse una llamada o chamada al son de Angola. El jugador de mayor rango inicia esta parte al invitar a su oponente a participar en un ritual de baile. El jugador más nuevo responde entonces moviéndose hacia el llamador, y caminan juntos uno al lado del otro antes de continuar el juego.

Cuando dos oponentes concluyen sus movimientos actuales, comienzan a rodearse mutuamente en direcciones opuestas en un movimiento llamado *vuelta al mundo*. Utilizan este movimiento para hacer una breve pausa antes de reanudar el juego. Los jugadores deben tener la capacidad de anticiparse a las intenciones maliciosas de su oponente, lo que se llama *malandragem*. También pueden utilizar la *mandinga* o magia, no en su sentido literal, sino como concepto. Esta técnica la utilizan los jugadores inteligentes que pueden engañar a sus oponentes.

Instrumentos musicales y canciones

Ya hemos establecido que la música es una parte importante de la cultura de la capoeira. Los músicos en una roda están alineados en una fila o *batería*. Esta fila es un concepto popular en la samba brasileña. La alineación tradicional incluye intérpretes de birimbao, pandeiro, atabaque, agogô y ganzá, y su número varía según la cultura de cada grupo. Los intérpretes de birimbao marcan el tono de toda la pieza musical, controlando el tempo de la música y el ritmo de todo el juego. Los intérpretes de birimbao de tono bajo tocan los tonos graves, y el intérprete de tono alto improvisa una actuación en solitario. Los demás instrumentos se tocan para complementar la interpretación principal del intérprete de birimbao. Todos los músicos deben estar en perfecta armonía, ya que marcan el ritmo del juego de la capoeira.

A la hora de cantar y entonar cánticos, los cantantes se llaman y responden unos a otros o narran una historia sobre la capoeira. Algunas canciones mencionan a artistas famosos de la capoeira, y otras se cantan para motivar a los jugadores a mejorar su juego. La Ladainha es una canción que tradicionalmente se interpreta al principio de un juego por el capoeirista de más renombre presente en la roda. A este solo le sigue el louvação, que se interpreta para agradecer a Dios en un formato de llamada y respuesta. Cada cantante pronuncia una palabra, y luego otros cantantes responden con otra palabra.

La segunda canción básica es la llamada Chula, en la que predomina un cantante solista con poca respuesta o canto de acompañamiento por parte del coro. El solista puede cantar hasta ocho versos y el coro responde con un verso, pero este formato puede variar según cada grupo. La tercera canción básica de la capoeira se llama el Corrido, que consiste en cantar un número igual de versos por el cantante principal y el coro, normalmente dos versos cada uno. La última canción básica se llama Quadra, y consiste en cantar una estrofa cuatro veces, donde el cantante principal canta tres versos y el coro responde con un verso.

La capoeira puede parecer imposible de aprender debido a sus elaborados movimientos y técnicas. Sin embargo, como cualquier otro deporte o arte marcial, lleva algún tiempo familiarizarse con el entrenamiento, y ayuda el hecho de que haya música de por medio. Hace que las actuaciones sean mucho más agradables que si se practicara una forma de artes marciales centrada en el combate. La gente suele sentirse atraída por la capoeira por su aspecto fascinante. Aunque el juego de pies implica movimientos agudos y específicos, estas técnicas no se utilizan para herir al adversario, ya que en una roda no hay contacto entre los jugadores. Los jugadores de capoeira realizan su rutina por amor a la danza, la cultura y la música de este maravilloso arte marcial.

Capítulo 2: Roda, jogo y el sistema de clasificación

Este capítulo explica algunos de los términos clave utilizados en la capoeira, como roda y jogo. Ayuda a los lectores a aprender más sobre el sistema de clasificación y resalta algunos de los conceptos e ideas centrales detrás de la capoeira.

¿Qué es la roda de la capoeira?

Fuentes de imágenes[90]

La capoeira es un arte marcial brasileño que consiste en acrobacias, danza y música. La capoeira se suele practicar en círculo y tiene fuertes raíces en África. Históricamente, la capoeira fue practicada por los africanos esclavizados en Brasil durante el siglo XVI.

La capoeira incluye complejas maniobras y acrobacias consistentes en patadas invertidas, y las manos suelen estar en el suelo. Se trata principalmente de movimientos fluidos en lugar de acciones fijas. El término capoeira tiene su origen en la palabra tupí *ska'a*, que significa bosque, y *paũ* (redondo), que se refiere a zonas con poca vegetación. Es donde se escondían los esclavos fugitivos en Brasil. Un capoeirista es el practicante de este tipo de arte. La música y la danza se añadieron para disimular que se trataba de un arte marcial, y los capoeiristas que eran sorprendidos entrenando eran arrestados e incluso ejecutados.

La capoeira es una combinación de música, danza, filosofía y ritual. Todos esos elementos forman un juego especial conocido como el *jogo de capoeira* ("juego de la capoeira"). El juego tiene aparentes influencias culturales y de artes marciales brasileñas y africanas. Consiste principalmente en golpes con el codo, patadas, cabezazos, rodillazos y barridos de una forma que enfatiza el engaño, la fluidez y la flexibilidad. El objetivo es bloquear todos los ataques lanzados por el adversario y, al mismo tiempo, intentar seguir la corriente de sus movimientos hasta que se presente la ventana de ataque perfecta.

El juego gira en torno a los movimientos engañosos en el suelo, las acrobacias dinámicas y el uso estratégico de los golpes. La emoción reside en los retos a los que se enfrentan los jugadores cuando intentan superar a los demás. Además de ser inmensamente divertida, la capoeira ayuda a los jugadores a desarrollar sus habilidades mentales y físicas. Este juego se creó inicialmente para preservar las tradiciones africanas que se enfrentaban a la extinción debido a la dura realidad de la esclavitud. Este juego era una forma de rebelarse para los esclavos y les ayudaba a preservar su herencia, ya que incluía danzas africanas comunes como el *n'golo* de Angola y utilizaba instrumentos tradicionales africanos.

La persona que controla *la roda* es fundamental en el juego, y no todo el mundo tiene derecho a esta oportunidad. Todos los participantes en el hodder son igual de importantes, y el público suele ser grande e incluye hasta unas 100 personas.

Entender la roda

Los capoeiristas juegan en un círculo llamado *roda*, y su radio es de entre 2,5 y 3 metros. Durante el juego, los dos participantes, o "jogan", están dentro de la roda, y los demás capoeiristas están fuera del círculo cantando y dando palmas. Los capoeiristas espectadores están sentados o de pie. El maestro de capoeira tiene la máxima autoridad y es responsable de lo que ocurre dentro de la roda. Varias reglas determinan el comportamiento de los jugadores en el juego y ayudan a resolver las disputas que puedan surgir.

Cuando los dos capoeiristas están preparados, tocan el suelo con las manos. Incluso pueden tocar el birimbao como forma de bendecirse. También pueden levantar las manos hacia la nuca o la frente. Se trata de un ritual destinado específicamente a pedir protección durante el juego, y depende de las creencias religiosas del jugador. Los jugadores se dan la mano antes de empezar.

Los capoeiristas entran en la roda por un espacio llamado boca-da-roda. Este espacio suele estar delante de los instrumentos. Una vez dentro, se detendrán después de unos pasos y actuarán uno frente al otro cerca del centro de la roda. Si dos Mestres de Capoeira están tocando, nadie puede desafiarlos. Cuando uno se convierte en Mestre, alcanza la máxima autoridad para controlar el juego. Cuando uno de los Capoeiristas quiere terminar el juego, extiende su mano al oponente. Sin embargo, hay que tener cuidado, ya que esto puede utilizarse como táctica para emboscar a jugadores desprevenidos. Ambos jugadores pueden entonces bendecirse mutuamente, y salen de la roda por el mismo lugar por el que entraron.

Si quiere jugar el juego, debe dar a conocer sus intenciones y elegir al oponente antes de entrar en la roda. Todos tienen la oportunidad de participar en el *hodder*, que es el nivel más alto de la capoeira. Sin embargo, el hodder suele estar formado por muchos profesores, lo que dificulta la participación de los jugadores de la pista inferior.

Simbolismo

Los antiguos capoeiristas creían que había una analogía perfecta entre la roda y el mundo. Lo bueno de la capoeira es que hace hincapié en el trabajo en equipo. Entrar en la roda es como dar la vuelta al mundo. El suelo de la capoeira equivale al cielo en las culturas occidentales, y nadie puede entrar sin permiso. Salir de la roda también requiere permiso.

Para llegar a ser un capoeirista eficaz, debe ser capaz tanto de cantar como de tocar instrumentos. Esto le convertirá en un jugador completo. Aunque puede aprender diferentes técnicas en la escuela, siempre debe buscar más formación. Todos los instrumentos juegan un papel crucial en el cumplimiento de las creencias religiosas del juego.

Resumen de jogo

El jogo es un juego que se practica en un círculo llamado roda. Los jugadores se sitúan en el centro de este círculo con el público a su alrededor. La música es fundamental en la práctica de la capoeira. Consiste en una batería (orquesta), que tiene instrumentos de tres cuerdas que se asemejan a un arco (birimbao), pandeiros (pandero) y un agogô (campana). Al principio, los músicos cantan una canción ritual llamada *ladainha*. A continuación, se canta un corrido, que se interpreta durante el resto del juego. La música ayuda a controlar la acción, inspira a los jugadores y determina su ritmo. La verdadera esencia de la capoeira se siente cuando la música y los movimientos de los jugadores fluyen juntos en perfecta armonía.

El sistema de clasificación de la capoeira

Antes de la llegada del sistema de cinturones, la capoeira solo tenía dos rangos, el de estudiante y el de *maestro/Mestre*. Los pañuelos de colores se utilizaban antiguamente para la graduación, pero desde entonces se han abandonado en favor del sistema de acordes. Este sistema representa la estrategia de graduación en la capoeira que muestra una clara progresión lineal, estudiante, profesor y Mestre. Hay diferentes progresiones para cada título en particular. Las siguientes son las progresiones de nivel modernas.

Aluno o estudiante (6 a 12 meses)

En portugués, *aluno* significa estudiante, y hay varios cinturones de estudiante entre los diferentes grupos. Se espera que el estudiante aprenda más cosas con cada acorde que gane. Los acordes simbolizan su duro trabajo y se le entregan durante una ceremonia de cambio de acorde o *troca de cordeõs*, que suele celebrarse una vez al año. La escuela o el centro de su zona serán los anfitriones de la ocasión. El acorde se obtiene después de seis meses a un año, y este evento se conoce como *batizado*, y le introduce en el mundo de la capoeira. Marca el comienzo de su viaje para alcanzar el nivel de Mestre.

Como Aluno, su responsabilidad es poner en práctica las lecciones que recibe del profesor. Los estudiantes siempre deben preguntar al profesor qué significan las diferentes cosas en la capoeira y cómo realizar ciertos movimientos. La persistencia y la paciencia son componentes clave que pueden ayudarle a dominar la capoeira. El entrenamiento constante es fundamental, ya que ayuda a mejorar sus habilidades.

Graduado/Monitor

Este es el acorde de estudiante avanzado, y se alcanza después de 5 a 7 años de experiencia. Los estudiantes avanzados reciben diferentes nombres, y no son los mismos en todos los casos. Su responsabilidad como alumno avanzado varía en función de su relación con el profesor. A un monitor o estudiante avanzado se le puede pedir que muestre los calentamientos, o también se le puede pedir que instruya a otros estudiantes. Es entonces cuando empieza a desarrollar cierto sentido de independencia y confianza para enseñar a otros. Los profesores tienen muchas responsabilidades, y son buenos tocando todos los instrumentos. También deben ser buenos instruyendo a otros. Los nuevos alumnos le admirarán si llega a la etapa de monitor. Tiene que asegurarse de mostrar un compromiso total con sus responsabilidades para que los alumnos puedan aprender de usted y de su ética de trabajo.

Instructor/Profesor

Para ser instructor o profesor, debe tener al menos entre 8 y 12 años de experiencia. El instructor es el título comúnmente utilizado, y el logro de este acorde significa que está listo para enseñar a otros la capoeira. Sin embargo, tiene que saber que los instructores y profesores todavía tienen que seguir desarrollando sus habilidades incluso después de obtener este acorde. Es esencial que se mantenga cerca de su Mestre para que siga aprendiendo de ellos. También puede aprovechar esta oportunidad para repasar cosas que puede haber olvidado de cuando era estudiante. Muchas personas le pondrán a prueba de una manera u otra cuando llegue a esta etapa, así que debe estar preparado para todo. Cuando practica la capoeira a un nivel superior, adquiere más autoridad y se enfrenta a menos desafíos. En esta etapa, puede enseñar a otros jugadores, o también se le puede pedir que juegue con otro profesor o Mestre.

Contra Mestre

Después de 15 años en la posición baja, se convierte en la mano derecha del Mestre. Este es el acorde justo antes del Mestre. Cuando se convierte en el contra Mestre, se convierte en uno de los alumnos más avanzados, y está un paso más cerca de convertirse en un maestro. Al ser la mano derecha, el Mestre espera que ocupe su lugar siempre que sea necesario. Se espera de usted que imparta clases y ayude a los alumnos a mejorar. Usted necesita aprender muchas cosas antes de alcanzar este rango. Muchas personas suelen entrenar durante 20 o más años para alcanzar el rango de *contra mestre*.

Mestre/ Maestro

El Mestre es el rango más alto en la capoeira, y se alcanza después de 25 años de experiencia o más. Sin embargo, alcanzar este rango no significa que se haya llegado al final. Siempre tendrá más cosas que aprender en el mundo de la capoeira. Es imposible aprender todo lo que hay en la capoeira, y esta es la principal razón por la que la gente siempre se esfuerza por aprender cosas nuevas.

Grao Mestre/ Gran Maestro

Este acorde no es oficial. Lo obtiene la comunidad de capoeira. Es un reconocimiento por todo el trabajo que ha realizado y todo lo que ha aportado a la capoeira. Este honor suele estar reservado a personas con 30 o 50 años de experiencia en la enseñanza y el entrenamiento de la capoeira. Este título no se reparte fácilmente. Simboliza a una persona que ha influido significativamente en el mundo de la capoeira de muchas maneras. Aunque no hay cinturón para este título, viene acompañado de un gran respeto y admiración por parte de los miembros de la comunidad.

Cabe señalar que el sistema de clasificación de la capoeira se basa en los acordes, y difiere significativamente de otras artes marciales que utilizan el sistema de cinturones. En la capoeira, se utilizan acordes de diferentes colores para cada nivel para diferenciar a los jugadores. El nivel más alto que se puede alcanzar en este arte marcial es el de *Mestre* o maestro. El siguiente capítulo se centra en los movimientos defensivos de la capoeira.

Capítulo 3: ¿Por qué la capoeira como arte marcial?

La capoeira es conocida por su estilo atlético acrobático. Este arte marcial de 500 años de antigüedad, fusionado con una forma de danza, se originó en la región noreste de Brasil. Esta enérgica forma de arte brasileña combina de forma única la música, las artes, la danza y la acrobacia, y utiliza técnicas de gran movilidad que requieren fuerza y flexibilidad. La capoeira no solo le permite mantenerse en forma y saludable, sino que también tiene muchos otros beneficios. Si piensa que nunca podrá hacer capoeira, no es cierto. No tiene que ser un acróbata para hacerlo. Con suficiente práctica, determinación y constancia, cualquiera puede. No importa la edad que tenga, puede llegar a estar más en forma y saludable con solo unos meses de entrenamiento. No hay limitaciones cuando se trata de la capoeira. Puede encontrar la forma de capoeira que le funcione dependiendo de su edad, tamaño o peso.

Es importante no tener expectativas imposibles. No hay que tener prisa. Disfrute de este arte marcial tanto como pueda. Necesitará comenzar con el Ginga, a partir del cual se forman todos los demás movimientos. Ginga significa balancearse en español. Aprenderá que todos los capoeiristas tienen sus propios estilos individuales que resaltan su personalidad. Tiene que intentar hacer sus propios movimientos a medida que avanza en lugar de intentar ser otra persona que pueda ser más competente. Lo mejor de la capoeira es que todos le ayudarán a alcanzar su máximo potencial. Será una gran oportunidad para que desarrolle sus habilidades.

Además, puede aprender reflejando a su compañero, y de esta manera, podrá aprender rápidamente y por último evolucionar su propio estilo. Las ventajas de la práctica de la capoeira son numerosas. Veamos algunas de ellas:

Alivia el estrés

Hacer ejercicio es una forma estupenda de liberar el estrés y relajar el cuerpo y la mente. A medida que se sumerge en esta forma de arte, podrá encontrar lo que funciona para usted. La capoeira es una forma de evadirse del trabajo, de los problemas personales y de cualquier cosa que le cause estrés. Además, el ejercicio amplifica los niveles de endorfinas en su cerebro, y eso mejora instantáneamente su estado de ánimo y le hace feliz.

Le hace más fuerte

Practicar capoeira aumenta la fuerza y le hace extremadamente fuerte. Requiere el uso de complejos movimientos de manos y brazos, patadas, paradas de manos y muchas poses que le permiten trabajar la fuerza de todo el cuerpo. Estos movimientos fortalecen la parte superior del cuerpo al involucrar el núcleo y trabajar los abdominales. Los movimientos de la capoeira le hacen más flexible, mejoran la respiración, aumentan el flujo sanguíneo, mejoran la coordinación de manos y ojos, y desarrollan las fibras musculares de contracción lenta y rápida.

Mejora la coordinación

La práctica de la capoeira mejora la coordinación con uno mismo y con los demás. Los tipos de movimientos pueden variar dependiendo del tipo de capoeira que se practique. Sin embargo, la fluidez es un elemento básico de todas las formas. Coordinar sus movimientos con la música en vivo relaja su mente, cuerpo y alma y mejora su sentido del ritmo.

Le hace más flexible

Los capoeiristas son personas extremadamente flexibles gracias a los diversos movimientos que tienen que practicar. La flexibilidad y la fuerza les permiten reducir drásticamente el riesgo de lesiones y mejorar su movilidad. Por lo tanto, si está buscando hacer yoga para aumentar su flexibilidad, dele una oportunidad a la capoeira, que le hará más fuerte y resistente.

Aumenta su resistencia

Un entrenamiento de capoeira le dejará sin aliento después de unos pocos minutos. Incluso si es un atleta o está acostumbrado a hacer entrenamientos de alta intensidad, no se sorprenda si una sesión de capoeira termina con usted jadeando. Ejerce la mayoría de los grupos musculares y es un buen ejercicio cardiovascular. La capoeira aumenta su resistencia y le ayuda a soportar sesiones de entrenamiento prolongadas y rigurosas.

Ganar más confianza en sí mismo

La capoeira es una forma de arte difícil que es a la vez divertida y desafiante. Cuando finalmente comienza a orientarse, se siente más confiado, vivo y feliz. Además, la emoción que experimenta al saber que sus amigos nunca podrían realizar los movimientos que usted puede hacer es inigualable. Este maravilloso arte marcial le brinda la oportunidad de expresarse a través de su cuerpo. Le permite liberarse por fin de los grilletes de sus propias limitaciones y dejar que brille su verdadero y auténtico yo.

Ser más social

La capoeira se practica en equipo, y todo se ejecuta en grupo. Le da la oportunidad de conocer a gente nueva y maravillosa que tiene los mismos intereses que usted. Esta forma de arte marcial le da la oportunidad de salir de su caparazón y ser menos tímido. Le ofrece experiencias individuales y comunitarias inolvidables. Un grupo de capoeira es más bien una familia aparte que le anima a ser su verdadero yo. Al practicar la capoeira con un grupo, ganará más confianza y un gran sentimiento de orgullo, sabiendo que ninguno de sus amigos podrá realizar los mismos movimientos que usted. Conocer gente nueva y socializar con individuos de ideas afines es solo una de las ventajas de la capoeira.

No es solo un deporte

La capoeira incluye varias formas de arte, como la danza, la música y la defensa personal. Además de participar y estar dentro de la roda, puede convertirse en compositor o coreógrafo.

Inclusión

Practicar la capoeira con diferentes grupos de personas que provienen de todo tipo de orígenes le ayuda a entender otras culturas y le expone a sus tradiciones. Eso le hace más inclusivo y aceptar a los demás. Además, el respeto a los demás es un valor fundamental de la capoeira. Esto se debe a que esta forma de arte marcial requiere que exprese su auténtico yo para experimentarla plenamente. Respetar a su profesor es también un principio muy importante de la capoeira, ya que le enseña cosas desde su propia experiencia, pero también le permite comprender muchos valores vitales para su vida.

Aprender un nuevo idioma

Mientras aprende o practica capoeira con un grupo, se relacionará con muchas personas que hablan portugués brasileño. Esto le ayudará a entender e incluso a hablar el idioma sin mucha dificultad.

Aprender una nueva cultura

A diferencia de otras formas de artes marciales, la capoeira ha conservado sus raíces y mantiene sus valores tradicionales y culturales. De este modo, no solo podrá aprender sobre una nueva cultura, sino que también podrá ampliar su mentalidad y ser más comprensivo y aceptar a otras personas.

¡Es divertido!

¿Acaso no se llama fiesta a un lugar con buena música, baile y gente feliz? La capoeira tiene todo eso. Ver a los capoeiristas practicando al son de la música en directo es una gran experiencia. Sus hipnotizantes movimientos le harán sentirse energizado y feliz.

Técnicas de autodefensa

La capoeira es una forma estupenda y divertida de aprender defensa personal. La capoeira le enseña a detectar el movimiento de la otra persona y a actuar con rapidez. Ser capaz de detectar rápidamente las intenciones de la otra persona puede ayudarle a protegerse e incluso a contraatacar. Es importante señalar que la capoeira no anima a golpear al adversario. Sin embargo, sigue siendo una gran manera de enseñar a los niños pequeños técnicas de defensa personal, al tiempo que se hace hincapié en la idea de que nunca es prudente recurrir a la violencia.

Involucra a su familia

Este arte marcial puede darle la oportunidad de practicar con su familia. Esto no solo le enseña una valiosa habilidad, sino que también le permite pasar tiempo de calidad con su familia para fortalecer su vínculo con ellos. Cualquiera puede practicar esta forma de arte. Jugar y aprender con sus hijos abrirá más canales de comunicación entre ustedes. También se aprenderá a aceptar y comprender al otro tal y como es.

Buena forma física en general

La capoeira es una excelente forma de arte marcial que es buena para la salud física y mental. Mejora la flexibilidad, la resistencia y la fuerza, a la vez que le hace estar más relajado y libre de estrés.

Desafíos de la capoeira

Con todo lo dicho, estará pensando que como la capoeira tiene tantos beneficios, debe ser imposible de aprender y practicar. No es así. Como todo en la vida, la capoeira viene con su propio conjunto de desafíos, pero es muy factible. No importa lo inflexible o débil que piense que es, todavía puede hacerlo. Como principiante, tiene que reconocer que encontrará muchos obstáculos en su viaje. Conociendo eso, tiene que seguir aprendiendo y esforzándose por alcanzar la perfección.

Movilidad

Hay muchos ejercicios en la capoeira que requieren que se mantenga la movilidad. La movilidad es una mezcla de flexibilidad y fuerza. Por ejemplo, las patadas altas, las sentadillas bajas y las posturas de rueda o los puentes son ejemplos de movilidad. A muchas personas les resulta difícil, ya que comienzan no siendo tan flexibles como deberían para realizar algunos de los movimientos. A la mayoría de los principiantes les resultan difíciles las sentadillas bajas porque les falta flexibilidad en los tobillos y las caderas.

Además, la falta de fuerza en los músculos que rodean las caderas y los tobillos puede hacer que se caigan o se desplomen. Por esta razón, encuentran que la movilidad es la parte más difícil de la capoeira. Sin embargo, una vez que trabajen lo suficiente para superar sus desafíos, podrán ganar fuerza y movilidad en poco tiempo.

Ritmo

Aunque la capoeira sea la única forma de arte marcial con música, las características de ritmo y sincronización son muy comunes en el boxeo, el kung fu y la MMA. Si no tiene experiencia tocando un instrumento musical o tiene problemas para seguir el ritmo, entonces puede encontrar los aspectos musicales de la capoeira difíciles. Lo bueno es que siempre se puede aprender. El ritmo, la sincronización y el tono pueden aprenderse con una exposición adecuada y gradual a la música. Necesitará ser paciente y constante para aprender el aspecto musical de la capoeira.

Propiocepción

La propiocepción es el concepto de entender dónde está el cuerpo en el espacio. Las personas con poca coordinación suelen tener una mala propiocepción. Para hacer una voltereta es necesario tener una buena propiocepción. Si tiene una mala coordinación, hacer volteretas puede ser difícil para usted. Esto es bastante común entre los principiantes. Gradualmente aprenderá a evitarlo, ya que la capoeira puede ayudarle significativamente a construir la conciencia que necesita.

Improvisación

La fluidez y la improvisación en la capoeira son bastante difíciles de conseguir porque necesita coordinarse con otro miembro del grupo. Improvisar secuencias por su cuenta puede parecer bastante impresionante, pero hacerlo en sincronía con otra persona se siente aún mejor. Es extremadamente difícil de conseguir, pero una vez que le coja el truco, sabrá lo bien que se siente.

El impacto de la capoeira en la sociedad

Es importante señalar que la capoeira tiene un gran impacto en la sociedad. Además de ser un arte marcial que gira en torno al ataque y la defensa, también hace hincapié en la comunidad, la positividad, el espíritu y la unidad. La capoeira desempeña un papel fundamental en la unión de las personas y en la concienciación sobre causas importantes. Tiene sus raíces en la esclavitud. A los esclavizados no se les permitía entrenar para luchar, lo que les llevó a crear la capoeira. Disfrazaron este arte marcial de danza para poder seguir aprendiendo técnicas de autodefensa. Como se practica en grupo, ayuda a la comunidad a conectarse a nivel espiritual y a que los individuos se sientan apoyados y valorados.

Cuando los jóvenes no encuentran una salida a su ira y frustración, recurren a la violencia. Un grupo de capoeira ofrece a los jóvenes un espacio seguro para expresar su verdadero y auténtico yo sin vacilar. Además, promueve la igualdad. Esto significa que cualquier persona sentirá que pertenece al grupo. Independientemente de quién es o con qué se identifica, será aceptado en el grupo. Su tamaño, edad y habilidades no afectan a sus posibilidades de ser aceptado. Solo tiene que estar dispuesto a intentarlo, y será bienvenido sin enfrentarse a ningún juicio o prejuicio. En la capoeira, cada persona es diferente y tiene su propio estilo. Por eso, no le presionarán para que aprenda un estilo específico. Una de las mayores razones para unirse a un grupo de capoeira cerca de usted es insertarse en un espacio de aceptación donde se sienta seguro y comprendido. Esto le permitirá crecer como persona y aprender a cuidar a otras personas. Los grupos de capoeira se dedican a retribuir a la comunidad. Así que, ¿por qué no empezar hoy mismo?

La capoeira es un maravilloso deporte compuesto por varias formas de arte, como la danza, la música, las artes marciales y la defensa personal. Se remonta a la época en que la esclavitud estaba muy extendida en Brasil. Por aquel entonces, a los esclavos no se les permitía participar en peleas ni siquiera entrenar. Por eso crearon la capoeira. Es un arte marcial disfrazado de danza. La práctica de las técnicas de defensa personal parecía simplemente un baile para los incautos. Sin embargo, es importante tener en cuenta que el objetivo de la capoeira no es herir al adversario, sino protegerse de los riesgos y esquivar los ataques. Solo se puede contraatacar en defensa propia. Por lo demás, la práctica en sí es bastante pacífica. Esta forma de arte tiene varios beneficios y es conocida por su increíble efecto en las personas y las comunidades.

La capoeira como arte marcial le hará más fuerte, más flexible y más equilibrado, pero también le ayudará a estar más relajado y sin estrés. Este deporte le ayudará a aprender varias formas de arte, incluyendo la música y la danza. Le animará a salir de su caparazón y a abrazar su verdadero yo. Sin embargo, como todo en la vida, tiene sus propios desafíos. Algunos aspectos de la capoeira pueden parecer demasiado complejos y desafiantes para usted. Es posible que no tenga la movilidad o flexibilidad que desea, o que no tenga inclinación musical. También es posible que sufra de problemas de coordinación o de incapacidad para improvisar. Nada de eso importa realmente. Con la práctica y la constancia, será capaz de alcanzar sus objetivos en poco tiempo y mejorar con cada día que pase. Otro aspecto sorprendente de la capoeira es la comunidad. Se sentirá apreciado y comprendido. Uno de los valores fundamentales de la capoeira es el respeto a todos, especialmente a los profesores. Por eso es un espacio seguro donde todos pueden ser ellos mismos sin miedo a ser juzgados. Al ver que cualquier persona de cualquier edad puede participar en este arte marcial, puede practicar con toda su familia para crear vínculos más fuertes y mejorar la unidad entre cada miembro de la familia. La capoeira es realmente un deporte inclusivo, respetuoso y divertido que da a todos la oportunidad de alcanzar su máximo potencial.

Capítulo 4: Capoeira Angola vs. Capoeira Regional

La capoeira permite a cada individuo desarrollar su estilo. Se divide en tres estilos: Angola, regional y contemporánea. Pero, antes de entrar en las diferencias, vamos a conocer un poco la historia de estos estilos. La capoeira regional y la capoeira Angola fueron introducidas por Mestre Bimba y Mestre Pastinha respectivamente. Mestre Bimba introdujo algunos movimientos de batuque y otros de jiu-jitsu en la capoeira para hacerla más efectiva e interesante para los jóvenes. El motivo de esta modificación era reavivar el interés de los brasileños por esta forma de arte marcial, ya que se estaban aficionando a otras artes marciales de diferentes países. Al ver el declive de la capoeira entre su pueblo, Mestre Bimba se vio obligado a realizar estos cambios en la forma de arte.

Este esfuerzo de Mestre Bimba llevó a la creación de un nuevo estilo y a la legalización del entrenamiento en él, que inicialmente estaba prohibido. Mestre Pastinha introdujo la capoeira Angola en un intento de preservar la forma original de capoeira. La palabra Angola proviene del país africano del que se originó la capoeira. Los esfuerzos de estos Mestres salvaron la capoeira de la decadencia y la devolvieron a la sociedad brasileña. Es importante señalar que la capoeira que se practicaba en la época de la esclavitud era diferente a la que se practica hoy en día. En aquella época, los esclavos de varios países y tribus africanas se reunían en un mismo lugar. Esto hizo que la capoeira fuera más bien una danza creada por un grupo diverso de individuos. Es posible que cada tribu tuviera su estilo de capoeira.

Otro estilo de capoeira se llama capoeira contemporánea. Este nombre se utiliza tanto para la capoeira Angola como para la práctica de la capoeira regional. Aparte de esto, algunos abandonan estas etiquetas y adoptan un estilo de capoeira en el que se prioriza la estética y los movimientos acrobáticos. Como la capoeira permite que cada uno desarrolle y practique sus estilos, dividir la capoeira en solo estas categorías puede ser difícil. Algunas personas pueden referirse a sus grupos por el nombre de sus Mestres, y otras pueden ceñirse a las categorías tradicionales de capoeira Angola, regional o contemporánea. Sin embargo, una cosa que es similar entre todas estas formas de capoeira es el espíritu comunitario.

Ahora que se ha familiarizado con la historia de los diferentes estilos de capoeira, pasemos al tema original de la discusión, que se preguntaba: "¿Cuál es la diferencia entre la capoeira Angola y la capoeira regional?".

Capoeira Angola

Fuente de la imagen [92]

En la actualidad, la capoeira Angola se practica de muchas maneras diferentes, dependiendo de los Mestres que la enseñan. Algunos Mestres son más rápidos y otros más lentos, algunos son más tranquilos y otros más fieros. Además, a algunos Mestres les gusta jugar más cerca del suelo mientras que otros prefieren posturas más altas. Dicho esto, he aquí algunos elementos que todos los Mestres comparten:

La capoeira Angola utiliza la batería, que consiste en tres birimbaos, al menos uno o dos pandeiro, un agogô, un reco-reco y un atabaque. Este conjunto puede utilizarse con algunas variaciones, pero en su mayor parte sigue siendo el mismo.

En Angola, Sao Bento Grande de Angola es el ritmo principal que toca el birimbao Gunga. Sin embargo, el Sao Bento Grande de Angola se utiliza muy poco, aunque se enseña en las academias que imparten clases de capoeira Angola.

- La capoeira Angola utiliza chamadas durante el juego.
- Utiliza canciones específicas.
- Los capoeiristas están obligados a permanecer sentados en el círculo o roda a menos que les toque jugar.
- Es obligatorio reconocer al Mestre Pastinha como la principal representación de la capoeira Angola.
- Es poco frecuente el uso de movimientos acrobáticos.
- No hay un código de colores utilizado para identificar el rango del capoeirista, y no hay una graduación en la que un capoeirista progrese de un nivel a otro.
- Los Mestres se adhieren estrictamente a la forma de la capoeira Angola.
- Los capoeiristas están obligados a vestirse con camisetas de manga corta y metidas por dentro del pantalón.
- A menudo se les exige que jueguen y entrenen con los zapatos puestos.
- Suelen llevar cinturones con los pantalones.

Aparte de estas similitudes, las diferencias pueden ser visibles en el color de la ropa, los ritmos tocados por los diferentes birimbaos-medio y viola, y los diferentes movimientos utilizados para jugar en el juego. La ginga también puede variar en los distintos grupos e incluso entre los alumnos que se han formado con el Mestre Pastinha. La capoeira Angola incluye muchos elementos que no se encuentran en los otros estilos, ya que es la más parecida a la forma original de capoeira. La mayoría de estos elementos giran en torno a los rituales y la religión. Por ello, muchos Mestres rinden homenaje a su religión a través de una canción. Se cree que eso amplifica el poder de los practicantes. Esto se ha convertido en un ritual desde que comenzó hace siglos.

Es importante señalar que la capoeira Angola se define principalmente por la energía que crea y no puede describirse únicamente por los elementos que la componen. No hay nada que pueda describir esta energía. Hay que sentirla y experimentarla. Como la capoeira Angola se practica normalmente cerca del suelo, la energía que crea es bastante intensa, fluida, vibrante y concentrada. Esta energía también puede denominarse primitiva y procede directamente de la tierra. La capoeira Angola no mantiene un sistema de acordes. Opta por ceñirse a la tradición. Un capoeirista recibe el título de Mestre tras un año de entrenamiento, en función de muchos factores.

Capoeira regional

Mestre Bimba incorporó a la capoeira técnicas de entrenamiento estructuradas y metódicas porque creía que debía considerarse un arte marcial de defensa personal. La capoeira regional se diferencia principalmente de otros estilos de capoeira porque es más rápida, la batería que se utiliza es sencilla pero compacta, los golpes son directos, y da una clara indicación de cómo se juega.

Uno de los elementos que hacen única a la capoeira regional es que tiene un examen de ingreso, que es un examen físico con movimientos de capoeira para evaluar las habilidades del estudiante. Este estilo de capoeira también consiste en secuencias que se basan en 17 movimientos de ataque de capoeira básicos que tienen sus correspondientes movimientos de defensa. Se denominan "sequências". Además, es importante aprender los diferentes ritmos del juego y los movimientos específicos de entrenamiento: movimientos traumáticos, movimientos de proyección, movimientos de inestabilidad y movimientos conectados. La capoeira regional tiene un diploma llamado "Formatura" y exámenes específicos avanzados llamados "Especializacdo" y "Emboscada". Sin embargo, es importante señalar que algunos de los grupos que practican la capoeira regional en la actualidad tienen un estilo muy diferente al de Mestre Bimba. Hay algunos mandamientos, principios y tradiciones que Bimba puso en orden y que deben ser seguidos, así como el método de entrenamiento. Estos principios todavía son seguidos por algunos grupos hoy en día. Aquí están algunos de los principios de Mestres Bimba:

- Los practicantes no deben fumar ni beber, ya que puede afectar gravemente a su rendimiento.
- La sorpresa es un elemento vital cuando se trata de capoeira. Por ello, un capoeirista debe evitar mostrar sus progresos fuera de la academia.
- Los practicantes deben practicar ciertos movimientos todos los días.
- No se debe temer al adversario, ya que esto le ayudará a mejorar los movimientos de defensa y ataque, manteniendo el cuerpo relajado.
- Algunos mandamientos eran específicos del método de enseñanza de Bimba. He aquí algunos de ellos:
- "Gingar Sempre" significa que siempre debe hacer Ginga (el movimiento básico de la capoeira) para estar en constante flujo durante la lucha.
- "Esquivar sempre" significa que debe esquivar siempre.
- Todos los movimientos deben tener un objetivo y no deben ser utilizados por pura estética. Tanto las técnicas de ataque como las de defensa deben estar coordinadas.
- Permanecer en el suelo. Ser firme y evitar los saltos o movimientos acrobáticos que le hacen vulnerable.
- Los capoeiristas deben jugar al ritmo del birimbao.
- El respeto es un componente vital en la capoeira. Hay que respetar la integridad del jugador si ya no puede protegerse de un ataque.
- El jugador más fuerte debe proteger al más débil. Los practicantes deben proteger la integridad moral y física del adversario.
- Hay algunas tradiciones y rituales que se han convertido en parte de su entrenamiento:
- Los principiantes deben entrenarse utilizando una silla.
- "Charanga" es la orquesta de capoeira que consta de un birimbao y dos pandeiros.
- Bimba compuso las canciones de apoyo al juego (Quadras e corridos).
- La primera vez que un alumno toca al ritmo del birimbao se denomina "batizado" o bautismo.

Capoeira contemporánea

La capoeira contemporánea fue iniciada en los años 60 por los capoeiristas que sintieron la necesidad de fusionar la capoeira angoleña y la capoeira regional. Este estilo se formó utilizando los movimientos acrobáticos y otros elementos perdidos de la capoeira del pasado. Esto se inició tras la influencia de Mestre Bimba. Este estilo se formó para unificar la capoeira. La capoeira contemporánea se suele interpretar al ritmo de Sao Bento Grande de Angola de forma más clara y a un ritmo más elevado. Este estilo tiene un método de entrenamiento diferente, pero utiliza bases técnicas que son similares al entrenamiento impartido por Mestre Bimba.

La capoeira contemporánea es el más conocido de todos los estilos. Es el estilo de capoeira que se suele mostrar en la televisión, películas, espectáculos, etc. Los juegos son más rápidos, más técnicos y consisten en movimientos acrobáticos. Por ello, los jugadores se mantienen a distancia unos de otros para garantizar la seguridad. Los dos grupos principales que han contribuido al desarrollo de este nuevo estilo son Abada Capoeira ("La Asociación Brasileña para el Apoyo y Desarrollo del Arte de la Capoeira"), creado por Mestre Peixinho, y Capoeira Senzala, desarrollado por Mestre Camisa Roxa y su hermano Mestre Camisa. Todos los grupos de Contemporánea tienen diferentes formas de organizarse y jugar en una roda. Aquí hay algunos elementos que todos los grupos de contemporánea practican:

- Todos los capoeiristas deben situarse en la roda al igual que en la capoeira regional, en algunos grupos de Angola y en los tipos más antiguos de grupos de capoeira.
- Sao Bento Grande y Angola o Benguela son los dos principales ritmos utilizados.
- Existe un sistema de graduación.
- La mayoría de los grupos juegan con abadas blancas y van descalzos.
- Los juegos incorporan *floreios* (movimientos florales).
- Los juegos son rápidos, vibrantes, compactos, dinámicos y aéreos.
- La batería es bastante similar a la de la capoeira Angola, ya que consta de 3 birimbaos, 1 o 2 pandeiros, 1 agogô, 1 reco-reco y 1 atabaque.
- Es importante señalar que cada grupo es único y que siempre habrá diferencias.

Graduación

Al graduarse, todos los estilos de capoeira tienen un punto en común: el título de Mestre que se otorga tras años de entrenamiento. El grupo de capoeira Angola no sigue ningún sistema de acordes y se atiene a la tradición. Por otra parte, en un grupo de contemporánea, el título de Mestre se reconoce con un acorde rojo. Sin embargo, antes de obtener el título de Mestre, los capoeiristas reciben diferentes títulos. El más común es el título de contra mestre. Todos los grupos y todos los estilos reconocen este título. El título de profesor también es bastante común. Un profesor es alguien con licencia para enseñar, mientras que un Mestre es alguien a quien sus alumnos y sus compañeros reconocen.

Mestre Bimba originó el sistema de graduación, que ha evolucionado desde entonces. Originalmente, solo existía el título de Mestre, que se otorgaba a un capoeirista reconocido como alguien que domina el arte de la capoeira. En la capoeira regional, las reglas están específicamente definidas. Se practica con ritmos creados por el Mestre Bimba. Él creó específicamente el ritmo de Benguela para dar a los jugadores de capoeira regional la posibilidad de interactuar con los jugadores de capoeira de Angola. Este ritmo se basa en el ritmo de Angola. Sin embargo, el jugador nunca haría los mismos movimientos que un jugador de Angola. Por ejemplo, no habría *chamada* ni ningún movimiento de cabeza. Tampoco serían llamados por el birimbao para una breve suspensión del juego por cualquier motivo. Sin embargo, el Mandinga sigue presente, aunque se juegue con un estilo diferente.

Cuestionario

¿Todavía no tiene claro cuál es el mejor estilo de capoeira para usted? Esta es una prueba:

1. ¿Quiere seguir un conjunto estricto de reglas para aprender una forma de arte marcial?
   a. Sí
   b. No
   c. Tal vez

2. ¿Quiere practicar algún movimiento acrobático en su estilo de capoeira?
   a. No
   b. Sí
   c. Tal vez

3. ¿Quiere tener una ceremonia de graduación para pasar al siguiente nivel?
   a No, no es necesario.
   b. Sí, por supuesto.
   c No me importa.

4. ¿Quiere utilizar canciones específicas en su práctica?
   a. Sí.
   b. No.
   c. Me gustaría mantener mis opciones abiertas.

5. La capoeira debe ser puramente una técnica de defensa y ataque.
   a. Sí
   b. No realmente
   c. No está de más utilizar algunas técnicas acrobáticas.

6. No quiero estar limitado por las reglas.
   a. No.
   b. Sí, ¡las reglas son lo peor!
   c. Debería haber algunas reglas.

7. El énfasis de la capoeira debería estar en la técnica.
   a. No, la estrategia y el engaño también son importantes.
   b. Sí.
   c. Absolutamente.

8. ¿Cómo le gusta su Ginga?
   a. Improvisado.
   b. Estándar.
   c. Cadencioso.

9. ¿Quiere que sus ataques sean rápidos?
   a. No, deben ser lentos y constantes.
   b. Sí, deben ser rápidos y compactos.
   c. Absolutamente.

10. ¿Le atraen los títulos?
    a. No, en absoluto.
    b. Sí, ¡son geniales!
    c. Sí, no está de más tenerlos.

Respuesta

Si la opción "a" es la más seleccionada, debería elegir Angola.
Si ha seleccionado la opción "b", debe elegir contemporánea.
Si ha seleccionado la opción "c", debe elegir la capoeira regional.

La capoeira tiene una rica historia y tradiciones que aportan muchos beneficios a sus practicantes. La capoeira Angola y la capoeira regional pueden tener algunas diferencias, pero las técnicas de defensa personal inherentes y los elementos de respeto y uso de los ritmos mientras se practica son comunes en todos los estilos de capoeira. La capoeira Angola fue introducida por Mestre Pastinha, que creía en mantener los principios tradicionales de la capoeira que utilizaban los capoeiristas del pasado, mientras que Mestre Bimba inició la capoeira regional. Mezcló la capoeira con otras formas de artes marciales, como el kung fu y el jiu-jitsu. Esto se hizo para atraer a los jóvenes de nuevo al arte de la capoeira, ya que la gente había empezado a perder interés en ella y se estaba distrayendo con otras formas de artes marciales. Mestre Bimba es reconocido por sus esfuerzos en el deporte de la capoeira y por devolverlo a la comunidad brasileña.

Otra forma de capoeira es la llamada contemporánea. Es una mezcla de los dos estilos, la capoeira Angola y la capoeira regional. Utiliza prácticas de ambos para hacer la capoeira más interesante, y es el estilo más conocido de todos ellos. La contemporánea es casi siempre el estilo que se muestra en programas de televisión, películas, etc. Es más apreciado por sus movimientos acrobáticos y su enfoque en la estética. Tiene que reconocer cuál es el estilo de capoeira que más le conviene y que se ajusta al tipo de experiencia que está buscando. Lo mejor de la capoeira es que cada uno puede encontrar su propio estilo. Realice el cuestionario para tener una idea clara de lo que quiere y, a continuación, inicie su viaje para convertirse en capoeirista.

Capítulo 5: Principios y movimientos básicos de la capoeira

Como la historia de la capoeira no está tan bien documentada, no sabemos cuál era el propósito inicial de esta forma de arte. Hoy en día, se clasifica como un arte marcial. Este capítulo proporcionará más información sobre los movimientos utilizados en este arte marcial que se asemejan mucho a los movimientos de danza.

Es importante entender que la capoeira nació bajo el colonialismo portugués en Brasil, durante una época en la que prevalecía la esclavitud, y a los esclavos no se les permitía practicar sus propias tradiciones, religiones o culturas. Además, en esta región había esclavos de todo el mundo, por lo que es difícil determinar una única cultura de la que pudiera proceder.

Es difícil creer que se concibiera puramente como una forma de lucha. Se disfrazó hábilmente detrás de la música y el ritmo como una danza. Los grandes movimientos fluidos combinados con la potencia explosiva de los ataques y las estrategias defensivas escurridizas son difíciles de descifrar.

Hay que tener en cuenta que el objetivo principal de la capoeira no es luchar. Se considera un juego, y ambos participantes tienen siempre como objetivo ganar en lugar de derrotar al oponente. Ganar sí requiere derribar al oponente, y hay mucho más que la fuerza bruta.

Veamos algunos de los principios básicos de la capoeira y cómo se traducen en los principales movimientos.

Principios básicos

1. Interacción

La capoeira se puede practicar de muchas maneras diferentes, desde una interacción que se asemeja a una conversación casual hasta algo que parece la representación física de una discusión acalorada. Esta interacción es un componente fundamental de este arte marcial. Notará que, durante un juego, los oponentes mantienen un intenso contacto visual e incluso pueden hablar entre ellos. Sus movimientos reflejarán lo que están diciendo y lo que está sucediendo en ese instante.

La capoeira es un juego tanto mental como físico. Cada jugador trata de estudiar al otro para desarrollar una respuesta a la que espera que su oponente no pueda responder, especialmente después de romper su defensa o contraatacar.

En la capoeira, también es común ver a los jugadores distrayendo o burlándose unos de otros con bofetadas, empujones, patadas de empuje y diversas posturas de manos. Todas estas cosas se pueden hacer de forma casual para hacer saber a la otra persona que debe prestar más atención. La intensidad de algunos de estos movimientos marca la diferencia entre una patada de empuje suave y una que le dejará sin aliento.

Los jugadores pueden estar a la defensiva o a la ofensiva. Si un jugador es capaz de entender lo que el otro está haciendo y tiene la habilidad para manejar el ataque, puede ganar independientemente de su estilo de capoeira.

2. Movimiento

Fuente de la imagen [98]

El movimiento y el desplazamiento son pilares fundamentales de este juego. Ni siquiera la postura básica de un jugador es inmóvil. Por el contrario, los jugadores se mueven constantemente, cambian de sitio y siempre están preparados para hacer una transición suave hacia otro movimiento.

Esta fluidez significa que ningún ataque es un movimiento duro, y ninguna defensa es un bloqueo duro. En su lugar, la atención se centra en esquivar y utilizar el impulso del movimiento constante para generar un ataque poderoso que el otro jugador no vea venir. Por otro lado, el jugador también debe ser lo suficientemente fluido como para esquivar cualquier ataque similar.

Por esta razón, la capoeira puede ser extremadamente exigente desde el punto de vista físico, y requiere mucha energía para mantenerse en la lucha y mucha resistencia para aguantar los brutales golpes. Utilizando todo el impulso que ganan al moverse constantemente, los artistas marciales de la capoeira pueden generar puñetazos, patadas e incluso cabezazos muy potentes.

3. Engaño

Todo este movimiento da lugar a muchos engaños y falsas alarmas. Por ejemplo, incluso en la postura inicial, en la que el jugador se mueve de un pie a otro, nunca se sabe si está a punto de estallar en un ataque o si se está preparando para defenderse. Las distintas posturas son extremadamente abiertas, lo que permite al jugador hacer todo lo que quiera y hace que el adversario tenga que analizar y anticiparse.

De hecho, hay todo un conjunto de movimientos conocidos como "floreios" que están diseñados específicamente para engañar a sus oponentes. Cualquier cosa que se le ocurra hacer con la intención de distraer o engañar al oponente forma parte de este juego. Ya sea señalando algo fuera de la arena o fingiendo estar herido, todo forma parte de este arte marcial.

4. Resistencia

La capoeira comenzó con los esclavos y, al estar oprimidos, sabían que no podían llegar a ninguna parte utilizando la fuerza. En su lugar, se basaron en el uso de técnicas inteligentes y en alterar el propio impulso del atacante para que funcionara en su contra. Esto se ha traducido en los diversos movimientos de resistencia indirecta que evitan astutamente un ataque. En algunos casos, el jugador puede optar simplemente por esquivar los ataques de alta energía hasta que el oponente se agote, o puede entrelazar los ataques para encontrar un punto débil que pueda golpear.

Cuando esto sucede delante de sus ojos, puede pensar que está coreografiado, pero en realidad, hay mucho pensamiento y estrategia detrás de cada movimiento, y todo depende de un cuerpo fuerte para ejecutar esos movimientos a la perfección.

Movimientos principales

Toda la danza de la capoeira se compone de varios tipos de movimientos claramente identificables que se combinan de manera que encajan perfectamente. Algunas secuencias son tan fluidas que el adversario no puede saber lo que va a suceder a continuación. A ello contribuye el hecho de que cualquier movimiento puede crearse desde cualquier punto si el jugador es lo suficientemente hábil. A continuación, un breve desglose de las principales categorías de movimientos y algunas de las maniobras más comunes.

1. Movimientos básicos

A diferencia de otras artes marciales, en la capoeira, incluso la postura inicial o inactiva de un jugador se cuenta, de hecho, como un movimiento. Se mueven, literalmente, de un lado a otro, y aunque hay algunas posturas básicas que todos los jugadores utilizan, con más experiencia, son capaces de personalizarlas y tener su propia visión.

La ginga - Paso oscilante de un lado a otro

La ginga[94]

El jugador está cerca del suelo, con las rodillas dobladas, los brazos extendidos y balanceándose en este movimiento. El jugador cambia de posición de un pie a otro manteniendo una base sólida en todo momento. Esta es una postura de lanzamiento fantástica, y un jugador puede utilizar el impulso para explotar en cualquier tipo de ataque o defensa.

La ginga es la postura más utilizada en cualquier tipo de capoeira. Hay algunas variaciones, pero el principio básico sigue siendo el mismo. A medida que los jugadores van avanzando, pueden modificar su ginga en función de su plan de juego y su técnica general.

Un Aú – Cartwheel (voltereta lateral)

Un Aú[95]

En esencia, se trata de una voltereta, pero hay muchas variaciones que pueden utilizarse para muchos propósitos. En la forma más básica, se trata de un movimiento circular lento en el que los jugadores se mantienen bajos y apretados para mantener un centro de gravedad bajo y un perfil más pequeño. En algunos casos, el jugador puede hacer una pausa en una parada de manos para hacer un movimiento diferente, o puede progresar todo el ciclo hasta caer de pie.

Como muchas cosas en la capoeira, el Au puede utilizarse como transición a un movimiento o como evasión de uno. Además, puede combinarse con otros movimientos para crear una maniobra más elaborada.

Uno de los movimientos más avanzados es la bananeira, que es una parada de manos que se asemeja a un plátano. En este movimiento, el oponente tendrá las manos separadas a la altura de los hombros y puede tener las piernas juntas o separadas. Las piernas pueden estar divididas hacia los lados o hacia adelante y hacia atrás, y este es un bloqueo efectivo para muchos de los movimientos del oponente. Este movimiento se distingue de otras paradas de manos porque el jugador sigue mirando al oponente durante la bananeira y puede modificar el movimiento de paso según lo que anticipe que hará el oponente.

2. Movimientos defensivos

La palabra "*esquivas*" significa literalmente "evadir los ataques".

Cuando se trata de capoeira, hay muchos movimientos defensivos, estrategias y técnicas que los jugadores pueden elegir. El esquivas es uno de los movimientos defensivos más utilizados entre todos ellos. Más concretamente, es una técnica en la que el jugador intenta esquivar un ataque o contrarrestarlo utilizando el impulso generado por el propio ataque.

Se trata de un deporte en el que cada ataque, especialmente si se trata de una patada, se lanza con tanta torsión e impulso que intentar bloquearlo seguirá causando mucho daño. La estrategia más eficiente es esquivar estos movimientos de potencia, encontrar un punto débil y contraatacar, todo en el flujo de un movimiento suave.

3. Patadas

Este es probablemente uno de los aspectos más destacados de la capoeira, patadas tan potentes que puede lesionarse seriamente solo tratando de bloquearlas. Se pueden utilizar de varias maneras en este juego y pueden tomar la forma de un ataque, una defensa o una evasión.

Una de las patadas más potentes de este deporte es la armada. Se trata de una patada redonda inversa, también conocida como patada giratoria, de dentro a fuera de la media luna.

Esta patada puede realizarse con los brazos en el suelo o con un salto manteniendo la parte superior del cuerpo erguida en el aire. En cualquiera de las dos formaciones, la potencia se genera a partir del giro de las caderas y de la parte superior del cuerpo, creando una patada increíblemente potente. Luego hay muchas variaciones de la armada, dependiendo de cómo se haga y de si se pretende atacar la parte superior del cuerpo o la parte inferior del adversario.

Armada

Otra patada comúnmente utilizada y muy efectiva es la conocida como *benção*, que se traduce literalmente como "bendición". Se trata de una patada frontal recta que suele lanzarse desde una posición de pie con la intención de golpear al oponente con la planta o el talón del pie. Es una patada que tiene muchos usos y puede utilizarse como un empuje defensivo o puede ser un ataque por sí mismo. Suele dirigirse al pecho o al torso, pero también puede utilizarse para atacar la barbilla, la cara o la cabeza.

Benção

Martelo

Otra patada letal es el *martelo*. Se trata de una patada en la que el jugador da un paso adelante y luego apunta al cuerpo del oponente con la parte inferior de su espinilla. Esta patada puede golpear cualquier zona del adversario, pero el golpe más eficaz es el que se dirige a la sien del adversario. Suele ser un movimiento de derribo si el adversario no consigue esquivarlo o bloquearlo. El paso hacia delante crea impulso, y el movimiento general de toda la pierna añade más torsión al golpe final.

4. Golpes de manos y brazos

Si bien el trabajo de pies es lo más destacado de la capoeira, los golpes con los brazos y las manos también se utilizan mucho. Pueden ser tan efectivos como una buena patada con la técnica y la selección de movimientos adecuados.

Así mismo, las manos y los brazos también se utilizan como herramientas de engaño. Los jugadores a menudo agitan los brazos o hacen movimientos exagerados con los brazos como si dieran a entender que viene un ataque con las manos cuando, en realidad, están a punto de lanzar una patada.

Uno de los movimientos de brazo más efectivos es el conocido como *cotovelada*. Se trata de un movimiento de codo que puede causar graves daños cuando se realiza correctamente. Si se planta en la cara, es inevitable que se produzcan fracturas en el cráneo, la mandíbula o daños en las cuencas de los ojos. Es un movimiento muy poderoso que se utiliza sobre todo en el combate cuerpo a cuerpo.

Cotovelada

Otro movimiento es el galopante, que en realidad es una bofetada en la cara o en la oreja. Esto se utiliza más como una distracción y como un mensaje para el oponente, pero también es un movimiento muy eficaz cuando se realiza correctamente.

5. Derribos

La capoeira es un deporte en el que los movimientos de agarre y lucha no juegan un papel importante, pero algunos tipos de derribos se utilizan en situaciones particulares. En la mayoría de los casos, los derribos son en forma de barridos de piernas.

Una de las razones por las que los derribos no se utilizan tanto es porque la capoeira no se centra realmente en el juego de suelo. Aunque mucha gente hace derribos con una o dos piernas, no hay mucho que hacer en el suelo después de eso.

En la mayoría de los casos, los derribos se realizan con las piernas como movimiento defensivo y normalmente para contrarrestar otros ataques con patadas. La sincronización es la clave de dicho movimiento, y esto es algo que podrá presenciar cuando observe a los jugadores más avanzados.

6. Floreios

Tradicionalmente, estos son movimientos visualmente atractivos y sobre todo de naturaleza acrobática. Esto no significa que no sean efectivos como defensa o ataque, pero el objetivo principal es crear una distracción o simplemente mostrar habilidad. Dependiendo de la situación en la que se utilicen, pueden servir para cualquier propósito.

Uno de los movimientos más populares en esta categoría es la patada de helicóptero, también conocida como *helicóptero*. En esta maniobra, el jugador realiza una voltereta, pero aterriza con el pie que fue el último en salir del suelo. De esta forma, se realiza una rotación y media con una pierna y una gran media luna con la otra. Esto puede usarse como un ataque o una defensa, o puede usarse como una esquiva elegante para simplemente salir del camino en un ataque que se aproxima.

La capoeira en la actualidad

Las cosas han cambiado en los cientos de años que tiene este arte marcial. En épocas anteriores, e incluso en algunas situaciones actuales, la capoeira puede ser un deporte mortal. Con los infinitos tipos de movimientos de fuerza que un jugador tiene a su disposición, pueden dañar a su oponente, e incluso puede ser fatal.

Sin embargo, la capoeira moderna es más un arte, y los jugadores buscan crear una batalla estratégica desafiante en lugar de dañar al otro jugador.

En el pasado se utilizaban varios movimientos que ya no se usan hoy en día en la capoeira formal. Cosas como los golpes en los ojos y las patadas en la garganta pueden ser fácilmente mortales y pueden perjudicar a una persona para el resto de su vida.

Las formas más rudas de capoeira callejera que no se rigen por las normas formales no limitan los tipos de movimientos que los jugadores pueden elegir. En las escuelas formales, estas cosas ya no se enseñan, y se hace más hincapié en el juego estratégico.

Para avanzar en la capoeira y ser capaz de aumentar realmente la tecnicidad de su juego, no solo hay que conocer los movimientos, sino también tener una fantástica condición física.

Muchos de los movimientos que utilizan los jugadores sirven como ejercicios de fortalecimiento y se utilizan ampliamente en la práctica antes de que el jugador pueda pasar a técnicas más avanzadas.

Capítulo 6: Movimientos de ataque en la capoeira

Los ataques en la capoeira incluyen movimientos que se dirigen hacia el oponente, y varían desde golpes con las palmas, patadas y cabezazos. La mayoría de los ataques son patadas circulares o patadas rectas que provienen de la ginga. Como la capoeira es un deporte sin contacto, la mayoría de estos ataques no alcanzan al oponente. Este capítulo se centra específicamente en los movimientos básicos de ataque de la capoeira que debe conocer.

Movimientos de capoeira

Los movimientos y técnicas de la capoeira consisten en movimientos únicos que van desde patadas intensas hasta escapes. Estos movimientos son significativos para la naturaleza fluida del juego, y deberías aprenderlos, recordarlos y utilizarlos. Hay muchos tipos de movimientos efectivos, pero pueden ser abrumadores para los principiantes. Los siguientes son movimientos básicos de capoeira que puede utilizar.

Tipos comunes de movimientos de capoeira

Los tipos comunes de movimientos de capoeira se pueden dividir en cinco grupos dependiendo de su función principal. Los siguientes son los cinco grupos.

1. Movimientos de reubicación (Movimentos)
2. Ataques (Attaka)
3. Defensas (Defensa)
4. Embellecedores/acróbatas (Floreios)
5. Desplazamientos/caídas (Deslocamentos/Quedas)

Dependiendo de cómo se utilicen los movimientos, algunos de ellos pueden pertenecer a más de una categoría. Su experiencia determinará su capacidad para conectar las diferentes categorías de movimientos.

Movimientos de reubicación (Movimentos)

Puede utilizar los movimientos de reubicación cuando quiera cambiar de posición o moverse continuamente en la capoeira. Un capoeirista se mueve constantemente y cambia de dirección. Puede estar moviéndose hacia arriba y hacia abajo, hacia adelante o hacia atrás. Los movimientos básicos le ofrecen la base para jugar a la capoeira, ya que puede utilizarlos alrededor de la roda. Los movimientos básicos de reubicación que debe conocer incluyen el rolé y la ginga. Estos movimientos son comúnmente usados como defensa, haciendo burlas acrobáticas, y atacando. Si quiere ser bueno en capoeira, es esencial dominar los movimientos de reubicación.

Movimientos de ataque

Este capítulo se centra principalmente en los movimientos de ataque que se utilizan como principiante. La capoeira no incluye ningún contacto físico, pero atacar es parte del juego. Los ataques pueden variar desde patadas, cabezazos o golpes de palma. Sin embargo, en la mayoría de los casos, las patadas son las más utilizadas. Los ataques pueden ser circulares, redondos o rectos, y todos parten de la ginga. Como se verá en la siguiente sección, la ginga ayuda a ocultar los ataques, por lo que se cree que la capoeira es una danza. Proporciona algo de diversión y también mantiene a los espectadores entretenidos.

La ginga

Es un movimiento fundamental en la capoeira que todo jugador debería conocer. Es un movimiento rítmico constante que es empleado por muy pocas otras artes marciales. La ginga se presenta en diferentes formas, y su objetivo principal es preparar el cuerpo para diferentes tipos de movimiento, como realizar ataques, evadir y lanzar fintas. En otras palabras, es la base para las defensas, los ataques y los floreios.

Cuando comience este movimiento, sus pies deben estar paralelos entre sí, y trata de mantener la anchura de sus hombros. De un paso hacia atrás con la pierna derecha y evite ir demasiado lejos. Mientras la pierna se mueve hacia atrás, mueva el brazo derecho delante de la cara y asegúrese de que los dedos apuntan hacia la izquierda. Esta posición se llama ginga. Puede volver a empezar el proceso y utilizar la pierna izquierda y el brazo izquierdo apuntando hacia la derecha. Cuando continúa este movimiento cambiando entre la derecha y la izquierda, está haciendo la ginga. Para familiarizarse con él, empiece a practicarlo desde una posición y luego intente hacerlo en círculo.

Como el capoeirista está en constante movimiento, esto ayuda a frustrar al adversario que avanza. El movimiento ofrece una sincronización del movimiento de los brazos para evitar los ataques; las piernas y el torso ayudan a evitar las patadas altas y, al mismo tiempo, a mantener el equilibrio. Durante la ginga, no se mantiene una posición estática y el ritmo que sale de la batería determina la velocidad.

Cadeira

Cadeira

El *paralelo* o la *cadeira* es una posición que se encuentra en la ginga, y ambas piernas estarán cuadradas. Esto hace que el movimiento sea la base adecuada para la ginga. La cadeira suele ser una posición baja que se asemeja a la adoptada por un parador en corto (en béisbol). También tiene muchas cosas en común con la postura del caballo que se encuentra a menudo en las artes marciales orientales. En este movimiento se utiliza un brazo para proteger la cara mientras el otro protege el lado opuesto. Utilizará la mayor parte de los músculos de su cuerpo para mantener el equilibrio.

Varios ataques, escapes y movimientos pueden fluir fácilmente desde esta posición. Estos incluyen balança, queda de rins, aú, resistência, martelo, cabeçada, y otros. En la siguiente sección se explica cómo se pueden realizar los ataques básicos de la capoeira.

Rolé (Ho-Lay)

Este movimiento está diseñado para ayudarle a permanecer bajo mientras se reubica para encontrar una forma rápida de levantarse y volver a la ginga. Hay diferentes métodos que puede utilizar para entrar en rolé. Puede empezar con la posición de Queda de Quatro, donde luego decidirá la dirección a seguir. Si quiere rodar hacia la derecha, su pie derecho debe sobresalir y los dedos del pie deben apuntar hacia la derecha. Mientras levanta la mano izquierda, intente alcanzar la cabeza y colocarla en el suelo. Intente llevar la pierna izquierda por encima de la derecha simultáneamente. Tiene que terminar con ambas piernas paralelas en el suelo y con las manos planas también. El siguiente movimiento es volver al Quatro, y continúa en la misma dirección. Su pierna izquierda debe estar debajo de la pierna derecha, y debe terminar justo donde comenzó.

Rolé

Cuando quiera utilizar el rolé para levantarse, deberá hacer algunos ajustes en los pasos anteriores. Debe hacer el rolé hacia la derecha y mantener el pie y los dedos del pie sobresaliendo hacia la derecha. A continuación, intente alcanzar su mano levantada y colocarla en el suelo. Al mismo tiempo, debe poner la pierna izquierda sobre la derecha. Sea cual sea el movimiento que elija, acabará en posición de ginga.

El rolé se utiliza principalmente cuando se quiere reubicar en la roda rápidamente. Esto le ayuda a levantarse más rápido y a crear cierta distancia de ataque entre usted y el oponente. La dirección de sus pies es hacia donde se dirigirá. Puede utilizar el rolé para defenderse de un ataque o para ocultar un ataque. También puede utilizarlo para iniciar un ataque si lo desea. Este movimiento es versátil, y usted debe conocerlo para mejorar sus habilidades de capoeira. También puede combinarlo con Aú para obtener el "Aú rolé".

Benção

Benção significa bendición y se refiere a una patada recta de empuje que parte de la ginga. Puede utilizar este movimiento para atacar al oponente, y es una de las patadas rectas más importantes que puede aprender en la capoeira. Se utilizará la pierna de atrás para dar la patada. Levante la pierna de atrás, ponga la rodilla en el pecho y luego coloque las manos frente a usted como si estuviera sosteniendo una tabla. Asegúrese de utilizar la otra pierna para mantener el equilibrio.

Haga esto como si pretendiera romper la tabla utilizando la parte inferior de sus pies. Los utilizará para empujar hacia arriba mientras tira del brazo hacia atrás. Tire de su pierna extendida hacia atrás a la posición de la ginga para terminar la patada.

Benção es una patada que se utiliza principalmente para atacar el torso o cualquier punto entre la cadera y el cuello. Mientras que la patada es fácil de realizar, puede ser un gran desafío para usar efectivamente debido a la distancia y el equilibrio. Debe tener en cuenta las siguientes cosas cuando use el benção.

- No debe estar demasiado cerca para no ser vulnerable. La patada tendrá poco impacto si lo está.
- Su patada será ineficaz si está demasiado lejos. Estará pateando el aire, y no habrá razón para que los oponentes reaccionen.

Por lo tanto, es esencial encontrar una distancia ideal para realizar eficazmente este movimiento. Tiene que practicar realizando lentamente esta patada y apuntando a una posición marcada en la pared o a cualquier otro objetivo con el que se sienta cómodo. Debe procurar alcanzar una buena distancia al hacer contacto con la pared, y no debe doblar demasiado las rodillas hacia arriba. Debe aspirar a lograr una buena distancia antes de entrar en contacto con la pared y asegurarse de no doblar las rodillas demasiado hacia arriba.

Meia Lua de frente (Meya-Luwa Gee Frenchi)

Esta patada en forma de media luna es una de las patadas básicas que debe dominar cuando empiece a practicar. Como esta patada tiene forma de medio círculo, pertenece a la categoría redonda/circular. Cuando ejecute esta patada, su pierna derecha se balanceará, y comienza desde la parte posterior y se mueve a través del cuerpo. Su pierna derecha está en la parte posterior cuando comienza desde la posición de la ginga.

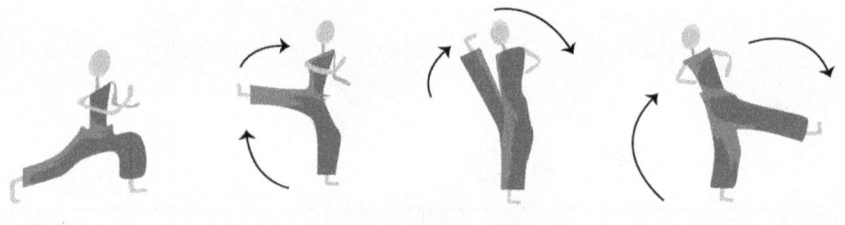

Meia Lua de frente

Este tipo de patada se considera una de las primeras que cualquiera debería aprender, y es un movimiento perfecto cuando se realiza con control y potencia. Como esta patada tiene forma de medio círculo, pertenece a la categoría redonda/circular. Al ejecutar esta patada, la pierna se balancea desde la espalda, haciendo un semicírculo desde el exterior y moviéndose a través del cuerpo. Se parte de la posición de la ginga, y la pierna derecha estará en la parte posterior.

Martelo (Maar-Teh-Low)

Significa "martillo" en español, esta patada recta se utiliza para atacar. Es más o menos como una patada redonda utilizada para atacar el lado del cuerpo o la cabeza.

Martelo

Esta patada recta también se conoce como *martillo*. Se utiliza cuando se ataca al adversario. La patada redonda se utiliza específicamente cuando se ataca el lado del cuerpo o la cabeza en la capoeira. Cuando se practica la capoeira, la intención es no patear las piernas o las rodillas de los compañeros, ya que esto puede causar lesiones graves. Como principiante, siempre debe apuntar a dirigir sus patadas a las áreas por encima del torso.

Armada

Este movimiento es una patada circular en la que todo el cuerpo gira, y puede utilizarse para atacar. Empiece desde la posición de la ginga si quiere hacer esta patada y asegúrese de que su pierna izquierda está en la parte delantera mientras que la derecha está en la parte trasera. Su postura debe ser como la de alguien con las piernas cruzadas cuando está de pie. La parte superior de su cuerpo debe estar girada hacia la dirección de la pierna derecha.

Cuando decida comenzar la ginga con la pierna derecha detrás y la izquierda delante, utilice la pierna izquierda para dar un ligero paso hacia la derecha. Debe colocarse como alguien que está de pie con las piernas cruzadas. Gire la parte superior de su cuerpo en dirección a la pierna derecha.

Aú

Aú se traduce como *voltereta* en español. Se realiza de forma diferente a la voltereta que ya conoce. Con este movimiento usted camina usando sus manos, pero mira hacia el frente, no hacia el piso. Tiene que colocar la barbilla sobre el pecho para conseguirlo. El movimiento Aú está destinado específicamente a mejorar el elemento visual de la capoeira, y puede utilizarlo para un ataque o una defensa. Su intención determinará cómo usará el movimiento Aú.

Bananeira

Bananeira

La *bananeira* viene de un árbol de plátano y es una parada de manos. Al hacer capoeira, tiene que poder caminar usando las manos, y sus piernas estarán encima. Tiene que mirar al frente, no al suelo, cuando camine con las manos. Esto le ayudará a enfrentarse al otro jugador y a mejorar los elementos visuales del juego. Puede utilizar sus piernas para atacar y defender. También puede utilizar este movimiento para hacer una pequeña pausa o hacer caer al adversario en una trampa mientras le observa realizar sus gracias. Esta es otra forma de mostrar su equilibrio, ya que el otro propósito de la capoeira es proporcionar entretenimiento.

Consejos para aprender los movimientos

No es muy fácil aprender algunos de los movimientos de ataque en la capoeira. Los siguientes consejos pueden ayudarle a mantenerse concentrado y a aprender rápidamente.

- Entrene con un profesor experimentado. Aunque pueda parecer sencillo imitar diferentes movimientos sin un instructor, trabajar con un profesional experimentado es esencial. Un buen profesor tiene mucha experiencia de la que se puede beneficiar, y también sabe lo que necesita para dominar las diferentes técnicas.
- Calentamiento. Antes de intentar cualquier movimiento de capoeira, tiene que hacer un calentamiento. El estiramiento preparará sus músculos para los movimientos en los que aún es nuevo para que no se lastime.
- Practicar. Saber algo es diferente a hacerlo. Muchas personas piensan que pueden realizar diferentes cosas, ya que tienen conocimientos teóricos, pero no siempre es así. La práctica le ayuda a aprender varios movimientos, y

solo puede ganar confianza después de varios intentos. Nunca hay que rendirse si el primer intento no da los resultados deseados. Gracias a la práctica constante, ganará la experiencia que tanto necesita.

- Esté atento. Siempre debe prestar atención a cada movimiento para entender cómo debe desplazar su peso o en qué posición debe estar. Puede hacerse daño si no comprende la secuencia básica que debe seguir en cada movimiento.
- Tenga confianza. Tiene que estar seguro de que puede realizar cualquier movimiento que esté practicando. Tenga confianza en sus habilidades.
- Además de estos consejos, tiene que colaborar estrechamente con su instructor para dominar diferentes cosas. Tiene que aprovechar todas las oportunidades para preguntar sobre cualquier cosa que no entienda. También necesita repetir movimientos específicos que son difíciles de hacer bien para los principiantes. Aprender capoeira es un proceso largo. La práctica le ayuda a familiarizarse con los diferentes movimientos que pueden ayudarle a mejorar sus habilidades.

Al jugar a la capoeira, debe estar constantemente moviéndose en la roda. Estos movimientos son básicos para el juego de la capoeira, y también pueden ayudarle a comprender más tácticas. Con estos consejos, puede mejorar significativamente sus habilidades. Tenga en cuenta que el aprendizaje de la capoeira nunca termina. Siempre hay algo nuevo que dominar.

Capítulo 7: Movimientos defensivos de capoeira

En la capoeira no debe haber contacto físico, pero hay movimientos defensivos que debe conocer. Cuando está bajo ataque, debe saber cómo protegerse para evitar daños severos. Este capítulo trata de los diferentes movimientos de defensa y de cómo realizar cada uno de ellos de forma efectiva.

La capoeira como defensa personal

¿Se pregunta si la capoeira es el arte marcial más efectivo que puede utilizar para la defensa personal? Muchas personas consideran las artes marciales para protegerse. Sin embargo, la capoeira es vista como un juego y es menos efectiva para la defensa personal, pero aún puede usarla para evadir ataques. Aunque la creencia generalizada es que la capoeira no tiene contacto y es predominantemente un espectáculo, puede ser la mejor opción para la defensa personal. La capoeira es popular en las peleas callejeras, ya que le prepara para ser ágil y le enseña algunos movimientos versátiles.

Movimientos defensivos de la capoeira

Hay diferentes movimientos de capoeira que puede utilizar para defenderse. Los siguientes son los movimientos defensivos más comunes.

La ginga

Fuentes de imágenes[96]

En capoeira, la ginga es el movimiento más básico que debe conocerse. Para realizar este movimiento, tiene que moverse hacia atrás, luego hacia adelante y luego hacia los lados mientras alterna entre ambas piernas. Sus manos también se moverán junto con su cuerpo para proteger las partes propensas a los ataques. La ginga es un movimiento fundamental de la capoeira, y muy pocas artes marciales utilizan esta estrategia.

El objetivo principal de la ginga es preparar su cuerpo para diferentes movimientos que incluyen la finta, la evasión y la entrega de los ataques. Como capoeirista, está constantemente en movimiento, y esto ayuda a frustrar al oponente y mantenerlo a raya. Se trata de una técnica de defensa eficaz que le ayuda a mantener su torsión.

También le ayuda a evitar perder el equilibrio en los momentos cruciales.

Balança

La balança consiste en una combinación de movimientos de finta de lado a lado que están específicamente destinados a engañar al oponente. También dificulta que el adversario pueda predecir su próximo movimiento. Los brazos del capoeirista se mueven siempre hacia los lados en la balança para proteger la cara. Es ideal para defenderse de patadas rápidas, golpes de mano y cabezazos. En este movimiento, también se desplaza el peso del cuerpo de una pierna a la otra manteniendo el equilibrio. Si lo perfecciona, puede ejecutar golpes inesperados.

Negativa

Fuentes de imágenes[97]

Los capoeiristas utilizan este movimiento en particular para negar los ataques entrantes bajando el cuerpo al suelo. Se baja el cuerpo hacia un lado, y una mano lo sostiene mientras la otra protege la cara. Las piernas se mantienen cerca unas de otras, y el cuerpo debe estar en una posición estratégica para evitar lesiones. Se puede practicar este movimiento con el estómago en paralelo al suelo. También se puede utilizar como barrido. Si el otro jugador pretende dar una patada de pie, todo su peso se apoya en una sola pierna. Esa es la oportunidad perfecta para utilizar su pierna extendida para enganchar la suya desde atrás y barrerla. Este movimiento es una gran manera de proteger su cara.

Cocorinha

La cocorinha es un movimiento de defensa sencillo y eficaz que le protege contra las patadas redondas dirigidas al torso o a la cabeza. Tiene que ponerse en cuclillas con los pies apoyados en el suelo y las rodillas cerca del pecho para proteger su cuerpo. Utilice una mano para proteger la cabeza mientras la otra le apoya en el suelo. También puede ponerse en cuclillas con los brazos cruzados por encima de la cara. De esta manera, su cuerpo puede bajar con facilidad, para que pueda evadir todas las patadas entrantes. Si se balancea con el brazo izquierdo, la posición del brazo derecho hará que parezca que se está oliendo la axila derecha. El puño derecho debe apuntar hacia la izquierda y viceversa si está utilizando el brazo izquierdo para defenderse.

Si quiere entrar en la cocorinha desde la posición de la ginga, la pierna derecha debe estar atrás mientras el brazo derecho está arriba. De un paso adelante con el pie derecho paralelo al izquierdo, y luego póngase en cuclillas mientras avanza. Asegúrese de que ambos pies estén apoyados en el suelo y que la mano izquierda esté también en el suelo. Mientras avanza, asegúrese de que el brazo derecho está por encima de la cabeza y el puño también apunta hacia el lado izquierdo. Puede retomar la posición de la ginga una vez que haya pasado la patada.

Esquiva

Fuentes de imágenes[98]

La esquiva es una esquiva baja o un escape que se puede utilizar para evitar las patadas desplazándose hacia abajo, a la derecha o a la izquierda, dependiendo de la procedencia de la patada. Las esquivas hacen que la capoeira se diferencie de otros tipos de artes marciales en el sentido de que va con el flujo del ataque mientras que al mismo tiempo libera un ataque potencialmente más devastador. La mayoría de los ataques de la capoeira son patadas completas que pueden causar más lesiones si se intenta bloquearlas en lugar de esquivarlas. Existen principalmente dos tipos de esquiva, la esquiva de baixa y la esquiva lateral.

Esquiva de Baixa

El movimiento es similar a la ginga, pero su cuerpo estará más cerca y más bajo del suelo. Las manos y las piernas se mueven juntas mientras se llevan las caderas al suelo. Se dobla el torso hacia adelante, llevando la cabeza más abajo, usando la mano izquierda para proteger la cara.

Esquiva Lateral

Este movimiento se traduce como "esquiva lateral" o "escape lateral", y puede moverse hacia el lado derecho o izquierdo dependiendo de la dirección de la patada. Puede utilizar una mano para apoyar el cuerpo mientras la otra protege su cara.

Esquiva Diagonal

La esquiva diagonal es otro ejemplo de esquiva que va simultáneamente con el avance hacia delante. En lugar de ir hacia un lado para esquivar un ataque, se da un paso en diagonal a la derecha o a la izquierda del ataque. Esto le ofrece una oportunidad de contraataque donde el brazo derecho protegerá la cara, y el otro brazo mantiene el equilibrio del cuerpo.

Queda de Quatro

Fuentes de imágenes[99]

El Queda Quatro se refiere a "caída en cuatro" y consiste en un mecanismo defensivo, un movimiento muy simple que puede hacer cuando se encuentra cayendo hacia atrás. Esto es más bien como si le empujara hacia abajo y aterrizara con las dos manos detrás de usted en el suelo. Sin embargo, su torso y sus glúteos no deben tocar el suelo. Puede utilizar este movimiento en particular como defensa contra un ataque directo. El movimiento también es efectivo contra patadas de empuje o rectas, ya que cae intencionalmente hacia atrás para alejarse de la patada.

Puede controlar hábilmente su caída, y el movimiento niega el impacto de la patada. También puede caer en posición de cangrejo y alejarse del oponente. Mientras esté en el suelo, estará en condiciones de vigilar al oponente y seguir su próximo curso de acción.

Resistência

Fuentes de imágenes[100]

El movimiento de resistência es similar al negativo, pero las plantas de los pies no soportan su peso. La bola de su pie es el punto de apoyo, mientras que su brazo en el lado opuesto ayuda. Para proteger la muñeca, tiene que extender los dedos de la mano de apoyo en el suelo. Debe levantar el otro brazo para proteger la cara y extender ligeramente la pierna hacia fuera pero con una flexión. La flexión es esencial, ya que ayuda a proteger la pierna contra cualquier presión que pueda provocar lesiones y a apoyar los músculos gastro-sóleo y cuádriceps para evitar una presión prolongada sobre la rodilla.

Aunque la mayoría de los principiantes quieren mirar al suelo cuando están en esta posición, se recomienda mirar hacia arriba. Esto le ayudará a mantener la vista en su oponente para que pueda vigilar de cerca sus movimientos o ataques. Es posible que no sea capaz de defenderse si no es consciente de la intención del otro jugador.

Rolé

Puede aplicar el rolé o el movimiento rotatorio junto con la Aú y la ginga para ayudarle a moverse alrededor de la roda como una estrategia de defensa. Puede utilizar este método para girar hacia un lado y permanecer agachado en el suelo mientras observa al otro jugador. Cuando ejecute este movimiento, asegúrese de mantener el contacto visual con el oponente y de vigilar de cerca todos sus movimientos. Este movimiento puede terminar en negativa, ginga o diferentes tipos de esquivas. Puede pasar a diferentes técnicas para ganar ventaja y observar todos los ataques desde una distancia segura.

Otros movimientos defensivos

También puede utilizar diferentes tipos de patadas para defenderse cuando juega a la capoeira.

Armada

Puede utilizar este movimiento como un Rabo-de-Arraia donde sus manos no están en el suelo. La cabeza caerá ligeramente por debajo de la cintura, y usará el talón para ejecutar su patada. Alternativamente, también puede usar Meia Lua de Costas o una media luna desde atrás para ejecutar una patada giratoria con el cuerpo erguido. Utiliza la parte exterior del pie para golpear la superficie. El par de torsión que aplique en sus caderas juega un papel fundamental para determinar la potencia de la armada. Soltará la pierna con la que patea para completar el arco y volverá a ponerse en paralelo con la otra pierna mientras sus manos le protegen de los golpes.

Armada Pulada

Este es el tipo de armada que se suelta después de un salto. Al igual que la armada normal, el capoeirista puede elegir el lado que desee para soltar la patada aérea giratoria. Esto debe ocurrir después de que el cuello, la cabeza y los hombros roten hacia el frente.

Armada Dupla

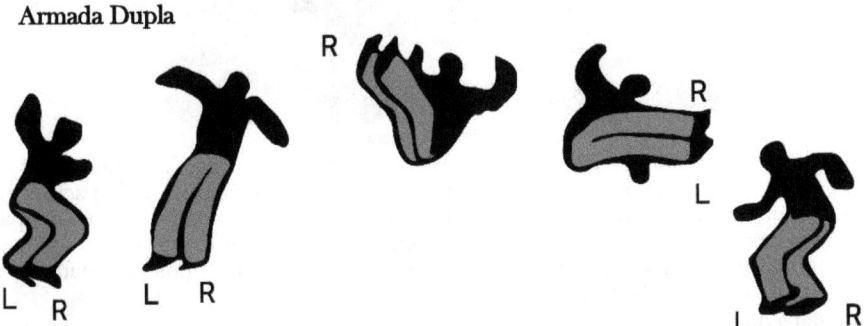

Este movimiento también se llama Envergado, y la principal característica distintiva es que sus piernas permanecerán juntas cuando despegue, ejecute y aterrice. El nombre también significa doble armada, y su torso permanecerá erguido, pero empezará a ganar potencia a medida que balancee sus piernas hacia arriba y alrededor. Su cuerpo adoptará la forma de una V cuando alcance el punto álgido de este movimiento en particular. A medida que el cuerpo se prepara para el aterrizaje, las piernas seguirán girando, y el movimiento se conoce como doble pierna. Esta es una patada característica de la capoeira y también le ofrece defensa contra un oponente.

Armada con Martelo

Este movimiento es básicamente una patada doble giratoria, y comienza con una armada pulada y termina con un martelo. Empezará con el mismo movimiento de armada. Cuando levante la primera pierna, saltará la pierna de atrás. Cuando la primera pierna haya completado el arco, la pierna de la que ha saltado dará la vuelta como un martelo rotado.

Benção

Fuentes de imágenes[101]

Esta es una patada frontal directa, y es común cuando se apunta al pecho o a la zona abdominal. Se golpea con toda la planta del pie o con el talón, y el impacto varía según la intención y el alcance. Por ejemplo, la *chapa* se conoce como la planta del pie, y se utiliza para dar patadas rectas con el talón. Puede utilizar este tipo de patada para alejar al adversario mientras se defiende. Los siguientes son los tipos de patadas que puede realizar con la planta del pie.

Chapa-de-Costas

Este tipo de patada se asemeja a una patada de caballo, y la ejecuta pateando al adversario mientras sus dos manos están en el suelo. La patada puede dirigirse a la rodilla o a la ingle del adversario.

Chapa-de-Frente

Se trata de una patada recta que se realiza de cara al adversario, y se parece a una Benção a Queda de Quatro.

Pisào

Se trata de una patada lateral, y el primer jugador comenzará levantando la rodilla de la pierna con la que pretende patear a la altura de la cadera.

Aunque la capoeira no implica contacto físico, hay movimientos específicos que debe utilizar para defenderse. Puede utilizar cada movimiento para diferentes situaciones. Intente encontrar los movimientos defensivos apropiados para cada situación, y no utilice imprudentemente un movimiento que pueda perjudicarle. Lo más importante, es que tiene que practicar cada uno de los movimientos que pueda encontrar. Nunca se está *demasiado preparado*.

Capítulo 8: El trabajo de base en la capoeira

Cuando observamos los diversos movimientos utilizados en la capoeira, es más fácil entenderlos en medio de un juego. Por ejemplo, la capoeira contemporánea utiliza los mismos movimientos que la Angola, pero el propósito y la estrategia son muy diferentes. Del mismo modo, los diferentes tipos de juegos de capoeira utilizan diferentes estrategias, y dependiendo de la situación, ciertos movimientos pueden ser más apropiados que otros.

Los floreios en la capoeira pueden adoptar muchas formas. En general, se entiende que los floreios son el conjunto de movimientos "floridos", acrobáticos o estéticos de la capoeira. La mayoría de los jugadores que realizan estos movimientos se centran en las paradas de manos y las volteretas, por lo que los floreios se han ganado la reputación de ser solo volteretas. Como hemos comentado anteriormente, los floreios tienen el objetivo principal de distraer y engañar, ocultos bajo una muestra de habilidad acrobática y visualmente atractiva. Contrariamente a la creencia popular, los floreios no son solo volteretas; son mucho más que eso.

Al ser movimientos muy técnicos que requieren tanto habilidad como fuerza, no son muy utilizados. La mayoría de las personas interesadas en aprender capoeira o en los floreios piensan en ellos como una rutina acrobática, un arte, y olvidan que son, de hecho, un componente crucial del arte marcial que cumple un propósito muy funcional.

Y lo que es más importante, los floreios son mucho más que simples volteretas. Del mismo modo, hay muchos tipos de movimientos que entran en la categoría de floreios que no son especialmente bonitos de ver, pero que funcionan excepcionalmente bien a la hora de engañar al oponente. Más que simples volteretas, los floreios pueden incluir una serie de giros de mano, patadas, giros de cabeza, movimientos en el suelo, variaciones de la voltereta, volteretas laterales y muchos otros. Estas son herramientas que un jugador puede elegir si la situación lo permite y requiere.

Una de las principales razones por las que no se utilizan o practican ampliamente es que muchos juegos de capoeira son tan cerrados que simplemente no hay suficiente espacio. Los jugadores dependen más de la velocidad y la agilidad que del engaño.

En otros tipos de juegos, como la roda, hay un mayor uso de los floreios, pero incluso en ellos, los jugadores prestan más atención a la parte estética del movimiento que al aspecto del engaño. De hecho, muchas escuelas entrenan a sus alumnos en estas jugadas específicamente por su atractivo visual. Algunos aprendices están más interesados en hacer algo que se vea bien en lugar de algo efectivo que pueda ser utilizado en un combate.

Los floreios juegan un papel importante en el trabajo de fondo de la capoeira. A continuación se presentan algunos de los movimientos más eficaces del trabajo de base.

Aú
La voltereta es un movimiento muy dinámico que desempeña un papel importante en muchos juegos de capoeira. Hay muchas variaciones de este movimiento para adaptarse a cada necesidad y a cada situación. A continuación se presentan algunas de las volteretas de Floreios más utilizadas para atacar, defender o distraer. Además, las volteretas son una gran manera de cubrir espacio y cambiar de posición muy rápidamente. Sin embargo, pueden exponerle, y se necesita habilidad y sincronización para realizarlas correctamente.

Aú de Cabeca
Este es un gran movimiento para empezar, ya que es fácil y seguro de hacer. Este Au es más común en los juegos de Angola, porque es un movimiento lento y no es tan efectivo en los juegos más rápidos.

1. Comience en la posición negativa habitual con una mano en el suelo hacia el lado de su cuerpo.
2. Apóyese en la mano en el suelo, coloque la parte superior de su cabeza en el suelo y luego coloque la otra mano en el suelo.
3. Cuando comience a mover el cuerpo, desplace el peso hacia la cabeza y comience el balanceo con la primera pierna.
4. Ambas piernas van a oscilar horizontalmente a través del cuerpo lejos de su cabeza, siguiendo la misma línea.

Aú Fechado

Esta es una fantástica voltereta defensiva, ya que protege su pecho durante el giro. A diferencia de otras volteretas en las que sus piernas se estiran hacia arriba y hacia afuera, en este caso, sus rodillas estarán más cerca de su pecho. Sin embargo, esto es también lo que hace que esta voltereta sea un reto.

1. Comience el Aú colocando la mano en el suelo y entrando en el movimiento para realizar un Aú de lado.
2. La clave está en levantar solo ligeramente las piernas manteniendo las rodillas dobladas para que los muslos protejan el pecho.
3. Este es un movimiento lento en el que casi está haciendo una parada de manos durante la transición.
4. Mantenga las piernas metidas durante todo el movimiento.

Aú de Frente

La voltereta frontal es un gran movimiento que le ayudará en muchas patadas giratorias y otros movimientos frontales. Este es un movimiento más rápido que requiere ritmo para asegurarse de entrar en este movimiento y mantener las caderas levantadas si no quiere aterrizar en el suelo.

1.Póngase en movimiento y coloque las manos en el suelo para comenzar el Aú asegurándose de mantener el impulso del primer paso.
2.Quiere aterrizar con la pierna que dejó el suelo primero mientras lleva su cuerpo por encima de su cabeza.
3.Durante la transición, es importante mantener las caderas levantadas y mantener la pierna de aterrizaje completamente recta. Si tiene una pendiente en la que pueda realizar el movimiento, le ayudará a aprenderlo mucho más fácilmente.

Helicóptero

Este es un Aú muy popular que no tiene mucho uso en combate, pero es muy atractivo visualmente. La clave es mantenerse recto durante el Aú para poder aterrizarlo correctamente.

1. Comience el Aú con las piernas ligeramente adelantadas para evitar que pasen directamente por encima de su cabeza.
2. La clave es llevar la pierna que gira hacia atrás durante el movimiento como si fuese a hacer otro giro con ella. Eso permitirá que su pierna de aterrizaje esté en la posición que debe estar.
3. En este Aú, está aterrizando con la misma pierna con la que comenzó el movimiento, así que asegúrese de mantenerse recto para tener suficiente tiempo para traer esa pierna.

Macaco

Este es un movimiento comúnmente utilizado en la capoeira, por lo que probablemente es un movimiento popular que la gente siempre quiere aprender. Es más una sentadilla con salto que un Aú, con la diferencia de que no se salta hacia atrás.

1. Comience en posición de cuclillas y coloque las manos detrás de usted lo más lejos que pueda. Cuanto más atrás esté, más fácil será.
2. Con las manos plantadas en el suelo, levántese del mismo con ambos pies.
3. Sus manos deben colocarse rápidamente en posición para soportar su peso en el aire.
4. Mantenga su núcleo apretado y mantenga sus piernas cerca de su pecho durante esto y mantenga el impulso en un movimiento suave para finalmente aterrizar en ambos pies.

S-Dobrado

La principal diferencia entre este movimiento y el macaco es el despegue; en lugar de lanzarse con ambas piernas, lo hace con una sola, lo que hace que este movimiento sea mucho más difícil. Para superar esto, puede realizar la transición desde una esquiva baixa, cambiando las piernas y luego lanzándose al S-dobrado. Puede utilizar un enfoque más directo si tiene la fuerza necesaria.

1. Desde la esquiva baixa, cambie su peso a la otra pierna y estire un brazo detrás de usted.
2. Mueva su peso hacia el brazo plantado y dé una patada desde la pierna que está en el suelo.
3. Mueva el otro brazo a la posición y gire su cuerpo.

Queda de Rins

La Queda de Rins es un movimiento básico que le ayudará a desarrollar la habilidad necesaria para muchos otros movimientos. La clave es conseguir que su centro de gravedad sea el correcto para para basarse en esto con el fin de hacer las otras variaciones.

1. Comience por equilibrarse sobre la cabeza, las dos manos y los dos pies en el suelo.
2. A partir de este punto, puede pasar a levantar los pies del suelo y soportar su peso solo con la parte superior del cuerpo.
3. Una vez que pueda equilibrarse en esta posición, puede pasar a realizar una serie de variaciones. En concreto, la Queda De Rins requiere que acerque las rodillas al pecho y las mantenga ahí en posición fetal.

Ponte

Este es un ejercicio algo difícil para la mayoría de la gente, así que la mejor solución es probarlo primero en la pared para entender el movimiento. El objetivo es pasar de un ponte a una posición cuadrúpeda y luego volver a un ponte.

1. Coloque las manos detrás de usted en la pared como lo haría al hacer un puente en el suelo.
2. Si se mueve hacia la derecha, mantenga la mano derecha en la pared y voltee el cuerpo.
3. Intente evitar doblar las rodillas, ya que esto lo hará más difícil. El enfoque aquí es rotar la parte superior del cuerpo.
4. Una vez que pueda realizar este movimiento con seguridad utilizando la pared, puede pasar a una superficie inclinada o pasar directamente a practicar el movimiento en el suelo.

Corta Capim

Este es otro movimiento muy popular de la capoeira que comúnmente habrá visto realizar a otros artistas marciales e incluso a bailarines de breakdance. Se trata de un movimiento de muy bajo perfil que puede ser utilizado de manera muy efectiva en muchas situaciones diferentes en un combate. También ayuda a generar el impulso necesario para otros movimientos.

1. Comience con las manos delante de usted y sostenga su peso mientras se pone en cuclillas sobre un pie con la otra pierna extendida.
2. El objetivo es girar la pierna en círculo por debajo. Mueva las manos con la otra pierna sobre ellas para completar el movimiento.
3. También puede cambiar fácilmente de pierna entre el movimiento, y puede ir tan rápido como quiera una vez que se haya familiarizado con el movimiento.

Pião de Mao

En esencia, se trata de una parada de cabeza con un giro, pero a menudo es muy difícil de realizar y dominar. Este movimiento es un poco técnico y requiere que realice el ejercicio con un movimiento suave para mantener el equilibrio.

1. Dé un paso lateral en la parada de cabeza para tener el impulso necesario para continuar con el giro.
2. En medio de la parada de cabeza, pase a una parada de cabeza con un solo brazo mientras mantiene la cabeza bien metida en la axila. Además, tiene que colocar la mano de manera que el peso esté sobre el piriforme, que es el hueso que está en línea con el meñique y más cerca de la muñeca.
3. Puede comenzar haciendo solo un giro. A medida que desarrolle una mayor estabilidad, puede girar tanto como quiera e incluso realizar también una variedad de movimientos de piernas durante el giro.

Relógio

Este es otro movimiento muy popular que puede ser utilizado en muchas áreas fuera de la capoeira. Para desarrollar este movimiento, ayuda haber dominado el Piao de Mao y la Queda de Rins, ya que este es una combinación de ambos movimientos.

1. Comience con la posición de Queda de Rins y mueva su peso sobre la palma de una mano mientras se asegura de que su codo esté bien metido en su cuerpo.
2. Mantenga los pies doblados hacia atrás mientras inicia el giro. Eso le ayudará a mantener su peso centrado y equilibrado.
3. Con todo el peso donde debe estar y su equilibrio en la palma de la mano justo, puede pasar a un giro haciendo una vuelta o varias.

Piao de Cabeça

Aunque este movimiento parece fácil, requiere mucho equilibrio y fuerza. Además, asegúrese de tener una buena protección para la cabeza antes de realizarlo. También puede hacerlo en una superficie bien acolchada, ya que todo su peso va a descansar en la parte superior de la cabeza. No hay carne en el cráneo para proporcionar ningún tipo de amortiguación, por lo que puede ser extremadamente doloroso. Además, ayuda a fortalecer los músculos del cuello para este movimiento, ya que es posible que no sea capaz de soportar su peso si nunca ha entrenado para un movimiento similar.

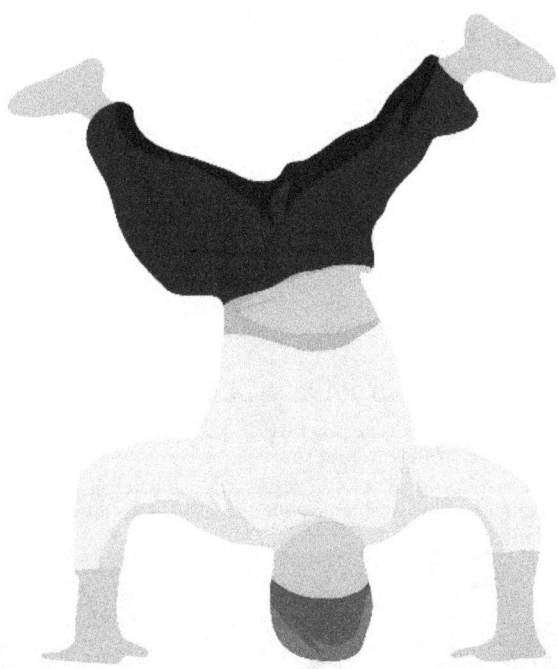

1. Comenzando en una posición de ponte, se levanta en una parada de manos baja.
2. Coloque la parte superior de la cabeza en el suelo y distribuya su peso por igual utilizando las palmas de las manos y la parte superior de la cabeza.
3. Al principio, puede intentar girar utilizando las manos y la cabeza. A medida que avance en este movimiento, intente levantar las manos de modo que solo utilice la cabeza para girar.

Muchos de estos movimientos desempeñan un papel importante en otros movimientos más amplios y otras rutinas. Desarrollar la fuerza y la estabilidad del núcleo es clave para cualquier movimiento de capoeira, pero más aún para los floreios. Si quiere dominar los movimientos de la capoeira, es vital que perfeccione los floreios, ya que es el peldaño que le ayudará a desarrollar la fuerza y la habilidad que necesita para otros movimientos. Tenga cuidado al realizar estos movimientos, ya que a menudo requieren que coloque todo el peso de su cuerpo en partes muy pequeñas y delicadas como el cuello, la columna vertebral, las muñecas y las palmas de las manos. La mejor solución es empezar poco a poco y hacerlo de forma lenta y gradual.

Capítulo 9: La relación de la capoeira con la danza y la música

Como se ha comentado en los capítulos anteriores, la capoeira tiene sus raíces en los esclavos de África Occidental que fueron llevados a Brasil. Se cree que este arte marcial surgió como una forma de eludir las leyes que impedían a los esclavos practicar artes marciales y otras tradiciones culturales.

Para ocultar el propósito del arte, los primeros practicantes crearon un estilo único que podía disfrazarse de danza. Por ello, desde sus inicios, la capoeira ha tenido un vínculo especial con la música y la danza, que perdura hasta nuestros días.

La capoeira y la batería

La música forma parte integral de la práctica de la capoeira, especialmente cuando se realiza como un juego y no como un arte marcial puro.

Durante la roda, el círculo en el que entran los participantes de la capoeira, los miembros determinan el ritmo del juego cantando canciones tradicionales y dando palmas al ritmo de la música.

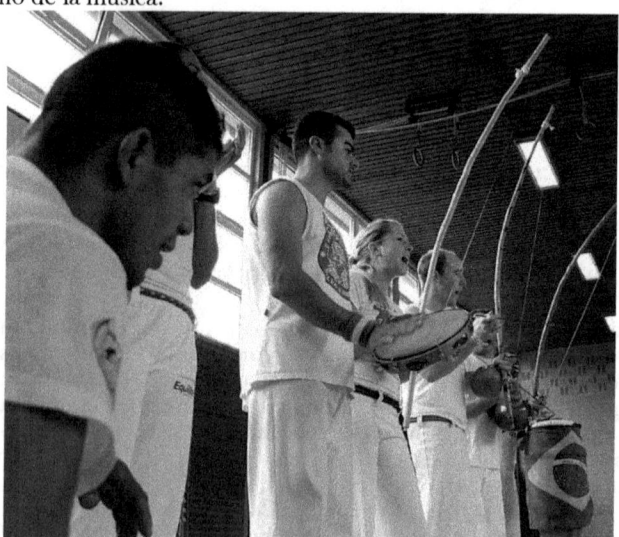

Fuentes de imágenes[102]

La música no solo determina el ritmo del juego, sino también el estilo del mismo. Diferentes canciones se asocian con diferentes tipos de capoeira, y los dos capoeiristas dentro del círculo alteran sus movimientos para reflejar esto.

La música también puede determinar cuándo termina el juego. Uno de los músicos de birimbao del círculo puede poner fin al juego, aunque también puede terminar si uno de los capoeiristas decide abandonar el círculo o si el juego es interrumpido por otro capoeirista.

La música de la capoeira está formada tanto por los cantantes como por los instrumentos y presenta varios ritmos conocidos como toques que varían de muy lentos a muy rápidos.

Los instrumentos que se tocan durante una roda están dispuestos en una formación conocida como batería, que significa "caja de ritmos" en portugués y español. La batería se compone tradicionalmente de tres birimbaos, dos pandeiros, tres atabaques, un agogô y un ganzá.

Sin embargo, esta disposición puede variar según el grupo de capoeira y el estilo de la roda. A menudo se añaden otros instrumentos a la batería, como el reco-reco. Por ejemplo, Mestre Bimba, el fundador de la capoeira regional, prefería utilizar un birimbao y dos padeiros en sus rodas. Sin embargo, al menos un birimbao estará presente independientemente del grupo durante la roda.

El birimbao es siempre el instrumento principal y determina tanto el estilo como el tempo de la música que tocará el resto de la batería. La sección de birimbao de la batería está compuesta por dos instrumentos de tono bajo (conocidos como medio y gunga), que forman la base, y un instrumento de tono alto (también conocido como viola).

Los demás instrumentos de la batería siguen el ritmo proporcionado por la sección de birimbao, aunque pueden improvisar y variar un poco la música en función de las tradiciones del grupo de capoeira en cuestión.

Dado que la música determina el estilo, la velocidad y la agresividad, es el factor impulsor del juego. Sin ella, el juego sería muy diferente.

Birimbao

El birimbao es un instrumento de una sola cuerda que se asemeja a un arco. Aunque su origen no se ha investigado a fondo, es probable que proceda de África y se cree que es una adaptación de la tradición africana de los arcos musicales de calabaza.

Fuentes de imágenes[108]

Hay tres sonidos principales que produce un birimbao durante un juego de capoeira:

- El sonido de zumbido
- El sonido de las cuerdas abiertas
- El sonido agudo

Aunque hay otros sonidos que el instrumento puede producir, estos tres sonidos ayudan a determinar el ritmo del juego.

Hay tres birimbaos que se tocan durante un juego de capoeira:

1. **El gunga:** Lo toca el capoeirista de más alto nivel. Dependiendo del estilo del grupo de capoeira, el tocador de gunga puede improvisar o seguir el ritmo principal. El líder de la roda suele tocarla, y los demás instrumentos siguen su ejemplo. Además, el intérprete de gunga suele ser también el cantante principal de la roda. El instrumento se utiliza para llamar a los jugadores al pie del birimbao, que es el lugar desde el que los jugadores entran en la roda.

2. **El medio:** El diálogo entre el medio y la gunga ayuda a dar el carácter al toque de la capoeira.
3. **La viola:** La viola realiza variaciones e improvisaciones al toque. A menudo se ha descrito como la "guitarra principal" de la batería.

Atabaque

El *atabaque* es un tambor de mano afrobrasileño que tradicionalmente se fabrica con madera de jacaranda y piel de becerro, junto con cuerdas y un anillo metálico en el cuerpo que sirve de mecanismo de afinación. A veces también se conoce como atabaque de Corda.

Fuentes de imágenes[104]

Los tambores viajaron originalmente con los africanos esclavizados cuando fueron llevados a Brasil por los colonizadores portugueses. Además de desempeñar un papel en la capoeira, también se utilizan en la danza afrobrasileña, el maculelê, y se consideran instrumentos sagrados en las religiones de Candomblé y Umbanda.

El atabaque no es tan integral en un juego de capoeira como el birimbao. Debido a su tamaño, a menudo se omite durante las rodas más espontáneas o se sustituye por otro instrumento de percusión que crea un sonido similar. Dependiendo del jugador y del grupo de capoeira, el atabaque puede tocarse con las manos, con palos o con una combinación de ambos.

Pandeiro

El pandeiro es un tambor de marco que se toca (y se sostiene) con la mano y es muy similar a la pandereta más conocida. Es uno de los instrumentos más populares de Brasil y a menudo se le considera el instrumento nacional no oficial del país.

Fuentes de imágenes[105]

La diferencia más significativa entre las panderetas y los pandeiros es el sonido que produce cada uno. Los tonos que produce el pandeiro son más secos, menos sostenidos y más nítidos que los producidos por la pandereta. Al igual que la pandereta, el pandeiro también se toca con las yemas de los dedos, la palma de la mano y el pulgar, y la forma en que el músico alterna entre ellos ayuda a crear el ritmo. Este instrumento es compacto y fácilmente transportable, dos factores que contribuyen a su popularidad. También hacen que sea uno de los instrumentos más comunes en los juegos de capoeira; de hecho, a diferencia del atabaque, forma parte de casi todas las rodas.

Agogô
El agogô es una campana doble originaria de los pueblos yoruba y edo de África occidental. Tiene el tono más alto de todos los instrumentos de batería y se cree que es el instrumento más antiguo de la capoeira.

Se cree que se basa en las campanas simples y dobles del pueblo yoruba. La campana se parece a un cencerro occidental y se toca con un palo de madera. El nombre "agogô" es una onomatopeya del sonido que produce al tocarlo.

Ganzá
El ganzá es un instrumento parecido a un sonajero que se utiliza para la percusión. Es un cilindro hecho de metal o de una cesta tejida a mano, y se rellena con bolas de metal, cuentas, guijarros y elementos similares. Ayuda a dar un sentido rítmico a la música.

Reco-Reco
El reco-reco es un rascador originario de África. Tradicionalmente está hecho de bambú o madera, aunque los reco-recos de metal también son cada vez más comunes. Se toca con un palo de madera o de metal, y los modelos de metal producen un sonido mucho más fuerte que las variedades de madera y bambú. El reco-reco proporciona un acompañamiento rítmico al resto de la batería.

Otros elementos de la música de la capoeira

Algunos teóricos afirman que la música se utiliza durante la roda para crear un espacio sagrado. Tanto la formación del círculo como la propia música sirven para crear una conexión con el mundo espiritual. Incluso los instrumentos utilizados son significativos. El atabaque tiene un significado religioso en muchas religiones afrobrasileñas, mientras que el birimbao se utilizaba históricamente en rituales en África y entre la diáspora africana esclavizada como forma de comunicarse con los ancestros. Incluso se cree que los movimientos de algunas formas de capoeira aportan poder espiritual a los capoeiristas".

Además de la batería, otro elemento importante de la música de la capoeira son las canciones que se cantan junto con los instrumentos. Suele haber un significado y un tema para cada canción, que incluye (pero no se limita a):

- Lecciones folklóricas
- Un reconocimiento de la historia
- Un reconocimiento a la esclavitud y a las raíces de la capoeira
- Un reconocimiento de los aspectos simbólicos de la capoeira
- Un reconocimiento de las raíces físicas de la capoeira
- Biografías y autobiografías
- Mitología
- Comentarios metafóricos sobre el juego que se practica
- Comentarios directos sobre el juego que se practica
- Canciones de saludo y despedida
- Canciones que dan la bienvenida a las mujeres a la roda

- Canciones de meta-capoeira, aquellas que se refieren directamente a la capoeira por su nombre

De los temas mencionados anteriormente, uno de los más interesantes es el de comentar directamente el juego que se está realizando. Esta forma de cantar a menudo influye directamente en el juego, aunque no de una manera instantáneamente evidente para una persona que no habla portugués.

Durante este tipo de canto, el líder de la canción inicia un comentario sobre el juego que se está llevando a cabo. Esto incluye burlarse de los errores y, sobre todo, decirle al jugador lo que tiene que hacer. Si el líder considera que el juego se está volviendo demasiado violento, puede decir a los capoeiristas que vayan más despacio. A la inversa, si cree que el ritmo del juego es demasiado lento, puede pedirles que aceleren.

Hay tres estilos principales de canto que crean la pieza final: la ladainha, el corrido y la quadra. También existe el louvação, que constituye el inicio de la sección de llamada y respuesta de la roda.

Ladainha

Es el comienzo de la roda y es un solo cantado por el miembro más veterano del grupo presente. El cantante suele ser también la persona que toca el birimbao principal.

Aunque las canciones pueden improvisarse sobre la marcha, también existe un canon de ladainhas del que los cantantes pueden elegir. Su longitud varía desde unas pocas líneas hasta 20 líneas.

Los temas de la ladainha suelen incluir cuentos, mitología, historia y lecciones morales. Aunque casi siempre son metafóricos, también pueden ser pura poesía o un tema de actualidad, según la ocasión. La melodía se mantiene relativamente constante a lo largo de la ladainha, aunque puede haber algunas variaciones menores, y el primer verso suele repetirse.

Corrido

Los corridos son secciones superpuestas de llamada y respuesta que se encuentran tradicionalmente en la música africana y se introducen con un louvação. Esta sección es una canción corta que incluye una respuesta que suele ser estática.

El corrido proporciona una manera de que los cantantes se comuniquen con la acción que tiene lugar en la roda y sirve como una forma de:

- Inspirar a los jugadores
- Comentar la acción
- Elogiar o advertir a los jugadores
- Contar historias
- Enseñar valores morales
- Invocar a alguien o algo

Hay diferentes corridos que sirven cada uno para diferentes propósitos. También pueden ser desafíos. Esto sucede cuando el líder canta un corrido y, poco después, canta otro muy similar. El coro debe prestar mucha atención a la letra para cantar la respuesta correcta.

Los corridos son más raros que las ladainhas, por lo que los cantantes deben ser más hábiles. Si se excluye el corrido, el reto se hace durante la ladainha.

Cada corrido tiene una melodía diferente, aunque también puede haber corridos con la misma melodía. Esto permite a los cantantes aprender un amplio repertorio de corridos sin tener que memorizar demasiadas cosas. La respuesta del corrido es cantada al unísono por el coro, y una armonización ocasional puede ser utilizada como puntuación por uno de los cantantes.

Quadra

En algunas escuelas de capoeira regional y contemporánea, la cuadra sustituye a la ladainha. Es una innovación de Mestre Bimba y es un canto que sigue al louvação.

La principal diferencia entre la ladainha y la quadra es que la quadra no tiene una melodía estándar (o un modelo de melodía en el que se basa). Hay una mayor variedad de la que los cantantes pueden sacar provecho. Dependiendo de la letra, las quadras también pueden funcionar como una variación del corrido.

Louvação

El *louvação* es el inicio del corrido, la sección de llamada y respuesta de la roda. Aunque tradicionalmente es una invocación a Dios y a Mestres y una forma de dar gracias, también puede tener un contenido improvisado, lo que significa que el coro debe prestar atención a la sección de "llamada" para poder dar la "respuesta" correcta.

A diferencia del corrido y la cuadra, no hay variación de melodías entre los louvações. Al igual que el corrido, el coro suele cantar la sección de respuesta del louvação al unísono, y uno de los cantantes puede utilizar una armonización ocasional como forma de puntuación.

Capoeira y danza

Aunque la capoeira está sin duda intrínsecamente relacionada con la música, también presenta una profunda conexión con la danza. Al empezar a aprender esta forma de arte, pronto se dará cuenta de que los movimientos se parecen a los de una danza rápida y enérgica.

Aunque la capoeira también puede ser más violenta que otras artes marciales, los capoeiristas solían llevar cuchillos y armas blancas en el apogeo de este arte. A menudo se ocultaban dentro de los birimbaos en forma de rituales de danza. A principios del siglo XX, la sociedad brasileña y el gobierno desconfiaban de los capoeiristas. La capoeira sobrevivió a este periodo convirtiéndose en una forma de danza más aséptica hasta que volvió a ser aceptada por el público en general a principios de la década de 1940.

En la década de 1970, los mestres de capoeira empezaron a emigrar de Brasil y dieron a conocer la capoeira al resto del mundo. Muchos de ellos emigraron a los Estados Unidos, incluido el Mestre Jelon Vieira. Junto con Loremil Machado, Mestre Vieira fue el primer Mestre de capoeira que vivió y enseñó en Estados Unidos.

Al mismo tiempo que Vieira enseñaba capoeira en Nueva York, el breakdance se hacía popular entre la comunidad afroamericana de Estados Unidos. Aunque el breakdance tiene sus raíces en otras formas de baile, como el Lindy Pop y el Charleston, y en los movimientos de baile de James Brown, está muy claro que el breakdance y la capoeira tienen movimientos extrañamente similares.

Los paralelismos entre el breakdance y la capoeira son tan fuertes que algunos sugieren que la capoeira influyó significativamente en la forma en que se practica el breakdance hoy en día. La capoeira estuvo presente en la conciencia de la gente en los años 80 y 70, apareciendo en las páginas y en la portada de la revista de gran mercado *Black Belt Magazine*. También se examinó en otras publicaciones dirigidas principalmente al público negro (la comunidad que desarrolló el breakdance).

Además, Vieira y Machado realizaron demostraciones y cursos por todo Nueva York. Vieira se asoció con la directora de teatro Ellen Stewart para impartir clases en el East Village, y la capoeira llegó al sur del Bronx en la década de 1970.

Dicho esto, esta conexión está lejos de ser una certeza. La periodista e historiadora de la danza Sally Banes, al describir el reportaje sobre el breakdance, señaló que el *"nivel espacial del breakdance recordaba a la capoeira, la espectacular forma de arte marcial de la danza brasileña que incorpora volteretas, patadas y fintas a poca altura del suelo, pero las dos eran lo suficientemente diferentes en cuanto a la forma y el ritmo que la capoeira parecía a lo sumo un pariente lejano".*

Independientemente de que la capoeira haya influido directamente en el breakdance, la similitud entre los dos estilos pone de manifiesto la profunda relación de este arte con la danza, una relación que perdura hasta nuestros días.

La historia de la capoeira se remonta, no a un arte marcial africano, sino a una danza ritual que incorporaba varios de los movimientos que se ven hoy en día, como los golpes de cabeza, las bofetadas, las patadas, el engaño y la evasión. Esta danza era un baile religioso que proporcionaba a los intérpretes un vínculo con el más allá y les permitía canalizar a sus antepasados.

La relación de la capoeira con la danza y la música es innegable. Sin la influencia de estas formas de expresión en la forma de arte, la capoeira sería significativamente diferente, tanto en términos de sus movimientos como de la cultura que la rodea.

La capoeira no solo se inspira en la danza y la música, sino que también influye en ellas. Es una gran forma de cardio y se está haciendo rápidamente popular entre los entusiastas del fitness de todo el mundo. Lea el siguiente capítulo para saber más sobre la relación de la capoeira con el fitness.

Capítulo 10: Capoeira y Fitness

La capoeira, rítmica y de ritmo rápido, es un gran ejercicio para todo el cuerpo. Al incorporar una variedad de patadas, paradas de manos y acrobacias en los movimientos de baile, las personas de cualquier nivel de condición física pueden sentir el ardor casi inmediatamente. ¿Pero es seguro? Mucha gente se siente intimidada por su intensidad o preocupada por la capacidad de su cuerpo para soportar tales movimientos atléticos. Aunque los entrenamientos excepcionalmente intensos conllevan cierto grado de riesgo, si se disfruta de la capoeira y se practica correctamente, el riesgo de lesiones es mínimo. La "manera correcta" significa aprender de un instructor cualificado, tomárselo con calma al principio y seguir el orden correcto de los movimientos.

Este capítulo arrojará luz sobre la conexión entre la capoeira y el fitness. Le ayudará a explorar los diversos beneficios para la salud de esta brillante forma de danza impregnada de aspectos excepcionales de las artes marciales. Al final de este capítulo, se dará cuenta de la eficacia de la capoeira como ejercicio y de sus increíbles beneficios para la salud.

La conexión entre la capoeira y el fitness

La belleza de la capoeira es que proporciona un entrenamiento de cuerpo completo. Requiere el uso de todo el cuerpo. Además, es una forma eficaz de mantenerse activo y de mejorar su estado cardiovascular. Aumenta la resistencia, mejora la flexibilidad y fortalece el núcleo. Tenga en cuenta que, aunque la capoeira es un entrenamiento para todo el cuerpo, los principiantes son especialmente vulnerables a desarrollar desequilibrios musculares. Si es nuevo en la capoeira, es importante programar un tiempo para estirar antes y después de la clase. Ayudará a que sus músculos se relajen y a prevenir lesiones.

Fuentes de imágenes[106]

La capoeira crea una base sólida de resistencia muscular, coordinación y flexibilidad. Es un entrenamiento de alta intensidad que aumenta rápidamente el ritmo cardíaco y lo mantiene elevado durante un breve periodo, especialmente si se incluye el birimbao en los movimientos. La velocidad e intensidad de los movimientos de la capoeira hacen que circule un exceso de oxígeno por todo el cuerpo. Recuerde que esto solo es cierto cuando los movimientos se hacen correctamente. Si se hacen mal o se apura una secuencia, el cuerpo no recibirá todos los beneficios de la capoeira.

La capoeira también es un increíble quemador de calorías, especialmente cuando incluye el birimbao. El constante balanceo del birimbao genera calor en el cuerpo y hace que se sude. La combinación de balanceos, saltos, patadas y giros puede llevar a una importante quema de calorías tras solo treinta minutos de juego.

La capoeira cumple una serie de objetivos de fitness

El objetivo principal de la capoeira es mantener el cuerpo en movimiento. Es un entrenamiento dinámico que asegura que todos los músculos se ejerciten. Dependiendo de la intensidad, el ritmo y la forma de incorporar el birimbao a los movimientos, la capoeira puede ajustarse a una variedad de objetivos de fitness. Puede ser de baja intensidad, lo que la hace más accesible para los principiantes y las personas mayores, o se puede utilizar el birimbao para aumentar la velocidad y la intensidad, convirtiéndola en un entrenamiento de alta intensidad.

Capoeira aeróbica vs. Capoeira anaeróbica

La capoeira aeróbica consiste en movimientos lentos y controlados para crear un flujo continuo de movimientos. Se realiza principalmente a una intensidad y un ritmo moderados. Este tipo de capoeira es mejor para la tonificación y la pérdida de peso, ya que es un entrenamiento de baja intensidad que no presiona demasiado el cuerpo. Por otro lado, la capoeira anaeróbica consiste en movimientos más rápidos con mayor intensidad y potencia. Utiliza el birimbao para aumentar la velocidad y la intensidad, por lo que es un entrenamiento ideal para las personas que quieren fortalecer su núcleo y quemar grasa. La principal diferencia entre la capoeira aeróbica y la anaeróbica es la velocidad de los movimientos.

Fuentes de imágenes[107]

Aunque la capoeira aeróbica se considera a menudo menos intensa que la capoeira anaeróbica, hay que tener en cuenta que este tipo de capoeira es más accesible para las personas con un nivel de fitness más bajo. Dependiendo de la intensidad, el ritmo y el tempo de cada movimiento, la capoeira anaeróbica también puede estar dirigida a principiantes o a niveles intermedios. La única diferencia entre ambas es que la capoeira anaeróbica utiliza el birimbao para aumentar la velocidad y la intensidad.

¿Cuáles son algunos de los beneficios asociados a la capoeira?

Hay muchos beneficios asociados a la capoeira. Es una forma efectiva de mantenerse saludable y mejorar su estado físico y mental. Es un entrenamiento de todo el cuerpo que convierte cada movimiento en una oportunidad para quemar calorías, fortalecer el núcleo, tonificar los músculos y mejorar la coordinación y la flexibilidad. Estos son algunos de los principales beneficios asociados a la capoeira.

Increíble ejercicio cardiovascular

La capoeira es un gran ejercicio cardiovascular que puede utilizarse para mejorar la resistencia, aumentar la salud del corazón y fortalecer el sistema respiratorio. Aunque pueda parecer una forma menos intensa de cardio, tenga en cuenta que la capoeira es un entrenamiento de ritmo rápido que puede elevar su ritmo cardíaco rápidamente. También es un entrenamiento cardiovascular basado en intervalos, ya que implica breves ráfagas de actividad intensa seguidas de un período de recuperación.

Los constantes balanceos y patadas de la capoeira ayudan a fortalecer el núcleo y a tonificar los músculos de la parte superior del cuerpo. El único equipo necesario para practicar la capoeira es un buen par de zapatos, lo que hace que sea una forma económica de mantenerse sano y en forma. Incorporar el birimbao a sus movimientos significa que puede involucrar activamente su núcleo mientras patea, salta y gira. Esto significa que fortalecerá y tonificará el tronco sin importar el movimiento que se realice.

Tonifica y adelgaza los brazos y las piernas

Aunque la capoeira tiende a ser olvidada cuando la gente piensa en ejercicios de piernas, es una de las mejores maneras de tonificar las piernas y la parte inferior del cuerpo. Los saltos y giros de la capoeira ayudan a tonificar los cuádriceps, los isquiotibiales y los glúteos, mientras que las patadas ayudan a fortalecer los muslos. Las acciones oscilantes y de giro también ayudan a fortalecer los tobillos, mientras que el constante balanceo de las caderas ayuda a esculpir los músculos de las piernas.

Fuentes de imágenes[106]

Los constantes balanceos y patadas hacen de la capoeira un gran ejercicio para los brazos. También mejora la fuerza de la parte superior del cuerpo, ya que implica varios movimientos de brazos y actividades que implican la parte superior del cuerpo y el núcleo.

Mejora la densidad ósea y reduce el riesgo de osteoporosis

Combinar la capoeira con otras formas de ejercicio es una gran manera de mejorar la densidad ósea. Incorporar ejercicios de alto impacto en sus rutinas, como correr o entrenamientos aeróbicos, ayudará a mejorar la fuerza de sus huesos y puede reducir el riesgo de osteoporosis. La capoeira es una forma eficaz de aumentar la densidad ósea, ya que le anima a realizar varios movimientos que requieren que salte, incluyendo varios movimientos que le ayudarán a mejorar su equilibrio, coordinación y fuerza.

La capoeira es una actividad de bajo impacto que no ejerce presión sobre las articulaciones y los músculos. Se puede utilizar para mejorar la densidad ósea y reducir el riesgo de osteoporosis, ya que no implica ningún esfuerzo de alto impacto en los huesos. Al practicar la capoeira, la naturaleza de bajo impacto de los movimientos significa que no se ejerce demasiada presión sobre las articulaciones. Esto hace que sea un entrenamiento ideal para personas con huesos débiles o baja densidad ósea.

Fuerza y claridad mental

La capoeira puede parecer un entrenamiento sencillo, pero el hecho de que implique varios movimientos y posiciones significa que puede utilizarse para mejorar la concentración, la fuerza mental y la claridad. Fortalece su mente y cuerpo, ya que implica una combinación de actividades aeróbicas y anaeróbicas que trabajarán en su mente y su cuerpo. Puede ayudar a mejorar la memoria y la capacidad de resolver problemas, así como a reducir los síntomas de la depresión. También ayuda a mejorar la capacidad de resolución de problemas y la función cognitiva. El ritmo rápido de los movimientos y los movimientos que requieren que piense rápidamente ayudan a mejorar su estado de alerta y el tiempo de reacción.

Fuentes de imágenes[109]

Reduce el estrés y la ansiedad

La rapidez de los movimientos de la capoeira la convierte en un ejercicio eficaz para aliviar el estrés y la ansiedad. No requiere pasar horas en el gimnasio y puede realizarse en poco tiempo, por lo que es un entrenamiento ideal para aliviar el estrés y la fatiga mental. La naturaleza lúdica de la capoeira también le da la oportunidad de expresar cualquier emoción que pueda estar reprimiendo en su interior.

Te ayuda a ser más móvil

Aunque mucha gente piensa que la capoeira es solo un entrenamiento, en realidad también puede utilizarse como una forma de defensa personal. Incorpora varios movimientos que pueden ayudarle a mejorar su equilibrio, agilidad y coordinación. También es una buena forma de mejorar la flexibilidad y la amplitud de movimiento, ya que incorpora varios movimientos que requieren que se estire. Es ideal para las personas que necesitan mejorar su movilidad y es una forma estupenda de que las personas mayores se mantengan activas.

Combate la obesidad

Aunque no lo parezca al principio, la capoeira es un entrenamiento ideal para combatir la obesidad. Al incorporar varios movimientos en su rutina que requieren que se mueva rápidamente, la capoeira es un gran quemador de calorías. También incluye varios movimientos que requieren el control de la respiración, lo que ayuda a mantener el ritmo cardíaco y a mejorar la función respiratoria. El aumento del ritmo cardíaco y el fortalecimiento de la función respiratoria le ayudarán enormemente a mejorar su estado físico.

Combate la artritis

La capoeira es una excelente manera de combatir los síntomas de la artritis. Incorpora varios movimientos que ayudan a mejorar la movilidad y la flexibilidad. Puede ayudar a aliviar el dolor asociado a la artritis y prevenir el deterioro del cartílago. También se ha comprobado que reduce la rigidez de las articulaciones y mejora la movilidad de la cadera, lo que permite moverse con mayor facilidad. También es beneficioso para las personas que padecen reumatismo, ya que ayuda a mejorar la amplitud de movimiento de las articulaciones, lo que puede contribuir a reducir los niveles de dolor.

Mejora la función respiratoria

La capoeira incluye varios movimientos que requieren el control y la coordinación de la respiración. Esto se debe a que, en la capoeira, es necesario alternar entre los movimientos rápidos y potentes y los que requieren el uso de músculos pequeños. Esto ayuda a mejorar su función respiratoria, ya que le hace concentrarse en la respiración correcta y mejora su capacidad pulmonar. Puede ayudar a reducir problemas respiratorios como el asma y la enfermedad pulmonar obstructiva crónica (EPOC). Además, como le anima a cambiar rápidamente entre los movimientos que requieren una respiración potente y los que requieren una respiración lenta y controlada, puede ayudar a mejorar su capacidad respiratoria.

Impulsa el metabolismo

Al incorporar varios movimientos de tonificación muscular y de alta intensidad, la capoeira es una forma estupenda de aumentar el metabolismo. Puede ayudar a quemar calorías y grasa y a mantener la masa muscular. Los movimientos de alta intensidad de la capoeira son excelentes para aumentar el ritmo metabólico, incluso después de haber terminado el entrenamiento. Esto significa que es una forma eficaz de perder peso, ya que le ayuda a quemar calorías y a perder kilos. También es una forma estupenda de mejorar la definición muscular y le ayudará a conseguir un cuerpo tonificado si lo combina con una dieta saludable y un programa eficaz de entrenamiento con pesas.

Ayuda a prevenir enfermedades

Es una forma de ejercicio excelente para mejorar la circulación y la función respiratoria. También puede ayudar a mejorar su densidad ósea y puede ayudar a prevenir enfermedades como la osteoporosis, la artritis y la diabetes. El entrenamiento regular de capoeira le ayudará a mantener una circulación adecuada en todo el cuerpo y puede ayudar a reducir el riesgo de enfermedades del corazón. También es una forma de ejercicio beneficiosa para las personas que padecen diabetes, ya que ayuda a controlar los niveles de azúcar en sangre y a regular la producción de insulina.

Mejora su estado de ánimo

La capoeira es una forma de ejercicio que mejora el estado de ánimo. La incorporación de movimientos de alta intensidad en su rutina, que requiere que se concentre en el control de su respiración, es ideal para aumentar su ritmo cardíaco. Como ayuda a mejorar su función respiratoria, también puede ayudarle a relajarse y a reducir los niveles de estrés que se sabe que empeoran cualquier síntoma depresivo que pueda padecer. También puede ayudarle a alcanzar un profundo estado de relajación, ya que fomenta la atención plena, lo que le permitirá centrarse en el presente y dejar de lado los pensamientos estresantes.

Fuentes de imágenes[110]

Mejora el equilibrio

La capoeira es una forma estupenda de mejorar el equilibrio. Requiere que mantenga la estabilidad cuando está en movimiento, lo que puede ayudarle a mejorar su coordinación y equilibrio general. Al requerir la incorporación de varios movimientos que le ayuden a cambiar rápidamente entre diferentes posturas, es una gran forma de ejercicio para mejorar su sentido del equilibrio. Esto tiene varios beneficios, desde permitirle realizar tareas cotidianas hasta prevenir lesiones, como caídas y fracturas de huesos.

Ayuda a mantener un peso ideal

Como la capoeira requiere que cambie rápidamente entre movimientos de alta intensidad que utilizan los principales grupos musculares y movimientos de baja intensidad que se dirigen principalmente a los músculos más pequeños, es una gran forma de ejercicio para quemar calorías. Requiere mantener un ritmo cardíaco elevado durante todo el entrenamiento, lo que significa que es una gran manera de quemar grasa sin pasar horas en la cinta de correr. Si no tiene acceso a un gimnasio, practicar capoeira con regularidad puede ayudarle a mantener un peso ideal y a tonificar sus músculos.

Mejora su rendimiento en otros deportes

La capoeira es una gran forma de mejorar su rendimiento en otros deportes, ya que ayuda a mejorar su agilidad, equilibrio y coordinación. También es una gran forma de ejercicio para mejorar su condición aeróbica, ya que requiere incorporar movimientos de alta intensidad en su entrenamiento. Esto hace que sea una gran manera de mejorar la resistencia, la coordinación y la concentración mental, todo lo cual es esencial para sobresalir en cualquier deporte.

Previene las lesiones

La capoeira es una forma de ejercicio excelente para prevenir lesiones, ya que incorpora varios movimientos que pueden ayudar a mejorar la flexibilidad y la movilidad. También es una forma de ejercicio de bajo impacto que no pone demasiada tensión en su cuerpo, lo que significa que casi cualquier persona puede practicarlo con seguridad. También ayuda a mejorar el equilibrio y la coordinación, lo que contribuye a prevenir las caídas que pueden provocar lesiones.

Aumenta su rango de movimiento

La capoeira requiere cambiar entre movimientos de alta intensidad que utilizan los principales grupos musculares y movimientos de baja intensidad que se dirigen principalmente a los músculos más pequeños. Es una gran forma de ejercicio para mejorar su rango de movimiento. También es beneficioso para las personas con lesiones, ya que ayuda a fortalecer los músculos de los brazos y las piernas, lo que puede ayudar a acelerar su recuperación. Por lo tanto, practicar capoeira con regularidad puede ayudar a mejorar la amplitud de movimiento y prevenir las lesiones derivadas de una amplitud de movimiento limitada.

Mejora su postura

La capoeira es una gran forma de ejercicio para mejorar su postura, ya que requiere la incorporación de varios movimientos que mejoran su equilibrio y coordinación. Esto le permitirá realizar las tareas cotidianas con facilidad y prevenir el dolor de espalda y otros problemas derivados de una mala postura. Si lo practica con regularidad, mejorará su respiración, lo que le permitirá mantener la postura correcta sin forzar su cuerpo.

Si quiere emplear una forma de ejercicio que mejore su bienestar general, debería considerar la práctica de la capoeira. Es una forma única de ejercicio que incorpora varios movimientos que requieren cambiar rápidamente entre diferentes posturas. Esto hace que sea una gran forma de ejercicio aeróbico que le ayudará a mantener un ritmo cardíaco elevado durante todo el entrenamiento. También puede ayudar a mejorar el equilibrio y la coordinación, lo que le permitirá realizar las tareas cotidianas con facilidad y evitar las lesiones derivadas de la falta de equilibrio y coordinación. La capoeira también es beneficiosa para las personas con lesiones, ya que ayuda a fortalecer los músculos de los brazos y las piernas, y eso puede acelerar la recuperación.

Capítulo 11: El entrenamiento de la capoeira

La capoeira tiene muchos componentes diferentes. Es algo más que movimientos no violentos, ya que también requiere un gran control y fuerza del núcleo. Cada forma de capoeira comprende varios movimientos, cada uno de los cuales tiene un ritmo particular. La música es esencial para el juego, ya que proporciona su ritmo y estilo. Una idea errónea sobre las acrobacias que se realizan en la capoeira es que son meros movimientos de gimnasia o breakdance, pero no es así. Los movimientos y las técnicas de lucha de la capoeira son movimientos de artes marciales, pero muchos de ellos requieren una gran fuerza y potencia para ser ejecutados eficazmente.

Para ayudarle en su viaje de Capoeira, este capítulo tiene algunos ejercicios y entrenamientos básicos de Capoeira que pueden ser incorporados a su rutina diaria. De esta manera, aunque no asista a una clase cada semana, podrá practicar y mantener su habilidad y ser capaz de realizar los diferentes movimientos con facilidad.

Los preparativos

Para practicar la capoeira, no necesita ningún equipo especial. Todo lo que necesita es un espacio plano y suficiente para moverse libremente. No importa si se trata de césped, hormigón o un suelo de madera. Mientras la superficie no sea demasiado lisa, como la de una piscina, no tendrá problemas. Si tiene un suelo duro y quiere reducir el impacto de sus caídas, ponga algo blando en el suelo, como una esterilla o almohadas.

Debe llevar ropa cómoda cuando entrene en capoeira. Es bueno llevar ropa suelta y ligera que le permita moverse libremente sin pasar demasiado calor. Es muy importante llevar ropa ligera porque algunos movimientos pueden ser bastante acrobáticos, y hay que evitar que se enganchen en la ropa. Además, llevar ropa ajustada puede ser bastante incómodo cuando está boca abajo.

La primera cosa que tiene que hacer es asegurarse de que su calzado es el adecuado para la capoeira. Deben ser cómodos y permitirle moverse con facilidad. Las zapatillas de deporte o las zapatillas de correr son las mejores para esto, ya que sus suelas proporcionan un buen agarre, lo que es útil para saltar y aterrizar con seguridad, al tiempo que le permite deslizarse con facilidad. Hay que evitar los tacones altos o las chanclas para entrenar capoeira.

Calentamiento

Antes de empezar a practicar sus movimientos, es importante realizar una sesión de calentamiento. Así se relajarán los músculos y se pondrá en marcha la sangre. Estire para moverse con mayor facilidad y evitar un tirón muscular. La sesión de calentamiento suele durar unos 10 o 15 minutos. Los siguientes ejercicios son buenos para las piernas, las caderas y los hombros:

Saltos de tijera

Salte en el aire con ambos pies mientras aplaude por encima de su cabeza. A continuación, salte sobre ambos pies y aplauda al lado de su cintura. Esto es una repetición. Repítalo 20 veces y luego haga un breve descanso (15 segundos).

Sentadillas con una pierna

Póngase de pie sobre la pierna derecha y doble la pierna izquierda hacia arriba por detrás con la rodilla apuntando hacia fuera. Mantenga las caderas niveladas e inclínese hacia delante hasta que el muslo derecho esté paralelo al suelo. Coloque las manos en la parte posterior del muslo derecho y empuje hacia arriba hasta que vuelva a estar erguido. Esto es una repetición. Repítalo 10 veces y luego haga una breve pausa (15 segundos).

Repita el ejercicio apoyándose en la pierna izquierda.

Zancadas (o lunges)
Dé tres pasos hacia delante con el pie izquierdo. Sus pies deben estar a un metro de distancia el uno del otro. Mantenga la rodilla derecha apuntando hacia arriba y dóblela para que quede paralela al suelo. La rodilla izquierda debe estar casi tocando el suelo. Empuje hacia arriba con la pierna derecha hasta que vuelva a estar recta. Esta es una repetición. Repítalo 10 veces y luego haga una breve pausa (15 segundos).

Repita el ejercicio, pero, esta vez, utilice la pierna derecha.

Postura de la silla
Póngase de pie con los pies separados a la anchura de las caderas. Doble una de las rodillas y levante la otra pierna hacia un lado, manteniéndola recta. Mantenga la postura durante unos tres segundos y vuelva a colocar el pie en el suelo. Esto es una repetición. Repítalo 10 veces y luego haga una breve pausa (15 segundos).

Repita el ejercicio, pero, esta vez, utilice la otra pierna.

Ahora que ha terminado la sesión de calentamiento, es el momento de empezar a practicar.

Movimiento y técnicas de capoeira

Necesitará dominar varias patadas diferentes para dominar la capoeira. Todas son diferentes y sirven para propósitos particulares. También hay varios giros, volteretas, dominadas y paradas de cabeza que necesitará aprender para avanzar. Lo primero que hay que aprender es el conjunto de movimientos básicos. Son sencillos de realizar y le darán la oportunidad de acostumbrarse a la fluidez del juego.

Un barrido
Este movimiento se utiliza para capturar la pierna de su oponente. Necesita colocar su pie derecho delante de la rodilla izquierda de su oponente mientras este intenta patearle. Al mismo tiempo, agárrelo con su mano izquierda por la parte posterior de la cintura y levántelo para que pierda el equilibrio.

Hacer una "rueda"
Este movimiento es más difícil de realizar, pero es muy efectivo cuando consigue dominar los movimientos. En primer lugar, coloque el pie izquierdo detrás de su espalda y doble la pierna derecha delante de usted. Su pie izquierdo debe estar debajo de su rodilla derecha y detrás de su tobillo derecho. Ahora agarre los dedos del pie izquierdo con la mano derecha y levante la pierna. Esto hará que realice una voltereta hacia atrás, aterrizando sobre sus manos. Ahora utilice el impulso para levantarse de nuevo, todo ello mientras su pierna derecha está en el aire.

Volteretas
Necesita estar de pie con las piernas separadas a la anchura de la cadera para realizar este movimiento. Doble la pierna izquierda y sujétela con las manos a unos centímetros del suelo, pero en paralelo a él. Ahora empújese en una voltereta hacia atrás hasta que se ponga de pie con los brazos paralelos al suelo. De nuevo, hágalo aprovechando el impulso de su voltereta hacia atrás.

Paradas de cabeza
Es relativamente fácil aprender a hacer una parada de cabeza. Necesita colocar sus manos en el suelo delante de usted y luego empujarse hacia arriba en una parada de cabeza. Necesita asegurarse de que sus piernas están en el aire cuando hace esto, pero sus pies deben estar a unos pocos centímetros del suelo.

Flexiones
Todo lo que tiene que hacer es ponerse en posición apoyándose en las manos y los dedos de los pies para hacer una flexión de brazos. Ahora baje hasta que su pecho esté casi tocando el suelo, y luego vuelva a empujar hacia arriba usando los brazos. Recuerde exhalar cuando se empuje hacia arriba y mantener la espalda recta.

Avión

El avión es un movimiento relativamente sencillo de aprender. Póngase en posición de flexión, pero apoye su peso en los brazos doblados para realizar este movimiento. Ahora levante una pierna a la vez hasta que estén paralelas al suelo, y luego vuelva a colocarlas en el suelo. Su peso debe recaer en los brazos y los hombros, no en los pies.

Rodar

Rodar es un movimiento esencial que tiene que aprender si quiere evitar que le atrapen con la guardia baja. Para realizarlo, necesita asegurarse de que sus pies están separados a la altura de los hombros y que sus piernas están ligeramente dobladas, pero en su mayor parte rectas. Ahora necesita doblar un poco las rodillas e inclinarse hacia adelante. Ahora empújese hacia arriba hasta que esté en equilibrio sobre las manos, de modo que las piernas queden por encima de usted y la espalda mirando al suelo. Desde esta posición, empújese de nuevo para equilibrarse sobre los pies en lugar de las manos. La cabeza debe estar entre los brazos. Ahora solo necesita inclinarse hacia atrás para volver a equilibrarse sobre las manos. Repita este movimiento hasta llegar al otro lado.

Patadas

Hay cuatro patadas básicas en la capoeira: la patada frontal, la patada lateral, la patada trasera y la patada de hacha.

- **Patada frontal:** Esta es una de las patadas más básicas de la capoeira y se suele utilizar para practicar la velocidad más que nada. Para hacer este movimiento, póngase en posición de lucha y levante la rodilla delante de usted para que esté doblada a unos 90 grados. Ahora enderécela usando los músculos del muslo, no la espalda.
- **Patada lateral:** Esta es una de las patadas más útiles que aprenderá en la capoeira. Para hacer este movimiento, ponga su pie derecho detrás de usted y doble su pierna hasta que su rodilla esté casi a 90 grados. Ahora enderece la pierna para que quede perpendicular al suelo. Su peso debe estar sobre el pie derecho. Puede ajustarlo inclinándose hacia delante.
- **Patada trasera:** Esta patada es un poco más compleja que las otras dos porque implica un gran movimiento de cadera para que pueda ganar suficiente impulso para patear a su enemigo. Tiene que ponerse de pie y doblar un poco el torso hacia delante para realizar este movimiento. Ahora gire el cuerpo hacia la derecha y doble la pierna izquierda hacia atrás. Levante la pierna hasta que esté paralela al suelo, y luego enderécela utilizando los músculos del muslo. Su pierna debe apuntar en un ángulo de unos 45 grados desde el suelo; su peso debe estar en su pie derecho.
- **La patada de hacha** es muy similar a la patada trasera, pero no requiere tanto movimiento de la rodilla porque la pierna está doblada al principio. La clave de este movimiento es el movimiento de la cadera y su efectividad. Póngase de pie y gire la pierna izquierda hacia la derecha para realizar este movimiento. Ahora dóblela por detrás y levante la pierna hasta que esté paralela al suelo. De nuevo, enderécela utilizando los músculos del muslo y apuntando ligeramente con los dedos del pie. Su peso debe estar sobre el pie derecho, pero puede ajustarlo inclinándose hacia delante.

Ejercicios avanzados de capoeira

Si quiere hacer que sus entrenamientos de capoeira sean un poco más desafiantes, considere probar algunos de estos ejercicios avanzados.

Patada lateral con giro

Este es un movimiento muy efectivo para probar si está buscando fortalecer sus caderas y muslos, pero es muy agotador. Para hacerlo, póngase de pie y ponga el pie izquierdo detrás de usted, doble la pierna hasta que la rodilla esté a unos 90 grados. Ahora levante la pierna izquierda de forma que quede paralela al suelo y gírela en el sentido de las agujas del reloj. Ahora vuelva a doblar la rodilla y devuelva el pie a su posición original.

Marco en A
Este movimiento es una forma excelente de desarrollar la fuerza del núcleo y mejorar el equilibrio. Para realizarlo, póngase de pie y levante los brazos de forma que queden paralelos al suelo. Deben estar separados aproximadamente a la altura de los hombros, pero puede ajustarlo si es necesario. Ahora doble la pierna izquierda y póngala detrás de usted de forma que esté a unos 100 grados del suelo. Mantenga esta posición durante el mayor tiempo posible.

Puñetazo de lado a lado
Esta es una forma excelente de aumentar su velocidad y potencia, pero necesita saber cómo hacer los puñetazos y patadas básicos antes de intentarlo. Para realizar este movimiento, simplemente corra hacia adelante y golpee a su oponente como lo haría en una pelea normal de capoeira. En cuanto golpee, gire rápidamente a su derecha y haga lo mismo. Siga repitiendo esto hasta que llegue al otro lado.

Salto hacia atrás
Este movimiento es muy similar a la patada trasera, pero implica un salto para que pueda obtener un poco más de impulso. Este es el tipo de movimiento que usaría si su enemigo estuviera cargando hacia usted. Póngase de pie y gire la pierna izquierda hacia la derecha. Ahora dóblela hacia atrás y levante la pierna hasta que esté paralela al suelo. Enderécela utilizando los músculos del muslo y apuntando ligeramente con los dedos del pie. Ahora, utilizando la fuerza de la pierna, empújese hacia atrás hasta que vuelva a ponerse de pie.

Salto lateral
Este es un gran movimiento si quiere probar algo un poco más avanzado. Póngase de pie y gire la pierna izquierda hacia la derecha. Ahora doble la pierna detrás de usted y levántela hasta que esté paralela al suelo. Enderécela utilizando los músculos del muslo y apuntando ligeramente con los dedos del pie. Desde esta posición, inclínese hacia la izquierda y empújese hacia atrás para volver a ponerse recto.

Salto con pies intercalados
Este movimiento parece más complicado de lo que realmente es. Póngase de pie y gire la pierna izquierda hacia la derecha, pero asegúrese de que está ligeramente por delante de la pierna derecha. Ahora dóblela por detrás y levante la pierna hasta que esté paralela al suelo. Enderécela utilizando los músculos del muslo y apuntando ligeramente con los dedos del pie. Ahora, utilizando la fuerza de la pierna izquierda, empújese hacia atrás hasta que vuelva a estar erguido. Para terminar este movimiento, cambie los pies de manera que la pierna derecha esté adelantada y repita los pasos durante un minuto completo.

Salto de oruga
Este movimiento es muy similar al salto con pies intercalados, pero es más un ejercicio cardiovascular y menos una patada de capoeira. Puede utilizarlo para calentar o enfriar. Póngase de pie y gire la pierna izquierda hacia la derecha, pero asegúrese de que está ligeramente por delante de la otra pierna. Ahora dóblela por detrás y levante la pierna hasta que esté paralela al suelo. Ahora, utilizando la fuerza de su pierna izquierda, empújese hacia atrás hasta que vuelva a estar erguido. Para terminar este movimiento, cambie los pies de manera que la pierna izquierda esté adelantada y repita los pasos durante un minuto completo.

Salto hacia atrás con puñetazo
Para realizar este movimiento, comience de la misma manera que el salto hacia atrás, pero esta vez cuando se incline hacia la derecha y se empuje hacia arriba, dé un golpe a su oponente. Este movimiento se basa en la sincronización, así que asegúrese de que puede completar los dos primeros pasos antes de intentarlo. Recuerde utilizar el impulso del salto hacia atrás para ayudarse con este movimiento.

El objetivo es conseguir lo siguiente:
- Voltereta cómoda y controlada.
- Parada de manos sin apoyo.
- 10 metros de salto de la paloma (o walkovers) hacia adelante y hacia atrás.
- 15 metros de caminata parada de cabeza.
- De 10 a 15 flexiones consecutivas.
- 30 segundos de patada sin parar desde el suelo, y luego un salto de vuelta sobre los pies.
- 10 flexiones seguidas solo con los pies, luego un salto de vuelta sobre los pies.
- De 15 a 20 elevaciones laterales de piernas consecutivas, luego un salto de vuelta sobre los pies.
- 10 paradas de cabeza consecutivas, luego un salto de vuelta sobre los pies.

Estos no son, ni mucho menos, todos los ejercicios que se pueden utilizar para mantenerse en forma, pero es una buena manera de acostumbrar los músculos a lo que supone la capoeira. Es importante estirar y calentar antes de intentar cualquiera de estos ejercicios. Si los realiza con otra persona, debe asegurarse de que haya suficiente espacio entre ustedes. Este capítulo ha sido diseñado para darle una idea de lo que implica la capoeira. Los movimientos y técnicas pueden parecer complicados, pero no lo son. Si realiza este ejercicio todos los días y entrena duro, sus habilidades comenzarán a desarrollarse después de unos pocos meses, y verá una gran diferencia. Recuerde que la capoeira se basa en el trabajo en equipo, y la práctica regular es la única manera de mejorar.

Capítulo 12: Cómo mejorar sus habilidades

Golpear el suelo con las manos nunca es divertido, pero puede ser aún peor cuando se da cuenta de que estuvo a un centímetro de atrapar a la persona que intentaba barrerle las piernas. También puede que quiera saber cuándo está bien desencadenar una avalancha de puñetazos sobre alguien o cómo puede girar correctamente.

La capoeira es famosa por su fluidez y expresividad. No hay límites estrictos para lo que puede hacer, pero aquí hay algunos consejos que le ayudarán a mejorar su juego:

1. Mejore su flexibilidad

En este momento, puede parecer que su columna vertebral es un sólido poste de hormigón. Pero si realiza algunos estiramientos todos los días, notará algunas mejoras en su flexibilidad. Le sorprenderá lo bien que puede moverse y lo bien que puede ejecutar los movimientos.

Sin embargo, no basta con estirar, también hay que fortalecer los músculos para aumentar la durabilidad y la resistencia. Si practica demasiado a menudo sin una recuperación muscular adecuada, acabará desgarrando sus músculos y no podrá practicar durante mucho tiempo. Si sus músculos se fortalecen demasiado, dejarán de ser tan flexibles. Debe encontrar un equilibrio entre fuerza y flexibilidad.

2. Trabaje en la mejora de sus movimientos

Todos los movimientos de la capoeira deben realizarse con rapidez y suavidad. Querrá volverse mucho más ágil en sus dedos, manos, pies y dedos de los pies. Si tiene problemas para ejecutar un determinado movimiento, intente reducir la velocidad y sentir cómo se mueve su cuerpo en ese momento. Luego acelere gradualmente para perfeccionar ese movimiento.

Si tiene problemas con un movimiento concreto, pregunte a su profesor o a alguien con más experiencia. Ellos pueden indicarle en qué músculos debe centrarse y hasta ayudarle a ajustar su cuerpo.

3. Practique los movimientos fundamentales todos los días

Al principio, le parecerá que está aprendiendo a gatear de nuevo. Probablemente querrá abandonar antes de empezar. No caiga en esa trampa. Siga adelante y recuerde por qué empezó en primer lugar.

Probablemente deba comenzar con los tres movimientos fundamentales sacadas, ginga y batuque. Estos le darán una base sólida a partir de la cual podrá construir más adelante. Una vez que domine estos movimientos básicos, será mucho más fácil aprender técnicas más avanzadas como el Eco Birimbao, la Queixada y el Aú. Si tiene dificultades con un movimiento en particular, intente reducir la velocidad a la mitad. Esto le permitirá sentir cada músculo y ver dónde se equivoca.

4. Observe a los capoeiristas que admira

Esta puede ser una gran manera de inspirarse. Puede ver los movimientos que quiere incorporar a su propio juego y recoger algunas buenas señales de los jugadores más experimentados. Intente no limitarse a imitarlos. En lugar de eso, averigüe qué es lo que hace único su movimiento y agréguelo a lo que ya ha estado practicando.

5. Practique sus nuevos movimientos con un compañero

La verdadera clave de la sincronización y la coordinación es jugar con un compañero. Si tiene problemas con este paso como principiante, intente practicar junto a alguien más experimentado. O, mejor aún, encuentre a alguien dispuesto a dedicar un tiempo extra a ayudarle.

Una vez que supere los movimientos de los principiantes, notará que necesita volver a practicarlos de vez en cuando. Intente no desanimarse. Puede que incluso se encuentre deseando volver a practicar un movimiento básico porque se siente muy bien cuando finalmente lo domina por segunda vez.

6. No tema pedir ayuda

Recuerde que la capoeira es una comunidad. Todos estamos aquí para ayudarnos unos a otros. Si tiene problemas con algo, pídale a uno de sus amigos que le dé algunos consejos. Puede que no sepan la respuesta inmediatamente, así que no se enfade si no pueden solucionar sus problemas en cinco minutos. Cuanto más juegue con diferentes personas, más contacto tendrá con diversos movimientos y técnicas. Puede que incluso encuentre nuevas técnicas que ni siquiera sabía que existían.

7. Siga trabajando su resistencia

La capoeira es un deporte aeróbico. Es muy importante desarrollar la resistencia con una actividad física constante a lo largo del tiempo. Esto no significa correr largas distancias o levantar pesas. Puede construir su resistencia con muchos saltos, patadas, puñetazos y movimientos de danza.

8. Siga practicando y no se rinda

Incluso cuando piense que ha dominado un movimiento o una técnica, siga practicándolo todos los días durante un mes más para estar seguro. Luego espere otras dos semanas antes de empezar a probarse de nuevo solo para asegurarse de que la técnica está realmente arraigada en su memoria muscular.

9. Emociónese con la capoeira

Recuerde que eligió este deporte porque había algo en él que le hacía querer aprender más. Si se siente descorazonado o desanimado mientras aprende, intente dar un paso atrás y recuerde por qué empezó en primer lugar. Recuerde sus sentimientos originales de entusiasmo y motivación cada vez que tenga ganas de abandonar. Esto le mantendrá motivado para seguir buscando nuevos movimientos y técnicas.

10. Intente encontrar un modelo a seguir

Tal vez haya un capoeirista al que admire. Tal vez sea su Mestre, o tal vez sea alguien de un grupo con el que practica regularmente. Puede que le ofrezca consejos o sugerencias que le ayuden a mejorar sus movimientos y hacerlos más fáciles. Además, si le enseña lo que ha estado practicando, probablemente podrá mostrarle cómo se debe hacer.

11. Recuerde que siempre hay nuevos movimientos que aprender

Incluso después de practicar durante años y años, se descubren nuevos movimientos todo el tiempo. No se sienta demasiado cómodo con su conjunto actual. Mantenga la mente abierta y esté atento a nuevos ejercicios para aumentar su nivel de habilidad.

12. Siga practicando sus balões

Dado que la capoeira es un estilo de arte marcial fluido y de improvisación, es realmente importante ser capaz de improvisar y utilizar lo que ya conoce durante una pelea o enfrentamiento real. Para ello, tiene que practicar todos sus movimientos y técnicas hasta que se conviertan en algo natural.

13. Siga practicando sus ritmos

Cuanto más practique estos movimientos, mejor fluirán juntos cuando se esté en un juego o *jogo* (pelea). Puede practicar solo o con otra persona. Si es posible, trate de involucrar las cuatro extremidades en los ritmos que está practicando.

14. Siga practicando sus angolas

Un Angola es un rol que existe dentro del marco de la capoeira Angola, que es un estilo de juego más antiguo con raíces más tradicionales que muchos estilos de juego modernos. Algunas personas podrían decir que estos roles son anticuados, pero todavía están muy vivos hoy en día en algunos grupos. Independientemente del estilo de su grupo, cuantas más angolas conozca, más posibilidades tendrá de ser un verdadero capoeirista.

15. Siga practicando sus cortes (Golpes)

Los cortes son movimientos que ocurren durante el juego o jogo que no encajan en las otras categorías como balões, sambas y angolas. Estos movimientos son muy importantes porque pueden afectar a su juego y al de su oponente. Además, suelen tener un aspecto realmente impresionante cuando se ejecutan bien.

16. Siga practicando sus agachadas
La capoeira Angola es una forma de arte que tiene sus raíces firmemente plantadas en la tradición africana y en muchas otras culturas de todo el mundo. Esto es parte de lo que la hace tan interesante. Una de estas tradiciones incluye un tipo de baile llamado "Agogô". Puede practicar sus agogôs de muchas maneras, pero una forma de incorporarlos a su entrenamiento es hacer sentadillas mientras sostiene pesas.

17. Siga practicando sus rodadas
Si aún no domina el rodar, empiece a practicarlo cuanto antes, ya que es una habilidad que le resultará útil en muchas ocasiones. Ya sea rodando por el suelo o intentando recuperar los pies cuando le empuja un adversario, una de estas volteretas bien practicadas puede salvarle la vida o, al menos, su orgullo.

18. Siga practicando volteretas (Rolês)
Los capoeiristas son artistas de corazón, y una de las cosas más bonitas de ver es una voltereta bien practicada. También es muy impresionante ver a alguien que ha dominado este movimiento con la ropa de diario. Las volteretas bien practicadas pueden marcar una gran diferencia durante un combate.

19. Siga practicando sus flexiones hacia atrás (Queixadas)
Aunque los movimientos de la capoeira suelen considerarse muy acrobáticos, las flexiones hacia atrás no son algo que se fomente en muchos grupos modernos debido al riesgo de lesión que suponen. Sin embargo, algunos grupos de capoeira todavía incorporan esto en su estilo, y vale la pena aprender si su grupo las adopta.

20. Siga practicando sus flexiones frontales (Quebradas)
Este es otro movimiento acrobático que entra en la categoría de "nivel avanzado". No todos los grupos de capoeira Angola practican las flexiones frontales, pero algunos lo hacen. Hay más riesgos en las flexiones frontales que en las de espalda, por lo que es importante tener cuidado y practicar de manera que se reduzcan las posibilidades de lesión.

Estiramientos para la capoeira

1. Estiramiento de la pantorrilla
Este estiramiento es muy importante porque es la base de muchos otros estiramientos. Póngase de pie frente a una pared con las manos extendidas a la altura del pecho para realizar este estiramiento. Mantenga una pierna delante de la otra y dé un paso atrás para que su talón toque la pared. Asegúrese de que se inclina hacia delante y mantenga la rodilla de la pierna delantera doblada. Empuje contra sus manos e inclínese hacia la pared hasta que sienta un estiramiento en los músculos de la pantorrilla.

2. Estiramiento de cuádriceps
Póngase de pie con una silla a su lado izquierdo. Coloque un pie en el asiento de la silla y manténgalo así durante todo el estiramiento. Mantenga la otra pierna recta y empuje las caderas hacia delante y hacia el suelo. Debería sentir un estiramiento en los músculos del muslo derecho después de haber hecho esto durante algún tiempo. Asegúrese de no exagerar.

3. Estiramiento del corredor de vallas
Antes de realizar este estiramiento, asegúrese de haber calentado caminando o corriendo. Siéntese en el suelo y lleve la planta de un pie delante de usted hacia la ingle. Inclínese hacia delante y coloque ese pie en el suelo, manteniendo la otra pierna recta y estirada hacia atrás. Debería sentir un estiramiento en la zona de la ingle después de hacer esto durante algún tiempo.

4. Estiramiento de la parte inferior de la espalda
Acuéstese sobre su espalda con ambas piernas hacia arriba. Suba ambas rodillas y sujételas con las manos. Tire de ambas piernas hacia el pecho mientras mantiene la

cabeza en el suelo. En este momento debe sentir un estiramiento en toda la zona lumbar. Mantenga esta posición durante algún tiempo para dejar que los músculos se relajen antes de soltar las rodillas y bajar suavemente los pies al suelo (tenga cuidado).

Cómo hacer que sus giros se vean bien

1. Trabaje sus piernas

Se trata de encontrar su centro de gravedad y utilizar los músculos adecuados para crear una hermosa voltereta. Asegúrese de utilizar sus piernas tanto como sea posible durante una voltereta y de mirar hacia dónde va para no chocar con nada una vez que la voltereta haya terminado. Recuerde, la práctica hace la perfección.

2. Trabaje su cadera

El movimiento de la cadera ayuda a crear más impulso durante la voltereta, y usted debe centrarse en este aspecto del movimiento. Asegúrese de que no está utilizando los brazos para empujarse del suelo tanto como sea posible. Trabaje más en el uso de sus caderas para que pueda ganar más velocidad rápidamente.

3. Trabaje su rotación del torso

Esta es una parte importante de la voltereta porque no puede simplemente saltar en ella. Necesita hacer una rotación del torso primero para tener impulso antes de levantarse y voltear las piernas sobre su cabeza. Practique este movimiento con pesas en los tobillos para que haya algo de resistencia.

Ejercicios de capoeira para mejorar las habilidades

1. Caída

Este ejercicio trata de aumentar su coordinación. Comience por ponerse de pie con un pie delante para mantener el equilibrio y doble los brazos delante de usted. Inclínese ligeramente hacia delante y gire las caderas hacia la izquierda para caer en el suelo en un rodaje controlado sobre su espalda. A continuación, repita en el otro lado. Asegúrese de no girar el cuerpo ni soltar los brazos.

2. Rodar

Comience haciendo lo mismo que en el ejercicio número 1, pero esta vez cuando caiga sobre su espalda, ruede hacia un lado y levántese rápidamente. Repita esto en el otro lado.

3. Atrapar

Este ejercicio es similar al anterior, pero con la diferencia de que se trata de una pelota que tiene que atrapar después de la caída. Asegúrese de no dejarla caer. Repita este ejercicio durante unos 10 minutos, aumentando la velocidad a medida que avanza para mejorar su coordinación.

4. Atrapar con trabajo de piernas

Lance la pelota ligeramente hacia arriba después de haber doblado los brazos para este ejercicio. Después de atraparla, haga un barrido con las piernas en el suelo y repita en el otro lado. Recuerde que debe utilizar solo las piernas.

5. Volteretas con pesas (una pierna)

Comience por pararse sobre una pierna con los brazos cruzados frente a usted. Inclínese ligeramente hacia un lado y agáchese, empujándose con la pierna de atrás, girando el torso hacia delante mientras se empuja hacia arriba de nuevo. Repita esto unas 5 veces en cada lado para obtener los mejores resultados.

Ejercicios de equipo para mejorar las habilidades de capoeira

1. Sit-Ups

Forme dos filas y asegúrese de que haya espacio entre todos. La primera persona de cada fila comenzará tumbada en el suelo con las piernas extendidas. Una vez que estén cómodos, siéntense rápidamente y tiren de una rodilla hacia el pecho con el brazo. Haga una pausa y luego repita en el otro lado. Este es un gran ejercicio que ayuda a fortalecer su núcleo y ayuda a su coordinación también.

2. Drill de pie

Este ejercicio es similar al anterior, pero de pie en lugar de tumbado. Comience por inclinarse lentamente y haga una pausa antes de volver a extender las piernas. Concéntrese en su núcleo y asegúrese de no perder el equilibrio, extendiendo una pierna cuidadosamente cada vez.

3. Pesas hacia delante y hacia atrás

Este ejercicio es similar al número 2, pero con pesas en los tobillos. Coja unas pesas ligeras para los tobillos y póngaselas antes de empezar este ejercicio. Inclínese hacia delante con las piernas rectas y haga una pausa antes de volver a levantarse. Puede ser difícil conseguir la sincronización correcta si lleva unas pesas más pesadas en los tobillos.

Nunca puede dejar de aprender nuevas habilidades en la capoeira, y cuanto más tiempo pase practicando, más aprenderá. Siga trabajando en sus movimientos hasta que sean perfectos. No se desanime si se encuentra con constantes tropiezos al principio. Siga intentándolo hasta que mejore.

Una vez que sienta que sus movimientos básicos están mejorando, intente trabajar en el aprendizaje de otras habilidades de la capoeira como por ejemplo cómo blandir un sable, e incluso tocar el birimbao si está interesado. También puede buscar iniciar su propia escuela de capoeira o unirse a una si quiere un desafío aún mayor.

Conclusión

La capoeira es un arte marcial brasileño que se practica en todo el mundo. Combina elementos de danza, música y acrobacia para crear una mezcla única de artes marciales y danza, lo que la diferencia de otras prácticas de artes marciales.

Esta forma de arte tiene su origen en los africanos esclavizados en Brasil, que disfrazaban sus artes marciales tradicionales para que parecieran una danza. Esto les ayudó a evitar que los funcionarios del gobierno los atraparan y los etiquetaran como rebeldes.

Este libro permite conocer mejor la historia de la capoeira y ayuda a los principiantes a iniciarse en este arte marcial. Le lleva a través de las muchas terminologías desconocidas utilizadas por los practicantes tradicionales de la capoeira y explica el sistema de clasificación utilizado en la capoeira, así como el significado y el sentido de la roda y el jogo.

Además, le guía a través de las dos principales escuelas de capoeira, la capoeira Angola y la capoeira regional, y también le ofrece una rápida visión de la capoeira contemporánea. Algunos lectores pueden verse limitados en la elección de la forma que pueden practicar debido a la disponibilidad de profesores en su zona. Si tiene la opción de elegir, este libro le ayudará a tomar una decisión informada.

A continuación, el libro le llevó a través de algunos de los principios y movimientos básicos de la capoeira. Esto incluye la ginga, las patadas, el aú y las esquivas. Le ha guiado a través de las técnicas de ataque utilizadas en la capoeira, incluyendo los ataques redondos, circulares y rectos. Aunque se trata de un arte marcial sin contacto, se entiende mejor qué técnicas utilizar cuando se juega en una roda o simplemente cuando se practica por cuenta propia.

También le guio a través de los movimientos defensivos de la capoeira y le explicó cómo podría defenderse de un capoeirista atacante durante un juego. Mientras que algunas técnicas son similares a las utilizadas en los movimientos de ataque, otras son exclusivas de la capoeira defensiva.

Otro aspecto de la capoeira es el trabajo de fondo. También se conoce como floreios ("movimientos floridos") y contribuye a que la capoeira sea un placer visual. Consiste en tomar los movimientos básicos y ampliarlos hasta que sean lo suficientemente bellos como para asombrar a los espectadores. Al mismo tiempo, sirven para ayudar a los capoeiristas a transferir su peso y hacer el juego más fluido y eficiente. El libro le guio a través de los fundamentos de la capoeira, para que pueda integrar todas las técnicas que aprendió en un entrenamiento básico que puede utilizar para mejorar sus habilidades.

El libro habla de la profunda relación de la capoeira con la música y la danza y explicaba cómo estos elementos siguen desempeñando un papel importante en este arte marcial en la actualidad. También se analiza la práctica de la capoeira como método de acondicionamiento físico y se ofrece un entrenamiento básico de capoeira que se puede practicar en cualquier momento. Por último, para evolucionar como capoeirista, le ha proporcionado formas de subir gradualmente el nivel de sus habilidades de capoeira con el tiempo.

Muchas personas interesadas en la capoeira no pueden aprender directamente de un profesor o buscan material complementario que les ayude a ampliar su práctica de este arte marcial. Este libro ha servido como guía completa de la capoeira para principiantes, de modo que tiene una fuente de confianza a la que acudir con cualquier pregunta que pueda tener.

Referencias

(N.d.). Realbuzz.com. https://www.realbuzz.com/articles-interests/sports-activities/article/the-basic-skills-of-boxing/
Chen, L. (2021, June 15). The ultimate boxing workout for beginners. Byrdie. https://www.byrdie.com/boxing-workouts-5188633
Duquette, T. (2021, April 13). How to box at home - techniques for beginners. Joinfightcamp.com; FightCamp. https://blog.joinfightcamp.com/training/5-basic-boxing-techniques-to-learn-at-home-during-quarantine/
Evolve, M. M. A. (2022, October 2). 15 basic boxing combinations you should master first. Evolve Daily. https://evolve-mma.com/blog/15-basic-boxing-combinations-you-should-master-first/
Imre, B. (2020, August 14). 6 basic boxing punches & how to throw them correctly. PunchingBagsGuide. https://punchingbagsguide.com/basic-boxing-punches-guide/
Johnny, N. (2012, November 23). The BEGINNER'S guide to boxing. How to Box | ExpertBoxing. https://expertboxing.com/the-beginners-guide-to-boxing
Mahoney, K. (2020, May 2). 7 boxing fundamentals everyone should know. Muscle & Fitness. https://www.muscleandfitness.com/muscle-fitness-hers/hers-workouts/basics-boxing/
McNulty, R. (2020, May 29). The beginner's guide to boxing training. Muscle & Fitness. https://www.muscleandfitness.com/workouts/workout-tips/the-beginners-guide-to-boxing-training/
Ritterbeck, M. (2017, April 11). Boxing for beginners: Boxing basics for stance, breath, and punches. Greatist. https://greatist.com/fitness/boxing-workout-basic-moves-for-beginners
Cinco consejos para mejorar su presión en el *jiu-jitsu*. (2020, February 24). Jiujitsu-News.Com. https://jiujitsu-news.com/5-tips-to-improve-your-pressure-jiu-jitsu-style/
Más de cuarenta sumisiones del *jiu-jitsu* brasilero que debe conocer. (2020, September 7). Bjjsuccess.Com. https://www.bjjsuccess.com/brazilian-jiu-jitsu-submissions/
Acción-reacción en el *jiu-jitsu*. (2020, January 29). Jiujitsu-News.Com. https://jiujitsu-news.com/action-reaction-in-jiu-jitsu/
Barra, G. (2014, July 31). Cinco consejos para ejercer presión y ser pesado para su oponente. - Gracie Barra. Graciebarra.Com. https://graciebarra.com/gb-news/tips-pressure-opponent/
Barra, G. (2021, January 25). Por qué el *jiu-jitsu* brasilero es la mejor técnica de defensa personal. Graciebarra.Com. https://graciebarra.com/chandler-az/why-brazilian-jiu-jitsu-is-good-for-self-defense/
Bjj, A. S. (n.d.). Aprenda secuencias de BJJ - Combinaciones del *jiu-jitsu* brasilero. Pureartbjj.Com. from https://www.pureartbjj.com/blog/bjj-sequences-combinations/
BJJ para defensa persona: Resumen completo por un experto. (2020). https://theselfdefenceexpert.com/bjj-for-self-defence/
BJJEE. (2020a, February 20). Cómo usar exitosamente el principio de acción-reacción en la lucha cuerpo a cuerpo. Bjjee.Com. https://www.bjjee.com/articles/successfully-use-action-reaction-principles-grappling/
BJJEE. (2020b, April 14). Marcelo Garcia en cómo usar combinaciones para someter oponentes. Bjjee.Com. https://www.bjjee.com/articles/marcelo-garcia-on-how-to-use-combinations-to-finish-opponents/
bjjmindset. (2013, June 7). Acción-reacción. Wordpress.Com. https://bjjmindset.wordpress.com/2013/06/07/action-and-reaction/
BjjTribes. (2020, September 20). ¿Cuántas guardias hay en el BJJ? La lista definitiva de todas las posiciones de guardia del *jiu-jitsu* brasilero. Bjjtribes.Com. https://bjjtribes.com/list-of-all-of-the-guard-positions-in-brazilian-jiu-jitsu/

Jiu-jitsu brasilero – todo acerca del arte suave. (2019, October 3). Bjj-World.Com. https://bjj-world.com/brazilian-jiu-jitsu/
¿Qué es el *jiu-jitsu* brasilero? (2020, April 29). Jiujitsu-News.Com. https://jiujitsu-news.com/brazilian-jiu-jitsu-what-is-it/
Jiu-jitsu brasilero. (2020, January 29). Jiujitsu-News.Com. https://jiujitsu-news.com/brazilian-jiu-jitsu-style/
Bryers, M. (2018, December 13). Los tres mejores derribos del *jiu-jitsu* brasilero. Jiujitsuct.Com. https://www.jiujitsuct.com/3-takedowns-bjj
de Los Reyes, J. (2016, June 15). Fortalezas y debilidades de cada arte marcial para la defensa personal. Kombatarts.Com. https://kombatarts.com/strengths-weaknesses-martial-art-self-defense/
Evolve, M. M. A. (2018a, January 29). Las tres primeras sumisiones que usted debería dominar en el *jiu-jitsu* brasilero. Evolve-Mma.Com. https://evolve-mma.com/blog/the-first-3-submissions-you-should-master-in-brazilian-jiu-jitsu/
Evolve, M. M. A. (2018b, March 31). Cinco movimientos básicos que los principiantes de BJJ deben perfeccionar. Evolve-Mma.Com. https://evolve-mma.com/blog/5-basic-bjj-movements-beginners-need-to-perfect/
Evolve, M. M. A. (2019, January 6). Los tres mejores derribos del BJJ para principiantes. Evolve-Mma.Com. https://evolve-mma.com/blog/the-3-best-bjj-takedowns-for-beginners/
Fanatics Authors. (n.d.). !Cinco derribos esenciales del BJJ Takedowns! Bjjfanatics.Com. from https://bjjfanatics.com/blogs/news/five-essential-bjj-takedowns
Cuatro principios esotéricos para el desarrollo de habilidades en artes marciales. (2019, December 3). Sonnybrown.Net. https://www.sonnybrown.net/principles-martial-arts-skill-development/
Freeman, D. (2021a, May 14). *Jiu-jitsu* brasilero vs *jiu-jitsu* japonés: Las diferencias que usted debería conocer. Bjjgireviews.Com. https://bjjgireviews.com/brazilian-jiu-jitsu-vs-japanese-jiu-jitsu/
Freeman, D. (2021b, May 26). Diez consejos para iniciar en el *jiu-jitsu* brasilero. (2021). Bjjgireviews.Com. https://bjjgireviews.com/get-started-in-bjj/
Freeman, D. (2021c, June 3). Los mejores ejercicios individuales de BJJ que puede hacer en su propia casa (TODOS LOS DÍAS). Bjjgireviews.Com. https://bjjgireviews.com/bjj-solo-drills
guy. (2019, September 20). Ocho errores típicos de los principiantes en el *jiu-jitsu* brasilero. Bjjnc.Com. https://www.bjjnc.com/8-mistakes-typically-made-by-brazilian-jiu-jitsu-beginners/
Cómo funcionan todas las llaves de sumisión en el *jiu-jitsu* brasilero. (2020, September 2). Bjj-World.Com. https://bjj-world.com/brazilian-jiu-jitsu-submission-holds/
BJJ intermedio: Construir combinaciones para someter. (2016, March 31). Jiujitsutimes.Com. https://jiujitsutimes.com/intermediate-bjj-building-submission-combinations/
Jiu Jitsu, L. (2020, April 1). Los diez mejores ejercicios individuales de BJJ para hacer en casa. Jiujitsulegacy.Com. https://jiujitsulegacy.com/health/strength-conditioning/10-best-bjj-drills-you-can-do-home-alone/
Manejo de la energía en peleas de *jiu-jitsu*. (2020, January 29). Jiujitsu-News.Com. https://jiujitsu-news.com/jiu-jitsu-fight-energy-management/
Kesting, S. (2016, June 18). 37 sumisiones poderosas de BJJ para luchadores cuerpo a cuerpo. Grapplearts.Com. https://www.grapplearts.com/37-powerful-bjj-submissions-for-grapplers/
Kesting, S. (2018, January 16). *Jiu-jitsu* vs BJJ. Grapplearts.Com. https://www.grapplearts.com/japanese-jiujitsu-vs-bjj/

Kesting, S. (2021, March 1). Los diez mejores lanzamientos y derribos del BJJ. Grapplearts.Com. https://www.grapplearts.com/top-10-throws-and-takedowns-for-bjj/
leticiamedeiros. (2018, November 26). Derribos de *jiu-jitsu* - Gracie Barra. Graciebarra.Com. https://graciebarra.com/gb-learning/takedowns-for-jiu-jitsu/
Marlin, S. (2018, December 14). La diferencia entre el *jiu jitsu* y el BJJ. Martialboss.Com. https://martialboss.com/jiu-jitsu-vs-bjj
Técnicas de agarre de artes marciales (principiantes y avanzadas). (2018, September 7). Blackbeltwiki.Com. https://blackbeltwiki.com/grappling
Explicación de la guardia abierta vs guardia cerrada en el BJJ. (2021, January 27). Jiujitsu-News.Com. https://jiujitsu-news.com/open-guard-vs-closed-guard/
Ruiz, B. (2020, May 11). 23 derribos efectivos en el BJJ. Mma-Today.Com. https://www.mma-today.com/bjj-takedowns-judo-throws/
Scandinavia, B. J. J. (2016, October 13). Todas las guardias del *jiu-jitsu* brasilero (con videos) - BJJ Scandinavia. Bjjscandinavia.Com. http://www.bjjscandinavia.com/2016/10/13/all-guards-in-brazilian-jiu-jitsu-with-videos/
Skoczylas, N. (2020a, October 19). *Jiu-jitsu* japonés vs. *jiu-jitsu* brasilero. Projectbjj.Com. https://projectbjj.com/japanese-jiu-jitsu-vs-brazilian-jiu-jitsu/
Skoczylas, N. (2020b, October 28). ¿Cuáles son los fundamentos del jiu-jitsu brasilero? Projectbjj.Com. https://projectbjj.com/what-are-the-fundamentals-in-brazilian-jiu-jitsu/
Smith, A. (2017, November 11). Combinaciones en BJJ. HowTheyPlay. https://howtheyplay.com/individual-sports/Combinations-in-BJJ
Spot, B. (2017, November 20). Seis errores comunes del BJJ que debe evitar. Bjj-Spot.Com. https://www.bjj-spot.com/common-bjj-mistakes/
Spot, B. (2018a, April 29). Ejercicios básicos de BJJ para todos los días. Bjj-Spot.Com. https://www.bjj-spot.com/basic-bjj-drills/
Spot, B. (2018b, September 27). Retención de guardia – movimientos y principios importantes. Bjj-Spot.Com. https://www.bjj-spot.com/guard-retention/
Los 17 beneficios comprobados del *jiu-jitsu* brasilero. (2020, February 11). Bjjsuccess.Com. https://www.bjjsuccess.com/benefits-of-brazilian-jiu-jitsu/
Los beneficios de tomar una clase de lucha de agarre. (n.d.). Nymaa.Com. from https://www.nymaa.com/martial-arts-blog/The-Benefits-of-Taking-a-Grappling-Class_AE92.html
La mejor rutina de estiramientos del BJJ moderno para mejorar la lucha de agarres. (2020, April 27). Bjjsuccess.Com. https://www.bjjsuccess.com/stretching-for-bjj/
Sumisiones fundamentales de BJJ. (2020, November 4). Youjiujitsu.Com. https://youjiujitsu.com/the-fundamental-bjj-submissions/
El juego de la presión en el *jiu-jitsu*. (2015, March 23). Jiujitsutimes.Com. https://jiujitsutimes.com/the-pressure-game-in-jiu-jitsu/
Las cuatro técnicas de defensa personal del BJJ que debe conocer. (2016, March 10). Jiujitsutimes.Com. https://jiujitsutimes.com/the-top-4-bjj-self-defence-techniques-you-should-know/
La verdadera historia del *jiu-jitsu* brasilero. (2020, April 9). Bjjsuccess.Com. https://www.bjjsuccess.com/history-of-brazilian-jiu-jitsu/
El análisis DEFINITIVO de la «PRESIÓN». (2016, June 19). Jiujitsutimes.Com. https://jiujitsutimes.com/ultimate-analysis-pressure/
La guía definitiva de *jiu-jitsu* brasilero para principiantes. (2020, January 4). Middleeasy.Com. https://middleeasy.com/guides/jiu-jitsu-guide/
(N.d.-a). Findyourgi.Com. Retrieved from https://findyourgi.com/what-is-bjj/
(N.d.-b). Letsrollbjj.Com. Retrieved from https://www.letsrollbjj.com/bjj-white-belt-tips/
Cinco cualidades que buscar en un instructor de *jiu-jitsu* brasilero. (2016, February 27). Jiujitsutimes.Com. https://jiujitsutimes.com/5-qualities-to-look-for-in-a-brazilian-jiu-jitsu-instructor/

Barra, G. (2015, July 4). El «secreto» para mejorar en BJJ - Gracie Barra. Graciebarra.Com. https://graciebarra.com/gb-news/the-secret-bjj/

Battle Arts Academy. (2019, December 28). Cómo mejorar en *jiu-jitsu* brasilero: Los mejores consejos para principiantes. Battleartsacademy.Ca. https://www.battleartsacademy.ca/post/how-to-get-better-at-brazilian-jiu-jitsu-the-top-tips-for-beginners

Park, J. (2014, June 13). 57 consejos para el entrenamiento de cinturones blancos es *jiu-jitsu* brasilero. Crazy88mma.Com. https://www.crazy88mma.com/57-training-tips-for-brazilian-jiu-jitsu-white-belts/

10 types of muay Thai kicks. (2019, December 11). Fijimuaythai.com. https://fijimuaythai.com/types-of-muay-thai-kicks/

14 FAV Muay Thai combos for developing RHYTHM & FLOW. (n.d.). Mmashredded.com. https://www.mmashredded.com/blog/muay-thai-combos

5 essential clinching tips. (n.d.). Muay-thai-guy.com. https://www.muay-thai-guy.com/blog/5-essential-clinching-tips

5 essential Muay Thai sparring tips for beginners. (n.d.). 5 Essential Muay Thai Sparring Tips for Beginners. https://www.ubudmuaythai.com/blog/5-essential-muay-thai-sparring-tips-for-beginners

5 essential Muay Thai sweep techniques you must know – evolve university blog. (2023, March 2). Evolve University. https://evolve-university.com/blog/5-essential-muay-thai-sweep-techniques-you-must-know/

A typical Muay Thai workout routine. (n.d.). Muay-Thai-guy.com. https://www.muay-thai-guy.com/blog/muay-thai-workout

Alexis. (2022, August 28). Dutch Kickboxing vs Muay Thai: what are the differences? Mejiro Gym Bali. https://mejirogymbali.com/blog/dutch-kickboxing-vs-muay-thai-differences/

Beginner's Guide To knee strikes – law of the fist. (2019, June 22). Lawofthefist.com. https://lawofthefist.com/a-beginners-intro-to-the-art-of-knee-strikes/

Best Muay Thai sparring gear. (2019, April 14). Muay Thai Citizen; Kay. https://www.muaythaicitizen.com/best-muay-thai-sparring-gear/

Bryan, A. (2023, January 5). Muay Thai & spirituality. Black Belt Magazine. https://blackbeltmag.com/muay-thai-spirituality

Bryan, A. (n.d.). The ultimate guide to the Muay Thai clinch. Muay-thai-guy.com. https://www.muay-thai-guy.com/blog/clinching-for-muay-thai

Delp, C. (2004). Muay Thai: Traditionen – Grundlagen – Techniken des Thaiboxens (1st ed.). Motorbuch.

Dillon. (2020, May 27). How to practice Muay Thai by yourself: My daily routine. Oneshotmma. https://oneshotmma.com/how-to-practice-muay-thai-by-yourself-my-weekly-routine/

Dunk. (2017, February 15). Common Muay Thai routines when training in Thailand: Part I. Muay Thai; Bokun Wordpress Theme. https://kstmuaythai.com/common-muay-thai-routines-when-training-in-thailand-part-1/

Evolve Vacation. (2018, November 20). How to develop powerful knees in Muay Thai. Evolve Vacation. https://evolve-vacation.com/blog/how-to-develop-powerful-knees-in-muay-thai/

Evolve, M. M. A. (2016, March 23). 7 Muay Thai principles that will make you A better fighter. Evolve Daily. https://evolve-mma.com/blog/7-muay-thai-principles-that-will-make-you-a-better-fighter/

Evolve, M. M. A. (2018, January 15). Muay Thai 101: The roundhouse kick. Evolve Daily. https://evolve-mma.com/blog/muay-thai-101-the-roundhouse-kick/

Evolve, M. M. A. (2020, September 9). The beginner's guide to boxing sparring: 10 things to know. Evolve Daily. https://evolve-mma.com/blog/the-beginners-guide-to-boxing-sparring-10-things-to-know/

Evolve, M. M. A. (2022, February 10). The complete Muay Thai Beginner's Guide. Evolve Daily. https://evolve-mma.com/blog/the-complete-muay-thai-beginners-guide/

Evolve, M. M. A. (2022, June 21). Here's how to utilize sweeps for Muay Thai. Evolve Daily. https://evolve-mma.com/blog/heres-how-to-utilize-sweeps-for-muay-thai/

Evolve, M. M. A. (2022, October 24). Comparing Muay Thai to Dutch kickboxing. Evolve Daily. https://evolve-mma.com/blog/comparing-muay-thai-to-dutch-kickboxing/

Explorer, K. L. (2015, November 24). Muay Thai. Https://www.khaolakexplorer.com/; Khao Lak Explorer. https://www.khaolakexplorer.com/muay-thai/

Hughes, L. (2023, January 26). The Muay Thai workout routine that will get you into shape. Prime Women | An Online Magazine; Prime Women | Online Lifestyle Media for Women over 50. https://primewomen.com/wellness/fitness/muay-thai-workout-routine/

James, K. (2017, January 13). The 8 punches of muay Thai. Fightrr.com. https://fightrr.com/muay-thai/technique/punches

Jones, A. (2023, April 2). Dutch Kickboxing vs. Muay Thai. Fight Falcon – Fight With Style. https://fightfalcon.com/dutch-kickboxing-vs-muay-thai/

Mohan, C. (2020, March 5). Muay Thai training gear you must have in your gym bag. ONE Championship – The Home Of Martial Arts. https://www.onefc.com/lifestyle/muay-thai-training-gear-you-must-have-in-your-gym-bag/

Muay Sok: The Elbow Fighter (June 8th, 2022), Jacob Garner. Muay Sok https://muaythai.com/muay-sok/

Muay Thai – philosophy, techniques, training tips, and more. (n.d.). Ninjaphd.com. https://www.ninjaphd.com/muay-thai/

Muay Thai Guy (2023), 10 Key Muay Thai Defense Techniques Every Fighter Must Know. https://www.muay-thai-guy.com/blog/muay-thai-defense-techniques

Muay Thai history. (2016, March 4). World Thai Boxing Association. https://thaiboxing.com/about/muay-thai-history/

Muay Thai sparring 2023: 10 tips for beginners & more. (2023, March 12). Way of the Fighter. https://wayofthefighter.com/muay-thai-sparring/

Muay Thai Techniques. (n.d.). Blogspot.com. http://muay-thai-techniquess.blogspot.com/2011/06/muay-thai-techniques-clinch-and-neck.html

MuayThaiCitizen, (May 19th, 2022), Kay, Is Muay Thai effective in a Street Fight? https://www.muaythaicitizen.com/is-muay-thai-effective-in-a-street-fight/#:~:text=So%20is%20Muay%20Thai%20effective,of%20controlling%20what%20happens%20next

OneFc (June 30th, 2020), John Wolcott, The 5 Fundamentals Of A Solid Muay Thai Defense. https://www.onefc.com/lifestyle/the-5-fundamentals-of-a-solid-muay-thai-defense/,

Shutts, I. (2018, October 14). Muay Thai boxing and punches. LowKick MMA. https://www.lowkickmma.com/muay-thai-boxing-and-punches

Singpatong-sitnumnoi (December 4th, 2012), Elbow Techniques In Muay Thai http://www.singpatong-sitnumnoi.com/elbow-techniques-in-muay-thai/,

Thailand, M. (2021, February 16). Muay Thai knees. Muay Thailand. https://www.muaythailand.co.uk/blogs/techniques/muay-thai-knees

The 10 best beginner Muay Thai sparring tips. (n.d.). Muay-thai-guy.com. https://www.muay-thai-guy.com/blog/beginner-muay-thai-sparring-tips

The ultimate guide to Muay Thai knees – evolve university blog. (2021, August 14). Evolve University. https://evolve-university.com/blog/the-ultimate-guide-to-muay-thai-knees/

Traditional Muay Thai fighting stances: the Art's bedrock. (n.d.). Muaythai. It. http://www.muaythai.it/traditional-muay-thai-fighting-stances-the-arts-bedrock/

WayOfTheArt (January 18th, 2023), Is Muay Thai Good for Self-Defense? (Street Fight). https://wayofmartialarts.com/is-muay-thai-good-for-self-defense/

Ways Of Martial Arts (January 24, 2023). Muay Thai Elbow Techniques And Combos https://wayofmartialarts.com/muay-thai-elbow-techniques-and-combos/
What is Muay Thai, Muay Thai History of training and fighting. (2008, December 30). Tiger Muay Thai & MMA Training Camp, Phuket, Thailand. https://www.tigermuaythai.com/about-muay-thai/history
Wilmot, A. (2013, July 2). Muay Thai. Awakening Fighters. https://awakeningfighters.com/awakepedia/muay-thai/
Wolcott, J. (2019, October 22). What makes Dutch kickboxing different from other striking arts? ONE Championship – The Home Of Martial Arts. https://www.onefc.com/lifestyle/what-makes-dutch-kickboxing-different-from-other-striking-arts/
Wolcott, J. (2021, July 10). Mastering the Muay Thai stance for beginners. ONE Championship – The Home Of Martial Arts. https://www.onefc.com/lifestyle/muay-thai-stance/
Yip, R. (2022, November 14). 3 common mistakes with your Fighting Stance. Infighting. https://www.infighting.ca/kickboxing/3-common-mistakes-with-your-fighting-stance/
Yokkao (2023), Essential Elbow Techniques In Muay Thai. https://asia.yokkao.com/blogs/news/essential-elbow-techniques-in-muay-thai
Yokkao (February 9th, 2021), How To Improve Muay Thai Skills https://asia.yokkao.com/blogs/news/how-to-improve-muay-thai-skills
(S.f.). Wvmat.com. https://www.wvmat.com/overview.htm
Historia de la lucha libre y la UWW. (sin fecha). United World Wrestling. https://uww.org/organisation/history-wrestling-uww
Resumen de las reglas de la lucha libre. (s.f.). Finalsite.net. https://resources.finalsite.net/images/v1583950707/sacredsf/c1vuicxnw1w5xwmwi7vs/wrestling_packet.pdf
El camino de los novatos. (2019, 29 de diciembre). ¿Qué es la lucha libre? Rookieroad.com; Rookie Road. https://www.rookieroad.com/wrestling/what-is/
La historia de la lucha libre. (2010, 10 de junio). Athleticscholarships.net. https://www.athleticscholarships.net/history-of-wrestling.htm
¿Cuáles son los distintos tipos de lucha libre? (2021, 18 de febrero). Fitness Quest. https://www.fitnessquest.com/what-are-the-different-types-of-wrestling/
Colaboradores de Wikipedia. (2023, 29 de mayo). Wrestling. Wikipedia, La enciclopedia libre. https://en.wikipedia.org/w/index.php?title=Wrestling&oldid=1157634607
Wild Pages Press. (2017a). La lucha libre: Cuaderno. Plataforma de publicación independiente creada por Createspace.
Wild Pages Press. (2017b). Lucha libre: Cuaderno. Plataforma de publicación independiente creada por Createspace.
Datos sobre la lucha libre. (s.f.). Auburntakedown.com. http://www.auburntakedown.com/parents-corner/wrestling-facts.html
Chen, S. (2021, 30 de enero). 14 posturas básicas de karate que le ayudarán a construir una base sólida. The karate Blog. https://thekarateblog.com/karate-stances/
Grupp, J. (2003). Karate shotokan kata: Volumen 2 (1ª ed.). Meyer & Meyer Sport. https://www.shotokankaratecalgary.com/kata.php
Jutras, M., y The karate Lifestyle. (s.f.). La lista completa de posturas básicas de karate. Thekaratelifestyle.com. https://www.thekaratelifestyle.com/list-of-karate-stances/
Karate - Belt Colours & Meaning. (s.f.). Tutorialspoint.com. https://www.tutorialspoint.com/karate/karate_belt_colours_meaning.htm
Cinturones de karate. (2015, 11 de junio). Artes marciales de élite, dojo de karate. https://emadojola.com/karate-belts/

Koch, C. (2023, 1 de enero). Lista de katas de karate de 10 estilos de karate diferentes [2023]. The karate Blog. https://thekarateblog.com/karate-kata-list/
Lista de katas de shotokan (con vídeo e instrucciones escritas). (2018, 7 de septiembre). Black Belt Wiki. https://blackbeltwiki.com/shotokan-karate-katas
Katas de shotokan. (s.f.). Asociación de karate y kobudo shotokan de victoria. https://www.shotokankarate.ca/katas
Vladisavljevic, V. (2022, 19 de julio). Orden de los cinturones de karate: Sistema de clasificación explicado. Way of Martial Arts. https://wayofmartialarts.com/karate-belts-ranking-system-explained/
14 patadas básicas de taekwondo (¡Qué todo el mundo debería saber!). (2019a, 29 de noviembre). Wu-Yi taekwondo. https://www.wuyi-taekwondo.com/taekwondo-kicks
14 patadas básicas de taekwondo (¡Qué todo el mundo debería saber!). (2019b, 29 de noviembre). Wu-Yi taekwondo. https://www.wuyi-taekwondo.com/taekwondo-kicks
Movimientos básicos que todo estudiante de taekwondo debe conocer. (2010, 15 de febrero). Sports Aspire. https://sportsaspire.com/taekwondo-moves
billysmma. (2017, 4 de enero). Explicación de las posiciones básicas del taekwondo. Leyendas de las MMA. https://legendsmma.net/basic-taekwondo-stances-explained
Bloqueo (막기 makgi) | Taekwondo Preescolar. (n.d.). Taekwondopreschool.com. https://taekwondopreschool.com/blocks.html
Hábitos de un artista marcial del taekwondo | Visual.ly. (n.d.). Visual.ly. Recuperado de: https://visual.ly/community/Infographics/sports/habits-taekwondo-martial-artist
Josh. (2015, 16 de enero). Los 14 movimientos básicos del taekwondo. Metodología marcial. https://martialmethodology.wordpress.com/2015/01/16/the-14-basic-movements-of-taekwondo
Josh. (2017, 16 de enero). Cómo ser bueno en el taekwondo RÁPIDO(s). Metodología Marcial. https://martialmethodology.wordpress.com/2017/01/15/how-to-get-good-at-taekwondo-fast
Lista de patadas de taekwondo (principiante y avanzado). (n.d.). Cinturón Negro Wiki. https://blackbeltwiki.com/taekwondo-kicks
Murphy, M. F. (2013, 5 de febrero). Guía para principiantes del taekwondo. Frank Murphy's Masterclass. http://frankmurphysmasterclass.com/2013/02/beginners-guide-taekwondo
Puñetazos y golpes en el taekwondo: una lista completa | Tae Kwon Do Nation. (n.d.). TaekwondoNation. https://www.taekwondonation.com/taekwondo-punches
Quality, F. (2016, 5 de diciembre). Una breve historia del taekwondo. Calidad de la lucha. https://fightquality.com/2016/12/05/a-brief-history-of-taekwondo
Robert. (s.f.). ¿Es peligroso el taekwondo? Esto es lo que debe saber. Extraído de: https://wayofmartialarts.com/is-taekwondo-dangerous
Cinturón de aekwondo | Dos Taekwondo - Mejor Academia de Taekwondo. (2017, 26 de septiembre). Dostaekwondo. https://dostaekwondo.com/taekwondo-belt-order-meaning
Sistema de cinturones de taekwondo | Artes marciales de Brisbane. (2009, 20 de agosto). Brisbanemartialarts.com.au. https://brisbanemartialarts.com.au/belts-and-stripes
Grados de Taekwondo - SOLO SIGUE PATEANDO. (n.d.). Justkeepkicking. Recuperado de: http://justkeepkicking.com/taekwondo-gradings
Movimientos de Taekwondo: Habilidades y técnicas poderosas para desafiarlo. (sin fecha). Made4Fighters. https://made4fighters.com/blog/taekwondo-moves

Golpes de taekwondo y ataques - Taekwondo Animals.com. (2018). Taekwondo Animals.com.
https://taekwondoanimals.com/taekwondo-punches-strikes
Las filosofías relacionadas con el taekwondo. (2017, 25 de enero). Artes marciales de Hong Ik.
https://hongikmartialarts.com/philosophies-related-taekwondo
Consejos para los alumnos de taekwondo. (n.d.). Wiki del taekwondo. Extraído de: https://taekwondo.fandom.com/wiki/Tips_for_Taekwondo_Students
Postura de caminar (앞서기 ap-sogi) | Postura (서기 sogi) | Taekwondo Preescolar. (s.d.). Taekwondopreschool.com. Extraído de:
https://taekwondopreschool.com/tutorialstance2.html
¿Qué es el taekwondo? Una definición y breve historia - Tae Kwon Do del maestro Chong. (2017). Maestro Chong's Tae Kwon Do. https://buffalotkd.com/what-is-tae-kwon-do
Lo que debe saber antes de empezar a practicar taekwondo.... (n.d.). Www.streetdirectory.com. Extraído de:
https://www.streetdirectory.com/etoday/-wwjuuw.html
Kung fu. Técnicas, patadas, formas (taolu), etc. Wiki del cinturón negro. (2018, 8 de septiembre). Blackbeltwiki.Com. https://blackbeltwiki.com/kung-fu
Li, S. (2019, 6 de marzo). Los principales y diferentes estilos de kung fu. Viajes educativos en China. https://www.chinaeducationaltours.com/guide/culture-chinese-kungfu-styles.htm
Robert. (2020, 3 de mayo). Los estilos de kung fu se explican en detalle. Wayofmartialarts.Com.
https://wayofmartialarts.com/kung-fu-styles-explained-in-detail
Revista Cinturón Negro. (2011, 21 de marzo). Estilo animal de kung fu #3: Grulla. Revista Cinturón Negro. https://blackbeltmag.com/the-5-kung-fu-animal-styles-of-the-chinese-martial-arts/kung-fu-animal-style-3-crane
Marcial. (2018, 13 de febrero). Estilos de animales de kung fu. Martialtribes.Com.https://www.martialtribes.com/kung-fu-animal-styles
Tai chi vs. Taekwondo. (2010, 9 de diciembre). Sportsrec.Com.
https://www.sportsrec.com/329232-tai-chi-vs-tae-kwon-do.html
(S.f.). Laugar-Kungfu.Com. Extraído de https://www.laugar-kungfu.com/style-5-animals
Posturas de kung fu shaolín. Instituto espíritu de dragón. (s.f.). Spiritdragoninstitute.Com. Extraído de: http://spiritdragoninstitute.com/kung-fu/shaolín-kung-fu-stances
Las posturas básicas del kung fu. Postura del caballo. Campamento de kung fu taizu. (2021, 20 de enero). Learnshaolinkungfu.Com.
https://www.learnshaolinkungfu.com/kung-fu-stances
5 POSTURAS DE KUNG FU (tutorial paso a paso)
Postura de la grulla. (s.f.). I-Budo.Com. Extraído de:
http://www.i-budo.com/techniques/basics/stances/crane-stance
Korahais, S. A. (2012, 26 de septiembre). Historia del qigong: Las 18 manos de lohan. Flowingzen.Com. https://flowingzen.com/4862/18-luohan-hands-qigong
Lohan qigong 18 manos sistema e historia. (2018, 27 de julio). Taichimontreal.Com.
https://taichimontreal.com/chi-kung/lohan-qigong-system
5 consejos para encontrar el zen en el caos de la vida cotidiana. (s.f.). Extraído de Lovehemp.com
Sitio web: https://lovehemp.com/blogs/news/5-tips-for-finding-zen-in-the-chaos-of-everyday-life

8 poderosos ejercicios antiguos de qigong para cultivar la energía curativa en el cuerpo. (2016, 19 de enero). Extraído de Consciouslifestylemag.com
Sitio web: https://www.consciouslifestylemag.com/qigong-exercises-healing-energy
Bailey, P. (2020, 29 de junio). 10 consejos para encontrar el zen en el caos de la vida cotidiana. Extraído de Mindbodygreen.com
Sitio web: https://www.mindbodygreen.com/0-21510/10-tips-to-find-zen-in-the-chaos-of-everyday-life.html
Editores de la guía del consumidor. (2007, 19 de noviembre). El taoísmo y el chi. Extraído de Howstuffworks.com Sitio web: https://people.howstuffworks.com/taoism-and-chi.htm
Encuentre la calma en medio del caos de una vida estresante siguiendo estos consejos para lograr un estado mental zen. (2020, 15 de marzo). Extraído de Healthshots.com Sitio web:
https://www.healthshots.com/mind/happiness-hacks/find-calm-amongst-the-chaos-of-a-stressful-life-by-following-these-tips-to-achieve-a-zen-state-of-mind
Formas de qi. Sustancias vitales en la medicina china. (s.f.). Extraído de Sacredlotus.com Sitio web:
https://www.sacredlotus.com/go/foundations-chinese-medicine/get/forms-of-qi-life-force
HeartMath LLC, C. (2013, 29 de agosto). Encontrando el zen: Formas fáciles de cultivar más paz interior.
Extraído de Huffpost.com Sitio web:
https://www.huffpost.com/entry/how-to-find-zen_b_3820554
McGinley, K. (2019, 15 de diciembre). Cómo encontrar su zen cuando está en su punto de ruptura. Extraído de Chopra.com Sitio web: https://chopra.com/articles/how-to-find-your-zen-when-youre-at-your-breaking-point
Naumann, S. (s.f.). Una breve historia del templo shaolín. Extraído de Tripsavvy.com Sitio web:
https://www.tripsavvy.com/brief-history-shaolin-temple-1495708
O'Brien, B. (s.f.). El zen y las artes marciales. Extraído de Learnreligions.com Sitio web:
https://www.learnreligions.com/zen-and-martial-arts-449950
Prickril, B. (2014, 3 de enero). Cómo aprovechar el poder de la energía chi. Extraído de RemedyGrove Sitio web: https://remedygrove.com/bodywork/How-to-Harness-Your-Chi-Power
Reninger, E. (s.f.). Qi (chi): El principio taoísta de la fuerza vital. Extraído de Learnreligions.com Sitio web: https://www.learnreligions.com/what-is-qi-chi-3183052
Retiro, N. Y. K., & Ver todas las entradas de Nam Yang Kung fu Retreat. (s.f.). El zen y el arte del kung fu. Extraído de Kungfuretreat.com Sitio web:
https://kungfuretreat.com/zen-and-the-art-of-kung-fu
Robert. (2020, 30 de agosto). Qué es el zen en las artes marciales. Extraído de Wayofmartialarts.com Sitio web: https://wayofmartialarts.com/what-is-zen-in-martial-arts
Watts, A. (2000). ¿Qué es el zen? Novato, CA: New World Library.
Temple, S. (2015, 23 de julio). Armas del monje shaolín. Armas shaolín. Chinashaolíntemple.Com. https://www.chinashaolíntemple.com/shaolín-monk-weapons-shaolín-weapons
18 armas de las artes marciales de shaolín. (s.f.). Shaolínca.Com. Extraído de http://www.shaolínca.com/18weapons.html
Los 8 fundamentos de lama kung fu. (s.f.). Angelfire.Com. Extraído de https://www.angelfire.com/ny/sanshou/eights.html
Lama (arte marcial). (s.f.). Fandom.Com. Extraído de

https://gyaanipedia.fandom.com/wiki/Lama_(martial_art)
Lama pai. (2018, 29 de septiembre). Blackbeltwiki.Com.
https://blackbeltwiki.com/lama-pai
Lama pai kung fu técnicas de golpeo. (2016, 23 de abril). Wordpress.Com.
https://nysanda.wordpress.com/2016/04/23/lama-pai-kung-fu-striking-techniques
(S.f.). Geocities.Ws. Extraído de http://www.geocities.ws/Colosseum/4098/strike.html
Ben Stanley, T.-S. (2016, 15 de octubre). Patadas de kung fu.
Whitedragonmartialarts.Com.
https://www.whitedragonmartialarts.com/kung-fu-kicks
Cinco patadas básicas. (s.f.). Shaolín.Org. Extraído de
https://shaolin.org/video-clips-3/intensive2006/kicks/kicks.html
Kongling, M. (2016, 29 de junio). Las características de una buena patada.
6Dragonskungfu.Com.
https://www.6dragonskungfu.com/the-characteristics-of-a-good-kick
Wing chun funcional. (s.f.). Extraído de Functionalselfdefense.org Sitio web:
http://www.functionalselfdefense.org/wing-chun
Técnicas de wing chun para principiantes. Ley del puño. (s.f.). Extraído de
Lawofthefist.com
Sitio web: https://lawofthefist.com/wing-chun-techniques-for-beginners
Técnicas de wing chun: Puñetazo, golpe con la palma de la mano, corte, codo. (s.f.).
Extraído de
Wingchunlife.com Sitio web: https://www.wingchunlife.com/wing-chun-techniques-strikes.html
Kongling, M. (2019, 1 de abril). 5 ejercicios/maniquíes de madera ideales para
principiantes. Extraído de 6Dragonskungfu.com Sitio web:
https://www.6dragonskungfu.com/5-wooden-dummy-drills-exercises-ideal-for-beginners
Kriel, F. (2016, 31 de octubre). Entrenamiento en casa para estudiantes principiantes.
Kung fu garra de tigre & tai chi. Extraído de Tigerclawmartialarts.com Sitio web:
https://www.tigerclawmartialarts.com/the-tiger-life/2016/10/31/training-at-home-for-beginning-students
MSISSHINRYU.COM. (n.d.). Recuperado de Msisshinryu.com website:
http://www.msisshinryu.com/articles/kano/Judo-contrib.shtml
Waza (técnicas). (n.d.). Recuperado de Judo-ch.jp website: https://www.Judo-ch.jp/english/knowledge/technique/
Goshin jutsu kata. (2018, September 21). Blackbeltwiki.Com.
https://blackbeltwiki.com/goshin-jutsu-kata
Itsutsu-no kata. (2018, September 21). Blackbeltwiki.Com.
https://blackbeltwiki.com/itsutsu-no-kata
Reglas *randori*. (2013, October 23). Judoinfo.Com. https://Judoinfo.com/randori/
El mejor *ukemi*-Técnicas de caída en el judo (breakfalls). (2013, October 23).
Judoinfo.Com. https://Judoinfo.com/breakfalls/
Glosario de términos de judo. (n.d.). Judo-Ch.Jp. Recuperado de https://www.Judo-ch.jp/english/dictionary/terms/taisabaki/
Fundamentos del judo - lecciones para principiantes. (2014, April 7). Judoinfo.Com.
https://Judoinfo.com/Judo-basics-beginners/
Shizentai. Postura natural. (n.d.). Kendo-Guide.Com. Recuperado de
https://www.kendo-guide.com/shizentai.html
(N.d.). Netdna-Ssl.Com.
Todo sobre las técnicas de mano del judo (*te-waza*). (2014, April 13). Judoinfo.Com.
https://Judoinfo.com/hand-techniques-tewaza/

Glosario de términos del judo. (n.d.). Judo-Ch.Jp. Recuperado de https://www.Judo-ch.jp/english/dictionary/terms/tewaza/
Técnicas de judo - *Te-waza*. (2012, February 21).
Lanzamientos de judo - Técnicas de mano - wiki del cinturón negro. (2018, September 9). Blackbeltwiki.Com. https://blackbeltwiki.com/Judo-throws-hand-techniques
Nombres de las técnicas de judo. (n.d.). KodokanJudoinstitute.Org. Recuperado de http://kodokanJudoinstitute.org/en/waza/list/
Te-waza (手技) Técnicas de lanzamiento de mano | Judo guide. (2016, January 18).
Técnicas de judo - *Koshi-waza*. (2012, February 23).
Lanzamientos de judo - técnicas de cadera - black belt wiki. (2018, September 9). Blackbeltwiki.Com. https://blackbeltwiki.com/Judo-throws-hip-techniques
Koshi waza -Técnicas de cadera. (2016, April 10).
Koshi-waza. (n.d.). Judoenlignes.Com. Recuperado de https://www.Judoenlignes.com/tachi-waza/nage-waza/koshi-waza/
Koshi-waza (腰技): hip throwing techniques. (n.d.). Akban.Org.
Recuperado de https://www.akban.org/wiki/Category:Koshi-waza_(%E8%85%B0%E6%8A%80):_hip_throwing_techniques
Todas las técnicas de pie del judo (*ashi-waza*). (2014, April 13). Judoinfo.Com. https://Judoinfo.com/foot-techniques-ashi-waza/
Ashi-waza - Compilación. (2019, May 16).
Ashi-waza (足技): Técnicas de lanzamiento de pie. (n.d.). Akban.Org. Recuperado de https://www.akban.org/wiki/Category:Ashi-waza_(%E8%B6%B3%E6%8A%80):_foot_throwing_techniques
Fairbrother, N. (2020, May 26). *Ashi-waza*: Los 5 mejores lanzamientos para principiantes. Kokakids.Co.Uk. https://www.kokakids.co.uk/ashi-waza
Glosario de términos del judo. (n.d.). Judo-Ch.Jp. Recuperado de https://www.Judo-ch.jp/english/dictionary/terms/asiwaza/
Raspados de pie de judo en profundidad. (2020, January 24).
Glosario de términos de judo. (n.d.). Recuperado de Judo-ch.jp website: https://www.Judo-ch.jp/english/dictionary/terms/sutemi/
Glosario de términos de *waza* de judo (técnicas). (n.d.). Recuperado de Judo-ch.jp website: https://www.Judo-ch.jp/english/dictionary/technique/nage/masute/hikikomi/
Técnicas de judo. (n.d.). Recuperado de Ijf.org website: https://Judo.ijf.org/techniques/Hane-makikomi
Lanzamientos de sacrificio. (2016, August 15). Recuperado de Wordpress.com website: https://lewesmartialarts.wordpress.com/the-techniques/throws/sacrifice-throws/
Lanzamientos de sacrificio. (n.d.). Recuperado de Dpegan.com website: https://www.dpegan.com/sacrifice-throws/
Ukemi: Una técnica fundamental para principiantes de judo. (2019, December 30). Recuperado de Amakella.com website: https://www.amakella.com/ukemi-Judo-breakfalls/
Aikido, G. (2016, September 21). Técnicas de control o inmovilización *Aikido Osae Waza* -Good Aikido -Medium. Medium. https://medium.com/@Aikido/aikido-osae-waza-control-or-pinning-techniques-dd28678b687
Glosario de términos de judo. (n.d.). Judo-Ch.Jp. Recuperado de https://www.Judo-ch.jp/english/dictionary/terms/osaekomi/
Judo - Técnicas de inmovilización -black belt wiki. (2018, September 9). Blackbeltwiki.Com. https://blackbeltwiki.com/Judo-pinning-techniques
Westermann, T. (n.d.). *Osae komi waza* - Técnicas de inmovilización. Judotechnik.Eu. Recuperado de http://www.Judotechnik.eu/Katamewaza/en_osae.php
(N.d.). Quizlet.Com. Recuperado de https://quizlet.com/35724507/yawara-osae-waza-pinning-techniques-flash-cards/

Judo - Estrangulamientos -black belt wiki. (2018, September 9). Blackbeltwiki.Com. https://blackbeltwiki.com/Judo-choking-techniques
Estrangulamientos de judo (*shimewaza*) --Técnicas de estrangulamiento. (2013, October 23). Judoinfo.Com. https://Judoinfo.com/chokes/
Shime Waza - *Kyushin Ryu Jujitsu*. (n.d.). Kyushinryujujitsu.Com. Recuperado de http://www.kyushinryujujitsu.com/resources/techniques/shime-waza/
Asfixias/estrangulamientos (Shime-Waza). (n.d.). CirenJudo.Co.Uk. Recuperado de https://www.cirenJudo.co.uk/strangles-chokes-shime-waza
Waza (Técnicas). (n.d.). Judo-Ch.Jp. Recuperado de https://www.Judo-ch.jp/english/knowledge/technique/
Bloqueos articulares de judo - *kansetsu waza*. (2018, June 3).
Kansetsu waza - Launceston Judo club -university of Tasmania Judo. (2020, December 4). LauncestonJudo.Com. https://launcestonJudo.com/kansetsu-waza/
Kansetsu-waza. (n.d.). Judoenlignes.Com. Recuperado de https://www.Judoenlignes.com/ne-waza/kansetsu-waza/
Glosario de *waza* de judo (técnicas). (n.d.). Judo-Ch.Jp. Recuperado de https://www.Judo-ch.jp/english/dictionary/technique/katame/kansetu/udehara/
Goshin Jutsu Kata. (2018, September 21). Blackbeltwiki.Com. https://blackbeltwiki.com/goshin-jutsu-kata
Formas de defensa personal en el judo: *Goshin jutsu*. (2013, October 23). Judoinfo.Com. https://Judoinfo.com/katagosh/
KuSakuraShop. (n.d.). Como elegir *katas* de judo como arma para el *Goshin Jutsu no Kata*. Kusakurashop.Com. Recuperado de https://www.kusakurashop.com/pages/Judo-kata-weapons-bokken-jo-tanto-pistol
(N.d.). KodokanJudoinstitute.Org. Recuperado de http://kodokanJudoinstitute.org/en/docs/goshin_jutsu.pdf
Programa de pruebas de cinturones. (2013, July 13). Wordpress.Com. https://ucberkeleyJudo.wordpress.com/resources/belt-test-syllabus/
Sistema de clasificación de judo y colores de los cinturones. (n.d.). Myactivesg.Com. Recuperado de https://www.myactivesg.com/Sports/Judo/How-To-Play/Judo-for-Beginners/Judo-ranking-system-and-belt-colours
Judo: El arte japonés de la defensa personal. (2013, October 23). Judoinfo.Com. https://Judoinfo.com/kano2/
mtc. (n.d.). Formato de competencias de judo. Teamscotland.Scot.
WHAT IS JUDO? (n.d.). Com.Au.
51 ejercicios y prácticas de judo para hacer en casa. (2020, March 25).
Davis, N. (2019, September 24). 30 movimientos de entrenamiento en casa: rutina de 20 minutos para todos los niveles, sin necesidad de equipos. Healthline.Com. https://www.healthline.com/health/fitness-exercise/at-home-workouts
Davis, N. (2020, September 24). Los 10 mejores ejercicios para todo el mundo. Healthline.Com. https://www.healthline.com/health/fitness-exercise/10-best-exercises-everyday
Ellis, M. (2020, March 30). ¿Con cuánta frecuencia debería entrenar judo? [pista: ¡Depende!]. Craftofcombat.Com. https://craftofcombat.com/how-often-should-you-train-Judo/
Entrenamiento fuerte para judo. (2013, October 23). Judoinfo.Com. https://Judoinfo.com/strengthtraining/
La guía definitiva de ejercicios de judo. (n.d.). EffectiveJudo.Com. Recuperado de https://effectiveJudo.com/the-ultimate-guide-of-Judo-exercises
7 razones para aprender SAMBO. (n.d.). Extraído del sitio web Sambo.sport: https://Sambo.sport/en/news/7-prichin-zanyatsya-Sambo

Personal de la empresa Puncher. (2018, 26 de septiembre). ¿Qué es el sambo? El arte marcial de combate ruso explicado. Extraído del sitio web Punchermedia.com: https://punchermedia.com/russian-Sambo-explained
Rousseau, R. (s.f.). Sambo ruso: historia y guía de estilo. Extraído del sitio web Liveabout.com: https://www.liveabout.com/history-and-style-guide-russian-Sambo-2308279
¿Qué es el SAMBO? (1483). Extraído del sitio web Insidethegames.biz: https://www.insidethegames.biz/articles/1045459/what-is-Sambo
Marc (2021, 15 de mayo). BJJ vs Sambo: Principales diferencias y similitudes. Bjjsuccess.Com. https://www.bjjsuccess.com/bjj-vs-Sambo
Robert. (2021, 15 de marzo). Sambo vs judo: Diferencias y efectividad. Wayofmartialarts.Com. https://wayofmartialarts.com/Sambo-vs-judo
Samhith. (n.d.). Diferencia entre el sambo y la lucha libre. Differencebetween.Info. Extraído de: http://www.differencebetween.info/difference-between-Sambo-and-wrestling
Super usuario. (n.d.). Reglas del judo. Rulesofsport.Com. Extraído de: https://www.rulesofsport.com/sports/judo.html
¿Qué arte marcial es la más efectiva: ¿Sambo, judo o BJJ? (n.d.). Quora.Com. Extraído de: https://www.quora.com/What-martial-art-is-the-most-effective-Sambo-Judo-or-BJJ
7 razones para aprender SAMBO. (n.d.). Sambo.Sport. Extraído de: https://Sambo.sport/en/news/7-prichin-zanyatsya-Sambo
¿Tiene el Sambo un sistema de cinturones clasificados? ¿Cuáles son los grados de cada cinturón de Sambo? (2020,14 de noviembre). Budodragon.Com. https://budodragon.com/docs-Sambo-have-a-ranked-belt-system
Requisitos para el uniforme de Sambo. (n.d.). Sambogear.Com. Extraído de: https://Sambogear.com/en/pages/requirements-Sambo-uniform
r/Sambo - ¿Qué se necesita para ser "Maestro del deporte" y hay un equivalente en otros
deportes de combate, por ejemplo, un cinturón rojo de 9º grado en BJJ. (n.d.). Reddit.Com. Recuperado de:
https://www.reddit.com/r/Sambo/comments/93sy92/what_does_it_take_to_be_master_of_the_sport_and
Sambo - Visión general - Physicalguru.com. (n.d.). Physicalguru.Com. Extraído de: https://physicalguru.com/sports-games/Sambo-overview
Spot, B. (2017, 23 de noviembre). Qué tan efectivo es el Sambo? Bjj-Spot.Com. https://www.bjj-spot.com/how-effective-is-the-Sambo
¿Cuáles son los precios de los cursos de entrenamiento de artes marciales mixtas? (n.d.). Quora.Com. Recuperado de:
https://www.quora.com/What-are-the-course-fees-of-Mixed-Martial-Arts-training
Autores fanáticos. (s.f.). Las 5 mejores técnicas de agarre por fusión del sambo para BJJ. Bjjfanatics.Com. Extraído de: https://bjjfanatics.com/blogs/news/top-5-Sambo-fusion-grappling-techniques-for-bjj
Kesting, S. (2021, 1 de marzo). Top 10 de lanzamientos y derribos para BJJ. Grapplearts.Com. https://www.grapplearts.com/top-10-throws-and-takedowns-for-bjj
lvshaolin. (2019, 9 de diciembre). 9 lanzamientos de judo que todo principiante debe aprender. Lvshaolin.Com. https://www.lvshaolin.com/judo-throws
Los conceptos básicos de las técnicas de lanzamiento. (2019, 28 de noviembre). Ymaa.Com.
https://ymaa.com/articles/2019/12/the-core-concepts-of-throwing-techniques

BJJEE. (2020, 15 de enero). Cómo utilizar el "agarre georgiano" para establecer lanzamientos en BJJ. Bjjee.Com. https://www.bjjee.com/videos/how-to-use-the-georgian-grip-to-set-up-throws-in-bjj

Cinco agarres que todos los luchadores deben conocer. (2021, 4 de febrero). Gumacliftonnj.Com. https://gumacliftonnj.com/five-grips-all-grapplers-need-to-know

Héroes, B. J. J. (2016, 25 de octubre). Agarres de mano más comunes en Jiu jitsu. Bjjheroes.Com. https://www.bjjheroes.com/techniques/most-common-hand-grips-in-jiu-jitsu

5 razones por las que debería aprender defensa personal. (2020, 20 de febrero). Extraído del sitio web Com.au: https://shirudoselfdefence.com.au/blog/5-reasons-you-should-learn-self-defence

Barlow, T. (2016, 23 de noviembre). Tres conceptos clave para defenderse de cualquier sometimiento. Extraído del sitio web Tombarlowonline.com: https://tombarlowonline.com/three-key-concepts-to-defend-any-submission

Evolve, M. M. A. (2018, 26 de mayo). Cómo romper los agarres en BJJ. Extraído del sitio web Evolve-mma.com: https://evolve-mma.com/blog/how-to-break-grips-in-bjj

Kongling, M. (2021, 23 de febrero). 3 técnicas de golpeo en defensa personal que todo el mundo debería conocer. Extraído del sitio web 6Dragonskungfu.com: https://www.6dragonskungfu.com/3-self-defense-striking-techniques-everyone-should-know

Los 5 tipos de defensa de derribo más efectivos. (n.d.). Extraído del sitio web Nymaa.com: https://www.nymaa.com/announcements/The-5-Most-Effective-Types-of-Takedown-Defense_AE210.html

Vorobiev, M. (2020, 6 de julio). Sambo de combate para la defensa personal. Extraído del sitio web Firearmsnews.com: https://www.firearmsnews.com/editorial/combat-Sambo-for-self-defense/378679

Ivanov, D. (2020, 15 de febrero). ¿Tiene el sambo técnicas de golpeo? Mmaclan.Com. https://mmaclan.com/does-Sambo-have-striking-techniques

Ola. (2020, 30 de septiembre). Golpear en BJJ - todo lo que necesita saber - BJJ spot. Bjj-Spot.Com. https://www.bjj-spot.com/striking-in-bjj-all-you-need-to-know

Marc. (2020, 7 de septiembre). 40+ sumisiones de jiu-jitsu brasileño que debe conocer. Bjjsuccess.Com. https://www.bjjsuccess.com/brazilian-jiu-jitsu-submissions

Kesting, S. (2016, 18 de junio). 37 poderosas sumisiones de BJJ para luchadores de agarre. Grapplearts.Com. https://www.grapplearts.com/37-powerful-bjj-submissions-for-grapplers

MMA Sujeciones de sumisión - una guía en línea de sumisiones de artes marciales mixtas. (2007, 9 de febrero). Mma-Training.Com. http://www.mma-training.com/mma-submission-holds

Armbar - sumisión de BJJ explicada. (2020, 16 de octubre). Lowkickmma.Com. https://www.lowkickmma.com/armbar

Personal de MMA Wiki.org. (2014, 13 de febrero). La llave al cuello. Mmawiki.org. https://www.mmawiki.org/en/neck-crank

Bloqueos de piernas - posiciones y sumisiones - BJJ world. (2018, 13 de febrero). Bjj-World.Com. https://bjj-world.com/leg-locks-ultimate-guide-positions-submissions

Sumisiones de sambo realmente sucias para el BJJ. (2020, 25 de julio). Bjj-World.Com. https://bjj-world.com/Sambo-submissions-for-bjj

Kesting, S. (2016, 18 de junio). 37 poderosas sumisiones de BJJ para luchadores de agarre. Grapplearts.Com. https://www.grapplearts.com/37-powerful-bjj-submissions-for-grapplers

Kesting, S. (2020, 24 de julio). La guía definitiva de ejercicios de BJJ en solitario. Grapplearts.Com. https://www.grapplearts.com/the-ultimate-guide-to-bjj-solo-drills

Lista de técnicas de estiramiento en artes marciales. (2018, 7 de septiembre). Blackbeltwiki.Com. https://blackbeltwiki.com/stretching
Sin título. (n.d.). Jiujitsutimes.Com. Extraído de: https://www.jiujitsutimes.com/intermediate-bjj-building-submission-combinations
Murphy, S. (2007, 17 de marzo). Todo lo que necesitas saber sobre: capoeira. The Guardian. http://www.theguardian.com/lifeandstyle/2007/mar/17/healthandwellbeing.features4
Rohrig Assuncao, M. (2004). Capoeira: La historia de un arte marcial afrobrasileño. Routledge. https://www.discoverahobby.com/Capoeira
La música y el canto de la capoeira - Ginga Capoeira Regional - Ginga Capoeira Regional. (s.f.). Gingacapoeira.Com. Extraído de http://gingacapoeira.com/music
Robert. (2021, 3 de enero). Capoeira vs taekwondo: ¿Cuál es mejor para ti? Wayofmartialarts.Com. https://wayofmartialarts.com/capoeira-vs-taekwondo
PeterSoto. (2021, 12 de mayo). ¿Qué es la Roda de Capoeira? En Capoeira. Sportsandmartialarts.Com. https://sportsandmartialarts.com/capoeira-roda-capoeira
Roda de capoeira. (2018a, 8 de noviembre). Decapoeira.Org. https://decapoeira.org/en/roda-de-capoeira
Howcast. (2012, 15 de octubre). ¿Qué son la capoeira y el jogo de capoeira? Howcast. https://www.howcast.com/videos/508304-what-are-capoeira-jogo-de-capoeira-capoeira
Información sobre la capoeira. (s.f.). Tulane.Edu. Extraído de http://www.tulane.edu/~capoeira/info.htm
El sistema de cinturones de Capoeira explicado por un profesor de Capoeira. (2019, 19 de octubre). Dendearts.Com. https://dendearts.com/the-capoeira-belt-system-explained-by-a-capoeira-teacher
Sistema de rango y clasificación. (s.f.). Capoeirabeiramar.Com. Extraído de http://capoeirabeiramar.com/classes/rank-grading-system
5 beneficios que puedes obtener de la práctica de la capoeira. (s.f.). Redbull.Com. Extraído de 20 de septiembre de 2021, de https://www.redbull.com/pk-en/5-mind-body-soul-benefits-capoeira
Beneficios de la capoeira. (s.f.). Capoeiraoxossilondon.Co.Uk. Extraído de https://www.capoeiraoxossilondon.co.uk/benefits-of-capoeira
El impacto social de la capoeira. (s.f.). Lalaue.Com. Extraído de https://www.lalaue.com/learn-capoeira/capoeiras-social-impact
La revolución de la salud. (2015, 17 de abril). Principales beneficios de la capoeira para la salud. Healthfitnessrevolution.Com. https://www.healthfitnessrevolution.com/top-health-benefits-capoeira
¿Es difícil aprender Capoeira? No, y aquí está el porqué. (2020, 25 de mayo). Dendearts.Com. https://dendearts.com/is-capoeira-hard-to-learn-no-and-heres-why
Kingsford-Smith, A. (2013, 12 de agosto). Disfrazada de danza: La historia secreta de la capoeira. Theculturetrip.Com; The Culture Trip. https://theculturetrip.com/south-america/brazil/articles/disguised-in-dance-the-secret-history-of-capoeira
Murphy, S. (2007, 17 de marzo). Todo lo que necesitas saber sobre: capoeira. The Guardian. http://www.theguardian.com/lifeandstyle/2007/mar/17/healthandwellbeing.features4
Pelourinho, C. B. (2015, 14 de noviembre). Las 11 razones por las que debes probar la capoeira. Capoeirabrazilpelo.Com. http://www.capoeirabrazilpelo.com/trycapoeira
da India, S. (s.f.). Estilos de Capoeira. Capoeira. Online. Extraído de https://capoeira.online/philosophy/styles

¿Cuáles son los diferentes estilos de capoeira? (2011, 26 de octubre). Capoeira-Connection.Com. http://capoeira-connection.com/capoeira/2011/10/what-are-the-different-styles-of-capoeira

Wood, J. (2020, 27 de julio). ¡Ginga! 10 movimientos de capoeira para principiantes. Extraído de la página web Soweflow.com: https://www.soweflow.com/blogs/journal/ginga-10-capoeira-movements-for-beginners

¿Cuáles son las principales filosofías de la capoeira? (2011, 26 de octubre). Extraído de la página web Capoeira-connection.com: http://capoeira-connection.com/capoeira/2011/10/what-are-capoeiras-main-philosophies

Perninha. (2020, 13 de noviembre). 11 Movimientos básicos de Capoeira que hay que conocer,

practicar y cómo usarlos.

Movimientos de capoeira, técnicas de capoeira y consejos para aprender. (s.f.). Empezar a jugar a la capoeira.com. Extraído de https://www.start-playing-capoeira.com/capoeira-moves.html

Movimientos de la capoeira. (2013, 30 de octubre). Wordpress.Com. https://draculinho.wordpress.com/capoeira-movements

Movimientos de la capoeira. (2013, 30 de octubre). Wordpress.Com. https://draculinho.wordpress.com/capoeira-movements

lapinha. (2019, 9 de febrero). ¿Es la capoeira el mejor arte marcial para la defensa personal? Papoeira.Com. https://papoeira.com/en/is-capoeira-the-best-martial-art-for-self-defense

Movimientos. (s.f.). Weebly.Com. Extraído de https://selfdefense-withcapoeira.weebly.com/moves.html

La lista completa de movimientos/floreios de suelo de la capoeira. (2020, 10 de junio). Extraído de la página web Dendearts.com: https://dendearts.com/the-complete-list-of-capoeira-ground-movements-floreios

Atabaque - Colección de instrumentos musicales del colegio Grinnell - Bibliotecas del colegio

Grinnell. (s.f.). Extraído de la página web Grinnell.edu: https://omeka-s.grinnell.edu/s/MusicalInstruments/item/1244

La capoeira y la música. (2018, 9 de noviembre). Extraído de la página web Decapoeira.org: https://decapoeira.org/en/capoeira-and-musica

La danza capoeira en natal: símbolo icónico de la cultura brasileña. (2014, 21 de abril). Extraído de la página web Natalriograndedonorte.com: https://www.natalriograndedonorte.com/capoeira-dance-natal

Personal de Faze. (2014, 2 de octubre). Capoeira: Donde las artes marciales se encuentran con la danza - faze. Extraído de la página web Faze.ca: https://faze.ca/capoeira-where-martial-arts-meet-dance

Ganza Musica Brasilis. (s.f.). Extraído de la página web Musicabrasilis.com: https://musicabrasilis.com/instruments/ganza

Gorlinski, V. (2018). Birimbao. En Enciclopedia Británica.

Johnson, C. (2009, 31 de agosto). La historia del breakdance... ¿En Capoeira? - GaijinPot InJapan. Extraído de la página web Gaijinpot.com: https://injapan.gaijinpot.com/uncategorized/2009/08/31/the-history-of-breakdancing-in-capoeira

Juan Goncalves-Borrega, Centro Smithsoniano para la Vida Folclórica y el Patrimonio Cultural. (2017, 21 de septiembre). Cómo la capoeira brasileña evolucionó de un arte marcial a una moda de baile internacional. Extraído de la página web de la revista Smithsonian:

https://www.smithsonianmag.com/smithsonian-institution/capoeira-occult-martial-art-international-dance-180964924
Kingsford-Smith, A. (2013, 12 de agosto). Disfrazada de danza: La historia secreta de la capoeira. Extraído de la página web Theculturetrip.com:
https://theculturetrip.com/south-america/brazil/articles/disguised-in-dance-the-secret-history-of-capoeira
Murphy, S. (2007, 17 de marzo). Todo lo que necesitas saber sobre: capoeira. The Guardian. Extraído de
http://www.theguardian.com/lifeandstyle/2007/mar/17/healthandwellbeing.features4
Pandeiro | instrumento musical. (s.f.). En la Enciclopedia Británica.
Reco-reco. (2013, 5 de julio). Extraído de la página web Allaroundthisworld.com:
https://www.allaroundthisworld.com/learn/latin-america/latin-american-instruments/reco-reco
Schmitz, S. (2015, 5 de febrero). Instrumento de la música del mundo: El agogô. Extraído de la
página web Centerforworldmusic.org:
https://centerforworldmusic.org/2015/02/world-music-instruments-agogô
Estilo, B. O., y Ver mi perfil completo. (s.f.). Breaking and Capoeira. Extraído de la página web
Breakingandcapoeira.com:
https://www.breakingandcapoeira.com/2019/02/the-influence-of-capoeira-on-breaking.html
Los editores de la Enciclopedia Británica. (2020). Capoeira. En Enciclopedia Británica.
Capoeira fitness , ¡manténgase en forma y evite las lesiones! (s.f.). Start-Playing-Capoeira.Com. Extraído de https://www.start-playing-capoeira.com/capoeira-fitness.html
La revolución de la salud. (2015, 17 de abril). Principales beneficios de la capoeira para la salud. Healthfitnessrevolution.Com.
https://www.healthfitnessrevolution.com/top-health-benefits-capoeira
Kuska, A. M. (2020, 20 de marzo). ¿Es la capoeira el secreto del fitness? Myvetcandy.Com; Vet Candy. https://www.myvetcandy.com/livingblog/2020/3/20/is-capoeira-the-secret-to-fitness
Qué esperar - capoeira fitness DC. (s.f.). Capoeirafitnessdc.Com. Extraído de
https://www.capoeirafitnessdc.com/new-page
Mejorando tus entrenamientos con la Capoeira. (2018, 15 de agosto). Brazilianculturalinstitute.Org.
https://brazilianculturalinstitute.org/blog/improving-workouts-capoeira
Balacdo, V. A. P. (2017, 12 de junio). 10 consejos para ser un mejor alumno de Capoeira por CM Xara. Cdohawaii.Org.
https://cdohawaii.org/2017/06/11/10-tips-to-be-a-better-student-in-capoeira

Fuentes de imágenes

[1] *Pintor Antímenes, CC BY 2.5 <https://creativecommons.org/licenses/by/2.5>, vía Wikimedia Commons: https://commons.wikimedia.org/wiki/File:Boxers_Panathenaic_Met_06.1021.51.jpg*
[2] *Véase la página del autor, CC BY-SA 3.0 NL <https://creativecommons.org/licenses/by-sa/3.0/nl/deed.en>, vía Wikimedia Commons https://commons.wikimedia.org/wiki/File:Muhammad_Ali_1966.jpg*
[3] *Brian Birzer http://www.brianbirzer.com, CC BY 2.0 <https://creativecommons.org/licenses/by/2.0>, vía Wikimedia Commons https://commons.wikimedia.org/wiki/File:Mike_Tyson_Portrait_lighting_corrected.jpg*
[4] *ian mcwilliams, CC BY 2.0 <https://creativecommons.org/licenses/by/2.0>, vía Wikimedia Commons: https://commons.wikimedia.org/wiki/File:Floyd_Mayweather,_Jr._vs._Juan_Manuel_M%C3%A1rquez.jpg*
[5] *https://pxhere.com/en/photo/1044044*
[6] *https://www.pexels.com/photo/boxing-gloves-and-mitts-over-the-grass-5836652/*
[7] *https://www.pexels.com/photo/blurred-sportswoman-demonstrating-technique-of-hand-bandaging-7991696/*
[8] *https://www.pexels.com/photo/smiling-man-wearing-mouth-guard-and-boxing-gloves-7289912/*
[9] *https://unsplash.com/photos/qPhXapAS2Ss?utm_source=unsplash&utm_medium=referral&utm_content=creditShareLink*
[10] *https://www.publicdomainpictures.net/en/view-image.php?image=424842&picture=bicycles-abdominal-workout*
[11] *fotógrafo: Alfred Grohs, CC BY 3.0 <https://creativecommons.org/licenses/by/3.0/>, vía Wikimedia Commons: https://commons.wikimedia.org/wiki/File:Adolf_Grohs_Boxer_Kurt_Prenzel_Bildseite_(cropped).jpg*
[12] *Alain Delmas (Francia), CC BY-SA 3.0 <http://creativecommons.org/licenses/by-sa/3.0/>, vía Wikimedia Commons: https://commons.wikimedia.org/wiki/File:Slip1.jpg*
[13] *Alain Delmas (Francia), CC BY-SA 3.0 <http://creativecommons.org/licenses/by-sa/3.0/>, vía Wikimedia Commons: https://commons.wikimedia.org/wiki/File:Jab3.jpg*
[14] *Delmas Alain, CC BY-SA 3.0 <https://creativecommons.org/licenses/by-sa/3.0>, vía Wikimedia Commons: https://commons.wikimedia.org/wiki/File:Retrait4color.jpg*
[15] *Alain Delmas (Francia), CC BY-SA 3.0 <http://creativecommons.org/licenses/by-sa/3.0/>, vía Wikimedia Commons: https://commons.wikimedia.org/wiki/File:Lecon_crochet.jpg*
[16] *Alain Delmas (Francia), CC BY-SA 2.5 <https://creativecommons.org/licenses/by-sa/2.5>, vía Wikimedia Commons: https://commons.wikimedia.org/wiki/File:Uppercut2.jpg*
[17] *Delmas Alain, CC BY-SA 3.0 <https://creativecommons.org/licenses/by-sa/3.0>, vía Wikimedia Commons: https://commons.wikimedia.org/wiki/File:Retrait2color.jpg*
[18] *Alain Delmas (Francia), CC BY-SA 3.0 <http://creativecommons.org/licenses/by-sa/3.0/>, vía Wikimedia Commons: https://commons.wikimedia.org/wiki/File:Drop5.jpg*
[19] *https://unsplash.com/photos/HG1pkXN7SVA?utm_source=unsplash&utm_medium=referral&utm_content=creditShareLink*
[20] *https://unsplash.com/photos/misTB4pmevc?utm_source=unsplash&utm_medium=referral&utm_content=creditShareLink*
[21] *https://unsplash.com/photos/5Ua3axiD0kA?utm_source=unsplash&utm_medium=referral&utm_content=creditShareLink*
[22] *https://unsplash.com/photos/8Naac6Zpy28?utm_source=unsplash&utm_medium=referral&utm_content=creditShareLink*
[23] *Gerrit Phil Baumann, CC BY 3.0 <https://creativecommons.org/licenses/by/3.0 >, vía Wikimedia Commons:https://commons.wikimedia.org/wiki/File:Muay_Thai_Fight_Us_Vs_Burma_(80668065).jpeg*
[24] *Alain Delmas (France), CC BY-SA 3.0 <http://creativecommons.org/licenses/by-sa/3.0/ >, vía Wikimedia Commons:https://commons.wikimedia.org/wiki/File:Jab3.jpg*
[25] *Delmas Alain, CC BY-SA 3.0 <https://creativecommons.org/licenses/by-sa/3.0 >, vía Wikimedia Commons:https://commons.wikimedia.org/wiki/File:Retrait4color.jpg*
[26] *https://www.pexels.com/photo/man-doing-boxing-163403/*

[37] https://commons.wikimedia.org/wiki/File:Uppercut_(PSF).png
[38] Delmas Alain, CC BY-SA 3.0 <https://creativecommons.org/licenses/by-sa/3.0 >, via Wikimedia Commons:https://commons.wikimedia.org/wiki/File:Drop4color.jpg
[39] Alain Delmas France), CC BY-SA 3.0 <https://creativecommons.org/licenses/by-sa/3.0 >, via Wikimedia Commons:https://commons.wikimedia.org/wiki/File:Drop1color.jpg
[30] Delmas Alain, CC BY-SA 3.0 <https://creativecommons.org/licenses/by-sa/3.0 >, via Wikimedia Commons:https://commons.wikimedia.org/wiki/File:Spin-back-fist.jpg
[31] Delmas Alain, CC BY-SA 3.0 <https://creativecommons.org/licenses/by-sa/3.0 >, via Wikimedia Commons:https://commons.wikimedia.org/wiki/File:Flying-punch.jpg
[32] Krystof Gauthier (France), CC BY-SA 3.0 <https://creativecommons.org/licenses/by-sa/3.0 >, via Wikimedia Commons:https://commons.wikimedia.org/wiki/File:Lethwei-Hight-kick.jpg
[33] https://unsplash.com/photos/IjaXXVuPRDc?utm_source=unsplash&utm_medium=referral&utm_content=creditShareLink
[34] https://commons.wikimedia.org/wiki/File:USMC-081025-M-0884D-005.jpg
[35] https://commons.wikimedia.org/wiki/File:USMC-120215-M-SR181-138.jpg
[36] Claus Michelfelder, CC BY-SA 4.0 <https://creativecommons.org/licenses/by-sa/4.0 >, via Wikimedia Commons:https://commons.wikimedia.org/wiki/File:WKA_World_Championship_2012_Munich_444.JPG
[37] https://unsplash.com/photos/WX7FSaiYxK8?utm_source=unsplash&utm_medium=referral&utm_content=creditShareLink
[38] https://unsplash.com/photos/o6h-CuvAypE?utm_source=unsplash&utm_medium=referral&utm_content=creditShareLink
[39] https://www.pexels.com/photo/plus-size-woman-standing-on-scale-6551401/
[40] https://www.pexels.com/photo/young-determined-man-training-alone-on-street-sports-ground-in-sunny-day-3768901/
[41] https://www.pexels.com/photo/woman-in-green-sports-bra-and-black-leggings-doing-leg-lunges-999257/
[42] https://commons.wikimedia.org/wiki/File:Submission_wrestling.jpg
[43] daysofthundr46, CC BY-SA 2.0 <https://creativecommons.org/licenses/by-sa/2.0>, a través de Wikimedia Commons: https://commons.wikimedia.org/wiki/File:Antonio_Thomas_with_armbar.jpg
[44] https://commons.wikimedia.org/wiki/File:DF-SD-01-06921.jpg
[45] https://www.pexels.com/photo/man-in-black-t-shirt-and-black-shorts-standing-on-brown-wooden-floor-4753985/
[46] https://www.pexels.com/photo/people-workout-using-resistance-bands-6516206/
[47] https://unsplash.com/photos/DCqXIFXoqr0?utm_source=unsplash&utm_medium=referral&utm_content=creditShareLink
[48] Gage Skidmore de Peoria, AZ, Estados Unidos de América, CC BY-SA 2.0 <https://creativecommons.org/licenses/by-sa/2.0>, a través de Wikimedia Common: https://commons.wikimedia.org/wiki/File:John_Cena_July_2018.jpg
[49] https://unsplash.com/photos/UpFy6jbnXS4?utm_source=unsplash&utm_medium=referral&utm_content=creditShareLink
[50] Martin Rulsch, Wikimedia Commons, CC BY-SA 4.0, CC BY-SA 4.0 <https://creativecommons.org/licenses/by-sa/4.0>, a través de Wikimedia Commons: https://commons.wikimedia.org/wiki/File:K1PL_Berlin_2018-09-16_Female_Kata_108.jpg
[51] Haresh karate, CC BY-SA 4.0 <https://creativecommons.org/licenses/by-sa/4.0>, a través de Wikimedia Commons: https://commons.wikimedia.org/wiki/File:Karate_Kata_Heian_Nidan.jpg
[52] Haresh karate, CC BY-SA 4.0 <https://creativecommons.org/licenses/by-sa/4.0>, a través de Wikimedia Commons: https://commons.wikimedia.org/wiki/File:Karate_Kata_Heian_Yondan_Pattern.jpg
[53] Regine Becker, uso libre bajo copyright, a través de Wikimedia Commons: https://commons.wikimedia.org/wiki/File:MaeWashiGeri.jpg
[54] User:Evdcoldeportes, CC BY-SA 2.5 CO <https://creativecommons.org/licenses/by-sa/2.5/co/deed.en>, a través de Wikimedia Commons: https://commons.wikimedia.org/wiki/File:EVD-kumite-119.jpg
[55] https://www.pexels.com/photo/men-doing-martial-arts-8611418/
[56] https://www.pexels.com/photo/woman-wearing-white-karati-g-under-blue-sky-3023756/

[57] https://www.pexels.com/photo/man-running-on-sand-field-2827392/
[58] https://unsplash.com/de/fotos/mann-in-weissem-hemd-und-schwarzer-hose-sitzt-auf-schwarzem-stuhl-auf-gruenem-grasfeld-DE2VQvh2_H8
[59] https://pixabay.com/photos/yoga-taoism-zen-meditation-4536546/
[60] https://unsplash.com/fr/photos/personnes-portant-du-karate-ji-Xl-ilWBKJNk
[61] Diseñado por Freepik, https://www.freepik.com/free-ai-image/man-practicing-yoga-mindfulness_272714579.htm
[62] https://unsplash.com/photos/man-doing-karate-stunts-on-gym-ngd2uo1eyZg
[63] https://unsplash.com/photos/man-in-blue-jacket-and-blue-denim-jeans-standing-on-brown-wooden-log-surrounded-by-green-G548PsS5y2I
[64] https://unsplash.com/photos/person-holding-persons-hand-nRW4I8kuyd8
[65] https://pixabay.com/photos/taekwondo-battle-boxing-kick-leg-1866285/
[66] https://pixabay.com/photos/sport-fitness-workout-gym-crossfit-1283791/
[67] https://www.pexels.com/photo/man-doing-karate-on-the-street-5081179/
[68] https://www.pexels.com/photo/men-practicing-taekwondo-7045486/
[69] https://www.pexels.com/photo/hands-striking-the-man-s-forearm-7045470/
[70] https://www.pexels.com/photo/people-woman-girl-dancing-7045643/
[71] https://www.pexels.com/photo/man-love-people-woman-7045627/
[72] https://unsplash.com/photos/person-holding-persons-hand-nRW4I8kuyd8
[73] https://www.publicdomainpictures.net/en/view-image.php?image=288755&picture=kung-fu-master
[74] Kevin Poh, CC BY 2.0 <https://creativecommons.org/licenses/by/2.0>, via Wikimedia Commons https://commons.wikimedia.org/wiki/File:Shaolin_Kung_Fu.jpg
[75] Benjamin Korankye, CC BY-SA 4.0 <https://creativecommons.org/licenses/by-sa/4.0>, via Wikimedia Commons https://commons.wikimedia.org/wiki/File:Emp_Qorankye.jpg
[76] https://unsplash.com/photos/men-doing-karate-in-park--XGqShGxO8E
[77] https://unsplash.com/photos/man-doing-karate-stunts-on-gym-ngd2uo1evZg
[78] https://unsplash.com/photos/man-wearing-karate-gi-standing-on-road-UpFy6jbnXS4
[79] https://unsplash.com/photos/two-men-about-to-sparring-sab37qbGmHc
[80] https://www.pexels.com/photo/shirtless-man-kicking-a-punching-bag-7187986/
[81] https://www.cleanpng.com/png-kodokan-judo-institute-jujutsu-martial-arts-united-2848649/
[82] President.az, CC BY 4.0 <https://creativecommons.org/licenses/by/4.0>, via Wikimedia Commons https://commons.wikimedia.org/wiki/File:Sambo_at_the_2015_European_Games.jpg
[83] Korea.net / Korean Culture and Information Service (Photographer name), CC BY-SA 2.0 <https://creativecommons.org/licenses/by-sa/2.0>, via Wikimedia Commons https://commons.wikimedia.org/wiki/File:KOCIS_Korea_Judo_Kim_Jaebum_London_36_(7696361164).jpg
[84] CFS SAMBO FRANCE, CC BY-SA 2.0 <https://creativecommons.org/licenses/by-sa/2.0>, via Wikimedia Commons https://commons.wikimedia.org/wiki/File:Grand_Prix_Paris_de_Sambo_IMG_1923_(34152646253).jpg
[85] https://commons.wikimedia.org/wiki/File:0432-SahinThrowsWood.jpg
[86] https://pixabay.com/photos/jiu-jitsu-fight-martial-arts-2184597/
[87] https://www.pxfuel.com/en/free-photo-jdshl
[88] CFS SAMBO FRANCE, CC BY-SA 2.0 <https://creativecommons.org/licenses/by-sa/2.0>, via Wikimedia Commons https://commons.wikimedia.org/wiki/File:Grand_Prix_Paris_de_Sambo_2017_IMG_2953_(34124379334).jpg
[89] Michael Hultström, CC BY-SA 3.0 <https://creativecommons.org/licenses/by-sa/3.0>, via Wikimedia Commons https://commons.wikimedia.org/wiki/File:O-soto-gari.jpg
[90] Ricardo André Frantz (User:Tetraktys), CC BY-SA 3.0 <https://creativecommons.org/licenses/by-sa/3.0>, via Wikimedia Commons https://commons.wikimedia.org/wiki/File:Roda_de_capoeira1.jpg
[91] https://unsplash.com/photos/woman-in-white-long-sleeve-shirt-and-black-pants-running-on-beach-shore-during-daytime-DNRijpyOIdg
[92] TheTurducken, CC BY 2.0 <https://creativecommons.org/licenses/by/2.0>, via Wikimedia Commons https://commons.wikimedia.org/wiki/File:Capoeira_Angola_Palmares,_Rabo_de_arraia.jpg

[93] https://unsplash.com/photos/silhouette-of-person-kicking-on-mid-air-HN_4K2diUWs
[94] MartialArtsNomad.com, CC BY 2.0 <https://creativecommons.org/licenses/by/2.0>, via Wikimedia Commons https://commons.wikimedia.org/wiki/File:The_Ginga-Abada_Capoeira.jpg
[85] Ferradura, CC BY 3.0 <https://creativecommons.org/licenses/by/3.0>, via Wikimedia Commons https://commons.wikimedia.org/wiki/File:Au_martelo.JPG
[96] Secretaria Especial da Cultura do Ministério da Cidadania, CC BY 2.0 <https://creativecommons.org/licenses/by/2.0>, via Wikimedia Commons https://commons.wikimedia.org/wiki/File:Patrim%C3%B4nio_Imaterial_Capoeira_(49188929367).jpg
[97] TheTurducken, CC BY 2.0 <https://creativecommons.org/licenses/by/2.0>, via Wikimedia Commons https://commons.wikimedia.org/wiki/File:Rabo_de_arraia_%26_negativa.jpg
[98] Djino, CC BY-SA 3.0 <https://creativecommons.org/licenses/by-sa/3.0>, via Wikimedia Commons https://commons.wikimedia.org/wiki/File:Esquiva_invertida1.jpg
[99] No machine-readable author provided. ST assumed (based on copyright claims)., Attribution, via Wikimedia Commons https://commons.wikimedia.org/wiki/File:CapoeiraMeialuaDeCompasso%26QuedaDeQuatro_ST_05.jpg
[100] Taken by Efrat Gruner, Edited by Ester Inbar (user:ST - he:user:ST), Attribution, via Wikimedia Commons https://commons.wikimedia.org/wiki/File:CapoeiraNegativa_ST_05.jpg
[101] No machine-readable author provided. ST assumed (based on copyright claims)., Attribution, via Wikimedia Commons https://commons.wikimedia.org/wiki/File:CapoeiraBencao_ST_05.jpg
[102] Alper Çuğun, CC BY 2.0 <https://creativecommons.org/licenses/by/2.0>, via Wikimedia Commons https://commons.wikimedia.org/wiki/File:Illustir_-_271675072.jpg
[103] Image by Alper Çuğun https://creativecommons.org/licenses/by/2.0/ https://www.flickr.com/photos/12505664@N00/2093817286
[104] Marie-Lan Nguyen, CC BY 2.5 <https://creativecommons.org/licenses/by/2.5>, via Wikimedia Commons https://commons.wikimedia.org/wiki/File:Capoeira_demonstration_Master_de_fleuret_2013_t221419.jpg
[105] Alno, CC BY-SA 3.0 <http://creativecommons.org/licenses/by-sa/3.0/>, via Wikimedia Commons https://commons.wikimedia.org/wiki/File:Pandeiro.JPG
[106] https://unsplash.com/photos/woman-in-black-tank-top-and-black-pants-doing-yoga-mSJsiQCm6og
[107] https://unsplash.com/es/fotos/chica-con-camiseta-verde-y-pantalones-grises-haciendo-yoga-en-una-alfombra-de-yoga-rosa-3HC9SIS7H_8
[108] Red CreaDeporte, CC BY 2.0 <https://creativecommons.org/licenses/by/2.0>, via Wikimedia Commons https://commons.wikimedia.org/wiki/File:Capoeira_(13597506973).jpg
[109] https://unsplash.com/es/fotos/fotografia-de-silueta-de-mujer-haciendo-yoga-F2qh3yjz6Jk
[110] Estela Neto, CC BY-SA 4.0 <https://creativecommons.org/licenses/by-sa/4.0>, via Wikimedia Commons https://commons.wikimedia.org/wiki/File:Roda_de_Capoeira_tradicional_do_Engenho_da_Rainha_3.jpg

www.ingramcontent.com/pod-product-compliance
Lightning Source LLC
Chambersburg PA
CBHW051856160426
43209CB00006B/1331